下

关务相关法规
速查手册

《关务相关法规速查手册》
编委会 编

2023年版

中国海关出版社有限公司
中国·北京

目录

下　册

跨境电商篇

▽ 综合实验区

贸易管理篇

企业管理篇

▽注册登记

▽信用管理

▽AEO 互认

通关管理篇

▽转运/过境

▽暂时进出境

▽ 能效管理

▽ 进出境快件

▽舱单管理

▽报关单填制

外来物种篇

行邮物品篇

▽行李物品

▽其他管理

行政处罚篇

行政管理篇

▽综合管理

▽ 免税店

运输工具管理篇

知识产权篇

自贸区篇

附　录

目　录

跨境电商篇

综合管理

中华人民共和国电子商务法

（主席令第7号）

发布日期：2018-08-31
实施日期：2019-01-01
法规类型：法律

第一章 总 则

第一条 为了保障电子商务各方主体的合法权益，规范电子商务行为，维护市场秩序，促进电子商务持续健康发展，制定本法。

第二条 中华人民共和国境内的电子商务活动，适用本法。

本法所称电子商务，是指通过互联网等信息网络销售商品或者提供服务的经营活动。

法律、行政法规对销售商品或者提供服务有规定的，适用其规定。金融类产品和服务，利用信息网络提供新闻信息、音视频节目、出版以及文化产品等内容方面的服务，不适用本法。

第三条 国家鼓励发展电子商务新业态，创新商业模式，促进电子商务技术研发和推广应用，推进电子商务诚信体系建设，营造有利于电子商务创新发展的市场环境，充分发挥电子商务在推动高质量发展、满足人民日益增长的美好生活需要、构建开放型经济方面的重要作用。

第四条 国家平等对待线上线下商务活动，促进线上线下融合发展，各级人民政府和有关部门不得采取歧视性的政策措施，不得滥用行政权力排除、限制市场竞争。

第五条 电子商务经营者从事经营活动，应当遵循自愿、平等、公平、诚信的原则，遵守法律和商业道德，公平参与市场竞争，履行消费者权益保护、环境保护、知识产权保护、网络安全与个人信息保护等方面的义务，承担产品和服务质量责任，接受政府和社会的监督。

第六条 国务院有关部门按照职责分工负责电子商务发展促进、监督管理等工作。县级以上地方各级人民政府可以根据本行政区域的实际情况，确定本行政区域内电子商务的部门职责划分。

第七条 国家建立符合电子商务特点的协同管理体系，推动形成有关部门、电子商务行业组织、电子商务经营者、消费者等共同参与的电子商务市场治理体系。

第八条 电子商务行业组织按照本组织章程开展行业自律，建立健全行业规范，推动行业诚信建设，监督、引导本行业经营者公平参与市场竞争。

第二章　电子商务经营者

第一节　一般规定

第九条　本法所称电子商务经营者，是指通过互联网等信息网络从事销售商品或者提供服务的经营活动的自然人、法人和非法人组织，包括电子商务平台经营者、平台内经营者以及通过自建网站、其他网络服务销售商品或者提供服务的电子商务经营者。

本法所称电子商务平台经营者，是指在电子商务中为交易双方或者多方提供网络经营场所、交易撮合、信息发布等服务，供交易双方或者多方独立开展交易活动的法人或者非法人组织。

本法所称平台内经营者，是指通过电子商务平台销售商品或者提供服务的电子商务经营者。

第十条　电子商务经营者应当依法办理市场主体登记。但是，个人销售自产农副产品、家庭手工业产品，个人利用自己的技能从事依法无须取得许可的便民劳务活动和零星小额交易活动，以及依照法律、行政法规不需要进行登记的除外。

第十一条　电子商务经营者应当依法履行纳税义务，并依法享受税收优惠。

依照前条规定不需要办理市场主体登记的电子商务经营者在首次纳税义务发生后，应当依照税收征收管理法律、行政法规的规定申请办理税务登记，并如实申报纳税。

第十二条　电子商务经营者从事经营活动，依法需要取得相关行政许可的，应当依法取得行政许可。

第十三条　电子商务经营者销售的商品或者提供的服务应当符合保障人身、财产安全的要求和环境保护要求，不得销售或者提供法律、行政法规禁止交易的商品或者服务。

第十四条　电子商务经营者销售商品或者提供服务应当依法出具纸质发票或者电子发票等购货凭证或者服务单据。电子发票与纸质发票具有同等法律效力。

第十五条　电子商务经营者应当在其首页显著位置，持续公示营业执照信息、与其经营业务有关的行政许可信息、属于依照本法第十条规定的不需要办理市场主体登记情形等信息，或者上述信息的链接标识。

前款规定的信息发生变更的，电子商务经营者应当及时更新公示信息。

第十六条　电子商务经营者自行终止从事电子商务的，应当提前三十日在首页显著位置持续公示有关信息。

第十七条　电子商务经营者应当全面、真实、准确、及时地披露商品或者服务信息，保障消费者的知情权和选择权。电子商务经营者不得以虚构交易、编造用户评价等方式进行虚假或者引人误解的商业宣传，欺骗、误导消费者。

第十八条　电子商务经营者根据消费者的兴趣爱好、消费习惯等特征向其提供商品或者服务的搜索结果的，应当同时向该消费者提供不针对其个人特征的选项，尊重和平等保护消费者合法权益。

电子商务经营者向消费者发送广告的，应当遵守《中华人民共和国广告法》的有关规定。

第十九条　电子商务经营者搭售商品或者服务，应当以显著方式提请消费者注意，不得将搭售商品或者服务作为默认同意的选项。

第二十条　电子商务经营者应当按照承诺或者与消费者约定的方式、时限向消费者交付商品或者服务，并承担商品运输中的风险和责任。但是，消费者另行选择快递物流服务提供者的除外。

第二十一条　电子商务经营者按照约定向消费者收取押金的，应当明示押金退还的方式、程序，不得对押金退还设置不合理条件。消费者申请退还押金，符合押金退还条件的，电子商务经营者应当及时退还。

第二十二条　电子商务经营者因其技术优势、用户数量、对相关行业的控制能力以及其他经营者对该电子商务经营者在交易上的依赖程度等因素而具有市场支配地位的，不得滥用市场支配地位，排除、限制竞争。

第二十三条　电子商务经营者收集、使用其用户的个人信息，应当遵守法律、行政法规有关个人信息保护的规定。

第二十四条　电子商务经营者应当明示用户信息查询、更正、删除以及用户注销的方式、程序，不得对用户信息查询、更正、删除以及用户注销设置不合理条件。

电子商务经营者收到用户信息查询或者更正、删除的申请的，应当在核实身份后及时提供查询或者更正、删除用户信息。用户注销的，电子商务经营者应当立即删除该用户的信息；依照法律、行政法规的规定或者双方约定保存的，依照其规定。

第二十五条　有关主管部门依照法律、行政法规的规定要求电子商务经营者提供有关电子商务数据信息的，电子商务经营者应当提供。有关主管部门应当采取必要措施保护电子商务经营者提供的数据信息的安全，并对其中的个人信息、隐私和商业秘密严格保密，不得泄露、出售或者非法向他人提供。

第二十六条　电子商务经营者从事跨境电子商务，应当遵守进出口监督管理的法律、行政法规和国家有关规定。

第二节　电子商务平台经营者

第二十七条　电子商务平台经营者应当要求申请进入平台销售商品或者提供服务的经营者提交其身份、地址、联系方式、行政许可等真实信息，进行核验、登记，建立登记档案，并定期核验更新。

电子商务平台经营者为进入平台销售商品或者提供服务的非经营用户提供服务，应当遵守本节有关规定。

第二十八条　电子商务平台经营者应当按照规定向市场监督管理部门报送平台内经营者的身份信息，提示未办理市场主体登记的经营者依法办理登记，并配合市场监督管理部门，针对电子商务的特点，为应当办理市场主体登记的经营者办理登记提供便利。

电子商务平台经营者应当依照税收征收管理法律、行政法规的规定，向税务部门报送平台内经营者的身份信息和与纳税有关的信息，并应当提示依照本法第十条规定不需要办理市场主体登记的电子商务经营者依照本法第十一条第二款的规定办理税务登记。

第二十九条　电子商务平台经营者发现平台内的商品或者服务信息存在违反本法第十二条、第十三条规定情形的，应当依法采取必要的处置措施，并向有关主管部门报告。

第三十条　电子商务平台经营者应当采取技术措施和其他必要措施保证其网络安全、稳定运行，防范网络违法犯罪活动，有效应对网络安全事件，保障电子商务交易安全。

电子商务平台经营者应当制定网络安全事件应急预案，发生网络安全事件时，应当立即启动应急预案，采取相应的补救措施，并向有关主管部门报告。

第三十一条　电子商务平台经营者应当记录、保存平台上发布的商品和服务信息、交易信息，并确保信息的完整性、保密性、可用性。商品和服务信息、交易信息保存时间自交易完成之日起不少于三年；法律、行政法规另有规定的，依照其规定。

第三十二条　电子商务平台经营者应当遵循公开、公平、公正的原则，制定平台服务协议和交易规则，明确进入和退出平台、商品和服务质量保障、消费者权益保护、个人信息保护等方面的权利和义务。

第三十三条 电子商务平台经营者应当在其首页显著位置持续公示平台服务协议和交易规则信息或者上述信息的链接标识，并保证经营者和消费者能够便利、完整地阅览和下载。

第三十四条 电子商务平台经营者修改平台服务协议和交易规则，应当在其首页显著位置公开征求意见，采取合理措施确保有关各方能够及时充分表达意见。修改内容应当至少在实施前七日予以公示。

平台内经营者不接受修改内容，要求退出平台的，电子商务平台经营者不得阻止，并按照修改前的服务协议和交易规则承担相关责任。

第三十五条 电子商务平台经营者不得利用服务协议、交易规则以及技术等手段，对平台内经营者在平台内的交易、交易价格以及与其他经营者的交易等进行不合理限制或者附加不合理条件，或者向平台内经营者收取不合理费用。

第三十六条 电子商务平台经营者依据平台服务协议和交易规则对平台内经营者违反法律、法规的行为实施警示、暂停或者终止服务等措施的，应当及时公示。

第三十七条 电子商务平台经营者在其平台上开展自营业务的，应当以显著方式区分标记自营业务和平台内经营者开展的业务，不得误导消费者。

电子商务平台经营者对其标记为自营的业务依法承担商品销售者或者服务提供者的民事责任。

第三十八条 电子商务平台经营者知道或者应当知道平台内经营者销售的商品或者提供的服务不符合保障人身、财产安全的要求，或者有其他侵害消费者合法权益行为，未采取必要措施的，依法与该平台内经营者承担连带责任。

对关系消费者生命健康的商品或者服务，电子商务平台经营者对平台内经营者的资质资格未尽到审核义务，或者对消费者未尽到安全保障义务，造成消费者损害的，依法承担相应的责任。

第三十九条 电子商务平台经营者应当建立健全信用评价制度，公示信用评价规则，为消费者提供对平台内销售的商品或者提供的服务进行评价的途径。

电子商务平台经营者不得删除消费者对其平台内销售的商品或者提供的服务的评价。

第四十条 电子商务平台经营者应当根据商品或者服务的价格、销量、信用等以多种方式向消费者显示商品或者服务的搜索结果；对于竞价排名的商品或者服务，应当显著标明"广告"。

第四十一条 电子商务平台经营者应当建立知识产权保护规则，与知识产权权利人加强合作，依法保护知识产权。

第四十二条 知识产权权利人认为其知识产权受到侵害的，有权通知电子商务平台经营者采取删除、屏蔽、断开链接、终止交易和服务等必要措施。通知应当包括构成侵权的初步证据。

电子商务平台经营者接到通知后，应当及时采取必要措施，并将该通知转送平台内经营者；未及时采取必要措施的，对损害的扩大部分与平台内经营者承担连带责任。

因通知错误造成平台内经营者损害的，依法承担民事责任。恶意发出错误通知，造成平台内经营者损失的，加倍承担赔偿责任。

第四十三条 平台内经营者接到转送的通知后，可以向电子商务平台经营者提交不存在侵权行为的声明。声明应当包括不存在侵权行为的初步证据。

电子商务平台经营者接到声明后，应当将该声明转送发出通知的知识产权权利人，并告知其可以向有关主管部门投诉或者向人民法院起诉。电子商务平台经营者在转送声明到达知识产权权利人后十五日内，未收到权利人已经投诉或者起诉通知的，应当及时终止所采取的措施。

第四十四条　电子商务平台经营者应当及时公示收到的本法第四十二条、第四十三条规定的通知、声明及处理结果。

第四十五条　电子商务平台经营者知道或者应当知道平台内经营者侵犯知识产权的，应当采取删除、屏蔽、断开链接、终止交易和服务等必要措施；未采取必要措施的，与侵权人承担连带责任。

第四十六条　除本法第九条第二款规定的服务外，电子商务平台经营者可以按照平台服务协议和交易规则，为经营者之间的电子商务提供仓储、物流、支付结算、交收等服务。电子商务平台经营者为经营者之间的电子商务提供服务，应当遵守法律、行政法规和国家有关规定，不得采取集中竞价、做市商等集中交易方式进行交易，不得进行标准化合约交易。

第三章　电子商务合同的订立与履行

第四十七条　电子商务当事人订立和履行合同，适用本章和《中华人民共和国民法总则》《中华人民共和国合同法》《中华人民共和国电子签名法》等法律的规定。

第四十八条　电子商务当事人使用自动信息系统订立或者履行合同的行为对使用该系统的当事人具有法律效力。

在电子商务中推定当事人具有相应的民事行为能力。但是，有相反证据足以推翻的除外。

第四十九条　电子商务经营者发布的商品或者服务信息符合要约条件的，用户选择该商品或者服务并提交订单成功，合同成立。当事人另有约定的，从其约定。

电子商务经营者不得以格式条款等方式约定消费者支付价款后合同不成立；格式条款等含有该内容的，其内容无效。

第五十条　电子商务经营者应当清晰、全面、明确地告知用户订立合同的步骤、注意事项、下载方法等事项，并保证用户能够便利、完整地阅览和下载。

电子商务经营者应当保证用户在提交订单前可以更正输入错误。

第五十一条　合同标的为交付商品并采用快递物流方式交付的，收货人签收时间为交付时间。合同标的为提供服务的，生成的电子凭证或者实物凭证中载明的时间为交付时间；前述凭证没有载明时间或者载明时间与实际提供服务时间不一致的，实际提供服务的时间为交付时间。

合同标的为采用在线传输方式交付的，合同标的进入对方当事人指定的特定系统并且能够检索识别的时间为交付时间。

合同当事人对交付方式、交付时间另有约定的，从其约定。

第五十二条　电子商务当事人可以约定采用快递物流方式交付商品。

快递物流服务提供者为电子商务提供快递物流服务，应当遵守法律、行政法规，并应当符合承诺的服务规范和时限。快递物流服务提供者在交付商品时，应当提示收货人当面查验；交由他人代收的，应当经收货人同意。

快递物流服务提供者应当按照规定使用环保包装材料，实现包装材料的减量化和再利用。

快递物流服务提供者在提供快递物流服务的同时，可以接受电子商务经营者的委托提供代收货款服务。

第五十三条　电子商务当事人可以约定采用电子支付方式支付价款。

电子支付服务提供者为电子商务提供电子支付服务，应当遵守国家规定，告知用户电子支付服务的功能、使用方法、注意事项、相关风险和收费标准等事项，不得附加不合理交易条件。电子支付服务提供者应当确保电子支付指令的完整性、一致性、可跟踪稽核和不可篡改。

电子支付服务提供者应当向用户免费提供对账服务以及最近三年的交易记录。

第五十四条　电子支付服务提供者提供电子支付服务不符合国家有关支付安全管理要求，造成用户损失的，应当承担赔偿责任。

第五十五条　用户在发出支付指令前，应当核对支付指令所包含的金额、收款人等完整信息。

支付指令发生错误的，电子支付服务提供者应当及时查找原因，并采取相关措施予以纠正。造成用户损失的，电子支付服务提供者应当承担赔偿责任，但能够证明支付错误非自身原因造成的除外。

第五十六条　电子支付服务提供者完成电子支付后，应当及时准确地向用户提供符合约定方式的确认支付的信息。

第五十七条　用户应当妥善保管交易密码、电子签名数据等安全工具。用户发现安全工具遗失、被盗用或者未经授权的支付，应当及时通知电子支付服务提供者。

未经授权的支付造成的损失，由电子支付服务提供者承担；电子支付服务提供者能够证明未经授权的支付是因用户的过错造成的，不承担责任。

电子支付服务提供者发现支付指令未经授权，或者收到用户支付指令未经授权的通知时，应立即采取措施防止损失扩大。电子支付服务提供者未及时采取措施导致损失扩大的，对损失扩大部分承担责任。

第四章　电子商务争议解决

第五十八条　国家鼓励电子商务平台经营者建立有利于电子商务发展和消费者权益保护的商品、服务质量担保机制。

电子商务平台经营者与平台内经营者协议设立消费者权益保证金的，双方应当就消费者权益保证金的提取数额、管理、使用和退还办法等作出明确约定。

消费者要求电子商务平台经营者承担先行赔偿责任以及电子商务平台经营者赔偿后向平台内经营者的追偿，适用《中华人民共和国消费者权益保护法》的有关规定。

第五十九条　电子商务经营者应当建立便捷、有效的投诉、举报机制，公开投诉、举报方式等信息，及时受理并处理投诉、举报。

第六十条　电子商务争议可以通过协商和解，请求消费者组织、行业协会或者其他依法成立的调解组织调解，向有关部门投诉，提请仲裁，或者提起诉讼等方式解决。

第六十一条　消费者在电子商务平台购买商品或者接受服务，与平台内经营者发生争议时，电子商务平台经营者应当积极协助消费者维护合法权益。

第六十二条　在电子商务争议处理中，电子商务经营者应当提供原始合同和交易记录。因电子商务经营者丢失、伪造、篡改、销毁、隐匿或者拒绝提供前述资料，致使人民法院、仲裁机构或者有关机关无法查明事实的，电子商务经营者应当承担相应的法律责任。

第六十三条　电子商务平台经营者可以建立争议在线解决机制，制定并公示争议解决规则，根据自愿原则，公平、公正地解决当事人的争议。

第五章　电子商务促进

第六十四条　国务院和省、自治区、直辖市人民政府应当将电子商务发展纳入国民经济和社会发展规划，制定科学合理的产业政策，促进电子商务创新发展。

第六十五条　国务院和县级以上地方人民政府及其有关部门应当采取措施，支持、推动绿色包装、仓储、运输，促进电子商务绿色发展。

第六十六条　国家推动电子商务基础设施和物流网络建设，完善电子商务统计制度，加强电子商务标准体系建设。

第六十七条　国家推动电子商务在国民经济各个领域的应用，支持电子商务与各产业融合发展。

第六十八条　国家促进农业生产、加工、流通等环节的互联网技术应用，鼓励各类社会资源加强合作，促进农村电子商务发展，发挥电子商务在精准扶贫中的作用。

第六十九条　国家维护电子商务交易安全，保护电子商务用户信息，鼓励电子商务数据开发应用，保障电子商务数据依法有序自由流动。

国家采取措施推动建立公共数据共享机制，促进电子商务经营者依法利用公共数据。

第七十条　国家支持依法设立的信用评价机构开展电子商务信用评价，向社会提供电子商务信用评价服务。

第七十一条　国家促进跨境电子商务发展，建立健全适应跨境电子商务特点的海关、税收、进出境检验检疫、支付结算等管理制度，提高跨境电子商务各环节便利化水平，支持跨境电子商务平台经营者等为跨境电子商务提供仓储物流、报关、报检等服务。

国家支持小型微型企业从事跨境电子商务。

第七十二条　国家进出口管理部门应当推进跨境电子商务海关申报、纳税、检验检疫等环节的综合服务和监管体系建设，优化监管流程，推动实现信息共享、监管互认、执法互助，提高跨境电子商务服务和监管效率。跨境电子商务经营者可以凭电子单证向国家进出口管理部门办理有关手续。

第七十三条　国家推动建立与不同国家、地区之间跨境电子商务的交流合作，参与电子商务国际规则的制定，促进电子签名、电子身份等国际互认。

国家推动建立与不同国家、地区之间的跨境电子商务争议解决机制。

第六章　法律责任

第七十四条　电子商务经营者销售商品或者提供服务，不履行合同义务或者履行合同义务不符合约定，或者造成他人损害的，依法承担民事责任。

第七十五条　电子商务经营者违反本法第十二条、第十三条规定，未取得相关行政许可从事经营活动，或者销售、提供法律、行政法规禁止交易的商品、服务，或者不履行本法第二十五条规定的信息提供义务，电子商务平台经营者违反本法第四十六条规定，采取集中交易方式进行交易，或者进行标准化合约交易的，依照有关法律、行政法规的规定处罚。

第七十六条　电子商务经营者违反本法规定，有下列行为之一的，由市场监督管理部门责令限期改正，可以处一万元以下的罚款，对其中的电子商务平台经营者，依照本法第八十一条第一款的规定处罚：

（一）未在首页显著位置公示营业执照信息、行政许可信息、属于不需要办理市场主体登记情形等信息，或者上述信息的链接标识的；

（二）未在首页显著位置持续公示终止电子商务的有关信息的；

（三）未明示用户信息查询、更正、删除以及用户注销的方式、程序，或者对用户信息查询、更正、删除以及用户注销设置不合理条件的。

电子商务平台经营者对违反前款规定的平台内经营者未采取必要措施的，由市场监督管理部门责令限期改正，可以处二万元以上十万元以下的罚款。

第七十七条　电子商务经营者违反本法第十八条第一款规定提供搜索结果，或者违反本法第十九条规定搭售商品、服务的，由市场监督管理部门责令限期改正，没收违法所得，可以并处五万元以上二十万元以下的罚款；情节严重的，并处二十万元以上五十万元以下的罚款。

第七十八条　电子商务经营者违反本法第二十一条规定，未向消费者明示押金退还的方式、程序，对押金退还设置不合理条件，或者不及时退还押金的，由有关主管部门责令限期改正，可以处五万元以上二十万元以下的罚款；情节严重的，处二十万元以上五十万元以下的罚款。

第七十九条 电子商务经营者违反法律、行政法规有关个人信息保护的规定，或者不履行本法第三十条和有关法律、行政法规规定的网络安全保障义务的，依照《中华人民共和国网络安全法》等法律、行政法规的规定处罚。

第八十条 电子商务平台经营者有下列行为之一的，由有关主管部门责令限期改正；逾期不改正的，处二万元以上十万元以下的罚款；情节严重的，责令停业整顿，并处十万元以上五十万元以下的罚款：

（一）不履行本法第二十七条规定的核验、登记义务的；

（二）不按照本法第二十八条规定向市场监督管理部门、税务部门报送有关信息的；

（三）不按照本法第二十九条规定对违法情形采取必要的处置措施，或者未向有关主管部门报告的；

（四）不履行本法第三十一条规定的商品和服务信息、交易信息保存义务的。

法律、行政法规对前款规定的违法行为的处罚另有规定的，依照其规定。

第八十一条 电子商务平台经营者违反本法规定，有下列行为之一的，由市场监督管理部门责令限期改正，可以处二万元以上十万元以下的罚款；情节严重的，处十万元以上五十万元以下的罚款：

（一）未在首页显著位置持续公示平台服务协议、交易规则信息或者上述信息的链接标识的；

（二）修改交易规则未在首页显著位置公开征求意见，未按照规定的时间提前公示修改内容，或者阻止平台内经营者退出的；

（三）未以显著方式区分标记自营业务和平台内经营者开展的业务的；

（四）未为消费者提供对平台内销售的商品或者提供的服务进行评价的途径，或者擅自删除消费者的评价的。

电子商务平台经营者违反本法第四十条规定，对竞价排名的商品或者服务未显著标明"广告"的，依照《中华人民共和国广告法》的规定处罚。

第八十二条 电子商务平台经营者违反本法第三十五条规定，对平台内经营者在平台内的交易、交易价格或者与其他经营者的交易等进行不合理限制或者附加不合理条件，或者向平台内经营者收取不合理费用的，由市场监督管理部门责令限期改正，可以处五万元以上五十万元以下的罚款；情节严重的，处五十万元以上二百万元以下的罚款。

第八十三条 电子商务平台经营者违反本法第三十八条规定，对平台内经营者侵害消费者合法权益行为未采取必要措施，或者对平台内经营者未尽到资质资格审核义务，或者对消费者未尽到安全保障义务的，由市场监督管理部门责令限期改正，可以处五万元以上五十万元以下的罚款；情节严重的，责令停业整顿，并处五十万元以上二百万元以下的罚款。

第八十四条 电子商务平台经营者违反本法第四十二条、第四十五条规定，对平台内经营者实施侵犯知识产权行为未依法采取必要措施的，由有关知识产权行政部门责令限期改正；逾期不改正的，处五万元以上五十万元以下的罚款；情节严重的，处五十万元以上二百万元以下的罚款。

第八十五条 电子商务经营者违反本法规定，销售的商品或者提供的服务不符合保障人身、财产安全的要求，实施虚假或者引人误解的商业宣传等不正当竞争行为，滥用市场支配地位，或者实施侵犯知识产权、侵害消费者权益等行为的，依照有关法律的规定处罚。

第八十六条 电子商务经营者有本法规定的违法行为的，依照有关法律、行政法规的规定记入信用档案，并予以公示。

第八十七条　依法负有电子商务监督管理职责的部门的工作人员，玩忽职守、滥用职权、徇私舞弊，或者泄露、出售或者非法向他人提供在履行职责中所知悉的个人信息、隐私和商业秘密的，依法追究法律责任。

第八十八条　违反本法规定，构成违反治安管理行为的，依法给予治安管理处罚；构成犯罪的，依法追究刑事责任。

第七章　附　则

第八十九条　本法自 2019 年 1 月 1 日起施行。

关于延续实施跨境电子商务出口退运商品税收政策的公告

（财政部　海关总署　税务总局公告 2023 年第 34 号）

发布日期：2023-08-31
实施日期：2023-08-22
法规类型：规范性文件

为支持跨境电子商务新业态加快发展，现将有关税收政策公告如下：

一、将《财政部　海关总署　税务总局关于跨境电子商务出口退运商品税收政策的公告》（财政部　海关总署　税务总局公告 2023 年第 4 号）第一条中的"对自本公告印发之日起 1 年内在跨境电子商务海关监管代码（1210、9610、9710、9810）项下申报出口，因滞销、退货原因，自出口之日起 6 个月内原状退运进境的商品（不含食品），免征进口关税和进口环节增值税、消费税；出口时已征收的出口关税准予退还，出口时已征收的增值税、消费税参照内销货物发生退货有关税收规定执行"调整为"对 2023 年 1 月 30 日至 2025 年 12 月 31 日期间在跨境电子商务海关监管代码（1210、9610、9710、9810）项下申报出口，因滞销、退货原因，自出口之日起 6 个月内原状退运进境的商品（不含食品），免征进口关税和进口环节增值税、消费税；出口时已征收的出口关税准予退还，出口时已征收的增值税、消费税参照内销货物发生退货有关税收规定执行"。

二、其他规定仍按照财政部、海关总署、税务总局公告 2023 年第 4 号相关规定执行。

特此公告。

关于全面推广跨境电子商务零售进口退货中心仓模式的公告

（海关总署公告 2021 年第 70 号）

发布日期：2021-09-10
实施日期：2021-09-10
法规类型：规范性文件

为落实《国务院关于做好自由贸易试验区第六批改革试点经验复制推广工作的通知》（国函〔2020〕96 号）要求，便捷跨境电子商务零售进口商品退货，海关总署决定全面推广"跨境电子商务零售进口退货中心仓模式"（以下简称退货中心仓模式）。现将有关事项公告如下：

一、退货中心仓模式是指在跨境电商零售进口模式下，跨境电商企业境内代理人或其委托的海关特殊监管区域内仓储企业（以下简称退货中心仓企业）可在海关特殊监管区域内设置跨境电商零售进口商品退货专用存储地点，将退货商品的接收、分拣等流程在原海关特殊监管区域内开展的海关监管制度。

二、本公告适用于海关特殊监管区域内开展的跨境电子商务网购保税零售进口（监管方式代码 1210）商品的退货。

三、申请设置退货中心仓并据此开展退货管理业务的退货中心仓企业，其海关信用等级不得为失信企业。

四、退货中心仓企业开展退货业务时，应划定专门区位，配备与海关联网的视频监控系统，使用计算机仓储管理系统（WMS）对退货中心仓内商品的分拣、理货等作业进行信息化管理，并按照海关规定的方式与海关信息化监管系统联网，向海关报送能够满足监管要求的相关数据，接受海关监管。

五、退货中心仓企业应当建立退货流程监控体系、商品溯源体系和相关管理制度，保证退货商品为原出区域商品，向海关如实申报，接受海关监管，并承担相应法律责任。

六、退货中心仓企业在退货中心仓内完成退货商品分拣后：对于符合退货监管要求的商品，按现行规定向海关信息化监管系统正式申报退货；对于不符合退货监管要求的商品，由退货中心仓企业复运出区域进行相应处置。

七、退货中心仓企业应注重安全生产，做好退货风险防控，从退货揽收、卡口入区域、消费者管理等方面完善管理制度，规范操作，遵守区域管理制度并配合海关强化对退货中心仓内商品的实货监管。

八、本公告自发布之日起施行，未尽事宜，按海关现行规定执行。

特此公告。

国务院关于同意在河南省开展跨境电子商务
零售进口药品试点的批复

（国函〔2021〕51号）

发布日期：2021-05-08
实施日期：2021-05-08
法规类型：规范性文件

河南省人民政府，市场监管总局、国家药监局：

你们关于在河南省开展跨境电子商务零售进口药品试点的请示收悉。现批复如下：

一、同意在河南省开展跨境电子商务零售进口药品试点，试点期为自批复之日起3年，请认真组织实施。

二、试点工作要以习近平新时代中国特色社会主义思想为指导，深入贯彻落实党的十九大和十九届二中、三中、四中、五中全会精神，认真贯彻落实"四个最严"要求，按照《中华人民共和国药品管理法》相关规定，在现有法律框架内开展。试点品种为已取得我国境内上市许可的13个非处方药，试点目录由财政部、商务部、海关总署、税务总局、市场监管总局、国家药监局等部门联合印发，试点期内原则上不再扩大试点目录。

三、对纳入试点目录的药品，按照《关于跨境电子商务零售进出口商品有关监管事宜的公告》（海关总署公告2018年第194号）规定的通关管理要求开展进口业务，在通关环节不验核进口药品通关单，参照执行跨境电商零售进口相关税收政策，相关交易纳入个人年度交易总额管理，适用跨境电商零售进口商品单次、年度交易限值相关规定，在交易限值内，关税税率暂设为0%，进口环节增值税、消费税暂按法定应纳税额的70%征收。

四、河南省人民政府要加强对试点工作的组织领导，认真落实属地监管责任，会同国务院有关部门研究细化试点方案和有关监管措施，加强进口药品质量监管，保障人民群众用药安全和合法权益。

五、国务院有关部门要按照职责分工，积极支持河南省开展试点，加强信息和数据共享，确保通关、质量监管等工作可操作、可落地。试点中的重大问题，河南省人民政府和市场监管总局、国家药监局要及时向国务院请示报告。

附

首批试点药品为已取得中国境内上市许可的13个非处方药，分别为康腹止泻片、和胃整肠丸、金牌风油精、樟薄玉香软膏、活络油、普济丸、健妇胶囊、薄荷活络膏、薄荷护表油、岭南正红花油、岭南黑鬼油、肚痛健胃整肠丸、四季平安油。消费者在购买时，如在交易限值内，关税税率为零。

关于在全国海关复制推广跨境电子商务
企业对企业出口监管试点的公告

（海关总署公告 2021 年第 47 号）

发布日期：2021-06-22
实施日期：2021-07-01
法规类型：规范性文件

为认真落实全国深化"放管服"改革着力培养和激发市场主体活力电视电话会议精神，进一步促进跨境电子商务（以下简称"跨境电商"）健康有序发展，助力企业更好开拓国际市场，经研究，决定复制推广跨境电商企业对企业（以下简称"跨境电商 B2B"）出口监管试点。现将有关事项公告如下：

在现有试点海关基础上，在全国海关复制推广跨境电商 B2B 出口监管试点。跨境电商企业、跨境电商平台企业、物流企业等参与跨境电商 B2B 出口业务的境内企业，应当依据海关报关单位备案有关规定，向所在地海关办理备案。其他有关事项按照海关总署公告 2020 年第 75 号《关于开展跨境电子商务企业对企业出口监管试点》、第 92 号《关于扩大跨境电子商务企业对企业出口监管试点范围的公告》执行。海关总署公告 2020 年第 75 号和第 92 号中与本公告内容不一致的，以本公告内容为准。

本公告自 2021 年 7 月 1 日起施行。

特此公告。

商务部 发展改革委 财政部 海关总署 税务总局 市场监管总局
关于扩大跨境电商零售进口试点、严格落实监管要求的通知

（商财发〔2021〕39 号）

发布日期：2021-03-18
实施日期：2021-03-18
法规类型：规范性文件

经国务院同意，现就进一步扩大跨境电商零售进口试点城市范围、严格落实监管要求等有关工作通知如下：

一、将跨境电商零售进口试点扩大至所有自贸试验区、跨境电商综试区、综合保税区、进口贸易促进创新示范区、保税物流中心（B 型）所在城市（及区域）。今后相关城市（区域）经所在地海关确认符合监管要求后，即可按照商务部 发展改革委 财政部 海关总署 税务总局 市场监管总局《关于完善跨境电子商务零售进口监管有关工作的通知》（商财发〔2018〕486 号）要求，开展网购保税进口（海关监管方式代码 1210）业务。

二、各试点城市（区域）应切实承担本地区跨境电商零售进口政策试点工作的主体责任，严格落实监管要求规定，全面加强质量安全风险防控，及时查处在海关特殊监管区域外开展"网购保税+线下自提"、二次销售等违规行为，确保试点工作顺利推进，共同促进行业规范健康持续发展。

三、本通知自发布之日起实施。试点过程中出现的重大问题及情况请及时报商务部等有关部门。

关于开展跨境电子商务企业对企业出口监管试点的公告

（海关总署公告 2020 年第 75 号）

发布日期：2020-06-12
实施日期：2020-07-01
法规类型：规范性文件

为贯彻落实党中央国务院关于加快跨境电子商务（以下简称"跨境电商"）新业态发展的部署要求，充分发挥跨境电商稳外贸保就业等积极作用，进一步促进跨境电商健康快速发展，现就跨境电商企业对企业出口（以下简称"跨境电商 B2B 出口"）试点有关监管事宜公告如下：

一、适用范围

（一）境内企业通过跨境电商平台与境外企业达成交易后，通过跨境物流将货物直接出口送达境外企业（以下简称"跨境电商 B2B 直接出口"）；或境内企业将出口货物通过跨境物流送达海外仓，通过跨境电商平台实现交易后从海外仓送达购买者（以下简称"跨境电商出口海外仓"）；并根据海关要求传输相关电子数据的，按照本公告接受海关监管。

二、增列海关监管方式代码

（二）增列海关监管方式代码"9710"，全称"跨境电子商务企业对企业直接出口"，简称"跨境电商 B2B 直接出口"，适用于跨境电商 B2B 直接出口的货物。

（三）增列海关监管方式代码"9810"，全称"跨境电子商务出口海外仓"，简称"跨境电商出口海外仓"，适用于跨境电商出口海外仓的货物。

三、企业管理

（四）跨境电商企业、跨境电商平台企业、物流企业等参与跨境电商 B2B 出口业务的境内企业，应当依据海关报关单位注册登记管理有关规定，向所在地海关办理注册登记。

开展出口海外仓业务的跨境电商企业，还应当在海关开展出口海外仓业务模式备案。

四、通关管理

（五）跨境电商企业或其委托的代理报关企业、境内跨境电商平台企业、物流企业应当通过国际贸易"单一窗口"或"互联网+海关"向海关提交申报数据、传输电子信息，并对数据真实性承担相应法律责任。

（六）跨境电商 B2B 出口货物应当符合检验检疫相关规定。

（七）海关实施查验时，跨境电商企业或其代理人、监管作业场所经营人应当按照有关规定配合海关查验。海关按规定实施查验，对跨境电商 B2B 出口货物可优先安排查验。

（八）跨境电商 B2B 出口货物适用全国通关一体化，也可采用"跨境电商"模式进行转关。

五、其他事项

（九）本公告有关用语的含义：

"跨境电商B2B出口"是指境内企业通过跨境物流将货物运送至境外企业或海外仓，并通过跨境电商平台完成交易的贸易形式。

"跨境电商平台"是指为交易双方提供网页空间、虚拟经营场所、交易规则、信息发布等服务，设立供交易双方独立开展交易活动的信息网络系统。包括自营平台和第三方平台，境内平台和境外平台。

（十）在北京海关、天津海关、南京海关、杭州海关、宁波海关、厦门海关、郑州海关、广州海关、深圳海关、黄埔海关开展跨境电商B2B出口监管试点。根据试点情况及时在全国海关复制推广。

（十一）本公告自2020年7月1日起施行，未尽事宜按海关有关规定办理。

特此公告。

关于跨境电子商务零售进口商品退货有关监管事宜的公告

（海关总署公告2020年第45号）

发布日期：2020-03-28
实施日期：2020-03-28
法规类型：规范性文件

为进一步优化营商环境、促进贸易便利化，帮助企业积极应对新冠肺炎疫情影响，优化跨境电子商务零售进口商品退货监管，推动跨境电子商务健康快速发展，根据国家有关跨境电子商务零售进口相关政策规定，现将跨境电子商务零售进口商品退货海关监管事宜公告如下：

一、在跨境电子商务零售进口模式下，跨境电子商务企业境内代理人或其委托的报关企业（以下简称"退货企业"）可向海关申请开展退货业务。跨境电子商务企业及其境内代理人应保证退货商品为原跨境电商零售进口商品，并承担相关法律责任。

二、退货企业可以对原《中华人民共和国海关跨境电子商务零售进口申报清单》（以下简称《申报清单》）内全部或部分商品申请退货。

三、退货企业在《申报清单》放行之日起30日内申请退货，并且在《申报清单》放行之日起45日内将退货商品运抵原海关监管作业场所、原海关特殊监管区域或保税物流中心（B型）的，相应税款不予征收，并调整消费者个人年度交易累计金额。

四、退货企业应当向海关如实申报，接受海关监管，并承担相应的法律责任。

五、海关总署2018年194号公告有关内容与本公告不一致的以本公告为准。

本公告自发布之日起实施。

关于全面推广跨境电子商务出口商品
退货监管措施有关事宜的公告

（海关总署公告 2020 年第 44 号）

发布日期：2020-03-27
实施日期：2020-03-27
法规类型：规范性文件

为进一步优化营商环境、促进贸易便利化，帮助企业积极应对新冠肺炎疫情影响，使跨境电子商务商品出得去、退得回，推动跨境电子商务出口业务健康快速发展，海关总署决定全面推广跨境电子商务出口商品退货监管措施。现将有关事宜公告如下：

一、跨境电子商务出口企业、特殊区域（包括海关特殊监管区域和保税物流中心（B型））内跨境电子商务相关企业或其委托的报关企业（以下简称"退货企业"）可向海关申请开展跨境电子商务零售出口、跨境电子商务特殊区域出口、跨境电子商务出口海外仓商品的退货业务。

二、申请开展退货业务的跨境电子商务出口企业、特殊区域内跨境电子商务相关企业应当建立退货商品流程监控体系，应保证退货商品为原出口商品，并承担相关法律责任。

三、退货企业可以对原《中华人民共和国海关出口货物报关单》、《中华人民共和国海关跨境电子商务零售出口申报清单》或《中华人民共和国海关出境货物备案清单》所列全部或部分商品申请退货。

四、跨境电子商务出口退货商品可单独运回也可批量运回，退货商品应在出口放行之日起 1 年内退运进境。

五、退货企业应当向海关如实申报，接受海关监管，并承担相应的法律责任。

本公告自发布之日起实施。

国家邮政局　商务部　海关总署关于促进跨境电子商务
寄递服务高质量发展的若干意见（暂行）

（国邮发〔2019〕17 号）

发布日期：2019-02-23
实施日期：2019-02-23
法规类型：规范性文件

各省、自治区、直辖市邮政管理局、商务主管部门，各计划单列市及新疆生产建设兵团商务主管部门，各直属海关：

邮政业是推动流通方式转型、促进消费升级的现代化先导性产业，在国民经济中发挥着重要的基础性作用。近年来，随着互联网普及应用和邮政业高速发展，跨境寄递服务在促进中小企业产品出口、为人民群众提供商品进口等方面发挥了巨大作用，已经成为助推对外贸易增长和产业转型升级的新动力。但在快速发展中，用户体验、权益保护、安全监管、国际规则等方面也存在明显短板。为打造更多跨境寄递服务通道平台，促进跨境寄递服务高质量发展，保障寄递安全，改进用户体验，降低物流成本，维护公平竞争，形成线上线下协同发展新格局，现提出以下意见：

一、深化放管服改革，激发市场活力

（一）支持寄递服务企业主体多元化。支持邮政企业、进出境快件经营人等各类跨境寄递服务企业利用互联网平台，发挥信息系统优势，依法提供跨境包裹、商业快件等寄递服务，依法纳入行业监督管理和服务统计。

（二）支持外资企业依法进入市场。支持外商在境内依法申请设立快递企业，提供跨境包裹、商业快件等寄递服务。全面落实准入前国民待遇加负面清单管理制度，以开放促改革、促发展、促创新。

（三）支持建立跨境寄递服务企业信用体系。推进邮政、商务、海关等政府部门之间信用信息共享和联合奖惩机制建设，加强跨境寄递服务企业信用管理。邮政、商务、海关等政府部门按照有关规定对各部门共享的高资信企业落实便利措施，对失信企业实施严密监管措施。

二、坚持创新驱动发展，构建保障机制

（四）加快创新跨境寄递服务模式。鼓励跨境寄递服务企业发挥优势拓展渠道，加强重点区域的国际多边和双边合作，创新丰富寄递产品，优化流程缩短时限，增强核心竞争力。鼓励跨境寄递服务企业通过投资并购、战略联盟、业务合作等方式整合境内外收寄、投递、国际运输、通关、境外预检视、境外预分拣、海外仓等资源，提供面向全球的一体化、综合性跨境包裹、商业快件等寄递服务。支持跨境寄递服务企业在重要节点区域设置海外仓，发展境外寄递服务网络，符合条件的，可以按规定程序申报外经贸发展专项资金支持。

（五）加快完善跨境寄递服务体系。鼓励跨境寄递服务企业创建品牌，提供跨境包裹、商业快件等寄递服务。支持跨境寄递服务企业与跨境电商共商共建团体标准，提高服务可靠性，提供全程跟踪查询、退换货、丢损赔偿、拓展营销、融资、仓储等增值服务。鼓励数据共享应用，赋能上下游中小微企业，实现行业间、企业间开放合作、互利共赢，以跨境寄递服务新形态支撑贸易新业态。

（六）加快建立数据交换机制。依托国际贸易"单一窗口"平台，逐步实现跨境寄递服务企业向邮政、商务、海关等政府部门报送数据和相关信息交换。各政府部门要尽快完善自身业务管理系统，明确跨境寄递服务企业传输跨境包裹、商业快件等面单电子数据的内件品名、数量、价格（含币种）、收寄件人名称、进出口国别（地区）等内容，为企业提供网上"一站式"服务，实时掌握跨境寄递服务各环节数据信息。跨境寄递服务企业要完善自身业务操作系统，尽快实现与政府部门的系统对接。跨境寄递服务企业、跨境电子商务企业、支付企业要与消费者建立信息验证机制，确保物流、交易和支付等信息真实、准确。

三、优化行业发展环境，促进协同共进

（七）提升跨境寄递服务网络能力。邮政部门要研究制定跨境寄递国际运输网络布局规划，鼓励跨境寄递服务企业开辟国际货运航线，加快完善跨境寄递国际航空运输网络。推动中欧班列运输跨境邮件快件常态化，支持边贸寄递发展。支持跨境电子商务综合试验区所在地城市建设国际邮件互换局和快件监管中心，鼓励自由贸易试验区、跨境电商综合试验区和重点口岸大胆探索物流、仓储、通关新模式，提升跨境寄递的通关、换装、多式联运能力。

（八）提升跨境寄递服务全程通关便利。海关、邮政等政府部门应当建立协作机制，完善跨境寄递信息通报等配套管理政策。推动实现与跨境寄递目的地国（起运地国），特别是"一带一路"沿线国家和地区，以及北美、欧洲等跨境电商重点出口国海关的对接，推进跨境寄递服务企业实现境外信息化通关。支持跨境寄递服务企业依法在跨境电商重点国家申请相关资质，提升跨境寄递全程综合通关服务能力。

（九）提升参与国际治理能力建设。邮政部门要深度参与万国邮联规则制定，稳妥推进万国邮联在服务产品、终端费等关键领域的改革，维护多边机制稳定发展；推动与亚太、欧洲等重点地区建立跨境电商及邮政业的次区域合作模式，有效应对跨境寄递领域的国际摩擦，维护我国正当利益和跨境寄递企业合法权益。商务部门要在世贸组织、自贸协定等多双边谈判中，探索制定跨境电商领域的国际规则。海关要加大与世界海关组织以及重点国家相关部门交流合作力度，推动世界海关组织跨境电商标准完善与实施，建立跨境电商寄递物品安全与便利化机制。

四、加强全过程监管，坚持依法行政

（十）规范跨境寄递服务企业经营行为。按照国务院"双随机一公开"有关要求，对跨境寄递服务企业依法监管。外商和境外邮政运营商不得在中华人民共和国境内提供邮政服务，任何单位和个人不得为违反上述规定的运营商提供生产经营场所、运输、保管和仓储等条件。境内企业提供商业快件（包裹）等跨境寄递服务的，应当依法取得快递业务经营许可，依法向海关办理注册登记或信息登记，并提交身份、地址、联系方式、行政许可等真实信息。境内企业不得以境外邮政运营商名义开展邮政服务活动。境内企业与境外邮政运营商合作推出的跨境包裹和商业快件服务产品，在出境前不得贴用境外邮政单式。

（十一）规范跨境电商相关企业经营行为。跨境电商经营者不得与未取得相关行政许可或提供的寄递服务违反法律法规规定的物流企业合作。跨境寄递服务企业申请在电子商务平台上提供跨境包裹、商业快件等寄递服务的，应当向电子商务平台经营者提交身份、地址、联系方式、行政许可等真实信息，电子商务平台经营者应当进行核验，并定期更新。

（十二）落实寄递渠道安全管理规定。经营跨境邮件快件寄递服务的企业应当建立健全并有效实施安全管理制度，认真落实实名收寄、收寄验视、过机安检"三项制度"，严格遵守禁止寄递或者限制寄递物品的有关规定。

各级邮政、商务、海关等部门要充分认识促进跨境寄递服务发展的重要性和紧迫性，按照职能分工落实管理与服务责任，不断强化部门间协调配合，开展联合调研和检查工作，确保支持措施和便利政策落实到位，督促跨境寄递服务企业切实落实本意见内容和要求，完善自身条件，提升服务品质，共同推进我国跨境寄递服务可持续、健康、高质量发展。

关于跨境电子商务企业海关注册登记管理有关事宜的公告

（海关总署公告 2018 年第 219 号）

发布日期：2018-12-29
实施日期：2019-01-01
法规类型：规范性文件

为进一步规范海关跨境电子商务监管工作，根据《中华人民共和国海关报关单位注册登记管理规定》、《商务部　发展改革委　财政部　海关总署　税务总局　市场监管总局关于完善跨境电子商务零售进口监管有关工作的通知》（商财发〔2018〕486号）等相关规定，现将参与跨境电子商务的企业海关注册登记管理有关事项公告如下：

一、跨境电子商务支付企业、物流企业应当按照海关总署 2018 年第 194 号公告的规定取得相关资质证书，并按照主管部门相关规定，在办理海关注册登记手续时提交相关资质证书。

二、在本公告实施之日前，已办理海关注册登记或信息登记的跨境电子商务物流企业、或仅办理海关信息登记的参与跨境电子商务进口业务的平台企业、支付企业，应当于 2019 年 3 月 31 日前按照规定办理海关注册登记或补充提交资质证书等手续。逾期未按规定办理的，其海关跨境电子商务企业信息不再有效。

本公告自 2019 年 1 月 1 日起施行，海关总署公告 2018 年第 27 号同时废止。

特此公告。

关于跨境电子商务零售进出口商品有关监管事宜的公告

（海关总署公告 2018 年第 194 号）

发布日期：2018-12-10
实施日期：2019-01-01
法规类型：规范性文件

为做好跨境电子商务零售进出口商品监管工作，促进跨境电子商务健康有序发展，根据《中华人民共和国海关法》《中华人民共和国进出境动植物检疫法》《中华人民共和国进出口商品检验法》《中华人民共和国电子商务法》等法律法规和《商务部　发展改革委　财政部　海关总署　税务总局　市场监管总局关于完善跨境电子商务零售进口监管有关工作的通知》（商财发〔2018〕486 号）等国家有关跨境电子商务零售进出口相关政策规定，现就海关监管事宜公告如下：

一、适用范围

（一）跨境电子商务企业、消费者（订购人）通过跨境电子商务交易平台实现零售进出口商品交易，并根据海关要求传输相关交易电子数据的，按照本公告接受海关监管。

二、企业管理

（二）跨境电子商务平台企业、物流企业、支付企业等参与跨境电子商务零售进口业务的企业，应当依据海关报关单位注册登记管理相关规定，向所在地海关办理注册登记；境外跨境电子商务企业应委托境内代理人（以下称跨境电子商务企业境内代理人）向该代理人所在地海关办理注册登记。

跨境电子商务企业、物流企业等参与跨境电子商务零售出口业务的企业，应当向所在地海关办理信息登记；如需办理报关业务，向所在地海关办理注册登记。

物流企业应获得国家邮政管理部门颁发的《快递业务经营许可证》。直购进口模式下，物流企业应为邮政企业或者已向海关办理代理报关登记手续的进出境快件运营人。

支付企业为银行机构的，应具备银保监会或者原银监会颁发的《金融许可证》；支付企业为非银行支付机构的，应具备中国人民银行颁发的《支付业务许可证》，支付业务范围应当包括"互联网支付"。

（三）参与跨境电子商务零售进出口业务并在海关注册登记的企业，纳入海关信用管理，海关根据信用等级实施差异化的通关管理措施。

三、通关管理

（四）对跨境电子商务直购进口商品及适用"网购保税进口"（监管方式代码1210）进口政策的商品，按照个人自用进境物品监管，不执行有关商品首次进口许可批件、注册或备案要求。但对相关部门明令暂停进口的疫区商品和对出现重大质量安全风险的商品启动风险应急处置时除外。

适用"网购保税进口A"（监管方式代码1239）进口政策的商品，按《跨境电子商务零售进口商品清单（2018版）》尾注中的监管要求执行。

（五）海关对跨境电子商务零售进出口商品及其装载容器、包装物按照相关法律法规实施检疫，并根据相关规定实施必要的监管措施。

（六）跨境电子商务零售进口商品申报前，跨境电子商务平台企业或跨境电子商务企业境内代理人、支付企业、物流企业应当分别通过国际贸易"单一窗口"或跨境电子商务通关服务平台向海关传输交易、支付、物流等电子信息，并对数据真实性承担相应责任。

直购进口模式下，邮政企业、进出境快件运营人可以接受跨境电子商务平台企业或跨境电子商务企业境内代理人、支付企业的委托，在承诺承担相应法律责任的前提下，向海关传输交易、支付等电子信息。

（七）跨境电子商务零售出口商品申报前，跨境电子商务企业或其代理人、物流企业应当分别通过国际贸易"单一窗口"或跨境电子商务通关服务平台向海关传输交易、收款、物流等电子信息，并对数据真实性承担相应法律责任。

（八）跨境电子商务零售商品进口时，跨境电子商务企业境内代理人或其委托的报关企业应提交《中华人民共和国海关跨境电子商务零售进出口商品申报清单》（以下简称《申报清单》），采取"清单核放"方式办理报关手续。

跨境电子商务零售商品出口时，跨境电子商务企业或其代理人应提交《申报清单》，采取"清单核放、汇总申报"方式办理报关手续；跨境电子商务综合试验区内符合条件的跨境电子商务零售商品出口，可采取"清单核放、汇总统计"方式办理报关手续。

《申报清单》与《中华人民共和国海关进（出）口货物报关单》具有同等法律效力。

按照上述第（六）至（八）条要求传输、提交的电子信息应当加施电子签名。

（九）开展跨境电子商务零售进口业务的跨境电子商务平台企业、跨境电子商务企业境内代理人应对交易真实性和消费者（订购人）身份信息真实性进行审核，并承担相应责任；身份信息未经国家主管部门或其授权的机构认证的，订购人与支付人应当为同一人。

（十）跨境电子商务零售商品出口后，跨境电子商务企业或其代理人应当于每月15日前（当月15日是法定节假日或者法定休息日，顺延至其后的第一个工作日），将上月结关的《申报清单》依据清单表头同一收发货人、同一运输方式、同一生产销售单位、同一运抵国、同一出境关别，以及清单表体同一最终目的国、同一10位海关商品编码、同一币制的规则进行归并，汇总形成《中华人民共和国海关出口货物报关单》向海关申报。

允许以"清单核放、汇总统计"方式办理报关手续的，不再汇总形成《中华人民共和国海关出口货物报关单》。

（十一）《申报清单》的修改或者撤销，参照海关《中华人民共和国海关进（出）口货物报关单》修改或者撤销有关规定办理。

除特殊情况外，《申报清单》、《中华人民共和国海关进（出）口货物报关单》应当采取通关无纸化作业方式进行申报。

四、税收征管

（十二）对跨境电子商务零售进口商品，海关按照国家关于跨境电子商务零售进口税收政策征收关税和进口环节增值税、消费税，完税价格为实际交易价格，包括商品零售价格、运费和保险费。

（十三）跨境电子商务零售进口商品消费者（订购人）为纳税义务人。在海关注册登记的跨境电子商务平台企业、物流企业或申报企业作为税款的代收代缴义务人，代为履行纳税义务，并承担相应的补税义务及相关法律责任。

（十四）代收代缴义务人应当如实、准确向海关申报跨境电子商务零售进口商品的商品名称、规格型号、税则号列、实际交易价格及相关费用等税收征管要素。

跨境电子商务零售进口商品的申报币制为人民币。

（十五）为审核确定跨境电子商务零售进口商品的归类、完税价格等，海关可以要求代收代缴义务人按照有关规定进行补充申报。

（十六）海关对符合监管规定的跨境电子商务零售进口商品按时段汇总计征税款，代收代缴义务人应当依法向海关提交足额有效的税款担保。

海关放行后 30 日内未发生退货或修撤单的，代收代缴义务人在放行后第 31 日至第 45 日内向海关办理纳税手续。

五、场所管理

（十七）跨境电子商务零售进出口商品监管作业场所必须符合海关相关规定。跨境电子商务监管作业场所经营人、仓储企业应当建立符合海关监管要求的计算机管理系统，并按照海关要求交换电子数据。其中开展跨境电子商务直购进口或一般出口业务的监管作业场所应按照快递类或者邮递类海关监管作业场所规范设置。

（十八）跨境电子商务网购保税进口业务应当在海关特殊监管区域或保税物流中心（B型）内开展。除另有规定外，参照本公告规定监管。

六、检疫、查验和物流管理

（十九）对需在进境口岸实施的检疫及检疫处理工作，应在完成后方可运至跨境电子商务监管作业场所。

（二十）网购保税进口业务：一线入区时以报关单方式进行申报，海关可以采取视频监控、联网核查、实地巡查、库存核对等方式加强对网购保税进口商品的实货监管。

（二十一）海关实施查验时，跨境电子商务企业或其代理人、跨境电子商务监管作业场所经营人、仓储企业应当按照有关规定提供便利，配合海关查验。

（二十二）跨境电子商务零售进出口商品可采用"跨境电商"模式进行转关。其中，跨境电子商务综合试验区所在地海关可将转关商品品名以总运单形式录入"跨境电子商务商品一批"，并需随附转关商品详细电子清单。

（二十三）网购保税进口商品可在海关特殊监管区域或保税物流中心（B型）间流转，按有关规定办理流转手续。以"网购保税进口"（监管方式代码 1210）海关监管方式进境的商品，不得转入适用"网购保税进口 A"（监管方式代码 1239）的城市继续开展跨境电子商务零售进口业务。网购保税进口商品可在同一区域（中心）内的企业间进行流转。

七、退货管理

（二十四）在跨境电子商务零售进口模式下，允许跨境电子商务企业境内代理人或其委托的报关企业申请退货，退回的商品应当符合二次销售要求并在海关放行之日起 30 日内以原状运抵原监管作业场所，相应税款不予征收，并调整个人年度交易累计金额。

在跨境电子商务零售出口模式下，退回的商品按照有关规定办理有关手续。

（二十五）对超过保质期或有效期、商品或包装损毁、不符合我国有关监管政策等不适合境内销售的跨境电子商务零售进口商品，以及海关责令退运的跨境电子商务零售进口商品，按照有关规定退运出境或销毁。

八、其他事项

（二十六）从事跨境电子商务零售进出口业务的企业应向海关实时传输真实的业务相关电子数据和电子信息，并开放物流实时跟踪等信息共享接口，加强对海关风险防控方面的信息和数据支持，配合海关进行有效管理。

跨境电子商务企业及其代理人、跨境电子商务平台企业应建立商品质量安全等风险防控机制，加强对商品质量安全以及虚假交易、二次销售等非正常交易行为的监控，并采取相应处置措施。

跨境电子商务企业不得进出口涉及危害口岸公共卫生安全、生物安全、进出口食品和商品安全、侵犯知识产权的商品以及其他禁限商品，同时应当建立健全商品溯源机制并承担质量安全主体责任。鼓励跨境电子商务平台企业建立并完善进出口商品安全自律监管体系。

消费者（订购人）对于已购买的跨境电子商务零售进口商品不得再次销售。

（二十七）海关对跨境电子商务零售进口商品实施质量安全风险监测，责令相关企业对不合格或存在质量安全问题的商品采取风险消减措施，对尚未销售的按货物实施监管，并依法追究相关经营主体责任；对监测发现的质量安全高风险商品发布风险警示并采取相应管控措施。海关对跨境电子商务零售进口商品在商品销售前按照法律法规实施必要的检疫，并视情发布风险警示。

（二十八）跨境电子商务平台企业、跨境电子商务企业或其代理人、物流企业、跨境电子商务监管作业场所经营人、仓储企业发现涉嫌违规或走私行为的，应当及时主动告知海关。

（二十九）涉嫌走私或违反海关监管规定的参与跨境电子商务业务的企业，应配合海关调查，开放交易生产数据或原始记录数据。

海关对违反本公告，参与制造或传输虚假交易、支付、物流"三单"信息、为二次销售提供便利、未尽责审核消费者（订购人）身份信息真实性等，导致出现个人身份信息或年度购买额度被盗用、进行二次销售及其他违反海关监管规定情况的企业依法进行处罚。对涉嫌走私或违规的，由海关依法处理；构成犯罪的，依法追究刑事责任。对利用其他公民身份信息非法从事跨境电子商务零售进口业务的，海关按走私违规处理，并按违法利用公民信息的有关法律规定移交相关部门处理。对不涉嫌走私违规、首次发现的，进行约谈或暂停业务责令整改；再次发现的，一定时期内不允许其从事跨境电子商务零售进口业务，并交由其他行业主管部门按规定实施查处。

（三十）在海关注册登记的跨境电子商务企业及其境内代理人、跨境电子商务平台企业、支付企业、物流企业等应当接受海关稽核查。

（三十一）本公告有关用语的含义：

"跨境电子商务企业"是指自境外向境内消费者销售跨境电子商务零售进口商品的境外注册企业（不包括在海关特殊监管区域或保税物流中心内注册的企业），或者境内向境外消费者销售跨境电子商务零售出口商品的企业，为商品的货权所有人。

"跨境电子商务企业境内代理人"是指开展跨境电子商务零售进口业务的境外注册企业所委托的境内代理企业，由其在海关办理注册登记，承担如实申报责任，依法接受相关部门监管，并承担民事责任。

"跨境电子商务平台企业"是指在境内办理工商登记，为交易双方（消费者和跨境电子商务企业）提供网页空间、虚拟经营场所、交易规则、信息发布等服务，设立供交易双方独立开展交易活动的信息网络系统的经营者。

"支付企业"是指在境内办理工商登记，接受跨境电子商务平台企业或跨境电子商务企业境内代理人委托为其提供跨境电子商务零售进口支付服务的银行、非银行支付机构以及银联等。

"物流企业"是指在境内办理工商登记，接受跨境电子商务平台企业、跨境电子商务企业或其代理人委托为其提供跨境电子商务零售进出口物流服务的企业。

"消费者（订购人）"是指跨境电子商务零售进口商品的境内购买人。

"国际贸易'单一窗口'"是指由国务院口岸工作部际联席会议统筹推进，依托电子口岸公共平台建设的一站式贸易服务平台。申报人（包括参与跨境电子商务的企业）通过"单一窗口"向海关等口岸管理相关部门一次性申报，口岸管理相关部门通过电子口岸平台共享信息数据、实施职能管理，将执法结果通过"单一窗口"反馈申报人。

"跨境电子商务通关服务平台"是指由电子口岸搭建，实现企业、海关以及相关管理部门之间数据交换与信息共享的平台。

适用"网购保税进口"（监管方式代码1210）进口政策的城市：天津、上海、重庆、大连、杭州、宁波、青岛、广州、深圳、成都、苏州、合肥、福州、郑州、平潭、北京、呼和浩特、沈阳、长春、哈尔滨、南京、南昌、武汉、长沙、南宁、海口、贵阳、昆明、西安、兰州、厦门、唐山、无锡、威海、珠海、东莞、义乌等37个城市（地区）。

（三十二）本公告自2019年1月1日起施行，施行时间以海关接受《申报清单》申报时间为准，未尽事宜按海关有关规定办理。海关总署公告2016年第26号同时废止。

境内跨境电子商务企业已签订销售合同的，其跨境电子商务零售进口业务的开展可延长至2019年3月31日。

特此公告。

关于修订跨境电子商务统一版信息化系统企业接入报文规范的公告

（海关总署公告2018年第113号）

发布日期：2018-09-04
实施日期：2018-09-30
法规类型：规范性文件

根据关检融合需求，现将跨境电子商务统一版信息化系统企业申报数据项接入报文规范修订事宜公告如下：

一、报文修订情况详见下表：

序号	中文名称	英文名称	数据格式	是否必填	说明	变更内容
				进口清单表体		
1	商品规格型号	gmodel	C..510	是	填写品名、牌名、规格、型号、成份、含量、等级等，满足海关归类、审价、监管要求	由C..250扩充为C..510
2	贸易国	tradeCountry	C3	否	按海关规定的《国别（地区）代码表》选择填报相应的贸易国（地区）代码。	新增填制要求

续表

序号	中文名称	英文名称	数据格式	是否必填	说明	变更内容
			进口电子订单表头			
3	订购人电话	buyerTele-phone	C..30	是	海关监管对象的电话，要求实际联系电话	新增填制要求
			进口电子订单表体			
4	商品规格型号	gmodel	C..510	是	满足海关归类、审价以及监管的要求为准。包括：品名、牌名、规格、型号、成份、含量、等级等新增填制要求	
			进口运单表头			
5	订单编号	orderNo	C..60	是	交易平台的订单编号，同一交易平台应唯一。	新增填制要求

修订后的报文规范和经过海关验证的传输协议及接入服务产品参见《海关跨境统一版系统企业对接报文规范（试行）》（详见附件1）。

二、企业对于其向海关所申报及传输的电子数据承担法律责任，电子单证数据使用数字签名技术。具体如下表所示：

表1　进口业务单证责任主体

序号	业务单证	责任主体	数字签名
1	进口清单	电商企业或其代理人	是
2	电子订单	电商企业或电商平台或受委托的快件运营人、邮政企业	是
3	支付单	支付企业或受委托的快件运营人、邮政企业	是
4	运单	物流企业	是
5	运单状态	物流企业	是
6	撤销申请单	电商企业或其代理人	是
7	退货申请单	电商企业或其代理人	是
8	入库明细单	海关监管作业场所经营企业	是

表2　出口业务单证责任主体

序号	业务单证	责任主体	数字签名
1	出口清单	电商企业或其代理人	是
2	电子订单	电商企业或电商平台	是
3	收款单	电商企业	是
4	运单	物流企业	是
5	运抵单	海关监管作业场所经营企业	是
6	离境单	物流企业	是

序号	业务单证	责任主体	数字签名
7	清单总分单	电商企业或其代理人	是
8	撤销申请单	电商企业或其代理人	是
9	汇总申请单	电商企业或其代理人	是

企业数字签名的技术要求及密码产品选型参见《海关跨境统一版系统密码产品选型和使用指南》（详见附件2），请企业根据实际业务配置。

三、支持提供跨境统一版系统清单录入功能。电子商务企业或其代理人可登录"互联网+海关"一体化网上办事服务平台使用"跨境电子商务"功能进行清单录入、修改、申报、查询等操作。

四、有关跨境统一版系统企业用户操作手册及企业对接报文标准等附件文档，如有变更将通过"互联网+海关"一体化网上办事服务平台"文档资料"栏目及时发布。

本公告自2018年9月30日起施行，海关总署2018年第56号公告同时废止。

以上事宜可咨询海关服务热线：12360。

特此公告。

附件：1. 海关跨境统一版系统企业对接报文规范（试行）（略）
　　　2. 海关跨境统一版系统密码产品选型和使用指南（略）

商务部、发展改革委、财政部等关于完善跨境电子商务零售进口监管有关工作的通知

（商财发〔2018〕486号）

发布日期：2018-11-28
实施日期：2019-01-01
法规类型：规范性文件

为做好跨境电子商务零售进口（以下简称跨境电商零售进口）监管过渡期后政策衔接，促进跨境电商零售进口健康发展，经国务院同意，现将过渡期后有关监管安排通知如下：

一、本通知所称跨境电商零售进口，是指中国境内消费者通过跨境电商第三方平台经营者自境外购买商品，并通过"网购保税进口"（海关监管方式代码1210）或"直购进口"（海关监管方式代码9610）递运进境的消费行为。上述商品应符合以下条件：

（一）属于《跨境电子商务零售进口商品清单》内、限于个人自用并满足跨境电商零售进口税收政策规定的条件。

（二）通过与海关联网的电子商务交易平台交易，能够实现交易、支付、物流电子信息"三单"比对。

（三）未通过与海关联网的电子商务交易平台交易，但进出境快件运营人、邮政企业能够

接受相关电商企业、支付企业的委托，承诺承担相应法律责任，向海关传输交易、支付等电子信息。

二、跨境电商零售进口主要包括以下参与主体：

（一）跨境电商零售进口经营者（以下简称跨境电商企业）：自境外向境内消费者销售跨境电商零售进口商品的境外注册企业，为商品的货权所有人。

（二）跨境电商第三方平台经营者（以下简称跨境电商平台）：在境内办理工商登记，为交易双方（消费者和跨境电商企业）提供网页空间、虚拟经营场所、交易规则、交易撮合、信息发布等服务，设立供交易双方独立开展交易活动的信息网络系统的经营者。

（三）境内服务商：在境内办理工商登记，接受跨境电商企业委托为其提供申报、支付、物流、仓储等服务，具有相应运营资质，直接向海关提供有关支付、物流和仓储信息，接受海关、市场监管等部门后续监管，承担相应责任的主体。

（四）消费者：跨境电商零售进口商品的境内购买人。

三、对跨境电商零售进口商品按个人自用进境物品监管，不执行有关商品首次进口许可批件、注册或备案要求。但对相关部门明令暂停进口的疫区商品，和对出现重大质量安全风险的商品启动风险应急处置时除外。

四、按照"政府部门、跨境电商企业、跨境电商平台、境内服务商、消费者各负其责"的原则，明确各方责任，实施有效监管。

（一）跨境电商企业

1. 承担商品质量安全的主体责任，并按规定履行相关义务。应委托一家在境内办理工商登记的企业，由其在海关办理注册登记，承担如实申报责任，依法接受相关部门监管，并承担民事连带责任。

2. 承担消费者权益保障责任，包括但不限于商品信息披露、提供商品退换货服务、建立不合格或缺陷商品召回制度、对商品质量侵害消费者权益的赔付责任等。当发现相关商品存在质量安全风险或发生质量安全问题时，应立即停止销售，召回已销售商品并妥善处理，防止其再次流入市场，并及时将召回和处理情况向海关等监管部门报告。

3. 履行对消费者的提醒告知义务，会同跨境电商平台在商品订购网页或其他醒目位置向消费者提供风险告知书，消费者确认同意后方可下单购买。告知书应至少包含以下内容：

（1）相关商品符合原产地有关质量、安全、卫生、环保、标识等标准或技术规范要求，但可能与我国标准存在差异。消费者自行承担相关风险。

（2）相关商品直接购自境外，可能无中文标签，消费者可通过网站查看商品中文电子标签。

（3）消费者购买的商品仅限个人自用，不得再次销售。

4. 建立商品质量安全风险防控机制，包括收发货质量管理、库内质量管控、供应商管理等。

5. 建立健全网购保税进口商品质量追溯体系，追溯信息应至少涵盖国外启运地至国内消费者的完整物流轨迹，鼓励向海外发货人、商品生产商等上游溯源。

6. 向海关实时传输施加电子签名的跨境电商零售进口交易电子数据，可自行或委托代理人向海关申报清单，并承担相应责任。

（二）跨境电商平台

1. 平台运营主体应在境内办理工商登记，并按相关规定在海关办理注册登记，接受相关部门监管，配合开展后续管理和执法工作。

2. 向海关实时传输施加电子签名的跨境电商零售进口交易电子数据，并对交易真实性、消费者身份真实性进行审核，承担相应责任。

3. 建立平台内交易规则、交易安全保障、消费者权益保护、不良信息处理等管理制度。对申请入驻平台的跨境电商企业进行主体身份真实性审核，在网站公示主体身份信息和消费者评价、投诉信息，并向监管部门提供平台入驻商家等信息。与申请入驻平台的跨境电商企业签署协议，就商品质量安全主体责任、消费者权益保障以及本通知其他相关要求等方面明确双方责任、权利和义务。

4. 对平台入驻企业既有跨境电商企业，也有国内电商企业的，应建立相互独立的区块或频道为跨境电商企业和国内电商企业提供平台服务，或以明显标识对跨境电商零售进口商品和非跨境商品予以区分，避免误导消费者。

5. 建立消费纠纷处理和消费维权自律制度，消费者在平台内购买商品，其合法权益受到损害时，平台须积极协助消费者维护自身合法权益，并履行先行赔付责任。

6. 建立商品质量安全风险防控机制，在网站醒目位置及时发布商品风险监测信息、监管部门发布的预警信息等。督促跨境电商企业加强质量安全风险防控，当商品发生质量安全问题时，敦促跨境电商企业做好商品召回、处理，并做好报告工作。对不采取主动召回处理措施的跨境电商企业，可采取暂停其跨境电商业务的处罚措施。

7. 建立防止跨境电商零售进口商品虚假交易及二次销售的风险控制体系，加强对短时间内同一购买人、同一支付账户、同一收货地址、同一收件电话反复大量订购，以及盗用他人身份进行订购等非正常交易行为的监控，采取相应措施予以控制。

8. 根据监管部门要求，对平台内在售商品进行有效管理，及时关闭平台内禁止以跨境电商零售进口形式入境商品的展示及交易页面，并将有关情况报送相关部门。

（三）境内服务商

1. 在境内办理工商登记，向海关提交相关资质证书并办理注册登记。其中：提供支付服务的银行机构应具备银保监会或原银监会颁发的《金融许可证》，非银行支付机构应具备人民银行颁发的《支付业务许可证》，支付业务范围应包括"互联网支付"；物流企业应取得国家邮政局颁发的《快递业务经营许可证》。

2. 支付、物流企业应如实向监管部门实时传输施加电子签名的跨境电商零售进口支付、物流电子信息，并对数据真实性承担相应责任。

3. 报关企业接受跨境电商企业委托向海关申报清单，承担如实申报责任。

4. 物流企业应向海关开放物流实时跟踪信息共享接口，严格按照交易环节所制发的物流信息开展跨境电商零售进口商品的国内派送业务。对于发现国内实际派送与通关环节所申报物流信息（包括收件人和地址）不一致的，应终止相关派送业务，并及时向海关报告。

（四）消费者

1. 为跨境电商零售进口商品税款的纳税义务人。跨境电商平台、物流企业或报关企业为税款代扣代缴义务人，向海关提供税款担保，并承担相应的补税义务及相关法律责任。

2. 购买前应当认真、详细阅读电商网站上的风险告知书内容，结合自身风险承担能力做出判断，同意告知书内容后方可下单购买。

3. 对于已购买的跨境电商零售进口商品，不得再次销售。

（五）政府部门

1. 海关对跨境电商零售进口商品实施质量安全风险监测，在商品销售前按照法律法规实施必要的检疫，并视情发布风险警示。建立跨境电商零售进口商品重大质量安全风险应急处理机制，市场监管部门加大跨境电商零售进口商品召回监管力度，督促跨境电商企业和跨境电商平台消除已销售商品安全隐患，依法实施召回，海关责令相关企业对不合格或存在质量安全问题的商品采取风险消减措施，对尚未销售的按货物实施监管，并依法追究相关经营主体责任。对食品类跨境电商零售进口商品优化完善监管措施，做好质量安全风险防控。

2. 原则上不允许网购保税进口商品在海关特殊监管区域外开展"网购保税+线下自提"模式。

3. 将跨境电商零售进口相关企业纳入海关信用管理，根据信用等级不同，实施差异化的通关管理措施。对认定为诚信企业的，依法实施通关便利；对认定为失信企业的，依法实施严格监管措施。将高级认证企业信息和失信企业信息共享至全国信用信息共享平台，通过"信用中国"网站和国家企业信用信息公示系统向社会公示，并依照有关规定实施联合激励与联合惩戒。

4. 涉嫌走私或违反海关监管规定的跨境电商企业、平台、境内服务商，应配合海关调查，开放交易生产数据（ERP数据）或原始记录数据。

5. 海关对违反本通知规定参与制造或传输虚假"三单"信息、为二次销售提供便利、未尽责审核订购人身份信息真实性等，导致出现个人身份信息或年度购买额度被盗用、进行二次销售及其他违反海关监管规定情况的企业依法进行处罚。对涉嫌走私或违规的，由海关依法处理；构成犯罪的，依法追究刑事责任。对利用其他公民身份信息非法从事跨境电商零售进口业务的，海关按走私违规处理，并按违法利用公民信息的有关法律规定移交相关部门处理。对不涉嫌走私违规、首次发现的，进行约谈或暂停业务责令整改；再次发现的，一定时期内不允许其从事跨境电商零售进口业务，并交由其他行业主管部门按规定实施查处。

6. 对企业和个体工商户在国内市场销售的《跨境电子商务零售进口商品清单》范围内的、无合法进口证明或相关证明显示采购自跨境电商零售进口渠道的商品，市场监管部门依职责实施查处。

五、各试点城市人民政府（平潭综合实验区管委会）作为本地区跨境电商零售进口监管政策试点工作的责任主体，负责本地区试点工作的组织领导、实施推动、综合协调、监督管理及措施保障，确保本地区试点工作顺利推进。试点过程中的重大问题及情况请及时报商务部等有关部门。

六、本通知适用于北京、天津、上海、唐山、呼和浩特、沈阳、大连、长春、哈尔滨、南京、苏州、无锡、杭州、宁波、义乌、合肥、福州、厦门、南昌、青岛、威海、郑州、武汉、长沙、广州、深圳、珠海、东莞、南宁、海口、重庆、成都、贵阳、昆明、西安、兰州、平潭等37个城市（地区）的跨境电商零售进口业务，自2019年1月1日起执行。非试点城市的直购进口业务，参照本通知相关规定执行。

为帮助企业平稳过渡，对尚不满足通知监管要求的企业，允许其在2019年3月31日前继续按过渡期内监管安排执行。本通知适用范围以外且按规定享受跨境电商零售进口税收政策的，继续按《跨境电子商务零售进口商品清单（2018版）》尾注中的监管要求执行。

海关总署关于加强跨境电子商务网购保税进口监管工作的通知

（署加发〔2016〕246号）

发布日期：2016-12-16
实施日期：2016-12-16
法规类型：规范性文件

广东分署，天津、上海特派办，各直属海关：

为规范海关对跨境电子商务网购保税模式下零售进口（以下简称"网购保税进口"）商

品的监管，提高执法统一性，促进跨境电子商务业务的健康发展，根据《财政部　海关总署　国家税务总局关于跨境电子商务零售进口税收政策的通知》（财关税〔2016〕18 号）、海关总署 2016 年第 26 号公告及《海关总署办公厅关于执行跨境电子商务零售进口新的监管要求有关事宜的通知》（署办发〔2016〕29 号）等有关规定，海关总署在总结前期各试点城市海关经验做法的基础上，对网购保税进口业务海关监管中的有关事宜通知如下：

一、本通知所述的"网购保税进口业务"，是指在海关特殊监管区域或保税物流中心（B型）〔以下简称区域（中心）〕内以保税模式开展的跨境电子商务零售进口业务。

二、主管海关应使用信息化系统对网购保税进口商品进出区域（中心）的风险布控、卡口核放等进行管理；主管海关对网购保税进口商品的查验、放行均应当在区域（中心）内的专用查验场地实施，并使用 X 光机查验分拣线、视频监控等设施加强监管。

三、主管海关应对网购保税进口商品实施专用电子账册管理，记录商品的进、出、转、存等情况。

四、网购保税进口商品一线进境〔一线入区域（中心）〕申报环节，申报进入天津、上海、杭州、宁波、福州、平潭、郑州、广州、深圳、重庆等 10 个城市区域（中心）的，监管方式应填报"保税电商"（监管代码 1210），暂不验核通关单，暂不执行《跨境电子商务零售进口商品清单》（以下简称《正面清单》）备注中关于化妆品、婴幼儿配方奶粉、医疗器械、特殊食品（包括保健食品、特殊医学用途配方食品等）的首次进口许可证、注册或备案要求；申报进入其他城市区域（中心）的，监管方式应填报"保税电商 A"（监管代码 1239）。

对满足海关监管要求的企业，可以采取"先进区、后报关"的方式办理网购保税进口商品一线进境通关手续，入区域（中心）的网购保税进口商品须在 14 天内办理报关手续。

五、关于网购保税进口商品的流转：

（一）网购保税进口商品可以在区域（中心）间流转，流转商品应符合《正面清单》的要求。转入地与转出地主管海关分别审核企业的申报单证，其中，海关监管方式应填报"保税间货物"（监管代码 1200），备注应填报"网购保税进口商品"。电子账册底账数据进行相应核增核减。

同一区域（中心）内的企业转让、转移网购保税进口商品的，主管海关应审核企业报送的电子信息，并对电子账册底账数据进行相应核增核减。

（二）执行跨境电子商务过渡期政策期间，以"保税电商"（监管代码 1210）海关监管方式进境的商品不得由天津、上海、杭州、宁波、福州、平潭、郑州、广州、深圳、重庆等 10 个城市的区域（中心）转入其他城市的区域（中心）继续开展跨境电子商务零售进口业务。

六、网购保税进口商品零售出区域（中心）申报时，主管海关审核电子商务企业或其代理人申报的《中华人民共和国海关跨境电子商务零售进口商品申报清单》，海关监管方式应与一线入区域（中心）时申报的监管方式一致（用于区分网购保税模式和"9610"一般模式），运输方式应为二线出区域（中心）对应的运输方式。电子账册底账数据进行相应核减。

七、电商企业或其代理人申请退货的，退回的网购保税进口商品应当在海关放行之日起 30 日内原状返回原区域（中心）内，相应税款不予征收，个人年度交易累计金额和电子账册底账数据进行相应调整。

八、区域（中心）内相关企业声明放弃网购保税进口商品的，由主管海关依法提取变卖处理。法律、行政法规和海关规章规定不得放弃的，按照海关总署规定办理。电子账册底账数据进行相应核减。

九、主管海关根据监管需要，结合风险程度，对参与网购保税进口业务的仓储企业采取全盘、抽盘等方式进行盘库，并将电子底账核算结果与实际库存量进行对比，分别进行以下处理：

（一）实际库存量多于电子底账核算结果的，按照实际库存量调整电子底账的当期余额；

（二）实际库存量少于电子底账核算结果且企业可以提供正当理由的，对短缺的部分，责令企业参照货物办理后续补税手续。

十、各海关应加强对网购保税进口业务的风险监控和实货监管，针对企业、商品、支付、物流、仓储、消费者等信息开展数据分析，发现风险及时移交。

十一、各海关可在本通知基础上制定符合本关区实际的操作规程，对涉及相对人权利义务的内容可根据总署提供的对外公告事项指引（详见附件）以适当形式对外公告。在执行本通知过程中遇有问题，请及时报告总署。

本通知中涉及跨境电子商务过渡期政策的有关监管要求，在过渡期结束后，将根据国家政策调整另行通知。

自本通知下发之日起，《加贸司关于加强跨境电子商务网购保税进口监管工作的函》（加贸函〔2015〕58号）同时废止。

特此通知。

质检总局关于加强跨境电子商务进出口消费品检验监管工作的指导意见

（国质检检〔2015〕250号）

发布日期：2015-06-10
实施日期：2015-06-10
法规类型：规范性文件

各直属检验检疫局：

根据跨境电子商务新业态特点，为进一步提升我国跨境电子商务进出口消费品（本意见中提及的消费品为轻工、纺织及电子电器类产品）质量安全水平，保障消费者健康与安全，促进跨境电子商务健康发展，现提出以下意见：

一、总体目标

明确跨境电商企业的质量安全主体责任，构建以风险管理为核心，以事前备案、事中监测、事后追溯为主线的跨境电商进出口消费品质量安全监管模式，逐步建立跨境电商消费品质量安全风险监测机制和质量安全追溯机制，加强跨境电商进出口消费品领域的打击假冒伪劣工作。

二、落实措施

（一）建立跨境电商进出口消费品监管新模式。

1. 出口方面。

以跨境电商企业备案信息和全申报信息为基础，以问题为导向，加强事后监管。日常工作中实施基于风险分析

的质量安全监督抽查，加大对第三方检验鉴定结果的采信力度。

2. 进口方面。

对整批入境、集中存放、电商经营企业按订单向国内个人消费者销售的消费品，按产品特性实施分类管理。

第一类：禁止入境类。列入《危险化学品目录》《剧毒化学品目录》《易制毒化学品的分类和品种名录》《中国严格限制进出口的有毒化学品目录》和《危险货物品名表》的物品；可能危及公共安全的核生化等涉恐及放射性等产品；废旧物品；法律法规禁止进境的其他产品和国家质检总局公告禁止进境的产品。

禁止上述产品以跨境电子商务形式入境。

第二类：重点监管类。国家实施质量安全许可管理或列入法检目录的产品。

此类产品需进行现场核查，实施以风险分析为基础的质量安全监管，依据相关规定实施质量安全监测，可采信第三方检验结果，必要时可对第三方检验结果实施验证。

第三类：一般监管类。除第一、二类以外的其他产品。

对此类产品采取基于风险分析的质量安全监督抽查机制，实施事后监管。

对以直邮模式入境的进口消费品，按照快件和邮寄物相关检验检疫监管办法管理。

（二）建立跨境电商消费品质量安全风险监测机制。

以进出口商品质量安全（杭州跨境电商）国家风险监测中心为龙头，建立各直属检验检疫机构之间的信息交换机制，构建全国范围内的风险监测网络。以监督抽查、消费者投诉、跨境电商企业报告、境外通报等多种途径和形式，获取质量安全风险信息。逐步完善跨境电商消费品线上线下监督抽查工作机制（线上即通过电商平台以消费者身份购买商品的方式抽样，线下即从各地"跨境电商监管仓库"等备货区域抽样），推进监督抽查工作常态化。

（三）建立跨境电商消费品质量安全追溯机制。

对跨境电商平台企业实施属地管理，努力构建跨境电商追溯调查工作体系，切实将工作重心转向质量安全追溯调查和责任追究。

检验检疫机构之间要加强质量安全信息互联互通，对于发现的跨境电商消费品质量安全风险，可及时通报跨境电商平台企业所在地直属检验检疫机构。跨境电商平台所在地检验检疫机构负责对相关质量安全信息开展追溯调查。

对于发现的一般质量安全问题，可采取包括责任约谈、责令企业整改等措施；对于多次出现安全质量问题、造成严重不良影响的跨境电商企业，应实施严格的检验监管措施；对发现的违法违规行为追究相关责任。根据风险监测和调查结果，检验检疫机构对于问题产品可采取产品风险预警、下架、退运、销毁以及强制召回等措施。

（四）明确跨境电商企业的质量安全主体责任。

对跨境电商经营主体（包括电商经营企业、电商平台企业和电商物流仓储企业）及跨境电商进出口消费品实施备案管理，明确企业的质量安全主体责任，推动其建立完整的质量安全追溯链条。

引导跨境电商经营主体建立完善的质量安全管理制度、产品风险主动报告和召回制度。推动电商平台企业加强对电商经营企业的监督管理和责任追溯。大力推进电商平台企业和电商经营企业建立有关进口消费品质量安全的消费风险提示。

（五）建立跨境电商领域打击假冒伪劣工作机制。

加大对跨境电商领域假冒伪劣消费品的打击力度，多渠道获取线索，做好证据材料收集，规范执法过程，确保执法结果的客观性。对查实的假冒伪劣商品行为，按照相关规定依法查处，以保障我国跨境电商进出口消费品质量安全，维护正常贸易秩序和消费者权益。

三、工作要求

（一）高度重视。跨境电商发展迅速，各局应高度重视，加强组织领导，在"放、管、治"的基本理念下，监管工作要努力做到程序规范，措施得当，提高工作透明度与公信力。

（二）开拓创新。各局应深入研究跨境电商新业态，结合辖区工作特点，创新监管模式，制订具体的监管措施；联合相关监管部门、行业协会、跨境电商平台企业，强化资源共享，提升联合执法效能，推进质量共治。

（三）服务发展。各局应通过多种形式为企业提供服务，向企业、行业及时通报国内外最新法律法规要求，为企业提供技术咨询、认证、检测等服务，帮助企业提高风险意识和应对能力。

（四）强化基础。各局要大力推进跨境电商监管信息化建设，加强对一线检验监管人员的专业技术能力培训，做好跨境电商质量安全监测和监督抽查的经费保障。

（五）信息报送。各局要认真做好跨境电商进出口消费品监管工作的统计分析，自2015年下半年起，每半年向总局报送业务统计数据和工作情况。工作中发现的重大案例要及时报送质检总局和地方政府。

各局要准确把握经济新常态下检验监管工作的发展趋势，大胆创新，主动作为，促进跨境电商健康有序发展，服务贸易便利化，维护消费者合法权益，不断提升跨境电商进出口消费品检验监管工作的科学性和有效性。

国家质检总局关于进一步发挥检验检疫职能作用促进跨境电子商务发展的意见

（国质检通〔2015〕202号）

发布日期：2015-05-13
实施日期：2015-05-13
法规类型：规范性文件

各直属检验检疫局：

为贯彻落实国务院《关于大力发展电子商务加快培育经济新动力的意见》（国发〔2015〕24号）精神，进一步发挥检验检疫职能作用，促进跨境电子商务健康快速发展，现提出如下意见：

一、构建符合跨境电子商务发展的检验检疫工作体制机制

电子商务是国民经济和社会信息化的重要组成部分。加快电子商务发展，特别是跨境电子商务发展，对于促进外贸转型升级、提高国际竞争力、催生新兴产业、激发经济发展活力、推动大众创业、万众创新，均具有重要意义。要顺应跨境电子商务健康快速发展的新态势新要求，按照加快发展与完善管理相结合、有效监管与便利进出相结合的原则，改革创新，主动作为，着力解决现行检验检疫监管制度与跨境电子商务发展不适应、不协调问题，加快建立符合跨境电子商务发展要求的检验检疫工作体制机制。要大力支持中国（杭州）跨境电子商务综合实验区发展，对试验区所在地的检验检疫机构进一步下放审批事权和评审权限，鼓励先行先试，加大制度创新、管理创新和服务创新力度，尽快创造可复制可推广经验。

二、建立跨境电子商务清单管理制度

除以下禁止以跨境电子商务形式入境外，全面支持跨境电子商务发展：

（一）《中华人民共和国进出境动植物检疫法》规定的禁止进境物；

（二）未获得检验检疫准入的动植物源性食品；

（三）列入《危险化学品名录》、《剧毒化学品目录》、《易制毒化学品的分类和品种名录》和《中国严格限制进出口的有毒化学品目录》的；

（四）除生物制品以外的微生物、人体组织、生物制品、血液及其制品等特殊物品；

（五）可能危及公共安全的核生化等涉恐及放射性等产品；

（六）废旧物品；

（七）以国际快递或邮寄方式进境的电商商品，还应符合《中华人民共和国禁止携带、邮寄进境的动植物及其产品名录》的要求。

（八）法律法规禁止进境的其他产品和国家质检总局公告禁止进境的产品。

三、构建跨境电子商务风险监控和质量追溯体系

（一）构建跨境电子商务风险监控体系。加强对跨境电子商务商品的风险评估，制定重点商品和重点项目监管清单，不断建立完善质量风险信息采集机制、风险评估分析机制和风险预警处置机制。特别是涉及人身安全、健康和环保项目，通过现场查验、抽样检测和监督抽查等，加强风险监控和预警。对达不到质量安全要求的，采取风险通报、停止销售、强制召回、退运销毁等措施，保障质量安全。

（二）构建跨境电子商务质量追溯体系。充分运用信息化手段，建立以组织机构代码和商品条码为基础的电子商务产品质量追溯制度，通过加贴防伪溯源标识、二维码、条形码等手段，实现跨境电子商务商品"源头可溯、去向可查"。加强与质监部门的合作，探索建立"风险监测、网上抽查、源头追溯、属地查处"的质量监测机制，对发生的质量安全事故或投诉，及时组织开展调查，实现质量安全可追溯、责任可追究。

四、创新跨境电子商务检验检疫监管模式

（一）对跨境电子商务商品实行全申报管理。收发货人或其代理人通过地方政府建立的跨境电商公共信息平台向检验检疫机构申报商品信息、订单信息、支付信息、物流信息、收发货人信息等，对低风险商品审核放行，高风险商品可逐步采信第三方检测结果合格放行。

（二）对出境跨境电子商品实行集中申报、集中办理放行手续。不断完善以检疫监管为主，基于风险分析的质量安全监督抽查机制。加大第三方检验鉴定结果采信力度，监督具有资质的第三方检测机构实施检验检测，进行产品质量安全的合格评定。对一般工业制成品，以问题为导向，加强事后监管。

（三）对入境跨境电子商务商品实行集中申报、核查放行。对通过国际快递或邮寄方式进境、收货人为个人、以自用为目的的，按照快件和邮寄物相关检验检疫监管办法管理。对整批入境、集中存放、电商经营企业按订单向国内个人消费者销售的，实施以风险分析为基础的质量安全监管，依据相应产品国家标准的安全卫生项目进行监测。

五、实施跨境电子商务备案管理

检验检疫机构对跨境电子商务经营主体及跨境电子商务商品实施备案管理，落实跨境电子商务经营主体商品质量安全责任，推动规范跨境电子商务经营秩序，实现质量安全责任可追溯。跨境电子商务经营主体包括：跨境电子商务经营企业（电商经营企业）、跨境电子商务平台企业（电商平台企业）和跨境电子商务商品物流仓储企业。备案内容包括：企业基本制度和经营商品名称、品牌、HS编码、规格型号、原产国别、供应商名称等。跨境电子商务经营企业应仔细核对商品信息，确保信息准确、真实。

六、加强跨境电子商务信息化建设

（一）推进跨境电子商务申报"单一窗口"综合服务体系建设。参与地方政府牵头的跨境电子商务平台建设，实现关检"一次申报、一次查验、一次放行"。加强与商务、海关、工商、港务、民航、税务、外汇管理、邮政等部门的协作，实现与跨境电子商务平台、物流企业和相关部门的数据对接和信息共享。

（二）推进跨境电子商务信用体系建设。加强企业信用管理，利用好总局电子商务产品质量信息公共服务平台，发挥好全国电子商务产品质量信息共享联盟作用，建立跨境电子商务企业信用数据库，推进诚信分类管理，促进信用等级互认。将企业信用等级与分类监管相结合，给予诚信企业更多便利措施，提升跨境电子商务商品的通关便利化水平。

各检验检疫机构要主动在地方政府的统一领导下，加强与相关部门的沟通与合作，及时通报检验检疫部门促进跨境电子商务发展的政策措施。要加大宣传力度，引导相关企业规范开展跨境电子商务进出口业务，促进跨境电子商务健康快速发展。

跨境电子商务经营主体和商品备案管理工作规范

（质检总局公告 2015 年第 137 号）

发布日期：2015-11-24
实施日期：2016-01-01
法规类型：规范性文件

第一条 为支持跨境电子商务发展，规范跨境电子商务经营主体和商品信息备案管理，制定本规范。

第二条 本规范所称跨境电子商务经营主体，是指从事跨境电子商务业务的企业，包括跨境电子商务商品的经营企业、物流仓储企业、跨境电子商务交易平台运营企业和与跨境电子商务相关的企业。

本规范所称跨境电子商务商品，是指通过跨境电子商务交易平台销售的进出口商品。

第三条 跨境电子商务经营主体开展跨境电子商务业务的，应当向检验检疫机构提供经营主体备案信息。

跨境电子商务商品经营企业在商品首次上架销售前，应当向检验检疫机构提供商品备案信息。

第四条 跨境电子商务经营主体应通过信息平台向检验检疫机构备案信息。质检总局建设统一的跨境电子商务检验检疫监管系统管理备案信息。

地方政府建有跨境电子商务公共信息平台的，跨境电子商务经营主体应通过公共信息平台向检验检疫机构备案信息。

地方政府未建有跨境电子商务公共信息平台的，跨境电子商务经营主体应通过检验检疫机构认可的信息平台备案信息。

第五条 跨境电子商务经营主体和商品备案信息实施一地备案、全国共享管理。同一经营主体在备案地以外检验检疫机构辖区从事跨境电子商务业务的，无需再次备案。同一经营主体在备案地以外检验检疫机构辖区销售同一种跨境电子商务商品的，无需再次备案。

备案信息发生变化的，跨境电子商务经营主体应及时向检验检疫机构更新备案信息。

第六条 跨境电子商务经营主体应通过信息平台提供"跨境电子商务经营主体备案信息"（附件1）。

第七条 跨境电子商务商品经营企业应通过信息平台提供"跨境电子商务商品备案信息"（附件2）。

第八条 发现以下情形的，备案信息无效：

（一）提供虚假信息的；

（二）备案信息与跨境电子商务交易平台展示信息明显不符或存在严重缺陷的；

（三）提供禁止以跨境电子商务形式进境商品信息的。

第九条 以下商品禁止以跨境电子商务形式进境：

（一）《中华人民共和国进出境动植物检疫法》规定的禁止进境物；

（二）未获得检验检疫准入的动植物产品及动植物源性食品；

（三）列入《危险化学品目录》、《危险货物品名表》、《〈联合国关于危险货物运输建议书规章范本〉附录三〈危险货物一览表〉》、《易制毒化学品的分类和品种名录》和《中国严格限制进出口的有毒化学品目录》的物品；

（四）特殊物品（取得进口药品注册证书的生物制品除外）；

（五）含可能危及公共安全的核生化有害因子的产品；

（六）废旧物品；

（七）法律法规禁止进境的其他产品和国家质检总局公告禁止进境的产品。

以国际快递或邮寄方式进境的，还应符合《中华人民共和国禁止携带、邮寄进境的动植物及其产品名录》的要求。

第十条 本规范由国家质检总局负责解释。

第十一条 本规范自2016年1月1日起施行。

附件：1. 跨境电子商务经营主体备案信息（略）

　　　2. 跨境电子商务商品备案信息（略）

国家质量监督检验检疫总局
关于支持跨境电子商务零售出口的指导意见

（国质检通〔2013〕593号）

发布日期：2013-11-11

实施日期：2013-11-11

法规类型：规范性文件

各直属检验检疫局：

发展跨境电子商务对于扩大国际市场份额、拓展外贸营销网络、转变贸易发展方式具有重要而深远的意义。为加快跨境电子商务发展，支持跨境电子商务零售出口，现提出以下指导意见：

一、积极推动跨境电子商务零售出口。深入学习《国务院办公厅转发商务部等部门关于实施支持跨境电子商务零售出口有关政策的意见》（国办发〔2013〕89号）有关精神，积极贯彻落实相关政策措施，探索建立和完善跨境电子商务零售出口（以下简称电子商务出口）的检验检疫监管制度，有效推动电子商务出口，促进外贸持续健康发展。

二、建立电子商务出口企业及其产品备案管理制度。对电子商务出口企业及其产品实施备案管理，及时掌握相关基础信息。鼓励电子商务出口企业通过跨境电子商务平台进行备案，向检验检疫机构提供企业及其产品的基础信息。对电子商务出口企业及其产品实施诚信管理和风险管理等措施，对高风险产品探索建立准入机制。

三、建立电子商务出口产品全申报制度。通过跨境电子商务平台掌握电子订单、电子运单等信息，跟踪交易关键流程。根据对全口径数据的分析，建立对出口产品的质量监管机制，对严重质量安全问题进行追溯、通报、预警和处置，加强宏观质量管理。

四、创新电子商务出口产品监管模式。对电子商务出口产品以检疫监管为主，探索建立基于风险分析的质量安全监管抽查机制。利用第三方检验鉴定机构进行产品质量安全的合格评定。根据出口退运、投诉、召回等信息实施有针对性的监管措施。积极探索集中申报、集中办理相关检验检疫手续等便利措施。

五、加强跨境电子商务检验检疫信息化建设。积极参与地方政府牵头的跨境电子商务平台建设，加强与邮政、港务、民航等企业和相关监管部门的协作，实现与跨境电子商务平台、物流企业和相关部门的数据对接和信息共享。

六、加强沟通联系和宣传引导。加强与当地政府的沟通联系，及时通报检验检疫部门促进电子商务出口的政策措施。加大相关政策措施的宣传力度，引导相关企业规范开展电子商务出口业务，促进电子商务出口健康发展。

国务院办公厅转发商务部等部门关于实施
支持跨境电子商务零售出口有关政策意见的通知

（国办发〔2013〕89号）

发布日期：2013-08-21
实施日期：2013-08-21
法规类型：规范性文件

发展跨境电子商务对于扩大国际市场份额、拓展外贸营销网络、转变外贸发展方式具有重要而深远的意义。为加快我国跨境电子商务发展，支持跨境电子商务零售出口（以下简称电子商务出口），现提出如下意见：

一、支持政策

（一）确定电子商务出口经营主体（以下简称经营主体）。经营主体分为三类：一是自建跨境电子商务销售平台的电子商务出口企业，二是利用第三方跨境电子商务平台开展电子商务出口的企业，三是为电子商务出口企业提供交易服务的跨境电子商务第三方平台。经营主体要按照现行规定办理注册、备案登记手续。在政策未实施地区注册的电子商务企业可在政策实施地区被确认为经营主体。

（二）建立电子商务出口新型海关监管模式并进行专项统计。海关对经营主体的出口商品进行集中监管，并采取清单核放、汇总申报的方式办理通关手续，降低报关费用。经营主体可在网上提交相关电子文件，并在货物实际出境后，按照外汇和税务部门要求，向海关申请签发报关单证明联。将电子商务出口纳入海关统计。

（三）建立电子商务出口检验监管模式。对电子商务出口企业及其产品进行检验检疫备案或准入管理，利用第三方检验鉴定机构进行产品质量安全的合格评定。实行全申报制度，以检疫监管为主，一般工业制成品不再实行法检。实施集中申报、集中办理相关检验检疫手续的便利措施。

（四）支持电子商务出口企业正常收结汇。允许经营主体申请设立外汇账户，凭海关报关信息办理货物出口收结汇业务。加强对银行和经营主体通过跨境电子商务收结汇的监管。

（五）鼓励银行机构和支付机构为跨境电子商务提供支付服务。支付机构办理电子商务外汇资金或人民币资金跨境支付业务，应分别向国家外汇管理局和中国人民银行申请并按照支付机构有关管理政策执行。完善跨境电子支付、清算、结算服务体系，切实加强对银行机构和支付机构跨境支付业务的监管力度。

（六）实施适应电子商务出口的税收政策。对符合条件的电子商务出口货物实行增值税和消费税免税或退税政策，具体办法由财政部和税务总局商有关部门另行制订。

（七）建立电子商务出口信用体系。严肃查处商业欺诈，打击侵犯知识产权和销售假冒伪劣产品等行为，不断完善电子商务出口信用体系建设。

二、实施要求

（一）自本意见发布之日起，在已开展跨境贸易电子商务通关服务试点的上海、重庆、杭州、宁波、郑州等5个城市试行上述政策。自2013年10月1日起，上述政策在全国有条件的地区实施。

（二）有关地方人民政府应制订发展跨境电子商务扩大出口的实施方案，并切实履行指导、督查和监管责任，对实施过程中出现的问题做到早发现、早处理、早上报。要积极引导经营主体坚持以质取胜，注重培育品牌；依托电子口岸平台，建立涵盖经营主体和电子商务出口全流程的综合管理系统，实现商务、海关、国税、工商、检验检疫、外汇等部门信息共享；加强信用评价体系、商品质量监管体系、国际贸易风险预警防控体系和知识产权保护工作体系建设，确保电子商务出口健康可持续发展。

（三）商务部、发展改革委、海关总署会同相关部门对政策实施进行指导，定期开展实施效果评估等工作，确保政策平稳实施并不断完善。海关总署会同商务部、税务总局、质检总局、外汇局、发展改革委等部门加快跨境电子商务通关试点建设，加快电子口岸结汇、退税系统与大型电子商务平台的系统对接。

三、其他事项

（一）本意见所指跨境电子商务零售出口是指我国出口企业通过互联网向境外零售商品，主要以邮寄、快递等形式送达的经营行为，即跨境电子商务的企业对消费者出口。

（二）我国出口企业与外国批发商和零售商通过互联网线上进行产品展示和交易，线下按一般贸易等方式完成的货物出口，即跨境电子商务的企业对企业出口，本质上仍属传统贸易，仍按照现行有关贸易政策执行。跨境电子商务进口有关政策另行研究。

综合实验区

国务院关于同意在廊坊等 33 个城市和地区设立跨境电子商务综合试验区的批复

（国函〔2022〕126 号）

发布日期：2022-11-14
实施日期：2022-11-14
法规类型：规范性文件

河北省、山西省、内蒙古自治区、辽宁省、吉林省、黑龙江省、安徽省、福建省、江西省、山东省、河南省、湖南省、广西壮族自治区、四川省、贵州省、云南省、西藏自治区、新疆维吾尔自治区人民政府，商务部：

你们关于设立跨境电子商务综合试验区的请示收悉。现批复如下：

一、同意在廊坊市、沧州市、运城市、包头市、鞍山市、延吉市、同江市、蚌埠市、南平市、宁德市、萍乡市、新余市、宜春市、吉安市、枣庄市、济宁市、泰安市、德州市、聊城市、滨州市、菏泽市、焦作市、许昌市、衡阳市、株洲市、柳州市、贺州市、宜宾市、达州市、铜仁市、大理白族自治州、拉萨市、伊犁哈萨克自治州等 33 个城市和地区设立跨境电子商务综合试验区，名称分别为中国（城市或地区名）跨境电子商务综合试验区，具体实施方案由所在地省级人民政府分别负责印发。

二、跨境电子商务综合试验区（以下简称综合试验区）建设要以习近平新时代中国特色社会主义思想为指导，全面贯彻党的二十大精神，按照党中央、国务院决策部署，坚持稳中求进工作总基调，完整、准确、全面贯彻新发展理念，加快构建新发展格局，全面深化改革开放，坚持创新驱动发展，复制推广前六批综合试验区成熟经验做法，发挥跨境电子商务助力传统产业转型升级、促进产业数字化发展的积极作用，推动外贸优化升级，加快建设贸易强国。要坚定不移贯彻总体国家安全观，抓好风险防范，坚持在发展中规范、在规范中发展。要保障好个人信息权益，为各类市场主体公平参与市场竞争创造良好营商环境。

三、有关省（自治区）人民政府要切实加强对综合试验区建设的组织领导，健全机制、明确分工、落实责任，有力有序有效推进综合试验区建设发展。要按照试点要求，尽快完善具体实施方案并抓好组织实施。要进一步细化先行先试任务，突出重点，创新驱动，充分发挥市场配置资源的决定性作用，更好发挥政府作用，有效引导社会资源，合理配置公共资源，扎实推进综合试验区建设。要建立健全跨境电子商务信息化管理机制，根据有关部门的管理需要，及时提供相关电子信息。要定期向商务部等部门报送工作计划、试点经验和成效，努力在健全促进跨境电子商务发展的体制机制、推动配套支撑体系建设等方面取得新进展、新突破。各综合试验区建设涉及的重要政策和重大建设项目要按规定程序报批。

四、国务院有关部门要按照职能分工，加强对综合试验区的协调指导和政策支持，切实发挥综合试验区示范引领作用。按照鼓励创新原则，坚持问题导向，加强协调配合，着力在跨境电子商务企业对企业（B2B）方式相关环节的技术标准、业务流程、监管模式和信息化建设等方面探索创新，研究出台更多支持举措，为综合试验区发展营造良好环境，更好促进和规范跨境电子商务产业发展壮大。要进一步完善跨境电子商务统计体系，实行对综合试验区内跨境电子商务零售出口货物按规定免征增值税和消费税等支持政策，企业可以选择企业所得税核定征收，对经所在地海关确认符合监管要求的综合试验区所在城市（地区）自动适用跨境电子商务零售进口试点政策，支持企业共建共享海外仓。商务部要牵头做好统筹协调、跟踪分析和督促指导，建立健全评估和退出机制，定期开展评估，促进优胜劣汰，会同有关部门及时总结推广试点经验，重大问题和情况及时报告国务院。

国务院关于同意在鄂尔多斯等 27 个城市和地区设立跨境电子商务综合试验区的批复

（国函〔2022〕8 号）

发布日期：2022-01-22
实施日期：2022-01-22
法规类型：规范性文件

内蒙古自治区、江苏省、浙江省、安徽省、江西省、山东省、湖北省、广东省、四川省、云南省、陕西省、新疆维吾尔自治区人民政府，商务部：

你们关于设立跨境电子商务综合试验区的请示收悉。现批复如下：

一、同意在鄂尔多斯市、扬州市、镇江市、泰州市、金华市、舟山市、马鞍山市、宣城市、景德镇市、上饶市、淄博市、日照市、襄阳市、韶关市、汕尾市、河源市、阳江市、清远市、潮州市、揭阳市、云浮市、南充市、眉山市、红河哈尼族彝族自治州、宝鸡市、喀什地区、阿拉山口市等27个城市和地区设立跨境电子商务综合试验区，名称分别为中国（城市或地区名）跨境电子商务综合试验区，具体实施方案由所在地省级人民政府分别负责印发。

二、跨境电子商务综合试验区（以下简称综合试验区）建设要以习近平新时代中国特色社会主义思想为指导，全面贯彻党的十九大和十九届历次全会精神，按照党中央、国务院决策部署，坚持稳中求进工作总基调，完整、准确、全面贯彻新发展理念，加快构建新发展格局，全面深化改革开放，坚持创新驱动发展，复制推广前五批综合试验区成熟经验做法，发挥跨境电子商务助力传统产业转型升级、促进产业数字化发展的积极作用，引导跨境电子商务健康持续创新发展，全力以赴稳住外贸外资基本盘，推进贸易高质量发展。同时，要保障国家安全、网络安全、数据安全、交易安全、国门生物安全、进出口商品质量安全和有效防范交易风险，保护个人信息权益，坚持在发展中规范、在规范中发展，为各类市场主体公平参与市场竞争创造良好的营商环境。

三、有关省（自治区）人民政府要切实加强对综合试验区建设的组织领导，健全机制、明确分工、落实责任，有力有序有效推进综合试验区建设发展。要按照试点要求，尽快完善具体实施方案并抓好组织实施。要进一步细化先行先试任务，突出重点，创新驱动，充分发挥市场配置资源的决定性作用，更好发挥政府作用，有效引导社会资源，合理配置公共资源，扎实推进综合试验区建设。要建立健全跨境电子商务信息化管理机制，根据有关部门的管理需要，及时提供相关电子信息。要定期向商务部等部门报送工作计划、试点经验和成效，努力在健全促进跨境电子商务发展的体制机制、推动配套支撑体系建设等方面取得新进展、新突破。各综合试验区建设涉及的重要政策和重大建设项目要按规定程序报批。

四、国务院有关部门要按照职能分工，加强对综合试验区的协调指导和政策支持，切实发挥综合试验区示范引领作用。按照鼓励创新原则，坚持问题导向，加强协调配合，着力在跨境电子商务企业对企业（B2B）方式相关环节的技术标准、业务流程、监管模式和信息化建设等方面探索创新，研究出台更多支持举措，为综合试验区发展营造良好的环境，更好地促进和规范跨境电子商务产业发展壮大。要进一步完善跨境电子商务统计体系，实行对综合试验区内跨境电子商务零售出口货物按规定免征增值税和消费税等支持政策，企业可以选择企业所得税核定征收，对经所在地海关确认符合监管要求的综合试验区所在城市（地区）自动适用跨境电子商务零售进口试点政策，支持企业共建共享海外仓。商务部要牵头做好统筹协调、跟踪分析和指导服务，建立健全评估和退出机制，定期开展评估，促进优胜劣汰，会同有关部门及时总结推广试点经验，重大问题和情况及时报告国务院。

关于扩大跨境电子商务企业对企业出口监管试点范围的公告

（海关总署公告 2020 年第 92 号）

发布日期：2020-08-13
实施日期：2020-09-01
法规类型：规范性文件

为进一步贯彻落实党中央国务院关于做好"六稳"工作、落实"六保"任务的部署要求，加快跨境电子商务新业态发展，海关总署决定进一步扩大跨境电子商务企业对企业出口（以下简称"跨境电商 B2B 出口"）监管试点范围。现将有关事项公告如下：

在现有试点海关基础上，增加上海、福州、青岛、济南、武汉、长沙、拱北、湛江、南宁、重庆、成都、西安等 12 个直属海关开展跨境电商 B2B 出口监管试点，试点工作有关事项按照海关总署公告 2020 年第 75 号执行。

本公告自 2020 年 9 月 1 日起施行。

特此公告。

国务院关于同意在雄安新区等 46 个城市和地区
设立跨境电子商务综合试验区的批复

（国函〔2020〕47 号）

发布日期：2020-04-27
实施日期：2020-04-27
法规类型：规范性文件

河北省、山西省、内蒙古自治区、辽宁省、吉林省、黑龙江省、江苏省、浙江省、安徽省、福建省、江西省、山东省、河南省、湖北省、湖南省、广东省、广西壮族自治区、海南省、四川省、贵州省、云南省、陕西省、甘肃省、青海省、新疆维吾尔自治区人民政府，商务部：

你们关于设立跨境电子商务综合试验区的请示收悉。现批复如下：

一、同意在雄安新区、大同市、满洲里市、营口市、盘锦市、吉林市、黑河市、常州市、连云港市、淮安市、盐城市、宿迁市、湖州市、嘉兴市、衢州市、台州市、丽水市、安庆市、漳州市、莆田市、龙岩市、九江市、东营市、潍坊市、临沂市、南阳市、宜昌市、湘潭市、郴州市、梅州市、惠州市、中山市、江门市、湛江市、茂名市、肇庆市、崇左市、三亚市、德阳市、绵阳市、遵义市、德宏傣族景颇族自治州、延安市、天水市、西宁市、乌鲁木齐市等 46 个城市和地区设立跨境电子商务综合试验区，名称分别为中国（城市或地区名）跨境电子商务综合试验区，具体实施方案由所在地省级人民政府分别负责印发。

二、跨境电子商务综合试验区（以下简称综合试验区）建设要以习近平新时代中国特色社会主义思想为指导，全面贯彻党的十九大和十九届二中、三中、四中全会精神，统筹推进"五位一体"总体布局，协调推进"四个全面"战略布局，坚持新发展理念，按照党中央、国务院决策部署，复制推广前四批综合试验区成熟经验做法，推动产业转型升级，开展品牌建设，引导跨境电子商务全面发展，全力以赴稳住外贸外资基本盘，推进贸易高质量发展。同时，要保障国家安全、网络安全、交易安全、国门生物安全、进出口商品质量安全和有效防范交易风险，坚持在发展中规范、在规范中发展，为各类市场主体公平参与市场竞争创造良好的营商环境。

三、有关省（自治区）人民政府要切实加强对综合试验区建设的组织领导，健全机制、明确分工、落实责任，有力有序有效推进综合试验区建设发展。要按照试点要求，尽快完善具体实施方案并抓好组织实施。要进一步细化先行先试任务，突出重点，创新驱动，充分发挥市场配置资源的决定性作用，有效引导社会资源，合理配置公共资源，扎实推进综合试验区建设。要建立健全跨境电子商务信息化管理机制，根据有关部门的管理需要，及时提供相关电子信息。要定期向商务部等部门报送工作计划、试点经验和成效，努力在健全促进跨境电子商务发展的体制机制、推动配套支撑体系建设等方面取得新进展、新突破。各综合试验区建设涉及的重要政策和重大建设项目要按规定程序报批。

四、国务院有关部门要按照职能分工，加强对综合试验区的协调指导和政策支持，切实发挥综合试验区示范引领作用。按照鼓励创新、包容审慎的原则，坚持问题导向，加强协调配合，着力在跨境电子商务企业对企业（B2B）方式相关环节的技术标准、业务流程、监管模式和信息化建设等方面探索创新，研究出台更多支持举措，为综合试验区发展营造良好的环境，更好地促进和规范跨境电子商务产业发展壮大。要进一步完善跨境电子商务统计体系，实行对综合试验区内跨境电子商务零售出口货物按规定免征增值税和消费税、企业所得税核定征收等支持政策，研究将具备条件的综合试验区所在城市纳入跨境电子商务零售进口试点范围，支持企业共建共享海外仓。商务部要牵头做好统筹协调、跟踪分析和督促检查，设定合理指标体系，建立评估和考核机制，研究建立综合试验区退出机制，会同有关部门及时总结推广试点经验和促进跨境电子商务发展的有效做法，重大问题和情况及时报告国务院。

商务部　发展改革委　财政部　海关总署　税务总局
市场监管总局关于扩大跨境电商零售进口试点的通知

（商财发〔2020〕15号）

发布日期：2020-01-17
实施日期：2020-01-17
法规类型：规范性文件

河北省、山西省、内蒙古自治区、辽宁省、吉林省、黑龙江省、江苏省、浙江省、安徽省、福建省、江西省、山东省、河南省、湖北省、湖南省、广东省、广西壮族自治区、海南省、四川省、贵州省、云南省、西藏自治区、青海省、宁夏回族自治区、新疆维吾尔自治区人民政府：

经国务院同意，现就扩大跨境电商零售进口试点范围有关事项通知如下：

一、将石家庄、秦皇岛、廊坊、太原、赤峰、抚顺、营口、珲春、牡丹江、黑河、徐州、南通、连云港、温州、绍兴、舟山、芜湖、安庆、泉州、九江、吉安、赣州、济南、烟台、潍坊、日照、临沂、洛阳、商丘、南阳、宜昌、襄阳、黄石、衡阳、岳阳、汕头、佛山、北海、钦州、崇左、泸州、遵义、安顺、德宏、红河、拉萨、西宁、海东、银川、乌鲁木齐等50个城市（地区）和海南全岛纳入跨境电商零售进口试点范围。

二、上述城市和地区可按照《商务部　发展改革委　财政部　海关总署　税务总局　市场监管总局关于完善跨境电子商务零售进口监管有关工作的通知》（商财发〔2018〕486号）要求，开展网购保税进口（海关监管方式代码1210）业务。

三、本通知自印发之日起实施。

相关城市和地区应切实承担本地区跨境电商零售进口政策试点工作的主体责任，确保试点工作顺利推进，共同促进行业持续健康发展。试点过程中的重大问题及情况请及时报商务部等有关部门。

国务院关于同意在石家庄等 24 个城市设立
跨境电子商务综合试验区的批复

（国函〔2019〕137 号）

发布日期：2019-12-15
实施日期：2019-12-15
法规类型：规范性文件

河北省、山西省、内蒙古自治区、辽宁省、吉林省、黑龙江省、江苏省、浙江省、安徽省、福建省、江西省、山东省、河南省、湖北省、湖南省、广东省、四川省、青海省、宁夏回族自治区人民政府，商务部：

你们关于设立跨境电子商务综合试验区的请示收悉。现批复如下：

一、同意在石家庄市、太原市、赤峰市、抚顺市、珲春市、绥芬河市、徐州市、南通市、温州市、绍兴市、芜湖市、福州市、泉州市、赣州市、济南市、烟台市、洛阳市、黄石市、岳阳市、汕头市、佛山市、泸州市、海东市、银川市等 24 个城市设立跨境电子商务综合试验区，名称分别为中国（城市名）跨境电子商务综合试验区，具体实施方案由城市所在地省级人民政府分别负责印发。

二、跨境电子商务综合试验区（以下简称综合试验区）建设要以习近平新时代中国特色社会主义思想为指导，全面贯彻党的十九大和十九届二中、三中、四中全会精神，统筹推进"五位一体"总体布局，协调推进"四个全面"战略布局，坚持新发展理念，按照党中央、国务院决策部署，持续深化"放管服"改革，积极适应产业革命新趋势，复制推广前三批综合试验区成熟经验做法，对跨境电子商务零售出口试行增值税、消费税免税等相关政策，积极开展探索创新，推动产业转型升级，开展品牌建设，推动国际贸易自由化、便利化和业态创新，为推动全国跨境电子商务健康发展探索新经验、新做法，推进贸易高质量发展。同时，要保障国家安全、网络安全、交易安全、国门生物安全、进出口商品质量安全和有效防范交易风险，坚持在发展中规范、在规范中发展，为各类市场主体公平参与市场竞争创造良好的营商环境。

三、有关省（自治区）人民政府要切实加强对综合试验区建设的组织领导、健全机制、明确分工、落实责任，有力有序有效推进综合试验区建设发展。要按照试点要求，因地制宜、突出本地特色和优势，尽快完善具体实施方案并抓好组织实施。要进一步细化先行先试任务，突出重点，创新驱动，充分发挥市场配置资源的决定性作用，有效引导社会资源，合理配置公共资源，扎实推进综合试验区建设。要建立健全跨境电子商务信息化管理机制，根据有关部门的管理需要，及时提供相关电子信息。要定期向商务部等部门报送工作计划、试点经验和成效，努力在健全促进跨境电子商务发展的体制机制、推动配套支撑体系建设等方面取得新进展、新突破。各综合试验区建设涉及的重要政策和重大建设项目要按规定程序报批。

四、国务院有关部门要按照职能分工，加强对综合试验区的协调指导和政策支持。按照鼓励创新、包容审慎的原则，坚持问题导向，深入调查研究，创新政策措施，加强沟通协作，进一步为综合试验区发展营造良好的环境。对具备监管条件的综合试验区，研究纳入跨境电子商务零售进口试点范围。商务部要牵头做好统筹协调、跟踪分析和督促检查，适时对各综合试验区试点成果进行评估，会同有关部门及时总结推广试点经验，重大问题和情况及时报告国务院。

国务院关于同意在北京等 22 个城市
设立跨境电子商务综合试验区的批复

（国函〔2018〕93 号）

发布日期：2018-07-24
实施日期：2018-07-24
法规类型：规范性文件

北京市、河北省、内蒙古自治区、辽宁省、吉林省、黑龙江省、江苏省、浙江省、福建省、江西省、山东省、湖北省、湖南省、广东省、广西壮族自治区、海南省、贵州省、云南省、陕西省、甘肃省人民政府，商务部：

你们关于设立跨境电子商务综合试验区的请示收悉。现批复如下：

一、同意在北京市、呼和浩特市、沈阳市、长春市、哈尔滨市、南京市、南昌市、武汉市、长沙市、南宁市、海口市、贵阳市、昆明市、西安市、兰州市、厦门市、唐山市、无锡市、威海市、珠海市、东莞市、义乌市等22个城市设立跨境电子商务综合试验区，名称分别为中国（城市名）跨境电子商务综合试验区，具体实施方案由城市所在地省级人民政府分别负责印发。

二、跨境电子商务综合试验区（以下简称综合试验区）建设要全面贯彻党的十九大精神，以习近平新时代中国特色社会主义思想为指导，按照党中央、国务院决策部署，统筹推进"五位一体"总体布局和协调推进"四个全面"战略布局，坚持新发展理念，全面实施创新驱动发展战略，以供给侧结构性改革为主线，以推动形成全面开放新格局为目标，复制推广前两批综合试验区成熟经验做法，因地制宜，突出本地特色和优势，着力在跨境电子商务企业对企业（B2B）方式相关环节的技术标准、业务流程、监管模式和信息化建设等方面先行先试，为推动全国跨境电子商务健康发展探索新经验、新做法。

三、有关部门和省（自治区、直辖市）人民政府要积极深化外贸领域"放管服"改革，以跨境电子商务为突破口，大力支持综合试验区大胆探索、创新发展，在物流、仓储、通关等方面进一步简化流程、精简审批，完善通关一体化、信息共享等配套政策，推进包容审慎有效的监管创新，推动国际贸易自由化、便利化和业态创新。同时，要控制好试点试验的风险。要在保障国家安全、网络安全、交易安全、国门生物安全、进出口商品质量安全和有效防范交易风险的基础上，坚持在发展中规范、在规范中发展，为综合试验区各类市场主体公平参与市场竞争创造良好的营商环境。

四、有关省（自治区、直辖市）人民政府要切实加强对综合试验区建设的组织领导，健全机制、明确分工、落实责任，有力有序有效推进综合试验区建设发展。要在商务部等部门的指导下，尽快完善具体实施方案并抓好组织实施。要进一步细化先行先试任务，突出重点、创新驱动，充分发挥市场在资源配置中的决定性作用，有效引导社会资源，合理配置公共资源，扎实推进综合试验区建设。要建立健全跨境电子商务信息化管理机制，根据有关部门的管理需要，及时提供相关电子信息。要定期向商务部等部门报送工作计划、试点经验和成效，努力在健全促进跨境电子商务发展的体制机制、推动配套支撑体系建设等方面取得新进展、新突破。各综合试验区建设涉及的重要政策和重大建设项目要按规定程序报批。

五、国务院有关部门要按照职能分工，加强指导和服务。按照鼓励创新、包容审慎的原则，坚持问题导向，深入调查研究，创新政策措施，加强沟通协作，进一步为综合试验区发展营造良好的环境。商务部要牵头做好统筹协调、跟踪分析和督促检查，适时对各综合试验区试点成果进行评估，会同有关部门及时总结推广试点经验，重大问题和情况及时报告国务院。

商务部等 14 个部门关于复制推广跨境电子商务综合试验区探索形成的成熟经验做法的函

（商贸函〔2017〕840 号）

发布日期：2017-10-26
实施日期：2017-10-26
法规类型：规范性文件

各省、自治区、直辖市、计划单列市人民政府及新疆生产建设兵团：

党中央、国务院高度重视跨境电子商务等外贸新业态发展。2015 年 3 月和 2016 年 1 月，国务院分两批批准设立杭州、天津等 13 个跨境电子商务综合试验区（以下简称综试区）。按照党中央国务院决策部署，两年多来，在各部门和地方共同努力下，13 个综试区建设取得积极成效，初步建立起一套适应跨境电商发展的政策体系，探索形成了一批可复制、可推广的经验做法，有力支撑了外贸转型升级和创新发展，推动了大众创业万众创新。

2017 年 9 月 20 日召开的国务院第 187 次常务会议决定，将跨境电商线上综合服务和线下产业园区"两平台"及信息共享、金融服务、智能物流、风险防控等监管和服务"六体系"等成熟做法面向全国复制推广。现将上述成熟做法的说明和具体举措印发，供各地借鉴参考。另请各地结合实际，深化"放管服"改革，加强制度、管理和服务创新，积极探索新经验，推动跨境电商健康快速发展，为制定跨境电商国际标准发挥更大作用。

    附件：1."六体系两平台"主要内容
         2. 各综试区探索形成的成熟经验和做法

附件 1

"六体系两平台"主要内容

"六体系两平台"是跨境电商发展的基础框架。六体系包括信息共享、金融服务、智能物流、电商诚信、统计监测和风险防控体系，提供了涵盖跨境电商全流程、各主体的管理和服务。两平台包括线上综合服务平台和线下产业园区平台，提供了综试区建设的软件和硬件条件。实践证明，"六体系两平台"实现了政府与市场、部门与地方、线上与线下的有效结合，调动了各参与方积极性，催生了跨境电商生态圈。

一、"六体系"主要内容

信息共享体系，将实现企业、服务机构、监管部门等信息互联互通，解决了企业无法通过一次申报实现各部门信息共享的问题

金融服务体系，在风险可控、商业可持续的前提下，鼓励金融机构、非银行支付机构依法合规利用互联网技术为具有真实交易背景的跨境电商交易提供在线支付结算、在线小额融资、在线保险等一站式金融服务，解决了中小微企业融资难问题。

智能物流体系，运用云计算、物联网、大数据等技术和现有物流公共信息平台，构建物流智能信息系统、仓储网络系统和运营服务系统等，实现物流运作各环节全程可验可测可控，解决了跨境电商物流成本高、效率低的问题。

电商诚信体系，建立跨境电商诚信记录数据库和诚信评价、诚信监管、负面清单系统，记录和积累跨境电商企业、平台企业、物流企业及其他综合服务企业基础数据，实现对电商信息的"分类监管、部门共享、有序公开"，解决了跨境电商商品的假冒伪劣和商家诚信缺失问题。

统计监测体系，建立跨境电子商务大数据中心和跨境电子商务统计监测体系，完善跨境电子商务统计方法，为政府监管和企业经营提供决策咨询服务，解决了跨境电商无法获取准确可靠统计数据的问题。

风险防控体系，建立风险信息采集、评估分析、预警处置机制有效防控综试区非真实贸易洗钱的经济风险，数据存储、支付交易、网络安全的技术风险，以及产品安全、贸易摩擦、主体信用的交易风险，确保了国家安全、网络安全、交易安全和商品质量安全。

二、"两平台"主要内容

线上综合服务平台，坚持"一点接入"原则，与商务、海关、税务、工商、检验检疫、邮政、外汇等政府部门进行数据交换和互联互通，在实现政府管理部门之间"信息互换、监管互认、执法互助"的同时，为跨境电子商务企业提供物流快递、金融等供应链服务。

线下产业园区平台，采取"一区多园"的布局方式，有效承接线上综合信息服务平台功能，优化配套服务，打造完整的产业链和生态圈。

附件2

各综试区探索形成的成熟经验和做法

序号	经验	主要做法	具体措施
1	建设线上综合服务平台，打造信息枢纽	跨境电商线上综合服务平台是监管和服务创新的集中体现，通过对监管部门和各类市场主体，集成在线通关、物流、退免税、支付、融资、风控等多种功能，实现"一点接入、一站式服务、一平台汇总"。	1. 打造线上综合服务平台。集成线上跨境电商进出口通关、退税等政务服务，链接跨境电商金融、物流等市场服务，海量手机整理数据，供监管、服务部门和企业使用。
			2. 打造线上一站式服务系统。部分综试区通过线上综合服务平台实现跨境电商"一站式"电子化服务，通过跨境电商企业备案、三单申报一口接入，更好满足监管需要，降低监管风险，增强监管力度和时效性。
			3. 打造线上信息核查库。部分综试区通过对接公安部门数据库，为海关提供跨境购物个人身份信息的验证，提供全国人员身份信息核查服务，实现本地、异地人口信息比对。

续表1

序号	经验	主要做法	具体措施
2	建设线下产业园区，实现协调发展	线下园区建设为跨境电商发展提供了产业基础，园区提供跨境电商全产业链服务，汇聚制造生产、电商平台仓、储物流、金融信保、风控服务等跨境电商各类企业，实现生产要素和产业集聚，促进跨境电商与制造业融合发展，推动传统产业提质增效、创新升级	1. 出台跨境电商产业园区认定办法。部分综试区出台跨境电商产业示范园区认定管理办法，认定一批示范园区，形成逐级管理机制。 2. 与现有自贸试验区、综保区等园区融合发展。部分综试区结合自贸试验区整体功能布局及跨境电商发展现状，突出重点，打造多个跨境电商产业园区，吸引了一批知名跨境电商落户。
3	发展海娃仓，推动 B2B 出口	便捷高效的物流服务是跨境电商产业链的重要组成部分。通过地方财政配套中央外经贸发展资金支持海外仓建设，鼓励企业自建或租用海外仓，加强售后服务、现场展示等功能，拓展海外营销渠道	1. 优化海外仓布局。部分综试区结合本地特色和优势，确定发展重点，加强海外仓、海外展的布局，进一步促进跨境电商 B2B 出口模式的发展壮大。 2. 创新海外仓建设模式。部分电商平台顺应外贸形势的转变，设立规模较大的海外仓，覆盖欧、美等主要市场，并建设进出口货物海外仓和精品商品体验馆，发展"前展后仓"营销模式。 3. 设立公共海外仓，鼓励企业走出去。部分综试区培育跨境电商新业态，加快在各社区和便利店开设跨境电商体验店，促进跨境电商应用普及，推动企业赴境外设立公共海外仓。部分电商平台在欧、英、日、澳等发达国家和新兴市场建有海外仓。
4	创新金融支持模式，提升金融服务水平	金融服务创新能有效降低企业运营成本，各综合试验区开发融资、保险等金融产品，提升中小跨境电商企业交易能力	1. 设立信保资金池。部分综试区与知名企业共建跨境电商 B2B 信保资金池，进口风险资金池等，提高中小跨境电商企业交易能力。 2. 建设线上金融服务平台。部分综试区在园区内探索建设跨境电商供应链金融服务平台。 3. 创新金融服务模式。针对跨境电商零售出口，创新保险服务。 4. 支持金融机构与跨境企业加强合作。部分综试区支持中国出口信用保险公司与外贸综合服务企业合作，通过出口信用保险和外贸综合服务平台对跨境电商海外场出口业务提供金融及外贸综合服务支持。

续表2

序号	经验	主要做法	具体措施
5	简化通关手续，提升通关便利化水平	关、检、税、汇等便利化措施是监管部门制度创新、管理创新和服务创新的集中体现。通过简化通关手续、创新检验检疫监管、提升出口退税效率、便利外汇交易结算，可以极大地降低企业成本，为跨境电商的发展营造了良好的政策环境。	1. 海关实行"简化申报、清单核放、汇总统计"，推行全程无纸化等措施。
			2. 实行"一地报关，多地放行"，部分综试区出口货物线上申报时间缩短至平均1分钟。
			3. 优化跨境电商B2B通关手续，部分综试区海关加标"DS"标识，区分B2B出口与一般通关更便捷。
6	创新检验检疫监管模式		1. 实行企业和商品信息"一地备案、全国共享"。
			2. 加强配套设施建设。部分综试区成立跨境电商商品质量安全风险国家监测中心，并在园区内建设进口肉类、水果检验场，可直接入区检验。
			3. 提高关检信息共享水平。部分综试区打造跨境电商质量安全试验区，推动口岸联检单位深度合作，搭建关检联合作业APP，实现从原产地到餐桌的无缝监管，通关时间减少2-4小时，效率提升150%以上。
			4. 加强关检合作，实现关检"一机双屏，联合监管"。
7	提升出口退税效率		1. 实行退税无纸化。部分综试区无纸化管理的试点企业占比已超60%。
			2. 便利跨境电商企业出口退税。部分综试区优化跨境电商企业出口退税管理，对被评定为一类或二类出口企业，可使用增值税专用发票认证系统信息审核办理退税。
8	便利外汇交易结算		1. 便利跨境电商收付汇。支持个人对外贸易经营者或个体工商户在线上综合服务平台备案后开立外汇结算账户。
			2. 实现一站式服务。在确保交易真实合法以及风险可控的基础上，允许在线上综合服务平台实现"三单合一"的个人对外贸易经营者或个体工商户，自行收结汇。
			3. 加强相关政策指导。部分综试区制订了《个人贸易结汇简化单证审核业务的指导意见》，对银行和市场主体办理个人贸易项下收结汇进行说明和指导。

序号	经验	主要做法	具体措施
9	统计监测体系是跨境电商发展的重要保障,建立健全跨境电商统计检测体系,在三单标准、B2B认定等方面先行先试,依托数据建设综合数据处理中心	统计检测体系是跨境电商发展的重要保障,建立健全跨境电商统计检测体系,在三单标准、B2B认定等方面先行先试,依托数据建设综合数据处理中心	1. 联合开展跨境电商统计试点。海关总署、商务部、国家统计局在杭州、广州开展统计试点,建立完善跨境电商统计方法。
			2. 创新统计方法。部分综试区出台B2B出口统计方法,确立订单、物流单、支付单三单认定标准,形成以样本抽取、企业调查为主的统计方法。
			3. 加强线上数据整合能力。部分综试区依托跨境电商服务中心抓取数据。
			4. 创新统计数据应用。部分综试区建立并发布跨境电商发展指数,对行业景气度、便利化水平等进行综合评估。
10	鼓励商业模式创新	商业模式创新是跨境电商发展的重要动力。各综试区坚持"发展中规范、规范中发展"原则,允许跨境电商在商业模式上大胆创新	1. 创新跨境电商外贸综合服务功能。部分电商平台自主开发各类外贸综合服务平台,为中小微外贸企业提供全方位服务。
			2. 创新供应链和物流服务。部分电商平台以互联网+供应链生态系统的商业模式为全球跨境电商企业提供外贸供应链综合服务,推出跨境电商B2B出口服务平台,帮助传统企业电商化转型,为广大制造企业、贸易企业提供一站式综合物流服务。
			3. 创新跨境电商风险评估机制。部分电商平台,在打造"关、检、税、汇"全流程贸易便利化服务体系的同时,通过覆盖全国的线下营销、物流网络,对其平台上企业的经营情况实施内部有效监控,初步建立了"贸易订单风险评估机制",在强化平台风控能力同时,不断提升综合服务水平。
11	打造跨境电商品牌,促进提质增效	品牌培育是提升外贸竞争力的重要手段,跨境电商通过智能推送、信息宣传等多种技术手段和商业模式,支持培育自主品牌,扩大优势产品出口,助力"中国制造"向"中国智造"转变。	1. 开展专项品牌建设行动。举办各类专场培训、对接会等活动,帮助企业提升品牌价值。
			2. 瞄准新兴市场,做大做强品牌。在综试区相关政策的指导下,部分企业利用跨境电商平台,重点开拓"一带一路"沿线国家市场,扩大品牌影响力,实现外贸出口和产值同步大幅增长。

续表4

序号	经验	主要做法	具体措施
12	加强人才培育力度，完善跨境电商生态圈	人才培育是跨境电商生态圈建设的重要支撑。各综试区加强政、校、企合作，跨境电商人才培育力度加大。	1. 与专业院校合作，支持各类开设跨境电商课程，开展专业培训。
			2. 引入专业培训机构。推行定制式、公司式等孵化模式，进一步完善"政、校、协、企"四位一体跨境电商人才培训制。
			3. 建设培训基地。如跨境电商人才O2O培训基地等。

国务院关于同意在天津等 12 个城市设立
跨境电子商务综合试验区的批复

（国函〔2016〕17 号）

发布日期：2016-01-12
实施日期：2016-01-12
法规类型：规范性文件

天津市、辽宁省、上海市、江苏省、浙江省、安徽省、山东省、河南省、广东省、重庆市、四川省人民政府，商务部：

你们关于设立跨境电子商务综合试验区的请示收悉。现批复如下：

1. 同意在天津市、上海市、重庆市、合肥市、郑州市、广州市、成都市、大连市、宁波市、青岛市、深圳市、苏州市等 12 个城市设立跨境电子商务综合试验区，名称分别为中国（城市名）跨境电子商务综合试验区，具体实施方案由城市所在地省级人民政府分别负责印发。

2. 跨境电子商务综合试验区（以下简称综合试验区）建设要全面贯彻党的十八大和十八届二中、三中、四中、五中全会精神，认真落实党中央、国务院决策部署，按照"四个全面"战略布局要求，牢固树立并贯彻落实创新、协调、绿色、开放、共享的发展理念，以深化改革、扩大开放为动力，借鉴中国（杭州）跨境电子商务综合试验区建设"六大体系"、"两个平台"的经验和做法，因地制宜，突出本地特色和优势，着力在跨境电子商务企业对企业（B2B）方式相关环节的技术标准、业务流程、监管模式和信息化建设等方面先行先试，为推动全国跨境电子商务健康发展创造更多可复制推广的经验，以更加便捷高效的新模式释放市场活力，吸引大中小企业集聚，促进新业态成长，推动大众创业万众创新，增加就业，支撑外贸优进优出、升级发展。

3. 有关部门和省、直辖市人民政府要努力适应新型商业模式发展的要求，坚持深化简政放权、放管结合、优化服务等改革，大力支持综合试验区大胆探索、创新发展，同时控制好试点试验的风险。要在保障国家安全、网络安全、交易安全、国门生物安全、进出口商品质量安全和有效防范交易风险的基础上，坚持在发展中规范、在规范中发展，为综合试验区各类市场主体公平参与市场竞争创造良好的营商环境。试点工作要循序渐进，适时调整。

4. 有关省、直辖市人民政府要切实加强对综合试验区建设的组织领导、健全机制、明确分工、落实责任，有力有序有效推进综合试验区建设发展。要在商务部等部门的指导下，尽快修改完善具体实施方案并抓好组织实施。要进一步细化先行先试任务，突出重点，创新驱动，充分发挥市场配置资源的决定性作用，有效引导社会资源，合理配置公共资源，扎实推进综合试验区建设。要建立健全跨境电子商务信息化管理机制，根据有关部门的管理需要，及时提供相关电子信息。各综合试验区建设涉及的重要政策和重大建设项目要按规定程序报批。

5. 国务院有关部门要按照职能分工，加强指导和服务。要加强部门之间的沟通协作和相关政策衔接，深入调查研究，及时总结经验，指导和帮助地方政府切实解决综合试验区建设发展中遇到的困难和问题，进一步为综合试验区发展营造良好的环境。商务部要加强综合协调、跟踪分析和督促检查，适时对各综合试验区试点成果进行评估，重大问题和情况及时报告国务院。

国务院关于同意设立中国（杭州）
跨境电子商务综合试验区的批复

（国函〔2015〕44 号）

发布日期：2015-03-07
实施日期：2015-03-07
法规类型：规范性文件

浙江省人民政府、商务部：

你们关于设立中国（杭州）跨境电子商务综合试验区的请示收悉。现批复如下：

1. 同意设立中国（杭州）跨境电子商务综合试验区（以下简称综合试验区），具体实施方案由浙江省人民政府负责印发。

2. 综合试验区建设要以邓小平理论、"三个代表"重要思想、科学发展观为指导，贯彻落实党中央、国务院的决策部署，以深化改革、扩大开放为动力，着力在跨境电子商务交易、支付、物流、通关、退税、结汇等环节的技术标准、业务流程、监管模式和信息化建设等方面先行先试，通过制度创新、管理创新、服务创新和协同发展，破解跨境电子商务发展中的深层次矛盾和体制性难题，打造跨境电子商务完整的产业链和生态链，逐步形成一套适应和引领全球跨境电子商务发展的管理制度和规则，为推动全国跨境电子商务健康发展提供可复制、可推广的经验。

3. 有关部门和浙江省人民政府要努力适应新型商业模式发展的要求，转变观念和工作方式，积极做好服务，大力支持综合试验区大胆探索、创新发展，同时控制好试点试验的风险。要在保障国家安全、网络安全、交易安全、进出口商品质量安全和有效防范交易风险的基础上，坚持在发展中规范、在规范中发展，为综合试验区各类市场主体公平参与市场竞争创造良好的营商环境。试点工作要循序渐进，适时调整，逐步推广。

4. 浙江省人民政府要切实加强对综合试验区建设的组织领导，健全机制、明确分工、落实责任，有力有序有效推进综合试验区建设发展。要在商务部等部门的指导下，尽快修改完善具体实施方案并抓好组织实施。要进一步细化先行先试任务，突出重点，创新驱动，充分发挥市场配置资源的决定性作用，有效引导社会资源，合理配置公共资源，扎实推进综合试验区建设。要建立健全跨境电子商务信息化管理机制，根据有关部门的管理需要，及时提供相关电子信息。综合试验区建设涉及的重要政策和重大建设项目要按规定程序报批。

5. 国务院有关部门要按照职能分工，加强指导和服务。要加强部门之间的沟通协作和相关政策衔接，深入调查研究，及时总结经验，指导和帮助地方政府切实解决综合试验区建设发展中遇到的困难和问题，进一步为综合试验区发展营造良好的环境。商务部要加强综合协调、跟踪分析和督促检查，适时对综合试验区试点成果进行评估，重大问题和情况及时报告国务院。

电商税收政策

关于跨境电子商务出口退运商品税收政策的公告

（财政部　海关总署　税务总局公告 2023 年第 4 号）

发布日期：2023-01-30
实施日期：2023-01-30
法规类型：规范性文件

（根据财政部、海关总署、税务总局公告 2023 年第 34 号《关于延续实施跨境电子商务出口退运商品税收政策的公告》修正）

为加快发展外贸新业态，推动贸易高质量发展，现将跨境电子商务出口退运商品税收政策公告如下：

一、对 2023 年 1 月 30 日至 2025 年 12 月 31 日期间在跨境电子商务海关监管代码（1210、9610、9710、9810）项下申报出口，因滞销、退货原因，自出口之日起 6 个月内原状退运进境的商品（不含食品），免征进口关税和进口环节增值税、消费税；出口时已征收的出口关税准予退还，出口时已征收的增值税、消费税参照内销货物发生退货有关税收规定执行。其中，监管代码 1210 项下出口商品，应自海关特殊监管区域或保税物流中心（B 型）出区离境之日起 6 个月内退运至境内区外。

二、对符合第一条规定的商品，已办理出口退税的，企业应当按现行规定补缴已退的税款。企业应当凭主管税务机关出具的《出口货物已补税/未退税证明》，申请办理免征进口关税和进口环节增值税、消费税，退还出口关税手续。

三、第一条中规定的"原状退运进境"是指出口商品退运进境时的最小商品形态应与原出口时的形态基本一致，不得增加任何配件或部件，不能经过任何加工、改装，但经拆箱、检（化）验、安装、调试等仍可视为"原状"；退运进境商品应未被使用过，但对于只有经过试用才能发现品质不良或可证明被客户试用后退货的情况除外。

四、对符合第一、二、三条规定的商品，企业应当提交出口商品申报清单或出口报关单、退运原因说明等证明该商品确为因滞销、退货原因而退运进境的材料，并对材料的真实性承担法律责任。对因滞销退运的商品，企业应提供"自我声明"作为退运原因说明材料，承诺为因滞销退运；对因退货退运的商品，企业应提供退货记录（含跨境电子商务平台上的退货记录或拒收记录）、返货协议等作为退运原因说明材料。海关据此办理退运免税等手续。

五、企业偷税、骗税等违法违规行为，按照国家有关法律法规等规定处理。

特此公告。

国家税务总局关于跨境电子商务综合试验区零售出口企业所得税核定征收有关问题的公告

（国家税务总局公告 2019 年第 36 号）

发布日期：2019-10-26
实施日期：2020-01-01
法规类型：规范性文件

为支持跨境电子商务健康发展，推动外贸模式创新，有效配合《财政部 税务总局 商务部 海关总署关于跨境电子商务综合试验区零售出口货物税收政策的通知》（财税〔2018〕103 号）落实工作，现就跨境电子商务综合试验区（以下简称"综试区"）内的跨境电子商务零售出口企业（以下简称"跨境电商企业"）核定征收企业所得税有关问题公告如下：

一、综试区内的跨境电商企业，同时符合下列条件的，试行核定征收企业所得税办法：

（一）在综试区注册，并在注册地跨境电子商务线上综合服务平台登记出口货物日期、名称、计量单位、数量、单价、金额的；

（二）出口货物通过综试区所在地海关办理电子商务出口申报手续的；

（三）出口货物未取得有效进货凭证，其增值税、消费税享受免税政策的。

二、综试区内核定征收的跨境电商企业应准确核算收入总额，并采用应税所得率方式核定征收企业所得税。应税所得率统一按照4%确定。

三、税务机关应按照有关规定，及时完成综试区跨境电商企业核定征收企业所得税的鉴定工作。

四、综试区内实行核定征收的跨境电商企业符合小型微利企业优惠政策条件的，可享受小型微利企业所得税优惠政策；其取得的收入属于《中华人民共和国企业所得税法》第二十六条规定的免税收入的，可享受免税收入优惠政策。

五、本公告所称综试区，是指经国务院批准的跨境电子商务综合试验区；本公告所称跨境电商企业，是指自建跨境电子商务销售平台或利用第三方跨境电子商务平台开展电子商务出口的企业。

六、本公告自 2020 年 1 月 1 日起施行。

特此公告。

财政部、税务总局、商务部、海关总署关于跨境电子商务综合试验区零售出口货物税收政策的通知

（财税〔2018〕103 号）

发布日期：2018-09-28
实施日期：2018-10-01
法规类型：规范性文件

各省、自治区、直辖市、计划单列市财政厅（局）、商务主管部门，国家税务总局各省、自治区、直辖市、计划单列市税务局，国家税务总局驻各地特派员办事处，海关总署广东分署、各直属海关：

为进一步促进跨境电子商务健康快速发展，培育贸易新业态新模式，现将跨境电子商务综合试验区（以下简称综试区）内的跨境电子商务零售出口（以下简称电子商务出口）货物有关税收政策通知如下：

一、对综试区电子商务出口企业出口未取得有效进货凭证的货物，同时符合下列条件的，试行增值税、消费税免税政策：

（一）电子商务出口企业在综试区注册，并在注册地跨境电子商务线上综合服务平台登记出口日期、货物名称、计量单位、数量、单价、金额。

（二）出口货物通过综试区所在地海关办理电子商务出口申报手续。

（三）出口货物不属于财政部和税务总局根据国务院决定明确取消出口退（免）税的货物。

二、各综试区建设领导小组办公室和商务主管部门应统筹推进部门之间的沟通协作和相关政策落实，加快建立电子商务出口统计监测体系，促进跨境电子商务健康快速发展。

三、海关总署定期将电子商务出口商品申报清单电子信息传输给税务总局。各综试区税务机关根据税务总局清分的出口商品申报清单电子信息加强出口货物免税管理。具体免税管理办法由省级税务部门商财政、商务部门制定。

四、本通知所称综试区，是指经国务院批准的跨境电子商务综合试验区；本通知所称电子商务出口企业，是指自建跨境电子商务销售平台或利用第三方跨境电子商务平台开展电子商务出口的单位和个体工商户。

五、本通知自 2018 年 10 月 1 日起执行，具体日期以出口商品申报清单注明的出口日期为准。

财政部 海关总署 税务总局关于完善跨境电子商务零售进口税收政策的通知

（财关税〔2018〕49号）

发布日期：2018-11-29
实施日期：2019-01-01
法规类型：规范性文件

各省、自治区、直辖市、计划单列市财政厅（局），新疆生产建设兵团财政局，海关总署广东分署、各直属海关，国家税务总局各省、自治区、直辖市、计划单列市税务局，国家税务总局驻各地特派员办事处：

为促进跨境电子商务零售进口行业的健康发展，营造公平竞争的市场环境，现将完善跨境电子商务零售进口税收政策有关事项通知如下：

一、将跨境电子商务零售进口商品的单次交易限值由人民币2000元提高至5000元，年度交易限值由人民币20000元提高至26000元。

二、完税价格超过5000元单次交易限值但低于26000元年度交易限值，且订单下仅一件商品时，可以自跨境电商零售渠道进口，按照货物税率全额征收关税和进口环节增值税、消费税，交易额计入年度交易总额，但年度交易总额超过年度交易限值的，应按一般贸易管理。

三、已经购买的电商进口商品属于消费者个人使用的最终商品，不得进入国内市场再次销售；原则上不允许网购保税进口商品在海关特殊监管区域外开展"网购保税+线下自提"模式。

四、其他事项请继续按照《财政部 海关总署 税务总局关于跨境电子商务零售进口税收政策的通知》（财关税〔2016〕18号）有关规定执行。

五、为适应跨境电商发展，财政部会同有关部门对《跨境电子商务零售进口商品清单》进行了调整，将另行公布。

本通知自2019年1月1日起执行。

特此通知。

财政部　海关总署　国家税务总局关于跨境电子商务
零售进口税收政策的通知

（财关税〔2016〕18 号）

发布日期：2016-03-24
实施日期：2016-04-08
法规类型：规范性文件

（部分条款被财关税〔2018〕49 号《关于完善跨境电子商务零售进口税收政策的通知》废止）

各省、自治区、直辖市、计划单列市财政厅（局）、国家税务局，新疆生产建设兵团财务局，海关总署广东分署、各直属海关：

为营造公平竞争的市场环境，促进跨境电子商务零售进口健康发展，经国务院批准，现将跨境电子商务零售（企业对消费者，即 B2C）进口税收政策有关事项通知如下：

一、跨境电子商务零售进口商品按照货物征收关税和进口环节增值税、消费税，购买跨境电子商务零售进口商品的个人作为纳税义务人，实际交易价格（包括货物零售价格、运费和保险费）作为完税价格，电子商务企业、电子商务交易平台企业或物流企业可作为代收代缴义务人。

二、跨境电子商务零售进口税收政策适用于从其他国家或地区进口的、《跨境电子商务零售进口商品清单》范围内的以下商品：

（一）所有通过与海关联网的电子商务交易平台交易，能够实现交易、支付、物流电子信息"三单"比对的跨境电子商务零售进口商品；

（二）未通过与海关联网的电子商务交易平台交易，但快递、邮政企业能够统一提供交易、支付、物流等电子信息，并承诺承担相应法律责任进境的跨境电子商务零售进口商品。

不属于跨境电子商务零售进口的个人物品以及无法提供交易、支付、物流等电子信息的跨境电子商务零售进口商品，按现行规定执行。

三、跨境电子商务零售进口商品的单次交易限值为人民币 2000 元，个人年度交易限值为人民币 20000 元。在限值以内进口的跨境电子商务零售进口商品，关税税率暂设为 0%；进口环节增值税、消费税取消免征税额，暂按法定应纳税额的 70% 征收。超过单次限值、累加后超过个人年度限值的单次交易，以及完税价格超过 2000 元限值的单个不可分割商品，均按照一般贸易方式全额征税。

四、跨境电子商务零售进口商品自海关放行之日起 30 日内退货的，可申请退税，并相应调整个人年度交易总额。

五、跨境电子商务零售进口商品购买人（订购人）的身份信息应进行认证；未进行认证的，购买人（订购人）身份信息应与付款人一致。

六、《跨境电子商务零售进口商品清单》将由财政部商有关部门另行公布。

七、本通知自 2016 年 4 月 8 日起执行。

特此通知。

海关总署关税征管司、加贸司关于明确跨境电商进口商品完税价格有关问题的通知

（税管函〔2016〕73号）

发布日期：2016-07-06
实施日期：2016-07-06
法规类型：规范性文件

（法规中引用的"海关总署2016年第26号"已被海关总署公告2018年第194号《关于跨境电子商务零售进出口商品监管》废止）

广东分署，各直属海关：

为落实跨境电子商务零售进口税收政策，总署关税司、加贸司结合前期调研情况，并就执行中遇到的价格问题进行研究，经商科技司，现将有关完税价格认定事宜明确如下：

一、完税价格认定原则

按照《财政部 海关总署 国家税务总局关于跨境电子商务零售进口税收政策的通知》（财关税〔2016〕18号）以及海关总署2016年第26号公告有关规定，跨境电子商务零售进口商品按照货物征收关税和进口环节增值税、消费税，实际交易价格（包括商品零售价格、运费和保险费）作为完税价格。购买跨境电子商务零售进口商品的订购人作为纳税义务人。

二、对优惠促销价格的认定原则

优惠促销行为是电商常见的营销方式，常见的促销形式就有几十种甚至过百种。促销后部分商品的零售交易价格可能明显低于成本甚至接近零元，完税价格的认定难度较大。对此，各关应遵遁以下原则对优惠促销价格进行认定：

第一，按照实际交易价格原则，以订单价格为基础确定完税价格，订单价格原则上不能为零。

第二，对直接打折、满减等优惠促销价格的认定应遵守公平、公开原则，即优惠促销应是适用于所有消费者，而非仅针对特定对象或特定人群的，海关以订单价格为基础确定完税价格。

第三，在订单支付中使用电商代金券、优惠券、积分等虚拟货币形式支付的"优惠减免金额"，不应在完税价格中扣除，应以订单价格为基础确定完税价格。

三、运费、保险费的认定原则

考虑到跨境电子商务零售进口商品的运费问题较为复杂，在直邮模式（跨境贸易电子商务，监管代码9610）中，电商企业或快递企业向纳税义务人收取的运费通常是"门到门"费用，既包括"空港到空港"航空运费，还包括境外境内陆路运输费用，甚至一些其他费用，但电商企业或快递企业通常无法提供详细数据，准确拆分各段费用分别占"门到门"费用的比例。

在网购保税模式（保税跨境贸易电子商务，监管代码1210）中，电商企业向物流企业支付的物流费用也同样存在全程运费的情况，既包括货物从境外到特殊监管区域及保税物流中心（B型）的运输费用，还包括从特殊监管区域及保税物流中心（B型）送交到消费者期间

的运输费用，电商企业或物流企业同样难以提供详细数据。

此外，快递行业存在一些通行惯例。一是对不同客户实行不同的收费标准，即在统一收费标准基础上，按照客户使用快递服务的基数给予折扣，基数越大，折扣越低。二是快递行业与客户的费用结算通常是月结，并且是后置的，即费用结算晚于运输行为发生。这也意味着电商企业在向消费者收取运费时，尚不能准确确定实际运费金额（电商企业向快递企业支付的运费标准是基于其使用的快递服务基数）。因此，电商企业向纳税义务人收取的运费（名义运费）与相关商品实际发生的运费难以一一对应。

基于上述情况，在确定跨境电子商务零售进口商品的完税价格时将运费〔网购保税模式指从特殊监管区域及保税物流中心（B型）送交到消费者期间的运输费用〕都计入。保险费也按照同样标准执行。

执行中如遇到问题，请及时向总署关税司（直邮模式，即跨境贸易电子商务监管方式，代码9610）和加贸司（网购保税模式，即保税跨境贸易电子商务监管方式，代码1210）反映，以确保跨境电子商务零售进口税收政策的正确执行。

特此通知。

财政部、国家税务总局关于跨境电子商务
零售出口税收政策的通知

（财税〔2013〕96号）

发布日期：2013-12-30
实施日期：2014-01-01
法规类型：规范性文件

各省、自治区、直辖市、计划单列市财政厅（局）、国家税务局，新疆生产建设兵团财务局：

为落实《国务院办公厅转发商务部等部门关于实施支持跨境电子商务零售出口有关政策意见的通知》（国办发〔2013〕89号）的要求，经研究，现将跨境电子商务零售出口（以下称电子商务出口）税收政策通知如下：

一、电子商务出口企业出口货物（财政部、国家税务总局明确不予出口退（免）税或免税的货物除外，下同），同时符合下列条件的，适用增值税、消费税退（免）税政策：

1. 电子商务出口企业属于增值税一般纳税人并已向主管税务机关办理出口退（免）税资格认定；

2. 出口货物取得海关出口货物报关单（出口退税专用），且与海关出口货物报关单电子信息一致；

3. 出口货物在退（免）税申报期截止之日内收汇；

4. 电子商务出口企业属于外贸企业的，购进出口货物取得相应的增值税专用发票、消费税专用缴款书（分割单）或海关进口增值税、消费税专用缴款书，且上述凭证有关内容与出口货物报关单（出口退税专用）有关内容相匹配。

二、电子商务出口企业出口货物，不符合本通知第一条规定条件，但同时符合下列条件的，适用增值税、消费税免税政策：

1. 电子商务出口企业已办理税务登记；

2. 出口货物取得海关签发的出口货物报关单；

3. 购进出口货物取得合法有效的进货凭证。

三、电子商务出口货物适用退（免）税、免税政策的，由电子商务出口企业按现行规定办理退（免）税、免税申报。

四、适用本通知退（免）税、免税政策的电子商务出口企业，是指自建跨境电子商务销售平台的电子商务出口企业和利用第三方跨境电子商务平台开展电子商务出口的企业。

五、为电子商务出口企业提供交易服务的跨境电子商务第三方平台，不适用本通知规定的退（免）税、免税政策，可按现行有关规定执行。

六、本通知自 2014 年 1 月 1 日起执行。

贸易管理篇

综合管理

中华人民共和国出口管制法

（主席令第 58 号）

发布日期：2020-10-17
实施日期：2020-12-01
法规类型：法律

第一章 总 则

第一条 为了维护国家安全和利益，履行防扩散等国际义务，加强和规范出口管制，制定本法。

第二条 国家对两用物项、军品、核以及其他与维护国家安全和利益、履行防扩散等国际义务相关的货物、技术、服务等物项（以下统称管制物项）的出口管制，适用本法。

前款所称管制物项，包括物项相关的技术资料等数据。

本法所称出口管制，是指国家对从中华人民共和国境内向境外转移管制物项，以及中华人民共和国公民、法人和非法人组织向外国组织和个人提供管制物项，采取禁止或者限制性措施。

本法所称两用物项，是指既有民事用途，又有军事用途或者有助于提升军事潜力，特别是可以用于设计、开发、生产或者使用大规模杀伤性武器及其运载工具的货物、技术和服务。

本法所称军品，是指用于军事目的的装备、专用生产设备以及其他相关货物、技术和服务。

本法所称核，是指核材料、核设备、反应堆用非核材料以及相关技术和服务。

第三条 出口管制工作应当坚持总体国家安全观，维护国际和平，统筹安全和发展，完善出口管制管理和服务。

第四条 国家实行统一的出口管制制度，通过制定管制清单、名录或者目录（以下统称管制清单）、实施出口许可等方式进行管理。

第五条 国务院、中央军事委员会承担出口管制职能的部门（以下统称国家出口管制管理部门）按照职责分工负责出口管制工作。国务院、中央军事委员会其他有关部门按照职责分工负责出口管制有关工作。

国家建立出口管制工作协调机制，统筹协调出口管制工作重大事项。国家出口管制管理部门和国务院有关部门应当密切配合，加强信息共享。

国家出口管制管理部门会同有关部门建立出口管制专家咨询机制，为出口管制工作提供咨询意见。

国家出口管制管理部门适时发布有关行业出口管制指南，引导出口经营者建立健全出口管制内部合规制度，规范经营。

省、自治区、直辖市人民政府有关部门依照法律、行政法规的规定负责出口管制有关工作。

第六条 国家加强出口管制国际合作，参与出口管制有关国际规则的制定。

第七条 出口经营者可以依法成立和参加有关的商会、协会等行业自律组织。

有关商会、协会等行业自律组织应当遵守法律、行政法规，按照章程对其成员提供与出口管制有关的服务，发挥协调和自律作用。

第二章　管制政策、管制清单和管制措施

第一节　一般规定

第八条 国家出口管制管理部门会同有关部门制定出口管制政策，其中重大政策应当报国务院批准，或者报国务院、中央军事委员会批准。

国家出口管制管理部门可以对管制物项出口目的国家和地区进行评估，确定风险等级，采取相应的管制措施。

第九条 国家出口管制管理部门依据本法和有关法律、行政法规的规定，根据出口管制政策，按照规定程序会同有关部门制定、调整管制物项出口管制清单，并及时公布。

根据维护国家安全和利益、履行防扩散等国际义务的需要，经国务院批准，或者经国务院、中央军事委员会批准，国家出口管制管理部门可以对出口管制清单以外的货物、技术和服务实施临时管制，并予以公告。临时管制的实施期限不超过二年。临时管制实施期限届满前应当及时进行评估，根据评估结果决定取消临时管制、延长临时管制或者将临时管制物项列入出口管制清单。

第十条 根据维护国家安全和利益、履行防扩散等国际义务的需要，经国务院批准，或者经国务院、中央军事委员会批准，国家出口管制管理部门会同有关部门可以禁止相关管制物项的出口，或者禁止相关管制物项向特定目的国家和地区、特定组织和个人出口。

第十一条 出口经营者从事管制物项出口，应当遵守本法和有关法律、行政法规的规定；依法需要取得相关管制物项出口经营资格的，应当取得相应的资格。

第十二条 国家对管制物项的出口实行许可制度。

出口管制清单所列管制物项或者临时管制物项，出口经营者应当向国家出口管制管理部门申请许可。

出口管制清单所列管制物项以及临时管制物项之外的货物、技术和服务，出口经营者知道或者应当知道，或者得到国家出口管制管理部门通知，相关货物、技术和服务可能存在以下风险的，应当向国家出口管制管理部门申请许可：

（一）危害国家安全和利益；

（二）被用于设计、开发、生产或者使用大规模杀伤性武器及其运载工具；

（三）被用于恐怖主义目的。

出口经营者无法确定拟出口的货物、技术和服务是否属于本法规定的管制物项，向国家出口管制管理部门提出咨询的，国家出口管制管理部门应当及时答复。

第十三条 国家出口管制管理部门综合考虑下列因素，对出口经营者出口管制物项的申请进行审查，作出准予或者不予许可的决定：

（一）国家安全和利益；

（二）国际义务和对外承诺；

（三）出口类型；

（四）管制物项敏感程度；

（五）出口目的国家或者地区；

（六）最终用户和最终用途；

（七）出口经营者的相关信用记录；

（八）法律、行政法规规定的其他因素。

第十四条 出口经营者建立出口管制内部合规制度，且运行情况良好的，国家出口管制管理部门可以对其出口有关管制物项给予通用许可等便利措施。具体办法由国家出口管制管理部门规定。

第十五条 出口经营者应当向国家出口管制管理部门提交管制物项的最终用户和最终用途证明文件，有关证明文件由最终用户或者最终用户所在国家和地区政府机构出具。

第十六条 管制物项的最终用户应当承诺，未经国家出口管制管理部门允许，不得擅自改变相关管制物项的最终用途或者向任何第三方转让。

出口经营者、进口商发现最终用户或者最终用途有可能改变的，应当按照规定立即报告国家出口管制管理部门。

第十七条 国家出口管制管理部门建立管制物项最终用户和最终用途风险管理制度，对管制物项的最终用户和最终用途进行评估、核查，加强最终用户和最终用途管理。

第十八条 国家出口管制管理部门对有下列情形之一的进口商和最终用户，建立管控名单：

（一）违反最终用户或者最终用途管理要求的；

（二）可能危害国家安全和利益的；

（三）将管制物项用于恐怖主义目的的。

对列入管控名单的进口商和最终用户，国家出口管制管理部门可以采取禁止、限制有关管制物项交易，责令中止有关管制物项出口等必要的措施。

出口经营者不得违反规定与列入管控名单的进口商、最终用户进行交易。出口经营者在特殊情况下确需与列入管控名单的进口商、最终用户进行交易的，可以向国家出口管制管理部门提出申请。

列入管控名单的进口商、最终用户经采取措施，不再有第一款规定情形的，可以向国家出口管制管理部门申请移出管控名单；国家出口管制管理部门可以根据实际情况，决定将列入管控名单的进口商、最终用户移出管控名单。

第十九条 出口货物的发货人或者代理报关企业出口管制货物时，应当向海关交验由国家出口管制管理部门颁发的许可证件，并按照国家有关规定办理报关手续。

出口货物的发货人未向海关交验由国家出口管制管理部门颁发的许可证件，海关有证据表明出口货物可能属于出口管制范围的，应当向出口货物发货人提出质疑；海关可以向国家出口管制管理部门提出组织鉴别，并根据国家出口管制管理部门作出的鉴别结论依法处置。在鉴别或者质疑期间，海关对出口货物不予放行。

第二十条 任何组织和个人不得为出口经营者从事出口管制违法行为提供代理、货运、寄递、报关、第三方电子商务交易平台和金融等服务。

第二节　两用物项出口管理

第二十一条 出口经营者向国家两用物项出口管制管理部门申请出口两用物项时，应当依照法律、行政法规的规定如实提交相关材料。

第二十二条 国家两用物项出口管制管理部门受理两用物项出口申请，单独或者会同有关部门依照本法和有关法律、行政法规的规定对两用物项出口申请进行审查，并在法定期限内作出准予或者不予许可的决定。作出准予许可决定的，由发证机关统一颁发出口许可证。

第三节 军品出口管理

第二十三条 国家实行军品出口专营制度。从事军品出口的经营者，应当获得军品出口专营资格并在核定的经营范围内从事军品出口经营活动。

军品出口专营资格由国家军品出口管制管理部门审查批准。

第二十四条 军品出口经营者应当根据管制政策和产品属性，向国家军品出口管制管理部门申请办理军品出口立项、军品出口项目、军品出口合同审查批准手续。

重大军品出口立项、重大军品出口项目、重大军品出口合同，应当经国家军品出口管制管理部门会同有关部门审查，报国务院、中央军事委员会批准。

第二十五条 军品出口经营者在出口军品前，应当向国家军品出口管制管理部门申请领取军品出口许可证。

军品出口经营者出口军品时，应当向海关交验由国家军品出口管制管理部门颁发的许可证件，并按照国家有关规定办理报关手续。

第二十六条 军品出口经营者应当委托经批准的军品出口运输企业办理军品出口运输及相关业务。具体办法由国家军品出口管制管理部门会同有关部门规定。

第二十七条 军品出口经营者或者科研生产单位参加国际性军品展览，应当按照程序向国家军品出口管制管理部门办理审批手续。

第三章 监督管理

第二十八条 国家出口管制管理部门依法对管制物项出口活动进行监督检查。

国家出口管制管理部门对涉嫌违反本法规定的行为进行调查，可以采取下列措施：

（一）进入被调查者营业场所或者其他有关场所进行检查；

（二）询问被调查者、利害关系人以及其他有关组织或者个人，要求其对与被调查事件有关的事项作出说明；

（三）查阅、复制被调查者、利害关系人以及其他有关组织或者个人的有关单证、协议、会计账簿、业务函电等文件、资料；

（四）检查用于出口的运输工具，制止装载可疑的出口物项，责令运回非法出口的物项；

（五）查封、扣押相关涉案物项；

（六）查询被调查者的银行账户。

采取前款第五项、第六项措施，应当经国家出口管制管理部门负责人书面批准。

第二十九条 国家出口管制管理部门依法履行职责，国务院有关部门、地方人民政府及其有关部门应当予以协助。

国家出口管制管理部门单独或者会同有关部门依法开展监督检查和调查工作，有关组织和个人应当予以配合，不得拒绝、阻碍。

有关国家机关及其工作人员对调查中知悉的国家秘密、商业秘密、个人隐私和个人信息依法负有保密义务。

第三十条 为加强管制物项出口管理，防范管制物项出口违法风险，国家出口管制管理部门可以采取监管谈话、出具警示函等措施。

第三十一条 对涉嫌违反本法规定的行为，任何组织和个人有权向国家出口管制管理部门举报，国家出口管制管理部门接到举报后应当依法及时处理，并为举报人保密。

第三十二条 国家出口管制管理部门根据缔结或者参加的国际条约，或者按照平等互惠原则，与其他国家或者地区、国际组织等开展出口管制合作与交流。

中华人民共和国境内的组织和个人向境外提供出口管制相关信息，应当依法进行；可能危害国家安全和利益的，不得提供。

第四章 法律责任

第三十三条 出口经营者未取得相关管制物项的出口经营资格从事有关管制物项出口的，给予警告，责令停止违法行为，没收违法所得，违法经营额五十万元以上的，并处违法经营额五倍以上十倍以下罚款；没有违法经营额或者违法经营额不足五十万元的，并处五十万元以上五百万元以下罚款。

第三十四条 出口经营者有下列行为之一的，责令停止违法行为，没收违法所得，违法经营额五十万元以上的，并处违法经营额五倍以上十倍以下罚款；没有违法经营额或者违法经营额不足五十万元的，并处五十万元以上五百万元以下罚款；情节严重的，责令停业整顿，直至吊销相关管制物项出口经营资格：

（一）未经许可擅自出口管制物项；

（二）超出出口许可证件规定的许可范围出口管制物项；

（三）出口禁止出口的管制物项。

第三十五条 以欺骗、贿赂等不正当手段获取管制物项出口许可证件，或者非法转让管制物项出口许可证件的，撤销许可，收缴出口许可证，没收违法所得，违法经营额二十万元以上的，并处违法经营额五倍以上十倍以下罚款；没有违法经营额或者违法经营额不足二十万元的，并处二十万元以上二百万元以下罚款。

伪造、变造、买卖管制物项出口许可证件的，没收违法所得，违法经营额五万元以上的，并处违法经营额五倍以上十倍以下罚款；没有违法经营额或者违法经营额不足五万元的，并处五万元以上五十万元以下罚款。

第三十六条 明知出口经营者从事出口管制违法行为仍为其提供代理、货运、寄递、报关、第三方电子商务交易平台和金融等服务的，给予警告，责令停止违法行为，没收违法所得，违法经营额十万元以上的，并处违法经营额三倍以上五倍以下罚款；没有违法经营额或者违法经营额不足十万元的，并处十万元以上五十万元以下罚款。

第三十七条 出口经营者违反本法规定与列入管控名单的进口商、最终用户进行交易的，给予警告，责令停止违法行为，没收违法所得，违法经营额五十万元以上的，并处违法经营额十倍以上二十倍以下罚款；没有违法经营额或者违法经营额不足五十万元的，并处五十万元以上五百万元以下罚款；情节严重的，责令停业整顿，直至吊销相关管制物项出口经营资格。

第三十八条 出口经营者拒绝、阻碍监督检查的，给予警告，并处十万元以上三十万元以下罚款；情节严重的，责令停业整顿，直至吊销相关管制物项出口经营资格。

第三十九条 违反本法规定受到处罚的出口经营者，自处罚决定生效之日起，国家出口管制管理部门可以在五年内不受理其提出的出口许可申请；对其直接负责的主管人员和其他直接责任人员，可以禁止其在五年内从事有关出口经营活动，因出口管制违法行为受到刑事处罚的，终身不得从事有关出口经营活动。

国家出口管制管理部门依法将出口经营者违反本法的情况纳入信用记录。

第四十条 本法规定的出口管制违法行为，由国家出口管制管理部门进行处罚；法律、行政法规规定由海关处罚的，由其依照本法进行处罚。

第四十一条 有关组织或者个人对国家出口管制管理部门的不予许可决定不服的，可以依法申请行政复议。行政复议决定为最终裁决。

第四十二条 从事出口管制管理的国家工作人员玩忽职守、徇私舞弊、滥用职权的，依法给予处分。

第四十三条 违反本法有关出口管制管理规定，危害国家安全和利益的，除依照本法规定处罚外，还应当依照有关法律、行政法规的规定进行处理和处罚。

违反本法规定，出口国家禁止出口的管制物项或者未经许可出口管制物项的，依法追究刑事责任。

第四十四条 中华人民共和国境外的组织和个人，违反本法有关出口管制管理规定，危害中华人民共和国国家安全和利益，妨碍履行防扩散等国际义务的，依法处理并追究其法律责任。

第五章 附 则

第四十五条 管制物项的过境、转运、通运、再出口或者从保税区、出口加工区等海关特殊监管区域和出口监管仓库、保税物流中心等保税监管场所向境外出口，依照本法的有关规定执行。

第四十六条 核以及其他管制物项的出口，本法未作规定的，依照有关法律、行政法规的规定执行。

第四十七条 用于武装力量海外运用、对外军事交流、军事援助等的军品出口，依照有关法律法规的规定执行。

第四十八条 任何国家或者地区滥用出口管制措施危害中华人民共和国国家安全和利益的，中华人民共和国可以根据实际情况对该国家或者地区对等采取措施。

第四十九条 本法自 2020 年 12 月 1 日起施行。

中华人民共和国外商投资法

（主席令第 26 号）

发布日期：2019-03-15
实施日期：2020-01-01
法规类型：法律

第一章 总 则

第一条 为了进一步扩大对外开放，积极促进外商投资，保护外商投资合法权益，规范外商投资管理，推动形成全面开放新格局，促进社会主义市场经济健康发展，根据宪法，制定本法。

第二条 在中华人民共和国境内（以下简称中国境内）的外商投资，适用本法。

本法所称外商投资，是指外国的自然人、企业或者其他组织（以下称外国投资者）直接或者间接在中国境内进行的投资活动，包括下列情形：

（一）外国投资者单独或者与其他投资者共同在中国境内设立外商投资企业；

（二）外国投资者取得中国境内企业的股份、股权、财产份额或者其他类似权益；

（三）外国投资者单独或者与其他投资者共同在中国境内投资新建项目；

（四）法律、行政法规或者国务院规定的其他方式的投资。

本法所称外商投资企业，是指全部或者部分由外国投资者投资，依照中国法律在中国境内经登记注册设立的企业。

第三条 国家坚持对外开放的基本国策，鼓励外国投资者依法在中国境内投资。

国家实行高水平投资自由化便利化政策，建立和完善外商投资促进机制，营造稳定、透明、可预期和公平竞争的市场环境。

第四条 国家对外商投资实行准入前国民待遇加负面清单管理制度。

前款所称准入前国民待遇，是指在投资准入阶段给予外国投资者及其投资不低于本国投资者及其投资的待遇；所称负面清单，是指国家规定在特定领域对外商投资实施的准入特别管理措施。国家对负面清单之外的外商投资，给予国民待遇。

负面清单由国务院发布或者批准发布。

中华人民共和国缔结或者参加的国际条约、协定对外国投资者准入待遇有更优惠规定的，可以按照相关规定执行。

第五条 国家依法保护外国投资者在中国境内的投资、收益和其他合法权益。

第六条 在中国境内进行投资活动的外国投资者、外商投资企业，应当遵守中国法律法规，不得危害中国国家安全、损害社会公共利益。

第七条 国务院商务主管部门、投资主管部门按照职责分工，开展外商投资促进、保护和管理工作；国务院其他有关部门在各自职责范围内，负责外商投资促进、保护和管理的相关工作。

县级以上地方人民政府有关部门依照法律法规和本级人民政府确定的职责分工，开展外商投资促进、保护和管理工作。

第八条 外商投资企业职工依法建立工会组织，开展工会活动，维护职工的合法权益。外商投资企业应当为本企业工会提供必要的活动条件。

第二章 投资促进

第九条 外商投资企业依法平等适用国家支持企业发展的各项政策。

第十条 制定与外商投资有关的法律、法规、规章，应当采取适当方式征求外商投资企业的意见和建议。

与外商投资有关的规范性文件、裁判文书等，应当依法及时公布。

第十一条 国家建立健全外商投资服务体系，为外国投资者和外商投资企业提供法律法规、政策措施、投资项目信息等方面的咨询和服务。

第十二条 国家与其他国家和地区、国际组织建立多边、双边投资促进合作机制，加强投资领域的国际交流与合作。

第十三条 国家根据需要，设立特殊经济区域，或者在部分地区实行外商投资试验性政策措施，促进外商投资，扩大对外开放。

第十四条 国家根据国民经济和社会发展需要，鼓励和引导外国投资者在特定行业、领域、地区投资。外国投资者、外商投资企业可以依照法律、行政法规或者国务院的规定享受优惠待遇。

第十五条 国家保障外商投资企业依法平等参与标准制定工作，强化标准制定的信息公开和社会监督。

国家制定的强制性标准平等适用于外商投资企业。

第十六条 国家保障外商投资企业依法通过公平竞争参与政府采购活动。政府采购依法对外商投资企业在中国境内生产的产品、提供的服务平等对待。

第十七条 外商投资企业可以依法通过公开发行股票、公司债券等证券和其他方式进行融资。

第十八条 县级以上地方人民政府可以根据法律、行政法规、地方性法规的规定，在法定权限内制定外商投资促进和便利化政策措施。

第十九条 各级人民政府及其有关部门应当按照便利、高效、透明的原则，简化办事程序，提高办事效率，优化政务服务，进一步提高外商投资服务水平。

有关主管部门应当编制和公布外商投资指引，为外国投资者和外商投资企业提供服务和便利。

第三章　投资保护

第二十条 国家对外国投资者的投资不实行征收。

在特殊情况下，国家为了公共利益的需要，可以依照法律规定对外国投资者的投资实行征收或者征用。征收、征用应当依照法定程序进行，并及时给予公平、合理的补偿。

第二十一条 外国投资者在中国境内的出资、利润、资本收益、资产处置所得、知识产权许可使用费、依法获得的补偿或者赔偿、清算所得等，可以依法以人民币或者外汇自由汇入、汇出。

第二十二条 国家保护外国投资者和外商投资企业的知识产权，保护知识产权权利人和相关权利人的合法权益；对知识产权侵权行为，严格依法追究法律责任。

国家鼓励在外商投资过程中基于自愿原则和商业规则开展技术合作。技术合作的条件由投资各方遵循公平原则平等协商确定。行政机关及其工作人员不得利用行政手段强制转让技术。

第二十三条 行政机关及其工作人员对于履行职责过程中知悉的外国投资者、外商投资企业的商业秘密，应当依法予以保密，不得泄露或者非法向他人提供。

第二十四条 各级人民政府及其有关部门制定涉及外商投资的规范性文件，应当符合法律法规的规定；没有法律、行政法规依据的，不得减损外商投资企业的合法权益或者增加其义务，不得设置市场准入和退出条件，不得干预外商投资企业的正常生产经营活动。

第二十五条 地方各级人民政府及其有关部门应当履行向外国投资者、外商投资企业依法作出的政策承诺以及依法订立的各类合同。

因国家利益、社会公共利益需要改变政策承诺、合同约定的，应当依照法定权限和程序进行，并依法对外国投资者、外商投资企业因此受到的损失予以补偿。

第二十六条 国家建立外商投资企业投诉工作机制，及时处理外商投资企业或者其投资者反映的问题，协调完善相关政策措施。

外商投资企业或者其投资者认为行政机关及其工作人员的行政行为侵犯其合法权益的，可以通过外商投资企业投诉工作机制申请协调解决。

外商投资企业或者其投资者认为行政机关及其工作人员的行政行为侵犯其合法权益的，除依照前款规定通过外商投资企业投诉工作机制申请协调解决外，还可以依法申请行政复议、提起行政诉讼。

第二十七条 外商投资企业可以依法成立和自愿参加商会、协会。商会、协会依照法律法规和章程的规定开展相关活动，维护会员的合法权益。

第四章　投资管理

第二十八条 外商投资准入负面清单规定禁止投资的领域，外国投资者不得投资。

外商投资准入负面清单规定限制投资的领域，外国投资者进行投资应当符合负面清单规定的条件。

外商投资准入负面清单以外的领域，按照内外资一致的原则实施管理。

第二十九条 外商投资需要办理投资项目核准、备案的，按照国家有关规定执行。

第三十条 外国投资者在依法需要取得许可的行业、领域进行投资的，应当依法办理相关许可手续。

有关主管部门应当按照与内资一致的条件和程序，审核外国投资者的许可申请，法律、行政法规另有规定的除外。

第三十一条 外商投资企业的组织形式、组织机构及其活动准则，适用《中华人民共和国公司法》、《中华人民共和国合伙企业法》等法律的规定。

第三十二条 外商投资企业开展生产经营活动，应当遵守法律、行政法规有关劳动保护、社会保险的规定，依照法律、行政法规和国家有关规定办理税收、会计、外汇等事宜，并接受相关主管部门依法实施的监督检查。

第三十三条 外国投资者并购中国境内企业或者以其他方式参与经营者集中的，应当依照《中华人民共和国反垄断法》的规定接受经营者集中审查。

第三十四条 国家建立外商投资信息报告制度。外国投资者或者外商投资企业应当通过企业登记系统以及企业信用信息公示系统向商务主管部门报送投资信息。

外商投资信息报告的内容和范围按照确有必要的原则确定；通过部门信息共享能够获得的投资信息，不得再行要求报送。

第三十五条 国家建立外商投资安全审查制度，对影响或者可能影响国家安全的外商投资进行安全审查。

依法作出的安全审查决定为最终决定。

第五章 法律责任

第三十六条 外国投资者投资外商投资准入负面清单规定禁止投资的领域的，由有关主管部门责令停止投资活动，限期处分股份、资产或者采取其他必要措施，恢复到实施投资前的状态；有违法所得的，没收违法所得。

外国投资者的投资活动违反外商投资准入负面清单规定的限制性准入特别管理措施的，由有关主管部门责令限期改正，采取必要措施满足准入特别管理措施的要求；逾期不改正的，依照前款规定处理。

外国投资者的投资活动违反外商投资准入负面清单规定的，除依照前两款规定处理外，还应当依法承担相应的法律责任。

第三十七条 外国投资者、外商投资企业违反本法规定，未按照外商投资信息报告制度的要求报送投资信息的，由商务主管部门责令限期改正；逾期不改正的，处十万元以上五十万元以下的罚款。

第三十八条 对外国投资者、外商投资企业违反法律、法规的行为，由有关部门依法查处，并按照国家有关规定纳入信用信息系统。

第三十九条 行政机关工作人员在外商投资促进、保护和管理工作中滥用职权、玩忽职守、徇私舞弊的，或者泄露、非法向他人提供履行职责过程中知悉的商业秘密的，依法给予处分；构成犯罪的，依法追究刑事责任。

第六章 附 则

第四十条 任何国家或者地区在投资方面对中华人民共和国采取歧视性的禁止、限制或者其他类似措施的，中华人民共和国可以根据实际情况对该国家或者该地区采取相应的措施。

第四十一条 对外国投资者在中国境内投资银行业、证券业、保险业等金融行业，或者在证券市场、外汇市场等金融市场进行投资的管理，国家另有规定的，依照其规定。

第四十二条 本法自 2020 年 1 月 1 日起施行。《中华人民共和国中外合资经营企业法》、《中华人民共和国外资企业法》、《中华人民共和国中外合作经营企业法》同时废止。

本法施行前依照《中华人民共和国中外合资经营企业法》、《中华人民共和国外资企业法》、《中华人民共和国中外合作经营企业法》设立的外商投资企业，在本法施行后五年内可以继续保留原企业组织形式等。具体实施办法由国务院规定。

中华人民共和国对外贸易法

（主席令第 22 号）

发布日期：1994-05-12
实施日期：2022-12-30
法规类型：法律

（2004 年 4 月 6 日第十届全国人民代表大会常务委员会第八次会议修订；根据 2016 年 11 月 7 日主席令第 57 号《全国人民代表大会常务委员会关于修改〈中华人民共和国对外贸易法〉等十二部法律的决定》第一次修正；根据 2022 年 12 月 30 日第十三届全国人民代表大会常务委员会第三十八次会议决定对《中华人民共和国对外贸易法》第二次修正）

第一章 总 则

第一条 为了扩大对外开放，发展对外贸易，维护对外贸易秩序，保护对外贸易经营者的合法权益，促进社会主义市场经济的健康发展，制定本法。

第二条 本法适用于对外贸易以及与对外贸易有关的知识产权保护。

本法所称对外贸易，是指货物进出口、技术进出口和国际服务贸易。

第三条 国务院对外贸易主管部门依照本法主管全国对外贸易工作。

第四条 国家实行统一的对外贸易制度，鼓励发展对外贸易，维护公平、自由的对外贸易秩序。

第五条 中华人民共和国根据平等互利的原则，促进和发展同其他国家和地区的贸易关系，缔结或者参加关税同盟协定、自由贸易区协定等区域经济贸易协定，参加区域经济组织。

第六条 中华人民共和国在对外贸易方面根据所缔结或者参加的国际条约、协定，给予其他缔约方、参加方最惠国待遇、国民待遇等待遇，或者根据互惠、对等原则给予对方最惠国待遇、国民待遇等待遇。

第七条 任何国家或者地区在贸易方面对中华人民共和国采取歧视性的禁止、限制或者其他类似措施的，中华人民共和国可以根据实际情况对该国家或者该地区采取相应的措施。

第二章 对外贸易经营者

第八条 本法所称对外贸易经营者，是指依法办理工商登记或者其他执业手续，依照本法和其他有关法律、行政法规的规定从事对外贸易经营活动的法人、其他组织或者个人。

第九条 从事国际服务贸易，应当遵守本法和其他有关法律、行政法规的规定。

从事对外劳务合作的单位，应当具备相应的资质。具体办法由国务院规定。

第十条 国家可以对部分货物的进出口实行国营贸易管理。实行国营贸易管理货物的进出口业务只能由经授权的企业经营；但是，国家允许部分数量的国营贸易管理货物的进出口业务由非授权企业经营的除外。

实行国营贸易管理的货物和经授权经营企业的目录，由国务院对外贸易主管部门会同国务院其他有关部门确定、调整并公布。

违反本条第一款规定，擅自进出口实行国营贸易管理的货物的，海关不予放行。

第十一条 对外贸易经营者可以接受他人的委托，在经营范围内代为办理对外贸易业务。

第十二条 对外贸易经营者应当按照国务院对外贸易主管部门或者国务院其他有关部门依法作出的规定，向有关部门提交与其对外贸易经营活动有关的文件及资料。有关部门应当为提供者保守商业秘密。

第三章　货物进出口与技术进出口

第十三条 国家准许货物与技术的自由进出口。但是，法律、行政法规另有规定的除外。

第十四条 国务院对外贸易主管部门基于监测进出口情况的需要，可以对部分自由进出口的货物实行进出口自动许可并公布其目录。

实行自动许可的进出口货物，收货人、发货人在办理海关报关手续前提出自动许可申请的，国务院对外贸易主管部门或者其委托的机构应当予以许可；未办理自动许可手续的，海关不予放行。

进出口属于自由进出口的技术，应当向国务院对外贸易主管部门或者其委托的机构办理合同备案登记。

第十五条 国家基于下列原因，可以限制或者禁止有关货物、技术的进口或者出口：

（一）为维护国家安全、社会公共利益或者公共道德，需要限制或者禁止进口或者出口的；

（二）为保护人的健康或者安全，保护动物、植物的生命或者健康，保护环境，需要限制或者禁止进口或者出口的；

（三）为实施与黄金或者白银进出口有关的措施，需要限制或者禁止进口或者出口的；

（四）国内供应短缺或者为有效保护可能用竭的自然资源，需要限制或者禁止出口的；

（五）输往国家或者地区的市场容量有限，需要限制出口的；

（六）出口经营秩序出现严重混乱，需要限制出口的；

（七）为建立或者加快建立国内特定产业，需要限制进口的；

（八）对任何形式的农业、牧业、渔业产品有必要限制进口的；

（九）为保障国家国际金融地位和国际收支平衡，需要限制进口的；

（十）依照法律、行政法规的规定，其他需要限制或者禁止进口或者出口的；

（十一）根据我国缔结或者参加的国际条约、协定的规定，其他需要限制或者禁止进口或者出口的。

第十六条 国家对与裂变、聚变物质或者衍生此类物质的物质有关的货物、技术进出口，以及与武器、弹药或者其他军用物资有关的进出口，可以采取任何必要的措施，维护国家安全。

在战时或者为维护国际和平与安全，国家在货物、技术进出口方面可以采取任何必要的措施。

　　第十七条　国务院对外贸易主管部门会同国务院其他有关部门，依照本法第十五条和第十六条的规定，制定、调整并公布限制或者禁止进出口的货物、技术目录。

　　国务院对外贸易主管部门或者由其会同国务院其他有关部门，经国务院批准，可以在本法第十五条和第十六条规定的范围内，临时决定限制或者禁止前款规定目录以外的特定货物、技术的进口或者出口。

　　第十八条　国家对限制进口或者出口的货物，实行配额、许可证等方式管理；对限制进口或者出口的技术，实行许可证管理。

　　实行配额、许可证管理的货物、技术，应当按照国务院规定经国务院对外贸易主管部门或者经其会同国务院其他有关部门许可，方可进口或者出口。

　　国家对部分进口货物可以实行关税配额管理。

　　第十九条　进出口货物配额、关税配额，由国务院对外贸易主管部门或者国务院其他有关部门在各自的职责范围内，按照公开、公平、公正和效益的原则进行分配。具体办法由国务院规定。

　　第二十条　国家实行统一的商品合格评定制度，根据有关法律、行政法规的规定，对进出口商品进行认证、检验、检疫。

　　第二十一条　国家对进出口货物进行原产地管理。具体办法由国务院规定。

　　第二十二条　对文物和野生动物、植物及其产品等，其他法律、行政法规有禁止或者限制进出口规定的，依照有关法律、行政法规的规定执行。

第四章　国际服务贸易

　　第二十三条　中华人民共和国在国际服务贸易方面根据所缔结或者参加的国际条约、协定中所作的承诺，给予其他缔约方、参加方市场准入和国民待遇。

　　第二十四条　国务院对外贸易主管部门和国务院其他有关部门，依照本法和其他有关法律、行政法规的规定，对国际服务贸易进行管理。

　　第二十五条　国家基于下列原因，可以限制或者禁止有关的国际服务贸易：

　　（一）为维护国家安全、社会公共利益或者公共道德，需要限制或者禁止的；

　　（二）为保护人的健康或者安全，保护动物、植物的生命或者健康，保护环境，需要限制或者禁止的；

　　（三）为建立或者加快建立国内特定服务产业，需要限制的；

　　（四）为保障国家外汇收支平衡，需要限制的；

　　（五）依照法律、行政法规的规定，其他需要限制或者禁止的；

　　（六）根据我国缔结或者参加的国际条约、协定的规定，其他需要限制或者禁止的。

　　第二十六条　国家对与军事有关的国际服务贸易，以及与裂变、聚变物质或者衍生此类物质的物质有关的国际服务贸易，可以采取任何必要的措施，维护国家安全。

　　在战时或者为维护国际和平与安全，国家在国际服务贸易方面可以采取任何必要的措施。

　　第二十七条　国务院对外贸易主管部门会同国务院其他有关部门，依照本法第二十五条、第二十六条和其他有关法律、行政法规的规定，制定、调整并公布国际服务贸易市场准入目录。

第五章　与对外贸易有关的知识产权保护

　　第二十八条　国家依照有关知识产权的法律、行政法规，保护与对外贸易有关的知识产权。

　　进口货物侵犯知识产权，并危害对外贸易秩序的，国务院对外贸易主管部门可以采取在一定期限内禁止侵权人生产、销售的有关货物进口等措施。

第二十九条 知识产权权利人有阻止被许可人对许可合同中的知识产权的有效性提出质疑、进行强制性一揽子许可、在许可合同中规定排他性返授条件等行为之一，并危害对外贸易公平竞争秩序的，国务院对外贸易主管部门可以采取必要的措施消除危害。

第三十条 其他国家或者地区在知识产权保护方面未给予中华人民共和国的法人、其他组织或者个人国民待遇，或者不能对来源于中华人民共和国的货物、技术或者服务提供充分有效的知识产权保护的，国务院对外贸易主管部门可以依照本法和其他有关法律、行政法规的规定，并根据中华人民共和国缔结或者参加的国际条约、协定，对与该国家或者该地区的贸易采取必要的措施。

第六章 对外贸易秩序

第三十一条 在对外贸易经营活动中，不得违反有关反垄断的法律、行政法规的规定实施垄断行为。

在对外贸易经营活动中实施垄断行为，危害市场公平竞争的，依照有关反垄断的法律、行政法规的规定处理。

有前款违法行为，并危害对外贸易秩序的，国务院对外贸易主管部门可以采取必要的措施消除危害。

第三十二条 在对外贸易经营活动中，不得实施以不正当的低价销售商品、串通投标、发布虚假广告、进行商业贿赂等不正当竞争行为。

在对外贸易经营活动中实施不正当竞争行为的，依照有关反不正当竞争的法律、行政法规的规定处理。

有前款违法行为，并危害对外贸易秩序的，国务院对外贸易主管部门可以采取禁止该经营者有关货物、技术进出口等措施消除危害。

第三十三条 在对外贸易活动中，不得有下列行为：

（一）伪造、变造进出口货物原产地标记，伪造、变造或者买卖进出口货物原产地证书、进出口许可证、进出口配额证明或者其他进出口证明文件；

（二）骗取出口退税；

（三）走私；

（四）逃避法律、行政法规规定的认证、检验、检疫；

（五）违反法律、行政法规规定的其他行为。

第三十四条 对外贸易经营者在对外贸易经营活动中，应当遵守国家有关外汇管理的规定。

第三十五条 违反本法规定，危害对外贸易秩序的，国务院对外贸易主管部门可以向社会公告。

第七章 对外贸易调查

第三十六条 为了维护对外贸易秩序，国务院对外贸易主管部门可以自行或者会同国务院其他有关部门，依照法律、行政法规的规定对下列事项进行调查：

（一）货物进出口、技术进出口、国际服务贸易对国内产业及其竞争力的影响；

（二）有关国家或者地区的贸易壁垒；

（三）为确定是否应当依法采取反倾销、反补贴或者保障措施等对外贸易救济措施，需要调查的事项；

（四）规避对外贸易救济措施的行为；

（五）对外贸易中有关国家安全利益的事项；

（六）为执行本法第七条、第二十八条第二款、第二十九条、第三十条、第三十一条第三款、第三十二条第三款的规定，需要调查的事项；

（七）其他影响对外贸易秩序，需要调查的事项。

第三十七条 启动对外贸易调查，由国务院对外贸易主管部门发布公告。

调查可以采取书面问卷、召开听证会、实地调查、委托调查等方式进行。

国务院对外贸易主管部门根据调查结果，提出调查报告或者作出处理裁定，并发布公告。

第三十八条 有关单位和个人应当对对外贸易调查给予配合、协助。

国务院对外贸易主管部门和国务院其他有关部门及其工作人员进行对外贸易调查，对知悉的国家秘密和商业秘密负有保密义务。

第八章　对外贸易救济

第三十九条 国家根据对外贸易调查结果，可以采取适当的对外贸易救济措施。

第四十条 其他国家或者地区的产品以低于正常价值的倾销方式进入我国市场，对已建立的国内产业造成实质损害或者产生实质损害威胁，或者对建立国内产业造成实质阻碍的，国家可以采取反倾销措施，消除或者减轻这种损害或者损害的威胁或者阻碍。

第四十一条 其他国家或者地区的产品以低于正常价值出口至第三国市场，对我国已建立的国内产业造成实质损害或者产生实质损害威胁，或者对我国建立国内产业造成实质阻碍的，应国内产业的申请，国务院对外贸易主管部门可以与该第三国政府进行磋商，要求其采取适当的措施。

第四十二条 进口的产品直接或者间接地接受出口国家或者地区给予的任何形式的专向性补贴，对已建立的国内产业造成实质损害或者产生实质损害威胁，或者对建立国内产业造成实质阻碍的，国家可以采取反补贴措施，消除或者减轻这种损害或者损害的威胁或者阻碍。

第四十三条 因进口产品数量大量增加，对生产同类产品或者与其直接竞争的产品的国内产业造成严重损害或者严重损害威胁的，国家可以采取必要的保障措施，消除或者减轻这种损害或者损害的威胁，并可以对该产业提供必要的支持。

第四十四条 因其他国家或者地区的服务提供者向我国提供的服务增加，对提供同类服务或者与其直接竞争的服务的国内产业造成损害或者产生损害威胁的，国家可以采取必要的救济措施，消除或者减轻这种损害或者损害的威胁。

第四十五条 因第三国限制进口而导致某种产品进入我国市场的数量大量增加，对已建立的国内产业造成损害或者产生损害威胁，或者对建立国内产业造成阻碍的，国家可以采取必要的救济措施，限制该产品进口。

第四十六条 与中华人民共和国缔结或者共同参加经济贸易条约、协定的国家或者地区，违反条约、协定的规定，使中华人民共和国根据该条约、协定享有的利益丧失或者受损，或者阻碍条约、协定目标实现的，中华人民共和国政府有权要求有关国家或者地区政府采取适当的补救措施，并可以根据有关条约、协定中止或者终止履行相关义务。

第四十七条 国务院对外贸易主管部门依照本法和其他有关法律的规定，进行对外贸易的双边或者多边磋商、谈判和争端的解决。

第四十八条 国务院对外贸易主管部门和国务院其他有关部门应当建立货物进出口、技术进出口和国际服务贸易的预警应急机制，应对对外贸易中的突发和异常情况，维护国家经济安全。

第四十九条 国家对规避本法规定的对外贸易救济措施的行为，可以采取必要的反规避措施。

第九章　对外贸易促进

第五十条　国家制定对外贸易发展战略，建立和完善对外贸易促进机制。

第五十一条　国家根据对外贸易发展的需要，建立和完善为对外贸易服务的金融机构，设立对外贸易发展基金、风险基金。

第五十二条　国家通过进出口信贷、出口信用保险、出口退税及其他促进对外贸易的方式，发展对外贸易。

第五十三条　国家建立对外贸易公共信息服务体系，向对外贸易经营者和其他社会公众提供信息服务。

第五十四条　国家采取措施鼓励对外贸易经营者开拓国际市场，采取对外投资、对外工程承包和对外劳务合作等多种形式，发展对外贸易。

第五十五条　对外贸易经营者可以依法成立和参加有关协会、商会。

有关协会、商会应当遵守法律、行政法规，按照章程对其成员提供与对外贸易有关的生产、营销、信息、培训等方面的服务，发挥协调和自律作用，依法提出有关对外贸易救济措施的申请，维护成员和行业的利益，向政府有关部门反映成员有关对外贸易的建议，开展对外贸易促进活动。

第五十六条　中国国际贸易促进组织按照章程开展对外联系，举办展览，提供信息、咨询服务和其他对外贸易促进活动。

第五十七条　国家扶持和促进中小企业开展对外贸易。

第五十八条　国家扶持和促进民族自治地方和经济不发达地区发展对外贸易。

第十章　法律责任

第五十九条　违反本法第十条规定，未经授权擅自进出口实行国营贸易管理的货物的，国务院对外贸易主管部门或者国务院其他有关部门可以处五万元以下罚款；情节严重的，可以自行政处罚决定生效之日起三年内，不受理违法行为人从事国营贸易管理货物进出口业务的申请，或者撤销已给予其从事其他国营贸易管理货物进出口的授权。

第六十条　进出口属于禁止进出口的货物的，或者未经许可擅自进出口属于限制进出口的货物的，由海关依照有关法律、行政法规的规定处理、处罚；构成犯罪的，依法追究刑事责任。

进出口属于禁止进出口的技术的，或者未经许可擅自进出口属于限制进出口的技术的，依照有关法律、行政法规的规定处理、处罚；法律、行政法规没有规定的，由国务院对外贸易主管部门责令改正，没收违法所得，并处违法所得一倍以上五倍以下罚款，没有违法所得或者违法所得不足一万元的，处一万元以上五万元以下罚款；构成犯罪的，依法追究刑事责任。

自前两款规定的行政处罚决定生效之日或者刑事处罚判决生效之日起，国务院对外贸易主管部门或者国务院其他有关部门可以在三年内不受理违法行为人提出的进出口配额或者许可证的申请，或者禁止违法行为人在一年以上三年以下的期限内从事有关货物或者技术的进出口经营活动。

第六十一条　从事属于禁止的国际服务贸易的，或者未经许可擅自从事属于限制的国际服务贸易的，依照有关法律、行政法规的规定处罚；法律、行政法规没有规定的，由国务院对外贸易主管部门责令改正，没收违法所得，并处违法所得一倍以上五倍以下罚款，没有违法所得或者违法所得不足一万元的，处一万元以上五万元以下罚款；构成犯罪的，依法追究刑事责任。

国务院对外贸易主管部门可以禁止违法行为人自前款规定的行政处罚决定生效之日或者刑事处罚判决生效之日起一年以上三年以下的期限内从事有关的国际服务贸易经营活动。

第六十二条 违反本法第三十三条规定，依照有关法律、行政法规的规定处罚；构成犯罪的，依法追究刑事责任。

国务院对外贸易主管部门可以禁止违法行为人自前款规定的行政处罚决定生效之日或者刑事处罚判决生效之日起一年以上三年以下的期限内从事有关的对外贸易经营活动。

第六十三条 依照本法第六十条至第六十二条规定被禁止从事有关对外贸易经营活动的，在禁止期限内，海关根据国务院对外贸易主管部门依法作出的禁止决定，对该对外贸易经营者的有关进出口货物不予办理报关验放手续，外汇管理部门或者外汇指定银行不予办理有关结汇、售汇手续。

第六十四条 依照本法负责对外贸易管理工作的部门的工作人员玩忽职守、徇私舞弊或者滥用职权，构成犯罪的，依法追究刑事责任；尚不构成犯罪的，依法给予行政处分。

依照本法负责对外贸易管理工作的部门的工作人员利用职务上的便利，索取他人财物，或者非法收受他人财物为他人谋取利益，构成犯罪的，依法追究刑事责任；尚不构成犯罪的，依法给予行政处分。

第六十五条 对外贸易经营活动当事人对依照本法负责对外贸易管理工作的部门作出的具体行政行为不服的，可以依法申请行政复议或者向人民法院提起行政诉讼。

第十一章　附　则

第六十六条 与军品、裂变和聚变物质或者衍生此类物质的物质有关的对外贸易管理以及文化产品的进出口管理，法律、行政法规另有规定的，依照其规定。

第六十七条 国家对边境地区与接壤国家边境地区之间的贸易以及边民互市贸易，采取灵活措施，给予优惠和便利。具体办法由国务院规定。

第六十八条 中华人民共和国的单独关税区不适用本法。

第六十九条 本法自 2004 年 7 月 1 日起施行。

中华人民共和国外商投资法实施条例

（国务院令第 723 号）

发布日期：2019-12-26
实施日期：2020-01-01
法规类型：行政法规

第一章　总　则

第一条 根据《中华人民共和国外商投资法》（以下简称外商投资法），制定本条例。

第二条 国家鼓励和促进外商投资，保护外商投资合法权益，规范外商投资管理，持续优化外商投资环境，推进更高水平对外开放。

第三条 外商投资法第二条第二款第一项、第三项所称其他投资者，包括中国的自然人在内。

第四条 外商投资准入负面清单（以下简称负面清单）由国务院投资主管部门会同国务院商务主管部门等有关部门提出，报国务院发布或者报国务院批准后由国务院投资主管部门、商务主管部门发布。

国家根据进一步扩大对外开放和经济社会发展需要，适时调整负面清单。调整负面清单的程序，适用前款规定。

第五条 国务院商务主管部门、投资主管部门以及其他有关部门按照职责分工，密切配合、相互协作，共同做好外商投资促进、保护和管理工作。

县级以上地方人民政府应当加强对外商投资促进、保护和管理工作的组织领导，支持、督促有关部门依照法律法规和职责分工开展外商投资促进、保护和管理工作，及时协调、解决外商投资促进、保护和管理工作中的重大问题。

第二章　投资促进

第六条 政府及其有关部门在政府资金安排、土地供应、税费减免、资质许可、标准制定、项目申报、人力资源政策等方面，应当依法平等对待外商投资企业和内资企业。

政府及其有关部门制定的支持企业发展的政策应当依法公开；对政策实施中需要由企业申请办理的事项，政府及其有关部门应当公开申请办理的条件、流程、时限等，并在审核中依法平等对待外商投资企业和内资企业。

第七条 制定与外商投资有关的行政法规、规章、规范性文件，或者政府及其有关部门起草与外商投资有关的法律、地方性法规，应当根据实际情况，采取书面征求意见以及召开座谈会、论证会、听证会等多种形式，听取外商投资企业和有关商会、协会等方面的意见和建议；对反映集中或者涉及外商投资企业重大权利义务问题的意见和建议，应当通过适当方式反馈采纳的情况。

与外商投资有关的规范性文件应当依法及时公布，未经公布的不得作为行政管理依据。与外商投资企业生产经营活动密切相关的规范性文件，应当结合实际，合理确定公布到施行之间的时间。

第八条 各级人民政府应当按照政府主导、多方参与的原则，建立健全外商投资服务体系，不断提升外商投资服务能力和水平。

第九条 政府及其有关部门应当通过政府网站、全国一体化在线政务服务平台集中列明有关外商投资的法律、法规、规章、规范性文件、政策措施和投资项目信息，并通过多种途径和方式加强宣传、解读，为外国投资者和外商投资企业提供咨询、指导等服务。

第十条 外商投资法第十三条所称特殊经济区域，是指经国家批准设立、实行更大力度的对外开放政策措施的特定区域。

国家在部分地区实行的外商投资试验性政策措施，经实践证明可行的，根据实际情况在其他地区或者全国范围内推广。

第十一条 国家根据国民经济和社会发展需要，制定鼓励外商投资产业目录，列明鼓励和引导外国投资者投资的特定行业、领域、地区。鼓励外商投资产业目录由国务院投资主管部门会同国务院商务主管部门等有关部门拟订，报国务院批准后由国务院投资主管部门、商务主管部门发布。

第十二条 外国投资者、外商投资企业可以依照法律、行政法规或者国务院的规定，享受财政、税收、金融、用地等方面的优惠待遇。

外国投资者以其在中国境内的投资收益在中国境内扩大投资的，依法享受相应的优惠待遇。

第十三条 外商投资企业依法和内资企业平等参与国家标准、行业标准、地方标准和团体标准的制定、修订工作。外商投资企业可以根据需要自行制定或者与其他企业联合制定企业标准。

外商投资企业可以向标准化行政主管部门和有关行政主管部门提出标准的立项建议，在标准立项、起草、技术审查以及标准实施信息反馈、评估等过程中提出意见和建议，并按照规定承担标准起草、技术审查的相关工作以及标准的外文翻译工作。

标准化行政主管部门和有关行政主管部门应当建立健全相关工作机制，提高标准制定、修订的透明度，推进标准制定、修订全过程信息公开。

第十四条 国家制定的强制性标准对外商投资企业和内资企业平等适用，不得专门针对外商投资企业适用高于强制性标准的技术要求。

第十五条 政府及其有关部门不得阻挠和限制外商投资企业自由进入本地区和本行业的政府采购市场。

政府采购的采购人、采购代理机构不得在政府采购信息发布、供应商条件确定和资格审查、评标标准等方面，对外商投资企业实行差别待遇或者歧视待遇，不得以所有制形式、组织形式、股权结构、投资者国别、产品或者服务品牌以及其他不合理的条件对供应商予以限定，不得对外商投资企业在中国境内生产的产品、提供的服务和内资企业区别对待。

第十六条 外商投资企业可以依照《中华人民共和国政府采购法》（以下简称政府采购法）及其实施条例的规定，就政府采购活动事项向采购人、采购代理机构提出询问、质疑，向政府采购监督管理部门投诉。采购人、采购代理机构、政府采购监督管理部门应当在规定的时限内作出答复或者处理决定。

第十七条 政府采购监督管理部门和其他有关部门应当加强对政府采购活动的监督检查，依法纠正和查处对外商投资企业实行差别待遇或者歧视待遇等违法违规行为。

第十八条 外商投资企业可以依法在中国境内或者境外通过公开发行股票、公司债券等证券，以及公开或者非公开发行其他融资工具、借用外债等方式进行融资。

第十九条 县级以上地方人民政府可以根据法律、行政法规、地方性法规的规定，在法定权限内制定费用减免、用地指标保障、公共服务提供等方面的外商投资促进和便利化政策措施。

县级以上地方人民政府制定外商投资促进和便利化政策措施，应当以推动高质量发展为导向，有利于提高经济效益、社会效益、生态效益，有利于持续优化外商投资环境。

第二十条 有关主管部门应当编制和公布外商投资指引，为外国投资者和外商投资企业提供服务和便利。外商投资指引应当包括投资环境介绍、外商投资办事指南、投资项目信息以及相关数据信息等内容，并及时更新。

第三章　投资保护

第二十一条 国家对外国投资者的投资不实行征收。

在特殊情况下，国家为了公共利益的需要依照法律规定对外国投资者的投资实行征收的，应当依照法定程序、以非歧视性的方式进行，并按照被征收投资的市场价值及时给予补偿。

外国投资者对征收决定不服的，可以依法申请行政复议或者提起行政诉讼。

第二十二条 外国投资者在中国境内的出资、利润、资本收益、资产处置所得、取得的知识产权许可使用费、依法获得的补偿或者赔偿、清算所得等，可以依法以人民币或者外汇自由汇入、汇出，任何单位和个人不得违法对币种、数额以及汇入、汇出的频次等进行限制。

外商投资企业的外籍职工和香港、澳门、台湾职工的工资收入和其他合法收入，可以依法自由汇出。

第二十三条 国家加大对知识产权侵权行为的惩处力度，持续强化知识产权执法，推动建立知识产权快速协同保护机制，健全知识产权纠纷多元化解决机制，平等保护外国投资者和外商投资企业的知识产权。

标准制定中涉及外国投资者和外商投资企业专利的，应当按照标准涉及专利的有关管理规定办理。

第二十四条 行政机关（包括法律、法规授权的具有管理公共事务职能的组织，下同）及其工作人员不得利用实施行政许可、行政检查、行政处罚、行政强制以及其他行政手段，强制或者变相强制外国投资者、外商投资企业转让技术。

第二十五条 行政机关依法履行职责，确需外国投资者、外商投资企业提供涉及商业秘密的材料、信息的，应当限定在履行职责所必需的范围内，并严格控制知悉范围，与履行职责无关的人员不得接触有关材料、信息。

行政机关应当建立健全内部管理制度，采取有效措施保护履行职责过程中知悉的外国投资者、外商投资企业的商业秘密；依法需要与其他行政机关共享信息的，应当对信息中含有的商业秘密进行保密处理，防止泄露。

第二十六条 政府及其有关部门制定涉及外商投资的规范性文件，应当按照国务院的规定进行合法性审核。

外国投资者、外商投资企业认为行政行为所依据的国务院部门和地方人民政府及其部门制定的规范性文件不合法，在依法对行政行为申请行政复议或者提起行政诉讼时，可以一并请求对该规范性文件进行审查。

第二十七条 外商投资法第二十五条所称政策承诺，是指地方各级人民政府及其有关部门在法定权限内，就外国投资者、外商投资企业在本地区投资所适用的支持政策、享受的优惠待遇和便利条件等作出的书面承诺。政策承诺的内容应当符合法律、法规规定。

第二十八条 地方各级人民政府及其有关部门应当履行向外国投资者、外商投资企业依法作出的政策承诺以及依法订立的各类合同，不得以行政区划调整、政府换届、机构或者职能调整以及相关责任人更替等为由违约毁约。因国家利益、社会公共利益需要改变政策承诺、合同约定的，应当依照法定权限和程序进行，并依法对外国投资者、外商投资企业因此受到的损失及时予以公平、合理的补偿。

第二十九条 县级以上人民政府及其有关部门应当按照公开透明、高效便利的原则，建立健全外商投资企业投诉工作机制，及时处理外商投资企业或者其投资者反映的问题，协调完善相关政策措施。

国务院商务主管部门会同国务院有关部门建立外商投资企业投诉工作部际联席会议制度，协调、推动中央层面的外商投资企业投诉工作，对地方的外商投资企业投诉工作进行指导和监督。县级以上地方人民政府应当指定部门或者机构负责受理本地区外商投资企业或者其投资者的投诉。

国务院商务主管部门、县级以上地方人民政府指定的部门或者机构应当完善投诉工作规则、健全投诉方式、明确投诉处理时限。投诉工作规则、投诉方式、投诉处理时限应当对外公布。

第三十条 外商投资企业或者其投资者认为行政机关及其工作人员的行政行为侵犯其合法权益，通过外商投资企业投诉工作机制申请协调解决的，有关方面进行协调时可以向被申请的行政机关及其工作人员了解情况，被申请的行政机关及其工作人员应当予以配合。协调结果应当以书面形式及时告知申请人。

外商投资企业或者其投资者依照前款规定申请协调解决有关问题的，不影响其依法申请行政复议、提起行政诉讼。

第三十一条 对外商投资企业或者其投资者通过外商投资企业投诉工作机制反映或者申

请协调解决问题，任何单位和个人不得压制或者打击报复。

除外商投资企业投诉工作机制外，外商投资企业或者其投资者还可以通过其他合法途径向政府及其有关部门反映问题。

第三十二条 外商投资企业可以依法成立商会、协会。除法律、法规另有规定外，外商投资企业有权自主决定参加或者退出商会、协会，任何单位和个人不得干预。

商会、协会应当依照法律法规和章程的规定，加强行业自律，及时反映行业诉求，为会员提供信息咨询、宣传培训、市场拓展、经贸交流、权益保护、纠纷处理等方面的服务。

国家支持商会、协会依照法律法规和章程的规定开展相关活动。

第四章 投资管理

第三十三条 负面清单规定禁止投资的领域，外国投资者不得投资。负面清单规定限制投资的领域，外国投资者进行投资应当符合负面清单规定的股权要求、高级管理人员要求等限制性准入特别管理措施。

第三十四条 有关主管部门在依法履行职责过程中，对外国投资者拟投资负面清单内领域，但不符合负面清单规定的，不予办理许可、企业登记注册等相关事项；涉及固定资产投资项目核准的，不予办理相关核准事项。

有关主管部门应当对负面清单规定执行情况加强监督检查，发现外国投资者投资负面清单规定禁止投资的领域，或者外国投资者的投资活动违反负面清单规定的限制性准入特别管理措施的，依照外商投资法第三十六条的规定予以处理。

第三十五条 外国投资者在依法需要取得许可的行业、领域进行投资的，除法律、行政法规另有规定外，负责实施许可的有关主管部门应当按照与内资一致的条件和程序，审核外国投资者的许可申请，不得在许可条件、申请材料、审核环节、审核时限等方面对外国投资者设置歧视性要求。

负责实施许可的有关主管部门应当通过多种方式，优化审批服务，提高审批效率。对符合相关条件和要求的许可事项，可以按照有关规定采取告知承诺的方式办理。

第三十六条 外商投资需要办理投资项目核准、备案的，按照国家有关规定执行。

第三十七条 外商投资企业的登记注册，由国务院市场监督管理部门或者其授权的地方人民政府市场监督管理部门依法办理。国务院市场监督管理部门应当公布其授权的市场监督管理部门名单。

外商投资企业的注册资本可以用人民币表示，也可以用可自由兑换货币表示。

第三十八条 外国投资者或者外商投资企业应当通过企业登记系统以及企业信用信息公示系统向商务主管部门报送投资信息。国务院商务主管部门、市场监督管理部门应当做好相关业务系统的对接和工作衔接，并为外国投资者或者外商投资企业报送投资信息提供指导。

第三十九条 外商投资信息报告的内容、范围、频次和具体流程，由国务院商务主管部门会同国务院市场监督管理部门等有关部门按照确有必要、高效便利的原则确定并公布。商务主管部门、其他有关部门应当加强信息共享，通过部门信息共享能够获得的投资信息，不得再行要求外国投资者或者外商投资企业报送。

外国投资者或者外商投资企业报送的投资信息应当真实、准确、完整。

第四十条 国家建立外商投资安全审查制度，对影响或者可能影响国家安全的外商投资进行安全审查。

第五章 法律责任

第四十一条 政府和有关部门及其工作人员有下列情形之一的，依法依规追究责任：

（一）制定或者实施有关政策不依法平等对待外商投资企业和内资企业；

（二）违法限制外商投资企业平等参与标准制定、修订工作，或者专门针对外商投资企业适用高于强制性标准的技术要求；

（三）违法限制外国投资者汇入、汇出资金；

（四）不履行向外国投资者、外商投资企业依法作出的政策承诺以及依法订立的各类合同，超出法定权限作出政策承诺，或者政策承诺的内容不符合法律、法规规定。

第四十二条 政府采购的采购人、采购代理机构以不合理的条件对外商投资企业实行差别待遇或者歧视待遇的，依照政府采购法及其实施条例的规定追究其法律责任；影响或者可能影响中标、成交结果的，依照政府采购法及其实施条例的规定处理。

政府采购监督管理部门对外商投资企业的投诉逾期未作处理的，对直接负责的主管人员和其他直接责任人员依法给予处分。

第四十三条 行政机关及其工作人员利用行政手段强制或者变相强制外国投资者、外商投资企业转让技术的，对直接负责的主管人员和其他直接责任人员依法给予处分。

第六章 附 则

第四十四条 外商投资法施行前依照《中华人民共和国中外合资经营企业法》、《中华人民共和国外资企业法》、《中华人民共和国中外合作经营企业法》设立的外商投资企业（以下称现有外商投资企业），在外商投资法施行后 5 年内，可以依照《中华人民共和国公司法》、《中华人民共和国合伙企业法》等法律的规定调整其组织形式、组织机构等，并依法办理变更登记，也可以继续保留原企业组织形式、组织机构等。

自 2025 年 1 月 1 日起，对未依法调整组织形式、组织机构等并办理变更登记的现有外商投资企业，市场监督管理部门不予办理其申请的其他登记事项，并将相关情形予以公示。

第四十五条 现有外商投资企业办理组织形式、组织机构等变更登记的具体事宜，由国务院市场监督管理部门规定并公布。国务院市场监督管理部门应当加强对变更登记工作的指导，负责办理变更登记的市场监督管理部门应当通过多种方式优化服务，为企业办理变更登记提供便利。

第四十六条 现有外商投资企业的组织形式、组织机构等依法调整后，原合营、合作各方在合同中约定的股权或者权益转让办法、收益分配办法、剩余财产分配办法等，可以继续按照约定办理。

第四十七条 外商投资企业在中国境内投资，适用外商投资法和本条例的有关规定。

第四十八条 香港特别行政区、澳门特别行政区投资者在内地投资，参照外商投资法和本条例执行；法律、行政法规或者国务院另有规定的，从其规定。

台湾地区投资者在大陆投资，适用《中华人民共和国台湾同胞投资保护法》（以下简称台湾同胞投资保护法）及其实施细则的规定；台湾同胞投资保护法及其实施细则未规定的事项，参照外商投资法和本条例执行。

定居在国外的中国公民在中国境内投资，参照外商投资法和本条例执行；法律、行政法规或者国务院另有规定的，从其规定。

第四十九条 本条例自 2020 年 1 月 1 日起施行。《中华人民共和国中外合资经营企业法实施条例》、《中外合资经营企业合营期限暂行规定》、《中华人民共和国外资企业法实施细则》、《中华人民共和国中外合作经营企业法实施细则》同时废止。

2020 年 1 月 1 日前制定的有关外商投资的规定与外商投资法和本条例不一致的，以外商投资法和本条例的规定为准。

中华人民共和国货物进出口管理条例

（国务院令第 332 号）

发布日期：2001-12-10
实施日期：2002-01-01
法规类型：行政法规

第一章　总　则

第一条　为了规范货物进出口管理，维护货物进出口秩序，促进对外贸易健康发展，根据《中华人民共和国对外贸易法》（以下简称对外贸易法）的有关规定，制定本条例。

第二条　从事将货物进口到中华人民共和国关境内或者将货物出口到中华人民共和国关境外的贸易活动，应当遵守本条例。

第三条　国家对货物进出口实行统一的管理制度。

第四条　国家准许货物的自由进出口，依法维护公平、有序的货物进出口贸易。

除法律、行政法规明确禁止或者限制进出口的外，任何单位和个人均不得对货物进出口设置、维持禁止或者限制措施。

第五条　中华人民共和国在货物进出口贸易方面根据所缔结或者参加的国际条约、协定，给予其他缔约方、参加方最惠国待遇、国民待遇，或者根据互惠、对等原则给予对方最惠国待遇、国民待遇。

第六条　任何国家或者地区在货物进出口贸易方面对中华人民共和国采取歧视性的禁止、限制或者其他类似措施的，中华人民共和国可以根据实际情况对该国家或者地区采取相应的措施。

第七条　国务院对外经济贸易主管部门（以下简称国务院外经贸主管部门）依照对外贸易法和本条例的规定，主管全国货物进出口贸易工作。

国务院有关部门按照国务院规定的职责，依照本条例的规定负责货物进出口贸易管理的有关工作。

第二章　货物进口管理

第一节　禁止进口的货物

第八条　有对外贸易法第十七条规定情形之一的货物，禁止进口。其他法律、行政法规规定禁止进口的，依照其规定。

禁止进口的货物目录由国务院外经贸主管部门会同国务院有关部门制定、调整并公布。

第九条　属于禁止进口的货物，不得进口。

第二节　限制进口的货物

第十条　有对外贸易法第十六条第（一）、（四）、（五）、（六）、（七）项规定情形之一的货物，限制进口。其他法律、行政法规规定限制进口的，依照其规定。

限制进口的货物目录由国务院外经贸主管部门会同国务院有关部门制定、调整并公布。

限制进口的货物目录，应当至少在实施前 21 天公布；在紧急情况下，应当不迟于实施之日公布。

第十一条　国家规定有数量限制的限制进口货物，实行配额管理；其他限制进口货物，实行许可证管理。

实行关税配额管理的进口货物，依照本章第四节的规定执行。

第十二条　实行配额管理的限制进口货物，由国务院外经贸主管部门和国务院有关经济管理部门（以下统称进口配额管理部门）按照国务院规定的职责划分进行管理。

第十三条　对实行配额管理的限制进口货物，进口配额管理部门应当在每年 7 月 31 日前公布下一年度进口配额总量。

配额申请人应当在每年 8 月 1 日至 8 月 31 日向进口配额管理部门提出下一年度进口配额的申请。

进口配额管理部门应当在每年 10 月 31 日前将下一年度的配额分配给配额申请人。

进口配额管理部门可以根据需要对年度配额总量进行调整，并在实施前 21 天予以公布。

第十四条　配额可以按照对所有申请统一办理的方式分配。

第十五条　按照对所有申请统一办理的方式分配配额的，进口配额管理部门应当自规定的申请期限截止之日起 60 天内作出是否发放配额的决定。

第十六条　进口配额管理部门分配配额时，应当考虑下列因素：

（一）申请人的进口实绩；

（二）以往分配的配额是否得到充分使用；

（三）申请人的生产能力、经营规模、销售状况；

（四）新的进口经营者的申请情况；

（五）申请配额的数量情况；

（六）需要考虑的其他因素。

第十七条　进口经营者凭进口配额管理部门发放的配额证明，向国务院外经贸主管部门申领进口配额许可证。国务院外经贸主管部门应当自收到申请之日起 3 个工作日内发放进口配额许可证。

进口经营者凭国务院外经贸主管部门发放的进口配额许可证，向海关办理报关验放手续。

第十八条　配额持有者未使用完其持有的年度配额的，应当在当年 9 月 1 日前将未使用的配额交还进口配额管理部门；未按期交还并且在当年年底前未使用完的，进口配额管理部门可以在下一年度对其扣减相应的配额。

第十九条　实行许可证管理的限制进口货物，进口经营者应当向国务院外经贸主管部门或者国务院有关部门（以下统称进口许可证管理部门）提出申请。进口许可证管理部门应当自收到申请之日起 30 天内决定是否许可。

进口经营者凭进口许可证管理部门发放的进口许可证，向海关办理报关验放手续。

前款所称进口许可证，包括法律、行政法规规定的各种具有许可进口性质的证明、文件。

第二十条　进口配额管理部门和进口许可证管理部门应当根据本条例的规定制定具体管理办法，对申请人的资格、受理申请的部门、审查的原则和程序等事项作出明确规定并在实施前予以公布。

受理申请的部门一般为一个部门。

进口配额管理部门和进口许可证管理部门要求申请人提交的文件，应当限于为保证实施管理所必需的文件和资料，不得仅因细微的、非实质性的错讹拒绝接受申请。

第三节　自由进口的货物

第二十一条　进口属于自由进口的货物，不受限制。

第二十二条　基于监测货物进口情况的需要，国务院外经贸主管部门和国务院有关经济管理部门可以按照国务院规定的职责划分，对部分属于自由进口的货物实行自动进口许可管理。

实行自动进口许可管理的货物目录，应当至少在实施前 21 天公布。

第二十三条　进口属于自动进口许可管理的货物，均应当给予许可。

第二十四条　进口属于自动进口许可管理的货物，进口经营者应当在办理海关报关手续前，向国务院外经贸主管部门或者国务院有关经济管理部门提交自动进口许可申请。

国务院外经贸主管部门或者国务院有关经济管理部门应当在收到申请后，立即发放自动进口许可证明；在特殊情况下，最长不得超过 10 天。

进口经营者凭国务院外经贸主管部门或者国务院有关经济管理部门发放的自动进口许可证明，向海关办理报关验放手续。

第四节　关税配额管理的货物

第二十五条　实行关税配额管理的进口货物目录，由国务院外经贸主管部门会同国务院有关经济管理部门制定、调整并公布。

第二十六条　属于关税配额内进口的货物，按照配额内税率缴纳关税；属于关税配额外进口的货物，按照配额外税率缴纳关税。

第二十七条　进口配额管理部门应当在每年 9 月 15 日至 10 月 14 日公布下一年度的关税配额总量。

配额申请人应当在每年 10 月 15 日至 10 月 30 日向进口配额管理部门提出关税配额的申请。

第二十八条　关税配额可以按照对所有申请统一办理的方式分配。

第二十九条　按照对所有申请统一办理的方式分配关税配额的，进口配额管理部门应当在每年 12 月 31 日前作出是否发放配额的决定。

第三十条　进口经营者凭进口配额管理部门发放的关税配额证明，向海关办理关税配额内货物的报关验放手续。

国务院有关经济管理部门应当及时将年度关税配额总量、分配方案和关税配额证明实际发放的情况向国务院外经贸主管部门备案。

第三十一条　关税配额持有者未使用完其持有的年度配额的，应当在当年 9 月 15 日前将未使用的配额交还进口配额管理部门；未按期交还并且在当年年底前未使用完的，进口配额管理部门可以在下一年度对其扣减相应的配额。

第三十二条　进口配额管理部门应当根据本条例的规定制定有关关税配额的具体管理办法，对申请人的资格、受理申请的部门、审查的原则和程序等事项作出明确规定并在实施前予以公布。

受理申请的部门一般为一个部门。

进口配额管理部门要求关税配额申请人提交的文件，应当限于为保证实施关税配额管理所必需的文件和资料，不得仅因细微的、非实质性的错讹拒绝接受关税配额申请。

第三章　货物出口管理

第一节　禁止出口的货物

第三十三条　有对外贸易法第十七条规定情形之一的货物，禁止出口。其他法律、行政法规规定禁止出口的，依照其规定。

禁止出口的货物目录由国务院外经贸主管部门会同国务院有关部门制定、调整并公布。

第三十四条　属于禁止出口的货物，不得出口。

第二节　限制出口的货物

第三十五条　有对外贸易法第十六条第（一）、（二）、（三）、（七）项规定情形之一的货物，限制出口。其他法律、行政法规规定限制出口的，依照其规定。

限制出口的货物目录由国务院外经贸主管部门会同国务院有关部门制定、调整并公布。

限制出口的货物目录，应当至少在实施前21天公布；在紧急情况下，应当不迟于实施之日公布。

第三十六条　国家规定有数量限制的限制出口货物，实行配额管理；其他限制出口货物，实行许可证管理。

第三十七条　实行配额管理的限制出口货物，由国务院外经贸主管部门和国务院有关经济管理部门（以下统称出口配额管理部门）按照国务院规定的职责划分进行管理。

第三十八条　对实行配额管理的限制出口货物，出口配额管理部门应当在每年10月31日前公布下一年度出口配额总量。

配额申请人应当在每年11月1日至11月15日向出口配额管理部门提出下一年度出口配额的申请。

出口配额管理部门应当在每年12月15日前将下一年度的配额分配给配额申请人。

第三十九条　配额可以通过直接分配的方式分配，也可以通过招标等方式分配。

第四十条　出口配额管理部门应当自收到申请之日起30天内并不晚于当年12月15日作出是否发放配额的决定。

第四十一条　出口经营者凭出口配额管理部门发放的配额证明，向国务院外经贸主管部门申领出口配额许可证。国务院外经贸主管部门应当自收到申请之日起3个工作日内发放出口配额许可证。

出口经营者凭国务院外经贸主管部门发放的出口配额许可证，向海关办理报关验放手续。

第四十二条　配额持有者未使用完其持有的年度配额的，应当在当年10月31日前将未使用的配额交还出口配额管理部门；未按期交还并且在当年年底前未使用完的，出口配额管理部门可以在下一年度对其扣减相应的配额。

第四十三条　实行许可证管理的限制出口货物，出口经营者应当向国务院外经贸主管部门或者国务院有关部门（以下统称出口许可证管理部门）提出申请，出口许可证管理部门应当自收到申请之日起30天内决定是否许可。

出口经营者凭出口许可证管理部门发放的出口许可证，向海关办理报关验放手续。

前款所称出口许可证，包括法律、行政法规规定的各种具有许可出口性质的证明、文件。

第四十四条　出口配额管理部门和出口许可证管理部门应当根据本条例的规定制定具体管理办法，对申请人的资格、受理申请的部门、审查的原则和程序等事项作出明确规定并在实施前予以公布。

受理申请的部门一般为一个部门。

出口配额管理部门和出口许可证管理部门要求申请人提交的文件，应当限于为保证实施管理所必需的文件和资料，不得仅因细微的、非实质性的错讹拒绝接受申请。

第四章　国营贸易和指定经营

第四十五条　国家可以对部分货物的进出口实行国营贸易管理。

实行国营贸易管理的进出口货物目录由国务院外经贸主管部门会同国务院有关经济管理部门制定、调整并公布。

第四十六条　国务院外经贸主管部门和国务院有关经济管理部门按照国务院规定的职责划分确定国营贸易企业名录并予以公布。

第四十七条　实行国营贸易管理的货物，国家允许非国营贸易企业从事部分数量的进出口。

第四十八条　国营贸易企业应当每半年向国务院外经贸主管部门提供实行国营贸易管理的货物的购买价格、销售价格等有关信息。

第四十九条　国务院外经贸主管部门基于维护进出口经营秩序的需要，可以在一定期限内对部分货物实行指定经营管理。

实行指定经营管理的进出口货物目录由国务院外经贸主管部门制定、调整并公布。

第五十条　确定指定经营企业的具体标准和程序，由国务院外经贸主管部门制定并在实施前公布。

指定经营企业名录由国务院外经贸主管部门公布。

第五十一条　除本条例第四十七条规定的情形外，未列入国营贸易企业名录和指定经营企业名录的企业或者其他组织，不得从事实行国营贸易管理、指定经营管理的货物的进出口贸易。

第五十二条　国营贸易企业和指定经营企业应当根据正常的商业条件从事经营活动，不得以非商业因素选择供应商，不得以非商业因素拒绝其他企业或者组织的委托。

第五章　进出口监测和临时措施

第五十三条　国务院外经贸主管部门负责对货物进出口情况进行监测、评估，并定期向国务院报告货物进出口情况，提出建议。

第五十四条　国家为维护国际收支平衡，包括国际收支发生严重失衡或者受到严重失衡威胁时，或者为维持与实施经济发展计划相适应的外汇储备水平，可以对进口货物的价值或者数量采取临时限制措施。

第五十五条　国家为建立或者加快建立国内特定产业，在采取现有措施无法实现的情况下，可以采取限制或者禁止进口的临时措施。

第五十六条　国家为执行下列一项或者数项措施，必要时可以对任何形式的农产品水产品采取限制进口的临时措施：

（一）对相同产品或者直接竞争产品的国内生产或者销售采取限制措施；

（二）通过补贴消费的形式，消除国内过剩的相同产品或者直接竞争产品；

（三）对完全或者主要依靠该进口农产品水产品形成的动物产品采取限产措施。

第五十七条　有下列情形之一的，国务院外经贸主管部门可以对特定货物的出口采取限制或者禁止的临时措施：

（一）发生严重自然灾害等异常情况，需要限制或者禁止出口的；

（二）出口经营秩序严重混乱，需要限制出口的；

（三）依照对外贸易法第十六条、第十七条的规定，需要限制或者禁止出口的。

第五十八条 对进出口货物采取限制或者禁止的临时措施的，国务院外经贸主管部门应当在实施前予以公告。

第六章 对外贸易促进

第五十九条 国家采取出口信用保险、出口信贷、出口退税、设立外贸发展基金等措施，促进对外贸易发展。

第六十条 国家采取有效措施，促进企业的技术创新和技术进步，提高企业的国际竞争能力。

第六十一条 国家通过提供信息咨询服务，帮助企业开拓国际市场。

第六十二条 货物进出口经营者可以依法成立和参加进出口商会，实行行业自律和协调。

第六十三条 国家鼓励企业积极应对国外歧视性反倾销、反补贴、保障措施及其他限制措施，维护企业的正当贸易权利。

第七章 法律责任

第六十四条 进口或者出口属于禁止进出口的货物，或者未经批准、许可擅自进口或者出口属于限制进出口的货物的，依照刑法关于走私罪的规定，依法追究刑事责任；尚不够刑事处罚的，依照海关法的有关规定处罚；国务院外经贸主管部门并可以撤销其对外贸易经营许可。

第六十五条 擅自超出批准、许可的范围进口或者出口属于限制进出口的货物的，依照刑法关于走私罪或者非法经营罪的规定，依法追究刑事责任；尚不够刑事处罚的，依照海关法的有关规定处罚；国务院外经贸主管部门并可以暂停直至撤销其对外贸易经营许可。

第六十六条 伪造、变造或者买卖货物进出口配额证明、批准文件、许可证或者自动进口许可证明的，依照刑法关于非法经营罪或者伪造、变造、买卖国家机关公文、证件、印章罪的规定，依法追究刑事责任；尚不够刑事处罚的，依照海关法的有关规定处罚；国务院外经贸主管部门并可以撤销其对外贸易经营许可。

第六十七条 进出口经营者以欺骗或者其他不正当手段获取货物进出口配额、批准文件、许可证或者自动进口许可证明的，依法收缴其货物进出口配额、批准文件、许可证或者自动进口许可证明，国务院外经贸主管部门可以暂停直至撤销其对外贸易经营许可。

第六十八条 违反本条例第五十一条规定，擅自从事实行国营贸易管理或者指定经营管理的货物进出口贸易，扰乱市场秩序，情节严重的，依照刑法关于非法经营罪的规定，依法追究刑事责任；尚不够刑事处罚的，由工商行政管理机关依法给予行政处罚；国务院外经贸主管部门并可以暂停直至撤销其对外贸易经营许可。

第六十九条 国营贸易企业或者指定经营企业违反本条例第四十八条、第五十二条规定的，由国务院外经贸主管部门予以警告；情节严重的，可以暂停直至取消其国营贸易企业或者指定经营企业资格。

第七十条 货物进出口管理工作人员在履行货物进出口管理职责中，滥用职权、玩忽职守或者利用职务上的便利收受、索取他人财物的，依照刑法关于滥用职权罪、玩忽职守罪、受贿罪或者其他罪的规定，依法追究刑事责任；尚不够刑事处罚的，依法给予行政处分。

第八章 附 则

第七十一条 对本条例规定的行政机关发放配额、关税配额、许可证或者自动许可证明的决定不服的，对确定国营贸易企业或者指定经营企业资格的决定不服的，或者对行政处罚的决定不服的，可以依法申请行政复议，也可以依法向人民法院提起诉讼。

第七十二条 本条例的规定不妨碍依据法律、行政法规对进出口货物采取的关税、检验检疫、安全、环保、知识产权保护等措施。

第七十三条 出口核用品、核两用品、监控化学品、军品等出口管制货物的，依照有关行政法规的规定办理。

第七十四条 对进口货物需要采取反倾销措施、反补贴措施、保障措施的，依照对外贸易法和有关法律、行政法规的规定执行。

第七十五条 法律、行政法规对保税区、出口加工区等特殊经济区的货物进出口管理另有规定的，依照其规定。

第七十六条 国务院外经贸主管部门负责有关货物进出口贸易的双边或者多边磋商、谈判，并负责贸易争端解决的有关事宜。

第七十七条 本条例自 2002 年 1 月 1 日起施行。1984 年 1 月 10 日国务院发布的《中华人民共和国进口货物许可制度暂行条例》，1992 年 12 月 21 日国务院批准、1992 年 12 月 29 日对外经济贸易部发布的《出口商品管理暂行办法》，1993 年 9 月 22 日国务院批准、1993 年 10 月 7 日国家经济贸易委员会、对外贸易经济合作部发布的《机电产品进口管理暂行办法》，1993 年 12 月 22 日国务院批准、1993 年 12 月 29 日国家计划委员会、对外贸易经济合作部发布的《一般商品进口配额管理暂行办法》，1994 年 6 月 13 日国务院批准、1994 年 7 月 19 日对外贸易经济合作部、国家计划委员会发布的《进口商品经营管理暂行办法》，同时废止。

外商投资企业投诉工作办法

（商务部令 2020 年第 3 号）

发布日期：2020-08-25
实施日期：2020-10-01
法规类型：部门规章

第一章 总 则

第一条 为及时有效处理外商投资企业投诉，保护外商投资合法权益，持续优化外商投资环境，根据《中华人民共和国外商投资法》和《中华人民共和国外商投资法实施条例》，制定本办法。

第二条 本办法所称外商投资企业投诉，是指：

（一）外商投资企业、外国投资者（以下统称投诉人）认为行政机关（包括法律、法规授权的具有管理公共事务职能的组织）及其工作人员（以下统称被投诉人）的行政行为侵犯其合法权益，向投诉工作机构申请协调解决的行为；

（二）投诉人向投诉工作机构反映投资环境方面存在的问题，建议完善有关政策措施的行为。

前款所称投诉工作机构，是指商务部和县级以上地方人民政府指定的负责受理外商投资企业投诉的部门或者机构。

本办法所称外商投资企业投诉，不包括外商投资企业、外国投资者申请协调解决与其他自然人、法人或者其他组织之间民商事纠纷的行为。

第三条 投诉工作机构应当坚持公平公正合法、分级负责原则，及时处理投诉人反映的问题，协调完善相关政策措施。

第四条 投诉人应当如实反映投诉事实，提供证据，积极协助投诉工作机构开展投诉处理工作。

第五条 商务部会同国务院有关部门建立外商投资企业投诉工作部际联席会议制度（以下简称联席会议），协调、推动中央层面的外商投资企业投诉工作，指导和监督地方的外商投资企业投诉工作。联席会议办公室设在商务部外国投资管理司，承担联席会议的日常工作，指导和监督全国外商投资企业投诉中心的工作。

第六条 商务部负责处理下列投诉事项：

（一）涉及国务院有关部门，省、自治区、直辖市人民政府及其工作人员行政行为的；

（二）建议国务院有关部门，省、自治区、直辖市人民政府完善相关政策措施的；

（三）在全国范围内或者国际上有重大影响，商务部认为可以由其处理的。

商务部设立全国外商投资企业投诉中心（以下简称全国外资投诉中心，暂设在商务部投资促进事务局），负责具体处理前款规定的投诉事项。

全国外资投诉中心组织与外商投资有关的政策法规宣传，开展外商投资企业投诉工作培训，推广投诉事项处理经验，提出相关政策建议，督促地方做好外商投资企业投诉工作，积极预防投诉事项的发生。

第七条 县级以上地方人民政府应当指定部门或者机构（以下简称地方投诉工作机构）负责投诉工作。地方投诉工作机构应当完善投诉工作规则、健全投诉方式、明确投诉事项受理范围和投诉处理时限。

地方投诉工作机构受理投诉人对本地区行政机关及其工作人员行政行为和建议完善本地区相关政策措施的投诉事项。

第八条 投诉人依照本办法规定申请协调解决其与行政机关之间争议的，不影响其在法定时限内提起行政复议、行政诉讼等程序的权利。

第九条 《中华人民共和国外商投资法》第二十七条规定的商会、协会可以参照本办法，向投诉工作机构反映会员提出的投资环境方面存在的问题，并提交具体的政策措施建议。

第二章　投诉的提出与受理

第十条 投诉人提出投诉事项，应当提交书面投诉材料。投诉材料可以现场提交，也可以通过信函、传真、电子邮件、在线申请等方式提交。

各级投诉工作机构应当公布其地址、电话和传真号码、电子邮箱、网站等信息，便利投诉人提出投诉事项。

第十一条 属于本办法第二条第一款第（一）项规定的投诉的，投诉材料应当包括下列内容：

（一）投诉人的姓名或者名称、通讯地址、邮编、有关联系人和联系方式，主体资格证明材料，提出投诉的日期；

（二）被投诉人的姓名或者名称、通讯地址、邮编、有关联系人和联系方式；

（三）明确的投诉事项和投诉请求；

（四）有关事实、证据和理由，如有相关法律依据可以一并提供；

（五）是否存在本办法第十四条第（七）、（八）、（九）项所列情形的说明。

属于本办法第二条第一款第（二）项规定的投诉的，投诉材料应当包括前款第（一）项规定的信息、投资环境方面存在的相关问题以及具体政策措施建议。

投诉材料应当用中文书写。有关证据和材料原件以外文书写的，应当提交准确、完整的中文翻译件。

第十二条 投诉人可以委托他人进行投诉。投诉人委托他人进行投诉的，除本办法第十一条规定的材料以外，还应当向投诉工作机构提交投诉人的身份证明、出具的授权委托书和受委托人的身份证明。授权委托书应当载明委托事项、权限和期限。

第十三条 投诉材料不齐全的，投诉工作机构应当在收到投诉材料后7个工作日内一次性书面通知投诉人在15个工作日内补正。补正通知应当载明需要补正的事项和期限。

第十四条 投诉具有以下情形的，投诉工作机构不予受理：

（一）投诉主体不属于外商投资企业、外国投资者的；

（二）申请协调解决与其他自然人、法人或者其他组织之间民商事纠纷，或者不属于本办法规定的外商投资企业投诉事项范围的；

（三）不属于本投诉工作机构的投诉事项处理范围的；

（四）经投诉工作机构依据本办法第十三条的规定通知补正后，投诉材料仍不符合本办法第十一条要求的；

（五）投诉人伪造、变造证据或者明显缺乏事实依据的；

（六）没有新的证据或者法律依据，向同一投诉工作机构重复投诉的；

（七）同一投诉事项已经由上级投诉工作机构受理或者处理终结的；

（八）同一投诉事项已经由信访等部门受理或者处理终结的；

（九）同一投诉事项已经进入或者完成行政复议、行政诉讼等程序的。

第十五条 投诉工作机构接到完整齐备的投诉材料，应当在7个工作日内作出是否受理的决定。

符合投诉受理条件的，应当予以受理并向投诉人发出投诉受理通知书。

不符合投诉受理条件的，投诉工作机构应当于7个工作日内向投诉人发出不予受理通知书并说明不予受理的理由。属于本办法第十四条第一款第（三）项情形的，投诉工作机构可以告知投诉人向有关投诉工作机构提出投诉。

第三章　投诉处理

第十六条 投诉工作机构在受理投诉后，应当与投诉人和被投诉人进行充分沟通，了解情况，依法协调处理，推动投诉事项的妥善解决。

第十七条 投诉工作机构进行投诉处理时，可以要求投诉人进一步说明情况、提供材料或者提供其他必要的协助，投诉人应当予以协助；投诉工作机构可以向被投诉人了解情况，被投诉人应当予以配合。

根据投诉事项具体情况，投诉工作机构可以组织召开会议，邀请投诉人和被投诉人共同参加，陈述意见，探讨投诉事项的解决方案。投诉工作机构根据投诉处理工作需要，可以就专业问题听取有关专家意见。

第十八条 根据投诉事项不同情况，投诉工作机构可以采取下列方式进行处理：

（一）推动投诉人和被投诉人达成谅解（包括达成和解协议）；

（二）与被投诉人进行协调；

（三）向县级以上人民政府及其有关部门提交完善相关政策措施的建议；

（四）投诉工作机构认为适当的其他处理方式。

投诉人和被投诉人签署和解协议的，应当写明达成和解的事项和结果。依法订立的和解协议对投诉人和被投诉人具有约束力。被投诉人不履行生效和解协议的，依据《中华人民共和国外商投资法实施条例》第四十一条的规定处理。

第十九条　投诉工作机构应当在受理投诉之日起 60 个工作日内办结受理的投诉事项。涉及部门多、情况复杂的投诉事项，可以适当延长处理期限。

第二十条　有下列情况之一的，投诉处理终结：

（一）投诉工作机构依据本办法第十八条进行协调处理，投诉人同意终结的；

（二）投诉事项与事实不符的，或者投诉人拒绝提供材料导致无法查明有关事实的；

（三）投诉人的有关诉求没有法律依据的；

（四）投诉人书面撤回投诉的；

（五）投诉人不再符合投诉主体资格的；

（六）经投诉工作机构联系，投诉人连续 30 日无正当理由不参加投诉处理工作的。

投诉处理期间，出现本办法第十四条第（七）、（八）、（九）项所列情形的，视同投诉人书面撤回投诉。

投诉处理终结后，投诉工作机构应当在 3 个工作日内将投诉处理结果书面通知投诉人。

第二十一条　投诉事项自受理之日起一年未能依据本办法第二十条处理终结的，投诉工作机构应当及时向本级人民政府报告有关情况，提出有关工作建议。

第二十二条　投诉人对地方投诉工作机构作出的不予受理决定或者投诉处理结果有异议的，可以就原投诉事项逐级向上级投诉工作机构提起投诉。上级投诉工作机构可以根据本机构投诉工作规则决定是否受理原投诉事项。

第二十三条　投诉工作机构应当建立健全内部管理制度，依法采取有效措施保护投诉处理过程中知悉的投诉人的商业秘密、保密商务信息和个人隐私。

第四章　投诉工作管理制度

第二十四条　投诉工作机构应当建立投诉档案管理制度，及时、全面、准确记录有关投诉事项的受理和处理情况，按年度进行归档。

第二十五条　地方投诉工作机构应当每两个月向上一级投诉工作机构上报投诉工作情况，包括收到投诉数量、处理进展情况、已处理完结投诉事项的详细情况和有关政策建议等。

省、自治区、直辖市投诉工作机构应当在单数月前 7 个工作日内向全国外资投诉中心上报前两个月本地区投诉工作情况，由全国外资投诉中心汇总后提交联席会议办公室。

第二十六条　地方投诉工作机构在处理投诉过程中，发现有关地方或者部门工作中存在普遍性问题，或者有关规范性文件存在违反法律规定或者明显不当的情形，可以向全国外资投诉中心反映并提出完善政策措施建议，由全国外资投诉中心汇总后提交联席会议办公室。

第二十七条　全国外资投诉中心督促各省、自治区、直辖市投诉工作，建立定期督查制度，向各省、自治区、直辖市人民政府通报投诉工作情况，并视情向社会公示。

第二十八条　全国外资投诉中心应当按年度向联席会议办公室报送外商投资企业权益保护建议书，总结外商投资企业、外国投资者、商会、协会、有关地方和部门反映的典型案例、重大问题、政策措施建议，提出加强投资保护、改善投资环境的相关建议。

第五章　附　则

第二十九条　投诉工作机构及其工作人员在处理外商投资企业投诉过程中滥用职权、玩忽职守、徇私舞弊的，或者泄露、非法向他人提供投诉处理过程中知悉的商业秘密、保密商务信息和个人隐私的，依据《中华人民共和国外商投资法》第三十九条的规定处理。

第三十条　投诉人通过外商投资投诉工作机制反映或者申请协调解决问题，任何单位和个人不得压制或者打击报复。

第三十一条 香港特别行政区、澳门特别行政区、台湾地区投资者以及定居在国外的中国公民所投资企业投诉工作，参照本办法办理。

第三十二条 本办法由商务部负责解释。

第三十三条 本办法自 2020 年 10 月 1 日起施行。2006 年 9 月 1 日商务部第 2 号令公布的《商务部外商投资企业投诉工作暂行办法》同时废止。

救济措施

中华人民共和国保障措施条例

（国务院令第 330 号）

发布日期：2001-11-26
实施日期：2004-06-01
法规类型：行政法规

（根据 2004 年 3 月 31 日国务院令第 403 号《国务院关于修改〈中华人民共和国保障措施条例〉的决定》修订）

第一章 总 则

第一条 为了促进对外贸易健康发展，根据《中华人民共和国对外贸易法》的有关规定，制定本条例。

第二条 进口产品数量增加，并对生产同类产品或者直接竞争产品的国内产业造成严重损害或者严重损害威胁（以下除特别指明外，统称损害）的，依照本条例的规定进行调查，采取保障措施。

第二章 调 查

第三条 与国内产业有关的自然人、法人或者其他组织（以下统称申请人），可以依照本条例的规定，向商务部提出采取保障措施的书面申请。

商务部应当及时对申请人的申请进行审查，决定立案调查或者不立案调查。

第四条 商务部没有收到采取保障措施的书面申请，但有充分证据认为国内产业因进口产品数量增加而受到损害的，可以决定立案调查。

第五条 立案调查的决定，由商务部予以公告。

商务部应当将立案调查的决定及时通知世界贸易组织保障措施委员会（以下简称保障措施委员会）。

第六条 对进口产品数量增加及损害的调查和确定，由商务部负责；其中，涉及农产品的保障措施国内产业损害调查，由商务部会同农业部进行。

第七条 进口产品数量增加，是指进口产品数量的绝对增加或者与国内生产相比的相对增加。

第八条 在确定进口产品数量增加对国内产业造成的损害时，应当审查下列相关因素：

（一）进口产品的绝对和相对增长率与增长量；

（二）增加的进口产品在国内市场中所占的份额；

（三）进口产品对国内产业的影响，包括对国内产业在产量、销售水平、市场份额、生产率、设备利用率、利润与亏损、就业等方面的影响；

（四）造成国内产业损害的其他因素。

对严重损害威胁的确定，应当依据事实，不能仅依据指控、推测或者极小的可能性。

在确定进口产品数量增加对国内产业造成的损害时，不得将进口增加以外的因素对国内产业造成的损害归因于进口增加。

第九条　在调查期间，商务部应当及时公布对案情的详细分析和审查的相关因素等。

第十条　国内产业，是指中华人民共和国国内同类产品或者直接竞争产品的全部生产者，或者其总产量占国内同类产品或者直接竞争产品全部总产量的主要部分的生产者。

第十一条　商务部应当根据客观的事实和证据，确定进口产品数量增加与国内产业的损害之间是否存在因果关系。

第十二条　商务部应当为进口经营者、出口经营者和其他利害关系方提供陈述意见和论据的机会。

调查可以采用调查问卷的方式，也可以采用听证会或者其他方式。

第十三条　调查中获得的有关资料，资料提供方认为需要保密的，商务部可以按保密资料处理。

保密申请有理由的，应当对资料提供方提供的资料按保密资料处理，同时要求资料提供方提供一份非保密的该资料概要。

按保密资料处理的资料，未经资料提供方同意，不得泄露。

第十四条　进口产品数量增加、损害的调查结果及其理由的说明，由商务部予以公布。

商务部应当将调查结果及有关情况及时通知保障措施委员会。

第十五条　商务部根据调查结果，可以作出初裁决定，也可以直接作出终裁决定，并予以公告。

第三章　保障措施

第十六条　有明确证据表明进口产品数量增加，在不采取临时保障措施将对国内产业造成难以补救的损害的紧急情况下，可以作出初裁决定，并采取临时保障措施。

临时保障措施采取提高关税的形式。

第十七条　采取临时保障措施，由商务部提出建议，国务院关税税则委员会根据商务部的建议作出决定，由商务部予以公告。海关自公告规定实施之日起执行。

在采取临时保障措施前，商务部应当将有关情况通知保障措施委员会。

第十八条　临时保障措施的实施期限，自临时保障措施决定公告规定实施之日起，不超过200天。

第十九条　终裁决定确定进口产品数量增加，并由此对国内产业造成损害的，可以采取保障措施。实施保障措施应当符合公共利益。

保障措施可以采取提高关税、数量限制等形式。

第二十条　保障措施采取提高关税形式的，由商务部提出建议，国务院关税税则委员会根据商务部的建议作出决定，由商务部予以公告；采取数量限制形式的，由商务部作出决定并予以公告。海关自公告规定实施之日起执行。

商务部应当将采取保障措施的决定及有关情况及时通知保障措施委员会。

第二十一条　采取数量限制措施的，限制后的进口量不得低于最近3个有代表性年度的平均进口量；但是，有正当理由表明为防止或者补救严重损害而有必要采取不同水平的数量限制措施的除外。

采取数量限制措施，需要在有关出口国（地区）或者原产国（地区）之间进行数量分配的，商务部可以与有关出口国（地区）或者原产国（地区）就数量的分配进行磋商。

第二十二条 保障措施应当针对正在进口的产品实施，不区分产品来源国（地区）。

第二十三条 采取保障措施应当限于防止、补救严重损害并便利调整国内产业所必要的范围内。

第二十四条 在采取保障措施前，商务部应当为与有关产品的出口经营者有实质利益的国家（地区）政府提供磋商的充分机会。

第二十五条 终裁决定确定不采取保障措施的，已征收的临时关税应当予以退还。

第四章 保障措施的期限与复审

第二十六条 保障措施的实施期限不超过4年。

符合下列条件的，保障措施的实施期限可以适当延长：

（一）按照本条例规定的程序确定保障措施对于防止或者补救严重损害仍然有必要；

（二）有证据表明相关国内产业正在进行调整；

（三）已经履行有关对外通知、磋商的义务；

（四）延长后的措施不严于延长前的措施。

一项保障措施的实施期限及其延长期限，最长不超过10年。

第二十七条 保障措施实施期限超过1年的，应当在实施期间内按固定时间间隔逐步放宽。

第二十八条 保障措施实施期限超过3年的，商务部应当在实施期间内对该项措施进行中期复审。

复审的内容包括保障措施对国内产业的影响、国内产业的调整情况等。

第二十九条 保障措施属于提高关税的，商务部应当根据复审结果，依照本条例的规定，提出保留、取消或者加快放宽提高关税措施的建议，国务院关税税则委员会根据商务部的建议作出决定，由商务部予以公告；保障措施属于数量限制或者其他形式的，商务部应当根据复审结果，依照本条例的规定，作出保留、取消或者加快放宽数量限制措施的决定并予以公告。

第三十条 对同一进口产品再次采取保障措施的，与前次采取保障措施的时间间隔应当不短于前次采取保障措施的实施期限，并且至少为2年。

符合下列条件的，对一产品实施的期限为180天或者少于180天的保障措施，不受前款限制：

（一）自对该进口产品实施保障措施之日起，已经超过1年；

（二）自实施该保障措施之日起5年内，未对同一产品实施2次以上保障措施。

第五章 附 则

第三十一条 任何国家（地区）对中华人民共和国的出口产品采取歧视性保障措施的，中华人民共和国可以根据实际情况对该国家（地区）采取相应的措施。

第三十二条 商务部负责与保障措施有关的对外磋商、通知和争端解决事宜。

第三十三条 商务部可以根据本条例制定具体实施办法。

第三十四条 本条例自2002年1月1日起施行。

中华人民共和国反补贴条例

（国务院令第 329 号）

发布日期：2001-11-26
实施日期：2004-06-01
法规类型：行政法规

（根据 2004 年 3 月 31 日国务院令第 402 号《国务院关于修改〈中华人民共和国反补贴条例〉的决定》修订）

第一章 总 则

第一条 为了维护对外贸易秩序和公平竞争，根据《中华人民共和国对外贸易法》的有关规定，制定本条例。

第二条 进口产品存在补贴，并对已经建立的国内产业造成实质损害或者产生实质损害威胁，或者对建立国内产业造成实质阻碍的，依照本条例的规定进行调查，采取反补贴措施。

第二章 补贴与损害

第三条 补贴，是指出口国（地区）政府或者其任何公共机构提供的并为接受者带来利益的财政资助以及任何形式的收入或者价格支持。

出口国（地区）政府或者其任何公共机构，以下统称出口国（地区）政府。

本条第一款所称财政资助，包括：

（一）出口国（地区）政府以拨款、贷款、资本注入等形式直接提供资金，或者以贷款担保等形式潜在地直接转让资金或者债务；

（二）出口国（地区）政府放弃或者不收缴应收收入；

（三）出口国（地区）政府提供除一般基础设施以外的货物、服务，或者由出口国（地区）政府购买货物；

（四）出口国（地区）政府通过向筹资机构付款，或者委托、指令私营机构履行上述职能。

第四条 依照本条例进行调查、采取反补贴措施的补贴，必须具有专向性。

具有下列情形之一的补贴，具有专向性：

（一）由出口国（地区）政府明确确定的某些企业、产业获得的补贴；

（二）由出口国（地区）法律、法规明确规定的某些企业、产业获得的补贴；

（三）指定特定区域内的企业、产业获得的补贴；

（四）以出口实绩为条件获得的补贴，包括本条例所附出口补贴清单列举的各项补贴；

（五）以使用本国（地区）产品替代进口产品为条件获得的补贴。

在确定补贴专向性时，还应当考虑受补贴企业的数量和企业受补贴的数额、比例、时间以及给与补贴的方式等因素。

第五条 对补贴的调查和确定，由商务部负责。

第六条 进口产品的补贴金额，应当区别不同情况，按照下列方式计算：

（一）以无偿拨款形式提供补贴的，补贴金额以企业实际接受的金额计算；

（二）以贷款形式提供补贴的，补贴金额以接受贷款的企业在正常商业贷款条件下应支付的利息与该项贷款的利息差额计算；

（三）以贷款担保形式提供补贴的，补贴金额以在没有担保情况下企业应支付的利息与有担保情况下企业实际支付的利息之差计算；

（四）以注入资本形式提供补贴的，补贴金额以企业实际接受的资本金额计算；

（五）以提供货物或者服务形式提供补贴的，补贴金额以该项货物或者服务的正常市场价格与企业实际支付的价格之差计算；

（六）以购买货物形式提供补贴的，补贴金额以政府实际支付价格与该项货物正常市场价格之差计算；

（七）以放弃或者不收缴应收收入形式提供补贴的，补贴金额以依法应缴金额与企业实际缴纳金额之差计算。

对前款所列形式以外的其他补贴，按照公平、合理的方式确定补贴金额。

第七条 损害，是指补贴对已经建立的国内产业造成实质损害或者产生实质损害威胁，或者对建立国内产业造成实质阻碍。

对损害的调查和确定，由商务部负责；其中，涉及农产品的反补贴国内产业损害调查，由商务部会同农业部进行。

第八条 在确定补贴对国内产业造成的损害时，应当审查下列事项：

（一）补贴可能对贸易造成的影响；

（二）补贴进口产品的数量，包括补贴进口产品的绝对数量或者相对于国内同类产品生产或者消费的数量是否大量增加，或者补贴进口产品大量增加的可能性；

（三）补贴进口产品的价格，包括补贴进口产品的价格削减或者对国内同类产品的价格产生大幅度抑制、压低等影响；

（四）补贴进口产品对国内产业的相关经济因素和指标的影响；

（五）补贴进口产品出口国（地区）、原产国（地区）的生产能力、出口能力，被调查产品的库存情况；

（六）造成国内产业损害的其他因素。

对实质损害威胁的确定，应当依据事实，不得仅依据指控、推测或者极小的可能性。

在确定补贴对国内产业造成的损害时，应当依据肯定性证据，不得将造成损害的非补贴因素归因于补贴。

第九条 补贴进口产品来自两个以上国家（地区），并且同时满足下列条件的，可以就补贴进口产品对国内产业造成的影响进行累积评估：

（一）来自每一国家（地区）的补贴进口产品的补贴金额不属于微量补贴，并且其进口量不属于可忽略不计的；

（二）根据补贴进口产品之间的竞争条件以及补贴进口产品与国内同类产品之间的竞争条件，进行累积评估是适当的。

微量补贴，是指补贴金额不足产品价值1%的补贴；但是，来自发展中国家（地区）的补贴进口产品的微量补贴，是指补贴金额不足产品价值2%的补贴。

第十条 评估补贴进口产品的影响，应当对国内同类产品的生产进行单独确定。不能对国内同类产品的生产进行单独确定的，应当审查包括国内同类产品在内的最窄产品组或者范围的生产。

第十一条 国内产业，是指中华人民共和国国内同类产品的全部生产者，或者其总产量占国内同类产品全部总产量的主要部分的生产者；但是，国内生产者与出口经营者或者进口经营者有关联的，或者其本身为补贴产品或者同类产品的进口经营者的，应当除外。

在特殊情形下，国内一个区域市场中的生产者，在该市场中销售其全部或者几乎全部的同类产品，并且该市场中同类产品的需求主要不是由国内其他地方的生产者供给的，可以视为一个单独产业。

第十二条 同类产品，是指与补贴进口产品相同的产品；没有相同产品的，以与补贴进口产品的特性最相似的产品为同类产品。

第三章 反补贴调查

第十三条 国内产业或者代表国内产业的自然人、法人或者有关组织（以下统称申请人），可以依照本条例的规定向商务部提出反补贴调查的书面申请。

第十四条 申请书应当包括下列内容：

（一）申请人的名称、地址及有关情况；

（二）对申请调查的进口产品的完整说明，包括产品名称、所涉及的出口国（地区）或者原产国（地区）、已知的出口经营者或者生产者等；

（三）对国内同类产品生产的数量和价值的说明；

（四）申请调查进口产品的数量和价格对国内产业的影响；

（五）申请人认为需要说明的其他内容。

第十五条 申请书应当附具下列证据：

（一）申请调查的进口产品存在补贴；

（二）对国内产业的损害；

（三）补贴与损害之间存在因果关系。

第十六条 商务部应当自收到申请人提交的申请书及有关证据之日起60天内，对申请是否由国内产业或者代表国内产业提出、申请书内容及所附具的证据等进行审查，并决定立案调查或者不立案调查。在特殊情形下，可以适当延长审查期限。

在决定立案调查前，应当就有关补贴事项向产品可能被调查的国家（地区）政府发出进行磋商的邀请。

第十七条 在表示支持申请或者反对申请的国内产业中，支持者的产量占支持者和反对者的总产量的50%以上的，应当认定申请是由国内产业或者代表国内产业提出，可以启动反补贴调查；但是，表示支持申请的国内生产者的产量不足国内同类产品总产量的25%的，不得启动反补贴调查。

第十八条 在特殊情形下，商务部没有收到反补贴调查的书面申请，但有充分证据认为存在补贴和损害以及二者之间有因果关系的，可以决定立案调查。

第十九条 立案调查的决定，由商务部予以公告，并通知申请人、已知的出口经营者、进口经营者以及其他有利害关系的组织、个人（以下统称利害关系方）和出口国（地区）政府。

立案调查的决定一经公告，商务部应当将申请书文本提供给已知的出口经营者和出口国（地区）政府。

第二十条 商务部可以采用问卷、抽样、听证会、现场核查等方式向利害关系方了解情况，进行调查。

商务部应当为有关利害关系方、利害关系国（地区）政府提供陈述意见和论据的机会。

商务部认为必要时，可以派出工作人员赴有关国家（地区）进行调查；但是，有关国家（地区）提出异议的除外。

第二十一条　商务部进行调查时，利害关系方、利害关系国（地区）政府应当如实反映情况，提供有关资料。利害关系方、利害关系国（地区）政府不如实反映情况、提供有关资料的，或者没有在合理时间内提供必要信息的，或者以其他方式严重妨碍调查的，商务部可以根据可获得的事实作出裁定。

第二十二条　利害关系方、利害关系国（地区）政府认为其提供的资料泄露后将产生严重不利影响的，可以向商务部申请对该资料按保密资料处理。

商务部认为保密申请有正当理由的，应当对利害关系方、利害关系国（地区）政府提供的资料按保密资料处理，同时要求利害关系方、利害关系国（地区）政府提供一份非保密的该资料概要。

按保密资料处理的资料，未经提供资料的利害关系方、利害关系国（地区）政府同意，不得泄露。

第二十三条　商务部应当允许申请人、利害关系方和利害关系国（地区）政府查阅本案有关资料；但是，属于按保密资料处理的除外。

第二十四条　在反补贴调查期间，应当给予产品被调查的国家（地区）政府继续进行磋商的合理机会。磋商不妨碍商务部根据本条例的规定进行调查，并采取反补贴措施。

第二十五条　商务部根据调查结果，就补贴、损害和二者之间的因果关系是否成立作出初裁决定，并予以公告。

第二十六条　初裁决定确定补贴、损害以及二者之间的因果关系成立的，商务部应当对补贴及补贴金额、损害及损害程度继续进行调查，并根据调查结果作出终裁决定，予以公告。

在作出终裁决定前，应当由商务部将终裁决定所依据的基本事实通知所有已知的利害关系方、利害关系国（地区）政府。

第二十七条　反补贴调查，应当自立案调查决定公告之日起12个月内结束；特殊情况下可以延长，但延长期不得超过6个月。

第二十八条　有下列情形之一的，反补贴调查应当终止，并由商务部予以公告：

（一）申请人撤销申请的；

（二）没有足够证据证明存在补贴、损害或者二者之间有因果关系的；

（三）补贴金额为微量补贴的；

（四）补贴进口产品实际或者潜在的进口量或者损害属于可忽略不计的；

（五）通过与有关国家（地区）政府磋商达成协议，不需要继续进行反补贴调查的；

（六）商务部认为不适宜继续进行反补贴调查的。

来自一个或者部分国家（地区）的被调查产品有前款第（二）、（三）、（四）、（五）项所列情形之一的，针对所涉产品的反补贴调查应当终止。

第四章　反补贴措施

第一节　临时措施

第二十九条　初裁决定确定补贴成立，并由此对国内产业造成损害的，可以采取临时反补贴措施。

临时反补贴措施采取以保证金或者保函作为担保的征收临时反补贴税的形式。

第三十条　采取临时反补贴措施，由商务部提出建议，国务院关税税则委员会根据商务部的建议作出决定，由商务部予以公告。海关自公告规定实施之日起执行。

第三十一条　临时反补贴措施实施的期限，自临时反补贴措施决定公告规定实施之日起，不超过4个月。

自反补贴立案调查决定公告之日起 60 天内，不得采取临时反补贴措施。

第二节 承 诺

第三十二条 在反补贴调查期间，出口国（地区）政府提出取消、限制补贴或者其他有关措施的承诺，或者出口经营者提出修改价格的承诺的，商务部应当予以充分考虑。

商务部可以向出口经营者或者出口国（地区）政府提出有关价格承诺的建议。

商务部不得强迫出口经营者作出承诺。

第三十三条 出口经营者、出口国（地区）政府不作出承诺或者不接受有关价格承诺的建议的，不妨碍对反补贴案件的调查和确定。出口经营者继续补贴进口产品的，商务部有权确定损害威胁更有可能出现。

第三十四条 商务部认为承诺能够接受并符合公共利益的，可以决定中止或者终止反补贴调查，不采取临时反补贴措施或者征收反补贴税。中止或者终止反补贴调查的决定由商务部予以公告。

商务部不接受承诺的，应当向有关出口经营者说明理由。

商务部对补贴以及由补贴造成的损害作出肯定的初裁决定前，不得寻求或者接受承诺。在出口经营者作出承诺的情况下，未经其本国（地区）政府同意的，商务部不得寻求或者接受承诺。

第三十五条 依照本条例第三十四条第一款规定中止或者终止调查后，应出口国（地区）政府请求，商务部应当对补贴和损害继续进行调查；或者商务部认为有必要的，可以对补贴和损害继续进行调查。

根据调查结果，作出补贴或者损害的否定裁定的，承诺自动失效；作出补贴和损害的肯定裁定的，承诺继续有效。

第三十六条 商务部可以要求承诺已被接受的出口经营者或者出口国（地区）政府定期提供履行其承诺的有关情况、资料，并予以核实。

第三十七条 对违反承诺的，商务部依照本条例的规定，可以立即决定恢复反补贴调查；根据可获得的最佳信息，可以决定采取临时反补贴措施，并可以对实施临时反补贴措施前 90 天内进口的产品追溯征收反补贴税，但违反承诺前进口的产品除外。

第三节 反补贴税

第三十八条 在为完成磋商的努力没有取得效果的情况下，终裁决定确定补贴成立，并由此对国内产业造成损害的，可以征收反补贴税。征收反补贴税应当符合公共利益。

第三十九条 征收反补贴税，由商务部提出建议，国务院关税税则委员会根据商务部的建议作出决定，由商务部予以公告。海关自公告规定实施之日起执行。

第四十条 反补贴税适用于终裁决定公告之日后进口的产品，但属于本条例第三十七条、第四十四条、第四十五条规定的情形除外。

第四十一条 反补贴税的纳税人为补贴进口产品的进口经营者。

第四十二条 反补贴税应当根据不同出口经营者的补贴金额，分别确定。对实际上未被调查的出口经营者的补贴进口产品，需要征收反补贴税的，应当迅速审查，按照合理的方式确定对其适用的反补贴税。

第四十三条 反补贴税税额不得超过终裁决定确定的补贴金额。

第四十四条 终裁决定确定存在实质损害，并在此前已经采取临时反补贴措施的，反补贴税可以对已经实施临时反补贴措施的期间追溯征收。

终裁决定确定存在实质损害威胁，在先前不采取临时反补贴措施将会导致后来作出实质损害裁定的情况下已经采取临时反补贴措施的，反补贴税可以对已经实施临时反补贴措施的期间追溯征收。

终裁决定确定的反补贴税，高于保证金或者保函所担保的金额的，差额部分不予收取；低于保证金或者保函所担保的金额的，差额部分应当予以退还。

第四十五条 下列三种情形并存的，必要时可以对实施临时反补贴措施之日前 90 天内进口的产品追溯征收反补贴税：

（一）补贴进口产品在较短的时间内大量增加；

（二）此种增加对国内产业造成难以补救的损害；

（三）此种产品得益于补贴。

第四十六条 终裁决定确定不征收反补贴税的，或者终裁决定未确定追溯征收反补贴税的，对实施临时反补贴措施期间已收取的保证金应当予以退还，保函应当予以解除。

第五章 反补贴税和承诺的期限与复审

第四十七条 反补贴税的征收期限和承诺的履行期限不超过 5 年；但是，经复审确定终止征收反补贴税有可能导致补贴和损害的继续或者再度发生的，反补贴税的征收期限可以适当延长。

第四十八条 反补贴税生效后，商务部可以在有正当理由的情况下，决定对继续征收反补贴税的必要性进行复审；也可以在经过一段合理时间，应利害关系方的请求并对利害关系方提供的相应证据进行审查后，决定对继续征收反补贴税的必要性进行复审。

承诺生效后，商务部可以在有正当理由的情况下，决定对继续履行承诺的必要性进行复审；也可以在经过一段合理时间，应利害关系方的请求并对利害关系方提供的相应证据进行审查后，决定对继续履行承诺的必要性进行复审。

第四十九条 根据复审结果，由商务部依照本条例的规定提出保留、修改或者取消反补贴税的建议，国务院关税税则委员会根据商务部的建议作出决定，由商务部予以公告；或者由商务部依照本条例的规定，作出保留、修改或者取消承诺的决定并予以公告。

第五十条 复审程序参照本条例关于反补贴调查的有关规定执行。

复审期限自决定复审开始之日起，不超过 12 个月。

第五十一条 在复审期间，复审程序不妨碍反补贴措施的实施。

第六章 附 则

第五十二条 对依照本条例第二十六条作出的终裁决定不服的，对依照本条例第四章作出的是否征收反补贴税的决定以及追溯征收的决定不服的，或者对依照本条例第五章作出的复审决定不服的，可以依法申请行政复议，也可以依法向人民法院提起诉讼。

第五十三条 依照本条例作出的公告，应当载明重要的情况、事实、理由、依据、结果和结论等内容。

第五十四条 商务部可以采取适当措施，防止规避反补贴措施的行为。

第五十五条 任何国家（地区）对中华人民共和国的出口产品采取歧视性反补贴措施的，中华人民共和国可以根据实际情况对该国家（地区）采取相应的措施。

第五十六条 商务部负责与反补贴有关的对外磋商、通知和争端解决事宜。

第五十七条 商务部可以根据本条例制定有关具体实施办法。

第五十八条 本条例自 2002 年 1 月 1 日起施行。1997 年 3 月 25 日国务院发布的《中华人民共和国反倾销和反补贴条例》中关于反补贴的规定同时废止。

中华人民共和国反倾销条例

（国务院令第 328 号）

发布日期：2001-11-26
实施日期：2004-06-01
法规类型：行政法规

（根据 2004 年 3 月 31 日国务院令第 401 号《国务院关于修改〈中华人民共和国反倾销条例〉的决定》修订）

第一章　总　则

第一条　为了维护对外贸易秩序和公平竞争，根据《中华人民共和国对外贸易法》的有关规定，制定本条例。

第二条　进口产品以倾销方式进入中华人民共和国市场，并对已经建立的国内产业造成实质损害或者产生实质损害威胁，或者对建立国内产业造成实质阻碍的，依照本条例的规定进行调查，采取反倾销措施。

第二章　倾销与损害

第三条　倾销，是指在正常贸易过程中进口产品以低于其正常价值的出口价格进入中华人民共和国市场。

对倾销的调查和确定，由商务部负责。

第四条　进口产品的正常价值，应当区别不同情况，按照下列方法确定：

（一）进口产品的同类产品，在出口国（地区）国内市场的正常贸易过程中有可比价格的，以该可比价格为正常价值；

（二）进口产品的同类产品，在出口国（地区）国内市场的正常贸易过程中没有销售的，或者该同类产品的价格、数量不能据以进行公平比较的，以该同类产品出口到一个适当第三国（地区）的可比价格或者以该同类产品在原产国（地区）的生产成本加合理费用、利润，为正常价值。

进口产品不直接来自原产国（地区）的，按照前款第（一）项规定确定正常价值；但是，在产品仅通过出口国（地区）转运、产品在出口国（地区）无生产或者在出口国（地区）中不存在可比价格等情形下，可以以该同类产品在原产国（地区）的价格为正常价值。

第五条　进口产品的出口价格，应当区别不同情况，按照下列方法确定：

（一）进口产品有实际支付或者应当支付的价格的，以该价格为出口价格；

（二）进口产品没有出口价格或者其价格不可靠的，以根据该进口产品首次转售给独立购买人的价格推定的价格为出口价格；但是，该进口产品未转售给独立购买人或者未按进口时的状态转售的，可以以商务部根据合理基础推定的价格为出口价格。

第六条　进口产品的出口价格低于其正常价值的幅度，为倾销幅度。

对进口产品的出口价格和正常价值，应当考虑影响价格的各种可比性因素，按照公平、合理的方式进行比较。

倾销幅度的确定，应当将加权平均正常价值与全部可比出口交易的加权平均价格进行比较，或者将正常价值与出口价格在逐笔交易的基础上进行比较。

出口价格在不同的购买人、地区、时期之间存在很大差异，按照前款规定的方法难以比较的，可以将加权平均正常价值与单一出口交易的价格进行比较。

第七条 损害，是指倾销对已经建立的国内产业造成实质损害或者产生实质损害威胁，或者对建立国内产业造成实质阻碍。

对损害的调查和确定，由商务部负责；其中，涉及农产品的反倾销国内产业损害调查，由商务部会同农业部进行。

第八条 在确定倾销对国内产业造成的损害时，应当审查下列事项：

（一）倾销进口产品的数量，包括倾销进口产品的绝对数量或者相对于国内同类产品生产或者消费的数量是否大量增加，或者倾销进口产品大量增加的可能性；

（二）倾销进口产品的价格，包括倾销进口产品的价格削减或者对国内同类产品的价格产生大幅度抑制、压低等影响；

（三）倾销进口产品对国内产业的相关经济因素和指标的影响；

（四）倾销进口产品的出口国（地区）、原产国（地区）的生产能力、出口能力，被调查产品的库存情况；

（五）造成国内产业损害的其他因素。

对实质损害威胁的确定，应当依据事实，不得仅依据指控、推测或者极小的可能性。

在确定倾销对国内产业造成的损害时，应当依据肯定性证据，不得将造成损害的非倾销因素归因于倾销。

第九条 倾销进口产品来自两个以上国家（地区），并且同时满足下列条件的，可以就倾销进口产品对国内产业造成的影响进行累积评估：

（一）来自每一国家（地区）的倾销进口产品的倾销幅度不小于2%，并且其进口量不属于可忽略不计的；

（二）根据倾销进口产品之间以及倾销进口产品与国内同类产品之间的竞争条件，进行累积评估是适当的。

可忽略不计，是指来自一个国家（地区）的倾销进口产品的数量占同类产品总进口量的比例低于3%；但是，低于3%的若干国家（地区）的总进口量超过同类产品总进口量7%的除外。

第十条 评估倾销进口产品的影响，应当针对国内同类产品的生产进行单独确定；不能针对国内同类产品的生产进行单独确定的，应审查包括国内同类产品在内的最窄产品组或者范围的生产。

第十一条 国内产业，是指中华人民共和国国内同类产品的全部生产者，或者其总产量占国内同类产品全部总产量的主要部分的生产者；但是，国内生产者与出口经营者或者进口经营者有关联的，或者其本身为倾销进口产品的进口经营者的，可以排除在国内产业之外。

在特殊情下，国内一个区域市场中的生产者，在该市场中销售其全部或者几乎全部的同类产品，并且该市场中同类产品的需求主要不是由国内其他地方的生产者供给的，可以视为一个单独产业。

第十二条 同类产品，是指与倾销进口产品相同的产品；没有相同产品的，以与倾销进口产品的特性最相似的产品为同类产品。

第三章 反倾销调查

第十三条 国内产业或者代表国内产业的自然人、法人或者有关组织（以下统称申请人），可以依照本条例的规定向商务部提出反倾销调查的书面申请。

第十四条　申请书应当包括下列内容：

（一）申请人的名称、地址及有关情况；

（二）对申请调查的进口产品的完整说明，包括产品名称、所涉及的出口国（地区）或者原产国（地区）、已知的出口经营者或者生产者、产品在出口国（地区）或者原产国（地区）国内市场消费时的价格信息、出口价格信息等；

（三）对国内同类产品生产的数量和价值的说明；

（四）申请调查进口产品的数量和价格对国内产业的影响；

（五）申请人认为需要说明的其他内容。

第十五条　申请书应当附具下列证据：

（一）申请调查的进口产品存在倾销；

（二）对国内产业的损害；

（三）倾销与损害之间存在因果关系。

第十六条　商务部应当自收到申请人提交的申请书及有关证据之日起 60 天内，对申请是否由国内产业或者代表国内产业提出、申请书内容及所附具的证据等进行审查，并决定立案调查或者不立案调查。

在决定立案调查前，应当通知有关出口国（地区）政府。

第十七条　在表示支持申请或者反对申请的国内产业中，支持者的产量占支持者和反对者的总产量的 50%以上的，应当认定申请是由国内产业或者代表国内产业提出，可以启动反倾销调查；但是，表示支持申请的国内生产者的产量不足国内同类产品总产量的 25%的，不得启动反倾销调查。

第十八条　在特殊情形下，商务部没有收到反倾销调查的书面申请，但有充分证据认为存在倾销和损害以及二者之间有因果关系的，可以决定立案调查。

第十九条　立案调查的决定，由商务部予以公告，并通知申请人、已知的出口经营者和进口经营者、出口国（地区）政府以及其他有利害关系的组织、个人（以下统称利害关系方）。

立案调查的决定一经公告，商务部应当将申请书文本提供给已知的出口经营者和出口国（地区）政府。

第二十条　商务部可以采用问卷、抽样、听证会、现场核查等方式向利害关系方了解情况，进行调查。

商务部应当为有关利害关系方提供陈述意见和论据的机会。

商务部认为必要时，可以派出工作人员赴有关国家（地区）进行调查；但是，有关国家（地区）提出异议的除外。

第二十一条　商务部进行调查时，利害关系方应当如实反映情况，提供有关资料。利害关系方不如实反映情况、提供有关资料的，或者没有在合理时间内提供必要信息的，或者以其他方式严重妨碍调查的，商务部可以根据已经获得的事实和可获得的最佳信息作出裁定。

第二十二条　利害关系方认为其提供的资料泄露后将产生严重不利影响的，可以向商务部申请对该资料按保密资料处理。

商务部认为保密申请有正当理由的，应当对利害关系方提供的资料按保密资料处理，同时要求利害关系方提供一份非保密的该资料概要。

按保密资料处理的资料，未经提供资料的利害关系方同意，不得泄露。

第二十三条　商务部应当允许申请人和利害关系方查阅本案有关资料；但是，属于按保密资料处理的除外。

第二十四条　商务部根据调查结果，就倾销、损害和二者之间的因果关系是否成立作出初裁决定，并予以公告。

第二十五条　初裁决定确定倾销、损害以及二者之间的因果关系成立的，商务部应当对倾销及倾销幅度、损害及损害程度继续进行调查，并根据调查结果作出终裁决定，予以公告。

在作出终裁决定前，应当由商务部将终裁决定所依据的基本事实通知所有已知的利害关系方。

第二十六条　反倾销调查，应当自立案调查决定公告之日起12个月内结束；特殊情况下可以延长，但延长期不得超过6个月。

第二十七条　有下列情形之一的，反倾销调查应当终止，并由商务部予以公告：

（一）申请人撤销申请的；

（二）没有足够证据证明存在倾销、损害或者二者之间有因果关系的；

（三）倾销幅度低于2%的；

（四）倾销进口产品实际或者潜在的进口量或者损害属于可忽略不计的；

（五）商务部认为不适宜继续进行反倾销调查的。

来自一个或者部分国家（地区）的被调查产品有前款第（二）、（三）、（四）项所列情形之一的，针对所涉产品的反倾销调查应当终止。

第四章　反倾销措施

第一节　临时反倾销措施

第二十八条　初裁决定确定倾销成立，并由此对国内产业造成损害的，可以采取下列临时反倾销措施：

（一）征收临时反倾销税；

（二）要求提供保证金、保函或者其他形式的担保。

临时反倾销税税额或者提供的保证金、保函或者其他形式担保的金额，应当不超过初裁决定确定的倾销幅度。

第二十九条　征收临时反倾销税，由商务部提出建议，国务院关税税则委员会根据商务部的建议作出决定，由商务部予以公告。要求提供保证金、保函或者其他形式的担保，由商务部作出决定并予以公告。海关自公告规定实施之日起执行。

第三十条　临时反倾销措施实施的期限，自临时反倾销措施决定公告规定实施之日起，不超过4个月；在特殊情形下，可以延长至9个月。

自反倾销立案调查决定公告之日起60天内，不得采取临时反倾销措施。

第二节　价格承诺

第三十一条　倾销进口产品的出口经营者在反倾销调查期间，可以向商务部作出改变价格或者停止以倾销价格出口的价格承诺。

商务部可以向出口经营者提出价格承诺的建议。

商务部不得强迫出口经营者作出价格承诺。

第三十二条　出口经营者不作出价格承诺或者不接受价格承诺的建议的，不妨碍对反倾销案件的调查和确定。出口经营者继续倾销进口产品的，商务部有权确定损害威胁更有可能出现。

第三十三条　商务部认为出口经营者作出的价格承诺能够接受并符合公共利益的，可以决定中止或者终止反倾销调查，不采取临时反倾销措施或者征收反倾销税。中止或者终止反倾销调查的决定由商务部予以公告。

商务部不接受价格承诺的，应当向有关出口经营者说明理由。

商务部对倾销以及由倾销造成的损害作出肯定的初裁决定前，不得寻求或者接受价格承诺。

第三十四条 依照本条例第三十三条第一款规定中止或者终止反倾销调查后，应出口经营者请求，商务部应当对倾销和损害继续进行调查；或者商务部认为有必要的，可以对倾销和损害继续进行调查。

根据前款调查结果，作出倾销或者损害的否定裁定的，价格承诺自动失效；作出倾销和损害的肯定裁定的，价格承诺继续有效。

第三十五条 商务部可以要求出口经营者定期提供履行其价格承诺的有关情况、资料，并予以核实。

第三十六条 出口经营者违反其价格承诺的，商务部依照本条例的规定，可以立即决定恢复反倾销调查；根据可获得的最佳信息，可以决定采取临时反倾销措施，并可以对实施临时反倾销措施前90天内进口的产品追溯征收反倾销税，但违反价格承诺前进口的产品除外。

第三节　反倾销税

第三十七条 终裁决定确定倾销成立，并由此对国内产业造成损害的，可以征收反倾销税。征收反倾销税应当符合公共利益。

第三十八条 征收反倾销税，由商务部提出建议，国务院关税税则委员会根据商务部的建议作出决定，由商务部予以公告。海关自公告规定实施之日起执行。

第三十九条 反倾销税适用于终裁决定公告之日后进口的产品，但属于本条例第三十六条、第四十三条、第四十四条规定的情形除外。

第四十条 反倾销税的纳税人为倾销进口产品的进口经营者。

第四十一条 反倾销税应当根据不同出口经营者的倾销幅度，分别确定。对未包括在审查范围内的出口经营者的倾销进口产品，需要征收反倾销税的，应当按照合理的方式确定对其适用的反倾销税。

第四十二条 反倾销税税额不超过终裁决定确定的倾销幅度。

第四十三条 终裁决定确定存在实质损害，并在此前已经采取临时反倾销措施的，反倾销税可以对已经实施临时反倾销措施的期间追溯征收。

终裁决定确定存在实质损害威胁，在先前不采取临时反倾销措施将会导致后来作出实质损害裁定的情况下已经采取临时反倾销措施的，反倾销税可以对已经实施临时反倾销措施的期间追溯征收。

终裁决定确定的反倾销税，高于已付或者应付的临时反倾销税或者为担保目的而估计的金额的，差额部分不予收取；低于已付或者应付的临时反倾销税或者为担保目的而估计的金额的，差额部分应当根据具体情况予以退还或者重新计算税额。

第四十四条 下列两种情形并存的，可以对实施临时反倾销措施之日前90天内进口的产品追溯征收反倾销税，但立案调查前进口的产品除外：

（一）倾销进口产品有对国内产业造成损害的倾销历史，或者该产品的进口经营者知道或者应当知道出口经营者实施倾销并且倾销对国内产业将造成损害的；

（二）倾销进口产品在短期内大量进口，并且可能会严重破坏即将实施的反倾销税的补救效果的。

商务部发起调查后，有充分证据证明前款所列两种情形并存的，可以对有关进口产品采取进口登记等必要措施，以便追溯征收反倾销税。

第四十五条 终裁决定确定不征收反倾销税的，或者终裁决定未确定追溯征收反倾销税的，已征收的临时反倾销税、已收取的保证金应当予以退还，保函或者其他形式的担保应当予以解除。

第四十六条 倾销进口产品的进口经营者有证据证明已经缴纳的反倾销税税额超过倾销幅度的，可以向商务部提出退税申请；商务部经审查、核实并提出建议，国务院关税税则委员会根据商务部的建议可以作出退税决定，由海关执行。

第四十七条 进口产品被征收反倾销税后，在调查期内未向中华人民共和国出口该产品的新出口经营者，能证明其与被征收反倾销税的出口经营者无关联的，可以向商务部申请单独确定其倾销幅度。商务部应当迅速进行审查并作出终裁决定。在审查期间，可以采取本条例第二十八条第一款第（二）项规定的措施，但不得对该产品征收反倾销税。

第五章　反倾销税和价格承诺的期限与复审

第四十八条 反倾销税的征收期限和价格承诺的履行期限不超过5年；但是，经复审确定终止征收反倾销税有可能导致倾销和损害的继续或者再度发生的，反倾销税的征收期限可以适当延长。

第四十九条 反倾销税生效后，商务部可以在有正当理由的情况下，决定对继续征收反倾销税的必要性进行复审；也可以在经过一段合理时间，应利害关系方的请求并对利害关系方提供的相应证据进行审查后，决定对继续征收反倾销税的必要性进行复审。

价格承诺生效后，商务部可以在有正当理由的情况下，决定对继续履行价格承诺的必要性进行复审；也可以在经过一段合理时间，应利害关系方的请求并对利害关系方提供的相应证据进行审查后，决定对继续履行价格承诺的必要性进行复审。

第五十条 根据复审结果，由商务部依照本条例的规定提出保留、修改或者取消反倾销税的建议，国务院关税税则委员会根据商务部的建议作出决定，由商务部予以公告；或者由商务部依照本条例的规定，作出保留、修改或者取消价格承诺的决定并予以公告。

第五十一条 复审程序参照本条例关于反倾销调查的有关规定执行。

复审期限自决定复审开始之日起，不超过12个月。

第五十二条 在复审期间，复审程序不妨碍反倾销措施的实施。

第六章　附　则

第五十三条 对依照本条例第二十五条作出的终裁决定不服的，对依照本条例第四章作出的是否征收反倾销税的决定以及追溯征收、退税、对新出口经营者征税的决定不服的，或者对依照本条例第五章作出的复审决定不服的，可以依法申请行政复议，也可以依法向人民法院提起诉讼。

第五十四条 依照本条例作出的公告，应当载明重要的情况、事实、理由、依据、结果和结论等内容。

第五十五条 商务部可以采取适当措施，防止规避反倾销措施的行为。

第五十六条 任何国家（地区）对中华人民共和国的出口产品采取歧视性反倾销措施的，中华人民共和国可以根据实际情况对该国家（地区）采取相应的措施。

第五十七条 商务部负责与反倾销有关的对外磋商、通知和争端解决事宜。

第五十八条 商务部可以根据本条例制定有关具体实施办法。

第五十九条 本条例自2002年1月1日起施行。1997年3月25日国务院发布的《中华人民共和国反倾销和反补贴条例》中关于反倾销的规定同时废止。

倾销及倾销幅度期间复审规则

（商务部令 2018 年第 4 号）

发布日期：2018-04-04
实施日期：2018-05-04
法规类型：部门规章

第一条 为保证反倾销期间复审的公平、公正、公开，根据《中华人民共和国反倾销条例》的规定，制定本规则。

第二条 商务部（以下称调查机关）在反倾销措施有效期间内，根据反倾销措施生效后变化了的正常价值、出口价格对继续按照原来的形式和水平实施反倾销措施的必要性进行复审（以下简称期间复审），适用本规则。

第三条 调查机关可以应原反倾销调查申请人、国内产业或代表国内产业的自然人、法人或有关组织（以下统称国内产业）、涉案国（地区）的出口商、生产商、国内进口商的申请立案，进行期间复审。

调查机关有正当理由的，可以自行立案，进行期间复审。

第四条 期间复审申请应当自反倾销措施生效后每届满十二个月之日起三十日内提出。

对经复审的反倾销措施申请期间复审的，应当自复审后的裁决生效后每届满十二个月之日起三十日内提出。

在特殊情况下，经调查机关允许，期间复审申请可以在上述规定以外的其他时间提出。

第五条 期间复审申请应当以书面形式提出，并由申请人本人、法定代表人或经其依法授权的人签署。

期间复审申请应当分为保密文本（如申请人提出保密申请）和公开文本。保密文本和公开文本均应提交书面正本一份，副本两份。除书面文本外，还应同时提供电子数据载体。

第六条 出口商、生产商提出期间复审申请的，应当提交下列证据材料：

（一）申请人的名称、地址和其他有关情况；

（二）申请前十二个月内申请人的国内销售情况的数据；

（三）申请前十二个月内申请人对中国出口情况的数据；

（四）为计算倾销幅度而必须作出的各种调整及倾销幅度的初步计算结果；

（五）正常价值、出口价格及倾销幅度所发生的重大变化将会持续的原因；

（六）申请人认为需要说明的其他内容。

前款第（一）至（五）项规定的材料应当按照原反倾销调查问卷所要求的内容及形式提交。

第七条 原反倾销措施为征收反倾销税的，未征收反倾销税的出口不得作为提出期间复审申请的依据。

第八条 调查机关应当自收到出口商、生产商的期间复审申请之日起七个工作日内通知原反倾销调查申请人，原反倾销调查申请人可自收到通知之日起二十一日内对应否立案进行复审发表意见。

第九条 国内产业提出期间复审申请的，应当提交下列证据和材料：

（一）申请人的名称、地址及有关情况；

（二）与原反倾销措施水平相比，正常价值、出口价格及倾销幅度的变化情况；

（三）申请人认为需要说明的其他内容。

国内产业提出期间复审申请的，应当符合《中华人民共和国反倾销条例》第十七条关于产业代表性的规定。原反倾销调查申请人提出期间复审申请的，无须重新证明产业代表性。

第十条 国内产业提出的期间复审申请可以针对原反倾销调查涉及的所有或部分国家（地区）的全部出口商、生产商，也可明确将复审范围限于指明的部分出口商、生产商。

第十一条 调查机关应当在收到国内产业的期间复审申请后七个工作日内将复审申请公开文本及保密资料的非保密概要递交有关出口国（地区）政府。

第十二条 出口商、生产商可以自调查机关将国内产业的期间复审申请的公开文本及保密资料的非保密概要递交有关出口国（地区）政府之日起二十一日内对应否立案进行复审发表意见。

第十三条 进口商提出的期间复审申请，应当提交本规则第六条规定的出口商、生产商应当提交的证据材料。

第十四条 如果进口商与出口商、生产商无关联关系，无法直接提供本规则第六条规定的有关正常价值和出口价格的证据和材料，或出口商、生产商不愿向进口商提供上述证据和材料，则进口商应当提供出口商、生产商的声明。声明应当明确表示倾销幅度已经降低或消除，且有关证据和材料将按照规定的内容和形式自进口商提出期间复审申请之日起三十日内直接提交给调查机关。

第十五条 出口商、生产商根据本规则第十四条提供的证据和材料应当符合本规则第五条第二款的规定。

第十六条 调查机关应当自收到进口商的期间复审申请之日起七个工作日内通知原反倾销调查申请人；原反倾销调查申请人可以自收到通知之日起二十一日内对应否立案进行复审发表意见。

第十七条 调查机关通常应当在收到期间复审申请后六十日内作出立案或不立案的决定。

第十八条 调查机关经审查发现期间复审申请及所附证据和材料不符合本规则要求的，可以要求申请人在规定期限内补充和修改。申请人未在规定期限内补充和修改，或补充和修改后仍不符合本规则要求的，调查机关可以驳回申请，以书面形式通知申请人并说明理由。

第十九条 调查机关决定立案进行期间复审的，应当发布公告。期间复审的立案公告应当包括以下内容：

（一）被调查产品的描述；

（二）被调查的出口商、生产商的名称及其所属国（地区）名称；

（三）立案日期；

（四）复审调查期；

（五）主张倾销幅度有所提高或降低或倾销已被消除的依据概述；

（六）利害关系方表明意见和提交相关材料的时限；

（七）调查机关进行实地核查的意向；

（八）利害关系方不合作将承担的后果；

（九）调查机关的联系方式。

第二十条 出口商、生产商提出期间复审申请的，调查机关仅对申请人被调查产品的正常价值、出口价格和倾销幅度进行调查。

第二十一条 国内产业提出期间复审申请的，调查机关应当对所申请的涉案国（地区）的所有出口商、生产商被调查产品的正常价值、出口价格和倾销幅度进行调查。

国内产业仅申请对原反倾销调查涉案国（地区）的部分出口商、生产商进行期间复审的，调查机关应当仅对指明的出口商、生产商被调查产品的正常价值、出口价格和倾销幅度进行调查。

原反倾销调查确定倾销幅度为零或微量的，调查机关不对其进行复审调查，但可以依法对其采取其他反倾销调查措施。经复审调查确定倾销幅度为零或微量的，仍可以进行复审调查。

第二十二条 进口商提出期间复审申请的，调查机关应当仅对声明将向调查机关提交有关证据材料的出口商、生产商被调查产品的正常价值、出口价格和倾销幅度进行调查。

第二十三条 期间复审的调查期通常为复审申请提交前的十二个月。

第二十四条 出口商、生产商的数量或所涉及的产品型号过多，为每一出口商或生产商单独确定倾销幅度或调查全部型号或交易会带来过分负担并妨碍倾销调查及时完成的，调查机关可以根据反倾销抽样调查相关规则，采用抽样的办法进行调查。

第二十五条 期间复审调查中，正常价值和出口价格的确定、调整和比较及倾销幅度的计算应当按照《中华人民共和国反倾销条例》第四条、第五条和第六条的有关规定进行。

第二十六条 期间复审调查中，出口价格根据该进口产品首次转售给独立购买人的价格推定的，如果出口商、生产商提供充分的证据证明，反倾销税已适当地反映在进口产品首次转售给独立购买人的价格中和此后在中国的售价中，则调查机关在计算推定的出口价格时，不应扣除已缴纳的反倾销税税额。

第二十七条 调查机关可以根据反倾销调查实地核查相关规则，对出口商、生产商的有关信息和材料的准确性和完整性进行实地核查。

第二十八条 期间复审无须作出初步裁决，但调查机关作出最终裁决前，应当按照《中华人民共和国反倾销条例》第二十五条第二款及反倾销调查信息披露相关规则，将考虑中的、构成是否实施最终措施决定依据的基本事实进行披露，并给予利害关系方通常不少于十日的时间提出评论。

第二十九条 本规则第二十八条规定的披露一经作出，期间复审申请人不得撤回申请。

第三十条 出口商、生产商可以在本规则第二十八条规定的披露作出后的十五日内提出价格承诺申请。

商务部决定接受价格承诺的，应当按照《中华人民共和国反倾销条例》第三十三条的规定，向国务院关税税则委员会提出建议，国务院关税税则委员会根据商务部的建议作出决定，由商务部予以公告。

第三十一条 期间复审应当自复审立案之日起十二个月内结束。

第三十二条 商务部应当在复审期限届满十五日前向国务院关税税则委员会提出保留、修改或者取消反倾销税的建议。商务部在复审期限届满前根据国务院关税税则委员会的决定发布公告。

第三十三条 期间复审期间，原反倾销措施继续有效。复审裁决自复审裁决公告规定之日起执行，不具有追溯效力。

第三十四条 在反倾销措施届满时期间复审仍未完成，且国内产业未提出期终复审申请，调查机关也未决定自行立案进行期终复审的，调查机关应当发布公告终止期间复审；发起期终复审，调查机关可以将期间复审与期终复审合并进行。

第三十五条 本规则由商务部负责解释。

第三十六条 本规则自 2018 年 5 月 4 日起施行。《倾销及倾销幅度期中复审暂行规则》（对外贸易经济合作部令 2002 年第 23 号）同时废止。

反倾销问卷调查规则

（商务部令 2018 年第 3 号）

发布日期：2018-04-04
实施日期：2018-05-04
法规类型：部门规章

第一条 为了保证反倾销问卷调查规范有序地进行，根据《中华人民共和国反倾销条例》的规定，制定本规则。

第二条 商务部（以下称调查机关）通过问卷方式进行的反倾销调查，适用本规则。

第三条 调查机关在反倾销调查过程中，可以向被调查国家（地区）的生产商或出口商、国内生产者、国内进口商和下游用户以及其他有利害关系的组织、个人（以下统称利害关系方）发放问卷。

第四条 利害关系方应当按照调查机关的要求，完整、准确地填写调查问卷，并提交相应的证据材料。

第五条 利害关系方应当自反倾销立案公告之日起二十日内，按照公告要求向调查机关报名登记参加反倾销调查。

第六条 利害关系方向调查机关报名登记时，应当以书面形式表示参加反倾销调查的意愿，载明利害关系方的名称、地址、联系方式和联系人，并按下列要求提交信息：

（一）被调查国家（地区）的生产商或出口商应当提交调查期内向中国出口被调查产品的数量、金额；

（二）中国国内生产者应当提交调查期内的生产能力、产量、销售数量和销售金额；

（三）中国国内进口商应当提交调查期内被调查产品的进口数量、进口金额；

（四）调查机关要求的其他信息。

利害关系方本人、法定代表人或经其依法授权的人应当在报名登记文件上盖章和（或）签字。

第七条 调查机关通常自报名登记截止之日起十个工作日内在调查机关官方网站发布调查问卷，并通知已报名登记的利害关系方和出口国（地区）政府。

第八条 调查机关决定采取抽样方式进行反倾销调查的，可以适当延长发放问卷的期限。

第九条 利害关系方在回答问卷时对问卷有疑问的，可以向问卷所列明的案件调查人员咨询。

第十条 答卷应当以规范汉字和符合国家标准的数字符号填制，并按要求提供相关证据材料。所有证据材料均应注明来源和出处。证据材料原件是外文的，应当按照外文原文的格式提供中文翻译件，并附外文原件或复印件。

第十一条 问卷中要求提交的销售单证、会计记录、财务报告和其他文件应随附答卷一并提交。

第十二条 利害关系方按照问卷要求应当将调查问卷复制转交给关联贸易公司或者其他公司填制的，该关联贸易公司或者其他公司应当按照问卷要求独立提交答卷。

第十三条 调查问卷的答卷应当自问卷发放之日起三十七日内送达调查机关。

利害关系方因正当理由在答卷到期日前不能完成答卷的，应当在答卷提交期限届满七日前向调查机关提出延期提交答卷的书面申请，并说明延期理由。

调查机关应当在答卷提交期限届满四日前，根据利害关系方的具体情况对延期申请作出书面答复。调查机关决定同意延期的，延长期限通常不超过十四日。

第十四条 利害关系方认为其答卷中有需要保密内容的，应当提出保密处理申请，并说明需要保密的理由。

对要求保密处理的信息，利害关系方应当提供非保密概要。非保密概要应当包含充分的、有意义的信息，以使其他利害关系方对保密信息能有合理的理解。利害关系方在特殊情况下不能提供非保密概要的，应当书面说明理由。

第十五条 调查机关应当对保密申请进行审查。保密理由不充分、或者非保密概要不符合本规则第十四条第二款规定、或者答卷的利害关系方不能提供非保密概要的理由不充分的，调查机关可以要求利害关系方在规定期限内补充和修改。

利害关系方未在规定期限内补充和修改，或者补充和修改后仍不符合本规则第十四条第二款规定的，除调查机关能够从适当来源证明该信息是正确的之外，调查机关可以对要求保密处理的信息不予考虑。

第十六条 利害关系方应当制作含有保密信息的完整答卷和只包括公开信息的公开答卷等两种类型的答卷。利害关系方应当在每份答卷首页注明保密答卷或公开答卷。公开答卷中涉及保密部分的，应当用方括号（〔〕）标注，并注明相应的非保密概要的序号。

第十七条 利害关系方应当书面提交公开答卷和保密答卷正本各一份、副本各两份。

答卷应当妥善装订成册。答卷正文和所附证据材料应当按顺序标注页码。答卷应当包含答卷目录和附件目录，每一份附件都应当列明序号。

第十八条 利害关系方应当按照问卷要求提供一份申明书，声明答卷利害关系方提供的信息是准确和完整的，并由答卷利害关系方本人、法定代表人或经其依法授权的人签署。

调查机关不接受未附具申明书的答卷。

第十九条 利害关系方提供书面答卷和数据表格的，应当按照问卷要求提交光盘或调查机关可接受的其他电子数据载体。

电子数据载体的内容和形式应当与书面答卷完全一致。表格中的数据涉及到计算的，应当保留计算公式。

第二十条 利害关系方应当保证提交的电子数据载体不携带病毒。携带病毒的，可被视为妨碍调查，调查机关可以依据已经获得的事实和可获得最佳信息作出裁定。

第二十一条 通常情况下，不提供电子数据载体，特别是不提供交易和财务数据的电子数据载体的答卷利害关系方将被视为不合作。

利害关系方无法提供电子数据载体或者按照本规则要求提供电子数据载体将给利害关系方造成不合理的额外负担的，利害关系方可以自问卷发放之日起十五日内向调查机关提交书面申请，并说明无法按要求提供电子数据载体的理由。调查机关在收到申请后五日内对是否同意申请作出书面答复。

第二十二条 利害关系方通过律师代理递交答卷的，应当委托中国执业律师代理呈送并由代理律师处理相关事宜，并在答卷中提供有效的授权委托书及该代理律师有效的执业证书复印件。

第二十三条 调查问卷的答卷应当在答卷提交期限届满当日17时前寄至或直接送至问卷所列的地址，以调查机关实际收到的时间为准。

第二十四条 调查机关可以向有关利害关系方发放补充问卷，要求提供补充信息和材料。利害关系方应当按照补充问卷要求提交答卷。

第二十五条 利害关系方未在规定时间内按要求提交必要信息或严重妨碍调查的，调查机关可以依据已经获得的事实和可获得的最佳信息作出初步裁定或者最终裁定。

第二十六条 利害关系方提交的信息未被接受的，调查机关应当通知该利害关系方并说明理由，并为其提供在合理时间内作出进一步解释的机会。调查机关认为该解释理由不充分的，应当在裁定中说明拒绝接受的理由。

第二十七条 本规则规定的"日"为自然日。期限届满的最后一日是中国法定节假日的，以节假日后的第一日为期限届满的日期。

第二十八条 本规则由商务部负责解释。

第二十九条 本规则自 2018 年 5 月 4 日起施行。《反倾销问卷调查暂行规则》（对外贸易经济合作部令 2002 年第 14 号）同时废止。

反倾销和反补贴调查听证会规则

（商务部令 2018 年第 2 号）

发布日期：2018-04-04
实施日期：2018-05-04
法规类型：部门规章

第一条 为了规范反倾销和反补贴调查听证程序，保障反倾销和反补贴调查的公平、公正，根据《中华人民共和国反倾销条例》和《中华人民共和国反补贴条例》的规定，制定本规则。

第二条 商务部（以下称调查机关）在反倾销和反补贴案件调查程序中举行听证会，适用本规则。

第三条 调查机关可以依申请举行听证会，以向所有利害关系方提供与具有相反利益的当事方见面的机会，以便陈述对立的观点和提出反驳的论据。

调查机关认为有必要时，可以自行决定举行听证会。

第四条 《中华人民共和国反倾销条例》第十九条和《中华人民共和国反补贴条例》第十九条规定的利害关系方，包括反补贴调查中的出口国（地区）政府，均可申请举行听证会。

第五条 利害关系方要求在初裁前举行听证会的，应在立案之日起四个月内向调查机关提出书面申请。

利害关系方要求在初裁后举行听证会的，应在初裁公告之日起三十日内向调查机关提出书面申请。

第六条 听证会申请书应当包括下列内容：

（一）申请人的名称、地址和联系方式等有关信息；

（二）申请事项；

（三）申请所依据的事实和理由。

第七条 调查机关应当自收到利害关系方提交的申请书后十五个工作日内作出是否举行听证会的决定。

第八条 调查机关举行听证会，应当考虑保密的需要和当事人的方便。

第九条 申请书不符合本规则第六条规定，或者调查机关认为没有必要举行听证会、或者举行听证会将严重阻碍调查程序进行的,调查机关可以决定不举行听证会。

第十条 调查机关决定不举行听证会的,应当书面通知听证会申请人,并说明理由。

调查机关决定不举行听证会、但利害关系方有正当理由要求口头表达意见的,调查机关应当以其他方式为其提供口头表达意见的机会。

第十一条 调查机关决定举行听证会的,应当以适当形式通知各利害关系方,并将通知送交商务部贸易救济公开信息查阅室。该适当形式包括书面通知、网上公布及其他形式。

第十二条 调查机关举行听证会的通知应当包括下列内容:

(一)举行听证会的理由;

(二)听证事项;

(三)利害关系方报名参加听证会的时限和方式。

第十三条 利害关系方均有权按照调查机关规定的时限和方式报名参加听证会。任何一方均无必须出席听证会的义务。未出席听证会不损害该利害关系方通过其他方式向调查机关表达意见并陈述理由的正当权利。

第十四条 报名参加听证会的利害关系方,应当在调查机关规定的时限内将参加听证会的人员名单报送调查机关。

第十五条 报名参加听证会并要求在听证会上发言的利害关系方,应当在调查机关规定的时限内提交发言概要。调查机关应当将发言概要送交商务部贸易救济公开信息查阅室供各利害关系方查阅。

第十六条 调查机关应当在合理期限之前,将举行听证会的方式、时间、地点和听证会议程等事项通知已报名参加听证会的利害关系方。

第十七条 参加听证会的利害关系方应当遵守听证会纪律。对违反听证会纪律的,听证会主持人有权提出警告、制止,必要时可责令退场。

第十八条 在听证会上发言的利害关系方应当围绕听证事项进行陈述。对超出听证事项范围的,听证会主持人有权制止。

第十九条 利害关系方对主持人的询问应当如实回答。

第二十条 在听证会上发言的利害关系方应当在听证会结束后,按照调查机关要求的时限和方式,就其发言内容向调查机关提交书面材料。调查机关应当将书面材料送交商务部贸易救济公开信息查阅室供利害关系方查询。

利害关系方未按照前款规定以书面形式提交的听证会上的口头发言,调查机关可以不予考虑。

第二十一条 听证会使用的工作语言为中文。以其他语言发言的,应当自行配备翻译,发言内容以翻译为准。

第二十二条 本规则由商务部负责解释。

第二十三条 本规则自 2018 年 5 月 4 日起施行。《反倾销调查听证会暂行规则》(对外贸易经济合作部令 2002 年第 3 号)、《反补贴调查听证会暂行规则》(对外贸易经济合作部令 2002 年第 10 号)和《产业损害调查听证规则》(国家经济贸易委员会令第 44 号)同时废止。

出口产品反倾销案件应诉规定

（商务部令 2006 年第 12 号）

发布日期：2006-07-14
实施日期：2006-08-14
法规类型：部门规章

第一条 为做好国外针对中国出口产品发起的反倾销案件的应诉工作，维护企业的正当权益，根据《中华人民共和国对外贸易法》、《中华人民共和国货物进出口管理条例》，制定本规定。

第二条 本规定适用于针对中国出口产品发起的反倾销案件的应诉工作，包括新立案调查、复审调查、反吸收调查、反规避调查等。

第三条 在反倾销案件调查期内生产和向调查国或地区出口涉案产品的企业应积极应诉。

第四条 进出口商会等行业组织应依照章程，加强行业自律，维护行业经营秩序，负责反倾销案件应诉工作的行业协调，促进会员企业应诉国外反倾销案件。

第五条 商务部可制定有关促进反倾销案件应诉工作的政策和措施。

第六条 商务部应及时公布与反倾销案件调查或应诉工作相关的信息，地方商务主管部门和行业组织在获知有关信息后应立即通知涉案企业。

前款规定的信息主要包括：

（一）有关发起反倾销案件新立案调查的信息；

（二）有关发起反倾销案件复审调查的信息；

（三）有关发起反倾销案件反吸收、反规避等调查的信息；

（四）对案件应诉工作有重大影响的其他信息。

第七条 在获知有关可能发起反倾销案件新立案调查的信息后，行业组织应根据涉案产品的出口情况，做好应诉协调准备。

第八条 企业应依法规范出口行为，维护行业出口秩序，做好反倾销案件信息的搜集、整理工作，及时向行业组织报送。

第九条 参加应诉的涉案企业享有如下权利：

（一）决定应诉方式；

（二）自主选聘律师；

（三）从行业组织获知案件调查整体进展和其他企业的应诉情况等信息；

（四）获得行业组织对应诉工作的指导和帮助；

（五）针对反倾销案件调查机关存在的歧视性做法等，向政府提出应对意见或建议。

第十条 应诉企业不得从事任何可能影响其他应诉企业合法权益的活动，不得从事任何可能影响行业整体应诉工作的活动。

第十一条 行业组织应定期组织有关反倾销法律知识的培训，可从会费中设立促进会员企业应诉的专项资金。

第十二条 行业组织协调反倾销案件应诉工作的职责主要有：

（一）建立出口商品统计监管系统和贸易救济案件信息收集反馈机制；

（二）根据应诉企业的要求，就有关替代国、市场经济地位和分别裁决等技术问题的抗辩、国外调查机关的实地核查等问题予以协助；

（三）组织应诉企业参加听证会、与国外调查机关和相关行业组织或企业进行磋商、谈判等工作；

（四）根据应诉企业的要求，就价格承诺协议谈判的有关问题予以协助；

如需以政府名义签订"价格承诺协议"或"中止协议"的，可向商务部提出方案建议；

（五）协助应诉企业就反倾销裁决结果在调查国或地区寻求司法救济；

（六）提供律师信息的服务，建立律师信息库；

（七）应定期在《国际商报》和本单位的网站上公布年度到期的行政复审案件等信息；

（八）其他需要行业组织协调的工作。

第十三条 行业组织应根据第十二条的规定，制定并公布行业组织应诉协调工作的操作规程。

第十四条 根据应诉企业的要求，行业组织统一协调聘请律师的，应遵循公开、公正、透明的原则，择优选择律师。

应诉企业自行选聘律师出现两家以上律师事务所代理同一案件时，行业组织应在应诉工作全程协调各律师事务所的工作，以保证行业整体应诉工作的效果。

第十五条 反倾销案件立案前3年内曾代理过调查国或地区企业，申请发起针对中国产品的贸易救济措施调查的律师和律师事务所不得参加律师竞聘。

行业组织应将在代理行为中曾严重影响或损害我企业、行业利益的律师和律师事务所通知应诉企业。

第十六条 行业组织就下列案件的应诉协调工作应征询商务部意见：

（一）涉案产品在调查期内出口金额较大；

（二）涉案产品在调查国或地区市场份额较大，存在较大影响的；

（三）行业组织之间就组织协调应诉工作无法形成一致意见，可能影响案件应诉结果的；

（四）调查机关对我企业实施歧视性政策和调查方法的；

（五）其他需要征询的重要案件。

第十七条 地方商务主管部门应做好涉及本地区企业反倾销案件信息统计工作、建立信息报送系统、评估国外反倾销对本地区出口贸易的影响；定期组织有关反倾销法律知识的培训、根据本地区实际制定促进反倾销案件应诉工作的政策和措施；应行业组织的要求，对本地区涉案企业应诉工作进行协调。

第十八条 各驻外使（领）馆、使团经商处（室）应及时跟踪和搜集国外反倾销立法修订情况和反倾销案件立案或复审动态及有关信息。

第十九条 本规定由商务部负责解释。

第二十条 本规定自2006年8月14日起执行。《出口产品反倾销应诉规定》（〔2001〕外经贸部令第5号）同时废止。

商务部关于英国脱欧后对欧和英贸易救济案件处理方式的公告

（商务部公告2021年第3号）

发布日期：2021-01-29
实施日期：2021-01-29
法规类型：规范性文件

英国于2020年1月31日正式退出欧盟，其脱欧过渡期于2020年12月31日截止。现就英国脱欧过渡期结束后，涉欧盟贸易救济调查及措施有关事项公告如下：

一、在2020年12月31日前已对欧盟实施的贸易救济措施，继续适用于欧盟和英国，实施期限不变。

二、目前正在调查过程中的对欧盟贸易救济案件，仍将英国视同于欧盟成员国处理。

三、在2020年12月31日后对欧盟新发起的贸易救济调查及复审案件，不再将英国作为欧盟成员国处理。

因英国脱欧事宜导致情况发生重大变化的，有关利害关系方可向调查机关提出申请，商务部将根据相关法律规定进行审查并作出是否复审或调整措施的决定。

企业管理篇

注册登记

中华人民共和国市场主体登记管理条例

（国务院令第746号）

发布日期：2021-07-27
实施日期：2022-03-01
法规类型：行政法规

第一章 总 则

第一条 为了规范市场主体登记管理行为，推进法治化市场建设，维护良好市场秩序和市场主体合法权益，优化营商环境，制定本条例。

第二条 本条例所称市场主体，是指在中华人民共和国境内以营利为目的从事经营活动的下列自然人、法人及非法人组织：

（一）公司、非公司企业法人及其分支机构；

（二）个人独资企业、合伙企业及其分支机构；

（三）农民专业合作社（联合社）及其分支机构；

（四）个体工商户；

（五）外国公司分支机构；

（六）法律、行政法规规定的其他市场主体。

第三条 市场主体应当依照本条例办理登记。未经登记，不得以市场主体名义从事经营活动。法律、行政法规规定无需办理登记的除外。

市场主体登记包括设立登记、变更登记和注销登记。

第四条 市场主体登记管理应当遵循依法合规、规范统一、公开透明、便捷高效的原则。

第五条 国务院市场监督管理部门主管全国市场主体登记管理工作。

县级以上地方人民政府市场监督管理部门主管本辖区市场主体登记管理工作，加强统筹指导和监督管理。

第六条 国务院市场监督管理部门应当加强信息化建设，制定统一的市场主体登记数据和系统建设规范。

县级以上地方人民政府承担市场主体登记工作的部门（以下称登记机关）应当优化市场主体登记办理流程，提高市场主体登记效率，推行当场办结、一次办结、限时办结等制度，实现集中办理、就近办理、网上办理、异地可办，提升市场主体登记便利化程度。

第七条 国务院市场监督管理部门和国务院有关部门应当推动市场主体登记信息与其他

政府信息的共享和运用，提升政府服务效能。

<h1 style="text-align:center">第二章　登记事项</h1>

第八条　市场主体的一般登记事项包括：

（一）名称；

（二）主体类型；

（三）经营范围；

（四）住所或者主要经营场所；

（五）注册资本或者出资额；

（六）法定代表人、执行事务合伙人或者负责人姓名。

除前款规定外，还应当根据市场主体类型登记下列事项：

（一）有限责任公司股东、股份有限公司发起人、非公司企业法人出资人的姓名或者名称；

（二）个人独资企业的投资人姓名及居所；

（三）合伙企业的合伙人名称或者姓名、住所、承担责任方式；

（四）个体工商户的经营者姓名、住所、经营场所；

（五）法律、行政法规规定的其他事项。

第九条　市场主体的下列事项应当向登记机关办理备案：

（一）章程或者合伙协议；

（二）经营期限或者合伙期限；

（三）有限责任公司股东或者股份有限公司发起人认缴的出资数额，合伙企业合伙人认缴或者实际缴付的出资数额、缴付期限和出资方式；

（四）公司董事、监事、高级管理人员；

（五）农民专业合作社（联合社）成员；

（六）参加经营的个体工商户家庭成员姓名；

（七）市场主体登记联络员、外商投资企业法律文件送达接受人；

（八）公司、合伙企业等市场主体受益所有人相关信息；

（九）法律、行政法规规定的其他事项。

第十条　市场主体只能登记一个名称，经登记的市场主体名称受法律保护。

市场主体名称由申请人依法自主申报。

第十一条　市场主体只能登记一个住所或者主要经营场所。

电子商务平台内的自然人经营者可以根据国家有关规定，将电子商务平台提供的网络经营场所作为经营场所。

省、自治区、直辖市人民政府可以根据有关法律、行政法规的规定和本地区实际情况，自行或者授权下级人民政府对住所或者主要经营场所作出更加便利市场主体从事经营活动的具体规定。

第十二条　有下列情形之一的，不得担任公司、非公司企业法人的法定代表人：

（一）无民事行为能力或者限制民事行为能力；

（二）因贪污、贿赂、侵占财产、挪用财产或者破坏社会主义市场经济秩序被判处刑罚，执行期满未逾 5 年，或者因犯罪被剥夺政治权利，执行期满未逾 5 年；

（三）担任破产清算的公司、非公司企业法人的法定代表人、董事或者厂长、经理，对破产负有个人责任的，自破产清算完结之日起未逾 3 年；

（四）担任因违法被吊销营业执照、责令关闭的公司、非公司企业法人的法定代表人，并负有个人责任的，自被吊销营业执照之日起未逾 3 年；

（五）个人所负数额较大的债务到期未清偿；

（六）法律、行政法规规定的其他情形。

第十三条 除法律、行政法规或者国务院决定另有规定外，市场主体的注册资本或者出资额实行认缴登记制，以人民币表示。

出资方式应当符合法律、行政法规的规定。公司股东、非公司企业法人出资人、农民专业合作社（联合社）成员不得以劳务、信用、自然人姓名、商誉、特许经营权或者设定担保的财产等作价出资。

第十四条 市场主体的经营范围包括一般经营项目和许可经营项目。经营范围中属于在登记前依法须经批准的许可经营项目，市场主体应当在申请登记时提交有关批准文件。

市场主体应当按照登记机关公布的经营项目分类标准办理经营范围登记。

第三章　登记规范

第十五条 市场主体实行实名登记。申请人应当配合登记机关核验身份信息。

第十六条 申请办理市场主体登记，应当提交下列材料：

（一）申请书；

（二）申请人资格文件、自然人身份证明；

（三）住所或者主要经营场所相关文件；

（四）公司、非公司企业法人、农民专业合作社（联合社）章程或者合伙企业合伙协议；

（五）法律、行政法规和国务院市场监督管理部门规定提交的其他材料。

国务院市场监督管理部门应当根据市场主体类型分别制定登记材料清单和文书格式样本，通过政府网站、登记机关服务窗口等向社会公开。

登记机关能够通过政务信息共享平台获取的市场主体登记相关信息，不得要求申请人重复提供。

第十七条 申请人应当对提交材料的真实性、合法性和有效性负责。

第十八条 申请人可以委托其他自然人或者中介机构代其办理市场主体登记。受委托的自然人或者中介机构代为办理登记事宜应当遵守有关规定，不得提供虚假信息和材料。

第十九条 登记机关应当对申请材料进行形式审查。对申请材料齐全、符合法定形式的予以确认并当场登记。不能当场登记的，应当在 3 个工作日内予以登记；情形复杂的，经登记机关负责人批准，可以再延长 3 个工作日。

申请材料不齐全或者不符合法定形式的，登记机关应当一次性告知申请人需要补正的材料。

第二十条 登记申请不符合法律、行政法规规定，或者可能危害国家安全、社会公共利益的，登记机关不予登记并说明理由。

第二十一条 申请人申请市场主体设立登记，登记机关依法予以登记的，签发营业执照。营业执照签发日期为市场主体的成立日期。

法律、行政法规或者国务院决定规定设立市场主体须经批准的，应当在批准文件有效期内向登记机关申请登记。

第二十二条 营业执照分为正本和副本，具有同等法律效力。

电子营业执照与纸质营业执照具有同等法律效力。

营业执照样式、电子营业执照标准由国务院市场监督管理部门统一制定。

第二十三条 市场主体设立分支机构，应当向分支机构所在地的登记机关申请登记。

第二十四条 市场主体变更登记事项，应当自作出变更决议、决定或者法定变更事项发生之日起 30 日内向登记机关申请变更登记。

市场主体变更登记事项属于依法须经批准的，申请人应当在批准文件有效期内向登记机关申请变更登记。

第二十五条 公司、非公司企业法人的法定代表人在任职期间发生本条例第十二条所列情形之一的，应当向登记机关申请变更登记。

第二十六条 市场主体变更经营范围，属于依法须经批准的项目的，应当自批准之日起 30 日内申请变更登记。许可证或者批准文件被吊销、撤销或者有效期届满的，应当自许可证或者批准文件被吊销、撤销或者有效期届满之日起 30 日内向登记机关申请变更登记或者办理注销登记。

第二十七条 市场主体变更住所或者主要经营场所跨登记机关辖区的，应当在迁入新的住所或者主要经营场所前，向迁入地登记机关申请变更登记。迁出地登记机关无正当理由不得拒绝移交市场主体档案等相关材料。

第二十八条 市场主体变更登记涉及营业执照记载事项的，登记机关应当及时为市场主体换发营业执照。

第二十九条 市场主体变更本条例第九条规定的备案事项的，应当自作出变更决议、决定或者法定变更事项发生之日起 30 日内向登记机关办理备案。农民专业合作社（联合社）成员发生变更的，应当自本会计年度终了之日起 90 日内向登记机关办理备案。

第三十条 因自然灾害、事故灾难、公共卫生事件、社会安全事件等原因造成经营困难的，市场主体可以自主决定在一定时期内歇业。法律、行政法规另有规定的除外。

市场主体应当在歇业前与职工依法协商劳动关系处理等有关事项。

市场主体应当在歇业前向登记机关办理备案。登记机关通过国家企业信用信息公示系统向社会公示歇业期限、法律文书送达地址等信息。

市场主体歇业的期限最长不得超过 3 年。市场主体在歇业期间开展经营活动的，视为恢复营业，市场主体应当通过国家企业信用信息公示系统向社会公示。

市场主体歇业期间，可以以法律文书送达地址代替住所或者主要经营场所。

第三十一条 市场主体因解散、被宣告破产或者其他法定事由需要终止的，应当依法向登记机关申请注销登记。经登记机关注销登记，市场主体终止。

市场主体注销依法须经批准的，应当经批准后向登记机关申请注销登记。

第三十二条 市场主体注销登记前依法应当清算的，清算组应当自成立之日起 10 日内将清算组成员、清算组负责人名单通过国家企业信用信息公示系统公告。清算组可以通过国家企业信用信息公示系统发布债权人公告。

清算组应当自清算结束之日起 30 日内向登记机关申请注销登记。市场主体申请注销登记前，应当依法办理分支机构注销登记。

第三十三条 市场主体未发生债权债务或者已将债权债务清偿完结，未发生或者已结清清偿费用、职工工资、社会保险费用、法定补偿金、应缴纳税款（滞纳金、罚款），并由全体投资人书面承诺对上述情况的真实性承担法律责任的，可以按照简易程序办理注销登记。

市场主体应当将承诺书及注销登记申请通过国家企业信用信息公示系统公示，公示期为 20 日。在公示期内无相关部门、债权人及其他利害关系人提出异议的，市场主体可以于公示期届满之日起 20 日内向登记机关申请注销登记。

个体工商户按照简易程序办理注销登记的，无需公示，由登记机关将个体工商户的注销登记申请推送至税务等有关部门，有关部门在 10 日内没有提出异议的，可以直接办理注销登记。

市场主体注销依法须经批准的，或者市场主体被吊销营业执照、责令关闭、撤销，或者被列入经营异常名录的，不适用简易注销程序。

第三十四条 人民法院裁定强制清算或者裁定宣告破产的，有关清算组、破产管理人可以持人民法院终结强制清算程序的裁定或者终结破产程序的裁定，直接向登记机关申请办理注销登记。

第四章 监督管理

第三十五条 市场主体应当按照国家有关规定公示年度报告和登记相关信息。

第三十六条 市场主体应当将营业执照置于住所或者主要经营场所的醒目位置。从事电子商务经营的市场主体应当在其首页显著位置持续公示营业执照信息或者相关链接标识。

第三十七条 任何单位和个人不得伪造、涂改、出租、出借、转让营业执照。

营业执照遗失或者毁坏的，市场主体应当通过国家企业信用信息公示系统声明作废，申请补领。

登记机关依法作出变更登记、注销登记和撤销登记决定的，市场主体应当缴回营业执照。拒不缴回或者无法缴回营业执照的，由登记机关通过国家企业信用信息公示系统公告营业执照作废。

第三十八条 登记机关应当根据市场主体的信用风险状况实施分级分类监管。

登记机关应当采取随机抽取检查对象、随机选派执法检查人员的方式，对市场主体登记事项进行监督检查，并及时向社会公开监督检查结果。

第三十九条 登记机关对市场主体涉嫌违反本条例规定的行为进行查处，可以行使下列职权：

（一）进入市场主体的经营场所实施现场检查；

（二）查阅、复制、收集与市场主体经营活动有关的合同、票据、账簿以及其他资料；

（三）向与市场主体经营活动有关的单位和个人调查了解情况；

（四）依法责令市场主体停止相关经营活动；

（五）依法查询涉嫌违法的市场主体的银行账户；

（六）法律、行政法规规定的其他职权。

登记机关行使前款第四项、第五项规定的职权的，应当经登记机关主要负责人批准。

第四十条 提交虚假材料或者采取其他欺诈手段隐瞒重要事实取得市场主体登记的，受虚假市场主体登记影响的自然人、法人和其他组织可以向登记机关提出撤销市场主体登记的申请。

登记机关受理申请后，应当及时开展调查。经调查认定存在虚假市场主体登记情形的，登记机关应当撤销市场主体登记。相关市场主体和人员无法联系或者拒不配合的，登记机关可以将相关市场主体的登记时间、登记事项等通过国家企业信用信息公示系统向社会公示，公示期为45日。相关市场主体及其利害关系人在公示期内没有提出异议的，登记机关可以撤销市场主体登记。

因虚假市场主体登记被撤销的市场主体，其直接责任人自市场主体登记被撤销之日起3年内不得再次申请市场主体登记。登记机关应当通过国家企业信用信息公示系统予以公示。

第四十一条 有下列情形之一的，登记机关可以不予撤销市场主体登记：

（一）撤销市场主体登记可能对社会公共利益造成重大损害；

（二）撤销市场主体登记后无法恢复到登记前的状态；

（三）法律、行政法规规定的其他情形。

第四十二条 登记机关或者其上级机关认定撤销市场主体登记决定错误的，可以撤销该决定，恢复原登记状态，并通过国家企业信用信息公示系统公示。

第五章　法律责任

第四十三条　未经设立登记从事经营活动的，由登记机关责令改正，没收违法所得；拒不改正的，处 1 万元以上 10 万元以下的罚款；情节严重的，依法责令关闭停业，并处 10 万元以上 50 万元以下的罚款。

第四十四条　提交虚假材料或者采取其他欺诈手段隐瞒重要事实取得市场主体登记的，由登记机关责令改正，没收违法所得，并处 5 万元以上 20 万元以下的罚款；情节严重的，处 20 万元以上 100 万元以下的罚款，吊销营业执照。

第四十五条　实行注册资本实缴登记制的市场主体虚报注册资本取得市场主体登记的，由登记机关责令改正，处虚报注册资本金额 5% 以上 15% 以下的罚款；情节严重的，吊销营业执照。

实行注册资本实缴登记制的市场主体的发起人、股东虚假出资，未交付或者未按期交付作为出资的货币或者非货币财产的，或者在市场主体成立后抽逃出资的，由登记机关责令改正，处虚假出资金额 5% 以上 15% 以下的罚款。

第四十六条　市场主体未依照本条例办理变更登记的，由登记机关责令改正；拒不改正的，处 1 万元以上 10 万元以下的罚款；情节严重的，吊销营业执照。

第四十七条　市场主体未依照本条例办理备案的，由登记机关责令改正；拒不改正的，处 5 万元以下的罚款。

第四十八条　市场主体未依照本条例将营业执照置于住所或者主要经营场所醒目位置的，由登记机关责令改正；拒不改正的，处 3 万元以下的罚款。

从事电子商务经营的市场主体未在其首页显著位置持续公示营业执照信息或者相关链接标识的，由登记机关依照《中华人民共和国电子商务法》处罚。

市场主体伪造、涂改、出租、出借、转让营业执照的，由登记机关没收违法所得，处 10 万元以下的罚款；情节严重的，处 10 万元以上 50 万元以下的罚款，吊销营业执照。

第四十九条　违反本条例规定的，登记机关确定罚款金额时，应当综合考虑市场主体的类型、规模、违法情节等因素。

第五十条　登记机关及其工作人员违反本条例规定未履行职责或者履行职责不当的，对直接负责的主管人员和其他直接责任人员依法给予处分。

第五十一条　违反本条例规定，构成犯罪的，依法追究刑事责任。

第五十二条　法律、行政法规对市场主体登记管理违法行为处罚另有规定的，从其规定。

第六章　附　则

第五十三条　国务院市场监督管理部门可以依照本条例制定市场主体登记和监督管理的具体办法。

第五十四条　无固定经营场所摊贩的管理办法，由省、自治区、直辖市人民政府根据当地实际情况另行规定。

第五十五条　本条例自 2022 年 3 月 1 日起施行。《中华人民共和国公司登记管理条例》、《中华人民共和国企业法人登记管理条例》、《中华人民共和国合伙企业登记管理办法》、《农民专业合作社登记管理条例》、《企业法人法定代表人登记管理规定》同时废止。

中华人民共和国海关报关单位备案管理规定

（海关总署令第 253 号）

发布日期：2021-11-19
实施日期：2022-01-01
法规类型：部门规章

第一条 为了规范海关对报关单位的备案管理，根据《中华人民共和国海关法》以及其他有关法律、行政法规的规定，制定本规定。

第二条 报关单位，是指按照本规定在海关备案的进出口货物收发货人、报关企业。

第三条 报关单位可以在中华人民共和国关境内办理报关业务。

第四条 进出口货物收发货人、报关企业申请备案的，应当取得市场主体资格；其中进出口货物收发货人申请备案的，还应当取得对外贸易经营者备案。

进出口货物收发货人、报关企业已办理报关单位备案的，其符合前款条件的分支机构也可以申请报关单位备案。

法律、行政法规、规章另有规定的，从其规定。

第五条 报关单位申请备案时，应当向海关提交《报关单位备案信息表》（见附件）。

第六条 下列单位按照国家有关规定需要从事非贸易性进出口活动的，应当办理临时备案：

（一）境外企业、新闻、经贸机构、文化团体等依法在中国境内设立的常驻代表机构；

（二）少量货样进出境的单位；

（三）国家机关、学校、科研院所、红十字会、基金会等组织机构；

（四）接受捐赠、礼品、国际援助或者对外实施捐赠、国际援助的单位；

（五）其他可以从事非贸易性进出口活动的单位。

办理临时备案的，应当向所在地海关提交《报关单位备案信息表》，并随附主体资格证明材料、非贸易性进出口活动证明材料。

第七条 经审核，备案材料齐全，符合报关单位备案要求的，海关应当在 3 个工作日内予以备案。备案信息应当通过"中国海关企业进出口信用信息公示平台"进行公布。

报关单位要求提供纸质备案证明的，海关应当提供。

第八条 报关单位备案长期有效。

临时备案有效期为 1 年，届满后可以重新申请备案。

第九条 报关单位名称、市场主体类型、住所（主要经营场所）、法定代表人（负责人）、报关人员等《报关单位备案信息表》载明的信息发生变更的，报关单位应当自变更之日起 30 日内向所在地海关申请变更。

报关单位因迁址或者其他原因造成所在地海关发生变更的，应当向变更后的海关申请变更。

第十条 报关单位有下列情形之一的，应当向所在地海关办理备案注销手续：

（一）因解散、被宣告破产或者其他法定事由终止的；

（二）被市场监督管理部门注销或者撤销登记、吊销营业执照的；

（三）进出口货物收发货人对外贸易经营者备案失效的；

（四）临时备案单位丧失主体资格的；

（五）其他依法应当注销的情形。

报关单位已在海关备案注销的，其所属分支机构应当办理备案注销手续。

报关单位未按照前两款规定办理备案注销手续的，海关发现后应当依法注销。

第十一条 报关单位备案注销前，应当办结海关有关手续。

第十二条 报关单位在办理备案、变更和注销时，应当对所提交材料的真实性、有效性负责并且承担法律责任。

第十三条 海关可以对报关单位备案情况进行监督和实地检查，依法查阅或者要求报关单位报送有关材料。报关单位应当配合，如实提供有关情况和材料。

第十四条 报关单位有下列情形之一的，海关责令其改正，拒不改正的，海关可以处1万元以下罚款：

（一）报关单位名称、市场主体类型、住所（主要经营场所）、法定代表人（负责人）、报关人员等发生变更，未按照规定向海关办理变更的；

（二）向海关提交的备案信息隐瞒真实情况、弄虚作假的；

（三）拒不配合海关监督和实地检查的。

第十五条 本规定由海关总署负责解释。

第十六条 本规定自2022年1月1日起施行。2014年3月13日海关总署令第221号公布、2017年12月20日海关总署令第235号修改、2018年5月29日海关总署令第240号修改的《中华人民共和国海关报关单位注册登记管理规定》，2015年2月15日原国家质量监督检验检疫总局令第161号公布、2016年10月18日原国家质量监督检验检疫总局令第184号修改、2018年4月28日海关总署令第238号修改、2018年5月29日海关总署令第240号修改的《出入境检验检疫报检企业管理办法》同时废止。

附件：报关单位备案信息表（略）

中华人民共和国市场主体登记管理条例实施细则

（国家市场监督管理总局令第52号）

发布日期：2022-03-01
实施日期：2022-03-01
法规类型：部门规章

第一章 总 则

第一条 根据《中华人民共和国市场主体登记管理条例》（以下简称《条例》）等有关法律法规，制定本实施细则。

第二条 市场主体登记管理应当遵循依法合规、规范统一、公开透明、便捷高效的原则。

第三条 国家市场监督管理总局主管全国市场主体统一登记管理工作，制定市场主体登记管理的制度措施，推进登记全程电子化，规范登记行为，指导地方登记机关依法有序开展登记管理工作。

县级以上地方市场监督管理部门主管本辖区市场主体登记管理工作，加强对辖区内市场主体登记管理工作的统筹指导和监督管理，提升登记管理水平。

县级市场监督管理部门的派出机构可以依法承担个体工商户等市场主体的登记管理职责。

各级登记机关依法履行登记管理职责，执行全国统一的登记管理政策文件和规范要求，使用统一的登记材料、文书格式，以及省级统一的市场主体登记管理系统，优化登记办理流程，推行网上办理等便捷方式，健全数据安全管理制度，提供规范化、标准化登记管理服务。

第四条 省级以上人民政府或者其授权的国有资产监督管理机构履行出资人职责的公司，以及该公司投资设立并持有 50% 以上股权或者股份的公司的登记管理由省级登记机关负责；股份有限公司的登记管理由地市级以上地方登记机关负责。

除前款规定的情形外，省级市场监督管理部门依法对本辖区登记管辖作出统一规定；上级登记机关在特定情形下，可以依法将部分市场主体登记管理工作交由下级登记机关承担，或者承担下级登记机关的部分登记管理工作。

外商投资企业登记管理由国家市场监督管理总局或者其授权的地方市场监督管理部门负责。

第五条 国家市场监督管理总局应当加强信息化建设，统一登记管理业务规范、数据标准和平台服务接口，归集全国市场主体登记管理信息。

省级市场监督管理部门主管本辖区登记管理信息化建设，建立统一的市场主体登记管理系统，归集市场主体登记管理信息，规范市场主体登记注册流程，提升政务服务水平，强化部门间信息共享和业务协同，提升市场主体登记管理便利化程度。

第二章 登记事项

第六条 市场主体应当按照类型依法登记下列事项：

（一）公司：名称、类型、经营范围、住所、注册资本、法定代表人姓名、有限责任公司股东或者股份有限公司发起人姓名或者名称。

（二）非公司企业法人：名称、类型、经营范围、住所、出资额、法定代表人姓名、出资人（主管部门）名称。

（三）个人独资企业：名称、类型、经营范围、住所、出资额、投资人姓名及居所。

（四）合伙企业：名称、类型、经营范围、主要经营场所、出资额、执行事务合伙人名称或者姓名，合伙人名称或者姓名、住所、承担责任方式。执行事务合伙人是法人或者其他组织的，登记事项还应当包括其委派的代表姓名。

（五）农民专业合作社（联合社）：名称、类型、经营范围、住所、出资额、法定代表人姓名。

（六）分支机构：名称、类型、经营范围、经营场所、负责人姓名。

（七）个体工商户：组成形式、经营范围、经营场所，经营者姓名、住所。个体工商户使用名称的，登记事项还应当包括名称。

（八）法律、行政法规规定的其他事项。

第七条 市场主体应当按照类型依法备案下列事项：

（一）公司：章程、经营期限、有限责任公司股东或者股份有限公司发起人认缴的出资数额、董事、监事、高级管理人员、登记联络员、外商投资公司法律文件送达接受人。

（二）非公司企业法人：章程、经营期限、登记联络员。

（三）个人独资企业：登记联络员。

（四）合伙企业：合伙协议、合伙期限、合伙人认缴或者实际缴付的出资数额、缴付期限和出资方式、登记联络员、外商投资合伙企业法律文件送达接受人。

（五）农民专业合作社（联合社）：章程、成员、登记联络员。

（六）分支机构：登记联络员。

（七）个体工商户：家庭参加经营的家庭成员姓名、登记联络员。

（八）公司、合伙企业等市场主体受益所有人相关信息。

（九）法律、行政法规规定的其他事项。

上述备案事项由登记机关在设立登记时一并进行信息采集。

受益所有人信息管理制度由中国人民银行会同国家市场监督管理总局另行制定。

第八条 市场主体名称由申请人依法自主申报。

第九条 申请人应当依法申请登记下列市场主体类型：

（一）有限责任公司、股份有限公司；

（二）全民所有制企业、集体所有制企业、联营企业；

（三）个人独资企业；

（四）普通合伙（含特殊普通合伙）企业、有限合伙企业；

（五）农民专业合作社、农民专业合作社联合社；

（六）个人经营的个体工商户、家庭经营的个体工商户。

分支机构应当按所属市场主体类型注明分公司或者相应的分支机构。

第十条 申请人应当根据市场主体类型依法向其住所（主要经营场所、经营场所）所在地具有登记管辖权的登记机关办理登记。

第十一条 申请人申请登记市场主体法定代表人、执行事务合伙人（含委派代表），应当符合章程或者协议约定。

合伙协议未约定或者全体合伙人未决定委托执行事务合伙人的，除有限合伙人外，申请人应当将其他合伙人均登记为执行事务合伙人。

第十二条 申请人应当按照国家市场监督管理总局发布的经营范围规范目录，根据市场主体主要行业或者经营特征自主选择一般经营项目和许可经营项目，申请办理经营范围登记。

第十三条 申请人申请登记的市场主体注册资本（出资额）应当符合章程或者协议约定。

市场主体注册资本（出资额）以人民币表示。外商投资企业的注册资本（出资额）可以用可自由兑换的货币表示。

依法以境内公司股权或者债权出资的，应当权属清楚、权能完整，依法可以评估、转让，符合公司章程规定。

第三章　登记规范

第十四条 申请人可以自行或者指定代表人、委托代理人办理市场主体登记、备案事项。

第十五条 申请人应当在申请材料上签名或者盖章。

申请人可以通过全国统一电子营业执照系统等电子签名工具和途径进行电子签名或者电子签章。符合法律规定的可靠电子签名、电子签章与手写签名或者盖章具有同等法律效力。

第十六条 在办理登记、备案事项时，申请人应当配合登记机关通过实名认证系统，采用人脸识别等方式对下列人员进行实名验证：

（一）法定代表人、执行事务合伙人（含委派代表）、负责人；

（二）有限责任公司股东、股份有限公司发起人、公司董事、监事及高级管理人员；

（三）个人独资企业投资人、合伙企业合伙人、农民专业合作社（联合社）成员、个体工商户经营者；

（四）市场主体登记联络员、外商投资企业法律文件送达接受人；

（五）指定的代表人或者委托代理人。

因特殊原因，当事人无法通过实名认证系统核验身份信息的，可以提交经依法公证的自然人身份证明文件，或者由本人持身份证件到现场办理。

第十七条 办理市场主体登记、备案事项，申请人可以到登记机关现场提交申请，也可以通过市场主体登记注册系统提出申请。

申请人对申请材料的真实性、合法性、有效性负责。

办理市场主体登记、备案事项，应当遵守法律法规，诚实守信，不得利用市场主体登记，牟取非法利益，扰乱市场秩序，危害国家安全、社会公共利益。

第十八条 申请材料齐全、符合法定形式的，登记机关予以确认，当场登记，出具登记通知书，及时制发营业执照。

不予当场登记的，登记机关应当向申请人出具接收申请材料凭证，并在3个工作日内对申请材料进行审查；情形复杂的，经登记机关负责人批准，可以延长3个工作日，并书面告知申请人。

申请材料不齐全或者不符合法定形式的，登记机关应当将申请材料退还申请人，并一次性告知申请人需要补正的材料。申请人补正后，应当重新提交申请材料。

不属于市场主体登记范畴或者不属于本登记机关登记管辖范围的事项，登记机关应当告知申请人向有关行政机关申请。

第十九条 市场主体登记申请不符合法律、行政法规或者国务院决定规定，或者可能危害国家安全、社会公共利益的，登记机关不予登记，并出具不予登记通知书。

利害关系人就市场主体申请材料的真实性、合法性、有效性或者其他有关实体权利提起诉讼或者仲裁，对登记机关依法登记造成影响的，申请人应当在诉讼或者仲裁终结后，向登记机关申请办理登记。

第二十条 市场主体法定代表人依法受到任职资格限制的，在申请办理其他变更登记时，应当依法及时申请办理法定代表人变更登记。

市场主体因通过登记的住所（主要经营场所、经营场所）无法取得联系被列入经营异常名录的，在申请办理其他变更登记时，应当依法及时申请办理住所（主要经营场所、经营场所）变更登记。

第二十一条 公司或者农民专业合作社（联合社）合并、分立的，可以通过国家企业信用信息公示系统公告，公告期45日，应当于公告期届满后申请办理登记。

非公司企业法人合并、分立的，应当经出资人（主管部门）批准，自批准之日起30日内申请办理登记。

市场主体设立分支机构的，应当自决定作出之日起30日内向分支机构所在地登记机关申请办理登记。

第二十二条 法律、行政法规或者国务院决定规定市场主体申请登记、备案事项前需要审批的，在办理登记、备案时，应当在有效期内提交有关批准文件或者许可证书。有关批准文件或者许可证书未规定有效期限，自批准之日起超过90日的，申请人应当报审批机关确认其效力或者另行报批。

市场主体设立后，前款规定批准文件或者许可证书内容有变化、被吊销、撤销或者有效期届满的，应当自批准文件、许可证书重新批准之日或者被吊销、撤销、有效期届满之日起30日内申请办理变更登记或者注销登记。

第二十三条 市场主体营业执照应当载明名称、法定代表人（执行事务合伙人、个人独资企业投资人、经营者或者负责人）姓名、类型（组成形式）、注册资本（出资额）、住所（主要经营场所、经营场所）、经营范围、登记机关、成立日期、统一社会信用代码。

电子营业执照与纸质营业执照具有同等法律效力，市场主体可以凭电子营业执照开展经营活动。

市场主体在办理涉及营业执照记载事项变更登记或者申请注销登记时，需要在提交申请时一并缴回纸质营业执照正、副本。对于市场主体营业执照拒不缴回或者无法缴回的，登记机关在完成变更登记或者注销登记后，通过国家企业信用信息公示系统公告营业执照作废。

第二十四条 外国投资者在中国境内设立外商投资企业，其主体资格文件或者自然人身份证明应当经所在国家公证机关公证并经中国驻该国使（领）馆认证。中国与有关国家缔结或者共同参加的国际条约对认证另有规定的除外。

香港特别行政区、澳门特别行政区和台湾地区投资者的主体资格文件或者自然人身份证明应当按照专项规定或者协议，依法提供当地公证机构的公证文件。按照国家有关规定，无需提供公证文件的除外。

第四章　设立登记

第二十五条 申请办理设立登记，应当提交下列材料：

（一）申请书；

（二）申请人主体资格文件或者自然人身份证明；

（三）住所（主要经营场所、经营场所）相关文件；

（四）公司、非公司企业法人、农民专业合作社（联合社）章程或者合伙企业合伙协议。

第二十六条 申请办理公司设立登记，还应当提交法定代表人、董事、监事和高级管理人员的任职文件和自然人身份证明。

除前款规定的材料外，募集设立股份有限公司还应当提交依法设立的验资机构出具的验资证明；公开发行股票的，还应当提交国务院证券监督管理机构的核准或者注册文件。涉及发起人首次出资属于非货币财产的，还应当提交已办理财产权转移手续的证明文件。

第二十七条 申请设立非公司企业法人，还应当提交法定代表人的任职文件和自然人身份证明。

第二十八条 申请设立合伙企业，还应当提交下列材料：

（一）法律、行政法规规定设立特殊的普通合伙企业需要提交合伙人的职业资格文件的，提交相应材料；

（二）全体合伙人决定委托执行事务合伙人的，应当提交全体合伙人的委托书和执行事务合伙人的主体资格文件或者自然人身份证明。执行事务合伙人是法人或者其他组织的，还应当提交其委派代表的委托书和自然人身份证明。

第二十九条 申请设立农民专业合作社（联合社），还应当提交下列材料：

（一）全体设立人签名或者盖章的设立大会纪要；

（二）法定代表人、理事的任职文件和自然人身份证明；

（三）成员名册和出资清单，以及成员主体资格文件或者自然人身份证明。

第三十条 申请办理分支机构设立登记，还应当提交负责人的任职文件和自然人身份证明。

第五章　变更登记

第三十一条 市场主体变更登记事项，应当自作出变更决议、决定或者法定变更事项发生之日起30日内申请办理变更登记。

市场主体登记事项变更涉及分支机构登记事项变更的，应当自市场主体登记事项变更登记之日起30日内申请办理分支机构变更登记。

第三十二条 申请办理变更登记，应当提交申请书，并根据市场主体类型及具体变更事项分别提交下列材料：

（一）公司变更事项涉及章程修改的，应当提交修改后的章程或者章程修正案；需要对修改章程作出决议决定的，还应当提交相关决议决定；

（二）合伙企业应当提交全体合伙人或者合伙协议约定的人员签署的变更决定书；变更事项涉及修改合伙协议的，应当提交由全体合伙人签署或者合伙协议约定的人员签署修改或者补充的合伙协议；

（三）农民专业合作社（联合社）应当提交成员大会或者成员代表大会作出的变更决议；变更事项涉及章程修改的应当提交修改后的章程或者章程修正案。

第三十三条 市场主体更换法定代表人、执行事务合伙人（含委派代表）、负责人的变更登记申请由新任法定代表人、执行事务合伙人（含委派代表）、负责人签署。

第三十四条 市场主体变更名称，可以自主申报名称并在保留期届满前申请变更登记，也可以直接申请变更登记。

第三十五条 市场主体变更住所（主要经营场所、经营场所），应当在迁入新住所（主要经营场所、经营场所）前向迁入地登记机关申请变更登记，并提交新的住所（主要经营场所、经营场所）使用相关文件。

第三十六条 市场主体变更注册资本或者出资额的，应当办理变更登记。

公司增加注册资本，有限责任公司股东认缴新增资本的出资和股份有限公司的股东认购新股的，应当按照设立时缴纳出资和缴纳股款的规定执行。股份有限公司以公开发行新股方式或者上市公司以非公开发行新股方式增加注册资本，还应当提交国务院证券监督管理机构的核准或者注册文件。

公司减少注册资本，可以通过国家企业信用信息公示系统公告，公告期45日，应当于公告期届满后申请变更登记。法律、行政法规或者国务院决定对公司注册资本有最低限额规定的，减少后的注册资本应当不少于最低限额。

外商投资企业注册资本（出资额）币种发生变更，应当向登记机关申请变更登记。

第三十七条 公司变更类型，应当按照拟变更公司类型的设立条件，在规定的期限内申请变更登记，并提交有关材料。

非公司企业法人申请改制为公司，应当按照拟变更的公司类型设立条件，在规定期限内申请变更登记，并提交有关材料。

个体工商户申请转变为企业组织形式，应当按照拟变更的企业类型设立条件申请登记。

第三十八条 个体工商户变更经营者，应当在办理注销登记后，由新的经营者重新申请办理登记。双方经营者同时申请办理的，登记机关可以合并办理。

第三十九条 市场主体变更备案事项的，应当按照《条例》第二十九条规定办理备案。

农民专业合作社因成员发生变更，农民成员低于法定比例的，应当自事由发生之日起6个月内采取吸收新的农民成员入社等方式使农民成员达到法定比例。农民专业合作社联合社成员退社，成员数低于联合社设立法定条件的，应当自事由发生之日起6个月内采取吸收新的成员入社等方式使农民专业合作社联合社成员达到法定条件。

第六章 歇 业

第四十条 因自然灾害、事故灾难、公共卫生事件、社会安全事件等原因造成经营困难的，市场主体可以自主决定在一定时期内歇业。法律、行政法规另有规定的除外。

第四十一条 市场主体决定歇业，应当在歇业前向登记机关办理备案。登记机关通过国家企业信用信息公示系统向社会公示歇业期限、法律文书送达地址等信息。

以法律文书送达地址代替住所（主要经营场所、经营场所）的，应当提交法律文书送达地址确认书。

市场主体延长歇业期限，应当于期限届满前30日内按规定办理。

第四十二条 市场主体办理歇业备案后，自主决定开展或者已实际开展经营活动的，应当于30日内在国家企业信用信息公示系统上公示终止歇业。

市场主体恢复营业时，登记、备案事项发生变化的，应当及时办理变更登记或者备案。以法律文书送达地址代替住所（主要经营场所、经营场所）的，应当及时办理住所（主要经营场所、经营场所）变更登记。

市场主体备案的歇业期限届满，或者累计歇业满3年，视为自动恢复经营，决定不再经营的，应当及时办理注销登记。

第四十三条 歇业期间，市场主体以法律文书送达地址代替原登记的住所（主要经营场所、经营场所）的，不改变歇业市场主体的登记管辖。

第七章 注销登记

第四十四条 市场主体因解散、被宣告破产或者其他法定事由需要终止的，应当依法向登记机关申请注销登记。依法需要清算的，应当自清算结束之日起30日内申请注销登记。依法不需要清算的，应当自决定作出之日起30日内申请注销登记。市场主体申请注销后，不得从事与注销无关的生产经营活动。自登记机关予以注销登记之日起，市场主体终止。

第四十五条 市场主体注销登记前依法应当清算的，清算组应当自成立之日起10日内将清算组成员、清算组负责人名单通过国家企业信用信息公示系统公告。清算组可以通过国家企业信用信息公示系统发布债权人公告。

第四十六条 申请办理注销登记，应当提交下列材料：

（一）申请书；

（二）依法作出解散、注销的决议或者决定，或者被行政机关吊销营业执照、责令关闭、撤销的文件；

（三）清算报告、负责清理债权债务的文件或者清理债务完结的证明；

（四）税务部门出具的清税证明。

除前款规定外，人民法院指定清算人、破产管理人进行清算的，应当提交人民法院指定证明；合伙企业分支机构申请注销登记，还应当提交全体合伙人签署的注销分支机构决定书。

个体工商户申请注销登记的，无需提交第二项、第三项材料；因合并、分立而申请市场主体注销登记的，无需提交第三项材料。

第四十七条 申请办理简易注销登记，应当提交申请书和全体投资人承诺书。

第四十八条 有下列情形之一的，市场主体不得申请办理简易注销登记：

（一）在经营异常名录或者市场监督管理严重违法失信名单中的；

（二）存在股权（财产份额）被冻结、出质或者动产抵押，或者对其他市场主体存在投资的；

（三）正在被立案调查或者采取行政强制措施，正在诉讼或者仲裁程序中的；

（四）被吊销营业执照、责令关闭、撤销的；

（五）受到罚款等行政处罚尚未执行完毕的；

（六）不符合《条例》第三十三条规定的其他情形。

第四十九条 申请办理简易注销登记，市场主体应当将承诺书及注销登记申请通过国家企业信用信息公示系统公示，公示期为20日。

在公示期内无相关部门、债权人及其他利害关系人提出异议的，市场主体可以于公示期届满之日起 20 日内向登记机关申请注销登记。

第八章　撤销登记

第五十条　对涉嫌提交虚假材料或者采取其他欺诈手段隐瞒重要事实取得市场主体登记的行为，登记机关可以根据当事人申请或者依职权主动进行调查。

第五十一条　受虚假登记影响的自然人、法人和其他组织，可以向登记机关提出撤销市场主体登记申请。涉嫌冒用自然人身份的虚假登记，被冒用人应当配合登记机关通过线上或者线下途径核验身份信息。

涉嫌虚假登记市场主体的登记机关发生变更的，由现登记机关负责处理撤销登记，原登记机关应当协助进行调查。

第五十二条　登记机关收到申请后，应当在 3 个工作日内作出是否受理的决定，并书面通知申请人。

有下列情形之一的，登记机关可以不予受理：

（一）涉嫌冒用自然人身份的虚假登记，被冒用人未能通过身份信息核验的；

（二）涉嫌虚假登记的市场主体已注销的，申请撤销注销登记的除外；

（三）其他依法不予受理的情形。

第五十三条　登记机关受理申请后，应当于 3 个月内完成调查，并及时作出撤销或者不予撤销市场主体登记的决定。情形复杂的，经登记机关负责人批准，可以延长 3 个月。

在调查期间，相关市场主体和人员无法联系或者拒不配合的，登记机关可以将涉嫌虚假登记市场主体的登记时间、登记事项，以及登记机关联系方式等信息通过国家企业信用信息公示系统向社会公示，公示期 45 日。相关市场主体及其利害关系人在公示期内没有提出异议的，登记机关可以撤销市场主体登记。

第五十四条　有下列情形之一的，经当事人或者其他利害关系人申请，登记机关可以中止调查：

（一）有证据证明与涉嫌虚假登记相关的民事权利存在争议的；

（二）涉嫌虚假登记的市场主体正在诉讼或者仲裁程序中的；

（三）登记机关收到有关部门出具的书面意见，证明涉嫌虚假登记的市场主体或者其法定代表人、负责人存在违法案件尚未结案，或者尚未履行相关法定义务的。

第五十五条　有下列情形之一的，登记机关可以不予撤销市场主体登记：

（一）撤销市场主体登记可能对社会公共利益造成重大损害；

（二）撤销市场主体登记后无法恢复到登记前的状态；

（三）法律、行政法规规定的其他情形。

第五十六条　登记机关作出撤销登记决定后，应当通过国家企业信用信息公示系统向社会公示。

第五十七条　同一登记包含多个登记事项，其中部分登记事项被认定为虚假，撤销虚假的登记事项不影响市场主体存续的，登记机关可以仅撤销虚假的登记事项。

第五十八条　撤销市场主体备案事项的，参照本章规定执行。

第九章　档案管理

第五十九条　登记机关应当负责建立市场主体登记管理档案，对在登记、备案过程中形成的具有保存价值的文件依法分类，有序收集管理，推动档案电子化、影像化，提供市场主体登记管理档案查询服务。

第六十条　申请查询市场主体登记管理档案，应当按照下列要求提交材料：

（一）公安机关、国家安全机关、检察机关、审判机关、纪检监察机关、审计机关等国家机关进行查询，应当出具本部门公函及查询人员的有效证件；

（二）市场主体查询自身登记管理档案，应当出具授权委托书及查询人员的有效证件；

（三）律师查询与承办法律事务有关市场主体登记管理档案，应当出具执业证书、律师事务所证明以及相关承诺书。

除前款规定情形外，省级以上市场监督管理部门可以结合工作实际，依法对档案查询范围以及提交材料作出规定。

第六十一条 登记管理档案查询内容涉及国家秘密、商业秘密、个人信息的，应当按照有关法律法规规定办理。

第六十二条 市场主体发生住所（主要经营场所、经营场所）迁移的，登记机关应当于3个月内将所有登记管理档案移交迁入地登记机关管理。档案迁出、迁入应当记录备案。

第十章 监督管理

第六十三条 市场主体应当于每年1月1日至6月30日，通过国家企业信用信息公示系统报送上一年度年度报告，并向社会公示。

个体工商户可以通过纸质方式报送年度报告，并自主选择年度报告内容是否向社会公示。

歇业的市场主体应当按时公示年度报告。

第六十四条 市场主体应当将营业执照（含电子营业执照）置于住所（主要经营场所、经营场所）的醒目位置。

从事电子商务经营的市场主体应当在其首页显著位置持续公示营业执照信息或者其链接标识。

营业执照记载的信息发生变更时，市场主体应当于15日内完成对应信息的更新公示。市场主体被吊销营业执照的，登记机关应当将吊销情况标注于电子营业执照中。

第六十五条 登记机关应当对登记注册、行政许可、日常监管、行政执法中的相关信息进行归集，根据市场主体的信用风险状况实施分级分类监管，并强化信用风险分类结果的综合应用。

第六十六条 登记机关应当随机抽取检查对象、随机选派执法检查人员，对市场主体的登记备案事项、公示信息情况等进行抽查，并将抽查检查结果通过国家企业信用信息公示系统向社会公示。必要时可以委托会计师事务所、税务师事务所、律师事务所等专业机构开展审计、验资、咨询等相关工作，依法使用其他政府部门作出的检查、核查结果或者专业机构作出的专业结论。

第六十七条 市场主体被撤销设立登记、吊销营业执照、责令关闭，6个月内未办理清算组公告或者未申请注销登记的，登记机关可以在国家企业信用信息公示系统上对其作出特别标注并予以公示。

第十一章 法律责任

第六十八条 未经设立登记从事一般经营活动的，由登记机关责令改正，没收违法所得；拒不改正的，处1万元以上10万元以下的罚款；情节严重的，依法责令关闭停业，并处10万元以上50万元以下的罚款。

第六十九条 未经设立登记从事许可经营活动或者未依法取得许可从事经营活动的，由法律、法规或者国务院决定规定的部门予以查处；法律、法规或者国务院决定没有规定或者规定不明确的，由省、自治区、直辖市人民政府确定的部门予以查处。

第七十条 市场主体未按照法律、行政法规规定的期限公示或者报送年度报告的，由登记机关列入经营异常名录，可以处 1 万元以下的罚款。

第七十一条 提交虚假材料或者采取其他欺诈手段隐瞒重要事实取得市场主体登记的，由登记机关依法责令改正，没收违法所得，并处 5 万元以上 20 万元以下的罚款；情节严重的，处 20 万元以上 100 万元以下的罚款，吊销营业执照。

明知或者应当知道申请人提交虚假材料或者采取其他欺诈手段隐瞒重要事实进行市场主体登记，仍接受委托代为办理，或者协助其进行虚假登记的，由登记机关没收违法所得，处 10 万元以下的罚款。

虚假市场主体登记的直接责任人自市场主体登记被撤销之日起 3 年内不得再次申请市场主体登记。登记机关应当通过国家企业信用信息公示系统予以公示。

第七十二条 市场主体未按规定办理变更登记的，由登记机关责令改正；拒不改正的，处 1 万元以上 10 万元以下的罚款；情节严重的，吊销营业执照。

第七十三条 市场主体未按规定办理备案的，由登记机关责令改正；拒不改正的，处 5 万元以下的罚款。

依法应当办理受益所有人信息备案的市场主体，未办理备案的，按照前款规定处理。

第七十四条 市场主体未按照本实施细则第四十二条规定公示终止歇业的，由登记机关责令改正；拒不改正的，处 3 万元以下的罚款。

第七十五条 市场主体未按规定将营业执照置于住所（主要经营场所、经营场所）醒目位置的，由登记机关责令改正；拒不改正的，处 3 万元以下的罚款。

电子商务经营者未在首页显著位置持续公示营业执照信息或者相关链接标识的，由登记机关依照《中华人民共和国电子商务法》处罚。

市场主体伪造、涂改、出租、出借、转让营业执照的，由登记机关没收违法所得，处 10 万元以下的罚款；情节严重的，处 10 万元以上 50 万元以下的罚款，吊销营业执照。

第七十六条 利用市场主体登记，牟取非法利益，扰乱市场秩序，危害国家安全、社会公共利益的，法律、行政法规有规定的，依照其规定；法律、行政法规没有规定的，由登记机关处 10 万元以下的罚款。

第七十七条 违反本实施细则规定，登记机关确定罚款幅度时，应当综合考虑市场主体的类型、规模、违法情节等因素。

情节轻微并及时改正，没有造成危害后果的，依法不予行政处罚。初次违法且危害后果轻微并及时改正的，可以不予行政处罚。当事人有证据足以证明没有主观过错的，不予行政处罚。

第十二章　附　则

第七十八条 本实施细则所指申请人，包括设立登记时的申请人、依法设立后的市场主体。

第七十九条 人民法院办理案件需要登记机关协助执行的，登记机关应当按照人民法院的生效法律文书和协助执行通知书，在法定职责范围内办理协助执行事项。

第八十条 国家市场监督管理总局根据法律、行政法规、国务院决定及本实施细则，制定登记注册前置审批目录、登记材料和文书格式。

第八十一条 法律、行政法规或者国务院决定对登记管理另有规定的，从其规定。

第八十二条 本实施细则自公布之日起施行。1988 年 11 月 3 日原国家工商行政管理局令第 1 号公布的《中华人民共和国企业法人登记管理条例施行细则》，2000 年 1 月 13 日原国家工商行政管理局令第 94 号公布的《个人独资企业登记管理办法》，2011 年 9 月 30 日原国家工商行政管理总局令第 56 号公布的《个体工商户登记管理办法》，2014 年 2 月 20 日原国家工商行政管理总局令第 64 号公布的《公司注册资本登记管理规定》，2015 年 8 月 27 日原国家工商行政管理总局令第 76 号公布的《企业经营范围登记管理规定》同时废止。

企业管理和稽查司关于进出口货物收发货人备案有关事宜的通知

（稽查函〔2023〕1 号）

发布日期：2023-01-03
实施日期：2023-01-03
法规类型：规范性文件

广东分署，天津、上海特派办，各直属海关：

2022 年 12 月 30 日，第十三届全国人民代表大会常务委员会第三十八次会议决定对《中华人民共和国对外贸易法》作如下修订：删去第九条。（第九条：从事货物进出口或者技术进出口的对外贸易经营者，应当向国务院对外贸易主管部门或者其委托的机构办理备案登记；但是，法律、行政法规和国务院对外贸易主管部门规定不需要备案登记的除外。备案登记的具体办法由国务院及对外贸易主管部门规定。对外贸易经营者未按照规定办理备案登记的，海关不予办理进出口货物的报关验放手续。）为落实修订的《对外贸易法》，现就进出口货物收发货人备案有关事宜通知如下：

一、自即日起，进出口货物收发货人申请备案的，应当取得市场主体资格，无需取得对外贸易经营者备案。

二、请各关严格执行，并及时修改相关办事指南。

特此通知。

关于进一步明确报关单位备案有关事宜的公告

（海关总署公告 2022 年第 113 号）

发布日期：2022-11-16
实施日期：2022-12-01
法规类型：规范性文件

为进一步落实"放管服"改革部署，规范和统一海关报关单位备案工作，为广大企业提供便捷高效政务服务，海关总署现就进一步明确报关单位备案工作相关事宜公告如下：

一、进出口货物收发货人及其分支机构备案应当符合的条件

（一）进出口货物收发货人的条件：

1. 进出口货物收发货人应当为以下市场主体类型：

（1）公司、非公司企业法人；

（2）个人独资企业、合伙企业；

（3）农民专业合作社（联合社）；

（4）个体工商户；

（5）外国公司分支机构；

（6）法律、行政法规规定的其他市场主体。

2. 进出口货物收发货人应当取得对外贸易经营者备案。法律、行政法规、规章另有规定的，从其规定。

3. 尚未办理进出口货物收发货人备案或者临时备案。

（二）进出口货物收发货人分支机构的条件：

1. 进出口货物收发货人分支机构的市场主体类型应当为以下市场主体的分支机构：

（1）公司、非公司企业法人；

（2）个人独资企业、合伙企业；

（3）农民专业合作社（联合社）。

2. 进出口货物收发货人分支机构应当取得对外贸易经营者备案。法律、行政法规、规章另有规定的，从其规定。

3. 进出口货物收发货人分支机构所属市场主体已经办理进出口货物收发货人备案。

4. 尚未办理进出口货物收发货人分支机构备案或者临时备案。

二、报关企业及其分支机构备案应当符合的条件

（一）报关企业的条件：

1. 报关企业应当为以下市场主体类型：

（1）公司、非公司企业法人；

（2）个人独资企业、合伙企业。

2. 尚未办理报关企业备案。

（二）报关企业分支机构的条件：

1. 报关企业分支机构的市场主体类型应当为以下市场主体的分支机构：

（1）公司、非公司企业法人；

（2）个人独资企业、合伙企业。

2. 报关企业分支机构所属市场主体已经办理报关企业备案。

3. 尚未办理报关企业分支机构备案。

三、临时备案应当符合的条件

（一）下列单位按照国家有关规定需要从事非贸易性进出口活动的，应当办理临时备案：

1. 境外企业、新闻、经贸机构、文化团体等依法在中国境内设立的常驻代表机构；

2. 少量货样进出境的单位；

3. 国家机关、学校、科研院所、红十字会、基金会等组织机构；

4. 接受捐赠、礼品、国际援助或者对外实施捐赠、国际援助的单位；

5. 其他可以从事非贸易性进出口活动的单位。

（二）备案目的为从事非贸易性进出口活动。

（三）未办理进出口货物收发货人、进出口货物收发人分支机构备案。

（四）未办理临时备案，或者已经办理临时备案且在有效期届满前 30 日之后的。

四、责令报关单位整改的情形

报关单位有下列情形之一的，海关责令其改正，向报关单位开具《责令改正通知书》（见附件，以下简称《通知书》），责令报关单位在 10 个工作日内改正。

（一）报关单位名称、市场主体类型、住所（主要经营场所）、法定代表人（负责人）、报关人员等发生变更，未按照规定向海关办理变更的；

（二）向海关提交的备案信息隐瞒真实情况、弄虚作假的；

（三）拒不配合海关监督和实地检查的。

海关向报关单位开具《通知书》应加盖海关备案专用章。《通知书》不适用公告送达方式，自制发之日起 10 个工作日内通过其他方式送达。

直接送达的，由签收人在《通知书》上签字确认；无法直接送达或者无法送达的，经办关员应当在《通知书》上注明有关情况，并至少有 2 名关员签字确认。

本公告自 2022 年 12 月 1 日起施行。

特此公告。

附件：责令改正通知书（略）

关于报关单位备案全面纳入"多证合一"改革的公告

（海关总署　市场监管总局公告 2021 年第 113 号）

发布日期：2021-12-20

实施日期：2022-01-01

法规类型：规范性文件

为进一步优化营商环境，根据《国务院关于深化"证照分离"改革进一步激发市场主体发展活力的通知》（国发〔2021〕7 号），现就报关单位备案（进出口货物收发货人备案、报关企业备案）全面纳入"多证合一"改革有关事项公告如下：

申请人办理市场监管部门市场主体登记时，需要同步办理报关单位备案的，应按照要求勾选报关单位备案，并补充填写相关备案信息。市场监管部门按照"多证合一"流程完成登记，并在市场监管总局层面完成与海关总署的数据共享，企业无需再向海关提交备案申请。"多证合一"改革实施后，企业未选择"多证合一"方式提交申请的，仍可通过国际贸易"单一窗口"或"互联网+海关"提交报关单位备案申请。

报关单位办理流程依据《中华人民共和国海关报关单位备案管理规定》（海关总署令第253 号）执行。涉及报关单位备案的具体业务问题，企业可以咨询海关 12360 热线或所在地海关。

本公告自 2022 年 1 月 1 日起施行。海关总署、市场监管总局发布的 2019 年第 14 号公告同时废止。

特此公告。

关于实施企业协调员管理有关事项的公告

（海关总署公告 2018 年第 181 号）

发布日期：2018-12-03

实施日期：2019-01-01

法规类型：规范性文件

为落实"以企为本，由企及物"海关管理理念，营造诚信守法便利、关企合作共赢良好信用环境，构建海关与企业亲清合作关系，根据《中华人民共和国海关企业信用管理办法》（海关总署令第 237 号）等有关规定，现将海关实施企业协调员管理有关事项公告如下：

一、企业协调员是由直属海关选定，专门负责协调海关与企业涉及海关业务相关事宜的海关工作人员。

二、企业协调员的服务对象为海关高级认证企业。

三、企业协调员为企业提供下列服务事项：

（一）提供海关政策、法律法规咨询服务；

（二）听取并反映企业合理诉求；

（三）协调解决企业办理海关业务疑难问题；

（四）征询对海关管理工作的意见与建议；

（五）指导企业规范改进，开展诚信守法宣传；

（六）指导企业配合海关管理工作；

（七）负责关企合作的其他事宜。

四、企业应当指定分管关务的高级管理人员作为联系人，负责与海关沟通联系。

五、企业协调员需要实地赴企业开展工作的，应当实行双人作业；按照规定有应当回避情形的，企业协调员应当申请回避。

六、企业协调员有下列情形之一的，海关取消企业协调员资格：

（一）有违法和严重违纪行为的；

（二）违反海关廉政等规定，为本人或者他人谋取不正当利益的；

（三）泄露国家秘密、海关工作秘密和企业商业秘密的；

（四）滥用海关职权，要求企业办理与关企合作无关事项的；

（五）不履行职责或者无故拖延解决企业所提问题的；

（六）不再具备企业认证专业资质的；

（七）因其他原因不再适合担任企业协调员的。

七、本公告自 2019 年 1 月 1 日起施行。

关于实施年报"多报合一"改革的公告

（国家市场监督管理总局 海关总署公告 2018 年第 9 号）

发布日期：2018-05-15
实施日期：2018-05-15
法规类型：规范性文件

为贯彻落实党中央、国务院关于推进"放管服"改革部署，进一步减轻企业负担，优化营商环境，国家市场监管总局、海关总署研究决定，自 2017 年度年报起，实施"多报合一"改革。现就有关事项公告如下：

一、在海关注册登记或者备案的报关单位（进出口货物收发货人、报关企业）、加工生产企业（含个体工商户、农民专业合作社）和减免税进口货物处于监管年限内的企业（以下统称"海关管理企业"）统一通过国家企业信用信息公示系统（www.gsxt.gov.cn，以下简称"公示系统"）报送年报。

其中，减免税进口货物处于监管年限内的企业 2017 年度暂不通过公示系统报送减免税进口货物使用状况信息，继续通过中国电子口岸 QP 预录入客户端减免税申报系统向海关提交《减免税货物使用状况报告书》。自 2018 年度起，统一通过公示系统报送年报（年报内容另行发布）。

二、2017 年度海关管理企业年报报送时间为即日起至 8 月 31 日。企业可以在通过公示系统完成年报报送之日起 7 日后，登录"中国海关企业进出口信用信息公示平台"，查询海关接收企业年报的状态。

5 月 1 日起公示系统已经完成"多报合一"功能改造，并部署上线，本公告下发前已经通过公示系统报送"多报合一"年报的视为已完成 2017 年度年报。

三、年报"多报合一"改革前，海关管理企业已经向市场监管部门报送 2017 年度年报但未报送海关年报事项的，应当在即日起至 12 月 31 日补报海关年报事项（见附件，不同企业类型填报数据项不同，具体以公示系统为准）。

四、截至 2018 年 8 月 31 日，海关管理企业仍未报送 2017 年度年报（海关年报事项除外）的，市场监管部门将其列入经营异常名录或者标记为经营异常状态并向社会公示。2018 年 9 月 1 日后，海关管理企业可以继续通过公示系统补报年报；补报年报后，可以申请移出经营异常名录或者恢复正常记载状态。

五、截至 2018 年 12 月 31 日，海关管理企业仍未报送 2017 年度年报海关年报事项的，海关将其列入信用信息异常企业名录并向社会公示。2019 年 1 月 1 日及之后，海关管理企业可以继续通过公示系统补报年报；补报年报后，海关将其移出信用信息异常企业名录。

六、从 2018 年度年报开始，海关管理企业年报时间统一为每年 1 月 1 日至 6 月 30 日。

未按规定报送海关年报事项的企业，海关将其列入信用信息异常企业名录并向社会公示；补报年报后，海关将其移出信用信息异常企业名录。

非海关管理的企业年报内容、报送时间不变。

特此公告。

附件：海关年报事项（略）

信用管理

企业信息公示暂行条例

（国务院令第654号）

发布日期：2014-08-07
实施日期：2014-10-01
法规类型：行政法规

第一条 为了保障公平竞争，促进企业诚信自律，规范企业信息公示，强化企业信用约束，维护交易安全，提高政府监管效能，扩大社会监督，制定本条例。

第二条 本条例所称企业信息，是指在工商行政管理部门登记的企业从事生产经营活动过程中形成的信息，以及政府部门在履行职责过程中产生的能够反映企业状况的信息。

第三条 企业信息公示应当真实、及时。公示的企业信息涉及国家秘密、国家安全或者社会公共利益的，应当报请主管的保密行政管理部门或者国家安全机关批准。县级以上地方人民政府有关部门公示的企业信息涉及企业商业秘密或者个人隐私的，应当报请上级主管部门批准。

第四条 省、自治区、直辖市人民政府领导本行政区域的企业信息公示工作，按照国家社会信用信息平台建设的总体要求，推动本行政区域企业信用信息公示系统的建设。

第五条 国务院工商行政管理部门推进、监督企业信息公示工作，组织企业信用信息公示系统的建设。国务院其他有关部门依照本条例规定做好企业信息公示相关工作。

县级以上地方人民政府有关部门依照本条例规定做好企业信息公示工作。

第六条 工商行政管理部门应当通过企业信用信息公示系统，公示其在履行职责过程中产生的下列企业信息：

（一）注册登记、备案信息；

（二）动产抵押登记信息；

（三）股权出质登记信息；

（四）行政处罚信息；

（五）其他依法应当公示的信息。

前款规定的企业信息应当自产生之日起20个工作日内予以公示。

第七条 工商行政管理部门以外的其他政府部门（以下简称其他政府部门）应当公示其在履行职责过程中产生的下列企业信息：

（一）行政许可准予、变更、延续信息；

（二）行政处罚信息；

（三）其他依法应当公示的信息。

其他政府部门可以通过企业信用信息公示系统，也可以通过其他系统公示前款规定的企业信息。工商行政管理部门和其他政府部门应当按照国家社会信用信息平台建设的总体要求，实现企业信息的互联共享。

第八条 企业应当于每年1月1日至6月30日，通过企业信用信息公示系统向工商行政管理部门报送上一年度年度报告，并向社会公示。

当年设立登记的企业，自下一年起报送并公示年度报告。

第九条 企业年度报告内容包括：

（一）企业通信地址、邮政编码、联系电话、电子邮箱等信息；

（二）企业开业、歇业、清算等存续状态信息；

（三）企业投资设立企业、购买股权信息；

（四）企业为有限责任公司或者股份有限公司的，其股东或者发起人认缴和实缴的出资额、出资时间、出资方式等信息；

（五）有限责任公司股东股权转让等股权变更信息；

（六）企业网站以及从事网络经营的网店的名称、网址等信息；

（七）企业从业人数、资产总额、负债总额、对外提供保证担保、所有者权益合计、营业总收入、主营业务收入、利润总额、净利润、纳税总额信息。

前款第一项至第六项规定的信息应当向社会公示，第七项规定的信息由企业选择是否向社会公示。

经企业同意，公民、法人或者其他组织可以查询企业选择不公示的信息。

第十条 企业应当自下列信息形成之日起20个工作日内通过企业信用信息公示系统向社会公示：

（一）有限责任公司股东或者股份有限公司发起人认缴和实缴的出资额、出资时间、出资方式等信息；

（二）有限责任公司股东股权转让等股权变更信息；

（三）行政许可取得、变更、延续信息；

（四）知识产权出质登记信息；

（五）受到行政处罚的信息；

（六）其他依法应当公示的信息。

工商行政管理部门发现企业未依照前款规定履行公示义务的，应当责令其限期履行。

第十一条 政府部门和企业分别对其公示信息的真实性、及时性负责。

第十二条 政府部门发现其公示的信息不准确的，应当及时更正。公民、法人或者其他组织有证据证明政府部门公示的信息不准确的，有权要求该政府部门予以更正。

企业发现其公示的信息不准确的，应当及时更正；但是，企业年度报告公示信息的更正应当在每年6月30日之前完成。更正前后的信息应当同时公示。

第十三条 公民、法人或者其他组织发现企业公示的信息虚假的，可以向工商行政管理部门举报，接到举报的工商行政管理部门应当自接到举报材料之日起20个工作日内进行核查，予以处理，并将处理情况书面告知举报人。

公民、法人或者其他组织对依照本条例规定公示的企业信息有疑问的，可以向政府部门申请查询，收到查询申请的政府部门应当自收到申请之日起20个工作日内书面答复申请人。

第十四条 国务院工商行政管理部门和省、自治区、直辖市人民政府工商行政管理部门应当按照公平规范的要求，根据企业注册号等随机摇号，确定抽查的企业，组织对企业公示信息的情况进行检查。

工商行政管理部门抽查企业公示的信息，可以采取书面检查、实地核查、网络监测等方式。工商行政管理部门抽查企业公示的信息，可以委托会计师事务所、税务师事务所、律师事务所等专业机构开展相关工作，并依法利用其他政府部门作出的检查、核查结果或者专业机构作出的专业结论。

抽查结果由工商行政管理部门通过企业信用信息公示系统向社会公布。

第十五条　工商行政管理部门对企业公示的信息依法开展抽查或者根据举报进行核查，企业应当配合，接受询问调查，如实反映情况，提供相关材料。

对不予配合情节严重的企业，工商行政管理部门应当通过企业信用信息公示系统公示。

第十六条　任何公民、法人或者其他组织不得非法修改公示的企业信息，不得非法获取企业信息。

第十七条　有下列情形之一的，由县级以上工商行政管理部门列入经营异常名录，通过企业信用信息公示系统向社会公示，提醒其履行公示义务；情节严重的，由有关主管部门依照有关法律、行政法规规定给予行政处罚；造成他人损失的，依法承担赔偿责任；构成犯罪的，依法追究刑事责任：

（一）企业未按照本条例规定的期限公示年度报告或者未按照工商行政管理部门责令的期限公示有关企业信息的；

（二）企业公示信息隐瞒真实情况、弄虚作假的。

被列入经营异常名录的企业依照本条例规定履行公示义务的，由县级以上工商行政管理部门移出经营异常名录；满3年未依照本条例规定履行公示义务的，由国务院工商行政管理部门或者省、自治区、直辖市人民政府工商行政管理部门列入严重违法企业名单，并通过企业信用信息公示系统向社会公示。被列入严重违法企业名单的企业的法定代表人、负责人，3年内不得担任其他企业的法定代表人、负责人。

企业自被列入严重违法企业名单之日起满5年未再发生第一款规定情形的，由国务院工商行政管理部门或者省、自治区、直辖市人民政府工商行政管理部门移出严重违法企业名单。

第十八条　县级以上地方人民政府及其有关部门应当建立健全信用约束机制，在政府采购、工程招投标、国有土地出让、授予荣誉称号等工作中，将企业信息作为重要考量因素，对被列入经营异常名录或者严重违法企业名单的企业依法予以限制或者禁入。

第十九条　政府部门未依照本条例规定履行职责的，由监察机关、上一级政府部门责令改正；情节严重的，对负有责任的主管人员和其他直接责任人员依法给予处分；构成犯罪的，依法追究刑事责任。

第二十条　非法修改公示的企业信息，或者非法获取企业信息的，依照有关法律、行政法规规定追究法律责任。

第二十一条　公民、法人或者其他组织认为政府部门在企业信息公示工作中的具体行政行为侵犯其合法权益的，可以依法申请行政复议或者提起行政诉讼。

第二十二条　企业依照本条例规定公示信息，不免除其依照其他有关法律、行政法规规定公示信息的义务。

第二十三条　法律、法规授权的具有管理公共事务职能的组织公示企业信息适用本条例关于政府部门公示企业信息的规定。

第二十四条　国务院工商行政管理部门负责制定企业信用信息公示系统的技术规范。

个体工商户、农民专业合作社信息公示的具体办法由国务院工商行政管理部门另行制定。

第二十五条　本条例自2014年10月1日起施行。

中华人民共和国海关注册登记和备案企业信用管理办法

（海关总署令第 251 号）

发布日期：2021-09-13
实施日期：2021-11-01
法规类型：部门规章

第一章 总 则

第一条 为了建立海关注册登记和备案企业信用管理制度，推进社会信用体系建设，促进贸易安全与便利，根据《中华人民共和国海关法》《中华人民共和国海关稽查条例》《企业信息公示暂行条例》《优化营商环境条例》以及其他有关法律、行政法规的规定，制定本办法。

第二条 海关注册登记和备案企业（以下简称企业）以及企业相关人员信用信息的采集、公示，企业信用状况的认证、认定及管理等适用本办法。

第三条 海关按照诚信守法便利、失信违法惩戒、依法依规、公正公开原则，对企业实施信用管理。

第四条 海关根据企业申请，按照本办法规定的标准和程序将企业认证为高级认证企业的，对其实施便利的管理措施。

海关根据采集的信用信息，按照本办法规定的标准和程序将违法违规企业认定为失信企业的，对其实施严格的管理措施。

海关对高级认证企业和失信企业之外的其他企业实施常规的管理措施。

第五条 海关向企业提供信用培育服务，帮助企业强化诚信守法意识，提高诚信经营水平。

第六条 海关根据社会信用体系建设有关要求，与国家有关部门实施守信联合激励和失信联合惩戒，推进信息互换、监管互认、执法互助。

第七条 海关建立企业信用修复机制，依法对企业予以信用修复。

第八条 中国海关依据有关国际条约、协定以及本办法，开展与其他国家或者地区海关的"经认证的经营者"（AEO）互认合作，并且给予互认企业相关便利措施。

第九条 海关建立企业信用管理系统，运用信息化手段提升海关企业信用管理水平。

第二章 信用信息采集和公示

第十条 海关可以采集反映企业信用状况的下列信息：

（一）企业注册登记或者备案信息以及企业相关人员基本信息；

（二）企业进出口以及与进出口相关的经营信息；

（三）企业行政许可信息；

（四）企业及其相关人员行政处罚和刑事处罚信息；

（五）海关与国家有关部门实施联合激励和联合惩戒信息；

（六）AEO 互认信息；

（七）其他反映企业信用状况的相关信息。

第十一条 海关应当及时公示下列信用信息，并公布查询方式：

（一）企业在海关注册登记或者备案信息；

（二）海关对企业信用状况的认证或者认定结果；

（三）海关对企业的行政许可信息；

（四）海关对企业的行政处罚信息；

（五）海关与国家有关部门实施联合激励和联合惩戒信息；

（六）其他依法应当公示的信息。

公示的信用信息涉及国家秘密、国家安全、社会公共利益、商业秘密或者个人隐私的，应当依照法律、行政法规的规定办理。

第十二条 自然人、法人或者非法人组织认为海关公示的信用信息不准确的，可以向海关提出异议，并且提供相关资料或者证明材料。

海关应当自收到异议申请之日起20日内进行复核。自然人、法人或者非法人组织提出异议的理由成立的，海关应当采纳。

第三章　高级认证企业的认证标准和程序

第十三条 高级认证企业的认证标准分为通用标准和单项标准。

高级认证企业的通用标准包括内部控制、财务状况、守法规范以及贸易安全等内容。

高级认证企业的单项标准是海关针对不同企业类型和经营范围制定的认证标准。

第十四条 高级认证企业应当同时符合通用标准和相应的单项标准。

通用标准和单项标准由海关总署另行制定并公布。

第十五条 企业申请成为高级认证企业的，应当向海关提交书面申请，并按照海关要求提交相关资料。

第十六条 海关依据高级认证企业通用标准和相应的单项标准，对企业提交的申请和有关资料进行审查，并赴企业进行实地认证。

第十七条 海关应当自收到申请及相关资料之日起90日内进行认证并作出决定。特殊情形下，海关的认证时限可以延长30日。

第十八条 经认证，符合高级认证企业标准的企业，海关制发高级认证企业证书；不符合高级认证企业标准的企业，海关制发未通过认证决定书。

高级认证企业证书、未通过认证决定书应当送达申请人，并且自送达之日起生效。

第十九条 海关对高级认证企业每5年复核一次。企业信用状况发生异常情况的，海关可以不定期开展复核。

经复核，不再符合高级认证企业标准的，海关应当制发未通过复核决定书，并收回高级认证企业证书。

第二十条 海关可以委托社会中介机构就高级认证企业认证、复核相关问题出具专业结论。

企业委托社会中介机构就高级认证企业认证、复核相关问题出具的专业结论，可以作为海关认证、复核的参考依据。

第二十一条 企业有下列情形之一的，1年内不得提出高级认证企业认证申请：

（一）未通过高级认证企业认证或者复核的；

（二）放弃高级认证企业管理的；

（三）撤回高级认证企业认证申请的；

（四）高级认证企业被海关下调信用等级的；

（五）失信企业被海关上调信用等级的。

第四章　失信企业的认定标准、程序和信用修复

第二十二条　企业有下列情形之一的，海关认定为失信企业：

（一）被海关侦查走私犯罪公安机构立案侦查并由司法机关依法追究刑事责任的；

（二）构成走私行为被海关行政处罚的；

（三）非报关企业1年内违反海关的监管规定被海关行政处罚的次数超过上年度报关单、进出境备案清单、进出境运输工具舱单等单证（以下简称"相关单证"）总票数千分之一且被海关行政处罚金额累计超过100万元的；

报关企业1年内违反海关的监管规定被海关行政处罚的次数超过上年度相关单证总票数万分之五且被海关行政处罚金额累计超过30万元的；

上年度相关单证票数无法计算的，1年内因违反海关的监管规定被海关行政处罚，非报关企业处罚金额累计超过100万元、报关企业处罚金额累计超过30万元的；

（四）自缴纳期限届满之日起超过3个月仍未缴纳税款的；

（五）自缴纳期限届满之日起超过6个月仍未缴纳罚款、没收的违法所得和追缴的走私货物、物品等值价款，并且超过1万元的；

（六）抗拒、阻碍海关工作人员依法执行职务，被依法处罚的；

（七）向海关工作人员行贿，被处以罚款或者被依法追究刑事责任的；

（八）法律、行政法规、海关规章规定的其他情形。

第二十三条　失信企业存在下列情形的，海关依照法律、行政法规等有关规定实施联合惩戒，将其列入严重失信主体名单：

（一）违反进出口食品安全管理规定、进出口化妆品监督管理规定或者走私固体废物被依法追究刑事责任的；

（二）非法进口固体废物被海关行政处罚金额超过250万元的。

第二十四条　海关在作出认定失信企业决定前，应当书面告知企业拟作出决定的事由、依据和依法享有的陈述、申辩权利。

海关拟依照本办法第二十三条规定将企业列入严重失信主体名单的，还应当告知企业列入的惩戒措施提示、移出条件、移出程序及救济措施。

第二十五条　企业对海关拟认定失信企业决定或者列入严重失信主体名单决定提出陈述、申辩的，应当在收到书面告知之日起5个工作日内向海关书面提出。

海关应当在20日内进行核实，企业提出的理由成立的，海关应当采纳。

第二十六条　未被列入严重失信主体名单的失信企业纠正失信行为，消除不良影响，并且符合下列条件的，可以向海关书面申请信用修复并提交相关证明材料：

（一）因存在本办法第二十二条第二项、第六项情形被认定为失信企业满1年的；

（二）因存在本办法第二十二条第三项情形被认定为失信企业满6个月的；

（三）因存在本办法第二十二条第四项、第五项情形被认定为失信企业满3个月的。

第二十七条　经审核符合信用修复条件的，海关应当自收到企业信用修复申请之日起20日内作出准予信用修复决定。

第二十八条　失信企业连续2年未发生本办法第二十二条规定情形的，海关应当对失信企业作出信用修复决定。

前款所规定的失信企业已被列入严重失信主体名单的，应当将其移出严重失信主体名单并通报相关部门。

第二十九条　法律、行政法规和党中央、国务院政策文件明确规定不可修复的，海关不

予信用修复。

第五章　管理措施

第三十条　高级认证企业是中国海关 AEO，适用下列管理措施：

（一）进出口货物平均查验率低于实施常规管理措施企业平均查验率的 20%，法律、行政法规或者海关总署有特殊规定的除外；

（二）出口货物原产地调查平均抽查比例在企业平均抽查比例的 20% 以下，法律、行政法规或者海关总署有特殊规定的除外；

（三）优先办理进出口货物通关手续及相关业务手续；

（四）优先向其他国家（地区）推荐农产品、食品等出口企业的注册；

（五）可以向海关申请免除担保；

（六）减少对企业稽查、核查频次；

（七）可以在出口货物运抵海关监管区之前向海关申报；

（八）海关为企业设立协调员；

（九）AEO 互认国家或者地区海关通关便利措施；

（十）国家有关部门实施的守信联合激励措施；

（十一）因不可抗力中断国际贸易恢复后优先通关；

（十二）海关总署规定的其他管理措施。

第三十一条　失信企业适用下列管理措施：

（一）进出口货物查验率 80% 以上；

（二）经营加工贸易业务的，全额提供担保；

（三）提高对企业稽查、核查频次；

（四）海关总署规定的其他管理措施。

第三十二条　办理同一海关业务涉及的企业信用等级不一致，导致适用的管理措施相抵触的，海关按照较低信用等级企业适用的管理措施实施管理。

第三十三条　高级认证企业、失信企业有分立合并情形的，海关按照以下原则对企业信用状况进行确定并适用相应管理措施：

（一）企业发生分立，存续的企业承继原企业主要权利义务的，存续的企业适用原企业信用状况的认证或者认定结果，其余新设的企业不适用原企业信用状况的认证或者认定结果；

（二）企业发生分立，原企业解散的，新设企业不适用原企业信用状况的认证或者认定结果；

（三）企业发生吸收合并的，存续企业适用原企业信用状况的认证或者认定结果；

（四）企业发生新设合并的，新设企业不再适用原企业信用状况的认证或者认定结果。

第三十四条　高级认证企业涉嫌违反与海关管理职能相关的法律法规被刑事立案的，海关应当暂停适用高级认证企业管理措施。

高级认证企业涉嫌违反海关的监管规定被立案调查的，海关可以暂停适用高级认证企业管理措施。

第三十五条　高级认证企业存在财务风险，或者有明显的转移、藏匿其应税货物以及其他财产迹象的，或者存在其他无法足额保障税款缴纳风险的，海关可以暂停适用本办法第三十条第五项规定的管理措施。

第六章　附　则

第三十六条　海关注册的进口食品境外生产企业和进境动植物产品国外生产、加工、存放单位等境外企业的信用管理，由海关总署另行规定。

第三十七条 作为企业信用状况认定依据的刑事犯罪，以司法机关相关法律文书生效时间为准进行认定。

作为企业信用状况认定依据的海关行政处罚，以海关行政处罚决定书作出时间为准进行认定。

作为企业信用状况认定依据的处罚金额，包括被海关处以罚款、没收违法所得或者没收货物、物品价值的金额之和。

企业主动披露且被海关处以警告或者海关总署规定数额以下罚款的行为，不作为海关认定企业信用状况的记录。

第三十八条 本办法下列用语的含义：

企业相关人员，是指企业法定代表人、主要负责人、财务负责人、关务负责人等管理人员。

经认证的经营者（AEO），是指以任何一种方式参与货物国际流通，符合海关总署规定标准的企业。

第三十九条 本办法由海关总署负责解释。

第四十条 本办法自 2021 年 11 月 1 日起施行。2018 年 3 月 3 日海关总署令第 237 号公布的《中华人民共和国海关企业信用管理办法》同时废止。

市场监督管理严重违法失信名单管理办法

（国家市场监督管理总局令第 44 号）

发布日期：2021-07-30
实施日期：2021-09-01
法规类型：部门规章

第一条 为了规范市场监督管理部门严重违法失信名单管理，强化信用监管，扩大社会监督，促进诚信自律，依照有关法律、行政法规，制定本办法。

第二条 当事人违反法律、行政法规，性质恶劣、情节严重、社会危害较大，受到市场监督管理部门较重行政处罚的，由市场监督管理部门依照本办法规定列入严重违法失信名单，通过国家企业信用信息公示系统公示，并实施相应管理措施。

前款所称较重行政处罚包括：

（一）依照行政处罚裁量基准，按照从重处罚原则处以罚款；

（二）降低资质等级，吊销许可证件、营业执照；

（三）限制开展生产经营活动、责令停产停业、责令关闭、限制从业；

（四）法律、行政法规和部门规章规定的其他较重行政处罚。

第三条 国家市场监督管理总局负责组织、指导全国的严重违法失信名单管理工作。

县级以上地方市场监督管理部门依照本办法规定负责严重违法失信名单管理工作。

第四条 市场监督管理部门应当按照规定将严重违法失信名单信息与其他有关部门共享，依照法律、行政法规和党中央、国务院政策文件实施联合惩戒。

第五条 实施下列食品安全领域违法行为，且属于本办法第二条规定情形的，列入严重违法失信名单（食品安全严重违法生产经营者黑名单）：

（一）未依法取得食品生产经营许可从事食品生产经营活动；

（二）用非食品原料生产食品；在食品中添加食品添加剂以外的化学物质和其他可能危害人体健康的物质；生产经营营养成分不符合食品安全标准的专供婴幼儿和其他特定人群的主辅食品；生产经营添加药品的食品；生产经营病死、毒死或者死因不明的禽、畜、兽、水产动物肉类及其制品；生产经营未按规定进行检疫或者检疫不合格的肉类；生产经营国家为防病等特殊需要明令禁止生产经营的食品；

（三）生产经营致病性微生物，农药残留、兽药残留、生物毒素、重金属等污染物质以及其他危害人体健康的物质含量超过食品安全标准限量的食品、食品添加剂；生产经营用超过保质期的食品原料、食品添加剂生产的食品、食品添加剂；生产经营未按规定注册的保健食品、特殊医学用途配方食品、婴幼儿配方乳粉，或者未按注册的产品配方、生产工艺等技术要求组织生产；生产经营的食品标签、说明书含有虚假内容，涉及疾病预防、治疗功能，或者生产经营保健食品之外的食品的标签、说明书声称具有保健功能；

（四）其他违反食品安全法律、行政法规规定，严重危害人民群众身体健康和生命安全的违法行为。

第六条 实施下列药品、医疗器械、化妆品领域违法行为，且属于本办法第二条规定情形的，列入严重违法失信名单：

（一）生产销售假药、劣药；违法生产、销售国家有特殊管理要求的药品（含疫苗）；生产、进口、销售未取得药品批准证明文件的药品（含疫苗）；

（二）生产、销售未经注册的第二、三类医疗器械；

（三）生产、销售非法添加可能危害人体健康物质的化妆品；

（四）其他违反药品、医疗器械、化妆品法律、行政法规规定，严重危害人民群众身体健康和生命安全的违法行为。

第七条 实施下列质量安全领域违法行为，且属于本办法第二条规定情形的，列入严重违法失信名单：

（一）生产、销售、出租、使用未取得生产许可、国家明令淘汰、已经报废、未经检验或者检验不合格的特种设备；对不符合安全技术规范要求的移动式压力容器和气瓶进行充装；

（二）生产销售不符合保障身体健康和生命安全的国家标准的产品，在产品中掺杂、掺假，以假充真、以次充好，或者以不合格产品冒充合格产品，生产销售国家明令淘汰的产品；

（三）产品质量监督抽查不合格，受到省级以上人民政府市场监督管理部门公告，经公告后复查仍不合格；

（四）出具虚假或者严重失实的检验、检测、认证、认可结论，严重危害质量安全；

（五）伪造、冒用、买卖认证标志或者认证证书；未经认证擅自出厂、销售、进口或者在其他经营性活动中使用被列入强制性产品认证目录内的产品；

（六）其他违反质量安全领域法律、行政法规规定，严重危害人民群众身体健康和生命安全的违法行为。

第八条 实施下列侵害消费者权益的违法行为，且属于本办法第二条规定情形的，列入严重违法失信名单：

（一）侵害消费者人格尊严、个人信息依法得到保护等权利；

（二）预收费用后为逃避或者拒绝履行义务，关门停业或者迁移服务场所，未按照约定提供商品或者服务，且被市场监督管理部门确认为无法取得联系；

（三）制造、销售、使用以欺骗消费者为目的的计量器具；抄袭、串通、篡改计量比对数据，伪造数据、出具虚假计量校准证书或者报告，侵害消费者权益；

（四）经责令召回仍拒绝或者拖延实施缺陷产品召回；

（五）其他违反法律、行政法规规定，严重侵害消费者权益的违法行为。

第九条 实施下列破坏公平竞争秩序和扰乱市场秩序的违法行为，且属于本办法第二条规定情形的，列入严重违法失信名单：

（一）侵犯商业秘密、商业诋毁、组织虚假交易等严重破坏公平竞争秩序的不正当竞争行为；

（二）故意侵犯知识产权；提交非正常专利申请、恶意商标注册申请损害社会公共利益；从事严重违法专利、商标代理行为；

（三）价格串通、低价倾销、哄抬价格；对关系国计民生的商品或者服务不执行政府定价、政府指导价，不执行为应对突发事件采取的价格干预措施、紧急措施；

（四）组织、策划传销或者为传销提供便利条件；

（五）发布关系消费者生命健康的商品或者服务的虚假广告；

（六）其他违反法律、行政法规规定，严重破坏公平竞争秩序和扰乱市场秩序的违法行为。

第十条 实施下列违法行为，且属于本办法第二条规定情形的，列入严重违法失信名单：

（一）未依法取得其他许可从事经营活动；

（二）提交虚假材料或者采取其他手段隐瞒重要事实，取得行政许可，取得、变更或者注销市场主体登记，或者涂改、倒卖、出租、出售许可证件、营业执照；

（三）拒绝、阻碍、干扰市场监督管理部门依法开展监督检查和事故调查。

第十一条 当事人在市场监督管理部门作出行政处罚、行政裁决等行政决定后，有履行能力但拒不履行、逃避执行等，严重影响市场监督管理部门公信力的，列入严重违法失信名单。

法律、行政法规和党中央、国务院政策文件对市场主体相关责任人员列入严重违法失信名单有规定的，依照其规定。

第十二条 市场监督管理部门判断违法行为是否属于性质恶劣、情节严重、社会危害较大的情形，应当综合考虑主观恶意、违法频次、持续时间、处罚类型、罚没款数额、产品货值金额、对人民群众生命健康的危害、财产损失和社会影响等因素。

当事人有证据足以证明没有主观故意的，不列入严重违法失信名单。

第十三条 市场监督管理部门在作出行政处罚决定时应当对是否列入严重违法失信名单作出决定。列入决定书应当载明事由、依据、惩戒措施提示、移出条件和程序以及救济措施等。在作出列入决定前，应当告知当事人作出决定的事由、依据和当事人依法享有的权利。告知、听证、送达、异议处理等程序应当与行政处罚程序一并实施。

依照前款规定作出列入严重违法失信名单决定的，严重违法失信名单管理工作由作出行政处罚的市场监督管理部门负责。

因本办法第十一条规定的情形列入严重违法失信名单的，可以单独作出列入决定。告知、听证、送达、异议处理等程序应当参照行政处罚程序实施。

第十四条 作出列入决定的市场监督管理部门和当事人登记地（住所地）在同一省、自治区、直辖市的，作出列入决定的市场监督管理部门应当自作出决定之日起二十个工作日内将相关信息通过国家企业信用信息公示系统进行公示。

作出列入决定的市场监督管理部门和当事人登记地（住所地）不在同一省、自治区、直辖市的，作出列入决定的市场监督管理部门应当自作出决定之日起十个工作日内将列入严重违法失信名单信息推送至当事人登记地（住所地）市场监督管理部门，由其协助在收到信息之日起十个工作日内通过国家企业信用信息公示系统进行公示。

第十五条 市场监督管理部门对被列入严重违法失信名单的当事人实施下列管理措施：

（一）依据法律、行政法规和党中央、国务院政策文件，在审查行政许可、资质、资格、委托承担政府采购项目、工程招投标时作为重要考量因素；

（二）列为重点监管对象，提高检查频次，依法严格监管；

（三）不适用告知承诺制；

（四）不予授予市场监督管理部门荣誉称号等表彰奖励；

（五）法律、行政法规和党中央、国务院政策文件规定的其他管理措施。

第十六条 当事人被列入严重违法失信名单满一年，且符合下列条件的，可以依照本办法规定向市场监督管理部门申请提前移出：

（一）已经自觉履行行政处罚决定中规定的义务；

（二）已经主动消除危害后果和不良影响；

（三）未再受到市场监督管理部门较重行政处罚。

依照法律、行政法规规定，实施相应管理措施期限尚未届满的，不得申请提前移出。

第十七条 当事人申请提前移出的，应当提交申请书，守信承诺书，履行本办法第十六条第一款第一项、第二项规定义务的相关材料，说明事实、理由。

市场监督管理部门应当自收到申请之日起二个工作日内作出是否受理的决定。申请材料齐全、符合法定形式的，应当予以受理。

市场监督管理部门应当自受理之日起十五个工作日内对申请进行核实，并决定是否予以移出。

第十八条 市场监督管理部门决定移出的，应当于三个工作日内停止公示相关信息，并解除相关管理措施。

第十九条 列入严重违法失信名单所依据的行政处罚被撤销、确认违法或者无效的，市场监督管理部门应当撤销对当事人的列入决定，于三个工作日内停止公示相关信息，并解除相关管理措施。

第二十条 申请移出的当事人故意隐瞒真实情况、提供虚假资料，情节严重的，由市场监督管理部门撤销移出决定，恢复列入状态。公示期重新计算。

第二十一条 当事人被列入严重违法失信名单之日起满三年的，由列入严重违法失信名单的市场监督管理部门移出，停止公示相关信息，并解除相关管理措施。依照法律法规实施限制开展生产经营活动、限制从业等措施超过三年的，按照实际限制期限执行。

第二十二条 县级、设区的市级市场监督管理部门作出列入严重违法失信名单决定的，应当报经上一级市场监督管理部门同意。

第二十三条 当事人对被列入、移出严重违法失信名单的决定不服的，可以依法申请行政复议或者提起行政诉讼。

第二十四条 市场监督管理部门对收到的人民法院生效法律文书，根据法律、行政法规和党中央、国务院政策文件需要实施严重违法失信名单管理的，参照本办法执行。

第二十五条 药品监督管理部门、知识产权管理部门严重违法失信名单管理适用本办法。

第二十六条 本办法自2021年9月1日起施行。2015年12月30日原国家工商行政管理总局令第83号公布的《严重违法失信企业名单管理暂行办法》同时废止。

关于公布《海关高级认证企业标准》
涉税要素申报规范认定标准的公告

（海关总署公告 2022 年第 114 号）

发布日期：2022-11-17
实施日期：2022-11-17
法规类型：规范性文件

现将《海关高级认证企业标准》（海关总署公告 2022 年第 106 号公布）中涉税要素申报规范指标的认定标准公告如下：

一、涉税要素申报规范，是指进出口货物收发货人履行合规自主申报、自行缴税主体责任，按照海关相关规定，真实、准确、完整、规范申报商品名称、规格型号、税则号列、价格、原产国等涉税要素，确保税款应缴尽缴。

二、海关按照下列情形，对新申请高级认证企业的涉税要素申报规范标准是否达标进行认定：

（一）海关未发现企业存在《涉税要素申报规范认定标准》（以下简称《认定标准》，详见附件）项目中"认定存在不规范问题"情形的，企业的涉税要素申报规范标准为达标。

（二）海关发现企业存在《认定标准》项目中以少缴税款为认定标准的"认定存在不规范问题"情形，相关项目指标不达标；但企业未造成少缴税款，或者少缴税款金额累计未超过 10 万元的，相关项目指标为达标。

（三）海关发现企业存在《认定标准》项目中不以少缴税款为认定标准的"认定存在不规范问题"情形，相关项目指标为不达标。

三、复核的高级认证企业，涉税要素申报规范标准的认定与新申请高级认证企业相同。

特此公告。

附件：涉税要素申报规范认定标准

关于公布《海关高级认证企业标准》的公告

（海关总署公告 2022 年第 106 号）

发布日期：2022-10-28
实施日期：2022-10-28
法规类型：规范性文件

为深入贯彻落实党中央、国务院关于推进社会信用体系建设的决策部署，进一步深化"放管服"改革，推动外贸保稳提质，根据《中华人民共和国海关注册登记和备案企业信用管理办法》（海关总署令第251号），总署对《海关高级认证企业标准》（海关总署公告2021年第88号发布）进行了修订。现将修订后的《海关高级认证企业标准》（通用标准、单项标准）予以发布。海关总署公告2021年第88号同时废止。

特此公告。

附件：1. 《海关高级认证企业标准》说明

2. 《海关高级认证企业标准》（通用标准）

3. 《海关高级认证企业标准》（单项标准）

海关总署关于规范出具企业信用状况证明有关事项的通知

（署企函〔2022〕80号）

发布日期：2022-05-31
实施日期：2022-05-31
法规类型：规范性文件

广东分署，天津、上海特派办，各直属海关：

为贯彻落实党中央、国务院"放管服"有关工作部署，加强海关出具海关注册登记和备案企业（以下简称"企业"）信用状况证明工作管理，规范工作程序，统一工作标准，遵循公正、据实、便民原则，现就海关出具企业信用状况证明有关事项通知如下：

一、企业在办理上市、再融资、重大资产重组等业务时，根据国家相关部门管理规定向海关申请办理信用状况证明的，由各直属海关企业管理部门负责组织实施本关区企业信用状况证明出具工作。

二、企业所在地海关企业管理部门（以下简称"办理部门"）负责接收企业申请，办理出具企业信用状况证明事宜。

三、办理企业信用状况证明时，办理部门需要向企业收取以下材料：

（一）《出具企业信用状况证明申请书》（加盖企业公章，格式文本详见附件1）。

（二）要求海关出具企业信用状况证明的相关文件。

四、办理部门接收企业申请后，应当查询企业进出口信用管理系统；同时，自接收企业申请之日起2个工作日内，向直属海关综合业务、缉私等有关部门（以下简称"各相关部门"）制发联系单，由各相关部门查询、提供证明时间段内企业的违法犯罪记录。

各相关部门自收到联系单之日起7个工作日内，将查询结果提供办理部门；查询结果有违法犯罪记录的，一并提供相关法律文书复印件。

办理部门应当自收到各相关部门反馈信息的2个工作日内，出具《企业信用状况证明》（格式文本详见附件2）。《企业信用状况证明》以企业所在地海关名义出具，加盖"中华人民共和国××海关企业信用管理专用章"。

五、各直属海关应当以适当方式向社会公布本关区办理企业信用状况证明业务的办事指南，以及办理机构名称、地址、联系方式。

六、各直属海关可结合本关区实际情况，细化、完善相关工作制度、作业流程和档案管理。

本通知自下发之日起执行。各海关单位执行中遇有问题，请及时向总署报告。

特此通知。

附件：1. 出具企业信用状况证明申请书

2. 企业信用状况证明

海关总署关于增加高级认证企业便利措施促进外贸保稳提质的通知

（署企发〔2022〕73号）

发布日期：2022-07-15
实施日期：2022-07-15
法规类型：规范性文件

广东分署，天津、上海特派办，各直属海关：

为落实党中央、国务院推动外贸保稳提质工作部署，进一步发挥海关信用管理职能作用，支持企业纾困解难，总署决定在原有管理措施基础上，向高级认证企业实施以下便利措施：

一、优先实验室检测。对高级认证企业的进出口货物样品需送实验室检测情形，在实验室管理系统报验界面勾选"加急"选项，检测结束后第一时间出具检测报告。

二、优化风险管理措施。进一步优化高级认证企业中低风险事项的风险管理措施。

三、优化加工贸易监管。对适用加工贸易账册管理的高级认证企业，海关可结合实际确定是否开展盘库核查及核查时海关抽盘商品价值比例。

四、优化核查作业。对同一家高级认证企业，实施管理类核查作业叠加。

五、优先安排口岸检查。对高级认证企业的进出口货物优先安排口岸检查作业。

六、优先开展属地查检。对高级认证企业的进出口货物优先开展属地查检作业。

特此通知。

海关总署关于执行《中华人民共和国海关注册登记和备案企业信用管理办法》有关事项的通知

（署企发〔2021〕104号）

发布日期：2021-10-28
实施日期：2021-11-01
法规类型：规范性文件

广东分署，天津、上海特派办，各直属海关：

《中华人民共和国海关注册登记和备案企业信用管理办法》（海关总署令第251号，以下简称《信用办法》）已于2021年9月13日对外公布，自2021年11月1日起施行。为全面有效执行好《信用办法》，现就有关问题通知如下：

一、海关对除失信企业外的其他企业，按照《海关普惠管理措施清单》（详见附件）实施管理。

二、海关对高级认证企业，在按照《海关普惠管理措施清单》实施管理的基础上，还要按照《海关总署关于印发〈海关认证企业管理措施目录〉的通知》（署企发〔2021〕16号）规定，给予便利的管理措施。

关于高级认证企业免除担保事宜，按照总署有关规定执行。

三、海关对有申请适用高级认证企业管理意愿的原一般认证企业（存量），优先培育、优先认证。

四、海关对原失信企业（存量），根据《信用办法》重新认定企业信用等级。经重新认定为失信企业的，其信用等级适用时间仍按原认定之日起计算。经重新认定，不存在《信用办法》第二十二条规定情形的，不再适用失信企业管理。

五、海关根据《国务院办公厅关于进一步完善失信约束制度构建诚信建设长效机制的指导意见》（国办发〔2020〕49号）的要求，对未列入严重失信主体名单的失信企业不实施联合惩戒。

六、海关对企业按照《信用办法》第二十六条规定申请信用修复的，应当收取以下材料：

（一）企业信用修复申请书。

（二）对存在《信用办法》第二十二条第二项、第三项、第五项情形的，应当收取行政处罚决定书和行政处罚履行完毕的证明材料；对存在《信用办法》第二十二条第四项情形的，应当收取相关税款缴纳完毕的证明材料；对存在《信用办法》第二十二条第六项情形的，应当收取行政处罚决定书和配合海关工作人员执行职务的相关证明材料。

失信企业在海关注销的，海关参照《信用办法》第二十八条规定办理。

七、对管理方式为"实转"的81个商品编码，中西部地区除高级认证企业和失信企业外的其他企业（经营企业及其加工企业同时属于中西部地区）无需缴纳保证金；东部地区除高级认证企业和失信企业外的其他企业，缴纳按实转商品项下保税进口料件应缴进口关税和进口环节增值税之和50%的保证金。为降低对企业的影响，原一般认证企业开展限制类商品加工贸易可暂按原有规定执行，不缴纳保证金。

八、海关通过"中国海关企业进出口信用信息公示平台"（http：//credit.customs.gov.cn）公示企业信用信息。

海关对自然人、法人或者非法人组织认为海关公示的信用信息不准确提出异议申请的，应当收取以下材料：

（一）异议人提交的书面情况说明或者证明材料。

（二）异议人为自然人的，提交材料应当由本人签名，海关验核异议人身份证件原件；异议人为法人、非法人组织的，提交材料应当加盖本单位印章。

以上请遵照执行，遇有问题请及时报告总署。《海关总署关于执行〈中华人民共和国海关企业信用管理办法〉有关问题的通知》（署稽发〔2018〕81号）自2021年11月1日起废止。

本通知自2021年11月1日起执行。

特此通知。

附件：海关普惠管理措施清单

关于公布《中华人民共和国海关注册登记和备案企业信用管理办法》所涉及法律文书格式文本的公告

（海关总署公告2021年第86号）

发布日期：2021-10-28
实施日期：2021-11-01
法规类型：规范性文件

现将《中华人民共和国海关注册登记和备案企业信用管理办法》（海关总署令第251号）执行中涉及的法律文书格式文本予以公布，自2021年11月1日起施行。海关总署公告2018年第33号同时废止。

特此公告。

附件：

1. 高级认证企业申请书
2. 中华人民共和国××海关高级认证企业申请回执
3. 高级认证企业证书
4. 中华人民共和国××海关未通过认证决定书
5. 中华人民共和国××海关高级认证企业复核通知书
6. 中华人民共和国××海关送达回证
7. 中华人民共和国××海关通过复核决定书
8. 中华人民共和国××海关未通过复核决定书
9. 中华人民共和国××海关失信企业认定告知书
10. 中华人民共和国××海关失信企业认定决定书
11. 信用修复申请书
12. 中华人民共和国××海关信用修复申请回执
13. 中华人民共和国××海关准予信用修复决定书
14. 中华人民共和国××海关不予信用修复决定书
15. 中华人民共和国××海关信用修复决定书
16. 中华人民共和国××海关暂停管理措施决定书
17. 中华人民共和国××海关恢复管理措施通知书

关于明确"经认证的经营者"（AEO）企业编码填报规范的公告

（海关总署公告 2018 年第 131 号）

发布日期：2018-10-15
实施日期：2018-11-01
法规类型：规范性文件

为进一步规范"经认证的经营者"（AEO）企业编码填写格式，减少填写错误，使 AEO 企业能够及时享受到中国海关与其他国家（地区）海关 AEO 互认带来的通关便利措施，现将 AEO 企业编码填制有关事项公告如下：

一、境外收发货人为中国海关已互认国家（地区）海关 AEO 企业的，国内相关企业需要在水、空运货运舱单《原始舱单数据项》或《预配舱单数据项》的"收货人 AEO 企业编码"、"发货人 AEO 企业编码"栏目和《中华人民共和国海关进（出）口货物报关单》"境外收发货人"栏目中填写境外收发货人的 AEO 企业编码。

境外收发货人为非互认国家（地区）AEO 企业的，AEO 企业编码免于填写。

二、AEO 企业编码填报样式为："国别（地区）代码+海关企业编码"，例如：新加坡 AEO 企业：SG123456789012（新加坡国别代码+12 位企业编码）。

三、之前 AEO 编码填制要求与本公告不符的，以本公告为准。

本公告自 2018 年 11 月 1 日起施行。

特此公告。

国家发展改革委、人民银行、海关总署等印发《关于对海关失信企业实施联合惩戒的合作备忘录》的通知

（发改财金〔2017〕427 号）

发布日期：2017-03-14

实施日期：2017-03-14

法规类型：规范性文件

各省、自治区、直辖市和新疆生产建设兵团有关部门、机构：

为了贯彻党的十八大和十八届三中、四中、五中、六中全会精神，落实《国务院关于印发社会信用体系建设规划纲要（2014-2020 年）的通知》（国发〔2014〕21 号）、《国务院关于建立完善守信联合激励和失信联合惩戒制度加快推进社会诚信建设的指导意见》（国发〔2016〕33 号）、中央文明委《关于推进诚信建设制度化的意见》（文明委〔2014〕7 号）等关于"褒扬诚信、惩戒失信"的总体要求，建立健全失信联合惩戒机制，完善进出口领域诚信体系建设。国家发展改革委、人民银行、海关总署、中央文明办、中央网信办、最高人民法院、科技部、公安部、财政部、人力资源社会保障部、国土资源部、环境保护部、住房城乡建设部、交通运输部、农业部、商务部、文化部、国资委、税务总局、工商总局、质检总局、安全监管总局、食品药品监管总局、林业局、旅游局、银监会、证监会、保监会、民航局、外汇局、全国妇联、全国工商联、中国铁路总公司联合签署了《关于对海关失信企业实施联合惩戒的合作备忘录》。现印发给你们，请认真贯彻执行。

附件：关于对海关失信企业实施联合惩戒的合作备忘录

附件

关于对海关失信企业实施联合惩戒的合作备忘录

为深入贯彻党的十八大和十八届三中、四中、五中、六中全会精神，落实《国务院关于建立完善守信联合激励和失信联合惩戒制度加快推进社会诚信建设的指导意见》（国发〔2016〕33 号）、《国务院关于促进市场公平竞争维护市场正常秩序的若干意见》（国发〔2014〕20 号）、《国务院关于印发社会信用体系建设规划纲要（2014-2020 年）的通知》（国发〔2014〕21 号）和中央文明委《关于推进诚信建设制度化的意见》（文明委〔2014〕7 号）等文件精神及"褒扬诚信、惩戒失信"的总体要求，国家发展改革委、人民银行、海关总署、中央文明办、中央网信办、最高人民法院、科技部、公安部、财政部、人力资源社会保障部、国土资源部、环境保护部、住房城乡建设部、交通运输部、农业部、商务部、文化部、国资委、税务总局、工商总局、质检总局、安全监管总局、食品药品监管总局、林业局、旅游局、银监会、证监会、保监会、民航局、外汇局、全国妇联、全国工商联、中国铁路总公司等部

门依据有关法律、法规、规章及规范性文件等规定，对海关失信企业实施联合惩戒达成如下一致意见：

一、联合惩戒对象

实施失信联合惩戒的对象，为海关根据《中华人民共和国海关企业信用管理暂行办法》（海关总署令第225号，以下简称《信用办法》）认定的海关失信企业及其法定代表人（负责人）、董事、监事、高级管理人员。

二、信息共享与联合惩戒的实施方式

海关总署通过全国信用信息共享平台（失信联合惩戒系统）向参与联合惩戒的各部门，提供海关失信企业信息并按照有关规定动态更新。各部门获取海关失信企业信息，依照有关法律、法规、规章及规范性文件的规定，对联合惩戒对象采取下列一种或多种惩戒措施（相关依据和实施部门见附录）。同时，各部门每季度将执行情况反馈给国家发展改革委和海关总署；对于在日常监管中已向全国信用信息共享平台及时传输相关信息的部门，无需再按季度进行反馈。

三、惩戒措施及实施部门

（一）海关部门采取的惩戒措施

1. 适用较高的进出口货物查验率（布控查验或者实货验估）。

2. 实施进出口货物单证重点审核。

3. 实施加工贸易重点监管。

4. 海关总署规定的其他管理原则和措施。

（二）跨部门联合惩戒措施

5. 不予适用检验检疫部门A级及以上企业信用管理，对其中有走私行为、走私罪的海关失信企业，直接列为信用D级管理，实行限制性管理措施。

6. 对进出口货物适用较高的检验检疫查验率。

7. 在出口退税管理方面严格加强出口退税审核。

8. 对违法违规的固体废物进口企业，提高监管频次，依法实行限制性管理措施。

9. 对有拖欠海关应缴税款或者应缴罚没款项情形的海关失信企业的法定代表人（负责人），在未按规定缴清相关款项或提供有效担保前，阻止其出境。具体工作程序，按照公安部有关要求执行。

10. 将列入"信用中国"网站受惩黑名单的失信信息作为限制有关商品进出口配额分配的依据。

11. 在一定期限内，对有走私罪的海关失信企业，列入黑名单，依法限制其法定代表人（负责人）、董事、监事、高级管理人员成为其他公司的法定代表人（负责人）、董事、监事、高级管理人员。

12. 不予适用外汇部门A类企业管理。

13. 对有走私行为、走私罪的海关失信企业，直接列为外汇部门C类企业管理，实行限制性管理措施。

14. 在一定期限内，将失信状况作为合格境内机构投资者、合格境外机构投资者等外汇额度核准与管理的重要参考依据。

15. 对发行公司（企业）债券从严审核；在银行间市场发行非金融企业债务融资工具限制注册，并按照注册发行有关工作要求，强化信息披露，加强投资人保护机制管理，防范有关风险。

16. 在审批证券公司、基金管理公司、期货公司的设立和变更持有5%以上股权的股东、实际控制人，以及私募投资基金管理人登记时，依法将失信企业的失信状况作为重要参考依据。

17. 在上市公司或者非上市公众公司收购的事中事后监管中，予以重点关注。

18. 将海关失信企业的失信情况作为股票发行审核的重要参考。

19. 依法限制设立融资性担保公司；在审批融资性担保公司或金融机构董事、监事及高级管理人员任职资格时，将海关失信企业的失信状况作为重要参考依据。

20. 在一定期限内，依法限制参与政府采购活动。

22. 在一定期限内，暂停审批与失信企业相关的科技项目。

23. 在审批保险公司设立时，将海关失信企业的失信状况作为重要参考依据。

24. 对有拖欠缴海关应缴税款或应缴罚没款项情形的海关失信企业，在海关申请人民法院强制执行后，仍不履行的，限制海关失信企业及其法定代表人（负责人）支付高额保费购买具有现金价值的保险产品。

25. 将海关失信企业的失信状况作为设立商业银行或分行、代表处以及参股、收购商业银行的审批时审慎性参考。

26. 依法限制境内上市公司实行股权激励计划或者限制成为股权激励对象。

27. 将海关失信企业的失信状况作为其融资或对其授信的重要依据或参考。

28. 对有拖欠缴海关应缴税款或应缴罚没款项情形的海关失信企业，在海关申请人民法院强制执行后，仍不履行的，由人民法院依法纳入失信被执行人名单，限制其法定代表人（负责人）乘坐飞机、列车软卧、轮船二等以上舱位、G字头动车组列车全部座位、其他动车组列车一等以上座位等非生活和工作必须的消费行为。

29. 对有拖欠缴海关应缴税款或应缴罚没款项情形的海关失信企业，在海关申请人民法院强制执行后，仍不履行的，限制海关失信企业及其法定代表人（负责人）购买房产、土地等不动产。

30. 限制参与国有企业资产、国家资产等国有产权交易。

31. 在申请政府性资金支持和社会保障资金支持时，依法依规采取从严审核或降低支持力度或不予支持等限制措施。

32. 限制海关失信企业的法定代表人（负责人）担任国有独资公司董事、监事及国有资本控股或参股公司董事、监事及国有企业的高级管理人员；已担任相关职务的，提出其不再担任相关职务的意见。

33. 限制海关失信企业及其法定代表人（负责人）使用国有林地，申报重点林业建设项目，申报草原征占用审批，申报重点草原保护建设项目。

34. 将海关失信企业相关信息依法依规作为从事药品、食品安全行业从严审批的参考。

35. 限制从事危险化学品生产经营储存、烟花爆竹生产经营、矿山生产、安全评价等行业，限制在认证行业执业，限制取得认证机构资质，限制获得认证证书。

36. 海关总署将海关失信企业信息在海关总署门户网站、中国海关企业进出口信用信息公示平台、"信用中国"网站、国家企业信用信息公示系统、网络交易监管信息化系统等向社会公布。

37. 海关失信企业的失信信息由中央网信办协调互联网新闻信息服务单位向社会公布。

38. 在一定期限内，限制海关失信企业及其法定代表人（负责人）获得相关部门颁发的荣誉证书、嘉奖和表彰等荣誉性称号。

39. 鼓励各级党政机关、社会组织、企事业单位使用海关失信企业名单及相关信息，结合各自主管领域、业务范围、经营活动制定对海关失信企业及其法定代表人（负责人）的惩戒措施；鼓励政府部门、社会组织、企事业单位加强合作、信息共享，共同加大对海关失信企业的信用监督、威慑和惩戒；鼓励将海关失信企业信息作为重要信用评价指标纳入社会信用评价体系。

四、联合惩戒的动态管理

海关总署在全国信用信息共享平台失信行为联合惩戒系统上实时更新海关失信企业信息。各部门根据各自职责，按照法律法规和有关规定实施惩戒或解除惩戒。

根据《信用办法》的规定，适用失信企业管理满1年，且未再发生《信用办法》第十条规定情形的，海关应当将其调整为一般信用企业管理。因此，海关总署在向各部门通报海关失信企业信息时，应注明决定作出日期及效力期限，各部门根据各自的法定职责，按照法律法规和有关规定实施惩戒或解除惩戒。根据海关总署提供的信息，超过效力期限的，不再实施联合惩戒。

印发《关于对海关高级认证企业实施联合激励的合作备忘录》的通知

（发改财金〔2016〕2190号）

发布日期：2016-10-19
实施日期：2022-09-01
法规类型：规范性文件

（根据2022年7月26日国家发展和改革委员会令第51号《关于修改、废止部分规章、行政规范性文件和一般政策性文件的决定》修正）

各省、自治区、直辖市和新疆生产建设兵团有关部门、机构：

为了贯彻党的十八大、十八届三中、四中、五中全会精神，落实《国务院关于印发社会信用体系建设规划纲要（2014-2020年）的通知》（国发〔2014〕21号）、《国务院关于建立完善守信联合激励和失信联合惩戒制度加快推进社会诚信建设的指导意见》（国发〔2016〕33号）、中央文明委《关于推进诚信建设制度化的意见》（文明委〔2014〕7号）等文件关于"褒扬诚信、惩戒失信"的总体要求，建立健全守信联合激励机制，完善进出口领域诚信体系建设。国家发展改革委、人民银行、海关总署、中央宣传部、中央文明办、教育部、工业和信息化部、公安部、民政部、财政部、人力资源社会保障部、国土资源部、环境保护部、住房城乡建设部、交通运输部、水利部、农业部、商务部、文化部、卫生计生委、国资委、税务总局、工商总局、质检总局、安全监管总局、食品药品监管总局、林业局、知识产权局、旅游局、法制办、国家网信办、银监会、证监会、保监会、外汇局、共青团中央、全国妇联、全国总工会、全国工商联、贸促会、中国铁路总公司联合签署等部门对海关高级认证企业实施守信联合激励措施达成如下一致意见：

一、联合激励对象

联合激励的对象为海关高级认证企业。是指已经在海关注册登记的企业，根据《中华人民共和国海关企业信用管理暂行办法》及相关配套文件的规定，向海关提出申请，经海关书面审查、核实，并经海关专业认证人员对企业进行实地认证，确认企业在内部控制、财务偿付能力、守法规范、贸易安全等方面，均符合《海关认证企业标准（高级认证）》的规定，由海关颁发了海关高级认证企业证书的企业。

二、信息共享与联合激励的实施方式

国家发展改革委基于全国信用信息共享平台建立守信联合激励系统。海关总署通过该系统向签署本备忘录的相关部门提供海关高级认证企业名单及企业相关信息，并按照有关规定动态更新。同时，在"信用中国"网站、企业信用信息公示系统、中国海关企业进出口信用信息公示平台、海关总署门户网站等向社会公布。各部门从全国信用信息共享平台守信联合激励系统中获取海关高级认证企业信息，执行或协助执行本备忘录规定的激励措施，定期将联合激励实施情况通过该系统反馈给国家发展改革委和海关总署。

三、联合激励的动态管理

海关总署将通过海关企业进出口信用管理系统实时、动态监控企业在进出口领域的诚信守法情况，一经发现企业存在违法失信行为的，立即取消企业参与守信联合激励资格并及时通报各单位，停止企业适用的守信联合激励措施。各单位在日常监管中，发现企业存在违法失信行为，应及时通过全国信用信息共享平台，反馈国家发展改革委和海关总署，提供有关情况并建议停止企业适用的守信联合激励措施。全国信用信息共享平台将高级认证企业名单与其他领域失信企业名单进行交叉比对，确定将未纳入其他任何领域失信企业名单的海关高级认证企业确定为联合激励对象。

四、激励措施、共享内容及实施单位

（一）适用海关通关支持措施

1. 在确定进出口货物的商品归类、海关估价、原产地或者办结其他海关手续前先行办理验放手续。

2. 适用较低进出口货物查验率。

3. 简化进出口货物单证审核流程。

4. 优先办理进出口货物通关手续。

5. 海关为企业设立协调员。

6. 对从事加工贸易的企业，不实行银行保证金台账制度。

7. 适用汇总征税管理措施。

8. 根据国际协议规定，适用原产地自主声明措施。

9. AEO互认国家或者地区海关提供的通关便利措施。

10. 海关给予适用的其他便利管理措施。

实施单位：海关总署

（二）发展改革部门支持措施

1. 建立行政审批绿色通道，根据实际情况实施"容缺受理"等便利服务，部分申报材料（法律法规要求提供的材料除外）不齐备的，如行政相对人书面承诺在规定期限内提供，可先行受理，加快办理进度。

2. 在专项建设基金项目申报筛选中，同等条件下予以优先考虑。

3. 企业债发行过程中，鼓励发行人披露海关认证信息，增强发行人的市场认可度，降低企业融资成本。

4. 在粮食、棉花等进出口配额分配中，可以将申请人信用状况与获得配额难易程度或配额数量挂钩，对于海关高级认证企业给予一定激励措施。

5. 在电力直接交易中，对于交易主体为海关高级认证企业的，同等条件下优先考虑。

6. 在企业境外发债备案管理中，同等条件下加快办理进度，适时选择海关高级认证企业开展年度发债额度一次核定、分期分批发行试点。

7. 在政府投资项目招标中，招标人确需投标人提交进出口证明的，可以简化进出口证明等相关手续。

8. 支持地方发展改革部门在法律法规和自身职权范围内，采取更多的激励措施。

实施单位：国家发展改革委

（三）给予商务事项审批支持

办理生产能力、货物内销、《最终用户和最终用途说明》等审批事项时，给予优先处理的便利政策，缩减办证的时间。

实施单位：商务部

（四）金融部门授信融资参考

1. 作为银行等金融机构授信融资贷款的重要参考条件，优先给予免担保贷款。

2. 办理授信贷款等业务时提供绿色通道。

3. 作为优良信用记录记入金融信用信息基础数据库。

实施单位：人民银行、银监会

（五）给予证券、保险领域政策支持

1. 审批证券、基金管理公司、期货公司及保险公司设立、变更、从事相关业务等行为时，将企业信用信息作为重要参考，给予一定便利。

2. 在保险中介机构的设立等方面提供便利化措施。

落实单位：证监会、保监会

（六）给予政府采购及财政资金使用支持

1. 给予政府采购活动便利和优惠，将海关高级认证企业列入政府集中采购招标的评审指标，参照财务状况指标给予适当分值，或对海关高级认证企业信用予以加分。

2. 取得政府资金支持给予便利和优惠。

3. 不属于出口退税审核关注信息中关注企业级别为一至三级的自营出口企业，适用启运港退税政策。

实施单位：财政部

（七）给予增值电信业务支持

申请增值电信业务给予便利和优惠。

实施单位：工业和信息化部

（八）给予社会保障领域政策支持

在办理社会保险业务时可享受企业绿色通道，实施快捷服务。

实施单位：人力资源和社会保障部

（九）给予土地使用和管理支持

供应土地时给予必要便利和优惠。

实施单位：国土资源部

（十）给予环境保护许可事项支持

1. 办理环境影响评价文件审批等环境保护许可事项，在同等条件下予以优先办理。

2. 日常监管中，在无举报情况下，适当减少监管频次。

实施单位：环境保护部

（十一）给予税收管理支持

1. 除专项、专案检查等外，可免除税务检查。

2. 一般纳税人可单次领取 3 个月的增值税发票用量，需要调整增值税发票用量时即时办理。

3. 普通发票按需领用。

4. 由税务机关提供绿色通道或专门人员帮助办理涉税事项。

5. 海关高级认证企业可评为出口企业管理一类企业，享受以下管理措施：

（1）国税机关受理出口退（免）税正式申报后，经核对申报信息齐全无误的，即可办理出口退（免）税。

（2）在国家下达的出口退税计划内，可优先安排该类企业办理出口退税。

（3）国税机关可向该类企业提供绿色办税通道（特约服务区），并建立重点联系制度，指定专人负责并定期联系企业。

6. 增值税一般纳税人取消增值税发票认证。

实施单位：税务总局

（十二）给予工商管理支持

1. 优先提供有关合同法律法规方面的咨询、培训、宣传和受理调节合同纠纷。

2. 给予国内市场产品免检或降低抽检比例。

3. 在办理企业变更登记、行政许可、动产抵押登记，实行绿色通道，及时优先受理，缩短办理时间。

实施单位：工商总局

（十三）给予一定的检验检疫管理支持

1. 适用较低的商检查验率。

2. 优先安排查验放行。

3. 优先安排免办 CCC 认证货物担保放行以及后续销毁核销等。

4. 办理目录外 3C 和 3C 证书时，予以优先处理。

5. 非法检货物可申请免除查验或担保放行。

实施单位：质检总局

（十四）给予安全生产管理支持

在海关高级认证企业提出申请后，第一时间深入企业现场办公，帮助解决有关问题，依法对企业发展提供法律和政策支持。

实施单位：安全监管总局

（十五）给予食品药品管理支持

办理食品药品生产经营审批事项时提供绿色通道。

落实部门：食药监局

（十六）给予外汇管理支持

1. 简化监管流程，对不同收汇方式区别对待。

2. 延长降级考查期，取消报关单正本收汇入账。

实施单位：外汇局

（十七）优先给予先进荣誉

1. 在文明城市、文明单位评比中予以优先考虑。

2. 在评选"全国三八红旗手"时予以优先考虑。

3. 在评选劳动模范、五一劳动奖章时予以优先考虑。

实施单位：中央文明办、全国妇联、全国总工会

（十八）给予促进外贸投资支持

1. 在举办和组织企业参加经贸展览会、论坛、洽谈会及有关国际会议时给予优先考虑。

2. 在法律顾问、商事调解、经贸和海事仲裁等方面优先提供咨询和支持。

3. 优先提供专利申请、商标注册、诉讼维权等知识产权方面服务。

实施单位：贸促会

（十九）其他激励措施

1. 对海关高级认证企业给予重点支持，出台优惠政策、便利化服务措施时，优先选择试点。

2. 作为各部门在本行业、本领域内向企业和个人颁发荣誉证书、嘉奖和表彰等荣誉性称号的重要参考，优先给予奖励和表彰。

实施单位：各有关部门

五、其他事宜

各部门应密切协作，积极落实本备忘录，制定实施细则和操作流程，确保2016年8月底前实现海关高级认证企业信息推送、共享和联合激励。

本备忘录签署后，各部门、各领域内相关法律法规修改或调整，与本备忘录不一致的，以法律法规为准。实施过程中具体操作问题，由各部门另行协商明确。

通关作业无纸化进出口报关单证档案企业存储管理标准

（海关总署公告2014年第92号）

发布日期：2014-12-19
实施日期：2015-01-01
法规类型：规范性文件

本标准适用于通关作业无纸化模式下，经海关核准开展企业存单的企业，采用顺势留存、电子档案保存、纸质档案保存或电子档案托管的方式，对已结关报关单证进行存储管理的行为。

一、企业存储报关单证范围

企业存储报关单证是指进出口货物收发货人或其代理人在通关过程中及结关后，无需向海关递交并由企业保管的报关单及随附单证。

应列入企业保管的报关单及随附单证范围如下：

（一）进出口报关单和进出境备案清单。

（二）《中华人民共和国海关进出口货物申报管理规定》（海关总署令第103号）第二十七条明确的单证。包括：合同、发票、装箱清单、载货清单（舱单）、提（运）单、报关委托书/委托报关协议、进出口许可证件、电子或纸质加工贸易手册等随附单证。

（三）其他应随报关单归档的单证。

二、存储标准

（一）顺势留存。

1. 具备企业资源计划系统（ERP）或其他功能类似的企业管理系统；

2. 可按照《通关作业无纸化报关单证电子扫描或转换文件格式标准》要求输出报关单证电子数据文件；

3. 向海关开放系统端口，海关可以远程调阅报关单证电子数据。

（二）电子档案保存。

1. 具备符合海关电子报关单证档案管理规定的"企业电子报关单证档案管理系统"；

2. 可以纸质单证样式展示、打印、导出报关单或按照《通关作业无纸化报关单证电子

扫描或转换文件格式标准》要求输出报关单证电子数据文件;

3. 向海关开放系统端口,海关可以远程调阅报关单证档案电子数据。

(三)纸质档案保存。

1. 符合海关纸质报关单证档案库房管理规定;

2. 配备专用计算机进行管理,建立报关单号与档案号对应关系。

(四)电子档案托管。

1. 具备符合海关电子报关单证档案管理规定的"第三方电子报关单证档案管理系统";

2. 及时、安全、完整地接收被托管企业的报关单证电子数据;

3. 能以纸质单证样式展示、打印、导出报关单证或按照《通关作业无纸化报关单证电子扫描或转换文件格式标准》要求输出报关单证电子数据文件;

4. 向海关开放系统端口,海关可以远程调阅报关单证档案电子数据;

5. 第三方托管企业应具备完善的保密制度,保证被托管企业数据不外泄。

三、管理要求

(一)企业应建立报关单证档案管理制度,指定专人负责报关单证档案管理工作,对理单、归档、调阅、移交、销毁等环节实施有效管理。

(二)海关在报关单结后向存单企业发送待理单信息(顺势留存除外),企业应在5个工作日内完成理单归档,并及时将理单归档信息反馈海关;企业对电子报关单证理单时,应按海关认可的方式进行加签处理。

(三)涉及报关单证移交海关保管的,企业应于接到交单通知后2个工作日内到现场海关办理报关单证移交手续,企业应留存电子报关单证备份或纸质报关单证复印件,并在系统内或纸质档案上备注说明。

(四)如企业保管的报关单与海关保管的报关单不一致,应以海关保管的为准。

(五)存单企业所存的报关单证档案保存期为5年。对超过保存期限的报关单证档案,企业可向注册地海关报关单证档案管理部门报备转为企业自有档案并递交《报关单证档案转企业自有档案申请单》(略);其中以电子档案托管方式存储的单证档案,由托管方与被托管方协商解决转为企业自有档案后的保管问题。

(六)存单企业应接受海关的指导和培训,积极配合海关开展报关单证档案安全检查,及时整改安全隐患。存单企业不具备存单条件时,应及时移交注册地海关保管。

(七)存单企业如有遗失、伪造、变造单证档案或未经海关批准擅自对外调阅、复印、贩卖单证档案信息等行为,影响海关监管和报关单证档案管理安全的,海关应责令其限期整改;情节严重的不再享受企业存单和通关无纸化便利;构成犯罪的,依法追究刑事责任。

关于实施中国—哥斯达黎加海关
"经认证的经营者"（AEO）互认的公告

（海关总署公告2023年第74号）

发布日期：2023-06-26
实施日期：2023-07-01
法规类型：规范性文件

2023年1月，中国与哥斯达黎加两国海关正式签署了《中华人民共和国海关总署和哥斯达黎加共和国海关署关于中国海关企业信用管理制度与哥斯达黎加海关"经认证的经营者"制度互认的安排》（以下简称《互认安排》），决定自2023年7月1日起正式实施。现就有关事项公告如下：

一、根据《互认安排》规定，中哥双方相互认可对方海关的"经认证的经营者"（Authorized Economic Operator，简称"AEO"），为进口自对方AEO企业的货物提供通关便利。其中，哥斯达黎加海关认可中国海关高级认证企业为互认的AEO企业，中国海关认可经哥斯达黎加海关AEO制度认证的企业为互认的AEO企业。

二、中哥双方海关在进口货物通关时，相互给予对方AEO企业如下通关便利措施：适用较低的查验率；对需要实货检查的货物给予优先查验；指定海关联络员，负责沟通处理AEO企业在通关中遇到的问题；在国际贸易中断并恢复后优先通关。

三、中国AEO企业向哥斯达黎加出口货物时，需要将AEO编码（AEOCN+在中国海关注册登记和备案的10位企业编码，例如AEOCN1234567890）告知哥斯达黎加进口商，由其按照哥斯达黎加海关规定申报，哥斯达黎加海关确认中国海关AEO企业身份并给予相关便利措施。

四、中国企业自哥斯达黎加AEO企业进口货物时，需要分别在进口报关单"境外发货人"栏目中的"境外发货人编码"一栏和水、空运货运舱单中的"发货人AEO企业编码"一栏填写哥斯达黎加AEO企业编码。填写方式为："国别代码（CR）+AEO企业编码（12位数字）"，例如"CR123456789012"。中国海关确认哥斯达黎加AEO企业身份并给予相关便利措施。

特此公告。

关于实施内地—澳门海关"经认证的经营者"（AEO）互认的公告

（海关总署公告 2023 年第 49 号）

发布日期：2023-05-11

实施日期：2023-06-01

法规类型：规范性文件

2023 年 2 月，海关总署与澳门海关正式签署了《海关总署和澳门海关关于内地海关企业信用管理制度与澳门海关认可经济营运商计划互认的安排》（以下简称《互认安排》），决定自 2023 年 6 月 1 日起正式实施。现就有关事项公告如下：

一、根据《互认安排》规定，内地与澳门海关双方相互认可对方海关的"经认证的经营者"（Authorized Economic Operator，简称"AEO"），为进口自对方 AEO 企业的货物提供通关便利。其中，内地海关认可澳门海关 A 级认可经济营运商为互认的 AEO 企业，澳门海关认可内地海关高级认证企业为互认的 AEO 企业。

二、内地与澳门双方海关在进口货物通关时，相互给予对方 AEO 企业如下通关便利措施：适用较低的进口货物查验率；对需要实货检查的货物给予优先查验；指定海关联络员，负责沟通处理 AEO 企业在通关中遇到的问题；在进出口贸易中断后恢复后优先通关。

三、内地 AEO 企业向澳门出口货物时，需要将 AEO 编码（AEOCN+在内地海关注册登记和备案的 10 位企业编码，例如 AEOCN1234567890）告知澳门进口商，由其按照澳门海关规定申报，澳门海关确认内地海关 AEO 企业身份并给予相关便利措施。

四、内地企业自澳门 AEO 企业进口货物时，需要分别在进口报关单"境外发货人"栏目中的"境外发货人编码"一栏和水、空运货运舱单中的"发货人 AEO 编码"一栏填写澳门 AEO 企业编码。填写方式为："地区代码（MO）+9 位数字"，例如"MO123456789"。内地海关确认澳门 AEO 企业身份并给予相关便利措施。

特此公告。

关于实施中国—乌干达海关"经认证的经营者"（AEO）互认的公告

（海关总署公告 2023 年第 45 号）

发布日期：2023-05-04

实施日期：2023-06-01

法规类型：规范性文件

2021 年 5 月，中国与乌干达两国海关正式签署了《中华人民共和国海关总署和乌干达共和国税务署关于中国海关企业信用管理制度与乌干达税务署 AEO 制度互认的安排》（以下简称《互认安排》），决定自 2023 年 6 月 1 日起正式实施。现就有关事项公告如下：

一、根据《互认安排》规定，中乌双方相互认可对方的"经认证的经营者"（Authorized Economic Operator，简称"AEO"），为进口自对方 AEO 企业的货物提供通关便利。其中，乌干达海关认可中国海关高级认证企业为互认的 AEO 企业，中国海关认可经乌干达海关 AEO 制度认证的企业为互认的 AEO 企业。

二、中乌双方海关在进口货物通关时，相互给予对方 AEO 企业如下通关便利措施：适用较低的单证审核率；适用较低的查验率；对需要实货检查的货物给予优先查验；指定海关联络员，负责沟通处理 AEO 企业在通关中遇到的问题；在国际贸易中断并恢复后优先通关。

三、中国 AEO 企业向乌干达出口货物时，需要将 AEO 编码（AEOCN+在中国海关注册登记和备案的 10 位企业编码，例如 AEOCN1234567890）告知乌干达进口商，由其按照乌干达海关规定申报，乌干达海关确认中国海关 AEO 企业身份并给予相关便利措施。

四、中国企业自乌干达 AEO 企业进口货物时，需要分别在进口报关单"境外发货人"栏目中的"境外发货人编码"一栏和水、空运货运舱单中的"发货人 AEO 编码"一栏填写乌干达 AEO 企业编码。填写方式为："国别代码（UG）+AEO 企业编码（10 位数字）"，例如"UG1234567890"。中国海关确认乌干达 AEO 企业身份并给予相关便利措施。

特此公告。

关于实施中国—阿联酋海关"经认证的经营者"（AEO）互认的公告

（海关总署公告 2022 年第 16 号）

发布日期：2022-02-10
实施日期：2022-02-14
法规类型：规范性文件

2019 年 7 月，中国与阿联酋双方海关正式签署了《中华人民共和国海关总署和阿拉伯联合酋长国联邦海关署关于中国海关企业信用管理制度与阿联酋海关"经认证的经营者"制度互认的安排》（以下简称《互认安排》），决定自 2022 年 2 月 14 日起正式实施。现就有关事项公告如下：

一、根据《互认安排》规定，中阿双方相互认可对方海关的"经认证的经营者"（Authorized Economic Operator，简称"AEO"），为进口自对方 AEO 企业的货物提供通关便利。其中，阿联酋海关认可中国海关高级认证企业为互认的 AEO 企业，中国海关认可经阿联酋海关 AEO 制度认证的企业为互认的 AEO 企业。

二、中阿双方海关在进口货物通关时，相互给予对方 AEO 企业如下通关便利措施：适用较低的单证审核率；适用较低的进口货物查验率；对需要实货检查的货物给予优先查验；指定海关联络员，负责沟通处理 AEO 企业在通关中遇到的问题；在国际贸易中断并恢复后优先通关。

三、中国 AEO 企业向阿联酋出口货物时，需要将 AEO 编码（AEOCN+在中国海关注册登记和备案的 10 位企业编码，例如 AEOCN1234567890）告知阿联酋进口商，由其按照阿联酋海关规定申报，阿联酋海关确认中国海关 AEO 企业身份并给予相关便利措施。

四、中国企业自阿联酋 AEO 企业进口货物时，需要分别在进口报关单"境外发货人"栏目中的"境外发货人编码"一栏和水、空运货运舱单中的"发货人 AEO 编码"一栏填写阿联酋 AEO 企业编码。填写方式为："国别代码（AE）＋AEO 企业编码（7 位数字）"，例如 "AE1234567"。中国海关确认阿联酋 AEO 企业身份并给予相关便利措施。

特此公告。

关于实施中国—乌拉圭海关"经认证的经营者"（AEO）互认的公告

（海关总署公告 2022 年第 6 号）

发布日期：2022-01-18
实施日期：2022-01-26
法规类型：规范性文件

2019 年 4 月，中国与乌拉圭双方海关正式签署了《中华人民共和国海关总署和乌拉圭东岸共和国国家海关署关于中国海关企业信用管理制度与乌拉圭海关 AEO 制度互认的安排》（以下简称《互认安排》），决定自 2022 年 1 月 26 日起正式实施。现就有关事项公告如下：

一、根据《互认安排》规定，中乌双方相互认可对方海关的"经认证的经营者"（Authorized Economic Operator，简称"AEO 企业"），为双方 AEO 企业的进出口货物提供通关便利。其中，乌拉圭海关认可中国海关高级认证企业为互认的 AEO 企业，中国海关认可经乌拉圭海关认证的企业为互认的 AEO 企业。

二、中乌双方海关在进出口货物通关时，相互给予对方 AEO 企业如下通关便利措施：适用较低的单证审核率；降低进出口货物的查验率；对需要实货检查的货物给予优先查验；指定海关联络员，负责沟通解决 AEO 企业在通关中遇到的问题；由于安全警戒级别提高、边境关闭、自然灾害、危险突发事件或是其他重大事故等造成国际贸易中断，在贸易恢复后优先通关。

三、与乌拉圭有进出口贸易的中国海关高级认证企业，需要将 AEO 编码（AEOCN＋在中国海关注册登记和备案的 10 位企业编码，例如 AEOCN0123456789）告知乌拉圭进口商或出口商，由其按照乌拉圭海关规定申报，乌拉圭海关确认中国海关 AEO 企业身份并给予相关便利措施。

四、企业自乌拉圭 AEO 企业进口货物时，需要分别在进口报关单"境外发货人"栏目中的"境外发货人编码"一栏和水、空运货舱单中的"发货人 AEO 编码"一栏填写乌拉圭发货人的 AEO 编码；企业向乌拉圭 AEO 企业出口货物时，需要分别在出口报关单"境外收货人"栏目中的"境外收货人编码"一栏和水、空运货运舱单中的"收货人 AEO 编码"一栏填写乌拉圭收货人的 AEO 编码。填写方式为："国别代码（UY）＋AEO 企业编码（12 位数字）"，例如"UY123456789012"。中国海关确认乌拉圭 AEO 企业身份并给予相关便利措施。

特此公告。

关于实施中国—巴西海关"经认证的经营者"（AEO）互认的公告

（海关总署公告2021年第115号）

发布日期：2021-12-24
实施日期：2022-01-01
法规类型：规范性文件

2019年10月，中国与巴西双方海关正式签署了《中华人民共和国海关总署和巴西联邦共和国经济部联邦税务总局关于中国海关企业信用管理制度与巴西海关"经认证的经营者"制度互认的安排》（以下简称《互认安排》），决定自2022年1月1日起正式实施。现就有关事项公告如下：

一、根据《互认安排》规定，中巴双方相互认可对方海关的"经认证的经营者"（Authorized Economic Operator，简称"AEO企业"），为双方AEO企业的进出口货物提供通关便利。其中，巴西海关认可中国海关高级认证企业为互认的AEO企业，中国海关认可巴西海关"经认证的经营者"为互认的AEO企业。

二、中巴双方海关在进出口货物通关时，相互给予对方AEO企业如下通关便利措施：适用较低的单证审核率；降低进出口货物的查验率；对需要实货检查的货物给予优先查验；指定海关联络员，负责沟通解决AEO企业在通关中遇到的问题；由于安全警戒级别提高、边境关闭、自然灾害、危险突发事件或是其他重大事故等造成国际贸易中断，在贸易恢复后优先通关。

三、与巴西有进出口贸易的中国海关高级认证企业，需要将AEO编码（AEOCN+在中国海关注册的10位企业编码，例如AEOCN0123456789）告知巴西进口商或出口商，由其按照巴西海关规定填写申报，巴西海关在确认中国海关AEO企业身份后，将会给予相关便利措施。

四、企业自巴西AEO企业进口货物时，需要分别在进口报关单"境外发货人"栏目中的"境外发货人编码"一栏和水、空运货运舱单中的"发货人AEO编码"一栏填写巴西发货人的AEO编码；企业向巴西AEO企业出口货物时，需要分别在出口报关单"境外收货人"栏目中的"境外收货人编码"一栏和水、空运货运舱单中的"收货人AEO编码"一栏填写巴西收货人的AEO编码。填写方式为："国别代码（BR）+AEO企业编码（14位数字）"，例如"BR01234567890123"。中国海关在确认巴西AEO企业身份后，将会给予相关便利措施。

特此公告。

关于实施中国—智利海关"经认证的经营者"（AEO）互认的公告

（海关总署公告 2021 年第 74 号）

发布日期：2021-09-25
实施日期：2021-10-08
法规类型：规范性文件

2021 年 3 月，中国与智利双方海关正式签署了《中华人民共和国海关总署和智利共和国海关署关于中国海关企业信用管理制度与智利海关"经认证的经营者"制度互认的安排》（以下简称《互认安排》），决定自 2021 年 10 月 8 日起正式实施。现就有关事项公告如下：

一、根据《互认安排》规定，中智双方相互认可对方海关的"经认证的经营者"（Authorized Economic Operator，简称"AEO 企业"），为双方 AEO 企业的进出口货物提供通关便利。其中，智利海关认可中国海关高级认证企业为互认的 AEO 企业，中国海关认可智利海关"经认证的经营者"为互认的 AEO 企业。

二、中智双方海关在进出口货物通关时，相互给予对方 AEO 企业如下通关便利措施：按照相关海关规定，通过减少单证审核和对进出口货物适用较低的查验率加快通关速度；对需要实货检查的货物给予优先查验；指定海关联络员，负责沟通解决 AEO 企业在通关中遇到的问题；在国际贸易中断恢复后优先快速通关。

三、与智利有进出口贸易的中国海关高级认证企业，需要将 AEO 编码（AEOCN+在中国海关注册的 10 位企业编码，例如 AEOCN0123456789）告知智利进口商或出口商，由其按照智利海关规定填写申报，智利海关在确认中国海关 AEO 企业身份后，将会给予相关便利措施。

四、企业自智利 AEO 企业进口货物时，需要分别在进口报关单"境外发货人"栏目中的"境外发货人编码"一栏和水、空运货运舱单中的"发货人 AEO 编码"一栏填写智利发货人的 AEO 编码；企业向智利 AEO 企业出口货物时，需要分别在出口报关单"境外收货人"栏目中的"境外收货人编码"一栏和水、空运货运舱单中的"收货人 AEO 编码"一栏填写智利收货人的 AEO 编码。填写方式为："国别代码（CL）+AEO 企业编码（10 位数字）"，例如"CL0123456789"。中国海关在确认智利 AEO 企业身份后，将会给予相关便利措施。

特此公告。

关于实施中国—白俄罗斯海关"经认证的经营者"（AEO）互认的公告

（海关总署公告 2019 年第 101 号）

发布日期：2019-06-14
实施日期：2019-07-24
法规类型：规范性文件

2019 年 4 月，中国与白俄罗斯双方海关正式签署了《中华人民共和国海关总署和白俄罗斯共和国国家海关委员会关于中华人民共和国企业信用管理制度和白俄罗斯共和国 AEO 制度互认的安排》（以下简称《互认安排》），决定自 2019 年 7 月 24 日起正式实施。现就有关事项公告如下：

一、根据《互认安排》规定，中白双方相互认可对方海关的"经认证的经营者"（Authorized Economic Operator，简称"AEO 企业"），为双方 AEO 企业的进出口货物提供通关便利。其中，白俄罗斯海关认可中国海关高级认证企业为互认的 AEO 企业，中国海关认可白俄罗斯海关"第三类 AEO 企业"为互认的 AEO 企业。

二、中白双方海关在进出口货物通关时，相互给予对方 AEO 企业如下通关便利措施：减少单证审核；适用较低的查验率；对需要检查的货物给予优先查验；指定海关联络员负责即时沟通，以解决 AEO 企业通关中遇到的问题；实施快速通关，包括在国际贸易中断并恢复后优先通关。

三、与白俄罗斯有进出口贸易的中国海关高级认证企业，需要将 AEO 编码（AEOCN+在中国海关注册的 10 位企业编码，例如 AEOCN0123456789）告知白俄罗斯进口商或出口商，由其按照白俄罗斯海关规定填写申报，白俄罗斯海关在确认中国海关 AEO 企业身份后，将会给予相关便利措施。

四、企业自白俄罗斯"第三类 AEO 企业"进口货物时，需要分别在进口报关单"境外发货人"栏目中的"境外发货人编码"一栏和水、空运货运舱单中的"发货人 AEO 编码"一栏填写白俄罗斯发货人的 AEO 编码；企业向白俄罗斯 AEO 企业出口货物时，需要分别在出口报关单"境外收货人"栏目中的"境外收货人编码"一栏和水、空运货运舱单中的"收货人 AEO 编码"一栏填写白俄罗斯收货人的 AEO 编码。填写方式为："国别代码（BY）+AEO 企业编码（4 位数字）"，例如"BY1234"。中国海关在确认白俄罗斯 AEO 企业身份后，将会给予相关便利措施。

特此公告。

关于实施中国—日本海关"经认证的经营者"（AEO）互认的公告

（海关总署公告 2019 年第 71 号）

发布日期：2019-04-24
实施日期：2019-06-01
法规类型：规范性文件

2018 年 10 月，中国与日本双方海关正式签署了《中华人民共和国海关和日本国海关关于中国海关企业信用管理制度和日本海关"经认证的经营者"制度互认的安排》（以下简称《互认安排》），决定自 2019 年 6 月 1 日起正式实施该《互认安排》。现就有关事项公告如下：

一、根据《互认安排》规定，中日双方相互认可对方海关的"经认证的经营者"（Authorized Economic Operator，简称"AEO 企业"），为进口自对方 AEO 企业的货物提供通关便利。其中，日本海关认可中国海关的高级认证企业为中国的 AEO 企业；中国海关认可日本海关"经认证的经营者"为日本的 AEO 企业。

二、中日双方海关在进口货物通关时，相互给予对方 AEO 企业如下通关便利措施：在开展风险评估以减少查验和监管时，充分考虑对方 AEO 企业的资质；对需要查验的货物，在最大程度上进行快速处置；指定海关联络员负责沟通联络，以解决 AEO 企业通关过程中遇到的问题；在主要基础设施从贸易中断恢复后，最大程度上为 AEO 企业的货物提供快速通关。

三、中国 AEO 企业向日本出口货物时，需要将 AEO 企业编码（AEOCN+在中国海关注册的 10 位企业编码，例如 AEOCN0123456789）通报给日本进口商，由日本进口商按照日本海关规定填写申报，日本海关在确认中国 AEO 企业身份后，将会给予相关便利措施。

四、中国企业从日本 AEO 企业进口货物时，需要分别在进口报关单"境外发货人"栏目中的"境外发货人编码"一栏和水、空运货运舱单中的"发货人 AEO 企业编码"一栏填写日本发货人的 AEO 编码。填写方式为："国别（地区）代码+AEO 企业编码（17 位数字）"，例如"JP12345678901234567"。中国海关在确认日本 AEO 企业身份后，将会给予相关便利措施。

特此公告。

关于实施中国—以色列海关"经认证的经营者（AEO）"互认的公告

（海关总署公告 2018 年第 116 号）

发布日期：2018-09-14
实施日期：2018-10-01
法规类型：规范性文件

2017 年 11 月，中国与以色列双方海关正式签署了《中华人民共和国海关总署和以色列国财政部税务总局关于中国海关企业信用管理制度与以色列海关"经认证的经营者（AEO）"

制度互认的安排》（以下简称《互认安排》），决定自 2018 年 10 月 1 日起正式实施该《互认安排》。现就有关事项公告如下：

一、根据《互认安排》规定，中以双方相互认可对方海关的"经认证的经营者"（Authorized Economic Operator，简称"AEO 企业"），为进口自对方 AEO 企业的货物提供通关便利。其中，以色列海关认可中国海关的高级认证企业为中国的 AEO 企业；中国海关认可以色列海关"经认证的经营者"为以色列的 AEO 企业。

二、中以双方海关在进口货物通关时，相互给予对方 AEO 企业如下通关便利措施：降低进口查验率；进口货物优先通关；在各自项目下，指定海关关员处理与项目成员货物通关相关的事宜；贸易中断恢复后优先办理手续。

三、中国 AEO 企业向以色列出口货物时，需要将 AEO 企业编码（AEOCN+在中国海关注册的 10 位企业编码，例如 AEOCN0123456789）通报给以色列进口商，由以色列进口商按照以色列海关规定填写申报，以色列海关在确认中国 AEO 企业身份后，将会给予相关便利措施。

四、中国企业从以色列 AEO 企业进口货物时，需要分别在进口报关单"境外发货人"栏目中的"境外发货人编码"一栏和水、空运货运舱单中的"发货人 AEO 企业编码"一栏填写该境外发货人的 AEO 编码。填写方式为："国别（地区）代码+AEO 企业编码（9 位数字）"，例如"IL123456789"。中国海关在确认以色列 AEO 企业身份后，将会给予相关便利措施。

特此公告。

关于实施中国—瑞士海关"经认证的经营者（AEO）"互认的公告

（海关总署公告 2017 年第 40 号）

发布日期：2017-08-31
实施日期：2017-09-01
法规类型：规范性文件

2017 年 1 月，中国政府与瑞士联邦委员会签署了《中华人民共和国政府和瑞士联邦委员会关于中华人民共和国海关企业信用管理制度和瑞士联邦海关"经认证的经营者"制度互认的协定》（以下简称《协定》），决定自 2017 年 9 月 1 日起正式实施该《协定》。现就有关事项公告如下：

一、根据《协定》规定，中瑞双方相互认可对方海关的"经认证的经营者"（简称"AEO 企业"），为进口自对方 AEO 企业的货物提供通关便利。其中，瑞士海关认可中国海关的高级认证企业为中国的 AEO 企业；中国海关认可瑞士海关的"经认证的经营者"为瑞士的 AEO 企业。

二、中瑞双方海关在 AEO 企业货物通关时，相互给予对方 AEO 企业以下通关便利措施：一是对于 AEO 企业的货物，将其资质作为有利因素纳入减少查验或监管的风险评估，并在其他相关安全管理措施中予以考虑；二是在对 AEO 企业的商业伙伴进行评估时，将已获 AEO 企业资质的商业伙伴视为安全的贸易伙伴；三是对 AEO 企业的货物给予优先对待、加速处理、快速放行；四是指定海关联络员，负责沟通解决 AEO 企业在通关中遇到的问题；五是对因安全警报级别提高、边境关闭、自然灾害、紧急情况或其他重大事故或不可抗力因素导致贸易中断，在贸易恢复后海关将给予 AEO 企业货物优先和快速通关的便利待遇。

三、中国 AEO 企业向瑞士出口货物时，应当将 AEO 认证编码（CN+在中国海关注册的 10 位企业编码）通报给瑞士进口商，由瑞士进口商按照瑞士海关规定填写申报，瑞士海关在确认中国 AEO 企业身份后，将会给予相关便利措施。

四、中国企业从瑞士 AEO 企业进口货物申报时，需要在报关单"备注栏"处填入该企业的瑞士 AEO 编码。填写方式为："AEO"（英文半角大写）＋"<"（英文半角）＋"瑞士 AEO 编码（国别代码 CHE 加 8 位数字代码加 1 位识别码）"＋">"（英文半角）。如瑞士 AEO 编码为 CHE12345678P，则填注："AEO<CHE12345678P>"。中国海关在确认瑞士 AEO 企业身份后，将会给予相关便利措施。

特此公告。

关于实施中国—新西兰海关 "经认证的经营者（AEO）" 互认的公告

（海关总署公告 2017 年第 23 号）

发布日期：2017-06-14
实施日期：2017-07-01
法规类型：规范性文件

2017 年 3 月，中国与新西兰双方海关正式签署了《中华人民共和国海关总署和新西兰海关署关于中华人民共和国海关企业信用管理制度与新西兰海关安全出口计划互认的安排》，决定自 2017 年 7 月 1 日起正式实施该互认安排。现就有关事项公告如下：

一、根据互认安排规定，中新双方相互认可对方海关的 "经认证的经营者"（简称 "AEO 企业"），为进口自对方 AEO 企业的货物提供通关便利。其中，新西兰海关认可中国海关的高级认证企业为中国的 AEO 企业；中国海关认可新西兰海关 "安全出口计划" 的成员为新西兰的 AEO 企业。

二、中新双方海关在进出口货物通关时，相互给予对方 AEO 企业如下通关便利措施：减少单证审核和查验；对需要查验的货物给予优先查验；指定海关联络员，负责沟通解决 AEO 企业在通关中遇到的问题；在中断的国际贸易恢复时提供快速通关。

三、中国 AEO 企业向新西兰出口货物时，应当将 AEO 企业身份信息通报给新西兰进口商，由新西兰进口商按照新西兰海关规定填写申报，新西兰海关在确认中国 AEO 企业身份后，将会给予相关便利措施。

四、中国企业从新西兰 AEO 企业进口货物申报时，需要在报关单 "备注栏" 处填入该企业的新西兰 AEO 编码。填写方式为："AEO"（英文半角大写）＋"<"（英文半角）＋"新西兰 AEO 编码"＋">"（英文半角）。例如，新西兰 AEO 编码为 NZ1234，则填注："AEO<NZ1234>"。中国海关在确认新西兰 AEO 企业身份后，将会给予相关便利措施。

特此公告。

关于海峡两岸海关"经认证的经营者（AEO）"互认试点的公告

（海关总署公告 2016 年第 49 号）

发布日期：2016-09-02
实施日期：2016-10-01
法规类型：规范性文件

为支持海峡两岸企业发展，促进贸易便利，海峡两岸海关自 2016 年 10 月 1 日起实施"经认证的经营者（AEO）"互认试点。现就试点有关事项公告如下：

一、大陆海关接受台湾海关认证的安全认证优质企业为台湾的"经认证的经营者"企业（以下简称"AEO 企业"），台湾海关接受大陆海关认证的高级认证企业为大陆的 AEO 企业。

二、大陆海关和台湾海关相互给予对方 AEO 企业的进口货物如下通关便利措施：减少进口货物单证审核；适用较低进口货物查验率；进口货物优先办理通关手续；设立海关 AEO 联络员；非常时期优先处置。

三、试点海关。

大陆参与试点的海关为南京、福州、厦门海关。

台湾参与试点的海关为高雄、基隆海关。

四、试点企业。

大陆参与试点的企业为高级认证企业，具体范围为：从大陆所有口岸直接出口至高雄、基隆的海运货物（不限于从南京、福州、厦门口岸启运）所涉及的高级认证企业。

台湾参与试点的企业为安全认证优质企业，具体范围为：从台湾所有口岸直接出口至南京、福州、厦门的海运货物（不限于从高雄、基隆口岸启运）所涉及的安全认证优质企业。

五、大陆 AEO 企业向台湾试点海关出口货物时，应将其 AEO 编码（AEOCN+在大陆海关注册的 10 位企业编码）和企业名称通报给台湾进口商。台湾进口商或其代理人向台湾海关申报时，按照要求录入大陆 AEO 企业有关信息。台湾海关在有关 AEO 信息对碰一致后，进口通关环节自动适用便利措施。

六、大陆进口商或其代理人向大陆试点海关申报从台湾 AEO 企业进口的货物时，应在进口报关单"备注栏"处填写台湾海关 AEO 企业编码。填写方式为："AEO"（英文半角大写）+"<"（英文半角）+"TW"（英文半角大写）+"9 位 AEO 企业编码"+">"（英文半角）。例如，台湾海关 AEO 企业编码为：123456789，则填写："AEO< TW 123456789>"。大陆海关在有关 AEO 信息对碰一致后，进口通关环节自动适用便利措施。

特此公告。

关于实施中国—欧盟"经认证的经营者"互认安排的公告

（海关总署公告2015年第52号）

发布日期：2015-10-30
实施日期：2015-11-01
法规类型：规范性文件

2014年5月，中国与欧盟双方海关正式签署了《中欧联合海关合作委员会关于在〈中华人民共和国政府和欧洲共同体关于海关事务的合作和行政互助协定〉下建立中国海关企业分类管理制度和欧洲联盟海关经认证经营者制度互认安排的决定》（以下简称《互认安排决定》）；我国海关于2014年10月对外公布了新制定的《中华人民共和国海关企业信用管理暂行办法》（海关总署令第225号）及配套文件，并于2014年12月1日起正式施行；中欧海关根据2015年6月达成的联合共识对《互认安排决定》进行了修订，决定自2015年11月1日起正式实施该互认安排。现就有关事项公告如下：

一、欧盟海关接受中国海关认证的高级认证企业为中国的"经认证的经营者"（简称"AEO企业"）。中国海关接受欧盟海关认证的"安全AEO认证企业（AEOS）"和"简化海关手续及安全AEO认证企业（AEOC/AEOS）"为欧盟的AEO企业。

二、中欧双方海关相互给予对方AEO企业的进出口货物如下通关便利措施：减少查验或与监管有关的风险评估等手续；安全贸易伙伴身份的承认；货物优先通关；贸易连续运行保障机制。

三、我国海关认证的AEO企业直接出口到欧盟的货物，或者直接进口自欧盟的货物，可以享受欧盟海关给予的通关便利措施。我国AEO企业向欧盟进出口货物时，应将AEO认证编码（CN+在我国海关注册的10位企业编码）通报给欧盟进口商。欧盟进口商和出口商申报时，欧盟海关将该中国AEO企业信息和中国海关事先提供的AEO企业信息进行核对，在两者一致的情况下，通关环节自动适用便利措施。

四、欧盟海关的AEO企业直接出口到我国的货物，或者直接进口自我国的货物，可以享受到我国海关给予的通关便利措施。我国进口商或出口商向我国海关申报欧盟海关AEO企业货物时，应在报关单"备注栏"处填入欧盟海关AEO编码。填写方式为："AEO"（英文半角大写）+"<"（英文半角）+"欧盟EORI编码"+">"（英文半角）。例如，欧盟EORI编码为FR123456789012345，则填注："AEO<FR123456789012345>"。我国海关将该编码与欧盟海关事先提供的AEO企业信息进行核对，在两者一致的情况下，通关环节自动适用便利措施。

特此公告。

关于全面实施内港海关"经认证的经营者（AEO）"互认的公告

（海关总署公告 2014 年第 64 号）

发布日期：2014-08-27
实施日期：2014-09-01
法规类型：规范性文件

2013 年 10 月，内地海关和香港海关正式签署了《海关总署与香港海关关于〈中华人民共和国海关企业分类管理办法〉与〈香港认可经济营运商计划〉的互认安排》，并已于 2014 年 5 月 18 日起在陆路口岸实施互认安排。为进一步扩大企业受惠范围，经与香港海关磋商，双方决定将内港海关实施互认的范围增加空运和海运口岸，于 2014 年 9 月 1 日起全面实施互认安排，现将有关事项公告如下：

一、内地海关接受香港海关认证的"香港认可经济营运商"为香港的"经认证的经营者"企业（简称"AEO 企业"），香港海关接受内地海关认证的 AA 类进出口企业为内地的 AEO 企业。

二、内港海关在陆运、空运、海运口岸全领域实施 AEO 互认，并相互给予对方 AEO 企业的进口货物如下通关便利措施：降低进口货物查验率；简化进口货物单证审核；进口货物优先通关；设立海关联络员，协调解决企业通关中的问题；非常时期优先处置。

三、内地海关认证的 AEO 企业直接出口到香港的货物，可以享受香港海关给予的通关便利措施。

内地 AEO 企业通过陆路方式向香港出口货物时，应将其 AEO 认证编码（AEOCN+在中国海关注册的 10 位企业编码）、企业名称和地址（名称和地址必须与向海关注册登记的信息完全一致）通报给香港进口商。香港进口商或其代理人以电子方式向香港海关"道路货物资料系统"申报时，一并录入内地 AEO 企业的上述信息。

内地 AEO 企业通过海运或空运方式向香港出口货物时，应将其名称和地址（名称和地址必须与向海关注册登记的信息完全一致）通报给内地承运人（即航空公司或船公司），并告知该内地承运人通过港方承运人或货站营运商向香港海关申报货物资料时，一并提交上述信息。

香港海关在收到进口申报后，利用系统将有关信息与内地海关提供的 AEO 企业信息进行对碰，确认其真实后，进口通关环节自动适用便利措施。

四、香港海关认证的 AEO 企业直接出口到内地的货物，可以享受到内地海关给予的通关便利措施。内地进口商向内地海关申报从香港 AEO 企业进口货物时，应在进口报关单"备注栏"填入由香港海关认证的 AEO 编码。填写方式为："AEO"（英文半角大写）+"<"（英文半角）+"HK"+"10 位认证企业数字编码"+">"（英文半角），例如，香港海关认证的 AEO 企业的编码为 AEOHK1234567890，则填注："AEO<HK1234567890>"。内地海关将该编码与香港海关事先提供的认证企业信息进行对碰，在两者一致的情况下，进口通关环节自动适用便利措施。

特此公告。

关于在陆路口岸实施内港海关 "经认证的经营者（AEO）" 互认的公告

（海关总署公告 2014 年第 38 号）

发布日期：2014-05-14
实施日期：2014-05-18
法规类型：规范性文件

2013 年 10 月，内地海关和香港海关正式签署了《海关总署与香港海关关于〈中华人民共和国海关企业分类管理办法〉与〈香港认可经济营运商计划〉的互认安排》。近日，双方海关完成了互认实施前的磋商工作，并决定自 2014 年 5 月 18 日起正式分阶段开始实施。现就首批陆路口岸实施互认安排有关事项公告如下：

一、内地海关接受香港海关认证的"香港认可经济营运商"为香港的"经认证的经营者"企业（简称"AEO 企业"），香港海关接受内地海关认证的 AA 类进出口企业为内地的 AEO 企业。

二、内港海关相互给予对方 AEO 企业的进口货物如下通关便利措施：降低进口货物查验率；简化进口货物单证审核；进口货物优先通关；设立海关联络员，协调解决企业通关中的问题；非常时期优先处置。

三、内港海关开展陆路 AEO 互认的参与口岸包括皇岗、文锦渡、沙头角、深圳湾四个陆路口岸。

四、内地海关认证的 AEO 企业直接出口到香港的货物，可以享受香港海关给予的通关便利措施。内地 AEO 企业向香港出口货物时，应将其 AEO 认证编码（AEOCN+在中国海关注册的 10 位企业编码）、企业名称和地址（名称和地址必须与向海关注册登记的信息完全一致）通报给香港进口商。香港进口商或其代理人以电子方式向香港海关道路货物数据系统申报时，一并录入内地 AEO 企业的上述信息。香港海关在收到进口申报后，利用系统将有关信息与内地海关提供的认证企业信息进行对碰，确认其真实后，进口通关环节自动适用便利措施。

五、香港海关认证的 AEO 企业直接出口到内地的货物，可以享受到内地海关给予的通关便利措施。内地进口商向内地海关申报从香港 AEO 企业进口货物时，应在进口报关单"备注栏"处填入由香港海关认证的 AEO 编码。填写方式为："AEO"（英文半角大写）+"<"（英文半角）+"HK"+"10 位认证企业数字编码"+">"（英文半角），例如，香港海关认证的 AEO 企业的编码为 AEOHK1234567890，则填注："AEO<HK1234567890>"。内地海关将该编码与香港海关事先提供的认证企业信息进行对碰，在两者一致的情况下，进口通关环节自动适用便利措施。

特此公告。

关于正式实施中韩海关"经认证的经营者（AEO）"互认的公告

（海关总署公告 2014 年第 20 号）

发布日期：2014-03-05
实施日期：2014-04-01
法规类型：规范性文件

2013 年 6 月，中韩两国海关正式签署了《中华人民共和国海关总署和大韩民国关税厅关于中华人民共和国海关企业分类管理制度与大韩民国进出口安全管理优秀认证企业制度的互认安排》。近日，两国海关完成了互认正式实施前的试点工作，并决定自 2014 年 4 月 1 日起正式实施该互认安排。现就有关事项公告如下：

一、我国海关接受韩国海关认证的进出口安全管理优秀企业（以下简称"认证企业"）为韩国的"经认证的经营者"企业（简称 AEO 企业），韩国海关接受我国海关认证的 AA 类进出口企业为我国的 AEO 企业。

二、双方海关相互给予对方 AEO 企业的进口货物如下通关便利措施：降低进口货物查验率；简化进口货物单证审核；进口货物优先通关；设立海关联络员，协调解决企业通关中的问题；非常时期的优先处置。

三、我国海关认证的 AEO 企业直接出口到韩国的货物，可以享受韩国海关给予的通关便利措施。我国 AEO 企业向韩国出口货物时，应将 AEO 认证编码（AEOCN+在中国海关注册的 10 位企业编码）通报给韩国进口商，由韩国进口商据此向韩国海关获取与认证编码相匹配的海外业务伙伴代码（CN+6 位企业名称+4 位编码+1 位验证码），并录入认证企业信息。韩国进口商进口申报时，韩国海关将该认证企业信息和中国海关事先提供的认证企业信息进行对碰，在两者一致的情况下，进口通关环节自动适用便利措施。

四、韩国海关认证的 AEO 企业直接出口到我国的货物，可以享受到我国海关给予的通关便利措施。我国进口商向我国海关申报从韩国 AEO 企业进口货物时，应在进口报关单"备注栏"处填入由韩国海关认证的 AEO 编码。填写方式为："AEO"（英文半角大写）+"<"（英文半角）+"KR"+"7 位认证企业编码"+">"（英文半角），例如，韩国海关认证的 AEO 企业的编码为 KRAEO1234567，则填注："AEO<KR1234567>"。我国海关将该编码与韩国海关事先提供的认证企业信息进行对碰，在两者一致的情况下，进口通关环节自动适用便利措施。

特此公告。

关于与新加坡关税局全面实施"经认证的经营者（AEO）"互认的公告

（海关总署公告 2013 年第 13 号）

发布日期：2013-03-14
实施日期：2013-03-15
法规类型：规范性文件

2012 年 6 月，海关总署与新加坡关税局正式签署了《中华人民共和国海关总署和新加坡关税局关于〈中华人民共和国海关企业分类管理办法〉和〈新加坡安全贸易伙伴计划〉互认的安排》。经与新加坡关税局协商，海关总署决定从 2013 年 3 月 15 日起全面实施该互认安排。现就有关事项公告如下：

一、从 2013 年 3 月 15 日起，我国海关接受新加坡关税局认证的 STP-Plus 企业为新加坡的"经认证的经营者"（AEO）企业，新加坡关税局接受我国海关认证的 AA 类企业为我国的 AEO 企业。

二、我国海关和新加坡海关互相给予来自对方 AEO 企业的进口货物如下通关便利措施：实施较低比例查验，予以快速通关；对需要进行查验的货物优先予以查验；在通关过程中给予优先处理待遇；如果国际贸易发生中断，尽力提供快速通关。

三、我国 AA 类进出口企业以自己名义直接出口到新加坡的货物，可以享受新加坡海关给予的通关便利措施。AA 类企业必须向新加坡进口企业提供自己的企业管理类别和在中国海关的 10 位注册编码，并由新加坡进口企业在向新加坡海关进口申报时按有关规定将 AEO 代码录入新加坡海关 TradeNet 报关系统，新加坡海关在通关过程中才能识别我国的 AA 类企业为 AEO 企业并给予相应的通关便利措施。AEO 代码由"AEO"、"CN"和企业在中国海关的 10 位注册编码组成。

四、新加坡 STP-Plus 企业以自己的名义直接出口到中国的货物，可以享受到我国海关给予的通关便利措施。我国企业申报从新加坡 STP-Plus 企业进口货物时，必须在进口报关单"备注栏"处填注统一的新加坡出口企业的 AEO 编码，我国的报关系统才能识别新加坡的 STP-Plus 企业为 AEO 企业并给予相应的通关便利措施。填注方式为："AEO（英文半角大写）"+"<"+"SG"+"12 位 AEO 企业编码"+">"）。例如，新加坡 STP-Plus 企业的编码为 AEOSG123456789012，则填注："AEO<SG123456789012>"。

特此公告。

通关管理篇

转运/过境

中华人民共和国海关过境货物监管办法

（海关总署令第 260 号）

发布日期：2022-09-26
实施日期：2022-11-01
法规类型：部门规章

第一条 为了加强海关对过境货物的监督管理，维护国家的主权、安全和利益，促进贸易便利化，根据《中华人民共和国海关法》《中华人民共和国生物安全法》《中华人民共和国进出境动植物检疫法》及其实施条例、《中华人民共和国国境卫生检疫法》及其实施细则以及相关法律法规的有关规定，制定本办法。

第二条 本办法所称过境货物是指由境外启运，通过中国境内陆路继续运往境外的货物。

同我国缔结或者共同参加含有货物过境条款的国际条约、协定的国家或者地区的过境货物，按照有关条约、协定规定准予过境。其他过境货物，应当经国家商务、交通运输等主管部门批准并向进境地海关备案后准予过境。法律法规另有规定的，从其规定。

第三条 下列货物禁止过境：

（一）来自或者运往我国停止或者禁止贸易的国家或者地区的货物；

（二）武器、弹药、爆炸物品以及军需品，但是通过军事途径运输的除外；

（三）烈性毒药，麻醉品和鸦片、吗啡、海洛因、可卡因等毒品；

（四）危险废物、放射性废物；

（五）微生物、人体组织、生物制品、血液及其制品等特殊物品；

（六）外来入侵物种；

（七）象牙等濒危动植物及其制品，但是法律另有规定的除外；

（八）《中华人民共和国进出境动植物检疫法》规定的禁止进境物，但是法律另有规定的除外；

（九）对中国政治、经济、文化、道德造成危害的；

（十）国家规定禁止过境的其他货物。

第四条 过境货物自进境起到出境止，应当接受海关监管。

过境货物，未经海关批准，任何单位和个人不得开拆、提取、交付、发运、调换、改装、抵押、质押、留置、转让、更换标记、移作他用或者进行其他处置。动植物、动植物产品和其他检疫物过境期间未经海关批准不得卸离运输工具。

第五条 承担过境货物境内运输的运输工具负责人（以下简称"运输工具负责人"），应当经国家有关部门批准开展过境货物运输业务，并按照规定在海关备案。

第六条 过境货物自进境起到出境止，应当按照交通运输主管部门规定的路线运输，交通运输主管部门没有规定的，由海关规定。

运输动物过境的，应当按照海关规定的路线运输。

第七条 过境动物以及其他经评估为生物安全高风险的过境货物，应当从指定的口岸进境。

第八条 运输工具负责人应当提交过境货物运输申报单，向进境地海关如实申报。

过境货物为动植物、动植物产品和其他检疫物的，应当提交输出国家或者地区政府动植物检疫机关出具的检疫证书；过境货物为动物的，还应当同时提交海关签发的动物过境许可证；过境货物为两用物项等国家限制过境货物的，应当提交有关许可证件。

第九条 过境货物运抵进境地，经进境地海关审核同意，方可过境运输。依法需要检疫的，应当在检疫合格后过境运输。过境动物的尸体、排泄物、铺垫材料及其他废弃物，必须依法处理，不得擅自抛弃。

过境货物运抵出境地，经出境地海关核销后，方可运输出境。

第十条 过境货物不得与其他进出境货物、物品混拼厢式货车或者集装箱进行运输。

第十一条 海关可以对载运过境货物的境内运输工具或者集装箱加施封志，任何人不得擅自开启或者损毁。

第十二条 过境货物运离进境地后、运抵出境地前需要换装运输工具、集装箱的，运输工具负责人应当向换装地海关申请办理过境运输换装手续。

过境货物应当在经海关指定或者同意的仓库或者场所内进行换装作业，危险化学品、危险货物应当在有关部门批准的具备安全作业条件的地点进行换装作业。

第十三条 具有全程提运单的过境货物，境内运输期间需要换装运输工具、集装箱的，运输工具负责人可以一次性向进境地海关和换装地海关申请办理过境运输以及换装手续。

第十四条 海关根据工作需要，可以派员押运过境货物，运输工具负责人应当提供方便。

第十五条 海关认为必要时，可以查验过境货物，运输工具负责人应当到场配合。

第十六条 除不可抗力原因外，过境货物在境内发生灭失或者短少的，运输工具负责人应当向进境地海关办理相关海关手续。

第十七条 过境货物自运输工具申报进境之日起超过三个月未向海关申报的，视为进口货物，按照《中华人民共和国海关法》等法律法规的有关规定处理。

第十八条 过境货物应当自运输工具申报进境之日起六个月内运输出境；特殊情况下，经进境地海关同意可以延期，但是延长期限不得超过三个月。

过境货物超过前款规定期限三个月未运输出境的，由海关提取依法变卖处理。法律法规另有规定的，从其规定。

第十九条 过境货物不列入进出口货物贸易统计，由海关实施单项统计。

第二十条 过境货物未申报或者申报不实的，海关可以予以警告或者处三万元以下罚款。

其他违反本办法规定的，海关按照相关法律法规予以处罚；构成犯罪的，依法追究刑事责任。

第二十一条 本办法由海关总署负责解释。

第二十二条 本办法自 2022 年 11 月 1 日起施行。1992 年 9 月 1 日海关总署令第 38 号公布、根据 2010 年 11 月 26 日海关总署令第 198 号、2018 年 5 月 29 日海关总署令第 240 号修改的《中华人民共和国海关对过境货物监管办法》同时废止。

关于推行过境运输申报无纸化的公告

（海关总署公告2021年第116号）

发布日期：2021-12-24
实施日期：2022-01-01
法规类型：规范性文件

为进一步规范和简化过境物海关监管手续，海关总署决定推行过境运输申报无纸化，现将有关事项公告如下：

一、过境运输申报无纸化是指海关运用信息化技术，对企业向海关申报的过境运输申报单电子数据进行审核，无需收取纸质单证资料。

海关需要验核相关纸质单证资料的，企业应当按照要求提供。

二、相关企业应当严格按照本公告有关数据项、填制规范（见附件1、2）的要求，向海关申报过境运输申报单电子数据。

海关审核通过后，因故不开展过境运输或者需要修改变更过境运输申报单电子数据的，企业应当向海关申请删除过境运输申报单电子数据。

三、如遇网络故障或其他不可抗力因素，企业无法向海关申报过境运输申报单电子数据的，经海关同意，可以凭相关纸质单证材料办理过境手续；待故障排除后，企业应当及时向海关补充传输相关电子数据。

四、本公告自2022年1月1日起施行。

特此公告。

附件：1. 过境运输申报单数据项（略）
 2. 过境运输申报单填制规范

附件2

过境运输申报单填制规范

一、进境关区

按照海关规定的《关区代码表》，填报过境货物实际进境的口岸海关代码。

二、进境口岸

填报过境货物实际进境的口岸代码。

（一）水路运输、公路运输、铁路运输：填报5位国内港口代码。

（二）航空运输：填报3位IATA航站代码。

三、进境监管作业场所代码

填报过境货物进入境内的第一个监管作业场所代码。

四、进境运输方式

填报过境货物实际进出境的运输方式代码。根据实际情况选择填报运输方式"2"（水路运输）、"3"（铁路运输）、"4"（公路运输）或"5"（航空运输）。

五、进境运输工具名称

填报载运货物进出境的运输工具名称或编号。填报内容应与运输部门向海关申报的舱单（载货清单）所列相应内容一致。

（一）水路运输：填报船舶编号。

（二）公路运输：填报公路车辆车牌号。

（三）铁路运输：填报车厢编号或交接单号。

（四）航空运输：免予填报。

六、进境运输工具航次号

（一）水路运输：填报船舶的航次号。

（二）公路运输：填报货物运输批次号。

（三）铁路运输：填报列车的进出境日期。

（四）航空运输：填报航班号。

七、进境日期

填报载运过境货物的运输工具申报进境的日期。格式为年（4位）、月（2位）、日（2位）。

八、进境提（运）单号

填报过境货物进境提单或运单的编号。一份过境运输申报单只允许填报一个提单或运单号，一票过境货物对应多个提单或运单时，应分单填报。具体填报要求如下：

（一）水路运输：填报总提单号+"＊"+分提单号，无分提单的填报总提单号。

（二）公路运输：填报运单号，运单号在同一货物运输批次号下不得重复。

（三）铁路运输：填报运单号。

（四）航空运输：填报总运单号+"＿"+分运单号，无分运单的填报总运单号。

九、包装种类/辅助包装种类

按照海关规定的《包装种类代码表》，填报过境货物的所有包装材料名称及代码，包括运输包装和其他包装。运输包装指提（运）单所列货物件数单位对应的包装，其他包装包括货物的各类包装，以及植物性铺垫材料等。一份过境运输申报单只允许填报一个包装种类，可填报多个辅助包装种类。

十、经停港

按照海关规定的《港口代码表》，填报过境货物在运抵我国关境前的最后一个境外装运港港口名称及代码。经停港在《港口代码表》中无港口名称及代码的，可选择填报相应的国家（地区）名称及代码。

十一、启运国（地区）

按照海关规定的《国别（地区）代码表》，填报过境货物启始发出直接运抵我国或者在运输中转国（地）未发生任何商业性交易的情况下运抵我国的国家（地区）名称及代码。

不经过第三国（地区）转运而直接运输进境的过境货物，以过境货物的装货港所在国（地区）为启运国（地区）。

经过第三国（地区）转运进境的过境货物，如在中转国（地区）发生商业性交易，则以中转国（地区）作为启运国（地区）。

十二、启运港

按照海关规定的《港口代码表》，填报过境货物在运抵我国关境前的第一个境外装运港港口名称及代码。启运港在《港口代码表》中无港口名称及代码的，可选择填报相应的国家（地区）名称及代码。

十三、出境关区

按照海关规定的《关区代码表》，填报过境货物实际出境的口岸海关代码。

十四、出境口岸

填报过境货物实际出境的口岸代码。

（一）水路运输、公路运输、铁路运输：填报 5 位国内港口代码。

（二）航空运输：填报 3 位 IATA 航站代码。

十五、进境货物总毛重

填报过境货物及其包装材料的重量之和，计量单位为千克，不足一千克的填报为"1"。

十六、进境集装箱总数

填报集装箱个数。

十七、进境运输工具封志

填报封志类型加封志号码，中间以"/"分隔，重箱必须填写。格式为：M（机械封志）或 E（电子封志）＋"/"＋封志号码。

十八、商品项号

填报以自然数表示的流水号，按顺序逐个填写。

十九、商品名称

按照《中华人民共和国海关进出口货物报关单填制规范》，填报过境货物规范的中文商品名称。

二十、商品编码

填报由 10 位数字组成的商品编号。前 8 位为《中华人民共和国进出口税则》和《中华人民共和国海关统计商品目录》确定的编码；9、10 位为监管附加编号。

二十一、检验检疫名称

涉检商品填报"检验检疫编码列表"中对应的检验检疫名称。

二十二、原产国（地区）

按照海关规定的《世界各国和地区名称及一级行政区划代码表》，依据《中华人民共和国进出口货物原产地条例》《中华人民共和国海关关于执行〈非优惠原产地规则中实质性改变标准〉的规定》的原产地确定标准，填报原产国（地区）名称及代码。同一批过境货物的原产地不同的，分别填报原产国（地区）。进出口货物原产国（地区）无法确定的，填报"国别不详"。

对于有特殊管理规定的，本栏目应按照海关规定的《世界各国和地区名称及一级行政区划代码表》选择填报原产国（地区）名称及代码。

二十三、货物属性

涉检商品按照海关规定的《货物属性代码表》，填报对应的货物属性代码。有多种属性的要同时选择填报。

二十四、集装箱项号

填报以自然数表示的流水号，按顺序逐个填写。

二十五、集装箱号

填写集装箱（器）编号，只允许出现一次"-"，并不能作为开头和结尾。

二十六、集装箱封志号

填报封志类型加封志号码，中间以"/"分隔，重箱必须填写。格式为：M（机械封志）或 E（电子封志）＋"/"＋封志号码。

暂时进出境

中华人民共和国海关暂时进出境货物管理办法

（海关总署令第 233 号）

发布日期：2017-11-20
实施日期：2018-02-01
法规类型：部门规章

第一章 总 则

第一条 为了规范海关对暂时进出境货物的监管，根据《中华人民共和国海关法》（以下简称《海关法》）、《中华人民共和国进出口关税条例》（以下简称《关税条例》）以及有关法律、行政法规的规定，制定本办法。

第二条 海关对暂时进境、暂时出境并且在规定的期限内复运出境、复运进境货物的管理适用本办法。

第三条 本办法所称暂时进出境货物包括：

（一）在展览会、交易会、会议以及类似活动中展示或者使用的货物；

（二）文化、体育交流活动中使用的表演、比赛用品；

（三）进行新闻报道或者摄制电影、电视节目使用的仪器、设备以及用品；

（四）开展科研、教学、医疗活动使用的仪器、设备和用品；

（五）在本款第（一）项至第（四）项所列活动中使用的交通工具以及特种车辆；

（六）货样；

（七）慈善活动使用的仪器、设备以及用品；

（八）供安装、调试、检测、修理设备时使用的仪器以及工具；

（九）盛装货物的包装材料；

（十）旅游用自驾交通工具及其用品；

（十一）工程施工中使用的设备、仪器以及用品；

（十二）测试用产品、设备、车辆；

（十三）海关总署规定的其他暂时进出境货物。

使用货物暂准进口单证册（以下称"ATA 单证册"）暂时进境的货物限于我国加入的有关货物暂准进口的国际公约中规定的货物。

第四条 暂时进出境货物的税收征管依照《关税条例》的有关规定执行。

第五条 除我国缔结或者参加的国际条约、协定以及国家法律、行政法规和海关总署规章另有规定外，暂时进出境货物免予交验许可证件。

第六条　暂时进出境货物除因正常使用而产生的折旧或者损耗外，应当按照原状复运出境、复运进境。

第二章　暂时进出境货物的监管

第七条　ATA 单证册持证人、非 ATA 单证册项下暂时进出境货物收发货人（以下简称"持证人、收发货人"）可以在申报前向主管地海关提交《暂时进出境货物确认申请书》，申请对有关货物是否属于暂时进出境货物进行审核确认，并且办理相关手续，也可以在申报环节直接向主管地海关办理暂时进出境货物的有关手续。

第八条　ATA 单证册持证人应当向海关提交有效的 ATA 单证册以及相关商业单据或者证明材料。

第九条　ATA 单证册项下暂时出境货物，由中国国际贸易促进委员会（中国国际商会）向海关总署提供总担保。

除另有规定外，非 ATA 单证册项下暂时进出境货物收发货人应当按照有关规定向主管地海关提供担保。

第十条　暂时进出境货物应当在进出境之日起 6 个月内复运出境或者复运进境。

因特殊情况需要延长期限的，持证人、收发货人应当向主管地海关办理延期手续，延期最多不超过 3 次，每次延长期限不超过 6 个月。延长期届满应当复运出境、复运进境或者办理进出口手续。

国家重点工程、国家科研项目使用的暂时进出境货物以及参加展期在 24 个月以上展览会的展览品，在前款所规定的延长期届满后仍需要延期的，由主管地直属海关批准。

第十一条　暂时进出境货物需要延长复运进境、复运出境期限的，持证人、收发货人应当在规定期限届满前向主管地海关办理延期手续，并且提交《货物暂时进/出境延期办理单》以及相关材料。

第十二条　暂时进出境货物可以异地复运出境、复运进境，由复运出境、复运进境地海关调取原暂时进出境货物报关单电子数据办理有关手续。

ATA 单证册持证人应当持 ATA 单证册向复运出境、复运进境地海关办理有关手续。

第十三条　暂时进出境货物需要进出口的，暂时进出境货物收发货人应当在货物复运出境、复运进境期限届满前向主管地海关办理进出口手续。

第十四条　暂时进出境货物收发货人在货物复运出境、复运进境后，应当向主管地海关办理结案手续。

第十五条　海关通过风险管理、信用管理等方式对暂时进出境业务实施监督管理。

第十六条　暂时进出境货物因不可抗力的原因受损，无法原状复运出境、复运进境的，持证人、收发货人应当及时向主管地海关报告，可以凭有关部门出具的证明材料办理复运出境、复运进境手续；因不可抗力的原因灭失的，经主管地海关核实后可以视为该货物已经复运出境、复运进境。

暂时进出境货物因不可抗力以外其他原因受损或者灭失的，持证人、收发货人应当按照货物进出口的有关规定办理海关手续。

第三章　暂时进出境展览品的监管

第十七条　境内展览会的办展人以及出境举办或者参加展览会的办展人、参展人（以下简称"办展人、参展人"）可以在展览品进境或者出境前向主管地海关报告，并且提交展览品清单和展览会证明材料，也可以在展览品进境或者出境时，向主管地海关提交上述材料，办理有关手续。

对于申请海关派员监管的境内展览会，办展人、参展人应当在展览品进境前向主管地海关提交有关材料，办理海关手续。

第十八条 展览会需要在我国境内两个或者两个以上关区内举办的，对于没有向海关提供全程担保的进境展览品应当按照规定办理转关手续。

第十九条 下列在境内展览会期间供消耗、散发的用品（以下简称"展览用品"），由海关根据展览会的性质、参展商的规模、观众人数等情况，对其数量和总值进行核定，在合理范围内的，按照有关规定免征进口关税和进口环节税：

（一）在展览活动中的小件样品，包括原装进口的或者在展览期间用进口的散装原料制成的食品或者饮料的样品；

（二）为展出的机器或者器件进行操作示范被消耗或者损坏的物料；

（三）布置、装饰临时展台消耗的低值货物；

（四）展览期间免费向观众散发的有关宣传品；

（五）供展览会使用的档案、表格以及其他文件。

前款第（一）项所列货物，应当符合以下条件：

（一）由参展人免费提供并且在展览期间专供免费分送给观众使用或者消费的；

（二）单价较低，作广告样品用的；

（三）不适用于商业用途，并且单位容量明显小于最小零售包装容量的；

（四）食品以及饮料的样品虽未按照本款第（三）项规定的包装分发，但是确实在活动中消耗掉的。

第二十条 展览用品中的酒精饮料、烟草制品以及燃料不适用有关免税的规定。

本办法第十九条第一款第（一）项所列展览用品超出限量进口的，超出部分应当依法征税；第一款第（二）项、第（三）项、第（四）项所列展览用品，未使用或者未被消耗完的，应当复运出境，不复运出境的，应当按照规定办理进口手续。

第二十一条 海关派员进驻展览场所的，经主管地海关同意，展览会办展人可以就参展的展览品免予向海关提交担保。

展览会办展人应当提供必要的办公条件，配合海关工作人员执行公务。

第二十二条 未向海关提供担保的进境展览品在非展出期间应当存放在海关监管作业场所。因特殊原因需要移出的，应当经主管地海关同意，并且提供相应担保。

第二十三条 为了举办交易会、会议或者类似活动而暂时进出境的货物，按照本办法对展览品监管的有关规定进行监管。

第四章　ATA 单证册的管理

第二十四条 中国国际贸易促进委员会（中国国际商会）是我国 ATA 单证册的出证和担保机构，负责签发出境 ATA 单证册，向海关报送所签发单证册的中文电子文本，协助海关确认 ATA 单证册的真伪，并且向海关承担 ATA 单证册持证人因违反暂时进出境规定而产生的相关税费、罚款。

第二十五条 海关总署设立 ATA 核销中心，履行以下职责：

（一）对 ATA 单证册进行核销、统计以及追索；

（二）应成员国担保人的要求，依据有关原始凭证，提供 ATA 单证册项下暂时进出境货物已经进境或者从我国复运出境的证明；

（三）对全国海关 ATA 单证册的有关核销业务进行协调和管理。

第二十六条 海关只接受用中文或者英文填写的 ATA 单证册。

第二十七条　ATA单证册发生损坏、灭失等情况的，ATA单证册持证人应当持原出证机构补发的ATA单证册到主管地海关进行确认。

补发的ATA单证册所填项目应当与原ATA单证册相同。

第二十八条　ATA单证册项下暂时进出境货物在境内外停留期限超过ATA单证册有效期的，ATA单证册持证人应当向原出证机构续签ATA单证册。续签的ATA单证册经主管地海关确认后可以替代原ATA单证册。

续签的ATA单证册只能变更单证册有效期限和单证册编号，其他项目应当与原单证册一致。续签的ATA单证册启用时，原ATA单证册失效。

第二十九条　ATA单证册项下暂时进境货物未能按照规定复运出境或者过境的，ATA核销中心应当向中国国际贸易促进委员会（中国国际商会）提出追索。自提出追索之日起9个月内，中国国际贸易促进委员会（中国国际商会）向海关提供货物已经在规定期限内复运出境或者已经办理进口手续证明的，ATA核销中心可以撤销追索；9个月期满后未能提供上述证明的，中国国际贸易促进委员会（中国国际商会）应当向海关支付税费和罚款。

第三十条　ATA单证册项下暂时进境货物复运出境时，因故未经我国海关核销、签注的，ATA核销中心凭由另一缔约国海关在ATA单证上签注的该批货物从该国进境或者复运进境的证明，或者我国海关认可的能够证明该批货物已经实际离开我国境内的其他文件，作为已经从我国复运出境的证明，对ATA单证册予以核销。

第五章　附　则

第三十一条　违反本办法，构成走私行为、违反海关监管规定行为或者其他违反海关法行为的，由海关依照《海关法》和《中华人民共和国海关行政处罚实施条例》的有关规定予以处理；构成犯罪的，依法追究刑事责任。

第三十二条　从境外暂时进境的货物转入海关特殊监管区域和保税监管场所的，不属于复运出境。

第三十三条　对用于装载海关监管货物的进出境集装箱的监管不适用本办法。

第三十四条　暂时进出境物品超出自用合理数量的，参照本办法监管。

第三十五条　本办法有关用语的含义：

展览会、交易会、会议以及类似活动是指：

（一）贸易、工业、农业、工艺展览会，以及交易会、博览会；

（二）因慈善目的而组织的展览会或者会议；

（三）为促进科技、教育、文化、体育交流，开展旅游活动或者民间友谊而组织的展览会或者会议；

（四）国际组织或者国际团体组织代表会议；

（五）政府举办的纪念性代表大会。

在商店或者其他营业场所以销售国外货物为目的而组织的非公共展览会不属于本办法所称展览会、交易会、会议以及类似活动。

展览品是指：

（一）展览会展示的货物；

（二）为了示范展览会展出机器或者器具所使用的货物；

（三）设置临时展台的建筑材料以及装饰材料；

（四）宣传展示货物的电影片、幻灯片、录像带、录音带、说明书、广告、光盘、显示器材等；

（五）其他用于展览会展示的货物。

包装材料，是指按原状用于包装、保护、装填或者分离货物的材料以及用于运输、装卸或者堆放的装置。

主管地海关，是指暂时进出境货物进出境地海关。境内展览会、交易会、会议以及类似活动的主管地海关为其活动所在地海关。

第三十六条 本办法所规定的文书由海关总署另行制定并且发布。

第三十七条 本办法由海关总署负责解释。

第三十八条 本办法自2018年2月1日起施行。2007年3月1日海关总署令第157号公布的《中华人民共和国海关暂时进出境货物管理办法》、2013年12月25日海关总署令第212号公布的《海关总署关于修改〈中华人民共和国海关暂时进出境货物管理办法〉的决定》同时废止。

关于调整海南进出境游艇有关管理事项的公告

（海关总署公告2020年第80号）

发布日期：2020-07-09
实施日期：2020-07-09
法规类型：规范性文件

根据《国务院关于在中国（海南）自由贸易试验区暂时调整实施有关行政法规规定的通知》（国函〔2020〕88号），对中国（海南）自由贸易试验区内自驾游进境游艇，游艇所有人或其委托的代理人免于为游艇向海关提供担保。海关总署此前发布的公告规定与本公告不一致的，以本公告为准。

特此公告。

关于接受体育用品用途暂时进境ATA单证册的公告

（海关总署公告2019年第193号）

发布日期：2019-12-10
实施日期：2019-12-10
法规类型：规范性文件

为支持我国举办北京2022年冬奥会和冬残奥会等体育活动，依据有关货物暂准进口的国际公约规定，海关自2020年1月1日起，接受"体育用品"用途的暂时进境ATA单证册。对用于体育比赛、体育表演及训练等所需的体育用品，可以使用ATA单证册办理暂时进境海关手续。

特此公告。

关于暂时进出境货物监管有关事宜的公告

（海关总署公告 2019 年第 13 号）

发布日期：2019-01-09

实施日期：2019-01-09

法规类型：规范性文件

为服务国家经济发展，加强对外交流与合作，促进贸易便利化，借鉴推广 2018 年首届中国国际进口博览会海关有关监管措施，现将有关事宜公告如下：

（一）经国务院批复同意，我国扩大接受《关于暂准进口的公约》（即《伊斯坦布尔公约》）附约 B.2《关于专业设备的附约》和附约 B.3《关于集装箱、托盘、包装物料、样品及其他与商业运营有关的进口货物的附约》。同时，对附约 B.3 中第 2 条第（2）项和第（3）项作出保留。

海关扩大接受"专业设备"和"商业样品"用途的暂时进境 ATA 单证册。暂时进境集装箱及配套的附件和设备、维修集装箱用零配件按照相关规定办理海关手续。

（二）海关签注 ATA 单证册项下暂时进出境货物的进出境期限与单证册有效期一致。

（三）从境外暂时进境的货物（ATA 单证册项下暂时进境货物除外）转入海关特殊监管区域和保税监管场所的，主管地海关凭《中华人民共和国海关出口货物报关单》对暂时进境货物予以核销结案。

本公告自发布之日起施行。

特此公告。

关于发布《中华人民共和国海关暂时进出境货物管理办法》格式文书及有关报关单填制规范的公告

（海关总署公告 2018 年第 12 号）

发布日期：2018-01-30

实施日期：2018-02-01

法规类型：规范性文件

根据《中华人民共和国海关暂时进出境货物管理办法》（海关总署令第 233 号，以下简称《管理办法》），海关总署制定了《暂时进出境货物确认申请书》（附件 1）、《中华人民共和国××海关暂时进出境货物审核确认书》（附件 2）、《货物暂时进/出境延期办理单》（附件 3），现予以发布。同时，就有关报关单填制规范明确如下：

一、收发货人或其代理人申报货物暂时进出境的报关单填制规范：

（一）"监管方式"栏：

应当填报"暂时进出货物（2600）"或者"展览品（2700）"；

（二）"标记唛码及备注"栏：

1. 根据《管理办法》第三条第一款所列项目，应当填报暂时进出境货物类别，如：暂进六，暂出九；

2. 根据《管理办法》第十条规定，应当填报复运出境或者复运进境日期，期限应当在货物进出境之日起6个月内，如：20180815前复运进境，20181020前复运出境；

3. 根据《管理办法》第七条，向海关申请对有关货物是否属于暂时进出境货物进行审核确认的，应当填报《中华人民共和国××海关暂时进出境货物审核确认书》编号，如：<ZS海关审核确认书编号>，其中英文为大写字母，<>为英文半角；无此项目的，无需填写。

上述内容在"标记唛码及备注"栏内依次填报，项目间用"/"分隔，前后均不加空格。

二、收发货人或其代理人申报货物复运进境或者复运出境的报关单填制规范：

货物办理过延期的，应当在报关单"标记唛码及备注"栏填报《货物暂时进/出境延期办理单》的海关回执编号，如：<ZS海关回执编号>，其中英文为大写字母，<>为英文半角；无此项目的，无需填写。

本公告自2018年2月1日起施行。

特此公告。

附件：1. 暂时进出境货物确认申请书（略）
　　　2. 中华人民共和国××海关暂时进出境货物审核确认书（略）
　　　3. 货物暂时进/出境延期办理单（略）

关于暂时进境测试车辆监管有关事宜

（海关总署公告2008年第12号）

发布日期：2008-02-26
实施日期：2008-02-26
法规类型：规范性文件

根据《中华人民共和国海关暂时进出境货物管理办法》，现就暂时进境测试车辆监管有关事宜公告如下：

一、测试用暂时进境车辆，按照国家相关规定实施必检项目的，如不能在6个月内复运出境，货物收发货人或其代理人应当向暂时进境核准地海关提出延期申请，并提交车辆测试部门出具的相关证明，经直属海关审核同意后，可以延期。在18个月延长期届满后仍需要延期的，由主管地直属海关报海关总署审批；对于非国家相关主管部门规定实施必检项目的暂时进境车辆，不能申请延期，期满必须复运出境。

二、国内客户定制的车辆，在完成国家有关部门规定必检项目测试后，如需进口，货物收发货人或其代理人应当向暂时进境申请核准地海关申请办理进口手续，并提交相关定制合同、发票及进口许可证件等单证和证明文件，经暂时进境核准地直属海关审批同意后，转关至国家指定整车进口口岸办理进口手续。

三、暂时进境测试用车辆的其他有关监管事宜仍按照《海关总署关于暂时进出境货物监管有关问题的公告》（2007年第48号公告）执行。

特此公告。

国家质量监督检验检疫总局关于给予
ATA单证册项下货物通关便利的通知

（国质检通〔2006〕120号）

发布日期：2006-04-03
实施日期：2006-04-03
法规类型：规范性文件

我国已于1992年加入《关于暂准进口的公约》等有关暂准进口的国际海关公约，并于1998年正式实施了ATA单证册制度。ATA单证册制度为暂准进出口货物建立了世界统一的通关手续，其项下货物在进口一定时间内除正常损耗外须按原状复出口。为促进该制度在我国顺利实施，便利ATA单证册项下货物通关，现将有关事项通知如下：

一、ATA单证册项下货物办理出入境检验检疫报检手续时，允许持证人或其授权代表持ATA单证册作为证明文件报检。

二、ATA单证册项下货物免于认证和品质检验。

三、ATA单证册项下货物涉及动植物及其产品检疫（检验检疫类别为P或Q）的，应按相关规定实施检疫。

关于公布两用物项和技术进出口许可证申领和通关无纸化有关事项

（商务部　海关总署公告 2020 年第 66 号）

发布日期：2020-12-29
实施日期：2020-12-29
法规类型：规范性文件

为进一步深化"放管服"改革，加强两用物项和技术进出口管制工作，促进两用物项和技术合规贸易，依据《中华人民共和国出口管制法》《中华人民共和国密码法》《中华人民共和国核出口管制条例》《中华人民共和国核两用品及相关技术出口管制条例》《中华人民共和国导弹及相关物项和技术出口管制条例》《中华人民共和国生物两用品及相关设备和技术出口管制条例》《中华人民共和国监控化学品管理条例》《中华人民共和国易制毒化学品管理条例》《中华人民共和国放射性同位素与射线装置安全和防护条例》《有关化学品及相关设备和技术出口管制办法》和《两用物项和技术进出口许可证管理办法》等法律、行政法规和规章，商务部、海关总署决定对两用物项和技术进出口许可证申领和通关实行无纸化。

一、自 2021 年 1 月 1 日起，对两用物项和技术进出口许可证申领和通关实行无纸化。进出口相关物项和技术的对外贸易经营者可自行选择无纸作业或者有纸作业方式。选择无纸作业方式的，应经主管部门审查批准后，向商务部或者受商务部委托的机构申请取得《中华人民共和国两用物项和技术出口许可证》或《中华人民共和国两用物项和技术进口许可证》（以下统称许可证）电子证件，并以通关无纸化方式向海关办理进出口通关验放手续，通关程序中可免于提交许可证纸质证件。选择有纸作业方式的，仍按现行规定办理。

二、海关通过联网核查核许可证电子证件，不再进行纸面签注，并将许可证使用状态、清关情况等数据电文及时反馈商务部。许可证发证机构依据上述数据电文执行许可证删证、核销等操作，不再核验海关书面签注。

三、因管理需要或其他情形需验核许可证纸质证件的，对外贸易经营者应补充提交纸质证件，或者以有纸作业方式办理进出口通关验放手续。

四、无纸作业方式涉及的其他有关程序，按商务部公告 2016 年第 82 号、海关总署公告 2014 年第 25 号和商办配函〔2015〕494 号的规定执行。

五、本公告由商务部、海关总署负责解释。以往有关规定与本公告不一致的，以本公告为准。

关于《进口药品通关单》等3种监管证件扩大实施联网核查的公告

（海关总署　国家药品监督管理局公告2019年第56号）

发布日期：2019-03-25
实施日期：2019-03-25
法规类型：规范性文件

为进一步优化口岸营商环境，促进跨境贸易便利化，海关总署、国家药品监督管理局决定在前期联网核查试点基础上，对《进口药品通关单》等3种监管证件全面实施电子数据联网核查。现将有关事项公告如下：

一、自本公告发布之日起，在全国范围内推广实施《进口药品通关单》《药品进口准许证》《药品出口准许证》电子数据与进出口货物报关单电子数据的联网核查。

二、药品监督管理部门根据相关法律法规的规定签发上述证件，将证件电子数据传输至海关，海关在通关环节进行比对核查，并按规定办理进出口手续。联网核查实施前已签发的证件，企业可凭纸质证件在有效期内向海关办理进出口手续。

三、报关企业按照海关通关作业无纸化改革的规定，可采用无纸方式向海关申报。因海关和药品监督管理部门审核需要，或计算机管理系统、网络通信故障等原因，可以转为有纸报关作业或补充提交纸质证件。

四、企业可登录中国国际贸易"单一窗口"查询证件电子数据传输状态。

五、中国电子口岸数据中心为联网核查的技术支持部门。

中国电子口岸数据中心联系方式：010-95198。

特此公告。

关于实施《人类遗传资源材料出口、出境证明》联网核查的公告

（海关总署　科技部公告2018年第153号）

发布日期：2018-10-30
实施日期：2018-10-30
法规类型：规范性文件

为进一步优化口岸营商环境，促进跨境贸易便利化，海关总署、科技部决定对《人类遗传资源材料出口、出境证明》实施电子数据联网核查。现将有关事项公告如下：

一、自2018年11月1日起，海关总署、科技部共同对人类遗传资源材料启动《人类遗传资源材料出口、出境证明》电子数据与出口货物报关单电子数据的联网核查工作。

二、国家科技主管部门根据相关法律法规及有关规定签发《人类遗传资源材料出口、出境证明》，并实时将《人类遗传资源材料出口、出境证明》电子数据传输至海关。海关在通关

环节进行比对核查，并按规定办理相关手续。

三、出口企业应按照现行规定，如实规范向海关申报。对于在联网核查实施前已申领的《人类遗传资源材料出口、出境证明》，企业可凭纸质证件于2018年12月31日前在有效期内向海关办理报关手续。

四、因海关、科技主管部门审核需要及计算机管理系统、通信网络故障等原因，无法正常实施联网核查的，企业可提交纸本材料并按照要求办理相关手续。

五、企业可登陆中国国际贸易"单一窗口"查询证件电子数据传输状态。

六、中国电子口岸数据中心为联网核查的技术支持部门。

中国电子口岸数据中心联系方式：010-95198。

特此公告。

关于实施《银行调运人民币现钞进出境证明》《黄金及黄金制品进出口准许证》联网核查的公告

（海关总署　中国人民银行公告2018年第152号）

发布日期：2018-10-29
实施日期：2018-10-29
法规类型：规范性文件

为进一步优化口岸营商环境，促进跨境贸易便利化，海关总署、中国人民银行决定对《银行调运人民币现钞进出境证明》（以下简称《人民币调运证明》）和《黄金及黄金制品进出口准许证》（以下简称《黄金准许证》）实施电子数据联网核查。现将有关事项公告如下：

一、自本公告发布之日起，海关总署、中国人民银行共同对人民币调运、黄金及黄金制品进出口启动《人民币调运证明》和《黄金准许证》电子数据与进出口货物报关单电子数据的联网核查工作。

二、人民银行主管部门根据相关法律法规及有关规定签发《人民币调运证明》和《黄金准许证》，并实时将《人民币调运证明》和《黄金准许证》电子数据传输至海关。海关在通关环节进行比对核查，并按规定办理相关手续。

三、进出口企业应按照现行规定，如实规范向海关申报。对于有效期在2019年4月30日内的《黄金准许证》，企业可以凭纸质证件向海关办理报关手续。

四、因海关和人民银行主管部门审核需要及计算机管理系统、通信网络故障等原因，无法正常实施联网核查的，企业可提交纸本材料并按照要求办理相关手续。

五、企业可登陆中国国际贸易"单一窗口"查询证件电子数据传输状态。

六、中国电子口岸数据中心为联网核查的技术支持部门。

中国电子口岸数据中心联系方式：010-95198。

特此公告。

关于实施《民用爆炸物品进口审批单》
《民用爆炸物品出口审批单》联网核查的公告

（海关总署　工业和信息化部公告 2018 年第 151 号）

发布日期：2018-10-29
实施日期：2018-10-29
法规类型：规范性文件

为进一步优化口岸营商环境，促进跨境贸易便利化，海关总署、工业和信息化部决定对《民用爆炸物品进口审批单》（以下简称《进口审批单》）和《民用爆炸物品出口审批单》（以下简称《出口审批单》）实施电子数据联网核查。现将有关事项公告如下：

一、自 2018 年 11 月 1 日起，海关总署、工业和信息化部通过中国国际贸易"单一窗口"平台，共同对民用爆炸物品启动《进口审批单》和《出口审批单》电子数据与进出口货物报关单电子数据的联网核查工作。

二、工业和信息化主管部门根据相关法律法规及有关规定签发《进口审批单》和《出口审批单》，并实时将《进口审批单》和《出口审批单》电子数据传输至海关。海关在通关环节进行比对核查，并按规定办理相关手续。

三、进出口企业应按照现行规定，如实规范向海关申报。对于在联网核查实施前已申领的《进口审批单》和《出口审批单》，企业可凭纸质证件于 2019 年 4 月 30 日前在有效期内向海关办理报关手续。《进口审批单》和《出口审批单》管理货物目录详见附件。

四、因计算机管理系统、通信网络故障以及目录中尚未列明的海关商品编号等原因，无法正常实施联网核查的或者因海关、工业和信息化主管部门审核需要的，企业可提交纸本材料并按照要求办理相关手续。

五、企业可登陆中国国际贸易"单一窗口"查询证件电子数据传输状态。

六、中国电子口岸数据中心为联网核查的技术支持部门。

中国电子口岸数据中心联系方式：010-95198。

特此公告。

附件：《民用爆炸物品进出口审批单》管理货物目录（略）

关于实施《古生物化石出境批件》联网核查的公告

（海关总署　自然资源部公告 2018 年第 150 号）

发布日期：2018-10-29
实施日期：2018-10-29
法规类型：规范性文件

为进一步优化口岸营商环境，促进跨境贸易便利化，海关总署、自然资源部决定对《古生物化石出境批件》实施电子数据联网核查。现将有关事项公告如下：

一、自 2018 年 11 月 1 日起，海关总署、自然资源部共同对古生物化石（参考海关商品编号：9705000020）出境启动《古生物化石出境批件》电子数据与出口货物报关单电子数据的联网核查工作。

二、自然资源主管部门根据相关法律法规及有关规定签发《古生物化石出境批件》，海关在通关环节对批件信息进行比对，并按规定办理相关手续。

三、出口企业应按照现行规定，如实规范向海关申报。对于在联网核查实施前已申领的《古生物化石出境批件》，企业可以凭有效期内的纸质证件于 2018 年 12 月 31 日前向海关办理报关手续。

四、因海关、自然资源主管部门审核需要及计算机管理系统、通信网络故障等原因，无法正常实施联网核查的，企业可提交纸本材料并按照要求办理相关手续。

五、企业可登陆中国国际贸易"单一窗口"查询证件电子数据传输状态。

六、中国电子口岸数据中心为联网核查的技术支持部门。

中国电子口岸数据中心联系方式：010-95198。

特此公告。

关于实施《进口广播电影电视节目带（片）提取单》
联网核查的公告

（海关总署　国家电影局　国家广播电视总局公告 2018 年第 149 号）

发布日期：2018-10-29
实施日期：2018-10-29
法规类型：规范性文件

为进一步优化口岸营商环境，促进跨境贸易便利化，海关总署、国家电影局和国家广播电视总局决定对《进口广播电影电视节目带（片）提取单》（以下简称"《进口提取单》"）实行电子数据联网核查。现将有关事项公告如下：

一、自本公告发布之日起，海关总署、国家电影局和国家广播电视总局共同启动《进口提取单》电子数据与进口货物报关单电子数据的联网核查工作。

二、国家电影局、国家广播电视总局根据相关法律法规及有关规定签发《进口提取单》，并实时将《进口提取单》电子数据传输至海关。海关在通关环节进行比对核查，并按规定办理相关手续。

三、进口企业应按照现行规定，如实规范向海关申报。对于在联网核查实施前已合法申领的《进口提取单》，企业可凭纸质证件于2018年12月31日前在有效期内向海关办理报关手续。《进口广播电影电视节目带（片）提取单》管理货物目录详见附件。

四、因计算机管理系统、通信网络故障等原因，无法正常实施联网核查的，企业可提交纸本材料并按照要求办理相关手续。

五、企业可登陆中国国际贸易"单一窗口"查询证件电子数据传输状态。

六、中国电子口岸数据中心为联网核查的技术支持部门。

中国电子口岸数据中心联系方式：010-95198。

本公告自发布之日起实施。

特此公告。

附件：2018年《进口广播电影电视节目带（片）提取单》管理货物目录（略）

关于《进口药品通关单》等7种监管证件实施联网核查的公告

（海关总署　国家药品监督管理局公告2018年第148号）

发布日期：2018-10-29

实施日期：2018-10-29

法规类型：规范性文件

为进一步优化口岸营商环境，促进跨境贸易便利化，海关总署、国家药品监督管理局决定对《进口药品通关单》等7种监管证件实施电子数据联网核查。现将有关事项公告如下：

一、自本公告发布之日起，在全国范围内实施麻精药品进出口准许证（包括麻醉药品进口准许、麻醉药品出口准许、精神药物进口准许、精神药物出口准许），进口医疗器械备案/注册证（包括医疗器械注册证、第一类医疗器械备案凭证），以及《进口特殊用途化妆品卫生许可批件》《进口非特殊用途化妆品卫生许可批件》电子数据与进出口货物报关单电子数据的联网核查。

二、自本公告发布之日起，在杭州、青岛海关开展《进口药品通关单》和蛋白同化制剂、肽类激素《药品进口准许证》《药品出口准许证》电子数据与进出口货物报关单电子数据的联网核查试点。

三、药品监督管理部门根据相关法律法规的规定签发上述证件，将证件电子数据传输至海关，海关在通关环节进行比对核查，并按规定办理进出口手续。联网核查实施前已签发的证件，企业可凭纸质证件在有效期内向海关办理进出口手续。

四、报关企业按照海关通关作业无纸化改革的规定，可采用无纸方式向海关申报。因海关和药品监督管理部门审核需要，或计算机管理系统、网络通信故障等原因，可以转为有纸报关作业或补充提交纸质证件。

五、企业可登陆中国国际贸易"单一窗口"查询证件电子数据传输状态。

六、中国电子口岸数据中心为联网核查的技术支持部门。

中国电子口岸数据中心联系方式：010-95198。

特此公告。

关于实施《技术出口许可证》《技术出口合同登记证》和《援外项目任务通知函》联网核查的公告

（海关总署　商务部公告 2018 年第 147 号）

发布日期：2018-10-29

实施日期：2018-10-29

法规类型：规范性文件

为进一步优化口岸营商环境，促进跨境贸易便利化，海关总署、商务部决定对《技术出口许可证》、《技术出口合同登记证》和《援外项目任务通知函》实行电子数据联网核查。现将有关事项公告如下：

一、自本公告发布之日起，海关总署和商务部共同对技术贸易和援外物资启动《技术出口许可证》、《技术出口合同登记证》和《援外项目任务通知函》电子数据与进出口货物报关单电子数据的联网核查工作。

二、商务部及其授权发证机构根据相关法律法规及有关规定签发上述证件，并将有效电子数据传输至海关。海关在通关环节对证件信息进行比对核查，并按规定办理相关手续。

三、进出口企业应按照现行规定，如实规范向海关申报。对于在联网核查实施前已合法申领的上述证件，企业可凭纸质证件于 2018 年 12 月 31 日前在有效期内向海关办理报关手续。

四、因计算机管理系统、通信网络故障等原因，无法正常实施联网核查的，企业可提交纸本材料并按照要求办理相关手续。

五、企业可登陆中国国际贸易"单一窗口"查询证件电子数据传输状态。

六、中国电子口岸数据中心为联网核查的技术支持部门。

中国电子口岸数据中心联系方式：010-95198。

特此公告。

关于实施《赴境外加工光盘进口备案证明》《音像制品（成品）进口批准单》联网核查的公告

（海关总署　中央宣传部公告 2018 年第 146 号）

发布日期：2018-10-18

实施日期：2018-10-18

法规类型：规范性文件

为进一步优化口岸营商环境，促进跨境贸易便利化，海关总署、中央宣传部决定对《赴境外加工光盘进口备案证明》（以下简称《进口备案证明》）和《音像制品（成品）进口批准单》（以下简称《进口批准单》）实施电子数据联网核查。现将有关事项公告如下：

一、自本公告发布之日起，海关总署、中央宣传部共同对赴境外加工光盘启动《进口备案证明》电子数据与进口货物报关单电子数据的联网核查工作。

二、自 2018 年 11 月 1 日起，海关总署、中央宣传部共同对进口音像制品（成品）启动《进口批准单》电子数据与进口货物报关单电子数据的联网核查工作。

三、新闻出版部门根据相关法律法规及有关规定签发《进口备案证明》《进口批准单》，并实时将《进口备案证明》《进口批准单》电子数据传输至海关。海关在通关环节进行比对核查，并按规定办理相关手续。

四、进口企业应按照现行规定，如实规范向海关申报。对于在联网核查实施前已申领的《进口备案证明》《进口批准单》，企业可凭纸质证件于 2018 年 12 月 31 日前在有效期内向海关办理报关手续。《进口备案证明》《进口批准单》管理货物目录详见附件。

五、因计算机管理系统、通信网络故障等原因，无法正常实施联网核查的，企业可提交纸本材料并按照要求办理相关手续。

六、企业可登陆中国国际贸易"单一窗口"查询证件电子数据传输状态。

七、中国电子口岸数据中心为联网核查的技术支持部门。

中国电子口岸数据中心联系方式：010-95198。

特此公告。

附件：1. 2018 年《赴境外加工光盘进口备案证明》管理货物目录（略）

2. 2018 年《音像制品（成品）进口批准单》管理货物目录（略）

关于《特殊医学用途配方食品注册证书》等 5种监管证件实施联网核查的公告

（海关总署 市场监管总局公告2018年第142号）

发布日期：2018-10-17
实施日期：2018-11-01
法规类型：规范性文件

为进一步优化口岸营商环境，提升跨境贸易便利化水平，海关总署、国家市场监督管理总局决定对《特殊医学用途配方食品注册证书》等5种监管证件实施电子数据联网核查。现将有关事项公告如下：

一、自公告发布之日起，在全国范围内实施《特殊医学用途配方食品注册证书》《保健食品注册证书或保健食品备案凭证》《婴幼儿配方乳粉产品配方注册证书》（以下简称证件）电子数据与进出口货物报关单电子数据的联网核查。

二、自2018年11月1日起，在全国范围内实施《强制性产品认证证书或证明性文件》《特种设备制造许可证及型式试验证书》电子数据与进出口货物报关单电子数据的联网核查。

三、市场监督管理部门根据相关法律法规签发证件，将证件电子数据传输至海关，海关在通关环节进行比对核查，并按规定办理进出口手续。联网核查实施前已签发的证件，企业可凭纸质证件在有效期内向海关办理进出口手续。

四、报关企业按照海关通关作业无纸化改革的规定，可采用无纸方式向海关申报。因海关和市场监督管理部门审核需要或计算机管理系统、通信网络故障等原因，可以转为有纸报关作业或补充提交纸质证件。

五、企业可登陆中国国际贸易"单一窗口"查询证件电子数据传输状态。

六、中国电子口岸数据中心为联网核查的技术支持部门。

中国电子口岸数据中心联系方式：010-95198。

特此公告。

关于《国（境）外引进农业种苗检疫审批单》等 3种监管证件实施联网核查的公告

（海关总署 农业农村部 国家林业和草原局公告2018年第141号）

发布日期：2018-10-22
实施日期：2018-10-22
法规类型：规范性文件

为进一步优化口岸营商环境，促进跨境贸易便利化，海关总署、农业农村部、国家林业和草原局决定对《国（境）外引进农业种苗检疫审批单》等3种监管证件实施电子数据联网核查。现将有关事项公告如下：

一、自本公告发布之日起，启动《国（境）外引进农业种苗检疫审批单》《引进林木种子、苗木检疫审批单》《农业转基因生物安全证书（进口）》（以下简称证件）电子数据与进出口货物报关单电子数据的联网核查。

二、农业农村、林业和草原管理部门根据相关法律法规的规定签发证件，实时将证件电子数据传输至海关，海关在通关环节进行比对核查，并按规定办理进口手续。联网核查实施前已签发的证件，企业可凭纸质证件在有效期内向海关办理进口手续。

三、报关企业按照海关通关作业无纸化改革的规定，可采用无纸方式向海关申报。因海关和农业农村、林业和草原管理部门审核需要，或计算机管理系统、通信网络故障等原因，可以转为有纸报关作业或补充提交纸质证件。

四、企业可登陆中国国际贸易"单一窗口"查询证件电子数据传输状态。

五、中国电子口岸数据中心为联网核查的技术支持部门。联系方式：010-95198。

特此公告。

关于全面实行野生动植物进出口证书通关作业联网无纸化的公告

（海关总署　国家濒危物种进出口管理办公室公告2018年第49号）

发布日期：2018-05-18
实施日期：2018-05-18
法规类型：规范性文件

为深化通关作业无纸化改革，进一步提高许可证件管理水平，促进贸易便利化，加强野生动植物及其产品的进出口管理，保障野生动植物资源的合理利用和相关产业的可持续发展，海关总署和国家濒管办决定在现阶段已有四个海关开展试点的基础上，将野生动植物进出口证书通关作业联网无纸化工作在全国范围内推广实施。现将有关事项公告如下：

一、自2018年6月1日起，在全国范围内对现行的"两类三种"野生动植物进出口证书（即《濒危野生动植物种国际贸易公约》允许进出口证明书、中华人民共和国野生动植物进出口证明书和非《进出口野生动植物种商品目录》物种证明）全面实行通关作业联网无纸化。

二、进出口实行野生动植物进出口证书管理的野生动植物及其产品的，应当按照海关通关作业无纸化改革的相关规定，采用无纸方式向海关申报。海关通过野生动植物进出口证书联网核查方式验核相关证书电子数据。

三、使用《濒危野生动植物种国际贸易公约》允许进出口证明书出口、再出口以及使用中华人民共和国野生动植物进出口证明书向我国台湾地区出口、再出口野生动植物及其产品的，在办理无纸化报关手续后，申请人应当向申报地海关申请书面签注，海关按照规定予以办理。除上述情形以外，申请人免于向海关交验纸质野生动植物进出口证书，海关不再进行纸面签注。

四、为保障正常报关手续通畅，因系统故障等特殊原因，确需验核纸质野生动植物进出口证书的，国家濒管办或其办事处应当制发纸质证书，海关验核纸质证书并进行纸面签注。

五、野生动植物进出口证书通关作业联网无纸化以外事项，按照《中华人民共和国濒危野生动植物进出口管理条例》（国务院令第 465 号）、《野生动植物进出口证书管理办法》（国家林业局　海关总署令第 34 号）执行。

特此公告。

关于开展《进口兽药通关单》通关作业联网无纸化试运行的公告

（海关总署　农业部联合公告 2016 年第 60 号）

发布日期：2016-10-21
实施日期：2016-11-01
法规类型：规范性文件

为加快落实外贸稳增长政策措施，进一步推进通关作业无纸化改革工作，提高贸易便利化水平，同时加强进口兽药监管，防范和打击兽药非法进口活动，海关总署、农业部决定开展《进口兽药通关单》通关作业联网无纸化试运行。现将有关事项公告如下：

一、自 2016 年 11 月 1 日起，按照《兽药进口管理办法》（农业部、海关总署令第 2 号）有关规定，进口单位向农业部、地方兽医行政管理部门申领《进口兽药通关单》，经审核批准后，农业部、地方兽医行政管理部门将签发的《进口兽药通关单》电子数据通过"兽药监管证件联网核查系统"传输至海关。试运行期间，农业部、地方兽医行政管理部门同时核发纸质《进口兽药通关单》。

二、报关企业按照海关通关作业无纸化改革的规定，可采用无纸方式向海关申报。海关通过联网核查方式验凭《进口兽药通关单》电子数据并办理报关手续。以无纸方式申报的企业可以免于交验纸质《进口兽药通关单》。

三、为提高无纸化应用效率，适应计算机管理系统自动化处理需求，进口单位、报关单位在向农业部、地方兽医行政管理部门申领《进口兽药通关单》以及向海关办理报关手续时，《进口兽药通关单》与进口货物报关单的货物计量单位应当一致，《进口兽药通关单》与进口货物报关单的报关/进口口岸代码前两位应当一致。

四、因海关和农业部门审核需要、计算机管理系统故障、其他管理部门需要验凭纸质《进口兽药通关单》等原因，可以转为有纸报关作业或补充提交纸质《进口兽药通关单》。

五、《进口兽药通关单》通关作业联网无纸化工作的技术支持部门为中国电子口岸数据中心和太极计算机股份有限公司。

中国电子口岸数据中心联系电话：010-95198
太极计算机股份有限公司联系电话：18518314902
特此公告。

自动进口许可证联网核查系统上线运行公告

（商务部　海关总署公告 2013 年第 2 号）

发布日期：2013-01-07
实施日期：2013-01-07
法规类型：规范性文件

为进一步加强对自动进口许可管理货物的监测和预警，促进对外贸易持续健康发展，商务部、海关总署决定自 2013 年 1 月 15 日起，在全国商务主管部门发证机构和各海关运行自动进口许可证联网核查系统。现将有关事项公告如下：

一、2013 年 1-6 月为自动进口许可证联网核查系统试运行期。1 月 15 日起，非机电类产品（海关监管证件代码 7、V）上线试运行，2 月 1 日起，机电类产品（海关监管证件代码 O）上线试运行。

二、企业申领自动进口许可证和报关时仍按现行相关规定执行。

三、各海关验核商务主管部门签发的自动进口许可纸面证书和自动进口许可电子数据，接受企业报关。

四、商务部配额许可证事务局、中国电子口岸数据中心为自动进口许可证联网核查系统的技术支持部门。

商务部配额许可证事务局联系方式：

网址：http：//www.licence.org.cn 电话：010-84095464

中国电子口岸数据中心联系方式：

网址：https：//www.chinaport.gov.cn 电话：010-95198

对外贸易经济合作部、海关总署关于全面试行
进出口许可证联网核销制度的通知

（外经贸配管发〔2000〕第 539 号）

发布日期：2000-09-30
实施日期：2000-10-01
法规类型：规范性文件

各省、自治区、直辖市及计划单列市外经贸委（厅、局），各特派员办事处，海关总署广东分署，各局、处级海关：

为了使全国进出口许可证联网核销运行工作顺利进行，外经贸部与海关总署于 1998 年签订了"许可证电子数据联网核销协议"。经过一年的技术准备和试验，双方从 1999 年 9 月 1 日开始在 13 个口岸海关试行进出口许可证联网核销制度试点工作，并取得明显效果：显著提

高了海关验证效率，缩短了企业报关时间，规范了许可证签发管理，同时有效打击了不法分子伪造许可证走私、套汇等不法活动，维护了正常的进出口经营秩序。为进一步加强对进出口配额许可证商品的管理，依法行政，推进外贸管理电子化、信息化进程，现决定从 2000 年 10 月 1 日起，在全国许可证发证机构和各海关全面试行进出口许可证联网核销制度。现将有关事项通知如下：

一、对配额许可证管理的商品（纺织品配额出口许可证除外），各口岸海关将许可证纸面证书与许可证电子数据同时作为监管依据，口岸海关在确认许可证纸面证书与电子数据内容一致后方可进行核销及验放。

二、为保障各进出口企业及时办理报关手续，外经贸部、海关总署各有关部门必须及时传送和接收许可证电子数据。各现场海关每日务必及时接收海关总署下发的许可证电子数据，同时每日务必及时将许可证核销（放行）数据经海关总署传送外经贸部。

三、各发证机构要严格执行《进口许可证申领签发工作规范》（〔1999〕外经贸配发第 759 号）和《出口许可证申领签发工作规范》（〔1999〕外经贸配发第 743 号），按照文件规定签发许可证。进出口许可证纸面证书内容均为计算机打印，不得更改。

四、各发证机构要严格执行上报许可证数据的规定。每日务必及时将当日签发的许可证电子数据全部上报中国国际电子商务中心（以下简称 EDI 中心）。急证要随时上报，并电话通知 EDI 中心随时传送海关。每日务必审核 EDI 中心反馈的上报数据接收情况，并与上报数据进行核对。发现 EDI 中心反馈信息与上报数据不符的应立即与 EDI 中心和外经贸部配额许可证事务局联系。

凡是不及时上报或核对许可证电子数据，影响企业报关，并产生经济损失的，外经贸部将追究有关发证机构的责任。

五、口岸海关应严格按照《许可证电子数据核销管理操作规程》（署监〔1998〕327 号）的规定，重点对许可证中"进（出）口商"、"商品名称（含代码）"、"数量"、"国别"、"贸易方式"、"有效期"、"报关口岸"进行核查。在许可证以上项目内容与电子数据一致无误的情况下方可放行。

六、海关应在许可证正本背面规定的签注栏内对每次核销（放行）数量做清晰、准确的签注并加盖海关核销章。签注数量应与反馈的核销（放行）数量的电子数据相一致，核销（放行）时使用的计量单位应与许可证使用的计量单位相一致。如海关签注后因故退spite或签注发生更改，海关应在签注栏注明并在更改处加盖海关核销章，同时应对电子数据作相应修改。

七、在目前各发证机构还无法通过网络核查海关核销（放行）数量的电子数据的情况下，各发证机构在办理退证时，以口岸海关在许可证纸面证书背面签注栏内所记录的核销（放行）数量为凭证。凡签注不清或未加盖海关核销章及有其他疑问的不得办理退、换证，应与外经贸部配额许可证事务局联系。

八、验核进出口许可证与报关单填报内容时，对经营单位及贸易方式栏目的审核按以下原则掌握：

（一）进口货物报关单经营单位应与进口许可证上的进口商或收货人一致。

（二）出口货物报关单经营单位应与出口许可证上的出口商或发货人一致。对还贷或补偿贸易方式下的代理出口企业，代理外资企业出口的外贸企业，国家组织统一联合经营的商品玉米、大米、大豆、棉花、原油、成品油、煤炭、钨类、锑类的出口企业，报关单填报的经营单位也可以是许可证备注栏内注明的企业。

（三）由于许可证备注栏电子数据内容暂不能传至海关，海关核销及验放以许可证纸面证书备注栏内容为准。

（四）许可证备注栏内不允许手工签注，如有涂改或手写内容，海关均视为无效许可证，并上报海关总署政策法规司和外经贸部配额许可证事务局。

（五）"非一批一证"的进出口许可证，可在同一口岸多次报关，但最多不能超过十二次。

（六）报关单上的贸易方式是海关的监管方式，海关在审核时不与许可证上的贸易方式核对，但应按海关的有关规定办理。

九、为确保进出口许可证联网核销制度的实施，外经贸部与海关总署开通了热线联系电话，各口岸现场海关在通关业务中和各企业在报关中遇到的问题，可随时通过热线联系电话寻求解决和咨询（联系电话及联系人见附件）。

十、本通知自 2000 年 10 月 1 日起执行，由外经贸部和海关总署负责解释。以往有关规定与本通知不一致的，以本通知为准。

特此通知。

中华人民共和国海关进口货物直接退运管理办法

（海关总署令第 217 号）

发布日期：2014-03-12
实施日期：2018-05-29
法规类型：部门规章

（根据 2018 年 4 月 28 日海关总署令第 238 号《海关总署关于修改部分规章的决定》第一次修正；根据 2018 年 5 月 29 日海关总署令第 240 号《海关总署关于修改部分规章的决定》第二次修正）

第一条 为了加强对进口货物直接退运的管理，保护公民、法人或者其他组织的合法权益，根据《中华人民共和国海关法》（以下简称《海关法》）制定本办法。

第二条 货物进境后、办结海关放行手续前，进口货物收发货人、原运输工具负责人或者其代理人（以下统称当事人）将全部或者部分货物直接退运境外，以及海关根据国家有关规定责令直接退运的，适用本办法。

进口转关货物在进境地海关放行后，当事人办理退运手续的，不适用本办法，当事人应当按照一般退运手续办理。

第三条 货物进境后、办结海关放行手续前，有下列情形之一的，当事人可以向货物所在地海关办理直接退运手续：

（一）因为国家贸易管理政策调整，收货人无法提供相关证件的；

（二）属于错发、误卸或者溢卸货物，能够提供发货人或者承运人书面证明文书的；

（三）收发货人双方协商一致同意退运，能够提供双方同意退运的书面证明文书的；

（四）有关贸易发生纠纷，能够提供已生效的法院判决书、仲裁机构仲裁决定书或者无争议的有效货物所有权凭证的；

（五）货物残损或者检验检疫不合格，能够提供相关检验证明文书的。

第四条 办理直接退运手续的进口货物未向海关申报的，当事人应当向海关提交《进口货物直接退运表》以及证明进口实际情况的合同、发票、装箱清单、提运单或者载货清单等相关单证、证明文书，按照本办法第十条的规定填制报关单，办理直接退运的申报手续。

第五条 办理直接退运手续的进口货物已向海关申报的，当事人应当向海关提交《进口货物直接退运表》，先行办理报关单或者转关单删除手续。

本条第一款规定情形下，海关依法删除原报关单或者转关单数据的，当事人应当按照本办法第十条的规定填制报关单，办理直接退运的申报手续。

对海关已经确定布控、查验或者认为有走私违规嫌疑的货物，不予办理直接退运。布控、查验或者案件处理完毕后，按照海关有关规定处理。

第六条 货物进境后、办结海关放行手续前，有下列情形之一的，海关应当责令当事人将进口货物直接退运境外：

（一）货物属于国家禁止进口的货物，已经海关依法处理的；

（二）违反国家检验检疫政策法规，已经海关依法处理的；

（三）未经许可擅自进口属于限制进口的固体废物，已经海关依法处理的；

（四）违反国家有关法律、行政法规，应当责令直接退运的其他情形。

第七条 责令进口货物直接退运的，由海关根据相关政府行政主管部门出具的证明文书，向当事人制发《海关责令进口货物直接退运通知书》（以下简称《责令直接退运通知书》）。

第八条 当事人收到《责令直接退运通知书》之日起 30 日内，应当按照海关要求向货物所在地海关办理进口货物直接退运的申报手续。

第九条 当事人办理进口货物直接退运申报手续的，除另有规定外，应当先行填写出口报关单向海关申报，然后填写进口报关单办理直接退运申报手续，进口报关单应当在"关联报关单"栏填报出口报关单号。

第十条 进口货物直接退运的，除《中华人民共和国海关进出口货物报关单填制规范》外，还应当按照下列要求填制进出口货物报关单：

（一）"监管方式"栏均填写"直接退运"（代码"4500"）；

（二）"备注"栏填写《进口货物直接退运表》或者《责令直接退运通知书》编号。

第十一条 直接退运的货物，海关不验核进出口许可证或者其他监管证件，免予征收进出口环节税费及滞报金，不列入海关统计。

第十二条 由于承运人的责任造成货物错发、误卸或者溢卸的，当事人办理直接退运手续时可以免予填制报关单。

第十三条 进口货物直接退运应当从原进境地口岸退运出境。由于运输原因需要改变运输方式或者由另一口岸退运出境的，应当经由原进境地海关批准后，以转关运输方式出境。

第十四条 保税区、出口加工区以及其他海关特殊监管区域和保税监管场所进口货物的直接退运参照本办法有关规定办理。

第十五条 违反本办法，构成走私行为、违反海关监管规定行为或者其他违反《海关法》行为的，由海关依照《海关法》和《中华人民共和国海关行政处罚实施条例》的有关规定予以处理；构成犯罪的，依法追究刑事责任。

第十六条 《进口货物直接退运表》《海关责令进口货物直接退运通知书》等法律文书，由海关总署另行制发公告。

第十七条 本办法由海关总署负责解释。

第十八条 本办法自公布之日起施行。2007 年 2 月 2 日以海关总署令第 156 号公布的《中华人民共和国海关进口货物直接退运管理办法》同时废止。

中华人民共和国海关进出口货物集中申报管理办法

（海关总署令第 169 号）

发布日期：2008-01-24
实施日期：2018-11-23
法规类型：部门规章

（根据 2014 年 3 月 13 日海关总署令第 218 号《海关总署关于修改部分规章的决定》第一次修正；根据 2018 年 11 月 23 日海关总署令第 243 号《海关总署关于修改部分规章的决定》第二次修正）

第一条 为了便利进出口货物收发货人办理申报手续，提高进出口货物通关效率，规范对进出口货物的申报管理，根据《中华人民共和国海关法》（简称《海关法》）的有关规定，制定本办法。

第二条 本办法所称的集中申报是指经海关备案，进出口货物收发货人（以下简称收发货人）在同一口岸多批次进出口本办法第三条规定范围内货物，可以先以《中华人民共和国海关进口货物集中申报清单》（见附件 1）或者《中华人民共和国海关出口货物集中申报清单》（见附件 2）（以下统称《集中申报清单》）申报货物进出口，再以报关单集中办理海关手续的特殊通关方式。

进出口货物收发货人可以委托 B 类以上管理类别（含 B 类）的报关企业办理集中申报有关手续。

第三条 经海关备案，下列进出口货物可以适用集中申报通关方式：

（一）图书、报纸、期刊类出版物等时效性较强的货物；

（二）危险品或者鲜活、易腐、易失效等不宜长期保存的货物；

（三）公路口岸进出境的保税货物。

第四条 收发货人应当在货物所在地海关办理集中申报备案手续，加工贸易企业应当在主管地海关办理集中申报备案手续。

第五条 收发货人申请办理集中申报备案手续的，应当向海关提交《适用集中申报通关方式备案表》（以下简称《备案表》，见附件 3），同时提供符合海关要求的担保，担保有效期最短不得少于 3 个月。

海关应当对收发货人提交的《备案表》进行审核。经审核符合本办法有关规定的，核准其备案。

涉嫌走私或者违规，正在被海关立案调查的收发货人、因进出口侵犯知识产权货物被海关依法给予行政处罚的收发货人、适用 C 类或者 D 类管理类别的收发货人进出口本办法第三条所列货物的，不适用集中申报通关方式。

第六条 在备案有效期内，收发货人可以适用集中申报通关方式。备案有效期限按照收发货人提交的担保有效期核定。

申请适用集中申报通关方式的货物、担保情况等发生变更时，收发货人应当向原备案地海关书面申请变更。

备案有效期届满可以延续。收发货人需要继续适用集中申报方式办理通关手续的，应当在备案有效期届满 10 日前向原备案地海关书面申请延期。

第七条 收发货人有下列情形之一的，停止适用集中申报通关方式：

（一）担保情况发生变更，不能继续提供有效担保的；

（二）涉嫌走私或者违规，正在被海关立案调查的；

（三）进出口侵犯知识产权货物，被海关依法给予行政处罚的；

（四）海关分类管理类别被降为 C 类或者 D 类的。

收发货人可以在备案有效期内主动申请终止适用集中申报通关方式。

第八条 收发货人在备案有效期届满前未向原备案地海关申请延期的，《备案表》效力终止。收发货人需要继续按照集中申报方式办理通关手续的，应当重新申请备案。

第九条 依照本办法规定以集中申报通关方式办理海关手续的收发货人，应当在载运进口货物的运输工具申报进境之日起 14 日内、出口货物在运抵海关监管区后、装货的 24 小时前填制《集中申报清单》向海关申报。

收货人在运输工具申报进境之日起 14 日后向海关申报进口的，不适用集中申报通关方式。收货人应当以报关单向海关申报。

第十条 海关审核集中申报清单电子数据时，对保税货物核扣加工贸易手册（账册）或电子账册数据；对一般贸易货物核对集中申报备案数据。

经审核，海关发现集中申报清单电子数据与集中申报备案数据不一致的，应当予以退单。收发货人应当以报关单方式向海关申报。

第十一条 收发货人应当自海关审结《集中申报清单》电子数据之日起 3 日内，持《集中申报清单》及随附单证到货物所在地海关办理交单验放手续。属于许可证件管理的，收发货人还应当取得相应的许可证件，海关应当在相关证件上批注并留存复印件。

收发货人未在本条第一款规定期限办理相关海关手续的，海关删除集中申报清单电子数据，收发货人应当重新向海关申报。重新申报日期超过运输工具申报进境之日起 14 日的，应当以报关单申报。

第十二条 收发货人在清单申报后修改或者撤销集中申报清单的，参照进出口货物报关单修改和撤销的相关规定办理。

第十三条 收发货人应当对一个月内以《集中申报清单》申报的数据进行归并，填制进出口货物报关单，一般贸易货物在次月 10 日之前、保税货物在次月底之前到海关办理集中申报手续。

一般贸易货物集中申报手续不得跨年度办理。

第十四条 《集中申报清单》归并为同一份报关单的，各清单中的进出境口岸、经营单位、境内收发货人、贸易方式（监管方式）、启运国（地区）、装货港、运抵国（地区）、运输方式栏目以及适用的税率、汇率必须一致。

各清单中本条前款规定项目不一致的，收发货人应当分别归并为不同的报关单进行申报。对确实不能归并的，应当填写单独的报关单进行申报。

各清单归并为同一份报关单时，各清单中载明的商品项在商品编号、商品名称、规格型号、单位、原产国（地区）、单价和币制均一致的情况下可以进行数量和总价的合并。

第十五条 收发货人对《集中申报清单》申报的货物以报关单方式办理海关手续时，应当按照海关规定对涉税的货物办理税款缴纳手续。涉及许可证件管理的，应当取得相应许可证件。海关对相应许可证件电子数据进行系统自动比对验核。

第十六条 对适用集中申报通关方式的货物，海关按照接受清单申报之日实施的税率、汇率计征税费。

第十七条 收发货人办结集中申报海关手续后，海关按集中申报进出口货物报关单签发报关单证明联。"进出口日期"以海关接受报关单申报的日期为准。

第十八条 海关对集中申报的货物以报关单上的"进出口日期"为准列入海关统计。

第十九条 中华人民共和国境内其他地区进出海关特殊监管区域、保税监管场所的货物需要按照集中申报方式办理通关手续的，除海关另有规定以外，参照本办法办理。

第二十条 违反本办法，构成走私行为、违反海关监管规定行为或者其他违反海关法行为的，由海关依照海关法、《中华人民共和国海关行政处罚实施条例》等有关法律、行政法规的规定予以处理；构成犯罪的，依法追究刑事责任。

第二十一条 本办法由海关总署负责解释。

第二十二条 本办法自 2008 年 5 月 1 日起施行。

附件：1. 中华人民共和国海关进口货物集中申报清单（略）
　　　2. 中华人民共和国海关出口货物集中申报清单（略）
　　　3. 适用集中申报通关方式备案表（略）

中华人民共和国海关关于大嶝对台小额商品交易市场管理办法

（海关总署令第 163 号）

发布日期：2007-08-31
实施日期：2018-02-01
法规类型：部门规章

（根据 2013 年 12 月 31 日海关总署令第 214 号《海关总署关于修改〈中华人民共和国海关关于大嶝对台小额商品交易市场管理办法〉的决定》第一次修正；根据 2017 年 12 月 20 日海关总署令第 235 号《海关总署关于修改部分规章的决定》第二次修正）

第一条 为了加强大嶝对台小额商品交易市场（以下简称交易市场）的管理，维护交易市场的正常经营秩序，促进海峡两岸民间商品交流健康发展，根据《中华人民共和国海关法》（以下简称《海关法》）及其他有关法律、行政法规的规定制定本办法。

第二条 大嶝对台小额商品交易市场是经国家批准在厦门市翔安区大嶝岛内专门设立，用于开展对台民间小额商品交易活动，并且实行封闭管理的海关监管区。

第三条 对进出交易市场的货物、物品、运输工具，以及交易市场的有关场所，海关依法进行监督管理。

第四条 在交易市场内从事经营活动的法人和其他组织应当向海关办理备案登记手续。

第五条 台湾船舶及其人员运输或者携带进入交易市场的货物仅限原产于台湾的土特产品、生活日用小商品以及旅游商品，具体商品范围由海关总署另行确定并且发布。进入交易市场的台湾商品暂不征收进口关税和进口环节海关代征税。

国家限制进出口和实行许可证管理的商品，按照国家有关规定办理。从台湾进口到交易市场的台湾产卷烟，可以免于交验《自动进口许可证》。

国家禁止进出境的货物、物品不得进出交易市场。

第六条 进境运输工具负责人、进口货物收货人及其代理人应当如实向海关申报运进交易市场货物的品名、数量、价格等，并且按照海关要求交验有关单证。

第七条 进入交易市场的人员每日携带出交易市场的台湾商品总值在人民币 6000 元以下的，免征进口关税和进口环节海关代征税。超过人民币 6000 元的，超过部分按照一般贸易的管理规定办理进口手续。

仅限在规定数量内携带出交易市场的商品及数量限制由海关总署另行确定并且发布。超出规定数量的，应当按照一般贸易的管理规定办理进口手续。

第八条 从境外运入交易市场的货物和从交易市场运往境外的货物列入进、出口统计。从交易市场内运往市场外的货物，实施单项统计。

第九条 对台小额贸易公司从交易市场采购商品进口、台湾居民从交易市场采购商品出口以及进出交易市场专用码头的船舶，由海关按照原外经贸部、海关总署发布的《对台湾地区小额贸易的管理办法》进行管理。

第十条 在交易市场与专用码头之间运输台湾商品的运输工具，应当符合海关监管要求，并且办理有关手续。

第十一条 违反本办法，构成走私行为、违反海关监管规定行为或者其他违反《海关法》行为的，由海关依照《海关法》和《中华人民共和国海关行政处罚实施条例》的有关规定予以处理；构成犯罪的，依法追究刑事责任。

第十二条 本办法自 2007 年 10 月 1 日起施行。1999 年 3 月 3 日海关总署批准、1999 年 3 月 26 日厦门海关公布的《厦门海关对大嶝对台小额商品交易市场的监管办法》同时废止。

中华人民共和国海关征收进口货物滞报金办法

（海关总署令第 128 号）

发布日期：2005-03-03
实施日期：2014-03-13
法规类型：部门规章

（根据 2014 年 3 月 13 日海关总署令第 218 号《海关总署关于修改部分规章的决定》第一次修正；根据 2018 年 5 月 29 日海关总署令第 240 号《海关总署关于修改部分规章的决定》第二次修正）

第一章 总 则

第一条 为了加强海关对进口货物的通关管理，加快口岸货物运输，促使进口货物收货人（包括受委托的报关企业，下同）及时申报，根据《中华人民共和国海关法》（以下简称《海关法》）以及有关法律、行政法规规定，制定本办法。

第二条 进口货物收货人超过规定期限向海关申报产生滞报，海关依法应当征收滞报金的，适用本办法。

第三条 滞报金应当由进口货物收货人于当次申报时缴清。进口货物收货人要求在缴清滞报金前先放行货物的，海关可以在其提供与应缴纳滞报金等额的保证金后放行。

第二章　滞报金的计算与征收

第四条　征收进口货物滞报金应当按日计征，以自运输工具申报进境之日起第十五日为起征日，以海关接受申报之日为截止日，起征日和截止日均计入滞报期间，另有规定的除外。

第五条　征收下列进口货物滞报金应当按照下列规定计算起征日：

（一）邮运进口货物应当以自邮政企业向海关驻邮局办事机构申报总包之日起第十五日为起征日；

（二）转关运输货物在进境地申报的，应当以自载运进口货物的运输工具申报进境之日起第十五日为起征日；在指运地申报的，应当以自货物抵达指运地之日起第十五日为起征日；

邮运进口转关运输货物在进境地申报的，应当以自运输工具申报进境之日起第十五日为起征日；在指运地申报的，应当以自邮政企业向海关驻邮局办事机构申报总包之日起第十五日为起征日。

第六条　进口货物收货人向海关传送报关单电子数据申报后，未按照海关总署规定递交报关单及随附单证，海关予以撤销报关单电子数据处理。进口货物收货人重新向海关申报，产生滞报的，按照本办法第四条规定计算滞报金起征日。

进口货物收货人申报后依法撤销原报关单电子数据重新申报的，以撤销原报关单之日起第十五日为起征日。

第七条　进口货物因收货人在运输工具申报进境之日起超过三个月未向海关申报，被海关提取作变卖处理后，收货人申请发还余款的，比照本办法第四条规定计征滞报金。滞报金的截止日为该三个月期限的最后一日。

第八条　进口货物因被行政扣留或者刑事扣押不能按期申报而产生滞报的，其扣留或者扣押期间不计算在滞报期间内。扣留或者扣押期间起止日根据决定行政扣留或者刑事扣押部门签发的有关文书确定。

第九条　滞报金的日征收金额为进口货物完税价格的千分之零点五，以人民币"元"为计征单位，不足人民币一元的部分免予计征。

征收滞报金的计算公式为：

进口货物完税价格 × 0.5‰ × 滞报期间

滞报金的起征点为人民币 50 元。

第十条　海关征收进口货物滞报金时，应当向收货人出具滞报金缴款通知书。海关收取滞报金后，应当向收货人出具财政部统一印（监）制的票据。

不属于本办法第十二条所列的减免滞报金情形的，海关可以直接向收货人出具财政部统一印（监）制的票据，收货人持票据到海关指定的部门或者开户银行缴款，海关凭指定部门或者银行加盖收讫章的票据予以核注。

属于本办法第十二条所列的减免滞报金情形的，进口货物收货人收到滞报金缴款通知书后，应当按照本办法第十三条规定向海关申请减免进口货物滞报金。经海关审核批准免予征收滞报金的，由现场关员凭有关批复在系统中予以核注；如经海关审核仍需征收部分或者全部滞报金的，海关向收货人出具财政部统一印（监）制的票据，收货人持票据到海关指定的部门或者开户银行缴款，海关凭指定部门或者银行加盖收讫章的票据予以核注。

若通过中国电子口岸"网上税费支付"系统缴纳滞报金的，按照"网上税费支付"的操作程序办理滞报金的征收手续。

第十一条　转关运输货物在进境地产生滞报的，由进境地海关征收滞报金；在指运地产生滞报的，由指运地海关征收滞报金。

第三章　滞报金的减免

第十二条　有下列情形之一的，进口货物收货人可以向申报地海关申请减免滞报金：

（一）政府主管部门有关贸易管理规定变更，要求收货人补充办理有关手续或者政府主管部门延迟签发许可证件，导致进口货物产生滞报的；

（二）产生滞报的进口货物属于政府间或者国际组织无偿援助和捐赠用于救灾、社会公益福利等方面的进口物资或者其他特殊货物的；

（三）由于不可抗力导致收货人无法在规定期限内申报，从而产生滞报的；

（四）因海关及相关司法、行政执法部门工作原因致使收货人无法在规定期限内申报，从而产生滞报的；

（五）其他特殊情况经海关批准的。

第十三条　进口货物收货人申请减免滞报金的，应当自收到海关滞报金缴款通知书之日起 30 个工作日内，以书面形式向申报地海关提交申请书，申请书应当加盖公章。

进口货物收货人提交申请材料时，应当同时提供政府主管部门或者相关部门出具的相关证明材料。

收货人应当对申请书以及相关证明材料的真实性、合法性、有效性承担法律责任。

第十四条　有下列情形之一的，海关不予征收滞报金：

（一）收货人在运输工具申报进境之日起超过三个月未向海关申报，进口货物被依法变卖处理，余款按《海关法》第三十条规定上缴国库的；

（二）进口货物收货人在申报期限内，根据《海关法》有关规定向海关提供担保，并在担保期限内办理有关进口手续的；

（三）进口货物收货人申报后依法撤销原报关单电子数据重新申报，因删单重报产生滞报的；

（四）进口货物办理直接退运的；

（五）进口货物应征收滞报金金额不满人民币 50 元的。

第四章　附　则

第十五条　从境外进入保税区、出口加工区等海关特殊监管区域、以备案清单方式向海关申报的进口货物产生滞报的，参照本办法第九条计征滞报金。

第十六条　本办法规定的滞报金起征日遇有休息日或者法定节假日的，顺延至休息日或者法定节假日之后的第一个工作日。国务院临时调整休息日与工作日的，海关应当按照调整后的情况确定滞报金的起征日。

第十七条　本办法所指的进口货物完税价格是指《中华人民共和国进出口关税条例》第十八条规定的完税价格。

第十八条　本办法所规定的文书由海关总署另行制定并且发布。

第十九条　本办法由海关总署负责解释。

第二十条　本办法自 2005 年 6 月 1 日起施行。

中华人民共和国海关进出口货物申报管理规定

（海关总署令第 103 号）

发布日期：2003-09-18
实施日期：2018-11-23
法规类型：部门规章

（根据 2010 年 11 月 26 日海关总署令第 198 号《海关总署关于修改部分规章的决定》第一次修正；根据 2014 年 3 月 13 日海关总署令第 218 号《海关总署关于修改部分规章的决定》第二次修正；根据 2017 年 12 月 20 日海关总署令第 235 号公布的《海关总署关于修改部分规章的决定》第三次修正；根据 2018 年 4 月 28 日海关总署令第 238 号《海关总署关于修改部分规章的决定》第四次修正；根据 2018 年 5 月 29 日海关总署令第 240 号《海关总署关于修改部分规章的决定》第五次修正；根据 2018 年 11 月 23 日海关总署令第 243 号《海关总署关于修改部分规章的决定》第六次修正）

第一章 总 则

第一条 为了规范进出口货物的申报行为，依据《中华人民共和国海关法》（以下简称《海关法》）及国家进出口管理的有关法律、行政法规，制定本规定。

第二条 本规定中的"申报"是指进出口货物的收发货人、受委托的报关企业，依照《海关法》以及有关法律、行政法规和规章的要求，在规定的期限、地点，采用电子数据报关单或者纸质报关单形式，向海关报告实际进出口货物的情况，并且接受海关审核的行为。

第三条 除另有规定外，进出口货物的收发货人或者其委托的报关企业向海关办理各类进出口货物的申报手续，均适用本规定。

第四条 进出口货物的收发货人，可以自行向海关申报，也可以委托报关企业向海关申报。

向海关办理申报手续的进出口货物的收发货人、受委托的报关企业应当预先在海关依法办理登记注册。

第五条 申报采用电子数据报关单申报形式或者纸质报关单申报形式。电子数据报关单和纸质报关单均具有法律效力。

电子数据报关单申报形式是指进出口货物的收发货人、受委托的报关企业通过计算机系统按照《中华人民共和国海关进出口货物报关单填制规范》的要求向海关传送报关单电子数据并且备齐随附单证的申报方式。

纸质报关单申报形式是指进出口货物的收发货人、受委托的报关企业，按照海关的规定填制纸质报关单，备齐随附单证，向海关当面递交的申报方式。

进出口货物的收发货人、受委托的报关企业应当以电子数据报关单形式向海关申报，与随附单证一并递交的纸质报关单的内容应当与电子数据报关单一致；特殊情况下经海关同意，允许先采用纸质报关单形式申报，电子数据事后补报，补报的电子数据应当与纸质报关单内容一致。在向未使用海关信息化管理系统作业的海关申报时可以采用纸质报关单申报形式。

第六条 为进出口货物的收发货人、受委托的报关企业办理申报手续的人员，应当是在海关备案的报关人员。

第二章 申报要求

第七条 进出口货物的收发货人、受委托的报关企业应当依法如实向海关申报，对申报内容的真实性、准确性、完整性和规范性承担相应的法律责任。

第八条 进口货物的收货人、受委托的报关企业应当自运输工具申报进境之日起十四日内向海关申报。

进口转关运输货物的收货人、受委托的报关企业应当自运输工具申报进境之日起十四日内，向进境地海关办理转关运输手续，有关货物应当自运抵指运地之日起十四日内向指运地海关申报。

出口货物发货人、受委托的报关企业应当在货物运抵海关监管区后、装货的二十四小时以前向海关申报。

超过规定时限未向海关申报的，海关按照《中华人民共和国海关征收进口货物滞报金办法》征收滞报金。

第九条 本规定中的申报日期是指申报数据被海关接受的日期。不论以电子数据报关单方式申报或者以纸质报关单方式申报，海关以接受申报数据的日期为接受申报的日期。

以电子数据报关单方式申报的，申报日期为海关计算机系统接受申报数据时记录的日期，该日期将反馈给原数据发送单位，或者公布于海关业务现场，或者通过公共信息系统发布。

以纸质报关单方式申报的，申报日期为海关接受纸质报关单并且对报关单进行登记处理的日期。

第十条 电子数据报关单经过海关计算机检查被退回的，视为海关不接受申报，进出口货物收发货人、受委托的报关企业应当按照要求修改后重新申报，申报日期为海关接受重新申报的日期。

海关已接受申报的报关单电子数据，人工审核确认需要退回修改的，进出口货物收发货人、受委托的报关企业应当在10日内完成修改并且重新发送报关单电子数据，申报日期仍为海关接受原报关单电子数据的日期；超过10日的，原报关单无效，进出口货物收发货人、受委托的报关企业应当另行向海关申报，申报日期为海关再次接受申报的日期。

第十一条 进出口货物的收发货人以自己的名义，向海关申报的，报关单应当由进出口货物收发货人签名盖章，并且随附有关单证。

报关企业接受进出口货物的收发货人委托，以自己的名义或者以委托人的名义向海关申报的，应当向海关提交由委托人签署的授权委托书，并且按照委托书的授权范围办理有关海关手续。

第十二条 报关企业接受进出口货物收发货人委托办理报关手续的，应当与进出口货物收发货人签订有明确委托事项的委托协议，进出口货物收发货人应当向报关企业提供委托报关事项的真实情况。

报关企业接受进出口收发货人的委托，办理报关手续时，应当对委托人所提供情况的真实性、完整性进行合理审查，审查内容包括：

（一）证明进出口货物的实际情况的资料，包括进出口货物的品名、规格、用途、产地、贸易方式等；

（二）有关进出口货物的合同、发票、运输单据、装箱单等商业单据；

（三）进出口所需的许可证件及随附单证；

（四）海关总署规定的其他进出口单证。

报关企业未对进出口货物的收发货人提供情况的真实性、完整性履行合理审查义务或者违反海关规定申报的，应当承担相应的法律责任。

第十三条　进口货物的收货人，向海关申报前，因确定货物的品名、规格、型号、归类等原因，可以向海关提出查看货物或者提取货样的书面申请。海关审核同意的，派员到场实际监管。

查看货物或者提取货样时，海关开具取样记录和取样清单；提取货样的货物涉及动植物及产品以及其他须依法提供检验证明的，应当在依法取得有关批准证明后提取。提取货样后，到场监管的海关关员与进口货物的收货人在取样记录和取样清单上签字确认。

第十四条　海关接受进出口货物的申报后，报关单证及其内容不得修改或者撤销；符合规定情形的，应当按照进出口货物报关单修改和撤销的相关规定办理。

第十五条　海关审核电子数据报关单时，需要进出口货物的收发货人、受委托的报关企业解释、说明情况或者补充材料的，收发货人、受委托的报关企业应当在接到海关通知后及时进行说明或者提供完备材料。

第十六条　海关审结电子数据报关单后，进出口货物的收发货人、受委托的报关企业应当自接到海关"现场交单"或者"放行交单"通知之日起10日内，持打印出的纸质报关单，备齐规定的随附单证并且签名盖章，到货物所在地海关递交书面单证并且办理相关海关手续。

确因节假日或者转关运输等其他特殊原因需要逾期向海关递交书面单证并且办理相关海关手续的，进出口货物的收发货人、受委托的报关企业应当事先向海关提出书面申请说明原因，经海关核准后在核准的期限内办理。其中，进出口货物收发货人自行报关的，由收发货人在申请书上签章；委托报关企业报关的，由报关企业和进出口货物收发货人双方共同在申请书上签章。

未在规定期限或者核准的期限内递交纸质报关单的，海关删除电子数据报关单，进出口货物的收发货人、受委托的报关企业应当重新申报。由此产生的滞报金按照《中华人民共和国海关征收进口货物滞报金办法》的规定办理。

现场交单审核时，进出口货物的收发货人、受委托的报关企业应当向海关递交与电子数据报关单内容一致的纸质报关单及随附单证。特殊情况下，个别内容不符的，经海关审核确认无违法情形的，由进出口货物收发货人、受委托的报关企业重新提供与报关单电子数据相符的随附单证或者提交有关说明的申请，电子数据报关单可以不予删除。其中，实际交验的进出口许可证件与申报内容不一致的，经海关认定无违反国家进出口贸易管制政策和海关有关规定的，可以重新向海关提交。

第十七条　企业可以通过计算机网络向海关进行联网实时申报。具体办法由海关总署另行制定。

第三章　特殊申报

第十八条　经海关批准，进出口货物的收发货人、受委托的报关企业可以在取得提（运）单或者载货清单（舱单）数据后，向海关提前申报。

在进出口货物的品名、规格、数量等已确定无误的情况下，经批准的企业可以在进口货物启运后、抵港前或者出口货物运入海关监管作业场所前3日内，提前向海关办理报关手续，并且按照海关的要求交验有关随附单证、进出口货物批准文件及其他需提供的证明文件。

验核提前申报的进出口货物许可证件有效期以海关接受申报之日为准。提前申报的进出口货物税率、汇率的适用，按照《中华人民共和国进出口关税条例》（以下简称《关税条例》）的有关规定办理。

第十九条　特殊情况下，经海关批准，进出口货物的收发货人、受委托的报关企业可以自装载货物的运输工具申报进境之日起 1 个月内向指定海关办理集中申报手续。

集中申报企业应当向海关提供有效担保，并且在每次货物进、出口时，按照要求向海关报告货物的进出口日期、运输工具名称、提（运）单号、税号、品名、规格型号、价格、原产地、数量、重量、收（发）货单位等海关监管所必需的信息，海关可以准许先予查验和提取货物。集中申报企业提取货物后，应当自装载货物的运输工具申报进境之日起 1 个月内向海关办理集中申报及征税、放行等海关手续。超过规定期限未向海关申报的，按照《中华人民共和国海关征收进口货物滞纳金办法》征收滞纳金。

集中申报采用向海关进行电子数据报关单申报的方式。

集中申报的进出口货物税率、汇率的适用，按照《关税条例》的有关规定办理。

第二十条　经电缆、管道、输送带或者其他特殊运输方式输送进出口的货物，经海关同意，可以定期向指定海关申报。

第二十一条　需要向海关申报知识产权状况的进出口货物，收发货人、受委托的报关企业应当按照海关要求向海关如实申报有关知识产权状况，并且提供能够证明申报内容真实的证明文件和相关单证。海关按规定实施保护措施。

第二十二条　海关对进出口货物申报价格、税则归类进行审查时，进出口货物的收发货人、受委托的报关企业应当按海关要求提交相关单证和材料。

第二十三条　需要进行补充申报的，进出口货物的收发货人、受委托的报关企业应当如实填写补充申报单，并且向海关递交。

第二十四条　转运、通运、过境货物及快件的申报规定，由海关总署另行制定。

第四章　申报单证

第二十五条　进出口货物的收发货人、受委托的报关企业应当取得国家实行进出口管理的许可证件，凭海关要求的有关单证办理报关纳税手续。海关对有关进出口许可证件电子数据进行系统自动比对验核。

前款规定的许可证件，海关与证件主管部门未实现联网核查，无法自动比对验核的，进出口货物收发货人、受委托的报关企业应当持有关许可证件办理海关手续。

第二十六条　向海关递交纸质报关单可以使用事先印制的规定格式报关单或者直接在 A4 型空白纸张上打印。

第二十七条　进、出口货物报关单应当随附的单证包括：

（一）合同；

（二）发票；

（三）装箱清单；

（四）载货清单（舱单）；

（五）提（运）单；

（六）代理报关授权委托协议；

（七）进出口许可证件；

（八）海关总署规定的其他进出口单证。

第二十八条　货物实际进出口前，海关已对该货物做出预归类决定的，进出口货物的收发货人、受委托的报关企业在货物实际进出口申报时应当向海关提交《预归类决定书》。

第五章　报关单证明联、核销联的签发和补签

第二十九条　根据国家外汇、税务、海关对加工贸易等管理的要求，进出口货物的收发货人、受委托的报关企业办结海关手续后，可以向海关申请签发下列报关单证明联：

（一）用于办理付汇的货物贸易外汇管理 B 类、C 类企业进口货物报关单证明联；

（二）用于办理收汇的货物贸易外汇管理 B 类、C 类企业出口货物报关单证明联；

（三）用于办理加工贸易核销的海关核销联。

海关签发报关单证明联应当在打印出的报关单证明联的右下角规定处加盖已在有关部门备案的"验讫章"。

进出口货物的收发货人、受委托的报关企业在申领报关单证明联、海关核销联时，应当提供海关要求的有效证明。

第三十条 海关已签发的报关单证明联、核销联因遗失、损毁等特殊情况需要补签的，进出口货物的收发货人、受委托的报关企业应当自原证明联签发之日起 1 年内向海关提出书面申请，并且随附有关证明材料，海关审核同意后，可以予以补签。海关在证明联、核销联上注明"补签"字样。

第六章 附 则

第三十一条 保税区、出口加工区进出口的货物及进出保税区、出口加工区货物，加工贸易后续管理环节的内销、余料结转、深加工结转等，除另有规定外，按照本规定的规定在主管海关办理申报手续。

第三十二条 采用转关运输方式的进出口货物，按照《中华人民共和国海关关于转关货物的监管办法》办理申报手续。

第三十三条 进出口货物的收发货人、受委托的报关企业、报关员违反本规定的，依照《海关法》及《中华人民共和国海关行政处罚实施条例》等有关规定处罚。

第三十四条 本规定由海关总署负责解释。

第三十五条 本规定自 2003 年 11 月 1 日起施行。

中华人民共和国海关关于超期未报关进口货物、误卸或者溢卸的进境货物和放弃进口货物的处理办法

（海关总署令第 91 号）

发布日期：2001-12-20

实施日期：2023-03-09

法规类型：部门规章

（根据 2010 年 11 月 26 日海关总署令第 198 号《海关总署关于修改部分规章的决定》第一次修正；根据 2014 年 3 月 13 日海关总署令第 218 号《海关总署关于修改部分规章的决定》第二次修正；根据 2018 年 4 月 28 日海关总署令第 238 号《海关总署关于修改部分规章的决定》第三次修正；根据 2018 年 11 月 23 日海关总署令第 243 号《海关总署关于修改部分规章的决定》第四次修正；根据 2023 年 3 月 9 日海关总署令第 262 号《海关总署关于修改部分规章的决定》第五次修正）

第一条 为了加强对超期未报关进口货物、误卸或者溢卸的进境货物和放弃进口货物的

处理，根据《中华人民共和国海关法》的规定，制定本办法。

第二条　进口货物的收货人应当自运输工具申报进境之日起十四日内向海关申报。进口货物的收货人超过上述规定期限向海关申报的，由海关按照《中华人民共和国海关征收进口货物滞报金办法》的规定，征收滞报金；超过三个月未向海关申报的，其进口货物由海关提取依法变卖处理。

第三条　由进境运输工具载运进境并且因故卸至海关监管区或者其他经海关批准的场所，未列入进口载货清单、运单向海关申报进境的误卸或者溢卸的进境货物，经海关审定确实的，由载运该货物的原运输工具负责人，自该运输工具卸货之日起三个月内，向海关办理直接退运出境手续；或者由该货物的收发货人，自该运输工具卸货之日起三个月内，向海关办理退运或者申报进口手续。

前款所列货物，经载运该货物的原运输工具负责人，或者该货物的收发货人申请，海关批准，可以延期三个月办理退运出境或者申报进口手续。

本条第一款所列货物，超过前两款规定的期限，未向海关办理退运出境或者申报进口手续的，由海关提取依法变卖处理。

第四条　进口货物的收货人或者其所有人声明放弃的进口货物，由海关提取依法变卖处理。

国家禁止或者限制进口的废物、对环境造成污染的货物不得声明放弃。除符合国家规定，并且办理申报进口手续，准予进口的外，由海关责令货物的收货人或者其所有人、载运该货物进境的运输工具负责人退运出境；无法退运的，由海关责令其在海关和有关主管部门监督下予以销毁或者进行其他妥善处理，销毁和处理的费用由收货人承担，收货人无法确认的，由相关运输工具负责人及承运人承担；违反国家有关法律法规的，由海关依法予以处罚，构成犯罪的，依法追究刑事责任。

第五条　保税货物、暂时进口货物超过规定的期限三个月，未向海关办理复运出境或者其他海关有关手续的；过境、转运和通运货物超过规定的期限三个月，未运输出境的，按照本办法第二条的规定处理。

第六条　超期未报关进口货物、误卸或者溢卸的进境货物和放弃进口货物属于海关实施检验检疫的进出境商品目录范围的，海关应当在变卖前进行检验、检疫，检验、检疫的费用与其他变卖处理实际支出的费用从变卖款中支付。

第七条　按照本办法第二条、第三条、第五条规定由海关提取依法变卖处理的超期未报、误卸或者溢卸等货物的所得价款，在优先拨付变卖处理实际支出的费用后，按照下列顺序扣除相关费用和税款：

（一）运输、装卸、储存等费用；

（二）进口关税；

（三）进口环节海关代征税；

（四）滞报金。

所得价款不足以支付同一顺序的相关费用的，按照比例支付。

扣除上述第（二）项进口关税的完税价格按照下列公式计算：

$$完税价格 = \cfrac{变卖所得价款 - 变卖费用 - 运储费用}{1 + 关税率 + 增值税率 + \cfrac{关税率 \times 增值税率}{1 - 消费税率}}$$

实行从量、复合或者其他方式计征税款的货物，按照有关征税的规定计算和扣除税款。

按照本条第一款规定扣除相关费用和税款后，尚有余款的，自货物依法变卖之日起一年内，经进口货物收货人申请，予以发还。其中属于国家限制进口的，应当提交许可证件而不能提供的，不予发还；不符合进口货物收货人资格、不能证明对进口货物享有权利的，申请不予受理。逾期无进口货物收货人申请、申请不予受理或者不予发还的，余款上缴国库。

第八条 按照本办法第四条规定由海关提取依法变卖处理的放弃进口货物的所得价款，优先拨付变卖处理实际支出的费用后，再扣除运输、装卸、储存等费用。

所得价款不足以支付上述运输、装卸、储存等费用的，按比例支付。

按照本条第一款规定扣除相关费用后尚有余款的，上缴国库。

第九条 按照本办法第七条规定申请发还余款的，申请人应当提供证明其为该进口货物收货人的相关资料。经海关审核同意后，申请人应当按照海关对进口货物的申报规定，取得有关进口许可证件，凭有关单证补办进口申报手续。海关对有关进口许可证件电子数据进行系统自动比对验核。申报时没有有效进口许可证件的，由海关按照《中华人民共和国海关行政处罚实施条例》的规定处理。

第十条 进口货物的收货人自运输工具申报进境之日起三个月后、海关决定提取依法变卖处理前申请退运或者进口超期未报进口货物的，应当经海关审核同意，并按照有关规定向海关申报。申报进口的，应当按照《中华人民共和国海关征收进口货物滞报金办法》的规定，缴纳滞报金（滞报期间的计算，自运输工具申报进境之日的第15日起至货物申报进口之日止）。

第十一条 本办法第二条、第三条、第五条所列货物属于危险品或者鲜活、易腐、易烂、易失效、易变质、易贬值等不宜长期保存的货物的，海关可以根据实际情况，提前提取依法变卖处理。所得价款按照本办法第七条、第九条的规定办理。

第十二条 "进口货物收货人"，指经对外经济贸易主管部门登记或者核准有货物进口经营资格，并向海关办理报关单位备案的中华人民共和国境内法人、其他组织或者个人。

第十三条 进出境物品所有人声明放弃的物品，在海关规定期限内未办理海关手续或者无人认领的物品，以及无法投递又无法退回的进境邮递物品，由海关按照本办法第二条、第四条等有关规定处理。

第十四条 本办法由海关总署解释。

第十五条 本办法自2001年12月20日起实施。

中华人民共和国海关关于转关货物监管办法

（海关总署令第89号）

发布日期：2001-09-30
实施日期：2018-07-01
法规类型：部门规章

（根据2014年3月13日海关总署令第218号《海关总署关于修改部分规章的决定》第一次修正；根据2017年12月20日海关总署令第235号《海关总署关于修改部分规章的决定》第二次修正；根据2018年5月29日海关总署令第240号《海关总署关于修改部分规章的决定》第三次修正）

第一章 总 则

第一条 为了加强对转关货物的监管，方便收发货人办理海关手续，根据《中华人民共和国海关法》制定本办法。

第二条　转关货物是海关监管货物，海关对进出口转关货物施加海关封志。

对商业封志完好的内支线船舶和铁路承运的转关货物，海关可以不施加海关封志。

可以办理转关手续的进出口货物范围由海关总署另行确定并且发布。

第三条　转关货物应当由已经在海关注册登记的承运人承运。海关对转关限定路线范围，限定途中运输时间，承运人应当按海关要求将货物运抵指定的场所。

海关根据工作需要，可以派员押运转关货物，货物收发货人或者其代理人、承运人应当提供方便。

第四条　转关货物的指运地或启运地应当设有经海关批准的海关监管作业场所。转关货物的存放、装卸、查验应当在海关监管作业场所内进行。特殊情况需要在海关监管作业场所以外存放、装卸、查验货物的，应当向海关事先提出申请，海关按照规定监管。

第五条　海关对转关货物的查验，由指运地或者启运地海关实施。进、出境地海关认为必要时也可以查验或者复验。

第六条　转关货物未经海关许可，不得开拆、提取、交付、发运、调换、改装、抵押、质押、留置、转让、更换标记、移作他用或者进行其他处置。

第七条　转关货物的收发货人或者代理人，可以采取以下三种方式办理转关手续：

（一）在指运地或者启运地海关以提前报关方式办理；

（二）在进境地或者启运地海关以直接填报转关货物申报单的直转方式办理；

（三）以由境内承运人或者其代理人统一向进境地或者启运地海关申报的中转方式办理。

第八条　转关货物申报的电子数据与书面单证具有同等的法律效力。对确因填报或者传输错误的数据，符合进出口货物报关单修改和撤销管理相关规定的，可以进行修改或者撤销。对海关已经决定查验的转关货物，不再允许修改或者撤销申报内容。

广东省内公路运输的《进境汽车载货清单》或者《出境汽车载货清单》视同转关申报书面单证，具有法律效力。

第九条　转关货物运输途中因交通意外等原因需要更换运输工具或者驾驶员的，承运人或者驾驶员应当通知附近海关；附近海关核实同意后，监管换装并书面通知进境地、指运地海关或者出境地、启运地海关。

第十条　转关货物在国内储运中发生损坏、短少、灭失情事时，除不可抗力外，承运人、货物所有人、存放场所负责人应承担税赋责任。

第二章　进口转关货物的监管

第十一条　转关货物应当自运输工具申报进境之日起 14 天内向进境地海关办理转关手续，在海关限定期限内运抵指运地海关之日起 14 天内，向指运地海关办理报关手续。逾期按照规定征收滞报金。

第十二条　进口转关货物，按货物到达指运地海关之日的税率和汇率征税。提前报关的，其适用的税率和汇率是指运地海关接收到进境地海关传输的转关放行信息之日的税率和汇率。如果货物运输途中税率和汇率发生重大调整的，以转关货物运抵指运地海关之日的税率和汇率计算。

第十三条　提前报关的转关货物，进口货物收货人或者其代理人在进境地海关办理进口货物转关手续前，向指运地海关录入《进口货物报关单》电子数据，指运地海关提前受理电子申报，货物运抵指运地海关监管作业场所后，办理转关核销和接单验放等手续。

第十四条　提前报关的转关货物，其收货人或者代理人向指运地海关填报录入《进口货物报关单》后，计算机自动生成《进口转关货物申报单》并传输至进境地海关。

第十五条　提前报关的转关货物收货人或者代理人，应当向进境地海关提供《进口转关货物申报单》编号，并提交下列单证办理转关手续：

（一）《中华人民共和国海关境内汽车载运海关监管货物载货登记簿》（以下简称《汽车载货登记簿》）或《船舶监管簿》；

（二）提货单。

广东省内公路运输的，还应当交验《进境汽车载货清单》。

第十六条 提前报关的进口转关货物应当在电子数据申报之日起的 5 日内，向进境地海关办理转关手续。超过期限仍未到进境地海关办理转关手续的，指运地海关撤销提前报关的电子数据。

第十七条 直转的转关货物，货物收货人或者代理人在进境地录入转关申报数据，直接办理转关手续。

第十八条 直转的转关货物，货物收货人或者代理人应凭以下单证向进境地海关办理转关手续：

（一）《进口转关货物申报单》；广东省内公路运输的，交验《进境汽车载货清单》；

（二）《汽车载货登记簿》或者《船舶监管簿》。

第十九条 具有全程提运单、需换装境内运输工具的中转转关货物，收货人或者其代理人向指运地海关办理进口报关手续后，由境内承运人或者其代理人，批量办理货物转关手续。

第二十条 中转的转关货物，运输工具代理人应当凭以下单证向进境地海关办理转关手续：

（一）《进口转关货物申报单》；

（二）进口中转货物的按指运地目的港分列的舱单；

以空运方式进境的中转货物，提交联程运单。

第三章　出口转关货物的监管

第二十一条 出口提前报关的转关货物，由货物发货人或者其代理人在货物未运抵启运地海关监管作业场所前，向启运地海关填录入《出口货物报关单》电子数据，启运地海关提前受理电子申报。货物应当于电子数据申报之日起 5 日内，运抵启运地海关监管作业场所，办理转关和验放等手续。超过期限的，启运地海关撤销提前报关的电子数据。

第二十二条 出口直转的转关货物，由货物发货人或者其代理人在货物运抵启运地海关监管作业场所后，向启运地海关填报录入《出口货物报关单》电子数据，启运地海关受理电子申报，办理转关和验放等手续。

第二十三条 提前报关和直转的出口转关货物，其发货人或者代理人应当在启运地填报录入《出口货物报关单》，在启运地海关办理出口通关手续后，计算机自动生成《出口转关货物申报单》数据，传送至出境地海关。

第二十四条 提前报关和直转的出口转关货物发货人或者代理人应当凭以下单证在启运地海关办理出口转关手续：

（一）《出口货物报关单》；

（二）《汽车载货登记簿》或者《船舶监管簿》；

（三）广东省内公路运输的，还应当递交《出境汽车载货清单》。

第二十五条 提前报关和直转的出口转关货物到达出境地后，发货人或者代理人应当凭《汽车载货登记簿》或者《船舶监管簿》和启运地海关签发的《出口货物报关单》和《出口转关货物申报单》或者《出境汽车载货清单》（广东省内公路运输），向出境地海关办理转关货物的出境手续。

第二十六条 具有全程提运单、需换装境内运输工具的出口中转货物，发货人向启运地海关办理出口报关手续后，由承运人或者其代理人按照出境运输工具分列舱单，批量办理货物转关手续。

第二十七条 出口中转货物，其发货人或者代理人向启运地海关办理出口通关手续后，运输工具代理人应当凭以下单证向启运地海关办理转关手续：

（一）《出口转关货物申报单》；

（二）按出境运输工具分列的舱单；

（三）《汽车载货登记簿》或者《船舶监管簿》。

经启运地海关核准后，签发《出口货物中转通知书》。出境地海关验核上述单证，办理中转货物的出境手续。

第二十八条 对需运抵出境地后才能确定出境运输工具，或者原定的运输工具名称、航班（次）、提单号发生变化的，可以在出境地补录或者修改相关数据，办理出境手续。

第四章 核 销

第二十九条 进口转关货物在运抵指运地海关监管作业场所后，指运地海关方可办理转关核销。

对于进口大宗散装转关货物分批运输的，在第一批货物运抵指运地海关监管作业场所后，指运地海关办理整批货物的转关核销手续，发货人或者代理人同时办理整批货物的进口报关手续。指运地海关按规定办理余下货物的验放。最后一批货物到齐后，指运地海关完成整批货物核销。

第三十条 出口转关货物在运抵出境地海关监管作业场所后，出境地海关方可办理转关核销。货物实际离境后，出境地海关核销清洁舱单并且反馈启运地海关，启运地海关凭以签发有关报关单证明联。

第三十一条 转关工具未办结转关核销的，不得再次承运转关货物。

第五章 附 则

第三十二条 本办法下列用语的含义是：

（一）转关货物系指：

1. 由进境地入境，向海关申请转关、运往另一设关地点办理进口海关手续的货物；

2. 在启运地已办理出口海关手续运往出境地，由出境地海关监管放行的货物。

（二）进境地：指货物进入关境的口岸。

（三）出境地：指货物离开关境的口岸。

（四）指运地：指进口转关货物运抵报关的地点。

（五）启运地：指出口转关货物报关发运的地点。

（六）承运人：指经海关核准，承运转关货物的企业。

第三十三条 本办法所规定的文书由海关总署另行制定并且发布。

第三十四条 本办法由海关总署负责解释。

第三十五条 本办法自 2001 年 10 月 15 日起实施。原《海关总署关于发布〈中华人民共和国海关广东地区陆路转关运输货物监管办法〉的通知》（署监〔2001〕21 号）、《海关总署关于发布〈中华人民共和国海关关于长江沿线进出口转关运输货物监管办法〉的通知》（署监〔2001〕22 号）、《关于发布〈中华人民共和国海关关于转关运输货物监管办法〉的通知》（署监一〔1992〕1377 号）同时废止。

关于进一步拓展吉林省内贸货物跨境运输业务范围的公告

（海关总署公告 2023 年第 44 号）

发布日期：2023-05-04
实施日期：2023-06-01
法规类型：规范性文件

为落实国家振兴东北老工业基地的战略部署，促进利用境外港口开展内贸货物跨境运输合作，海关总署决定进一步拓展吉林省内贸货物跨境运输业务范围。现就有关事宜公告如下：

一、同意在原有吉林省内贸货物跨境运输业务范围的基础上，增加俄罗斯符拉迪沃斯托克港为内贸货物跨境运输中转口岸，增加浙江省舟山甬舟集装箱码头和嘉兴乍浦港 2 个港口为内贸货物跨境运输入境口岸。

二、跨境运输过程中，运输企业须采取有效防控措施，防止动植物疫情和外来物种传入。

三、其余事项按照海关总署公告 2014 年第 42 号执行。

本公告自 2023 年 6 月 1 日起实施。

特此公告。

关于通过深圳前海联合交易中心
进口大豆有关通关事项的公告

（海关总署公告 2023 年第 42 号）

发布日期：2023-04-30
实施日期：2023-04-30
法规类型：规范性文件

为便利境内大豆产业链供应链相关市场主体通过深圳前海联合交易中心进口大豆，根据《中华人民共和国海关法》《中华人民共和国进出境动植物检疫法》及其实施条例、《农业转基因生物安全管理条例》等法律法规，现就有关通关事项公告如下：

一、通过深圳前海联合交易中心开展离岸现货交易的大豆，进口企业办理进境动植物检疫许可证时，可以保税仓库或海关特殊监管区域、保税物流中心（B 型）内的仓储场所（以下统称保税交易库）作为境内存放场所，"用途"栏填写"现货交易和期货实物交割"。

二、通过深圳前海联合交易中心交易进口大豆的境内收货人和存放进口大豆的保税交易库经营企业应当为海关非失信企业，保税交易库经营企业承担经营主体责任。保税交易库应当符合海关检疫监管要求。

三、大豆从境外进入保税交易库报关或者备案时，企业应当按照相关规定提交进境动植物检疫许可证、植物检疫证书和农业转基因生物安全证书。进境大豆经海关口岸检疫后，应当运至保税交易库存放，并接受海关监管。保税物流账册表头备注栏应注明"大豆保税交易库"。保税交易库内的大豆可以在境内大豆产业链供应链相关市场主体间出售、转让。

四、深圳前海联合交易中心应向海关实时提供进口大豆保税交易及交收结算单、保税仓单清单及仓单状态、出库指令等电子信息，具体可通过与海关信息化辅助管理系统联网对接等方式实现。

五、经海关批准，保税仓单可以质押。质押应当提供担保并符合海关监管要求，担保期限不短于质押期限。

（一）保税仓单持有人需要开展质押业务的，应当委托保税交易库向主管海关办理仓单质押备案手续，提交《保税仓单质押业务备案表》（见附件1），以及保证金或者银行、非银行金融机构保函。保税交易库应当做好质押货物的标识，质押期间不得办理提货。

（二）保税仓单持有人需要解除质押的，应当委托保税交易库向主管海关申请办理仓质押解除手续，提交解除质押协议和《保税仓单质押业务解除备案表》（见附件2）。

六、大豆调出保税交易库办理进口报关时，应当逐批报关，不适用分送集报，并按规定向海关提交自动进口许可证，无需再次提交本公告第三条所列单证。大豆调出保税交易库后，应当直接运往具备防疫、处理等条件的加工企业进行加工处理。

七、进境大豆依法应当办理其他手续的，按照相关规定办理。

本公告自发布之日起实施。

特此公告。

附件：1. 保税仓单质押业务备案表（略）
　　　2. 保税仓单质押业务解除备案表（略）

关于明确进出口货物税款缴纳期限的公告

（海关总署公告 2022 年第 61 号）

发布日期：2022-07-15
实施日期：2022-07-15
法规类型：规范性文件

为加强海关税收征管，进一步做好纳税服务，现将进出口货物税款缴纳有关事项公告如下：

一、海关制发税款缴纳通知并通过"单一窗口"和"互联网+海关"平台推送至纳税义务人。

二、纳税义务人应当自海关税款缴纳通知制发之日起15日内依法缴纳税款；采用汇总征税模式的，纳税义务人应当自海关税款缴纳通知制发之日起15日内或次月第5个工作日结束前依法缴纳税款。未在上述期限内缴纳税款的，海关自缴款期限届满之日起至缴清税款之日止，按日加收滞纳税款万分之五的滞纳金。

三、纳税义务人自行打印的版式化《海关专用缴款书》，其"填发日期"为海关税款缴纳通知制发之日。

四、本公告自印发之日起施行。海关总署公告2017年第45号与本公告不一致的，以本公告为准。海关总署公告 2018 年第 117 号同时废止。

特此公告。

关于深化海关税款担保改革的公告

（海关总署公告 2021 年第 100 号）

发布日期：2021-11-24
实施日期：2021-12-01
法规类型：规范性文件

为进一步提升贸易便利化水平，更好服务对外开放大局，扎实开展"我为群众办实事"实践活动，海关总署决定实施以企业为单元的税款担保改革，实现一份担保可以同时在全国海关用于多项税款担保业务。现将有关事项公告如下：

一、本公告所称海关税款担保业务范围包括：

（一）汇总征税担保，是指为办理汇总征税业务向海关提供的担保；

（二）纳税期限担保，是指符合《中华人民共和国海关事务担保条例》第四条第一款第三项规定的担保；

（三）征税要素担保，是指符合《中华人民共和国海关事务担保条例》第四条第一款第一、二、五项的担保。

二、除失信企业外，进出口货物收发货人（以下统称企业）可凭银行或非银行金融机构（以下统称金融机构）开具的海关税款担保保函（格式见附件，以下简称保函）、关税保证保险单（以下简称保单）办理海关税款担保业务。

三、企业应在办理货物通关手续前向金融机构申请获取保函或保单。保函受益人或保单被保险人应包括企业注册地和报关单申报地直属海关。

四、企业注册地直属海关关税职能部门（以下统称属地关税职能部门）根据金融机构传输的保函、保单电子数据或验核企业提交的保函、保单正本，为企业在海关业务系统备案担保信息，系统生成担保备案编号。

已联网金融机构向海关传输的保函、保单电子数据与正本具有同等效力，海关不再验核正本；未联网金融机构应向企业出具保函、保单正本。

五、企业选择办理汇总征税或纳税期限担保通关的，应在报关单申报界面选取担保备案编号；选择办理征税要素担保通关的，应通过单一窗口"征税要素担保备案"模块提交征税要素担保备案申请，海关核批同意后再选取担保备案编号或按照海关规定缴纳保证金。系统成功核扣担保额度或海关核注保证金后，满足放行条件的报关单即可担保放行。

企业缴纳税款或担保核销后，保函、保单的担保额度自动恢复。企业在保函、保单列明的申报地海关办理不同税款担保业务均可共用一份保函或保单，担保额度在有效期内可循环使用。

六、已备案且尚在有效期的保函、保单，企业确认担保责任已解除的，经与金融机构协商一致，可向属地关税职能部门申请撤销。联网传输的保函、保单，应由金融机构向海关发送撤销的电子数据。人工备案的保函、保单，应由企业向海关提交撤销的书面申请。

七、企业未在规定的纳税期限内缴纳税款的，海关可以停止其使用保函、保单办理担保通关业务。

金融机构拒不履行担保责任、不配合海关税收征管工作或偿付能力存疑的，属地关税职能部门可不再备案其保函、保单担保信息。

本公告也可适用符合《中华人民共和国海关事务担保条例》第五条第一款第二、三、四项规定的特定海关业务担保。

本公告自2021年12月1日起施行，施行前已备案且尚在有效期的保函、保单仍可按照原备案用途办理担保通关业务。本公告有关事项与海关总署公告2017年第45号和海关总署、银保监会公告2018年第155号不一致的，以本公告为准。海关总署公告2018年第215号同时废止。

特此公告。

附件：海关税款担保保函（格式）（略）

关于滞报金票据电子化有关事宜的公告

（海关总署公告2020年第10号）

发布日期：2020-01-17
实施日期：2020-01-17
法规类型：规范性文件

根据财政票据电子化改革有关要求，为加强海关进口货物滞报金的征收和核算管理，决定滞报金征收启用《中央非税收入统一票据》电子票据。现就有关事宜公告如下：

一、自2020年1月17日起，海关向进口货物收货人征收进口货物滞报金时使用《中央非税收入统一票据》，原《海关进口货物滞报金专用票据》同时废止。

二、自2020年1月17日起，海关业务现场不再打印滞报金票据，进口货物收货人缴纳进口货物滞报金后可通过国际贸易"单一窗口"标准版、"互联网+海关"自行打印版式《中央非税收入统一票据》。

特此公告。

关于全面推广"两步申报"改革的公告

（海关部署公告2019年第216号）

为贯彻落实国务院"放管服"改革要求，进一步优化营商环境、促进贸易便利化，海关总署决定全面推广进口货物"两步申报"改革试点。现就有关事项公告如下：

一、进口收货人或代理人可通过国际贸易"单一窗口"（https://www.singlewindow.cn）或"互联网+海关"一体化网上办事平台（http://online.customs.gov.cn），开展进口货物

"两步申报",也可通过"掌上海关"App开展非涉证、非涉检、非涉税情况下的概要申报。

二、境内收发货人信用等级为一般信用及以上,实际进境的货物均可采用"两步申报"。

三、推广"两步申报"改革同时保留现有申报模式,企业可自行选择一种模式进行申报。

本公告自2020年1月1日起实施,其他相关事项按照海关总署公告2019年第127号执行。

特此公告。

关于分段实施准入监管　加快口岸验放的公告

(海关总署公告2019年第160号)

发布日期:2019-10-16
实施日期:2019-11-15
法规类型:规范性文件

为进一步优化营商环境,促进贸易便利化,提升通关整体效能,海关总署决定对进口货物分段实施准入监管,加快口岸验放。现就有关事项公告如下:

一、货物准予提离

进口货物属于下列情形之一的,凭海关通知准予提离进境地口岸海关监管区:

(一)无海关检查要求的。

(二)仅有海关口岸检查要求且已完成口岸检查的。其中,进境地口岸海关监管区内不具备检查条件的,收货人可向海关申请在监管区外具备检查条件的特定场所或场地实施转场检查。

(三)仅有海关目的地检查要求的。

(四)既有海关口岸检查又有目的地检查要求,已完成口岸检查,或经进口货物收货人或其代理人(简称"收货人")申请在进境地口岸合并实施且已完成相关检查的。

二、货物准予销售或使用

进口货物准予提离后,由企业自行运输和存放,凭海关放行通知准予销售或使用。其中,属于下列情形的,需办结海关相关手续方可放行:

(一)有海关目的地检查要求的,海关已完成检查。

(二)属于监管证件管理的,海关已核销相关监管证件。

(三)需进行合格评定的,海关已完成合格评定程序。

三、其他有关事项

收货人销售或使用进口货物依法应当办理其他手续的,按照相关规定办理。

本公告所称检查,是指海关在进境环节对进口货物依法实施的检疫、查验或商品检验作业。其中,口岸检查由进境地主管海关在进境地口岸实施,目的地检查由目的地主管海关在目的地实施。

本公告自2019年11月15日起实施。

特此公告。

关于调整进口大宗商品重量鉴定监管方式的公告

（海关总署公告 2019 年第 159 号）

发布日期：2019-10-17
实施日期：2019-11-01
法规类型：规范性文件

为深入贯彻落实国务院"放管服"改革要求，进一步优化口岸营商环境，提高贸易便利化水平，海关总署决定对进口大宗商品重量鉴定监管方式进行优化。现就有关事项公告如下：

一、将现行由海关对进口大宗商品逐批实施重量鉴定调整为海关依企业申请实施；必要时，海关依职权实施。

二、进口大宗商品收货人或者代理人需海关出具重量证书的，向海关提出申请，海关依企业申请实施重量鉴定并出具重量证书；进口大宗商品收货人或者代理人不需要海关出具重量证书的，海关不再实施重量鉴定。

三、进口大宗商品收货人或者代理人应如实向海关申报重量，海关对申报情况实施抽查验证。

本公告自 2019 年 11 月 1 日起施行。

特此公告。

关于开展"两步申报"改革试点的公告

（海关总署公告 2019 年第 127 号）

发布日期：2019-07-31
实施日期：2019-08-24
法规类型：规范性文件

为贯彻落实国务院"放管服"改革要求，进一步优化营商环境，促进贸易便利化，海关总署决定在部分海关开展进口货物"两步申报"改革试点。现就有关事项公告如下：

一、"两步申报"内容

在"两步申报"通关模式下，第一步，企业概要申报后经海关同意即可提离货物；第二步，企业在规定时间内完成完整申报。

（一）对应税货物，企业需提前向注册地直属海关关税职能部门提交税收担保备案申请；担保额度可根据企业税款缴纳情况循环使用。

（二）第一步概要申报。企业向海关申报进口货物是否属于禁限管制、是否依法需要检验或检疫（是否属法检目录内商品及法律法规规定需检验或检疫的商品）、是否需要缴纳税款。

不属于禁限管制且不属于依法需检验或检疫的，申报 9 个项目，并确认涉及物流的 2 个项目,应税的须选择符合要求的担保备案编号;属于禁限管制的需增加申报 2 个项目;依法需检验或检疫的需增加申报 5 个项目(详见附件 1)。

(三)第二步完整申报。企业自运输工具申报进境之日起 14 日内完成完整申报,办理缴纳税款等其他通关手续。税款缴库后,企业担保额度自动恢复。如概要申报时选择不需要缴纳税款,完整申报时经确认为需要缴纳税款的,企业应当按照进出口货物报关单撤销的相关规定办理。

(四)加工贸易和海关特殊监管区域内企业以及保税监管场所的货物申报在使用金关二期系统开展"两步申报"时,第一步概要申报环节不使用保税核注清单,第二步完整申报环节报关单按原有模式,由保税核注清单生成。

(五)报关单申报项目填制要求按照《海关总署关于修订〈中华人民共和国海关进出口货物报关单填制规范〉的公告》(海关总署公告 2019 年第 18 号)执行。

(六)启动"两步申报"试点同时保留现有申报模式,企业可自行选择上述二种模式之一进行申报。

二、试点海关范围

(一)满洲里海关隶属十八里海关;

(二)杭州海关隶属钱江海关驻下沙办事处、舟山海关;

(三)宁波海关隶属梅山海关;

(四)青岛海关隶属烟台海关驻港口办事处、驻机场办事处;

(五)深圳海关隶属深圳湾海关、蛇口海关;

(六)黄埔海关隶属新港海关、穗东海关。

三、"两步申报"试点条件

试点期间,适用"两步申报"需同时满足下列条件:

(一)境内收发货人信用等级是一般信用及以上的;

(二)经由试点海关实际进境货物的;

(三)涉及的监管证件已实现联网核查的(见附件 2)。

转关业务暂不适用"两步申报"模式。

本公告自 2019 年 8 月 24 日起实施。

特此公告。

附件:1. 概要申报项目

2. 已实现联网的监管证件(略)

附件 1

概要申报项目

一、概要申报项目

境内收发货人、运输方式/运输工具名称及航次号、提运单号、监管方式、商品编号(6位)、商品名称、数量及单位、总价、原产国(地区)。

其中,商品编号(6位)填报《中华人民共和国进出口税则》和《中华人民共和国海关统计商品目录》确定编码的前 6 位;数量及单位填报成交数量、成交计量单位;总价填报同一项号下进口货物实际成交的商品总价格和币制,如果无法确定实际成交商品总价格则填报预估总价格。其他项目按照《中华人民共和国海关进出口货物报关单填制规范》要求填写。

二、货物物流项目

毛重、集装箱号。

三、属于禁限管理需增加的申报项目

许可证号/随附证件代码及随附证件编号、集装箱商品项号关系。

四、属于依法需要检验或检疫需增加的申报项目

产品资质（产品许可/审批/备案）、商品编号（10位）+检验检疫名称、货物属性、用途、集装箱商品项号关系。

关于明确进口货物疏港分流有关事项的公告

（海关总署公告2018年第168号）

发布日期：2018-11-14

实施日期：2019-01-01

法规类型：规范性文件

根据《中华人民共和国海关进出境运输工具舱单管理办法》（海关总署令第172号公布，根据海关总署令第240号修改）有关规定，为进一步规范进口货物疏港分流作业，现对有关事宜公告如下：

一、对因港区不具备存放条件必须疏港分流的进口冻品、生鲜、特殊物品（微生物、人体组织、生物制品、血液及其制品等）、药品、危险化学品等特殊货物，海关监管作业场所经营人可申请开展疏港分流作业。除上述情况外，仅允许在防止货物阻塞港口的情况下，申请开展疏港分流作业。

二、进口货物疏港分流作业，应在同一港口范围内由一个港区向另一个港区，或由一个港区向从事公共堆存的海关监管作业场所开展。

三、进口固体废物禁止办理疏港分流业务。

四、疏港分流货物需开展境内公路运输的应施加海关封志或商业封志。

本公告自2019年1月1日起实施。

特此公告。

关于开展关税保证保险通关业务试点的公告

（海关总署　银保监会公告2018年第155号）

发布日期：2018-10-30

实施日期：2018-11-01

法规类型：规范性文件

为优化口岸营商环境，提升跨境贸易便利化水平，海关总署、银保监会决定在全国海关

范围内开展以《关税保证保险单》（以下简称《保单》）作为税款类担保的关税保证保险改革试点。现将有关事项公告如下：

一、参与试点的保险公司为中国人民财产保险股份有限公司、中国太平洋财产保险股份有限公司和中银保险有限公司。

上述公司应按规定向银保监会备案关税保证保险产品。

二、信用等级为一般信用及以上的进出口货物收发货人，可适用关税保证保险通关业务模式。

三、根据《中华人民共和国海关事务担保条例》第四条，企业凭《保单》办理纳税期限担保，应在申报时选择"关税保证保险"模式，并选取相应《保单》电子数据。海关对接受申报且满足全部放行条件的，即可实施现场卡口放行。有布控查验等其他海关要求事项的，按有关规定办理。企业应自报关单审结生成电子税款信息之日起 10 日内，按照海关总署公告 2018 年第 74 号和第 117 号的规定，通过新一代海关税费电子支付系统缴纳税款。逾期未缴纳税款的，海关可以停止其办理关税保证保险通关业务。

企业凭《保单》办理征税要素担保，仍按照现有担保流程办理，向海关提交《保单》正本；逾期未缴纳税款的，海关可以停止其办理关税保证保险通关业务。

本公告自 2018 年 11 月 1 日起施行。

特此公告。

关于"互联网+预约通关"的公告

（海关总署公告 2018 年第 109 号）

发布日期：2018-08-22
实施日期：2018-10-30
法规类型：规范性文件

为营造良好营商环境，提供更为便捷的通关服务，海关将推行"预约通关"互联网模式。有关事宜公告如下：

一、适用情形

进出口收发货人或其代理人（失信企业除外），遇下列情形之一，需在海关正常办公时间以外办理通关手续的，可向海关提出预约通关申请：

1. 国家紧急救灾救援物资、危险货物；

2. 鲜活、冷冻、易变质腐烂的需紧急通关的货物；

3. 其他经海关认可确有需要紧急验放的货物。

海关在正常办公时间内受理预约通关申请，企业需提前 24 小时提出申请，高级认证企业为 8 小时。

二、操作方式

申请人统一登陆"互联网＋海关"一体化网上办事平台（平台地址：http：//online. customs. gov. cn），应用"货物通关"模块的"预约通关"功能，在线填写并提交预约通关申请。海关网上反馈受理结果。

特殊情形下，申请人在现场递交加盖企业印章的纸质《预约通关申请单》（详见附件），由海关按应急处置方式协调办理。

三、取消预约

海关同意预约通关申请后，企业因故取消预约的，需及时联系海关，并于事后 5 日内提交情况说明。

本公告内容自 2018 年 10 月 30 日起实施。

特此公告。

附件：预约通关申请单（略）

关于扩大自主申报、自行缴税适用范围的公告

（海关总署公告 2018 年第 24 号）

发布日期：2018-03-29

实施日期：2018-04-10

法规类型：规范性文件

为加快推进税收征管方式改革，海关总署决定扩大自主申报、自行缴税（"自报自缴"）适用范围。现公告如下：优惠贸易协定项下进口报关单均可适用"自报自缴"模式。其他事项按照海关总署 2016 年第 62 号公告执行。

上述规定自 2018 年 4 月 10 日起实施。

特此公告。

海关总署关于调整一般贸易方式进出口工业用钻的报关方式的公告

（海关总署公告 2018 年第 21 号）

发布日期：2018-03-02

实施日期：2018-03-02

法规类型：规范性文件

为便利企业运作，促进国内钻石市场平稳健康发展，海关总署决定调整一般贸易方式进出口工业用钻的报关方式，现将有关事项公告如下：

以一般贸易方式进出口工业用钻，即税号 71022100、71022900、71049011、71051020 项下钻石的，不集中在交易所海关办理报关手续，依法征收关税和进口环节增值税。

本公告自发布之日起施行。

特此公告。

关于优化汇总征税制度的公告

（海关总署公告 2017 年第 45 号）

发布日期：2017-09-20
实施日期：2017-09-21
法规类型：规范性文件

为进一步服务企业，压缩通关时间，海关总署决定进一步优化汇总征税制度。现将有关事项公告如下：

一、所有海关注册登记企业均可适用汇总征税模式（"失信企业"除外）。汇总征税企业是指进出口报关单上的收发货人。

二、有汇总征税需求的企业，向注册地直属海关关税职能部门（以下简称"属地关税职能部门"）提交税款总担保（以下简称"总担保"）备案申请，总担保应当依法以保函等海关认可的形式；保函受益人应包括企业注册地直属海关以及其他进出口地直属海关；担保范围为担保期限内企业进出口货物应缴纳的海关税款和滞纳金（保函格式见附件）；担保额度可根据企业税款缴纳情况循环使用。

三、企业申报时选择汇总征税模式的，一份报关单使用一个总担保备案编号。

四、无布控查验等海关要求事项的汇总征税报关单担保额度扣减成功，海关即放行。

五、汇总征税报关单采用有纸模式的，企业应在货物放行之日起 10 日内递交纸质报关单证，至当月底不足 10 日的，应在当月底前递交。

六、企业应于每月第 5 个工作日结束前，完成上月应纳税款的汇总电子支付。税款缴库后，企业担保额度自动恢复。

企业未按规定缴纳税款的，海关径行打印海关税款缴款书，交付或通知企业履行纳税义务；企业未在规定期限内缴纳的，海关办理保证金转税手续或通知担保机构履行担保纳税义务。

七、企业办理汇总征税时，有滞报金等其他费用的，应在货物放行前缴清。

八、企业出现欠税风险的，进出口地直属海关暂停企业适用汇总征税；风险解除后，经注册地直属海关确认，恢复企业适用汇总征税。

九、担保机构是银行或其他非银行金融机构的，应符合以下条件：

（一）具有良好资信和较大资产规模；

（二）无滞压或延迟海关税款入库情事；

（三）承诺对担保期限内企业申报进出口货物应纳税款、滞纳金承担足额、及时汇总缴纳的保付责任；

（四）与海关建立保函真伪验核机制。

担保机构不具备资金偿付能力、拒不履行担保责任或不配合海关税收征管工作的，属地关税职能部门拒绝接受其保函。

十、企业信用状况被下调为失信企业或保函担保期限届满，属地关税职能部门确认企业已按期履行纳税义务的，可根据企业或担保机构申请退还保函正本。

十一、本公告自 2017 年 9 月 21 日起施行，海关总署 2015 年第 33 号公告同时废止。2017

年 9 月 21 日前海关已备案的汇总征税总担保保函继续有效。

特此公告。

附件：总担保保函格式（略）

关于推进全国海关通关一体化改革的公告

（海关总署公告 2017 年第 25 号）

发布日期：2017-06-28
实施日期：2017-07-01
法规类型：规范性文件

为加快转变政府职能，适应开放型经济新体制要求，深化简政放权放管结合优化服务，海关总署决定推进全国海关通关一体化改革。现将有关事项公告如下：

一、启用全国海关风险防控中心和税收征管中心，税收征管方式改革扩大到全国口岸所有运输方式进口的《中华人民共和国进出口税则》全部章节商品。

二、各区域通关一体化审单中心不再办理相关业务。

三、其他事项按照海关总署公告 2016 年第 62 号执行。

本公告内容自 2017 年 7 月 1 日起施行。

特此公告。

关于深入推进通关作业无纸化改革工作有关事项的公告

（海关总署公告 2014 年第 25 号）

发布日期：2014-04-01
实施日期：2014-04-01
法规类型：规范性文件

为进一步做好 2014 年通关作业无纸化改革工作，海关总署决定，在 2013 年改革试点取得明显成效的基础上，在全国海关深入推进通关作业无纸化改革工作。现就有关事项公告如下：

一、扩大试点范围：

（一）试点范围扩大至全国海关的全部通关业务现场。

（二）全面推进转关货物和"属地申报、属地放行"货物通关作业无纸化改革，加快区域通关改革无纸化作业的深化应用。

（三）启动快件、邮运货物通关作业无纸化改革试点。

二、试点简化报关单随附单证：

（一）进口货物

1. 加工贸易及保税类报关单：

合同、装箱清单、载货清单（舱单）等随附单证企业在申报时可不向海关提交，海关审核时如需要再提交。

2. 非加工贸易及保税类报关单：

装箱清单、载货清单（舱单）等随附单证企业在申报时可不向海关提交，海关审核时如需要再提交。

3. 京津冀海关实施区域通关一体化改革的报关单：

合同、装箱清单、载货清单（舱单）等随附单证企业在申报时可不向海关提交，海关审核时如需要再提交。

（二）出口货物

出口货物各类报关单，企业向海关申报时，合同、发票、装箱清单、载货清单（舱单）等随附单证可不提交，海关审核时如需要再提交。

三、试点企业经报关所在地直属海关同意，在与报关所在地直属海关、第三方认证机构（中国电子口岸数据中心）签订电子数据应用协议后，可在该海关范围内适用"通关作业无纸化"通关方式。

经海关同意准予适用"通关作业无纸化"通关方式的进出口企业需要委托报关企业代理报关的，应当委托经海关准予适用"通关作业无纸化"通关方式的报关企业。

四、经海关批准的试点企业可以自行选择有纸或无纸作业方式。选择无纸作业方式的企业在货物申报时，应在电子口岸录入端选择"通关无纸化"方式。

五、对于经海关批准且选择"通关作业无纸化"方式申报的经营单位管理类别为 AA 类企业或 A 类生产型企业的，申报时可不向海关发送随附单证电子数据，通关过程中根据海关要求及时提供，海关放行之日起 10 日内由企业向海关提交，经海关批准符合企业存单（单证暂存）条件的可由企业保管。

对于经海关批准且选择"通关作业无纸化"方式申报的其他管理类别的经营单位，应在货物申报时向海关同时发送报关单和随附单证电子数据。

六、各有关单位需要查阅、复制海关存档的报关单及随附单证电子数据档案时，应按照规定办理手续，海关根据电子档案出具纸质件并加盖单证管理部门印章。

七、涉及许可证件但未实现许可证件电子数据联网核查的进出口货物暂不适用"通关作业无纸化"作业方式。

本公告内容自 2014 年 4 月 1 日起施行，海关总署公告 2013 年第 19 号同时废止。

特此公告。

关于从中亚五国进口皮张、羊毛有关问题的通知

（国检动函〔2000〕13号）

发布日期：2000-01-12
实施日期：2000-01-12
法规类型：规范性文件

新疆出入境检验检疫局：

为促进新疆经济的发展，经国家出入境检验检疫局与新疆维吾尔自治区人民政府协商，在确保从哈萨克斯坦、吉尔吉斯、乌兹别克斯坦、塔吉克斯坦和土库曼斯坦中亚五国进口的皮张、羊毛在符合检疫条件的大型企业加工和防止疫病传入的前提下，同意从哈萨克斯坦、吉尔吉斯等中亚五国进口皮张、羊毛，现将有关问题通知如下：

一、请新疆维吾尔自治区人民政府向国家局提出距离边境100公里范围内符合检疫条件加工企业名单。

二、你局负责审查名单所列企业的兽医卫生条件，核定加工产品品种、加工能力、将符合条件的企业报国家局，经国家局批准后方可从事进口中亚五国皮毛的加工业务。

三、名单所列企业必须保证进口的皮张、羊毛按检疫规定进行加工，制革皮张须加工至蓝湿皮，制裘须加工至熟制皮，毛须加工至洗净毛方准调离出厂。

四、如进口公司委托名单所列企业加工，进口公司须按上述（三）对皮毛的加工要求委托企业加工。

五、从中亚五国进口的皮毛须经国家局检疫审批，在办理进境检疫审批手续时，申请单位必须提交进口公司与加工企业签定的加工协议（正本）。

六、加工企业须按核定的加工能力对外承揽加工业务，并签定加工协议，超过部分不予办理检疫审批手续。

七、如企业不按规定进行加工擅自将皮毛运出加工企业，将取消加工企业加工进口皮毛的资格，如进口公司不按规定将进口皮毛运至加工企业或将未达到加工要求的皮毛运出，将取消进口公司从中亚五国进口皮毛的资格。

八、如进口公司不按规定将未经加工的皮毛或未达到加工要求的皮毛运出加工企业，承揽加工企业有义务向出入境检验检疫机构报告，企业知情不报的，也将取消加工企业加工进口皮毛的资格。

九、请你局认真做好对进口皮毛的检疫工作，严格对进口皮毛生产、加工、存放过程进行检疫监督管理，防止疫病随进口皮毛传入我国。

市场采购

市场采购贸易方式出口货物免税管理办法（试行）

（国家税务总局公告 2015 年第 89 号）

发布日期：2015-12-17
实施日期：2015-12-17
法规类型：规范性文件

　　第一条 为规范市场采购贸易方式出口货物的免税管理，根据《中华人民共和国税收征收管理法》、《中华人民共和国增值税暂行条例》及其实施细则、《国务院办公厅关于促进进出口稳定增长的若干意见》（国办发〔2015〕55 号），以及《财政部　国家税务总局关于出口货物劳务增值税和消费税政策的通知》（财税〔2012〕39 号）和《国家税务总局关于发布〈出口货物劳务增值税和消费税管理办法〉的公告》（国家税务总局公告 2012 年第 24 号）等规定，制定本办法。

　　第二条 本办法所称市场采购贸易方式出口货物，是指经国家批准的专业市场集聚区内的市场经营户（以下简称市场经营户）自营或委托从事市场采购贸易经营的单位（以下简称市场采购贸易经营者），按照海关总署规定的市场采购贸易监管办法办理通关手续，并纳入涵盖市场采购贸易各方经营主体和贸易全流程的市场采购贸易综合管理系统管理的货物（国家规定不适用市场采购贸易方式出口的商品除外）。

　　第三条 市场经营户自营或委托市场采购贸易经营者以市场采购贸易方式出口的货物免征增值税。

　　第四条 委托出口的市场经营户应与市场采购贸易经营者签订《委托代理出口货物协议》。受托出口的市场采购贸易经营者在货物报关出口后，应在规定的期限内向主管国税机关申请开具《代理出口货物证明》。

　　第五条 市场经营户或市场采购贸易经营者应按以下要求时限，在市场采购贸易综合管理系统中准确、及时录入商品名称、规格型号、计量单位、数量、单价和金额等相关内容形成交易清单：

　　（一）自营出口，市场经营户应当于同外商签订采购合同时自行录入；

　　（二）委托出口，市场经营户将货物交付市场采购贸易经营者时自行录入，或由市场采购贸易经营者录入。

　　第六条 市场经营户应在货物报关出口次月的增值税纳税申报期内按规定向主管国税机关办理市场采购贸易出口货物免税申报；委托出口的，市场采购贸易经营者可以代为办理免税申报手续。

第七条　税务机关应当利用海关相关数据和市场采购贸易综合管理系统相关信息，结合实际情况，加强市场采购贸易方式出口货物免税管理工作。

第八条　市场经营户未按本办法规定在市场采购贸易综合管理系统中录入商品名称等相关内容、办理免税申报或签订《委托代理出口货物协议》或者存在其他违反税收管理行为的，主管国税机关可以告知有关主管部门停止其使用市场采购贸易综合管理系统。

第九条　市场采购贸易经营者未按规定申请开具《代理出口货物证明》或未按本办法规定在市场采购贸易综合管理系统中录入商品名称等相关内容，或者存在其他违反税收管理行为的，主管国税机关除按《中华人民共和国税收征收管理法》及其实施细则规定进行处理外，可告知有关主管部门停止其使用市场采购贸易综合管理系统。

第十条　未纳入本办法规定的其他货物出口事项，依照相关规定执行。

第十一条　经国务院批准开展市场采购贸易方式试点的市场集聚区，其市场采购贸易综合管理系统的免税管理系统经国家税务总局验收后，出口货物免税管理事项执行本办法规定，不实行免税资料备查管理和备案单证管理。

第十二条　本办法自公布之日起施行。《国家税务总局关于浙江省义乌市市场采购贸易方式出口货物免税管理试行办法的批复》（税总函〔2013〕547号）同时废止。

关于扩大市场采购贸易方式试点的公告

（海关总署公告 2022 年第 101 号）

发布日期：2022-10-26
实施日期：2022-10-26
法规类型：规范性文件

为贯彻落实国务院常务会议部署，加快培育贸易新业态新模式，支持外贸稳定发展，商务部、发展改革委、财政部、海关总署、税务总局、市场监管总局和外汇局经过联合评审，将市场采购贸易方式试点范围扩大至天津王兰庄国际商贸城、河北唐山国际商贸交易中心、吉林珲春东北亚国际商品城、黑龙江绥芬河市青云市场、江西景德镇陶瓷交易市场、重庆市大足龙水五金市场、新疆阿拉山口亚欧商品城、新疆乌鲁木齐边疆宾馆商贸市场等 8 家市场。

为规范对市场采购贸易的管理，根据海关总署 2019 年第 221 号公告（关于修订市场采购贸易监管办法及其监管方式有关事宜的公告）（以下简称 221 号公告），现将海关监管方式"市场采购"（代码：1039）适用范围扩大到上述市场内采购的出口商品，海关监管相关事宜按照 221 号公告规定办理。

上述内容，在试点地区市场采购商品认定体系、涵盖市场采购贸易各方经营主体和贸易全流程的市场综合管理系统验收合格后正式实施，具体实施日期由天津、石家庄、长春、哈尔滨、南昌、重庆、乌鲁木齐海关另行发布。

市场采购贸易海关监管办法具体实施细则由试点地区直属海关负责制定并组织实施。

特此公告。

商务部　发展改革委　财政部　海关总署　税务总局　市场监管总局
外汇局关于加快推进市场采购贸易方式试点工作的函

（商贸函〔2022〕479号）

发布日期：2022-09-27
实施日期：2022-09-27
法规类型：规范性文件

天津市、河北省、吉林省、黑龙江省、江西省、重庆市、新疆维吾尔自治区人民政府：

为贯彻国务院常务会议精神，落实稳经济一揽子政策的接续政策措施，加快培育贸易新业态新模式，支持外贸稳定发展，在深入总结前五批市场采购贸易方式试点工作的基础上，经过相关部门联合评审，决定新设一批市场采购贸易方式试点。现将有关事项函告如下：

一、总体原则

开展市场采购贸易方式试点工作要贯彻落实国务院的决策部署，着力在市场采购贸易方式的业务流程、监管模式和信息化建设等方面先行先试，通过制度创新、管理创新、服务创新和协同发展，逐步形成适应市场采购贸易方式发展的管理制度和规则，为推动市场采购贸易健康发展提供可复制、可推广的经验。

二、市场名单

1. 天津王兰庄国际商贸城
2. 河北唐山国际商贸交易中心
3. 吉林珲春东北亚国际商品城
4. 黑龙江绥芬河市青云市场
5. 江西景德镇陶瓷交易市场
6. 重庆市大足龙水五金市场
7. 新疆阿拉山口亚欧商品城
8. 新疆乌鲁木齐边疆宾馆商贸市场

三、实施要求

（一）请试点市场所在地省级人民政府切实加强对市场采购贸易方式试点的组织、指导、督查和监管，健全机制、明确分工、落实责任，密切跟踪试点工作，及时发现、解决试点过程中出现的问题，确保市场采购贸易方式稳步实施并不断完善。近期，请抓紧指导试点所在市（区）人民政府建立试点工作机制，制定实施方案并以省级人民政府名义印发。

（二）请要求试点市场所在市（区）人民政府按照"风险可控、源头可溯、责任可究"的原则，大胆探索、创新发展，抓紧做好以下工作：

一是尽快制定试点工作实施方案，并全面开展试点工作。

二是加强属地管理和综合管理，建立涵盖市场采购贸易各方经营主体和贸易全流程的市场综合管理系统，以此作为实施市场采购贸易方式的必要条件。市场综合管理系统中的相关数据，应及时向商务、海关、税务、市场监管、外汇等管理部门反馈。

三是完善市场采购贸易出口货物监管所需的软硬件建设，理顺市场采购贸易方式出口货物监管流程，保障试点尽快落地见效。

四是建立市场采购商品认定体系，并采取信息化手段加强管理。

五是加强市场采购贸易信用评价体系、商品质量安全监管体系、国际贸易风险预警防控体系和知识产权保护、打击进出口假冒伪劣商品工作体系建设，全面提升市场发展水平。

四、管理政策

（一）不适用市场采购贸易方式出口的商品范围（见附件）将根据具体情况适时调整。

（二）对外贸易经营者从事市场采购贸易，需向市场集聚区所在地商务主管部门办理市场采购贸易经营者备案登记。

（三）海关按照市场采购贸易方式实施监管。对市场采购贸易经营者实行备案和分类管理。具体操作按照海关总署公告 2019 年第 221 号执行。加强对市场采购贸易方式经营主体及其经营货物的监督管理。加强对市场采购商品主要出口市场国际贸易技术措施的研究。

（四）市场采购贸易方式报关的每批次货值最高限额暂定为 15 万美元。

（五）市场集聚区的市场经营户以市场采购贸易方式出口的货物，实行增值税免税政策。具体操作按照《国家税务总局关于发布〈市场采购贸易方式出口货物免税管理办法（试行）〉的公告》（国家税务总局公告 2015 年第 89 号）执行。

（六）市场采购贸易经营者应履行产品质量主体责任，对出口市场在生产、加工、存放过程等方面有监管或官方证书要求的农产品、食品、化妆品，应符合相关法律法规规定或双边协议要求。

（七）完善外商投资合伙企业外汇管理政策，允许办理对外贸易经营者备案登记的外商投资合伙企业向当地外汇主管部门申请开立经常项目外汇账户。

（八）完善市场采购贸易外汇管理，加强市场采购贸易外汇收支真实性审核。对市场采购贸易外汇收支实施主体监管、总量核查和动态监测。

（九）规范市场采购贸易支付手段。使用现金结算的，不适用市场采购贸易方式。

（十）市场集聚区所在地商务、海关、税务、市场监管、外汇等管理部门建立市场采购贸易出口信息共享机制。

五、其他事项

（一）有关部门将按照试点动态调整机制，适时对各试点成果进行评估，对不符合试点总体要求、监管标准和效果不佳的市场及时终止试点。

（二）有关部门将深入调查研究，根据试点地区实际情况、政策诉求和其他相关部门的意见建议，本着在规范中发展，在发展中规范，积极稳妥、稳中求进的原则，指导和帮助试点市场切实解决市场采购贸易方式建设发展中遇到的困难和问题，及时总结经验，进一步为市场采购贸易方式发展营造良好的环境，促进市场采购贸易方式不断发展和完善。

附件：不适用市场采购贸易方式出口的商品目录范围

一、《禁止出口货物目录》

二、《出口许可证管理货物目录》

三、《两用物项和技术出口许可证管理目录》

四、《进出口野生动植物种商品目录》

五、《精神药品品种目录》

六、《麻醉药品品种目录》

七、《进出口农药管理目录》

八、《兴奋剂目录》

九、《黄金及其制品进出口管理商品目录》

十、《中国严格限制进出口的有毒化学品目录》

十一、新型冠状病毒检测试剂、医用口罩、医用防护服、呼吸机、红外体温计和非医用口罩（暂停）

关于扩大市场采购贸易方式试点的公告

（海关总署公告 2020 年第 114 号）

发布日期：2020-09-30
实施日期：2020-09-30
法规类型：规范性文件

为贯彻落实《国务院办公厅关于进一步做好稳外贸稳外资工作的意见》（国办发〔2020〕28 号）要求，加快培育贸易新业态新模式，促进外贸创新发展，市场采购贸易试点范围已扩大至辽宁西柳服装城、浙江绍兴柯桥中国轻纺城、浙江台州路桥日用品及塑料制品交易中心、浙江湖州（织里）童装及日用消费品交易管理中心、安徽蚌埠中恒商贸城、福建晋江国际鞋纺城、山东青岛即墨国际商贸城、山东烟台三站批发交易市场、河南中国（许昌）国际发制品交易市场、湖北宜昌三峡物流园、广东汕头市宝奥国际玩具城、广东东莞市大朗毛织贸易中心、云南昆明俊发·新螺蛳湾国际商贸城、深圳华南国际工业原料城、内蒙古满洲里市满购中心（边贸商品市场）、广西凭祥出口商品采购中心（边贸商品市场）、云南瑞丽国际商品交易市场（边贸商品市场）等 17 家市场。

为规范对市场采购贸易的管理，根据《海关总署关于修订市场采购贸易监管办法及其监管方式有关事宜的公告》（海关总署公告 2019 年第 221 号），现将海关监管方式"市场采购"（代码：1039）适用范围扩大到上述市场内采购的出口商品，海关监管相关事宜按照第 221 号公告规定办理。

上述内容，在试点地区市场采购商品认定体系、涵盖市场采购贸易各方经营主体和贸易全流程的市场综合管理系统验收合格后正式实施，具体实施日期由大连、杭州、合肥、厦门、青岛、郑州、武汉、汕头、黄埔、昆明、深圳、满洲里、南宁海关另行发布。

市场采购贸易海关监管办法具体实施细则由试点地区直属海关负责制定并组织实施。

特此公告。

关于修订市场采购贸易监管办法及其监管方式有关事宜的公告

（海关总署公告 2019 年第 221 号）

发布日期：2019-12-27
实施日期：2019-12-27
法规类型：规范性文件

为促进市场采购贸易的健康稳定发展，规范对市场采购贸易的管理，根据《中华人民共和国海关法》《中华人民共和国进出口商品检验法》《中华人民共和国进出境动植物检疫法》《中华人民共和国食品安全法》以及其他有关法律、行政法规，现就市场采购贸易方式出口商品海关监管有关事宜公告如下：

一、市场采购贸易方式，是指在经认定的市场集聚区采购商品，由符合条件的经营者办理出口通关手续的贸易方式。

市场采购贸易方式单票报关单的货值最高限额为 15 万美元。

以下出口商品不适用市场采购贸易方式：

（一）国家禁止或限制出口的商品；

（二）未经市场采购商品认定体系确认的商品；

（三）贸易管制主管部门确定的其他不适用市场采购贸易方式的商品。

二、从事市场采购贸易的对外贸易经营者，应当向市场集聚区所在地商务主管部门办理市场采购贸易经营者备案登记，并按照海关相关规定在海关办理进出口货物收发货人备案。

三、对外贸易经营者对其代理出口商品的真实性、合法性承担责任。经市场采购商品认定体系确认的商品信息应当通过市场综合管理系统与海关实现数据联网共享。对市场综合管理系统确认的商品，海关按照市场采购贸易方式实施监管。

四、每票报关单所对应的商品清单所列品种在 5 种以上的可以按以下方式实行简化申报：

（一）货值最大的前 5 种商品，按货值从高到低在出口报关单上逐项申报；

（二）其余商品以《中华人民共和国进出口税则》中"章"为单位进行归并，每"章"按价值最大商品的税号作为归并后的税号，货值、数量等也相应归并。

有下列情形之一的商品不适用简化申报：

1. 需征收出口关税的；

2. 实施检验检疫的；

3. 海关另有规定不适用简化申报的。

五、市场采购贸易出口商品应当在采购地海关申报，对于转关运输的市场采购贸易出口商品，由出境地海关负责转关运输的途中监管。

六、需在采购地实施检验检疫的市场采购贸易出口商品，其对外贸易经营者应建立合格供方、商品质量检查验收、商品溯源等管理制度，提供经营场所、仓储场所等相关信息，并在出口申报前向采购地海关提出检验检疫申请。

七、对外贸易经营者应履行产品质量主体责任，对出口市场在生产、加工、存放过程等方面有监管或官方证书要求的农产品、食品、化妆品，应符合相关法律法规规定或双边协议要求。

八、本公告中的采购地海关是指市场集聚区所在地的主管海关。

本公告中的市场集聚区是指经国家商务主管等部门认定的各类从事专业经营的商品城、专业市场和专业街。

九、市场采购海关监管方式代码为"1039"，全（简）称"市场采购"。

十、市场采购出口商品实施海关统计。

本公告事宜自发布之日起执行，海关总署 2014 年第 54 号公告、原国家质检总局 2012 年第 31 号公告同时废止。

特此公告。

关于扩大市场采购贸易方式试点的公告

（海关总署公告 2018 年第 167 号）

发布日期：2018-11-13
实施日期：2018-11-13
法规类型：规范性文件

根据 2018 年政府工作报告要求，为加快培育贸易新业态新模式，促进外贸创新发展，市场采购贸易试点范围已扩大至温州（鹿城）轻工产品交易中心、泉州石狮服装城、湖南高桥大市场、亚洲国际家具材料交易中心、中山市利和灯博中心、成都国际商贸城等 6 家市场。为促进市场采购贸易的健康稳定发展，规范对市场采购贸易的管理，根据《海关总署关于市场采购贸易监管办法及其监管方式有关事宜的公告》（海关总署公告 2014 年第 54 号，以下简称"54 号公告"），现将海关监管方式"市场采购"（代码：1039）适用范围扩大到上述市场内采购的出口商品，海关监管相关事宜按照 54 号公告第一项到第十项规定办理。

上述公告内容在试点地区市场采购商品认定体系、涵盖市场采购贸易各方经营主体和贸易全流程的市场综合管理系统验收合格后正式实施，具体实施日期由杭州、厦门、长沙、广州、拱北、成都海关另行发布。

市场采购贸易海关监管办法具体实施细则由试点地区直属海关负责制定、公告并组织实施。

特此公告。

关于市场采购贸易方式扩大试点的公告

（海关总署公告 2016 年第 63 号）

发布日期：2016-11-16
实施日期：2016-11-16
法规类型：规范性文件

根据《国务院关于促进外贸回稳向好的若干意见》（国发〔2016〕27 号），为加快推进外贸新业态试点工作，促进外贸创新发展，市场采购贸易试点范围已扩大至江苏常熟服装城、广州花都皮革皮具市场、山东临沂商城工程物资市场、武汉汉口北国际商品交易中心、河北白沟箱包市场。为促进市场采购贸易的健康稳定发展，规范对市场采购贸易的管理，根据《海关总署关于市场采购贸易监管办法及其监管方式有关事宜的公告》（海关总署公告 2014 年第 54 号，以下简称"54 号公告"），现将海关监管方式"市场采购"（代码：1039）适用范围扩大到上述市场内采购的出口商品，海关监管相关事宜按照 54 号公告第一项到第十项规定办理。

上述公告内容在试点地区市场采购商品认定体系、涵盖市场采购贸易各方经营主体和贸易全流程的市场综合管理系统验收合格后正式实施，具体实施日期由南京、广州、青岛、武汉、石家庄海关另行发布。

市场采购贸易海关监管办法具体实施细则由试点地区直属海关负责制定实施。

自"市场采购"（1039）监管方式正式实施之日起6个月后，实施地区不再使用"旅游购物"（0139）监管方式。

特此公告。

质检总局关于提升检验检疫通关便利促进市场采购贸易健康发展的指导意见

（国质检通函〔2016〕66号）

发布日期：2016-02-06
实施日期：2016-02-06
法规类型：规范性文件

各直属检验检疫局：

为贯彻落实《国务院办公厅关于促进进出口稳定增长的若干意见》（国办发〔2015〕55号）要求，发挥检验检疫职能作用，提升"中国制造"水平，促进市场采购贸易方式健康发展，提出以下指导意见。

一、实施市场采购经营主体备案管理制度

对市场采购经营主体按照自愿原则实施备案管理，掌握相关基础信息，建立完整的企业档案。对备案的市场采购经营主体根据企业信用、质量管理水平和产品质量状况等实施分类管理。

二、建立市场采购商品信息管理机制

在市场采购经营主体出口报检的基础上，通过企业主动申报、监管部门间信息共享等措施，全面获取出口商品信息。建立出口商品质量安全监管机制，加强宏观质量管理，做好对质量安全问题的追溯、通报、预警和处置工作。

三、创新市场采购商品监管模式

对法律法规明确规定需实施注册和备案等许可管理以外的商品，实施"提前申报、集中监管、快速核放"的采购地检验监管模式等制度。在风险评估基础上实施分类监管，积极推行对低风险商品实施验证监管等措施，对高风险商品实施严密监管等措施，提高市场采购出口商品的通关便利水平。

四、试点对低风险产品实施市场采购贸易方式

在风险评估的基础上，试点将低风险动植物产品和预包装食品纳入市场采购贸易方式，其产品名单由总局确定，并形成动态调整机制。

五、提升市场采购商品自贸协定原产地政策利用水平

在风险总体可控的基础上，简化原产地证书申报手续，提高原产地签证效率。加大宣传培训力度，帮助企业用足自贸协定和普惠制优惠原产地关税减让政策，提升出口商品竞争力，推动中国商品"走出去"。

六、积极推进单一窗口建设

积极推进单一窗口建设，建立地方政府牵头的市场采购公共信息平台，实现检验检疫大通关信息化系统与单一窗口互联互通。推动对接和采用国际标准，加强口岸管理相关部门的信息共享共用，不断提升市场采购贸易便利化水平。

七、加强技术性贸易措施的研究

加强市场采购贸易方式出口商品技术性贸易措施应对和服务工作力度，开展对国外标准和技术法规的收集，及时发布预警信息和建议。探索建立基于风险分析的质量安全监测机制，根据出口退运、投诉、召回等信息实施有针对性的监管措施。

八、加大执法打假工作力度

联合地方政府、质量管理部门、生产企业、经营主体、检测认证机构、相关行业协会等共同促进市场采购出口商品质量提升。加强与工商、质监、海关等部门协作，发挥优秀企业示范引领作用，打击出口假冒伪劣商品违法行为，提升市场采购出口商品的质量安全水平。

九、进一步加强宣传与沟通

加强与当地政府及相关监管部门的沟通联系，并及时通报促进市场采购贸易的政策措施。加大相关政策措施的宣传力度，引导相关企业规范经营，促进市场采购贸易方式健康发展。

关于市场采购贸易方式扩大试点的公告

（海关总署公告 2015 年第 67 号）

发布日期：2015-12-21
实施日期：2015-12-21
法规类型：规范性文件

根据《国务院办公厅关于促进进出口稳定增长的若干意见》（国办发〔2015〕55 号），市场采购贸易试点范围已扩大到江苏省海门叠石桥国际家纺城和浙江省海宁皮革城。为进一步促进市场采购贸易的健康稳定发展，规范对市场采购贸易的管理，根据《海关总署关于市场采购贸易监管办法及其监管方式有关事宜的公告》（海关总署公告〔2014〕54 号，以下简称"54 号公告"），现将海关监管方式"市场采购"（代码：1039）适用范围扩大到江苏省海门叠石桥国际家纺城和浙江省海宁皮革城内采购的出口商品，海关监管相关事宜按照 54 号公告第一项到第十项规定办理。

上述公告内容在江苏省海门叠石桥国际家纺城、浙江省海宁皮革城市场采购商品认定体系、涵盖市场采购贸易各方经营主体和贸易全流程的市场综合管理系统验收合格后正式实施，具体实施日期由南京海关、杭州海关另行发布。

市场采购贸易海关监管办法具体实施细则由南京海关、杭州海关负责制定实施。

自"市场采购"（1039）监管方式正式实施之日起 6 个月后，实施地区不再使用"旅游购物"（0139）监管方式。

特此公告。

强制性产品认证

强制性产品认证管理规定

（国家质量监督检验检疫总局令第 117 号）

发布日期：2009-07-03
实施日期：2022-11-01
法规类型：部门规章

（根据 2022 年 9 月 29 日国家市场监督管理总局令第 61 号《国家市场监督管理总局关于修改和废止部分部门规章的决定》修订）

第一章 总 则

第一条 为规范强制性产品认证工作，提高认证有效性，维护国家、社会和公共利益，根据《中华人民共和国认证认可条例》（以下简称认证认可条例）等法律、行政法规以及国家有关规定，制定本规定。

第二条 为保护国家安全、防止欺诈行为、保护人体健康或者安全、保护动植物生命或者健康、保护环境，国家规定的相关产品必须经过认证（以下简称强制性产品认证），并标注认证标志后，方可出厂、销售、进口或者在其他经营活动中使用。

第三条 国家市场监督管理总局（以下简称市场监管总局）主管全国强制性产品认证工作，负责全国强制性产品认证工作的组织实施、监督管理和综合协调。

县级以上地方市场监督管理部门负责所辖区域内强制性产品认证活动的监督管理工作。

第四条 国家对实施强制性产品认证的产品，统一产品目录（以下简称目录），统一技术规范的强制性要求、标准和合格评定程序，统一认证标志，统一收费标准。

市场监管总局会同国务院有关部门制定和调整目录，目录由市场监管局发布，并会同有关方面共同实施。

第五条 国家鼓励开展平等互利的强制性产品认证国际互认活动，互认活动应当在市场监管总局或者其授权的有关部门对外签署的国际互认协议框架内进行。

第六条 从事强制性产品认证活动的机构及其人员，对其从业活动中所知悉的商业秘密及生产技术、工艺等技术秘密和信息负有保密义务。

第二章 认证实施

第七条 强制性产品认证基本规范、认证规则由市场监管总局制定、发布。

第八条 强制性产品认证应当适用以下单一认证模式或者多项认证模式的组合，具体模式包括：

（一）设计鉴定；

（二）型式试验；

（三）生产现场抽取样品检测或者检查；

（四）市场抽样检测或者检查；

（五）企业质量保证能力和产品一致性检查；

（六）获证后的跟踪检查。

产品认证模式应当依据产品的性能，对涉及公共安全、人体健康和环境等方面可能产生的危害程度、产品的生命周期、生产、进口产品的风险状况等综合因素，按照科学、便利等原则予以确定。

第九条 认证规则应当包括以下内容：

（一）适用的产品范围；

（二）适用的产品所对应的国家标准、行业标准和国家技术规范的强制性要求；

（三）认证模式；

（四）申请单元划分原则或者规定；

（五）抽样和送样要求；

（六）关键元器件或者原材料的确认要求（需要时）；

（七）检测标准的要求（需要时）；

（八）工厂检查的要求；

（九）获证后跟踪检查的要求；

（十）认证证书有效期的要求；

（十一）获证产品标注认证标志的要求；

（十二）其他规定。

第十条 列入目录产品的生产者或者销售者、进口商（以下统称认证委托人）应当委托经市场监管总局指定的认证机构（以下简称认证机构）对其生产、销售或者进口的产品进行认证。

委托其他企业生产列入目录产品的，委托企业或者被委托企业均可以向认证机构进行认证委托。

第十一条 认证委托人应当按照具体产品认证规则的规定，向认证机构提供相关技术材料。

销售者、进口商作为认证委托人时，还应当向认证机构提供销售者与生产者或者进口商与生产者订立的相关合同副本。

委托其他企业生产列入目录产品的，认证委托人还应当向认证机构提供委托企业与被委托企业订立的相关合同副本。

第十二条 认证机构受理认证委托后，应当按照具体产品认证规则的规定，安排产品型式试验和工厂检查。

第十三条 认证委托人应当保证其提供的样品与实际生产的产品一致，认证机构应当对认证委托人提供样品的真实性进行审查。

认证机构应当按照认证规则的要求，根据产品特点和实际情况，采取认证委托人送样、现场抽样或者现场封样后由认证委托人送样等抽样方式，委托经市场监管总局指定的实验室（以下简称实验室）对样品进行产品型式试验。

第十四条 实验室对样品进行产品型式试验，应当确保检测结论的真实、准确，并对检测全过程作出完整记录，归档留存，保证检测过程和结果的记录具有可追溯性，配合认证机构对获证产品进行有效的跟踪检查。

实验室及其有关人员应当对其作出的检测报告内容以及检测结论负责，对样品真实性有疑义的，应当向认证机构说明情况，并作出相应处理。

第十五条 需要进行工厂检查的，认证机构应当委派具有国家注册资格的强制性产品认证检查员，对产品生产企业的质量保证能力、生产产品与型式试验样品的一致性等情况，依照具体产品认证规则进行检查。

认证机构及其强制性产品认证检查员应当对检查结论负责。

第十六条 认证机构完成产品型式试验和工厂检查后，对符合认证要求的，一般情况下自受理认证委托起90天内向认证委托人出具认证证书。

对不符合认证要求的，应当书面通知认证委托人，并说明理由。

认证机构及其有关人员应当对其作出的认证结论负责。

第十七条 认证机构应当通过现场产品检测或者检查、市场产品抽样检测或者检查、质量保证能力检查等方式，对获证产品及其生产企业实施分类管理和有效的跟踪检查，控制并验证获证产品与型式试验样品的一致性、生产企业的质量保证能力持续符合认证要求。

第十八条 认证机构应当对跟踪检查全过程作出完整记录，归档留存，保证认证过程和结果具有可追溯性。

对于不能持续符合认证要求的，认证机构应当根据相应情形作出予以暂停或者撤销认证证书的处理，并予公布。

第十九条 认证机构应当按照认证规则的规定，根据获证产品的安全等级、产品质量稳定性以及产品生产企业的良好记录和不良记录情况等因素，对获证产品及其生产企业进行跟踪检查的分类管理，确定合理的跟踪检查频次。

第三章 认证证书和认证标志

第二十条 市场监管总局统一规定强制性产品认证证书（以下简称认证证书）的格式、内容和强制性产品认证标志（以下简称认证标志）的式样、种类。

第二十一条 认证证书应当包括以下基本内容：

（一）认证委托人名称、地址；

（二）产品生产者（制造商）名称、地址；

（三）被委托生产企业名称、地址（需要时）；

（四）产品名称和产品系列、规格、型号；

（五）认证依据；

（六）认证模式（需要时）；

（七）发证日期和有效期限；

（八）发证机构；

（九）证书编号；

（十）其他需要标注的内容。

第二十二条 认证证书有效期为5年。

认证机构应当根据其对获证产品及其生产企业的跟踪检查的情况，在认证证书上注明年度检查有效状态的查询网址和电话。

认证证书有效期届满，需要延续使用的，认证委托人应当在认证证书有效期届满前90天内申请办理。

第二十三条 获证产品及其销售包装上标注认证证书所含内容的，应当与认证证书的内容相一致，并符合国家有关产品标识标注管理规定。

第二十四条 有下列情形之一的，认证委托人应当向认证机构申请认证证书的变更，由认证机构根据不同情况作出相应处理：

（一）获证产品命名方式改变导致产品名称、型号变化或者获证产品的生产者、生产企业名称、地址名称发生变更的，经认证机构核实后，变更认证证书；

（二）获证产品型号变更，但不涉及安全性能和电磁兼容内部结构变化；或者获证产品减少同种产品型号的，经认证机构确认后，变更认证证书；

（三）获证产品的关键元器件、规格和型号，以及涉及整机安全或者电磁兼容的设计、结构、工艺和材料或者原材料生产企业等发生变更的，经认证机构重新检测合格后，变更认证证书；

（四）获证产品生产企业地点或者其质量保证体系、生产条件等发生变更的，经认证机构重新工厂检查合格后，变更认证证书；

（五）其他应当变更的情形。

第二十五条 认证委托人需要扩展其获证产品覆盖范围的，应当向认证机构申请认证证书的扩展，认证机构应当核查扩展产品与原获证产品的一致性，确认原认证结果对扩展产品的有效性。经确认合格后，可以根据认证委托人的要求单独出具认证证书或者重新出具认证证书。

认证机构可以按照认证规则的要求，针对差异性补充进行产品型式试验或者工厂检查。

第二十六条 有下列情形之一的，认证机构应当注销认证证书，并对外公布：

（一）认证证书有效期届满，认证委托人未申请延续使用的；

（二）获证产品不再生产的；

（三）获证产品型号已列入国家明令淘汰或者禁止生产的产品目录的；

（四）认证委托人申请注销的；

（五）其他依法应当注销的情形。

第二十七条 有下列情形之一的，认证机构应当按照认证规则规定的期限暂停认证证书，并对外公布：

（一）产品适用的认证依据或者认证规则发生变更，规定期限内产品未符合变更要求的；

（二）跟踪检查中发现认证委托人违反认证规则等规定的；

（三）无正当理由拒绝接受跟踪检查或者跟踪检查发现产品不能持续符合认证要求的；

（四）认证委托人申请暂停的；

（五）其他依法应当暂停的情形。

第二十八条 有下列情形之一的，认证机构应当撤销认证证书，并对外公布：

（一）获证产品存在缺陷，导致质量安全事故的；

（二）跟踪检查中发现获证产品与认证委托人提供的样品不一致的；

（三）认证证书暂停期间，认证委托人未采取整改措施或者整改后仍不合格的；

（四）认证委托人以欺骗、贿赂等不正当手段获得认证证书的；

（五）其他依法应当撤销的情形。

第二十九条 获证产品被注销、暂停或者撤销认证证书的，认证机构应当确定不符合认证要求的产品类别和范围。

自认证证书注销、撤销之日起或者认证证书暂停期间，不符合认证要求的产品，不得继续出厂、销售、进口或者在其他经营活动中使用。

第三十条 认证标志的式样由基本图案、认证种类标注组成，基本图案如下图：

基本图案中"CCC"为"中国强制性认证"的英文名称"China Compulsory Certification"的英文缩写。

第三十一条 在认证标志基本图案的右侧标注认证种类，由代表该产品认证种类的英文单词的缩写字母组成。

市场监管总局根据强制性产品认证工作的需要，制定有关认证种类标注的具体要求。

第三十二条 认证委托人应当建立认证标志使用管理制度，对认证标志的使用情况如实记录和存档，按照认证规则规定在产品及其包装、广告、产品介绍等宣传材料中正确使用和标注认证标志。

第三十三条 任何单位和个人不得伪造、变造、冒用、买卖和转让认证证书和认证标志。

第四章 监督管理

第三十四条 市场监管总局对认证机构、实验室的认证、检测活动实施年度监督检查和不定期的专项监督检查。

第三十五条 认证机构应当将获证产品的认证委托人、获证产品及其生产企业，以及认证证书被注销、暂停或者撤销的信息向市场监管总局和省级市场监督管理部门进行通报。

第三十六条 市场监管总局统一计划，采取定期或者不定期的方式对获证产品进行监督检查。

获证产品生产者、销售者、进口商和经营活动使用者不得拒绝监督检查。

市场监管总局建立获证产品及其生产者公布制度，向社会公布监督检查结果。

第三十七条 县级以上地方市场监督管理部门负责对所辖区域内强制性产品认证活动实施监督检查，对违法行为进行查处。

列入目录内的产品未经认证，但尚未出厂、销售的，县级以上地方市场监督管理部门应当告诫其产品生产企业及时进行强制性产品认证。

第三十八条 县级以上地方市场监督管理部门进行强制性产品认证监督检查时，可以依法进入生产经营场所实施现场检查，查阅、复制有关合同、票据、帐薄以及其他资料，查封、扣押未经认证的产品或者不符合认证要求的产品。

第三十九条 列入目录产品的生产者、销售商发现其生产、销售的产品存在安全隐患，可能对人体健康和生命安全造成损害的，应当向社会公布有关信息，主动采取召回产品等救济措施，并依照有关规定向相关监督管理部门报告。

列入目录产品的生产者、销售商未履行前款规定义务的，市场监管总局应当启动产品召回程序，责令生产者召回产品，销售者停止销售产品。

第四十条 出入境检验检疫机构应当对列入目录的进口产品实施入境验证管理，查验认证证书、认证标志等证明文件，核对货证是否相符。验证不合格的，依照相关法律法规予以处理，对列入目录的进口产品实施后续监管。

第四十一条 列入目录的进境物品符合下列情形之一的，入境时无需办理强制性产品认证：

（一）外国驻华使馆、领事馆或者国际组织驻华机构及其外交人员的自用物品；

（二）香港、澳门特别行政区政府驻大陆官方机构及其工作人员的自用物品；

（三）入境人员随身从境外带入境内的自用物品；

（四）外国政府援助、赠送的物品；

（五）其他依法无需办理强制性产品认证的情形。

第四十二条 有下列情形之一的，列入目录产品的生产者、进口商、销售商或者其代理人可以向所在地市场监督管理部门提出免予办理强制性产品认证申请，提交相关证明材料、责任担保书、产品符合性声明（包括型式试验报告）等资料，并根据需要进行产品检测，经批准取得《免予办理强制性产品认证证明》后，方可进口，并按照申报用途使用：

（一）为科研、测试所需的产品；

（二）为考核技术引进生产线所需的零部件；

（三）直接为最终用户维修目的所需的产品；

（四）工厂生产线/成套生产线配套所需的设备/部件（不包含办公用品）；

（五）仅用于商业展示，但不销售的产品；

（六）暂时进口后需退运出关的产品（含展览品）；

（七）以整机全数出口为目的而用一般贸易方式进口的零部件；

（八）以整机全数出口为目的而用进料或者来料加工方式进口的零部件；

（九）其他因特殊用途免予办理强制性产品认证的情形。

第四十三条 认证机构、实验室有下列情形之一的，市场监管总局应当责令其停业整顿，停业整顿期间不得从事指定范围内的强制性产品认证、检测活动：

（一）增加、减少、遗漏或者变更认证基本规范、认证规则规定的程序的；

（二）未对其认证的产品实施有效的跟踪调查，或者发现其认证的产品不能持续符合认证要求，不及时暂停或者撤销认证证书并予以公布的；

（三）未对认证、检测过程作出完整记录，归档留存，情节严重的；

（四）使用未取得相应资质的人员从事认证、检测活动的，情节严重的；

（五）未对认证委托人提供样品的真实性进行有效审查的；

（六）阻挠、干扰监管部门认证执法检查的；

（七）对不属于目录内产品进行强制性产品认证的；

（八）其他违反法律法规规定的。

第四十四条 有下列情形之一的，市场监管总局根据利害关系人的请求或者依据职权，可以撤销对认证机构、实验室的指定：

（一）工作人员滥用职权、玩忽职守作出指定决定的；

（二）超越法定职权作出指定决定的；

（三）违反法定程序作出指定决定的；

（四）对不具备指定资格的认证机构、实验室准予指定的；

（五）依法可以撤销指定决定的其他情形。

第四十五条 认证机构或者实验室以欺骗、贿赂等不正当手段获得指定的，由市场监管总局撤销指定，并予以公布。

认证机构或者实验室自被撤销指定之日起3年内不得再次申请指定。

第四十六条 从事强制性产品认证活动的人员出具虚假或者不实结论，编造虚假或者不实文件、记录的，予以撤销执业资格；自撤销之日起5年内，中国认证认可协会认证人员注册机构不再受理其注册申请。

第四十七条 认证委托人对认证机构的认证决定有异议的，可以向认证机构提出申诉。

第四十八条 任何单位和个人对强制性产品认证活动中的违法违规行为，有权向市场监督管理部门举报，市场监督管理部门应当及时调查处理，并为举报人保密。

第五章 罚 则

第四十九条 列入目录的产品未经认证，擅自出厂、销售、进口或者在其他经营活动中使用的，由县级以上地方市场监督管理部门依照认证认可条例第六十六条规定予以处罚。

第五十条 列入目录的产品经过认证后，不按照法定条件、要求从事生产经营活动或者生产、销售不符合法定要求的产品的，由县级以上地方市场监督管理部门依照《国务院关于加强食品等产品安全监督管理的特别规定》第二条、第三条第二款规定予以处理。

第五十一条 违反本规定第二十九条第二款规定，认证证书注销、撤销或者暂停期间，不符合认证要求的产品，继续出厂、销售、进口或者在其他经营活动中使用的，由县级以上地方市场监督管理部门依照认证认可条例第六十六条规定予以处罚。

第五十二条 违反本规定第四十二条规定，编造虚假材料骗取《免予办理强制性产品认证证明》或者获得《免予办理强制性产品认证证明》后产品未按照原申报用途使用的，由市场监督管理部门责令其改正，撤销《免予办理强制性产品认证证明》，并依照认证认可条例第六十六条规定予以处罚。

第五十三条 伪造、变造、出租、出借、冒用、买卖或者转让认证证书的，由县级以上地方市场监督管理部门责令其改正，处3万元罚款。

转让或者倒卖认证标志的，由县级以上地方市场监督管理部门责令其改正，处3万元以下罚款。

第五十四条 有下列情形之一的，由县级以上地方市场监督管理部门责令其改正，处3万元以下的罚款：

（一）违反本规定第十三条第一款规定，认证委托人提供的样品与实际生产的产品不一致的；

（二）违反本规定第二十四条规定，未按照规定向认证机构申请认证证书变更，擅自出厂、销售、进口或者在其他经营活动中使用列入目录产品的；

（三）违反本规定第二十五条规定，未按照规定向认证机构申请认证证书扩展，擅自出厂、销售、进口或者在其他经营活动中使用列入目录产品的。

第五十五条 有下列情形之一的，由县级以上地方市场监督管理部门责令其限期改正，逾期未改正的，处2万元以下罚款：

（一）违反本规定第二十三条规定，获证产品及其销售包装上标注的认证证书所含内容与认证证书内容不一致的；

（二）违反本规定第三十二条规定，未按照规定使用认证标志的。

第五十六条 认证机构、实验室出具虚假结论或者出具的结论严重失实的，市场监管总局应当撤销对其指定；对直接负责的主管人员和负有直接责任的人员，撤销相应从业资格；构成犯罪的，依法追究刑事责任；造成损失的，承担相应的赔偿责任。

第五十七条 认证机构、实验室有下列情形之一的，市场监管总局应当责令其改正，情节严重的，撤销对其指定直至撤销认证机构批准文件。

（一）超出指定的业务范围从事列入目录产品的认证以及与认证有关的检测活动的；

（二）转让指定认证业务的；

（三）停业整顿期间继续从事指定范围内的强制性产品认证、检测活动的；

（四）停业整顿期满后，经检查仍不符合整改要求的。

第五十八条 市场监管总局和县级以上地方市场监督管理部门及其工作人员，滥用职权、徇私舞弊、玩忽职守的，依法给予行政处分；构成犯罪的，依法追究刑事责任。

第五十九条 对于强制性产品认证活动中的其他违法行为，依照有关法律、行政法规的规定予以处罚。

第六章　附　则

第六十条 强制性产品认证应当依照国家有关规定收取费用。

第六十一条 本规定由市场监管总局负责解释。

第六十二条 本规定自2009年9月1日起施行。国家质检总局2001年12月3日公布的《强制性产品认证管理规定》同时废止。

进口许可制度民用商品入境验证管理办法

（质检总局令第 6 号）

发布日期：2001-12-04
实施日期：2018-05-01
法规类型：部门规章

（根据 2018 年 4 月 28 日海关总署令第 238 号《海关总署关于修改部分规章的决定》第一次修正）

第一条　为加强对国家实行进口许可制度的民用商品的验证管理，保证进口商品符合安全、卫生、环保要求，依据《中华人民共和国进出口商品检验法》（以下简称《商检法》）及其实施条例和有关法律法规的规定，制定本办法。

第二条　本办法适用于对国家实行进口质量许可制度和强制性产品认证的民用商品（以下简称进口许可制度民用商品）的入境验证管理工作。

第三条　本办法所称入境验证是指：对进口许可制度民用商品，在通关入境时，由海关核查其是否取得必需的证明文件，抽取一定比例批次的商品进行标志核查，并按照进口许可制度规定的技术要求进行检测。

第四条　海关总署统一管理全国进口许可制度民用商品的入境验证管理工作。主管海关负责所辖地区进口许可制度民用商品的入境验证工作。

第五条　海关总署根据需要，制定、调整并公布海关实施入境验证的进口许可制度民用商品目录（以下简称《入境验证商品目录》）。

对列入《入境验证商品目录》的进口商品，由主管海关实施入境验证。

第六条　进口许可制度民用商品的收货人或其代理人，在办理进口报检时，应当提供进口许可制度规定的相关证明文件，并配合海关实施入境验证工作。

第七条　海关受理报检时，应当审查进口质量许可等证明文件。

第八条　属于法定检验检疫的进口许可制度民用商品，海关应当按照有关规定实施检验检疫，同时应当核查产品的相关标志是否真实有效。

第九条　不属于法定检验检疫的进口许可制度民用商品，主管海关可以根据需要，进行抽查检测。抽查检测的范围、具体实施程序，由海关总署另行规定。

第十条　进口许可制度民用商品经检验标志不符合规定或者抽查检测项目不合格的，由海关依照《商检法》及其实施条例的有关规定进行处理。

第十一条　本办法由海关总署负责解释。

第十二条　本办法自 2002 年 1 月 1 日起施行。

国家认监委关于发布电子产品及安全附件
强制性产品认证实施规则的公告

（国家认证认可监督管理委员会公告 2023 年第 10 号）

发布日期：2023-06-28
实施日期：2023-08-01
法规类型：规范性文件

根据《市场监管总局关于优化强制性产品认证目录的公告》（2020 年第 18 号）、《市场监管总局关于对部分电子电器产品不再实行强制性产品认证管理的公告》（2022 年第 34 号）、《市场监管总局关于对锂离子电池等产品实施强制性产品认证管理的公告》（2023 年第 10 号）对电子产品及安全附件强制性产品认证范围的调整优化结果，国家认监委制定了《强制性产品认证实施规则　电子产品及安全附件》（CNCA-C09-01：2023）（见附件，以下称新版规则）。现将有关要求公告如下：

一、新版规则自 2023 年 8 月 1 日起实施。《强制性产品认证实施规则　音视频设备》（CNCA-C08-01：2014）、《强制性产品认证实施规则　信息技术设备》（CNCA-C09-01：2014）、《强制性产品认证实施规则　电信终端设备》（CNCA-C16-01：2014）同时废止。

二、相关指定认证机构应当依据新版规则和强制性产品认证通用实施规则要求，制定对应的认证实施细则，向国家认监委备案后方可按照新版规则实施认证并颁发认证证书。

三、此前已经颁发的有效强制性产品认证证书可继续使用，认证证书转换工作采取到期换证、产品变更、标准换版等自然过渡的方式完成。

附件：强制性产品认证实施规则　电子产品及安全附件（CNCA-C09-01：2023）

市场监管总局办公厅对智能光灸养生仪等产品
是否属于强制性产品认证范围的复函

（市监认证函〔2022〕1494 号）

发布日期：2022-11-01
实施日期：2022-11-01
法规类型：行政许可批复

河南省市场监管局：

你局《关于智能光灸养生仪等 6 个商品是否属于强制性产品认证范围的请示》收悉。经研究，现函复如下：

一、根据《强制性产品认证目录描述与界定表（2020年修订）》，列入强制性产品认证范围的"皮肤和毛发护理器具"产品适用于对头发或皮肤护理的带电加热元件的个人护理器具，不包括医用皮肤、毛发护理器具和有治疗理疗功能、使用药物的器具等。

二、来函所述产品及类似产品（常见的商品名称如"熏蒸仪""熏灸仪""坐熏仪""艾灸仪""艾灸养生仪"等）通常配套艾草、中药包等材料使用，产品功能主要是通过对皮肤熏蒸进行理疗保健，而不是护肤。因此，此类产品不属于强制性产品认证的范围。

特此函复。

关于对部分电子电器产品不再实行强制性产品认证管理的公告

（市场监管总局公告2022年第34号）

发布日期：2022-10-10
实施日期：2022-10-10
法规类型：规范性文件

为贯彻落实《国务院办公厅关于深化电子电器行业管理制度改革的意见》（国办发〔2022〕31号）精神，市场监管总局按照必要性和最小化原则对强制性产品认证（以下称CCC认证）目录进行了调整。现将有关事项公告如下：

一、对安全风险较低、技术较为成熟的9种电子电器产品不再实行CCC认证管理（见附件）。

二、《强制性产品认证实施规则 音视频设备》（CNCA-C08-01：2014）和《强制性产品认证实施规则 电信终端设备》（CNCA-C16-01：2014）适用范围删除相关产品；废止《强制性产品认证实施规则 防盗报警产品》（CNCA-C19-01：2014）。

三、指定认证机构和实验室涉及相关产品的指定业务范围予以注销。

四、指定认证机构和实验室应当停止相关产品CCC认证及相应检测活动，并按规定注销已出具的CCC认证证书。

特此公告。

附件：不再实行强制性产品认证管理的目录清单

市场监管总局关于贯彻落实《国务院关于取消和下放一批行政许可事项的决定》有关事项的公告

（国家市场监督管理总局公告 2020 年第 48 号）

发布日期：2020-11-04

实施日期：2020-11-04

法规类型：规范性文件

为深入贯彻落实《国务院关于取消和下放一批行政许可事项的决定》（国发〔2020〕13号，以下简称《决定》）精神，切实做好取消"与强制性认证有关的检查机构指定"许可工作，现就有关事项公告如下：

一、坚决取消相关许可事项

（一）自《决定》发布之日起，市场监管总局停止"与强制性认证有关的检查机构指定"许可事项的受理、审查和审批。对于已经受理的申请，依法终止行政许可程序。

（二）许可取消后，强制性产品认证（CCC 认证）指定认证机构自行或委托有能力的检查机构实施 CCC 认证工厂检查，并对工厂检查结论负责。

二、严格规范工作要求

（一）CCC 认证指定认证机构要认真落实主体责任，进一步明确工厂检查程序、人员管理要求和各岗位职责，加强对工厂检查结论的复核，强化检查活动风险管理，提高认证结果的有效性。

（二）CCC 认证工厂检查实施机构应当严格按照 CCC 认证有关规定、规则和标准开展检查活动，保留检查全过程信息记录，确保各环节责任的有效追溯。

三、进一步加强事中事后监管

（一）市场监管总局将加大对 CCC 认证工厂检查实施机构及其活动的行政监督力度，定期组织开展检查；统筹完善工厂检查风险监测工作机制，依法实施信用监管，如实记录并公布违法失信行为。

（二）各级市场监管部门要以"双随机、一公开"监管为基本手段，结合投诉举报、日常监测、信用监管等实施差异化监管措施。

市场监管总局关于汽车用制动器衬片产品由生产许可转为强制性产品认证管理实施要求的公告

（市场监管总局公告 2020 年第 19 号）

发布日期：2020-04-17
实施日期：2020-04-17
法规类型：规范性文件

根据《国务院关于调整工业产品生产许可证管理目录加强事中事后监管的决定》（国发〔2019〕19 号）要求，市场监管总局对汽车用制动器衬片产品由生产许可转为强制性认证（CCC 认证）管理。为确保 CCC 认证实施顺利，工作衔接平稳有序，现将有关要求公告如下：

一、认证实施

自 2020 年 6 月 1 日起，汽车用制动器衬片纳入 CCC 认证管理范围，各指定认证机构开始受理认证委托（认证机构、实验室名录及认证实施规则另行公告）；各省、自治区、直辖市及新疆生产建设兵团市场监管局（厅、委）（以下简称省级市场监管部门）停止受理相关生产许可证申请，已受理的依法终止行政许可程序。

自 2021 年 6 月 1 日起，汽车用制动器衬片产品未获得强制性产品认证证书和未标注强制性认证标志的，不得出厂、销售、进口或在其他经营活动中使用。

二、CCC 认证与生产许可证管理的衔接

（一）2021 年 6 月 1 日前，国内企业生产的汽车用制动器衬片产品应凭有效生产许可证或 CCC 认证出厂、销售或在其他经营活动中使用。

（二）对于已获生产许可证的企业，若以上产品在 2021 年 6 月 1 日（含）后不再继续生产的，无需办理 CCC 认证；否则，应尽快提交认证委托，并在 2021 年 6 月 1 日前获得 CCC 认证。

（三）对于持有效生产许可证的企业提出的认证委托，指定认证机构应承认相应的审查及检测结果，制定相关转换方案（包括差异检测项目、补充工厂检查等内容）并实施，对符合认证要求的产品换发 CCC 认证证书，同时向企业所在地省级市场监管部门通报获证企业名单。证书转换过程中发生的认证、检测费用原则上由财政负担。

（四）各省级市场监管部门根据认证机构通报和生产许可证到期情况，及时办理生产许可证注销手续。2021 年 6 月 1 日，市场监管总局及各省级市场监管部门注销所有未转换的有效生产许可证。

关于推广实施进口汽车零部件产品检验监管便利化措施的公告

（海关总署公告 2019 年第 219 号）

发布日期：2019-12-27
实施日期：2019-12-30
法规类型：规范性文件

为深入推进"放管服"改革，进一步优化口岸营商环境，提高通关效率，降低通关成本，推动跨境贸易便利化水平持续提升，海关总署决定在北京、天津、上海、重庆、广州、深圳、杭州和宁波推广实施进口汽车零部件产品（见附件）检验监管便利化措施。现就有关事项公告如下：

一、对仅实施商品检验的进口汽车零部件产品，企业可直接提离至目的地，由目的地海关实施现场检验和抽样检测工作。在企业有紧急需要时，可优先依据相关法律法规实施检验。

二、在《海关总署关于对进口汽车零部件产品推广实施采信便利化措施的公告》（海关总署公告 2019 年第 157 号）基础上，进一步在北京、天津、上海、重庆、广州、深圳、杭州和宁波扩大实施采信的进口汽车零部件产品范围。对涉及 CCC 认证的所有进口汽车零部件产品，海关在检验时将采信认证认可部门认可的认证机构出具的认证证书，原则上不再实施抽样送检。

三、对涉及重大质量安全风险预警需实施抽样送检的，按照海关实际风险布控指令执行。

本公告自 2019 年 12 月 30 日起实施。

特此公告。

附件：适用商品 HS 编码目录

关于对进口汽车零部件产品推广实施采信便利化措施的公告

（海关总署公告 2019 年第 157 号）

发布日期：2019-10-16
实施日期：2019-11-01
法规类型：规范性文件

为贯彻落实国务院"放管服"改革要求，进一步优化口岸营商环境，降低企业通关成本，促进贸易便利化，经前期试点和风险评估，海关总署决定对进口汽车零部件产品在全国海关推广实施采信便利化措施。现就有关事项公告如下：

一、对涉及 CCC 认证的部分进口汽车零部件产品（见附件），海关在检验时采信认证认可部门认可的认证机构出具的认证证书，原则上不再实施抽样送检。

二、对涉及重大质量安全风险预警措施需实施抽样送检的，按照海关实际风险布控指令执行。

本公告自 2019 年 11 月 1 日起实施。

特此公告。

附件：适用商品 HS 编码目录（略）

市场监管总局关于明确免予办理强制性产品认证工作要求的通知

（国市监认证函〔2019〕153 号）

发布日期：2019-05-07

实施日期：2019-05-07

法规类型：规范性文件

各省、自治区、直辖市及新疆生产建设兵团市场监管局（厅、委）：

根据《市场监管总局　海关总署关于免予办理强制性产品认证工作有关安排的公告》（市场监管总局、海关总署公告 2019 年 13 号）的要求，各地市场监管部门自 2019 年 4 月 1 日起承接免予办理强制性产品认证（以下简称 CCC 免办）相关工作。为进一步规范和便利 CCC 免办证明的审核监管，现就有关事项明确如下：

一、符合 CCC 免办的条件

（一）为科研、测试和认证检测所需的产品和样品。

本款所称科研，是指对该产品进行科学研究，以开发、生产出相关产品所需的产品，并不是指进行研究工作所需的科研器材；本款所称测试，是指对该产品进行测试以获得测试数据，或测试某一产品的部分性能所必须用到的该产品（如开发测试某一型号的打印机软件，需进口少量该型号打印机）；本款所称认证检测，是指 CCC 认证所进行型式试验的样品。

（二）直接为最终用户维修目的所需的零部件产品。

（三）工厂生产线成套生产线配套所需的设备零部件（不含办公用品）。

（四）仅用于商业展示但不销售的产品。

（五）以整机全数出口为目的进口的零部件。

（六）其他因特殊用途免予办理强制性产品认证的情形。

二、CCC 免办的办理要求

符合 CCC 免办条件的申请人，应当向所在地市场监管部门提交 CCC 免办申请。申请人应提交的材料以及后续监管要求，详见附件。具体办理要求如下：

（一）为科研、测试和认证检测所需的产品和样品。此类产品的免办申请人必须是对此类产品进行研究、开发、测试的机构。CCC 认证检测样品的免办申请人必须是 CCC 认证委托人。此类产品和样品均不得销售或提供给普通消费者使用。

（二）直接为最终用户维修目的所需的零部件产品。此类零部件产品的免办申请人必须是维修单位（包括整机整车集中采购商仓储商其指定的零部件采购商）或者最终用户。零部件产品的数量应当控制在合理范围内。

（三）工厂生产线成套生产线配套所需的设备零部件（不含办公用品）。此类设备零部件的免办申请人必须是使用此类设备零部件的工厂公司。

（四）仅用于商业展示但不销售的产品。此类产品的免办申请人必须是负责商业展示的公司，申请人应当在申请资料中表明展示的时间及展示后该产品的处理方式（不得销售或提供给普通消费者使用），保证其不改变产品的用途。

（五）以整机全数出口为目的进口的零部件。此类零部件的免办申请人必须是使用此类零部件的工厂公司。申请人应当在申请材料中承诺成品出口后两周内向市场监管部门办理核销手续，以备市场监管部门核查。

三、CCC 免办的工作要求

（一）CCC 免办工作由各省、自治区、直辖市及新疆生产建设兵团市场监管局（厅、委）实施，或者视情况下放给下级市场监管部门实施。各省、自治区、直辖市及新疆生产建设兵团市场监管局（厅、委）应统筹管理。

（二）各地市场监管部门应配备并保障必要的人员、办公设备及工作条件，并自受理申请之日起 5 个工作日内，完成审核并出具 CCC 免办证明。

（三）各地市场监管部门应严格遵守 CCC 免办相关规定，遵循监管有效及便利申请人原则，加强内部监督管理和对 CCC 免办使用情况的后续监管。

（四）各地市场监管部门可要求申请人留存相应的加盖企业公章的申请资料（含各类证明性资料），留存期 2 年，以备市场监管部门核查。

（五）CCC 免办证明的受理、审核，实现全程电子化申请和管理（管理系统网址：http：//cccmb. cnca. cn），申请人无须到现场办理。

（六）支持并鼓励各地市场监管部门运用诚信管理、分类管理的措施和方法，做好 CCC 免办审核和后续监管工作。

本通知自印发之日起施行。与本通知不一致的有关规章和规范性文件，以本通知内容为准。

附件：CCC 免办审核及后续监管要求

附件

CCC 免办审核及后续监管要求

免办条件	申请人要求	申请 CCC 免办提交的材料 （每份材料均须加盖公章）	后续监管要求
条件 1： 为科研、测试和认证检测所需的产品和样品	对此类产品进行研究、开发、测试的机构；CCC 认证委托人	1. 申请人营业执照； 2. 后续管理承诺书； 3. 本次研究、开发、测试计划书项目书； 4. 附有产品明细的进口合同、发票或提单； 5.CCC 指定认证机构出具的 CCC 认证送样通知书（含认证委托人、样品全称、规格型号、数量等信息）。	1. 销毁处理的，申请人须保留销毁处理证明材料（如视频、照片等）； 2. 退运的，申请人须留存《出口报关单》等证明材料。

免办条件	申请人要求	申请 CCC 免办提交的材料 （每份材料均须加盖公章）	后续监管要求
条件 2： 直接为最终用户维修目的所需的零部件产品	维修单位（包括整机整车集中采购商仓储商其指定的零部件采购商）或者最终用户	1. 申请人营业执照； 2. 后续管理承诺书； 3. 附有产品明细的进口合同、发票或提单； 4. 关于相应产品符合国内安全标准的承诺。	无须出口核销
条件 3： 工厂生产线成套生产线配套所需的设备零部件（不含办公用品）	使用此类设备零部件的工厂公司	1. 申请人营业执照； 2. 后续管理承诺书； 3. 该工厂生产线成套设备生产线的相关证明材料； 4. 附有产品明细的进口合同、发票或提单。	无须出口核销
条件 4： 仅用于商业展示但不销售的产品	负责商业展示的公司	1. 申请人营业执照； 2. 后续管理承诺书； 3. 附有产品明细的进口合同、发票或提单； 4. 关于相应产品符合国内安全标准的承诺。	1. 销毁处理的，申请人须保留销毁处理证明材料（如视频、照片等）； 2. 退运的，申请人须留存《出口报关单》等证明材料。
条件 5： 以整机全数出口为目的进口的零部件	使用此类零部件的工厂公司	1. 申请人营业执照； 2. 后续管理承诺书； 3. 成品出口合同； 4. 附有产品明细的进口合同、发票或提单。	申请人须留存《出口报关单》等证明材料。

对免予办理强制性产品认证的进口汽车零部件试点实施"先声明后验证"便利化措施

（海关总署公告 2019 年第 87 号）

发布日期：2019-05-11
实施日期：2019-05-16
法规类型：规范性文件

为进一步优化营商环境，促进跨境贸易便利化，海关总署对免予办理强制性产品认证的进口汽车零部件试点实施"先声明后验证"的便利化措施，现将有关事宜公告如下：

一、对于符合免予办理强制性产品认证的进口汽车零部件（HS 编码范围见附件 1），报关单位可凭收货人自行出具的《免予办理强制性产品认证自我声明》（以下简称《自我声明》，参考格式见附件 2），按《免予办理强制性产品认证进口汽车零部件申报指南》（附件 3）要求办理申报手续后，即可将货物提离口岸。

二、企业在获得《免予办理强制性产品认证证明》（以下简称《免办证明》）后，应通过中国国际贸易"单一窗口"或"互联网+海关"补录信息，由属地海关实施 100%联网核查，并按海关总署统一布控指令实施货证一致性核查，核查合格后方允许货物销售或使用。

三、对于凭《自我声明》申报，但在规定的期限内无法获得《免办证明》的进口汽车零部件，根据相关法律法规，收货人应在海关监督下实施退运或者销毁。

四、在中国国际贸易"单一窗口"或"互联网+海关"开通补录功能之前，报关单位可通过报关单修改方式补录信息。对凭《自我声明》申报后，以报关单修改方式补录信息的，不予记录报关差错；复核更正的报关差错记录，不作为海关认定企业信用状况的记录。

本公告自 2019 年 5 月 16 日起实施。

特此公告。

附件：1. 涉及免予办理强制性产品认证的进口汽车零部件 HS 编码范围

   2. 免予办理强制性产品认证自我声明（参考格式）（略）

   3. 免予办理强制性产品认证进口汽车零部件申报指南（略）

关于进一步完善强制性产品认证自我声明评价方式
和明确有关实施要求的公告

（认监委公告〔2019〕26 号）

发布日期：2019-12-25
实施日期：2019-12-25
法规类型：规范性文件

为落实"放管服"改革要求，推动强制性产品认证（CCC）自我声明评价方式顺利实施，持续强化市场主体责任，经全面评估 CCC 自我声明评价方式实施情况，现对 CCC 自我声明评价方式进一步完善并明确有关要求如下：

一、完善实施规则

修订发布《强制性产品认证实施规则自我声明》（编号：CNCA-00C-008：2019，以下简称《自我声明实施规则》），增加以自愿性产品认证结果为基础的 CCC 自我声明实施要求和 ODM 模式 CCC 自我声明实施要求。

二、简化转换要求

为便利持有 CCC 证书的企业及时完成向自我声明评价方式转换，对产品符合性信息报送要求予以简化。

（一）"强制性认证产品符合性自我声明信息报送系统"（http://sdoc.cnca.cn，以下简称系统）将根据企业填报的有效 CCC 证书编号，自动提供对应产品的型号规格、型式试验报告等技术资料，企业对系统提供的技术资料确认无误并签署 CCC 自我声明、上传系统即可完成转换工作。

（二）企业在转换时可免于在系统上报送工厂质量保证能力检查报告等技术资料，但不免除须符合《自我声明实施规则》有关要求的义务，并应在下一次变更自我声明信息时对技术资料予以完善。

（三）企业如对系统自动提供的技术资料存有异议，可联系发证机构，发证机构应积极配合。

（四）企业完成自我声明转换后，发证机构应及时注销相应的 CCC 证书。

三、明确实施要求

（一）按照上述简化要求实施转换的 CCC 自我声明，系统将自动建立自我声明与原 CCC 证书的关联关系。机动车整车、低压成套开关设备等整机产品无需因使用的零部件产品转为实施自我声明而进行 CCC 证书或 CCC 自我声明变更。

（二）有关合格评定机构在参与 CCC 自我声明评价方式实施时，应按照相关 CCC 产品认证实施规则中关于单元划分的基本原则和要求，选取型式试验典型样品，确定合格评定结果覆盖的产品范围；对于企业提供的符合 IECEE-CB 体系要求且在我国加入 IECEE-CB 体系标准范围内的 CB 证书/报告，应予承认或接受。

（三）以认证结果为基础实施 CCC 自我声明的企业，如非认证委托人，应在自我声明前取得认证委托人的同意。

（四）为便利国际贸易，对于同时符合以下条件的产品，认证委托人可凭已注销的 CCC 证书向发证机构申请办理仅适用该批次产品的 CCC 证书。

1. 2020 年 11 月 1 日前装运，且装运时 CCC 证书有效；

2. 2020 年 11 月 1 日后进口，且进口时 CCC 证书因超过自我声明转换期于 2020 年 11 月 1 日被统一注销。

（五）实施 CCC 自我声明所需的型式试验样品，适用《市场监管总局关于明确免于办理强制性产品认证工作要求的通知》（国市监认证函〔2019〕153 号，以下简称 153 号文件）中"为科研、测试和认证检测所需的产品和样品"的免办条件；免办申请人必须是实施 CCC 自我声明的生产者（制造商）或授权代表，并应按照 153 号文件要求提供 CCC 指定实验室或者认证机构出具的送样通知书以及其他材料。

（六）企业在系统上提交的技术资料仅用于行政监管目的，对于涉及企业商业秘密的一律不予公开。

（七）按要求完成 CCC 自我声明的企业如需标准规格的 CCC 标志，可到任一指定认证机构购买。

　　附件：强制性产品认证实施规则　自我声明（编号：CNCA-00C-008：2019）（略）

市场监管总局　海关总署关于免予办理强制性产品认证工作有关安排的公告

（市场监管总局　海关总署公告〔2019〕7号）

发布日期：2019-03-13

实施日期：2019-03-13

法规类型：规范性文件

根据市场监管总局和海关总署职能配置的相关规定，现就免予办理强制性产品认证工作的相关安排公告如下：

一、市场监管总局负责强制性产品认证制度的组织实施和监督管理工作。海关总署负责涉及强制性产品认证进口产品的验证工作。市场监管总局和海关总署建立强制性产品认证证书或证明性文件等信息的联网核查、通报和协作机制。

二、在2019年3月31日以前，继续由各地海关依据机构改革前的工作职能核发免予办理强制性产品认证证明。

三、自2019年4月1日起，由市场监管部门承接免予办理强制性产品认证的相关工作。

四、相关申报单位继续使用"CCC免办及特殊用途进口产品检测处理管理系统"（http://cccmb.cnca.cn）提交有关资料，相关申报和管理要求不变。

五、对属于强制性产品认证监管范围且符合免予办理强制性产品认证有关条件的进口货物，申报单位应在办理报关前取得免予办理强制性产品认证证明。

六、海关在验证工作中发现实际进口货物与强制性产品认证证书或证明性文件不一致，或存在其他违法违规情况，按照《中华人民共和国海关法》和《中华人民共和国进出口商品检验法》等相关法律法规的规定进行处置。

特此公告。

认监委关于调整汽车产品强制性认证依据标准的公告

（市场监管总局公告〔2019〕6号）

发布日期：2019-03-06

实施日期：2019-03-06

法规类型：规范性文件

为加强汽车产品质量监管，确保强制性产品认证有效性和公信力，认监委决定将GB19260-2016（低地板及低入口城市客车结构要求）等9项标准纳入强制性认证依据标准。现将有关要求明确如下：

一、自本公告发布之日起，相应的强制性产品认证实施规则《强制性产品认证实施规则-2018

汽车》（CNCA-C11-01）及《强制性产品认证目录描述与界定表》（认监委公告 2014 年第 45 号）中的汽车产品认证依据增加本公告附件中列入的标准，指定认证机构依据相关标准进行认证并出具认证证书。

二、已获证相关产品认证证书，自本公告发布之日起，可继续使用 1 年。企业可根据自身意愿，提前开展证书转换工作。指定认证机构认证证书转换工作，应采取到期换证、标准换版、产品变更等自然过渡的方式。相关产品认证证书转换工作，应按照《关于强制性产品认证依据用标准修订时有关要求的公告》（认监委公告 2012 年第 4 号）执行。规定期限内产品未符合要求的，由指定认证机构按照《强制性产品认证管理规定》（质检总局令第 117 号）的要求作出处理。

三、对于已获证汽车产品，如无新增试验项目，无须再进行试验，可直接换发新版认证证书；如有新增试验项目，需进行新增试验，通过试验后换发新版认证证书；过渡期结束前已出厂、销售、进口的相关产品，在销售过程中，无须换发强制性产品认证证书，但应符合其他相关法律法规的要求。

四、各指定认证机构、实验室应按照《关于强制性产品认证依据用标准修订时有关要求的公告》（认监委公告 2012 年第 4 号）要求，在 2019 年 6 月 30 日前，将按照本公告修订的实施细则、新纳入标准检测能力情况以及获得实验室资质认定的情况报认监委备案。

附件：新增汽车产品强制性认证依据标准（略）

国家认监委办公室关于界定相关产品强制性认证范围的复函

（认办证函〔2018〕18 号）

发布日期：2018-01-29
实施日期：2018-01-29
法规类型：行政许可批复

北京市质量技术监督局：

《北京市质量技术监督局关于阳光宝贝有声图书是否属于强制性认证产品范围的请示》（京质监局〔2017〕76 号）、《北京市质量监督局关于比利吹波球是否属于强制性产品认证范围的请示》（京质监局〔2017〕83 号）、《北京市质量技术监督局关于永旺商业有限公司北京昌平北清路分公司销售的玩具产品是否属于 3C 认证发证产品的请示》（京质监局〔2018〕2 号）、《北京市质量技术监督局关于电动抽气泵是否属于强制性产品认证范围的请示》（京质监局〔2018〕4 号）收悉。经研究，现函复如下：

一、根据京质监局〔2017〕76 号来函信息判断，有声图书产品属于图书和玩具功能相结合的产品，既应满足玩具标准要求，也应满足出版物的有关规定，其中玩具属性应符合玩具产品 CCC 认证要求。

二、根据京质监局〔2017〕83 号来函信息判断，比利吹波球产品应归属为口动玩具，不属于强制性认证范围内产品。

三、根据京质监局〔2018〕2 号来函信息判断，所述七种产品仅明确了不适用于 3 岁以下使用或者玩耍，但并未明确仅供 14 岁以上使用，同时并未明确不能被玩耍，且产品均为塑胶材质。综合以上信息，所述产品具有明显的玩具属性，应满足强制性认证要求。

四、根据京质监局〔2018〕4号来函信息判断，电动抽气泵产品不属于强制性认证范围内产品。

国家认监委关于强制性产品认证标志改革事项的公告

（中国国家认证认可监督管理委员会公告 2018 年第 10 号）

发布日期：2018-03-14
实施日期：2018-03-14
法规类型：规范性文件

为深入贯彻党的十九大精神，进一步落实国务院"放管服"改革工作要求，精简整合强制性产品认证程序，便利企业强制性产品认证标志（以下简称"CCC标志"）加施，国家认监委决定对 CCC 标志发放管理工作进行改革。现将有关事项公告如下：

一、取消印刷/模压 CCC 标志的审核和收费

1. 自 2018 年 3 月 20 日起，取消指定标志发放管理机构（北京中强认产品标志技术服务中心）对印刷/模压 CCC 标志的审核，并取消相应的审核收费，由获证企业自行印刷/模压 CCC 标志。

2. 获证企业自行印刷/模压 CCC 标志按照《强制性产品认证标志加施管理要求》（见附件 1）执行。

二、关于标准规格 CCC 标志的发放管理

1. 自 2018 年 5 月 1 日起，指定认证机构承担标准规格 CCC 标志的发放管理工作，收费按照《国家发展改革委关于放开部分检验检测经营服务收费的通知》（发改价格〔2015〕1299号）规定执行。

2. 2018 年 5 月 1 日前，各指定认证机构应完成标准规格 CCC 标志发放管理的各项准备工作，包括 CCC 标志发放管理程序、联系人、联系电话等，并予以公布。

3. 指定标志发放管理机构（北京中强认产品标志技术服务中心）承担标准规格 CCC 标志的发放管理工作至 2018 年 5 月 31 日，自 2018 年 6 月 1 日起，不再承担标准规格 CCC 标志的发放工作。

三、简化整合 CCC 标志的类别

自 2018 年 3 月 20 日起，CCC 标志不再标注 S（安全产品）、EMC（电磁兼容）、S&E（安全与电磁兼容）、F（消防）、I（信息安全）等细分类别，原有 CCC 标志可根据模具更换周期及产品库存等情况自然过渡淘汰。

四、加强 CCC 标志加施行为的后续监管

获证企业在加施标准规格 CCC 标志以及自行印刷/模压 CCC 标志时，应严格按照《强制性产品认证标志加施管理要求》和《强制性产品认证实施规则》的相关要求，建立本单位的 CCC 标志使用和管理制度，并对 CCC 标志的使用情况进行记录和存档。

指定认证机构应加强对 CCC 标志的监督管理工作，指导获证企业正确使用 CCC 标志，落实认证机构主体责任。

各级地方认证监督管理部门应加强对加施 CCC 标志的监督管理和执法检查。

五、其他事项

原《强制性产品认证标志管理办法》（国家认监委公告 2001 年第 1 号）及《关于强制性产品认证标志发放管理相关事项的公告》（国家认监委公告 2002 年第 7 号）同时废止。

附件：1. 强制性产品认证标志加施管理要求（略）
      2. 指定认证机构 CCC 标志管理联系人（略）

国家认监委关于自贸区平行进口汽车 CCC 认证改革试点措施的公告

（国家认监委公告 2015 年第 38 号）

发布日期：2015-12-28
实施日期：2016-01-01
法规类型：规范性文件

为落实国务院相关文件要求，加快推进自贸区认证认可制度改革创新，国家认监委决定进一步调整汽车产品强制性认证制度，开展自贸区汽车平行进口认证实施试点工作，现将有关措施公告如下：

一、放宽制造商授权文件要求

自贸区内开展平行进口汽车试点业务的企业，在已建立了完善的"三包"和召回体系情况下，CCC 认证申请时，可放宽提供原厂授权文件的相关要求。在认证过程中，指定认证机构须增加对认证申请人"三包"、召回能力和体系的检查工作。

二、调整认证模式

自贸区内开展平行进口汽车试点业务的企业，在经指定认证机构确认已对申请认证车辆的一致性实施有效管理情况下，可取消非量产车认证模式数量要求。指定认证机构应采取有效手段，加强获证后监督和核查工作，确保标准符合性和产品一致性。

三、简化工厂检查要求

自贸区内开展平行进口汽车试点业务的企业，如已有效保证进口车辆一致性，且在自贸区内仅进行标准符合性整改的（不包括车辆结构性改装），在符合产业政策、海关和检验检疫相关规定的前提下，可视情况仅对其在自贸区内的改装场所进行 CCC 认证工厂检查。

本公告自 2016 年 1 月 1 日起实施。

国家认监委办公室关于"移动电源"产品是否
属于强制性产品认证范围的复函

发布日期：2013-09-16
实施日期：2013-09-16
法规类型：行政许可批复

浙江省质量技术监督局：

你局所属杭州市质量技术监督稽查支队关于咨询"移动电源"产品是否属于强制性产品认证范围的请示已收悉，经对来函及后附资料研究后，回复意见如下：

来函中所述的移动电源在外接电源适配器对其自身充电后，可以为便携式电子产品（如平板电脑、数码相机、手机等）进行充电。该移动电源产品不属于强制性产品认证范围，但为该移动电源产品充电的电源适配器，属于强制性产品认证目录内为信息技术设备或者音视频设备配套的电源适配器，未经认证不得出厂、销售、进口或在其他经营活动中使用。

关于进一步完善和规范免于强制性认证特殊用途
进口汽车检测处理程序的通知

（国认证〔2011〕48号）

发布日期：2011-07-29
实施日期：2011-08-01
法规类型：规范性文件

各有关直属出入境检验检疫局，各有关进口汽车产品指定认证及检测机构及有关单位：

为完善对特殊用途进口产品免于办理强制性认证的检测处理程序，加强对该项工作的规范管理，我委对《关于调整免予强制性产品认证检测处理程序的公告》（国家认监委公告2008年第38号，以下简称38号公告）中有关特殊用途进口汽车的检测处理程序的规定进一步明确并要求如下：

一、明确和规范申请环节相关要求

（一）明确"特殊用途及特殊原因"，规范申请人的资质

38号公告规定"为保证贸易需求，并借鉴国际上的实施经验，对确因特殊用途或因特殊原因而未获得强制性产品认证的小批量用于生产和生活消费的进口产品可以按照《免于强制性产品认证的特殊用途进口产品检测处理程序》进行处理。"对"特殊用途或因特殊原因"进一步明确为"反恐安全、抢险救灾、应急指挥、体育竞技、道路试验、国家重大生产建设项目和最终用户使用"。其中以"反恐安全、抢险救灾、应急指挥、体育竞技、道路试验、国家

重大生产建设项目"名义申请的，申请人需出具省部级政府部门主管司厅局或地市级人民政府（厅局级）的证明文件（证明上需列明相关部门的具体联系人），说明以上特殊用途或特殊原因方可申请特殊检测处理程序；对于道路试验，是指需要上路行驶，进行道路适应性试验，试验后不退运出境或销毁核销，同时对于以"道路试验"名义申请的，申请人必须是国内外汽车生产制造企业；对于以"最终用户使用"名义申请的，申请人须为商务部门进口许可证上列明的进口商。

（二）强化申请人的质量责任

特殊检测处理程序申请人需积极配合口岸直属出入境检验检疫局（以下简称口岸直属局）的监管和实验室的检测安排，否则对其申请不予受理；需对该产品的安全性能作出保证，自我声明对该产品在生产或使用中的质量安全负责；需提供与制造商或售后维修保障企业签订的有关产品召回、维修保障的相关约定，进口商自身承担维修保障及召回责任的，需提供具备维修保障能力的相关资质证明并对相关召回安排作出说明；需承诺配合召回管理及认证监管等后续调查，建立进口最终用户信息档案。

（三）加强对申请人的监管

对因"反恐安全、抢险救灾、应急指挥、体育竞技、道路试验、国家重大生产建设项目"提出的申请，口岸直属局需核实申请人出具的证明文件来源是否真实，对其申请原因与实际使用情况是否相符进行抽查；对于为"最终用户使用"的申请人，口岸直属局可结合对企业建立诚信档案、分类管理等国家及检验检疫系统现有的管理制度对申请人实施管理。

（四）完善审核原则

除符合2008年38号公告审核原则外，为与强制性产品认证制度相协调，增加：

1. 擅自更改、捏造产品型号，经同一品牌、同一生产厂或制造商书面确认该型号产品不存在的不予受理；

2. 同一生产厂同一型号获证产品因安全质量原因证书被撤销的不予受理；同一生产厂同一型号获证产品证书处于暂停状态的不予受理；

3. 对原制造商或生产厂生产车底盘进行改装，发动机布置或车辆轴距发生变化的，须提供相关正面碰撞、侧面碰撞、后部碰撞检测报告，经指定认证及检测机构人员审核及现场对车型进行确认后方可受理。指定认证及检测机构要将车型改装的具体情况及时通报口岸直属局。

二、明确和规范受理环节的相关要求

（一）规范对可受理申请的车型认定

1. 指定进口汽车认证机构应即时对外公布已获得认证的进口车型目录；

2. 指定进口汽车认证机构应针对口岸直属局有关查询问题并结合实际情况提出可以受理申请的车型技术指导建议；

3. 对于受理申请的车型相关信息需要技术判定或确认的，口岸直属局应委托指定进口汽车认证机构进行技术判定；指定进口汽车认证机构将技术判定结果回复各口岸直属局的同时报认监委备案；

4. 指定进口汽车认证机构和口岸直属局、检测机构之间应建立程序，形成有效机制，保证车型核查结果的及时性、有效性、统一性。

加强信息化建设

各口岸直属局应建立和完善电子化管理系统，尽快纳入我委统一的特殊检测处理程序信息化管理平台，实现网上审批。

（三）明确车辆变更和送检期限的规定

特殊检测处理程序申请人在口岸直属局受理申请后必须在三个月内送样检测，不得延期，超期作废。申请时提交的 VIN 码须与送样检测时一致，如实际车辆 VIN 码发生变更，申请人须按程序重新提交申请。

三、明确和规范检测环节的相关要求

（一）加强对检测机构资质的管理

指定的特殊检测处理程序检测机构（以下简称检测机构）自身在口岸建立的检测实验室应严格按照 38 号公告要求申请实验室认可并报国家认监委批准，不得利用其他未获得国家认监委批准的检测实验室的设备开展检测。

（二）加强对送检物证的管理

检验检疫部门开具送检通知单，检测机构接到样品后，需向口岸直属局回复接受样品回复单，口岸直属局需每月进行抽样比对；检测报告需有车辆照片，照片必须有特定标志物（例如检测车间厂房、门牌标志、试验前后里程表公里数等），并附有时间。

（三）完善检测要求

根据近 3 年来国家标准及认证规则制修订情况，调整相关检测项目（见附件 1），增加对破坏性实验项目的资料审查；增加车辆一致性证书和燃油消耗量标识的要求（具体见附件 2）。

（四）加强对检测过程的管理

1. 指定进口汽车认证机构对各检测机构的试验方案及检测报告格式进行梳理和统一；

2. 同一车型初次检测时，由指定进口汽车认证机构根据我委相关规定统一制定实验方案和检测报告格式，各检测机构参照执行；

3. 对各检测机构合格判定存在差异的检测项目，由国家认监委汽车强制性产品认证技术专家组的对相关项目的合格判定尺度作出统一，各检测机构统一执行；

4. 各检测机构应严格按照我委的相关要求开展检测工作，严格执行国家规定的检测项目及收费标准；

5. 各检测机构检测收费发票必须列明检测车辆的检测处理程序批准书编号，检测报告备注栏填写发票号以备核查；

6. 口岸直属局根据检测结果、检测收费发票等相关资料审核后方可签发批准书。

7. 送检车辆在检测期间，检测机构应做好车辆的相关管理。

（五）对检测任务量进行评估

各口岸直属局应评估检测机构的检测能力和任务量是否匹配，组织开展对所辖检测机构的设备情况，单车检测时间，年度检测总能力进行评估，统一报我委备案。

四、明确和规范监督管理环节的相关要求

（一）业务指导及日常管理

我委对口岸直属局及指定认证机构、检测机构的工作进行业务指导和日常检查，组织开展同行评议、异地检查等活动。口岸直属局应对承担本口岸进口汽车特殊检测处理程序检测任务的检测机构进行日常监管，包括对检测机构检测收费情况进行检查，必要时口岸直属局可直接暂停违规检测机构的检测任务。

（二）年度专项监督

加强工作纪律要求，对特殊检测处理程序检测机构及人员纳入我委 CCC 年度专项监督检查计划。

五、加强与总局相关管理制度的衔接

各口岸直属局应主动收集进口车辆的安全隐患相关信息，密切关注总局召回及风险预警机制的有关通报，对存在相同安全问题的进口车辆停止接受其检测处理程序申请；对检测中发现存在不合格项目无法进行整改的车辆以及其他进口汽车重大安全质量问题，应立即以警示通报形式上报我委，抄送各口岸直属局及指定进口汽车认证机构，以便各口岸直属局统一执行掌握及提请总局召回或发布风险预警。

六、加强政策交流和信息通报工作

各口岸直属局对工作中遇到的政策及技术问题应及时上报我委，我委将通过定期例会、专项研讨及技术专家组会议等多种方式，对新情况、新问题及时研究，统一做法，解决问题；各口岸直属局应加强对检测不合格信息的通报力度，加强自身有关汽车法规、标准、政策的更新及培训、交流工作。

本通知自 2011 年 8 月 1 日起执行，其中有关新增检测项目、燃油消耗量标识、一致性证书要求自 2011 年 10 月 1 日起实施。

请各口岸直属局严格执行以上有关工作要求及 38 号公告的规定，并做好相关工作的宣传贯彻工作。

附件：1. 检测项目及收费标准（略）
　　　2. 车辆一致性证书及油耗标识（略）

关于调整免予强制性产品认证检测处理程序的公告

（国家认监委公告 2008 年第 38 号）

发布日期：2008-12-11
实施日期：2008-12-11
法规类型：规范性文件

为保证强制性产品认证制度的权威性、严肃性，保证免于办理强制性产品认证相关工作的规范、有效进行，国家认监委对 2005 年第 20 号公告进行了修订，现予以发布：

一、对未获得认证且不符合国家认监委 2005 年第 3 号公告免于办理强制性产品认证条件的进口强制性产品认证目录内产品，各地出入境检验检疫机构应劝其退运，未经检测处理程序的，不得进口；

二、为保证贸易需求，并借鉴国际上的实施经验，对确因特殊用途或因特殊原因而未获得强制性产品认证的小批量用于生产和生活消费的进口产品可以按照《免于强制性产品认证的特殊用途进口产品检测处理程序》（附后）进行处理。

国家认监委 2005 年第 20 号公告自本公告发布之日起废止。

附件

免于强制性产品认证的特殊用途进口产品检测处理程序

一、本程序适用于列入《实施强制性产品认证的产品目录》内确因特殊用途或因特殊原因而未获得强制性产品认证的小批量用于生产和生活消费的进口产品。

二、因特殊用途或因特殊原因而未获得强制性产品认证的小批量用于生产和生活消费的进口产品须按本程序检测合格后，方准进口。

三、检测处理程序由认监委负责统一监督管理，各直属检验检疫局及经国家认监委指定或批准的实验室组织实施、具体执行。

四、申请检测处理程序的进口产品申请人应向所在地直属检验检疫局申请，并提交有关申请资料（见附件1）。

五、直属检验检疫局对材料审核合格后直接受理申请并安排抽样及检测（十个工作日内），相关资料每批以电子文档形式报国家认监委备案，并抄送质检总局检验监管司。国家认监委和总局检验监管司不再对材料进行事前审核。

六、直属检验检疫局按照本程序抽样原则（见附件3）进行取样封样（封样单参照法检制度要求），申请人在直属检验检疫局的监督下将所封的样品送达强制性产品认证指定实验室进行检测（五个工作日内）。具备中国国家合格评定认可委员会认可资格的口岸实验室经认监委同意后也可承担此项任务。

七、样品到达指定实验室后，由实验室按照本程序规定的检测要求（见附件3）进行检测。检测要求根据不同产品特点按照现行强制性产品认证实施规则规定的型式试验项目全项目检测（按规定有些产品破坏性检测项目和需零部件送样的检测项目除外）；按现行强制性产品认证检测收费标准收取相关检测费用。检验完毕后，由申请人自行取回试验样品，相关资料按实验室的要求处置。实验室对试验情况和申请资料进行综合评价，并出具检测报告（1式3份），并送直属检验检疫局。其中检测报告只覆盖经过检测的批次产品。

八、直属检验检疫局将检测报告留存1份，交申请人1份，同时将检测结论以电子文档形式报国家认监委和总局检验监管司备案，国家认监委和总局检验监管司不再对检测结果进行事前审核。

九、直属检验检疫局对检测合格的产品据《免于强制性产品认证的特殊用途进口产品检测处理程序批准书》受理报检并签发通关单，不合格的产品由直属检验检疫局向申请人出具不合格通知书（见附件4），一律退运出境或经申请人申请、直属检验检疫局同意后在检验检疫机构监管下进行销毁。

十、符合检测处理程序要求的进口产品应直接交付最终用户，或在申请的特定区域内销售和使用，不得转运到其他区域销售。检测结果及相关产品信息由国家认监委建立基本数据库并在国家认监委网站上予以公布。

十一、国家认监委将会同质检总局检验监管司随机对检测处理程序的执行情况进行必要的监督检查，对违反规定的机构和人员予以处理。

十三、负责执行检测处理程序的各直属检验检疫局、有关实验室及其工作人员应当为申请人保守正当的技术秘密和商业秘密。

十四、涉及执行检测处理程序过程的申诉、投诉工作由国家认监委负责调查处理。

十五、本程序由国家认监委负责解释。

附件：1. 检测处理程序申请材料及格式（略）
　　　2. 检测处理程序审核原则（略）
　　　3. 检测处理程序抽样原则及检测要求（略）
　　　4. 检测处理程序不合格通知书（略）

进口许可制度民用商品入境验证工作程序

（国质检检〔2002〕48号）

发布日期：2002-02-28
实施日期：2002-07-01
法规类型：规范性文件

第一条 为贯彻落实《进口许可制度民用商品入境验证管理办法》（以下简称《管理办法》）和《关于实施进口许可制度民用商品入境验证管理的通知》（国质检检联〔2001〕192号）的要求，制定本工作程序。

第二条 本工作程序适用范围是国家质检总局公布的《入境验证商品目录》（海关监管条件为C）的进口民用商品口岸验证工作。

第三条 口岸检验检疫机构负责审核贸易关系人、代理人提供的合同、发票、提（运）单、装箱单、进口许可制度的许可证明文件（以下简称证明文件）等相关资料。许可证明文件真伪的查询网址为：www.cqc.com.cn。

第四条 经口岸检验检疫机构审核，对已获相应的进口许可制度许可的验证商品签发《入境货物通关单》，并在备注栏注明"入境验证产品"字样；不符合规定的，不予签发《入境货物通关单》。

第五条 口岸检验检疫机构根据《实施入境验证的进口商品目录》并结合属地实际情况和国家质检总局要求确定具体重点商品进行抽查检测，被抽查检测的验证商品的总批次为全年批量的3%~5%。抽查检测商品验证的内容为：相关文件审核、标志核查、型号规格确认、实物检测等。

国家质检总局对定为实物检测的验证商品，每年予以公布。对定为实物检测的验证商品，由口岸检验检疫机构负责抽封实物样品，送国家质检总局指定的、经认可的实验室（以下简称检验单位）检测。

第六条 检测单位自收到实物样品之日起，须在5个工作日内完成实物检测，并出具检测报告。检测项目以常规安全项目为主。

第七条 进口许可制度民用商品的收货人或其代理人必须提供用于抽查检测的样品，样品检测完毕后按规定退还。实物检测所需有关费用列于各局年度预算。

第八条 经口岸验证，发现有下列情形者按如下程序处理：

1. 对于未获证明文件的商品，不予签发《入境货物通关单》；对于口岸验证发现到达口岸商品货证不符的，不予放行。并责成相关贸易关系人向经国家认证认可监督管理委员会指定的认证机构申请认证或补证，并加贴认证标志后，按第四条规定办理或放行。

对于伪造、假冒行为按《商检法》及其实施条例规定进行处罚。

2. 对已获证明文件但未加贴认证标志的商品，由口岸检验检疫机构视情况实施实物检测。实物检测合格的，口岸检验检疫机构应责成申报人通知相关责任人补贴标志后，予以放行。

3. 经实物检测不合格的，按《商检法》有关规定处理并将检测情况及时上报国家质检总局。

第九条 检验检疫机构对抽查检测的验证商品必须建立档案，妥善保存。

第十条　检验检疫机构每半年将《入境验证商品目录》的进口民用商品的入境验证情况上报国家质检总局。

第十一条　对于免办进口商品安全质量许可证的验证商品，按现行的有关规定执行。

第十二条　对于进口成套设备、旧机电产品中的验证商品，按国家对进口成套设备和旧机电产品管理的现行规定执行。

第十三条　本工作程序由国家质检总局负责解释。

第十四条　本工作程序自 2002 年 7 月 1 日起执行。

能效管理

能源效率标识管理办法

（国家发展和改革委员会　国家质量监督检验检疫总局令第 35 号）

发布日期：2016-02-29
实施日期：2016-06-01
法规类型：部门规章

第一章　总　则

第一条　为加强节能管理，推动节能技术进步，提高用能产品能源效率，依据《中华人民共和国节约能源法》、《中华人民共和国产品质量法》、《中华人民共和国进出口商品检验法》及其实施条例、《中华人民共和国认证认可条例》，制定本办法。

第二条　本办法所称能源效率标识（以下简称能效标识），是指表示用能产品能源效率等级等性能指标的一种信息标识，属于产品符合性标志的范畴。

第三条　国家对节能潜力大、使用面广的用能产品实行能效标识管理。具体产品实行目录管理。

国家发展和改革委员会（以下简称国家发展改革委）、国家质量监督检验检疫总局（以下简称国家质检总局）和国家认证认可监督管理委员会（以下简称国家认监委）负责能效标识管理制度的建立并组织实施。国家发展改革委会同国家质检总局、国家认监委制定并公布《中华人民共和国实行能源效率标识的产品目录》（以下简称《目录》），规定统一适用的产品能效标准、实施规则、能效标识样式和规格。

第四条　地方各级人民政府管理节能工作的部门（以下简称地方节能主管部门）、地方各级质量技术监督部门和出入境检验检疫机构（以下简称地方质检部门），在各自职责范围内对所辖区域内能效标识的使用实施监督管理。

第五条　列入《目录》的用能产品生产者和进口商应当向国家质检总局和国家发展改革委授权的中国标准化研究院（以下简称授权机构）备案能效标识及相关信息。

第二章　能效标识的实施

第六条　生产者和进口商应当对列入《目录》的用能产品标注能效标识，根据国家统一规定的能效标识样式、规格以及标注规定印制和使用能效标识，并在产品包装物上或者使用说明书中予以说明。

列入《目录》的用能产品通过网络交易的，还应当在产品信息展示主页面醒目位置展示相应的能效标识。

在产品包装物、说明书、网络交易产品信息展示主页面以及广告宣传中使用的能效标识，可按比例放大或者缩小，并清晰可辨。

第七条 能效标识的名称为"中国能效标识"（英文名称为 China Energy Label），能效标识应当包括以下基本内容：

（一）生产者名称或者简称；

（二）产品规格型号；

（三）能效等级；

（四）能效指标；

（五）依据的能源效率强制性国家标准编号；

（六）能效信息码。

列入国家能效"领跑者"目录的产品，还应当包括能效"领跑者"相关信息。

第八条 列入《目录》的用能产品生产者和进口商，可以利用自有检测实验室或者委托依法取得资质认定的第三方检验检测机构，对产品进行检测，并依据能源效率强制性国家标准，确定产品能效等级。

企业自有检测实验室应当依据相关产品能源效率强制性国家标准规定的检测方法和要求进行检测，如实出具产品能效检测报告。

第三方检验检测机构接受生产者和进口商的委托，应当依据相关产品能源效率强制性国家标准规定的检测方法和要求进行检测，保证检测结果客观公正、真实准确，保守受检产品和企业的商业秘密，并承担相应法律责任。

第九条 利用自有检测实验室检测确定能效等级的生产者和进口商，应当保证其检测实验室具备按照能源效率强制性国家标准进行检测的能力，并鼓励其取得国家认可机构的认可。

利用自有检测实验室检测确定能效等级的生产者和进口商，对其检测实验室出具的产品能效检测报告负责，并承担相应法律责任。

第十条 列入《目录》的用能产品，生产者应当于出厂前、进口商应当于进口前向授权机构申请备案。能效标识备案应当提交以下材料：

（一）生产者营业执照或者登记注册证明复制件；进口商营业执照以及与境外生产者订立的相关合同复制件；

（二）产品能效检测报告；

（三）能效标识样本；

（四）产品基本配置清单等有关材料；

（五）利用自有检测实验室进行检测的，应当提供实验室检测能力证明材料（包括实验室人员能力、设备能力和检测管理规范），已经获得国家认可机构认可的，还应当提供相应认可证书复制件；利用第三方检验检测机构进行检测的，应当提供检验检测机构的资质认定证书复制件。

（六）由代理人提交备案材料的，应当有生产者或者进口商的委托代理文件等。

上述材料应当真实、准确、完整。

外文材料应当附有中文译本，并以中文文本为准。

第十一条 进境的列入《目录》的用能产品符合下列情形之一的，可以免于标注能效标识及备案：

（一）外国驻华使馆、领事馆或者国际组织驻华机构及其外交人员的自用物品；

（二）香港、澳门特别行政区政府驻大陆官方机构及其工作人员的自用物品；

（三）入境人员随身从境外带入境内的自用物品；

（四）外国政府援助、赠送的物品；

（五）为科研、测试所需的产品；

（六）为考核技术引进生产线所需的零部件；

（七）直接为最终用户维修目的所需的产品；

（八）工厂生产线、成套生产线配套所需的设备和部件（不包含办公用品）。

第十二条 能效标识内容发生变化的，应当重新备案。

第十三条 授权机构应当对生产者和进口商使用的能效标识及产品能效检测报告进行核验。

第十四条 授权机构应当自收到完整备案材料之日起 10 个工作日内完成能效标识的备案工作，并于备案完成之日起 5 个工作日内公告备案的能效标识样本。

能效标识备案不收取费用。

第十五条 生产者和进口商应当对其标注的能效标识及相关信息的准确性负责。

第十六条 销售者（含网络商品经营者）应当建立并执行进货检查验收制度，验明列入《目录》的用能产品能效标识，不得销售应当标注而未标注能效标识的产品。

第三方交易平台（场所）经营者对通过平台（场所）销售的列入《目录》的用能产品应当建立能效标识检查监控制度，发现违反本办法规定行为的，应当及时采取措施制止。

第十七条 任何单位和个人不得伪造、冒用能效标识或者利用能效标识进行虚假宣传。

第三章 监督管理

第十八条 国家质检总局负责组织实施对能效标识使用的监督检查、专项检查和验证管理。

地方质检部门负责对所辖区域内能效标识的使用实施监督检查、专项检查和验证管理，发现有违反本办法规定行为的，通报同级节能主管部门，并通知授权机构。

第十九条 授权机构应当撤销能效不合格产品生产者或者进口商的相关备案信息并及时公告。

第二十条 列入《目录》的用能产品生产者、进口商、销售者（含网络商品经营者）、第三方交易平台（场所）经营者、企业自有检测实验室和第三方检验检测机构应当接受监督检查、专项检查和验证管理。

企业自有检测实验室、第三方检验检测机构在能效检测中，伪造检验检测结果或者出具虚假能效检测报告的，授权机构自发现之日起一年内不再采信其检验检测结果。

第二十一条 授权机构应当建立规范的工作制度，客观、公正开展备案工作，保守备案产品和企业的商业秘密。

第二十二条 任何单位和个人对违反本办法规定的行为，可以向地方节能主管部门、地方质检部门举报。地方节能主管部门、地方质检部门应当及时调查处理，并为举报人保密，授权机构应当予以配合。

第二十三条 国家发展改革委、国家质检总局和国家认监委对违反本办法规定的行为建立信用记录，并纳入全国统一的信用信息共享交互平台。

第四章 罚 则

第二十四条 地方节能主管部门、地方质检部门依据《中华人民共和国节约能源法》等相关法律法规，在各自的职责范围内对违反本办法规定的行为进行处罚。

第二十五条 生产、进口、销售不符合能源效率强制性国家标准的用能产品，依据《中华人民共和国节约能源法》第七十条予以处罚。

第二十六条　在用能产品中掺杂、掺假，以假充真、以次充好，以不合格品冒充合格品的，或者进口属于掺杂、掺假，以假充真、以次充好，以不合格品冒充合格品的用能产品的，依据《中华人民共和国产品质量法》第五十条、《中华人民共和国进出口商品检验法》第三十五条的规定予以处罚。

第二十七条　违反本办法规定，应当标注能效标识而未标注的，未办理能效标识备案的，使用的能效标识不符合有关样式、规格等标注规定的（包括不符合网络交易产品能效标识展示要求的），伪造、冒用能效标识或者利用能效标识进行虚假宣传的，依据《中华人民共和国节约能源法》第七十三条予以处罚。

第二十八条　违反本办法规定，企业自有检测实验室、第三方检验检测机构在能效检测中，伪造检验检测结果或者出具虚假能效检测报告的，依据《中华人民共和国产品质量法》、《检验检测机构资质认定管理办法》予以处罚。

第二十九条　从事能效标识管理的国家工作人员及授权机构工作人员，玩忽职守、滥用职权或者包庇纵容违法行为的，依法予以处分；构成犯罪的，依法追究刑事责任。

第五章　附　则

第三十条　本办法由国家发展改革委、国家质检总局负责解释。

第三十一条　本办法自 2016 年 6 月 1 日起施行。2004 年 8 月 13 日国家发展改革委、国家质检总局令第 17 号发布的《能源效率标识管理办法》同时废止。

国家发展改革委　市场监管总局关于印发多联式空调（热泵）机组和电风扇两类产品能源效率标识实施规则（修订）的通知

（发改环资规〔2022〕1594 号）

发布日期：2022-10-17
实施日期：2022-11-01
法规类型：规范性文件

各省、自治区、直辖市及计划单列市、新疆生产建设兵团发展改革委、市场监管局（厅、委），江苏省工业和信息化厅，山西省能源局：

根据《能源效率标识管理办法》（国家发展改革委、原国家质检总局 2016 年第 35 号令）规定，国家发展改革委、市场监管总局组织制定了《多联式空调（热泵）机组能源效率标识实施规则》（修订）、《电风扇能源效率标识实施规则》（修订），现印发给你们，请认真贯彻执行。

《多联式空调（热泵）机组能源效率标识实施规则》（修订）、《电风扇能源效率标识实施规则》（修订）自 2022 年 11 月 1 日起实施，有效期 5 年。2022 年 11 月 1 日前出厂或进口的产品，可延迟到 2024 年 11 月 1 日按修订后的实施规则加施能效标识。

国家发展改革委、原国家质检总局、原国家认监委 2016 年第 14 号公告中《多联式空调（热泵）机组能源效率标识实施规则》《交流电风扇能源效率标识实施规则》同时废止。

附件：多联式空调（热泵）机组和电风扇两类产品能源效率标识实施规则修订总体情况（略）

国家发展改革委 市场监管总局关于印发中小型三相异步电动机、电力变压器、通风机、平板电视、机顶盒五类产品能源效率标识实施规则（修订版）的通知

（发改环资规〔2021〕679号）

发布日期：2021-05-17

实施日期：2021-05-17

法规类型：规范性文件

各省、自治区、直辖市及计划单列市、新疆生产建设兵团发展改革委、市场监管局（厅、委），江苏省、福建省、青海省工业和信息化厅，山西省能源局：

根据《能源效率标识管理办法》（国家发展改革委、原国家质检总局第35号令）规定，国家发展改革委、市场监管总局组织制定了《中小型三相异步电动机能源效率标识实施规则》（修订）、《电力变压器能源效率标识实施规则》（修订）、《通风机能源效率标识实施规则》（修订）、《平板电视能源效率标识实施规则》（修订）、《机顶盒能源效率标识实施规则》（修订），现印发给你们，请认真贯彻执行，该批规则有效期5年。

《中小型三相异步电动机能源效率标识实施规则》（修订）、《电力变压器能源效率标识实施规则》（修订）、《通风机能源效率标识实施规则》（修订）自2021年6月1日起实施，2021年6月1日前出厂或8月1日前进口的产品，可延迟至2022年6月1日前按修订后的实施规则加施能效标识。

《平板电视能源效率标识实施规则》（修订）、《机顶盒能源效率标识实施规则》（修订）自2021年8月1日起实施，2021年8月1日前出厂或进口的产品，可延迟至2022年8月1日前按修订后的实施规则加施能效标识。

国家发展改革委、原国家质检总局、国家认监委2016年第14号公告中《中小型三相异步电动机能源效率标识实施规则》《电力变压器能源效率标识实施规则》《通风机能源效率标识实施规则》《平板电视能源效率标识实施规则》《数字电视接收器能源效率标识实施规则》同时废止。

附件：《中小型三相异步电动机、电力变压器、通风机、平板电视、机顶盒五类产品能源效率标识实施规则（修订版）》（略）

进出境快件

中华人民共和国海关对进出境快件监管办法

（海关总署令第 104 号）

发布日期：2003-11-18
实施日期：2023-03-09
法规类型：部门规章

（根据 2006 年 3 月 28 日海关总署令第 147 号《海关总署关于修改〈中华人民共和国海关对进出境快件监管办法〉的决定》第一次修正；根据 2010 年 11 月 26 日海关总署令第 198 号《海关总署关于修改部分规章的决定》第二次修正；根据 2018 年 5 月 29 日海关总署令第 240 号《海关总署关于修改部分规章的决定》第三次修正；根据 2023 年 3 月 9 日海关总署令第 262 号《海关总署关于修改部分规章的决定》第四次修正）

第一章 总 则

第一条 为加强海关对进出境快件的监管，便利进出境快件通关，根据《中华人民共和国海关法》及其他有关法律、行政法规，制定本办法。

第二条 本办法所称进出境快件是指进出境快件运营人以向客户承诺的快速商业运作方式承揽、承运的进出境货物、物品。

第三条 本办法所称进出境快件运营人（以下简称运营人）是指在中华人民共和国境内依法注册，在海关登记备案的从事进出境快件运营业务的国际货物运输代理企业。

第四条 运营人不得承揽、承运《中华人民共和国禁止进出境物品表》所列物品，如有发现，不得擅作处理，应当立即通知海关并协助海关进行处理。

未经中华人民共和国邮政部门批准，运营人不得承揽、承运私人信件。

第五条 运营人不得以任何形式出租、出借、转让本企业的进出境快件报关权，不得代理非本企业承揽、承运的货物、物品的报关。

第六条 未经海关许可，未办结海关手续的进出境快件不得移出海关监管场所，不得进行装卸、开拆、重换包装、更换标记、提取、派送和发运等作业。

第二章 运营人登记

第七条 运营人申请办理进出境快件代理报关业务的，应当在所在地海关办理登记手续。

第八条 运营人在所在地海关办理登记手续应具备下列条件：

（一）已经获得国务院对外贸易主管部门或者其委托的备案机构办理的《国际货运代理企业备案表》，但法律法规另有规定的除外。

（二）已经领取工商行政管理部门颁发的《企业法人营业执照》，准予或者核定其经营进出境快件业务。

（三）已经在海关办理报关企业备案手续。

（四）具有境内、外进出境快件运输网络和二个以上境外分支机构或代理人。

（五）具有本企业专用进出境快件标识、运单、运输车辆符合海关监管要求并经海关核准备案。

（六）具备实行电子数据交换方式报关的条件。

（七）快件的外包装上应标有符合海关自动化检查要求的条形码。

（八）与境外合作者（包括境内企业法人在境外设立的分支机构）的合作运输合同或协议。

（九）已取得邮政管理部门颁发的国际快递业务经营许可。

第九条 进出境快件运营人不再具备本《办法》第八条所列条件之一或者在一年内没有从事进出境快件运营业务的，海关注销该运营人登记。

第三章 进出境快件分类

第十条 本办法将进出境快件分为文件类、个人物品类和货物类三类。

第十一条 文件类进出境快件是指法律、法规规定予以免税且无商业价值的文件、单证、票据及资料。

第十二条 个人物品类进出境快件是指海关法规规定自用、合理数量范围内的进出境的旅客分离运输行李物品、亲友间相互馈赠物品和其他个人物品。

第十三条 货物类进出境快件是指第十一条、第十二条规定以外的快件。

第四章 进出境快件监管

第十四条 进出境快件通关应当在经海关批准的专门监管场所内进行，如因特殊情况需要在专门监管场所以外进行的，需事先征得所在地海关同意。

运营人应当在海关对进出境快件的专门监管场所内设有符合海关监管要求的专用场地、仓库和设备。

对进出境快件专门监管场所的管理办法，由海关总署另行制定。

第十五条 进出境快件通关应当在海关正常办公时间内进行，如需在海关正常办公时间以外进行的，需事先征得所在地海关同意。

第十六条 进境快件自运输工具申报进境之日起十四日内，出境快件在运输工具离境3小时之前，应当向海关申报。

第十七条 运营人应向海关传输或递交进出境快件舱单或清单，海关确认无误后接受申报；运营人需提前报关的，应当提前将进出境快件运输和抵达情况书面通知海关，并向海关传输或递交舱单或清单，海关确认无误后接受预申报。

第十八条 海关查验进出境快件时，运营人应派员到场，并负责进出境快件的搬移、开拆和重封包装。

海关对进出境快件中的个人物品实施开拆查验时，运营人应通知进境快件的收件人或出境快件的发件人到场，收件人或发件人不能到场的，运营人应向海关提交其委托书，代理收/发件人的义务，并承担相应法律责任。

海关认为必要时，可对进出境快件予以径行开验、复验或者提取货样。

第十九条　除另有规定外，运营人办理进出境快件报关手续时，应当按本办法第十一条、第十二条、第十三条分类规定分别向海关提交有关报关单证并办理相应的报关、纳税手续。

第二十条　文件类进出境快件报关时，运营人应当向海关提交《中华人民共和国海关进出境快件KJ1报关单》、总运单（副本）和海关需要的其他单证。

第二十一条　个人物品类进出境快件报关时，运营人应当向海关提交《中华人民共和国海关进出境快件个人物品申报单》、每一进出境快件的分运单、进境快件收件人或出境快件发件人身份证件影印件和海关需要的其他单证。

第二十二条　货物类进境快件报关时，运营人应当按下列情形分别向海关提交报关单证：

对关税税额在《中华人民共和国进出口关税条例》规定的关税起征数额以下的货物和海关规定准予免税的货样、广告品，应提交《中华人民共和国海关进出境快件KJ2报关单》、每一进境快件的分运单、发票和海关需要的其他单证。

对应予征税的货样、广告品（法律、法规规定实行许可证件管理的、需进口付汇的除外），应提交《中华人民共和国海关进出境快件KJ3报关单》、每一进境快件的分运单、发票和海关需要的其他单证。

第二十三条　对第二十条、第二十一条、第二十二条规定以外的货物，按照海关对进口货物通关的规定办理。

第二十四条　货物类出境快件报关时，运营人应按下列情形分别向海关提交报关单证：

对货样、广告品（法律、法规规定实行许可证件管理的、应征出口关税的、需出口收汇的、需出口退税的除外），应提交《中华人民共和国海关进出境快件KJ2报关单》、每一出境快件的分运单、发票和海关需要的其他单证。

对上述以外的其他货物，按照海关对出口货物通关的规定办理。

第五章　进出境专差快件

第二十五条　进出境专差快件是指运营人以专差押运方式承运进出境的空运快件。

第二十六条　运营人从事进出境专差快件经营业务，除应当按本办法第二章有关规定办理登记手续外，还应当将进出境专差快件的进出境口岸、时间、路线、运输工具航班、专差本人的详细情况、标志等向所在地海关登记。如有变更，应当于变更前5个工作日向所在地海关登记。

第二十七条　进出境专差快件应按行李物品方式托运，使用专用包装，并在总包装的显著位置标注运营人名称和"进出境专差快件"字样。

第六章　法律责任

第二十八条　违反本办法有走私违法行为的，海关按照《中华人民共和国海关法》、《中华人民共和国海关行政处罚实施条例》等有关法律、行政法规进行处理；构成犯罪的，依法追究刑事责任。

第七章　附　则

第二十九条　本办法所规定的文书由海关总署另行制定并且发布。

第三十条　本办法由海关总署负责解释。

第三十一条　本办法自二〇〇四年一月一日起施行。

出入境快件检验检疫管理办法

（质检总局令第 3 号）

发布日期：2001-09-17
实施日期：2018-11-23
法规类型：部门规章

（根据 2018 年 4 月 28 日海关总署令第 238 号《海关总署关于修改部分规章的决定》第一次修正；根据 2018 年 5 月 29 日海关总署令第 240 号《海关总署关于修改部分规章的决定》第二次修正；根据 2018 年 11 月 23 日海关总署令第 243 号《海关总署关于修改部分规章的决定》第三次修正）

第一章 总 则

第一条 为加强出入境快件的检验检疫管理，根据《中华人民共和国进出口商品检验法》《中华人民共和国进出境动植物检疫法》《中华人民共和国国境卫生检疫法》《中华人民共和国食品安全法》等有关法律法规的规定，制定本办法。

第二条 本办法所称出入境快件，是指依法经营出入境快件的企业（以下简称快件运营人），在特定时间内以快速的商业运输方式承运的出入境货物和物品。

第三条 依据本办法规定应当实施检验检疫的出入境快件包括：

（一）根据《中华人民共和国进出境动植物检疫法》及其实施条例和《中华人民共和国国境卫生检疫法》及其实施细则、以及有关国际条约、双边协议规定应当实施动植物检疫和卫生检疫的；

（二）列入海关实施检验检疫的进出境商品目录内的；

（三）属于实施进口安全质量许可制度、出口质量许可制度以及卫生注册登记制度管理的；

（四）其他有关法律法规规定应当实施检验检疫的。

第四条 海关总署统一管理全国出入境快件的检验检疫工作。

主管海关负责所辖地区出入境快件的检验检疫和监督管理工作。

第五条 快件运营人不得承运国家有关法律法规规定禁止出入境的货物或物品。

第六条 对应当实施检验检疫的出入境快件，未经检验检疫或者经检验检疫不合格的，不得运递。

第二章 报 检

第七条 快件运营人应按有关规定向海关办理报检手续。

第八条 快件运营人在申请办理出入境快件报检时，应提供报检单、总运单、每一快件的分运单、发票等有关单证，并应当符合下列要求：

（一）输入动物、动物产品、植物种子、种苗及其他繁殖材料的，应当取得相应的检疫审批许可证和检疫证明；

（二）因科研等特殊需要，输入禁止进境物的，应当取得海关总署签发的特许审批证明；

（三）属于微生物、人体组织、生物制品、血液及其制品等特殊物品的，应当取得相关审批；

（四）属于实施进口安全质量许可制度、出口质量许可证制度和卫生注册登记制度管理的，应提供有关证明。

第九条 入境快件到达海关监管区时，快件运营人应及时向所在地海关办理报检手续。

出境快件在其运输工具离境4小时前，快件运营人应向离境口岸海关办理报检手续。

第十条 快件运营人可以通过电子数据交换（EDI）的方式申请办理报检，海关对符合条件的，应予受理。

第三章　检验检疫及处理

第十一条 海关对出入境快件应以现场检验检疫为主，特殊情况的，可以取样作实验室检验检疫。

第十二条 海关对出入境快件实行分类管理：

A类：国家法律法规规定应当办理检验许可证的快件；

B类：属于实施进口安全质量许可制度、出口质量许可制度以及卫生注册登记制度管理的快件；

C类：样品、礼品、非销售展品和私人自用物品；

D类：以上三类以外的货物和物品。

第十三条 入境快件的检验检疫：

（一）对A类快件，按照国家法律法规和相关检疫要求实施检疫；

（二）对B类快件，实施重点检验，审核进口安全质量许可证或者卫生注册证，查看有无进口安全质量许可认证标志或者卫生注册标志。无进口安全质量许可证、卫生注册证或者无进口安全质量许可标志或者卫生注册标志的，作暂扣或退货处理，必要时进行安全、卫生检测；

（三）对C类快件，免予检验，应实施检疫的，按有关规定实施检疫；

（四）对D类快件，按1-3%的比例进行抽查检验。

第十四条 出境快件的检验检疫：

（一）对A类快件，依据输入国家或者地区和中国有关检验规定实施检疫；

（二）对B类快件，实施重点检验，审核出口质量许可证或者卫生注册证，查看有无相关检验检疫标志、封识。无出口质量许可证、卫生注册证或者相关检验检疫标志、封识的，不得出境；

（三）对C类快件，免予检验，物主有检疫要求的，实施检疫；

（四）对D类快件，按1-3%的比例进行抽查检验。

第十五条 入境快件经检疫发现被检疫传染病病源体污染的或者带有动植物检疫危险性病虫害的以及根据法律法规规定须作检疫处理的，海关应当按规定实施卫生、除害处理。

第十六条 入境快件经检验不符合法律、行政法规规定的强制性标准或者其他必须执行的检验标准的，必须在海关的监管下进行技术处理。

第十七条 入境快件经检验检疫合格的，签发有关单证，予以放行；经检验检疫不合格但经实施有效检验检疫处理，符合要求的，签发有关单证，予以放行。

第十八条 入境快件有下列情形之一的，由海关作退回或者销毁处理，并出具有关证明：

（一）未取得检疫审批并且未能按规定要求补办检疫审批手续的；

（二）按法律法规或者有关国际条约、双边协议的规定，须取得输出国官方出具的检疫证明文件或者有关声明，而未能取得的；

（三）经检疫不合格又无有效方法处理的；

（四）本办法第二十二条所述的入境快件不能进行技术处理或者经技术处理后，重新检验仍不合格的；

（五）其他依据法律法规的规定须作退回或者销毁处理的。

第十九条 出境快件经检验检疫合格的，签发相关单证，予以放行。经检验检疫不合格的，不准出境。

第二十条 海关对出入境快件需作进一步检验检疫处理的，可以予以封存，并与快件运营人办理交接手续。封存期一般不得超过 45 日。

第二十一条 对出入境快件作出退回或者销毁处理的，海关应当办理有关手续并通知快件运营人。

第二十二条 快件运营人应当配合检验检疫工作，向海关提供有关资料和必要的工作条件、工作用具等，必要时应当派出人员协助工作。

第四章 附 则

第二十三条 对通过邮政出入境的邮寄物的检疫管理适用《进出境邮寄物检疫管理办法》。

第二十四条 对违反本办法规定的，依照有关法律法规的规定予以处罚。

第二十五条 本办法由海关总署负责解释。

第二十六条 本办法自 2001 年 11 月 15 日起施行。

关于升级新版快件通关管理系统相关事宜的公告

（海关总署公告 2018 年第 119 号）

发布日期：2018-09-21
实施日期：2018-09-25
法规类型：规范性文件

一、海关总署 2016 年第 19 号公告中的文件类进出境快件（简称 A 类快件）、个人物品类进出境快件（简称 B 类快件）分类不变；对低值货物类进出境快件（简称 C 类快件）范围进行调整，C 类快件是指价值在 5000 元人民币（不包括运、保、杂费等）及以下的货物，但符合以下条件之一的除外：

（一）涉及许可证件管制的；

（二）需要办理出口退税、出口收汇或者进口付汇的；

（三）一般贸易监管方式下依法应当进行检验检疫的；

（四）货样广告品监管方式下依法应当进行口岸检疫的。

二、升级后的新快件系统适用于 A、B、C 类快件报关。

三、A、B、C 类快件通关环节检验检疫有关系统停止使用。

四、快件运营人应当如实向海关申报，并按照海关要求提供相关材料。

本公告自 2018 年 9 月 25 日起实施。

特此公告。

监管方式

关于增列海关监管方式的公告

（海关总署公告 2019 年第 20 号）

发布日期：2019-01-23
实施日期：2019-03-01
法规类型：规范性文件

为适应全国通关一体化改革要求，促进企业规范申报，规范海关业务管理，海关总署决定增列海关监管方式，现公告如下：

增列海关监管方式"特许权使用费后续征税"，代码9500，适用于纳税义务人在货物进口后支付特许权使用费，并在支付特许权使用费后的规定时限内向海关申报纳税。

本公告自 2019 年 3 月 1 日起实施。

特此公告。

综合业务司关于明确"对外投资"监管方式许可证件管理意见的通知

（综合函〔2018〕24 号）

发布日期：2018-10-22
实施日期：2018-10-22
法规类型：规范性文件

广东分署，各直属海关：

2017 年 9 月，海关总署发布 2017 年第 41 号公告，对外增列海关监管方式代码 2210，适用于境内企业在境外投资，以实物投资出口的设备、物资。近日，部分地方海关就"对外投资"监管方式是否免于适用出口许可证管理规定请示总署。经研究并商商务部，现就有关管理意见明确如下：

鉴于"对外投资"监管方式是从一般贸易中分离出来，为规范汽车、摩托车出口秩序，严格监管，对以"对外投资"方式申报出口的汽车、摩托车产品应按照一般贸易管理，不适用免于出口许可证申领的相关规定。

特此通知。

商务部办公厅关于做好"对外投资"监管方式海关申报的通知

（商办合函〔2017〕422号）

发布日期：2017-10-25
实施日期：2017-10-25
法规类型：规范性文件

各省、自治区、直辖市、计划单列市及新疆生产建设兵团商务主管部门，中央企业：

为进一步加强对外投资管理和服务，不断完善对外直接投资统计和台账工作，我部商海关总署增列了海关监管方式代码2210，简称"对外投资"（海关总署公告2017年第41号）。现将有关事项通知如下：

一、境内企业以实物作为股权、债权对外投资时，出口设备和物资应申报"对外投资"监管方式。

二、"对外投资"监管方式同样适用于境内企业向其在境外设立的企业和机构（包括代表处、办事处和项目部等）出口的设备、物资，以及其他因对外投资活动而带动的出口。

三、海关监管方式代码0110（一般贸易）的适用范围不再包括境内企业对外投资以实物带出的设备、物资。

四、"对外投资"监管方式已于9月1日正式实施，请各单位加强对"对外投资"监管方式的宣传，指导辖区内企业或下属企业做好申报工作。

关于增列海关监管方式代码的公告

（海关总署公告2017年第41号）

发布日期：2017-09-04
实施日期：2017-09-01
法规类型：规范性文件

为促进对外投资，方便企业通关，规范海关业务管理，决定增列海关监管方式代码，现公告如下：

一、增列海关监管方式代码2210，简称"对外投资"，适用于境内企业在境外投资，以实物投资出口的设备、物资。

二、海关监管方式代码0110（一般贸易）的适用范围不再包括境内企业在境外投资以实物投资带出的设备、物资。

上述规定自2017年9月1日起实施。

特此公告。

关于废止海关监管方式代码的公告

（海关总署公告 2017 年第 34 号）

发布日期：2017-07-27
实施日期：2017-08-01
法规类型：规范性文件

旅游商品小额贸易的相关政策已取消，为规范海关管理和贸易统计，决定废止海关监管方式代码"0139"，现将有关事项公告如下：

废止海关监管方式代码"0139"，全称"用于旅游者 5 万美元以下的出口小批量订货"，简称"旅游购物商品"。旅游购物商品是指境外旅游者用自带外汇购买的或委托境内企业托运出境 5 万美元以下的旅游商品或小批量订货。

上述规定自 2017 年 8 月 1 日起实施。

特此公告。

关于增列"保税跨境贸易电子商务 A"海关监管方式代码的公告

（海关总署公告 2016 年第 75 号）

发布日期：2016-12-05
实施日期：2016-12-01
法规类型：规范性文件

为促进跨境贸易电子商务进出口业务发展，方便企业通关，规范海关管理，实施海关统计，决定增列海关监管方式代码，现将有关事项公告如下：

一、增列海关监管方式代码"1239"，全称"保税跨境贸易电子商务 A"，简称"保税电商 A"。适用于境内电子商务企业通过海关特殊监管区域或保税物流中心（B 型）一线进境的跨境电子商务零售进口商品。

二、天津、上海、杭州、宁波、福州、平潭、郑州、广州、深圳、重庆等 10 个城市开展跨境电子商务零售进口业务暂不适用"1239"监管方式。

上述规定自 2016 年 12 月 1 日起实施。

特此公告。

关于调整部分监管方式代码名称及适用范围的公告

（海关总署公告 2016 年第 37 号）

发布日期：2016-06-20

实施日期：2016-07-01

法规类型：规范性文件

为规范海关业务管理，根据《关于进出口货样和广告品监管有关事项的公告》（海关总署 2010 年第 33 号），现对监管方式代码"3010"（货样广告品 A）和"3039"（货样广告品 B）的名称和适用范围作如下调整：

一、监管方式代码"3010"，简称"货样广告品"，全称"进出口的货样广告品"。适用于有进出口经营权的单位进出口货样广告品。暂时进出口的货样、广告品和驻华商业机构不复运出口的进口陈列样品不适用本监管方式。

二、取消监管方式代码"3039"（货样广告品 B）。

上述规定自 2016 年 7 月 1 日起实施。

关于增列海关监管方式代码的公告

（海关总署公告 2014 年第 57 号）

发布日期：2014-07-30

实施日期：2014-08-01

法规类型：规范性文件

为促进跨境贸易电子商务进出口业务发展，方便企业通关，规范海关管理，实施海关统计，决定增列海关监管方式代码，现将有关事项公告如下：

一、增列海关监管方式代码"1210"，全称"保税跨境贸易电子商务"，简称"保税电商"。适用于境内个人或电子商务企业在经海关认可的电子商务平台实现跨境交易，并通过海关特殊监管区域或保税监管场所进出的电子商务零售进出境商品（海关特殊监管区域、保税监管场所与境内区外（场所外）之间通过电子商务平台交易的零售进出口商品不适用该监管方式）。

"1210"监管方式用于进口时仅限经批准开展跨境贸易电子商务进口试点的海关特殊监管区域和保税物流中心（B 型）。

二、以"1210"海关监管方式开展跨境贸易电子商务零售进出口业务的电子商务企业、海关特殊监管区域或保税监管场所内跨境贸易电子商务经营企业、支付企业和物流企业应当按照规定向海关备案，并通过电子商务平台实时传送交易、支付、仓储和物流等数据。

上述规定自 2014 年 8 月 1 日起实施。

特此公告。

关于增列海关监管方式代码的公告

（海关总署公告 2014 年第 12 号）

发布日期：2014-01-24

实施日期：2014-02-10

法规类型：规范性文件

为促进跨境贸易电子商务零售进出口业务发展，方便企业通关，规范海关管理，实现贸易统计，决定增列海关监管方式代码，现将有关事项公告如下：

一、增列海关监管方式代码"9610"，全称"跨境贸易电子商务"，简称"电子商务"，适用于境内个人或电子商务企业通过电子商务交易平台实现交易，并采用"清单核放、汇总申报"模式办理通关手续的电子商务零售进出口商品（通过海关特殊监管区域或保税监管场所一线的电子商务零售进出口商品除外）。

二、以"9610"海关监管方式开展电子商务零售进出口业务的电子商务企业、监管场所经营企业、支付企业和物流企业应当按照规定向海关备案，并通过电子商务通关服务平台实时向电子商务通关管理平台传送交易、支付、仓储和物流等数据。

上述规定自 2014 年 2 月 10 日起实施。

特此公告。

关于公布海关特殊监管区域有关管理事宜

（海关总署公告 2010 年第 22 号）

发布日期：2010-03-30

实施日期：2010-03-30

法规类型：规范性文件

为配合海关总署 2010 年第 10 号公告（以下简称 10 号公告）的实施，现将海关特殊监管区域有关管理事宜公告如下：

一、对已经被整合到国务院新批准设立的综合保税区或保税港区内的出口加工区、保税物流园区、保税区或保税物流中心，且已按照综合保税区或保税港区模式验收运作的，区（中心）内企业（包括双重身份企业）应按照保税港区或综合保税区企业编码规则重新设置企业编码（即经营单位十位数编码中的第 5 位为"6"），企业的类别维持不变，《注册登记证书》作相应变更；对已整合纳入综合保税区或保税港区，但尚未按照综合保税区或保税港区验收运作的，区（中心）内企业经营单位十位数编码保持不变，待验收运作后再按照上述规定进行变更。

二、自 2010 年 4 月 1 日起，企业按照《海关特殊监管区域进出口货物报关单、进出境货物备案清单填制规范》（见附件）填制相应单证，《海关总署关于增列海关监管方式代码和明确出口加工区进出境货物备案清单填制要求的通知》（署通〔2000〕747 号）同时废止。

三、自 2010 年 7 月 1 日起，海关对进出综合保税区、保税港区的货物实行电子账册（电子账册第一位标记代码为"H"，以下简称 H 账册；减免税货物对应电子账册第六位标记代码为"D"，以下简称 HD 账册）管理。海关在 2010 年 6 月 30 日前完成建立电子账册和导入数据等前期工作。

四、对 2010 年 6 月 30 日前已按照综合保税区或保税港区模式运作的保税物流中心，海关自 2011 年 1 月 1 日起对其进出货物实行电子账册管理，海关在 2010 年 12 月 31 日前完成建立 H 账册、HD 账册和数据导入等工作。对于 2010 年 6 月 30 日之后纳入综合保税区或保税港区的保税物流中心，海关在综合保税区或保税港区验收后 6 个月内实行 H 账册、HD 账册管理，并完成建立 H 账册、HD 账册和数据导入等工作。

五、目前，部分已验收运作的保税港区、综合保税区，其进出境货物沿用了保税区管理模式下的监管方式代码"1234"、"2025"、"2225"，为了保证平稳过渡，上述 3 个监管方式代码可以在保税港区、综合保税区继续并行使用至 2010 年 6 月 30 日，海关将在 2010 年 7 月 15 日前完成其报关单（备案清单）的结关手续。从 2010 年 7 月 1 日起保税港区、综合保税区企业不再使用保税区管理模式下的监管方式代码"1234"、"2025"、"2225"填报。

六、对于上述情况，在建立 H 账册和数据导入等工作中，监管方式代码"1234"项下进出区的货物比照监管方式代码"5034"项下进出区货物结转到 H 账册。在 2010 年 7 月 1 日前以监管方式代码"2025"、"2225"申报进区的减免税货物，海关仍按原模式监管，不纳入 HD 账册管理。

特此公告。

附件

海关特殊监管区域进出口货物报关单、进出境货物备案清单填制规范

一、海关特殊监管区域（以下简称特殊区域）企业向海关申报货物进出境、进出区，以及在同一特殊区域内或者不同特殊区域之间流转货物的双方企业，应填制《中华人民共和国海关进（出）境货物备案清单》。特殊区域与境内（区外）之间进出的货物，区外企业应同时填制《中华人民共和国海关进（出）口货物报关单》，向特殊区域主管海关办理进出口报关手续。

货物在同一特殊区域企业之间、不同特殊区域企业之间或特殊区域与区外之间流转的，应先办理进口报关手续，后办理出口报关手续。

二、《中华人民共和国海关进（出）境货物备案清单》原则上按《中华人民共和国海关进出口货物报关单填制规范》的要求填制，对部分栏目说明如下：

（一）进口口岸/出口口岸

实际进出境货物，填报实际进（出）境的口岸海关名称及关区代码；

特殊区域与区外之间进出的货物，填报本特殊区域海关名称及关区代码；

在特殊区域内流转的货物，填报本特殊区域海关名称及关区代码；

不同特殊区域之间、特殊区域与保税监管场所之间相互流转的货物，填报对方特殊区域或保税监管场所海关名称及关区代码。

（二）备案号

进出特殊区域的保税货物，应填报标记代码为 H 的电子账册备案号；

进出特殊区域的企业自用设备、基建物资、自用合理数量的办公用品，应填报标记代码为 H 的电子账册（第六位为 D）备案号。

（三）运输方式

实际进出境货物，应根据实际运输方式，按海关规定的《运输方式代码表》选择填报相应的运输方式；

同一特殊区域或不同特殊区域之间、特殊区域与保税监管场所之间流转的货物，区内企业填报"其他运输"（代码9）；

特殊区域与境内（区外）（非特殊区域、保税监管场所）之间进出的货物，区内、区外企业应根据实际运输方式分别填报，"保税港区/综合保税区"（代码 Y），"出口加工区"（代码 Z）。

（四）运输工具名称

同一特殊区域或不同特殊区域之间、特殊区域与保税监管场所之间流转的货物，在出口备案清单本栏目填报转入方关区代码（前两位）及进口报关单（备案清单）号，即转入××（关区代码）×××××××××（报关单/备案清单号）。

（五）贸易方式（监管方式）

特殊区域企业根据实际情况，区内企业选择填报下列不同性质的海关监管方式：

1. 下列进出特殊区域的货物，填报"料件进出区"（代码5000）：

（1）区内物流、加工企业与境内（区外）之间进出的料件（不包括经过区内企业实质性加工的成品）；

（2）上述料件因故退运、退换的。

2. 区内企业从境外购进的用于研发的料件、成品，或者研发后将上述货物、物品退回境外，但不包括企业自用或其他用途的设备，填报"特殊区域研发货物"（代码5010）。

3. 区内加工企业在来料加工贸易业务项下的料件从境外进口及制成品申报出境的，填报"区内来料加工"（代码5014）；

4. 区内加工企业在进料加工贸易业务项下的料件从境外进口及制成品申报出境的，填报"区内进料加工"（代码5015）。

5. 下列进出特殊区域的货物，填报"区内物流货物"（代码5034），不得再使用"5033"填报：

（1）区内物流企业与境外进出的用于仓储、分拨、配送、转口的物流货物；

（2）区内加工企业将境内入区且未经加工的料件申报出境。

6. 下列进出特殊区域的成品，填报"成品进出区"（代码5100）：

（1）区内企业加工后的成品（包括研发成品和物流企业简单加工的成品）进入境内（区外）的；

（2）上述成品因故在境内（区外）退运、退换的。

7. 下列进出特殊区域的企业自用设备、物资，填报"设备进出区"（代码5300）：

（1）区内企业从境内（区外）购进的自用设备、物资，以及将上述设备、物资从特殊区域销往境内（区外）、结转到同一特殊区域或者另一特殊区域的企业，或在境内（区外）退运、退换；

（2）区内企业从境外进口的自用设备、物资，申报进入境内（区外）。

8. 区内企业从境外进口的用于区内业务所需的设备、基建物资，以及区内企业和行政管理机构自用合理数量的办公用品等，填报"境外设备进区"（代码5335）。

9. 区内企业将监管方式代码"5335"项下的货物退运境外，填报"区内设备退运"（代码5361）。

10. 区内企业经营来料加工业务，从境外进口的料件复出境的，填报"来料料件复出"（代码 0265）。

11. 区内企业经营来料加工业务，进境的料件出境退换的，填报"来料料件退换"（代码 0300）。

12. 区内企业经营来料加工业务，出境的成品返回区内退换的，填报"来料成品退换"（代码 4400）。

13. 区内企业经营进料加工业务，从境外进口的料件复出境的，填报"进料料件复出"（代码 0664）。

14. 区内企业经营进料加工业务，进境的料件出境退换的，填报"进料料件退换"（代码 0700）。

15. 区内企业经营进料加工业务，出境的成品返回区内退换的，填报"进料成品退换"（代码 4600）。

16. 特殊区域与境外之间进出的检测、维修货物，以及特殊区域与境内（区外）之间进出的检测、维修货物，区内企业填报"修理物品"（代码 1300）。

17. 区内企业将来料加工项下的边角料销往境内（区外）的，填报"来料边角料内销"（代码"0844"），将进料加工项下的边角料销往境内（区外）的，填报"进料边角料内销"（代码"0845"），不得再使用"5200"填报。

18. 区内企业将来料加工项下的边角料复出境的，填报"来料边角料复出"（代码"0864"），将进料加工项下的边角料复出境的，填报"进料边角料复出"（代码"0865"）。

19. 区内企业产品、设备运往境内（区外）测试、检验或委托加工产品，以及复运回区内，填报"暂时进出货物"（代码 2600）。

20. 区内企业产品运出境内（区外）展览及展览完毕运回区内，填报"展览品"（代码"2700"）。

21. 无原始报关单的后续补税，填报"后续补税"（代码"9700"）。

三、上述填制规范适用于保税港区、综合保税区、出口加工区、珠澳跨境工业区（珠海园区）、中哈霍尔果斯边境合作区（中方配套区），保税区、保税物流园仍按现行规定填报。

关于调整有关海关监管方式代码的公告

（海关总署公告 2010 年第 10 号）

发布日期：2010-02-02
实施日期：2010-03-01
法规类型：规范性文件

为满足海关特殊监管区域业务发展和海关监管需要，方便企业通关，规范海关业务管理，现对以下监管方式代码进行调整：

一、增列监管方式代码"5014"，简称"区内来料加工"，全称"海关特殊监管区域与境外之间进出的来料加工货物"，适用于海关特殊监管区域内企业在来料加工贸易业务项下的料件从境外进口及制成品出境。

二、监管方式代码"5000"，简称"料件进出区"，全称"料件进出海关特殊监管区域"，适用于海关特殊监管区域内保税加工、保税物流或研发企业与境内（区外）之间进出的料件，包括此类料件在境内的退运、退换。

三、监管方式代码"5010"，简称"特殊区域研发货物"，全称"海关特殊监管区域与境外之间进出的研发货物"，适用于海关特殊监管区域内企业从境外购进的用于研发的料件、成品，或研发后将上述货物退回境外，但不包括企业自用或其他用途的设备。

四、监管方式代码"5015"，简称"区内进料加工货物"，全称"海关特殊监管区域与境外之间进出的进料加工货物"，适用于海关特殊监管区域区内企业在进料加工贸易业务项下的料件从境外进口及制成品出境。

五、监管方式代码"5033"改为"5034"，简称"区内物流货物"，全称"海关特殊监管区域与境外之间进出的物流货物"，适用于海关特殊监管区域内企业从境外运进或运往境外的仓储、分拨、配送、转口货物，包括流通领域的物流货物及供区内加工生产用的仓储货物。

六、监管方式代码"5100"，简称"成品进出区"，全称"成品进出海关特殊监管区域"，适用于海关特殊监管区域内保税加工、保税物流或研发企业与境内（区外）之间进出的成品，包括此类成品在境内的退运、退换。

七、监管方式代码"5300"，简称"设备进出区"，全称"设备及物资进出海关特殊监管区域"，适用于海关特殊监管区域内企业从境内（区外）购进的自用设备、物资，或将此类设备、物资销往区外，结转到同一海关特殊监管区域或另一海关特殊监管区域的企业，以及在境内的退运、退换。

八、监管方式代码"5335"，简称"境外设备进区"，全称"海关特殊监管区域从境外进口的设备及物资"，适用于海关特殊监管区域内企业从境外进口用于区内业务所需的设备、物资，以及区内企业和行政管理机构自用合理数量的办公用品等。

九、监管方式代码"5361"，简称"区内设备退运"，全称"海关特殊监管区域设备及物资退运境外"，适用于海关特殊监管区域内企业将监管方式代码"5335"项下的设备、物资退运境外。

十、取消监管方式代码"5200"，其相关功能合并到监管方式代码"0844"和"0845"项下。

调整后的上述监管方式代码，适用于保税港区、综合保税区、出口加工区、珠澳跨境工业园区（珠海园区）、中哈霍尔果斯边境合作区（中方配套区）内企业申报使用，区外企业和保税区、保税物流园区内企业仍按现行规定管理。

上述规定自 2010 年 3 月 1 日起实施。

特此公告。

海关总署决定增列海关监管方式代码的公告

（海关总署公告 2005 年第 42 号）

发布日期：2005-08-22
实施日期：2005-09-01
法规类型：规范性文件

为配合海关对保税物流中心管理的需要，方便企业通关，规范海关业务管理，决定增列海关监管方式代码，现将有关规定公告如下：

一、增列海关监管方式代码6033，全称"保税物流中心与境外之间进出仓储货物"，简称"物流中心进出境货物"，适用于保税物流中心与境外之间仓储货物的进出口。

二、扩大海关监管方式"保税间货物（代码1200）"的适用范围，适用于保税物流中心（A、B型）、保税区、出口加工区、保税物流园区、保税仓库、出口监管仓库等海关保税场所及保税区域之间往来的货物。

三、对于物流中心外企业运输货物进出物流中心，物流中心外企业应按海关规定填制进出口货物报关单，进出口货物报关单"运输方式"栏填写代码"W"，适用于"境内进出保税物流中心货物"。

上述规定自2005年9月1日起实施。

特此公告。

海关总署增列海关监管方式代码及局部调整报关单填制要求

（署通发〔2001〕285号）

发布日期：2001-07-20
实施日期：2001-08-01
法规类型：规范性文件

（"旅游购物商品"2017年7月27日被海关总署公告2017年第34号《关于废止海关监管方式代码的公告》废止）

广东分署，各直属海关：

针对署领导亲自带队进行通关效率调研过程中各关反映的问题，为方便企业通关，规范海关业务管理，经研究，决定增列海关监管方式代码，并对报关单填制要求作局部调整，现就有关事项通知如下：

一、为规范对海关监管年限内的减免税设备在境内企业间的结转，决定增列海关监管方式代码0500，简称"减免设备结转"，适用于监管年限内的减免税设备从一企业结转到另一享受减免税待遇的企业（加工贸易设备结转仍使用监管方式代码0456）。

对减免税设备及加工贸易设备之间的结转，转入和转出企业分别填制进、出口报关单，报关单"贸易方式"栏目根据报关企业所持加工贸易手册或征减免税证明，分别选择填报加工贸易设备结转、减免税设备结转的海关监管方式代码，报关单"备案号"栏目分别填报加工贸易手册编号、征减免税证明编号或为空，报关单其他栏目按现行《报关单填制规范》关于结转货物的要求填报。

二、进出口报关单"规格型号"栏目填报应当足够详细，以能满足海关归类、审价及许可证件管理要求为准。本栏目填报内容包括：牌名、规格、型号、成分、含量、等级等。

三、为方便企业办理加工贸易深加工结转及余料结转货物通关手续，加快通关速度，审单作业各环节应重点审核确定结转货物是否确属同一商品且数量相同，不再要求转出和转入报关单的商品品名、商品编号、原产国别、价格等栏目内容完全相同。

新增列的海关监管方式及代码自2001年8月1日起实施。

各关在执行中如发现问题，请及时向总署通关管理司反映。

海关总署关于增列海关监管方式及代码的通知

（署通〔2000〕841号）

发布日期：2000-12-26
实施日期：2001-01-01
法规类型：规范性文件

广东分署，各直属海关：

海关总署与对外贸易经济合作部联合下发的《关于加工贸易进口设备有关问题的通知》（〔1998〕外经贸政发第383号）第十一条规定：加工贸易外商提供的不作价进口设备，如涉及进口配额、特定或登记的产品，免予办理配额、许可证、登记或进口证明。而现行海关监管方式"加工贸易设备"（代码0420）既包括作价设备，也包括不作价设备，其中作价设备需提交上述许可证件。

为保证不作价设备正常通关，提高计算机系统提示的准确性，经研究，通知如下：

一、增列海关监管方式代码0320，简称"不作价设备"，全称"加工贸易外商提供的不作价进口设备"，指与加工贸易经营单位开展加工贸易（包括来料加工、进料加工及外商投资企业从事的加工贸易）的外商，以免费即不需经营单位付汇进口、也不需用加工费或差价偿还方式，向经营单位提供的加工生产所需设备。

二、保留海关监方式代码0420，简称"加工贸易设备"，指除上述"不作价设备"以外的加工贸易项下进口设备。

本通知自2001年1月1日起执行，请各海关及时对外公告，系统参数库维护通知另行下发。

附件：海关公告稿

附件

公 告

接海关总署通知，自2001年1月1日起，对"海关监管方式及代码对照表"进行局部调整：

一、增列海关监管方式代码0320，简称"不作价设备"，全称"加工贸易外商提供的不作价进口设备"，指与加工贸易经营单位开展加工贸易（包括来料加工、进料加工及外商投资企业从事的加工贸易）的外商，以免费即不需经营单位付汇进口、也不需用加工费或差价偿还方式，向经营单位提供的加工生产所需设备。

二、保留海关监管方式代码0420，简称"加工贸易设备"，指除上述"不作价设备"以外的加工贸易项下进口设备。

特此公告。

海关总署关于增列海关监管方式的通知

（署通〔2000〕270号）

发布日期：2000-06-06
实施日期：2000-07-01
法规类型：规范性文件

广东分署，各直属海关：

根据《国务院办公厅转发国家经贸委等部门关于进一步完善加工贸易银行保证金台帐制度意见的通知》（国办发〔1999〕35号）和《保税区海关监管办法》的有乡规定，总署决定对保税区内经批准销往非保税区的加工贸易成品设立专用海关监管方式代码。现就有关事项通知如下：

一、增列有关监管方式代码：

（一）增列监管方式代码0444，该监管方式适用于应按成品征税的保税区进卡加工成品转内销货物，简称"保区进料成品"；

（二）增列监管方式代码0445，该监管方式适用于应按成品征税的保税区来和加工成品转内销货物，简称"保区来料成品"；

（三）增列监管方式代码0544，该监管方式适用于应按料件征税的保税区进和加工成品转内销货物，简称"保区进料料件"；

（四）增列监管方式代码0545，该监管方式适用于应按料件征税的保税区来判加工成品转内销货物，简称"保区来料料件"。

二、海关对上述货物不征收缓税利息。

三、上述货物（包括减免税的）通关时，企业应按《报关单填制规范》填制相应的出口货物报关单和进口货物报关单，并在出口货物报关单"备案号"栏填报有关《登记手册》编号。

四、总署已在海关业务系统参数数据库调整了有关数据，请各关按说明接收数据文件：

1. 节点名：ZS31

2. 用户名：BULLETIN

3. 目录名；[.H883App]]

4. 文件名：TRADE—MO.TXT《贸易方式证件表》、TRADE.TXT《贸易方式代码表》

五、本通知自2000年7月1日起执行，请各海关及时对外公告。

附件：公告稿

附件

公告稿

接海关总署通知，为解决保税区内加工贸易制成品转内销货物的通关问题，增列监管方式代码 0444，适用于应按成品征税的保税区进料加工成品转内销货物，简称"保区进料成品"；增列监管方式代码 0445，适用于应按成品征税的保税区来料加工成品转内销货物，简称"保区来料成品"；增列监管方式代码 0544，适用于应按料件征税的保税区进料加工成品转内销货物，简称"保区进料料件"；增列监管方式代码 0545，适用于应按料件征税的保税区来料加工成品转内销货物，简称"保区来料料件"。

请有关报关企业按《中华人民共和国海关进出口货物报关单填制规范》及本公告规定填制有关货物的进出口货物报关单。

本公告自 2000 年 7 月 1 日起执行。

特此公告。

海关查验

中华人民共和国海关进出口货物查验管理办法

（海关总署令第 138 号）

发布日期：2005-12-28
实施日期：2010-11-26
法规类型：部门规章

（根据 2010 年 11 月 26 日海关总署令第 198 号《海关总署关于修改部分规章的决定》修改）

第一条 为了规范海关对进出口货物的查验，依法核实进出口货物的状况，根据《中华人民共和国海关法》以及其他有关法律、行政法规的规定，制定本办法。

第二条 本办法所称进出口货物查验（以下简称查验），是指海关为确定进出口货物收发货人向海关申报的内容是否与进出口货物的真实情况相符，或者为确定商品的归类、价格、原产地等，依法对进出口货物进行实际核查的执法行为。

第三条 查验应当由 2 名以上海关查验人员共同实施。查验人员实施查验时，应当着海关制式服装。

第四条 查验应当在海关监管区内实施。

因货物易受温度、静电、粉尘等自然因素影响，不宜在海关监管区内实施查验，或者因其他特殊原因，需要在海关监管区外查验的，经进出口货物收发货人或者其代理人书面申请，海关可以派员到海关监管区外实施查验。

第五条 海关实施查验可以彻底查验，也可以抽查。按照操作方式，查验可以分为人工查验和机检查验，人工查验包括外形查验、开箱查验等方式。

海关可以根据货物情况以及实际执法需要，确定具体的查验方式。

第六条 海关在对进出口货物实施查验前，应当通知进出口货物收发货人或者其代理人到场。

第七条 查验货物时，进出口货物收发货人或者其代理人应当到场，负责按照海关要求搬移货物，开拆和重封货物的包装，并如实回答查验人员的询问以及提供必要的资料。

第八条 因进出口货物所具有的特殊属性，容易因开启、搬运不当等原因导致货物损毁，需要查验人员在查验过程中予以特别注意的，进出口货物收发货人或者其代理人应当在海关实施查验前声明。

第九条 实施查验时需要提取货样、化验，以进一步确定或者鉴别进出口货物的品名、规格等属性的，海关依照《中华人民共和国海关化验管理办法》等有关规定办理。

第十条　查验结束后，查验人员应当如实填写查验记录并签名。查验记录应当由在场的进出口货物收发货人或者其代理人签名确认。进出口货物收发货人或者其代理人拒不签名的，查验人员应当在查验记录中予以注明，并由货物所在监管场所的经营人签名证明。查验记录作为报关单的随附单证由海关保存。

第十一条　有下列情形之一的，海关可以对已查验货物进行复验：

（一）经初次查验未能查明货物的真实属性，需要对已查验货物的某些性状做进一步确认的；

（二）货物涉嫌走私违规，需要重新查验的；

（三）进出口货物收发货人对海关查验结论有异议，提出复验要求并经海关同意的；

（四）其他海关认为必要的情形。

复验按照本办法第六条至第十条的规定办理，查验人员在查验记录上应当注明"复验"字样。

已经参加过查验的查验人员不得参加对同一票货物的复验。

第十二条　有下列情形之一的，海关可以在进出口货物收发货人或者其代理人不在场的情况下，对进出口货物进行径行开验：

（一）进出口货物有违法嫌疑的；

（二）经海关通知查验，进出口货物收发货人或者其代理人届时未到场的。

海关径行开验时，存放货物的海关监管场所经营人、运输工具负责人应当到场协助，并在查验记录上签名确认。

第十三条　对于危险品或者鲜活、易腐、易烂、易失效、易变质等不宜长期保存的货物，以及因其他特殊情况需要紧急验放的货物，经进出口货物收发货人或者其代理人申请，海关可以优先安排查验。

第十四条　进出口货物收发货人或者其代理人违反本办法的，海关依照《中华人民共和国海关法》、《中华人民共和国海关行政处罚实施条例》等有关规定予以处理。

第十五条　海关在查验进出口货物时造成被查验货物损坏的，由海关按照《中华人民共和国海关法》、《中华人民共和国海关行政赔偿办法》的规定承担赔偿责任。

第十六条　查验人员在查验过程中，违反规定，利用职权为自己或者他人谋取私利，索取、收受贿赂，滥用职权，故意刁难，拖延查验的，按照有关规定处理。

第十七条　海关在监管区内实施查验不收取费用。对集装箱、货柜车或者其他货物加施海关封志的，按照规定收取封志工本费。

因查验而产生的进出口货物搬移、开拆或者重封包装等费用，由进出口货物收发货人承担。

在海关监管区外查验货物，进出口货物收发货人或者其代理人应当按照规定向海关交纳规费。

第十八条　本办法下列用语的含义：

外形查验，是指对外部特征直观、易于判断基本属性的货物的包装、唛头和外观等状况进行验核的查验方式。

开箱查验，是指将货物从集装箱、货柜车箱等箱体中取出并拆除外包装后，对货物实际状况进行验核的查验方式。

机检查验，是指以利用技术检查设备为主，对货物实际状况进行验核的查验方式。

抽查，是指按照一定比例有选择地对一票货物中的部分货物验核实际状况的查验方式。

彻底查验，是指逐件开拆包装、验核货物实际状况的查验方式。

第十九条　本办法由海关总署负责解释。

第二十条　本办法自 2006 年 2 月 1 日起施行。

出入境检验检疫查封、扣押管理规定

（国家质量监督检验检疫总局令第 108 号）

发布日期：2008−06−25

实施日期：2018−04−28

法规类型：部门规章

（根据 2018 年 4 月 28 日海关总署令第 238 号《海关总署关于修改部分规章的决定》第一次修正）

第一章　总　则

第一条　为规范出入境检验检疫查封、扣押工作，维护国家利益、社会公共利益和公民、法人、其他组织的合法权益，保证海关依法履行职责，依照《中华人民共和国进出口商品检验法》及其实施条例、《中华人民共和国进出境动植物检疫法》及其实施条例、《中华人民共和国食品安全法》、《国务院关于加强食品等产品安全监督管理的特别规定》的规定，制定本规定。

第二条　本规定所称的查封、扣押是指海关为履行检验检疫职责依法实施的核查、封存或者留置等行政强制措施。

第三条　海关总署负责全国出入境检验检疫查封、扣押的管理和监督检查工作。

主管海关负责查封、扣押的实施。

第四条　海关实施查封、扣押应当适当，以最小损害当事人的权益为原则。

第五条　公民、法人或者其他组织对海关实施的查封、扣押，享有陈述权、申辩权；对海关实施的查封、扣押不服的，有权依法申请行政复议，或者依法提起行政诉讼；对海关违法实施查封、扣押造成损害的，有权依法要求赔偿。

第二章　适用范围和管辖

第六条　有下列情形之一的，海关可以实施查封、扣押：

（一）法定检验的进出口商品经书面审查、现场查验、感官检查或者初步检测后有证据证明涉及人身财产安全、健康、环境保护项目不合格的；

（二）非法定检验的进出口商品经抽查检验涉及人身财产安全、健康、环境保护项目不合格的；

（三）不符合法定要求的进出口食品、食用农产品等与人体健康和生命安全有关的产品，违法使用的原料、辅料、添加剂、农业投入品以及用于违法生产的工具、设备；

（四）进出口食品、食用农产品等与人体健康和生命安全有关的产品的生产经营场所存在危害人体健康和生命安全重大隐患的；

（五）在涉及进出口食品、食用农产品等与人体健康和生命安全有关的产品的违法行为中，存在与违法行为有关的合同、票据、账簿以及其他有关资料的。

海关认为应当实施查封、扣押，但已被其他行政机关查封、扣押的，海关暂不实施查封、扣押，并应当及时书面告知实施查封、扣押的其他机关予以必要的协助。

第七条 查封、扣押一般由违法行为发生地的海关按照属地管辖的原则实施。

海关需要异地实施查封、扣押的，应当及时通知异地海关，异地海关应当予以配合。

两个以上海关发生管辖争议的，报请共同的上级机构指定管辖。

第三章 程 序

第八条 实施查封、扣押的程序包括：收集证据材料、报告、审批、决定、送达、实施等。

第九条 实施查封、扣押前，应当做好证据的收集工作，并对收集的证据予以核实。

第十条 查封、扣押的证据材料一般包括：现场记录单、现场笔录、当事人提供的各种单证以及现场抽取的样品、摄录的音像材料、实验室检验记录、工作纪录、检验检疫结果证明和其他证明材料。

第十一条 实施查封、扣押前应当向海关负责人书面或者口头报告，并填写《实施查封、扣押审批表》，经海关负责人批准后方可实施。案件重大或者需要对数额较大的财物实施查封、扣押的，海关负责人应当集体讨论决定。

第十二条 紧急情况下或者不实施查封、扣押可能导致严重后果的，海关可以按照合法、及时、适当、简便和不加重当事人负担的原则当场做出查封、扣押决定，并组织实施或者监督实施。

第十三条 当场实施查封、扣押的，海关执法人员应当及时补办相关手续。

第十四条 实施查封、扣押应当制作《查封、扣押决定书》。《查封、扣押决定书》应当载明下列事项：

（一）当事人姓名或者名称、地址；

（二）查封、扣押措施的事实、理由和依据；

（三）查封、扣押物品的名称、数量和期限；

（四）申请行政复议或者提起行政诉讼的途径和期限；

（五）行政机关的名称和印章；

（六）行政执法人员的签名和日期。

第十五条 《检验检疫查封、扣押决定书》应当及时送交当事人签收，由当事人在《送达回证》上签名或者盖章，并注明送达日期。当事人拒绝签名或者盖章的，应当予以注明。

第十六条 实施查封、扣押应当符合下列要求：

（一）由海关两名以上行政执法人员实施；

（二）出示执法身份证件；

（三）当场告知当事人实施查封、扣押的理由、依据以及当事人依法享有的权利；

（四）制作现场记录，必要时应当进行现场拍摄。现场记录的内容应当包括：查封、扣押实施的起止时间、实施地点、查封、扣押后的状态等；

（五）制作查封、扣押物品清单。查封、扣押清单一式三份，由当事人、物品保管人和海关分别保存；

（六）现场记录和查封、扣押物品清单由当事人和检验检疫行政执法人员签名或者盖章，当事人不在现场或者当事人拒绝签名或者盖章的，应当邀请见证人到场，说明情况，在笔录中予以注明；见证人拒绝签字或盖章的，检验检疫行政执法人员应当在笔录中予以注明；

（七）加贴封条或者采取其他方式明示海关已实施查封、扣押。

实施查封、扣押后，需要出具有关检验检疫证书的，应当按规定出具相关证书。

第十七条 海关应当在 30 日内依法对查封、扣押的进出口商品或者其他物品（场所），做出处理决定。情况复杂的，经海关负责人批准，可以延长时限，期限不超过 30 日。对于保质期较短的商品或者其他物品，应当在 7 日内做出处理决定。涉及行政处罚的，期限遵照相关规定。法律对期限另有规定的除外。

需要进行检验或者技术鉴定的，检验或者技术鉴定的时间不计入查封、扣押期限。检验或者技术鉴定的期间应当明确，并告知当事人。检验或者技术鉴定的费用由海关承担。

第十八条 对查封、扣押的进出口商品或者其他物品（场所），海关应当妥善保管，不得使用或者损毁；因保管不当造成损失的，应当予以赔偿。但因不可抗力造成的损失除外。

第十九条 对查封的进出口商品或者其他物品（场所），海关可以指定当事人负责保管，也可以委托第三人负责保管，当事人或者受委托第三人不得损毁或者转移。因当事人原因造成的损失，由当事人承担赔偿责任；因受委托第三人原因造成的损失，由委托的海关和受委托第三人承担连带赔偿责任。

第二十条 对经查实不涉及人身财产安全、健康、环境保护项目不合格的进出口商品和其他不再需要实施查封、扣押的物品（场所），海关应当立即解除查封、扣押，并制作《解除查封、扣押决定书》和《解除查封、扣押物品清单》送达当事人。

第二十一条 海关在查封、扣押期限内未做出处理决定的，查封、扣押自动解除。被扣押的进出口商品或者其他物品，应当立即退还当事人。

第四章　监　督

第二十二条 实施查封、扣押的海关有下列情形之一的，应当及时纠正或者由上级海关责令改正：

（一）没有法律、法规依据实施查封、扣押的；

（二）改变法定的查封、扣押方式、对象、范围、条件的；

（三）违反法定程序实施查封、扣押的。

第二十三条 海关违反本规定，有下列情形之一的，应当及时纠正并依法给予赔偿，情节严重构成犯罪的，依法追究刑事责任：

（一）违法实施查封、扣押的；

（二）使用或者损毁查封、扣押的财物，给当事人造成损失的；

（三）对依法应当退还扣押的物品不予退还，给当事人造成损失的。

第二十四条 海关将查封、扣押的财物截留、私分或者变相私分的，由上级海关或者有关部门予以追缴。情节严重构成犯罪的，依法追究刑事责任。

第二十五条 海关工作人员利用职务便利，将查封、扣押的财物据为己有，情节严重构成犯罪的，依法追究刑事责任。

第五章　附　则

第二十六条 对禁止进境的动植物、动植物产品和其他检疫物必须实施封存的，参照本规定执行。

对出入境旅客实施的诊验等强制措施不在本规定调整范围之内，由海关总署另行规定。

第二十七条 检验检疫查封、扣押文书格式由海关总署统一制定并在其网站上公布。

第二十八条 海关应当建立查封、扣押档案，并妥善保管，保管期限不少于 2 年。

第二十九条 本规定由海关总署负责解释。

第三十条 本规定自 2008 年 10 月 1 日起施行。

进出口商品数量重量检验鉴定管理办法

（质检总局令第 103 号）

发布日期：2007-08-27
实施日期：2023-04-15
法规类型：部门规章

（根据 2015 年 11 月 23 日国家质量监督检验检疫总局令第 172 号《国家质量监督检验检疫总局关于修改〈进出口商品数量重量检验鉴定管理办法〉的决定》修订；根据 2018 年 4 月 28 日海关总署令第 238 号《海关总署关于修改部分规章的决定》第一次修正；根据 2018 年 5 月 29 日海关总署令第 240 号《海关总署关于修改部分规章的决定》第二次修正）

第一章 总 则

第一条 为加强进出口商品数量、重量检验鉴定工作，规范海关及社会各类检验机构进出口商品数量、重量检验鉴定行为，维护社会公共利益和进出口贸易有关各方的合法权益，促进对外经济贸易关系的顺利发展，根据《中华人民共和国进出口商品检验法》（以下简称《商检法》）及其实施条例，以及其他相关法律、行政法规的规定，制订本办法。

第二条 本办法适用于中华人民共和国境内的进出口商品数量、重量检验鉴定活动。

第三条 海关总署主管全国进出口商品数量、重量检验鉴定管理工作。

主管海关负责所辖地区的进出口商品数量、重量检验鉴定及其监督管理工作。

第四条 海关实施数量、重量检验的范围是：

（一）列入海关实施检验检疫的进出境商品目录内的进出口商品；

（二）法律、行政法规规定必须经海关检验的其他进出口商品；

（三）进出口危险品和废旧物品；

（四）实行验证管理、配额管理，并需由海关检验的进出口商品；

（五）涉嫌有欺诈行为的进出口商品；

（六）双边、多边协议协定、国际条约规定，或者国际组织委托、指定的进出口商品；

（七）国际政府间协定规定，或者国内外司法机构、仲裁机构和国际组织委托、指定的进出口商品。

第五条 海关根据国家规定对上述规定以外的进出口商品的数量、重量实施抽查检验。

第二章 报 检

第六条 需由海关实施数量、重量检验的进出口商品，收发货人或者其代理人应当在海关规定的地点和期限内办理报检手续。

第七条 进口商品数量、重量检验的报检手续，应当在卸货前向海关办理。

第八条 散装出口商品数量、重量检验的报检手续，应当在规定的期限内向装货口岸海关办理。

包（件）装出口商品数量、重量检验的报检手续，应当在规定的期限内向商品生产地海关办理。需要在口岸换证出口的，发货人应当在规定的期限内向出口口岸海关申请查验。

对于批次或者标记不清、包装不良，或者在到达出口口岸前的运输中数量、重量发生变化的商品，收发货人应当在出口口岸重新申报数量、重量检验。

第九条 以数量交接计价的进出口商品，收发货人应当申报数量检验项目。对数量有明确要求或者需以件数推算全批重量的进出口商品，在申报重量检验项目的同时，收发货人应当申报数量检验项目。

第十条 以重量交接计价的进出口商品，收发货人应当申报重量检验项目。对按照公量或者干量计价交接或者含水率有明确规定的进出口商品，在申报数量、重量检验时，收发货人应当同时申报水分检测项目。

进出口商品数量、重量检验中需要使用密度（比重）进行计重的，收发货人应当同时申报密度（比重）检测项目。

船运进口散装液体商品在申报船舱计重时，收发货人应当同时申报干舱鉴定项目。

第十一条 收发货人在办理进出口商品数量、重量检验报检手续时，应当根据实际情况并结合国际通行做法向海关申请下列检验项目：

（一）衡器鉴重；

（二）水尺计重；

（三）容器计重：分别有船舱计重、岸罐计重、槽罐计重三种方式；

（四）流量计重；

（五）其他相关的检验项目。

第十二条 进出口商品有下列情形之一的，报检人应当同时申报船舱计重、水尺计重、封识、监装监卸等项目：

（一）海运或陆运进口的散装商品需要运离口岸进行岸罐计重或衡器鉴重，并依据其结果出证的；

（二）海运或陆运出口的散装商品进行岸罐计重或衡器鉴重后需要运离检验地装运出口，并以岸罐计重或衡器鉴重结果出证的。

第十三条 收发货人或其代理报检企业在报检时所缺少的单证资料，应当在海关规定的期限内补交。

第三章　检　验

第十四条 进口商品应当在收货人报检时申报的目的地检验。大宗散装商品、易腐烂变质商品以及已发生残损、短缺的进口商品，应当在卸货口岸实施数量、重量检验。

出口商品应当在商品生产地实施数量、重量检验。散装出口商品应当在装货口岸实施数量、重量检验。

第十五条 主管海关按照国家技术规范的强制性要求实施数量、重量检验。尚未制订技术规范、标准的，主管海关可以参照指定的有关标准检验。

第十六条 海关在实施数量、重量检验时，发现报检项目的实际状况与检验技术规范、标准的要求不符，影响检验正常进行或检验结果的准确性，应当及时通知报检人；报检人应当配合海关工作，并在规定的期限内改报或者增报检验项目。

第十七条 海关实施数量、重量现场检验的条件应当符合检验技术规范、标准的要求。

收发货人、有关单位和个人应当采取有效措施，提供符合检验技术规范、标准要求的条件和必要的设备。

收发货人、有关单位和个人未及时提供必要的条件和设备，海关应当责成其及时采取有效措施，确保检验顺利进行；对不具备检验条件，可能影响检验结果准确性的，不得实施检验。

第十八条 海关实施衡器鉴重的方式包括全部衡重、抽样衡重、监督衡重和抽查复衡。

第十九条 固体散装物料或者不定重包装且不逐件标明重量的进出口商品可以采用全部衡重的检验方式；对裸装件或者不定重包装且逐件标明重量的包装件应当逐件衡重并核对报检人提交的原发货重量明细单。

对定重包装件可以全部衡重或按照有关的检验鉴定技术规范、标准，抽取一定数量的包装件衡重后以每件平均净重结合数量检验结果推算全批净重。

第二十条 以公量、干量交接计价或者对含水率有明确规定的进出口商品，海关在检验数量、重量的同时应当抽取样品检测水分。

检验中发现有异常水的，海关应当责成有关单位及时采取有效措施，确保检验的顺利进行。

第二十一条 报检人提供用于进出口商品数量、重量检验的各类衡器计重系统、流量计重系统、船舶及其计量货舱、计量油罐槽罐及相关设施、计算机处理系统、相关图表、数据资料必须符合有关的技术规范、标准要求；用于数量、重量检验的各类计量器具，应当依法经检定合格并在有效期内方可使用。

第二十二条 进出口商品的装卸货单位在装卸货过程中应当落实防漏撒措施和收集地脚；对有残损的，应当合理分卸分放。

第二十三条 海关实施数量、重量检验时应当记录，可以拍照、录音或者录像。有关单位和个人应当予以配合，并在记录上签字确认，如有意见分歧，应当备注或者共同签署备忘录。

第二十四条 承担进口接用货或者出口备发货的单位的计重器具、设施、管理措施以及接发货过程应当接受海关的监督管理和检查，并在海关规定的期限内对影响检验鉴定工作及其结果准确性的因素进行整改。

第四章 监督管理

第二十五条 海关依法对在境内设立的各类进出口商品检验机构和在境内从事涉及进出口商品数量、重量检验的机构、人员及活动实施监督管理。

第二十六条 依法设立的境内外各类检验机构可以接受对外经济贸易关系人的委托，办理进出口商品的数量、重量鉴定，并接受海关的检查。

第五章 法律责任

第二十七条 擅自破坏进出口商品数量、重量检验现场条件或者进出口商品，影响检验结果的，由海关责令改正，并处3万元以下罚款。

第二十八条 从事进出口商品检验鉴定业务的检验机构违反国家有关规定，扰乱检验鉴定秩序的，由主管海关责令改正，没收违法所得，可以并处10万元以下的罚款，海关可以暂停其6个月以内检验鉴定业务。

第二十九条 海关的工作人员滥用职权，故意刁难当事人的，徇私舞弊，伪造检验结果的，或者玩忽职守，延误检验出证的，依法给予行政处分；构成犯罪的，依法追究刑事责任。

第六章 附 则

第三十条 本办法下列用语的含义：

公量，是指商品在衡重和化验水分含量后，折算到规定回潮率（标准回潮率）或者规定含水率时的净重（以公量结算的商品主要有棉花、羊毛、生丝和化纤等，这些商品容易吸潮，价格高）。

干量，是指商品的干态重量，商品实际计得的湿态重量扣去按照实测含水率计得的水分后得到的即商品的干态重量（以干量结算的商品主要有贵重的矿产品等）。

岸罐计重，是指以经过国家合法的计量检定部门检定合格的罐式容器（船舱除外）为工具，对其盛装的散装液体商品或者液化气体商品进行的数、重量检验鉴定（包括测量、计算）。其中，罐式容器包括了立式罐、卧式罐、槽罐（可拆卸或者不可拆卸的槽罐）。

抽查复衡，是衡器鉴重合格评定程序中的一个环节。指针对合格评定对象（主要是经常进出口大宗定重包装的商品的收货人或者发货人），由海关从中随机抽取部分有代表性的商品在同一衡器上进行复衡，检查两次衡重的差值是否在允许范围内，以评定其程序是否处于合格状态的检验方法。

收集地脚，是指在装卸过程中由于撒、漏的或者是在装卸后残留的小部分商品称为地脚货物，地脚货物应当及时收集计重，扣除杂质，合并进整批重量出证，而不能简单作为损耗扣除。

第三十一条 报检人对主管海关的数量、重量检验结果有异议的，可以在规定的期限内向作出检验结果的主管海关或者其上一级海关以至海关总署申请复验，同时应当保留现场和货物现状。受理复验的海关应当在规定的期限内作出复验结论。

当事人对海关作出的复验结论不服的，可以依法申请行政复议，也可以依法向人民法院提起诉讼。

第三十二条 对外经济贸易关系人对所委托的其他检验鉴定机构的数量、重量鉴定结果有异议的，可以向当地主管海关以至海关总署投诉，同时应当保留现场和货物现状。

第三十三条 海关依法实施数量、重量检验，按照国家有关规定收取费用。

第三十四条 本办法由海关总署负责解释。

第三十五条 本办法自 2007 年 10 月 1 日起施行，原国家进出口商品检验局 1993 年 12 月 16 日发布的《进出口商品重量鉴定管理办法》同时废止。

进口商品残损检验鉴定管理办法

（质检总局令第 97 号）

发布日期：2007-07-06

实施日期：2023-04-15

法规类型：部门规章

（根据 2018 年 4 月 28 日海关总署令第 238 号《海关总署关于修改部分规章的决定》第一次修正）

第一章 总 则

第一条 为加强进口商品残损检验鉴定工作，规范海关和社会各类检验机构进口商品残损检验鉴定行为，维护社会公共利益和进口贸易有关各方的合法权益，促进对外贸易的顺利发展，根据《中华人民共和国进出口商品检验法》及其实施条例，以及其他相关法律、行政法规的规定，制订本办法。

第二条 本办法适用于中华人民共和国境内的进口商品残损检验鉴定活动。

第三条 海关总署主管全国进口商品残损检验鉴定工作，主管海关负责所辖地区的进口商品残损检验鉴定及其监督管理工作。

第四条 主管海关负责对法定检验进口商品的残损检验鉴定工作。法检商品以外的其他进口商品发生残损需要进行残损检验鉴定的，对外贸易关系人可以向主管海关申请残损检验鉴定，也可以向依法设立的检验机构申请残损检验鉴定。

海关对检验机构的残损检验鉴定行为进行监督管理。

第五条 海关根据需要对有残损的下列进口商品实施残损检验鉴定：

（一）列入海关必须实施检验检疫的进出境商品目录内的进口商品；

（二）法定检验以外的进口商品的收货人或者其他贸易关系人，发现进口商品质量不合格或者残损、短缺，申请出证的；

（三）进口的危险品、废旧物品；

（四）实行验证管理、配额管理，并需由海关检验的进口商品；

（五）涉嫌有欺诈行为的进口商品；

（六）收货人或者其他贸易关系人需要海关出证索赔的进口商品；

（七）双边、多边协议协定、国际条约规定，或国际组织委托、指定的进口商品；

（八）相关法律、行政法规规定须经海关检验的其他进口商品。

第二章　申　报

第六条 法定检验进口商品发生残损需要实施残损检验鉴定的，收货人应当向主管海关申请残损检验鉴定；法定检验以外的进口商品发生残损需要实施残损检验鉴定的，收货人或者其他贸易关系人可以向主管海关或者经海关总署许可的检验机构申请残损检验鉴定。

第七条 进口商品的收货人或者其他贸易关系人可以自行向海关申请残损检验鉴定，也可以委托办理申请手续。

第八条 需由海关实施残损检验鉴定的进口商品，申请人应当在海关规定的地点和期限内办理残损检验申请手续。

第九条 进口商品发生残损或者可能发生残损需要进行残损检验鉴定的，进口商品的收货人或者其他贸易关系人应当向进口商品卸货口岸所在地海关申请残损检验鉴定。

进口商品在运抵进口卸货口岸前已发现残损或其运载工具在装运期间存在、遭遇或者出现不良因素而可能使商品残损、灭失的，进口商品收货人或者其他贸易关系人应当在进口商品抵达进口卸货口岸前申请，最迟应当于船舱或者集装箱的拆封、开舱、开箱前申请。

进口商品在卸货中发现或者发生残损的，应当停止卸货并立即申请。

第十条 进口商品发生残损需要对外索赔出证的，进口商品的收货人或者其他贸易关系人应当在索赔有效期届满 20 日前申请。

第十一条 需由海关实施残损检验鉴定的进口商品，收货人或者其他贸易关系人应当保护商品及其包装物料的残损现场现状，将残损商品合理分卸分放、收集地脚、妥善保管；对易扩大损失的残损商品或者正在发生的残损事故，应当及时采取有效施救措施，中止事故和防止残损扩大。

第十二条 收货人或者其他贸易关系人在办理进口商品残损检验鉴定申请手续时，还应当根据实际情况并结合国际通行做法向海关申请下列检验项目：

（一）监装监卸；

（二）船舱或集装箱检验；

（三）集装箱拆箱过程检验；

（四）其他相关的检验项目。

第三章 检验鉴定

第十三条 海关按国家技术规范的强制性要求实施残损检验鉴定。尚未制订规范、标准的可以参照国外有关技术规范、标准检验。

第十四条 进口商品有下列情形的，应当在卸货口岸实施检验鉴定：

（一）散装进口的商品有残损的；

（二）商品包装或商品外表有残损的；

（三）承载进口商品的集装箱有破损的。

第十五条 进口商品有下列情形的，应当转单至商品到达地实施检验鉴定：

（一）国家规定必须迅速运离口岸的；

（二）打开包装检验后难以恢复原状或难以装卸运输的；

（三）需在安装调试或使用中确定其致损原因、损失程度、损失数量和损失价值的；

（四）商品包装和商品外表无明显残损，需在安装调试或使用中进一步检验的。

第十六条 海关在实施残损检验鉴定时，发现申请项目的实际状况与检验技术规范、标准的要求不符，影响检验正常进行或者检验结果的准确性，应当及时通知收货人或者其他贸易关系人；收货人或者其他贸易关系人应当配合检验检疫工作。

第十七条 海关在实施残损检验鉴定过程中，收货人或者其他贸易关系人应当采取有效措施保证现场条件和状况，符合检验技术规范、标准的要求。

海关未依法作出处理意见之前，任何单位和个人不得擅自处理。

如果现场条件和状况不符合本办法规定或检验技术标准、规范要求，海关可以暂停检验鉴定，责成收货人或者其他贸易关系人及时采取有效措施，确保检验顺利进行。

第十八条 涉及人身财产安全、卫生、健康、环境保护的残损的进口商品申请残损检验鉴定后，申请人和有关各方应当按海关的要求，分卸分放、封存保管和妥善处置。

第十九条 对涉及人身财产安全、卫生、健康、环境保护等项目不合格的发生残损的进口商品，海关责令退货或者销毁的，收货人或者其他贸易关系人应当按照规定向海关办理退运手续，或者实施销毁，并将处理情况报作出决定的海关。

第二十条 海关实施残损检验鉴定应当实施现场勘查，并进行记录、拍照或录音、录像。有关单位和个人应当予以配合，并在记录上签字确认，如有意见分歧，应当备注。

第四章 监督管理

第二十一条 海关依法对在境内设立的各类进出口商品检验机构和在境内从事涉及进口商品残损检验鉴定的机构、人员及活动实行监督管理。

第二十二条 依法设立的境内外各类检验机构可以接受对外经济贸易关系人的委托办理进口商品的残损检验鉴定。

上述各检验机构应当遵守法律、行政法规的规定，接受海关的监督管理和对其违法违规活动的查处。

第五章 附 则

第二十三条 收货人或者其他贸易关系人对主管海关的残损检验鉴定结果有异议的，可以在规定的期限内向作出检验鉴定结果的主管海关或其上一级海关以至海关总署申请复验，同时应当保留现场和货物现状。受理复验的海关应当按照有关复验的规定作出复验结论。

当事人对海关作出的复验结论不服的，可以依法申请行政复议，也可以依法向人民法院提起诉讼。

第二十四条 当事人对所委托的其他检验机构的残损检验鉴定结果有异议的，可以向当地海关投诉，同时应当保留现场和货物现状。

第二十五条 对违反本办法规定的，海关应当按照《中华人民共和国进出口商品检验法》及其实施条例的规定对有关责任人进行处罚。

第二十六条 海关依法实施残损检验鉴定，按照国家有关规定收取费用。

第二十七条 本办法所称其他贸易关系人，是指除进口商品收货人之外的进口商、代理报检企业、承运人、仓储单位、装卸单位、货运代理以及其他与进口商品残损检验鉴定相关的单位和个人。

第二十八条 本办法由海关总署负责解释。

第二十九条 本办法自 2007 年 10 月 1 日起施行，1989 年 7 月 8 日原国家进出口商品检验局发布的《海运进出口商品残损鉴定办法》同时废止。

进出口商品复验办法

（质检总局令第 77 号）

发布日期：2005-06-01
实施日期：2018-07-01
法规类型：部门规章

（根据 2018 年 4 月 28 日海关总署令第 238 号《海关总署关于修改部分规章的决定》第一次修正；根据 2018 年 5 月 29 日海关总署令第 240 号《海关总署关于修改部分规章的决定》第二次修正）

第一章 总 则

第一条 为了加强进出口商品检验工作，规范进出口商品复验行为，维护对外贸易有关各方的合法权益，根据《中华人民共和国进出口商品检验法》及其实施条例的规定，制定本办法。

第二条 进出口商品的报检人（以下简称报检人）对海关作出的检验结果有异议的，应当按照法律法规的规定申请复验。

第三条 海关总署统一管理全国的进出口商品的复验工作，进出口商品复验工作由受理的海关负责组织实施。

第四条 复验工作应当遵循公正、公开、公平的原则。

第二章 申请与受理

第五条 报检人对主管海关作出的检验结果有异议的，可以向作出检验结果的主管海关或者其上一级海关申请复验，也可以向海关总署申请复验。

报检人对同一检验结果只能向同一海关申请一次复验。

第六条 报检人申请复验，应当自收到海关的检验结果之日起 15 日内提出。

因不可抗力或者其他正当理由不能申请复验的，申请期限中止。从中止的原因消除之日起，申请期限继续计算。

第七条 报检人申请复验，应当保证（持）原报检商品的质量、重量、数量符合原检验时的状态，并保留其包装、封识、标志。

第八条 报检人申请复验，应当按照规定如实填写复验申请表。

第九条 海关自收到复验申请之日起 15 日内，对复验申请进行审查并作出如下处理：

（一）复验申请符合本办法规定的，予以受理，并向申请人出具《复验申请受理通知书》；

（二）复验申请内容不全或者随附证单资料不全的，向申请人出具《复验申请材料补正告知书》，限期补正。逾期不补正的，视为撤销申请；

（三）复验申请不符合本办法规定的，不予受理，并出具《复验申请不予受理通知书》，书面通知申请人并告之理由。

第十条 复验申请人应当按照规定交纳复验费用。

复验结论认定属原检验的海关责任的，复验费由原海关负担。

第三章 组织实施

第十一条 海关受理复验后，应当在 5 日内组成复验工作组，并将工作组名单告知申请人。

复验工作组人数应当为 3 人或者 5 人。

第十二条 复验申请人认为复验工作组成员与复验工作有利害关系或者有其他因素可能影响复验公正性的，应当在收到复验工作组成员名单之日起 3 日内，向受理复验的海关申请该成员回避并提供相应证据材料。

受理复验的海关应当在收到回避申请之日起 3 日内作出回避或者不予回避的决定。

第十三条 作出原检验结果的海关应当向复验工作组提供原检验记录和其他有关资料。

复验申请人有义务配合复验工作组的复验工作。

第十四条 复验工作组应当制定复验方案并组织实施：

（一）审查复验申请人的复验申请表、有关证单及资料。经审查，若不具备复验实施条件的，可书面通知申请人暂时中止复验并说明理由。经申请人完善重新具备复验实施条件后，应当从具备条件之日起继续复验工作；

（二）审查原检验依据的标准、方法等是否正确，并应当符合相关规定；

（三）核对商品的批次、标记、编号、质量、重量、数量、包装、外观状况，按照复验方案规定取制样品；

（四）按照操作规程进行检验；

（五）审核、提出复验结果，并对原检验结果作出评定。

第十五条 受理复验的海关应当自受理复验申请之日起 60 日内作出复验结论。技术复杂，不能在规定期限内作出复验结论的，经本机关负责人批准，可以适当延长，但是延长期限最多不超过 30 日。

第十六条 复验申请人对复验结论不服的，可以依法申请行政复议或者依法提起行政诉讼。

第十七条 在复验过程中抽取的样品，应当按照关于检验样品的有关规定妥善处理。

第十八条 海关工作人员应当严格遵守国家法律法规的规定，并按照本办法规定作好复验工作。

第四章 附 则

第十九条 进口商品的发货人或者出口商品的收货人对海关作出的检验结果有异议的，可以参照本办法的有关规定办理。

第二十条 本办法所规定的文书由海关总署另行制定并且发布。

第二十一条 本办法由海关总署负责解释。

第二十二条 本办法自 2005 年 10 月 1 日起施行，原国家进出口商品检验局 1993 年 6 月 1 日发布的《进出口商品复验办法》同时废止。

进出口商品抽查检验管理办法

（质检总局令第 39 号）

发布日期：2002-12-31
实施日期：2023-07-01
法规类型：部门规章

（根据 2018 年 4 月 28 日海关总署令第 238 号《海关总署关于修改部分规章的决定》第一次修改；根据 2023 年 5 月 15 日海关总署令第 263 号《海关总署关于修改部分规章的决定》第二次修改）

第一章 总 则

第一条 为了加强进出口商品的抽查检验工作，规范进出口商品的抽查检验和监督管理行为，维护社会公共利益，根据《中华人民共和国进出口商品检验法》（以下简称《商检法》）及其实施条例的有关规定，制定本办法。

第二条 本办法所称的进出口商品是指按照《商检法》及其实施条例规定必须实施检验的进出口商品以外的进出口商品。

第三条 抽查检验重点是涉及安全、卫生、环境保护，国内外消费者投诉较多，退货数量较大，发生过较大质量事故以及国内外有新的特殊技术要求的进出口商品。

第四条 海关总署统一管理全国进出口商品的抽查检验工作。主管海关负责管理和组织实施所辖地区的进出口商品抽查检验工作。

第五条 海关总署根据情况可以公布抽查检验结果、发布风险预警、采取必要防范措施或者向有关部门通报抽查检验情况。

第六条 进出口商品抽查检验项目的合格评定依据是国家技术规范的强制性要求或者海关总署指定的其他相关技术要求。

第七条 海关实施进出口商品抽查检验，不得向被抽查单位收取检验费用，所需费用列入海关年度抽查检验专项业务预算。

第八条 各有关部门应当支持海关的抽查检验工作。被抽查单位对抽查检验应当予以配合，不得阻挠，并应当提供必要的工作条件。海关按照便利外贸的原则，科学组织实施抽查检验工作；不得随意扩大抽查商品种类和范围，否则企业有权拒绝抽查。

第九条 海关有关人员在执行抽查检验工作中，必须严格遵纪守法，秉公办事，并对拟抽查单位，抽查商品种类及被抽查单位的生产工艺、商业秘密负有保密义务。

第二章 抽查检验

第十条 海关总署制定并下达进出口商品抽查检验计划，包括商品名称、检验依据、抽样要求、检测项目、判定依据、实施时间等，必要时对抽查检验计划予以调整，或者下达专项进出口商品抽查检验计划。

第十一条 主管海关可以根据海关总署抽查检验计划，经过必要调查，结合所辖地区相关进出口商品实际情况，制订具体实施方案。

第十二条 主管海关应当按照海关总署关于抽查检验工作的统一部署和要求，认真组织实施所辖地区的抽查检验。

第十三条 实施现场抽查检验时，应当有2名以上（含2名）人员参加。抽查检验人员应当在抽查检验前出示抽查检验通知书和执法证件，并向被抽查单位介绍国家对进出口商品抽查检验的有关规定及要求。有关证件不符合规定时，被抽查单位有权拒绝抽查检验。

第十四条 对实施抽查检验的进口商品，海关可以在进口商品的卸货口岸、到达站或者收用货单位所在地进行抽样；对实施抽查检验的出口商品，海关可以在出口商品的生产单位、货物集散地或者发运口岸进行抽样。

第十五条 抽取的进出口商品的样品，由被抽查单位无偿提供。样品应当随机抽取，并应当具有一定的代表性。样品及备用样品的数量不得超过抽样要求和检验的合理需要。

第十六条 抽样后，抽查检验人员应当对样品加施封识，填写抽样单并签字；被抽查单位应当在抽样单上签字或者加盖公章。特殊情况下，由海关予以确认。

第十七条 对不便携带的被封样品，抽查检验人员可以要求被抽查单位在规定的期限内邮寄或者送至指定地点，被抽查单位无正当理由不得拒绝。

第十八条 销售商应当及时通知供货商向海关说明被抽查检验进口商品的技术规格、供销情况等。

第十九条 承担抽查检验的检测单位应当具备相应的检测资质条件和能力。检测单位应当严格按照规定的标准进行检测，未经许可严禁将所检项目进行分包，并对检测数据负有保密义务。

第二十条 检测单位接受样品后应当对样品数量、状况与抽样单上记录的符合性进行检查，并在规定的时间内完成样品的检测工作，所检样品的原始记录应当妥善保存。

第二十一条 检测报告中的检测依据、检测项目必须与抽查检验的要求相一致。检测报告应当内容齐全，数据准确，结论明确。检测单位应当在规定的时限内将检测报告送达海关。

第二十二条 验余的样品，检测单位应当在规定的时间内通知被抽查单位领回；逾期不领回的，由海关做出处理。

第二十三条 主管海关在完成抽查检验任务后，应当在规定的时间内上报抽查结果，并将抽查情况及结果等有关资料进行立卷归档，未经同意，不得擅自将抽查结果及有关材料对外泄露。

第三章 监督管理

第二十四条 经海关抽查合格的进口商品，签发抽查情况通知单；对不合格的进口商品，签发抽查不合格通知单，并做出以下处理：

（一）需要对外索赔的进口商品，收用货人可向海关申请检验出证；只需索赔，不需要换货或者退货的，收货人应当保留一定数量的实物或者样品；需要对外提出换货或者退货的，收货人必须妥善保管进口商品，在索赔结案前不得动用。

（二）对抽查不合格的进口商品，必须在海关的监督下进行技术处理，经重新检测合格后，方可销售或者使用；不能进行技术处理或者经技术处理后仍不合格的，由海关责令当事人退货或者销毁。

第二十五条 经海关抽查合格的出口商品，签发抽查情况通知单；不合格的，签发抽查不合格通知单，并在海关的监督下进行技术处理，经重新检测合格后，方准出口；不能进行技术处理或者经技术处理后，重新检测仍不合格的，不准出口。

第二十六条 无正当理由拒绝抽查检验及不寄或者不送被封样品的单位，其产品视为不合格，根据相关规定对拒绝接受抽查检验的企业予以公开曝光。

第二十七条 海关不得对同一批商品进行重复抽查检验，被抽查单位应当妥善保管有关被抽查的证明。

第二十八条 被抽查单位对海关做出的抽查结论有异议时，可以按照《进出口商品复验办法》申请复验。

第二十九条 违反本办法规定的，按照《商检法》及其实施条例的有关规定处理。

第四章 附 则

第三十条 本办法由海关总署负责解释。

第三十一条 本办法自 2003 年 2 月 1 日起施行。原国家进出口商品检验局 1994 年 4 月 5 日发布的《进出口商品抽查检验管理办法》同时废止。

进出口商品免验办法

（质检总局令第 23 号）

发布日期：2002-07-24
实施日期：2018-05-29
法规类型：部门规章

（根据 2018 年 4 月 28 日海关总署令第 238 号《海关总署关于修改部分规章的决定》第一次修正；根据 2018 年 5 月 29 日海关总署令第 240 号《海关总署关于修改部分规章的决定》第二次修正）

第一章 总 则

第一条 为保证进出口商品质量，鼓励优质商品进出口，促进对外经济贸易的发展，根据《中华人民共和国进出口商品检验法》及其实施条例的有关规定，制定本办法。

第二条 列入必须实施检验的进出口商品目录的进出口商品（本办法第六条规定的商品除外），由收货人、发货人或者其生产企业（以下简称申请人）提出申请，经海关总署审核批准，可以免予检验（以下简称免验）。

第三条 海关总署统一管理全国进出口商品免验工作，负责对申请免验生产企业的考核、审查批准和监督管理。

主管海关负责所辖地区内申请免验生产企业的初审和监督管理。

第四条 进出口商品免验的申请、审查、批准以及监督管理应当按照本办法规定执行。

第二章 免验申请

第五条 申请进出口商品免验应当符合以下条件：

（一）申请免验的进出口商品质量应当长期稳定，在国际市场上有良好的质量信誉，无属于生产企业责任而引起的质量异议、索赔和退货，海关检验合格率连续 3 年达到百分之百；

（二）申请人申请免验的商品应当有自己的品牌，在相关国家或者地区同行业中，产品档次、产品质量处于领先地位；

（三）申请免验的进出口商品，其生产企业的质量管理体系应当符合 ISO9000 质量管理体系标准或者与申请免验商品特点相应的管理体系标准要求，并获得权威认证机构认证；

（四）为满足工作需要和保证产品质量，申请免验的进出口商品的生产企业应当具有一定的检测能力；

（五）申请免验的进出口商品的生产企业应当符合《进出口商品免验审查条件》的要求。

第六条 对下列进出口商品不予受理免验申请：

（一）食品、动植物及其产品；

（二）危险品及危险品包装；

（三）品质波动大或者散装运输的商品；

（四）需出具检验检疫证书或者依据检验检疫证书所列重量、数量、品质等计价结汇的商品。

第七条 申请人应当按照以下规定提出免验申请：

（一）申请

进口商品免验的，申请人应当向海关总署提出。申请出口商品免验的，申请人应当先向所在地直属海关提出，经所在地直属海关依照本办法相关规定初审合格后，方可向海关总署提出正式申请。

（二）申请人应当填写并向海关总署提交进出口商品免验申请书，同时提交申请免验进出口商品生产企业的 ISO9000 质量管理体系或者与申请免验商品特点相应的管理体系认证证书、质量标准、用户意见等文件。

第八条 海关总署对申请人提交的文件进行审核，并于 1 个月内做出以下书面答复意见：

（一）申请人提交的文件符合本办法规定的，予以受理；不符合本办法规定的，不予受理，并书面通知申请人。

（二）提交的文件不齐全的，通知申请人限期补齐，过期不补的或者补交不齐的，视为撤销申请。

第三章 免验审查

第九条 海关总署受理申请后，应当组成免验专家审查组（以下简称审查组），在 3 个月内完成考核、审查。

审查组应当由非申请人所在地主管海关人员组成，组长负责组织审查工作。审查人员应当熟悉申请免验商品的检验技术和管理工作。

第十条 申请人认为审查组成员与所承担的免验审查工作有利害关系，可能影响公正评审的，可以申请该成员回避。审查组成员是否回避，由海关总署决定。

第十一条 审查组按照以下程序进行工作：

（一）审核申请人提交的免验申请表及有关材料；

（二）审核海关初审表及审查报告；

（三）研究制定具体免验审查方案并向申请人宣布审查方案；

（四）对申请免验的商品进行检验和测试，并提出检测报告；

（五）按照免验审查方案和《进出口商品免验审查条件》对生产企业进行考核。

（六）根据现场考核情况，向海关总署提交免验审查情况的报告，并明确是否免验的意见，同时填写《进出口商品免验审查报告》表。

第十二条 海关总署根据审查组提交的审查报告，对申请人提出的免验申请进行如下处理：

符合本办法规定的，海关总署批准其商品免验，并向免验申请人颁发《进出口商品免验证书》（以下简称免验证书）。

对不符合本办法规定的，海关总署不予批准其商品免验，并书面通知申请人。

第十三条 未获准进出口商品免验的申请人，自接到书面通知之日起1年后，方可再次向海关提出免验申请。

第十四条 审查组应当对申请人的生产技术、生产工艺、检测结果、审查结果保密。

第十五条 对已获免验的进出口商品，需要出具检验检疫证书的，海关应当对该批进出口商品实施检验检疫。

第四章　监督管理

第十六条 免验证书有效期为3年。期满要求续延的，免验企业应当在有效期满3个月前，向海关总署提出免验续延申请，经海关总署组织复核合格后，重新颁发免验证书。

复核程序依照本办法第三章规定办理。

第十七条 免验企业不得改变免验商品范围，如有改变，应当重新办理免验申请手续。

第十八条 免验商品进出口时，免验企业可以凭外贸合同、该商品的品质证明和包装合格单等文件到海关办理放行手续。

第十九条 免验企业应当在每年1月底前，向海关提交上年度免验商品进出口情况报告，其内容包括上年度进出口情况、质量情况、质量管理情况等。

第二十条 海关负责对所辖地区进出口免验商品的日常监督管理工作。

第二十一条 海关在监督管理工作中，发现免验企业的质量管理工作或者产品质量不符合免验要求的，责令该免验企业限期整改，整改期限为3至6个月。

免验企业在整改期间，其进出口商品暂停免验。

第二十二条 免验企业在整改限期内完成整改后，应当向直属海关提交整改报告，经海关总署审核合格后方可恢复免验。

第二十三条 直属海关在监督管理工作中，发现免验企业有下列情况之一的，经海关总署批准，可对该免验企业作出注销免验的决定：

（一）不符合本办法第五条规定的；

（二）经限期整改后仍不符合要求的；

（三）弄虚作假，假冒免验商品进出口的；

（四）其他违反检验检疫法律法规的。

第二十四条 被注销免验的企业，自收到注销免验决定通知之日起，不再享受进出口商品免验，3年后方可重新申请免验。

第五章　附　则

第二十五条 海关对进出口免验商品在免验期限内不得收取检验费。

对获准免验的进出口商品需出具检验检疫证书、签证和监督抽查的，由海关实施并按照规定收取费用。

第二十六条 申请人及免验企业违反本办法，有弄虚作假、隐瞒欺骗行为的，按照有关法律法规的规定予以处罚。

第二十七条 海关工作人员在考核、审查、批准或者日常工作过程中违反本办法规定，滥用职权、玩忽职守、徇私舞弊的，根据情节轻重，按照有关法律法规的规定予以处理。

第二十八条 本办法所规定的文书由海关总署另行制定并且发布。

第二十九条 本办法由海关总署负责解释。

第三十条 本办法自2002年10月1日起施行。原国家商检局1991年9月6日公布的《免验商品生产企业考核条件（试行）》和1994年8月1日公布的《进出口商品免验办法》同时废止。

关于调整进口铅矿砂及其精矿、锌矿砂及其精矿检验监管方式的公告

（海关总署公告2023年第108号）

发布日期：2023-08-30
实施日期：2023-09-01
法规类型：规范性文件

为进一步提高贸易便利化水平，促进外贸稳规模优结构，海关总署决定对进口铅矿砂及其精矿、锌矿砂及其精矿检验监管模式进行调整优化。现就有关事项公告如下：

一、将现行由海关对进口铅矿砂及其精矿、锌矿砂及其精矿逐批实施抽样品质检验调整为依企业申请实施；必要时，海关实施监督检验。

二、进口收货人或者代理人需要海关出具品质证书的，向海关提出申请，海关对进口矿产品实施现场检验检疫，并实施现场抽样、实验室检测、出具品质证书。

三、进口收货人或者代理人不需要海关出具品质证书的，海关对进口矿产品实施现场检验检疫，不实施现场抽样、实验室检测、出具品质证书。

四、本公告第二、三条中"现场检验检疫"包括现场放射性检测、外来夹杂物检疫处理、疑似或掺杂固体废物排查。

本公告自2023年9月1日起施行。

特此公告。

关于开展 2022 年度法定检验商品以外进出口商品
抽查检验工作的公告

（海关总署公告 2022 年第 60 号）

发布日期：2022-07-13

实施日期：2022-07-13

法规类型：规范性文件

为切实保护消费者合法权益，维护人民群众生命健康安全，根据《中华人民共和国进出口商品检验法》及其实施条例有关规定，海关总署决定自本公告发布之日起开展本年度法定检验商品以外的部分进出口商品抽查检验工作，抽查商品范围见附件。

抽查检验工作按照《进出口商品抽查检验管理办法》（原国家质量监督检验检疫总局令第39 号公布，海关总署令第 238 号修正）执行。

特此公告。

附件：2022 年实施法定检验商品以外进出口商品抽查检验的商品范围

附件

2022 年实施法定检验商品以外进出口商品抽查检验的商品范围

一、进口商品：学生文具、婴童用品、家用洗碗机、电子坐便器、口腔器具、仿真饰品等。

二、出口商品：儿童玩具、儿童自行车、儿童滑板车、电热水袋等。

关于发布《进口再生铜原料检验规程》等 86 项行业标准
并废止 3 项行业标准的公告

（海关总署公告 2022 年第 25 号）

发布日期：2022-03-14

实施日期：2022-03-14

法规类型：规范性文件

现发布《进口再生铜原料检验规程》等 86 项行业标准（目录见附件 1）。《蜜蜂美洲幼虫腐臭病检疫技术规范》（SN/T 1168-2011）等 8 项被代替标准自新标准实施之日起废止。

本次发布的标准文本可通过中国技术性贸易措施网站（http：//www.tbtsps.cn）标准栏目查阅。

《TCK 疫麦环氧乙烷熏蒸处理方法》（SN/T 2016-2007）等 3 项行业标准（见附件 2）自

本公告发布之日起废止。

特此公告。

附件：1.《进口再生铜原料检验规程》等 86 项行业标准目录

2. 废止行业标准目录（略）

关于发布《进口再生钢铁原料检验规程》等 76 项行业标准的公告

（海关总署公告 2021 年第 45 号）

发布日期：2021-06-18
实施日期：2021-06-18
法规类型：规范性文件

现发布《进口再生钢铁原料检验规程》等 76 项行业标准（目录见附件）。《进口童鞋检验规程》（SN/T 0947-2000）等 14 项被代替标准自新标准实施之日起废止。

本次发布的标准文本可通过海关总署网站查阅（http://zhs.customs.gov.cn）。

特此公告。

附件：《进口再生钢铁原料检验规程》等 76 项行业标准目录

关于调整进口原油检验监管方式的公告

（海关总署公告 2020 年第 110 号）

发布日期：2020-09-21
实施日期：2020-10-01
法规类型：规范性文件

为深入推进"放管服"改革，进一步优化口岸营商环境，提升贸易便利化水平，海关总署决定将进口原油检验监管方式调整为"先放后检"。现就有关事项公告如下：

一、"先放"是指进口原油经海关现场检查（信息核查、取制样等）符合要求后，企业即可开展卸货、转运工作；"后检"是指对进口原油开展实验室检测并进行合格评定。

二、实施"先放后检"的进口原油经海关检验合格、出具证单后，企业方可销售、使用。

三、检验监管中发现存在安全、卫生、环保、贸易欺诈等重大问题的，海关将依法进行处置，并适时调整检验监管方式。

本公告自 2020 年 10 月 1 日起施行。

特此公告。

关于优化电池等进口商品质量安全检验监管方式的公告

（海关总署公告 2020 年第 102 号）

发布日期：2020-09-07

实施日期：2020-10-01

法规类型：规范性文件

为深入推进"放管服"改革，进一步优化口岸营商环境、提升跨境贸易便利化水平，海关总署决定优化电池等进口商品（目录见附件1）质量安全检验监管方式。现将有关事项公告如下：

一、收货人在申报时可以按照自愿原则声明进口商品符合中国相关法律法规和技术规范的强制性要求，并向海关提交电子版或纸质《企业质量安全自我声明》（模板见附件2）。

二、对收货人提交《企业质量安全自我声明》的进口商品，海关实施合格评定时，重点现场验核货物规格型号与声明内容的一致性，对涉及我国强制性产品认证的商品同时验核货证一致性，必要时实施抽样送检。

三、对收货人未提交《企业质量安全自我声明》的进口商品，海关仍采用现行的检验监管方式。

本公告自 2020 年 10 月 1 日起实施。

特此公告。

附件：1. 适用商品目录（略）
      2. 企业质量安全自我声明（略）

关于发布《进出口石油及液体石油产品取样法（自动取样法）》等 58 项行业标准的公告

（海关总署公告 2020 年第 98 号）

发布日期：2020-08-27

实施日期：2020-08-27

法规类型：规范性文件

现发布《进出口石油及液体石油产品取样法（自动取样）》等 58 项行业标准（目录见附件）。《进出口石油及液体石油产品取样法（自动取样）》（SN/T 0975—2000）等 9 项被代替标准自新标准实施之日起废止。

本次发布的标准文本可通过海关总署网站查阅（http：//zhs.customs.gov.cn）。

特此公告。

附件：《进出口石油及液体石油产品取样法（自动取样）》等 58 项行业标准目录

关于调整进口铁矿检验监管方式的公告

（海关总署公告 2020 年第 69 号）

发布日期：2020-05-20

实施日期：2020-06-01

法规类型：规范性文件

为深入推进"放管服"改革，进一步优化口岸营商环境，提升贸易便利化水平，海关总署决定对进口铁矿品质检验监管方式进行优化。现就有关事项公告如下：

一、将现行由海关对进口铁矿逐批实施抽样品质检验调整为依企业申请实施；必要时，海关实施监督检验、开展有毒有害元素含量监测。

二、进口铁矿收货人或者代理人需海关出具进口铁矿品质证书的，向海关提出申请，海关对进口铁矿实施现场检验检疫合格后实施现场抽样、实验室检测、出具品质证书。

三、进口铁矿收货人或者代理人不需要海关出具进口铁矿品质证书的，海关在对进口铁矿实施现场检验检疫合格后直接放行。

四、本公告第二、三条中"现场检验检疫"包括现场放射性检测、外来夹杂物检疫处理、疑似或掺杂固体废物排查。

本公告自 2020 年 6 月 1 日起施行。

特此公告。

关于调整部分进口矿产品监管方式的公告

（海关总署公告 2018 年第 134 号）

发布日期：2018-10-19

实施日期：2018-10-19

法规类型：规范性文件

为进一步改善营商环境、压缩口岸通关时长，根据进口铁矿监管方式改革试行情况，经风险评估，决定将部分进口矿产品监管方式调整为"先放后检"。现就有关事项公告如下：

一、"先放"指进口矿产品经现场检验检疫（包括放射性检测、外来夹杂物检疫、数重量鉴定、外观检验以及取制样等）符合要求后，即可提离海关监管作业场所；"后检"指进口矿产品提离后实施实验室检测并签发证书。

二、对进口铁矿、锰矿、铬矿、铅矿及其精矿、锌矿及其精矿，采取"先放后检"监管方式。

三、现场检验检疫中如发现货物存在放射性超标、疑似或掺杂固体废物、货证不一致、外来夹杂物等情况，不适用"先放后检"监管方式。

四、海关完成合格评定并签发证书后，企业方可销售、使用进口矿产品。

五、监管中发现存在安全、卫生、环保、贸易欺诈等重大问题的，海关将依法依规进行处置，并适时调整监管方式。

本公告自发布之日起施行。

特此公告。

关于实施进出口货物检验检疫直通放行制度的公告

（国家质检总局公告 2008 年第 82 号）

发布日期：2008-07-18
实施日期：2008-07-18
法规类型：规范性文件

为了适应我国经济和外贸发展的新要求，促进国民经济和对外贸易持续、协调、健康发展，进一步推动出入境检验检疫"大通关"建设，提高进出口货物通关效率，根据《中华人民共和国进出口商品检验法》和《中华人民共和国进出口商品检验法实施条例》等法律法规的规定，国家质检总局决定实施进出口货物检验检疫直通放行制度。

自公告之日起，进出口企业可向所在地出入境检验检疫机构提出直通放行申请，各直属出入境检验检疫局依据《进出口货物检验检疫直通放行管理规定》（附件）对符合直通放行条件的进出口货物实施出入境检验检疫直通放行。

附件

进出口货物检验检疫直通放行管理规定

第一章　总　则

第一条　为了进一步推动"大通关"建设，提高进出口货物通关效率，实现提速、减负、增效、严密监管，根据国家有关出入境检验检疫法律法规制定本规定。

第二条　本规定所称"直通放行"是指检验检疫机构对符合规定条件的进出口货物实施便捷高效的检验检疫放行方式，包括进口直通放行和出口直通放行。

进口直通放行是指对符合条件的进口货物，口岸检验检疫机构不实施检验检疫，货物直运至目的地，由目的地检验检疫机构实施检验检疫的放行方式。

出口直通放行是指对符合条件的出口货物，经产地检验检疫机构检验检疫合格后，企业可凭产地检验检疫机构签发的通关单在报关地海关直接办理通关手续的放行方式。

第三条 国家质检总局负责全国进出口货物检验检疫直通放行工作的管理；各地检验检疫机构负责本辖区进出口货物检验检疫直通放行工作的实施和监督管理。

第四条 直通放行工作的实施以企业诚信管理和货物风险分析为基础，以信息化管理为手段，坚持"谁检验检疫，谁承担责任"的原则。

第五条 符合直通放行条件的，企业报检时可自愿选择检验检疫直通放行方式或原放行方式。

第二章 直通放行的条件

第六条 申请实施直通放行的企业应符合以下所有条件：

（一）严格遵守国家出入境检验检疫法律法规，2 年内无行政处罚记录；

（二）检验检疫诚信管理（分类管理）中的 A 类企业（一类企业）；

（三）企业年进出口额在 150 万美元以上；

（四）企业已实施 HACCP 或 ISO9000 质量管理体系，并获得相关机构颁发的质量体系评审合格证书；

（五）出口企业同时应具备对产品质量安全进行有效控制的能力，产品质量稳定，检验检疫机构实施检验检疫的年批次检验检疫合格率不低于 99%，1 年内未发生由于产品质量原因引起的退货、理赔或其他事故。

第七条 国家质检总局按照风险分析、科学管理的原则，制定《实施出口直通放行货物目录》和《不实施进口直通放行货物目录》，并实行动态调整。

第八条 申请实施进口直通放行的货物应符合以下所有条件：

（一）未列入《不实施进口直通放行货物目录》；

（二）来自非疫区（含动植物疫区和传染病疫区）；

（三）用原集装箱（含罐、货柜车，下同）直接运输至目的地；

（四）不属于国家质检总局规定须在口岸进行查验或处理的范围。

第九条 申请实施出口直通放行的货物应在《实施出口直通放行货物目录》内，但下列情况不实施出口直通放行：

（一）散装货物；

（二）出口援外物资和市场采购货物；

（三）在口岸需更换包装、分批出运或重新拼装的；

（四）双边协定、进口国或地区要求等须在口岸出具检验检疫证书的；

（五）国家质检总局规定的其他不适宜实施直通放行的情况。

第十条 申请直通放行的企业应填写《直通放行申请书》，并提交符合本规定第六条规定的企业条件的相关证明性材料，向所在地检验检疫机构提出申请。

第十一条 企业所在地直属检验检疫机构对企业提交的材料进行审核批准后，报国家质检总局备案，并统一公布。

第三章 进口直通放行

第十二条 对在口岸报关的进口货物，报检人选择直通放行的，在口岸检验检疫机构申领《入境货物通关单》（四联单），货物通关后直送至目的地，由目的地检验检疫机构实施检验检疫。口岸检验检疫机构经总局电子通关单数据交换平台向海关发送通关单电子数据，同时通过"入境货物口岸内地联合执法系统"将通关单电子数据以及报检及放行等信息发送至目的地检验检疫机构。通关单备注栏应加注"直通放行货物"字样并注明集装箱号。

第十三条 对在目的地报关的进口货物，报检人选择直通放行的，直接向目的地检验检疫机构报检。目的地检验检疫机构在受理报检后，签发《入境货物通关单》（三联单）。目的地检验检疫机构经总局电子通关单数据交换平台向海关发送通关单电子数据的同时，通过"入境货物口岸内地联合执法系统"将通关单电子数据、报检及放行等信息发送至入境口岸检验检疫机构。通关单备注栏应加注"直通放行货物"字样并注明集装箱号。

第十四条 对于进口直通放行的货物，口岸与目的地检验检疫机构应密切配合，采取有效监管措施，加强监管。对需要实施检疫且无原封识的进口货物，口岸检验检疫机构应对集装箱加施检验检疫封识（包括电子锁等），要逐步实现 GPS 监控系统对进口直通放行货物运输过程的监控。集装箱加施封识的，应将加施封识的信息通过"入境货物口岸内地联合执法系统"发送至目的地检验检疫机构。

第十五条 进口直通放行的货物，报检人应在目的地检验检疫机构指定的地点接受检验检疫。对已加施检验检疫封识的，应当向目的地检验检疫机构申请启封，未经检验检疫机构同意不得擅自开箱、卸货。

第十六条 货物经检验检疫不合格且无有效检疫处理或技术处理方法的，由目的地检验检疫机构监督实施销毁或作退货处理。

第十七条 目的地检验检疫机构在完成检验检疫后，应通过"入境货物口岸内地联合执法系统"将检验检疫信息反馈至入境口岸检验检疫机构。

第十八条 进口直通放行货物的检验检疫费由实施检验检疫的目的地检验检疫机构收取。

第四章 出口直通放行

第十九条 企业选择出口直通放行方式的，办理报检手续时，应直接向产地检验检疫机构申请出境货物通关单，并在报检单上注明"直通放行"字样。

第二十条 产地检验检疫机构检验检疫合格并对货物集装箱加施封识后，直接签发通关单，在通关单备注栏注明出境口岸、集装箱号、封识号，经总局电子通关单数据交换平台向海关发送通关单电子数据。产地检验检疫机构要逐步实现 GPS 监控系统对直通放行出口货物运输过程的监控。

第二十一条 口岸检验检疫机构应通过"电子通关单联网监控系统"及时掌握经本口岸出境的出口直通放行货物信息，在不需要企业申报、不增加企业负担的情况下，对到达口岸的直通放行货物实施随机查验。

查验以核查集装箱封识为主，封识完好即视为符合要求。对封识丢失、损坏、封识号有误或箱体破损等异常情况，要进一步核查，并将情况及时通过"电子通关单联网监控系统"反馈产地检验检疫机构。

第二十二条 对出口直通放行后的退运货物，口岸检验检疫机构应当及时将信息反馈产地检验检疫机构。

第二十三条 实施出口直通放行的货物需更改通关单的，由产地检验检疫机构办理更改手续并出具新的通关单，同时收回原通关单。

因特殊情况无法在产地领取更改后的通关单的，发货人或其代理人可向口岸检验检疫机构提出书面申请，口岸检验检疫机构根据产地检验检疫机构更改后的电子放行信息，通过"电子通关单联网监控系统"打印通关单，同时收回原通关单。

第五章 附 则

第二十四条 企业在直通放行过程中违反检验检疫法律法规的，依据有关法律法规予以处罚。

第二十五条 各地检验检疫机构应加强对直通放行企业的监督管理。有下列情况之一的，由所在地检验检疫机构填写《停止直通放行通知单》，报直属检验检疫局审核同意后，停止其进出口直通放行，并报总局备案。

（一）企业资质发生变化，不再具备本规定第六条规定条件的；

（二）出口直通放行的货物因质量问题发生退货、理赔，造成恶劣影响的；

（三）直通放行后擅自损毁封识、调换货物、更改批次或改换包装的；

（四）非直通放行货物经口岸查验发现有货证不符的；

（五）企业有其他违法违规行为，受到违规处理或行政处罚的。

停止直通放行的企业1年内不得重新申请直通放行。

第二十六条 产地（目的地）和口岸检验检疫机构要加强协调，分工负责。对不严格执行本规定，影响直通放行制度实施或造成质量事故的，追究单位领导与相关人员责任。

第二十七条 出口直通放行后的退运货物的管理，参照《出口工业产品退运货物追溯调查管理工作规范》（试行）的规定执行。

第二十八条 进出口直通放行货物的施封管理，按照《出入境检验检疫封识管理办法》的规定执行。

第二十九条 本规定由国家质检总局负责解释。

第三十条 本规定从公布之日起实施。

舱单管理

中华人民共和国海关进出境运输工具舱单管理办法

（海关总署令第 172 号）

发布日期：2008-03-28
实施日期：2018-02-01
法规类型：部门规章

（根据 2017 年 12 月 20 日海关总署令第 235 号《海关总署关于修改部分规章的决定》第一次修正；根据 2018 年 5 月 29 日海关总署令第 240 号《海关总署关于修改部分规章的决定》第二次修正）

第一章 总 则

第一条 为了规范海关对进出境运输工具舱单的管理，促进国际贸易便利，保障国际贸易安全，根据《中华人民共和国海关法》（以下简称《海关法》）以及有关法律、行政法规的规定，制定本办法。

第二条 本办法所称进出境运输工具舱单（以下简称舱单）是指反映进出境运输工具所载货物、物品及旅客信息的载体，包括原始舱单、预配舱单、装（乘）载舱单。

进出境运输工具载有货物、物品的，舱单内容应当包括总提（运）单及其项下的分提（运）单信息。

第三条 海关对进出境船舶、航空器、铁路列车以及公路车辆舱单的管理适用本办法。

第四条 进出境运输工具负责人、无船承运业务经营人、货运代理企业、船舶代理企业、邮政企业以及快件经营人等舱单电子数据传输义务人（以下统称"舱单传输人"）应当按照海关备案的范围在规定时限向海关传输舱单电子数据。

海关监管作业场所经营人、理货部门、出口货物发货人等舱单相关电子数据传输义务人应当在规定时限向海关传输舱单相关电子数据。

对未按照本办法规定传输舱单及相关电子数据的，海关可以暂不予办理运输工具进出境申报手续。

因计算机故障等特殊情况无法向海关传输舱单及相关电子数据的，经海关同意，可以采用纸质形式在规定时限向海关递交有关单证。

第五条 海关以接受原始舱单主要数据传输的时间为进口舱单电子数据传输时间；海关以接受预配舱单主要数据传输的时间为出口舱单电子数据传输的时间。

第六条 舱单传输人、海关监管作业场所经营人、理货部门、出口货物发货人应当向其经营业务所在地直属海关或者经授权的隶属海关备案,并提交《备案登记表》。

在海关备案的有关内容如果发生改变的,舱单传输人、海关监管作业场所经营人、理货部门、出口货物发货人应当凭书面申请和有关文件向海关办理备案变更手续。

第七条 舱单传输人可以书面向海关提出为其保守商业秘密的要求,并具体列明需要保密的内容。

海关应当按照国家有关规定承担保密义务,妥善保管舱单传输人及相关义务人提供的涉及商业秘密的资料。

第二章 进境舱单的管理

第八条 原始舱单电子数据传输以前,运输工具负责人应当将运输工具预计抵达境内目的港的时间通知海关。

运输工具抵港以前,运输工具负责人应当将运输工具确切的抵港时间通知海关。

运输工具抵达设立海关的地点时,运输工具负责人应当向海关进行运输工具抵港申报。

第九条 进境运输工具载有货物、物品的,舱单传输人应当在下列时限向海关传输原始舱单主要数据:

(一)集装箱船舶装船的 24 小时以前,非集装箱船舶抵达境内第一目的港的 24 小时以前;

(二)航程 4 小时以下的,航空器起飞前;航程超过 4 小时的,航空器抵达境内第一目的港的 4 小时以前;

(三)铁路列车抵达境内第一目的站的 2 小时以前;

(四)公路车辆抵达境内第一目的站的 1 小时以前。

舱单传输人应当在进境货物、物品运抵目的港以前向海关传输原始舱单其他数据。

海关接受原始舱单主要数据传输后,收货人、受委托报关企业方可向海关办理货物、物品的申报手续。

第十条 海关发现原始舱单中列有我国禁止进境的货物、物品,可以通知运输工具负责人不得装载进境。

第十一条 进境运输工具载有旅客的,舱单传输人应当在下列时限向海关传输原始舱单电子数据:

(一)船舶抵达境内第一目的港的 2 小时以前;

(二)航程在 1 小时以下的,航空器抵达境内第一目的港的 30 分钟以前;航程在 1 小时至 2 小时的,航空器抵达境内第一目的港的 1 小时以前;航程在 2 小时以上的,航空器抵达境内第一目的港的 2 小时以前;

(三)铁路列车抵达境内第一目的站的 2 小时以前;

(四)公路车辆抵达境内第一目的站的 1 小时以前。

第十二条 海关接受原始舱单主要数据传输后,对决定不准予卸载货物、物品或者下客的,应当以电子数据方式通知舱单传输人,并告知不准予卸载货物、物品或者下客的理由。

海关因故无法以电子数据方式通知的,应当派员实地办理本条第一款规定的相关手续。

第十三条 理货部门或者海关监管作业场所、旅客通关类、邮件类场所经营人应当在进境运输工具卸载货物、物品完毕后的 6 小时以内以电子数据方式向海关提交理货报告。

需要二次理货的,经海关同意,可以在进境运输工具卸载货物、物品完毕后的 24 小时以内以电子数据方式向海关提交理货报告。

第十四条 海关应当将原始舱单与理货报告进行核对,对二者不相符的,以电子数据方式通知运输工具负责人。运输工具负责人应当在卸载货物、物品完毕后的 48 小时以内向海关报告不相符的原因。

第十五条 原始舱单中未列名的进境货物、物品，海关可以责令原运输工具负责人直接退运。

第十六条 进境货物、物品需要分拨的，舱单传输人应当以电子数据方式向海关提出分拨货物、物品申请，经海关同意后方可分拨。

分拨货物、物品运抵海关监管作业场所、旅客通关类、邮件类场所时，相关场所经营人应当以电子数据方式向海关提交分拨货物、物品运抵报告。

在分拨货物、物品拆分完毕后的 2 小时以内，理货部门或者相关场所经营人应当以电子数据方式向海关提交分拨货物、物品理货报告。

第十七条 货物、物品需要疏港分流的，海关监管作业场所、旅客通关类、邮件类场所经营人应当以电子数据方式向海关提出疏港分流申请，经海关同意后方可疏港分流。

疏港分流完毕后，相关场所经营人应当以电子数据方式向海关提交疏港分流货物、物品运抵报告。

第十八条 疏港分流货物、物品提交运抵报告后，海关即可办理货物、物品的查验、放行手续。

第十九条 进境运输工具载有旅客的，运输工具负责人或者旅客通关类场所经营人应当在进境运输工具下客完毕后 3 小时以内向海关提交进境旅客及其行李物品结关申请，并提供实际下客人数、托运行李物品提取数量以及未运抵行李物品数量。经海关核对无误的，可以办理结关手续；原始舱单与结关申请不相符的，运输工具负责人或者旅客通关类场所经营人应当在进境运输工具下客完毕后 24 小时以内向海关报告不相符的原因。

运输工具负责人或者旅客通关类场所经营人应当将无人认领的托运行李物品转交海关处理。

第三章　出境舱单的管理

第二十条 以集装箱运输的货物、物品，出口货物发货人应当在货物、物品装箱以前向海关传输装箱清单电子数据。

第二十一条 出境运输工具预计载有货物、物品的，舱单传输人应当在办理货物、物品申报手续以前向海关传输预配舱单主要数据。

海关接受预配舱单主要数据传输后，舱单传输人应当在下列时限向海关传输预配舱单其他数据：

（一）集装箱船舶装船的 24 小时以前，非集装箱船舶在开始装载货物、物品的 2 小时以前；

（二）航空器在开始装载货物、物品的 4 小时以前；

（三）铁路列车在开始装载货物、物品的 2 小时以前；

（四）公路车辆在开始装载货物、物品的 1 小时以前。

出境运输工具预计载有旅客的，舱单传输人应当在出境旅客开始办理登机（船、车）手续的 1 小时以前向海关传输预配舱单电子数据。

第二十二条 出境货物、物品运抵海关监管作业场所、旅客通关类、邮件类场所时，相关场所经营人应当以电子数据方式向海关提交运抵报告。

运抵报告提交后，海关即可办理货物、物品的查验、放行手续。

第二十三条 舱单传输人应当在运输工具开始装载货物、物品的 30 分钟以前向海关传输装载舱单电子数据。

装载舱单中所列货物、物品应当已经海关放行。

第二十四条 舱单传输人应当在旅客办理登机（船、车）手续后、运输工具上客以前向海关传输乘载舱单电子数据。

第二十五条 海关接受装（乘）载舱单电子数据传输后，对决定不准予装载货物、物品或者上客的，应当以电子数据方式通知舱单传输人，并告知不准予装载货物、物品或者上客的理由。

海关因故无法以电子数据方式通知的，应当派员实地办理本条第一款规定的相关手续。

第二十六条 运输工具负责人应当在运输工具驶离设立海关的地点的 2 小时以前将驶离时间通知海关。

对临时追加的运输工具，运输工具负责人应当在运输工具驶离设立海关的地点以前将驶离时间通知海关。

第二十七条 运输工具负责人应当在货物、物品装载完毕或者旅客全部登机（船、车）后向海关提交结关申请，经海关办结手续后，出境运输工具方可离境。

第二十八条 出境运输工具驶离装货港的 6 小时以内，海关监管作业场所经营人或者理货部门应当以电子数据方式向海关提交理货报告。

第二十九条 海关应当将装载舱单与理货报告进行核对，对二者不相符的，以电子数据方式通知运输工具负责人。运输工具负责人应当在装载货物、物品完毕后的 48 小时以内向海关报告不相符的原因。

海关应当将乘载舱单与结关申请进行核对，对二者不相符的，以电子数据方式通知运输工具负责人。运输工具负责人应当在出境运输工具结关完毕后的 24 小时以内向海关报告不相符的原因。

第四章 舱单变更的管理

第三十条 已经传输的舱单电子数据需要变更的，舱单传输人可以在原始舱单和预配舱单规定的传输时限以前直接予以变更，但是货物、物品所有人已经向海关办理货物、物品申报手续的除外。

舱单电子数据传输时间以海关接受舱单电子数据变更的时间为准。

第三十一条 在原始舱单和预配舱单规定的传输时限后，有下列情形之一的，舱单传输人可以向海关办理变更手续：

（一）货物、物品因不可抗力灭失、短损，造成舱单电子数据不准确的；

（二）装载舱单中所列的出境货物、物品，因装运、配载等原因造成部分或者全部货物、物品退关或者变更运输工具的；

（三）大宗散装货物、集装箱独立箱体内载运的散装货物的溢短装数量在规定范围以内的；

（四）其他客观原因造成传输错误的。

第三十二条 按照本办法第三十七条的规定处理后，需要变更舱单电子数据的，舱单传输人应当按照海关的要求予以变更。

第三十三条 舱单传输人向海关申请变更货物、物品舱或者旅客舱单时，应当提交《舱单变更申请表》和加盖有舱单传输人公章的正确舱单。

第五章 附 则

第三十四条 本办法下列用语的含义是：

"原始舱单"，是指舱单传输人向海关传输的反映进境运输工具装载货物、物品或者乘载旅客信息的舱单。

"预配舱单"，是指反映出境运输工具预计装载货物、物品或者乘载旅客信息的舱单。

"装（乘）载舱单"，是指反映出境运输工具实际配载货物、物品或者载有旅客信息的舱单。

"提（运）单"，是指用以证明货物、物品运输合同和货物、物品已经由承运人接收或者装载，以及承运人保证据以交付货物、物品的单证。

"总提（运）单"，是指由运输工具负责人、船舶代理企业所签发的提（运）单。

"分提（运）单"，是指在总提（运）单项下，由无船承运业务经营人、货运代理人或者快件经营人等企业所签发的提（运）单。

"运抵报告"，是指进出境货物运抵海关监管作业场所时，海关监管作业场所经营人向海关提交的反映货物实际到货情况的记录，以及进出境物品运抵旅客通关类、邮件类场所时，相关场所经营人向海关提交的反映物品实际到货情况的记录。

"理货报告"，是指海关监管作业场所、旅客通关类、邮件类场所经营人或者理货部门对进出境运输工具所载货物、物品的实际装卸情况予以核对、确认的记录。

"疏港分流"，是指为防止货物、物品积压、阻塞港口，根据港口行政管理部门的决定，将相关货物、物品疏散到其他海关监管作业场所、旅客通关类、邮件类场所的行为。

"分拨"，是指海关监管作业场所、旅客通关类、邮件类场所经营人将进境货物、物品从一场所运至另一场所的行为。

"装箱清单"，是指反映以集装箱运输的出境货物、物品在装箱以前的实际装载信息的单据。

"以上""以下""以内"，均包括本数在内。

第三十五条　舱单中的提（运）单编号 2 年内不得重复。

自海关接受舱单等电子数据之日起 3 年内，舱单传输人、海关监管作业场所、旅客通关类、邮件类场所经营人、理货部门应当妥善保管纸质舱单、理货报告、运抵报告以及相关账册等资料。

第三十六条　本办法中下列舱单等电子数据的格式，由海关总署另行制定：

（一）原始舱单（包括主要数据和其他数据）；

（二）理货报告；

（三）分拨货物、物品申请；

（四）分拨货物、物品理货报告；

（五）疏港分流申请；

（六）疏港分流货物、物品运抵报告；

（七）装箱清单；

（八）预配舱单（包括主要数据和其他数据）；

（九）运抵报告；

（十）装（乘）载舱单。

第三十七条　违反本办法，构成走私行为、违反海关监管规定行为或者其他违反海关法行为的，由海关依照《海关法》和《中华人民共和国海关行政处罚实施条例》的有关规定予以处理；构成犯罪的，依法追究刑事责任。

第三十八条　本办法所规定的文书由海关总署另行制定并且发布。

第三十九条　本办法由海关总署负责解释。

第四十条　本办法自 2009 年 1 月 1 日起施行。1999 年 2 月 1 日海关总署令第 70 号公布的《中华人民共和国海关舱单电子数据传输管理办法》同时废止。

关于实施铁路进出境快速通关业务模式的公告

（海关总署公告 2021 年第 5 号）

发布日期：2021-01-14
实施日期：2021-06-15
法规类型：规范性文件

为进一步畅通向西开放的国际物流大通道，促进中欧班列发展，提高境内段铁路进出口货物转关运输通行效率和便利化水平，海关总署决定推广实施铁路快速通关（以下简称"快通"）业务模式。现将有关事宜公告如下：

一、铁路运营企业（以下简称"运营企业"）可根据自身需要申请开展快通业务，并由进出境铁路列车负责人按照规定向海关传输铁路舱单电子数据。

海关通过对铁路舱单电子数据进行审核、放行、核销，实现对铁路列车所载进出口货物转关运输监管，无需运营企业另行申报并办理转关手续。

二、进出境铁路列车负责人应当按照《中华人民共和国海关进出境运输工具舱单管理办法》（海关总署令第 172 号公布，根据海关总署令第 235 号、第 240 号修改）、《海关总署关于调整进出境铁路列车及其所载货物、物品舱单电子数据申报传输有关事项的公告》（海关总署公告 2020 年第 68 号）以及本公告规定，向海关传输原始舱单、预配舱单、进出境快速通关信息、进出境快速通关载运信息、进出境快速通关指运（启运）到货信息等铁路舱单电子数据。

三、关于进境快通业务。

（一）运营企业应当在原始舱单电子数据传输时限前，告知进出境铁路列车负责人相关电子数据信息。未能按规定告知进出境铁路列车负责人的，不允许开展进境快通业务。

（二）进出境铁路列车负责人应当在原始舱单电子数据入库后、铁路列车进境前，向海关传输进境快速通关信息电子数据。未能按规定向海关传输的，不允许开展进境快通业务。

（三）原始舱单电子数据理货正常的，进境快通货物方可装载提离进境地。

（四）进出境铁路列车负责人应当在进境快通货物装载完毕后、提离进境地时，向海关传输进境快速通关载运信息电子数据。

（五）舱单相关电子数据传输人应当在进境快通货物运抵指运地时，向海关传输进境快速通关指运到货信息电子数据。

（六）进境快通货物运抵指运地后，因运输途中产生货物短损，或经海关查验后确认货物实际件数、重量有误等符合舱单变更条件情形的，进出境铁路列车负责人可向指运地海关申请修改原始舱单电子数据相关信息。

四、关于出境快通业务。

（一）运营企业应当在预配舱单电子数据传输时限前，告知进出境铁路列车负责人相关电子数据信息。未能按规定告知进出境铁路列车负责人的，不允许开展出境快通业务。

（二）进出境铁路列车负责人应当在预配舱单电子数据入库后，向海关传输出境快速通关信息电子数据。未能按规定向海关传输的，不允许开展出境快通业务。

（三）舱单相关电子数据传输人应当在出境快通货物运抵启运地时，向海关传输出境快速通关启运到货信息电子数据。

（四）预配舱单电子数据已被放行的，出境快通货物方可装运提离启运地。

（五）进出境铁路列车负责人应当在出境快通货物提离启运地时，向海关传输出境快速通关载运信息电子数据。

（六）进出境铁路列车负责人应当在出境快通货物运抵出境地时，向海关传输运抵报告电子数据。

（七）进出境铁路列车负责人应当在预配舱单电子数据运抵正常后，向海关传输出境快通货物的装载舱单电子数据。

五、进出境快通货物可根据需要，向海关申请办理舱单归并和舱单分票手续。

六、铁路列车所载进出口货物属于禁止限制开展转关业务货物的，不允许开展快通业务。

七、铁路列车所载进出口货物不允许开展快通业务的，进出境铁路列车负责人应当向海关申请删除进出境快速通关信息、进出境快速通关载运信息、进出境快速通关指运（启运）到货信息等铁路舱单电子数据。

八、如遇网络故障或其他不可抗力因素，无法向海关传输快通业务相关电子数据的，经海关同意，可以凭相关纸质单证材料办理转关手续；待故障排除后，企业应当及时向海关补充传输相关数据。

本公告内容自 2021 年 6 月 15 日起施行。

特此公告。

附件：1. 进出境快速通关运营企业提前告知数据项（略）

2. 进出境快速通关信息数据项（略）

3. 进出境快速通关载运信息数据项（略）

4. 进出境快速通关指运（启运）到货信息数据项（略）

5. 中华人民共和国海关铁路进出境快速通关数据项填制规范（略）

关于进一步调整水空运进出境运输工具监管相关事项的公告

（海关总署公告 2020 年第 107 号）

发布日期：2020-09-15

实施日期：2020-12-01

法规类型：规范性文件

为贯彻落实"放管服"改革要求，优化口岸营商环境、促进物流便利化，海关总署决定进一步规范和精简水空运进出境运输工具电子数据申报要求，现就有关事项公告如下：

一、关于申报时限、数据项、填制规范

相关企业应当严格按照有关规定，以及本公告关于水空运进出境运输工具申报时限、数据项、填制规范（见附件1至15）的要求，向海关申报水空运进出境运输工具电子数据。

二、关于简化进出境船舶境内续驶申报

进出境船舶在办理进境申报手续时，应规范填报航次摘要、船上非旅客人员名单、船上非旅客人员物品清单数据项；境内续驶时相关情况如无变化，则无需填报。

三、关于调整境内沿海港口空箱调运申报

国际集装箱班轮公司在境内沿海港口之间调运其周转空箱及租用空箱的，运输工具负责人只需向调出地海关申报沿海空箱调运申报单电子数据，无需再向调入地海关申报。

四、关于推行进出境运输工具电子结关

进出境运输工具在货物、物品装卸完毕或者旅客全部完成上下以后，运输工具负责人应当向海关提交结关申请；海关审核无误的，反馈运输工具结关电子通知，准予运输工具驶离。

进出境运输改营境内运输、进境后停驶等仅进境（港）的运输工具，在货物、物品卸载完毕或者旅客全部下船（机）以后，运输工具负责人应当向海关提交运输工具结关电子申请；海关审核无误的，反馈运输工具结关电子通知，准予运输工具解除海关监管。

以租赁或其他贸易方式进口的运输工具，在运输工具完成报关放行手续以后，运输工具负责人应当向海关提交运输工具结关电子申请；海关审核无误的，反馈运输工具结关电子通知，准予运输工具解除海关监管。

五、关于简化短途定期客运航线船舶申报

航程在4小时以内的进出境水路定期客运航线船舶，运输工具负责人无需向海关申报每航次的抵港航行计划、抵港预动态、进境预申报单、离港航行计划，仅需向海关申报每航次的抵港确报、离港确报及进境（港）申报单、出境（港）申报单等电子数据，并在每日航班开航前申报进出境（港）当日航行计划、在每日最后一次出境（港）航次执行后提交结关申请电子数据。

本公告自2020年12月1日起施行。海关总署公告2018年第127号同时废止。

特此公告。

附件：1. 海关总署关于水空运进出境运输工具申报时限的规定

2. 水运进出境运输工具备案数据项（略）

3. 水运进出境运输工具动态数据项（略）

4. 水运进出境运输工具申报单数据项（略）

5. 水运进出境运输工具供退物料申报数据项（略）

6. 水运进出境运输工具结关申请数据项（略）

7. 水运进出境运输工具国内沿海空箱调运申报单数据项（略）

8. 水运进出境运输工具卫生证书申请数据项（略）

9. 水运进出境运输工具删改申请数据项（略）

10. 水运进出境运输工具数据项填制规范

11. 空运进出境运输工具备案数据项（略）

12. 空运进出境运输工具动态数据项（略）

13. 空运进出境运输工具申报单数据项（略）

14. 空运进出境运输工具结关申请数据项（略）

15. 空运进出境运输工具数据项填制规范

关于调整进出境铁路列车及其所载货物、物品舱单电子数据申报传输有关事项的公告

（海关总署公告 2020 年第 68 号）

发布日期：2020-05-19
实施日期：2020-07-01
法规类型：规范性文件

为进一步加强海关对进出境铁路列车及其所载货物、物品的管理，规范有关数据申报传输，根据《中华人民共和国海关进出境运输工具监管办法》（海关总署令第 196 号公布，根据海关总署令第 240 号修改，以下简称《运输工具监管办法》）及《中华人民共和国海关进出境运输工具舱单管理办法》（海关总署令第 172 号公布，根据海关总署令第 235 号、第 240 号修改，以下简称《舱单管理办法》），现就进出境铁路列车及其所载货物、物品舱单电子数据申报传输的有关事项公告如下：

一、进出境铁路列车负责人、海关监管作业场所经营人等相关铁路物流企业，应当按照《运输工具监管办法》《舱单管理办法》，在经营业务所在地的直属海关或者经直属海关授权的隶属海关办理相关备案手续，完成备案后，企业即可向海关申报传输电子数据。

二、相关铁路物流企业应当按照《运输工具监管办法》《舱单管理办法》以及本公告关于申报传输时限、数据项、填制规范的规定，向海关申报传输进出境铁路列车的动态信息和申报单证、舱单及舱单相关电子数据。

三、进出境铁路列车未装载货物、物品的，海关不要求申报传输舱单及舱单相关电子数据，相关铁路物流企业只需申报传输进出境铁路列车的动态信息和申报单证。

四、进出境铁路列车负责人或货运代理企业可根据需要，向海关申请舱单归并和舱单分票。
申请归并的舱单应当为同一进出境口岸、同一进出境日期、同一车次、同一境内收发货人、同一合同、同一品名。

五、进境铁路列车载有过境货物的，铁路货运代理企业应当在原始舱单其他数据传输时限前告知进境铁路列车负责人，并由进境铁路列车负责人按照规定向海关传输原始舱单其他数据。

六、启用铁路舱单后，报关单、转关单有关栏目的填制规范要求变更如下，其他栏目填制规范要求不变：

（一）出口货物报关单中的"运输工具名称"免于填报。

（二）报关单、转关单中的"提运单号"填报运单号。

七、本公告自 2020 年 7 月 1 日起施行。海关总署公告 2018 年第 160 号同时废止。

特此公告。

附件：1. 海关总署关于进出境铁路列车申报传输时限的规定

2. 原始舱单数据项（略）

3. 预配舱单数据项（略）

4. 装载舱单数据项（略）

5. 理货报告数据项（略）

6. 运抵报告数据项（略）

7. 舱单归并申请数据项（略）

8. 舱单分票申请数据项（略）

9. 中华人民共和国海关进出境铁路舱单数据项填制规范

10. 铁路列车进境计划表数据项（略）

11. 铁路列车进出境确报动态数据项（略）

12. 铁路列车进境申报单数据项（略）

13. 铁路列车出境申报单数据项（略）

14. 中华人民共和国海关进出境铁路列车数据项填制规范

关于海运进出境中转集拼货物海关监管事项

（海关总署公告 2018 年第 120 号）

发布日期：2018-09-25
实施日期：2018-12-01
法规类型：规范性文件

为促进港口物流业发展，规范海运口岸进出境中转集拼货物海关监管，现就有关事项公告如下：

一、本公告所指进出境中转集拼货物（以下简称"中转集拼货物"）包括以下三种情况：

（一）需在境内拆拼的国际转运货物。

（二）与国际转运货物拼箱进境并在境内拆箱的进口货物。

（三）与国际转运货物拼箱出境的出口货物。

二、中转集拼货物境内拆拼箱作业应当在进境地口岸水路运输类海关监管作业场所（以下简称"作业场所"）内开展，并且满足以下条件：

（一）作业场所所处的海关监管区内应当配备满足海关监管需要的大型集装箱/车辆检查设备和辐射探测设备。

（二）作业场所内应当设置专门用于进出境中转集拼货物作业的仓库或者场地（以下简称"集拼作业区"），集拼作业区与作业场所其他区域应当进行物理隔离；集拼作业区内应当设置拆箱、拼箱、堆存、查验、查扣等作业功能区，各作业功能区间应当相对独立，并设有明显标识；堆存作业功能区应当按照货物类别分类堆存、分票独立存放；拆箱、拼箱作业功能区内应当配置货检 X 光机或者 CT 扫描设备。

（三）中转集拼货物拆拼等作业应当全部在集拼作业区内完成。

（四）集拼作业区内禁止存放非中转集拼货物。

（五）集拼作业区与海关联网的信息化管理系统，应当实现对货物进出集拼作业区、拆箱、位移、拼装等作业的系统管控，并且能够按照海关要求实现电子数据的传送、交换。

三、相关物流企业应当按照《中华人民共和国海关进出境运输工具舱单管理办法》（海关总署令第172号公布，根据海关总署令第235号、第240号修改）以及海关总署公告2017年第56号、2018年第93号关于舱单电子数据传输时限、数据项、填制规范的规定，向海关舱单管理系统传输中转集拼货物的原始舱单、预配舱单、装载舱单、分拨申请、国际转运准单等电子数据。

四、中转集拼货物以总分提单形式拼箱进出境的，原始、预配舱单总提单的"货物海关状态代码"需填写为"MIX"（中转集拼货物），总提单项下分提单的"货物海关状态代码"按实际货物状态填写。

五、调整《国际转运准单数据项》传输要求，将"进境分提运单号"和"出境分提运单号"的填制条件由"——"调整为"条件"，中转集拼货物以总分提单形式拼箱进境或出境的，国际转运准单中需填写"进境分提运单号"或"出境分提运单号"。变更后的《国际转运准单数据项》详见附件。

六、中转集拼货物中的进口货物，应当自运输工具申报进境之日起十四日内向海关申报；国际转运货物，应当在三个月内复运出境，特殊情况下，经海关批准，可以延期三个月复运出境。

七、对于检疫风险高的进口肉类、水产品等食品，不允许开展中转集拼业务。对于允许中转集拼的食品，应当确保符合食品安全防护相关要求，不得造成食品污染，不得与危化品、废旧物品以及放射性物品等产品集拼。

八、作业场所经营人在作业过程中，发现中转集拼货物为国家禁止进出境货物的，应当及时向海关报告。

本公告内容自2018年12月1日起实施。

特此公告。

附件：国际转运准单数据项

国际转运准单数据项

序号	中国海关数据元名称	WCO DATA MODEL 或 UNTDED 编号	填制条件	
			水运	空运
1	国际转运申报人	256 Representative person name	必填	必填
2	申报地海关代码	065 Customs office of declaration, coded	必填	必填
3	装货地代码	070 Place of loading, coded	必填	必填
4	进境航次航班编号	149 Conveyance reference number	必填	必填
5	进境运输工具代码	167 Identification of means of transport crossing the border, coded	必填	——
6	卸货地代码	080 Place of discharge, coded	必填	必填
7	出境航次航班编号	149 Conveyance reference number	必填	必填
8	出境运输工具代码	167 Identification of means of transport crossing the border, coded	必填	——

续表

序号	中国海关数据元名称	WCO DATA MODEL 或 UNTDED 编号	填制条件	
			水运	空运
9	进境总提运单号	015 Transport document number	必填	必填
10	进境分提运单号	189 Associated transport document number	条件	条件
11	进境托运货物件数	146 Total number of packages	条件	必填
12	进境货物包装种类代码	141 Type of packages identification	条件	必填
13	进境货物总毛重	131 Total gross weight	条件	必填
14	出境总提运单号	015 Transport document number	必填	必填
15	出境分提运单号	189 Associated transport document number	条件	条件
16	出境托运货物件数	146 Total number of packages	条件	必填
17	出境货物包装种类代码	141 Type of packages identification	条件	必填
18	出境货物总毛重	131 Total gross weight	条件	必填
19	进境集装箱（器）编号	159 Equipment identification number	条件	——
20	出境集装箱（器）编号	159 Equipment identification number	条件	——
21	货物简要描述	138 Brief cargo description	必填	必填
22	备注	105 Free text	选填	选填

报关单填制

中华人民共和国海关进出口货物报关单修改和撤销管理办法

（海关总署令第 220 号）

发布日期：2014-03-13
实施日期：2018-11-23
法规类型：部门规章

（根据 2018 年 4 月 28 日海关总署令第 238 号《海关总署关于修改部分规章的决定》第一次修正；根据 2018 年 5 月 29 日海关总署令第 240 号《海关总署关于修改部分规章的决定》第二次修正；根据 2018 年 11 月 23 日海关总署令第 243 号《海关总署关于修改部分规章的决定》第三次修正）

第一条 为了加强对进出口货物报关单修改和撤销的管理，规范进出口货物收发货人或者其代理人的申报行为，保护其合法权益，根据《中华人民共和国海关法》（以下简称《海关法》）制定本办法。

第二条 进出口货物收发货人或者其代理人（以下统称当事人）修改或者撤销进出口货物报关单，以及海关要求对进出口货物报关单进行修改或者撤销的，适用本办法。

第三条 海关接受进出口货物申报后，报关单证及其内容不得修改或者撤销；符合规定情形的，可以修改或者撤销。

第四条 进出口货物报关单的修改或者撤销，应当遵循修改优先原则；确实不能修改的，予以撤销。

第五条 有以下情形之一的，当事人可以向原接受申报的海关办理进出口货物报关单修改或者撤销手续，海关另有规定的除外：

（一）出口货物放行后，由于装运、配载等原因造成原申报货物部分或者全部退关、变更运输工具的；

（二）进出口货物在装载、运输、存储过程中发生溢短装，或者由于不可抗力造成灭失、短损等，导致原申报数据与实际货物不符的；

（三）由于办理退补税、海关事务担保等其他海关手续而需要修改或者撤销报关单数据的；

（四）根据贸易惯例先行采用暂时价格成交、实际结算时按商检品质认定或者国际市场实际价格付款方式需要修改申报内容的；

（五）已申报进口货物办理直接退运手续，需要修改或者撤销原进口货物报关单的；

（六）由于计算机、网络系统等技术原因导致电子数据申报错误的。

第六条 符合本办法第五条规定的，当事人应当向海关提交《进出口货物报关单修改/撤销表》和下列材料：

（一）符合第五条第（一）项情形的，应当提交退关、变更运输工具证明材料；

（二）符合第五条第（二）项情形的，应当提交相关部门出具的证明材料；

（三）符合第五条第（三）项情形的，应当提交签注海关意见的相关材料；

（四）符合第五条第（四）项情形的，应当提交全面反映贸易实际状况的发票、合同、提单、装箱单等单证，并如实提供与货物买卖有关的支付凭证以及证明申报价格真实、准确的其他商业单证、书面资料；

（五）符合第五条第（五）项情形，当事人将全部或者部分货物直接退运境外的，应当提交《进口货物直接退运表》；

（六）符合第五条第（六）项情形的，应当提交计算机、网络系统运行管理方出具的说明材料。

当事人向海关提交材料符合本条第一款规定，并且齐全、有效的，海关应当及时进行修改或者撤销。

第七条 由于报关人员操作或者书写失误造成申报内容需要修改或者撤销的，当事人应当向海关提交《进出口货物报关单修改/撤销表》和下列材料：

（一）可以反映进出口货物实际情况的合同、发票、装箱单、提运单或者载货清单等相关单证；

（二）详细情况说明以及相关证明材料。

海关未发现报关人员存在逃避海关监管行为的，可以修改或者撤销报关单。不予修改或者撤销的，海关应当及时通知当事人，并且说明理由。

第八条 海关发现进出口货物报关单需要修改或者撤销，可以采取以下方式主动要求当事人修改或者撤销：

（一）将电子数据报关单退回，并详细说明修改的原因和要求，当事人应当按照海关要求进行修改后重新提交，不得对报关单其他内容进行变更；

（二）向当事人制发《进出口货物报关单修改/撤销确认书》，通知当事人要求修改或者撤销的内容，当事人应当在5日内对进出口货物报关单修改或者撤销的内容进行确认，确认后海关完成对报关单的修改或者撤销。

第九条 除不可抗力外，当事人有以下情形之一的，海关可以直接撤销相应的电子数据报关单：

（一）海关将电子数据报关单退回修改，当事人未在规定期限内重新发送的；

（二）海关审结电子数据报关单后，当事人未在规定期限内递交纸质报关单的；

（三）出口货物申报后未在规定期限内运抵海关监管场所的；

（四）海关总署规定的其他情形。

第十条 海关已经决定布控、查验以及涉嫌走私或者违反海关监管规定的进出口货物，在办结相关手续前不得修改或者撤销报关单及其电子数据。

第十一条 已签发报关单证明联的进出口货物，当事人办理报关单修改或者撤销手续时应当向海关交回报关单证明联。

第十二条 由于修改或者撤销进出口货物报关单导致需要变更、补办进出口许可证件的，当事人应当取得相应的进出口许可证件。海关对相应进出口许可证件电子数据进行系统自动比对验核。

第十三条 进出境备案清单的修改、撤销，参照本办法执行。

第十四条 违反本办法，构成走私行为、违反海关监管规定行为或者其他违反《海关法》行为的，由海关依照《海关法》和《中华人民共和国海关行政处罚实施条例》的有关规定予以处理；构成犯罪的，依法追究刑事责任。

第十五条 本办法由海关总署负责解释。

第十六条 本办法自公布之日起施行。2005 年 12 月 30 日以海关总署令第 143 号公布的《中华人民共和国海关进出口货物报关单修改和撤销管理办法》同时废止。

关于调整进口货物报关单申报要求的公告

（海关总署公告 2023 年第 14 号）

发布日期：2023-02-21
实施日期：2023-03-01
法规类型：规范性文件

根据国务院应对新型冠状病毒感染疫情联防联控机制有关部署，海关总署决定对《中华人民共和国海关进口货物报关单》和《中华人民共和国海关进境货物备案清单》有关项目的填报要求调整如下：

一、取消"已实施预防性消毒"申报项目。

二、实际进境货物的"启运日期"涉及新型冠状病毒感染疫情防控管理的，不再必须填报"启运日期"；有其他规定的，从其规定。

本公告自 2023 年 3 月 1 日起执行，海关总署 2022 年第 88 号公告同时废止。

特此公告。

关于新冠病毒检测试剂盒等疫情防控物资申报相关事项的公告

（海关总署公告 2021 年第 118 号）

发布日期：2021-12-29
实施日期：2022-01-01
法规类型：规范性文件

为便利企业申报和海关高效监管，进一步提高新冠肺炎疫情防控物资申报和统计准确性，服务疫情防控大局，根据《2022 年关税调整方案》（税委会〔2021〕18 号文印发），现就新型冠状病毒检测试剂盒等疫情防控物资进出口申报事项公告如下：

一、增列相关商品编号

（一）增列商品编号"30024100.11"，名称为"新型冠状病毒（COVID-19）疫苗，已配定剂量或制成零售包装"；原编号"30022000.11"停止使用。

（二）增列商品编号"30024100.19"，名称为"新型冠状病毒（COVID-19）疫苗，未配定剂量或制成零售包装"；原编号"30022000. 19"停止使用。

（三）增列商品编号"38221900. 20"，名称为"新型冠状病毒（COVID‐19）检测试剂盒"；原编号"30021500. 50"、"38220010. 20"及"38220090. 20"停止使用。

（四）增列商品编号"40151200. 00"，名称为"硫化橡胶制医疗、外科、牙科或兽医用分指手套、连指手套及露指手套"；原编号"40151100. 00"停止使用。

（五）增列商品编号"63079010. 10"，名称为"医疗或外科口罩"；增列商品编号"63079010. 90"，名称为"其他口罩"；原编号"63079000. 10"停止使用。

（六）增列商品编号"90192010. 10"，名称为"有创呼吸机（整机）"；增列商品编号"90192010. 90"，名称为"有创呼吸机的零件及附件"；增列商品编号"90192020. 11"，名称为"具有自动人机同步追踪功能或自动调节呼吸压力功能的无创呼吸机（整机）"；增列商品编号"90192020. 19"，名称为"具有自动人机同步追踪功能或自动调节呼吸压力功能的无创呼吸机的零件及附件"；增列商品编号"90192020. 91"，名称为"其他无创呼吸机（整机）"；增列商品编号"90192020. 99"，名称为"其他无创呼吸机的零件及附件"；原商品编号"90192000. 10"及"90192000. 90"停止使用。

二、关于上述新增商品编号的成交计量单位申报要求

（一）商品编号"30024100. 11"的成交计量单位按照"支"申报，代码为"012"。

（二）商品编号"30024100. 19"的成交计量单位按照"升"申报，代码为"095"。

（三）商品编号"38221900. 20"的成交计量单位按照"人份"申报，代码为"170"。

三、实施时间

本公告自2022年1月1日起实施。

特此公告。

关于废止2006年第64号公告的公告

（海关总署公告2021年第112号）

发布日期：2021‐12‐22
实施日期：2021‐12‐22
法规类型：规范性文件

根据工作实际，海关总署决定废止2006年第64号公告。相关进口汽车零部件申报工作依据《中华人民共和国海关进出口商品规范申报目录》办理。

本公告自发布之日起施行。

特此公告。

统计分析司　卫生检疫司关于新冠病毒疫苗按"剂"折算数量有关事项的通知

（统计函〔2021〕66号）

发布日期：2021-10-27
实施日期：2021-11-01
法规类型：规范性文件

各直属海关：

为便利企业申报和海关高效监管，服务国家疫情防控大局，确保一支多剂封装报验状态下的疫苗统计准确，现就有关事项通知如下：

一、自2021年11月1日起，新型冠状病毒疫苗进出口企业需要在备注栏填报按照"剂"折算的数量，成交计量单位与成交数量仍然按照当前规定填报。涉及商品编码"3002.2000.11"（即新型冠状病毒制剂）和"3002.2000.19"（即新型冠状病原液）。商品编码"3002.2000.19"不再在备注栏中填报按"支"折算的数量。单一窗口将同步相应增加填报提示。

二、请各海关继续加强对新型冠状病毒疫苗进出口申报数据的审核，确保报关单各栏目填报准确。审核中发现差错的，或者未按照要求在备注栏填报按照"剂"折算的数量的，请及时联系企业更正或者补充填报，并将有关情况通过业务网邮件告知统计分析司、卫生检疫司联系人。

三、请北京、天津、沈阳、长春、上海、南京、杭州、合肥、南昌、武汉、长沙、深圳、拱北、海口、成都、昆明海关按照附件名单提前联系企业，告知按"剂"折算数量的申报要求，确保11月1日起完整申报。

四、统计分析司将于11月5日将今年前10个月结关的新冠病毒疫苗制剂及原液申报表发送至上述海关统计分析处，请联系企业对按"剂"折算的数量进行复核确认，于11月15日前反馈统计司。

五、执行中如有问题，请及时与统计分析司、卫生检疫司联系。

特此通知。

附件：新冠病毒疫苗出口企业名单（略）

关于优惠贸易协定项下进出口货物报关单有关原产地栏目
填制规范和申报事宜的公告

（海关总署公告 2021 年第 34 号）

发布日期：2021-04-25
实施日期：2021-05-10
法规类型：规范性文件

为进一步优化优惠贸易协定项下进出口货物申报，海关总署决定将《中华人民共和国海关进（出）口货物报关单》（以下简称《报关单》）有关原产地栏目的填制和申报要求调整如下：

一、进出口货物收发货人或者其代理人在办理优惠贸易协定项下货物海关申报手续时，应当如实填报《报关单》商品项"优惠贸易协定享惠"类栏目（填报要求见附件1），同时在商品项对应的"原产国（地区）"栏填报依据《中华人民共和国进出口货物原产地条例》和海关总署令第122号确定的货物原产地，不再需要按照海关总署公告2019年第18号附件中有关优惠贸易协定项下进口货物填制要求填报"随附单证及编号"栏目。

二、进口货物收货人或者其代理人（以下统称进口人）可以自行选择"通关无纸化"方式或者"有纸报关"方式申报：

（一）选择"通关无纸化"方式申报的，进口人应当以电子方式向海关提交原产地证明、商业发票、运输单证和未再加工证明文件等单证正本（以下简称原产地单证），具体要求见附件2。

进口人以电子方式提交的原产地单证内容应当与其持有的纸质文件一致。进口人应当按照海关有关规定保存原产地单证纸质文件。海关认为有必要时，进口人应当补充提交原产地单证纸质文件。

（二）选择"有纸报关"方式申报的，进口人在申报进口时提交原产地单证纸质文件。

三、对于出海关特殊监管区域和保税监管场所〔以下统称区域（场所）〕申请适用协定税率或者特惠税率的货物，进口人应在内销时按照本公告第一条的要求填报《报关单》；在货物从境外入区域（场所）时，无需比照本公告第一条要求填报《中华人民共和国海关进（出）境货物备案清单》（以下简称《备案清单》）商品项"优惠贸易协定享惠"类栏目。

内销时货物实际报验状态与其从境外入区域（场所）时的状态相比，超出了相关优惠贸易协定所规定的微小加工或处理范围的，不得享受协定税率或者特惠税率。

四、优惠贸易协定项下实施特殊保障措施的农产品仍然按照海关总署2019年第207号公告要求申报。

有关农产品出区域（场所）申请适用协定税率的，在货物从境外入区域（场所）时进口人应当比照本公告第一条规定填报《备案清单》，并以"通关无纸化"方式申报。

五、向香港或者澳门特别行政区出口用于生产《内地与香港关于建立更紧密经贸关系的安排》（香港 CEPA）或者《内地与澳门关于建立更紧密经贸关系的安排》（澳门 CEPA）项下协定税率货物的原材料时，应当在《报关单》的"关联备案"栏填报香港或澳门生产厂商在香港工贸署或者澳门经济局登记备案的有关备案号。

本公告中"原产地证明"是指相关优惠贸易协定原产地管理办法所规定的原产地证书和原产地声明。

本公告自 2021 年 5 月 10 日起实施。自本公告实施之日起，海关总署公告 2016 年第 51 号、2017 年第 67 号和 2019 年第 178 号废止。海关总署公告 2019 年第 18 号附件中"三十一、随附单证及编号"项下的第（二）、（三）项内容停止执行。

特此公告。

附件：1. 报关单"优惠贸易协定享惠"类栏目填制要求

2. 优惠贸易协定项下进口货物以电子方式提交原产地单证操作规范

关于修订《中华人民共和国海关进出口货物报关单填制规范》的公告

（海关总署公告 2019 年第 18 号）

（根据海关总署 2019 年第 58 号公告，自 2019 年 5 月 1 日起，海关总署 2019 年第 18 号公告附件《中华人民共和国海关进出口货物报关单填制规范》第四十六条"支付特许权使用费确认"的规定同时停止执行，按照 58 号公告规定执行。海关总署 2021 年第 34 号公告，附件中"三十一、随附单证及编号"项下的第（二）、（三）项内容停止执行）

为规范进出口货物收发货人的申报行为，统一进出口货物报关单填制要求，海关总署对《中华人民共和国海关进出口货物报关单填制规范》（海关总署 2018 年第 60 号公告）进行了修订。现将本次修订后的规范文本及有关内容公告如下：

一、根据现行相关规定，对第三条第五项，第七条第四项，第八条，第九条第二项，第十条第一项、第二项，第十三条第二项，第十四条第六项，第十五条第二项、第四项，第十六条，第十八条，第二十二条，第二十八条，第二十九条，第三十条，第三十一条第一项、第三项，第三十二条第五项、第八项、第二十五项、第二十七项、第二十八项、第二十九项，第三十三条，第三十四条，第三十五条第九项、第十二项，第三十六条第四项，第四十二条做了相应调整和修改。

二、海关特殊监管区域企业向海关申报货物进出境、进出区，应填制《中华人民共和国海关进（出）境货物备案清单》，海关特殊监管区域与境内（区外）之间进出的货物，区外企业应填制《中华人民共和国海关进（出）口货物报关单》。保税货物流转按照相关规定执行。

三、《中华人民共和国海关进（出）境货物备案清单》比照《中华人民共和国海关进出口货物报关单填制规范》的要求填制。

修订后的《中华人民共和国海关进出口货物报关单填制规范》（见附件）自 2019 年 2 月 1

日起执行，海关总署2018年第60号公告同时废止。

特此公告。

附件：中华人民共和国海关进出口货物报关单填制规范

关于实施贸易救济措施货物进口报关单自动计税有关事项的公告

（海关总署公告2018年第7号）

发布日期：2018-01-15
实施日期：2018-01-15
法规类型：规范性文件

为进一步深化全国海关通关一体化改革，降低放行前因贸易救济措施实施设置的海关核查率，海关总署对H2010通关系统和海关预录入系统进行了优化，对实施贸易救济措施（反倾销、反补贴和保障措施）的进口报关单实行自动计税。现将有关事项公告如下：

一、进口货物收货人申报进口属于实施反倾销反补贴措施货物且货物原产地为涉案国（地区）的，除按照现行规定规范填报外，应据实在报关单规格型号栏目中填报"原厂商中文名称"、"原厂商英文名称"、"反倾销税率"、"反补贴税率"和"是否符合价格承诺"等计税必要信息（填报要求见附件）。凡信息填报完整准确的，H2010通关系统自动计税；信息填报不准确、系统无法实现自动计税的，转为人工核查处置。申报进口实施保障措施货物的报关单，仍按照现行规定申报。

二、进口货物收货人申报进口属于实施贸易救济措施的货物，无论进口货物原产地是否为涉案国（地区）的，均应如实申报原产地并提交相关原产地证据文件（包括但不限于原产地证书、原产地声明等）；无法提交原产地证据文件的，应做出情况说明；不能确定进口货物原产地是否为涉案国（地区）的，可选择将规格型号栏目中"反倾销税率"和"反补贴税率"项目留空，系统转人工处置。

对于申报进口货物原产地为涉案国（地区）的，进口货物收货人需向海关提交原厂商发票（实施保障措施货物除外），包括通过境外贸易商间接进口。仅能提交由境外贸易商制发的商业发票时，发票应包含原厂商名称和原厂商发票编号。

对于涉案国（地区）企业已经与商务部签署价格承诺协议的，进口货物收货人还应提交签署价格承诺协议企业出具的出口证明信。

进口货物收货人应当以电子方式提交上述所有单证，对未以电子方式提交的，H2010通关系统将予退单处理。进口货物收货人以电子方式提交的单证内容应当与持有的单证正本一致；单证纸质文件无需提交，但应当按照海关有关规定留存。海关认为必要时，进口货物收货人应当补充提交单证纸质正本。

三、为方便准确填报，相关原厂商中文名称、原厂商英文名称、反倾销税率、反补贴税率和"是否符合价格承诺"等信息，海关预录入系统已做维护，企业填报时只需按照提示勾选即可。

本公告自印发之日起实施。

特此公告。

附件：填报要求

附件

填报要求

对实施反倾销反补贴措施商品，在填报报关单规格型号栏目时的格式要求为："｜<><><><><>"。"｜"、"<"和">"均为英文半角符号。

第一个"｜"为在规格型号栏目中已填报的最后一个申报要素后系统自动生成或人工录入的分割符（若相关商品税号无规范申报填报要求，则需要手工录入"｜"），"｜"后面5个"<>"内容依次为"原厂商中文名称"、"原厂商英文名称（如无原厂商英文名称，可填报以原厂商所在国或地区文字标注的名称，具体可参照商务部实施贸易救济措施相关公告中对有关原厂商的外文名称写法）"、"反倾销税率"、"反补贴税率"、"是否符合价格承诺"。其中，"反倾销税率"和"反补贴税率"填写实际值，例如，税率为30%，填写"0.3"。"是否符合价格承诺"填写"1"或者"0"，"1"代表"是"，"0"代表"否"。填报时，5个"<>"不可缺项，如第3、4、5项"<>"中无申报事项，相应的"<>"中内容可以为空，但"<>"需要保留。

以下填报范例供参考：

举例1：填报"｜<原厂商中文名称><原厂商英文名称><0.2>< ><0>"，表示该商品征收反倾销税，反倾销税率为20%，非价格承诺；

举例2：填报"｜<原厂商中文名称><原厂商英文名称>< ><0.5><0>"，表示该商品征收反补贴税，反补贴税率为50%，非价格承诺；

举例3：填报"｜<原厂商中文名称><原厂商英文名称><0>< ><1>"，表示该商品属于实施反倾销措施商品，由于申报价格符合价格承诺，不征收反倾销税；

举例4：填报"｜<原厂商中文名称><原厂商英文名称><0><0><1>"，表示该商品属于实施反倾销和反补贴措施商品，由于申报价格符合价格承诺，不征收反倾销税和反补贴税。

关于规范一般贸易进口税则品目 8703 项下非中规车申报要求的公告

（海关总署公告 2017 年第 66 号）

发布日期：2017-12-26

实施日期：2018-01-01

法规类型：规范性文件

为进一步规范企业申报行为，降低通关制度性成本，根据《中华人民共和国海关进出口货物报关单填制规范》、《中华人民共和国海关进出口商品规范申报目录》及海关总署 2009 年第 49 号公告，现就一般贸易进口税则品目 8703 项下非中规车申报规范公告如下：

一、本公告所称非中规车，指针对中国大陆以外其他国家或地区市场设计生产但通过平行进口等贸易渠道进入中国大陆的车辆。

二、非中规车适用无纸化申报，同一批次进口的非同一型号车辆应分项申报。

三、企业申报时，应当同时填写"价格补充申报单"，作为报关单相关栏目完整申报的必要内容。其中，

"买方"栏填写进口车辆实际买方；

"卖方"栏填写进口车辆实际卖方；

"签约日期"栏填写实际买卖双方间签订正式销售合同的日期；

在"其他需要说明的情况"栏内依次填报：进口车辆年款、进口车辆型号及标准配置官网含税价格、所有选装配置及对应官网含税价格，各填报项目间用"/"分隔，前后均不加空格。

四、进口申报时主动进行补充申报的，在报关单备注栏填写"#已补充申报"。

五、如进口车辆实际买方与报关单收发货人（或消费使用单位）一致的，在备注栏填报"收发货人自营"（或"消费使用单位自营"）；两者不一致的，在备注栏填报"非自营"。

六、除原有报关单随附单据外，还需上传以下单证：

（一）原始合同、发票、箱单、付汇凭证等单证的扫描件。

（二）供货商采购发票、出口报关单、往来函电等；针对进口车辆采购流程作出的书面说明，体现完整贸易环节及每环节的利润、折扣比例情况。

（三）上传签约当月的车辆官网截图，美规车辆可用车辆随附"车窗纸"扫描件代替。

（四）申报俄罗斯规、墨西哥规车辆，如出口商享受退税，需上传相关退税证明材料；无法完整提供的，书面说明单证缺失项及原因，并于申报之日起180天内，联系海关总署税收征管中心（上海）补充。

（五）中东规车辆需上传车辆主要配置信息。

七、进口申报时未同时补充申报的，在申报后2个工作日内向申报地现场海关补充申报。未按时补充申报的，海关将视情实施税收风险排查处置。

八、报关单规格型号栏、补充申报单和随附单证的填报指引见附件。报关单及补充申报单其他栏目填写要求按现有规定办理。

九、本公告自2018年1月1日起实施。

特此公告。

附件：具体填报指引

附件

具体填报指引

一、报关单规格型号栏

1. 原销售目的国车版、型：原销售目的国为美国、欧洲（除俄罗斯外）、俄罗斯、加拿大、墨西哥、中东等地的非中规车应分别填报"美规"、"欧规"、"俄规"、"加规"、"墨规"、"中东规"；对于非上述规制的非中规车应填报"其他非中规车"。

2. 型号：应填报"原型车品牌+型号"，型号应具体到细分型号，如宝马X5xDrive35i、路虎揽胜HSE等。

二、补充申报单

1. 进口车辆实际卖方：转让车辆所有权及风险、并收到车辆价款的销售方。

2. 进口车辆实际买方：获得车辆所有权，承担相关风险及付款义务的企业。

3. 签约日期：填报实际买卖双方间签订正式销售合同的日期，格式如"2017年10月24日"。

4. 进口车辆年款：指车款年份，并非车辆生产年份，如2017年生产的2018款车辆，应填报"2018款"。

5. 进口车辆型号：需完整填写品牌、细分型号及详细发动机型号，各项目间用"/"分隔。

6. 进口车辆所有选装配置：完整填写中文名称、外文名称和配置代码，如"全景天窗/Panorama/041CZ。

7. 相关项目如没有，应填报为无，但应保留前后的"/"，如"/无官网价格/"、"/无配置代码/"。

三、随附单证

1. 原始合同、发票：应体现货物实际买方、卖方。

2. 付汇凭证：应包括定金预付及应税佣金等。

3. 车辆官网截图：应体现车型基础价格、选配及费用；无官网价格的可不提供。

关于中韩自贸协定原产地电子联网及进出口货物
报关单填制规范有关事宜的公告

（海关总署公告2016年第39号）

发布日期：2016-06-28
实施日期：2016-07-01
法规类型：规范性文件

为进一步便利《中华人民共和国政府和大韩民国政府自由贸易协定》（以下简称《协定》）实施，自2016年7月1日起，中韩海关原产地电子信息交换系统将实时交换《协定》项下货物原产地数据。现就《协定》项下进出口货物报关单填制要求及相关事宜公告如下：

一、自2016年7月1日起，进口货物收货人或其代理人（以下简称进口人）须按照以下要求填制《中华人民共和国海关进口货物报关单》（以下简称进口报关单）：

（一）在"随附单证栏"的"随附单证代码栏"填写"Y"，在"随附单证栏"的"随附单证编号栏"填写"<19>原产地证书编号"。在"单证对应关系表"中填写进口报关单申报商品与原产地证书商品之间的对应关系。报关单商品序号与原产地证书项目编号应当一一对应。同一批次项下享受和不享受《协定》协定税率的商品可以在同一份报关单中申报，但是不享受协定税率商品的序号不能填写在"单证对应关系表"中。"单证对应关系表"填写示例见附件。

（二）进口报关单上申报的原产地证书编号与原产地证书所载编号一致。

（三）进口报关单上申报商品的成交计量单位与原产地证书上对应商品的计量单位一致。

（四）进口报关单上申报商品的数量不能大于原产地证书上对应商品的数量。

（五）进口报关单上的申报日期应当在原产地证书的有效期内。

（六）原产地证书所列的所有商品应当为同一批次货物。

二、进口报关单上申报商品的 HS 编码前 6 位应当与原产地证书上对应商品的 HS 编码前 6 位一致。

三、自 2016 年 7 月 1 日起，对于海关尚未收到有关原产地电子数据的进口货物，进口人申报进口时，报关单预录入客户端将提示不存在原产地证书电子信息。在 2016 年 7 月 1 日至 9 月 30 日期间（含 9 月 30 日当日，以下同），对于提示不存在原产地证书电子信息的情况，进口人可选择继续申报。

自 2016 年 10 月 1 日起，对于提示不存在原产地证书电子信息的情况，进口人应当按照现行规定申明适用《中韩自贸协定》协定税率并申请办理有关货物的担保放行手续。

四、自 2016 年 7 月 1 日起，出口货物发货人或其代理人（以下简称出口人）须按照本公告第一条的要求填制《中华人民共和国海关出口货物报关单》（以下简称出口报关单）。

同一原产地证书项下的出口货物应当在同一份出口报关单申报。

因特殊情况海关无法正常接收签证机构出口原产地证书电子数据，造成企业出口申报时报关单预录入客户端提示不存在原产地证书电子信息的，企业可按照海关告知要求办理通关手续。

五、对于出口人在货物出口时未按照本公告要求填制出口货物原产地信息的情况，海关可应出口人的申请办理出口报关单修改手续，补充有关原产地信息。

对于货物出口后原产地证书发生修改的情况，出口人可在签证机构补发有关原产地证书后告知海关有关情况；对于因原产地证书信息发生变化而需要修改出口报关单的，海关可应出口人的申请办理出口报关单修改手续，补充有关原产地信息。

六、自本公告施行之日起，海关总署 2015 年第 63 号公告第一条第（三）项和第二条第（二）项内容停止执行。

特此公告。

附件

"单证对应关系表" 填写示例

例如：报关单第 1、3、4、5、8、9、10 项为享受《中韩自贸协定》协定税率的商品，且其分别对应原产地证书第 3、1、4、5、6、7、8 项，则 "单证对应关系表" 应填写为：

报关单项号	对应随附单证项号
1	3
3	1
4	4
5	5
8	6
9	7
10	8

关于两岸海关电子信息交换系统上线运行及《海峡两岸经济合作框架协议》项下货物报关单填制规范相关事宜的公告

（海关总署公告2014年第22号）

发布日期：2014-03-27
实施日期：2014-04-01
法规类型：规范性文件

为进一步便利《海峡两岸经济合作框架协议》（以下简称 ECFA）项下货物贸易，两岸海关电子信息交换系统将于 2014 年 4 月 1 日上线运行，实时传输经出口方海关验核的 ECFA 项下货物原产地数据。现就该系统上线后 ECFA 项下进出口货物报关单填制要求及相关事宜公告如下：

一、自 2014 年 4 月 1 日起，进口货物收货人或其代理人（以下简称进口人）须按照以下要求填制《中华人民共和国海关进口货物报关单》（以下简称进口报关单）：

在"随附单证栏"的"随附单证代码栏"填写"Y"，在"随附单证栏"的"随附单证编号栏"填写"<14>"及"原产地证书编号"。在"单证对应关系表"中填写进口报关单申报商品与原产地证书商品之间的对应关系。报关单商品序号与原产地证书项目编号应当一一对应，不要求顺序对应。同一批次项下享受和不享受 ECFA 协定税率的商品可以在同一张报关单中申报。不享受协定税率的商品，其序号不填写在"单证对应关系表"中。"单证对应关系表"填写示例见附件。

二、自 2014 年 4 月 1 日起，对于海关尚未收到有关原产地电子数据的进口货物，进口人申报进口时，报关单预录入客户端将提示不存在原产地证书电子信息。

在 2014 年 4 月 1 日至 6 月 30 日期间（含 6 月 30 日，以下同），对于提示不存在原产地证书电子信息的情况，进口人可忽略提示内容并选择继续申报。

自 2014 年 7 月 1 日起，对于提示不存在原产地证书电子信息的情况，进口人应当按照现行规定申明并申请办理有关货物的担保放行手续。

三、自 2014 年 4 月 1 日起，使用已与海关联网的原产地证书向海关申报的出口货物，出口货物发货人或其代理人（以下简称出口人）须按照本公告第一条的要求填制《中华人民共和国海关出口货物报关单》（以下简称出口报关单）。

自 2014 年 6 月 2 日起，原产地证书预录入系统（以下简称证书系统）证书系统正式运行。使用未与海关联网的原产地证书向海关申报的出口货物，出口人应当在申报前预先通过证书系统录入有关原产地证书电子信息，并按照本公告第一条的要求填制出口报关单。

同一原产地证书项下的出口货物应当在同一份出口报关单申报。

四、对于出口人在货物出口时未按照本公告要求填制出口货物原产地信息的情况，出口人可以按照相关规定办理出口报关单修改手续，补充有关原产地信息。

对于货物出口后原产地证书发生修改的情况，出口人可在签证机构补发有关原产地证书后告知海关有关情况；对于因原产地证书信息发生变化而需要修改出口报关单的，可以按照相关规定办理出口报关单修改手续。

对于使用未与海关联网的原产地证书申报出口的货物，出口人在办理出口报关单修改手续前须通过证书系统补充或修改有关原产地证书电子信息。

特此公告。

附件:"单证对应关系表"填写示例(略)

关于美国输华葡萄酒证书事宜的公告

(质检总局 海关总署公告 2013 年第 164 号)

发布日期:2013-12-02
实施日期:2014-04-01
法规类型:规范性文件

经海关总署、质检总局与美国政府有关主管部门磋商达成一致,自 2014 年 3 月 1 日起,美国财政部烟酒税收贸易局将启用美国输华《葡萄酒出口证书》(证书样本见附件),作为美国输华葡萄酒的唯一官方证书,不再签发目前的美国输华葡萄酒原产地证书、健康证书、卫生证书、真品证书及自由销售证书等证书。

特此公告。

关于稀土产品出口申报要求

(海关总署公告 2011 年第 37 号)

发布日期:2011-05-27
实施日期:2011-06-01
法规类型:规范性文件

为加强和规范稀土以及稀土相关产品的出口管理,在稀土及相关产品出口时(具体商品见附件),除按《中华人民共和国海关进出口商品规范申报目录》(2011 年版)要求的要素填报外,还应在报关单"规格型号"栏,填报本公告涉及的商品总的稀土元素重量百分比含量,以"[A]"表示,具体为:"[A]:%"。

本公告内容自 2011 年 6 月 1 日起执行。

特此公告。

附件:稀土及相关产品目录

附件

稀土及相关产品目录

稀土产品	商品编码
稀土金属矿	25309020
钍矿砂及其精矿	26122000
稀土金属，不论是否互混合或熔合	280530 项下
稀土金属及其混合物的无机或有机化合物	2846 项下
用作发光体的稀土产品	32065000
铈铁及其他引火合金	36069011　36069019
其他编号未列名的稀土产品	38249099
钕铁硼合金	72029911　72029912　72029919
其他稀土铁合金	72029991　72029999
稀土合金废碎料	72044900
稀土合金颗粒	72051000
稀土合金粉末	72052100
稀土永磁体	85051110

关于规范进口葡萄酒有关事项

（海关总署公告 2010 年第 17 号）

发布日期：2010-03-15
实施日期：2010-04-01
法规类型：规范性文件

为进一步规范葡萄酒（2010 年《中华人民共和国进出口税则》税则号列 22042100）的进口申报，便利企业通关和海关管理，根据《海关进出口货物申报管理规定》（海关总署令第 103 号）及其他有关规定，现就有关事宜公告如下：

一、进口货物收货人及其代理人应严格按照《海关进出口商品规范申报目录》的要求填报，并应当根据实际进口葡萄酒的酒标，在"商品名称"栏目填报品名、品牌（中、外文），如"干红葡萄酒，十字木桐古堡 CHATEAU CROIX MOUTON"；在"规格型号"栏目中填报葡萄酒的容器容积、年份和产区，如"瓶装 750ML，2004 年，波尔多产区"，如果酒标上已注明等级的（如 AOC、VDQS、VIN DE PAYS 等），应当在该栏目填报。

二、进口货物收货人及其代理人申报进口时除提交目前海关规定要求的单证和资料外，还应向海关提交下列资料：

（一）内容完整、文字清晰的进口葡萄酒酒标（包括正标、背标）彩色照片或电子照片（不低于 300 万像素）彩色打印件。

（二）原厂商发票。对于通过境外贸易商进口无法提交原厂商发票的，进口货物收货人及其代理人申报进口时应提交由境外贸易商制发的商业发票，发票上应当包括生产厂商名称和原厂商发票的编号。

三、对于不能提交上述资料的，海关按相关规定处理；对于报关单申报的内容与酒标内容不符的，海关将按申报不实处理。

四、本公告自 2010 年 4 月 1 日起施行。

特此公告。

关于公布减免税货物后续管理的报关单填制要求

（海关总署公告 2007 年第 24 号）

发布日期：2007-06-04
实施日期：2007-06-04
法规类型：规范性文件

为规范进口减免税货物在后续管理环节中的进出口申报行为，保证企业顺利办理已进口减免税货物的有关通关手续，根据海关通关作业规范化需要和海关减免税后续管理业务计算机管理系统（H2000 减免税后续管理系统）在报关单填制方面的要求，现对减免税货物后续管理的报关单填制要求公告如下：

一、减免税货物退运出口，报关单的"备案号"栏目应填写《减免税进口货物同意退运证明》的编号；"监管方式"栏目应填写 4561（退运货物）。

《减免税进口货物同意退运证明》编号规则为：RT+4 位现场海关代码+2 位年份代码+4 位顺序号。"RT"为"减免税进口货物同意退运证明代码"。

二、减免税货物补税进口，报关单的"备案号"栏目应填写《减免税货物补税通知书》的编号；"监管方式"栏目应填写 9700（后续补税）。

《减免税货物补税通知书》编号规则为：RB+4 位现场海关代码+2 位年份代码+4 位顺序号。"RB"为"减免税货物补税通知书代码"。

三、减免税货物结转进口（转入），报关单"备案号"栏目应填写《进出口货物征免税证明》的编号；"监管方式"栏目按现行规范填写；"关联备案号"栏目应填写本次减免税货物结转所申请的《减免税进口货物结转联系函》的编号。

相应的结转出口（转出），报关单"备案号"栏目应填写《减免税进口货物结转联系函》的编号；"监管方式"栏目应填写 0500（减免设备结转）；"关联备案号"栏目应填写与该出口（转出）报关单相对应的进口（转入）报关单"备案号"栏目所填写的《进出口货物征免税证明》编号；"关联报关单"栏目应填写对应的进口（转入）报关单号。

《减免税进口货物结转联系函》编号规则为：RZ+4 位现场海关代码+2 位年份代码+4 位顺序号。"RZ"为"减免税进口货物结转联系函代码"。

四、上述报关单其他栏目的填制要求，仍按照《中华人民共和国海关进出口货物报关单填制规范》（海关总署 2004 年第 34 号公告）的规定填制。

　　五、本次对减免税货物后续管理报关单填制的规范要求，自海关减免税货物后续管理业务纳入海关 H2000 减免税后续管理系统管理之日起实施。鉴于按照有关工作的安排，海关 H2000 减免税后续管理系统将分批陆续在各直属海关投入使用，因此，具体的实施日期由各直属海关提前对外公布。尚未将减免税货物后续管理业务纳入 H2000 减免税后续管理系统管理的海关，其关区范围所涉及的有关报关单填制仍按现行规定办理。

　　特此公告。

外来物种篇

外来入侵物种管理办法

（农业农村部　自然资源部　生态环境部　海关总署令2022年第4号）

发布日期：2022-05-31
实施日期：2022-08-01
法规类型：规范性文件

第一章　总　则

第一条　为了防范和应对外来入侵物种危害，保障农林牧渔业可持续发展，保护生物多样性，根据《中华人民共和国生物安全法》，制定本办法。

第二条　本办法所称外来物种，是指在中华人民共和国境内无天然分布，经自然或人为途径传入的物种，包括该物种所有可能存活和繁殖的部分。

本办法所称外来入侵物种，是指传入定殖并对生态系统、生境、物种带来威胁或者危害，影响我国生态环境，损害农林牧渔业可持续发展和生物多样性的外来物种。

第三条　外来入侵物种管理是维护国家生物安全的重要举措，应当坚持风险预防、源头管控、综合治理、协同配合、公众参与的原则。

第四条　农业农村部会同国务院有关部门建立外来入侵物种防控部际协调机制，研究部署全国外来入侵物种防控工作，统筹协调解决重大问题。

省级人民政府农业农村主管部门会同有关部门建立外来入侵物种防控协调机制，组织开展本行政区域外来入侵物种防控工作。

海关完善境外风险预警和应急处理机制，强化入境货物、运输工具、寄递物、旅客行李、跨境电商、边民互市等渠道外来入侵物种的口岸检疫监管。

第五条　县级以上地方人民政府依法对本行政区域外来入侵物种防控工作负责，组织、协调、督促有关部门依法履行外来入侵物种防控管理职责。

县级以上地方人民政府农业农村主管部门负责农田生态系统、渔业水域等区域外来入侵物种的监督管理。

县级以上地方人民政府林业草原主管部门负责森林、草原、湿地生态系统和自然保护地等区域外来入侵物种的监督管理。

沿海县级以上地方人民政府自然资源（海洋）主管部门负责近岸海域、海岛等区域外来入侵物种的监督管理。

县级以上地方人民政府生态环境主管部门负责外来入侵物种对生物多样性影响的监督管理。

高速公路沿线、城镇绿化带、花卉苗木交易市场等区域的外来入侵物种监督管理，由县级以上地方人民政府其他相关主管部门负责。

第六条　农业农村部会同有关部门制定外来入侵物种名录，实行动态调整和分类管理，建立外来入侵物种数据库，制修订外来入侵物种风险评估、监测预警、防控治理等技术规范。

第七条　农业农村部会同有关部门成立外来入侵物种防控专家委员会，为外来入侵物种管理提供咨询、评估、论证等技术支撑。

第八条　农业农村部、自然资源部、生态环境部、海关总署、国家林业和草原局等主管部门建立健全应急处置机制，组织制订相关领域外来入侵物种突发事件应急预案。

县级以上地方人民政府有关部门应当组织制订本行政区域相关领域外来入侵物种突发事件应急预案。

第九条　县级以上人民政府农业农村、自然资源（海洋）、生态环境、林业草原等主管部门加强外来入侵物种防控宣传教育与科学普及，增强公众外来入侵物种防控意识，引导公众依法参与外来入侵物种防控工作。

任何单位和个人未经批准，不得擅自引进、释放或者丢弃外来物种。

第二章　源头预防

第十条　因品种培育等特殊需要从境外引进农作物和林草种子苗木、水产苗种等外来物种的，应当依据审批权限向省级以上人民政府农业农村、林业草原主管部门和海关办理进口审批与检疫审批。

属于首次引进的，引进单位应当就引进物种对生态环境的潜在影响进行风险分析，并向审批部门提交风险评估报告。审批部门应当及时组织开展审查评估。经评估有入侵风险的，不予许可入境。

第十一条　引进单位应当采取安全可靠的防范措施，加强引进物种研究、保存、种植、繁殖、运输、销毁等环节管理，防止其逃逸、扩散至野外环境。

对于发生逃逸、扩散的，引进单位应当及时采取清除、捕回或其他补救措施，并及时向审批部门及所在地县级人民政府农业农村或林业草原主管部门报告。

第十二条　海关应当加强外来入侵物种口岸防控，对非法引进、携带、寄递、走私外来物种等违法行为进行打击。对发现的外来入侵物种以及经评估具有入侵风险的外来物种，依法进行处置。

第十三条　县级以上地方人民政府农业农村、林业草原主管部门应当依法加强境内跨区域调运农作物和林草种子苗木、植物产品、水产苗种等检疫监管，防止外来入侵物种扩散传播。

第十四条　农业农村部、自然资源部、生态环境部、海关总署、国家林业和草原局等主管部门依据职责分工，对可能通过气流、水流等自然途径传入我国的外来物种加强动态跟踪和风险评估。

有关部门应当对经外来入侵物种防控专家委员会评估具有较高入侵风险的物种采取必要措施，加大防范力度。

第三章　监测与预警

第十五条　农业农村部会同有关部门建立外来入侵物种普查制度，每十年组织开展一次全国普查，掌握我国外来入侵物种的种类数量、分布范围、危害程度等情况，并将普查成果纳入国土空间基础信息平台和自然资源"一张图"。

第十六条　农业农村部会同有关部门建立外来入侵物种监测制度，构建全国外来入侵物种监测网络，按照职责分工布设监测站点，组织开展常态化监测。

县级以上地方人民政府农业农村主管部门会同有关部门按照职责分工开展本行政区域外来入侵物种监测工作。

第十七条　县级以上地方人民政府农业农村、自然资源（海洋）、生态环境、林业草原等主管部门和海关应当按照职责分工及时收集汇总外来入侵物种监测信息，并报告上级主管部门。

任何单位和个人不得瞒报、谎报监测信息，不得擅自发布监测信息。

第十八条　省级以上人民政府农业农村、自然资源（海洋）、生态环境、林业草原等主管部门和海关应当加强外来入侵物种监测信息共享，分析研判外来入侵物种发生、扩散趋势、评估危害风险，及时发布预警预报，提出应对措施，指导开展防控。

第十九条　农业农村部会同有关部门建立外来入侵物种信息发布制度。全国外来入侵物种总体情况由农业农村部商有关部门统一发布。自然资源部、生态环境部、海关总署、国家林业和草原局等主管部门依据职责权限发布本领域外来入侵物种发生情况。

省级人民政府农业农村主管部门商有关部门统一发布本行政区域外来入侵物种情况。

第四章　治理与修复

第二十条　农业农村部、自然资源部、生态环境部、国家林业和草原局按照职责分工，研究制订本领域外来入侵物种防控策略措施，指导地方开展防控。

县级以上地方人民政府农业农村、自然资源（海洋）、林业草原等主管部门应当按照职责分工，在综合考虑外来入侵物种种类、危害对象、危害程度、扩散趋势等因素的基础上，制订本行政区域外来入侵物种防控治理方案，并组织实施，及时控制或消除危害。

第二十一条　外来入侵植物的治理，可根据实际情况在其苗期、开花期或结实期等生长关键时期，采取人工拔除、机械铲除、喷施绿色药剂、释放生物天敌等措施。

第二十二条　外来入侵病虫害的治理，应当采取选用抗病虫品种、种苗预处理、物理清除、化学灭除、生物防治等措施，有效阻止病虫害扩散蔓延。

第二十三条　外来入侵水生动物的治理，应当采取针对性捕捞等措施，防止其进一步扩散危害。

第二十四条　外来入侵物种发生区域的生态系统恢复，应当因地制宜采取种植乡土植物、放流本地种等措施。

第五章　附　则

第二十五条　违反本办法规定，未经批准，擅自引进、释放或者丢弃外来物种的，依照《中华人民共和国生物安全法》第八十一条处罚。涉嫌犯罪的，依法移送司法机关追究刑事责任。

第二十六条　本办法自 2022 年 8 月 1 日起施行。

国家重点管理外来入侵物种名录（第一批）

（农业部公告第 1897 号）

发布日期：2013-02-01
实施日期：2013-02-01
法规类型：规范性文件

序号	中文名	拉丁名
1	节节麦	*Aegilops tauschii* Coss.
2	紫茎泽兰	*Ageratina adenophora*（Spreng.）King & H. Rob.（ = *Eupatorium adenophorum* Spreng.）

序号	中文名	拉丁名
3	水花生（空心莲子草）	*Alternanthera philoxeroides*（Mart.）Griseb.
4	长芒苋	*Amaranthus palmeri* Watson
5	刺苋	*Amaranthus spinosus* L.
6	豚草	*Ambrosia artemisiifolia* L.
7	三裂叶豚草	*Ambrosia trifida* L.
8	少花蒺藜草	*Cenchrus pauciflorus* Bentham
9	飞机草	*Chromolaena odorata*（L.）R. M. King & H. Rob.（= *Eupatorium odoratum* L.）
10	水葫芦（凤眼莲）	*Eichhornia crassipes*（Martius）Solms-Laubach
11	黄顶菊	*Flaveria bidentis*（L.）Kuntze
12	马缨丹	*Lantana camara* L.
13	毒麦	*Lolium temulentum* L.
14	薇甘菊	*Mikania micrantha* Kunth ex H. K. B.
15	银胶菊	*Parthenium hysterophorus* L.
16	大藻	*Pistia stratiotes* L.
17	假臭草	*Praxelis clematidea*（Griseb.）R. M. King et H. Rob.（= *Eupatorium catarium* Veldkamp）
18	刺萼龙葵	*Solanum rostratum* Dunal
19	加拿大一枝黄花	*Solidago canadensis* L.
20	假高粱	*Sorghum halepense*（L.）Persoon
21	互花米草	*Spartina alterniflora* Loiseleur
22	非洲大蜗牛	*Achatina fulica*（Bowdich）
23	福寿螺	*Pomacea canaliculata*（Lamarck）
24	纳氏锯脂鲤（食人鲳）	*Pygocentrus nattereri* Kner
25	牛蛙	*Rana catesbeiana* Shaw
26	巴西龟	*Trachemys scripta elegans*（Wied－Neuwied）
27	螺旋粉虱	*Aleurodicus dispersus* Russell
28	桔小实蝇	*Bactrocera（Bactrocera）dorsalis*（Hendel）
29	瓜实蝇	*Bactrocera（Zeugodacus）cucurbitae*（Coquillett）
30	烟粉虱	*Bemisia tabaci* Gennadius
31	椰心叶甲	*Brontispa longissima*（Gestro）
32	枣实蝇	*Carpomya vesuviana* Costa
33	悬铃木方翅网蝽	*Corythucha ciliata* Say
34	苹果蠹蛾	*Cydia pomonella*（L.）
35	红脂大小蠹	*Dendroctonus valens* LeConte
36	西花蓟马	*Frankliniella occidentalis* Pergande
37	松突圆蚧	*Hemiberlesia pitysophila* Takagi

续表2

序号	中文名	拉丁名
38	美国白蛾	*Hyphantria cunea*（Drury）
39	马铃薯甲虫	*Leptinotarsa decemlineata*（Say）
40	桉树枝瘿姬小蜂	*Leptocybe invasa* Fisher & LaSalle
41	美洲斑潜蝇	*Liriomyza sativae* Blanchard
42	三叶草斑潜蝇	*Liriomyza trifolii*（Burgess）
43	稻水象甲	*Lissorhoptrus oryzophilus* Kuschel
44	扶桑绵粉蚧	*Phenacoccus solenopsis* Tinsley
45	刺桐姬小蜂	*Quadrastichus erythrinae* Kim
46	红棕象甲	*Rhynchophorus ferrugineus* Olivier
47	红火蚁	*Solenopsis invicta* Buren
48	松材线虫	*Bursaphelenchus xylophilus*（Steiner & Bührer）Nickle
49	香蕉穿孔线虫	*Radopholus similis*（Cobb）Thorne
50	尖镰孢古巴专化型4号小种	*Fusarium oxysporum* f. sp. *cubense* Schlechtend（Smith）Snyder & Hansen Race 4
51	大豆疫霉病菌	*Phytophthora sojae* Kaufmann & Gerdemann
52	番茄细菌性溃疡病菌	*Clavibacter michiganensis* subsp. *michiganensis*（Smith）Davis et al.

重点管理外来入侵物种名录

（农业农村部　自然资源部　生态环境部　住房和城乡建设部
海关总署　国家林草局公告第 567 号）

发布日期：2022-12-20
实施日期：2023-01-01
法规类型：规范性文件

序号	中文名称	学名
		植物
1	紫茎泽兰	*Ageratinaadenophora*（Spreng.）R. M. King & H. Rob.（syn. *Eupatorium adenophora* Spreng.）
2	藿香蓟	*Ageratum conyzoides* L.
3	空心莲子草	*Alternanthera philoxeroides*（Mart.）Griseb.
4	长芒苋	*Amaranthus palmeri* S. Watson
5	刺苋	*Amaranthus spinosus* L.
6	豚草	*Ambrosia artemisiifolia* L.

序号	中文名称	学名
7	三裂叶豚草	*Ambrosia trifida* L.
8	落葵薯	*Anredera cordifolia*（Ten.）Steenis
9	野燕麦	*Avena fatua* L.
10	三叶鬼针草	*Bidens pilosa* L.
11	水盾草	*Cabomba caroliniana* Gray
12	长刺蒺藜草	*Cenchrus longispinus*（Hack.）Fernald
13	飞机草	*Chromolaena odorata*（L.）R. M. King & H. Rob.
14	凤眼蓝	*Eichhornia crassipes*（Mart.）Solms
15	小蓬草	*Erigeron canadensis*L.［*Conyza canadensis*（L.）Cronquist］
16	苏门白酒草	*Erigeronsumatrensis* Retz.
17	黄顶菊	*Flaveria bidentis*（L.）Kuntze
18	五爪金龙	*Ipomoea cairica*（L.）Sweet
19	假苍耳	*Cyclachaena xanthiifolia* Nutt.
20	马缨丹	*Lantana camara* L.
21	毒莴苣	*Lactuca serriola* L.
22	薇甘菊	*Mikania micrantha* Kunth
23	光荚含羞草	*Mimosa bimucronata*（DC.）Kuntze
24	银胶菊	*Parthenium hysterophorus* L.
25	垂序商陆	*Phytolacca americana* L.
26	大薸	*Pistia stratiotes* L.
27	假臭草	*Praxelis clematidea*R. M. King & H. Rob.
28	刺果瓜	*Sicyos angulatus* L.
29	黄花刺茄	*Solanum rostratum* Dunal
30	加拿大一枝黄花	*Solidago canadensis*L.
31	假高粱	*Sorghum halepense*（L.）Pers.
32	互花米草	*Spartina alterniflora* Loisel.
33	刺苍耳	*Xanthium spinosum* L.
昆虫		
34	苹果蠹蛾	*Cydia pomonella* L.
35	红脂大小蠹	*Dendroctonus valens* LeConte
36	美国白蛾	*Hyphantria cunea*（Drury）
37	马铃薯甲虫	*Leptinotarsa decemlineata*（Say）
38	美洲斑潜蝇	*Liriomyza sativae* Blanchard
39	稻水象甲	*Lissorhoptrus oryzophilus* Kuschel

续表2

序号	中文名称	学名
40	日本松干蚧	*Matsucoccus matsumurae*（Kuwana）
41	湿地松粉蚧	*Oracella acuta*（Lobdell）
42	扶桑绵粉蚧	*Phenacoccus solenopsis* Tinsley
43	锈色棕榈象	*Rhynchophorus ferrugineus*（Olivier）
44	红火蚁	*Solenopsis invicta* Buren
45	草地贪夜蛾	*Spodoptera frugiperda*（Smith）
46	番茄潜叶蛾	*Tuta absoluta*（Meyrick）
	植物病原微生物	
47	梨火疫病菌	*Erwinia amylovora*（Burrill）Winslow et al.
48	亚洲梨火疫病菌	*Erwinia pyrifoliae*Kim，Gardan，Rhim et Geider
49	落叶松枯梢病菌	*Botryosphaeria laricina*（Sawada）Y. Z. Shang
50	香蕉枯萎病菌4号小种	*Fusarium oxysporum* Schlecht f. sp. *cubense*（E. F. Sm.）Snyd. et Hans（Race 4）
	植物病原线虫	
51	松材线虫	*Bursaphelenchus xylophilus*（Steiner et Buhrer）Nickle
	软体动物	
52	非洲大蜗牛	*Achatina fulica* Bowdich
53	福寿螺	*Pomacea canaliculata*（Lamarck）
	鱼类	
54	鳄雀鳝	*Atractosteus spatula*（Lacépède）
55	豹纹翼甲鲶	*Pterygoplichthys pardalis*（Castelnau）
56	齐氏罗非鱼	*Coptodon zillii*（Gervais）
	两栖动物	
57	美洲牛蛙	*Rana catesbeiana*Shaw
	爬行动物	
58	大鳄龟	*Macroclemys temminckii* Troost
59	红耳彩龟	*Trachemys scripta elegans*（Wied）

注：1. 本名录将外来入侵物种分为8个类群，每个类群按物种学名首字母顺序排列。

2. 依照有关规定，在特定区域内合法养殖的水产物种不在名录管理范围内。

3. 农业农村部会同有关部门在风险研判和入侵趋势分析基础上对名录实行动态调整。

4. 本名录所列外来入侵物种的监测与防控按照相关部门职责分工开展。

关于将牛结节性皮肤病由一类动物传染病
调整为二类动物传染病的公告

（农业农村部　海关总署公告第 521 号）

发布日期：2022-01-30
实施日期：2022-01-30
法规类型：规范性文件

　　根据《中华人民共和国生物安全法》《中华人民共和国动物防疫法》《中华人民共和国进出境动植物检疫法》等法律法规，农业农村部和海关总署在风险评估的基础上，将 2020 年 7 月 3 日发布的《中华人民共和国进境动物检疫疫病名录》（农业农村部、海关总署联合公告第 256 号）中牛结节性皮肤病由一类动物传染病调整为二类动物传染病。

　　特此公告。

中华人民共和国进境动物检疫疫病名录

（农业农村部　海关总署公告第 256 号）

发布日期：2020-07-03
实施日期：2020-07-03
法规类型：规范性文件

一类传染病、寄生虫病（16 种）
List A diseases

口蹄疫 Infection with foot and mouth disease virus
猪水泡病 Swine vesicular disease
猪瘟 Infection with classical swine fever virus
非洲猪瘟 Infection with African swine fever virus
尼帕病 Nipah virus encephalitis
非洲马瘟 Infection with African horse sickness virus
牛传染性胸膜肺炎 Infection with Mycoplasma mycoides subsp. mycoides SC（contagious bovine pleuropneumonia）
牛海绵状脑病 Bovine spongiform encephalopathy
牛结节性皮肤病 Infection with lumpy skin disease virus
痒病 Scrapie
蓝舌病 Infection with bluetongue virus
小反刍兽疫 Infection with peste des petits ruminants virus

绵羊痘和山羊痘 Sheep pox and Goat pox

高致病性禽流感 Infection with highly pathogenic avian influenza

新城疫 Infection with Newcastle disease virus

埃博拉出血热 Ebola haemorrhagic fever

二类传染病、寄生虫病（154 种）
List B diseases

共患病（29 种） Multiple species diseases

狂犬病 Infection with rabies virus

布鲁氏菌病 Infection with Brucella abortus，Brucella melitensis and Brucella suis

炭疽 Anthrax

伪狂犬病 Aujeszky's disease（Pseudorabies）

魏氏梭菌感染 Clostridium perfringens infections

副结核病 Paratuberculosis（Johne's disease）

弓形虫病 Toxoplasmosis

棘球蚴病 Infection with Echinococcus granulosus，Infection with Echinococcus multilocularis

钩端螺旋体病 Leptospirosis

施马伦贝格病 Schmallenberg disease

梨形虫病 Piroplasmosis

日本脑炎 Japanese encephalitis

旋毛虫病 Infection with Trichinella spp.

土拉杆菌病 Tularemia

水泡性口炎 Vesicular stomatitis

西尼罗热 West Nile fever

裂谷热 Infection with Rift Valley fever virus

结核病 Infection with Mycobacterium tuberculosis complex

新大陆螺旋蝇蛆病（嗜人锥蝇）New world screwworm（*Cochliomyia hominivorax*）

旧大陆螺旋蝇蛆病（倍赞氏金蝇）Old world screwworm（*Chrysomya bezziana*）

Q 热 Q Fever

克里米亚刚果出血热 Crimean Congo hemorrhagic fever

伊氏锥虫感染（包括苏拉病）Trypanosoma Evansi infection（including Surra）

利什曼原虫病 Leishmaniasis

巴氏杆菌病 Pasteurellosis

心水病 Heartwater

类鼻疽 Malioidosis

流行性出血病感染 Infection with epizootic haemorrhagicdisease

小肠结肠炎耶尔森菌病 （Yersinia enterocolitica）

牛病（11 种） Bovine diseases

牛传染性鼻气管炎/传染性脓疱性阴户阴道炎 Infectious bovine rhinotracheitis/Infectious pustular vulvovaginitis

牛恶性卡他热 Malignant catarrhal fever

牛白血病 Enzootic bovine leukosis

牛无浆体病 Bovine anaplasmosis

牛生殖道弯曲杆菌病 Bovine genital campylobacteriosis

牛病毒性腹泻/粘膜病 Bovine viral diarrhoea/Mucosal disease

赤羽病 Akabane disease

牛皮蝇蛆病 Cattle Hypodermosis

牛巴贝斯虫病 Bovine babesiosis

出血性败血症 Haemorrhagic septicaemia

泰勒虫病 Theileriosis

马病（11 种）Equine diseases

马传染性贫血 Equine infectious anaemia

马流行性淋巴管炎 Epizootic lymphangitis

马鼻疽 Infection with Burkholderia mallei（Glanders）

马病毒性动脉炎 Infection with equine arteritis virus

委内瑞拉马脑脊髓炎 Venezuelan equine encephalomyelitis

马脑脊髓炎（东部和西部）Equine encephalomyelitis（Eastern and Western）

马传染性子宫炎 Contagious equine metritis

亨德拉病 Hendra virus disease

马腺疫 Equine strangles

溃疡性淋巴管炎 Equine ulcerative lymphangitis

马疱疹病毒-1 型感染 Infection with equid herpesvirus-1 （EHV-1）

猪病（16 种）Swine diseases

猪繁殖与呼吸道综合征 Infection with porcine reproductive and respiratory syndrome virus

猪细小病毒感染 Porcine parvovirus infection

猪丹毒 Swine erysipelas

猪链球菌病 Swine streptococosis

猪萎缩性鼻炎 Atrophic rhinitis of swine

猪支原体肺炎 Mycoplasmal hyopneumonia

猪圆环病毒感染 Porcine circovirus infection

革拉泽氏病（副猪嗜血杆菌）Glaesser's disease（Haemophilus parasuis）

猪流行性感冒 Swine influenza

猪传染性胃肠炎 Transmissible gastroenteritis of swine

猪铁士古病毒性脑脊髓炎（原称猪肠病毒脑脊髓炎、捷申或塔尔凡病）Teschovirus encephalomyelitis（previously Enterovirus encephalomyelitis or Teschen/Talfan disease）

猪密螺旋体痢疾 Swine dysentery

猪传染性胸膜肺炎 Infectious pleuropneumonia of swine

猪带绦虫感染\猪囊虫病 Infection with Taenia solium（Porcine cysticercosis）

塞内卡病毒病（Infection with Seneca virus）

猪 δ 冠状病毒（德尔塔冠状病毒）Porcine deltacorona virus（PDCoV）

禽病（21 种）Avian diseases

鸭病毒性肠炎（鸭瘟）Duck virus enteritis

鸡传染性喉气管炎 Avian infectious laryngotracheitis

鸡传染性支气管炎 Avian infectious bronchitis

传染性法氏囊病 Infectious bursal disease

马立克氏病 Marek's disease

鸡产蛋下降综合征 Avian egg drop syndrome

禽白血病 Avian leukosis

禽痘 Fowl pox

鸭病毒性肝炎 Duck virus hepatitis

鹅细小病毒感染（小鹅瘟）Goose parvovirus infection

鸡白痢 Pullorum disease

禽伤寒 Fowl typhoid

禽支原体病（鸡败血支原体、滑液囊支原体）Avian mycoplasmosis（*Mycoplasma Gallisepticum*，*M. synoviae*）

低致病性禽流感 Infection with Low pathogenic avian influenza

禽网状内皮组织增殖症 Reticuloendotheliosis

禽衣原体病（鹦鹉热）Avian chlamydiosis

鸡病毒性关节炎 Avian viral arthritis

禽螺旋体病 Avian spirochaetosis

住白细胞原虫病（急性白冠病）Leucocytozoonosis

禽副伤寒 Avian paratyphoid

火鸡鼻气管炎（禽偏肺病毒感染）Turkey rhinotracheitis（avian metapneumovirus）

羊病（4种）Sheep and goat diseases

山羊关节炎/脑炎 Caprine arthritis/encephalitis

梅迪-维斯纳病 Maedi-visna

边界病 Border disease

羊传染性脓疱皮炎 Contagious pustular dermertitis（Contagious Echyma）

水生动物病（43种）Aquatic animal diseases

鲤春病毒血症 Infection with spring viraemia of carp virus

流行性造血器官坏死病 Epizootic haematopoietic necrosis

传染性造血器官坏死病 Infection with infectious haematopoietic necrosis

病毒性出血性败血症 Infection with viral haemorrhagic septicaemia virus

流行性溃疡综合征 Infection with Aphanomyces invadans（epizootic ulcerative syndrome）

鲑鱼三代虫感染 Infection with Gyrodactylus Salaris

真鲷虹彩病毒病 Infection with red sea bream iridovirus

锦鲤疱疹病毒病 Infection with koi herpesvirus

鲑传染性贫血 Infection with HPR-deleted or HPRO infectious salmon anaemia virus

病毒性神经坏死病 Viral nervous necrosis

斑点叉尾鮰病毒病 Channel catfish virus disease

鲍疱疹样病毒感染 Infection with abalone herpesvirus

牡蛎包拉米虫感染 Infection with Bonamia Ostreae

杀蛎包拉米虫感染 Infection with Bonamia Exitiosa

折光马尔太虫感染 Infection with Marteilia Refringens

奥尔森派琴虫感染 Infection with Perkinsus Olseni

海水派琴虫感染 Infection with Perkinsus Marinus

加州立克次体感染 Infection with Xenohaliotis Californiensis

白斑综合征 Infection with white spot syndrome virus

传染性皮下和造血器官坏死病 Infection with infectious hypodermal and haematopoietic necrosis virus

传染性肌肉坏死病 Infection with infectious myonecrosis virus

桃拉综合征 Infection with Taura syndrome virus

罗氏沼虾白尾病 Infection with Macrobrachium rosenbergii nodavirus (white tail disease)

黄头病 Infection with yellow head virus genotype 1

螯虾瘟 Infection with Aphanomyces astaci (crayfish plague)

箭毒蛙壶菌感染 Infection with Batrachochytrium Dendrobatidis

蛙病毒感染 Infection with Ranavirus species

异尖线虫病 Anisakiasis

坏死性肝胰腺炎 Infection with Hepatobacter penaei (necrotising hepatopancreatitis)

传染性脾肾坏死病 Infectious spleen and kidney necrosis

刺激隐核虫病 Cryptocaryoniasis

淡水鱼细菌性败血症 Freshwater fish bacteria septicemia

鮰类肠败血症 Enteric septicaemia of catfish

迟缓爱德华氏菌病 Edwardsiellasis

鱼链球菌病 Fish streptococcosis

蛙脑膜炎败血金黄杆菌病 Chryseobacterium meningsepticum of frog (Rana spp)

鲑鱼甲病毒感染 Infection with salmonid alphavirus

蝾螈壶菌感染 Infection with Batrachochytrium salamandrivorans

鲤浮肿病毒病 Carp edema virus disease

罗非鱼湖病毒病 Tilapia Lake virus disease

细菌性肾病 Bacterial kidney disease

急性肝胰腺坏死 Acute hepatopancreatic necrosis disease

十足目虹彩病毒 1 感染 Infection with Decapod iridescent virus 1

蜂病（6 种）Bee diseases

蜜蜂盾螨病 Acarapisosis of honey bees

美洲蜂幼虫腐臭病 Infection of honey bees with Paenibacillus larvae (American foulbrood)

欧洲蜂幼虫腐臭病 Infection of honey bees with Melissococcus plutonius (European foulbrood)

蜜蜂瓦螨病 Varroosis of honey bees

蜂房小甲虫病（蜂窝甲虫）Small hive beetle infestation (*Aethina tumida*)

蜜蜂亮热厉螨病 Tropilaelaps infestation of honey bees

其他动物病（13 种）Diseases of other animals

鹿慢性消耗性疾病 Chronic wasting disease of deer

兔粘液瘤病 Myxomatosis

兔出血症 Rabbit haemorrhagic disease

猴痘 Monkey pox

猴疱疹病毒 I 型（B 病毒）感染症 Cercopithecine Herpesvirus Type I (B virus) infectious diseases

猴病毒性免疫缺陷综合征 Simian virus immunodeficiency syndrome

马尔堡出血热 Marburg haemorrhagic fever

犬瘟热 Canine distemper

犬传染性肝炎 Infectious canine hepatitis

犬细小病毒感染 Canine parvovirus infection

水貂阿留申病 Mink aleutian disease

水貂病毒性肠炎 Mink viral enteritis

猫泛白细胞减少症（猫传染性肠炎）Feline panleucopenia（Feline infectious enteritis）

其他传染病、寄生虫病（41 种）
Other diseases

共患病（9 种）Multiple species diseases

大肠杆菌病 Colibacillosis

李斯特菌病 Listeriosis

放线菌病 Actinomycosis

肝片吸虫病 Fasciolasis

丝虫病 Filariasis

附红细胞体病 Eperythrozoonosis

葡萄球菌病 Staphylococcosis

血吸虫病 Schistosomiasis

疥癣 Mange

牛病（5 种）Bovine diseases

牛流行热 Bovine ephemeral fever

毛滴虫病 Trichomonosis

中山病 Chuzan disease

茨城病 Ibaraki disease

嗜皮菌病 Dermatophilosis

马病（3 种）Equine diseases

马流行性感冒 Equine influenza

马媾疫 Dourine

马副伤寒（马流产沙门氏菌）Equine paratyphoid（*Salmonella Abortus Equi.*）

猪病（2 种）Swine diseases

猪副伤寒 Swine salmonellosis

猪流行性腹泻 Porcine epizootic diarrhea

禽病（5 种）Avian diseases

禽传染性脑脊髓炎 Avian infectious encephalomyelitis

传染性鼻炎 Infectious coryza

禽肾炎 Avian nephritis

鸡球虫病 Avian coccidiosis

鸭疫里默氏杆菌感染（鸭浆膜炎）Riemerella anatipestifer infection

绵羊和山羊病（7 种）Sheep and goat diseases

羊肺腺瘤病 Ovine pulmonary adenocarcinoma

干酪性淋巴结炎 Caseous lymphadenitis

绵羊地方性流产（绵羊衣原体病）Infection with Chlamydophila abortus（Enzootic abortion of ewes，ovine chlamydiosis）

传染性无乳症 Contagious agalactia

山羊传染性胸膜肺炎 Contagious caprine pleuropneumonia

羊沙门氏菌病（流产沙门氏菌）Salmonellosis (*S. abortusovis*)

内罗毕羊病 Nairobi sheep disease

蜂病（2 种） Bee diseases

蜜蜂孢子虫病 Nosemosis of honey bees

蜜蜂白垩病 Chalkbrood of honey bees

其他动物病（8 种） Diseases of other animals

兔球虫病 Rabbit coccidiosis

骆驼痘 Camel pox

家蚕微粒子病 Pebrine disease of Chinese silkworm

蚕白僵病 Bombyx mori white muscardine

淋巴细胞性脉络丛脑膜炎 Lymphocytic choriomeningitis

鼠痘 Mouse pox

鼠仙台病毒感染症 Sendai virus infectious disease

小鼠肝炎 Mouse hepatitis

行邮物品篇

行李物品

中华人民共和国海关对高层次留学人才回国和海外科技专家来华工作进出境物品管理办法

（海关总署令第 154 号）

发布日期：2006—12—26

实施日期：2010—11—26

法规类型：部门规章

（根据 2010 年 11 月 26 日海关总署令第 198 号《海关总署关于修改部分规章的决定》修正）

第一条 为了鼓励高层次留学人才回国和海外科技专家来华工作，推动国家科学、技术进步，根据《中华人民共和国海关法》和国家有关法律、行政法规及其他有关规定，制定本办法。

第二条 由人事部、教育部或者其授权部门认定的高层次留学人才和海外科技专家（以下统称高层次人才），以随身携带、分离运输、邮递、快递等方式进出境科研、教学和自用物品，适用本办法。

第三条 回国定居或者来华工作连续 1 年以上（含 1 年，下同）的高层次人才进境本办法所附清单（见附件 1）范围内合理数量的科研、教学物品，海关依据有关规定予以免税验放。

第四条 回国定居或者来华工作连续 1 年以上的高层次人才进境本办法所附清单（见附件 2）范围内合理数量的自用物品，海关依据有关规定予以免税验放。

上述人员可以依据有关规定申请从境外运进自用机动车辆 1 辆（限小轿车、越野车、9 座及以下的小客车），海关依据有关规定予以征税验放。

第五条 高层次人才进境本办法第三条、第四条所列物品，除应当向海关提交人事部、教育部或者其授权部门出具的高层次人才身份证明外，还应当按照下列规定办理海关手续：

（一）以随身携带、分离运输方式进境科研、教学物品的，应当如实向海关书面申报，并提交本人有效入出境身份证件；

（二）以邮递、快递方式进境科研、教学用品的，应当如实向海关申报，并提交本人有效入出境身份证件；

（三）回国定居或者来华工作连续 1 年以上的高层次人才进境自用物品的，应当填写《中华人民共和国海关进出境自用物品申请表》，并提交本人有效入出境身份证件、境内长期居留证件或者《回国（来华）定居专家证》，由本人或者委托他人向主管海关提出书面申请。

经主管海关审核批准后，进境地海关凭主管海关的审批单证和其他相关单证对上述物品予以验放。

第六条 高层次人才回国、来华后，因工作需要从境外运进少量消耗性的试剂、原料、配件等，应当由其所在单位按照《科学研究和教学用品免征进口税收规定》办理有关手续。

上述人员因工作需要从境外临时运进少量非消耗性科研、教学物品的，可以由其所在单位向海关出具保函，海关按照暂时进境物品办理有关手续，并监管其按期复运出境。

第七条 已获人事部、教育部或者其授权部门批准回国定居或者来华工作连续 1 年以上，但尚未取得境内长期居留证件或者《回国（来华）定居专家证》的高层次人才，对其已经运抵口岸的自用物品，海关可以凭人事部、教育部或者其授权部门出具的书面说明文件先予放行。

上述高层次人才应当在物品进境之日起 6 个月内补办有关海关手续。

第八条 高层次人才依据有关规定从境外运进的自用机动车辆，属于海关监管车辆，依法接受海关监管。

自海关放行之日起 1 年后，高层次人才可以向主管海关申请解除监管。

对高层次人才进境自用机动车辆的其他监管事项，按照《中华人民共和国海关对非居民长期旅客进出境自用物品监管办法》有关规定办理。

第九条 高层次人才在华工作完毕返回境外时，以随身携带、分离运输、邮递、快递等方式出境原进境物品的，应当按照规定办理相关海关手续。

第十条 高层次人才因出境参加各种学术交流等活动需要，以随身携带、分离运输、邮递、快递等方式出境合理数量的科研、教学物品，除国家禁止出境的物品外，海关按照暂时出境物品办理有关手续。

第十一条 高层次人才进出境时，海关给予通关便利。对其随身携带的进出境物品，除特殊情况外，海关可以不予开箱查验。

海关在办理高层次人才进出境物品审批、验放等手续时，应当由指定的专门机构和专人及时办理。对在节假日或者非正常工作时间内以分离运输、邮递或者快递方式进出境的物品，有特殊情况需要及时验放的，海关可以预约加班，在约定的时间内为其办理物品通关手续。

第十二条 违反本办法，构成走私或者违反海关监管规定行为的，由海关依照《中华人民共和国海关法》和《中华人民共和国海关行政处罚实施条例》的有关规定予以处理；构成犯罪的，依法追究刑事责任。

第十三条 本办法由海关总署负责解释。

第十四条 本办法自 2007 年 1 月 1 日起施行。

附件：1. 免税科研、教学物品清单
　　　2. 免税自用物品清单

附件 1

免税科研、教学物品清单

一、科学研究、科学试验和教学用的少量的小型检测、分析、测量、检查、计量、观测、发生信号的仪器、仪表及其附件；

二、为科学研究和教学提供必要条件的少量的小型实验设备；

三、各种载体形式的图书、报刊、讲稿、计算机软件；

四、标本、模型；

五、教学用幻灯片；

六、实验用材料。

附件2

免税自用物品清单

一、首次进境的个人生活、工作自用的家用摄像机、照相机、便携式收录机、便携式激光唱机、便携式计算机每种1件；

二、日常生活用品（衣物、床上用品、厨房用品等）；

三、其他自用物品（国家规定应当征税的20种商品除外）。

中华人民共和国海关对非居民长期旅客
进出境自用物品监管办法

（海关总署令第116号）

发布日期：2004-06-16

实施日期：2018-02-01

法规类型：部门规章

（根据2010年11月1日海关总署令第194号《海关总署关于修改〈中华人民共和国海关对非居民长期旅客进出境自用物品监管办法〉的决定》第一次修正；根据2010年11月26日海关总署令第198号《海关总署关于修改部分规章的决定》第二次修正；根据2017年12月20日海关总署令第235号《海关总署关于修改部分规章的决定》第三次修正；根据2018年5月29日海关总署令第240号《海关总署关于修改部分规章的决定》第四次修正）

第一章　总　则

第一条　为规范海关对非居民长期旅客进出境自用物品的管理，根据《中华人民共和国海关法》和其他有关法律、行政法规，制定本办法。

第二条　非居民长期旅客进出境自用物品应当符合《非居民长期旅客自用物品目录》（以下简称《物品目录》），以个人自用、合理数量为限。《物品目录》由海关总署另行制定并且发布。其中，常驻人员可以进境机动车辆，每人限1辆，其他非居民长期旅客不得进境机动车辆。

非居民长期旅客进出境自用物品，可以由本人或者其委托的报关企业向主管海关或者口岸海关办理通关手续。常驻人员进境机动车辆，向主管海关办理通关手续。

自用物品通关时，海关可以对相关物品进行查验，防止违禁物品进出境。

自用物品放行后，海关可以通过实地核查等方式对使用情况进行抽查。

第三条　非居民长期旅客取得境内长期居留证件后方可申报进境自用物品，首次申报进境的自用物品海关予以免税，但按照本规定准予进境的机动车辆和国家规定应当征税的20种商品除外。再次申报进境的自用物品，一律予以征税。

对于应当征税的非居民长期旅客进境自用物品，海关按照《中华人民共和国进出口关税条例》的有关规定征收税款。

根据政府间协定免税进境的非居民长期旅客自用物品，海关依法免征税款。

第二章　进境自用物品监管

第四条　非居民长期旅客申报进境自用物品时，应当填写《中华人民共和国海关进出境自用物品申报单》（以下简称《申报单》），并提交身份证件、长期居留证件、提（运）单和装箱单等相关单证。港澳台人员还需提供其居住地公安机关出具的居留证明。

常驻人员申报进境机动车辆时，应当填写《进口货物报关单》，并提交前款规定的单证。

第五条　进境机动车辆因事故、不可抗力等原因遭受严重损毁或因损耗、超过使用年限等原因丧失使用价值，经报废处理后，常驻人员凭公安交通管理部门出具的机动车辆注销证明，经主管海关同意办理机动车辆结案手续后，可重新申报进境机动车辆1辆。

进境机动车辆有丢失、被盗、转让或出售给他人、超出监管期限等情形的，常驻人员不得重新申报进境机动车辆。

第六条　常驻人员进境机动车辆，应当自海关放行之日起10个工作日内，向主管海关申领《中华人民共和国海关监管车辆进/出境领/销牌照通知书》（以下简称《领/销牌照通知书》），办理机动车辆牌照申领手续。其中，免税进境的机动车辆，常驻人员还应当自取得《领/销牌照通知书》之日起10个工作日内，凭公安交通管理部门颁发的《机动车辆行驶证》向主管海关申领《中华人民共和国海关监管车辆登记证》（以下简称《监管车辆登记证》）。

第三章　出境自用物品监管

第七条　非居民长期旅客申报出境原进境自用物品时，应当填写《申报单》，并提交身份证件、长期居留证件、提（运）单和装箱单等相关单证。

常驻人员申报出境原进境机动车辆的，海关开具《领/销牌照通知书》，常驻人员凭此向公安交通管理部门办理注销牌照手续。

第四章　进境免税机动车辆后续监管

第八条　常驻人员依据本办法第三条第三款规定免税进境的机动车辆属于海关监管机动车辆，主管海关对其实施后续监管，监管期限为自海关放行之日起6年。

未经海关批准，进境机动车辆在海关监管期限内不得擅自转让、出售、出租、抵押、质押或者进行其他处置。

第九条　海关对常驻人员进境监管机动车辆实行年审制度。常驻人员应当根据主管海关的公告，在规定时间内，将进境监管机动车辆驶至指定地点，凭本人身份证件、长期居留证件、《监管车辆登记证》《机动车辆行驶证》向主管海关办理机动车辆海关年审手续。年审合格后，主管海关在《监管车辆登记证》上加盖年审印章。

第十条　常驻人员任期届满后，经主管海关批准，可以按规定将监管机动车辆转让给其他常驻人员或者常驻机构，或者出售给特许经营单位。受让方的机动车辆进境指标相应扣减。

机动车辆受让方同样享有免税进境机动车辆权利的，受让机动车辆予以免税，受让方主管海关在该机动车辆的剩余监管年限内实施后续监管。

第十一条　常驻人员转让进境监管机动车辆时，应当由受让方向主管海关提交经出、受让双方签章确认的《中华人民共和国海关公/自用车辆转让申请表》（以下简称《转让申请表》）及其他相关单证。受让方主管海关审核批注后，将《转让申请表》转至出让方主管海关。出让方凭其主管海关开具的《领/销牌照通知书》向公安交通管理部门办理机动车辆牌照注销手续；出让方主管海关办理机动车辆结案手续后，将机动车辆进境原始档案及《转让申请表》回执联转至受让方主管海关。受让方凭其主管海关出具的《领/销牌照通知书》向公安交通管理部门办理机动车辆牌照申领手续。应当补税的机动车辆由受让方向其主管海关依法补缴税款。

常驻人员进境监管机动车辆出售时，应当由特许经营单位向常驻人员的主管海关提交经常驻人员签字确认的《转让申请表》，主管海关审核无误后，由特许经营单位参照前款规定办理机动车辆注销牌照等结案手续，并依法向主管海关补缴税款。

第十二条 机动车辆海关监管期限届满的，常驻人员应当凭《中华人民共和国海关公/自用车辆解除监管申请表》《机动车辆行驶证》向主管海关申请解除监管。主管海关核准后，开具《中华人民共和国海关监管车辆解除监管证明书》，常驻人员凭此向公安交通管理部门办理有关手续。

第十三条 海关监管期限内的机动车辆因法院判决抵偿他人债务或者丢失、被盗的，机动车辆原所有人应当凭有关证明向海关申请办理机动车辆解除监管手续，并依法补缴税款。

第十四条 任期届满的常驻人员，应当在离境前向主管海关办理海关监管机动车辆的结案手续。

第五章 法律责任

第十五条 违反本办法，构成走私行为、违反海关监管规定行为或者其他违反海关法行为的，海关依照《中华人民共和国海关法》、《中华人民共和国海关行政处罚实施条例》予以处罚；构成犯罪的，依法追究刑事责任。

第六章 附 则

第十六条 本办法下列用语的含义：

"非居民长期旅客"是指经公安部门批准进境并在境内连续居留一年以上（含一年），期满后仍回到境外定居地的外国公民、港澳台地区人员、华侨。

"常驻人员"是指非居民长期旅客中的下列人员：

（一）境外企业、新闻机构、经贸机构、文化团体及其他境外法人经中华人民共和国政府主管部门批准，在境内设立的并在海关备案的常设机构内的工作人员；

（二）在海关注册登记的外商投资企业内的人员；

（三）入境长期工作的专家。

"身份证件"是指中华人民共和国主管部门颁发的《外国（地区）企业常驻代表机构工作证》、《中华人民共和国外国人工作许可证》等证件，以及进出境使用的护照、《港澳居民来往内地通行证》、《台湾居民往来大陆通行证》等。

"长期居留证件"是指有效期一年及以上的《中华人民共和国外国人居留许可》、《港澳居民来往内地通行证》、《台湾居民来往大陆通行证》等准予在境内长期居留的证件。

"主管海关"是指非居民长期旅客境内居留所在地的直属海关或者经直属海关授权的隶属海关。

"自用物品"是指非居民长期旅客在境内居留期间日常生活所需的《物品目录》范围内物品及机动车辆。

"机动车辆"是指摩托车、小轿车、越野车、9座及以下的小客车。

"20种商品"是指电视机、摄像机、录像机、放像机、音响设备、空调器、电冰箱（柜）、洗衣机、照相机、复印机、程控电话交换机、微型计算机、电话机、无线寻呼系统、传真机、电子计算器、打印机及文字处理机、家具、灯具和餐料。

第十七条　外国驻中国使馆、领馆人员，联合国及其专门机构以及其他与中国政府签有协议的国际组织驻中国代表机构人员进出境物品，不适用本办法，另按有关法律、行政法规办理。

第十八条　本办法所规定的文书由海关总署另行制定并且发布。

第十九条　本办法由海关总署负责解释。

第二十条　本办法自 2004 年 8 月 1 日起施行。本办法附件所列规范性文件同时废止。

中华人民共和国海关对中国籍旅客进出境行李物品的管理规定

（海关总署令第 58 号）

发布日期：1996-08-15
实施日期：2018-02-01
法规类型：部门规章

（根据 2010 年 11 月 26 日海关总署令第 198 号《海关总署关于修改部分规章的决定》第一次修正；根据 2017 年 12 月 20 日海关总署令第 235 号《海关总署关于修改部分规章的决定》第二次修正）

第一条　根据《中华人民共和国海关法》及其他有关法规，制定本规定。

第二条　本规定适用于凭中华人民共和国护照等有效旅行证件出境的旅客，包括公派出境工作、考察、访问、学习和因私出境探亲、访友、旅游、经商、学习等中国籍居民旅客和华侨、台湾同胞、港澳同胞等中国籍非居民旅客。

第三条　中国籍旅客携运进境的行李物品，在本规定所附《中国籍旅客带进物品限量表》（简称《限量表》，见附件 1）规定的征税或免税物品品种、限量范围内的，海关准予放行，并分别验凭旅客有效出入境旅行证件及其他有关证明文件办理物品验放手续。

对不满 16 周岁者，海关只放行其旅途需用的《限量表》第一类物品。

第四条　中国籍旅客携运进境物品，超出规定免税限量仍属自用的，经海关核准可征税放行。

第五条　中国籍旅客携带旅行自用物品进出境，按照《中华人民共和国海关对进出境旅客旅行自用物品的管理规定》办理验放手续。

第六条　获准进境定居的中国籍非居民旅客携运进境其在境外拥有并使用过的自用物品及车辆，应当在获准定居后六个月内凭中华人民共和国有关主管部门签发的定居证明，向海关办理通关手续。上述自用物品向定居地主管海关或者口岸海关申报，除《定居旅客应税自用及安家物品清单》（见附件 2）所列物品需征税外，经海关审核在合理数量范围内的准予免税进境。其中完税价格在人民币 1000 元以上，5000 元以下（含 5000 元）的物品每种限 1 件。自用小汽车和摩托车向定居地主管海关申报，每户准予征税进境各 1 辆。

第七条　定居旅客自进境之日起，居留时间不满二年，再次出境定居的，其免税携运进境的自用物品应复运出境，或依照相关规定向海关补缴进口税。

再次出境定居的旅客，在外居留不满二年，重新进境定居者，海关对其携运进境的自用物品均按本规定第三条办理。

第八条 进境长期工作、学习的中国籍非居民旅客，在取得长期居留证件之前，海关按照本规定验放其携运进出境的行李物品；在取得长期居留证件之后，另按海关对非居民长期旅客和常驻机构进出境公、私用物品的规定办理。

第九条 对短期内多次来往香港、澳门地区的旅客和经常出入境人员以及边境地区居民，海关只放行其旅途必需物品。具体管理规定授权有关海关制定并报中华人民共和国海关总署批准后公布实施。

前款所述"短期内多次来往"和"经常出入境"指半个月（15日）内进境超过1次。

第十条 除国家禁止和限制出境的物品另按有关规定办理外，中国籍旅客携运出境的行李物品，经海关审核在自用合理数量范围内的，准予出境。

以分离运输方式运出的行李物品，应由本人凭有效的出境证件，在本人出境前向所在地海关办理海关手续。

第十一条 中国籍旅客进出境行李物品，超出自用合理数量及规定的限量、限值或品种范围的，除另有规定者外，海关不予放行。除本人声明放弃外，应在三个月内由本人或其代理人向海关办理退运手续；逾期不办的，由海关按《中华人民共和国海关法》第五十一条规定处理。

第十二条 旅客进出境时应遵守本规定和中华人民共和国海关总署授权有关海关为实施本规定所公告的其他补充规定。违者，海关将依照《中华人民共和国海关法》和《中华人民共和国海关行政处罚实施条例》的有关规定处理。

第十三条 本规定由中华人民共和国海关总署负责解释。

第十四条 本规定自1996年8月15日起实施。

附件：1. 中国籍旅客带进物品限量表
　　　2. 定居旅客应税自用物品及安家物品清单

附件1

中国籍旅客带进物品限量表

类别	品种	限量
第一类物品	衣料、衣着、鞋、帽、工艺美术品和价值人民币1,000元以下（含1,000元）的其他生活用品	自用合理数量范围内免税，其中价值人民币800元以上，1,000元以下的物品每种限一件
第二类物品	烟草制品 酒精饮料	（1）香港、澳门地区居民及因私往来香港、澳门地区的内地居民，免税香烟200支，或雪茄50支，或烟丝250克；免税12度以上酒精饮料限1瓶（0.75升以下） （2）其他旅客，免税香烟400支，或雪茄100支，或烟丝500克；免税12度以上酒精饮料限2瓶（1.5升以下）

续表

类别	品种	限量
第三类物品	价值人民币 1,000 元以上、5,000 元以下（含 5,000 元）的生活用品	（1）驻境外的外交机构人员、我出国留学人员和访问学者、赴外劳务人员和援外人员，连续在外每满 180 天（其中留学人员和访问学者物品验放时间从注册入学之日起算至毕业结业之日止），远洋船员在外每满 120 天任选其中 1 件免税 （2）其他旅客每公历年度内进境可任选其中 1 件征税

注：1. 本表所称进境物品价值以海关审定的完税价格为准；
   2. 超出本表所列最高限值的物品，另按有关规定办理；
   3. 根据规定可免税带进的第三类物品，同一品种物品公历年度内不得重复；
   4. 对不满 16 周岁者，海关只放行其旅途需用的第一类物品；
   5. 本表不适用于短期内多次来往香港、澳门地区旅客和经常进出境人员以及边境地区居民。

附件2

定居旅客应税自用及安家物品清单

电视机、摄像机、录像机、放像机、音响设备、空调器、电冰箱电冰柜、洗衣机、照相机、传真机、打印机及文字处理机、微型计算机及外设、电话机、家具、灯具、餐料（含饮料、酒）、小汽车、摩托车。

中华人民共和国海关关于进出境旅客通关的规定

（海关总署令第 55 号）

发布日期：1995-12-25
实施日期：2010-11-26
法规类型：部门规章

（根据 2010 年 11 月 26 日海关总署令第 198 号《海关总署关于修改部分规章的决定》修正）

第一条 根据《中华人民共和国海关法》和其他有关法规、规定，制定本规定。
第二条 本规定所称"通关"系指进出境旅客向海关申报，海关依法查验行李物品并办理进出境物品征税或免税验放手续，或其他有关监管手续之总称。
本规定所称"申报"，系指进出境旅客为履行中华人民共和国海关法规规定的义务，对其携运进出境的行李物品实际情况依法向海关所作的书面申明。
第三条 按规定向海关办理申报手续的进出境旅客通关时，应首先在申报台前向海关递交《中华人民共和国海关进出境旅客行李物品申报单》或海关规定的其他申报单证，如实申报其所携运进出境的行李物品。
进出境旅客对其携运的行李物品以上述以外的其他任何方式或在其他任何时间、地点所做出的申明，海关均不视为申报。

第四条 申报手续应由旅客本人填写申报单证向海关办理，如委托他人办理，应由本人在申报单证上签字。接受委托办理申报手续的代理人应当遵守本规定对其委托人的各项规定，并承担相应的法律责任。

第五条 旅客向海关申报时，应主动出示本人的有效进出境旅行证件和身份证件，并交验中华人民共和国有关主管部门签发的准许有关物品进出境的证明、商业单证及其他必备文件。

第六条 经海关办理手续并签章交由旅客收执的申报单副本或专用申报单证，在有效期内或在海关监管时限内，旅客应妥善保存，并在申请提取分离运输行李物品或购买征、免税外汇商品或办理其他有关手续时，主动向海关出示。

第七条 在海关监管场所，海关在通道内设置专用申报台供旅客办理有关进出境物品的申报手续。

经中华人民共和国海关总署批准实施双通道制的海关监管场所，海关设置"申报"通道（又称"红色通道"）和"无申报"通道（又称"绿色通道"）供进出境旅客依本规定选择。

第八条 下列进境旅客应向海关申报，并将申报单证交由海关办理物品进境手续；

携带需经海关征税或限量免税的《旅客进出境行李物品分类表》第二、三、四类物品（不含免税限量内的烟酒）者；

非居民旅客及持有前往国家（地区）再入境签证的居民旅客携带途中必需的旅行自用物品超出照相机、便携式收录音机、小型摄影机、手提式摄录机、手提式文字处理机每种一件范围者；

携带人民币现钞 6000 元以上，或金银及其制品 50 克以上者；

非居民旅客携带外币现钞折合 5000 美元以上者；

居民旅客携带外币现钞折合 1000 美元以上者；

携带货物、货样以及携带物品超出旅客个人自用行李物品范围者；

携带中国检疫法规规定管制的动、植物及其产品以及其他须办理验放手续的物品者。

第九条 下列出境旅客应向海关申报，并将申报单证交由海关办理物品出境手续：

携带需复带进境的照相机、便携式收录音机、小型摄影机、手提式摄录机、手提式文字处理机等旅行自用物品者；

未将应复带出境物品原物带出或携带进境的暂时免税物品未办结海关手续者；

携带外币、金银及其制品未取得有关出境许可证是或超出本次进境申报数额者；

携带人民币现钞 6000 元以上者；

携带文物者；

携带货物、货样者；

携带出境物品超出海关规定的限值、限量或其他限制规定范围的；

携带中国检疫法规规定管制的动、植物及其产品以及其他须办理验放手续的物品者。

第十条 在实施双通道制的海关监管场所，本规定第八条、第九条所列旅客应当选择"申报"通道通关。

第十一条 不明海关规定或不知如何选择通道的旅客，应选择"申报"通道，向海关办理申报手续。

第十二条 本规定第八条、第九条、第十一条所列旅客以外的其他旅客可不向海关办理申报手续。在海关实施双通道制的监管场所，可选择"无申报"通道进境或出境。

第十三条 持有中华人民共和国政府主管部门给予外交、礼遇签证的进出境非居民旅客和海关给予免验礼遇的其他旅客，通关时应主动向海关出示本人护照（或其他有效进出境证件）和身份证件。

第十四条 旅客进出境时，应遵守本规定和中华人民共和国海关总署授权有关海关为实施本规定所制定并公布的其他补充规定。

第十五条 旅客携带物品、货物进出境未按规定向海关申报的，以及本规定第八条、第九条、第十一条所列旅客未按规定选择通道通关的，海关依据《中华人民共和国海关法》及《中华人民共和国行政处罚实施细则》的有关规定处理。

第十六条 本规定自一九九六年一月一日起实施。

中华人民共和国海关对进出境旅客旅行自用物品的管理规定

（海关总署令第 35 号）

发布日期：1992-10-15
实施日期：2010-11-26
法规类型：部门规章

（根据 2010 年 11 月 26 日海关总署令第 198 号《海关总署关于修改部分规章的决定》修正）

第一条 为了照顾旅客在旅途中的实际需要，为其进出境提供必要的便利，根据《中华人民共和国海关法》和《中华人民共和国海关对进出境旅客行李物品监管办法》，制定本规定。

第二条 本规定所称"进出境旅客旅行自用物品"系指本次旅行途中海关准予旅客随身携带的暂时免税进境或者复带进境的在境内、外使用的自用物品。

第三条 进出境旅客旅行自用物品的范围：

（一）照相机、便携式收录音机、小型摄影机、手提式摄录机、手提式文字处理机；

（二）经海关审核批准的其他物品。

第四条 进境旅客（包括持有前往国家或地区签发的再入境签证的中国籍居民旅客）携带本规定第三条之物品，每种限一件。旅客应主动向海关申报，海关方可准予暂时免税放行。

第五条 海关准予暂时免税的本次进境物品，须由旅客在回程时复带出境。由于特殊原因不能在本次回程时复带出境的，应事先报请出境地海关办结有关手续。

第六条 中国籍居民、中国籍或外国籍非居民长期旅客携带本规定第三条之物品出境，如需复带进境，应在本次出境时，主动报请海关验核。复带进境时，海关验凭本次出境的有关单、证放行。

第七条 进出境旅客旅行自用物品的具体申报手续、适用单证及本规定未尽事项，按其他有关规定办理。

第八条 本规定不适用于当天或短期内多次往返的进出境旅客旅行自用物品。

第九条 进出境旅客违反本规定或者未将海关暂准免税放行物品复带出境的，海关依照《中华人民共和国海关行政处罚实施条例》第十九条规定处理。

第十条 本规定自 1992 年 10 月 15 日起实施。

中华人民共和国海关关于境外
登山团体和个人进出境物品管理规定

（海关总署令第 30 号）

发布日期：1992-03-10
实施日期：2010-11-26
法规类型：部门规章

（根据 2010 年 11 月 26 日海关总署令第 198 号《海关总署关于修改部分规章的决定》修正）

第一条 为促进我国登山事业的发展，加强对境外登山团体和个人进出境物品管理，根据《中华人民共和国海关法》、《外国人来华登山管理办法》以及国家有关法规，特制定本规定。

第二条 境外登山团体和个人进境从事《外国人来华登山管理办法》所列的登山活动，经有关主管部门审核批准后，其进出境登山用物品，统一由中国登山协会（以下简称"中国登协"）归口管理，负责凭有关主管部门的批件向海关办理物品报关、担保、核销、结案等手续。

第三条 境外登山团体和个人运进、运出登山用物品，由登山活动所在地或临近地海关（即主管海关）负责审批验放管理。

第四条 境外登山团体和个人运进、运出登山用食品、急救药品、防寒衣物、高山专用技术设备、燃料、氧气设备、易损的汽车零配件等消耗性物品，属于"特准进口物品"范围，经主管海关审核在自用合理数量范围内的，予以特准免税放行。其中各种食品每人每天共计限十公斤，防寒衣物及被褥每人每种限十套。

超出上述自用合理数量范围的物品，以及自用的烟酒，经海关核准后，予以征税放行。

第五条 境外登山团体和个人运进、运出登山用的通讯、摄影、摄像、录像、测绘器材和机动交通工具等非消耗性物品，属于"暂时进口物品"范围，由中国登协按规定向主管海关缴纳保证金后，暂准免税进境。其中运进无线电通讯设备和器材，需交验国家无线电管理委员会的批件；随同登山团体和个人进境的境外记者运进的摄影、摄像器材，需交验外交部新闻司或全国记协的批件。

第六条 境外登山团体和个人以及随行的境外记者随身携带进境的上述"暂时进口物品"（机动交通工具除外），由进境地海关凭有关主管部门的批件和中国登协缴纳的保证金暂予免税放行；或者验凭主管海关出具的联系单，作为转关运输货物，由中国登协负责转运至主管海关办理。

对上述人员携带进境的其他物品，进境地海关按照《中华人民共和国海关对进出境旅客行李物品监管办法》有关规定验放。

第七条 境外团体和个人登山时采集的标本、样品、化石和在境内拍摄的音像资料以及测绘成果，由中国登协负责报国家有关主管部门审查。出境时，海关凭中国登协出具的有关主管部门的审批件查核放行。

第八条　境外登山团体和个人一律不准运进运出中华人民共和国禁止进出境物品。

第九条　经海关核准暂时免税进境的登山物品，不得移作他用，并应在规定的期限内复运出境。如因特殊原因不能复运出境的，应由中国登协在规定暂准进境期限内，办妥正式进口手续，向海关结案。

第十条　登山活动结束后，境外登山团体和个人留赠给中方的登山用物品，由中国登协按本规定第九条办理有关手续。

第十一条　中外联合登山团体进出境登山用物品，海关根据有关主管部门提供的中外登山人员总数合并审批有关登山物品数量。具体手续参照本规定有关条款办理。

第十二条　对违反本规定的，海关将依照《中华人民共和国海关法》和《中华人民共和国海关行政处罚实施条例》规定予以处罚。

第十三条　本规定自 1992 年 5 月 1 日起施行。

中华人民共和国海关关于过境旅客行李物品管理规定

（海关总署令第 25 号）

发布日期：1991-09-10

实施日期：2010-11-26

法规类型：部门规章

（根据 2010 年 11 月 26 日海关总署令第 198 号《海关总署关于修改部分规章的决定》修正）

第一条　根据《中华人民共和国海关法》和《中华人民共和国海关对进出境旅客行李物品监管办法》制定本规定。

第二条　本规定所称过境旅客系指持有效过境签证（与我互免签证国家的旅客，凭其有效护照）从境外某地，通过境内，前往境外另一地的旅客；包括进境后不离开海关监管区或海关监管下的交通工具，直接出境的旅客。

第三条　在进境口岸不离开海关监管区或海关监管下的交通工具的过境旅客，可以免填"旅客行李申报单"，海关对其行李物品均准许过境，一般不予查验，但是海关认为必要时除外。

第四条　在过境期限内离开海关监管区的过境旅客，携带的行李物品应以旅行需用为限，海关依照对进出境非居民短期旅客行李物品的规定办理，其中属于《旅客行李物品分类表》第三类的物品在规定范围内的，经海关核准可予登记暂准免税放行，过境旅客出境时必须将原物复带出境。超出规定范围的，除按本规定第五条办理外，均不准进境。

第五条　过境旅客携运物品超出本规定第四条所述准予放行范围的，由旅客自行委托经海关批准或指定的报关运输公司代理承运，比照海关监管货物，按有关规定办理手续，将监管过境物品运交有关海关监管出境；否则，海关不准进境。

第六条　对于不准进境的物品，除经海关总署特准征税或者担保放行的以外，应当自物品申报进境之日起 3 个月内由物品所有人或其代理人办理退运、结案手续。逾期不办的，由海关按照《中华人民共和国海关法》第五十一条的规定办理。

第七条 海关准予过境的物品及经海关登记暂时免税放行的旅行需用物品未经海关批准，均不得擅自留在境内。因丢失、被盗或其他不可抗力的原因而无法复带出境的，应提供公安部门的证明文件，向海关办理结案手续。不能提供证明文件的，过境旅客应照章补税。

第八条 过境旅客不论其是否离开海关监管区，均不得携带《中华人民共和国禁止进出境的物品表》所列物品。

第九条 对过境旅客违反本规定有关条款的行为，海关将依照《中华人民共和国海关法》和《中华人民共和国海关行政处罚实施条例》的有关规定予以处罚。

第十条 本规定自 1991 年 9 月 10 日起实施。

中华人民共和国海关对进出境旅客行李物品监管办法

（海关总署令第 9 号）

发布日期：1989-11-01
实施日期：2018-02-01
法规类型：部门规章

（根据 2010 年 11 月 26 日海关总署令第 198 号《海关总署关于修改部分规章的决定》第一次修正；根据 2017 年 12 月 20 日海关总署令第 235 号《海关总署关于修改部分规章的决定》第二次修正）

第一章 总 则

第一条 依照《中华人民共和国海关法》，制定本办法。

第二条 进出境旅客行李物品，必须通过设立海关的地点进境或者出境。

第三条 进出境旅客必须将所带的全部行李物品交海关查验。在交验前，应填写"旅客行李申报单"或海关规定的其他申报单证向海关申报；或按海关规定的申报方式如实向海关申报。

旅客经由实施"红绿通道"验放制度的海关进出境，应按照海关公布的选择"红绿通道"的规定，选择通道，办理行李物品进境或出境手续。

第四条 查验进出境旅客行李物品的时间和场所，由海关指定。海关查验行李物品时，物品所有人应当到场并负责搬移物品，开拆和重封物品的包装。海关认为必要时，可以单独进行查验。海关对进出境行李物品加施的封志，任何人不得擅自开启或者损毁。

第五条 进出境旅客可以自行办理报关纳税手续，也可以委托他人办理报关纳税手续；接受委托办理报关纳税手续的代理人应当按照本办法对其委托人的各项规定办理海关手续，承担各项义务和责任。

第六条 旅客行李物品，应以自用合理数量为限，超出自用合理数量范围的，不准进境或出境。旅客行李物品，经海关审核，按本办法附件《旅客进出境行李物品分类表》（以下简称《分类表》）规定的范围验放。进出境物品的合理数量和准许各类旅客进出境物品的具体限值、限量及征免税规定，另行制定。

第七条 旅客携运《中华人民共和国禁止进出境物品表》所列的物品进出境，在海关检查以前主动报明的，分别予以没收或者责令退回，并可酌情处以罚款。藏匿不报的，按照

《中华人民共和国海关法》第八十二条的规定处罚。

　　旅客携运《中华人民共和国限制进出境物品表》所列物品和中华人民共和国政府特别管制的物品进出境，海关按国家有关法规办理。

　　第八条　旅客以分离运输方式运进行李物品，应当在进境时向海关申报。经海关核准后，自旅客进境之日起六个月内（含六个月，下同）运进。海关办理验放手续时，连同已经放行的行李物品合并计算。

　　以分离运输方式运出的行李物品，应由物品所有人凭有效的出境证件在出境前办妥海关手续。

　　第九条　经海关核准暂时进出境的旅行自用物品，在旅客行李物品监管时限内，由旅客复带出境或进境。海关依照规定凭担保准予暂时免税放行的其他物品，应由旅客在规定期限内，办结进出境手续或将原物复带出境或进境。

　　第十条　进出境物品所有人声明放弃的物品和自运输工具申报进境之日起逾期三个月（易腐及易失效的物品可提前处理，下同）未办理海关手续的物品，以及在海关监管区内逾期三个月无人认领的物品，均由海关按照《中华人民共和国海关法》第五十一条的规定处理。

　　第十一条　旅客携运属下列情形的物品，海关不予放行，予以退运或由旅客存入海关指定的仓库。物品所有人应当在三个月内办理退运、结案手续。逾期不办的，由海关依照本办法第十条的规定处理：

　　（一）不属自用的；

　　（二）超出合理数量范围的；

　　（三）超出海关规定的物品品种、规格、限量、限值的；

　　（四）未办理海关手续的；

　　（五）未按章缴税的；

　　（六）根据规定不能放行的其他物品。

　　第十二条　旅客应在旅客行李物品监管时限内，依照本办法和根据本办法制定的其他管理规定，办结物品进出境的海关手续。

　　第十三条　海关依照本办法和根据本办法制定的其他管理规定免税放行的物品，自物品进境之日起两年内，出售、转让、出租或移作他用的，应向海关申请批准并按规定补税。

　　按规定免税或征税进境的汽车，不得出售、转让、出租或移作他用。在汽车运进使用两年后，因特殊原因需要转让的，必须报经海关批准；其中免税运进的，应按规定补税。

　　第十四条　进境旅客携带"境外售券、境内提货"单据进境，应向海关申报，海关办理物品验放手续时，连同其随身携带的实物合并计入有关征免税限量。

　　第十五条　涉及特定地区、特定旅客和特定物品进出境的管理规定，由中华人民共和国海关总署授权有关海关依照本办法的原则制定，经海关总署批准后，予以公告实施。

　　第十六条　进出境旅客未按本办法或根据本办法制定的其他管理规定办理进出境物品的报关、纳税以及其他有关手续的，有关物品不准进境或出境。对违反本办法并构成走私或违反海关监管规定行为的，海关依照《中华人民共和国海关法》和《中华人民共和国海关行政处罚实施条例》给予处罚。

第二章　短期旅客

　　第十七条　短期旅客携带进出境的行李物品应以旅行需用物品为限。

　　短期旅客中的居民和非居民中的中国籍人携带进境属于《分类表》第三类物品，海关按照规定的限值、限量予以征税或免税放行。

　　短期旅客中的其他非居民携带进境属于《分类表》第三类物品，海关按本办法第九条规定办理。

经常进出境的边境居民，边境邮政、运输机构工作人员和边境运输工具服务人员，以及其他经常进出境的人员，携带进出境的物品，除另有规定者外，应以旅途必须应用的物品为限。未经海关批准，不准带进属于《分类表》第三类物品。

凭特殊通行证件来往香港、澳门地区的短期旅客进出境行李物品的管理规定，海关依据本办法另行制定的规定办理。

第三章　长期旅客

第十八条　长期旅客中的非居民进境后，在规定期限内报运进境其居留期间自用物品或安家物品，海关凭中华人民共和国政府主管部门签发的长期居留证件（或常驻户口登记证件）、其他批准文件和身份证件，办理通关手续。

上述人员在办妥上述手续前进出境或在境内居留期间临时出、进境携带的物品，海关依照本办法第十七条规定办理。

第十九条　长期旅客中的居民进出境行李物品的管理规定，根据本办法另行制定。

第四章　定居旅客

第二十条　获准进境定居的旅客在规定期限内报运进境安家物品，应当依照有关规定向主管海关或者口岸海关提交中华人民共和国政府主管部门签发的定居证明或者批准文件。其在境外拥有并使用过的数量合理的自用物品，准予免税进境；自用小汽车准予每户征税进境一辆。

进境定居旅客自进境之日起，居留时间不满二年，再次出境定居的，其免税携运进境的安家物品应复运出境，或向海关补税。

第二十一条　获准出境定居的旅客携运出境的安家物品，除国家禁止或限制出境的物品需按有关规定办理外，均可予以放行。

第五章　过境旅客

第二十二条　过境旅客未经海关批准，不得将物品留在境内。

第二十三条　进境后不离开海关监管下的交通工具或海关监管区直接出境的旅客，海关一般不对其行李物品进行查验，但必要时，海关可以查验。

第二十四条　过境旅客获准离开海关监管区，转换交通工具出境的，海关依照本办法第十七条规定办理。

第六章　附　则

第二十五条　享有外交特权和豁免的人员携运进出境的行李物品，另按中华人民共和国海关总署制定的有关规定办理。

第二十六条　本办法的附件，由中华人民共和国海关总署根据具体情况修订发布实行。

第二十七条　本办法下列用语含义：

"非居民"指进境居留后仍回到境外其通常定居地者。

"居民"指出境居留后仍回到境内其通常定居地者。

"旅客"指进出境的居民或非居民。

"短期旅客"指获准进境或出境暂时居留不超过一年的旅客。

"长期旅客"指获准进境或出境连续居留时间在一年以上（含一年）的旅客。

"定居旅客"指取得中华人民共和国主管部门签发的进境或出境定居证明或批准文件，移居境内或境外的旅客。

"过境旅客"指凭有效过境签证，从境外某地，通过境内，前往境外另一地的旅客。

"行李物品"指旅客为其进出境旅行或者居留的需要而携运进境的物品。

"自用"指旅客本人自用、馈赠亲友而非为出售或出租。

"合理数量"指海关根据旅客旅行目的和居留时间所规定的正常数量。

"旅客行李物品监管时限"指非居民本次进境之日始至最近一次出境之日止，或居民本次出境之日始至最近一次进境之日止的时间。

"分离运输行李"指旅客在其进境后或出境前的规定期限内以托运方式运进或运出的本人行李物品。

"征免税"指征收或减免进出口关税（即进口旅客行李物品和个人邮递物品税）。

"担保"指以向海关缴纳保证金或提交保证函的方式，保证在规定期限内履行其承诺的义务的法律行为。

第二十八条　本办法由中华人民共和国海关总署解释。

第二十九条　本办法自一九八九年十二月一日起实施。原对外贸易部 1958 年 9 月 29 日（58）关行林字第 985 号命令发布的《海关对进出境旅客行李物品监管办法》同时废止。

附件：旅客进出境行李物品分类表

附件

旅客进出境行李物品分类表

（中华人民共和国海关总署 1996 年 8 月 15 日修订）

第一类物品

衣料、衣着、鞋、帽、工艺美术品和价值人民币 1000 元以下（含 1000 元）的其他生活用品

第二类物品

烟草制品，酒精饮料

第三类物品

价值人民币 1000 元以上，5000 元以下（含 5000 元）的生活用品

注：

1. 本表所称进境物品价值以海关审定的完税价格为准，出境物品价值以国内法定商业发票所列价格为准；

2. 准许各类旅客携运本表所列物品进出境的具体征、免税限量由中华人民共和国海关总署另行规定；

3. 本表第一、二类列名物品不再按值归类、除另有规定者外，超出本表所列最高限值的物品不视为旅客行李物品。

关于暂不予放行旅客行李物品暂存有关事项的公告

（海关总署公告 2016 年第 14 号）

发布日期：2016-03-14
实施日期：2016-06-01
法规类型：规范性文件

根据《中华人民共和国海关法》、《中华人民共和国海关对进出境旅客行李物品监管办法》（海关总署令第 9 号）等规定，现就海关暂不予放行旅客行李物品暂存有关事项公告如下：

一、旅客携运进出境的行李物品有下列情形之一的，海关暂不予放行：

（一）旅客不能当场缴纳进境物品税款的；

（二）进出境的物品属于许可证件管理的范围，但旅客不能当场提交的；

（三）进出境的物品超出自用合理数量，按规定应当办理货物报关手续或其他海关手续，其尚未办理的；

（四）对进出境物品的属性、内容存疑，需要由有关主管部门进行认定、鉴定、验核的；

（五）按规定暂不予以放行的其他行李物品。

海关暂不予以放行的行李物品，可以暂存。

上述暂不予放行物品不包括依法应当由海关实施扣留的物品。

二、暂不予放行的行李物品有下列情形之一的，海关可以要求旅客当场办理退运手续，或者移交相关专业机构处理，因此产生的费用由旅客承担。

（一）易燃易爆的；

（二）有毒的；

（三）鲜活、易腐、易失效等不宜长期存放的；

（四）其他无法存放或不宜存放的情形。

三、对暂不予放行的行李物品办理暂存的，海关应当向旅客出具《中华人民共和国海关暂不予放行旅客行李物品暂存凭单》（以下简称《凭单》，样式详见附件），旅客核实无误后签字确认。

四、交由海关暂存的物品有瑕疵、损毁等情况的，海关现场关员应当在《凭单》上予以注明，并应当由旅客签字确认。对于贵重物品或疑似文物等物品，海关可以采用拍照、施封等办法进行确认。

五、旅客办理物品的提取手续时，应当向海关提交《凭单》原件并出示旅客本人有效的进出境证件。旅客委托他人代为办理物品提取手续的，接受委托的代理人应当向海关提交《凭单》原件、旅客本人出具的书面委托书、旅客有效的进出境证件复印件，并出示代理人本人有效的身份证件。

六、海关暂不予放行的物品自暂存之日起三个月内，旅客应当办结海关手续。逾期不办的，由海关依法对物品进行处理。需要有关主管部门进行认定、鉴定、验核的时间不计入暂存时间。

七、本公告自 2016 年 6 月 1 日起施行。

特此公告。

附件：海关暂不予放行旅客行李物品暂存凭单（略）

其他管理

中华人民共和国海关对外国驻中国使馆和使馆人员进出境物品监管办法

（海关总署令第 174 号）

发布日期：2008-06-05
实施日期：2018-07-01
法规类型：部门规章

（根据 2018 年 5 月 29 日海关总署令第 240 号《海关总署关于修改部分规章的决定》修正）

第一章 总 则

第一条 为了规范海关对外国驻中国使馆（以下简称使馆）和使馆人员进出境公务用品和自用物品（以下简称公用、自用物品）的监管，根据《中华人民共和国海关法》（以下简称《海关法》）、《中华人民共和国外交特权与豁免条例》和《中华人民共和国海关总署关于外国驻中国使馆和使馆人员进出境物品的规定》制定本办法。

第二条 使馆和使馆人员进出境公用、自用物品适用本办法。

第三条 使馆和使馆人员进出境公用、自用物品应当以海关核准的直接需用数量为限。

第四条 使馆和使馆人员因特殊需要携运中国政府禁止或者限制进出境物品进出境的，应当事先得到中国政府有关主管部门的批准，并按照有关规定办理。

第五条 使馆和使馆人员首次进出境公用、自用物品前，应当凭下列资料向主管海关办理备案手续：

（一）中国政府主管部门出具的证明使馆设立的文件复印件；

（二）用于报关文件的使馆馆印印模、馆长或者馆长授权的外交代表的签字样式；

（三）外交邮袋的加封封志实物和外交信使证明书样式。

使馆如从主管海关关区以外发送或者接收外交邮袋，还应当向主管海关提出申请，并提供外交邮袋的加封封志实物和外交信使证明书样式，由主管海关制作关封，交由使馆人员向进出境地海关备案。

（四）使馆人员和与其共同生活的配偶及未成年子女的进出境有效证件、中国政府主管部门核发的身份证件复印件，以及使馆出具的证明上述人员职衔、到任时间、住址等情况的文件复印件。

以上备案内容如有变更，使馆或者使馆人员应当自变更之日起 10 个工作日内向海关办理备案变更手续。

第六条 使馆和使馆人员进出境公用、自用物品，应当按照海关规定以书面或者口头方式申报。其中以书面方式申报的，还应当向海关报送电子数据。

第七条 外交代表携运进出境自用物品，海关予以免验放行。海关有重大理由推定其中装有本办法规定免税范围以外的物品、中国政府禁止进出境或者检疫法规规定管制的物品的，有权查验。海关查验时，外交代表或者其授权人员应当在场。

第八条 有下列情形之一的，使馆和使馆人员的有关物品不准进出境：

（一）携运进境的物品超出海关核准的直接需用数量范围的；

（二）未依照本办法第五条、第六条的规定向海关办理有关备案、申报手续的；

（三）未经海关批准，擅自将已免税进境的物品进行转让、出售等处置后，再次申请进境同类物品的；

（四）携运中国政府禁止或者限制进出境物品进出境，应当提交有关许可证件而不能提供的；

（五）违反海关关于使馆和使馆人员进出境物品管理规定的其他情形。

使馆和使馆人员应当在海关禁止进出境之日起 3 个月内向海关办理相关物品的退运手续。逾期未退运的，由海关依照《海关法》第三十条规定处理。

第九条 使馆和使馆人员免税运进的公用、自用物品，未经主管海关批准，不得进行转让、出售等处置。经批准进行转让、出售等处置的物品，应当按照规定向海关办理纳税或者免税手续。

使馆和使馆人员转让、出售按照本办法第十条、第十一条规定免税进境的机动车辆以及接受转让的机动车辆的，按照本办法第五章有关规定办理。

第二章　进境物品监管

第十条 使馆运进（含在境内外交人员免税店购买以及依法接受转让）烟草制品、酒精饮料和机动车辆等公用物品，海关在规定数量范围内予以免税。

第十一条 外交代表运进（含在境内外交人员免税店购买以及依法接受转让）烟草制品、酒精饮料和机动车辆等自用物品，海关在规定数量范围内予以免税。

第十二条 使馆行政技术人员和服务人员，如果不是中国公民并且不在中国永久居留的，其到任后 6 个月内运进的安家物品，经主管海关审核在直接需用数量范围内的（其中自用小汽车每户限 1 辆），海关予以免税验放。超出规定时限运进的物品，经海关核准仍属自用的，按照《中华人民共和国海关对非居民长期旅客进出境自用物品监管办法》的规定办理。

第十三条 使馆和使馆人员运进公用、自用物品，应当填写《中华人民共和国海关外交公/自用物品进出境申报单》（以下简称《申报单》），向主管海关提出申请，并附提（运）单、发票、装箱单等有关单证材料。其中，运进机动车辆的，还应当递交使馆照会。

使馆运进由使馆主办或者参与的非商业性活动所需物品，应当递交使馆照会，并就物品的所有权、活动地点、日期、活动范围、活动的组织者和参加人、物品的最后处理向海关作出书面说明。活动在使馆以外场所举办的，还应当提供与主办地签订的合同。

海关应当自接受申报之日起 10 个工作日内作出是否准予进境的决定。

第十四条 经海关批准进境的物品，使馆和使馆人员可以委托报关企业到主管海关办理海关手续。

进境地不在主管海关关区的，使馆和使馆人员应当委托报关企业办理海关手续。受委托的报关企业应当按照海关对转关运输货物的规定，将有关物品转至主管海关办理海关手续。

第十五条 外交代表随身携带（含附载于同一运输工具上的）自用物品进境时，应当向海关口头申报，但外交代表每次随身携带进境的香烟超过 400 支、雪茄超过 100 支、烟丝超过 500 克、酒精含量 12 度及以上的酒精饮料超过 2 瓶（每瓶限 750 毫升）的，应当按照本办法第十三条的规定向海关提出书面申请，有关物品数量计入本办法第十一条规定的限额内。

第十六条 使馆和使馆人员进境机动车辆，应当自海关放行之日起 10 个工作日内，向海关申领《中华人民共和国海关监管车辆进/出境领/销牌照通知书》（以下简称《领/销牌照通知书》），办理机动车辆牌照申领手续。

第三章　出境物品监管

第十七条 使馆和使馆人员运出公用、自用物品，应当填写《申报单》，并附提（运）单、发票、装箱单、身份证件复印件等有关单证材料，向主管海关提出申请。其中，运出机动车辆的，还应当递交使馆照会。

主管海关应当自接受申请之日起 10 个工作日内作出是否准予出境的决定。

第十八条 经海关批准出境的物品，使馆和使馆人员应当委托报关企业在出境地海关办理海关手续，如出境地不在主管海关关区，受委托企业应当按照海关对转关运输货物的规定，将有关物品转至出境地海关办理海关手续。

第十九条 外交代表随身携带（含附载于同一运输工具的）自用物品出境时，应当向海关口头申报。

第二十条 使馆和使馆人员申请将原进境机动车辆复运出境的，应当经主管海关审核批准。使馆和使馆人员凭海关开具的《领/销牌照通知书》向公安交通管理部门办理注销牌照手续。主管海关凭使馆和使馆人员交来的《领/销牌照通知书》回执联，办理结案手续。

拥有免税进境机动车辆的使馆人员因离任回国办理自用物品出境手续的，应当首先向主管海关办结自用车辆结案手续。

第四章　外交邮袋监管

第二十一条 使馆发送或者接收的外交邮袋，应当以装载外交文件或者公务用品为限，并符合中国政府关于外交邮袋重量、体积等的相关规定，同时施加使馆已在海关备案的封志。

第二十二条 外交信使携带（含附载于同一运输工具的）外交邮袋进出境时，必须凭派遣国主管机关出具的载明其身份和所携外交邮袋件数的信使证明书向海关办理有关手续。海关验核信使证明书无误后予以免验放行。

第二十三条 外交邮袋由商业飞机机长转递时，机长必须持有委托国的官方证明文件，注明所携带的外交邮袋的件数。使馆应当派使馆人员向机长交接外交邮袋。海关验核外交邮袋和使馆人员身份证件无误后予以免验放行。

第二十四条 使馆以本办法第二十二条、第二十三条规定以外的其他方式进出境外交邮袋的，应当将外交邮袋存入海关监管仓库，并由使馆人员提取或者发送。海关验核使馆人员身份证件无误后予以免验放行。

第五章　机动车辆后续监管

第二十五条 使馆和使馆人员按照本办法第十条、第十一条规定免税进境的机动车辆以及接受转让的机动车辆属于海关监管车辆，主管海关对其实施后续监管。公用机动车辆的监管年限为自海关放行之日起 6 年，自用进境机动车辆的监管年限为自海关放行之日起 3 年。

未经海关批准，上述机动车辆在海关监管年限内不得进行转让、出售。

第二十六条 除使馆人员提前离任外，使馆和使馆人员免税进境的机动车辆，自海关放行之日起 2 年内不准转让或者出售。

根据前款规定可以转让或者出售的免税进境机动车辆，在转让或者出售时，应当向主管海关提出申请，经批准后方可以按规定转让给其他国家驻中国使馆和使馆人员、常驻机构和常驻人员或者海关批准的特许经营单位。其中需要征税的，应当由受让方向海关办理补税手续。受让方为其他国家驻中国使馆和使馆人员的，其机动车辆进境指标相应扣减。

机动车辆受让方同样享有免税运进机动车辆权利的，受让机动车辆予以免税。受让方主管海关在该机动车辆的剩余监管年限内实施后续监管。

第二十七条　使馆和使馆人员免税进境的机动车辆海关监管期限届满后，可以向海关申请解除监管。

申请解除监管时，应当出具照会，并凭《中华人民共和国海关公/自用车辆解除监管申请表》《机动车辆行驶证》向主管海关申请办理解除监管手续。

主管海关核准后，使馆和使馆人员凭海关开具的《中华人民共和国海关监管车辆解除监管证明书》（以下简称《解除监管证明书》）向公安交通管理部门办理有关手续。

第二十八条　免税进境的机动车辆在监管期限内因事故、不可抗力遭受严重损毁；或者因损耗、超过使用年限等原因丧失使用价值的，使馆和使馆人员可以向主管海关申请报废车辆。海关审核同意后，开具《领/销牌照通知书》和《解除监管证明书》，使馆和使馆人员凭此向公安交通管理部门办理机动车辆注销手续，并持《领/销牌照通知书》回执到主管海关办理机动车辆结案手续。

第二十九条　免税进境的机动车辆有下列情形的，使馆和使馆人员可以按照相同数量重新申请进境机动车辆：

（一）按照本办法第二十六条规定被依法转让、出售，并且已办理相关手续的；

（二）因事故、不可抗力原因遭受严重损毁；或者因损耗、超过使用年限等原因丧失使用价值，已办理结案手续的。

第六章　附　则

第三十条　本办法下列用语的含义：

公务用品，是指使馆执行职务直接需用的进出境物品，包括：

（一）使馆使用的办公用品、办公设备、车辆；

（二）使馆主办或者参与的非商业性活动所需物品；

（三）使馆使用的维修工具、设备；

（四）使馆的固定资产，包括建筑装修材料、家具、家用电器、装饰品等；

（五）使馆用于免费散发的印刷品（广告宣传品除外）；

（六）使馆使用的招待用品、礼品等。

自用物品，是指使馆人员与其共同生活的配偶及未成年子女在中国居留期间生活必需用品，包括自用机动车辆（限摩托车、小轿车、越野车、9座以下的小客车）。

直接需用数量，是指经海关审核，使馆为执行职务需要使用的数量，以及使馆人员和与其共同生活的配偶及未成年子女在中国居留期间仅供使馆人员和与其共同生活的配偶及未成年子女自身使用的数量。

主管海关，是指使馆所在地的直属海关。

第三十一条　外国驻中国领事馆、联合国及其专门机构和其他国际组织驻中国代表机构及其人员进出境公用、自用物品，由海关按照《中华人民共和国领事特权与豁免条例》、中国已加入的国际公约以及中国与有关国家或者国际组织签订的协议办理。有关法规、公约、协议不明确的，海关参照本办法有关条款办理。

第三十二条　外国政府给予中国驻该国的使馆和使馆人员进出境物品的优惠和便利，低于中国政府给予该国驻中国的使馆和使馆人员进出境物品的优惠和便利的，中国海关可以根据对等原则，给予该国驻中国使馆和使馆人员进出境物品相应的待遇。

第三十三条 本办法所规定的文书由海关总署另行制定并且发布

第三十四条 本办法由海关总署负责解释。

第三十五条 本办法自 2008 年 10 月 1 日起施行。1986 年 12 月 1 日海关总署发布的《外国驻中国使馆和使馆人员进出境物品报关办法》同时废止。

出入境人员携带物检疫管理办法

（质检总局令第 146 号）

发布日期：2012-08-02

实施日期：2018-11-23

法规类型：部门规章

（根据 2018 年 4 月 28 日海关总署令第 238 号《海关总署关于修改部分规章的决定》第一次修正；根据 2018 年 5 月 29 日海关总署令第 240 号《海关总署关于修改部分规章的决定》第二次修正；根据 2018 年 11 月 23 日海关总署令第 243 号《海关总署关于修改部分规章的决定》第三次修正）

第一章 总 则

第一条 为了防止人类传染病及其医学媒介生物、动物传染病、寄生虫病和植物危险性病、虫、杂草以及其他有害生物经国境传入、传出，保护人体健康和农、林、牧、渔业以及环境安全，依据《中华人民共和国进出境动植物检疫法》及其实施条例、《中华人民共和国国境卫生检疫法》及其实施细则、《农业转基因生物安全管理条例》、《中华人民共和国濒危野生动植物进出口管理条例》等法律法规的规定，制定本办法。

第二条 本办法所称出入境人员，是指出入境的旅客（包括享有外交、领事特权与豁免权的外交代表）和交通工具的员工以及其他人员。

本办法所称携带物，是指出入境人员随身携带以及随所搭乘的车、船、飞机等交通工具托运的物品和分离运输的物品。

第三条 海关总署主管全国出入境人员携带物检疫和监督管理工作。

主管海关负责所辖地区出入境人员携带物检疫和监督管理工作。

第四条 出入境人员携带下列物品，应当向海关申报并接受检疫：

（一）入境动植物、动植物产品和其他检疫物；

（二）出入境生物物种资源、濒危野生动植物及其产品；

（三）出境的国家重点保护的野生动植物及其产品；

（四）出入境的微生物、人体组织、生物制品、血液及血液制品等特殊物品（以下简称"特殊物品"）；

（五）出入境的尸体、骸骨等；

（六）来自疫区、被传染病污染或者可能传播传染病的出入境的行李和物品；

（七）其他应当向海关申报并接受检疫的携带物。

第五条 出入境人员禁止携带下列物品进境：

（一）动植物病原体（包括菌种、毒种等）、害虫及其他有害生物；

（二）动植物疫情流行的国家或者地区的有关动植物、动植物产品和其他检疫物；

（三）动物尸体；

（四）土壤；

（五）《中华人民共和国禁止携带、邮寄进境的动植物及其产品名录》所列各物；

（六）国家规定禁止进境的废旧物品、放射性物质以及其他禁止进境物。

第六条 经海关检疫，发现携带物存在重大检疫风险的，海关应当启动风险预警及快速反应机制。

第二章　检疫审批

第七条 携带动植物、动植物产品入境需要办理检疫审批手续的，应当事先向海关总署申请办理动植物检疫审批手续。

第八条 携带植物种子、种苗及其他繁殖材料入境，因特殊情况无法事先办理检疫审批的，应当按照有关规定申请补办。

第九条 因科学研究等特殊需要，携带本办法第五条第一项至第四项规定的物品入境的，应当事先向海关总署申请办理动植物检疫特许审批手续。

第十条 《中华人民共和国禁止携带、邮寄进境的动植物及其产品名录》所列各物，经国家有关行政主管部门审批许可，并具有输出国家或者地区官方机构出具的检疫证书的，可以携带入境。

第十一条 携带特殊物品出入境，应当事先向直属海关办理卫生检疫审批手续。

第三章　申报与现场检疫

第十二条 携带本办法第四条所列各物入境的，入境人员应当按照有关规定申报，接受海关检疫。

第十三条 海关可以在交通工具、人员出入境通道、行李提取或者托运处等现场，对出入境人员携带物进行现场检查，现场检查可以使用 X 光机、检疫犬以及其他方式进行。

对出入境人员可能携带本办法规定应当申报的携带物而未申报的，海关可以进行查询并抽检其物品，必要时可以开箱（包）检查。

第十四条 出入境人员应当接受检查，并配合检验检疫人员工作。

享有外交、领事特权与豁免权的外国机构和人员公用或者自用的动植物、动植物产品和其他检疫物入境，应当接受海关检疫；海关查验，须有外交代表或者其授权人员在场。

第十五条 对申报以及现场检查发现的本办法第四条所列各物，海关应当进行现场检疫。

第十六条 携带植物种子、种苗及其他繁殖材料进境的，携带人应当取得《引进种子、苗木检疫审批单》或者《引进林木种子、苗木和其他繁殖材料检疫审批单》。海关对上述检疫审批单电子数据进行系统自动比对验核。

携带除本条第一款之外的其他应当办理检疫审批的动植物、动植物产品和其他检疫物以及应当办理动植物检疫特许审批的禁止进境物入境的，携带人应当取得海关总署签发的《中华人民共和国进境动植物检疫许可证》（以下简称"检疫许可证"）和其他相关单证。

主管海关按照检疫审批要求以及有关规定对本条第一、二款规定的动植物和动植物产品及其他检疫物实施现场检疫。

第十七条 携带入境的活动物仅限犬或者猫（以下称"宠物"），并且每人每次限带 1 只。

携带宠物入境的，携带人应当向海关提供输出国家或者地区官方动物检疫机构出具的有效检疫证书和疫苗接种证书。宠物应当具有芯片或者其他有效身份证明。

第十八条 携带农业转基因生物入境的，携带人应当取得《农业转基因生物安全证书》，凭输出国家或者地区官方机构出具的检疫证书办理相关手续。海关对《农业转基因生物安全证书》电子数据进行系统自动比对验核。列入农业转基因生物标识目录的进境转基因生物，应当按照规定进行标识。

第十九条 携带特殊物品出入境的，携带人应当接受卫生检疫。

携带自用且仅限于预防或者治疗疾病用的血液制品或者生物制品出入境的，不需办理卫生检疫审批手续，但需出示医院的有关证明；允许携带量以处方或者说明书确定的一个疗程为限。

第二十条 携带尸体、骸骨等出入境的，携带人应当按照有关规定向海关提供死者的死亡证明以及其他相关单证。

海关依法对出入境尸体、骸骨等实施卫生检疫。

第二十一条 携带濒危野生动植物及其产品进出境或者携带国家重点保护的野生动植物及其产品出境的，应当在《中华人民共和国濒危野生动植物进出口管理条例》规定的指定口岸进出境，携带人应当取得进出口证明书。海关对进出口证明书电子数据进行系统自动比对验核。

第二十二条 海关对携带人的检疫许可证以及其他相关单证进行核查，核查合格的，应当在现场实施检疫。现场检疫合格且无需作进一步实验室检疫、隔离检疫或者其他检疫处理的，可以当场放行。

携带物与检疫许可证或者其他相关单证不符的，作限期退回或者销毁处理。

第二十三条 携带物有下列情形之一的，海关依法予以截留：

（一）需要做实验室检疫、隔离检疫的；

（二）需要作检疫处理的；

（三）需要作限期退回或者销毁处理的；

（四）应当取得检疫许可证以及其他相关单证，未取得的；

（五）需要移交其他相关部门的。

海关应当对依法截留的携带物出具截留凭证，截留期限不超过 7 天。

第二十四条 携带动植物、动植物产品和其他检疫物出境，依法需要申报的，携带人应当按照规定申报并提供有关证明。

输入国家或者地区、携带人对出境动植物、动植物产品和其他检疫物有检疫要求的，由携带人提出申请，海关依法实施检疫并出具有关单证。

第二十五条 海关对入境中转人员携带物实行检疫监督管理。

航空公司对运载的入境中转人员携带物应当单独打板或者分舱运载，并在入境中转人员携带物外包装上加施明显标志。海关必要时可以在国内段实施随航监督。

第四章　检疫处理

第二十六条 截留的携带物应当在海关指定的场所封存或者隔离。

第二十七条 携带物需要做实验室检疫、隔离检疫的，经海关截留检疫合格的，携带人应当持截留凭证在规定期限内领取，逾期不领取的，作自动放弃处理；截留检疫不合格又无有效处理方法的，作限期退回或者销毁处理。

逾期不领取或者出入境人员书面声明自动放弃的携带物，由海关按照有关规定处理。

第二十八条 入境宠物应当隔离检疫 30 天（截留期限计入在内）。

来自狂犬病发生国家或者地区的宠物，应当在海关指定的隔离场隔离检疫30天。

来自非狂犬病发生国家或者地区的宠物，应当在海关指定隔离场隔离7天，其余23天在海关指定的其他场所隔离。

携带宠物属于工作犬，如导盲犬、搜救犬等，携带人提供相应专业训练证明的，可以免予隔离检疫。

海关对隔离检疫的宠物实行监督检查。

第二十九条 携带宠物入境，携带人不能向海关提供输出国家或者地区官方动物检疫机构出具的检疫证书和疫苗接种证书或者超过限额的，由海关作限期退回或者销毁处理。

对仅不能提供疫苗接种证书的工作犬，经携带人申请，海关可以对工作犬接种狂犬病疫苗。

作限期退回处理的，携带人应当在规定的期限内持海关签发的截留凭证，领取并携带宠物出境；逾期不领取的，作自动放弃处理。

第三十条 因应当取得而未取得检疫许可证以及其他相关单证被截留的携带物，携带人应当在截留期限内取得单证，海关对单证核查合格，无需作进一步实验室检疫、隔离检疫或者其他检疫处理的，予以放行；未能取得有效单证的，作限期退回或者销毁处理。

携带农业转基因生物入境，不能提供农业转基因生物安全证书和相关批准文件的，或者携带物与证书、批准文件不符的，作限期退回或者销毁处理。进口农业转基因生物未按照规定标识的，重新标识后方可入境。

第三十一条 携带物有下列情况之一的，按照有关规定实施除害处理或者卫生处理：

（一）入境动植物、动植物产品和其他检疫物发现有规定病虫害的；

（二）出入境的尸体、骸骨不符合卫生要求的；

（三）出入境的行李和物品来自传染病疫区、被传染病污染或者可能传播传染病的；

（四）其他应当实施除害处理或者卫生处理的。

第三十二条 携带物有下列情况之一的，海关按照有关规定予以限期退回或者销毁处理，法律法规另有规定的除外：

（一）有本办法第二十二条、第二十七条、第二十九条和第三十条所列情形的；

（二）法律法规及国家其他规定禁止入境的；

（三）其他应当予以限期退回或作销毁处理的。

第五章 法律责任

第三十三条 携带动植物、动植物产品和其他检疫物入境有下列行为之一的，由海关处以5000元以下罚款：

（一）应当向海关申报而未申报的；

（二）申报的动植物、动植物产品和其他检疫物与实际不符的；

（三）未依法办理检疫审批手续的；

（四）未按照检疫审批的规定执行的。

有前款第二项所列行为，已取得检疫单证的，予以吊销。

第三十四条 有下列违法行为之一的，由海关处以警告或者100元以上5000元以下罚款：

（一）拒绝接受检疫，拒不接受卫生处理的；

（二）伪造、变造卫生检疫单证的；

（三）瞒报携带禁止进口的微生物、人体组织、生物制品、血液及其制品或者其他可能引起传染病传播的动物和物品的；

（四）未经海关许可，擅自装卸行李的；

（五）承运人对运载的入境中转人员携带物未单独打板或者分舱运载的。

第三十五条 未经海关实施卫生处理，擅自移运尸体、骸骨的，由海关处以 1000 元以上 1 万元以下罚款。

第三十六条 有下列行为之一的，由海关处以 3000 元以上 3 万元以下罚款：

（一）未经海关许可擅自将进境、过境动植物、动植物产品和其他检疫物卸离运输工具或者运递的；

（二）未经海关许可，擅自调离或者处理在海关指定的隔离场所中截留隔离的携带物的；

（三）擅自开拆、损毁动植物检疫封识或者标志的。

第三十七条 伪造、变造动植物检疫单证、印章、标志、封识的，应当依法移送公安机关；尚不构成犯罪或者犯罪情节显著轻微依法不需要判处刑罚的，由海关处以 2 万元以上 5 万元以下罚款。

第三十八条 携带废旧物品，未向海关申报，未经海关实施卫生处理并签发有关单证而擅自入境、出境的，由海关处以 5000 元以上 3 万元以下罚款。

第三十九条 买卖动植物检疫单证、印章、标志、封识或者买卖伪造、变造的动植物检疫单证、印章、标志、封识，有违法所得的，由海关处以违法所得 3 倍以下罚款，最高不超过 3 万元；无违法所得的，由海关处以 1 万元以下罚款。

买卖卫生检疫单证或者买卖伪造、变造的卫生检疫单证的，有违法所得的，由海关处以违法所得 3 倍以下罚款，最高不超过 5000 元；无违法所得的，由海关处以 100 元以上 5000 元以下罚款。

第四十条 有下列行为之一的，由海关处以 1000 元以下罚款：

（一）盗窃动植物检疫单证、印章、标志、封识或者使用伪造、变造的动植物检疫单证、印章、标志、封识的；

（二）盗窃卫生检疫单证或者使用伪造、变造的卫生检疫单证的；

（三）使用伪造、变造的国外官方机构出具的检疫证书的。

第四十一条 出入境人员拒绝、阻碍海关及其工作人员依法执行职务的，依法移送有关部门处理。

第四十二条 海关工作人员应当秉公执法、忠于职守，不得滥用职权、玩忽职守、徇私舞弊；违法失职的，依法追究责任。

第六章 附 则

第四十三条 本法所称分离运输的物品是指出入境人员在其入境后或者出境前 6 个月内（含 6 个月），以托运方式运进或者运出的本人行李物品。

第四十四条 需要收取费用的，海关按照有关规定执行。

第四十五条 违反本办法规定，构成犯罪的，依法追究刑事责任。

第四十六条 本办法由海关总署负责解释。

第四十七条 本办法自 2012 年 11 月 1 日起施行。国家质检总局 2003 年 11 月 6 日发布的《出入境人员携带物检疫管理办法》（国家质检总局令第 56 号）同时废止。

《中华人民共和国禁止进出境物品表》
《中华人民共和国限制进出境物品表》

（海关总署令第43号）

发布日期：1993-03-01
实施日期：1993-03-01
法规类型：部门规章

中华人民共和国禁止进出境物品表

一、禁止进境物品

1. 各种武器、仿真武器、弹药及爆炸物品；

2. 伪造的货币及伪造的有价证券；

3. 对中国政治、经济、文化、道德有害的印刷品、胶卷、照片、唱片、影片、录音带、录像带、激光视盘、计算机存储介质及其他物品；

4. 各种烈性毒药；

5. 鸦片、吗啡、海洛英、大麻以及其他能使人成瘾的麻醉品、精神药物；

6. 带有危险性病菌、害虫及其他有害生物的动物、植物及其产品；

7. 有碍人畜健康的、来自疫区的以及其他能传播疾病的食品、药品或其他物品。

二、禁止出境物品

1. 列入禁止进境范围的所有物品；

2. 内容涉及国家秘密的手稿、印刷品、胶卷、照片、唱片、影片、录音带、录像带、激光视盘、计算机存储介质及其他物品；

3. 珍贵文物及其他禁止出境的文体；

4. 濒危的和珍贵的动物、植物（均含标本）及其种子和繁殖材料。

中华人民共和国限制进出境物品表

一、限制进境物品

1. 无线电收发信机、通信保密机；

2. 烟、酒；

3. 濒危的和珍贵的动物、植物（均含标本）及其种子和繁殖材料；

4. 国家货币；

5. 海关限制进境的其他物品。

二、限制出境物品

1. 金银等贵重金属及其制品；

2. 国家货币；

3. 外币及其有价证券；

4. 无线电收发信机、通信保密机；

5. 贵重中药材；

6. 一般文物；

7. 海关限制出境的其他物品。

中华人民共和国禁止携带、寄递进境的
动植物及其产品和其他检疫物名录

（农业农村部　海关总署公告第470号）

发布日期：2021-10-20

实施日期：2021-10-20

法规类型：规范性文件

一、动物及动物产品类

（一）活动物（犬、猫除外［2］）。包括所有的哺乳动物、鸟类、鱼类、甲壳类、两栖类、爬行类、昆虫类和其他无脊椎动物，动物遗传物质。

（二）（生或熟）肉类（含脏器类）及其制品。

（三）水生动物产品。干制，熟制，发酵后制成的食用酱汁类水生动物产品除外。

（四）动物源性乳及乳制品。包括生乳、巴氏杀菌乳、灭菌乳、调制乳、发酵乳，奶油、黄油、奶酪、炼乳等乳制品。

（五）蛋及其制品。包括鲜蛋、皮蛋、咸蛋、蛋液、蛋壳、蛋黄酱等蛋源产品。

（六）燕窝。经商业无菌处理的罐头装燕窝除外。

（七）油脂类，皮张，原毛类，蹄（爪）、骨、牙、角类及其制品。经加工处理且无血污、肌肉和脂肪等的蛋壳类、蹄（爪）骨角类、贝壳类、甲壳类等工艺品除外。

（八）动物源性饲料、动物源性中药材、动物源性肥料。

二、植物及植物产品类

（九）新鲜水果、蔬菜。

（十）鲜切花。

（十一）烟叶。

（十二）种子、种苗及其他具有繁殖能力的植物、植物产品及材料。

三、其他检疫物类

（十三）菌种、毒种、寄生虫等动植物病原体，害虫及其他有害生物，兽用生物制品，细胞、器官组织、血液及其制品等生物材料及其他高风险生物因子。

（十四）动物尸体、动物标本、动物源性废弃物。

（十五）土壤及有机栽培介质。

（十六）转基因生物材料。

（十七）国家禁止进境的其他动植物、动植物产品和其他检疫物。

注：1. 通过携带或寄递方式进境的动植物及其产品和其他检疫物，经国家有关行政主管部门审批许可，并具有输出国家或地区官方机构出具的检疫证书，不受此名录的限制。

2. 具有输出国家或地区官方机构出具的动物检疫证书和疫苗接种证书的犬、猫等宠物，每人仅限携带或分离托运一只。具体检疫要求按相关规定执行。

3. 法律、行政法规、部门规章对禁止携带、寄递进境的动植物及其产品和其他检疫物另有规定的，按相关规定办理。

关于《中华人民共和国禁止进出境物品表》和《中华人民共和国限制进出境物品表》有关问题解释的公告

（海关总署公告 2013 年第 46 号）

发布日期：2013-08-16
实施日期：2013-08-16
法规类型：规范性文件

为有效实施《中华人民共和国禁止进出境物品表》和《中华人民共和国限制进出境物品表》，现就有关问题解释如下：

一、赌博用筹码属于《中华人民共和国禁止进出境物品表》所列"对中国政治、经济、文化、道德有害的印刷品、胶卷、照片、唱片、影片、录音带、录像带、激光视盘、计算机存储介质及其他物品"中的"其他物品"。

二、微生物、生物制品、血液及其制品、人类遗传资源、管制刀具、卫星电视接收设备属于《中华人民共和国限制进出境物品表》所列"海关限制进境的其他物品"。

三、微生物、生物制品、血液及其制品、人类遗传资源、管制刀具属于《中华人民共和国限制进出境物品表》所列"海关限制出境的其他物品"。

本公告自发布之日起施行。

关于调整国家货币出入境限额

（中国人民银行公告〔2004〕第 18 号）

发布日期：2004-11-29
实施日期：2005-01-01
法规类型：规范性文件

按照《中华人民共和国人民币管理条例》和《中华人民共和国国家货币出入境管理办法》的有关规定，根据我国经济发展和对外往来实际需要，中国人民银行决定调整国家货币出入境限额。中国公民出入境、外国人入出境每人每次携带的人民币限额由原来的 6000 元调整为 20000 元。

本规定自 2005 年 1 月 1 日施行。1993 年 2 月 5 日发布的《中国人民银行关于国家货币出入境限额的公告》同时废止。

中华人民共和国海关总署关于外国驻中国使馆和使馆人员
进出境物品的规定

发布日期：1986-12-01
实施日期：2011-01-08
法规类型：部门规章

（根据 2011 年 1 月 8 日国务院令第 588 号《国务院关于废止和修改部分行政法规的决定》修正）

第一条　根据《中华人民共和国外交特权与豁免条例》，制定本规定。

第二条　外国驻中国使馆（以下简称使馆）运进运出公务用品，使馆人员运进运出自用物品，除有双边协议按协议执行外，应当按照本规定办理。

前款中，"公务用品"系指使馆执行职务直接需用的物品，包括家具、陈设品、办公用品、招待用品和机动车辆等；"自用物品"系指使馆人员和与其共同生活的配偶及未成年子女在中国居留期间直接需用的生活用品，包括家具、家用电器和机动车辆等。

第三条　使馆运进运出公务用品，外交代表以托运或者邮寄方式运进运出自用物品，应当书面向海关申报。

外交代表进出境时有随身携带的或者附载于同一运输工具上的私人行李物品，应当口头向海关申报，海关予以免验放行。但具有重大理由推定其中装有非公务用品、非自用物品，或者装有中国法律和规章禁止进出口的物品时，海关有权查验。查验时，必须有外交代表或者其授权人员在场。

第四条　使馆申报运进的公务用品和外交代表申报运进的自用物品，经海关审核在直接需用数量范围内的，予以免税。

申报运出公务用品和自用物品，由海关审核后予以放行。

第五条　使馆和使馆人员不得携运中华人民共和国法律和规章禁止进出口的物品进出境。因特殊情况需要运进运出上述物品，必须事先得到中国政府有关部门的批准，并按中国政府有关规定办理。

运进无线电收发信机及其器材，必须事先以书面申请报经中国外交部批准。使馆和使馆人员应当向海关申报并提供有关批准文件，海关予以审核放行。

携运文物出境，必须事先向海关申报，经国家文化行政管理部门指定的省、自治区、直辖市文化行政管理部门鉴定，并发给许可出境凭证。使馆和使馆人员应当向海关提供有关凭证，海关予以审核放行。

携运枪支、子弹进出境，按照《中华人民共和国枪支管理法》的规定办理。

携运属于中国检疫法规规定管制的物品进出境，海关按有关法规办理。

第六条　使馆和使馆人员申报属于中国法律和规章禁止进出口的物品，除经中国政府有关部门批准的以外，海关予以扣留，有关使馆或者使馆人员应当在 90 天内退运。逾期未退运的，由海关变价上缴国库。

第七条　使馆和使馆人员免税运进的物品，不得转让。确有特殊原因需要转让的，必须报经海关批准。

经批准转让的物品，应当由受让人或者出让人按规定向海关办理纳税或者免税手续。

第八条 使馆发送或者收受的外交邮袋，海关予以免验放行。外交邮袋应予加封，附有可资识别的外部标记，并以装载外交文件或者公务用品为限。

外交邮袋由外交信使转递时，必须持有派遣国主管机关出具的信使证明书。商业飞机机长可以受委托为使馆转递外交邮袋，但机长必须持有委托国的官方证明文件（注明邮袋件数）。由商业飞机机长转递或者托运的外交邮袋，应当由使馆派使馆人员办理接交、提取或者发运手续。

第九条 使馆的行政技术人员和服务人员，如非中国公民或者在中国的永久居留者，携运进境自用物品，包括到任后半年内运进安家物品，应当书面向海关申报。上述物品经海关审核在直接需用数量范围内（其中汽车每户限1辆）的，海关予以查验免税放行。申报携运出境的自用物品，海关予以审核查验放行。

前款所述人员寄进或者寄出的个人自用物品，海关按照个人邮递物品的有关规定办理。

本条第一款所述人员任职期间托运进境的自用物品，海关比照本条第二款办理。

第十条 联合国及其专门机构和其他国际组织驻中国代表机构运进运出公务用品和邮袋，代表机构的代表、行政技术人员、服务人员与其共同生活的配偶及未成年子女运进运出自用物品，海关根据中国已加入的有关国际公约和中国与有关国际组织签订的协议办理；遇有公约和协议未涉及的情况，参照本规定有关条款办理。

第十一条 外国驻中国领事馆运进运出公务用品和领事邮袋，领事官员、领馆工作人员和与其共同生活的配偶及未成年子女运进运出自用物品，海关根据中国已加入的有关国际公约和中国与有关国家签订的协议办理；遇有公约和协议未涉及的情况，根据互惠的原则，参照本规定有关条款办理。

第十二条 本规定自发布之日起施行。

物品征税

边民互市贸易管理办法

（海关总署令第 56 号）

发布日期：1996-03-29
实施日期：2010-11-26
法规类型：部门规章

（根据 2010 年 11 月 26 日海关总署令第 198 号《海关总署关于修改部分规章的决定》修正）

第一条 为了促进边境地区居民互市贸易的健康发展，繁荣边境经济，加强海关监督管理，根据《中华人民共和国海关法》和其他有关法律、法规制定本办法。

第二条 边民互市贸易是指边境地区边民在我国陆路边境 20 公里以内，经政府批准的开放点或指定的集市上、在不超过规定的金额或数量范围内进行的商品交换活动。

开展边民互市贸易应符合以下条件：

（一）互市地点应设在陆路、界河边境线附近；

（二）互市地点应由边境省、自治区人民政府批准；

（三）边民互市贸易区（点）应有明确的界线；

（四）边民互市贸易区（点）的海关监管设施符合海关要求。

第三条 我国边境地区的居民和对方国家边民可进入边民互市贸易区（点）从事互市贸易。

我国边境地区的商店、供销社等企业，如在边民互市贸易区（点）设立摊位，从事商品交换活动的，按照边境贸易进行管理。

第四条 边境地区居民携带物品进出边民互市贸易区（点）或从边境口岸进出境时，应向海关如实申报物品的品种、数量和金额，并接受海关监管和检查。

第五条 边民通过互市贸易进口的生活用品（列入边民互市进口商品不予免税清单的除外），每人每日价值在人民币 8000 元以下的，免征进口关税和进口环节税。超过人民币 8000 元的，对超出部分按照规定征收进口关税和进口环节税。

第六条 边境双方居民和从事商品交换活动的企业均不得携带或运输国家禁止进出境物品出入边民互市贸易区（点）。

国家限制进出口和实行许可证管理的商品，按国家有关规定办理。

第七条 对具备封闭条件并与对方国家连接的边民互市场所，对方居民携带物品进境时，应向驻区监管的海关申报并接受海关监管。

第八条 对当地未设海关机构的，省、自治区政府可商直属海关委托地方有关部门代管，地方政府应加强管理，并制定实施细则商海关同意后实施，海关应给予指导并会同当地政府不定期检查管理情况。

第九条 各级海关要加强对边民互市贸易的管理，严厉打击利用边民互市贸易进行走私违法的活动。对违反《海关法》和本办法规定的，海关按照《海关法》和《中华人民共和国海关行政处罚实施条例》进行处理。

第十条 本办法由海关总署负责解释。

第十一条 本办法自一九九六年四月一日起施行。

中华人民共和国海关关于入境旅客行李物品和个人邮递物品征收进口税办法

（海关总署令第 47 号）

发布日期：1994-07-01
实施日期：1994-07-01
法规类型：部门规章

第一条 为了照顾个人进口自用物品的合理需要，简化计税手续，根据《海关法》和《进出口关税条例》的有关规定，特制定本办法。

第二条 准许应税进口的旅客行李物品、个人邮递物品以及其他个人自用物品（以下简称应税个人自用物品），除另有规定的以外，均由海关按照《入境旅客行李物品和个人邮递物品进口税税率表》征收进口税。

本办法所称的进口税，包括关税和增值税、消费税。

本办法所称的应税个人自用物品，不包括汽车、摩托车及其配件、附件。对进口应税个人自用汽车、摩托车及其配件、附件，应按《中华人民共和国海关进出口税则》和其他有关税法、规定征收进口税。

《入境旅客行李物品和个人邮递物品进口税税率表》（以下简称《税率表》）是本办法的组成部分。《税率表》中税率的调整，由国务院关税税则委员会审定后，海关总署对外公布实施。

第三条 进口税的纳税义务人是：携有应税个人自用物品的入境旅客及运输工具服务人员，进口邮递物品的收件人，以及以其他方式进口应税个人自用物品的收件人。

纳税义务人可以自行办理纳税手续，也可以委托他人办理纳税手续。接受委托办理纳税手续的代理人，应当遵守本办法对其委托人的各项规定。

第四条 海关总署依据《税率表》制定《入境旅客行李物品和个人邮递物品税则归类表》（以下简称《税则归类表》）。

海关对应税个人自用物品按《税则归类表》进行归类，确定适用的税率。进口物品如《税则归类表》中没有具体列名，可由海关按照《税率表》规定的范围归入最合适的税号归类征收。

第五条 进口税从价计征。

第六条 应税个人自用物品由海关按照填发税款缴纳证当日有效的税率和完税价格计征进口税。

进口税税额为完税价格乘以进口税税率。

纳税义务人应当在海关放行应税个人自用物品之前缴纳税款。

第七条 应税个人自用物品放行后，海关发现少征税款，应当自开出税款缴纳证之日起 1
内，向纳税义务人补征；海关发现漏征税款，应当自物品放行之日起 1 年内向纳税义务人补
征。因纳税义务人违反规定而造成的少征或者漏征，海关可自违反规定行为发生之日起 3 年以
内向纳税义务人追征。

海关发现或确认多征的税款，海关应当立即退还，纳税义务人也可自缴纳税款之日起 1 年
内，要求海关退还。

纳税义务人同海关发生纳税争议时，应当先按海关核定的税额缴纳税款，然后自海关填
发税款缴纳证之日起 30 日内向海关书面申请复议。逾期申请的，海关不予受理。

海关应当自收到复议申请之日起 15 日内作出复议决定，并通知纳税义务人。纳税义务人
对复议决定不服，可以自接到海关通知之日起 15 日内向海关总署申请复议。

海关总署在接到复议申请后，应当在 30 日内作出复议决定，并通知纳税义务人。

纳税义务人对海关总署的复议决定仍然不服的，可以自收到复议决定书之日起 15 日内，
向人民法院起诉。

第九条 本办法由国务院关税税则委员会负责解释。

第十条 本办法自 1994 年 7 月 1 日起实施。

关于调整《中华人民共和国进境物品归类表》和
《中华人民共和国进境物品完税价格表》的公告

（海关总署公告 2019 年第 63 号）

发布日期：2019-04-08
实施日期：2019-04-09
法规类型：规范性文件

根据《国务院关税税则委员会关于调整进境物品进口税有关问题的通知》（税委会
〔2019〕17 号），海关总署决定对 2018 年第 140 号公告公布的《中华人民共和国进境物品归类
表》及《中华人民共和国进境物品完税价格表》进行相应调整，归类原则和完税价格确定原
则不变，现予以公布（见附件 1、2），自 2019 年 4 月 9 日起执行。

特此公告。

附件：1. 中华人民共和国进境物品归类表（略）
　　　2. 中华人民共和国进境物品完税价格表（略）

关于调整进境物品进口税有关问题的通知

（税委会〔2019〕17号）

发布日期：2019-04-08
实施日期：2019-04-09
法规类型：规范性文件

海关总署：

经国务院批准，国务院关税税则委员会决定对进境物品进口税进行调整。现将有关事项通知如下：

一、将进境物品进口税税目1、2的税率分别调降为13%、20%。

二、将税目1"药品"注释修改为"对国家规定减按3%征收进口环节增值税的进口药品，按照货物税率征税"。

三、上述调整自2019年4月9日起实施。

调整后的《中华人民共和国进境物品进口税税率表》见附件。

附件：中华人民共和国进境物品进口税税率表（略）

关于调整进出境个人邮递物品管理措施有关事宜

（海关总署公告2010年第43号）

发布日期：2010-07-02
实施日期：2010-09-01
法规类型：规范性文件

为进一步规范对进出境个人邮递物品的监管，照顾收件人、寄件人合理需要，现就有关事项公告如下：

一、个人邮寄进境物品，海关依法征收进口税，但应征进口税税额在人民币50元（含50元）以下的，海关予以免征。

二、个人寄自或寄往港、澳、台地区的物品，每次限值为800元人民币；寄自或寄往其他国家和地区的物品，每次限值为1000元人民币。

三、个人邮寄进出境物品超出规定限值的，应办理退运手续或者按照货物规定办理通关手续。但邮包内仅有一件物品且不可分割的，虽超出规定限值，经海关审核确属个人自用的，可以按照个人物品规定办理通关手续。

四、邮运进出口的商业性邮件，应按照货物规定办理通关手续。

五、本公告内容自2010年9月1日起实行。原《海关总署关于调整进出境邮件中个人物品的限值和免税额的通知》（署监〔1994〕774 号）同时废止。

特此公告。

外国在华常住人员携带进境物品进口税收暂行规定

发布日期：1999-03-10
实施日期：1999-04-01
法规类型：部门规章

第一条 为了贯彻对外开放政策、加强对外交流、促进对外经济贸易的发展，特制定本规定。

第二条 经中华人民共和国主管部门批准的境外企业、新闻、经贸机构、文化团体及境外法人在我国境内设立的常驻机构（以下简称"常驻机构"），其获准进境并在我国境内居留一年以上的外国公民、华侨和港、澳、台居民（包括与其共同生活的配偶及未成年子女）等常驻人员（以下简称"常住人员"），进口的自用物品，适用于本规定。这些人员具体是指：

（一）外国企业和其他经济贸易及文化等组织在华常驻机构的常住人员；

（二）外国民间经济贸易和文化团体在华常驻机构的常驻人员；

（三）外国在华常驻新闻机构的常驻记者；

（四）在华的中外合资、合作企业及外方独资企业的外方常住驻人员；

（五）长期来华工作的外籍专家（含港、澳、台地区专家）和华侨专家；

（六）长期来华学习的外国留学生和华侨留学生。

第三条 上述 6 类常住人员在华居住一年以上者（即：工作或留学签证有效期超过一年的），在签证有效期内初次来华携带进境的个人自用的家用摄像机、照相机、便携式收录机、便携式激光唱机、便携式计算机，报经所在地主管海关审核，在每个品种一台的数量限制内，予以免征进口税，超出部分照章征税。

第四条 对符合第二条规定的外籍专家（含港、澳、台地区专家）或华侨专家携运进境的图书资料、科研仪器、工具、样品、试剂等教学、科研物品，在自用合理数量范围内，免征进口税。

第五条 以上外国人员在华生活、学习、工作期间携带进境的第三条、第四条规定以外的行李物品，按《中华人民共和国海关对进出境旅客行李物品监管办法》执行。

第六条 以上规定进口的免税物品，按海关对免税进口物品的有关规定接受海关监管。

第七条 外国（包括地区）驻华使（领）馆、联合国专门机构及国际组织常驻（代表）机构的常驻人员（包括与其同行来华居住的配偶及未成年子女）携带进境的物品，仍按现行有关规定执行。

第八条 此前的有关政策、规定，凡与本规定不符的，按本规定执行。

第九条 中华人民共和国海关总署依据本规定，制定实施细则。

第十条 本规定自 1999 年 4 月 1 日起执行。

购物退税

关于增加海南离岛免税购物"担保即提"和"即购即提"提货方式的公告

（海关总署　财政部　税务总局公告 2023 年第 25 号）

发布日期：2023-03-18
实施日期：2023-04-01
法规类型：规范性文件

为支持海南自由贸易港建设，进一步提升离岛旅客购物体验，现就增加海南离岛旅客免税购物提货方式公告如下：

一、增加"担保即提"和"即购即提"提货方式

离岛旅客凭有效身份证件或旅行证件和离岛信息在海南离岛免税商店（不含网上销售窗口）购买免税品时，除在机场、火车站、码头指定区域提货以及可选择邮寄送达或岛内居民返岛提取方式外，可对单价超过 5 万元（含）的免税品选择"担保即提"提货方式，可对单价不超过 2 万元（不含）且在本公告附件清单内的免税品选择"即购即提"提货方式。使用"担保即提""即购即提"方式购买的离岛免税品属于消费者个人使用的最终商品，应一次性携带离岛，不得再次销售。

二、"担保即提"提货方式

（一）离岛旅客每次离岛前购买单价超过 5 万元（含）的免税品，可选择"担保即提"方式提货，离岛旅客除支付购物货款外，在向海关提交相当于进境物品进口税的担保后可现场提货。此方式下所购免税品不得在岛内使用。

（二）旅客离岛时需要对所购商品退还担保的，应当由本人主动向海关申请验核尚未启用或消费的免税品，并提交免税品购物凭证和本人有效身份证件或旅行证件。经海关验核，对旅客交验的免税品与购物信息相符的，海关在购物凭证上确认签章。

（三）有下列情形之一的，海关不予办理离岛旅客验核签章手续：

1. 离岛旅客交验免税品已经启用或已经消费的；

2. 离岛旅客交验免税品与购物凭证所列不符的；

3. 购物人员信息与交验离岛旅客本人信息不符的。

（四）经海关实物验核通过且购物旅客本人已实际离岛的，海关退还担保。对于购物旅客本人自购物之日起超过 30 天未离岛、未主动向海关申请验核免税品或未通过验核的，相关担保直接转为税款。

三、"即购即提"提货方式

离岛旅客每次离岛前购买本公告附件清单所列免税品时，对于单价不超过 2 万元（不含）

的免税品，可以按照每人每类免税品限购数量的要求，选择"即购即提"方式提货。离岛旅客支付货款后可现场提货，离岛环节海关不验核实物。

四、相关法律责任

（一）离岛旅客使用上述两种方式提货，自购物之日起，离岛时间不得超过 30 天（含）；对于超过 30 天未离岛且无法说明正当理由的，三年内不得购买离岛免税品。对于构成走私行为或违反海关监管规定行为的，由海关依照有关规定予以处理，构成犯罪的，依法追究刑事责任。

（二）对于离岛免税商店未按规定销售免税品的，由海关根据《中华人民共和国海关行政处罚实施条例》第二十六条、《中华人民共和国海关对免税商店及免税品监管办法》第二十八条相关规定予以处理。

（三）对海南离岛旅客免税购物"担保即提"和"即购即提"方式的其他监管事项，按照海关总署公告 2020 年第 79 号（关于发布海南离岛旅客免税购物监管办法的公告）有关规定执行。

本公告自 2023 年 4 月 1 日起执行。财政部、海关总署、税务总局公告 2020 年第 33 号（关于海南离岛旅客免税购物政策的公告）中其他规定继续执行。

特此公告。

附件：允许"即购即提"方式提货的离岛免税商品清单

关于发布海南离岛旅客免税购物邮寄送达
和返岛提取提货方式监管要求的公告

（海关总署公告 2021 年第 13 号）

发布日期：2021-02-03
实施日期：2021-02-03
法规类型：规范性文件

为落实海南自由贸易港建设要求，进一步促进海南国际旅游消费中心建设，有效释放离岛免税政策效应，提升离岛旅客免税购物体验感，根据《财政部 海关总署 税务总局关于增加海南离岛旅客免税购物提货方式的公告》（2021 年第 2 号）有关规定，现就海南离岛旅客免税购物邮寄送达和返岛提取提货方式监管要求公告如下：

一、邮寄送达提货方式

（一）离岛旅客购买免税品，购买人、支付人、收件人均为购物旅客本人，且收件地址在海南省外的，可以选择邮寄送达方式提货。

（二）离岛旅客选择邮寄送达方式提货后，离岛免税商店应在核实购物旅客符合邮寄要求且已实际离岛后，一次性寄递旅客所购免税品，向海关实时传输符合海关规定格式且已施加电子签名的免税品交易及购物人员信息、人证信息验核一致、寄递运单、签收信息等电子数据，并对数据真实性承担相应责任。

二、岛内居民返岛提取提货方式

（一）岛内居民（包括持有海南省身份证、海南省居住证或社保卡的中国公民，以及在海南省工作生活并持有居留证的境外人士）在离岛前购买免税品后已返回岛内的，可以在离岛免税商店设立的返岛旅客提货点提取免税品。上述岛内居民应于购买之日起三个月内，持本人有效身份证件和实际离岛行程信息提货。超过规定时限未提货的，免税商店应当主动为其办理退货手续。

（二）离岛免税商店设立的返岛旅客提货点，应按规定验核提货人资格、实际离岛行程信息等电子数据信息无误后将免税品交付购物人，并向海关实时传输符合海关规定格式且已施加电子签名的免税品交易、人证信息验核一致、本人提货签收、离岛行程信息等电子数据，并对数据真实性承担相应责任。

离岛免税商店设立的返岛旅客提货点，应符合海关监管条件，报海关核准。

三、相关法律责任

对于离岛免税商店未尽责审核离岛旅客身份信息和行程信息真实性等，导致出现个人身份信息或年度购买额度被盗用、离岛旅客违规邮寄或提取免税品的，以及未按规定及时准确向海关传输电子数据的，由海关责令其改正，可给予警告；对于在一个公历年度内被海关警告超过3次的，海关可暂停其从事离岛免税经营业务最长不超过6个月。

本公告自公布之日起执行。对海南离岛旅客免税购物邮寄送达和返岛提取提货方式的其他监管事项按照海关总署公告2020年第79号有关规定执行。

特此公告。

关于增加海南离岛旅客免税购物提货方式的公告

（财政部　海关总署　税务总局公告2021年第2号）

发布日期：2021-02-02

实施日期：2021-02-02

法规类型：规范性文件

为支持海南自由贸易港建设，加快建设国际旅游消费中心，进一步方便旅客购物，现就离岛旅客免税购物提货方式有关问题公告如下：

一、离岛旅客凭有效身份证件和离岛信息在离岛旅客免税购物商店（含经批准的网上销售窗口）购买免税品时，除在机场、火车站、码头指定区域提货外，可选择邮寄送达方式提货。选择邮寄送达方式提货的，收件人、支付人和购买人应为购物旅客本人，且收件地址在海南省外。离岛免税商店应确认购物旅客符合上述要求并已实际离岛后，一次性寄递旅客所购免税品。

二、岛内居民离岛前购买免税品，可选择返岛提取，返岛提取免税品时须提供本人有效身份证件和实际离岛行程信息。离岛免税商店应确认提货人身份、离岛行程信息符合要求后交付免税品。

岛内居民包括持有海南省身份证、海南省居住证或社保卡的中国公民，以及在海南省工作生活并持有居留证的境外人士。

海南省相关部门应向海关、税务提供验核岛内居民资格、旅客离岛、购票等相关信息及联网环境。

三、邮寄送达和返岛提取提货方式的具体监管要求由海关总署另行公布。

四、本公告自公布之日起执行。《财政部　海关总署　税务总局关于海南离岛旅客免税购物政策的公告》（财政部　海关总署　税务总局公告 2020 年第 33 号）中其他规定继续执行。

海南离岛旅客免税购物监管办法

（海关总署公告 2020 年第 79 号）

发布日期：2020-07-06
实施日期：2020-07-10
法规类型：规范性文件

第一章　总　则

第一条　为规范海关对海南离岛旅客免税购物业务的监管，促进海南国际旅游消费中心建设，根据《中华人民共和国海关法》和相关法律法规，制定本办法。

第二条　海关对离岛旅客在海南省离岛免税商店（含经批准的网上销售窗口，以下简称"离岛免税商店"）选购免税品，在机场、火车站、港口码头指定区域提货，并一次性随身携带离岛的监管，适用本办法。

第三条　离岛免税商店应当在海南省机场、火车站和港口码头前往内地的隔离区（以下简称"隔离区"）设立提货点，并报经海关批准。

隔离区属于海关监管区，有关设置标准应当符合海关监管要求。

第四条　离岛免税商店应当在免税品入库前，按照海关要求登记免税品电子数据信息。旅客购买免税品、提货时，离岛免税商店应当完整、准确、实时向海关传输符合海关规定格式的旅客购物、提货信息等电子数据。

第二章　免税品销售监管

第五条　离岛旅客购买免税品时，应当主动提供本人有效身份证件或旅行证件，以及海关规定的所搭乘离岛运输工具等相关信息。

第六条　离岛旅客可在任意离岛免税商店购买免税品，采用线上方式购买的，购物人、支付人应当为同一人。

旅客购买免税品后，搭乘运输工具携运免税品离岛记为 1 次免税购物。

第七条　离岛旅客每人每年免税购物额度、免税商品种类及每次购买数量限制等，按照财政部、海关总署、税务总局公告相关规定执行。离岛免税商店应当严格按照离岛免税政策规定的销售对象、品种、数量和金额等销售免税品。超出年度免税购物额度、限量的部分，照章征收进境物品进口税。

第八条　离岛旅客年度免税购物额度中如有剩余（或者未使用），在缴税购买超出免税限额的商品时，海关以"离岛免税商店商品零售价格减去剩余的免税限额"作为完税价格计征税款。

旅客购物时不使用年度免税购物额度或者超出限量购买的，海关以离岛免税商店商品零售价格作为完税价格计征税款。

第九条 海关计征税款时，对旅客超出年度免税购物额度或者超出限量购买的商品，适用离岛免税商店商品零售价格所对应的税率。

第十条 离岛旅客可以通过离岛免税商店向海关办理税款缴纳手续。离岛免税商店应当每10天向海关集中办理一次税款缴纳手续，并于海关填发税款缴纳凭证之日起5个工作日内向指定银行（国库）缴纳税款。逾期缴纳税款的，海关自缴款期限届满之日起至缴清税款之日止，按日加收滞纳税款万分之五的滞纳金，最高不得超出税款数额。

滞纳金的起征点为人民币50元。

第三章　免税品提离监管

第十一条 离岛免税商店应当按照海关监管要求将离岛旅客需提取的免税品施加封志，并提前运送至提货点。

在离岛旅客提取前，离岛免税商店应当确保已售免税品外部封志完好。

第十二条 在市内离岛免税商店或在离岛免税网上窗口购买了免税品的旅客进入隔离区后，应当在提货点办理所购免税品的提取手续。离岛免税商店应当验凭离岛旅客有效身份证件、搭乘运输工具的凭证等无误后交付免税品。

离岛旅客在隔离区离岛免税商店购买即可提取所购免税品。

第十三条 离岛旅客在隔离区提货后，因航班（车次、航次）延误、取消等原因需要离开隔离区的，应当将免税品交由离岛免税商店（包括提货点）代为保管，待实际离岛再次进入隔离区后提取。

离岛旅客购买免税品后变更航班（车次、航次），变更后的航班（车次、航次）时间为原离岛日期之后30天内的，免税商店可为其办理相应的延期提货手续。超过规定时限的，免税商店应当为其办理退货手续。

离岛旅客购买免税品后退票的，离岛免税商店应当为其办理退货手续。

第十四条 离岛旅客提货后退货的，离岛免税商店应当重新办理退货免税品的入库手续。因退货原因需要退税的，自缴纳税款之日起1年内，由离岛旅客或者离岛免税商店向海关提出申请，海关核准后填发税款退还凭证，交罪纳税人凭以向指定银行（国库）办理退税手续。

离岛旅客提货后需要换货的，离岛免税商店应当确保退回免税品与更换免税品的品名、货号、规格型号等完全一致，经海关核准后交付离岛旅客。

第十五条 离岛免税商店应当将退换货等免税品异常处理情况及时报告海关。

第四章　法律责任

第十六条 离岛免税商店有下列情形之一的，海关责令其改正，可给予警告；对于在一个公历年度内被海关警告超过3次的，海关可暂停其从事离岛免税经营业务，暂停时间最长不超过6个月；情节严重的，海关可以撤销离岛免税商店注册登记。同时，离岛免税商店还应当按照进口货物补缴相应税款：

（一）将免税品销售给规定范围以外对象的；

（二）超出规定的品种或者规定的限量、限额销售免税品的；

（三）未在海关核准的区域销售免税品的；

（四）未按照海关监管规定办理免税品进口报关、入库、出库、销售、提货、核销等相关手续的；

（五）出租、出让、转让免税商店经营权的。

第十七条 离岛旅客有下列情形之一的，由海关按照相关法律法规处理，且自海关作出处理决定之日起，3年内不得享受离岛免税购物政策，并可依照有关规定纳入相关信用记录：

（一）以牟利为目的为他人购买免税品或将所购免税品在国内市场再次销售的；

（二）购买或者提取免税品时，提供虚假身份证件或旅行证件、使用不符合规定身份证件或旅行证件，或者提供虚假离岛信息的；

（三）其他违反海关规定的。

第十八条　违反本办法规定，组织、利用他人购买离岛免税品的资格和额度购买免税品谋取非法利益构成违反海关监管规定或者走私行为的；离岛免税商店有违反海关监管规定行为或者走私行为的，由海关依照《中华人民共和国海关法》和《中华人民共和国海关行政处罚实施条例》的有关规定予以处理；构成犯罪的，依法追究刑事责任。

第五章　附　则

第十九条　本办法中下列用语的含义：

离岛旅客，是指年满16周岁、搭乘运输工具离开海南本岛但不离境的国内外旅客。

身份证件或旅行证件，是指境内旅客居民身份证、港澳居民来往内地通行证、台湾居民来往大陆通行证和外国旅客护照。

运输工具，是指经海南设立离岛免税海关监管机构的机场、火车站、港口码头，离开海南本岛但不离境的飞机、火车、轮船等公共交通运输工具。

第二十条　对离岛免税商店及免税品的其他监管事项按照《中华人民共和国海关对免税商店及免税品监管办法》等有关规定执行。

第二十一条　本办法由海关总署负责解释。

第二十二条　本办法自2020年7月10日起施行。

关于海南离岛旅客免税购物政策的公告

（财政部　海关总署　税务总局公告2020年第33号）

发布日期：2020-06-29
实施日期：2020-07-01
法规类型：规范性文件

为贯彻落实《海南自由贸易港建设总体方案》，经国务院同意，现将海南离岛旅客免税购物政策（以下称离岛免税政策）公告如下：

一、离岛免税政策是指对乘飞机、火车、轮船离岛（不包括离境）旅客实行限值、限量、限品种免进口税购物，在实施离岛免税政策的免税商店（以下称离岛免税店）内或经批准的网上销售窗口付款，在机场、火车站、港口码头指定区域提货离岛的税收优惠政策。离岛免税政策免税税种为关税、进口环节增值税和消费税。

二、本公告所称旅客，是指年满16周岁，已购买离岛机票、火车票、船票，并持有效身份证件（国内旅客持居民身份证、港澳台旅客持旅行证件、国外旅客持护照），离开海南本岛但不离境的国内外旅客，包括海南省居民。

三、离岛旅客每年每人免税购物额度为10万元人民币，不限次数。免税商品种类及每次购买数量限制，按照本公告附件执行。超出免税限额、限量的部分，照章征收进境物品进口税。

旅客购物后乘飞机、火车、轮船离岛记为1次免税购物。

四、本公告所称离岛免税店，是指具有实施离岛免税政策资格并实行特许经营的免税商店，目前包括：海口美兰机场免税店、海口日月广场免税店、琼海博鳌免税店、三亚海棠湾免税店。

具有免税品经销资格的经营主体可按规定参与海南离岛免税经营。

五、离岛旅客在国家规定的额度和数量范围内，在离岛免税店内或经批准的网上销售窗口购买免税商品，免税店根据旅客离岛时间运送货物，旅客凭购物凭证在机场、火车站、港口码头指定区域提货，并一次性随身携带离岛。

六、已经购买的离岛免税商品属于消费者个人使用的最终商品，不得进入国内市场再次销售。

七、对违反本公告规定倒卖、代购、走私免税商品的个人，依法依规纳入信用记录，三年内不得购买离岛免税商品；对于构成走私行为或者违反海关监管规定行为的，由海关依照有关规定予以处理，构成犯罪的，依法追究刑事责任。

对协助违反离岛免税政策、扰乱市场秩序的旅行社、运输企业等，给予行业性综合整治。

离岛免税店违反相关规定销售免税品，由海关依照有关法律、行政法规给予处理、处罚。

八、离岛免税政策监管办法由海关总署另行公布。

离岛免税店销售的免税商品适用的增值税、消费税免税政策，相关管理办法由税务总局商财政部另行制定。

九、本公告自2020年7月1日起执行。财政部公告2011年第14号、2012年第73号、2015年第8号、2016年第15号、2017年第7号，及财政部、海关总署、税务总局2018年公告第158号、2018年第175号同时废止。

特此公告。

附件：离岛免税商品品种及每人每次购买数量范围

海南离岛免税店销售离岛免税商品免征增值税和消费税管理办法

（国家税务总局公告2020年第16号）

发布日期：2020-09-29
实施日期：2020-11-01
法规类型：规范性文件

第一条 为规范海南离岛免税店（以下简称"离岛免税店"）销售离岛免税商品增值税和消费税管理，促进海南自由贸易港建设，根据《中华人民共和国税收征收管理法》以及《财政部 国家税务总局关于出口货物劳务增值税和消费税政策的通知》（财税〔2012〕39号）等有关规定，制定本办法。

第二条 离岛免税店销售离岛免税商品，按本办法规定免征增值税和消费税。

第三条 离岛免税店应按月进行增值税、消费税纳税申报，在首次进行纳税申报时，应向主管税务机关提供以下资料：

（一）离岛免税店经营主体的基本情况。

（二）国家批准设立离岛免税店（含海南省人民政府按相关规定批准并向国家有关部委备案的免税店）的相关材料。

第四条 离岛免税店按本办法第三条第一项提交报告的内容发生变更的，应在次月纳税申报期内向主管税务机关报告有关情况，并提供相关资料。

离岛免税店实施离岛免税政策资格期限届满或被撤销离岛免税经营资格的，应于期限届满或被撤销资格后十五日内向主管税务机关报告有关情况。

第五条 离岛免税店销售非离岛免税商品，按现行规定向主管税务机关申报缴纳增值税和消费税。

第六条 离岛免税店兼营应征增值税、消费税项目的，应分别核算离岛免税商品和应税项目的销售额；未分别核算的，不得免税。

第七条 离岛免税店销售离岛免税商品应开具增值税普通发票，不得开具增值税专用发票。

第八条 离岛免税店应将销售的离岛免税商品的名称和销售价格、购买离岛免税商品的离岛旅客信息和税务机关要求提供的其他资料，按照国家税务总局和海南省税务局规定的报送格式及传输方式，完整、准确、实时向税务机关提供。

第九条 本办法实施前已经开展离岛免税商品经营业务的离岛免税店，应在办法实施次月按本办法第三条要求在办理纳税申报时提供相关资料。

第十条 本办法自 2020 年 11 月 1 日起施行。

境外旅客购物离境退税管理办法（试行）

（国家税务总局公告 2015 年第 41 号）

发布日期：2015-06-02

实施日期：2015-06-02

法规类型：规范性文件

（根据国家税务总局公告 2018 年第 31 号《国家税务总局关于修改部分税收规范性文件的公告》，自 2018 年 6 月 15 日起，本法规税务机构名称修订）

第一章 总 则

第一条 为贯彻落实国务院关于实施境外旅客购物离境退税政策的决定，根据《财政部关于实施境外旅客购物离境退税政策的公告》（财政部公告 2015 年第 3 号），制定本办法。

第二条 本办法所称：

境外旅客，是指在我国境内连续居住不超过 183 天的外国人和港澳台同胞。

有效身份证件，是指标注或能够采集境外旅客最后入境日期的护照、港澳居民来往内地通行证、台湾居民来往大陆通行证等。

退税物品，是指由境外旅客本人在退税商店购买且符合退税条件的个人物品，但不包括下列物品：

（一）《中华人民共和国禁止、限制进出境物品表》所列的禁止、限制出境物品；

（二）退税商店销售的适用增值税免税政策的物品；

（三）财政部、海关总署、国家税务总局规定的其他物品。

退税商店，是指报省、自治区、直辖市和计划单列市税务局（以下简称省国税局）备案、境外旅客从其购买退税物品离境可申请退税的企业。

离境退税管理系统，是指符合《财政部关于实施境外旅客离境退税政策的公告》（财政部公告 2015 年第 3 号）有关条件的用于离境退税管理的计算机管理系统。

退税代理机构，是指省税务局会同财政、海关等相关部门按照公平、公开、公正的原则选择的离境退税代理机构。

第二章　退税商店的备案、变更与终止

第三条　符合以下条件的企业，经省税务局备案后即可成为退税商店。

（一）具有增值税一般纳税人资格；

（二）纳税信用等级在 B 级以上；

（三）同意安装、使用离境退税管理系统，并保证系统应当具备的运行条件，能够及时、准确地向主管税务机关报送相关信息；

（四）已经安装并使用增值税发票系统升级版；

（五）同意单独设置退税物品销售明细账，并准确核算。

第四条　符合条件且有意向备案的企业，填写《境外旅客购物离境退税商店备案表》（附件 1）并附以下资料直接或委托退税代理机构向主管税务机关报送：

（一）主管税务机关出具的符合第三条第（一）、（二）和（四）款的书面证明；

（二）同意做到第三条第（三）、（五）款的书面同意书。

主管税务机关受理后应当在 5 个工作日内逐级报送至省税务局备案。省税务局应在收到备案资料 15 个工作日内审核备案条件，并对不符合备案条件的企业通知主管税务机关告知申请备案的企业。

第五条　省税务局向退税商店颁发统一的退税商店标识（退税商店标识规范见附件 2）。退税商店应当在其经营场所显著位置悬挂退税商店标识，便于境外旅客识别。

第六条　退税商店备案资料所载内容发生变化的，应自有关变更之日起 10 日内，持相关证件及资料向主管税务机关办理变更手续。主管税务机关办理变更手续后，应在 5 个工作日内将变更情况逐级报省税务局。

退税商店发生解散、破产、撤销以及其他情形，应持相关证件及资料向主管税务机关申请办理税务登记注销手续，由省税务局终止其退税商店备案，并收回退税商店标识，注销其境外旅客购物离境退税管理系统用户。

第七条　退税商店存在以下情形之一的，由主管税务机关提出意见逐级报省税务局终止其退税商店备案，并收回退税商店标识，注销其境外旅客购物离境退税管理系统用户。

（一）不符合本办法第三条规定条件的情形；

（二）未按规定开具《境外旅客购物离境退税申请单》（附件 3，以下简称《离境退税申请单》）；

（三）开具《离境退税申请单》后，未按规定将对应发票抄报税；

（四）备案后发生因偷税、骗取出口退税等税收违法行为受到行政、刑事处理的。

第三章　离境退税申请单管理

第八条　境外旅客在退税商店购买退税物品，需要离境退税的，应当在离境前凭本人的有效身份证件及购买退税物品的增值税普通发票（由增值税发票系统升级版开具），向退税商店索取《离境退税申请单》。

第九条　《离境退税申请单》由退税商店通过离境退税管理系统开具，加盖发票专用章，交境外旅客。

退税商店开具《离境退税申请单》时，要核对境外旅客有效身份证件，同时将以下信息采集到离境退税管理系统：

（一）境外旅客有效身份证件信息以及其上标注或能够采集的最后入境日期；

（二）境外旅客购买的退税物品信息以及对应的增值税普通发票号码。

第十条　具有以下情形之一的，退税商店不得开具《离境退税申请单》：

（一）境外旅客不能出示本人有效身份证件；

（二）凭有效身份证件不能确定境外旅客最后入境日期的；

（三）购买日距境外旅客最后入境日超过183天；

（四）退税物品销售发票开具日期早于境外旅客最后入境日；

（五）销售给境外旅客的货物不属于退税物品范围；

（六）境外旅客不能出示购买退税物品的增值税普通发票（由增值税发票系统升级版开具）；

（七）同一境外旅客同一日在同一退税商店内购买退税物品的金额未达到500元人民币。

第十一条　退税商店在向境外旅客开具《离境退税申请单》后，如发生境外旅客退货等需作废销售发票或红字冲销等情形的，在作废销售发票的同时，需将作废或冲销发票对应的《离境退税申请单》同时作废。

第十二条　已办理离境退税的销售发票，退税商店不得作废或对该发票开具红字发票冲销。

第四章　退税代理机构的选择、变更与终止

第十三条　具备以下条件的银行，可以申请成为退税代理机构：

（一）能够在离境口岸隔离区内具备办理退税业务的场所和相关设施；

（二）具备离境退税管理系统运行的条件，能够及时、准确地向主管税务机关报送相关信息；

（三）遵守税收法律法规规定，三年内未因发生税收违法行为受到行政、刑事处理的；

（四）愿意先行垫付退税资金。

第十四条　退税代理机构由省税务局会同财政、海关等部门，按照公平、公开、公正的原则选择，并由省税务局公告。

第十五条　完成选定手续后，省税务局应与选定的退税代理机构签订服务协议，服务期限为两年。

第十六条　主管税务机关应加强对退税代理机构的管理，发现退税代理机构存在以下情形之一的，应逐级上报省税务局，省税务局会商同级财政、海关等部门后终止其退税代理服务，注销其离境退税管理系统用户：

（一）不符合本办法第十三条规定条件的情形；

（二）未按规定申报境外旅客离境退税结算；

（三）境外旅客离境退税结算申报资料未按规定留存备查；

（四）将境外旅客不符合规定的离境退税申请办理了退税，并申报境外旅客离境退税结算；

（五）在服务期间发生税收违法行为受到行政、刑事处理的；

（六）未履行与省税务局签订的服务协议。

第十七条　退税代理机构应当在离境口岸隔离区内设置专用场所，并在显著位置用中英文做出明显标识（退税代理机构标识规范见附件4）。退税代理机构设置标识应符合海关监管要求。

第五章　离境退税的办理流程

第十八条　境外旅客离境时，应向海关办理退税物品验核确认手续。

第十九条　境外旅客向退税代理机构申请办理离境退税时，须提交以下资料：

（一）本人有效身份证件；

（二）经海关验核签章的《离境退税申请单》。

第二十条　退税代理机构接到境外旅客离境退税申请的，应首先采集申请离境退税的境外旅客本人有效身份证件信息，并在核对以下内容无误后，按海关确认意见办理退税：

（一）提供的离境退税资料齐全；

（二）《离境退税申请单》上所载境外旅客信息与采集申请离境退税的境外旅客本人有效身份证件信息一致；

（三）《离境退税申请单》经海关验核签章；

（四）境外旅客离境日距最后入境日未超过183天；

（五）退税物品购买日距离境日未超过90天；

（六）《离境退税申请单》与离境退税管理系统比对一致。

第二十一条　退税款的计算。以离境的退税物品的增值税普通发票金额（含增值税）为依据，退税率为11%，计算应退增值税额。计算公式为：

应退增值税额=离境的退税物品销售发票金额（含增值税）×退税率

实退增值税额=应退增值税额-退税代理机构办理退税手续费

第二十二条　退税币种为人民币。退税金额超过10000元人民币的，退税代理机构应以银行转账方式退税。退税金额未超过10000元人民币的，根据境外旅客选择，退税代理机构采用现金退税或银行转账方式退税。

境外旅客领取或者办理领取退税款时，应当签字确认《境外旅客购物离境退税收款回执单》（附件5）。

第二十三条　若离境退税管理系统因故不能及时提供相关信息比对时，退税代理机构可先按照本办法第二十一条规定计算应退增值税额，在系统可提供相关信息并比对无误后在系统中确认，并采取银行转账方式办理退税。

第二十四条　退税代理机构办理退税应于每月15日前，通过离境退税管理系统将上月为境外旅客办理离境退税金额生成《境外旅客购物离境退税结算申报表》（附件6），报送主管国税机关，作为申报境外旅客离境退税结算的依据。同时将以下资料装订成册，留存备查：

（一）《境外旅客购物离境退税结算申报表》；

（二）经海关验核签章的《离境退税申请单》；

（三）经境外旅客签字确认的《境外旅客购物离境退税收款回执单》。

第二十五条　退税代理机构首次向主管税务机关申报境外旅客离境退税结算时，应首先提交与省税务局签订的服务协议、《出口退（免）税备案表》进行备案。

第二十六条 主管税务机关对退税代理机构提交的境外旅客购物离境退税结算申报数据审核、比对无误后，按照规定开具《税收收入退还书》，向退税代理机构办理退付。省税务局应按月将离境退税情况通报同级财政机关。

第六章 信息传递与交换

第二十七条 主管税务机关、海关、退税代理机构和退税商店应传递与交换相关信息。

第二十八条 退税商店通过离境退税管理系统开具境外旅客购物离境退税申请单，并实时向主管税务机关传送相关信息。

第二十九条 退税代理机构通过离境退税管理系统为境外旅客办理离境退税，并实时向主管税务机关传送相关信息。

第七章 附 则

第三十条 本办法自发布之日起执行。

关于境外旅客购物离境退税业务海关监管规定的公告

（海关总署公告 2015 年第 25 号）

发布日期：2015-05-08
实施日期：2015-06-05
法规类型：规范性文件

根据《财政部关于实施境外旅客购物离境退税政策的公告》（财政部公告 2015 年第 3 号）有关规定，为规范海关对境外旅客购物离境退税业务的监管工作，现就有关事项公告如下：

一、境外旅客在出境时需要对所购物品退税的，应当主动向海关申报，并提交退税物品、境外旅客购物离境退税申请单（以下简称申请单）、退税物品销售发票和本人有效身份证件。

二、经海关验核，对旅客交验的退税物品与申请单所列相符的，海关在申请单上确认签章，并交由旅客凭以办理退税手续；对旅客交验物品的数量与申请单所列数量不符的，海关以交验物品的数量进行确认签章，并交由旅客凭以办理退税手续。

三、有下列情形之一的，海关不予办理境外旅客购物离境退税签章手续：

（一）出境旅客交验物品的名称与申请单所列物品不符的；

（二）申请单所列购物人员信息与出境旅客信息不符的；

（三）其他不符合离境退税规定的。

四、办理离境退税业务的专门场所属于海关监管场所，有关场所设置标准应当符合海关监管要求。

五、退税物品经海关验核后至实际离境前，应当接受海关监管。

六、实施离境退税业务的口岸名单和实施日期，以财政部、海关总署和国家税务总局发布为准。

七、本公告中下列用语的含义：

境外旅客是指在我国境内连续居住不超过 183 天的外国人和港澳台同胞。

退税物品是指由境外旅客本人在退税商店购买且符合退税条件的个人物品，但不包括下列物品：《中华人民共和国禁止、限制进出境物品表》所列的禁止、限制出境物品；退税商店销售的适用增值税免税政策的物品；财政部、海关总署、国家税务总局规定的其他物品。

八、本公告自 2015 年 6 月 5 日起执行。海关总署公告 2010 年 82 号同期予以废止。

特此公告。

关于实施境外旅客购物离境退税政策的公告

（财政部公告 2015 年第 3 号）

发布日期：2015-01-06

实施日期：2015-01-06

法规类型：规范性文件

为落实《国务院关于促进旅游业改革发展的若干意见》（国发〔2014〕31 号）中"研究完善境外旅客购物离境退税政策，将实施范围扩大至全国符合条件的地区"的要求，完善增值税制度，促进旅游业发展，决定在全国符合条件的地区实施境外旅客购物离境退税政策（以下称离境退税政策）。经商海关总署和国家税务总局，现将有关事项公告如下：

一、离境退税政策，是指境外旅客在离境口岸离境时，对其在退税商店购买的退税物品退还增值税的政策。

境外旅客，是指在我国境内连续居住不超过 183 天的外国人和港澳台同胞。

离境口岸，是指实施离境退税政策的地区正式对外开放并设有退税代理机构的口岸，包括航空口岸、水运口岸和陆地口岸。

退税物品，是指由境外旅客本人在退税商店购买且符合退税条件的个人物品，但不包括下列物品：

（一）《中华人民共和国禁止、限制进出境物品表》所列的禁止、限制出境物品；

（二）退税商店销售的适用增值税免税政策的物品；

（三）财政部、海关总署、国家税务总局规定的其他物品。

二、境外旅客申请退税，应当同时符合以下条件：

（一）同一境外旅客同一日在同一退税商店购买的退税物品金额达到 500 元人民币；

（二）退税物品尚未启用或消费；

（三）离境日距退税物品购买日不超过 90 天；

（四）所购退税物品由境外旅客本人随身携带或随行托运出境。

三、退税物品的退税率为 11%。应退增值税额的计算公式：

应退增值税额＝退税物品销售发票金额（含增值税）×退税率

四、离境退税的具体流程。

（一）退税物品购买。境外旅客在退税商店购买退税物品后，需要申请退税的，应当向退税商店索取境外旅客购物离境退税申请单和销售发票。

（二）海关验核确认。境外旅客在离境口岸离境时，应当主动持退税物品、境外旅客购物离境退税申请单、退税物品销售发票向海关申报并接受海关监管。海关验核无误后，在境外旅客购物离境退税申请单上签章。

（三）代理机构退税。无论是本地购物本地离境还是本地购物异地离境，离境退税均由设在办理境外旅客离境手续的离境口岸隔离区内的退税代理机构统一办理。境外旅客凭护照等本人有效身份证件、海关验核签章的境外旅客购物离境退税申请单、退税物品销售发票向退税代理机构申请办理增值税退税。

退税代理机构对相关信息审核无误后，为境外旅客办理增值税退税，并先行垫付退税资金。退税代理机构可在增值税退税款中扣减必要的退税手续费。

（四）税务部门结算。退税代理机构应定期向省级（即省、自治区、直辖市、计划单列市，下同）税务部门申请办理增值税退税结算。省级税务部门对退税代理机构提交的材料审核无误后，按规定向退税代理机构退付其垫付的增值税退税款，并将退付情况通报省级财政部门。

五、退税币种为人民币。退税方式包括现金退税和银行转账退税两种方式。

退税额未超过 10000 元的，可自行选择退税方式。退税额超过 10000 元的，以银行转账方式退税。

六、省级税务部门会同财政、海关等相关部门按照公平、公开、公正的原则选择退税代理机构，充分发挥市场作用，引入竞争机制，提高退税代理机构提供服务的水平。退税代理机构的具体条件，由国家税务总局商财政部和海关总署制定。未选择退税代理机构的，由税务部门直接办理增值税退税。

七、符合条件的商店报经省级税务部门备案即可成为退税商店。退税商店的具体条件由国家税务总局商财政部制定。

八、离境退税政策退税管理办法由国家税务总局会同财政部和海关总署制定，并由国家税务总局公布实施。离境退税业务海关监管办法由海关总署会同财政部和国家税务总局制定，并由海关总署公布实施。

九、同时符合以下条件的地区，省级人民政府将离境退税政策实施方案（包括拟实施日期、离境口岸、退税代理机构、办理退税场所、退税手续费负担机制、退税商店选择情况和离境退税信息管理系统试运行情况等）报财政部、海关总署和国家税务总局备案：

（一）省级人民政府同意实施离境退税政策，提交实施方案，自行负担必要的费用支出，并为海关、税务监管提供相关条件；

（二）建立有效的部门联合工作机制，在省级人民政府统一领导下，由财政部门会同海关、税务等有关部门共同协调推进，确保本地区工作平稳有序开展；

（三）使用国家税务总局商海关总署确定的跨部门、跨地区的互联互通的离境退税信息管理系统；

（四）财政部、海关总署和国家税务总局要求的其他条件。

十、离境旅客购物所退增值税款，由中央与实际办理退税地按现行出口退税负担机制共同负担。

十一、本公告公布之日起，财政部、海关总署和国家税务总局开始受理符合条件的地区的备案，并及时发布纳入离境退税政策范围的地区名单和实施日期。纳入离境退税政策范围的地区应按照本公告的规定组织落实，并可结合本地区实际情况对相关内容予以进一步明确。

关于在海南开展境外旅客购物离境退税政策试点的公告

（财政部公告 2010 年第 88 号）

发布日期：2010-12-21
实施日期：2011-01-01
法规类型：规范性文件

为推进海南国际旅游岛建设，国务院决定在海南省开展境外旅客购物离境退税政策（以下简称离境退税政策）试点。离境退税政策是指对境外旅客在退税定点商店购买的随身携运出境的退税物品，按规定退税的政策。财政部经商商务部、海关总署和国家税务总局，现就试点工作的有关事项公告如下：

一、离境退税政策的基本流程和适用条件

（一）离境退税政策的基本流程。离境退税政策的基本流程包括购物申请退税、海关验核确认、代理机构退税和集中退税结算四个环节。

（二）离境退税政策的适用条件。境外旅客要取得退税，应当同时符合以下条件：

1. 在退税定点商店购买退税物品，购物金额达到起退点，并且按规定取得境外旅客购物离境退税申请单等退税凭证；

2. 在离境口岸办理离境手续，离境前退税物品尚未启用或消费；

3. 离境日距退税物品购买日不超过 90 天；

4. 所购退税物品由境外旅客本人随身携运出境；

5. 所购退税物品经海关验核并在境外旅客购物离境退税申请单上签章；

6. 在指定的退税代理机构办理退税。

二、境外旅客、离境口岸、退税定点商店和退税物品

（一）境外旅客。境外旅客是指在我国境内连续居住不超过 183 天的外国人和港澳台同胞。

（二）离境口岸。离境口岸暂为试点地区正式对外开放的空港口岸。

（三）退税定点商店。退税定点商店是指经相关部门认定的，按规定向境外旅客销售退税物品的商店。

（四）退税物品。退税物品是指国家允许携带出境并享受退税政策的个人生活物品，但食品、饮料、水果、烟、酒、汽车、摩托车等不包括在内。退税物品目录详见附件。

三、退税税种、退税率、应退税额计算和起退点

（一）退税税种、退税率和应退税额计算。离境退税税种为增值税，退税率统一为 11%。应退税额计算公式：

$$应退税额＝普通销售发票金额（含增值税）×退税率$$

（二）起退点。起退点是指同一境外旅客同一日在同一退税定点商店购买退税物品可以享受退税的最低购物金额。起退点暂定为 800 元人民币。

四、退税代理机构、退税方式和币种选择

（一）退税代理机构。退税代理机构是指经相关部门认定的，按规定为境外旅客办理退税的机构。

（二）退税方式和币种选择。境外旅客在办理退税时可按本公告规定自行选择退税方式和币种。退税方式包括现金退税和银行转账退税两种方式。退税币种包括人民币或自由流通的主要外币。

离境退税政策试点管理办法由国家税务总局会同财政部、商务部、海关总署商海南省人民政府另行公布。

本公告自 2011 年 1 月 1 日起执行。

特此公告。

附件：退税物品目录

行政处罚篇

中华人民共和国行政处罚法

（主席令第 63 号）

发布日期：1996-03-17
实施日期：2021-07-15
法规类型：法律

（根据 2009 年 8 月 27 日第十一届全国人民代表大会常务委员会第十次会议《关于修改部分法律的决定》第一次修正；根据 2017 年 9 月 1 日第十二届全国人民代表大会常务委员会第二十九次会议《关于修改〈中华人民共和国法官法〉等八部法律的决定》第二次修正；根据 2021 年 1 月 22 日第十三届全国人民代表大会常务委员会第二十五次会议修订）

第一章 总 则

第一条 为了规范行政处罚的设定和实施，保障和监督行政机关有效实施行政管理，维护公共利益和社会秩序，保护公民、法人或者其他组织的合法权益，根据宪法，制定本法。

第二条 行政处罚是指行政机关依法对违反行政管理秩序的公民、法人或者其他组织，以减损权益或者增加义务的方式予以惩戒的行为。

第三条 行政处罚的设定和实施，适用本法。

第四条 公民、法人或者其他组织违反行政管理秩序的行为，应当给予行政处罚的，依照本法由法律、法规、规章规定，并由行政机关依照本法规定的程序实施。

第五条 行政处罚遵循公正、公开的原则。

设定和实施行政处罚必须以事实为依据，与违法行为的事实、性质、情节以及社会危害程度相当。

对违法行为给予行政处罚的规定必须公布；未经公布的，不得作为行政处罚的依据。

第六条 实施行政处罚，纠正违法行为，应当坚持处罚与教育相结合，教育公民、法人或者其他组织自觉守法。

第七条 公民、法人或者其他组织对行政机关所给予的行政处罚，享有陈述权、申辩权；对行政处罚不服的，有权依法申请行政复议或者提起行政诉讼。

公民、法人或者其他组织因行政机关违法给予行政处罚受到损害的，有权依法提出赔偿要求。

第八条 公民、法人或者其他组织因违法行为受到行政处罚，其违法行为对他人造成损害的，应当依法承担民事责任。

违法行为构成犯罪，应当依法追究刑事责任的，不得以行政处罚代替刑事处罚。

第二章 行政处罚的种类和设定

第九条 行政处罚的种类：

（一）警告、通报批评；

（二）罚款、没收违法所得、没收非法财物；

（三）暂扣许可证件、降低资质等级、吊销许可证件；

（四）限制开展生产经营活动、责令停产停业、责令关闭、限制从业；

（五）行政拘留；

（六）法律、行政法规规定的其他行政处罚。

第十条 法律可以设定各种行政处罚。

限制人身自由的行政处罚，只能由法律设定。

第十一条 行政法规可以设定除限制人身自由以外的行政处罚。

法律对违法行为已经作出行政处罚规定，行政法规需要作出具体规定的，必须在法律规定的给予行政处罚的行为、种类和幅度的范围内规定。

法律对违法行为未作出行政处罚规定，行政法规为实施法律，可以补充设定行政处罚。拟补充设定行政处罚的，应当通过听证会、论证会等形式广泛听取意见，并向制定机关作出书面说明。行政法规报送备案时，应当说明补充设定行政处罚的情况。

第十二条 地方性法规可以设定除限制人身自由、吊销营业执照以外的行政处罚。

法律、行政法规对违法行为已经作出行政处罚规定，地方性法规需要作出具体规定的，必须在法律、行政法规规定的给予行政处罚的行为、种类和幅度的范围内规定。

法律、行政法规对违法行为未作出行政处罚规定，地方性法规为实施法律、行政法规，可以补充设定行政处罚。拟补充设定行政处罚的，应当通过听证会、论证会等形式广泛听取意见，并向制定机关作出书面说明。地方性法规报送备案时，应当说明补充设定行政处罚的情况。

第十三条 国务院部门规章可以在法律、行政法规规定的给予行政处罚的行为、种类和幅度的范围内作出具体规定。

尚未制定法律、行政法规的，国务院部门规章对违反行政管理秩序的行为，可以设定警告、通报批评或者一定数额罚款的行政处罚。罚款的限额由国务院规定。

第十四条 地方政府规章可以在法律、法规规定的给予行政处罚的行为、种类和幅度的范围内作出具体规定。

尚未制定法律、法规的，地方政府规章对违反行政管理秩序的行为，可以设定警告、通报批评或者一定数额罚款的行政处罚。罚款的限额由省、自治区、直辖市人民代表大会常务委员会规定。

第十五条 国务院部门和省、自治区、直辖市人民政府及其有关部门应当定期组织评估行政处罚的实施情况和必要性，对不适当的行政处罚事项及种类、罚款数额等，应当提出修改或者废止的建议。

第十六条 除法律、法规、规章外，其他规范性文件不得设定行政处罚。

第三章 行政处罚的实施机关

第十七条 行政处罚由具有行政处罚权的行政机关在法定职权范围内实施。

第十八条 国家在城市管理、市场监管、生态环境、文化市场、交通运输、应急管理、农业等领域推行建立综合行政执法制度，相对集中行政处罚权。

国务院或者省、自治区、直辖市人民政府可以决定一个行政机关行使有关行政机关的行政处罚权。

限制人身自由的行政处罚权只能由公安机关和法律规定的其他机关行使。

第十九条 法律、法规授权的具有管理公共事务职能的组织可以在法定授权范围内实施行政处罚。

第二十条 行政机关依照法律、法规、规章的规定，可以在其法定权限内书面委托符合本法第二十一条规定条件的组织实施行政处罚。行政机关不得委托其他组织或者个人实施行政处罚。

委托书应当载明委托的具体事项、权限、期限等内容。委托行政机关和受委托组织应当将委托书向社会公布。

委托行政机关对受委托组织实施行政处罚的行为应当负责监督，并对该行为的后果承担法律责任。

受委托组织在委托范围内，以委托行政机关名义实施行政处罚；不得再委托其他组织或者个人实施行政处罚。

第二十一条 受委托组织必须符合以下条件：

（一）依法成立并具有管理公共事务职能；

（二）有熟悉有关法律、法规、规章和业务并取得行政执法资格的工作人员；

（三）需要进行技术检查或者技术鉴定的，应当有条件组织进行相应的技术检查或者技术鉴定。

第四章　行政处罚的管辖和适用

第二十二条 行政处罚由违法行为发生地的行政机关管辖。法律、行政法规、部门规章另有规定的，从其规定。

第二十三条 行政处罚由县级以上地方人民政府具有行政处罚权的行政机关管辖。法律、行政法规另有规定的，从其规定。

第二十四条 省、自治区、直辖市根据当地实际情况，可以决定将基层管理迫切需要的县级人民政府部门的行政处罚权交由能够有效承接的乡镇人民政府、街道办事处行使，并定期组织评估。决定应当公布。

承接行政处罚权的乡镇人民政府、街道办事处应当加强执法能力建设，按照规定范围、依照法定程序实施行政处罚。

有关地方人民政府及其部门应当加强组织协调、业务指导、执法监督，建立健全行政处罚协调配合机制，完善评议、考核制度。

第二十五条 两个以上行政机关都有管辖权的，由最先立案的行政机关管辖。

对管辖发生争议的，应当协商解决，协商不成的，报请共同的上一级行政机关指定管辖；也可以直接由共同的上一级行政机关指定管辖。

第二十六条 行政机关因实施行政处罚的需要，可以向有关机关提出协助请求。协助事项属于被请求机关职权范围内的，应当依法予以协助。

第二十七条 违法行为涉嫌犯罪的，行政机关应当及时将案件移送司法机关，依法追究刑事责任。对依法不需要追究刑事责任或者免予刑事处罚，但应当给予行政处罚的，司法机关应当及时将案件移送有关行政机关。

行政处罚实施机关与司法机关之间应当加强协调配合，建立健全案件移送制度，加强证据材料移交、接收衔接，完善案件处理信息通报机制。

第二十八条 行政机关实施行政处罚时，应当责令当事人改正或者限期改正违法行为。

当事人有违法所得，除依法应当退赔的外，应当予以没收。违法所得是指实施违法行为所取得的款项。法律、行政法规、部门规章对违法所得的计算另有规定的，从其规定。

第二十九条 对当事人的同一个违法行为，不得给予两次以上罚款的行政处罚。同一个违法行为违反多个法律规范应当给予罚款处罚的，按照罚款数额高的规定处罚。

第三十条 不满十四周岁的未成年人有违法行为的，不予行政处罚，责令监护人加以管教；已满十四周岁不满十八周岁的未成年人有违法行为的，应当从轻或者减轻行政处罚。

第三十一条　精神病人、智力残疾人在不能辨认或者不能控制自己行为时有违法行为的，不予行政处罚，但应当责令其监护人严加看管和治疗。间歇性精神病人在精神正常时有违法行为的，应当给予行政处罚。尚未完全丧失辨认或者控制自己行为能力的精神病人、智力残疾人有违法行为的，可以从轻或者减轻行政处罚。

第三十二条　当事人有下列情形之一，应当从轻或者减轻行政处罚：

（一）主动消除或者减轻违法行为危害后果的；

（二）受他人胁迫或者诱骗实施违法行为的；

（三）主动供述行政机关尚未掌握的违法行为的；

（四）配合行政机关查处违法行为有立功表现的；

（五）法律、法规、规章规定其他应当从轻或者减轻行政处罚的。

第三十三条　违法行为轻微并及时改正，没有造成危害后果的，不予行政处罚。初次违法且危害后果轻微并及时改正的，可以不予行政处罚。

当事人有证据足以证明没有主观过错的，不予行政处罚。法律、行政法规另有规定的，从其规定。

对当事人的违法行为依法不予行政处罚的，行政机关应当对当事人进行教育。

第三十四条　行政机关可以依法制定行政处罚裁量基准，规范行使行政处罚裁量权。行政处罚裁量基准应当向社会公布。

第三十五条　违法行为构成犯罪，人民法院判处拘役或者有期徒刑时，行政机关已经给予当事人行政拘留的，应当依法折抵相应刑期。

违法行为构成犯罪，人民法院判处罚金时，行政机关已经给予当事人罚款的，应当折抵相应罚金；行政机关尚未给予当事人罚款的，不再给予罚款。

第三十六条　违法行为在二年内未被发现的，不再给予行政处罚；涉及公民生命健康安全、金融安全且有危害后果的，上述期限延长至五年。法律另有规定的除外。

前款规定的期限，从违法行为发生之日起计算；违法行为有连续或者继续状态的，从行为终了之日起计算。

第三十七条　实施行政处罚，适用违法行为发生时的法律、法规、规章的规定。但是，作出行政处罚决定时，法律、法规、规章已被修改或者废止，且新的规定处罚较轻或者不认为是违法的，适用新的规定。

第三十八条　行政处罚没有依据或者实施主体不具有行政主体资格的，行政处罚无效。

违反法定程序构成重大且明显违法的，行政处罚无效。

第五章　行政处罚的决定

第一节　一般规定

第三十九条　行政处罚的实施机关、立案依据、实施程序和救济渠道等信息应当公示。

第四十条　公民、法人或者其他组织违反行政管理秩序的行为，依法应当给予行政处罚的，行政机关必须查明事实；违法事实不清、证据不足的，不得给予行政处罚。

第四十一条　行政机关依照法律、行政法规规定利用电子技术监控设备收集、固定违法事实的，应当经过法制和技术审核，确保电子技术监控设备符合标准、设置合理、标志明显，设置地点应当向社会公布。

电子技术监控设备记录违法事实应当真实、清晰、完整、准确。行政机关应当审核记录内容是否符合要求；未经审核或者经审核不符合要求的，不得作为行政处罚的证据。

行政机关应当及时告知当事人违法事实，并采取信息化手段或者其他措施，为当事人查询、陈述和申辩提供便利。不得限制或者变相限制当事人享有的陈述权、申辩权。

第四十二条 行政处罚应当由具有行政执法资格的执法人员实施。执法人员不得少于两人，法律另有规定的除外。

执法人员应当文明执法，尊重和保护当事人合法权益。

第四十三条 执法人员与案件有直接利害关系或者有其他关系可能影响公正执法的，应当回避。

当事人认为执法人员与案件有直接利害关系或者有其他关系可能影响公正执法的，有权申请回避。

当事人提出回避申请的，行政机关应当依法审查，由行政机关负责人决定。决定作出之前，不停止调查。

第四十四条 行政机关在作出行政处罚决定之前，应当告知当事人拟作出的行政处罚内容及事实、理由、依据，并告知当事人依法享有的陈述、申辩、要求听证等权利。

第四十五条 当事人有权进行陈述和申辩。行政机关必须充分听取当事人的意见，对当事人提出的事实、理由和证据，应当进行复核；当事人提出的事实、理由或者证据成立的，行政机关应当采纳。

行政机关不得因当事人陈述、申辩而给予更重的处罚。

第四十六条 证据包括：

（一）书证；

（二）物证；

（三）视听资料；

（四）电子数据；

（五）证人证言；

（六）当事人的陈述；

（七）鉴定意见；

（八）勘验笔录、现场笔录。

证据必须经查证属实，方可作为认定案件事实的根据。

以非法手段取得的证据，不得作为认定案件事实的根据。

第四十七条 行政机关应当依法以文字、音像等形式，对行政处罚的启动、调查取证、审核、决定、送达、执行等进行全过程记录，归档保存。

第四十八条 具有一定社会影响的行政处罚决定应当依法公开。

公开的行政处罚决定被依法变更、撤销、确认违法或者确认无效的，行政机关应当在三日内撤回行政处罚决定信息并公开说明理由。

第四十九条 发生重大传染病疫情等突发事件，为了控制、减轻和消除突发事件引起的社会危害，行政机关对违反突发事件应对措施的行为，依法快速、从重处罚。

第五十条 行政机关及其工作人员对实施行政处罚过程中知悉的国家秘密、商业秘密或者个人隐私，应当依法予以保密。

第二节 简易程序

第五十一条 违法事实确凿并有法定依据，对公民处以二百元以下、对法人或者其他组织处以三千元以下罚款或者警告的行政处罚的，可以当场作出行政处罚决定。法律另有规定的，从其规定。

第五十二条 执法人员当场作出行政处罚决定的，应当向当事人出示执法证件，填写预定格式、编有号码的行政处罚决定书，并当场交付当事人。当事人拒绝签收的，应当在行政处罚决定书上注明。

前款规定的行政处罚决定书应当载明当事人的违法行为、行政处罚的种类和依据、罚款数额、时间、地点、申请行政复议、提起行政诉讼的途径和期限以及行政机关名称，并由执法人员签名或者盖章。

执法人员当场作出的行政处罚决定，应当报所属行政机关备案。

第五十三条 对当场作出的行政处罚决定，当事人应当依照本法第六十七条至第六十九条的规定履行。

第三节 普通程序

第五十四条 除本法第五十一条规定的可以当场作出的行政处罚外，行政机关发现公民、法人或者其他组织有依法应当给予行政处罚的行为的，必须全面、客观、公正地调查，收集有关证据；必要时，依照法律、法规的规定，可以进行检查。

符合立案标准的，行政机关应当及时立案。

第五十五条 执法人员在调查或者进行检查时，应当主动向当事人或者有关人员出示执法证件。当事人或者有关人员有权要求执法人员出示执法证件。执法人员不出示执法证件的，当事人或者有关人员有权拒绝接受调查或者检查。

当事人或者有关人员应当如实回答询问，并协助调查或者检查，不得拒绝或者阻挠。询问或者检查应当制作笔录。

第五十六条 行政机关在收集证据时，可以采取抽样取证的方法；在证据可能灭失或者以后难以取得的情况下，经行政机关负责人批准，可以先行登记保存，并应当在七日内及时作出处理决定，在此期间，当事人或者有关人员不得销毁或者转移证据。

第五十七条 调查终结，行政机关负责人应当对调查结果进行审查，根据不同情况，分别作出如下决定：

（一）确有应受行政处罚的违法行为的，根据情节轻重及具体情况，作出行政处罚决定；

（二）违法行为轻微，依法可以不予行政处罚的，不予行政处罚；

（三）违法事实不能成立的，不予行政处罚；

（四）违法行为涉嫌犯罪的，移送司法机关。

对情节复杂或者重大违法行为给予行政处罚，行政机关负责人应当集体讨论决定。

第五十八条 有下列情形之一，在行政机关负责人作出行政处罚的决定之前，应当由从事行政处罚决定法制审核的人员进行法制审核；未经法制审核或者审核未通过的，不得作出决定：

（一）涉及重大公共利益的；

（二）直接关系当事人或者第三人重大权益，经过听证程序的；

（三）案件情况疑难复杂、涉及多个法律关系的；

（四）法律、法规规定应当进行法制审核的其他情形。

行政机关中初次从事行政处罚决定法制审核的人员，应当通过国家统一法律职业资格考试取得法律职业资格。

第五十九条 行政机关依照本法第五十七条的规定给予行政处罚，应当制作行政处罚决定书。行政处罚决定书应当载明下列事项：

（一）当事人的姓名或者名称、地址；

（二）违反法律、法规、规章的事实和证据；

（三）行政处罚的种类和依据；

（四）行政处罚的履行方式和期限；

（五）申请行政复议、提起行政诉讼的途径和期限；

（六）作出行政处罚决定的行政机关名称和作出决定的日期。

行政处罚决定书必须盖有作出行政处罚决定的行政机关的印章。

第六十条　行政机关应当自行政处罚案件立案之日起九十日内作出行政处罚决定。法律、法规、规章另有规定的，从其规定。

第六十一条　行政处罚决定书应当在宣告后当场交付当事人；当事人不在场的，行政机关应当在七日内依照《中华人民共和国民事诉讼法》的有关规定，将行政处罚决定书送达当事人。

当事人同意并签订确认书的，行政机关可以采用传真、电子邮件等方式，将行政处罚决定书等送达当事人。

第六十二条　行政机关及其执法人员在作出行政处罚决定之前，未依照本法第四十四条、第四十五条的规定向当事人告知拟作出的行政处罚内容及事实、理由、依据，或者拒绝听取当事人的陈述、申辩，不得作出行政处罚决定；当事人明确放弃陈述或者申辩权利的除外。

第四节　听证程序

第六十三条　行政机关拟作出下列行政处罚决定，应当告知当事人有要求听证的权利，当事人要求听证的，行政机关应当组织听证：

（一）较大数额罚款；

（二）没收较大数额违法所得、没收较大价值非法财物；

（三）降低资质等级、吊销许可证件；

（四）责令停产停业、责令关闭、限制从业；

（五）其他较重的行政处罚；

（六）法律、法规、规章规定的其他情形。

当事人不承担行政机关组织听证的费用。

第六十四条　听证应当依照以下程序组织：

（一）当事人要求听证的，应当在行政机关告知后五日内提出；

（二）行政机关应当在举行听证的七日前，通知当事人及有关人员听证的时间、地点；

（三）除涉及国家秘密、商业秘密或者个人隐私依法予以保密外，听证公开举行；

（四）听证由行政机关指定的非本案调查人员主持；当事人认为主持人与本案有直接利害关系的，有权申请回避；

（五）当事人可以亲自参加听证，也可以委托一至二人代理；

（六）当事人及其代理人无正当理由拒不出席听证或者未经许可中途退出听证的，视为放弃听证权利，行政机关终止听证；

（七）举行听证时，调查人员提出当事人违法的事实、证据和行政处罚建议，当事人进行申辩和质证；

（八）听证应当制作笔录。笔录应当交当事人或者其代理人核对无误后签字或者盖章。当事人或者其代理人拒绝签字或者盖章的，由听证主持人在笔录中注明。

第六十五条　听证结束后，行政机关应当根据听证笔录，依照本法第五十七条的规定，作出决定。

第六章　行政处罚的执行

第六十六条　行政处罚决定依法作出后，当事人应当在行政处罚决定书载明的期限内，予以履行。

当事人确有经济困难，需要延期或者分期缴纳罚款的，经当事人申请和行政机关批准，可以暂缓或者分期缴纳。

第六十七条 作出罚款决定的行政机关应当与收缴罚款的机构分离。

除依照本法第六十八条、第六十九条的规定当场收缴的罚款外，作出行政处罚决定的行政机关及其执法人员不得自行收缴罚款。

当事人应当自收到行政处罚决定书之日起十五日内，到指定的银行或者通过电子支付系统缴纳罚款。银行应当收受罚款，并将罚款直接上缴国库。

第六十八条 依照本法第五十一条的规定当场作出行政处罚决定，有下列情形之一，执法人员可以当场收缴罚款：

（一）依法给予一百元以下罚款的；

（二）不当场收缴事后难以执行的。

第六十九条 在边远、水上、交通不便地区，行政机关及其执法人员依照本法第五十一条、第五十七条的规定作出罚款决定后，当事人到指定的银行或者通过电子支付系统缴纳罚款确有困难，经当事人提出，行政机关及其执法人员可以当场收缴罚款。

第七十条 行政机关及其执法人员当场收缴罚款的，必须向当事人出具国务院财政部门或者省、自治区、直辖市人民政府财政部门统一制发的专用票据；不出具财政部门统一制发的专用票据的，当事人有权拒绝缴纳罚款。

第七十一条 执法人员当场收缴的罚款，应当自收缴罚款之日起二日内，交至行政机关；在水上当场收缴的罚款，应当自抵岸之日起二日内交至行政机关；行政机关应当在二日内将罚款缴付指定的银行。

第七十二条 当事人逾期不履行行政处罚决定的，作出行政处罚决定的行政机关可以采取下列措施：

（一）到期不缴纳罚款的，每日按罚款数额的百分之三加处罚款，加处罚款的数额不得超出罚款的数额；

（二）根据法律规定，将查封、扣押的财物拍卖、依法处理或者将冻结的存款、汇款划拨抵缴罚款；

（三）根据法律规定，采取其他行政强制执行方式；

（四）依照《中华人民共和国行政强制法》的规定申请人民法院强制执行。

行政机关批准延期、分期缴纳罚款的，申请人民法院强制执行的期限，自暂缓或者分期缴纳罚款期限结束之日起计算。

第七十三条 当事人对行政处罚决定不服，申请行政复议或者提起行政诉讼的，行政处罚不停止执行，法律另有规定的除外。

当事人对限制人身自由的行政处罚决定不服，申请行政复议或者提起行政诉讼的，可以向作出决定的机关提出暂缓执行申请。符合法律规定情形的，应当暂缓执行。

当事人申请行政复议或者提起行政诉讼的，加处罚款的数额在行政复议或者行政诉讼期间不予计算。

第七十四条 除依法应当予以销毁的物品外，依法没收的非法财物必须按照国家规定公开拍卖或者按照国家有关规定处理。

罚款、没收的违法所得或者没收非法财物拍卖的款项，必须全部上缴国库，任何行政机关或者个人不得以任何形式截留、私分或者变相私分。

罚款、没收的违法所得或者没收非法财物拍卖的款项，不得同作出行政处罚决定的行政机关及其工作人员的考核、考评直接或者变相挂钩。除依法应当退还、退赔的外，财政部门不得以任何形式向作出行政处罚决定的行政机关返还罚款、没收的违法所得或者没收非法财物拍卖的款项。

第七十五条 行政机关应当建立健全对行政处罚的监督制度。县级以上人民政府应当定期组织开展行政执法评议、考核，加强对行政处罚的监督检查，规范和保障行政处罚的实施。

行政机关实施行政处罚应当接受社会监督。公民、法人或者其他组织对行政机关实施行政处罚的行为，有权申诉或者检举；行政机关应当认真审查，发现有错误的，应当主动改正。

第七章　法律责任

第七十六条 行政机关实施行政处罚，有下列情形之一，由上级行政机关或者有关机关责令改正，对直接负责的主管人员和其他直接责任人员依法给予处分：

（一）没有法定的行政处罚依据的；

（二）擅自改变行政处罚种类、幅度的；

（三）违反法定的行政处罚程序的；

（四）违反本法第二十条关于委托处罚的规定的；

（五）执法人员未取得执法证件的。

行政机关对符合立案标准的案件不及时立案的，依照前款规定予以处理。

第七十七条 行政机关对当事人进行处罚不使用罚款、没收财物单据或者使用非法定部门制发的罚款、没收财物单据的，当事人有权拒绝，并有权予以检举，由上级行政机关或者有关机关对使用的非法单据予以收缴销毁，对直接负责的主管人员和其他直接责任人员依法给予处分。

第七十八条 行政机关违反本法第六十七条的规定自行收缴罚款的，财政部门违反本法第七十四条的规定向行政机关返还罚款、没收的违法所得或者拍卖款项的，由上级行政机关或者有关机关责令改正，对直接负责的主管人员和其他直接责任人员依法给予处分。

第七十九条 行政机关截留、私分或者变相私分罚款、没收的违法所得或者财物的，由财政部门或者有关机关予以追缴，对直接负责的主管人员和其他直接责任人员依法给予处分；情节严重构成犯罪的，依法追究刑事责任。

执法人员利用职务上的便利，索取或者收受他人财物、将收缴罚款据为己有，构成犯罪的，依法追究刑事责任；情节轻微不构成犯罪的，依法给予处分。

第八十条 行政机关使用或者损毁查封、扣押的财物，对当事人造成损失的，应当依法予以赔偿，对直接负责的主管人员和其他直接责任人员依法给予处分。

第八十一条 行政机关违法实施检查措施或者执行措施，给公民人身或者财产造成损害、给法人或者其他组织造成损失的，应当依法予以赔偿，对直接负责的主管人员和其他直接责任人员依法给予处分；情节严重构成犯罪的，依法追究刑事责任。

第八十二条 行政机关对应当依法移交司法机关追究刑事责任的案件不移交，以行政处罚代替刑事处罚，由上级行政机关或者有关机关责令改正，对直接负责的主管人员和其他直接责任人员依法给予处分；情节严重构成犯罪的，依法追究刑事责任。

第八十三条 行政机关对应当予以制止和处罚的违法行为不予制止、处罚，致使公民、法人或者其他组织的合法权益、公共利益和社会秩序遭受损害的，对直接负责的主管人员和其他直接责任人员依法给予处分；情节严重构成犯罪的，依法追究刑事责任。

第八章　附　则

第八十四条 外国人、无国籍人、外国组织在中华人民共和国领域内有违法行为，应当给予行政处罚的，适用本法，法律另有规定的除外。

第八十五条 本法中"二日""三日""五日""七日"的规定是指工作日，不含法定节假日。

第八十六条 本法自 2021 年 7 月 15 日起施行。

中华人民共和国行政强制法

（主席令第 49 号）

发布日期：2011-06-30
实施日期：2012-01-01
法规类型：法律

第一章 总 则

第一条 为了规范行政强制的设定和实施，保障和监督行政机关依法履行职责，维护公共利益和社会秩序，保护公民、法人和其他组织的合法权益，根据宪法，制定本法。

第二条 本法所称行政强制，包括行政强制措施和行政强制执行。

行政强制措施，是指行政机关在行政管理过程中，为制止违法行为、防止证据损毁、避免危害发生、控制危险扩大等情形，依法对公民的人身自由实施暂时性限制，或者对公民、法人或者其他组织的财物实施暂时性控制的行为。

行政强制执行，是指行政机关或者行政机关申请人民法院，对不履行行政决定的公民、法人或者其他组织，依法强制履行义务的行为。

第三条 行政强制的设定和实施，适用本法。

发生或者即将发生自然灾害、事故灾难、公共卫生事件或者社会安全事件等突发事件，行政机关采取应急措施或者临时措施，依照有关法律、行政法规的规定执行。

行政机关采取金融业审慎监管措施、进出境货物强制性技术监控措施，依照有关法律、行政法规的规定执行。

第四条 行政强制的设定和实施，应当依照法定的权限、范围、条件和程序。

第五条 行政强制的设定和实施，应当适当。采用非强制手段可以达到行政管理目的的，不得设定和实施行政强制。

第六条 实施行政强制，应当坚持教育与强制相结合。

第七条 行政机关及其工作人员不得利用行政强制权为单位或者个人谋取利益。

第八条 公民、法人或者其他组织对行政机关实施行政强制，享有陈述权、申辩权；有权依法申请行政复议或者提起行政诉讼；因行政机关违法实施行政强制受到损害的，有权依法要求赔偿。

公民、法人或者其他组织因人民法院在强制执行中有违法行为或者扩大强制执行范围受到损害的，有权依法要求赔偿。

第二章 行政强制的种类和设定

第九条 行政强制措施的种类：

（一）限制公民人身自由；

（二）查封场所、设施或者财物；

（三）扣押财物；

（四）冻结存款、汇款；

（五）其他行政强制措施。

第十条　行政强制措施由法律设定。

尚未制定法律，且属于国务院行政管理职权事项的，行政法规可以设定除本法第九条第一项、第四项和应当由法律规定的行政强制措施以外的其他行政强制措施。

尚未制定法律、行政法规，且属于地方性事务的，地方性法规可以设定本法第九条第二项、第三项的行政强制措施。

法律、法规以外的其他规范性文件不得设定行政强制措施。

第十一条　法律对行政强制措施的对象、条件、种类作了规定的，行政法规、地方性法规不得作出扩大规定。

法律中未设定行政强制措施的，行政法规、地方性法规不得设定行政强制措施。但是，法律规定特定事项由行政法规规定具体管理措施的，行政法规可以设定除本法第九条第一项、第四项和应当由法律规定的行政强制措施以外的其他行政强制措施。

第十二条　行政强制执行的方式：

（一）加处罚款或者滞纳金；

（二）划拨存款、汇款；

（三）拍卖或者依法处理查封、扣押的场所、设施或者财物；

（四）排除妨碍、恢复原状；

（五）代履行；

（六）其他强制执行方式。

第十三条　行政强制执行由法律设定。

法律没有规定行政机关强制执行的，作出行政决定的行政机关应当申请人民法院强制执行。

第十四条　起草法律草案、法规草案，拟设定行政强制的，起草单位应当采取听证会、论证会等形式听取意见，并向制定机关说明设定该行政强制的必要性、可能产生的影响以及听取和采纳意见的情况。

第十五条　行政强制的设定机关应当定期对其设定的行政强制进行评价，并对不适当的行政强制及时予以修改或者废止。

行政强制的实施机关可以对已设定的行政强制的实施情况及存在的必要性适时进行评价，并将意见报告该行政强制的设定机关。

公民、法人或者其他组织可以向行政强制的设定机关和实施机关就行政强制的设定和实施提出意见和建议。有关机关应当认真研究论证，并以适当方式予以反馈。

第三章　行政强制措施实施程序

第一节　一般规定

第十六条　行政机关履行行政管理职责，依照法律、法规的规定，实施行政强制措施。

违法行为情节显著轻微或者没有明显社会危害的，可以不采取行政强制措施。

第十七条　行政强制措施由法律、法规规定的行政机关在法定职权范围内实施。行政强制措施权不得委托。

依据《中华人民共和国行政处罚法》的规定行使相对集中行政处罚权的行政机关，可以实施法律、法规规定的与行政处罚权有关的行政强制措施。

行政强制措施应当由行政机关具备资格的行政执法人员实施，其他人员不得实施。

第十八条 行政机关实施行政强制措施应当遵守下列规定：

（一）实施前须向行政机关负责人报告并经批准；

（二）由两名以上行政执法人员实施；

（三）出示执法身份证件；

（四）通知当事人到场；

（五）当场告知当事人采取行政强制措施的理由、依据以及当事人依法享有的权利、救济途径；

（六）听取当事人的陈述和申辩；

（七）制作现场笔录；

（八）现场笔录由当事人和行政执法人员签名或者盖章，当事人拒绝的，在笔录中予以注明；

（九）当事人不到场的，邀请见证人到场，由见证人和行政执法人员在现场笔录上签名或者盖章；

（十）法律、法规规定的其他程序。

第十九条 情况紧急，需要当场实施行政强制措施的，行政执法人员应当在二十四小时内向行政机关负责人报告，并补办批准手续。行政机关负责人认为不应当采取行政强制措施的，应当立即解除。

第二十条 依照法律规定实施限制公民人身自由的行政强制措施，除应当履行本法第十八条规定的程序外，还应当遵守下列规定：

（一）当场告知或者实施行政强制措施后立即通知当事人家属实施行政强制措施的行政机关、地点和期限；

（二）在紧急情况下当场实施行政强制措施的，在返回行政机关后，立即向行政机关负责人报告并补办批准手续；

（三）法律规定的其他程序。

实施限制人身自由的行政强制措施不得超过法定期限。实施行政强制措施的目的已经达到或者条件已经消失，应当立即解除。

第二十一条 违法行为涉嫌犯罪应当移送司法机关的，行政机关应当将查封、扣押、冻结的财物一并移送，并书面告知当事人。

第二节 查封、扣押

第二十二条 查封、扣押应当由法律、法规规定的行政机关实施，其他任何行政机关或者组织不得实施。

第二十三条 查封、扣押限于涉案的场所、设施或者财物，不得查封、扣押与违法行为无关的场所、设施或者财物；不得查封、扣押公民个人及其所扶养家属的生活必需品。

当事人的场所、设施或者财物已被其他国家机关依法查封的，不得重复查封。

第二十四条 行政机关决定实施查封、扣押的，应当履行本法第十八条规定的程序，制作并当场交付查封、扣押决定书和清单。

查封、扣押决定书应当载明下列事项：

（一）当事人的姓名或者名称、地址；

（二）查封、扣押的理由、依据和期限；

（三）查封、扣押场所、设施或者财物的名称、数量等；

（四）申请行政复议或者提起行政诉讼的途径和期限；

（五）行政机关的名称、印章和日期。

查封、扣押清单一式二份，由当事人和行政机关分别保存。

第二十五条 查封、扣押的期限不得超过三十日；情况复杂的，经行政机关负责人批准，可以延长，但是延长期限不得超过三十日。法律、行政法规另有规定的除外。

延长查封、扣押的决定应当及时书面告知当事人，并说明理由。

对物品需要进行检测、检验、检疫或者技术鉴定的，查封、扣押的期间不包括检测、检验、检疫或者技术鉴定的期间。检测、检验、检疫或者技术鉴定的期间应当明确，并书面告知当事人。检测、检验、检疫或者技术鉴定的费用由行政机关承担。

第二十六条 对查封、扣押的场所、设施或者财物，行政机关应当妥善保管，不得使用或者损毁；造成损失的，应当承担赔偿责任。

对查封的场所、设施或者财物，行政机关可以委托第三人保管，第三人不得损毁或者擅自转移、处置。因第三人的原因造成的损失，行政机关先行赔付后，有权向第三人追偿。

因查封、扣押发生的保管费用由行政机关承担。

第二十七条 行政机关采取查封、扣押措施后，应当及时查清事实，在本法第二十五条规定的期限内作出处理决定。对违法事实清楚，依法应当没收的非法财物予以没收；法律、行政法规规定应当销毁的，依法销毁；应当解除查封、扣押的，作出解除查封、扣押的决定。

第二十八条 有下列情形之一的，行政机关应当及时作出解除查封、扣押决定：

（一）当事人没有违法行为；

（二）查封、扣押的场所、设施或者财物与违法行为无关；

（三）行政机关对违法行为已经作出处理决定，不再需要查封、扣押；

（四）查封、扣押期限已经届满；

（五）其他不再需要采取查封、扣押措施的情形。

解除查封、扣押应当立即退还财物；已将鲜活物品或者其他不易保管的财物拍卖或者变卖的，退还拍卖或者变卖所得款项。变卖价格明显低于市场价格，给当事人造成损失的，应当给予补偿。

第三节 冻 结

第二十九条 冻结存款、汇款应当由法律规定的行政机关实施，不得委托给其他行政机关或者组织；其他任何行政机关或者组织不得冻结存款、汇款。

冻结存款、汇款的数额应当与违法行为涉及的金额相当；已被其他国家机关依法冻结的，不得重复冻结。

第三十条 行政机关依照法律规定决定实施冻结存款、汇款的，应当履行本法第十八条第一项、第二项、第三项、第七项规定的程序，并向金融机构交付冻结通知书。

金融机构接到行政机关依法作出的冻结通知书后，应当立即予以冻结，不得拖延，不得在冻结前向当事人泄露信息。

法律规定以外的行政机关或者组织要求冻结当事人存款、汇款的，金融机构应当拒绝。

第三十一条 依照法律规定冻结存款、汇款的，作出决定的行政机关应当在三日内向当事人交付冻结决定书。冻结决定书应当载明下列事项：

（一）当事人的姓名或者名称、地址；

（二）冻结的理由、依据和期限；

（三）冻结的账号和数额；

（四）申请行政复议或者提起行政诉讼的途径和期限；

（五）行政机关的名称、印章和日期。

第三十二条 自冻结存款、汇款之日起三十日内，行政机关应当作出处理决定或者作出解除冻结决定；情况复杂的，经行政机关负责人批准，可以延长，但是延长期限不得超过三十日。法律另有规定的除外。

延长冻结的决定应当及时书面告知当事人，并说明理由。

第三十三条 有下列情形之一的，行政机关应当及时作出解除冻结决定：

（一）当事人没有违法行为；

（二）冻结的存款、汇款与违法行为无关；

（三）行政机关对违法行为已经作出处理决定，不再需要冻结；

（四）冻结期限已经届满；

（五）其他不再需要采取冻结措施的情形。

行政机关作出解除冻结决定的，应当及时通知金融机构和当事人。金融机构接到通知后，应当立即解除冻结。

行政机关逾期未作出处理决定或者解除冻结决定的，金融机构应当自冻结期满之日起解除冻结。

第四章　行政机关强制执行程序

第一节　一般规定

第三十四条 行政机关依法作出行政决定后，当事人在行政机关决定的期限内不履行义务的，具有行政强制执行权的行政机关依照本章规定强制执行。

第三十五条 行政机关作出强制执行决定前，应当事先催告当事人履行义务。催告应当以书面形式作出，并载明下列事项：

（一）履行义务的期限；

（二）履行义务的方式；

（三）涉及金钱给付的，应当有明确的金额和给付方式；

（四）当事人依法享有的陈述权和申辩权。

第三十六条 当事人收到催告书后有权进行陈述和申辩。行政机关应当充分听取当事人的意见，对当事人提出的事实、理由和证据，应当进行记录、复核。当事人提出的事实、理由或者证据成立的，行政机关应当采纳。

第三十七条 经催告，当事人逾期仍不履行行政决定，且无正当理由的，行政机关可以作出强制执行决定。

强制执行决定应当以书面形式作出，并载明下列事项：

（一）当事人的姓名或者名称、地址；

（二）强制执行的理由和依据；

（三）强制执行的方式和时间；

（四）申请行政复议或者提起行政诉讼的途径和期限；

（五）行政机关的名称、印章和日期。

在催告期间，对有证据证明有转移或者隐匿财物迹象的，行政机关可作出立即强制执行决定。

第三十八条 催告书、行政强制执行决定书应当直接送达当事人。当事人拒绝接收或者无法直接送达当事人的，应当依照《中华人民共和国民事诉讼法》的有关规定送达。

第三十九条 有下列情形之一的，中止执行：

（一）当事人履行行政决定确有困难或者暂无履行能力的；

（二）第三人对执行标的主张权利，确有理由的；

（三）执行可能造成难以弥补的损失，且中止执行不损害公共利益的；

（四）行政机关认为需要中止执行的其他情形。

中止执行的情形消失后，行政机关应当恢复执行。对没有明显社会危害，当事人确无能力履行，中止执行满三年未恢复执行的，行政机关不再执行。

第四十条　有下列情形之一的，终结执行：

（一）公民死亡，无遗产可供执行，又无义务承受人的；

（二）法人或者其他组织终止，无财产可供执行，又无义务承受人的；

（三）执行标的灭失的；

（四）据以执行的行政决定被撤销的；

（五）行政机关认为需要终结执行的其他情形。

第四十一条　在执行中或者执行完毕后，据以执行的行政决定被撤销、变更，或者执行错误的，应当恢复原状或者退还财物；不能恢复原状或者退还财物的，依法给予赔偿。

第四十二条　实施行政强制执行，行政机关可以在不损害公共利益和他人合法权益的情况下，与当事人达成执行协议。执行协议可以约定分阶段履行；当事人采取补救措施的，可以减免加处的罚款或者滞纳金。

执行协议应当履行。当事人不履行执行协议的，行政机关应当恢复强制执行。

第四十三条　行政机关不得在夜间或者法定节假日实施行政强制执行。但是，情况紧急的除外。

行政机关不得对居民生活采取停止供水、供电、供热、供燃气等方式迫使当事人履行相关行政决定。

第四十四条　对违法的建筑物、构筑物、设施等需要强制拆除的，应当由行政机关予以公告，限期当事人自行拆除。当事人在法定期限内不申请行政复议或者提起行政诉讼，又不拆除的，行政机关可以依法强制拆除。

第二节　金钱给付义务的执行

第四十五条　行政机关依法作出金钱给付义务的行政决定，当事人逾期不履行的，行政机关可以依法加处罚款或者滞纳金。加处罚款或者滞纳金的标准应当告知当事人。

加处罚款或者滞纳金的数额不得超出金钱给付义务的数额。

第四十六条　行政机关依照本法第四十五条规定实施加处罚款或者滞纳金超过三十日，经催告当事人仍不履行的，具有行政强制执行权的行政机关可以强制执行。

行政机关实施强制执行前，需要采取查封、扣押、冻结措施的，依照本法第三章规定办理。

没有行政强制执行权的行政机关应当申请人民法院强制执行。但是，当事人在法定期限内不申请行政复议或者提起行政诉讼，经催告仍不履行的，在实施行政管理过程中已经采取查封、扣押措施的行政机关，可以将查封、扣押的财物依法拍卖抵缴罚款。

第四十七条　划拨存款、汇款应当由法律规定的行政机关决定，并书面通知金融机构。金融机构接到行政机关依法作出划拨存款、汇款的决定后，应当立即划拨。

法律规定以外的行政机关或者组织要求划拨当事人存款、汇款的，金融机构应当拒绝。

第四十八条　依法拍卖财物，由行政机关委托拍卖机构依照《中华人民共和国拍卖法》的规定办理。

第四十九条　划拨的存款、汇款以及拍卖和依法处理所得的款项应当上缴国库或者划入财政专户。任何行政机关或者个人不得以任何形式截留、私分或者变相私分。

第三节　代履行

第五十条　行政机关依法作出要求当事人履行排除妨碍、恢复原状等义务的行政决定，当事人逾期不履行，经催告仍不履行，其后果已经或者将危害交通安全、造成环境污染或者破坏自然资源的，行政机关可以代履行，或者委托没有利害关系的第三人代履行。

第五十一条　代履行应当遵守下列规定：

（一）代履行前送达决定书，代履行决定书应当载明当事人的姓名或者名称、地址，代履行的理由和依据、方式和时间、标的、费用预算以及代履行人；

（二）代履行三日前，催告当事人履行，当事人履行的，停止代履行；

（三）代履行时，作出决定的行政机关应当派员到场监督；

（四）代履行完毕，行政机关到场监督的工作人员、代履行人和当事人或者见证人应当在执行文书上签名或者盖章。

代履行的费用按照成本合理确定，由当事人承担。但是，法律另有规定的除外。

代履行不得采用暴力、胁迫以及其他非法方式。

第五十二条　需要立即清除道路、河道、航道或者公共场所的遗洒物、障碍物或者污染物，当事人不能清除的，行政机关可以决定立即实施代履行；当事人不在场的，行政机关应当在事后立即通知当事人，并依法作出处理。

第五章　申请人民法院强制执行

第五十三条　当事人在法定期限内不申请行政复议或者提起行政诉讼，又不履行行政决定的，没有行政强制执行权的行政机关可以自期限届满之日起三个月内，依照本章规定申请人民法院强制执行。

第五十四条　行政机关申请人民法院强制执行前，应当催告当事人履行义务。催告书送达十日后当事人仍未履行义务的，行政机关可以向所在地有管辖权的人民法院申请强制执行；执行对象是不动产的，向不动产所在地有管辖权的人民法院申请强制执行。

第五十五条　行政机关向人民法院申请强制执行，应当提供下列材料：

（一）强制执行申请书；

（二）行政决定书及作出决定的事实、理由和依据；

（三）当事人的意见及行政机关催告情况；

（四）申请强制执行标的情况；

（五）法律、行政法规规定的其他材料。

强制执行申请书应当由行政机关负责人签名，加盖行政机关的印章，并注明日期。

第五十六条　人民法院接到行政机关强制执行的申请，应当在五日内受理。

行政机关对人民法院不予受理的裁定有异议的，可以在十五日内向上一级人民法院申请复议，上一级人民法院应当自收到复议申请之日起十五日内作出是否受理的裁定。

第五十七条　人民法院对行政机关强制执行的申请进行书面审查，对符合本法第五十五条规定，且行政决定具备法定执行效力的，除本法第五十八条规定的情形外，人民法院应当自受理之日起七日内作出执行裁定。

第五十八条　人民法院发现有下列情形之一的，在作出裁定前可以听取被执行人和行政机关的意见：

（一）明显缺乏事实根据的；

（二）明显缺乏法律、法规依据的；

（三）其他明显违法并损害被执行人合法权益的。

人民法院应当自受理之日起三十日内作出是否执行的裁定。裁定不予执行的，应当说明理由，并在五日内将不予执行的裁定送达行政机关。

行政机关对人民法院不予执行的裁定有异议的，可以自收到裁定之日起十五日内向上一级人民法院申请复议，上一级人民法院应当自收到复议申请之日起三十日内作出是否执行的裁定。

第五十九条　因情况紧急，为保障公共安全，行政机关可以申请人民法院立即执行。经人民法院院长批准，人民法院应当自作出执行裁定之日起五日内执行。

第六十条　行政机关申请人民法院强制执行，不缴纳申请费。强制执行的费用由被执行人承担。

人民法院以划拨、拍卖方式强制执行的，可以在划拨、拍卖后将强制执行的费用扣除。

依法拍卖财物，由人民法院委托拍卖机构依照《中华人民共和国拍卖法》的规定办理。

划拨的存款、汇款以及拍卖和依法处理所得的款项应当上缴国库或者划入财政专户，不得以任何形式截留、私分或者变相私分。

第六章　法律责任

第六十一条　行政机关实施行政强制，有下列情形之一的，由上级行政机关或者有关部门责令改正，对直接负责的主管人员和其他直接责任人员依法给予处分：

（一）没有法律、法规依据的；

（二）改变行政强制对象、条件、方式的；

（三）违反法定程序实施行政强制的；

（四）违反本法规定，在夜间或者法定节假日实施行政强制执行的；

（五）对居民生活采取停止供水、供电、供热、供燃气等方式迫使当事人履行相关行政决定的；

（六）有其他违法实施行政强制情形的。

第六十二条　违反本法规定，行政机关有下列情形之一的，由上级行政机关或者有关部门责令改正，对直接负责的主管人员和其他直接责任人员依法给予处分：

（一）扩大查封、扣押、冻结范围的；

（二）使用或者损毁查封、扣押场所、设施或者财物的；

（三）在查封、扣押法定期间不作出处理决定或者未依法及时解除查封、扣押的；

（四）在冻结存款、汇款法定期间不作出处理决定或者未依法及时解除冻结的。

第六十三条　行政机关将查封、扣押的财物或者划拨的存款、汇款以及拍卖和依法处理所得的款项，截留、私分或者变相私分的，由财政部门或者有关部门予以追缴；对直接负责的主管人员和其他直接责任人员依法给予记大过、降级、撤职或者开除的处分。

行政机关工作人员利用职务上的便利，将查封、扣押的场所、设施或者财物据为己有的，由上级行政机关或者有关部门责令改正，依法给予记大过、降级、撤职或者开除的处分。

第六十四条　行政机关及其工作人员利用行政强制权为单位或者个人谋取利益的，由上级行政机关或者有关部门责令改正，对直接负责的主管人员和其他直接责任人员依法给予处分。

第六十五条　违反本法规定，金融机构有下列行为之一的，由金融业监督管理机构责令改正，对直接负责的主管人员和其他直接责任人员依法给予处分：

（一）在冻结前向当事人泄露信息的；

（二）对应当立即冻结、划拨的存款、汇款不冻结或者不划拨，致使存款、汇款转移的；

（三）将不应当冻结、划拨的存款、汇款予以冻结或者划拨的；

（四）未及时解除冻结存款、汇款的。

第六十六条 违反本法规定，金融机构将款项划入国库或者财政专户以外的其他账户的，由金融业监督管理机构责令改正，并处以违法划拨款项二倍的罚款；对直接负责的主管人员和其他直接责任人员依法给予处分。

违反本法规定，行政机关、人民法院指令金融机构将款项划入国库或者财政专户以外的其他账户的，对直接负责的主管人员和其他直接责任人员依法给予处分。

第六十七条 人民法院及其工作人员在强制执行中有违法行为或者扩大强制执行范围的，对直接负责的主管人员和其他直接责任人员依法给予处分。

第六十八条 违反本法规定，给公民、法人或者其他组织造成损失的，依法给予赔偿。

违反本法规定，构成犯罪的，依法追究刑事责任。

第七章 附　则

第六十九条 本法中十日以内期限的规定是指工作日，不含法定节假日。

第七十条 法律、行政法规授权的具有管理公共事务职能的组织在法定授权范围内，以自己的名义实施行政强制，适用本法有关行政机关的规定。

第七十一条 本法自 2012 年 1 月 1 日起施行。

中华人民共和国海关行政处罚实施条例

（国务院令第 420 号）

发布日期：2004-09-19
实施日期：2022-05-01
法规类型：行政法规

（根据 2022 年 3 月 29 日国务院令第 752 号《国务院关于修改和废止部分行政法规的决定》修订）

第一章 总　则

第一条 为了规范海关行政处罚，保障海关依法行使职权，保护公民、法人或者其他组织的合法权益，根据《中华人民共和国海关法》（以下简称海关法）及其他有关法律的规定，制定本实施条例。

第二条 依法不追究刑事责任的走私行为和违反海关监管规定的行为，以及法律、行政法规规定由海关实施行政处罚的行为的处理，适用本实施条例。

第三条 海关行政处罚由发现违法行为的海关管辖，也可以由违法行为发生地海关管辖。

2 个以上海关都有管辖权的案件，由最先发现违法行为的海关管辖。

管辖不明确的案件，由有关海关协商确定管辖，协商不成的，报请共同的上级海关指定管辖。

重大、复杂的案件，可以由海关总署指定管辖。

第四条 海关发现的依法应当由其他行政机关处理的违法行为，应当移送有关行政机关处理；违法行为涉嫌犯罪的，应当移送海关侦查走私犯罪公安机构、地方公安机关依法办理。

第五条 依照本实施条例处以警告、罚款等行政处罚，但不没收进出境货物、物品、运输工具的，不免除有关当事人依法缴纳税款、提交进出口许可证件、办理有关海关手续的义务。

第六条 抗拒、阻碍海关侦查走私犯罪公安机构依法执行职务的，由设在直属海关、隶属海关的海关侦查走私犯罪公安机构依照治安管理处罚的有关规定给予处罚。

抗拒、阻碍其他海关工作人员依法执行职务的，应当报告地方公安机关依法处理。

第二章 走私行为及其处罚

第七条 违反海关法及其他有关法律、行政法规，逃避海关监管，偷逃应纳税款、逃避国家有关进出境的禁止性或者限制性管理，有下列情形之一的，是走私行为：

（一）未经国务院或者国务院授权的机关批准，从未设立海关的地点运输、携带国家禁止或者限制进出境的货物、物品或者依法应当缴纳税款的货物、物品进出境的；

（二）经过设立海关的地点，以藏匿、伪装、瞒报、伪报或者其他方式逃避海关监管，运输、携带、邮寄国家禁止或者限制进出境的货物、物品或者依法应当缴纳税款的货物、物品进出境的；

（三）使用伪造、变造的手册、单证、印章、账册、电子数据或者以其他方式逃避海关监管，擅自将海关监管货物、物品、进境的境外运输工具，在境内销售的；

（四）使用伪造、变造的手册、单证、印章、账册、电子数据或者以伪报加工贸易制成品单位耗料量等方式，致使海关监管货物、物品脱离监管的；

（五）以藏匿、伪装、瞒报、伪报或者其他方式逃避海关监管，擅自将保税区、出口加工区等海关特殊监管区域内的海关监管货物、物品，运出区外的；

（六）有逃避海关监管，构成走私的其他行为的。

第八条 有下列行为之一的，按走私行为论处：

（一）明知是走私进口的货物、物品，直接向走私人非法收购的；

（二）在内海、领海、界河、界湖，船舶及所载人员运输、收购、贩卖国家禁止或者限制进出境的货物、物品，或者运输、收购、贩卖依法应当缴纳税款的货物，没有合法证明的。

第九条 有本实施条例第七条、第八条所列行为之一的，依照下列规定处罚：

（一）走私国家禁止进出口的货物的，没收走私货物及违法所得，可以并处100万元以下罚款；走私国家禁止进出境的物品的，没收走私物品及违法所得，可以并处10万元以下罚款；

（二）应当提交许可证件而未提交但未偷逃税款，走私国家限制进出境的货物、物品的，没收走私货物、物品及违法所得，可以并处走私货物、物品等值以下罚款；

（三）偷逃应纳税款但未逃避许可证件管理，走私依法应当缴纳税款的货物、物品的，没收走私货物、物品及违法所得，可以并处偷逃应纳税款3倍以下罚款。

专门用于走私的运输工具或者用于掩护走私的货物、物品，2年内3次以上用于走私的运输工具或者用于掩护走私的货物、物品，应当予以没收。藏匿走私货物、物品的特制设备、夹层、暗格，应当予以没收或者责令拆毁。使用特制设备、夹层、暗格实施走私的，应当从重处罚。

第十条 与走私人通谋为走私人提供贷款、资金、账号、发票、证明、海关单证的，与走私人通谋为走私人提供走私货物、物品的提取、发运、运输、保管、邮寄或者其他方便的，以走私的共同当事人论处，没收违法所得，并依照本实施条例第九条的规定予以处罚。

第十一条 海关准予从事海关监管货物的运输、储存、加工、装配、寄售、展示等业务的企业，构成走私犯罪或者1年内有2次以上走私行为的，海关可以撤销其注册登记；报关企业、报关人员有上述情形的，禁止其从事报关活动。

第三章 违反海关监管规定的行为及其处罚

第十二条 违反海关法及其他有关法律、行政法规和规章但不构成走私行为的，是违反海关监管规定的行为。

第十三条 违反国家进出口管理规定，进出口国家禁止进出口的货物的，责令退运，处100万元以下罚款。

第十四条 违反国家进出口管理规定，进出口国家限制进出口的货物，进出口货物的收发货人向海关申报时不能提交许可证件的，进出口货物不予放行，处货物价值30%以下罚款。

违反国家进出口管理规定，进出口属于自动进出口许可管理的货物，进出口货物的收发货人向海关申报时不能提交自动许可证明的，进出口货物不予放行。

第十五条 进出口货物的品名、税则号列、数量、规格、价格、贸易方式、原产地、启运地、运抵地、最终目的地或者其他应当申报的项目未申报或者申报不实的，分别依照下列规定予以处罚，有违法所得的，没收违法所得：

（一）影响海关统计准确性的，予以警告或者处1000元以上1万元以下罚款；

（二）影响海关监管秩序的，予以警告或者处1000元以上3万元以下罚款；

（三）影响国家许可证件管理的，处货物价值5%以上30%以下罚款；

（四）影响国家税款征收的，处漏缴税款30%以上2倍以下罚款；

（五）影响国家外汇、出口退税管理的，处申报价格10%以上50%以下罚款。

第十六条 进出口货物收发货人未按照规定向报关企业提供所委托报关事项的真实情况，致使发生本实施条例第十五条规定情形的，对委托人依照本实施条例第十五条的规定予以处罚。

第十七条 报关企业、报关人员对委托人所提供情况的真实性未进行合理审查，或者因工作疏忽致使发生本实施条例第十五条规定情形的，可以对报关企业处货物价值10%以下罚款，暂停其6个月以内从事报关活动；情节严重的，禁止其从事报关活动。

第十八条 有下列行为之一的，处货物价值5%以上30%以下罚款，有违法所得的，没收违法所得：

（一）未经海关许可，擅自将海关监管货物开拆、提取、交付、发运、调换、改装、抵押、质押、留置、转让、更换标记、移作他用或者进行其他处置的；

（二）未经海关许可，在海关监管区以外存放海关监管货物的；

（三）经营海关监管货物的运输、储存、加工、装配、寄售、展示等业务，有关货物灭失、数量短少或者记录不真实，不能提供正当理由的；

（四）经营保税货物的运输、储存、加工、装配、寄售、展示等业务，不依照规定办理收存、交付、结转、核销等手续，或者中止、延长、变更、转让有关合同不依照规定向海关办理手续的；

（五）未如实向海关申报加工贸易制成品单位耗料量的；

（六）未按照规定期限将过境、转运、通运货物运输出境，擅自留在境内的；

（七）未按照规定期限将暂时进出口货物复运出境或者复运进境，擅自留在境内或者境外的；

（八）有违反海关监管规定的其他行为，致使海关不能或者中断对进出口货物实施监管的。

前款规定所涉货物属于国家限制进出口需要提交许可证件，当事人在规定期限内不能提交许可证件的，另处货物价值30%以下罚款；漏缴税款的，可以另处漏缴税款1倍以下罚款。

第十九条 有下列行为之一的，予以警告，可以处物品价值 20% 以下罚款，有违法所得的，没收违法所得：

（一）未经海关许可，擅自将海关尚未放行的进出境物品开拆、交付、投递、转移或者进行其他处置的；

（二）个人运输、携带、邮寄超过合理数量的自用物品进出境未向海关申报的；

（三）个人运输、携带、邮寄超过规定数量但仍属自用的国家限制进出境物品进出境，未向海关申报但没有以藏匿、伪装等方式逃避海关监管的；

（四）个人运输、携带、邮寄物品进出境，申报不实的；

（五）经海关登记准予暂时免税进境或者暂时免税出境的物品，未按照规定复带出境或者复带进境的；

（六）未经海关批准，过境人员将其所带物品留在境内的。

第二十条 运输、携带、邮寄国家禁止进出境的物品进出境，未向海关申报但没有以藏匿、伪装等方式逃避海关监管的，予以没收，或者责令退回，或者在海关监管下予以销毁或者进行技术处理。

第二十一条 有下列行为之一的，予以警告，可以处 10 万元以下罚款，有违法所得的，没收违法所得：

（一）运输工具不经设立海关的地点进出境的；

（二）在海关监管区停留的进出境运输工具，未经海关同意擅自驶离的；

（三）进出境运输工具从一个设立海关的地点驶往另一个设立海关的地点，尚未办结海关手续又未经海关批准，中途改驶境外或者境内未设立海关的地点的；

（四）进出境运输工具到达或者驶离设立海关的地点，未按照规定向海关申报、交验有关单证或者交验的单证不真实的。

第二十二条 有下列行为之一的，予以警告，可以处 5 万元以下罚款，有违法所得的，没收违法所得：

（一）未经海关同意，进出境运输工具擅自装卸进出境货物、物品或者上下进出境旅客的；

（二）未经海关同意，进出境运输工具擅自兼营境内客货运输或者用于进出境运输以外的其他用途的；

（三）未按照规定办理海关手续，进出境运输工具擅自改营境内运输的；

（四）未按照规定期限向海关传输舱单等电子数据、传输的电子数据不准确或者未按照规定期限保存相关电子数据，影响海关监管的；

（五）进境运输工具在进境以后向海关申报以前，出境运输工具在办结海关手续以后出境以前，不按照交通主管部门或者海关指定的路线行进的；

（六）载运海关监管货物的船舶、汽车不按照海关指定的路线行进的；

（七）进出境船舶和航空器，由于不可抗力被迫在未设立海关的地点停泊、降落或者在境内抛掷、起卸货物、物品，无正当理由不向附近海关报告的；

（八）无特殊原因，未将进出境船舶、火车、航空器到达的时间、停留的地点或者更换的时间、地点事先通知海关的；

（九）不按照规定接受海关对进出境运输工具、货物、物品进行检查、查验的。

第二十三条 有下列行为之一的，予以警告，可以处 3 万元以下罚款：

（一）擅自开启或者损毁海关封志的；

（二）遗失海关制发的监管单证、手册等凭证，妨碍海关监管的；

（三）有违反海关监管规定的其他行为，致使海关不能或者中断对进出境运输工具、物品实施监管的。

第二十四条 伪造、变造、买卖海关单证的，处 5 万元以上 50 万元以下罚款，有违法所得的，没收违法所得；构成犯罪的，依法追究刑事责任。

第二十五条 进出口侵犯中华人民共和国法律、行政法规保护的知识产权的货物的，没收侵权货物，并处货物价值 30% 以下罚款；构成犯罪的，依法追究刑事责任。

需要向海关申报知识产权状况，进出口货物收发货人及其代理人未按照规定向海关如实申报有关知识产权状况，或者未提交合法使用有关知识产权的证明文件的，可以处 5 万元以下罚款。

第二十六条 海关准予从事海关监管货物的运输、储存、加工、装配、寄售、展示等业务的企业，有下列情形之一的，责令改正，给予警告，可以暂停其 6 个月以内从事有关业务：

（一）拖欠税款或者不履行纳税义务的；

（二）损坏或者丢失海关监管货物，不能提供正当理由的；

（三）有需要暂停其从事有关业务的其他违法行为的。

第二十七条 海关准予从事海关监管货物的运输、储存、加工、装配、寄售、展示等业务的企业，有下列情形之一的，海关可以撤销其注册登记：

（一）被海关暂停从事有关业务，恢复从事有关业务后 1 年内再次发生本实施条例第二十六条规定情形的；

（二）有需要撤销其注册登记的其他违法行为的。

第二十八条 报关企业、报关人员非法代理他人报关的，责令改正，处 5 万元以下罚款；情节严重的，禁止其从事报关活动。

第二十九条 进出口货物收发货人、报关企业、报关人员向海关工作人员行贿的，由海关禁止其从事报关活动，并处 10 万元以下罚款；构成犯罪的，依法追究刑事责任。

第三十条 未经海关备案从事报关活动的，责令改正，没收违法所得，可以并处 10 万元以下罚款。

第三十一条 提供虚假资料骗取海关注册登记，撤销其注册登记，并处 30 万元以下罚款。

第三十二条 法人或者其他组织有违反海关法的行为，除处罚该法人或者组织外，对其主管人员和直接责任人员予以警告，可以处 5 万元以下罚款，有违法所得的，没收违法所得。

第四章　对违反海关法行为的调查

第三十三条 海关发现公民、法人或者其他组织有依法应当由海关给予行政处罚的行为的，应当立案调查。

第三十四条 海关立案后，应当全面、客观、公正、及时地进行调查、收集证据。

海关调查、收集证据，应当按照法律、行政法规及其他有关规定的要求办理。

海关调查、收集证据时，海关工作人员不得少于 2 人，并应当向被调查人出示证件。

调查、收集的证据涉及国家秘密、商业秘密或者个人隐私的，海关应当保守秘密。

第三十五条 海关依法检查走私嫌疑人的身体，应当在隐蔽的场所或者非检查人员的视线之外，由 2 名以上与被检查人同性别的海关工作人员执行。

走私嫌疑人应当接受检查，不得阻挠。

第三十六条 海关依法检查运输工具和场所，查验货物、物品，应当制作检查、查验记录。

第三十七条 海关依法扣留走私犯罪嫌疑人，应当制发扣留走私犯罪嫌疑人决定书。对走私犯罪嫌疑人，扣留时间不超过 24 小时，在特殊情况下可以延长至 48 小时。

海关应当在法定扣留期限内对被扣留人进行审查。排除犯罪嫌疑或者法定扣留期限届满的，应当立即解除扣留，并制发解除扣留决定书。

第三十八条 下列货物、物品、运输工具及有关账册、单据等资料，海关可以依法扣留：

（一）有走私嫌疑的货物、物品、运输工具；

（二）违反海关法或者其他有关法律、行政法规的货物、物品、运输工具；

（三）与违反海关法或者其他有关法律、行政法规的货物、物品、运输工具有牵连的账册、单据等资料；

（四）法律、行政法规规定可以扣留的其他货物、物品、运输工具及有关账册、单据等资料。

第三十九条 有违法嫌疑的货物、物品、运输工具无法或者不便扣留的，当事人或者运输工具负责人应当向海关提供等值的担保，未提供等值担保的，海关可以扣留当事人等值的其他财产。

第四十条 海关扣留货物、物品、运输工具以及账册、单据等资料的期限不得超过 1 年。因案件调查需要，经直属海关关长或者其授权的隶属海关关长批准，可以延长，延长期限不得超过 1 年。但复议、诉讼期间不计算在内。

第四十一条 有下列情形之一的，海关应当及时解除扣留：

（一）排除违法嫌疑的；

（二）扣留期限、延长期限届满的；

（三）已经履行海关行政处罚决定的；

（四）法律、行政法规规定应当解除扣留的其他情形。

第四十二条 海关依法扣留货物、物品、运输工具、其他财产以及账册、单据等资料，应当制发海关扣留凭单，由海关工作人员、当事人或者其代理人、保管人、见证人签字或者盖章，并可以加施海关封志。加施海关封志的，当事人或者其代理人、保管人应当妥善保管。

海关解除对货物、物品、运输工具、其他财产以及账册、单据等资料的扣留，或者发还等值的担保，应当制发海关解除扣留通知书、海关解除担保通知书，并由海关工作人员、当事人或者其代理人、保管人、见证人签字或者盖章。

第四十三条 海关查问违法嫌疑人或者询问证人，应当个别进行，并告知其权利和作伪证应当承担的法律责任。违法嫌疑人、证人必须如实陈述、提供证据。

海关查问违法嫌疑人或者询问证人应当制作笔录，并当场交其辨认，没有异议的，立即签字确认；有异议的，予以更正后签字确认。

严禁刑讯逼供或者以威胁、引诱、欺骗等非法手段收集证据。

海关查问违法嫌疑人，可以到违法嫌疑人的所在单位或者住处进行，也可以要求其到海关或者海关指定的地点进行。

第四十四条 海关收集的物证、书证应当是原物、原件。收集原物、原件确有困难的，可以拍摄、复制，并可以指定或者委托有关单位或者个人对原物、原件予以妥善保管。

海关收集物证、书证，应当开列清单，注明收集的日期，由有关单位或者个人确认后签字或者盖章。

海关收集电子数据或者录音、录像等视听资料，应当收集原始载体。收集原始载体确有困难的，可以收集复制件，注明制作方法、制作时间、制作人等，并由有关单位或者个人确认后签字或者盖章。

第四十五条 根据案件调查需要，海关可以对有关货物、物品进行取样化验、鉴定。

海关提取样品时，当事人或者其代理人应当到场；当事人或者其代理人未到场的，海关应当邀请见证人到场。提取的样品，海关应当予以加封，并由海关工作人员及当事人或者其代理人、见证人确认后签字或者盖章。

化验、鉴定应当交由海关化验鉴定机构或者委托国家认可的其他机构进行。

化验人、鉴定人进行化验、鉴定后，应当出具化验报告、鉴定结论，并签字或者盖章。

第四十六条 根据海关法有关规定，海关可以查询案件涉嫌单位和涉嫌人员在金融机构、邮政企业的存款、汇款。

海关查询案件涉嫌单位和涉嫌人员在金融机构、邮政企业的存款、汇款，应当出示海关协助查询通知书。

第四十七条 海关依法扣留的货物、物品、运输工具，在人民法院判决或者海关行政处罚决定作出之前，不得处理。但是，危险品或者鲜活、易腐、易烂、易失效、易变质等不宜长期保存的货物、物品以及所有人申请先行变卖的货物、物品、运输工具，经直属海关关长或者其授权的隶属海关关长批准，可以先行依法变卖，变卖所得价款由海关保存，并通知其所有人。

第四十八条 当事人有权根据海关法的规定要求海关工作人员回避。

第五章 海关行政处罚的决定和执行

第四十九条 海关作出暂停从事有关业务、撤销海关注册登记、禁止从事报关活动、对公民处1万元以上罚款、对法人或者其他组织处10万元以上罚款、没收有关货物、物品、走私运输工具等行政处罚决定之前，应当告知当事人有要求举行听证的权利；当事人要求听证的，海关应当组织听证。

海关行政处罚听证办法由海关总署制定。

第五十条 案件调查终结，海关关长应当对调查结果进行审查，根据不同情况，依法作出决定。

对情节复杂或者重大违法行为给予较重的行政处罚，应当由海关案件审理委员会集体讨论决定。

第五十一条 同一当事人实施了走私和违反海关监管规定的行为且二者之间有因果关系的，依照本实施条例对走私行为的规定从重处罚，对其违反海关监管规定的行为不再另行处罚。

同一当事人就同一批货物、物品分别实施了2个以上违反海关监管规定的行为且二者之间有因果关系的，依照本实施条例分别规定的处罚幅度，择其重者处罚。

第五十二条 对2个以上当事人共同实施的违法行为，应当区别情节及责任，分别给予处罚。

第五十三条 有下列情形之一的，应当从重处罚：

（一）因走私被判处刑罚或者被海关行政处罚后在2年内又实施走私行为的；

（二）因违反海关监管规定被海关行政处罚后在1年内又实施同一违反海关监管规定的行为的；

（三）有其他依法应当从重处罚的情形的。

第五十四条 海关对当事人违反海关法的行为依法给予行政处罚的，应当制作行政处罚决定书。

对同一当事人实施的2个以上违反海关法的行为，可以制发1份行政处罚决定书。

对2个以上当事人分别实施的违反海关法的行为，应当分别制发行政处罚决定书。

对2个以上当事人共同实施的违反海关法的行为，应当制发1份行政处罚决定书，区别情况对各当事人分别予以处罚，但需另案处理的除外。

第五十五条 行政处罚决定书应当依照有关法律规定送达当事人。

依法予以公告送达的，海关应当将行政处罚决定书的正本张贴在海关公告栏内，并在报纸上刊登公告。

第五十六条 海关作出没收货物、物品、走私运输工具的行政处罚决定，有关货物、物品、走私运输工具无法或者不便没收的，海关应当追缴上述货物、物品、走私运输工具的等值价款。

第五十七条 法人或者其他组织实施违反海关法的行为后，有合并、分立或者其他资产重组情形的，海关应当以原法人、组织作为当事人。

对原法人、组织处以罚款、没收违法所得或者依法追缴货物、物品、走私运输工具的等值价款的，应当以承受其权利义务的法人、组织作为被执行人。

第五十八条 罚款、违法所得和依法追缴的货物、物品、走私运输工具的等值价款，应当在海关行政处罚决定规定的期限内缴清。

当事人按期履行行政处罚决定、办结海关手续的，海关应当及时解除其担保。

第五十九条 受海关处罚的当事人或者其法定代表人、主要负责人应当在出境前缴清罚款、违法所得和依法追缴的货物、物品、走私运输工具的等值价款。在出境前未缴清上述款项的，应当向海关提供相当于上述款项的担保。未提供担保，当事人是自然人的，海关可以通知出境管理机关阻止其出境；当事人是法人或者其他组织的，海关可以通知出境管理机关阻止其法定代表人或者主要负责人出境。

第六十条 当事人逾期不履行行政处罚决定的，海关可以采取下列措施：

（一）到期不缴纳罚款的，每日按罚款数额的3%加处罚款；

（二）根据海关法规定，将扣留的货物、物品、运输工具变价抵缴，或者以当事人提供的担保抵缴；

（三）申请人民法院强制执行。

第六十一条 当事人确有经济困难，申请延期或者分期缴纳罚款的，经海关批准，可以暂缓或者分期缴纳罚款。

当事人申请延期或者分期缴纳罚款的，应当以书面形式提出，海关收到申请后，应当在10个工作日内作出决定，并通知申请人。海关同意当事人暂缓或者分期缴纳的，应当及时通知收缴罚款的机构。

第六十二条 有下列情形之一的，有关货物、物品、违法所得、运输工具、特制设备由海关予以收缴：

（一）依照《中华人民共和国行政处罚法》第三十条、第三十一条规定不予行政处罚的当事人携带、邮寄国家禁止进出境的货物、物品进出境的；

（二）散发性邮寄国家禁止、限制进出境的物品进出境或者携带数量零星的国家禁止进出境的物品进出境，依法可以不予行政处罚的；

（三）依法应当没收的货物、物品、违法所得、走私运输工具、特制设备，在海关作出行政处罚决定前，作为当事人的自然人死亡或者作为当事人的法人、其他组织终止，且无权利义务承受人的；

（四）走私违法事实基本清楚，但当事人无法查清，自海关公告之日起满3个月的；

（五）有违反法律、行政法规，应当予以收缴的其他情形的。

海关收缴前款规定的货物、物品、违法所得、运输工具、特制设备，应当制发清单，由被收缴人或者其代理人、见证人签字或者盖章。被收缴人无法查清且无见证人的，应当予以公告。

第六十三条 人民法院判决没收的走私货物、物品、违法所得、走私运输工具、特制设备，或者海关决定没收、收缴的货物、物品、违法所得、走私运输工具、特制设备，由海关依法统一处理，所得价款和海关收缴的罚款，全部上缴中央国库。

第六章 附 则

第六十四条 本实施条例下列用语的含义是：

"设立海关的地点"，指海关在港口、车站、机场、国界孔道、国际邮件互换局（交换站）等海关监管区设立的卡口，海关在保税区、出口加工区等海关特殊监管区域设立的卡口，以及海关在海上设立的中途监管站。

"许可证件"，指依照国家有关规定，当事人应当事先申领，并由国家有关主管部门颁发的准予进口或者出口的证明、文件。

"合法证明"，指船舶及所载人员依照国家有关规定或者依照国际运输惯例所必须持有的证明其运输、携带、收购、贩卖所载货物、物品真实、合法、有效的商业单证、运输单证及其他有关证明、文件。

"物品"，指个人以运输、携带等方式进出境的行李物品、邮寄进出境的物品，包括货币、金银等。超出自用、合理数量的，视为货物。

"自用"，指旅客或者收件人本人自用、馈赠亲友而非为出售或者出租。

"合理数量"，指海关根据旅客或者收件人的情况、旅行目的和居留时间所确定的正常数量。

"货物价值"，指进出口货物的完税价格、关税、进口环节海关代征税之和。

"物品价值"，指进出境物品的完税价格、进口税之和。

"应纳税款"，指进出口货物、物品应当缴纳的进出口关税、进口环节海关代征税之和。

"专门用于走私的运输工具"，指专为走私而制造、改造、购买的运输工具。

"以上"、"以下"、"以内"、"届满"，均包括本数在内。

第六十五条 海关对外国人、无国籍人、外国企业或者其他组织给予行政处罚的，适用本实施条例。

第六十六条 国家禁止或者限制进出口的货物目录，由国务院对外贸易主管部门依照《中华人民共和国对外贸易法》的规定办理；国家禁止或者限制进出境的物品目录，由海关总署公布。

第六十七条 依照海关规章给予行政处罚的，应当遵守本实施条例规定的程序。

第六十八条 本实施条例自 2004 年 11 月 1 日起施行。1993 年 2 月 17 日国务院批准修订、1993 年 4 月 1 日海关总署发布的《中华人民共和国海关法行政处罚实施细则》同时废止。

附录

《条例》第十五条对各类申报不实行为规定的处罚幅度过于宽泛，特别是罚款，为了统一执法标准，海关总署制发了《海关行政处罚幅度参照标准》，作为是海关内部的执法指引，该指引对包括申报不实在内的若干违法行为执法标准和尺度进行了规范。

有关申报不实行为的规定如下：

1. 以货物价值为基准处罚的案件，适用于《条例》十五条第（三）项：

有减轻情节的，处货物价值 1%-5% 的罚款；

有从轻情节的，处货物价值 5%-9% 的罚款；

有从重情节的，处货物价值 12%-30% 的罚款；

没有特别情节的，处货物价值 9%-12% 的罚款。

2. 以漏缴税款为基准处罚的案件，适用于《条例》十五条第（四）项：

有减轻情节的，处漏缴税款 30% 以下的罚款；

有从轻情节的，处漏缴税款 30%-80% 的罚款；

有从重情节的，处漏缴税款 1-2 倍的罚款；

没有特别情节的，处漏缴税款 80%-1 倍的罚款。

3. 以申报价格为基准的影响国家出口退税管理处罚的案件，适用于《条例》十五条第（五）项：

有减轻情节的，处可能多退税款 30% 以下的罚款；

有从轻情节的，处可能多退税款税款 30%-80% 的罚款；

有从重情节的，处可能多退税款 1-2 倍的罚款；

没有特别情节的，处可能多退税款 80%-1 倍的罚款。

4. 适用《实施条例》第十七条处罚的案件：

有减轻或减轻情节的，处货物价值 5% 以下的罚款；

有从重情节的，处货物价值 8%-10% 的罚款；

没有特别情节的，处货物价值 5%-8% 的罚款。

5. 申报不实减轻情节的认定：

（1）当事人自查发现，并向海关主动申报的，相当于"自首"。主要指以下两种情形：（1）当事人在海关发现其违法行为之前自查发现主要违法事实的；（2）当事人稽查通知书等相关文书之前自查发现主要违法事实的。

（2）积极配合海关调查，并有立功表现的。积极配合海关调查主要是指：（1）提供海关尚未掌握的事实以及尚未调取的证据并查证属实的；（2）对海关调查提供协助使案情有重大突破的。立功表现是指检举海关未掌握的应当由海关处理的他人违法行为或提供违法案件线索，经查证属实的。这里强调的是他人而不是自己违法行为，同时也包含了提供线索的行为。

（3）违法行为危害后果较小的。所谓危害后果较小是一个相对指标，主要包括：（1）漏缴税款占应缴税款比例 10% 以下，且单位漏缴税款在人民币 25 万元以下，个人漏缴税款在人民币 5 万元以下的。上述两项指标必须同时具备。（2）影响国家出口退税管理、可能多退税款占退税款的 10% 以下，且可能多退税款在人民币 25 万元以下的。上述两项指标也必须同时具备。

6. 申报不实从轻情节的认定：

（1）积极配合海关调查违法行为，且主动采取措施减轻危害后果的。主动采取措施减轻危害后果是指当事人在海关调查终结前，主动缴纳足额担保金、按规定办理海关手续或指将海关监管货物恢复海关监管的。这里的足额担保金一般相当于海关可能给予罚款处罚的数额。

（2）违法行为危害后果不大的，主要包括：

漏缴税款占应缴税款比例 20% 以下，且单位漏缴税款在人民币 50 万元以下，个人漏缴税款在人民币 10 万元以下的。上述两项指标必须同时具备。

影响国家出口退税管理、可能多退税款占退税款的 20% 以下，且可能多退税款在人民币 50 万元以下的。上述两项指标也必须同时具备。

申报不实仅影响自动许可证管理的。

7. 申报不实从重情节的认定，主要包括：

（1）因违反海关监管规定被海关实施行政处罚后，一年内又实施同一违反海关监管规定行为的。这里强调的是时间上在一年内，且必须是同一种违规行为。同一种可以理解为按照法条项的违法行为，比如前一个是申报不实影响统计的行为，后一个也是申报不实影响统计的行为。

（2）因走私被判处刑罚或被海关行政处罚后，一年内又实施违反海关监管规定行为的。这里强调的是前一个必须是走私行为，不论结果是被刑事处罚还是行政处罚，且不再要求必须是同一种类的行为。

（3）采取制造虚假材料、提供虚假陈述、虚构事实、隐匿、消灭证据等方式阻碍海关开展调查的。

8. 有关数个行为的处罚问题。

当事人就同一批货物分别实施了2个以上违反海关监管规定的行为，且二者之间有因果关系，应当参照处罚幅度分别计核罚款，再择其重者处罚。这里注意，是择重处罚，而不是累加处罚，也不是高于重者低于累加额的处罚。

9. 有关牵连行为的处罚问题。

当事人就同一批货物实施的违反海关监管规定的行为，既影响许可证管理，又影响国家税款征收的，应当参照处罚幅度分别计核罚款，再择其重者处罚。原理同上。

10. 有关多情节行为的处罚问题。

当事人同一违法行为同时具有减轻、从轻情节的，按照减轻幅度处罚；同时具有减轻、从重处罚情节的，按照从轻幅度处罚；同时具有从轻、从重处罚幅度的，按照一般情节处罚。

中华人民共和国海关办理行政处罚案件程序规定

（海关总署令第250号）

发布日期：2021-06-15
实施日期：2021-07-15
法规类型：部门规章

第一章 总 则

第一条 为了规范海关办理行政处罚案件程序，保障和监督海关有效实施行政管理，保护公民、法人或者其他组织的合法权益，根据《中华人民共和国行政处罚法》《中华人民共和国行政强制法》《中华人民共和国海关法》《中华人民共和国海关行政处罚实施条例》（以下简称《海关行政处罚实施条例》）及有关法律、行政法规的规定，制定本规定。

第二条 海关办理行政处罚案件的程序适用本规定。

第三条 海关办理行政处罚案件应当遵循公正、公开的原则，坚持处罚与教育相结合。

第四条 海关办理行政处罚案件，在少数民族聚居或者多民族共同居住的地区，应当使用当地通用的语言进行查问和询问。

对不通晓当地通用语言文字的当事人及有关人员，应当为其提供翻译人员。

第五条 海关及其工作人员对实施行政处罚过程中知悉的国家秘密、商业秘密、海关工作秘密或者个人隐私，应当依法予以保密。

第二章 一般规定

第六条 海关行政处罚的立案依据、实施程序和救济渠道等信息应当公示。

第七条 海关应当依法以文字、音像等形式，对行政处罚的启动、调查取证、审核、决定、送达、执行等进行全过程记录，归档保存。

第八条 海关行政处罚应当由具有行政执法资格的海关执法人员（以下简称执法人员）实施。执法人员不得少于两人，法律另有规定的除外。

执法人员应当文明执法，尊重和保护当事人合法权益。

第九条 在案件办理过程中，当事人委托代理人的，应当提交授权委托书，载明委托人及其代理人的基本信息、委托事项及代理权限、代理权的起止日期、委托日期和委托人签名或者盖章。

委托人变更委托内容或者提前解除委托的，应当书面告知海关。

第十条 海关行政处罚由发现违法行为的海关管辖，也可以由违法行为发生地海关管辖。

两个以上海关都有管辖权的案件，由最先立案的海关管辖。

对管辖发生争议的，应当协商解决，协商不成的，报请共同的上一级海关指定管辖；也可以直接由共同的上一级海关指定管辖。

重大、复杂的案件，可以由海关总署指定管辖。

第十一条 海关发现的依法应当由其他行政机关或者司法机关处理的违法行为，应当制作案件移送函，及时将案件移送有关行政机关或者司法机关处理。

第十二条 执法人员有下列情形之一的，应当自行回避，当事人及其代理人有权申请其回避：

（一）是案件的当事人或者当事人的近亲属；

（二）本人或者其近亲属与案件有直接利害关系；

（三）与案件有其他关系，可能影响案件公正处理的。

第十三条 执法人员自行回避的，应当提出书面申请，并且说明理由，由海关负责人决定。

第十四条 当事人及其代理人要求执法人员回避的，应当提出申请，并且说明理由。当事人口头提出申请的，海关应当记录在案。

海关应当依法审查当事人的回避申请，并在三个工作日内由海关负责人作出决定，并且书面通知申请人。

海关驳回回避申请的，当事人及其代理人可以在收到书面通知后的三个工作日内向作出决定的海关申请复核一次；作出决定的海关应当在三个工作日内作出复核决定并且书面通知申请人。

第十五条 执法人员具有应当回避的情形，其本人没有申请回避，当事人及其代理人也没有申请其回避的，有权决定其回避的海关负责人可以指令其回避。

第十六条 在海关作出回避决定前，执法人员不停止办理行政处罚案件。在回避决定作出前，执法人员进行的与案件有关的活动是否有效，由作出回避决定的海关根据案件情况决定。

第十七条 听证主持人、记录员、检测、检验、检疫、技术鉴定人和翻译人员的回避，适用本规定第十二条至第十六条的规定。

第十八条 海关办理行政处罚案件的证据种类主要有：

（一）书证；

（二）物证；

（三）视听资料；

（四）电子数据；

（五）证人证言；

（六）当事人的陈述；

（七）鉴定意见；

（八）勘验笔录、现场笔录。

证据必须经查证属实，方可作为认定案件事实的根据。

以暴力、威胁、引诱、欺骗以及其他非法手段取得的证据，不得作为认定案件事实的根据。

第十九条 海关收集的物证、书证应当是原物、原件。收集原物、原件确有困难的，可以拍摄、复制足以反映原物、原件内容或者外形的照片、录像、复制件，并且可以指定或者委托有关单位或者个人对原物、原件予以妥善保管。

海关收集物证、书证的原物、原件的，应当开列清单，注明收集的日期，由有关单位或者个人确认后盖章或者签字。

海关收集由有关单位或者个人保管书证原件的复制件、影印件或者抄录件的，应当注明出处和收集时间，经提供单位或者个人核对无异后盖章或者签字。

海关收集由有关单位或者个人保管物证原物的照片、录像的，应当附有关制作过程及原物存放处的文字说明，并且由提供单位或者个人在文字说明上盖章或者签字。

提供单位或者个人拒绝盖章或者签字的，执法人员应当注明。

第二十条 海关收集电子数据或者录音、录像等视听资料，应当收集原始载体。

收集原始载体确有困难的，可以采取打印、拍照或者录像等方式固定相关证据，并附有关过程等情况的文字说明，由执法人员、电子数据持有人签名，持有人无法或者拒绝签名的，应当在文字说明中予以注明；也可以收集复制件，注明制作方法、制作时间、制作人、证明对象以及原始载体持有人或者存放处等，并且由有关单位或者个人确认后盖章或者签字。

海关对收集的电子数据或者录音、录像等视听资料的复制件可以进行证据转换，电子数据能转换为纸质资料的应当及时打印，录音资料应当附有声音内容的文字记录，并且由有关单位或者个人确认后盖章或者签字。

第二十一条 刑事案件转为行政处罚案件办理的，刑事案件办理过程中收集的证据材料，经依法收集、审查后，可以作为行政处罚案件定案的根据。

第二十二条 期间以时、日、月、年计算。期间开始的时和日，不计算在期间内。期间届满的最后一日是节假日的，以其后的第一个工作日为期间届满日期。

期间不包括在途时间，法定期满前交付邮寄的，不视为逾期。

第二十三条 当事人因不可抗拒的事由或者其他正当理由耽误期限的，在障碍消除后的十日内可以向海关申请顺延期限，是否准许，由海关决定。

第二十四条 海关法律文书的送达程序，《中华人民共和国行政处罚法》《中华人民共和国行政强制法》和本规定均未明确的，适用《中华人民共和国民事诉讼法》的相关规定。

第二十五条 经当事人或者其代理人书面同意，海关可以采用传真、电子邮件、移动通信、互联网通讯工具等方式送达行政处罚决定书等法律文书。

采取前款方式送达的，以传真、电子邮件、移动通信、互联网通讯工具等到达受送达人特定系统的日期为送达日期。

第二十六条 海关可以要求当事人或者其代理人书面确认法律文书送达地址。

当事人及其代理人提供的送达地址，应当包括邮政编码、详细地址以及受送达人的联系电话或者其确认的电子送达地址等。

海关应当书面告知送达地址确认书的填写要求和注意事项以及提供虚假地址或者提供地址不准确的法律后果，并且由当事人或者其代理人确认。

当事人变更送达地址，应当以书面方式告知海关。当事人未书面变更的，以其确认的地址为送达地址。

因当事人提供的送达地址不准确、送达地址变更未书面告知海关，导致法律文书未能被受送达人实际接收的，直接送达的，法律文书留在该地址之日为送达之日；邮寄送达的，法律文书被退回之日为送达之日。

第二十七条 海关邮寄送达法律文书的，应当附送达回证并且以送达回证上注明的收件日期为送达日期；送达回证没有寄回的，以挂号信回执、查询复单或者邮寄流程记录上注明的收件日期为送达日期。

第二十八条 海关依法公告送达法律文书的，应当将法律文书的正本张贴在海关公告栏内。行政处罚决定书公告送达的，还应当在报纸或者海关门户网站上刊登公告。

第三章 案件调查

第二十九条 除依法可以当场作出的行政处罚外，海关发现公民、法人或者其他组织有依法应当由海关给予行政处罚的行为的，必须全面、客观、公正地调查，收集有关证据；必要时，依照法律、行政法规的规定，可以进行检查。符合立案标准的，海关应当及时立案。

第三十条 执法人员在调查或者进行检查时，应当主动向当事人或者有关人员出示执法证件。

当事人或者有关人员有权要求执法人员出示执法证件。执法人员不出示执法证件的，当事人或者有关人员有权拒绝接受调查或者检查。

当事人或者有关人员对海关调查或者检查应当予以协助和配合，不得拒绝或者阻挠。

第三十一条 执法人员查问违法嫌疑人、询问证人应当个别进行，并且告知其依法享有的权利和作伪证应当承担的法律责任。

违法嫌疑人、证人应当如实陈述、提供证据。

第三十二条 执法人员查问违法嫌疑人，可以到其所在单位或者住所进行，也可以要求其到海关或者指定地点进行。

执法人员询问证人，可以到其所在单位、住所或者其提出的地点进行。必要时，也可以通知证人到海关或者指定地点进行。

第三十三条 查问、询问应当制作查问、询问笔录。

查问、询问笔录上所列项目，应当按照规定填写齐全，并且注明查问、询问开始和结束的时间；执法人员应当在查问、询问笔录上签字。

查问、询问笔录应当当场交给被查问人、被询问人核对或者向其宣读。被查问人、被询问人核对无误后，应当在查问、询问笔录上逐页签字或者捺指印，拒绝签字或者捺指印的，执法人员应当在查问、询问笔录上注明。如记录有误或者遗漏，应当允许被查问人、被询问人更正或者补充，并且在更正或者补充处签字或者捺指印。

第三十四条 查问、询问聋、哑人时，应当有通晓聋、哑手语的人作为翻译人员参加，并且在笔录上注明被查问人、被询问人的聋、哑情况。

查问、询问不通晓中国语言文字的外国人、无国籍人，应当为其提供翻译人员；被查问人、被询问人通晓中国语言文字不需要提供翻译人员的，应当出具书面声明，执法人员应当在查问、询问笔录中注明。

翻译人员的姓名、工作单位和职业应当在查问、询问笔录中注明。翻译人员应当在查问、询问笔录上签字。

第三十五条 海关首次查问违法嫌疑人、询问证人时，应当问明违法嫌疑人、证人的姓名、出生日期、户籍所在地、现住址、身份证件种类及号码、工作单位、文化程度、是否曾受过刑事处罚或者被行政机关给予行政处罚等情况；必要时，还应当问明家庭主要成员等情况。

违法嫌疑人或者证人不满十八周岁的，查问、询问时应当依法通知其法定代理人或者其成年家属、所在学校的代表等合适成年人到场，并且采取适当方式，在适当场所进行，保障未成年人的名誉权、隐私权和其他合法权益。

第三十六条　被查问人、被询问人要求自行提供书面陈述材料的，应当准许；必要时，执法人员也可以要求被查问人、被询问人自行书写陈述。

被查问人、被询问人自行提供书面陈述材料的，应当在陈述材料上签字并且注明书写陈述的时间、地点和陈述人等。执法人员收到书面陈述后，应当注明收到时间并且签字确认。

第三十七条　执法人员对违法嫌疑人、证人的陈述必须充分听取，并且如实记录。

第三十八条　执法人员依法检查运输工具和场所，查验货物、物品，应当制作检查、查验记录。

检查、查验记录应当由执法人员、当事人或者其代理人签字或者盖章；当事人或者其代理人不在场或者拒绝签字或者盖章的，执法人员应当在检查、查验记录上注明，并且由见证人签字或者盖章。

第三十九条　执法人员依法检查走私嫌疑人的身体，应当在隐蔽的场所或者非检查人员视线之外，由两名以上与被检查人同性别的执法人员执行，并且制作人身检查记录。

检查走私嫌疑人身体可以由医生协助进行，必要时可以前往医疗机构检查。

人身检查记录应当由执法人员、被检查人签字或者盖章；被检查人拒绝签字或者盖章的，执法人员应当在人身检查记录上注明。

第四十条　为查清事实或者固定证据，海关或者海关依法委托的机构可以提取样品。

提取样品时，当事人或者其代理人应当到场；当事人或者其代理人未到场的，海关应当邀请见证人到场。海关认为必要时，可以径行提取货样。

提取的样品应当予以加封确认，并且填制提取样品记录，由执法人员或者海关依法委托的机构人员、当事人或者其代理人、见证人签字或者盖章。

第四十一条　海关或者海关依法委托的机构提取的样品应当一式两份以上；样品份数及每份样品数量以能够满足案件办理需要为限。

第四十二条　为查清事实，需要对案件中专门事项进行检测、检验、检疫、技术鉴定的，应当由海关或者海关依法委托的机构实施。

第四十三条　检测、检验、检疫、技术鉴定结果应当载明委托人和委托事项、依据和结论，并且应当有检测、检验、检疫、技术鉴定人的签字和海关或者海关依法委托的机构的盖章。

检测、检验、检疫、技术鉴定的费用由海关承担。

第四十四条　检测、检验、检疫、技术鉴定结果应当告知当事人。

第四十五条　在调查走私案件时，执法人员查询案件涉嫌单位和涉嫌人员在金融机构、邮政企业的存款、汇款，应当经直属海关关长或者其授权的隶属海关关长批准。

执法人员查询时，应当主动向当事人或者有关人员出示执法证件和海关协助查询通知书。

第四十六条　海关实施扣留应当遵守下列规定：

（一）实施前须向海关负责人报告并经批准，但是根据《中华人民共和国海关法》第六条第四项实施的扣留，应当经直属海关关长或者其授权的隶属海关关长批准；

（二）由两名以上执法人员实施；

（三）出示执法证件；

（四）通知当事人到场；

（五）当场告知当事人采取扣留的理由、依据以及当事人依法享有的权利、救济途径；

（六）听取当事人的陈述和申辩；

（七）制作现场笔录；

（八）现场笔录由当事人和执法人员签名或者盖章，当事人拒绝的，在笔录中予以注明；

（九）当事人不到场的，邀请见证人到场，由见证人和执法人员在现场笔录上签名或者盖章；

（十）法律、行政法规规定的其他程序。

海关依法扣留货物、物品、运输工具、其他财产及账册、单据等资料，可以加施海关封志。

第四十七条 海关依法扣留的货物、物品、运输工具，在人民法院判决或者海关行政处罚决定作出之前，不得处理。但是，危险品或者鲜活、易腐、易烂、易失效、易变质等不宜长期保存的货物、物品以及所有人申请先行变卖的货物、物品、运输工具，经直属海关关长或者其授权的隶属海关关长批准，可以先行依法变卖，变卖所得价款由海关保存；依照法律、行政法规的规定，应当采取退运、销毁、无害化处理等措施的货物、物品，可以依法先行处置。

海关在变卖前，应当通知先行变卖的货物、物品、运输工具的所有人。变卖前无法及时通知的，海关应当在货物、物品、运输工具变卖后，通知其所有人。

第四十八条 海关依法解除对货物、物品、运输工具、其他财产及有关账册、单据等资料的扣留，应当制发解除扣留通知书送达当事人。解除扣留通知书由执法人员、当事人或者其代理人签字或者盖章；当事人或者其代理人不在场，或者当事人、代理人拒绝签字或者盖章的，执法人员应当在解除扣留通知书上注明，并且由见证人签字或者盖章。

第四十九条 有违法嫌疑的货物、物品、运输工具应当或者已经被海关依法扣留的，当事人可以向海关提供担保，申请免予或者解除扣留。

有违法嫌疑的货物、物品、运输工具无法或者不便扣留的，当事人或者运输工具负责人应当向海关提供等值的担保。

第五十条 当事人或者运输工具负责人向海关提供担保时，执法人员应当制作收取担保凭单并送达当事人或者运输工具负责人，执法人员、当事人、运输工具负责人或者其代理人应当在收取担保凭单上签字或者盖章。

收取担保后，可以对涉案货物、物品、运输工具进行拍照或者录像存档。

第五十一条 海关依法解除担保的，应当制发解除担保通知书送达当事人或者运输工具负责人。解除担保通知书由执法人员及当事人、运输工具负责人或者其代理人签字或者盖章；当事人、运输工具负责人或者其代理人不在场或者拒绝签字或者盖章的，执法人员应当在解除担保通知书上注明。

第五十二条 海关依法对走私犯罪嫌疑人实施人身扣留，依照《中华人民共和国海关实施人身扣留规定》规定的程序办理。

第五十三条 经调查，行政处罚案件有下列情形之一的，海关可以终结调查并提出处理意见：

（一）违法事实清楚、法律手续完备、据以定性处罚的证据充分的；

（二）违法事实不能成立的；

（三）作为当事人的自然人死亡的；

（四）作为当事人的法人或者其他组织终止，无法人或者其他组织承受其权利义务，又无其他关系人可以追查的；

（五）案件已经移送其他行政机关或者司法机关的；

（六）其他依法应当终结调查的情形。

第四章 行政处理决定

第一节 行政处罚的适用

第五十四条 不满十四周岁的未成年人有违法行为的，不予行政处罚，但是应当责令其监护人加以管教；已满十四周岁不满十八周岁的未成年人有违法行为的，应当从轻或者减轻行政处罚。

第五十五条 精神病人、智力残疾人在不能辨认或者不能控制自己行为时有违法行为的，不予行政处罚，但是应当责令其监护人严加看管和治疗。间歇性精神病人在精神正常时有违法行为的，应当给予行政处罚。尚未完全丧失辨认或者控制自己行为能力的精神病人、智力残疾人有违法行为的，可以从轻或者减轻行政处罚。

第五十六条 违法行为轻微并及时改正，没有造成危害后果的，不予行政处罚。初次违法且危害后果轻微并及时改正的，可以不予行政处罚。

对当事人的违法行为依法不予行政处罚的，海关应当对当事人进行教育。

第五十七条 当事人有证据足以证明没有主观过错的，不予行政处罚。法律、行政法规另有规定的，从其规定。

第五十八条 当事人有下列情形之一，应当从轻或者减轻行政处罚：

（一）主动消除或者减轻违法行为危害后果的；

（二）受他人胁迫或者诱骗实施违法行为的；

（三）主动供述海关尚未掌握的违法行为的；

（四）配合海关查处违法行为有立功表现的；

（五）法律、行政法规、海关规章规定其他应当从轻或者减轻行政处罚的。

当事人积极配合海关调查且认错认罚的或者违法行为危害后果较轻的，可以从轻或者减轻处罚。

第五十九条 发生重大传染病疫情等突发事件，为了控制、减轻和消除突发事件引起的社会危害，海关对违反突发事件应对措施的行为，依法快速、从重处罚。

第六十条 违法行为在二年内未被发现的，不再给予行政处罚；涉及公民生命健康安全、金融安全且有危害后果的，上述期限延长至五年。法律另有规定的除外。

前款规定的期限，从违法行为发生之日起计算；违法行为有连续或者继续状态的，从行为终了之日起计算。

第六十一条 实施行政处罚，适用违法行为发生时的法律、行政法规、海关规章的规定。但是，作出行政处罚决定时，法律、行政法规、海关规章已被修改或者废止，且新的规定处罚较轻或者不认为是违法的，适用新的规定。

第六十二条 海关可以依法制定行政处罚裁量基准，规范行使行政处罚裁量权。行政处罚裁量基准应当向社会公布。

第二节 法制审核

第六十三条 海关对已经调查终结的行政处罚普通程序案件，应当由从事行政处罚决定法制审核的人员进行法制审核；未经法制审核或者审核未通过的，不得作出处理决定。但是依照本规定第六章第二节快速办理的案件除外。

海关初次从事行政处罚决定法制审核的人员，应当通过国家统一法律职业资格考试取得法律职业资格。

第六十四条 海关对行政处罚案件进行法制审核时，应当重点审核以下内容，并提出审核意见：

（一）执法主体是否合法；

（二）执法人员是否具备执法资格；

（三）执法程序是否合法；

（四）案件事实是否清楚，证据是否合法充分；

（五）适用法律、行政法规、海关规章等依据是否准确；

（六）自由裁量权行使是否适当；

（七）是否超越法定权限；

（八）法律文书是否完备、规范；

（九）违法行为是否依法应当移送其他行政机关或者司法机关处理。

第六十五条 经审核存在问题的，法制审核人员应当提出处理意见并退回调查部门。

仅存在本规定第六十四条第五项、第六项规定问题的，法制审核人员也可以直接提出处理意见，依照本章第三节、第四节规定作出处理决定。

第三节　告知、复核和听证

第六十六条 海关在作出行政处罚决定或者不予行政处罚决定前，应当告知当事人拟作出的行政处罚或者不予行政处罚内容及事实、理由、依据，并且告知当事人依法享有的陈述、申辩、要求听证等权利。

海关未依照前款规定履行告知义务，或者拒绝听取当事人的陈述、申辩，不得作出行政处罚决定或者不予行政处罚决定。

在履行告知义务时，海关应当制发行政处罚告知单或者不予行政处罚告知单，送达当事人。

第六十七条 当事人有权进行陈述和申辩。

除因不可抗力或者海关认可的其他正当理由外，当事人应当在收到行政处罚或者不予行政处罚告知单之日起五个工作日内提出书面陈述、申辩和要求听证。逾期视为放弃陈述、申辩和要求听证的权利。

当事人当场口头提出陈述、申辩或者要求听证的，海关应当制作书面记录，并且由当事人签字或者盖章确认。

当事人明确放弃陈述、申辩和听证权利的，海关可以直接作出行政处罚或者不予行政处罚决定。当事人放弃陈述、申辩和听证权利应当有书面记载，并且由当事人或者其代理人签字或者盖章确认。

第六十八条 海关必须充分听取当事人的陈述、申辩和听证意见，对当事人提出的事实、理由和证据，应当进行复核；当事人提出的事实、理由、证据或者意见成立的，海关应当采纳。

第六十九条 海关不得因当事人陈述、申辩、要求听证而给予更重的处罚，但是海关发现新的违法事实的除外。

第七十条 经复核后，变更原告知的行政处罚或者不予行政处罚内容及事实、理由、依据的，应当重新制发海关行政处罚告知单或者不予行政处罚告知单，并且依照本规定第六十六条至第六十九条的规定办理。

经复核后，维持原告知的行政处罚或者不予行政处罚内容及事实、理由、依据的，依照本章第四节的规定作出处理决定。

第四节　处理决定

第七十一条 海关负责人应当对行政处罚案件进行审查，根据不同情况，分别作出以下决定：

（一）确有应受行政处罚的违法行为的，根据情节轻重及具体情况，作出行政处罚决定；

（二）符合本规定第五十四条至第五十六条规定的不予行政处罚情形之一的，作出不予行政处罚决定；

（三）符合本规定第五十三条第二项规定的情形的，不予行政处罚，撤销案件；

（四）符合本规定第五十三条第三项、第四项规定的情形之一的，撤销案件；

（五）符合法定收缴条件的，予以收缴；

（六）应当由其他行政机关或者司法机关处理的，移送有关行政机关或者司法机关依法办理。

海关作出行政处罚决定，应当做到认定违法事实清楚，定案证据确凿充分，违法行为定性准确，适用法律正确，办案程序合法，处罚合理适当。

违法事实不清、证据不足的，不得给予行政处罚。

第七十二条 对情节复杂或者重大违法行为给予行政处罚，应当由海关负责人集体讨论决定。

第七十三条 海关依法作出行政处罚决定或者不予行政处罚决定的，应当制发行政处罚决定书或者不予行政处罚决定书。

第七十四条 行政处罚决定书应当载明以下内容：

（一）当事人的基本情况，包括当事人姓名或者名称、地址等；

（二）违反法律、行政法规、海关规章的事实和证据；

（三）行政处罚的种类和依据；

（四）行政处罚的履行方式和期限；

（五）申请行政复议或者提起行政诉讼的途径和期限；

（六）作出行政处罚决定的海关名称和作出决定的日期，并且加盖作出行政处罚决定海关的印章。

第七十五条 不予行政处罚决定书应当载明以下内容：

（一）当事人的基本情况，包括当事人姓名或者名称、地址等；

（二）违反法律、行政法规、海关规章的事实和证据；

（三）不予行政处罚的依据；

（四）申请行政复议或者提起行政诉讼的途径和期限；

（五）作出不予行政处罚决定的海关名称和作出决定的日期，并且加盖作出不予行政处罚决定海关的印章。

第七十六条 海关应当自行政处罚案件立案之日起六个月内作出行政处罚决定；确有必要的，经海关负责人批准可以延长期限，延长期限不得超过六个月。案情特别复杂或者有其他特殊情况，经延长期限仍不能作出处理决定的，应当由直属海关负责人集体讨论决定是否继续延长期限，决定继续延长期限的，应当同时确定延长的合理期限。

上述期间不包括公告、检测、检验、检疫、技术鉴定、复议、诉讼的期间。

在案件办理期间，发现当事人另有违法行为的，自发现之日起重新计算办案期限。

第七十七条 行政处罚决定书应当在宣告后当场交付当事人；当事人不在场的，海关应当在七个工作日内将行政处罚决定书送达当事人。

第七十八条 具有一定社会影响的行政处罚决定，海关应当依法公开。

公开的行政处罚决定被依法变更、撤销、确认违法或者确认无效的，海关应当在三个工作日内撤回行政处罚决定信息并公开说明理由。

第七十九条 海关依法收缴有关货物、物品、违法所得、运输工具、特制设备的，应当制作收缴清单并送达被收缴人。

走私违法事实基本清楚，但是当事人无法查清的案件，海关在制发收缴清单之前，应当制发收缴公告，公告期限为三个月，并且限令有关当事人在公告期限内到指定海关办理相关海关手续。公告期满后仍然没有当事人到海关办理相关海关手续的，海关可以依法予以收缴。

第八十条　收缴清单应当载明予以收缴的货物、物品、违法所得、运输工具、特制设备的名称、规格、数量或者重量等。有关货物、物品、运输工具、特制设备有重要、明显特征或者瑕疵的，执法人员应当在收缴清单中予以注明。

第八十一条　收缴清单由执法人员、被收缴人或者其代理人签字或者盖章。

被收缴人或者其代理人拒绝签字或者盖章，或者被收缴人无法查清但是有见证人在场的，应当由见证人签字或者盖章。

没有被收缴人签字或者盖章的，执法人员应当在收缴清单上注明原因。

海关对走私违法事实基本清楚，但是当事人无法查清的案件制发的收缴清单应当公告送达。

第五章　听证程序

第一节　一般规定

第八十二条　海关拟作出下列行政处罚决定，应当告知当事人有要求听证的权利，当事人要求听证的，海关应当组织听证：

（一）对公民处一万元以上罚款、对法人或者其他组织处十万元以上罚款；

（二）对公民处没收一万元以上违法所得、对法人或者其他组织处没收十万元以上违法所得；

（三）没收有关货物、物品、走私运输工具；

（四）降低资质等级、吊销许可证件；

（五）责令停产停业、责令关闭、限制从业；

（六）其他较重的行政处罚；

（七）法律、行政法规、海关规章规定的其他情形。

当事人不承担组织听证的费用。

第八十三条　听证由海关负责行政处罚案件法制审核的部门组织。

第八十四条　听证应当由海关指定的非本案调查人员主持。听证主持人履行下列职权：

（一）决定延期、中止听证；

（二）就案件的事实、拟作出行政处罚的依据与理由进行提问；

（三）要求听证参加人提供或者补充证据；

（四）主持听证程序并维持听证秩序，对违反听证纪律的行为予以制止；

（五）决定有关证人、检测、检验、检疫、技术鉴定人是否参加听证。

第八十五条　听证参加人包括当事人及其代理人、第三人及其代理人、案件调查人员；其他人员包括证人、翻译人员、检测、检验、检疫、技术鉴定人。

第八十六条　与案件处理结果有直接利害关系的公民、法人或者其他组织要求参加听证的，可以作为第三人参加听证；为查明案情，必要时，听证主持人也可以通知其参加听证。

第八十七条　当事人、第三人可以委托一至二名代理人参加听证。

第八十八条　案件调查人员是指海关负责行政处罚案件调查取证并参加听证的执法人员。

在听证过程中，案件调查人员陈述当事人违法的事实、证据、拟作出的行政处罚决定及其法律依据，并同当事人进行质证、辩论。

第八十九条　经听证主持人同意，当事人及其代理人、第三人及其代理人、案件调查人员可以要求证人、检测、检验、检疫、技术鉴定人参加听证，并在举行听证的一个工作日前提供相关人员的基本情况。

第二节 听证的申请与决定

第九十条 当事人要求听证的，应当在海关告知其听证权利之日起五个工作日内向海关提出。

第九十一条 海关决定组织听证的，应当自收到听证申请之日起二十个工作日以内举行听证，并在举行听证的七个工作日前将举行听证的时间、地点通知听证参加人和其他人员。

第九十二条 有下列情形之一的，海关应当作出不予听证的决定：

（一）申请人不是本案当事人或者其代理人；

（二）未在收到行政处罚告知单之日起五个工作日内要求听证的；

（三）不属于本规定第八十二条规定范围的。

决定不予听证的，海关应当在收到听证申请之日起三个工作日以内制作海关行政处罚不予听证通知书，并及时送达申请人。

第三节 听证的举行

第九十三条 听证参加人及其他人员应当遵守以下听证纪律：

（一）听证参加人及其他人员应当遵守听证秩序，经听证主持人同意后，才能进行陈述和辩论；

（二）旁听人员不得影响听证的正常进行；

（三）准备进行录音、录像、摄影和采访的，应当事先报经听证主持人批准。

第九十四条 听证应当按照下列程序进行：

（一）听证主持人核对当事人及其代理人、第三人及其代理人、案件调查人员的身份；

（二）听证主持人宣布听证参加人、翻译人员、检测、检验、检疫、技术鉴定人名单，询问当事人及其代理人、第三人及其代理人、案件调查人员是否申请回避；

（三）宣布听证纪律；

（四）听证主持人宣布听证开始并介绍案由；

（五）案件调查人员陈述当事人违法事实，出示相关证据，提出拟作出的行政处罚决定和依据；

（六）当事人及其代理人陈述、申辩，提出意见和主张；

（七）第三人及其代理人陈述，提出意见和主张；

（八）听证主持人就案件事实、证据、处罚依据进行提问；

（九）当事人及其代理人、第三人及其代理人、案件调查人员相互质证、辩论；

（十）当事人及其代理人、第三人及其代理人、案件调查人员作最后陈述；

（十一）宣布听证结束。

第九十五条 有下列情形之一的，应当延期举行听证：

（一）当事人或者其代理人因不可抗力或者有其他正当理由无法到场的；

（二）临时决定听证主持人、听证员或者记录员回避，不能当场确定更换人选的；

（三）作为当事人的法人或者其他组织有合并、分立或者其他资产重组情形，需要等待权利义务承受人的；

（四）其他依法应当延期举行听证的情形。

延期听证的原因消除后，由听证主持人重新确定举行听证的时间，并在举行听证的三个工作日前书面告知听证参加人及其他人员。

第九十六条 有下列情形之一的，应当中止举行听证：

（一）需要通知新的证人到场或者需要重新检测、检验、检疫、技术鉴定、补充证据的；

（二）当事人因不可抗力或者有其他正当理由暂时无法继续参加听证的；

（三）听证参加人及其他人员不遵守听证纪律，造成会场秩序混乱的；

（四）其他依法应当中止举行听证的情形。

中止听证的原因消除后，由听证主持人确定恢复举行听证的时间，并在举行听证的三个工作日前书面告知听证参加人及其他人员。

第九十七条 有下列情形之一的，应当终止举行听证：

（一）当事人及其代理人撤回听证申请的；

（二）当事人及其代理人无正当理由拒不出席听证的；

（三）当事人及其代理人未经许可中途退出听证的；

（四）当事人死亡或者作为当事人的法人、其他组织终止，没有权利义务承受人的；

（五）其他依法应当终止听证的情形。

第九十八条 听证应当制作笔录，听证笔录应当载明下列事项：

（一）案由；

（二）听证参加人及其他人员的姓名或者名称；

（三）听证主持人、听证员、记录员的姓名；

（四）举行听证的时间、地点和方式；

（五）案件调查人员提出的本案的事实、证据和拟作出的行政处罚决定及其依据；

（六）陈述、申辩和质证的内容；

（七）证人证言；

（八）按规定应当载明的其他事项。

第九十九条 听证笔录应当由听证参加人及其他人员确认无误后逐页进行签字或者盖章。对记录内容有异议的可以当场更正后签字或者盖章确认。

听证参加人及其他人员拒绝签字或者盖章的，由听证主持人在听证笔录上注明。

第一百条 听证结束后，海关应当根据听证笔录，依照本规定第六十八条至第七十二条的规定进行复核及作出决定。

第六章　简易程序和快速办理

第一节　简易程序

第一百零一条 违法事实确凿并有法定依据，对公民处以二百元以下、对法人或者其他组织处以三千元以下罚款或者警告的行政处罚的，海关可以适用简易程序当场作出行政处罚决定。

第一百零二条 执法人员当场作出行政处罚决定的，应当向当事人出示执法证件，填写预定格式、编有号码的行政处罚决定书，并当场交付当事人。当事人拒绝签收的，应当在行政处罚决定书上注明。

前款规定的行政处罚决定书应当载明当事人的违法行为，行政处罚的种类和依据、罚款数额、时间、地点，申请行政复议、提起行政诉讼的途径和期限以及海关名称，并由执法人员签名或者盖章。

执法人员当场作出的行政处罚决定，应当报所属海关备案。

第二节　快速办理

第一百零三条 对不适用简易程序，但是事实清楚，当事人书面申请、自愿认错认罚且有其他证据佐证的行政处罚案件，符合以下情形之一的，海关可以通过简化取证、审核、审批等环节，快速办理案件：

（一）适用《海关行政处罚实施条例》第十五条第一项、第二项规定进行处理的；

（二）报关企业、报关人员对委托人所提供情况的真实性未进行合理审查，或者因为工作疏忽致使发生《海关行政处罚实施条例》第十五条第一项、第二项规定情形的；

（三）适用《海关行政处罚实施条例》第二十条至第二十三条规定进行处理的；

（四）违反海关监管规定携带货币进出境的；

（五）旅检渠道查获走私货物、物品价值在五万元以下的；

（六）其他违反海关监管规定案件货物价值在五十万元以下或者物品价值在十万元以下，但是影响国家出口退税管理案件货物申报价格在五十万元以上的除外；

（七）法律、行政法规、海关规章规定处警告、最高罚款三万元以下的；

（八）海关总署规定的其他情形。

第一百零四条　快速办理行政处罚案件，当事人在自行书写材料或者查问笔录中承认违法事实、认错认罚，并有查验、检查记录、鉴定意见等关键证据能够相互印证的，海关可以不再开展其他调查取证工作。

使用执法记录仪等设备对当事人陈述或者海关查问过程进行录音录像的，录音录像可以替代当事人自行书写材料或者查问笔录。必要时，海关可以对录音录像的关键内容及其对应的时间段作文字说明。

第一百零五条　海关快速办理行政处罚案件的，应当在立案之日起七个工作日内制发行政处罚决定书或者不予行政处罚决定书。

第一百零六条　快速办理的行政处罚案件有下列情形之一的，海关应当依照本规定第三章至第五章的规定办理，并告知当事人：

（一）海关对当事人提出的陈述、申辩意见无法当场进行复核的；

（二）海关当场复核后，当事人对海关的复核意见仍然不服的；

（三）当事人要求听证的；

（四）海关认为违法事实需要进一步调查取证的；

（五）其他不宜适用快速办理的情形。

快速办理阶段依法收集的证据，可以作为定案的根据。

第七章　处理决定的执行

第一百零七条　海关作出行政处罚决定后，当事人应当在行政处罚决定书载明的期限内，予以履行。

海关作出罚款决定的，当事人应当自收到行政处罚决定书之日起十五日内，到指定的银行或者通过电子支付系统缴纳罚款。

第一百零八条　当事人确有经济困难向海关提出延期或者分期缴纳罚款的，应当以书面方式提出申请。

海关收到当事人延期、分期缴纳罚款的申请后，应当在十个工作日内作出是否准予延期、分期缴纳罚款的决定，并且制发通知书送达申请人。

第一百零九条　当事人逾期不履行行政处罚决定的，海关可以采取下列措施：

（一）到期不缴纳罚款的，每日按照罚款数额的百分之三加处罚款，加处罚款的数额不得超出罚款的数额；

（二）当事人逾期不履行海关的处罚决定又不申请复议或者向人民法院提起诉讼的，海关可以将其保证金抵缴或者将其被扣留的货物、物品、运输工具依法变价抵缴，也可以申请人民法院强制执行；

（三）根据法律规定，采取其他行政强制执行方式。

第一百一十条 受海关处罚的当事人或者其法定代表人、主要负责人在出境前未缴清罚款、违法所得和依法追缴的货物、物品、走私运输工具等值价款的，也未向海关提供相当于上述款项担保的，海关可以依法制作阻止出境协助函，通知出境管理机关阻止其出境。

阻止出境协助函应当随附行政处罚决定书等相关法律文书，并且载明被阻止出境人员的姓名、性别、出生日期、出入境证件种类和号码。被阻止出境人员是外国人、无国籍人员的，应当注明其英文姓名。

第一百一十一条 当事人或者其法定代表人、主要负责人缴清罚款、违法所得和依法追缴的货物、物品、走私运输工具等值价款的，或者向海关提供相当于上述款项担保的，海关应当及时制作解除阻止出境协助函通知出境管理机关。

第一百一十二条 将当事人的保证金抵缴或者将当事人被扣留的货物、物品、运输工具依法变价抵缴罚款之后仍然有剩余的，应当及时发还或者解除扣留、解除担保。

第一百一十三条 自海关送达解除扣留通知书之日起三个月内，当事人无正当理由未到海关办理有关货物、物品、运输工具或者其他财产的退还手续的，海关应当发布公告。

自公告发布之日起三十日内，当事人仍未办理退还手续的，海关可以依法将有关货物、物品、运输工具或者其他财产提取变卖，并且保留变卖价款。

变卖价款在扣除自海关送达解除扣留通知书之日起算的仓储等相关费用后，尚有余款的，自海关公告发布之日起一年内，当事人仍未办理退还手续的，海关应当将余款上缴国库。

未予变卖的货物、物品、运输工具或者其他财产，自海关公告发布之日起一年内，当事人仍未办理退还手续的，由海关依法处置。

第一百一十四条 自海关送达解除担保通知书之日起三个月内，当事人无正当理由未办理财产、权利退还手续的，海关应当发布公告。

自海关公告发布之日起一年内，当事人仍未办理退还手续的，海关应当将担保财产、权利依法变卖或者兑付后，上缴国库。

第一百一十五条 当事人实施违法行为后，发生企业分立、合并或者其他资产重组等情形，对当事人处以罚款、没收违法所得或者依法追缴货物、物品、走私运输工具等值价款的，应当以承受其权利义务的法人、组织作为被执行人。

第一百一十六条 当事人对行政处罚决定不服，申请行政复议或者提起行政诉讼的，行政处罚不停止执行，法律另有规定的除外。

当事人申请行政复议或者提起行政诉讼的，加处罚款的数额在行政复议或者行政诉讼期间不予计算。

第一百一十七条 有下列情形之一的，中止执行：

（一）处罚决定可能存在违法或者不当情况的；

（二）申请人民法院强制执行，人民法院裁定中止执行的；

（三）行政复议机关、人民法院认为需要中止执行的；

（四）海关认为需要中止执行的其他情形。

根据前款第一项情形中止执行的，应当经海关负责人批准。

中止执行的情形消失后，海关应当恢复执行。对没有明显社会危害，当事人确无能力履行，中止执行满三年未恢复执行的，海关不再执行。

第一百一十八条 有下列情形之一的，终结执行：

（一）据以执行的法律文书被撤销的；

（二）作为当事人的自然人死亡，无遗产可供执行，又无义务承受人的；

（三）作为当事人的法人或者其他组织被依法终止，无财产可供执行，又无义务承受人的；

（四）海关行政处罚决定履行期限届满超过二年，海关依法采取各种执行措施后仍无法执行完毕的，但是申请人民法院强制执行的除外；

（五）申请人民法院强制执行的，人民法院裁定中止执行后超过二年仍无法执行完毕的；

（六）申请人民法院强制执行后，人民法院裁定终结本次执行程序或者终结执行的；

（七）海关认为需要终结执行的其他情形。

第一百一十九条　海关申请人民法院强制执行，应当自当事人的法定起诉期限届满之日起三个月内提出。

海关批准延期、分期缴纳罚款的，申请人民法院强制执行的期限，自暂缓或者分期缴纳罚款期限结束之日起计算。

第八章　附　则

第一百二十条　执法人员玩忽职守、徇私舞弊、滥用职权、索取或者收受他人财物的，依法给予处分；构成犯罪的，依法追究刑事责任。

第一百二十一条　海关规章对办理行政处罚案件的程序有特别规定的，从其规定。

第一百二十二条　海关侦查走私犯罪公安机构办理治安管理处罚案件的程序依照《中华人民共和国治安管理处罚法》《公安机关办理行政案件程序规定》执行。

第一百二十三条　海关对外国人、无国籍人、外国法人或者其他组织给予行政处罚的，适用本规定。

第一百二十四条　本规定由海关总署负责解释。

第一百二十五条　本规定自 2021 年 7 月 15 日起施行。2006 年 1 月 26 日海关总署令第 145 号公布、根据 2014 年 3 月 13 日海关总署令第 218 号修改的《中华人民共和国海关行政处罚听证办法》，2007 年 3 月 2 日海关总署令第 159 号公布、根据 2014 年 3 月 13 日海关总署令第 218 号修改的《中华人民共和国海关办理行政处罚案件程序规定》，2010 年 3 月 1 日海关总署令第 188 号公布的《中华人民共和国海关办理行政处罚简单案件程序规定》同时废止。

中华人民共和国海关计核违反海关监管规定案件货物、物品价值办法

（海关总署令第 182 号）

发布日期：2009-01-22
实施日期：2009-06-01
法规类型：部门规章

第一章　总　则

第一条　为了准确计核违反海关监管规定案件的货物、物品价值，根据《中华人民共和国海关法》（以下简称《海关法》）、《中华人民共和国海关行政处罚实施条例》（以下简称《处罚条例》）、《中华人民共和国进出口关税条例》（以下简称《关税条例》）的规定，制定本办法。

第二条　计核违反海关监管规定案件货物、物品价值的，适用本办法。

第三条 海关应当在确定违法货物、物品及其完税价格，计核进出口关税、进口环节海关代征税或者进口税的基础上，根据违法货物、物品的完税价格和相应税款计核货物、物品价值。

第四条 海关计核违法货物、物品价值或者计核案件漏缴税款的，应当通过行政处罚告知书，将违法货物、物品价值或者漏缴税款数额告知当事人。

第二章　违法货物、物品的确定

第一节　违法货物的确定

第五条 违反国家进出口管理规定，进出口国家限制进出口货物，申报时不能向海关提交许可证件的，违法货物为不能提交许可证件的实际进出口货物。

第六条 货物进出口时应当申报的项目没有申报或者申报不实，影响国家许可证件管理的，违法货物为实际进出口货物。其中仅数量申报不实的，违法货物为实际进出口货物数量超出许可证件进出口额度部分的货物；许可证件为"非一批一证"管理，且许可证件还有剩余额度的，违法货物为实际进出口货物数量超出申报数量部分的货物。

第七条 货物进出口时应当申报的项目没有申报或者申报不实，影响国家税款征收的，违法货物为实际进出口货物。其中仅数量申报不实的，违法货物为实际进出口货物数量与申报数量差额部分的货物。

第八条 加工贸易货物进出口时应当申报的项目没有申报或者申报不实的，违法货物按以下方式确定：

（一）加工贸易货物进出口时应当申报的项目没有申报或者申报不实，影响国家许可证件管理的，违法货物按照本办法第六条确定。

（二）加工贸易货物进口时应当申报的项目没有申报或者申报不实，影响国家税款征收的，违法货物为实际进口货物；其中仅数量申报不实的，违法货物为实际进口货物数量与申报数量差额部分的货物。

（三）加工贸易货物出口时应当申报的项目没有申报或者申报不实，影响国家税款征收的，违法货物为申报出口货物所耗用的保税料件。其中仅数量申报不实的，违法货物为申报出口货物数量与实际出口货物数量差额部分货物所耗用的保税料件。

第九条 未经海关许可，擅自将海关监管货物开拆、提取、交付、发运、调换、改装、抵押、质押、留置、转让、更换标记、移作他用或者进行其他处置的，违法货物为被开拆、提取、交付、发运、调换、改装、抵押、质押、留置、转让、更换标记、移作他用或者进行其他处置的海关监管货物。

第十条 未经海关许可，在海关监管区以外存放海关监管货物的，违法货物为在海关监管区以外存放的海关监管货物。

第十一条 海关监管货物在运输、储存、加工、装配、寄售、展示中灭失、数量短少，且不能提供正当理由的，违法货物为灭失、数量短少货物。

有关货物品名、规格记录不真实，不能提供正当理由的，违法货物为应当真实记录的实际货物；有关货物数量记录不真实，不能提供正当理由的，违法货物为应当真实记录的实际数量与记录数量差额部分的货物。

第十二条 经营保税货物运输、储存、加工、装配、寄售、展示等业务，没有依照规定办理收存、交付、结转等手续的，违法货物为没有依照规定办理收存、交付、结转等海关手续的保税货物。

经营保税货物运输、储存、加工、装配、寄售、展示等业务，没有依照规定办理核销手续，或者中止、延长、变更、转让有关合同不依照规定办理海关手续的，违法货物为已实际进口但未依法出口、结转、征税内销或者未进行其他合法处置的保税货物。

第十四条 没有如实向海关申报加工贸易制成品单耗的，违法货物为申报单耗与实际单耗的差额与制成品数量的乘积所对应的货物，其计算公式为：

违法货物=制成品数量×（申报单位耗料量−实际单位耗料量）

第十五条 未按照规定期限将过境、转运、通运货物运输出境，擅自留在境内的，违法货物为擅自留在境内的过境、转运、通运货物。

第十六条 未按照规定期限将暂时进出口货物复运出境或者复运进境，擅自留在境内或者境外的，违法货物为擅自留在境内或者境外的暂时进出口货物。

第十七条 有违反海关监管规定的其他行为，致使海关不能或者中断对进出口货物实施监管的，违法货物为海关不能或者中断实施监管的进出口货物。

第二节　违法物品的确定

第十八条 未经海关许可，擅自将海关尚未放行的进出境物品开拆、交付、投递、转移或者进行其他处置的，违法物品为被开拆、交付、投递、转移或者进行其他处置的物品。

第十九条 个人运输、携带、邮寄超过合理数量的自用物品进出境未向海关申报的，或者运输、携带、邮寄超过规定数量但仍属自用的国家限制进出境物品进出境，未向海关申报但没有以藏匿、伪装等方式逃避海关监管的，违法物品为实际进出境自用物品数量超过合理数量或者规定数量部分的物品。

第二十条 个人运输、携带、邮寄物品进出境品名申报不实的，违法物品为实际进出境物品。

个人运输、携带、邮寄物品进出境数量申报不实的，违法物品为实际进出境物品数量超过合理数量或者规定数量部分的物品；申报数量超过合理数量或者规定数量的，违法物品为实际进出境物品数量超过申报数量部分的物品。

第二十一条 经海关登记准予暂时免税进境或者暂时免税出境的物品，未按照规定复带出境或者复带进境的，违法物品为未复带出境或者未复带进境的物品。

第二十二条 未经海关批准，过境人员将其所带物品留在境内的，违法物品为过境人员留在境内的物品。

第三章　违法货物、物品税款的计核

第二十三条 计核违法货物、物品税款的，应当根据办案需要收集以下单证、材料：

（一）违法货物、物品的报关单、进出境备案清单、合同、商业发票、提（运）单、保险单、加工贸易手册、电子账册、电子化手册、原产地证明、国内增值税发票以及其他有关单证；

（二）证明违法货物、物品品名、规格、成分、功能、生产工艺、新旧程度等属性的材料；

（三）证明违法货物、物品税款缴纳情况的材料；

（四）证明违法行为发生时间或者被发现时间的材料；

（五）计核税款需要收集的其他单证、材料。

第二十四条 违法货物、物品的完税价格应当按照《关税条例》、《中华人民共和国海关审定进出口货物完税价格办法》、《中华人民共和国进境物品完税价格表》的规定予以审定。

计核违法货物、物品的税款，应当适用违法行为发生之日实施的税率和汇率。违法行为发生之日无法确定的，适用违法行为被发现之日实施的税率和汇率。

第二十五条　应当申报的项目未申报或者申报不实案件的漏缴税款为实际进出口货物的应缴税款与申报进出口货物的计核税款的差额。

第二十六条　未经海关许可，擅自将特定减免税货物抵押、质押、留置、转让、移作他用或者进行其他处置的，违法货物的完税价格为海关审定的该货物原进口时的价格扣除折旧部分价值。

未经海关许可，擅自将特定减免税货物转让的，案件的漏缴税款为违法货物的应缴税款；擅自将特定减免税货物抵押、质押、留置、移作他用的，案件的漏缴税款为违法行为持续时间占海关监管年限的比例所对应的税款。

未经海关许可，擅自将不作价设备抵押、质押、留置、转让、移作他用或者进行其他处置的，有关完税价格、漏缴税款等参照本条第一、二款进行计核。

第二十七条　加工贸易进出口货物申报不实，影响国家税款征收的，案件的漏缴税款按以下方式计核：

（一）加工贸易货物进口申报不实的，实际进口货物的税款与申报进口货物的税款差额为案件的漏缴税款。

（二）加工贸易货物出口申报不实的，申报出口货物耗用保税料件的税款与实际出口货物耗用保税料件的税款差额为案件的漏缴税款。

（三）加工贸易货物以一般贸易方式出口的，实际出口货物耗用保税料件的税款为案件的漏缴税款。

第二十八条　海关计核货物、物品税款的，应当制作《中华人民共和国海关办理违反海关监管规定案件货物、物品税款计核证明书》（以下简称《税款计核证明书》，见附件），加盖海关税款计核专用章，并随附《中华人民共和国海关办理违反海关监管规定案件货物、物品税款计核资料清单》（以下简称《税款计核资料清单》）。

《税款计核证明书》应当包括以下内容：

（一）计核事项；

（二）计核依据和计核方法；

（三）计核结论；

（四）计核部门和计核人员签章。

《税款计核资料清单》应当包括货物、物品的品名、规格、税则号列、数量、完税价格、原产地、税率、汇率、税款等内容。

第四章　违法货物、物品价值的计核

第二十九条　违法货物价值依据违法货物的完税价格、进出口关税、进口环节海关代征税之和进行计核；违法物品价值依据违法物品的完税价格和进口税之和进行计核。

第三十条　国务院关税税则委员会规定按货物征税的进境物品，按照本办法有关货物价值的规定计核价值。

第五章　附　则

第三十一条　下列情形不需要计核违法货物、物品价值：

（一）依据《处罚条例》第十五条第（一）、（二）项、第二十一条至第二十四条、第二十六条至第三十二条规定作出行政处罚的；

（二）涉及禁止进出境的货物、物品，无法计核货物、物品价值的；

（三）涉及其他特殊货物、物品，价值难以确定的。

第三十二条　本办法所称"违法货物、物品"，是指违反海关监管规定的行为所指向的特定货物、物品。

第三十三条　本办法由海关总署负责解释。

第三十四条　本办法自2009年6月1日起施行。

附件：税款计核证明书（略）

中华人民共和国海关办理申诉案件暂行规定

（海关总署令第120号）

发布日期：2004-11-30

实施日期：2010-11-26

法规类型：部门规章

（根据2010年11月26日海关总署令第198号《海关总署关于修改部分规章的决定》修正）

第一条　为了规范海关申诉案件的办理，保护公民、法人或者其他组织的合法权益，保障和监督海关依法行使职权，依据《中华人民共和国海关法》、《中华人民共和国行政处罚法》及其他有关法律、行政法规，制定本规定。

第二条　公民、法人或其他组织不服海关作出的具体行政行为但在法定期限内未申请行政复议或提起行政诉讼，或者是不服海关行政复议决定但在法定期限内未提起行政诉讼的，可以向海关提出申诉。

申诉人提出申诉，海关受理申诉、作出处理决定，适用本规定。

第三条　海关办理申诉案件，应当遵循合法、公正、公开、及时、便民原则，坚持实事求是，有错必纠。

第四条　申诉人可以向作出原具体行政行为或者复议决定的海关提出申诉，也可以向其上一级海关提出申诉。

对海关总署作出的具体行政行为或者复议决定不服的，应当向海关总署提出申诉。

第五条　对海关缉私部门经办的具体行政行为不服的申诉案件由缉私部门具体负责办理；对其他海关具体行政行为和复议决定不服的申诉案件由负责法制工作的机构具体负责办理。

上述具体负责办理申诉案件的部门以下简称申诉审查部门。

第六条　海关总署认为必要时，可以将不服广东省内直属海关作出的具体行政行为或者行政复议决定向海关总署提出申诉的案件，交由广东分署办理。

第七条　海关有关部门接到的信访、投诉，如涉及海关具体行政行为或者行政复议决定的合法性问题，并符合本规定第八条规定的申诉要求的，应当转送申诉审查部门作为申诉案件办理。

第八条　申诉人提出申诉应当递交书面申诉材料，申诉材料中应写明申诉人的基本情况、明确要求撤销或者变更海关原具体行政行为的申诉请求、具体事实和理由。

第九条　海关申诉审查部门收到申诉人的书面申诉材料后，应当在5个工作日内进行审查，分别作出以下处理：

（一）对符合本规定要求的，决定予以受理，并制发《受理申诉决定书》；

（二）对不符合本规定，有下列情形之一的，决定不予受理，并书面告知申诉人不予受理的理由：

1. 申诉针对的具体行政行为或者复议决定不是海关作出的；

2. 申诉事项已经人民法院或者行政复议机关受理，正在审查处理中的；

3. 申诉事项已经人民法院作出判决的；

4. 申诉事项已经其他海关作为申诉案件受理或者处理的；

5. 申诉事项已经海关申诉程序处理，申诉人重复申诉的；

6. 仅对海关制定发布的行政规章或者具有普遍约束力的规定、决定提出不服的；

7. 请求事项已超过法律、行政法规规定的办理时限的；

8. 其他依法不应受理的情形。

（三）具体行政行为尚在行政复议、诉讼期限内，或者行政复议决定尚在行政诉讼期限内的，应当及时告知申诉人有权依法申请行政复议或者向人民法院提起行政诉讼。

（四）符合本规定，但需要转送其他海关处理的，应当将申诉材料转送相应海关，同时书面通知申诉人；接受转送的海关应当按照本条其他规定办理。

第十条 决定受理申诉的，海关申诉审查部门收到书面申诉材料之日为受理之日。

第十一条 海关在受理申诉之后，作出处理决定之前，发现有本规定第九条第（二）项所列情形的，应当撤销申诉案件，并书面告知申诉人。

第十二条 申诉审查部门应当对原具体行政行为、行政复议决定是否合法进行审查。

申诉案件的审查原则上采取书面审查的办法。申诉人提出要求或者申诉审查部门认为有必要时，可以向有关组织和人员调查情况，听取申诉人、与申诉案件有利害关系的第三人的意见，听取作出原具体行政行为或者复议决定的海关或者原经办部门的意见。

调查情况、听取意见必要时可以采用听证的方式。

第十三条 申诉审查部门认为需要向作出原具体行政行为或者复议决定的海关或者原经办部门了解情况的，可以在受理申诉之日起7个工作日内，将申诉材料副本发送该海关或者经办部门，该海关或者经办部门应当自收到申诉材料副本之日起10日内，书面说明有关情况，并提交当初作出具体行政行为或者复议决定的有关证据材料。

第十四条 原具体行政行为、复议决定的经办人员不得担任申诉案件的审理人员。

申诉人认为申诉案件的审理人员与本案有利害关系或者有其他关系可能影响公正审理的，有权申请该审理人员回避。审理人员认为自己与本案有利害关系或者其他关系的，应当申请回避。

审理人员的回避由申诉审查部门负责人决定；申诉审查部门负责人的回避由其所属海关负责人决定。

第十五条 申诉案件处理决定作出前，申诉人可以撤回申诉，撤回申诉应当以书面形式提出。

申诉人撤回申诉的，应当终止申诉案件的审查。

第十六条 海关应当在受理申诉之日起60日内作出处理决定，情况复杂的案件，经申诉审查部门负责人批准，可以适当延长，但延长期限最多不超过30日。

延长审查期限应当书面通知申诉人。

第十七条 海关经对申诉案件进行审查，应当分下列情况作出处理决定：

（一）原具体行政行为、复议决定认定事实清楚，证据确实充分，适用依据正确，程序合法，内容适当的，决定维持，驳回申诉人的申诉请求；

（二）海关有不履行法定职责情形的，决定在一定期限内履行或者责令下级海关在一定期限内履行；

（三）原具体行政行为有下列情形之一的，决定撤销、变更或者确认违法；需要重新作出具体行政行为的，由原作出具体行政行为的海关重新作出：

1. 主要事实不清，证据不足的；

2. 适用依据错误的；

3. 违反法定程序，可能影响公正处理的；

4. 超越或者滥用职权的；

5. 具体行政行为明显不当的。

（四）原复议决定有第（三）项所列情形之一的，决定撤销，由原复议机关重新作出复议决定。

第十八条 申诉审查部门应当对申诉案件提出处理意见，经所属海关负责人批准，按照本规定第十七条的规定作出处理决定。重大、复杂案件应当经案件审理委员会讨论通过。

对原经上级海关审批作出的具体行政行为或复议决定，下级海关办理申诉案件应当提出处理意见，逐级报原审批的上级海关批准，作出处理决定。

第十九条 对申诉案件作出处理决定应当制发法律文书，加盖海关行政印章，并在7个工作日内将法律文书送达申诉人。

上级海关办理的对下级海关的具体行政行为或者复议决定不服的申诉案件，处理决定应当同时送达下级海关。

第二十条 由海关内部其他部门转送的申诉案件，应当将处理决定副本抄送该部门。

由其他机关转送的申诉案件，应当将处理决定副本抄送该机关。

第二十一条 申诉人对经申诉程序改变后的具体行政行为或者重新作出的具体行政行为仍不服的，可以依法申请行政复议、提起行政诉讼。

第二十二条 海关办理申诉案件，不得向申诉人收取任何费用。

第二十三条 审结的申诉案件，应当立申诉卷归档。

第二十四条 本规定由海关总署负责解释。

第二十五条 本规定自2005年1月1日起施行。

市场监督管理行政处罚信息公示规定

（国家市场监督管理总局令第45号）

发布日期：2021-07-30
实施日期：2021-09-01
法规类型：部门规章

第一条 为了加快构建以信用为基础的新型市场监管机制，强化市场主体信用监管，促进社会共治，维护公平竞争的市场秩序，根据相关法律、行政法规以及国务院有关规定，制定本规定。

第二条 市场监督管理部门对适用普通程序作出行政处罚决定的相关信息，应当记录于国家企业信用信息公示系统，并向社会公示。

仅受到警告行政处罚的不予公示。法律、行政法规另有规定的除外。

依法登记的市场主体的行政处罚公示信息应当记于市场主体名下。

第三条 市场监督管理部门公示行政处罚信息，应当遵循合法、客观、及时、规范的原则。

第四条 依照本规定第二条公示的行政处罚信息主要包括行政处罚决定书和行政处罚信息摘要。

市场监督管理部门应当严格依照国家市场监督管理总局的有关规定制作行政处罚决定书，并制作行政处罚信息摘要附于行政处罚决定书之前。

行政处罚信息摘要的内容包括：行政处罚决定书文号、行政处罚当事人基本情况、违法行为类型、行政处罚内容、作出行政处罚决定的行政机关名称和日期。

第五条 市场监督管理部门应当依照《中华人民共和国保守国家秘密法》以及其他法律法规的有关规定，建立健全行政处罚信息保密审查机制。公示的行政处罚信息不得泄露国家秘密，不得危及国家安全、公共安全、经济安全和社会稳定。

第六条 市场监督管理部门公示行政处罚信息，应当遵守法律法规关于商业秘密和个人信息保护的有关规定，对信息进行必要的处理。

第七条 市场监督管理部门公示的行政处罚决定书，除依照本规定第六条的要求进行处理的以外，内容应当与送达行政处罚当事人的行政处罚决定书一致。

第八条 对于应当公示的行政处罚决定，在送达行政处罚决定书时，市场监督管理部门应当书面告知行政处罚当事人行政处罚信息将向社会进行公示。

第九条 作出行政处罚决定的市场监督管理部门和行政处罚当事人登记地（住所地）在同一省、自治区、直辖市的，作出行政处罚决定的市场监督管理部门应当自作出行政处罚决定之日起二十个工作日内将行政处罚信息通过国家企业信用信息公示系统进行公示。

第十条 作出行政处罚决定的市场监督管理部门和行政处罚当事人登记地（住所地）不在同一省、自治区、直辖市的，作出行政处罚决定的市场监督管理部门应当自作出行政处罚决定之日起十个工作日内通过本省、自治区、直辖市市场监督管理部门将行政处罚信息推送至当事人登记地（住所地）市场监督管理部门，由其协助在收到行政处罚信息之日起十个工作日内将行政处罚信息通过国家企业信用信息公示系统进行公示。

第十一条 行政处罚决定被依法变更、撤销、确认违法或者确认无效的，市场监督管理部门应当在三个工作日内撤回行政处罚公示信息并说明理由。

第十二条 市场监督管理部门发现其公示的行政处罚信息不准确的，应当及时更正。公民、法人或者其他组织有证据证明市场监督管理部门公示的行政处罚信息不准确的，有权要求该市场监督管理部门予以更正。

第十三条 仅受到通报批评或者较低数额罚款的行政处罚信息自公示之日起届满三个月的，停止公示。其他行政处罚信息自公示之日起届满三年的，停止公示。

前款所称较低数额罚款由省级以上市场监督管理部门结合工作实际规定。

依照法律法规被限制开展生产经营活动、限制从业超过三年的，公示期按照实际限制期限执行。

第十四条 行政处罚信息公示达到规定时限要求，且同时符合以下条件的，可以向作出行政处罚决定的市场监督管理部门申请提前停止公示：

（一）已经自觉履行行政处罚决定中规定的义务；

（二）已经主动消除危害后果和不良影响；

（三）未因同一类违法行为再次受到市场监督管理部门行政处罚；

（四）未在经营异常名录和严重违法失信名单中。

前款所称时限要求和提前停止公示的具体实施办法由国家市场监督管理总局另行规定。

当事人受到责令停产停业、限制开展生产经营活动、限制从业、降低资质等级、吊销许可证件、吊销营业执照以及国家市场监督管理总局规定的其他较为严重行政处罚的，不得提前停止公示。

第十五条　各省、自治区、直辖市市场监督管理部门应当按照本规定及时完善国家企业信用信息公示系统，提供操作便捷的检索、查阅方式，方便公众检索、查阅行政处罚信息。

第十六条　市场监督管理部门应当严格履行行政处罚信息公示职责，按照"谁办案、谁录入、谁负责"的原则建立健全行政处罚信息公示内部审核和管理制度。办案机构应当及时准确录入行政处罚信息。负责企业信用信息公示工作的机构应当加强行政处罚信息公示的日常管理。

第十七条　国家市场监督管理总局负责指导和监督地方市场监督管理部门行政处罚信息公示工作，制定国家企业信用信息公示系统公示行政处罚信息的有关标准规范和技术要求。

各省、自治区、直辖市市场监督管理部门负责组织、指导、监督辖区内各级市场监督管理部门行政处罚信息公示工作，并可以根据本规定结合工作实际制定实施细则。

第十八条　国务院药品监督管理部门和省级药品监督管理部门实施行政处罚信息公示，适用本规定。

第十九条　本规定自2021年9月1日起施行。2014年8月19日原国家工商行政管理总局令第71号公布的《工商行政管理行政处罚信息公示暂行规定》同时废止。

关于对走私、违规企业给予警告或暂停、撤销对外贸易、国际货运代理经营许可行政处罚的规定

（对外贸易经济合作部　海关总署令2002年第6号）

发布日期：2002-03-15
实施日期：2002-04-15
法规类型：部门规章

第一条　为严厉打击走私、违规活动，维护对外贸易秩序，根据《中华人民共和国对外贸易法》及其他有关法律、行政法规，特制定本规定。

第二条　本《规定》所指走私、违规企业，系指经人民法院判决认定构成走私罪，或经海关认定构成走私行为或违反海关监管规定行为的各类外经贸企业。

第三条　对走私、违规企业给予警告、暂停或撤销对外贸易、国际货运代理经营许可的行政处罚的基本前提是：违规、走私行为事实成立，由海关作出行政处罚并已生效；或构成走私罪，由法院已作出判决并已生效。对外贸易经济合作部或其授权的地方外经贸主管部门在接到海关或法院通知后，有权对走私、违规企业作出警告或暂停、撤销对外贸易、国际货运代理经营许可的行政处罚。

第四条　外经贸企业有下列情形之一的，由对外贸易经济合作部或其授权的地方外经贸主管部门给予警告的行政处罚：

（一）走私进出口货物、物品，偷逃税款在人民币3万元以上，不满人民币25万元的；

（二）走私国家限制进出口货物、物品，案值在人民币10万元以上，不满人民币100万元的；

（三）违反海关监管规定进出口货物、物品，漏缴税款在人民币 30 万元以上，不满人民币 300 万元的；

（四）违反海关监管规定进出口货物、物品，案值在人民币 100 万元以上，不满人民币 1000 万元的。

第五条 外经贸企业有下列情形之一的，由对外贸易经济合作部或其授权的地方外经贸主管部门给予暂停 3 个月对外贸易、国际货运代理经营许可的行政处罚：

（一）走私进出口货物、物品，偷逃税款在人民币 25 万元以上，不满人民币 300 万元的；

（二）走私国家限制进出口货物、物品，案值在人民币 100 万元以上，不满人民币 1000 万元的；

（三）违反海关监管规定进出口货物、物品，漏缴税款在人民币 300 万元以上，不满人民币 1000 万元的；

（四）违反海关监管规定进出口货物、物品，案值在人民币 1000 万元以上，不满人民币 3000 万元的。

第六条 外经贸企业有下列情形之一的，由对外贸易经济合作部或其授权的地方外经贸主管部门给予撤销对外贸易、国际货运代理经营许可的行政处罚：

（一）走私进出口货物、物品，偷逃税款在人民币 300 万元以上的；

（二）走私国家限制进出口货物、物品，案值在人民币 1000 万元以上的；

（三）违反海关监管规定进出口货物、物品，漏缴税款在人民币 1000 万元以上的；

（四）违反海关监管规定进出口货物、物品，案值在人民币 3000 万元以上的；

（五）走私国家禁止进出口货物、物品，构成犯罪的。

第七条 外经贸企业的行为符合上述处罚条款中两种以上情形的，择其重者进行处罚。

第八条 当事人有下列情形之一的，对外贸易经济合作部或其授权的地方外经贸主管部门可依法对其从轻、减轻或免于行政处罚：

（一）主动消除或者减轻违法行为危害后果的；

（二）受他人胁迫有违法行为的；

（三）配合行政机关查处违法行为有立功表现的；

（四）其他依法从轻或者减轻行政处罚的。

第九条 对外贸易经济合作部或其授权的地方外经贸主管部门在作出行政处罚前，应告知当事人，当事人有权进行陈述和申辩。对暂停或撤销对外贸易、国际货运代理经营许可的行政处罚，当事人有要求举行听证的权利；当事人要求听证的，对外贸易经济合作部或其授权的地方外经贸主管部门应组织听证。听证结束后，对外贸易经济合作部或其授权的地方外经贸主管部门依据有关法律、法规及听证情况，作出行政处罚决定。

第十条 对外贸易经济合作部或其授权的地方外经贸主管部门作出行政处罚决定后，应于 7 日内将处罚决定书送达当事人；无法直接或邮寄送达的，公告送达。

第十一条 当事人对行政处罚决定不服的，可以依照《中华人民共和国行政复议法》提起行政复议，或依照《中华人民共和国行政诉讼法》提起行政诉讼。

第十二条 本《规定》适用于外商投资企业。对外贸易经济合作部或其授权的地方外经贸主管部门可根据本《规定》，对走私、违规外商投资企业分别给予警告、通知海关暂停或停止其办理进出口业务和国际货运代理业务的行政处罚，并通知外方母公司。

第十三条 本《规定》由对外贸易经济合作部负责解释。

第十四条 本《规定》于 2002 年 3 月 15 日发布，自发布之日起 30 日后施行。对外贸易经济合作部和海关总署 1998 年 12 月 1 日联合发布的《对违规、走私企业给予警告、暂停或撤销对外贸易、国际货运代理经营许可行政处罚的暂行规定》（〔1998〕外经贸政发第 929 号）

同时废止。

关于快速办理案件有关事项的公告

（海关总署公告 2022 年第 42 号）

发布日期：2022-05-27

实施日期：2022-05-27

法规类型：规范性文件

为进一步规范对海南离岛旅客免税购物的监管，提高海关行政执法效率，优化行政执法方式，根据《中华人民共和国海关办理行政处罚案件程序规定》（海关总署令第 250 号）第一百零三条第八项规定，现就海关行政处罚案件快速办理有关事项公告如下：

对违反海关法及其他有关法律、行政法规，逃避海关监管，利用本人离岛免税购物额度为他人购买免税商品，偷逃应纳税款的走私行为案件，如果事实清楚，当事人书面申请、自愿认错认罚且有其他证据佐证，同时查获的走私货物、物品价值在人民币 5 万元以下的，海关可通过简化取证、审核、审批等环节，依照《中华人民共和国海关办理行政处罚案件程序规定》（海关总署令第 250 号）第一百零四条、第一百零五条、第一百零六条规定，快速办理案件。

本公告自发布之日起实施。

特此公告。

关于进一步贯彻落实《中华人民共和国行政处罚法》的通知

（财法〔2021〕13 号）

发布日期：2021-12-31

实施日期：2021-12-31

法规类型：规范性文件

各省、自治区、直辖市、计划单列市财政厅（局），新疆生产建设兵团财政局，部内各单位：

《中华人民共和国行政处罚法》（以下简称行政处罚法）已经十三届全国人大常委会第二十五次会议修订通过，新修订的行政处罚法，对加快法治政府建设、推动依法行政、优化法治化营商环境具有重要意义。国务院印发《国务院关于进一步贯彻实施<中华人民共和国行政处罚法>的通知》（国发〔2021〕26 号）对各地区、各部门贯彻实施好行政处罚法作出了具体部署。为做好财政系统贯彻落实行政处罚法工作，结合财政行政执法实际，现就有关事项通知如下：

一、充分认识行政处罚法的重要意义，扎实做好贯彻实施

新修订的行政处罚法明确了行政处罚定义，增加了行政处罚种类，完善了行政处罚程序，强化了行政执法责任，既体现和巩固了近年来行政执法领域取得的重大改革成果，又回应了当前的执法实践需要。实施好行政处罚法对规范财政部门行政执法行为，保护公民、法人或者其他组织合法权益，推进国家治理体系和治理能力现代化，具有重要意义。

财政是国家治理的基础和重要支柱，财政部门开展行政检查、行政处罚等行政执法工作，事关公民、法人或者其他组织的切身利益，事关经济发展秩序和社会公平正义。各级财政部门要充分认识实施行政处罚法的重要意义，思想上高度重视，行动上狠抓落实，措施上高效务实，着力提升行政处罚案件办理质量和效率，维护公共利益和社会秩序，保障当事人的合法权益。

二、依法规范行政处罚的设定，夯实制度基础

各级财政部门要严格按照法定权限设定、审核、评估行政处罚事项。一是依法设定行政处罚。起草或者修订法律、法规、规章草案时，对违反行政管理秩序的公民、法人或者其他组织，以减损权益或者增加义务的方式实施惩戒的，要依法设定行政处罚，不得以其他行政管理措施的名义变相设定，规避行政处罚设定的要求。对上位法设定的行政处罚作出具体规定的，不得超越行政处罚的种类和法定罚款幅度。补充设定行政处罚的，要通过听证会、论证会等形式广泛听取意见，并在制定和备案环节做好说明工作。二是加强对行政规范性文件的合法性审核。行政规范性文件合法性审核时应重点审核涉及行政处罚的内容，各级财政部门制发的行政规范性文件不得设定行政处罚。违法设定行政处罚的，相关规定无效，不得作为行政处罚的依据。三是定期开展行政处罚相关规定的评估。对评估发现不符合上位法规定、不适应经济社会发展需要、明显过罚不当、缺乏针对性和实用性等情形的行政处罚种类、罚款数额等，要及时按立法权限和程序自行或者建议有权机关予以修改或者废止。各级财政部门对预算法及其实施条例、政府采购法及其实施条例、会计法、资产评估法等财政法律、法规在实施过程中涉及行政处罚的意见或建议要及时反馈财政部。

三、严格规范行政处罚的实施，提升行政处罚效能

各级财政部门在落实行政处罚法规定时，要正确把握相关规则和要求。一是正确适用从旧兼从轻规则。行政处罚案件应当适用违法行为发生时法律、法规、规章的规定，但是作出行政处罚决定时，法律、法规、规章已被修改或者废止，且新的规定处罚较轻或者不认为是违法的，适用新的规定。二是坚持行政处罚宽严相济。各级财政部门应当制定完善行政裁量权基准制度，确保行政处罚过罚相当，防止畸轻畸重。落实"初次违法且危害后果轻微并及时改正，可以不予行政处罚"的规定，研究制定包容免罚清单。三是推进联合监管。建立健全与注册会计师协会、资产评估协会的联合监管机制，推动提升财政部门、行业协会联合监管效率。强化与金融监管等机构的行政执法合作，依法落实行政处罚协助要求。四是落实"两法衔接"要求。各级财政部门在行政处罚案件中发现违法行为涉嫌犯罪的，应当按照行政处罚法和《行政执法机关移送涉嫌犯罪案件的规定》等要求，及时将案件移送有关机关处理。对于有关机关移送的，依法不需要追究刑事责任或者免予刑事处罚，但应当给予行政处罚的案件，应当依法及时作出处理。涉及上市公司财务造假等具有重大影响的行政处罚案件，应当注重与司法机关的配合，切实提高监管威慑力。

四、细化完善行政处罚的程序，推进严格规范公正文明执法

各级财政部门要按照行政处罚法要求，及时健全立案规则，完善处罚告知、公示、全过程记录、听证、法制审核等制度机制。一是健全立案规则。合理确定立案标准，规范立案流程，防止有案不立、久拖不立。结合政府采购领域、会计和资产评估行业等管理领域案件的特点，依法制定符合实际需要的立案标准。二是严格履行行政处罚事先告知程序。在作出行政处罚决定前，应当告知当事人拟作出的行政处罚内容及事实、理由、依据，并告知当事人依法享有的陈述、申辩、要求听证等权利。三是全面落实行政执法"三项制度"。要按照"谁执法谁公示"的原则，公示行政处罚的实施机关、立案依据、实施程序、救济渠道等信息，依法公开有一定社会影响的行政处罚决定，接受社会监督。依法加强行政执法人员资格和行政执法证件管理，确保行政执法人员持证上岗、亮证执法。健全文字、音像记录机制，对行政处罚的启动到执行完毕的全过程进行记录，归档保存，做到执法全过程留痕和可回溯管理。依法进行法制审核，重大行政执法决定未经法制审核或者审核未通过的，不得作出行政处罚决定。四是完善行政处罚听证制度。按照行政处罚法规定及时调整听证范围，优化听证流程，严格落实根据听证笔录作出行政处罚决定的规定。逐步提高送达地址确认书的利用率，细化电子送达工作流程，探索开展互联网在线听证，充分保护当事人的合法权益。

五、加强学习、培训和宣传，提高行政执法能力和水平

各级财政部门要把学习、宣传行政处罚法以及加强对行政执法人员培训作为当前和今后一段时期内的法治工作重点，采取有效措施，扎实推动行政处罚法贯彻实施。一是加强领导干部带头学法用法。通过多种形式推动领导干部作学习贯彻行政处罚法的表率，做到依法行政并自觉接受监督，以更好地部署、监督、指导相关工作。二是将深入学习行政处罚法作为行政执法人员法治培训必修课。合理设置课程内容和时间，保障培训的课时数量和质量，帮助行政执法人员正确理解和实施行政处罚法。三是将专题学法与日常学法相结合。根据行政处罚实践需要开展专题讲座、以案释法、旁听庭审等活动进行专题学法。通过微博、微信、移动客户端等形式，帮助行政处罚执法人员随时学随时处学。四是将行政处罚法的宣传纳入本单位的"八五"普法规划。按照"谁执法谁普法"的普法责任制要求，积极宣传行政处罚法相关内容和精神。

各级财政部门要以学习贯彻行政处罚法为契机，及时提出具有针对性和易操作的落实举措，不断完善执法体制机制，改进执法方式，提高执法人员能力和水平，切实提升执法效能。要充分发挥财政职能对保障行政处罚执行效果的作用，严格执行罚缴分离制度，加强对罚缴分离、收支两条线等制度实施情况的监督，适时会同司法行政等部门开展专项监督检查，确保罚款、没收违法所得或者没收非法财物拍卖的款项，全部上缴国库。要注重梳理总结实施行政处罚法过程中的经验做法，及时向财政部报送典型案例和创新做法。

海关涉案财物拍卖若干问题的规定

（海关总署公告 2020 年第 38 号）

发布日期：2020-03-06
实施日期：2020-05-01
法规类型：规范性文件

为了规范海关涉案财物拍卖行为，保护当事人的合法权益，根据《中华人民共和国海关法》《中华人民共和国拍卖法》等法律，制定本规定。

一、海关涉案财物拍卖是指海关依法委托拍卖企业以拍卖的方式公开处理依法查扣的涉案财物。

二、海关涉案财物拍卖活动应当遵守有关法律、行政法规，遵循公开、公平、公正、诚实信用的原则，并接受社会监督。

三、依照《中华人民共和国拍卖法》和《中华人民共和国公司法》等法律法规设立并取得从事相关拍卖业务许可的拍卖企业可参与海关涉案财物的拍卖。

海关涉案财物的拍卖权通过竞价、摇珠或者集体决策等方式合理确定。海关可以参考行业协会依据国家标准评定的拍卖企业资质等级，结合实际情况通过综合评价的方式建立涉案财物公开拍卖企业名单库。

四、海关应与拍卖企业签订书面委托拍卖合同，明确双方的权利和义务。

五、实施网络拍卖的，拍卖企业应与海关协商选择网络拍卖平台，并与网络拍卖平台签订服务协议，明确平台和拍卖企业开展网络拍卖工作的权利和义务。

海关在与拍卖企业签订的书面委托拍卖合同中，就拍卖企业选择的网络拍卖平台应具备的条件和应承担的事项作如下约定：

（一）具备符合《中华人民共和国拍卖法》等相关法律、法规、规章的规则；

（二）具备保障网络拍卖业务正常开展的计算机信息系统，功能包括但不限于：发布公告，拍卖标的网上展示，网络竞价，记录竞价过程，生成电子成交确认书，网上结算服务，网络与现场同步拍卖；

（三）具备开展网络拍卖活动的业务流程，须包括：用户注册，拍卖主体资格审核，公告发布，拍卖标的网上展示，竞买登记，网络竞价及成交确认，网上结算，资料存档；

（四）具有与所从事的网络拍卖业务和规模相配套的服务器、网络设施、技术人员、拍卖专业人员和资金；

（五）根据《互联网信息服务管理办法》，按照平台的性质取得许可或备案；

（六）保障网络安全，确保拍卖平台正常运行；

（七）保证拍卖全程信息数据真实、准确、完整和安全；

（八）竞买代码及其出价信息应当在网络竞买页面实时显示，并储存、显示竞价全程；

（九）其他网络平台应具备的条件和应承担的工作。

六、海关涉案财物拍卖设定保留价。海关委托有资质的评估机构对涉案财物价值进行评估，拍卖保留价由海关参照评估价合理确定。

七、拍卖企业应于拍卖日7日前通过报纸或其他新闻媒介发布拍卖公告。拍卖公告应当载明下列事项：

（一）拍卖的时间、地点；

（二）拍卖标的；

（三）拍卖标的展示时间、地点；

（四）参与竞买应当办理的手续；

（五）拍卖保证金；

（六）拍卖标的已知的瑕疵和权利负担；

（七）海关监督方式等；

（八）实施网络拍卖的，应当载明网络拍卖平台；

（九）需要公告的其他事项。

实施网络拍卖的，除上述应当载明的信息外，还须在网络拍卖平台载明下列信息：

（一）拍卖起拍价以及竞价规则；

（二）拍卖款项支付方式和账户；

（三）拍卖标的现状的文字说明、视频或者照片等；

（四）需要在网络拍卖平台公示的其他信息。

八、下列事项在拍卖实施时应在拍卖规则、拍卖须知等拍卖文件中予以特别提示：

（一）委托代理人参加竞买的，须办理相关委托手续，并在拍卖前经拍卖企业确认；

（二）拍卖标的以实物现状为准；

（三）拍卖标的已知的瑕疵和权利负担，海关已予以公示和特别提示的，且在拍卖文件中声明不能保证拍卖标的真伪或者品质的，不承担瑕疵担保责任；

（四）竞买人决定参与竞买的，视为对拍卖标的完全了解，并接受拍卖标的的一切已知和未知瑕疵和权利负担；

（五）海关及拍卖企业不能向买受人提供除罚没车辆以外其他拍卖标的的成交款发票，不接受买受人任何理由提出的退换货要求；

（六）其他应予特别提示的事项。

实施网络拍卖的，应当在拍卖公告发布当日通过网络拍卖平台对上述内容予以特别提示。

九、拍卖企业应当在拍卖前展示拍卖标的，并提供查看拍卖标的的条件及有关资料。展示时间不得少于2日，鲜活物品或其他不易保存的物品除外。

十、海关涉案财物拍卖不限制参与竞买人数。1人参与竞拍，且出价不低于保留价的，拍卖成交。

十一、竞买人应在参加拍卖前按公告指定渠道实名交纳保证金；未交纳的，不得参加竞买。

保证金收取数额由海关与拍卖企业协商确定。

十二、拍卖成交后，买受人交纳的保证金可以充抵价款，买受人应按竞买协议或者拍卖成交确认书约定的期限和渠道向拍卖企业支付剩余价款。拍卖企业应当在收到全部价款后，按海关要求将拍卖价款直接缴库或汇至海关指定银行账户，经确认缴库或拍卖价款到账后方可办理提货手续。

十三、拍卖成交后，买受人应在竞买协议或者拍卖成交确认书约定的期限内受领拍卖标的。买受人未能按照约定取得拍卖标的的，有权要求拍卖人或者海关承担违约责任。买受人未按照约定受领拍卖标的的，应当支付由此产生的保管费用。

十四、买受人在拍卖成交后悔拍的，需要承担违约责任，主要包括：交纳的保证金不予退还，依次用于支付拍卖产生的费用损失、弥补重新拍卖价款低于原拍卖价款的差价；不足支付部分，应由海关或拍卖企业对原买受人采取但不限于寄送追款通知书、刊登追款公告、仲裁、诉讼等方式进行追缴。保证金仍有剩余的，按余款性质依法进行处置。

拍卖标的悔拍后重新拍卖的，原买受人不得参加竞买。

十五、海关涉案财物拍卖竞价期间无人应价或竞买人的最高应价未达到保留价的，拍卖流拍。海关委托再次拍卖的保留价可根据评估机构重新评定的价格确定，也可以在原保留价的基础上酌情降低，但每次降低的数额不得超过前次保留价的百分之二十。

十六、拍卖的中止、终止、撤回：

（一）有下列情形之一的，应当中止拍卖：

1. 海关在拍卖会前因正当理由书面通知拍卖企业中止拍卖的；

2. 发生意外事件致使拍卖活动暂时不能进行的；

3. 出现其他依法应当中止的情形的。

中止拍卖由拍卖企业宣布。中止拍卖的事由消失后，应恢复拍卖。

（二）有下列情形之一的，应当终止拍卖：

1. 发生不可抗力或意外事件致使拍卖活动无法进行的；

2. 拍卖标的在拍卖前毁损、灭失的；

3. 海关在拍卖会前因正当理由书面通知拍卖企业终止拍卖的；

4. 出现其他依法应当终止的情形的。

终止拍卖由拍卖企业宣布。拍卖终止后，海关要求继续进行拍卖的，应当重新办理拍卖手续。

（三）海关在拍卖开始前可以撤回拍卖标的，但应及时说明有关原因或理由。

网络拍卖平台发现系统故障、安全隐患等紧急情况的，可以先行暂缓拍卖，并立即报告海关。

十七、海关有权对委托拍卖标的的拍卖活动进行监督。

实施网络拍卖的，网络拍卖平台不得在拍卖程序中设置阻碍竞买人报名、参拍、竞价以及监视竞买人信息等后台操控功能；网络拍卖平台提供的服务无正当理由不得中断。

十八、拍卖企业、竞买人、买受人、网络拍卖平台及利害关系人提出异议请求撤销海关涉案财物拍卖，符合下列情形之一的，海关应当支持：

（一）由于拍卖财产的文字说明、视频或者照片展示、实地展示以及瑕疵说明严重失实，致使买受人产生重大误解，购买目的无法实现的，但拍卖时的技术水平不能发现或者已经就相关瑕疵以及责任承担予以公示说明的除外；

（二）由于系统故障、病毒入侵、黑客攻击、数据错误等原因致使拍卖结果错误，严重损害海关、拍卖企业或者竞买人利益的；

（三）竞买人之间、竞买人与拍卖企业、竞买人与网络拍卖平台之间恶意串通，损害海关或者其他竞买人利益的；

（四）买受人不具备法律、行政法规和司法解释规定的竞买资格的；

（五）违法限制竞买人参加竞买或者对享有同等权利的竞买人规定不同竞买条件的；

（六）其他严重违反拍卖程序的情形。

十九、海关、拍卖企业、竞买人、买受人及其他利害关系人认为拍卖企业、网络拍卖平台的行为违法，可以提出异议，异议期间，海关可以暂缓或中止拍卖。

二十、实施海关涉案财物拍卖的，下列机构和人员不得参与竞买活动：

（一）海关及其工作人员；

（二）网络拍卖平台及其工作人员；

（三）承担拍卖工作的拍卖企业及其工作人员；

（四）第（一）至（三）项规定主体的工作人员近亲属。

二十一、拍卖企业或网络拍卖平台有下列情形之一的，不得再为海关涉案财物拍卖提供服务：

（一）存在违反本规定操控拍卖程序、修改拍卖信息等行为的；

（二）存在恶意串通、弄虚作假、泄漏保密信息等行为的；

（三）因违反法律、行政法规和司法解释等规定受到处罚，不适于继续从事海关涉案财物拍卖的；

（四）其他应当排除委托的情形。

二十二、因海关涉案财物拍卖产生的相关税费，应当依照相关法律、行政法规的规定，由相应主体承担。

二十三、本规定所称竞买人是指具备完全民事行为能力的参加竞购拍卖标的的公民、法人或者其他组织。法律、行政法规和司法解释对买受人资格或者条件有特殊规定的，竞买人应当具备规定的资格或者条件。买受人是指以最高应价购得拍卖标的的竞买人。

网络拍卖是指通过网络，以公开竞价方式，将特定物品或者财产权利转让给最高应价者的买卖方式。

网络拍卖平台是指在网络拍卖活动中，为交易各方提供相关服务的信息系统。

二十四、海关对超期未报关进口货物、误卸或溢卸进境货物、放弃进口货物和进出境物品、在海关规定期限内未办理海关手续或无人认领的物品、无法投递又无法退回的进境邮递物品，根据《中华人民共和国海关法》第六十条、第六十一条规定采取税收强制措施、税收保全措施涉及扣留的货物或其他财产等进行变卖的，参照本规定处理。

二十五、本规定自 2020 年 5 月 1 日起施行。施行前海关总署公布的规范性文件与本规定不一致的，以本规定为准。

关于简单案件快速办理有关事项的公告

（海关总署公告 2019 年第 162 号）

发布日期：2019-10-21
实施日期：2019-12-01
法规类型：规范性文件

为进一步提高海关行政执法效率，优化行政执法方式，现就海关行政处罚简单案件快速办理有关事项公告如下：

一、以下简单案件适用快速办理程序：

（一）适用《中华人民共和国海关行政处罚实施条例》（以下简称《处罚条例》）第十五条第一项、第二项规定进行处理的；

（二）报关企业、报关人员对委托人所提供情况的真实性未进行合理审查，或者因为工作疏忽致使发生《处罚条例》第十五条第一项、第二项规定情形的；

（三）适用《处罚条例》第二十条至第二十三条规定进行处理的；

（四）违反海关监管规定携带货币进出境的；

（五）旅检渠道查获走私货物、物品价值在人民币 5 万元以下的；

（六）其他违反海关监管规定案件货物价值在人民币 50 万元以下或物品价值在人民币 10 万元以下的；

（七）法律、行政法规及部门规章规定处警告、最高罚款人民币 3 万元以下。

二、海关应当及时立案，开展调查取证工作。

三、当事人在自行书写材料或者查问笔录中承认违法事实、认错认罚，并有查验、检查记录等关键证据能够相互印证的，海关可以不再开展其他调查取证工作。

四、海关进行现场调查后，应当及时制发行政处罚告知单，并在立案后 5 个工作日内制发行政处罚决定书。

五、经当事人书面同意，海关可以采用传真、电子邮件、移动通信等能够确认其收悉的方式送达行政处罚法律文书。

本公告自 2019 年 12 月 1 日起实施。

特此公告。

关于公布国际班轮运输码头作业费（THC）调查结论的公告

（交通部　国家发展和改革委员会　国家工商行政管理总局公告2006年第9号）

发布日期：2006-04-18
实施日期：2006-04-18
法规类型：规范性文件

应中国对外贸易经济合作企业协会请求，中华人民共和国交通部、国家发展和改革委员会、国家工商行政管理总局（以下简称"调查机关"）依照《中华人民共和国国际海运条例》的规定，于2002年12月组成调查组，依法对国际班轮公司在中国港口收取码头作业费（THC）展开调查。

中国对外贸易经济合作企业协会提出，2001年12月，泛太平洋稳定协议组织（TSA）、西行泛太平洋稳定协议组织（WTSA）、亚洲区内讨论协议组织（IADA）、远东班轮公会（FEFC）等班轮公会和班轮公司之间通过运价协议在中国港口在同一时间、以同一标准收取码头作业费，其行为违反了联合国《1974年班轮公会行动守则公约》和《中华人民共和国国际海运条例》等法律法规。中国对外贸易经济合作企业协会认为，码头作业费是运费的组成部分，谁付运费谁支付码头作业费；班轮公会和运价协议组织未与中国货主进行有意义的协商；中国货主不支付码头作业费，班轮公司扣发提单和货物的行为，是滥用优势地位的强制交易行为。

班轮公会组织和国际班轮运输经营者认为，收取码头作业费，是为了提高运价报价的透明度，便于货主区分码头作业费和远洋海运费。征收码头作业费是国际海运市场正常商业行为，也是被广泛认同的国际通常做法，没有违反有关国际公约和中国的有关法律法规。

调查机关对船货双方提供的事实进行了核实和认定，充分听取了船货双方的观点和意见，经过核查事实、收集证据、公开听证、咨询专家意见，依据国内有关法律、法规和有关国际公约，现形成如下调查结论：

一、码头作业费在性质上属于国际集装箱班轮运费的组成部分。班轮公司在装货港向发货人收取码头作业费、在卸货港向收货人收取码头作业费的做法在主要贸易国家（地区）是存在的。同时，调查机关注意到，在某些国家和地区，托运人组织对班轮公司收取码头作业费表示反对。

二、对班轮公会和运价稳定协议组织决定于2002年1月起在涉及中国港口的国际班轮航线上同时按照相同标准收取码头作业费的行为。调查机关认为，依照《中华人民共和国国际海运条例》的有关规定和我国加入的联合国《1974年班轮公会行动守则公约》，班轮公会、国际班轮运输经营者享有集体订立运价协议的权利，但不得对公平竞争和国际海运市场秩序造成损害，并应当依法向中华人民共和国交通部备案。

三、班轮公会和运价协议组织通过集体协议，以联合通知或公告的方式宣布同时按相同的标准在我国收取码头作业费。由于这些通知或公告未声明收取码头作业费的决定对各成员公司不具有约束力，各成员公司有采取独立行动的权利，客观上限制了托运人自由选择承运人的权利，不利于班轮公司之间开展正常的价格竞争，在一定程度上损害了国际海运市场秩序。根据《中华人民共和国国际海运条例》的规定，调查机关决定：

（一）由中华人民共和国交通部对上述班轮公会和运价协议组织及其成员公司给予告诫，禁止类似行为再次发生；责令班轮公会和运价协议组织修改通知或公告。

（二）对于订立集体运价协议但没有依法履行备案手续的班轮公会成员和国际班轮运输经营者，由中华人民共和国交通部依照《中华人民共和国国际海运条例》第四十八条的规定予以处罚。

四、国际集装箱班轮运输是实现中国对外贸易发展的重要运输方式。中国政府有关部门严格履行国际公约规定的义务，依法维护国际航运市场秩序，保护承运人和托运人的合法权益，促进中国集装箱运输健康发展。

（一）调查机关敦促班轮公会和运价协议组织，今后凡订立的涉及中国港口的运价协议和各类附加费协议生效前，应当与中国境内的托运人或托运人组织建立有效的协商机制，对共同关心的事项进行充分有效的协商。

（二）班轮公会、运价协议组织在中国从事中国法律法规允许的活动，应当事前在中国境内指定联络机构或代表，公布联络机构名称或代表的姓名、地址，并向中华人民共和国交通部备案。

五、中华人民共和国交通部曾于2002年12月30日发布调查公告，要求在中国港口收取码头作业费的国际班轮运输经营者报送有关材料。对于没有按照公告要求报送材料的国际班轮运输经营者，依照《中华人民共和国国际海运条例》第五十三条的规定予以处罚。

六、对于中国对外贸易经济合作企业协会提出的中国货主不支付码头作业费，班轮公司扣发提单和货物的问题，调查机关认为，如存在上述事实，属于运输合同的成立或者履行问题，应当由当事人根据《中华人民共和国海商法》等有关法律、法规，通过司法等途径解决。

特此公告。

行政管理篇

综合管理

中华人民共和国海关法

（主席令第 51 号）

发布日期：1987-01-22
实施日期：2021-04-29
法规类型：法律

（根据 2000 年 7 月 8 日第九届全国人民代表大会常务委员会第十六次会议《关于修改〈中华人民共和国海关法〉的决定》第一次修正；根据 2013 年 6 月 29 日第十二届全国人民代表大会常务委员会第三次会议《关于修改〈中华人民共和国文物保护法〉等十二部法律的决定》第二次修正；根据 2013 年 12 月 28 日第十二届全国人民代表大会常务委员会第六次会议《关于修改〈中华人民共和国海洋环境保护法〉等七部法律的决定》第三次修正；根据 2016 年 11 月 7 日第十二届全国人民代表大会常务委员会第二十四次会议《关于修改〈中华人民共和国对外贸易法〉等十二部法律的决定》第四次修正；根据 2017 年 11 月 4 日第十二届全国人民代表大会常务委员会第三十次会议《关于修改〈中华人民共和国会计法〉等十一部法律的决定》第五次修正；根据 2021 年 4 月 29 日第十三届全国人民代表大会常务委员会第二十八次会议《关于修改〈中华人民共和国道路交通安全法〉等八部法律的决定》第六次修正）

第一章 总 则

第一条 为了维护国家的主权和利益，加强海关监督管理，促进对外经济贸易和科技文化交往，保障社会主义现代化建设，特制定本法。

第二条 中华人民共和国海关是国家的进出关境（以下简称进出境）监督管理机关。海关依照本法和其他有关法律、行政法规，监管进出境的运输工具、货物、行李物品、邮递物品和其他物品（以下简称进出境运输工具、货物、物品），征收关税和其他税、费，查缉走私，并编制海关统计和办理其他海关业务。

第三条 国务院设立海关总署，统一管理全国海关。

国家在对外开放的口岸和海关监管业务集中的地点设立海关。海关的隶属关系，不受行政区划的限制。

海关依法独立行使职权，向海关总署负责。

第四条 国家在海关总署设立专门侦查走私犯罪的公安机构，配备专职缉私警察，负责对其管辖的走私犯罪案件的侦查、拘留、执行逮捕、预审。

海关侦查走私犯罪公安机构履行侦查、拘留、执行逮捕、预审职责，应当按照《中华人民共和国刑事诉讼法》的规定办理。

海关侦查走私犯罪公安机构根据国家有关规定，可以设立分支机构。各分支机构办理其管辖的走私犯罪案件，应当依法向有管辖权的人民检察院移送起诉。

地方各级公安机关应当配合海关侦查走私犯罪公安机构依法履行职责。

第五条 国家实行联合缉私、统一处理、综合治理的缉私体制。海关负责组织、协调、管理查缉走私工作。有关规定由国务院另行制定。

各有关行政执法部门查获的走私案件，应当给予行政处罚的，移送海关依法处理；涉嫌犯罪的，应当移送海关侦查走私犯罪公安机构、地方公安机关依据案件管辖分工和法定程序办理。

第六条 海关可以行使下列权力：

（一）检查进出境运输工具，查验进出境货物、物品；对违反本法或者其他有关法律、行政法规的，可以扣留。

（二）查阅进出境人员的证件；查问违反本法或者其他有关法律、行政法规的嫌疑人，调查其违法行为。

（三）查阅、复制与进出境运输工具、货物、物品有关的合同、发票、帐册、单据、记录、文件、业务函电、录音录像制品和其他资料；对其中与违反本法或者其他有关法律、行政法规的进出境运输工具、货物、物品有牵连的，可以扣留。

（四）在海关监管区和海关附近沿海沿边规定地区，检查有走私嫌疑的运输工具和有藏匿走私货物、物品嫌疑的场所，检查走私嫌疑人的身体；对有走私嫌疑的运输工具、货物、物品和走私犯罪嫌疑人，经直属海关关长或者其授权的隶属海关关长批准，可以扣留；对走私犯罪嫌疑人，扣留时间不超过二十四小时，在特殊情况下可以延长至四十八小时。

在海关监管区和海关附近沿海沿边规定地区以外，海关在调查走私案件时，对有走私嫌疑的运输工具和除公民住处以外的有藏匿走私货物、物品嫌疑的场所，经直属海关关长或者其授权的隶属海关关长批准，可以进行检查，有关当事人应当到场；当事人未到场的，在有见证人在场的情况下，可以径行检查；对其中有证据证明有走私嫌疑的运输工具、货物、物品，可以扣留。

海关附近沿海沿边规定地区的范围，由海关总署和国务院公安部门会同有关省级人民政府确定。

（五）在调查走私案件时，经直属海关关长或者其授权的隶属海关关长批准，可以查询案件涉嫌单位和涉嫌人员在金融机构、邮政企业的存款、汇款。

（六）进出境运输工具或者个人违抗海关监管逃逸的，海关可以连续追至海关监管区和海关附近沿海沿边规定地区以外，将其带回处理。

（七）海关为履行职责，可以配备武器。海关工作人员佩带和使用武器的规则，由海关总署会同国务院公安部门制定，报国务院批准。

（八）法律、行政法规规定由海关行使的其他权力。

第七条 各地方、各部门应当支持海关依法行使职权，不得非法干预海关的执法活动。

第八条 进出境运输工具、货物、物品，必须通过设立海关的地点进境或者出境。在特殊情况下，需要经过未设立海关的地点临时进境或者出境的，必须经国务院或者国务院授权的机关批准，并依照本法规定办理海关手续。

第九条 进出口货物，除另有规定的外，可以由进出口货物收发货人自行办理报关纳税手续，也可以由进出口货物收发货人委托报关企业办理报关纳税手续。

进出境物品的所有人可以自行办理报关纳税手续，也可以委托他人办理报关纳税手续。

第十条 报关企业接受进出口货物收发货人的委托，以委托人的名义办理报关手续的，应当向海关提交由委托人签署的授权委托书，遵守本法对委托人的各项规定。

报关企业接受进出口货物收发货人的委托，以自己的名义办理报关手续的，应当承担与收发货人相同的法律责任。

委托人委托报关企业办理报关手续的，应当向报关企业提供所委托报关事项的真实情况；报关企业接受委托人的委托办理报关手续的，应当对委托人所提供情况的真实性进行合理审查。

第十一条 进出口货物收发货人、报关企业办理报关手续，应当依法向海关备案。

报关企业和报关人员不得非法代理他人报关。

第十二条 海关依法执行职务，有关单位和个人应当如实回答询问，并予以配合，任何单位和个人不得阻挠。

海关执行职务受到暴力抗拒时，执行有关任务的公安机关和人民武装警察部队应当予以协助。

第十三条 海关建立对违反本法规定逃避海关监管行为的举报制度。

任何单位和个人均有权对违反本法规定逃避海关监管的行为进行举报。

海关对举报或者协助查获违反本法案件的有功单位和个人，应当给予精神的或者物质的奖励。

海关应当为举报人保密。

第二章　进出境运输工具

第十四条 进出境运输工具到达或者驶离设立海关的地点时，运输工具负责人应当向海关如实申报，交验单证，并接受海关监管和检查。

停留在设立海关的地点的进出境运输工具，未经海关同意，不得擅自驶离。

进出境运输工具从一个设立海关的地点驶往另一个设立海关的地点的，应当符合海关监管要求，办理海关手续，未办结海关手续的，不得改变境外。

第十五条 进境运输工具在进境以后向海关申报以前，出境运输工具在办结海关手续以后出境以前，应当按照交通主管机关规定的路线行进；交通主管机关没有规定的，由海关指定。

第十六条 进出境船舶、火车、航空器到达和驶离时间、停留地点、停留期间更换地点以及装卸货物、物品时间，运输工具负责人或者有关交通运输部门应当事先通知海关。

第十七条 运输工具装卸进出境货物、物品或者上下进出境旅客，应当接受海关监管。

货物、物品装卸完毕，运输工具负责人应当向海关递交反映实际装卸情况的交接单据和记录。

上下进出境运输工具的人员携带物品的，应当向海关如实申报，并接受海关检查。

第十八条 海关检查进出境运输工具时，运输工具负责人应当到场，并根据海关的要求开启舱室、房间、车门；有走私嫌疑的，并应当开拆可能藏匿走私货物、物品的部位，搬移货物、物料。

海关根据工作需要，可以派员随运输工具执行职务，运输工具负责人应当提供方便。

第十九条 进境的境外运输工具和出境的境内运输工具，未向海关办理手续并缴纳关税，不得转让或者移作他用。

第二十条 进出境船舶和航空器兼营境内客、货运输，应当符合海关监管要求。

进出境运输工具改营境内运输，需向海关办理手续。

第二十一条 沿海运输船舶、渔船和从事海上作业的特种船舶，未经海关同意，不得载运或者换取、买卖、转让进出境货物、物品。

第二十二条 进出境船舶和航空器，由于不可抗力的原因，被迫在未设立海关的地点停泊、降落或者抛掷、起卸货物、物品，运输工具负责人应当立即报告附近海关。

第三章 进出境货物

第二十三条 进口货物自进境起到办结海关手续止，出口货物自向海关申报起到出境止，过境、转运和通运货物自进境起到出境止，应当接受海关监管。

第二十四条 进口货物的收货人、出口货物的发货人应当向海关如实申报，交验进出口许可证件和有关单证。国家限制进出口的货物，没有进出口许可证件的，不予放行，具体处理办法由国务院规定。

进口货物的收货人应当自运输工具申报进境之日起十四日内，出口货物的发货人除海关特准的外应当在货物运抵海关监管区后、装货的二十四小时以前，向海关申报。

进口货物的收货人超过前款规定期限向海关申报的，由海关征收滞报金。

第二十五条 办理进出口货物的海关申报手续，应当采用纸质报关单和电子数据报关单的形式。

第二十六条 海关接受申报后，报关单证及其内容不得修改或者撤销，但符合海关规定情形的除外。

第二十七条 进口货物的收货人经海关同意，可以在申报前查看货物或者提取货样。需要依法检疫的货物，应当在检疫合格后提取货样。

第二十八条 进出口货物应当接受海关查验。海关查验货物时，进口货物的收货人、出口货物的发货人应当到场，并负责搬移货物，开拆和重封货物的包装。海关认为必要时，可以径行开验、复验或者提取货样。

海关在特殊情况下对进出口货物予以免验，具体办法由海关总署制定。

第二十九条 除海关特准的外，进出口货物在收发货人缴清税款或者提供担保后，由海关签印放行。

第三十条 进口货物的收货人自运输工具申报进境之日起超过三个月未向海关申报的，其进口货物由海关提取依法变卖处理，所得价款在扣除运输、装卸、储存等费用和税款后，尚有余款的，自货物依法变卖之日起一年内，经收货人申请，予以发还；其中属于国家对进口有限制性规定，应当提交许可证件而不能提供的，不予发还。逾期无人申请或者不予发还的，上缴国库。

确属误卸或者溢卸的进境货物，经海关审定，由原运输工具负责人或者货物的收发货人自该运输工具卸货之日起三个月内，办理退运或者进口手续；必要时，经海关批准，可以延期三个月。逾期未办手续的，由海关按前款规定处理。

前两款所列货物不宜长期保存的，海关可以根据实际情况提前处理。

收货人或者货物所有人声明放弃的进口货物，由海关提取依法变卖处理；所得价款在扣除运输、装卸、储存等费用后，上缴国库。

第三十一条 按照法律、行政法规、国务院或者海关总署规定暂时进口或者暂时出口的货物，应当在六个月内复运出境或者复运进境；需要延长复运出境或者复运进境期限的，应当根据海关总署的规定办理延期手续。

第三十二条 经营保税货物的储存、加工、装配、展示、运输、寄售业务和经营免税商店，应当符合海关监管要求，经海关批准，并办理注册手续。

保税货物的转让、转移以及进出保税场所，应当向海关办理有关手续，接受海关监管和查验。

第三十三条　企业从事加工贸易，应当按照海关总署的规定向海关备案。加工贸易制成品单位耗料量由海关按照有关规定核定。

加工贸易制成品应当在规定的期限内复出口。其中使用的进口料件，属于国家规定准予保税的，应当向海关办理核销手续；属于先征收税款的，依法向海关办理退税手续。

加工贸易保税进口料件或者制成品内销的，海关对保税的进口料件依法征税；属于国家对进口有限制性规定的，还应当向海关提交进口许可证件。

第三十四条　经国务院批准在中华人民共和国境内设立的保税区等海关特殊监管区域，由海关按照国家有关规定实施监管。

第三十五条　进口货物应当由收货人在货物的进境地海关办理海关手续，出口货物应当由发货人在货物的出境地海关办理海关手续。

经收发货人申请，海关同意，进口货物的收货人可以在设有海关的指运地、出口货物的发货人可以在设有海关的启运地办理海关手续。上述货物的转关运输，应当符合海关监管要求；必要时，海关可以派员押运。

经电缆、管道或者其他特殊方式输送进出境的货物，经营单位应当定期向指定的海关申报和办理海关手续。

第三十六条　过境、转运和通运货物，运输工具负责人应当向进境地海关如实申报，并应当在规定期限内运输出境。

海关认为必要时，可以查验过境、转运和通运货物。

第三十七条　海关监管货物，未经海关许可，不得开拆、提取、交付、发运、调换、改装、抵押、质押、留置、转让、更换标记、移作他用或者进行其他处置。

海关加施的封志，任何人不得擅自开启或者损毁。

人民法院判决、裁定或者有关行政执法部门决定处理海关监管货物的，应当责令当事人办结海关手续。

第三十八条　经营海关监管货物仓储业务的企业，应当经海关注册，并按照海关规定，办理收存、交付手续。

在海关监管区外存放海关监管货物，应当经海关同意，并接受海关监管。

违反前两款规定或者在保管海关监管货物期间造成海关监管货物损毁或者灭失的，除不可抗力外，对海关监管货物负有保管义务的人应当承担相应的纳税义务和法律责任。

第三十九条　进出境集装箱的监管办法、打捞进出境货物和沉船的监管办法、边境小额贸易进出口货物的监管办法，以及本法未具体列明的其他进出境货物的监管办法，由海关总署或者由海关总署会同国务院有关部门另行制定。

第四十条　国家对进出境货物、物品有禁止性或者限制性规定的，海关依据法律、行政法规、国务院的规定或者国务院有关部门依据法律、行政法规的授权作出的规定实施监管。具体监管办法由海关总署制定。

第四十一条　进出口货物的原产地按照国家有关原产地规则的规定确定。

第四十二条　进出口货物的商品归类按照国家有关商品归类的规定确定。

海关可以要求进出口货物的收发货人提供确定商品归类所需的有关资料；必要时，海关可以组织化验、检验，并将海关认定的化验、检验结果作为商品归类的依据。

第四十三条　海关可以根据对外贸易经营者提出的书面申请，对拟作进口或者出口的货物预先作出商品归类等行政裁定。

进口或者出口相同货物，应当适用相同的商品归类行政裁定。

海关对所作出的商品归类等行政裁定，应当予以公布。

第四十四条　海关依照法律、行政法规的规定，对与进出境货物有关的知识产权实施保护。

　　需要向海关申报知识产权状况的，进出口货物收发货人及其代理人应当按照国家规定向海关如实申报有关知识产权状况，并提交合法使用有关知识产权的证明文件。

　　第四十五条　自进出口货物放行之日起三年内或者在保税货物、减免税进口货物的海关监管期限内及其后的三年内，海关可以对与进出口货物直接有关的企业、单位的会计帐簿、会计凭证、报关单证以及其他有关资料和有关进出口货物实施稽查。具体办法由国务院规定。

第四章　进出境物品

　　第四十六条　个人携带进出境的行李物品、邮寄进出境的物品，应当以自用、合理数量为限，并接受海关监管。

　　第四十七条　进出境物品的所有人应当向海关如实申报，并接受海关查验。

　　海关加施的封志，任何人不得擅自开启或者损毁。

　　第四十八条　进出境邮袋的装卸、转运和过境，应当接受海关监管。邮政企业应当向海关递交邮件路单。

　　邮政企业应当将开拆及封发国际邮袋的时间事先通知海关，海关应当按时派员到场监管查验。

　　第四十九条　邮运进出境的物品，经海关查验放行后，有关经营单位方可投递或者交付。

　　第五十条　经海关登记准予暂时免税进境或者暂时免税出境的物品，应当由本人复带出境或者复带进境。

　　过境人员未经海关批准，不得将其所带物品留在境内。

　　第五十一条　进出境物品所有人声明放弃的物品、在海关规定期限内未办理海关手续或者无人认领的物品，以及无法投递又无法退回的进境邮递物品，由海关依照本法第三十条的规定处理。

　　第五十二条　享有外交特权和豁免的外国机构或者人员的公务用品或者自用物品进出境，依照有关法律、行政法规的规定办理。

第五章　关　税

　　第五十三条　准许进出口的货物、进出境物品，由海关依法征收关税。

　　第五十四条　进口货物的收货人、出口货物的发货人、进出境物品的所有人，是关税的纳税义务人。

　　第五十五条　进出口货物的完税价格，由海关以该货物的成交价格为基础审查确定。成交价格不能确定时，完税价格由海关依法估定。

　　进口货物的完税价格包括货物的货价、货物运抵中华人民共和国境内输入地点起卸前的运输及其相关费用、保险费；出口货物的完税价格包括货物的货价、货物运至中华人民共和国境内输出地点装载前的运输及其相关费用、保险费，但是其中包含的出口关税税额，应当予以扣除。

　　进出境物品的完税价格，由海关依法确定。

　　第五十六条　下列进出口货物、进出境物品，减征或者免征关税：

　　（一）无商业价值的广告品和货样；

　　（二）外国政府、国际组织无偿赠送的物资；

　　（三）在海关放行前遭受损坏或者损失的货物；

　　（四）规定数额以内的物品；

　　（五）法律规定减征、免征关税的其他货物、物品；

（六）中华人民共和国缔结或者参加的国际条约规定减征、免征关税的货物、物品。

第五十七条 特定地区、特定企业或者有特定用途的进出口货物，可以减征或者免征关税。特定减税或者免税的范围和办法由国务院规定。

依照前款规定减征或者免征关税进口的货物，只能用于特定地区、特定企业或者特定用途，未经海关核准并补缴关税，不得移作他用。

第五十八条 本法第五十六条、第五十七条第一款规定范围以外的临时减征或者免征关税，由国务院决定。

第五十九条 暂时进口或者暂时出口的货物，以及特准进口的保税货物，在货物收发货人向海关缴纳相当于税款的保证金或者提供担保后，准予暂时免纳关税。

第六十条 进出口货物的纳税义务人，应当自海关填发税款缴款书之日起十五日内缴纳税款；逾期缴纳的，由海关征收滞纳金。纳税义务人、担保人超过三个月仍未缴纳的，经直属海关关长或者其授权的隶属海关关长批准，海关可以采取下列强制措施：

（一）书面通知其开户银行或者其他金融机构从其存款中扣缴税款；

（二）将应税货物依法变卖，以变卖所得抵缴税款；

（三）扣留并依法变卖其价值相当于应纳税款的货物或者其他财产，以变卖所得抵缴税款。

海关采取强制措施时，对前款所列纳税义务人、担保人未缴纳的滞纳金同时强制执行。

进出境物品的纳税义务人，应当在物品放行前缴纳税款。

第六十一条 进出口货物的纳税义务人在规定的纳税期限内有明显的转移、藏匿其应税货物以及其他财产迹象的，海关可以责令纳税义务人提供担保；纳税义务人不能提供纳税担保的，经直属海关关长或者其授权的隶属海关关长批准，海关可以采取下列税收保全措施：

（一）书面通知纳税义务人开户银行或者其他金融机构暂停支付纳税义务人相当于应纳税款的存款；

（二）扣留纳税义务人价值相当于应纳税款的货物或者其他财产。

纳税义务人在规定的纳税期限内缴纳税款的，海关必须立即解除税收保全措施；期限届满仍未缴纳税款的，经直属海关关长或者其授权的隶属海关关长批准，海关可以书面通知纳税义务人开户银行或者其他金融机构从其暂停支付的存款中扣缴税款，或者依法变卖所扣留的货物或者其他财产，以变卖所得抵缴税款。

采取税收保全措施不当，或者纳税义务人在规定期限内已缴纳税款，海关未立即解除税收保全措施，致使纳税义务人的合法权益受到损失的，海关应当依法承担赔偿责任。

第六十二条 进出口货物、进出境物品放行后，海关发现少征或者漏征税款，应当自缴纳税款或者货物、物品放行之日起一年内，向纳税义务人补征。因纳税义务人违反规定而造成的少征或者漏征，海关在三年以内可以追征。

第六十三条 海关多征的税款，海关发现后应立即退还；纳税义务人自缴纳税款之日起一年内，可以要求海关退还。

第六十四条 纳税义务人同海关发生纳税争议时，应当缴纳税款，并可以依法申请行政复议；对复议决定仍不服的，可以依法向人民法院提起诉讼。

第六十五条 进口环节海关代征税的征收管理，适用关税征收管理的规定。

第六章　海关事务担保

第六十六条 在确定货物的商品归类、估价和提供有效报关单证或者办结其他海关手续前，收发货人要求放行货物的，海关应当在其提供与其依法应当履行的法律义务相适应的担保后放行。法律、行政法规规定可以免除担保的除外。

法律、行政法规对履行海关义务的担保另有规定的，从其规定。

国家对进出境货物、物品有限制性规定，应当提供许可证件而不能提供的，以及法律、行政法规规定不得担保的其他情形，海关不得办理担保放行。

第六十七条 具有履行海关事务担保能力的法人、其他组织或者公民，可以成为担保人。法律规定不得为担保人的除外。

第六十八条 担保人可以以下列财产、权利提供担保：

（一）人民币、可自由兑换货币；

（二）汇票、本票、支票、债券、存单；

（三）银行或者非银行金融机构的保函；

（四）海关依法认可的其他财产、权利。

第六十九条 担保人应当在担保期限内承担担保责任。担保人履行担保责任的，不免除被担保人应当办理有关海关手续的义务。

第七十条 海关事务担保管理办法，由国务院规定。

第七章 执法监督

第七十一条 海关履行职责，必须遵守法律，维护国家利益，依照法定职权和法定程序严格执法，接受监督。

第七十二条 海关工作人员必须秉公执法，廉洁自律，忠于职守，文明服务，不得有下列行为：

（一）包庇、纵容走私或者与他人串通进行走私；

（二）非法限制他人人身自由，非法检查他人身体、住所或者场所，非法检查、扣留进出境运输工具、货物、物品；

（三）利用职权为自己或者他人谋取私利；

（四）索取、收受贿赂；

（五）泄露国家秘密、商业秘密和海关工作秘密；

（六）滥用职权，故意刁难，拖延监管、查验；

（七）购买、私分、占用没收的走私货物、物品；

（八）参与或者变相参与营利性经营活动；

（九）违反法定程序或者超越权限执行职务；

（十）其他违法行为。

第七十三条 海关应当根据依法履行职责的需要，加强队伍建设，使海关工作人员具有良好的政治、业务素质。

海关专业人员应当具有法律和相关专业知识，符合海关规定的专业岗位任职要求。

海关招收工作人员应当按照国家规定，公开考试，严格考核，择优录用。

海关应当有计划地对其工作人员进行政治思想、法制、海关业务培训和考核。海关工作人员必须定期接受培训和考核，经考核不合格的，不得继续上岗执行职务。

第七十四条 海关总署应当实行海关关长定期交流制度。

海关关长定期向上一级海关述职，如实陈述其执行职务情况。海关总署应当定期对直属海关关长进行考核，直属海关应当定期对隶属海关关长进行考核。

第七十五条 海关及其工作人员的行政执法活动，依法接受监察机关的监督；缉私警察进行侦查活动，依法接受人民检察院的监督。

第七十六条 审计机关依法对海关的财政收支进行审计监督，对海关办理的与国家财政收支有关的事项，有权进行专项审计调查。

第七十七条　上级海关应当对下级海关的执法活动依法进行监督。上级海关认为下级海关作出的处理或者决定不适当的，可以依法予以变更或者撤销。

第七十八条　海关应当依照本法和其他有关法律、行政法规的规定，建立健全内部监督制度，对其工作人员执行法律、行政法规和遵守纪律的情况，进行监督检查。

第七十九条　海关内部负责审单、查验、放行、稽查和调查等主要岗位的职责权限应当明确，并相互分离、相互制约。

第八十条　任何单位和个人均有权对海关及其工作人员的违法、违纪行为进行控告、检举。收到控告、检举的机关有权处理的，应当依法按照职责分工及时查处。收到控告、检举的机关和负责查处的机关应当为控告人、检举人保密。

第八十一条　海关工作人员在调查处理违法案件时，遇有下列情形之一的，应当回避：

（一）是本案的当事人或者是当事人的近亲属；

（二）本人或者其近亲属与本案有利害关系；

（三）与本案当事人有其他关系，可能影响案件公正处理的。

第八章　法律责任

第八十二条　违反本法及有关法律、行政法规，逃避海关监管，偷逃应纳税款、逃避国家有关进出境的禁止性或者限制性管理，有下列情形之一的，是走私行为：

（一）运输、携带、邮寄国家禁止或者限制进出境货物、物品或者依法应当缴纳税款的货物、物品进出境的；

（二）未经海关许可并且未缴应纳税款、交验有关许可证件，擅自将保税货物、特定减免税货物以及其他海关监管货物、物品、进境的境外运输工具，在境内销售的；

（三）有逃避海关监管，构成走私的其他行为的。

有前款所列行为之一，尚不构成犯罪的，由海关没收走私货物、物品及违法所得，可以并处罚款；专门或者多次用于掩护走私的货物、物品，专门或者多次用于走私的运输工具，予以没收，藏匿走私货物、物品的特制设备，责令拆毁或者没收。

有第一款所列行为之一，构成犯罪的，依法追究刑事责任。

第八十三条　有下列行为之一的，按走私行为论处，依照本法第八十二条的规定处罚：

（一）直接向走私人非法收购走私进口的货物、物品的；

（二）在内海、领海、界河、界湖，船舶及所载人员运输、收购、贩卖国家禁止或者限制进出境的货物、物品，或者运输、收购、贩卖依法应当缴纳税款的货物，没有合法证明的。

第八十四条　伪造、变造、买卖海关单证，与走私人通谋为走私人提供贷款、资金、帐号、发票、证明、海关单证，与走私人通谋为走私人提供运输、保管、邮寄或者其他方便，构成犯罪的，依法追究刑事责任；尚不构成犯罪的，由海关没收违法所得，并处罚款。

第八十五条　个人携带、邮寄超过合理数量的自用物品进出境，未依法向海关申报的，责令补缴关税，可以处以罚款。

第八十六条　违反本法规定有下列行为之一的，可以处以罚款，有违法所得的，没收违法所得：

（一）运输工具不经设立海关的地点进出境的；

（二）不将进出境运输工具到达的时间、停留的地点或者更换的地点通知海关的；

（三）进出口货物、物品或者过境、转运、通运货物向海关申报不实的；

（四）不按照规定接受海关对进出境运输工具、货物、物品进行检查、查验的；

（五）进出境运输工具未经海关同意，擅自装卸进出境货物、物品或者上下进出境旅客的；

（六）在设立海关的地点停留的进出境运输工具未经海关同意，擅自驶离的；

（七）进出境运输工具从一个设立海关的地点驶往另一个设立海关的地点，尚未办结海关手续又未经海关批准，中途擅自改驶境外或者境内未设立海关的地点的；

（八）进出境运输工具，不符合海关监管要求或者未向海关办理手续，擅自兼营或者改营境内运输的；

（九）由于不可抗力的原因，进出境船舶和航空器被迫在未设立海关的地点停泊、降落或者在境内抛掷、起卸货物、物品，无正当理由，不向附近海关报告的；

（十）未经海关许可，擅自将海关监管货物开拆、提取、交付、发运、调换、改装、抵押、质押、留置、转让、更换标志、移作他用或者进行其他处置的；

（十一）擅自开启或者损毁海关封志的；

（十二）经营海关监管货物的运输、储存、加工等业务，有关货物灭失或者有关记录不真实，不能提供正当理由的；

（十三）有违反海关监管规定的其他行为的。

第八十七条 海关准予从事有关业务的企业，违反本法有关规定的，由海关责令改正，可以给予警告，暂停其从事有关业务，直至撤销注册。

第八十八条 未向海关备案从事报关业务的，海关可以处以罚款。

第八十九条 报关企业非法代理他人报关的，由海关责令改正，处以罚款；情节严重的，禁止其从事报关活动。

报关人员非法代理他人报关的，由海关责令改正，处以罚款。

第九十条 进出口货物收发货人、报关企业向海关工作人员行贿的，由海关禁止其从事报关活动，并处以罚款；构成犯罪的，依法追究刑事责任。

报关人员向海关工作人员行贿的，处以罚款；构成犯罪的，依法追究刑事责任。

第九十一条 违反本法规定进出口侵犯中华人民共和国法律、行政法规保护的知识产权的货物的，由海关依法没收侵权货物，并处以罚款；构成犯罪的，依法追究刑事责任。

第九十二条 海关依法扣留的货物、物品、运输工具，在人民法院判决或者海关处罚决定作出之前，不得处理。但是，危险品或者鲜活、易腐、易失效等不宜长期保存的货物、物品以及所有人申请先行变卖的货物、物品、运输工具，经直属海关关长或者其授权的隶属海关关长批准，可以先行依法变卖，变卖所得价款由海关保存，并通知其所有人。

人民法院判决没收或者海关决定没收的走私货物、物品、违法所得、走私运输工具、特制设备，由海关依法统一处理，所得价款和海关决定处以的罚款，全部上缴中央国库。

第九十三条 当事人逾期不履行海关的处罚决定又不申请复议或者向人民法院提起诉讼的，作出处罚决定的海关可以将其保证金抵缴或者将其被扣留的货物、物品、运输工具依法变价抵缴，也可以申请人民法院强制执行。

第九十四条 海关在查验进出境货物、物品时，损坏被查验的货物、物品的，应当赔偿实际损失。

第九十五条 海关违法扣留货物、物品、运输工具，致使当事人的合法权益受到损失的，应当依法承担赔偿责任。

第九十六条 海关工作人员有本法第七十二条所列行为之一的，依法给予行政处分；有违法所得的，依法没收违法所得；构成犯罪的，依法追究刑事责任。

第九十七条 海关的财政收支违反法律、行政法规规定的，由审计机关以及有关部门依照法律、行政法规的规定作出处理；对直接负责的主管人员和其他直接责任人员，依法给予行政处分；构成犯罪的，依法追究刑事责任。

第九十八条 未按照本法规定为控告人、检举人、举报人保密的，对直接负责的主管人员和其他直接责任人员，由所在单位或者有关单位依法给予行政处分。

第九十九条 海关工作人员在调查处理违法案件时，未按照本法规定进行回避的，对直接负责的主管人员和其他直接责任人员，依法给予行政处分。

第九章 附 则

第一百条 本法下列用语的含义：

直属海关，是指直接由海关总署领导，负责管理一定区域范围内的海关业务的海关；隶属海关，是指由直属海关领导，负责办理具体海关业务的海关。

进出境运输工具，是指用以载运人员、货物、物品进出境的各种船舶、车辆、航空器和驮畜。

过境、转运和通运货物，是指由境外启运、通过中国境内继续运往境外的货物。其中，通过境内陆路运输的，称过境货物；在境内设立海关的地点换装运输工具，而不通过境内陆路运输的，称转运货物；由船舶、航空器载运进境并由原装运输工具载运出境的，称通运货物。

海关监管货物，是指本法第二十三条所列的进出口货物，过境、转运、通运货物，特定减免税货物，以及暂时进出口货物、保税货物和其他尚未办结海关手续的进出境货物。

保税货物，是指经海关批准未办理纳税手续进境，在境内储存、加工、装配后复运出境的货物。

海关监管区，是指设立海关的港口、车站、机场、国界孔道、国际邮件互换局（交换站）和其他有海关监管业务的场所，以及虽未设立海关，但是经国务院批准的进出境地点。

第一百零一条 经济特区等特定地区同境内其他地区之间往来的运输工具、货物、物品的监管办法，由国务院另行规定。

第一百零二条 本法自 1987 年 7 月 1 日起施行。1951 年 4 月 18 日中央人民政府公布的《中华人民共和国暂行海关法》同时废止。

中华人民共和国统计法

（主席令第 15 号）

发布日期：2009-06-27
实施日期：2010-01-01
法规类型：法律

（根据 1996 年 5 月 15 日第八届全国人民代表大会常务委员会第十九次会议《关于修改〈中华人民共和国统计法〉的决定》修正；2009 年 6 月 27 日第十一届全国人民代表大会常务委员会第九次会议修订）

第一章 总 则

第一条 为了科学、有效地组织统计工作，保障统计资料的真实性、准确性、完整性和及时性，发挥统计在了解国情国力、服务经济社会发展中的重要作用，促进社会主义现代化建设事业发展，制定本法。

第二条 本法适用于各级人民政府、县级以上人民政府统计机构和有关部门组织实施的统计活动。

统计的基本任务是对经济社会发展情况进行统计调查、统计分析，提供统计资料和统计咨询意见，实行统计监督。

第三条 国家建立集中统一的统计系统，实行统一领导、分级负责的统计管理体制。

第四条 国务院和地方各级人民政府、各有关部门应当加强对统计工作的组织领导，为统计工作提供必要的保障。

第五条 国家加强统计科学研究，健全科学的统计指标体系，不断改进统计调查方法，提高统计的科学性。

国家有计划地加强统计信息化建设，推进统计信息搜集、处理、传输、共享、存储技术和统计数据库体系的现代化。

第六条 统计机构和统计人员依照本法规定独立行使统计调查、统计报告、统计监督的职权，不受侵犯。

地方各级人民政府、政府统计机构和有关部门以及各单位的负责人，不得自行修改统计机构和统计人员依法搜集、整理的统计资料，不得以任何方式要求统计机构、统计人员及其他机构、人员伪造、篡改统计资料，不得对依法履行职责或者拒绝、抵制统计违法行为的统计人员打击报复。

第七条 国家机关、企业事业单位和其他组织以及个体工商户和个人等统计调查对象，必须依照本法和国家有关规定，真实、准确、完整、及时地提供统计调查所需的资料，不得提供不真实或者不完整的统计资料，不得迟报、拒报统计资料。

第八条 统计工作应当接受社会公众的监督。任何单位和个人有权检举统计中弄虚作假等违法行为。对检举有功的单位和个人应当给予表彰和奖励。

第九条 统计机构和统计人员对在统计工作中知悉的国家秘密、商业秘密和个人信息，应当予以保密。

第十条 任何单位和个人不得利用虚假统计资料骗取荣誉称号、物质利益或者职务晋升。

第二章　统计调查管理

第十一条 统计调查项目包括国家统计调查项目、部门统计调查项目和地方统计调查项目。

国家统计调查项目是指全国性基本情况的统计调查项目。部门统计调查项目是指国务院有关部门的专业性统计调查项目。地方统计调查项目是指县级以上地方人民政府及其部门的地方性统计调查项目。

国家统计调查项目、部门统计调查项目、地方统计调查项目应当明确分工，互相衔接，不得重复。

第十二条 国家统计调查项目由国家统计局制定，或者由国家统计局和国务院有关部门共同制定，报国务院备案；重大的国家统计调查项目报国务院审批。

部门统计调查项目由国务院有关部门制定。统计调查对象属于本部门管辖系统的，报国家统计局备案；统计调查对象超出本部门管辖系统的，报国家统计局审批。

地方统计调查项目由县级以上地方人民政府统计机构和有关部门分别制定或者共同制定。其中，由省级人民政府统计机构单独制定或者和有关部门共同制定的，报国家统计局审批；由省级以下人民政府统计机构单独制定或者和有关部门共同制定的，报省级人民政府统计机构审批；由县级以上地方人民政府有关部门制定的，报本级人民政府统计机构审批。

第十三条 统计调查项目的审批机关应当对调查项目的必要性、可行性、科学性进行审查，对符合法定条件的，作出予以批准的书面决定，并公布；对不符合法定条件的，作出不予批准的书面决定，并说明理由。

第十四条 制定统计调查项目，应当同时制定该项目的统计调查制度，并依照本法第十二条的规定一并报经审批或者备案。

统计调查制度应当对调查目的、调查内容、调查方法、调查对象、调查组织方式、调查表式、统计资料的报送和公布等作出规定。

统计调查应当按照统计调查制度组织实施。变更统计调查制度的内容，应当报经原审批机关批准或者原备案机关备案。

第十五条 统计调查表应当标明表号、制定机关、批准或者备案文号、有效期限等标志。

对未标明前款规定的标志或者超过有效期限的统计调查表，统计调查对象有权拒绝填报；县级以上人民政府统计机构应当依法责令停止有关统计调查活动。

第十六条 搜集、整理统计资料，应当以周期性普查为基础，以经常性抽样调查为主体，综合运用全面调查、重点调查等方法，并充分利用行政记录等资料。

重大国情国力普查由国务院统一领导，国务院和地方人民政府组织统计机构和有关部门共同实施。

第十七条 国家制定统一的统计标准，保障统计调查采用的指标涵义、计算方法、分类目录、调查表式和统计编码等的标准化。

国家统计标准由国家统计局制定，或者由国家统计局和国务院标准化主管部门共同制定。

国务院有关部门可以制定补充性的部门统计标准，报国家统计局审批。部门统计标准不得与国家统计标准相抵触。

第十八条 县级以上人民政府统计机构根据统计任务的需要，可以在统计调查对象中推广使用计算机网络报送统计资料。

第十九条 县级以上人民政府应当将统计工作所需经费列入财政预算。

重大国情国力普查所需经费，由国务院和地方人民政府共同负担，列入相应年度的财政预算，按时拨付，确保到位。

第三章 统计资料的管理和公布

第二十条 县级以上人民政府统计机构和有关部门以及乡、镇人民政府，应当按照国家有关规定建立统计资料的保存、管理制度，建立健全统计信息共享机制。

第二十一条 国家机关、企业事业单位和其他组织等统计调查对象，应当按照国家有关规定设置原始记录、统计台账，建立健全统计资料的审核、签署、交接、归档等管理制度。

统计资料的审核、签署人员应当对其审核、签署的统计资料的真实性、准确性和完整性负责。

第二十二条 县级以上人民政府有关部门应当及时向本级人民政府统计机构提供统计所需的行政记录资料和国民经济核算所需的财务资料、财政资料及其他资料，并按照统计调查制度的规定及时向本级人民政府统计机构报送其组织实施统计调查取得的有关资料。

县级以上人民政府统计机构应当及时向本级人民政府有关部门提供有关统计资料。

第二十三条 县级以上人民政府统计机构按照国家有关规定，定期公布统计资料。

国家统计数据以国家统计局公布的数据为准。

第二十四条 县级以上人民政府有关部门统计调查取得的统计资料，由本部门按照国家有关规定公布。

第二十五条 统计调查中获得的能够识别或者推断单个统计调查对象身份的资料，任何单位和个人不得对外提供、泄露，不得用于统计以外的目的。

第二十六条　县级以上人民政府统计机构和有关部门统计调查取得的统计资料，除依法应当保密的外，应当及时公开，供社会公众查询。

第四章　统计机构和统计人员

第二十七条　国务院设立国家统计局，依法组织领导和协调全国的统计工作。

国家统计局根据工作需要设立的派出调查机构，承担国家统计局布置的统计调查等任务。

县级以上地方人民政府设立独立的统计机构，乡、镇人民政府设置统计工作岗位，配备专职或者兼职统计人员，依法管理、开展统计工作，实施统计调查。

第二十八条　县级以上人民政府有关部门根据统计任务的需要设立统计机构，或者在有关机构中设置统计人员，并指定统计负责人，依法组织、管理本部门职责范围内的统计工作，实施统计调查，在统计业务上受本级人民政府统计机构的指导。

第二十九条　统计机构、统计人员应当依法履行职责，如实搜集、报送统计资料，不得伪造、篡改统计资料，不得以任何方式要求任何单位和个人提供不真实的统计资料，不得有其他违反本法规定的行为。

统计人员应当坚持实事求是，恪守职业道德，对其负责搜集、审核、录入的统计资料与统计调查对象报送的统计资料的一致性负责。

第三十条　统计人员进行统计调查时，有权就与统计有关的问题询问有关人员，要求其如实提供有关情况、资料并改正不真实、不准确的资料。

统计人员进行统计调查时，应当出示县级以上人民政府统计机构或者有关部门颁发的工作证件；未出示的，统计调查对象有权拒绝调查。

第三十一条　国家实行统计专业技术职务资格考试、评聘制度，提高统计人员的专业素质，保障统计队伍的稳定性。

统计人员应当具备与其从事的统计工作相适应的专业知识和业务能力。

县级以上人民政府统计机构和有关部门应当加强对统计人员的专业培训和职业道德教育。

第五章　监督检查

第三十二条　县级以上人民政府及其监察机关对下级人民政府、本级人民政府统计机构和有关部门执行本法的情况，实施监督。

第三十三条　国家统计局组织管理全国统计工作的监督检查，查处重大统计违法行为。

县级以上地方人民政府统计机构依法查处本行政区域内发生的统计违法行为。但是，国家统计局派出的调查机构组织实施的统计调查活动中发生的统计违法行为，由组织实施该项统计调查的调查机构负责查处。

法律、行政法规对有关部门查处统计违法行为另有规定的，从其规定。

第三十四条　县级以上人民政府有关部门应当积极协助本级人民政府统计机构查处统计违法行为，及时向本级人民政府统计机构移送有关统计违法案件材料。

第三十五条　县级以上人民政府统计机构在调查统计违法行为或者核查统计数据时，有权采取下列措施：

（一）发出统计检查查询书，向检查对象查询有关事项；

（二）要求检查对象提供有关原始记录和凭证、统计台账、统计调查表、会计资料及其他相关证明和资料；

（三）就与检查有关的事项询问有关人员；

（四）进入检查对象的业务场所和统计数据处理信息系统进行检查、核对；

（五）经本机构负责人批准，登记保存检查对象的有关原始记录和凭证、统计台账、统计调查表、会计资料及其他相关证明和资料；

（六）对与检查事项有关的情况和资料进行记录、录音、录像、照相和复制。

县级以上人民政府统计机构进行监督检查时，监督检查人员不得少于二人，并应当出示执法证件；未出示的，有关单位和个人有权拒绝检查。

第三十六条 县级以上人民政府统计机构履行监督检查职责时，有关单位和个人应当如实反映情况，提供相关证明和资料，不得拒绝、阻碍检查，不得转移、隐匿、篡改、毁弃原始记录和凭证、统计台账、统计调查表、会计资料及其他相关证明和资料。

第六章 法律责任

第三十七条 地方人民政府、政府统计机构或者有关部门、单位的负责人有下列行为之一的，由任免机关或者监察机关依法给予处分，并由县级以上人民政府统计机构予以通报：

（一）自行修改统计资料、编造虚假统计数据的；

（二）要求统计机构、统计人员或者其他机构、人员伪造、篡改统计资料的；

（三）对依法履行职责或者拒绝、抵制统计违法行为的统计人员打击报复的；

（四）对本地方、本部门、本单位发生的严重统计违法行为失察的。

第三十八条 县级以上人民政府统计机构或者有关部门在组织实施统计调查活动中有下列行为之一的，由本级人民政府、上级人民政府统计机构或者本级人民政府统计机构责令改正，予以通报；对直接负责的主管人员和其他直接责任人员，由任免机关或者监察机关依法给予处分：

（一）未经批准擅自组织实施统计调查的；

（二）未经批准擅自变更统计调查制度的内容的；

（三）伪造、篡改统计资料的；

（四）要求统计调查对象或者其他机构、人员提供不真实的统计资料的；

（五）未按照统计调查制度的规定报送有关资料的。

统计人员有前款第三项至第五项所列行为之一的，责令改正，依法给予处分。

第三十九条 县级以上人民政府统计机构或者有关部门有下列行为之一的，对直接负责的主管人员和其他直接责任人员由任免机关或者监察机关依法给予处分：

（一）违法公布统计资料的；

（二）泄露统计调查对象的商业秘密、个人信息或者提供、泄露在统计调查中获得的能够识别或者推断单个统计调查对象身份的资料的；

（三）违反国家有关规定，造成统计资料毁损、灭失的。

统计人员有前款所列行为之一的，依法给予处分。

第四十条 统计机构、统计人员泄露国家秘密的，依法追究法律责任。

第四十一条 作为统计调查对象的国家机关、企业事业单位或者其他组织有下列行为之一的，由县级以上人民政府统计机构责令改正，给予警告，可以予以通报；其直接负责的主管人员和其他直接责任人员属于国家工作人员的，由任免机关或者监察机关依法给予处分：

（一）拒绝提供统计资料或者经催报后仍未按时提供统计资料的；

（二）提供不真实或者不完整的统计资料的；

（三）拒绝答复或者不如实答复统计检查查询书的；

（四）拒绝、阻碍统计调查、统计检查的；

（五）转移、隐匿、篡改、毁弃或者拒绝提供原始记录和凭证、统计台账、统计调查表及其他相关证明和资料的。

企业事业单位或者其他组织有前款所列行为之一的，可以并处五万元以下的罚款；情节严重的，并处五万元以上二十万元以下的罚款。

个体工商户有本条第一款所列行为之一的，由县级以上人民政府统计机构责令改正，给予警告，可以并处一万元以下的罚款。

第四十二条 作为统计调查对象的国家机关、企业事业单位或者其他组织迟报统计资料，或者未按照国家有关规定设置原始记录、统计台账的，由县级以上人民政府统计机构责令改正，给予警告。

企业事业单位或者其他组织有前款所列行为之一的，可以并处一万元以下的罚款。

个体工商户迟报统计资料的，由县级以上人民政府统计机构责令改正，给予警告，可以并处一千元以下的罚款。

第四十三条 县级以上人民政府统计机构查处统计违法行为时，认为对有关国家工作人员依法应当给予处分的，应当提出给予处分的建议；该国家工作人员的任免机关或者监察机关应当依法及时作出决定，并将结果书面通知县级以上人民政府统计机构。

第四十四条 作为统计调查对象的个人在重大国情国力普查活动中拒绝、阻碍统计调查，或者提供不真实或者不完整的普查资料的，由县级以上人民政府统计机构责令改正，予以批评教育。

第四十五条 违反本法规定，利用虚假统计资料骗取荣誉称号、物质利益或者职务晋升的，除对其编造虚假统计资料或者要求他人编造虚假统计资料的行为依法追究法律责任外，由作出有关决定的单位或者其上级单位、监察机关取消其荣誉称号，追缴获得的物质利益，撤销晋升的职务。

第四十六条 当事人对县级以上人民政府统计机构作出的行政处罚决定不服的，可以依法申请行政复议或者提起行政诉讼。其中，对国家统计局在省、自治区、直辖市派出的调查机构作出的行政处罚决定不服的，向国家统计局申请行政复议；对国家统计局派出的其他调查机构作出的行政处罚决定不服的，向国家统计局在该派出机构所在的省、自治区、直辖市派出的调查机构申请行政复议。

第四十七条 违反本法规定，构成犯罪的，依法追究刑事责任。

第七章 附 则

第四十八条 本法所称县级以上人民政府统计机构，是指国家统计局及其派出的调查机构、县级以上地方人民政府统计机构。

第四十九条 民间统计调查活动的管理办法，由国务院制定。

中华人民共和国境外的组织、个人需要在中华人民共和国境内进行统计调查活动的，应当按照国务院的规定报请审批。

利用统计调查危害国家安全、损害社会公共利益或者进行欺诈活动的，依法追究法律责任。

第五十条 本法自 2010 年 1 月 1 日起施行。

中华人民共和国海关统计条例

（国务院令第454号）

发布日期：2005-12-25
实施日期：2022-05-01
法规类型：行政法规

（根据2022年3月29日国务院令第752号《国务院关于修改和废止部分行政法规的决定》修正）

第一条 为了科学、有效地开展海关统计工作，保障海关统计的准确性、及时性、完整性，根据《中华人民共和国海关法》和《中华人民共和国统计法》的有关规定，制定本条例。

第二条 海关统计是海关依法对进出口货物贸易的统计，是国民经济统计的组成部分。

海关统计的任务是对进出口货物贸易进行统计调查、统计分析和统计监督，进行进出口监测预警，编制、管理和公布海关统计资料，提供统计服务。

第三条 海关总署负责组织、管理全国海关统计工作。

海关统计机构、统计人员应当依照《中华人民共和国统计法》、《中华人民共和国统计法实施条例》及本条例的规定履行职责。

第四条 实际进出境并引起境内物质存量增加或者减少的货物，列入海关统计。

进出境物品超过自用、合理数量的，列入海关统计。

第五条 下列进出口货物不列入海关统计：

（一）过境、转运和通运货物；

（二）暂时进出口货物；

（三）货币及货币用黄金；

（四）租赁期1年以下的租赁进出口货物；

（五）因残损、短少、品质不良或者规格不符而免费补偿或者更换的进出口货物；

（六）海关总署规定的不列入海关统计的其他货物。

第六条 进出口货物的统计项目包括：

（一）品名及编码；

（二）数量、价格；

（三）进出口货物收发货人；

（四）贸易方式；

（五）运输方式；

（六）进口货物的原产国（地区）、启运国（地区）、境内目的地；

（七）出口货物的最终目的国（地区）、运抵国（地区）、境内货源地；

（八）进出口日期；

（九）关别；

（十）海关总署规定的其他统计项目。

根据国民经济发展和海关监管需要，海关总署可以对统计项目进行调整。

第七条 进出口货物的品名及编码，按照《中华人民共和国海关统计商品目录》归类统计。

进出口货物的数量，按照《中华人民共和国海关统计商品目录》规定的计量单位统计。

《中华人民共和国海关统计商品目录》由海关总署公布。

第八条 进口货物的价格，按照货价、货物运抵中华人民共和国境内输入地点起卸前的运输及其相关费用、保险费之和统计。

出口货物的价格，按照货价、货物运抵中华人民共和国境内输出地点装卸前的运输及其相关费用、保险费之和统计，其中包含的出口关税税额，应当予以扣除。

第九条 进口货物，应当分别统计其原产国（地区）、启运国（地区）和境内目的地。

出口货物，应当分别统计其最终目的国（地区）、运抵国（地区）和境内货源地。

第十条 进出口货物收发货人，按照从事进出口经营活动的法人、其他组织或者个人统计。

第十一条 进出口货物的贸易方式，按照海关监管要求分类统计。

第十二条 进出口货物的运输方式，按照货物进出境时的运输方式统计，包括水路运输、铁路运输、公路运输、航空运输及其他运输方式。

第十三条 进口货物的日期，按照海关放行的日期统计；出口货物的日期，按照办结海关手续的日期统计。

第十四条 进出口货物由接受申报的海关负责统计。

第十五条 海关统计资料包括海关统计原始资料以及以原始资料为基础采集、整理的相关统计信息。

前款所称海关统计原始资料，是指经海关确认的进出口货物报关单及其他有关单证。

第十六条 海关总署应当定期、无偿地向国务院有关部门提供有关综合统计资料。

直属海关应当定期、无偿地向所在地省、自治区、直辖市人民政府有关部门提供有关综合统计资料。

第十七条 海关应当建立统计资料定期公布制度，向社会公布海关统计信息。

海关可以根据社会公众的需要，提供统计服务。

第十八条 海关统计人员对在统计过程中知悉的国家秘密、商业秘密负有保密义务。

第十九条 当事人有权在保存期限内查询自己申报的海关统计原始资料及相关信息，对查询结果有疑问的，可以向海关申请核实，海关应当予以核实，并解答有关问题。

第二十条 海关对当事人依法应当申报的项目有疑问的，可以向当事人提出查询，当事人应当及时作出答复。

第二十一条 依法应当申报的项目未申报或者申报不实影响海关统计准确性的，海关应当责令当事人予以更正，需要予以行政处罚的，依照《中华人民共和国海关行政处罚实施条例》的规定予以处罚。

第二十二条 本条例自 2006 年 3 月 1 日起施行。

中华人民共和国海关统计工作管理规定

（海关总署令第 242 号）

发布日期：2018-08-16
实施日期：2021-02-01
法规类型：部门规章

（根据 2020 年 12 月 11 日海关总署令第 247 号《海关总署关于修改部分规章的决定》修正）

第一章 总 则

第一条 为了科学、有效地开展海关统计工作，保障海关统计的真实性、准确性、完整性和及时性，发挥海关统计服务宏观决策、对外贸易和经济社会发展的作用，根据《中华人民共和国海关法》《中华人民共和国统计法》《中华人民共和国海关统计条例》《中华人民共和国统计法实施条例》以及有关法律、行政法规，制定本规定。

第二条 海关对进出口货物、进出境物品以及有关海关业务的统计工作，适用本规定。

第三条 海关统计工作坚持准确及时、科学完整、国际可比的原则。

第四条 海关对实际进出境并引起境内物质存量增加或者减少的货物实施进出口货物贸易统计；根据管理需要，对其他海关监管货物实施单项统计；对海关进出境监督管理活动和内部管理事务实施海关业务统计。

第五条 海关工作人员对在统计过程中知悉的国家秘密、商业秘密、海关工作秘密负有保密义务。

第二章 统计调查与统计监督

第六条 海关根据统计工作需要，可以向进出口货物的收发货人或者其代理人以及有关政府部门、行业协会和相关企业等统计调查对象开展统计调查。

统计调查对象应当配合海关统计调查，提供真实、准确、完整的有关资料和信息。

第七条 海关利用行政记录全面采集统计原始资料。行政记录不能满足统计调查需要的，海关通过抽样调查、重点调查和补充调查等方法采集统计原始资料。

第八条 对统计调查中获得的统计原始资料，海关可以进行整理、筛选和审核。

第九条 海关对统计原始资料有疑问的，可以直接向统计调查对象提出查询，收集相关资料，必要时可以实地检查、核对。

海关可以委托社会中介机构收集有关资料或者出具专业意见。

第十条 海关运用统计数据，对业务运行情况和海关执法活动进行监测、评估，为海关管理提供决策依据。

第十一条 海关可以运用统计数据开展以下工作：

（一）对进出口商品等情况进行监测；

（二）对进出口企业贸易活动进行监督，依法处置弄虚作假行为。

第十二条 海关统计监督结果可以作为评估海关业务运行绩效、实施风险管理的依据。

第三章 统计分析与统计服务

第十三条 海关应当对统计数据进行分析，研究对外贸易和海关业务运行特点、趋势和规律，开展动态预警工作。

第十四条 海关应当综合运用定量与定性等统计分析方法，对统计数据进行加工整理，形成分析报告。

海关可以联合其他政府部门、科研机构、行业协会等共同开展统计分析。

第十五条 海关总署向党中央、国务院报送海关统计快报、月报、分析报告等统计信息。

第十六条 海关总署与国务院其他部门共享全国海关统计信息。经海关总署批准，各直属海关统计信息根据地方政府实际需要予以共享。

第十七条 海关统计快报、月报、年报等统计信息通过海关门户网站、新闻发布会等便于公众知晓的方式向社会公布。

海关总署每年12月对外公告下一年度向社会公布海关统计信息的时间。

第十八条 除依法主动公开的海关统计信息外，海关可以根据社会公众的需要，提供统计服务。

第十九条 海关应当建立统计信息发布前的审查机制，涉及国家秘密、商业秘密、海关工作秘密的统计信息不得对外公布或者提供。

第四章 统计资料编制与管理

第二十条 海关总署负责管理全国海关统计资料。直属海关负责管理本关区统计资料。

第二十一条 根据国民经济发展和海关监管需要，海关可以对统计项目进行调整。

第二十二条 海关统计快报、月报和年报等统计资料分别按照公历月和公历年汇总编制。

第二十三条 海关统计电子数据以及海关统计月报、年报等海关统计信息永久保存。

第五章 附 则

第二十四条 海关工作人员不得自行、参与或者授意篡改海关统计资料、编造虚假数据。

海关工作人员在统计工作中玩忽职守、滥用职权、徇私舞弊的，依法给予处分；构成犯罪的，依法追究刑事责任。

第二十五条 依法应当申报的项目未申报或者申报不实影响海关单项统计准确性的，由海关予以警告或者处1000元以上1万元以下罚款。

第二十六条 统计调查对象拒绝、阻碍统计调查，或者提供不真实、不准确、不完整的统计原始资料，或者转移、藏匿、篡改、毁弃统计原始资料的，依照《中华人民共和国统计法》的有关规定处理。

第二十七条 本规定下列用语的含义：

海关统计资料，是指海关统计原始资料以及以海关统计原始资料为基础采集、整理的海关统计信息。

海关统计原始资料，是指经海关确认的《中华人民共和国进出口货物报关单》等报关单证及其随附单证和其他相关资料，以及海关实施抽样调查、重点调查和补充调查采集的原始资料。

海关统计信息，是指海关统计电子数据、海关统计快报、月报、年报以及海关统计分析报告等信息。

第二十八条 本规定由海关总署负责解释。

第二十九条 本规定自 2018 年 10 月 1 日起施行。2006 年 9 月 12 日以海关总署令第 153 号公布的《中华人民共和国海关统计工作管理规定》同时废止。

中华人民共和国海关预裁定管理暂行办法

（海关总署令第 236 号）

发布日期：2017-12-26
实施日期：2023-04-15
法规类型：部门规章

（根据 2023 年 3 月 9 日海关总署令第 262 号《海关总署关于修改部分规章的决定》修正）

第一条 为了促进贸易安全与便利，优化营商环境，增强企业对进出口贸易活动的可预期性，根据《中华人民共和国海关法》以及有关法律、行政法规和我国政府缔结或者加入的有关国际条约、协定的规定，制定本办法。

第二条 在货物实际进出口前，海关应申请人的申请，对其与实际进出口活动有关的海关事务作出预裁定，适用本办法。

第三条 在货物实际进出口前，申请人可以就下列海关事务申请预裁定：

（一）进出口货物的商品归类；

（二）进出口货物的原产地或者原产资格；

（三）进口货物完税价格相关要素、估价方法；

（四）海关总署规定的其他海关事务。

前款所称"完税价格相关要素"，包括特许权使用费、佣金、运保费、特殊关系，以及其他与审定完税价格有关的要素。

第四条 预裁定的申请人应当是与实际进出口活动有关，并且在海关备案的对外贸易经营者。

第五条 申请人申请预裁定的，应当提交《中华人民共和国海关预裁定申请书》（以下简称《预裁定申请书》）以及海关要求的有关材料。材料为外文的，申请人应当同时提交符合海关要求的中文译本。

申请人应当对提交材料的真实性、准确性、完整性、规范性承担法律责任。

第六条 申请人需要海关为其保守商业秘密的，应当以书面方式向海关提出要求，并且列明具体内容。海关按照国家有关规定承担保密义务。

第七条 申请人应当在货物拟进出口 3 个月之前向其备案地直属海关提出预裁定申请。

特殊情况下，申请人确有正当理由的，可以在货物拟进出口前 3 个月内提出预裁定申请。

一份《预裁定申请书》应当仅包含一类海关事务。

第八条 海关应当自收到《预裁定申请书》以及相关材料之日起 10 日内审核决定是否受理该申请，制发《中华人民共和国海关预裁定申请受理决定书》或者《中华人民共和国海关预裁定申请不予受理决定书》。

申请材料不符合有关规定的，海关应当在决定是否受理前一次性告知申请人在规定期限内进行补正，制发《中华人民共和国海关预裁定申请补正通知书》。补正申请材料的期间，不计入本条第一款规定的期限内。

申请人未在规定期限内提交材料进行补正的，视为未提出预裁定申请。

海关自收到《预裁定申请书》以及相关材料之日起 10 日内未作出是否受理的决定，也没有一次性告知申请人进行补正的，自收到材料之日起即为受理。

第九条 有下列情形之一的，海关应当作出不予受理决定，并且说明理由：

（一）申请不符合本办法第三条、第四条、第五条或者第七条规定的；

（二）海关规章、海关总署公告已经对申请预裁定的海关事务有明确规定的；

（三）申请人就同一事项已经提出预裁定申请并且被受理的。

第十条 海关对申请人申请预裁定的海关事务应当依据有关法律、行政法规、海关规章以及海关总署公告作出预裁定决定，制发《中华人民共和国海关预裁定决定书》（以下简称《预裁定决定书》）。

作出预裁定决定过程中，海关可以要求申请人在规定期限内提交与申请海关事务有关的材料或者样品；申请人也可以向海关补充提交有关材料。

第十一条 海关应当自受理之日起 60 日内制发《预裁定决定书》。

《预裁定决定书》应当送达申请人，并且自送达之日起生效。需要通过化验、检测、鉴定、专家论证或者其他方式确定有关情况的，所需时间不计入本条第一款规定的期限内。

第十二条 有下列情形之一的，海关可以终止预裁定，并且制发《中华人民共和国海关终止预裁定决定书》：

（一）申请人在预裁定决定作出前以书面方式向海关申明撤回其申请，海关同意撤回的；

（二）申请人未按照海关要求提供有关材料或者样品的；

（三）由于申请人原因致使预裁定决定未能在第十一条第一款规定的期限内作出的。

第十三条 预裁定决定有效期为 3 年。

预裁定决定所依据的法律、行政法规、海关规章以及海关总署公告相关规定发生变化，影响其效力的，预裁定决定自动失效。

申请人就海关对其作出的预裁定决定所涉及的事项，在有效期内不得再次申请预裁定。

第十四条 预裁定决定对于其生效前已经实际进出口的货物没有溯及力。

第十五条 申请人在预裁定决定有效期内进出口与预裁定决定列明情形相同的货物，应当按照预裁定决定申报，海关予以认可。

第十六条 已生效的预裁定决定有下列情形之一的，由海关予以撤销，并且通知申请人：

（一）因申请人提供的材料不真实、不准确、不完整，造成预裁定决定需要撤销的；

（二）预裁定决定错误的；

（三）其他需要撤销的情形。

撤销决定自作出之日起生效。依照前款第（一）项的规定撤销预裁定决定的，经撤销的预裁定决定自始无效。

第十七条 除涉及商业秘密的外，海关可以对外公开预裁定决定的内容。

第十八条 申请人对预裁定决定不服的，可以向海关总署申请行政复议；对复议决定不服的，可以依法向人民法院提起行政诉讼。

第十九条 申请人提供虚假材料或者隐瞒相关情况的，海关给予警告，可以处 1 万元以下罚款。

第二十条 本办法列明的法律文书，由海关总署另行制定格式文本并且发布。

本办法关于期限规定的"日"是指自然日。

第二十一条 本办法由海关总署负责解释。

第二十二条 本办法自 2018 年 2 月 1 日起施行。

关于进一步深化跨境贸易便利化改革优化口岸营商环境的通知

（署岸发〔2021〕85号）

发布日期：2021-08-20
实施日期：2021-08-20
法规类型：规范性文件

各省、自治区、直辖市人民政府：

为落实党中央、国务院决策部署，深化"放管服"改革，聚焦市场主体关切，进一步深化跨境贸易便利化改革、优化口岸营商环境，提升跨境贸易便利化水平，实现更高水平对外开放，促进外贸高质量发展，经国务院同意，现将有关事宜通知如下。

一、总体要求

（一）指导思想

以习近平新时代中国特色社会主义思想为指导，全面贯彻党的十九大和十九届二中、三中、四中、五中全会精神，坚持稳中求进工作总基调，坚持全心全意为人民服务的宗旨，立足新发展阶段，完整、准确、全面贯彻新发展理念，构建新发展格局，聚焦市场主体关切，对标国际先进水平，坚持系统观念，加强内外统筹，充分发挥口岸在国内国际双循环中的开放平台作用，统筹推进疫情防控和经济社会发展，在严格疫情防控、严防疫情输入的基础上推进通关便利化，进一步优化通关流程、创新监管方式、提升通关效率、降低通关成本，提升高质量监管、高品质服务水平，持续优化市场化、法治化、国际化口岸营商环境，更大激发市场主体活力和综合竞争力，保持外贸进出口稳定增长。

（二）基本原则

尊重市场，高效便利。以市场主体需求为导向，充分发挥市场机制作用，鼓励市场竞争，积极采取有效措施助企纾困，保障公平竞争，维护良好市场秩序。紧密结合跨境贸易新趋势，进一步提升整体通关效率，促进外贸高质量发展，提升跨境贸易自由化便利化水平。

遵循法治，协同治理。运用法治思维和法治方式，坚持公正文明执法，加强跨部门执法协作，引导企业诚信经营，最大限度保障企业合法权益。坚持安全监管与便利通行并重，着力破解制约通关便利化的难题，强化口岸监管，优化口岸服务，进一步提升口岸治理法治化水平，做到管得住、放得开、效率高。

对标国际，改革创新。借鉴国际先进经验和通行规则，坚持主动作为，深化改革创新，积极推进"智慧海关、智能边境、智享联通"建设和对外合作交流，着力推动跨境贸易重点领域关键环节改革取得突破，打造国际先进的口岸营商环境。

二、重点任务

（一）深化改革创新，进一步优化通关全链条全流程

1. 推进海关全业务领域一体化。紧扣高质量发展推进海关业务一体化改革，由通关环节与流程的全国一体化拓展到海关全业务领域一体化，积极推动全业务领域跨关区协同治理与发展。（海关总署负责）

2. 进一步优化进出口货物通关模式。整合简化报关单申报项目。支持企业自主选择进出口申报模式，进一步完善进出口货物"提前申报""两步申报"通关模式。在符合条件的港口

扩大进口货物"船边直提"和出口货物"抵港直装"试点。提高出口便利化水平,优化出口环节服务。支持海外仓建设,完善跨境电商出口退货政策。(海关总署、发展改革委、财政部、商务部、税务总局按职责分工负责)

3. 深入推进"主动披露"制度和容错机制实施。及时了解企业进出口需求,加大涉企政策宣传,便利企业利用"主动披露"制度和容错机制,逐步扩大适用范围。(海关总署负责)

4. 深化税收征管改革。提供多元化税收担保方式,进一步推广关税保证保险、汇总征税、自报自缴、预裁定等便利措施。实现船舶吨税缴纳证明自助打印。(海关总署负责)

5. 进一步提升出口退税便利度。加强跨部门信息共享,进一步提升出口退税申报便利水平,实现企业通过税务系统申报出口退税时自动调用本企业出口报关单信息,通过国际贸易"单一窗口"申报出口退税时自动调用本企业购进的出口货物的发票信息。持续加快出口退税进度,2021年底前税务部门办理正常出口退税的平均时间压缩至7个工作日以内,2022年底前进一步压缩至6个工作日以内。(海关总署、税务总局按职责分工负责)

6. 进一步合理调整和精简进出口环节监管证件。结合实际,适时调整自动进口许可证商品目录。可在后续市场环节验核的证件,如依法退出口岸核验效率更高,应及时退出口岸验核。优化原产地证书自助打印功能。2021年底前,除涉密等特殊情况外,进出口环节监管证件统一纳入"单一窗口"一口受理,根据实际需要逐步实现监管证件电子签发、自助打印。(海关总署牵头,商务部、市场监管总局等相关部门按职责分工负责)

7. 推进检验检疫监管模式改革。在确保安全的基础上,稳步扩大进口巴氏杀菌乳检验监管模式改革试点,对符合条件的企业进口相关商品,在口岸实施"检查放行+风险监测"模式。积极稳妥推进商品检验第三方检验结果采信,及时发布相关管理制度。(海关总署、市场监管总局按职责分工负责)

8. 优化进口食品化妆品样品检验监管。用于展览展示的预包装进口食品样品,在符合准入要求的前提下,免予抽样检测。进口用于特殊化妆品注册或普通化妆品备案用的化妆品样品、企业研发用的非试用化妆品样品、非试用或者非销售用的展览展示化妆品,可免予提供进口特殊化妆品产品注册证或进口普通化妆品备案电子信息凭证,免予进口检验。(海关总署负责)

9. 深化区域物流一体化监管。探索推进京津冀等重点区域跨境贸易货物物流运输一体化。完善粤港澳大湾区"组合港"等改革措施,实现外贸货物在支线港口完成通关等手续。(海关总署、交通运输部及相关地区人民政府按职责分工负责)

(二)清理规范收费,进一步降低进出口环节费用

10. 进一步规范口岸收费。修订《港口收费计费办法》。将港口设施保安费并入港口作业包干费,定向降低沿海港口引航收费标准,研究推进货物港务费改革。引导船公司规范调整海运收费结构,严格执行运价及附加费等备案制度。督促口岸经营单位进一步清理精简收费项目,明确收费名称和服务内容。规范港外堆场收费行为,制定集装箱洗箱、修箱、验箱服务规则。对有限竞争性经营的口岸服务,引入招标制度,鼓励市场经营主体公平竞争。对属于政府职责且适合通过市场化方式提供的服务项目,推进政府购买服务。(发展改革委、财政部、交通运输部、商务部、海关总署、市场监管总局和各地区人民政府按职责分工负责)

11. 优化收费公示制度和收费服务模式。认真落实口岸收费目录清单公示制度并强化动态更新,目录清单之外不得收费。有序推进口岸收费主体通过"单一窗口"公开收费标准、服务项目等信息,增强口岸收费透明度、可比性。支持具备条件的口岸提供"一站式"收缴费服务,复制推广"一站式阳光价格"服务模式。(各地区人民政府负责)

12. 加大进出口环节收费监督检查力度。依法查处口岸不执行政府定价和指导价、不按定价明码标价、未落实优惠减免政策等各种违法违规收费行为,并及时向社会公布。依法依规

调查处理口岸经营活动中的涉嫌垄断行为。（市场监管总局牵头，发展改革委、商务部、海关总署、交通运输部和各地区人民政府按职责分工负责）

（三）强化科技赋能，进一步提升口岸综合服务能力

13. 深化国际贸易"单一窗口"功能。建设和优化推广"单一窗口"船舶联合登临检查、邮轮旅客申报、出口退税申报等系统功能，推动口岸和跨境贸易领域相关业务统一通过"单一窗口"办理。将棉花等进口关税配额事项纳入"单一窗口"，实现在线和无纸化办理。创新"外贸+金融""通关+物流"等服务模式，推进企业跨境贸易档案库、物流协同、金融保险、通关物流全流程评估等功能实施。加强"单一窗口"与境外互联互通。支持地方"单一窗口"拓展特色服务功能。（海关总署牵头，交通运输部、发展改革委、商务部、税务总局、人民银行、银保监会等部门和各地区人民政府按职责分工负责）

14. 推进口岸物流单证全流程无纸化。在全国主要海运口岸继续推进集装箱设备交接单、装箱单、提货单等单证电子化。推进船公司统一海运电子提单标准，提升海运电子提单应用率，实现无纸化放单。在集装箱干线港推进基于区块链的集装箱电子放货平台应用，海关提供放行信息予以支持。全面推广使用空运电子运单，推进空运提货单无纸化。研究探索国际铁路联运单电子化，适时与具备条件的国家启动双边试点工作。（交通运输部、海关总署、民航局、铁路局、国铁集团和各地区人民政府按职责分工负责）

15. 提升口岸基础设施和监管智能化水平。加强自动化码头建设，推广智能卡口、无人集卡、智能理货、辅助机器人、货物智能识别等技术应用，扩大智能审图商品范围。在场所巡查、审核单证等业务领域，通过机器辅助人工等方式加强智能化监管。（交通运输部、海关总署和各地区人民政府按职责分工负责）

16. 促进航空物流通关便利化。依托"单一窗口"建设航空物流公共信息平台，推动航空物流全链条信息互联互通，实现运单申报、运输鉴定报告、货物跟踪、航线网络可视化等"一站式"服务。在具备条件的地区探索航空安检、打板等前置的物流模式，稳步推动符合条件的场外货站与重点枢纽航空口岸无缝对接，提升航空口岸分拨时效。（海关总署、民航局和各地区人民政府按职责分工负责）

17. 加快多式联运发展。建设全国多式联运公共信息系统，推进多式联运各方信息共享和协同，为承运人企业提供多式联运"一站式"服务。对水运转铁路运输货物，探索实行"车船直取"模式。（交通运输部、发展改革委、海关总署、国铁集团和各地区人民政府按职责分工负责）

18. 提升口岸物流作业综合效率。落实属地管理责任，配备充足口岸作业人员，严格落实疫苗接种、核酸检测、人员管理等各项疫情防控措施，从严做好人员安全防护，统筹做好进出口冷链商品消杀等工作，严防疫情通过商品传入。加大港口物流管理力度，简化港口提箱、码头操作等业务手续，提升口岸物流作业效率。（海关总署、交通运输部、卫生健康委、市场监管总局和各地区人民政府按职责分工负责）

（四）高效利企便民，进一步改善跨境贸易整体服务环境

19. 推进政务服务事项一体化办理。推进口岸环节政务服务网上办理。加强行政审批业务系统整合和优化，加大制度、模式、系统等支持力度，实现进出口环节行政审批线上办理和窗口递交纸本、后台流转作实体验核的一体"通办"。（海关总署、交通运输部、发展改革委、财政部、商务部、市场监管总局等部门按职责分工负责）

20. 建设稳定透明的口岸服务环境。明确并全面公开港口、机场、陆港、铁路场站调货、移位、装卸等物流作业时限及流程。推广"一站式"海运业务查询办理平台，及时公开集装箱存箱、用箱信息，实现提箱预约、电子化放箱和精准提箱。（海关总署、交通运输部、民航局、国铁集团和各地区人民政府按职责分工负责）

21. 实现通关全流程可视化查询。口岸查验单位向进出口企业、口岸场站推送各环节通关状态信息，实现海关、海事等部门口岸通关状态查询和通关流程全程可视化。口岸场站将运抵、调箱、装载等作业信息推送企业，实现作业系统可视化查询。（海关总署、交通运输部和各地区人民政府按职责分工负责）

22. 为海关认证企业提供更多便利化措施。优化完善"经认证的经营者"（AEO）制度。优化企业协调员机制，扩大宣传受惠范围，建立更加紧密的关企合作关系。（海关总署负责）

23. 加强知识产权海关保护。依法加强知识产权海关保护，持续部署开展"龙腾行动"等专项执法行动，加大对进出口侵权违法行为的打击和处罚力度。加强政策和法律宣贯指导，提升企业守法经营和尊重知识产权意识。优化措施，为企业创新和维权提供便捷服务。（海关总署负责）

24. 加强技术性贸易措施企业咨询服务。建立面向企业的技术性贸易措施咨询服务体系，建设重点产业技术性贸易措施研究评议基地。丰富完善技术性贸易措施"工具箱"，加强对世界贸易组织《技术性贸易壁垒协定》（TBT 协定）和《实施卫生与植物卫生措施协定》（SPS 协定）措施的预警和通报评议，提升合规意识和技术创新能力，助力企业"走出去"。（海关总署负责）

25. 完善企业意见反馈和协调解决机制。线下线上相结合，及时推动解决企业反馈的问题。在口岸现场设立通关疑难问题处理专窗，协调解决疑难问题。通过"单一窗口"等渠道，推送政策措施及监管要求。提升"单一窗口"智能化服务水平，实现用户咨询问题线上受理和自动应答。统筹做好改革问题收集、稳外贸稳外资协调等机制下"问题清零"工作。（海关总署、商务部和各地区人民政府按职责分工负责）

（五）推进智享联通，进一步加强跨境通关合作交流

26. 提升国际物流供给能力。积极引导班轮公司（船公司）根据航运市场需求变化，优化增加中国港口航线航班供给和船舶运力投放，加快跨境运输船舶周转效率，提升国际物流集装箱供给能力和周转效率。推动枢纽集装箱港开展国际集装箱中转集拼业务。支持基于《国际公路运输公约》（TIR 公约）的国际道路运输业务发展，推动运输便利化水平不断提升。（交通运输部、商务部、海关总署和各地区人民政府按职责分工负责）

27. 加大跨境通关合作力度。围绕"智慧海关、智能边境、智享联通"建设，积极推进我国与共建"一带一路"国家（地区）通关监管合作和信息互换，重点加强跨境班列双边铁路部门运营数据预先交换、集装箱检验监管信息互换、压缩班列在口岸场站停留时间等跨境通关对接合作。推动检验检疫证书跨境电子传输。推动"关铁通"合作项目向其他有意向的共建"一带一路"国家（地区）推广，鼓励更多企业、更多航线加入"安智贸"项目。主动参与世界贸易组织、世界海关组织等国际组织贸易便利化规则制定，更大范围推进跨境通关合作。做好与《区域全面经济伙伴关系协定》中贸易便利化措施的衔接。（海关总署、发展改革委、交通运输部、商务部、国铁集团按职责分工负责）

三、实施保障

（一）加强组织领导

各地区、各部门要深入学习贯彻习近平新时代中国特色社会主义思想，增强"四个意识"，坚定"四个自信"，做到"两个维护"，不断提高政治判断力、政治领悟力、政治执行力，确保党中央、国务院决策部署全面有效落实到位。要加强跨部门跨地区协调联动，形成整体合力，抓实抓细各项工作措施，认真落实各项工作任务。

（二）严格疫情防控

各地区、各有关部门要进一步加强新冠肺炎等境外传染病疫情的防控工作，坚持"人"

"物"同防，压实四方责任，加强对口岸重点人群的疫情防控，按要求落实进口冷链食品和高风险非冷链集装箱货物的监测检测和预防性消毒措施，毫不放松抓好"外防输入、内防反弹"各项工作。

（三）落实工作责任

各地区人民政府要落实主体责任，统筹做好优化口岸营商环境工作，结合本地区实际制定完善配套措施，加强督促检查，确保各项政策措施落地生效。

（四）加大政策宣传

海关总署（国务院口岸工作部际联席会议办公室）要会同有关部门加大政策宣传力度，充分发挥政府与企业合力，聚焦市场主体关切，引导企业用好用足各项利企便民政策措施，对企业反映的问题要及时回应，积极推动研究解决，更好服务市场主体，大力营造良好社会舆论氛围。

海关深化"证照分离"改革进一步激发市场主体发展活力的实施方案

（署法发〔2021〕60号）

发布日期：2021-06-30
实施日期：2021-06-30
法规类型：规范性文件

为贯彻落实《国务院关于深化"证照分离"改革进一步激发市场主体发展活力的通知》（国发〔2021〕7号，以下简称《通知》）精神，对海关涉企经营许可事项在全国范围内推行"证照分离"改革全覆盖，并在自由贸易试验区加大改革试点力度，特制定本实施方案。

一、总体要求

（一）指导思想。以习近平新时代中国特色社会主义思想为指导，全面贯彻党的十九大和十九届二中、三中、四中、五中全会精神，按照《通知》要求，统筹推进海关行政审批制度改革，推动简化审批和优化流程，创新和加强事中事后监管，进一步优化口岸营商环境，激发市场主体发展活力。

（二）改革目标。通过分类推进审批制度改革，2022年底前建立简约高效、公正透明、宽进严管的准营规则，大幅提高市场主体办事的便利度和可预期性。

（三）实施日期和范围。自2021年7月1日起，在全国范围内对纳入《中央层面设定的涉企经营许可事项改革清单（2021年全国版）》的海关涉企经营许可事项分类推进审批制度改革，实现全覆盖清单管理，同时在自由贸易试验区，对口岸卫生许可证（涉及公共场所）核发的部分领域进一步加大改革试点力度。

二、分类推进审批制度改革

（一）直接取消审批。为进一步破解"准入不准营"问题，在全国范围内取消"进出口商品检验鉴定业务的检验许可"。取消审批后，海关总署可以制定检验检测机构采信管理办法，对采信的检验检测机构实施目录管理。

（二）审批改为备案。在全国范围内对"报关企业注册登记""出口食品生产企业备案核准"实施备案管理；在自由贸易试验区的口岸区域对音乐厅、展览馆、博物馆、美术馆、图书馆、书店、录像厅（室）的"口岸卫生许可证核发"实施备案管理。企业完成备案手续即可开展相关经营活动。

（三）实行告知承诺。在全国范围内的口岸区域对"口岸卫生许可证（涉及公共场所）核发"实行告知承诺改革。有关告知承诺手续要严格按照《国境口岸公共场所卫生许可"告知承诺制"审批管理规定》的要求办理。对通过告知承诺领证的企业与通过一般审批程序领证的企业平等对待，在实施首次现场监督时加强对被审批人的承诺内容是否属实进行检查。有关主管司局要及时将企业履行承诺情况纳入信用记录，并归集至全国信用信息共享平台。

（四）优化审批服务。在全国范围内对"口岸卫生许可证（涉及食品、饮用水）核发""免税商店设立审批""保税物流中心（A型）设立审批""保税物流中心（B型）设立审批""从事进出境检疫处理业务的单位认定""出口监管仓库设立审批""保税仓库设立审批""海关监管货物仓储审批""出境动植物及其产品、其他检疫物的生产、加工、存放单位注册登记""进口可用作原料的固体废物国内收货人注册登记"实施优化审批服务改革。对优化审批服务的相关改革事项，要严格按照列明的改革举措和审批要求办理，并加强事中事后监管。

三、创新和加强事中事后监管

（一）深入推进"双随机、一公开"监管。各审批事项主管司局要进一步健全"两库"维护的动态管理机制，指导更新检查对象名录库和执法人员名录库，实现"双随机、一公开"监管常态化。

（二）根据企业信用等级实施差异化监管措施。各审批事项主管司局要严格落实信用监管责任，充分发挥信用监管基础性作用。根据企业信用风险分类结果，组织实施差异化监管措施，落实守信联合激励和失信联合惩戒机制。

（三）健全监管规则。各审批事项主管司局要结合监管实际，统筹推进监管规范建设，制定统一、简明易行的监管规则，为监管提供明确指引。

（四）明确监管重点。各审批事项主管司局要根据不同改革方式的特点，有针对性地按照监管重点组织实施监管。直接取消审批的，要及时掌握新设企业情况，纳入监管范围，依法实施监管。审批改为备案的，要督促有关企业按规定履行备案手续，对未按规定备案或者提交虚假备案材料的要依法调查处理。实行告知承诺的，要重点对企业履行承诺情况进行检查，发现违反承诺的要责令限期整改，逾期不整改或者整改后仍未履行承诺的要依法撤销相关许可，构成违法的要依法予以处罚。

四、组织保障和配套措施

（一）加强组织协调。总署政策法规司牵头海关"证照分离"改革工作，各审批事项主管司局具体推进改革任务落实，各基层海关单位要结合本关区涉及的审批项目，加强协调配合，确保改革任务落实落地。

（二）强化法治保障。各审批事项主管司局要加强制度配套，结合改革实施情况，对规章和规范性文件作相应调整，建立与改革要求相适应的管理制度；总署政策法规司要加强法制审查，提供法治服务保障。

（三）做好宣传解读。各审批事项主管司局和各基层海关单位要针对审批模式、办事流程、管理措施的调整，组织开展政策宣讲，帮助企业尽快适应新的审批要求，及时协调解决实施过程中的具体问题。

（四）做好督促检查和经验总结。总署政策法规司和各审批事项主管司局要加强对有关改革举措落实情况的监督检查和总结评估。各基层海关单位要根据改革推进情况，及时上报改革中发现的问题和经验。

附件：1. 进出口商品检验鉴定业务的检验许可

2. 报关企业备案（报关企业注册登记）

3. 出口食品生产企业备案核准

4. 口岸卫生许可证（涉及公共场所）核发告知承诺改革

5. 口岸卫生许可证核发（涉及食品、饮用水）

6. 免税商店设立审批

7. 保税物流中心（A 型）设立审批

8. 保税物流中心（B 型）设立审批

9. 出口监管仓库设立审批

10. 保税仓库设立审批

11. 海关监管货物仓储审批

12. 从事进出境检疫处理业务的单位认定（略）

13. 出境动植物及其产品、其他检疫物的生产、加工、存放单位注册登记

14. 进口可用作原料的固体废物国内收货人注册登记（略）

15. 口岸卫生许可证（涉及公共场所）核发自贸区备案改革

海关行政执法检查事项"双随机、一公开"监管实施细则

（署办综函〔2021〕18 号）

发布日期：2021-11-02
实施日期：2021-11-02
法规类型：规范性文件

第一章 总 则

第一条 为持续深化"放管服"改革，深入推进海关行政执法检查事项"双随机、一公开"监管工作，依据《国务院关于在市场监管领域全面推行部门联合"双随机、一公开"监管的意见》（国发〔2019〕5 号），制定本细则。

第二条 本细则适用《海关行政执法检查随机抽查事项清单》（以下简称"随机抽查事项清单"）所列海关行政执法检查事项的"双随机、一公开"监管工作。

第三条 总署相关司局根据部门职责，负责相关随机抽查事项"双随机、一公开"监管工作的管理。直属海关负责本关区"双随机、一公开"监管工作的组织实施。

第二章 随机抽查事项清单

第四条 除以下特殊情形外，海关行政执法检查事项应通过"双随机"抽查的方式进行。

（一）行政许可、行政处罚、行政强制等有必经程序要求的。

（二）检查对象不特定且无法建立对象库，或者检查对象在境外等无法实施"双随机"抽查的。

（三）其他特殊情形。如政策性管理要求需实施 100% 检查，税收征管要素风险排查、安全准入要素风险排查等根据情报、信息确定有明确指向的检查，或者人员不足以实施随机选派。

第五条 随机抽查事项清单应包括随机抽查事项名称、检查依据、检查对象等。

第六条 随机抽查事项清单根据海关行政执法检查事项变化情况动态调整。

第三章 "双随机"工作

第七条 总署相关司局根据部门职责明确检查对象库的生成规则，以及相关事项抽查比例、抽查频次。

检查对象库无法通过作业系统自动生成或无作业系统的，各直属海关应按照总署要求，负责检查对象库的建立和维护。

第八条 总署相关司局根据部门职责明确检查人员库的生成规则，以及检查人员随机选派方式。

检查人员库无法通过作业系统自动生成或无作业系统的，各直属海关应按照总署要求，

负责检查人员库的建立和维护。

第九条 检查人员库所指"人员"应为从事该随机抽查事项的海关工作人员；对检查人员有资质要求的，入库的人员应具备相应资质。

第十条 直属海关在符合总署有关要求的前提下，可结合关区实际细化"双随机"工作措施。

第四章 "一公开"工作

第十一条 总署相关司局对随机抽查事项明确检查结果的公开方式、公开内容和公开频次等。

实施随机抽查事项的海关负责检查结果的公开。

第十二条 总署通过官方网站统一公开实施细则和随机抽查事项清单。

各级海关官方网站应在"政府信息公开"栏下设立"双随机、一公开"专栏，公开本级海关实施随机抽查事项的检查结果。依法依规不适合公开的情形除外。

鼓励各级海关通过现场公告栏、显示屏及多媒体等方式公开检查结果。已发布的内容可推送至其他信息公开平台。

第十三条 根据总署确定的公开频次，检查结果逐次公开的，应在本次检查任务完成后20个工作日内公开检查结果；汇总公开的，每个公开周期的前20个工作日内公布上一个周期检查结果。公开后有变化的，应及时更正。

第五章 附 则

第十四条 总署相关司局可针对具体随机抽查事项进一步细化管理要求。

第十五条 本细则自印发之日起施行。

深化"证照分离"改革进一步激发市场
主体发展活力工作实施方案

（国发〔2021〕7号）

发布日期：2021-07-12
实施日期：2021-07-12
法规类型：规范性文件

根据《国务院关于深化"证照分离"改革进一步激发市场主体发展活力的通知》（国发〔2021〕7号）要求，为做好商务部有关涉企经营许可事项在全国范围内推行"证照分离"改革全覆盖，并在自由贸易试验区加大改革试点力度相关工作，特制定以下工作方案。

一、指导思想

以习近平新时代中国特色社会主义思想为指导，全面贯彻党的十九大和十九届二中、三中、四中、五中全会精神，按照党中央、国务院决策部署，持续深化"放管服"改革，在商务领域更大范围和更多行业推动照后减证和简化审批，创新和加强事中事后监管，进一步优化营商环境、激发市场主体发展活力，加快构建以国内大循环为主体、国内国际双循环相互促进的新发展格局。

二、工作范围和内容

（一）在全国范围内的改革举措。对石油成品油批发经营资格审批（初审）、石油成品油批发经营资格审批、石油成品油仓储经营资格审批（初审）、石油成品油仓储经营资格审批、对外贸易经营者备案登记、从事拍卖业务许可、援外项目实施企业资格认定、进出口国营贸易经营资格认定、供港澳活畜禽经营权审批、报废机动车回收（拆解）企业资质认定、成品油零售经营资格审批、直销企业及其分支机构设立和变更审批、对外劳务合作经营资格核准等13项涉企经营许可事项，按照直接取消审批、审批改为备案、实行告知承诺、优化审批服务等四种方式分类推进审批制度改革。

（二）在自由贸易试验区的改革举措。对对外贸易经营者备案登记、供港澳活畜禽经营权审批、从事拍卖业务许可、对外劳务合作经营资格核准等4项涉企经营许可事项进一步加大改革试点力度。

三、在全国范围内的改革举措（对应《中央层面设定的涉企经营许可事项改革清单（2021年全国版）》）

（一）石油成品油批发经营资格审批（初审）、石油成品油批发经营资格审批、石油成品油仓储经营资格审批（初审）、石油成品油仓储经营资格审批等4项。

1. 改革方式：直接取消审批。

2. 具体改革举措：市场主体从事石油成品油批发、仓储经营活动，应当符合自然资源、规划、建设、质量计量、环保、安全生产、消防、治安反恐、商务、税务、交通运输、气象等方面法律法规和标准要求，依法依规开展经营。不需向商务部门提出有关经营许可申请。

3. 加强事中事后监管措施：各地区、各部门按照《国务院关于取消和下放一批行政许可事项的决定》（国发〔2020〕13号）和《国务院关于深化"证照分离"改革进一步激发市场主体发展活力的通知》（国发〔2021〕7号）有关石油成品油批发仓储取消后加强事中事后监管的规定，抓好落实。省级商务主管部门按照《商务部关于做好石油成品油流通管理"放管服"改革工作的通知》（商运函〔2019〕659号）要求，做好政策衔接和职责范围内的监管工作。

（二）对外贸易经营者备案登记。

1. 改革方式：审批改为备案。

2. 具体改革举措：对外贸易经营者在货物进出口经营活动中办理对外贸易经营者备案登记。企业按要求提交备案材料的，主管部门应当办理备案手续，不得作出不予备案的决定。企业完成备案手续即可开展经营。协调推进政务数据共享利用，加强与市场监管总局、海关总署等部门的协调，加快推进企业登记注册、进出口货物收发货人备案等数据的对接联通和共享利用。

3. 加强事中事后监管措施：开展"双随机、一公开"监管等事中事后监管，发现违法违规行为要依法查处并公开结果，对严重违法违规的企业要依法联合实施市场禁入措施。加强信用监管，建立经营主体信用记录，依法依规实施失信惩戒。支持行业协会发挥自律作用。

（三）从事拍卖业务许可。

1. 改革方式：实行告知承诺。

2. 具体改革举措：省级商务主管部门修改完善相关管理制度，明确审批具体标准、环节、程序等，对从事拍卖业务需要具备的条件和能力（法人资格、注册资本、固定办公场所、拟聘任拍卖师和相应管理规则等要求）提供告知承诺书示范文本，并将企业承诺内容向社会公开。对企业承诺已具备经营许可条件的，企业领证后即可开展经营。

3. 加强事中事后监管措施：配合相关部门完善企业基本信息共享机制，实现信息实时传递、无障碍交换；健全企业信息公示制度，完善企业经营异常名录制度。完善拍卖企业年度核查制度，对核查结果予以公示，并报商务部。厘清与其他政府部门市场监管责任，加强与市场监管、文物、公安等部门的工作联系，建立跨部门的拍卖管理工作机制。推进行业自律，促进市场主体自我约束、诚信经营；支持、引导行业协会开展拍卖企业服务信用评价，定期发布诚信经营企业和标准化达标企业。

（四）援外项目实施企业资格认定。

1. 改革方式：优化审批服务。

2. 具体改革举措：纳税信用等级为 A 级的申请企业，不需要提供税务部门出具的完税证明。纳税信用等级为 B 级（含）以下的申请企业，仍需要提供税务部门出具的完税证明。对此，拟修订援外项目实施企业资格认定服务指南，在外网公布，为企业提供便利化服务。

3. 加强事中事后监管措施：建立援外项目实施企业信用记录，依法依规对失信主体开展失信惩戒。对获得资格的援外企业资格条件进行核查。

（五）进出口国营贸易经营资格认定。

1. 改革方式：优化审批服务。

2. 具体改革举措：不断优化申请、受理、审查、决定、送达等流程，压减证明事项，精简申请材料，优化审批流程，降低企业办事成本。强化政务公开，通过商务部网站、网上政务大厅等平台及时全面准确公开法律法规、政策文件、办事指南等服务指引信息。

3. 加强事中事后监管措施：加强进出口国营贸易经营资格认定事项的有关监管。开展"双随机、一公开"监管，及时公布检查情况，发现问题向企业提出整改要求并跟踪整改结果。发现违法行为依法实施行政处罚，将查处结果纳入企业信用记录。加强信用监管，依法依规对失信主体开展失信惩戒。

（六）供港澳活畜禽经营权审批。

1. 改革方式：优化审批服务。

2. 具体改革举措：审批时不再征求海关总署和中国食品土畜进出口商会意见。不再要求申请人提供海关总署供港澳畜禽备案养殖场资格证书。

3. 加强事中事后监管措施：推进部门间信息共享和协同监管体系建设。加强信用监管，将供港澳活畜禽企业经营情况记入信用记录，依法依规实施失信惩戒。

（七）报废机动车回收（拆解）企业资质认定。

1. 改革方式：优化审批服务。

2. 具体改革举措：不再将注册资本、场地面积、企业从业人员人数等作为报废机动车回收（拆解）企业资质认定条件。

3. 加强事中事后监管措施：推进部门间信息共享和协同监管体系建设。会同相关部门开展"双随机、一公开"监管，对投诉举报多的单位实施重点监管。发挥行业协会自律作用。

（八）成品油零售经营资格审批。

1. 改革方式：优化审批服务。

2. 具体改革举措：将审批权限由省级商务主管部门下放至设区的市级人民政府指定部门。取消申请企业提交成品油供应渠道法律文件相关要求。

3. 加强事中事后监管措施：各地区、各部门按照《国务院关于取消和下放一批行政许可事项的决定》（国发〔2020〕13 号）和《国务院关于深化"证照分离"改革进一步激发市场主体发展活力的通知》（国发〔2021〕7 号）有关成品油零售经营资格审批下放后加强事中事后监管的规定，抓好落实。省级商务主管部门按照《商务部关于做好石油成品油流通管理"放管服"改革工作的通知》（商运函〔2019〕659 号）要求，做好政策衔接和职责范围内的监管工作。

（九）直销企业及其分支机构设立和变更审批。

1. 改革方式：优化审批服务。

2. 具体改革举措：制定并公开办事指南，在网上公开审批依据、申请条件、申请材料、办理流程和办理结果。会同市场监管部门推进"互联网+政务服务"，推动部门间信息共享应用。

3. 加强事中事后监管措施：探索建立以信用监管为基础的行业监管体制。配合有关部门做好严重违法违规企业的查处。

（十）对外劳务合作经营资格核准。

1. 改革方式：优化审批服务。

2. 具体改革举措：商务主管部门应于受理申报材料后15个工作日内办结；补充材料不计入审批时间。

3. 加强事中事后监管措施：开展"双随机、一公开"监管，发现违法违规行为要依法查处并公开结果。支持行业协会发挥自律作用。

四、在自由贸易试验区的改革试点举措（对应《中央层面设定的涉企经营许可事项改革清单（2021年自由贸易试验区版）》）

（一）对外贸易经营者备案登记。

1. 改革方式：直接取消审批。

2. 具体改革举措：依据《全国人民代表大会常务委员会关于授权国务院在自由贸易试验区暂时调整适用有关法律规定的决定》（2019年10月26日第十三届全国人民代表大会常务委员会第十四次会议通过），自2019年12月1日至2022年11月30日止，依法登记注册的住所位于自由贸易试验区实施范围内的对外贸易经营者，在货物进出口经营活动中不再办理对外贸易经营者备案登记，在办理货物通关手续时不再提交对外贸易经营者备案登记数据。协调推进政务数据共享利用，加强与市场监管总局、海关总署等部门的协调，加快推进企业登记注册、进出口货物收发货人备案等数据的对接联通和共享利用，让数据"跑路"代替企业"跑腿"，确保管理制度平稳衔接。

3. 加强事中事后监管措施：指导自由贸易试验区开展"双随机、一公开"监管等事中事后监管，发现违法违规行为要依法查处并公开结果，对严重违法违规的企业要依法联合实施市场禁入措施。加强信用监管，建立经营主体信用记录，依法依规实施失信联合惩戒。支持行业协会发挥自律作用。

（二）供港澳活畜禽经营权审批。

1. 改革方式：直接取消审批。

2. 具体改革举措：在自由贸易试验区内取消"供港澳活畜禽经营权审批"。自由贸易试验区内企业如要开展供港澳活畜禽业务仍需按照相关要求申请配额，获得配额后方可出口。具体配额申请流程为：企业在向当地商务主管部门首次提出配额申请时，提供相应材料证明或申明是"自由贸易试验区内注册企业"，地方商务主管部门进行信息核实后，上报商务部有关出口配额申请。

3. 加强事中事后监管措施：地方商务主管部门在每年年底前向商务部报备当年新增供港澳活畜禽企业及当年配额使用情况。加强信用监管，将供港澳活畜禽企业经营情况记入信用记录，依法依规实施失信惩戒。

（三）从事拍卖业务许可。

1. 改革方式：审批改为备案。

2. 具体改革举措：依据《全国人民代表大会常务委员会关于授权国务院在自由贸易试验区暂时调整适用有关法律规定的决定》（2021年4月29日第十三届全国人民代表大会常务委员会第二十八次会议通过），自2021年7月1日至2024年6月30日止，依法登记注册的住所位于自由贸易试验区实施范围内的企业申请从事拍卖业务许可由审批改为备案管理。改革后，企业完成备案手续即可开展拍卖业务。省级商务主管部门健全从事拍卖业务许可的备案管理，充分利用商务部统一业务平台对拍卖师等备案信息进行核对。及时将完成备案的企业信息推送商务部统一业务平台。

3. 加强事中事后监管措施：对备案企业加强监督检查，重点检查备案信息与实际情况是否相符。配合相关部门完善备案企业基本信息共享机制，实现信息实时传递、无障碍交换；健全企业信息公示制度，完善企业经营异常名录制度。完善拍卖企业年度核查制度，对核查结果予以公示，并报商务部。厘清与其他政府部门市场监管责任，加强与市场监管、文物、公安等部门的工作联系，建立跨部门的拍卖管理工作机制。推进行业自律，促进市场主体自我约束、诚信经营。支持、引导行业协会开展拍卖企业服务信用评价，定期发布诚信经营企业和标准化达标企业。

（四）对外劳务合作经营资格核准。

1. 改革方式：实行告知承诺。

2. 具体改革举措：商务主管部门会同相关自由贸易试验区按照《对外劳务合作管理条例》和所在地省级人民政府关于对外劳务合作经营资格的规定，制订符合本地区自由贸易试验区管理实际的、可操作性的告知性承诺改革实施方案，制作公布告知承诺书格式文本、许可条件和所需材料清单。对申请人自愿承诺符合许可条件并按要求提交材料的，当场作出许可决定。

3. 加强事中事后监管措施：加强对企业承诺内容真实性的核查，发现虚假承诺或者承诺严重不实的要依法处理。按照"谁审批、谁负责"的原则，开展"双随机、一公开"监管，及时处理投诉举报，依法查处违法违规行为。支持相关行业协会进一步发挥行业自律作用，指导督促企业依法合规、诚信经营。加强信用监管。

五、保障措施

（一）加强组织领导。各商务主管部门要深入学习贯彻党中央、国务院关于深化"证照分离"改革的重大决策部署，建立健全工作机制，层层压实责任，聚焦企业关切，确保改革举措落地见效。

（二）抓好工作落实。要做好改革政策宣传解读，营造有利于改革的良好氛围。及时调整优化业务流程，修订完善有关工作规则和服务指南。严格落实监管责任，加强事中事后监管。加强信息共享，推动提升政务服务水平，提高服务效率。

（三）强化评估总结。要密切跟踪改革进展，研究完善工作举措。及时总结经验，发挥典型示范效应，为深化"证照分离"改革积累可复制可推广的创新做法和经验。

本方案实施中的重要情况和问题，要及时报商务部。

国家发展改革委办公厅关于组织开展行业协会商会经营服务性收费清理规范工作的通知

（发改办价格〔2020〕632号）

发布日期：2020-08-21
实施日期：2020-08-21
法规类型：规范性文件

工业和信息化部、民政部、财政部、自然资源部、人民银行、国资委、市场监管总局、银保监会、证监会办公厅（室），各省、自治区、直辖市发展改革委：

为持续深化"放管服"改革，进一步优化营商环境，根据《国务院办公厅关于进一步规范行业协会商会收费的通知》（国办发〔2020〕21号）要求，现就组织开展行业协会商会收费清理规范工作有关事项通知如下：

一、清理规范的目标

围绕行业协会商会经营服务性收费存在的突出问题，按照突出重点、分类规范的原则，通过深入清理规范，进一步打破服务垄断，坚决取消违法违规收费，提升收费规范性和透明度，降低偏高收费，切实降低实体经济运行成本。

二、清理规范的措施

各部门要组织本行业内协会商会对收取的经营服务性等收费进行梳理，包括收费项目、收费内容、收费依据、收费主体、收费对象、收费标准、收费金额等。在此基础上对照相关法律法规和政策规定，对收费事项进行认真分析，按照以下要求开展清理规范工作。

（一）打破服务垄断。各部门要清理行业内协会商会开展的垄断性和强制性的服务项目，通过放开准入条件、引入多元化服务主体等方式实现服务价格市场化。对暂时无法破除垄断的，由行业协会商会按合理合法、补偿成本、略有盈余的原则确定收费标准，并经会员（代表）大会或理事会投票表决通过。

（二）取消违法违规收费项目。各部门应要求行业内协会商会收取会费的同时，明确所提供的基本服务项目，对提供的基本服务项目不得以有偿服务的形式另行收费，不得利用自身的强势地位强制服务并收费，全面清理取消不符合法律法规及相关政策规定收取的入会费、赞助费、会议费、培训费、考试费、评比表彰费等收费，并退还违法违规所得。

（三）降低收费标准。对收费标准偏高、盈余较多、使用不透明、企业与社会反映较强的部分重点领域，特别是银行、证券、保险、基金、期货、资产评估等履行法定职责的行业协会商会，各部门要组织开展成本审核，督促其综合考虑服务成本、会员经营状况、承受能力、行业发展水平等因素制定收费标准，降低偏高收费。

（四）规范收费行为。各部门应要求行业协会商会按照法律法规关于经营者义务的相关规定和自愿有偿服务的原则，在宗旨和业务范围内开展有偿服务活动，规范相关收费行为，按照公平、合法、诚实守信的原则，公允确定并公开收费项目和标准，提供质价相符的服务。

三、清理规范的组织实施

（一）提高对清理规范工作的认识。此次清理规范工作时间紧、任务重，各地方、各部门要充分认识清理规范行业协会商会收费工作对减轻企业和社会负担的重要意义，结合实际和自身职责，进一步细化任务分工，明确时间表、路线图，确保各项任务落到实处，清理规范措施务求取得实效。

（二）集中公示行业协会商会收费。各部门要在清理规范的基础上，指导制定完善行业内协会商会服务规范，细化服务流程，提高服务质量，并要求行业协会商会于 11 月 30 日前在"信用中国"网站对清理规范后的收费情况进行公示，增加政策透明度，接受社会监督，未经公示的收费项目一律不得收取。

（三）及时报送清理规范情况。各地方、各部门要全面总结评估此次行业协会商会收费清理规范情况，将打破服务垄断、取消收费项目、降低收费标准、合计减负金额等情况梳理总结，形成书面材料（附光盘）于 11 月 30 日前报送国家发展改革委（价格司）。

（四）开展随机抽查复核。国家发展改革委将对各部门报送的清理规范情况进行汇总梳理，结合行业协会商会收费公示情况，会同相关部门针对发现的突出问题，选择部分行业协会商会进行抽查复核，深入了解实际收费情况。对抽查复核中发现的问题，将会同相关部门共同明确处理原则，提出具体处理意见，切实规范收费行为。

国务院关于取消和下放一批行政许可事项的决定

（国发〔2020〕13 号）

发布日期：2020-09-13
实施日期：2020-09-13
法规类型：规范性文件

各省、自治区、直辖市人民政府，国务院各部委、各直属机构：

经研究论证，国务院决定取消 29 项行政许可事项，下放 4 项行政许可事项的审批层级，现予公布。另有 20 项有关法律设定的行政许可事项，国务院将依照法定程序提请全国人民代表大会常务委员会修订相关法律规定。

各地区、各有关部门要抓紧做好取消和下放行政许可事项的贯彻落实工作，进一步细化改革配套措施，加强和创新事中事后监管，确保放得开、接得住、管得好。自本决定发布之日起 20 个工作日内，国务院有关部门要向社会公布事中事后监管细则，并加强宣传解读和督促落实。

附件：1. 国务院决定取消的行政许可事项目录（共 29 项）（略）
2. 国务院决定下放审批层级的行政许可事项目录（共 4 项）（略）

关于执行《中华人民共和国海关统计工作管理规定》有关问题的公告

（海关总署公告 2018 年第 125 号）

发布日期：2018-09-30
实施日期：2018-10-01
法规类型：规范性文件

根据《中华人民共和国海关统计工作管理规定》（海关总署令第 242 号）的规定，现将进出口货物贸易统计原始资料、进出口货物贸易统计项目、进出口货物贸易统计贸易方式、不列入进出口货物贸易统计的货物和实施海关单项统计的货物（见附件 1—5）予以发布。

本公告自 2018 年 10 月 1 日起施行。

特此公告。

附件：1. 进出口货物贸易统计原始资料
   2. 进出口货物贸易统计统计项目
   3. 进出口货物贸易统计贸易方式
   4. 不列入进出口货物贸易统计的货物
   5. 实施海关单项统计的货物

附件 1

进出口货物贸易统计原始资料

1. 《中华人民共和国海关进（出）口货物报关单》。
2. 《中华人民共和国海关进（出）境货物备案清单》。
3. 《中华人民共和国海关进境电子商务零售进（出）口商品申报清单》。
4. 《中华人民共和国海关进（出）境快件货物报关单》。
5. 边民互市进（出）境货物申报单证。
6. 其他经海关确认的与进出口货物相关的单证及资料。
7. 海关公布的其他统计调查表式。
8. 其他编制进出口货物贸易统计所需要的资料。

以上统计原始资料同样适用于海关单项统计。

附件 2

进出口货物贸易统计项目

一、品名及编码

进出口货物的名称以及编码按照《中华人民共和国海关统计商品目录》所列的商品名称以及编码进行归类统计。

《中华人民共和国海关统计商品目录》由海关总署公布。

二、统计数量

进出口货物的数量按照《中华人民共和国海关统计商品目录》规定的计量单位统计。

三、统计价格

进口货物的价格，按照货价、货物运抵中华人民共和国境内输入地点起卸前的运输及其相关费用、保险费之和统计。

出口货物的价格按照货价、货物运抵中华人民共和国境内输出地点装卸前的运输及其相关费用、保险费之和统计。

进出口货物的价格分别按照人民币和美元统计。进出口货物的价格以其他外币计价的，应当分别按照海关征税适用的各种外币对人民币的计征汇率和国家外汇管理部门按月公布的各种外币对美元的折算率，折算成人民币值和美元值进行统计。

四、原产国（地区）

进出口货物的原产国（地区）按照《中华人民共和国进出口货物原产地条例》以及海关总署有关规定进行统计。

进出口货物原产国（地区）无法确定的，按照"国别不详"统计。

五、最终目的国（地区）

出口货物的最终目的国（地区）按照出口货物已知的消费、使用或者进一步加工制造的国家（地区）统计。

不经过第三国（地区）转运的出口直接运输货物，按照直接运抵的国家（地区）统计。

经过第三国（地区）转运的出口货物，按照最后运往国（地区）统计。

出口货物不能确定最终目的国（地区）的，按照出口时尽可能预知的最后运往国（地区）统计。

六、启运国（地区）

进口货物的启运国（地区）按照货物起始发出直接运抵我国或者在运输中转国（地区）未发生任何商业交易的情况下运抵我国的国家（地区）统计。

不经过第三国（地区）转运的直接运输货物，按照进口货物的装货港所在国（地区）统计。

经过第三国（地区）转运的进口货物，未在中转国（地区）发生商业交易的，按照进口货物的始发国（地区）统计；在中转国（地区）发生商业交易的，按照中转国（地区）统计。

七、运抵国（地区）

出口货物的运抵国（地区）按照出口货物从我国直接运抵或者在运输中转国（地区）未发生任何商业交易的情况下最后运抵的国家（地区）统计。

不经过第三国（地区）转运的直接运输货物，按照出口货物的指运港所在国（地区）统计。

经过第三国（地区）转运的出口货物，未在中转国（地区）发生商业交易的，按照出口货物的最终目的国（地区）统计；按照中转国（地区）发生商业交易的，以中转国（地区）统计。

八、贸易国（地区）

进出口货物的贸易国（地区）按照对外贸易中与境内企业签订贸易合同的外方所属的国家（地区）统计。

进口统计购自国（地区），出口统计售予国（地区）。未发生商业性交易的，按照货物所有权拥有者所属的国家（地区）统计。

九、境内目的地

进口货物的境内目的地按照进口货物在我国境内的消费、使用地或者最终运抵地统计，其中最终运抵地为最终使用单位所在的地区。

最终使用单位难以确定的，按照货物进口时预知的最终收货单位所在地统计。

十、境内货源地

出口货物的境内货源地按照出口货物在我国境内的产地或者原始发货地统计。

出口货物在境内多次转换运输工具、难以确定其生产地的，按照最早发运该出口货物的单位所在地统计。

十一、收发货人

进出口货物的收发货人按照已经在海关注册登记、从事进出口经营活动的境内法人、其他组织或者个人进行统计。

十二、贸易方式

进出口货物的贸易方式，按照买卖双方交易形式及海关监管要求分类统计。

十三、运输方式

进出口货物的运输方式按照水路运输、铁路运输、公路运输、航空运输、邮件运输和其他运输等方式统计。

进境货物的运输方式应当按照货物运抵我国境内第一个口岸时的运输方式统计；出境货物的运输方式应当按照货物运离我国境内最后一个口岸时的运输方式统计。

海关根据管理和单项统计需要，设置货物境内流转运输方式。

十四、统计日期

进口货物的日期按照海关报关单证放行日期统计；出口货物的日期按照海关报关单证结关日期统计。

十五、关别

进出口货物的报关关别按照接受申报的海关统计。

进出口货物的进出境关别按照货物进出境的口岸海关统计。

十六、毛重与净重

进出口货物的毛重按货物本身的实际重量及其包装材料的重量之和统计。

进出口货物的净重按货物本身的实际重量统计。

十七、品牌类型

进出口货物的品牌类型按进出口货物的品牌属性分类统计。

以上统计项目同样适用于海关单项统计。

附件3

进出口货物贸易统计贸易方式

1. 一般贸易。
2. 国家间或者国际组织间无偿援助、赠送的物资。
3. 其他捐赠物资。
4. 补偿贸易。
5. 来料加工贸易。
6. 进料加工贸易。
7. 寄售、代销贸易。
8. 边境小额贸易。

9. 加工贸易进口设备。

10. 对外承包工程出口货物。

11. 租赁贸易。

12. 外商投资企业作为投资进口的设备、物品。

13. 出境加工贸易。

14. 易货贸易。

15. 免税外汇商品。

16. 免税品。

17. 海关保税监管场所进出境货物。

18. 海关特殊监管区域物流货物。

19. 海关特殊监管区域进口设备。

20. 其他。

附件 4

不列入进出口货物贸易统计的货物

1. 过境货物、转运货物和通运货物。

2. 暂时进出口货物。

3. 用于国际收支手段的流通中的货币以及货币用黄金。

4. 租赁期在 1 年以下的租赁货物。

5. 由于货物残损、短少、品质不良或者规格不符而由该进出口货物的承运人、发货人或者保险公司免费补偿或者更换的同类货物。

6. 退运货物。

7. 中国籍船舶在公海捕获的水产品。

8. 中国籍船舶或者飞机在境内添装的燃料、物料、食品。

9. 中国籍或者外国籍的运输工具在境外添装的燃料、物料、食品以及放弃的废旧物料等。

10. 无商业价值的货样或者广告品。

11. 海关特殊监管区域之间、保税监管场所之间以及海关特殊监管区域和保税监管场所之间转移的货物。

12. 检测、修理物品。

13. 打捞物品。

14. 进出境旅客的自用物品（汽车除外）。

15. 我国驻外国和外国驻我国使领馆进出境的公务物品以及使领馆人员的自用物品。

16. 其他以有形实物方式进出境的服务贸易项下货物。

17. 其他不列入海关统计的货物。

附件 5

实施海关单项统计的货物

1. 加工贸易成品油形式出口复进口。

2. 进料加工转内销货物。

3. 来料加工转内销货物。

4. 加工贸易转内销设备。

5. 进料深加工结转货物。

6. 来料深加工结转货物。

7. 加工贸易结转设备。

8. 进料加工结转余料。

9. 来料加工结转余料。

10. 退运货物。

11. 进料加工复出口料件。

12. 来料加工复出口料件。

13. 加工贸易退运设备。

14. 保税区运往非保税区货物。

15. 非保税区运入保税区货物。

16. 保税区退区货物。

17. 保税仓库转内销货物。

18. 境内存入出口监管仓库货物。

19. 出口监管仓库退仓货物。

20. 出口加工区运往区外的货物。

21. 区外运入出口加工区的货物。

22. 保税物流园区运往区外的货物。

23. 区外运入保税物流园区的货物。

24. 保税物流中心（A、B型）运往中心外的货物。

25. 从中心外运入保税物流中心（A、B型）的货物。

26. 综合保税区运往区外的货物。

27. 区外运入综合保税区的货物。

28. 保税港区运往区外的货物。

29. 区外运入保税港区的货物。

30. 综合实验区经二线指定申报通道运往区外的货物。

31. 区外经二线指定申报通道运入综合试验区的货物。

32. 综合实验区内选择性征收关税的货物。

33. 保税维修货物。

34. 中哈霍尔果斯国际边境合作中心中方区域与境内中心外往来的货物。

35. 内地输往深港西部通道港方口岸区的水电。

36. 跨境运输的内贸货物。

37. 向海关申报的定制型软件、检测报告、蓝图及类似品。

38. 过境货物。

39. 其他需要实施海关单项统计的货物。

口岸准入退出管理办法（暂行）

（署岸发〔2017〕278 号）

发布日期：2017-12-27
实施日期：2017-12-27
法规类型：规范性文件

第一章　总　则

第一条　为有效利用口岸资源，加强口岸准入退出管理工作规范化、制度化建设，营造健康有序的口岸发展环境，根据《国务院关于改进口岸工作支持外贸发展的若干意见》（国发〔2015〕16 号），特制定本办法。

第二条　国务院批准的口岸适用本办法。

第三条　口岸准入退出应服从服务于国家战略和外交大局的需要，遵循"保障发展、规范运行，有进有退、动态管理"的原则。

第二章　口岸运行评估

第四条　口岸开放运行三年后客货运量应达到以下标准：

（一）海运口岸年出入境货运量不少于 100 万吨或出入境人员数量不少于 1 万人次，内河口岸年出入境货运量不少于 20 万吨或出入境人员数量不少于 1 万人次，界河口岸年出入境货运量不少于 5 万吨或出入境人员数量不少于 1 万人次。

（二）铁路口岸年出入境货运量不少于 10 万吨或出入境人员数量不少于 10 万人次，公路口岸年出入境货运量不少于 5 万吨或出入境人员数量不少于 5 万人次。

（三）沿海地区航空口岸年出入境货运量不少于 3 万吨或出入境人员数量不少于 10 万人次，沿边和内陆地区航空口岸年出入境货运量不少于 3 万吨或出入境人员数量不少于 5 万人次。

上述标准与同期发布的国家口岸发展五年规划保持一致，实施动态管理。

第五条　除口岸客货运量外，还应重点评估口岸以下情况：

（一）口岸查验基础设施建设符合《国家口岸查验基础设施建设标准》，经费保障到位。

（二）口岸查验机构设置和人员编制符合精简统一效能原则。

（三）口岸安全设施完备，机制健全，运行有效。

（四）口岸货物通关高效，人员通行便利。

（五）口岸执法环境良好。

（六）新设立口岸的查验基础设施设备布设符合"三互"大通关要求。

第六条　省（自治区、直辖市）人民政府口岸管理部门应建立符合本地区口岸管理实际的口岸运行情况评估体系，每年开展一次评估工作并于上半年向国家口岸管理部门报告上一年度口岸运行评估情况。评估指标和参数至少应涵盖本章第四条、第五条内容。

国家口岸管理部门每年汇总公布全国口岸运行总体情况，并商国务院有关部门提出需要整改的口岸名录。

第三章　口岸准入管理

第七条　申请设立口岸应具备以下条件：

（一）省级行政区域内口岸布局合理。

（二）预期有明显的经济社会效益。

（三）省级行政区域内已开放口岸无以下情形：

1. 未按国家有关规定及时通过验收的。

2. 口岸执法环境恶劣的。

3. 口岸查验基础设施存在严重安全隐患的。

（四）有符合国家标准的口岸查验基础设施建设整体规划及建设方案，建设资金来源明确；有能够承担口岸开放后查验业务的查验机构和人员编制解决方案建议。

（五）符合国防安全、反恐怖、环境保护等要求，口岸所在县级行政区域是国务院批准的对外开放地区。

（六）有明确的口岸具体位置和开放范围。

（七）符合国家其他相关条件。

符合国家战略和周边外交需要的边境口岸的对外开放应予支持。

第八条　设立口岸按照以下程序申请：

（一）项目所在地省（自治区、直辖市）人民政府向国家口岸管理部门申请列入《国家口岸发展五年规划》。对于列入上一个五年规划但未能及时向国务院提出开放申请的项目，省（自治区、直辖市）人民政府应重新申请列入下一个五年规划。

（二）项目列入《国家口岸发展五年规划》后，根据项目成熟度，所在地省（自治区、直辖市）人民政府口岸管理部门每年向国家口岸管理部门申请列入《口岸开放年度审理计划》。机场原则上临时开放客运量或货运量达到正式开放标准50%方可列入年度审理计划；边境口岸在两国达成外交一致后适时申请列入年度审理计划。

（三）项目列入《口岸开放年度审理计划》后，所在地省（自治区、直辖市）人民政府应于年内向国务院提出口岸开放申请。

（四）国务院批复口岸对外开放后，所在地省（自治区、直辖市）人民政府应加强口岸查验基础设施建设，在规定期限内由口岸所在地省（自治区、直辖市）人民政府口岸管理部门向国家口岸管理部门申请国家验收。

第九条　设立口岸按照以下程序审批：

（一）收到省（自治区、直辖市）人民政府申请列入《国家口岸发展五年规划》的项目后，国家口岸管理部门会同国务院有关部门、有关军事机关进行研究论证，编制完成《国家口岸发展五年规划》报国务院批准后印发实施。

（二）收到省（自治区、直辖市）人民政府口岸管理部门申请列入《口岸开放年度审理计划》的项目后，国家口岸管理部门会同国务院有关部门、有关军事机关按年度进行研究论证，报国务院备案后印发实施。

（三）收到国务院转来的省（自治区、直辖市）人民政府申请口岸开放的请示后，国家口岸管理部门会同国务院有关部门、有关军事机关进行审理；国务院有关部门、有关军事机关应在收到国家口岸管理部门征求口岸开放意见函之日起60日内反馈意见；国家口岸管理部门应在有关部门、有关军事机关反馈意见60日内将审查意见上报国务院（因政治外交等原因不能如期上报的除外）。

（四）国家口岸管理部门收到省（自治区、直辖市）人民政府口岸管理部门关于申请口岸验收请示后，会同国务院有关部门、有关军事机关组织验收，验收通过后印发会议纪要。

（五）国家口岸管理部门对外公布口岸对外开放。边境口岸经两国外交换文后再正式开通，水运口岸、航空口岸履行国家相关程序后再正式运行。

第十条　口岸扩大开放参照口岸开放的条件、程序等办理。

第四章　口岸退出管理

第十一条　口岸有以下情形之一的应予以退出：

（一）口岸依托的港口、机场、铁路车站已被行政主管部门取消经营许可的。

（二）国务院批准开放后 3 年内未通过口岸验收且申请延期 1 年后仍未通过的（因毗邻国家原因口岸未能通过验收的情形除外）。

（三）口岸自公布运行之日起客货运量连续 3 年达不到国家相应标准的（边境口岸除外）。

（四）口岸查验基础设施不符合要求，影响口岸监管工作正常开展的。

（五）口岸存在重大安全隐患的。

（六）口岸执法环境恶劣的。

（七）因国家政治、军事、外交、安全、环境保护等原因必须退出的。

第十二条　口岸发生本办法第十一条（七）之外所列情形的，口岸所在地省（自治区、直辖市）人民政府口岸管理部门应在国家口岸管理部门发出整改意见之日起 2 年内组织整改，到期未完成整改的，启动口岸退出程序。国务院有关部门对整改期限另有规定的从其规定。

整改期间需要临时停止口岸运行的，按照有关规定和程序办理。

在国家战略和周边外交方面发挥重要作用的边境口岸在评估后可暂缓实施退出。

第十三条　口岸退出按照以下程序办理：

（一）出现本办法第十一条规定情形的，口岸所在地省（自治区、直辖市）人民政府根据本办法第十二条规定未如期完成整改的，应在整改期满后 3 个月内向国务院提出口岸退出的申请。

（二）依据本条第一款的规定，口岸所在地省（自治区、直辖市）人民政府逾期未主动提出口岸退出的，国家口岸管理部门会同国务院有关部门、有关军事机关在 3 个月内向国务院提出口岸退出的申请。

（三）对于国务院有关部门、有关军事机关根据职责提出的口岸退出的建议，国家口岸管理部门应予以研究，如需退出的，应按照本条第二款的规定办理。

（四）根据国务院批转意见，国家口岸管理部门会同国务院有关部门对口岸退出的申请提出审查意见报国务院批准。

（五）国务院批准口岸退出后，国家口岸管理部门对外公布。

（六）边境口岸的退出应与毗邻国家达成外交一致。水运口岸、航空口岸履行国家相关程序后再正式停止运行。

第十四条　依据本办法规定实施口岸退出的，口岸所在地省（自治区、直辖市）人民政府应当在国务院批准之日起 6 个月内根据国家有关规定商口岸查验机构对口岸查验基础设施、办公设施等固定资产处置、口岸开放区域调整等形成工作方案后组织实施。

口岸所在地县级以上人民政府应制定口岸退出的具体实施方案，督促有关部门和企业办理口岸退出后涉及的有关手续。

口岸查验部门根据国务院有关批复对派驻的口岸查验机构设置及其人员编制进行调整。

国家口岸管理部门应会同国务院有关部门加强对退出工作的检查和监督。

第十五条　除不可抗力外，水运口岸所属部分码头、泊位发生本办法第十一条所列情形之一的，省（自治区、直辖市）人民政府应结合当地实际，参照已开放水域范围内新建码头启用的程序，对相应码头、泊位实施退出管理。

第五章 附 则

第十六条 本办法下列用语的含义:

省级行政区域内口岸布局合理是指,水运口岸以地级市行政区域为单元设立一个水运口岸,拟开放机场与周边航空口岸距离等符合国家有关要求。

预期有明显的经济社会效益是指,建成投入使用 3 年后人员或货物的运量能够达到国家相关口岸客货运量标准。

口岸存在重大安全隐患是指,口岸消防安全隐患,扬尘性、挥发性、毒性、易燃易爆货物堆放、储存、装卸、运输未达到国家环保标准存在重大安全隐患,公共卫生安全隐患、疫情疫病防控隐患等。

口岸执法环境恶劣是指,走私、非法出入境、逃避出入境检验检疫等情况严重,口岸执法部门廉政情事频发或情节严重等。

符合国防安全要求是指,所涉地区军事安全保密有完善有效的措施:陆路口岸与周边军事禁区、军事管理区、安全控制范围等划定清晰、界限明确;航空口岸有明确的开放航路航线,军民合用机场军民航管理区域界限明确,安全措施符合军事设施保护要求;水运口岸与周边军用港口、航道、锚地、训练海区界限明确,管理通报机制健全等。

有明确的口岸具体位置和开放范围是指,水运口岸有明确的开放水域、锚地、岸线坐标范围以及开放港区的具体名称。口岸有多个港区的,应当明确所属每个港区的具体名称和地理坐标;陆路口岸有多个附属车站、通道,航空口岸有多个附属机场的,应当逐一列明具体名称和地理坐标。

第十七条 本办法由国家口岸管理部门负责解释,自印发之日起施行。

口岸验收管理办法(暂行)

(署岸发〔2017〕276 号)

发布日期:2017-12-27
实施日期:2017-12-27
法规类型:规范性文件

第一章 总 则

第一条 为规范口岸验收管理,保障查验监管需要,促进口岸便利通行,根据《国务院关于改进口岸工作支持外贸发展的若干意见》(国发〔2015〕16 号),特制定本办法。

第二条 口岸验收是指国家口岸管理部门会同国务院有关部门、有关军事机关,依照相关程序对水运、航空、铁路、公路口岸开放运行准备工作组织的检查和确认。口岸验收是口岸正式开放的前提,是口岸严密监管和高效运转的基础。

第三条 对外开放、扩大开放口岸的验收适用于本办法。

对外开放、扩大开放口岸由国家口岸管理部门组织验收。已开放口岸开放范围内新建、改建码头泊位由省(自治区、直辖市)人民政府口岸管理部门组织验收,省(自治区、直辖市)人民政府批准启用(国家另有规定的除外),同时报国家口岸管理部门备案。

第四条 口岸的验收应在国务院批复口岸开放后3年内完成，经国家口岸管理部门批准可延期1年验收。通过验收后，口岸按程序实现开通运行。

第二章 验收的准备

第五条 申请口岸验收应具备以下条件：

（一）国务院已批准口岸对外开放、扩大开放。

（二）口岸基础设施、查验基础设施符合国家有关规定和查验基础设施建设标准。

（三）港口、码头、机场、铁路车站等基础设施生产运行所需审批手续履行完毕。

（四）相关国防、军事设施的保护措施符合规定。

（五）配置完成国务院批准的查验机构和人员。

（六）口岸区域划定清晰。

（七）口岸规范安全运行机制及配套管理制度已建立。

第六条 省（自治区、直辖市）人民政府口岸管理部门书面申请口岸验收的材料应包括以下要素：

（一）口岸基础设施及查验基础设施建设情况，查验基础设施、设备共享共用情况。

（二）直属口岸查验机构同意组织口岸验收的意见。

（三）需要整改落实的意见、建议及完成时限。

第三章 验收的组织

第七条 省（自治区、直辖市）人民政府口岸管理部门提出验收申请。

（一）口岸查验基础设施建成后，省（自治区、直辖市）人民政府口岸管理部门书面征求直属口岸查验机构、有关军事机关、所在地省（自治区、直辖市）人民政府有关部门意见，针对需要整改落实的意见、建议，提出解决措施及完成时限，并及时整改。

（二）省（自治区、直辖市）人民政府口岸管理部门商直属口岸查验机构、有关军事机关、口岸所在地省（自治区、直辖市）人民政府有关部门同意后向国家口岸管理部门提出验收申请，随附第六条相关材料。

第八条 国家口岸管理部门牵头审核验收材料，并组织现场检查。

（一）国家口岸管理部门收到验收申请后，会同公安部、海关总署、质检总局、中央军委机关有关部门及外交部（陆路边境口岸）、交通运输部（水运口岸）、民航局（航空口岸）、铁路局（铁路口岸）、铁路总公司（铁路口岸）对验收材料进行审查，符合条件后，组织现场检查，形成验收纪要。

（二）具备一定条件的，国家口岸管理部门可以委托省（自治区、直辖市）人民政府口岸管理部门会同直属口岸查验机构、有关军事机关以及口岸所在地省（自治区、直辖市）人民政府外事（陆路边境口岸）、民航（航空口岸）、铁路（铁路口岸）等单位组织现场检查，形成验收纪要。

国家口岸管理部门审查通过口岸验收纪要后，向省（自治区、直辖市）人民政府印发口岸验收纪要执行。

第九条 兼具以下条件可以委托现场检查：

（一）口岸扩大开放的项目。

（二）临时开放运行超过3年的项目。

（三）申请口岸验收材料中无需要整改且国务院有关部门、有关军事机关未提出整改要求的项目。

第十条 委托现场检查按以下程序组织：

（一）国家口岸管理部门会同国务院有关部门、有关军事机关审查省（自治区、直辖市）人民政府口岸管理部门验收申请时，一并确定是否委托检查。

（二）同意委托检查的，国家口岸管理部门向省（自治区、直辖市）人民政府口岸管理部门制发委托检查文件，委托文件作为口岸验收依据之一。

（三）受委托的省（自治区、直辖市）人民政府口岸管理部门参照本办法第十四、十五条规定组织现场检查后，向国家口岸管理部门报送口岸验收纪要。

第十一条 口岸未通过验收的，在各责任主体整改落实后，由省（自治区、直辖市）人民政府口岸管理部门再次提出验收申请。国家口岸管理部门按照本办法第七、八条的规定组织验收。

第十二条 国家口岸管理部门印发口岸验收纪要后公布口岸开放，边境口岸经两国外交换文后再正式开通，水运口岸、航空口岸履行国家相关程序后再正式运行。

第四章 验收的内容

第十三条 口岸验收内容依照《国家口岸查验基础设施建设标准》及查验部门相关业务规范实施。

第十四条 验收内容包括：

（一）查验场地、物理围网、业务用房及附属设施。

（二）出入通道卡口、视频监控等查验设备，并按查验机构各自法定职责与各机构系统联网。

（三）水电通讯、光纤网络、标识标牌等配套设施。

（四）国务院批复的查验机构人员配置方案落实情况。

（五）查验设施设备共享共用情况。

（六）法律规定的港口、码头、机场、铁路车站等基础设施生产运行所需审批手续。

（七）口岸规范安全运行机制及配套管理制度等。

（八）口岸查验机构业务系统正常运行。

第十五条 通过验收后口岸应具备开通运行的全部条件。个别建设周期较长的口岸查验设施项目，地方政府应予书面承诺，明确时限并如期完成。

第五章 验收的监督

第十六条 口岸通过验收但验收纪要中明确有整改意见的，各责任主体应在商定的时限内落实，逾期未完成的，应向国家口岸管理部门书面说明情况。不落实整改且未主动说明情况的，国家口岸管理部门应责令限期整改，逾期未完成整改且继续运行可能造成严重后果的，口岸予以暂停运行。

第十七条 口岸所在地县级以上人民政府应加强督促检查，按职责落实整改措施。

国务院有关部门、有关军事机关可以书面形式向国家口岸管理部门反映验收整改未落实事项。

国家口岸管理部门在验收通过后可对验收纪要落实情况回访检查。

按照国家规定期限无法完成口岸验收的，依据有关规定启动口岸退出程序。

第十八条 口岸未经验收或验收未通过、擅自对外开放运行的，由国家口岸管理部门予以通报并责令停止运行。

情节严重的，依据干部管理权限由任免机关或监察机关对相关责任人依照法律法规和国家有关规定给予行政处分。

造成非法出入境、走私等的，依法追究相应法律责任。

第六章 附 则

第十九条 已开放口岸开放范围内新建、改建码头泊位的验收，由省（自治区、直辖市）人民政府口岸管理部门根据本办法制定实施细则。

第二十条 本办法下列用语的含义：

直属口岸查验机构，是指直接隶属于国务院有关部门、负责一定行政区域内的出入境边防检查、海关、出入境检验检疫机构和承担口岸查验职责的海事机构。

第二十一条 本办法由国家口岸管理部门负责解释，自印发之日起施行。

关于公告保税物流园区统计办法

（海关总署公告2005年第71号）

发布日期：2005-12-31

实施日期：2006-01-01

法规类型：规范性文件

为适应海关对"保税物流园区"监管要求，全面掌握"保税物流中心园区"货物的流向、流量，根据《中华人民共和国海关对保税物流园区的管理办法》（海关总署第134号令），现就保税物流园区货物的统计办法公告如下：

一、增设"物流园区"代码

增设海关经营单位代码第五位"7"，表示"物流园区"。凡设在物流园区内、在海关注册登记并经营物流园区业务的企业，其经营单位的编码第五位必须为"7"。国务院已批准的保税物流园区（国办函〔2003〕81号、〔2004〕58号）统计代码见附件。

二、保税物流园区进出境货物

（一）货物从境外运入保税物流园区或从保税物流园区运往境外时，海关作进、出口统计（海关统计制度规定不列入统计范围的除外）。保税物流园区进出境货物的监管方式及代码按照保税区进出境货物的监管方式填报。

（二）"物流园区进出境货物"统计的原始资料是《中华人民共和国海关保税区进境货物备案清单》或《中华人民共和国海关保税区出境货物备案清单》，运输方式、原产国、最终目的国、起运国、运抵国等按实际填报。

三、保税物流园区与境内之间进出的货物

（一）增设运输方式"X"，表示"从境内（指国内特殊监管区域之外）运入园区或从保税物流园区运往境内的货物"，简称"物流园区"。

（二）当保税物流园区与境内之间的货物进出时，由境内企业填制《中华人民共和国海关进口货物报关单》或《中华人民共和国海关出口货物报关单》，贸易方式根据海关实际监管方式填报；运输方式栏为"物流园区"，代码为"X"；起运或运抵国为"中国"；原产国或最终目的国按照实际国别填报。海关作单项统计。

四、保税物流园区与其他保税物流园区、保税区、出口加工区、保税仓库、出口监管仓库及保税物流中心（A、B型）等海关特殊监管区域或监管场所之间往来的货物。

保税物流园区与其他保税物流园区、保税区、保税仓库、出口监管仓库及保税物流中心

（A、B 型）等海关特殊监管区域或监管场所之间往来的货物，货物出口（转出）企业和货物进口（转入）企业均应同时填制《中华人民共和国海关出口货物报关单》或《中华人民共和国海关进口货物报关单》，监管方式应填报为"保税间货物"（代码 1200）；运输方式为"其他"（代码 9）；起运国或运抵国为"中国"；原产国或最终目的国按照实际国别填报。海关不作统计。

对于保税物流园区与出口加工区之间往来货物的监管方式，保税物流园区企业应填报"保税间货物"（代码 1200），出口加工区企业按照出口加工区进出区的有关规定填报。

五、本办法自 2006 年 1 月 1 日起执行。

特此公告。

附件：保税物流园区代码表

附件

保税物流园区代码表

天津保税物流园区　12077

大连保税物流园区　21027

上海外高桥保税物流园区　31227

张家港保税物流园区　32157

宁波保税物流园区　33027

厦门象屿保税物流园区　35027

青岛保税物流园区　37027

深圳盐田港保税物流园区　44037

行政许可

中华人民共和国行政复议法

（主席令第 16 号）

发布日期：1999-04-29
实施日期：2024-01-01
法规类型：法律

（根据 2009 年 8 月 27 日第十一届全国人民代表大会常务委员会第十次会议《关于修改部分法律的决定》第一次修正；根据 2017 年 9 月 1 日第十二届全国人民代表大会常务委员会第二十九次会议《关于修改〈中华人民共和国法官法〉等八部法律的决定》第二次修正；2023 年 9 月 1 日第十四届全国人民代表大会常务委员会第五次会议修订）

第一章 总 则

第一条 为了防止和纠正违法的或者不当的行政行为，保护公民、法人和其他组织的合法权益，监督和保障行政机关依法行使职权，发挥行政复议化解行政争议的主渠道作用，推进法治政府建设，根据宪法，制定本法。

第二条 公民、法人或者其他组织认为行政机关的行政行为侵犯其合法权益，向行政复议机关提出行政复议申请，行政复议机关办理行政复议案件，适用本法。

前款所称行政行为，包括法律、法规、规章授权的组织的行政行为。

第三条 行政复议工作坚持中国共产党的领导。

行政复议机关履行行政复议职责，应当遵循合法、公正、公开、高效、便民、为民的原则，坚持有错必纠，保障法律、法规的正确实施。

第四条 县级以上各级人民政府以及其他依照本法履行行政复议职责的行政机关是行政复议机关。

行政复议机关办理行政复议事项的机构是行政复议机构。行政复议机构同时组织办理行政复议机关的行政应诉事项。

行政复议机关应当加强行政复议工作，支持和保障行政复议机构依法履行职责。上级行政复议机构对下级行政复议机构的行政复议工作进行指导、监督。

国务院行政复议机构可以发布行政复议指导性案例。

第五条 行政复议机关办理行政复议案件，可以进行调解。

调解应当遵循合法、自愿的原则，不得损害国家利益、社会公共利益和他人合法权益，不得违反法律、法规的强制性规定。

第六条 国家建立专业化、职业化行政复议人员队伍。

行政复议机构初次从事行政复议工作的人员，应当通过国家统一法律职业资格考试取得法律职业资格，并参加统一职前培训。

国务院行政复议机构应当会同有关部门制定行政复议人员工作规范，加强对行政复议人员的业务考核和管理。

第七条 行政复议机关应当确保行政复议机构的人员配备与所承担的工作任务相适应，提高行政复议人员专业素质，根据工作需要保障办案场所、装备等设施。县级以上各级人民政府应当将行政复议工作经费列入本级预算。

第八条 行政复议机关应当加强信息化建设，运用现代信息技术，方便公民、法人或者其他组织申请、参加行政复议，提高工作质量和效率。

第九条 对在行政复议工作中做出显著成绩的单位和个人，按照国家有关规定给予表彰和奖励。

第十条 公民、法人或者其他组织对行政复议决定不服的，可以依照《中华人民共和国行政诉讼法》的规定向人民法院提起行政诉讼，但是法律规定行政复议决定为最终裁决的除外。

第二章　行政复议申请

第一节　行政复议范围

第十一条 有下列情形之一的，公民、法人或者其他组织可以依照本法申请行政复议：

（一）对行政机关作出的行政处罚决定不服；

（二）对行政机关作出的行政强制措施、行政强制执行决定不服；

（三）申请行政许可，行政机关拒绝或者在法定期限内不予答复，或者对行政机关作出的有关行政许可的其他决定不服；

（四）对行政机关作出的确认自然资源的所有权或者使用权的决定不服；

（五）对行政机关作出的征收征用决定及其补偿决定不服；

（六）对行政机关作出的赔偿决定或者不予赔偿决定不服；

（七）对行政机关作出的不予受理工伤认定申请的决定或者工伤认定结论不服；

（八）认为行政机关侵犯其经营自主权或者农村土地承包经营权、农村土地经营权；

（九）认为行政机关滥用行政权力排除或者限制竞争；

（十）认为行政机关违法集资、摊派费用或者违法要求履行其他义务；

（十一）申请行政机关履行保护人身权利、财产权利、受教育权利等合法权益的法定职责，行政机关拒绝履行、未依法履行或者不予答复；

（十二）申请行政机关依法给付抚恤金、社会保险待遇或者最低生活保障等社会保障，行政机关没有依法给付；

（十三）认为行政机关不依法订立、不依法履行、未按照约定履行或者违法变更、解除政府特许经营协议、土地房屋征收补偿协议等行政协议；

（十四）认为行政机关在政府信息公开工作中侵犯其合法权益；

（十五）认为行政机关的其他行政行为侵犯其合法权益。

第十二条 下列事项不属于行政复议范围：

（一）国防、外交等国家行为；

（二）行政法规、规章或者行政机关制定、发布的具有普遍约束力的决定、命令等规范性文件；

（三）行政机关对行政机关工作人员的奖惩、任免等决定；

（四）行政机关对民事纠纷作出的调解。

第十三条 公民、法人或者其他组织认为行政机关的行政行为所依据的下列规范性文件不合法，在对行政行为申请行政复议时，可以一并向行政复议机关提出对该规范性文件的附带审查申请：

（一）国务院部门的规范性文件；

（二）县级以上地方各级人民政府及其工作部门的规范性文件；

（三）乡、镇人民政府的规范性文件；

（四）法律、法规、规章授权的组织的规范性文件。

前款所列规范性文件不含规章。规章的审查依照法律、行政法规办理。

第二节 行政复议参加人

第十四条 依照本法申请行政复议的公民、法人或者其他组织是申请人。

有权申请行政复议的公民死亡的，其近亲属可以申请行政复议。有权申请行政复议的法人或者其他组织终止的，其权利义务承受人可以申请行政复议。

有权申请行政复议的公民为无民事行为能力人或者限制民事行为能力人的，其法定代理人可以代为申请行政复议。

第十五条 同一行政复议案件申请人人数众多的，可以由申请人推选代表人参加行政复议。

代表人参加行政复议的行为对其所代表的申请人发生效力，但是代表人变更行政复议请求、撤回行政复议申请、承认第三人请求的，应当经被代表的申请人同意。

第十六条 申请人以外的同被申请行政复议的行政行为或者行政复议案件处理结果有利害关系的公民、法人或者其他组织，可以作为第三人申请参加行政复议，或者由行政复议机构通知其作为第三人参加行政复议。

第三人不参加行政复议，不影响行政复议案件的审理。

第十七条 申请人、第三人可以委托一至二名律师、基层法律服务工作者或者其他代理人代为参加行政复议。

申请人、第三人委托代理人的，应当向行政复议机构提交授权委托书、委托人及被委托人的身份证明文件。授权委托书应当载明委托事项、权限和期限。申请人、第三人变更或者解除代理人权限的，应当书面告知行政复议机构。

第十八条 符合法律援助条件的行政复议申请人申请法律援助的，法律援助机构应当依法为其提供法律援助。

第十九条 公民、法人或者其他组织对行政行为不服申请行政复议的，作出行政行为的行政机关或者法律、法规、规章授权的组织是被申请人。

两个以上行政机关以共同的名义作出同一行政行为的，共同作出行政行为的行政机关是被申请人。

行政机关委托的组织作出行政行为的，委托的行政机关是被申请人。

作出行政行为的行政机关被撤销或者职权变更的，继续行使其职权的行政机关是被申请人。

第三节 申请的提出

第二十条 公民、法人或者其他组织认为行政行为侵犯其合法权益的，可以自知道或者应当知道该行政行为之日起六十日内提出行政复议申请；但是法律规定的申请期限超过六十日的除外。

因不可抗力或者其他正当理由耽误法定申请期限的，申请期限自障碍消除之日起继续计算。

行政机关作出行政行为时，未告知公民、法人或者其他组织申请行政复议的权利、行政复议机关和申请期限的，申请期限自公民、法人或者其他组织知道或者应当知道申请行政复议的权利、行政复议机关和申请期限之日起计算，但是自知道或者应当知道行政行为内容之日起最长不得超过一年。

第二十一条 因不动产提出的行政复议申请自行政行为作出之日起超过二十年，其他行政复议申请自行政行为作出之日起超过五年的，行政复议机关不予受理。

第二十二条 申请人申请行政复议，可以书面申请；书面申请有困难的，也可以口头申请。

书面申请的，可以通过邮寄或者行政复议机关指定的互联网渠道等方式提交行政复议申请书，也可以当面提交行政复议申请书。行政机关通过互联网渠道送达行政行为决定书的，应当同时提供提交行政复议申请书的互联网渠道。

口头申请的，行政复议机关应当当场记录申请人的基本情况、行政复议请求、申请行政复议的主要事实、理由和时间。

申请人对两个以上行政行为不服的，应当分别申请行政复议。

第二十三条 有下列情形之一的，申请人应当先向行政复议机关申请行政复议，对行政复议决定不服的，可以再依法向人民法院提起行政诉讼：

（一）对当场作出的行政处罚决定不服的；

（二）对行政机关作出的侵犯其已经依法取得的自然资源的所有权或者使用权的决定不服；

（三）认为行政机关存在本法第十一条规定的未履行法定职责情形的；

（四）申请政府信息公开，行政机关不予公开；

（五）法律、行政法规规定应当先向行政复议机关申请行政复议的其他情形。

对前款规定的情形，行政机关在作出行政行为时应当告知公民、法人或者其他组织先向行政复议机关申请行政复议。

第四节 行政复议管辖

第二十四条 县级以上地方各级人民政府管辖下列行政复议案件：

（一）对本级人民政府工作部门作出的行政行为不服的；

（二）对下一级人民政府作出的行政行为不服的；

（三）对本级人民政府依法设立的派出机关作出的行政行为不服的；

（四）对本级人民政府或者其工作部门管理的法律、法规、规章授权的组织作出的行政行为不服的。

除前款规定外，省、自治区、直辖市人民政府同时管辖对本机关作出的行政行为不服的行政复议案件。

省、自治区人民政府依法设立的派出机关参照设区的市级人民政府的职责权限，管辖相关行政复议案件。

对县级以上地方各级人民政府工作部门依法设立的派出机构依照法律、法规、规章规定，以派出机构的名义作出的行政行为不服的行政复议案件，由本级人民政府管辖；其中，对直辖市、设区的市人民政府工作部门按照行政区划设立的派出机构作出的行政行为不服的，也可以由其所在地的人民政府管辖。

第二十五条　国务院部门管辖下列行政复议案件：

（一）对本部门作出的行政行为不服的；

（二）对本部门依法设立的派出机构依照法律、行政法规、部门规章规定，以派出机构的名义作出的行政行为不服的；

（三）对本部门管理的法律、行政法规、部门规章授权的组织作出的行政行为不服的。

第二十六条　对省、自治区、直辖市人民政府依照本法第二十四条第二款的规定、国务院部门依照本法第二十五条第一项的规定作出的行政复议决定不服的，可以向人民法院提起行政诉讼；也可以向国务院申请裁决，国务院依照本法的规定作出最终裁决。

第二十七条　对海关、金融、外汇管理等实行垂直领导的行政机关、税务和国家安全机关的行政行为不服的，向上一级主管部门申请行政复议。

第二十八条　对履行行政复议机构职责的地方人民政府司法行政部门的行政行为不服的，可以向本级人民政府申请行政复议，也可以向上一级司法行政部门申请行政复议。

第二十九条　公民、法人或者其他组织申请行政复议，行政复议机关已经依法受理的，在行政复议期间不得向人民法院提起行政诉讼。

公民、法人或者其他组织向人民法院提起行政诉讼，人民法院已经依法受理的，不得申请行政复议。

第三章　行政复议受理

第三十条　行政复议机关收到行政复议申请后，应当在五日内进行审查。对符合下列规定的，行政复议机关应当予以受理：

（一）有明确的申请人和符合本法规定的被申请人；

（二）申请人与被申请行政复议的行政行为有利害关系；

（三）有具体的行政复议请求和理由；

（四）在法定申请期限内提出；

（五）属于本法规定的行政复议范围；

（六）属于本机关的管辖范围；

（七）行政复议机关未受理过该申请人就同一行政行为提出的行政复议申请，并且人民法院未受理过该申请人就同一行政行为提起的行政诉讼。

对不符合前款规定的行政复议申请，行政复议机关应当在审查期限内决定不予受理并说明理由；不属于本机关管辖的，还应当在不予受理决定中告知申请人有管辖权的行政复议机关。

行政复议申请的审查期限届满，行政复议机关未作出不予受理决定的，审查期限届满之日起视为受理。

第三十一条　行政复议申请材料不齐全或者表述不清楚，无法判断行政复议申请是否符合本法第三十条第一款规定的，行政复议机关应当自收到申请之日起五日内书面通知申请人补正。补正通知应当一次性载明需要补正的事项。

申请人应当自收到补正通知之日起十日内提交补正材料。有正当理由不能按期补正的，行政复议机关可以延长合理的补正期限。无正当理由逾期不补正的，视为申请人放弃行政复议申请，并记录在案。

行政复议机关收到补正材料后，依照本法第三十条的规定处理。

第三十二条　对当场作出或者依据电子技术监控设备记录的违法事实作出的行政处罚决定不服申请行政复议的，可以通过作出行政处罚决定的行政机关提交行政复议申请。

行政机关收到行政复议申请后，应当及时处理；认为需要维持行政处罚决定的，应当自收到行政复议申请之日起五日内转送行政复议机关。

第三十三条 行政复议机关受理行政复议申请后，发现该行政复议申请不符合本法第三十条第一款规定的，应当决定驳回申请并说明理由。

第三十四条 法律、行政法规规定应当先向行政复议机关申请行政复议、对行政复议决定不服再向人民法院提起行政诉讼的，行政复议机关决定不予受理、驳回申请或者受理后超过行政复议期限不作答复的，公民、法人或者其他组织可以自收到决定书之日起或者行政复议期限届满之日起十五日内，依法向人民法院提起行政诉讼。

第三十五条 公民、法人或者其他组织依法提出行政复议申请，行政复议机关无正当理由不予受理、驳回申请或者受理后超过行政复议期限不作答复的，申请人有权向上级行政机关反映，上级行政机关应当责令其纠正；必要时，上级行政复议机关可以直接受理。

第四章　行政复议审理

第一节　一般规定

第三十六条 行政复议机关受理行政复议申请后，依照本法适用普通程序或者简易程序进行审理。行政复议机构应当指定行政复议人员负责办理行政复议案件。

行政复议人员对办理行政复议案件过程中知悉的国家秘密、商业秘密和个人隐私，应当予以保密。

第三十七条 行政复议机关依照法律、法规、规章审理行政复议案件。

行政复议机关审理民族自治地方的行政复议案件，同时依照该民族自治地方的自治条例和单行条例。

第三十八条 上级行政复议机关根据需要，可以审理下级行政复议机关管辖的行政复议案件。

下级行政复议机关对其管辖的行政复议案件，认为需要由上级行政复议机关审理的，可以报请上级行政复议机关决定。

第三十九条 行政复议期间有下列情形之一的，行政复议中止：

（一）作为申请人的公民死亡，其近亲属尚未确定是否参加行政复议；

（二）作为申请人的公民丧失参加行政复议的行为能力，尚未确定法定代理人参加行政复议；

（三）作为申请人的公民下落不明；

（四）作为申请人的法人或者其他组织终止，尚未确定权利义务承受人；

（五）申请人、被申请人因不可抗力或者其他正当理由，不能参加行政复议；

（六）依照本法规定进行调解、和解，申请人和被申请人同意中止；

（七）行政复议案件涉及的法律适用问题需要有权机关作出解释或者确认；

（八）行政复议案件审理需要以其他案件的审理结果为依据，而其他案件尚未审结；

（九）有本法第五十六条或者第五十七条规定的情形；

（十）需要中止行政复议的其他情形。

行政复议中止的原因消除后，应当及时恢复行政复议案件的审理。

行政复议机关中止、恢复行政复议案件的审理，应当书面告知当事人。

第四十条 行政复议期间，行政复议机关无正当理由中止行政复议的，上级行政机关应当责令其恢复审理。

第四十一条 行政复议期间有下列情形之一的，行政复议机关决定终止行政复议：

（一）申请人撤回行政复议申请，行政复议机构准予撤回；

（二）作为申请人的公民死亡，没有近亲属或者其近亲属放弃行政复议权利；

（三）作为申请人的法人或者其他组织终止，没有权利义务承受人或者其权利义务承受人放弃行政复议权利；

（四）申请人对行政拘留或者限制人身自由的行政强制措施不服申请行政复议后，因同一违法行为涉嫌犯罪，被采取刑事强制措施；

（五）依照本法第三十九条第一款第一项、第二项、第四项的规定中止行政复议满六十日，行政复议中止的原因仍未消除。

第四十二条 行政复议期间行政行为不停止执行；但是有下列情形之一的，应当停止执行：

（一）被申请人认为需要停止执行；

（二）行政复议机关认为需要停止执行；

（三）申请人、第三人申请停止执行，行政复议机关认为其要求合理，决定停止执行；

（四）法律、法规、规章规定停止执行的其他情形。

第二节 行政复议证据

第四十三条 行政复议证据包括：

（一）书证；

（二）物证；

（三）视听资料；

（四）电子数据；

（五）证人证言；

（六）当事人的陈述；

（七）鉴定意见；

（八）勘验笔录、现场笔录。

以上证据经行政复议机构审查属实，才能作为认定行政复议案件事实的根据。

第四十四条 被申请人对其作出的行政行为的合法性、适当性负有举证责任。

有下列情形之一的，申请人应当提供证据：

（一）认为被申请人不履行法定职责的，提供曾经要求被申请人履行法定职责的证据，但是被申请人应当依职权主动履行法定职责或者申请人因正当理由不能提供的除外；

（二）提出行政赔偿请求的，提供受行政行为侵害而造成损害的证据，但是因被申请人原因导致申请人无法举证的，由被申请人承担举证责任；

（三）法律、法规规定需要申请人提供证据的其他情形。

第四十五条 行政复议机关有权向有关单位和个人调查取证，查阅、复制、调取有关文件和资料，向有关人员进行询问。

调查取证时，行政复议人员不得少于两人，并应当出示行政复议工作证件。

被调查取证的单位和个人应当积极配合行政复议人员的工作，不得拒绝或者阻挠。

第四十六条 行政复议期间，被申请人不得自行向申请人和其他有关单位或者个人收集证据；自行收集的证据不作为认定行政行为合法性、适当性的依据。

行政复议期间，申请人或者第三人提出被申请行政复议的行政行为作出时没有提出的理由或者证据的，经行政复议机构同意，被申请人可以补充证据。

第四十七条 行政复议期间，申请人、第三人及其委托代理人可以按照规定查阅、复制被申请人提出的书面答复、作出行政行为的证据、依据和其他有关材料，除涉及国家秘密、商业秘密、个人隐私或者可能危及国家安全、公共安全、社会稳定的情形外，行政复议机构应当同意。

第三节 普通程序

第四十八条 行政复议机构应当自行政复议申请受理之日起七日内，将行政复议申请书副本或者行政复议申请笔录复印件发送被申请人。被申请人应当自收到行政复议申请书副本或者行政复议申请笔录复印件之日起十日内，提出书面答复，并提交作出行政行为的证据、依据和其他有关材料。

第四十九条 适用普通程序审理的行政复议案件，行政复议机构应当当面或者通过互联网、电话等方式听取当事人的意见，并将听取的意见记录在案。因当事人原因不能听取意见的，可以书面审理。

第五十条 审理重大、疑难、复杂的行政复议案件，行政复议机构应当组织听证。

行政复议机构认为有必要听证，或者申请人请求听证的，行政复议机构可以组织听证。

听证由一名行政复议人员任主持人，两名以上行政复议人员任听证员，一名记录员制作听证笔录。

第五十一条 行政复议机构组织听证的，应当于举行听证的五日前将听证的时间、地点和拟听证事项书面通知当事人。

申请人无正当理由拒不参加听证的，视为放弃听证权利。

被申请人的负责人应当参加听证。不能参加的，应当说明理由并委托相应的工作人员参加听证。

第五十二条 县级以上各级人民政府应当建立相关政府部门、专家、学者等参与的行政复议委员会，为办理行政复议案件提供咨询意见，并就行政复议工作中的重大事项和共性问题研究提出意见。行政复议委员会的组成和开展工作的具体办法，由国务院行政复议机构制定。

审理行政复议案件涉及下列情形之一的，行政复议机构应当提请行政复议委员会提出咨询意见：

（一）案情重大、疑难、复杂；

（二）专业性、技术性较强；

（三）本法第二十四条第二款规定的行政复议案件；

（四）行政复议机构认为有必要。

行政复议机构应当记录行政复议委员会的咨询意见。

第四节 简易程序

第五十三条 行政复议机关审理下列行政复议案件，认为事实清楚、权利义务关系明确、争议不大的，可以适用简易程序：

（一）被申请行政复议的行政行为是当场作出；

（二）被申请行政复议的行政行为是警告或者通报批评；

（三）案件涉及款额三千元以下；

（四）属于政府信息公开案件。

除前款规定以外的行政复议案件，当事人各方同意适用简易程序的，可以适用简易程序。

第五十四条 适用简易程序审理的行政复议案件，行政复议机构应当自受理行政复议申请之日起三日内，将行政复议申请书副本或者行政复议申请笔录复印件发送被申请人。被申请人应当自收到行政复议申请书副本或者行政复议申请笔录复印件之日起五日内，提出书面答复，并提交作出行政行为的证据、依据和其他有关材料。

适用简易程序审理的行政复议案件，可以书面审理。

第五十五条 适用简易程序审理的行政复议案件，行政复议机构认为不宜适用简易程序的，经行政复议机构的负责人批准，可以转为普通程序审理。

第五节 行政复议附带审查

第五十六条 申请人依照本法第十三条的规定提出对有关规范性文件的附带审查申请，行政复议机关有权处理的，应当在三十日内依法处理；无权处理的，应当在七日内转送有权处理的行政机关依法处理。

第五十七条 行政复议机关在对被申请人作出的行政行为进行审查时，认为其依据不合法，本机关有权处理的，应当在三十日内依法处理；无权处理的，应当在七日内转送有权处理的国家机关依法处理。

第五十八条 行政复议机关依照本法第五十六条、第五十七条的规定有权处理有关规范性文件或者依据的，行政复议机构应当自行政复议中止之日起三日内，书面通知规范性文件或者依据的制定机关就相关条款的合法性提出书面答复。制定机关应当自收到书面通知之日起十日内提交书面答复及相关材料。

行政复议机构认为必要时，可以要求规范性文件或者依据的制定机关当面说明理由，制定机关应当配合。

第五十九条 行政复议机关依照本法第五十六条、第五十七条的规定有权处理有关规范性文件或者依据，认为相关条款合法的，在行政复议决定书中一并告知；认为相关条款超越权限或者违反上位法的，决定停止该条款的执行，并责令制定机关予以纠正。

第六十条 依照本法第五十六条、第五十七条的规定接受转送的行政机关、国家机关应当自收到转送之日起六十日内，将处理意见回复转送的行政复议机关。

第五章 行政复议决定

第六十一条 行政复议机关依照本法审理行政复议案件，由行政复议机构对行政行为进行审查，提出意见，经行政复议机关的负责人同意或者集体讨论通过后，以行政复议机关的名义作出行政复议决定。

经过听证的行政复议案件，行政复议机关应当根据听证笔录、审查认定的事实和证据，依照本法作出行政复议决定。

提请行政复议委员会提出咨询意见的行政复议案件，行政复议机关应当将咨询意见作为作出行政复议决定的重要参考依据。

第六十二条 适用普通程序审理的行政复议案件，行政复议机关应当自受理申请之日起六十日内作出行政复议决定；但是法律规定的行政复议期限少于六十日的除外。情况复杂，不能在规定期限内作出行政复议决定的，经行政复议机构的负责人批准，可以适当延长，并书面告知当事人；但是延长期限最多不得超过三十日。

适用简易程序审理的行政复议案件，行政复议机关应当自受理申请之日起三十日内作出行政复议决定。

第六十三条 行政行为有下列情形之一的，行政复议机关决定变更该行政行为：

（一）事实清楚，证据确凿，适用依据正确，程序合法，但是内容不适当；

（二）事实清楚，证据确凿，程序合法，但是未正确适用依据；

（三）事实不清、证据不足，经行政复议机关查清事实和证据。

行政复议机关不得作出对申请人更为不利的变更决定，但是第三人提出相反请求的除外。

第六十四条 行政行为有下列情形之一的，行政复议机关决定撤销或者部分撤销该行政行为，并可以责令被申请人在一定期限内重新作出行政行为：

（一）主要事实不清、证据不足；

（二）违反法定程序；

（三）适用的依据不合法；

（四）超越职权或者滥用职权。

行政复议机关责令被申请人重新作出行政行为的，被申请人不得以同一事实和理由作出与被申请行政复议的行政行为相同或者基本相同的行政行为，但是行政复议机关以违反法定程序为由决定撤销或者部分撤销的除外。

第六十五条 行政行为有下列情形之一的，行政复议机关不撤销该行政行为，但是确认该行政行为违法：

（一）依法应予撤销，但是撤销会给国家利益、社会公共利益造成重大损害；

（二）程序轻微违法，但是对申请人权利不产生实际影响。

行政行为有下列情形之一，不需要撤销或者责令履行的，行政复议机关确认该行政行为违法：

（一）行政行为违法，但是不具有可撤销内容；

（二）被申请人改变原违法行政行为，申请人仍要求撤销或者确认该行政行为违法；

（三）被申请人不履行或者拖延履行法定职责，责令履行没有意义。

第六十六条 被申请人不履行法定职责的，行政复议机关决定被申请人在一定期限内履行。

第六十七条 行政行为有实施主体不具有行政主体资格或者没有依据等重大且明显违法情形，申请人申请确认行政行为无效的，行政复议机关确认该行政行为无效。

第六十八条 行政行为认定事实清楚，证据确凿，适用依据正确，程序合法，内容适当的，行政复议机关决定维持该行政行为。

第六十九条 行政复议机关受理申请人认为被申请人不履行法定职责的行政复议申请后，发现被申请人没有相应法定职责或者在受理前已经履行法定职责的，决定驳回申请人的行政复议请求。

第七十条 被申请人不按照本法第四十八条、第五十四条的规定提出书面答复、提交作出行政行为的证据、依据和其他有关材料的，视为该行政行为没有证据、依据，行政复议机关决定撤销、部分撤销该行政行为，确认该行政行为违法、无效或者决定被申请人在一定期限内履行，但是行政行为涉及第三人合法权益，第三人提供证据的除外。

第七十一条 被申请人不依法订立、不依法履行、未按照约定履行或者违法变更、解除行政协议的，行政复议机关决定被申请人承担依法订立、继续履行、采取补救措施或者赔偿损失等责任。

被申请人变更、解除行政协议合法，但是未依法给予补偿或者补偿不合理的，行政复议机关决定被申请人依法给予合理补偿。

第七十二条 申请人在申请行政复议时一并提出行政赔偿请求，行政复议机关对依照《中华人民共和国国家赔偿法》的有关规定应当不予赔偿的，在作出行政复议决定时，应当同时决定驳回行政赔偿请求；对符合《中华人民共和国国家赔偿法》的有关规定应当给予赔偿的，在决定撤销或者部分撤销、变更行政行为或者确认行政行为违法、无效时，应当同时决定被申请人依法给予赔偿；确认行政行为违法的，还可以同时责令被申请人采取补救措施。

申请人在申请行政复议时没有提出行政赔偿请求的，行政复议机关在依法决定撤销或者部分撤销、变更罚款，撤销或者部分撤销违法集资、没收财物、征收征用、摊派费用以及对财产的查封、扣押、冻结等行政行为时，应当同时责令被申请人返还财产，解除对财产的查封、扣押、冻结措施，或者赔偿相应的价款。

第七十三条 当事人经调解达成协议的，行政复议机关应当制作行政复议调解书，经各方当事人签字或者签章，并加盖行政复议机关印章，即具有法律效力。

调解未达成协议或者调解书生效前一方反悔的，行政复议机关应当依法审查或者及时作出行政复议决定。

第七十四条 当事人在行政复议决定作出前可以自愿达成和解，和解内容不得损害国家利益、社会公共利益和他人合法权益，不得违反法律、法规的强制性规定。

当事人达成和解后，由申请人向行政复议机构撤回行政复议申请。行政复议机构准予撤回行政复议申请、行政复议机关决定终止行政复议的，申请人不得再以同一事实和理由提出行政复议申请。但是，申请人能够证明撤回行政复议申请违背其真实意愿的除外。

第七十五条 行政复议机关作出行政复议决定，应当制作行政复议决定书，并加盖行政复议机关印章。

行政复议决定书一经送达，即发生法律效力。

第七十六条 行政复议机关在办理行政复议案件过程中，发现被申请人或者其他下级行政机关的有关行政行为违法或者不当的，可以向其制发行政复议意见书。有关机关应当自收到行政复议意见书之日起六十日内，将纠正相关违法或者不当行政行为的情况报送行政复议机关。

第七十七条 被申请人应当履行行政复议决定书、调解书、意见书。

被申请人不履行或者无正当理由拖延履行行政复议决定书、调解书、意见书的，行政复议机关或者有关上级行政机关应当责令其限期履行，并可以约谈被申请人的有关负责人或者予以通报批评。

第七十八条 申请人、第三人逾期不起诉又不履行行政复议决定书、调解书的，或者不履行最终裁决的行政复议决定的，按照下列规定分别处理：

（一）维持行政行为的行政复议决定书，由作出行政行为的行政机关依法强制执行，或者申请人民法院强制执行；

（二）变更行政行为的行政复议决定书，由行政复议机关依法强制执行，或者申请人民法院强制执行；

（三）行政复议调解书，由行政复议机关依法强制执行，或者申请人民法院强制执行。

第七十九条 行政复议机关根据被申请行政复议的行政行为的公开情况，按照国家有关规定将行政复议决定书向社会公开。

县级以上地方各级人民政府办理以本级人民政府工作部门为被申请人的行政复议案件，应当将发生法律效力的行政复议决定书、意见书同时抄告被申请人的上一级主管部门。

第六章 法律责任

第八十条 行政复议机关不依照本法规定履行行政复议职责，对负有责任的领导人员和直接责任人员依法给予警告、记过、记大过的处分；经有权监督的机关督促仍不改正或者造成严重后果的，依法给予降级、撤职、开除的处分。

第八十一条 行政复议机关工作人员在行政复议活动中，徇私舞弊或者有其他渎职、失职行为的，依法给予警告、记过、记大过的处分；情节严重的，依法给予降级、撤职、开除的处分；构成犯罪的，依法追究刑事责任。

第八十二条 被申请人违反本法规定，不提出书面答复或者不提交作出行政行为的证据、依据和其他有关材料，或者阻挠、变相阻挠公民、法人或者其他组织依法申请行政复议的，对负有责任的领导人员和直接责任人员依法给予警告、记过、记大过的处分；进行报复陷害的，依法给予降级、撤职、开除的处分；构成犯罪的，依法追究刑事责任。

第八十三条 被申请人不履行或者无正当理由拖延履行行政复议决定书、调解书、意见书的，对负有责任的领导人员和直接责任人员依法给予警告、记过、记大过的处分；经责令履行仍拒不履行的，依法给予降级、撤职、开除的处分。

第八十四条 拒绝、阻挠行政复议人员调查取证，故意扰乱行政复议工作秩序的，依法给予处分、治安管理处罚；构成犯罪的，依法追究刑事责任。

第八十五条 行政机关及其工作人员违反本法规定的，行政复议机关可以向监察机关或者公职人员任免机关、单位移送有关人员违法的事实材料，接受移送的监察机关或者公职人员任免机关、单位应当依法处理。

第八十六条 行政复议机关在办理行政复议案件过程中，发现公职人员涉嫌贪污贿赂、失职渎职等职务违法或者职务犯罪的问题线索，应当依照有关规定移送监察机关，由监察机关依法调查处置。

第七章 附则

第八十七条 行政复议机关受理行政复议申请，不得向申请人收取任何费用。

第八十八条 行政复议期间的计算和行政复议文书的送达，本法没有规定的，依照《中华人民共和国民事诉讼法》关于期间、送达的规定执行。

本法关于行政复议期间有关"三日"、"五日"、"七日"、"十日"的规定是指工作日，不含法定休假日。

第八十九条 外国人、无国籍人、外国组织在中华人民共和国境内申请行政复议，适用本法。

第九十条 本法自 2024 年 1 月 1 日起施行。

中华人民共和国行政许可法

（主席令第 7 号）

发布日期：2003-08-27
实施日期：2019-04-23
法规类型：法律

（根据 2019 年 4 月 23 日主席令第 29 号《全国人民代表大会常务委员会关于修改〈中华人民共和国建筑法〉等八部法律的决定》修正）

第一章 总 则

第一条 为了规范行政许可的设定和实施，保护公民、法人和其他组织的合法权益，维护公共利益和社会秩序，保障和监督行政机关有效实施行政管理，根据宪法，制定本法。

第二条 本法所称行政许可，是指行政机关根据公民、法人或者其他组织的申请，经依法审查，准予其从事特定活动的行为。

第三条 行政许可的设定和实施，适用本法。

有关行政机关对其他机关或者对其直接管理的事业单位的人事、财务、外事等事项的审批，不适用本法。

第四条 设定和实施行政许可，应当依照法定的权限、范围、条件和程序。

第五条 设定和实施行政许可，应当遵循公开、公平、公正、非歧视的原则。

有关行政许可的规定应当公布；未经公布的，不得作为实施行政许可的依据。行政许可的实施和结果，除涉及国家秘密、商业秘密或者个人隐私的外，应当公开。未经申请人同意，行政机关及其工作人员、参与专家评审等的人员不得披露申请人提交的商业秘密、未披露信息或者保密商务信息，法律另有规定或者涉及国家安全、重大社会公共利益的除外；行政机关依法公开申请人前述信息的，允许申请人在合理期限内提出异议。

符合法定条件、标准的，申请人有依法取得行政许可的平等权利，行政机关不得歧视任何人。

第六条 实施行政许可，应当遵循便民的原则，提高办事效率，提供优质服务。

第七条 公民、法人或者其他组织对行政机关实施行政许可，享有陈述权、申辩权；有权依法申请行政复议或者提起行政诉讼；其合法权益因行政机关违法实施行政许可受到损害的，有权依法要求赔偿。

第八条 公民、法人或者其他组织依法取得的行政许可受法律保护，行政机关不得擅自改变已经生效的行政许可。

行政许可所依据的法律、法规、规章修改或者废止，或者准予行政许可所依据的客观情况发生重大变化的，为了公共利益的需要，行政机关可以依法变更或者撤回已经生效的行政许可。由此给公民、法人或者其他组织造成财产损失的，行政机关应当依法给予补偿。

第九条 依法取得的行政许可，除法律、法规规定依照法定条件和程序可以转让的外，不得转让。

第十条 县级以上人民政府应当建立健全对行政机关实施行政许可的监督制度，加强对行政机关实施行政许可的监督检查。

行政机关应当对公民、法人或者其他组织从事行政许可事项的活动实施有效监督。

第二章　行政许可的设定

第十一条 设定行政许可，应当遵循经济和社会发展规律，有利于发挥公民、法人或者其他组织的积极性、主动性，维护公共利益和社会秩序，促进经济、社会和生态环境协调发展。

第十二条 下列事项可以设定行政许可：

（一）直接涉及国家安全、公共安全、经济宏观调控、生态环境保护以及直接关系人身健康、生命财产安全等特定活动，需要按照法定条件予以批准的事项；

（二）有限自然资源开发利用、公共资源配置以及直接关系公共利益的特定行业的市场准入等，需要赋予特定权利的事项；

（三）提供公众服务并且直接关系公共利益的职业、行业，需要确定具备特殊信誉、特殊条件或者特殊技能等资格、资质的事项；

（四）直接关系公共安全、人身健康、生命财产安全的重要设备、设施、产品、物品，需要按照技术标准、技术规范，通过检验、检测、检疫等方式进行审定的事项；

（五）企业或者其他组织的设立等，需要确定主体资格的事项；

（六）法律、行政法规规定可以设定行政许可的其他事项。

第十三条 本法第十二条所列事项，通过下列方式能够予以规范的，可以不设行政许可：

（一）公民、法人或者其他组织能够自主决定的；

（二）市场竞争机制能够有效调节的；

（三）行业组织或者中介机构能够自律管理的；

（四）行政机关采用事后监督等其他行政管理方式能够解决的。

第十四条 本法第十二条所列事项，法律可以设定行政许可。尚未制定法律的，行政法规可以设定行政许可。

必要时，国务院可以采用发布决定的方式设定行政许可。实施后，除临时性行政许可事项外，国务院应当及时提请全国人民代表大会及其常务委员会制定法律，或者自行制定行政法规。

第十五条 本法第十二条所列事项，尚未制定法律、行政法规的，地方性法规可以设定行政许可；尚未制定法律、行政法规和地方性法规的，因行政管理的需要，确需立即实施行政许可的，省、自治区、直辖市人民政府规章可以设定临时性的行政许可。临时性的行政许可实施满一年需要继续实施的，应当提请本级人民代表大会及其常务委员会制定地方性法规。

地方性法规和省、自治区、直辖市人民政府规章，不得设定应当由国家统一确定的公民、法人或者其他组织的资格、资质的行政许可；不得设定企业或者其他组织的设立登记及其前置性行政许可。其设定的行政许可，不得限制其他地区的个人或者企业到本地区从事生产经营和提供服务，不得限制其他地区的商品进入本地区市场。

第十六条 行政法规可以在法律设定的行政许可事项范围内，对实施该行政许可作出具体规定。

地方性法规可以在法律、行政法规设定的行政许可事项范围内，对实施该行政许可作出具体规定。

规章可以在上位法设定的行政许可事项范围内，对实施该行政许可作出具体规定。

法规、规章对实施上位法设定的行政许可作出的具体规定，不得增设行政许可；对行政许可条件作出的具体规定，不得增设违反上位法的其他条件。

第十七条 除本法第十四条、第十五条规定的外，其他规范性文件一律不得设定行政许可。

第十八条 设定行政许可，应当规定行政许可的实施机关、条件、程序、期限。

第十九条 起草法律草案、法规草案和省、自治区、直辖市人民政府规章草案，拟设定行政许可的，起草单位应当采取听证会、论证会等形式听取意见，并向制定机关说明设定该行政许可的必要性、对经济和社会可能产生的影响以及听取和采纳意见的情况。

第二十条 行政许可的设定机关应当定期对其设定的行政许可进行评价；对已设定的行政许可，认为通过本法第十三条所列方式能够解决的，应当对设定该行政许可的规定及时予以修改或者废止。

行政许可的实施机关可以对已设定的行政许可的实施情况及存在的必要性适时进行评价，并将意见报告该行政许可的设定机关。

公民、法人或者其他组织可以向行政许可的设定机关和实施机关就行政许可的设定和实施提出意见和建议。

第二十一条 省、自治区、直辖市人民政府对行政法规设定的有关经济事务的行政许可，根据本行政区域经济和社会发展情况，认为通过本法第十三条所列方式能够解决的，报国务院批准后，可以在本行政区域内停止实施该行政许可。

第三章 行政许可的实施机关

第二十二条 行政许可由具有行政许可权的行政机关在其法定职权范围内实施。

第二十三条 法律、法规授权的具有管理公共事务职能的组织，在法定授权范围内，以自己的名义实施行政许可。被授权的组织适用本法有关行政机关的规定。

第二十四条 行政机关在其法定职权范围内，依照法律、法规、规章的规定，可以委托其他行政机关实施行政许可。委托机关应当将受委托行政机关和受委托实施行政许可的内容予以公告。

委托行政机关对受委托行政机关实施行政许可的行为应当负责监督，并对该行为的后果承担法律责任。

受委托行政机关在委托范围内，以委托行政机关名义实施行政许可；不得再委托其他组织或者个人实施行政许可。

第二十五条 经国务院批准，省、自治区、直辖市人民政府根据精简、统一、效能的原则，可以决定一个行政机关行使有关行政机关的行政许可权。

第二十六条 行政许可需要行政机关内设的多个机构办理的，该行政机关应当确定一个机构统一受理行政许可申请，统一送达行政许可决定。

行政许可依法由地方人民政府两个以上部门分别实施的，本级人民政府可以确定一个部门受理行政许可申请并转告有关部门分别提出意见后统一办理，或者组织有关部门联合办理、集中办理。

第二十七条 行政机关实施行政许可，不得向申请人提出购买指定商品、接受有偿服务等不正当要求。

行政机关工作人员办理行政许可，不得索取或者收受申请人的财物，不得谋取其他利益。

第二十八条 对直接关系公共安全、人身健康、生命财产安全的设备、设施、产品、物品的检验、检测、检疫，除法律、行政法规规定由行政机关实施的外，应当逐步由符合法定条件的专业技术组织实施。专业技术组织及其有关人员对所实施的检验、检测、检疫结论承担法律责任。

第四章　行政许可的实施程序

第一节　申请与受理

第二十九条 公民、法人或者其他组织从事特定活动，依法需要取得行政许可的，应当向行政机关提出申请。申请书需要采用格式文本的，行政机关应当向申请人提供行政许可申请书格式文本。申请书格式文本中不得包含与申请行政许可事项没有直接关系的内容。

申请人可以委托代理人提出行政许可申请。但是，依法应当由申请人到行政机关办公场所提出行政许可申请的除外。

行政许可申请可以通过信函、电报、电传、传真、电子数据交换和电子邮件等方式提出。

第三十条 行政机关应当将法律、法规、规章规定的有关行政许可的事项、依据、条件、数量、程序、期限以及需要提交的全部材料的目录和申请书示范文本等在办公场所公示。

申请人要求行政机关对公示内容予以说明、解释的，行政机关应当说明、解释，提供准确、可靠的信息。

第三十一条 申请人申请行政许可，应当如实向行政机关提交有关材料和反映真实情况，并对其申请材料实质内容的真实性负责。行政机关不得要求申请人提交与其申请的行政许可事项无关的技术资料和其他材料。

行政机关及其工作人员不得以转让技术作为取得行政许可的条件；不得在实施行政许可的过程中，直接或者间接地要求转让技术。

第三十二条 行政机关对申请人提出的行政许可申请，应当根据下列情况分别作出处理：

（一）申请事项依法不需要取得行政许可的，应当即时告知申请人不受理；

（二）申请事项依法不属于本行政机关职权范围的，应当即时作出不予受理的决定，并告知申请人向有关行政机关申请；

（三）申请材料存在可以当场更正的错误的，应当允许申请人当场更正；

（四）申请材料不齐全或者不符合法定形式的，应当当场或者在五日内一次告知申请人需要补正的全部内容，逾期不告知的，自收到申请材料之日起即为受理；

（五）申请事项属于本行政机关职权范围，申请材料齐全、符合法定形式，或者申请人按照本行政机关的要求提交全部补正申请材料的，应当受理行政许可申请。

行政机关受理或者不予受理行政许可申请，应当出具加盖本行政机关专用印章和注明日期的书面凭证。

第三十三条 行政机关应当建立和完善有关制度，推行电子政务，在行政机关的网站上公布行政许可事项，方便申请人采取数据电文等方式提出行政许可申请；应当与其他行政机关共享有关行政许可信息，提高办事效率。

第二节 审查与决定

第三十四条 行政机关应当对申请人提交的申请材料进行审查。

申请人提交的申请材料齐全、符合法定形式，行政机关能够当场作出决定的，应当当场作出书面的行政许可决定。

根据法定条件和程序，需要对申请材料的实质内容进行核实的，行政机关应当指派两名以上工作人员进行核查。

第三十五条 依法应当先经下级行政机关审查后报上级行政机关决定的行政许可，下级行政机关应当在法定期限内将初步审查意见和全部申请材料直接报送上级行政机关。上级行政机关不得要求申请人重复提供申请材料。

第三十六条 行政机关对行政许可申请进行审查时，发现行政许可事项直接关系他人重大利益的，应当告知该利害关系人。申请人、利害关系人有权进行陈述和申辩。行政机关应当听取申请人、利害关系人的意见。

第三十七条 行政机关对行政许可申请进行审查后，除当场作出行政许可决定的外，应当在法定期限内按照规定程序作出行政许可决定。

第三十八条 申请人的申请符合法定条件、标准的，行政机关应当依法作出准予行政许可的书面决定。

行政机关依法作出不予行政许可的书面决定的，应当说明理由，并告知申请人享有依法申请行政复议或者提起行政诉讼的权利。

第三十九条 行政机关作出准予行政许可的决定，需要颁发行政许可证件的，应当向申请人颁发加盖本行政机关印章的下列行政许可证件：

（一）许可证、执照或者其他许可证书；

（二）资格证、资质证或者其他合格证书；

（三）行政机关的批准文件或者证明文件；

（四）法律、法规规定的其他行政许可证件。

行政机关实施检验、检测、检疫的，可以在检验、检测、检疫合格的设备、设施、产品、物品上加贴标签或者加盖检验、检测、检疫印章。

第四十条 行政机关作出的准予行政许可决定，应当予以公开，公众有权查阅。

第四十一条 法律、行政法规设定的行政许可，其适用范围没有地域限制的，申请人取得的行政许可在全国范围内有效。

第三节　期　限

第四十二条　除可以当场作出行政许可决定的外，行政机关应当自受理行政许可申请之日起二十日内作出行政许可决定。二十日内不能作出决定的，经本行政机关负责人批准，可以延长十日，并应当将延长期限的理由告知申请人。但是，法律、法规另有规定的，依照其规定。

依照本法第二十六条的规定，行政许可采取统一办理或者联合办理、集中办理的，办理的时间不得超过四十五日；四十五日内不能办结的，经本级人民政府负责人批准，可以延长十五日，并应当将延长期限的理由告知申请人。

第四十三条　依法应当先经下级行政机关审查后报上级行政机关决定的行政许可，下级行政机关应当自其受理行政许可申请之日起二十日内审查完毕。但是，法律、法规另有规定的，依照其规定。

第四十四条　行政机关作出准予行政许可的决定，应当自作出决定之日起十日内向申请人颁发、送达行政许可证件，或者加贴标签、加盖检验、检测、检疫印章。

第四十五条　行政机关作出行政许可决定，依法需要听证、招标、拍卖、检验、检测、检疫、鉴定和专家评审的，所需时间不计算在本节规定的期限内。行政机关应当将所需时间书面告知申请人。

第四节　听　证

第四十六条　法律、法规、规章规定实施行政许可应当听证的事项，或者行政机关认为需要听证的其他涉及公共利益的重大行政许可事项，行政机关应当向社会公告，并举行听证。

第四十七条　行政许可直接涉及申请人与他人之间重大利益关系的，行政机关在作出行政许可决定前，应当告知申请人、利害关系人享有要求听证的权利；申请人、利害关系人在被告知听证权利之日起五日内提出听证申请的，行政机关应当在二十日内组织听证。

申请人、利害关系人不承担行政机关组织听证的费用。

第四十八条　听证按照下列程序进行：

（一）行政机关应当于举行听证的七日前将举行听证的时间、地点通知申请人、利害关系人，必要时予以公告；

（二）听证应当公开举行；

（三）行政机关应当指定审查该行政许可申请的工作人员以外的人员为听证主持人，申请人、利害关系人认为主持人与该行政许可事项有直接利害关系的，有权申请回避；

（四）举行听证时，审查该行政许可申请的工作人员应当提供审查意见的证据、理由，申请人、利害关系人可以提出证据，并进行申辩和质证；

（五）听证应当制作笔录，听证笔录应当交听证参加人确认无误后签字或者盖章。

行政机关应当根据听证笔录，作出行政许可决定。

第五节　变更与延续

第四十九条　被许可人要求变更行政许可事项的，应当向作出行政许可决定的行政机关提出申请；符合法定条件、标准的，行政机关应当依法办理变更手续。

第五十条　被许可人需要延续依法取得的行政许可的有效期的，应当在该行政许可有效期届满三十日前向作出行政许可决定的行政机关提出申请。但是，法律、法规、规章另有规定的，依照其规定。

行政机关应当根据被许可人的申请，在该行政许可有效期届满前作出是否准予延续的决定；逾期未作决定的，视为准予延续。

第六节　特别规定

第五十一条　实施行政许可的程序，本节有规定的，适用本节规定；本节没有规定的，适用本章其他有关规定。

第五十二条　国务院实施行政许可的程序，适用有关法律、行政法规的规定。

第五十三条　实施本法第十二条第二项所列事项的行政许可的，行政机关应当通过招标、拍卖等公平竞争的方式作出决定。但是，法律、行政法规另有规定的，依照其规定。

行政机关通过招标、拍卖等方式作出行政许可决定的具体程序，依照有关法律、行政法规的规定。

行政机关按照招标、拍卖程序确定中标人、买受人后，应当作出准予行政许可的决定，并依法向中标人、买受人颁发行政许可证件。

行政机关违反本条规定，不采用招标、拍卖方式，或者违反招标、拍卖程序，损害申请人合法权益的，申请人可以依法申请行政复议或者提起行政诉讼。

第五十四条　实施本法第十二条第三项所列事项的行政许可，赋予公民特定资格，依法应当举行国家考试的，行政机关根据考试成绩和其他法定条件作出行政许可决定；赋予法人或者其他组织特定的资格、资质的，行政机关根据申请人的专业人员构成、技术条件、经营业绩和管理水平等的考核结果作出行政许可决定。但是，法律、行政法规另有规定的，依照其规定。

公民特定资格的考试依法由行政机关或者行业组织实施，公开举行。行政机关或者行业组织应当事先公布资格考试的报名条件、报考办法、考试科目以及考试大纲。但是，不得组织强制性的资格考试的考前培训，不得指定教材或者其他助考材料。

第五十五条　实施本法第十二条第四项所列事项的行政许可的，应当按照技术标准、技术规范依法进行检验、检测、检疫，行政机关根据检验、检测、检疫的结果作出行政许可决定。

行政机关实施检验、检测、检疫，应当自受理申请之日起五日内指派两名以上工作人员按照技术标准、技术规范进行检验、检测、检疫。不需要对检验、检测、检疫结果作进一步技术分析即可认定设备、设施、产品、物品是否符合技术标准、技术规范的，行政机关应当当场作出行政许可决定。

行政机关根据检验、检测、检疫结果，作出不予行政许可决定的，应当书面说明不予行政许可所依据的技术标准、技术规范。

第五十六条　实施本法第十二条第五项所列事项的行政许可，申请人提交的申请材料齐全、符合法定形式的，行政机关应当当场予以登记。需要对申请材料的实质内容进行核实的，行政机关依照本法第三十四条第三款的规定办理。

第五十七条　有数量限制的行政许可，两个或者两个以上申请人的申请均符合法定条件、标准的，行政机关应当根据受理行政许可申请的先后顺序作出准予行政许可的决定。但是，法律、行政法规另有规定的，依照其规定。

第五章　行政许可的费用

第五十八条　行政机关实施行政许可和对行政许可事项进行监督检查，不得收取任何费用。但是，法律、行政法规另有规定的，依照其规定。

行政机关提供行政许可申请书格式文本，不得收费。

行政机关实施行政许可所需经费应当列入本行政机关的预算，由本级财政予以保障，按照批准的预算予以核拨。

第五十九条 行政机关实施行政许可，依照法律、行政法规收取费用的，应当按照公布的法定项目和标准收费；所收取的费用必须全部上缴国库，任何机关或者个人不得以任何形式截留、挪用、私分或者变相私分。财政部门不得以任何形式向行政机关返还或者变相返还实施行政许可所收取的费用。

第六章　监督检查

第六十条 上级行政机关应当加强对下级行政机关实施行政许可的监督检查，及时纠正行政许可实施中的违法行为。

第六十一条 行政机关应当建立健全监督制度，通过核查反映被许可人从事行政许可事项活动情况的有关材料，履行监督责任。

行政机关依法对被许可人从事行政许可事项的活动进行监督检查时，应当将监督检查的情况和处理结果予以记录，由监督检查人员签字后归档。公众有权查阅行政机关监督检查记录。

行政机关应当创造条件，实现与被许可人、其他有关行政机关的计算机档案系统互联，核查被许可人从事行政许可事项活动情况。

第六十二条 行政机关可以对被许可人生产经营的产品依法进行抽样检查、检验、检测，对其生产经营场所依法进行实地检查。检查时，行政机关可以依法查阅或者要求被许可人报送有关材料；被许可人应当如实提供有关情况和材料。

行政机关根据法律、行政法规的规定，对直接关系公共安全、人身健康、生命财产安全的重要设备、设施进行定期检验。对检验合格的，行政机关应当发给相应的证明文件。

第六十三条 行政机关实施监督检查，不得妨碍被许可人正常的生产经营活动，不得索取或者收受被许可人的财物，不得谋取其他利益。

第六十四条 被许可人在作出行政许可决定的行政机关管辖区域外违法从事行政许可事项活动的，违法行为发生地的行政机关应当依法将被许可人的违法事实、处理结果抄告作出行政许可决定的行政机关。

第六十五条 个人和组织发现违法从事行政许可事项的活动，有权向行政机关举报，行政机关应当及时核实、处理。

第六十六条 被许可人未依法履行开发利用自然资源义务或者未依法履行利用公共资源义务的，行政机关应当责令限期改正；被许可人在规定期限内不改正的，行政机关应当依照有关法律、行政法规的规定予以处理。

第六十七条 取得直接关系公共利益的特定行业的市场准入行政许可的被许可人，应当按照国家规定的服务标准、资费标准和行政机关依法规定的条件，向用户提供安全、方便、稳定和价格合理的服务，并履行普遍服务的义务；未经作出行政许可决定的行政机关批准，不得擅自停业、歇业。

被许可人不履行前款规定的义务的，行政机关应当责令限期改正，或者依法采取有效措施督促其履行义务。

第六十八条 对直接关系公共安全、人身健康、生命财产安全的重要设备、设施，行政机关应当督促设计、建造、安装和使用单位建立相应的自检制度。

行政机关在监督检查时，发现直接关系公共安全、人身健康、生命财产安全的重要设备、设施存在安全隐患的，应当责令停止建造、安装和使用，并责令设计、建造、安装和使用单位立即改正。

第六十九条 有下列情形之一的，作出行政许可决定的行政机关或者其上级行政机关，根据利害关系人的请求或者依据职权，可以撤销行政许可：

（一）行政机关工作人员滥用职权、玩忽职守作出准予行政许可决定的；

（二）超越法定职权作出准予行政许可决定的；

（三）违反法定程序作出准予行政许可决定的；

（四）对不具备申请资格或者不符合法定条件的申请人准予行政许可的；

（五）依法可以撤销行政许可的其他情形。

被许可人以欺骗、贿赂等不正当手段取得行政许可的，应当予以撤销。

依照前两款的规定撤销行政许可，可能对公共利益造成重大损害的，不予撤销。

依照本条第一款的规定撤销行政许可，被许可人的合法权益受到损害的，行政机关应当依法给予赔偿。依照本条第二款的规定撤销行政许可的，被许可人基于行政许可取得的利益不受保护。

第七十条 有下列情形之一的，行政机关应当依法办理有关行政许可的注销手续：

（一）行政许可有效期届满未延续的；

（二）赋予公民特定资格的行政许可，该公民死亡或者丧失行为能力的；

（三）法人或者其他组织依法终止的；

（四）行政许可依法被撤销、撤回，或者行政许可证件依法被吊销的；

（五）因不可抗力导致行政许可事项无法实施的；

（六）法律、法规规定的应当注销行政许可的其他情形。

第七章　法律责任

第七十一条 违反本法第十七条规定设定的行政许可，有关机关应当责令设定该行政许可的机关改正，或者依法予以撤销。

第七十二条 行政机关及其工作人员违反本法的规定，有下列情形之一的，由其上级行政机关或者监察机关责令改正；情节严重的，对直接负责的主管人员和其他直接责任人员依法给予行政处分：

（一）对符合法定条件的行政许可申请不予受理的；

（二）不在办公场所公示依法应当公示的材料的；

（三）在受理、审查、决定行政许可过程中，未向申请人、利害关系人履行法定告知义务的；

（四）申请人提交的申请材料不齐全、不符合法定形式，不一次告知申请人必须补正的全部内容的；

（五）违法披露申请人提交的商业秘密、未披露信息或者保密商务信息的；

（六）以转让技术作为取得行政许可的条件，或者在实施行政许可的过程中直接或者间接地要求转让技术的；

（七）未依法说明不受理行政许可申请或者不予行政许可的理由的；

（八）依法应当举行听证而不举行听证的。

第七十三条 行政机关工作人员办理行政许可、实施监督检查，索取或者收受他人财物或者谋取其他利益，构成犯罪的，依法追究刑事责任；尚不构成犯罪的，依法给予行政处分。

第七十四条 行政机关实施行政许可，有下列情形之一的，由其上级行政机关或者监察机关责令改正，对直接负责的主管人员和其他直接责任人员依法给予行政处分；构成犯罪的，依法追究刑事责任：

（一）对不符合法定条件的申请人准予行政许可或者超越法定职权作出准予行政许可决定的；

（二）对符合法定条件的申请人不予行政许可或者不在法定期限内作出准予行政许可决定的；

（三）依法应当根据招标、拍卖结果或者考试成绩择优作出准予行政许可决定，未经招标、拍卖或者考试，或者不根据招标、拍卖结果或者考试成绩择优作出准予行政许可决定的。

第七十五条 行政机关实施行政许可，擅自收费或者不按照法定项目和标准收费的，由其上级行政机关或者监察机关责令退还非法收取的费用；对直接负责的主管人员和其他直接责任人员依法给予行政处分。

截留、挪用、私分或者变相私分实施行政许可依法收取的费用的，予以追缴；对直接负责的主管人员和其他直接责任人员依法给予行政处分；构成犯罪的，依法追究刑事责任。

第七十六条 行政机关违法实施行政许可，给当事人的合法权益造成损害的，应当依照国家赔偿法的规定给予赔偿。

第七十七条 行政机关不依法履行监督职责或者监督不力，造成严重后果的，由其上级行政机关或者监察机关责令改正，对直接负责的主管人员和其他直接责任人员依法给予行政处分；构成犯罪的，依法追究刑事责任。

第七十八条 行政许可申请人隐瞒有关情况或者提供虚假材料申请行政许可的，行政机关不予受理或者不予行政许可，并给予警告；行政许可申请属于直接关系公共安全、人身健康、生命财产安全事项的，申请人在一年内不得再次申请该行政许可。

第七十九条 被许可人以欺骗、贿赂等不正当手段取得行政许可的，行政机关应当依法给予行政处罚；取得的行政许可属于直接关系公共安全、人身健康、生命财产安全事项的，申请人在三年内不得再次申请该行政许可；构成犯罪的，依法追究刑事责任。

第八十条 被许可人有下列行为之一的，行政机关应当依法给予行政处罚；构成犯罪的，依法追究刑事责任：

（一）涂改、倒卖、出租、出借行政许可证件，或者以其他形式非法转让行政许可的；

（二）超越行政许可范围进行活动的；

（三）向负责监督检查的行政机关隐瞒有关情况、提供虚假材料或者拒绝提供反映其活动情况的真实材料的；

（四）法律、法规、规章规定的其他违法行为。

第八十一条 公民、法人或者其他组织未经行政许可，擅自从事依法应当取得行政许可的活动的，行政机关应当依法采取措施予以制止，并依法给予行政处罚；构成犯罪的，依法追究刑事责任。

第八章 附 则

第八十二条 本法规定的行政机关实施行政许可的期限以工作日计算，不含法定节假日。

第八十三条 本法自 2004 年 7 月 1 日起施行。

本法施行前有关行政许可的规定，制定机关应当依照本法规定予以清理；不符合本法规定的，自本法施行之日起停止执行。

中华人民共和国行政复议法实施条例

（国务院令第 499 号）

发布日期：2007-05-29
实施日期：2007-08-01
法规类型：行政法规

第一章　总　则

第一条　为了进一步发挥行政复议制度在解决行政争议、建设法治政府、构建社会主义和谐社会中的作用，根据《中华人民共和国行政复议法》（以下简称行政复议法），制定本条例。

第二条　各级行政复议机关应当认真履行行政复议职责，领导并支持本机关负责法制工作的机构（以下简称行政复议机构）依法办理行政复议事项，并依照有关规定配备、充实、调剂专职行政复议人员，保证行政复议机构的办案能力与工作任务相适应。

第三条　行政复议机构除应当依照行政复议法第三条的规定履行职责外，还应当履行下列职责：

（一）依照行政复议法第十八条的规定转送有关行政复议申请；

（二）办理行政复议法第二十九条规定的行政赔偿等事项；

（三）按照职责权限，督促行政复议申请的受理和行政复议决定的履行；

（四）办理行政复议、行政应诉案件统计和重大行政复议决定备案事项；

（五）办理或者组织办理未经行政复议直接提起行政诉讼的行政应诉事项；

（六）研究行政复议工作中发现的问题，及时向有关机关提出改进建议，重大问题及时向行政复议机关报告。第四条专职行政复议人员应当具备与履行行政复议职责相适应的品行、专业知识和业务能力，并取得相应资格。具体办法由国务院法制机构会同国务院有关部门规定。

第二章　行政复议申请

第一节　申请人

第五条　依照行政复议法和本条例的规定申请行政复议的公民、法人或者其他组织为申请人。

第六条　合伙企业申请行政复议的，应当以核准登记的企业为申请人，由执行合伙事务的合伙人代表该企业参加行政复议；其他合伙组织申请行政复议的，由合伙人共同申请行政复议。

前款规定以外的不具备法人资格的其他组织申请行政复议的，由该组织的主要负责人代表该组织参加行政复议；没有主要负责人的，由共同推选的其他成员代表该组织参加行政复议。

第七条　股份制企业的股东大会、股东代表大会、董事会认为行政机关作出的具体行政行为侵犯企业合法权益的，可以以企业的名义申请行政复议。

第八条　同一行政复议案件申请人超过5人的，推选1至5名代表参加行政复议。

第九条　行政复议期间，行政复议机构认为申请人以外的公民、法人或者其他组织与被审查的具体行政行为有利害关系的，可以通知其作为第三人参加行政复议。

行政复议期间，申请人以外的公民、法人或者其他组织与被审查的具体行政行为有利害关系的，可以向行政复议机构申请作为第三人参加行政复议。

第三人不参加行政复议，不影响行政复议案件的审理。

第十条　申请人、第三人可以委托1至2名代理人参加行政复议。申请人、第三人委托代理人的，应当向行政复议机构提交授权委托书。授权委托书应当载明委托事项、权限和期限。公民在特殊情况下无法书面委托的，可以口头委托。口头委托的，行政复议机构应当核实并记录在卷。申请人、第三人解除或者变更委托的，应当书面报告行政复议机构。

第二节　被申请人

第十一条　公民、法人或者其他组织对行政机关的具体行政行为不服，依照行政复议法和本条例的规定申请行政复议的，作出该具体行政行为的行政机关为被申请人。

第十二条　行政机关与法律、法规授权的组织以共同的名义作出具体行政行为的，行政机关和法律、法规授权的组织为共同被申请人。

行政机关与其他组织以共同名义作出具体行政行为的，行政机关为被申请人。

第十三条　下级行政机关依照法律、法规、规章规定，经上级行政机关批准作出具体行政行为的，批准机关为被申请人。

第十四条　行政机关设立的派出机构、内设机构或者其他组织，未经法律、法规授权，对外以自己名义作出具体行政行为的，该行政机关为被申请人。

第三节　行政复议申请期限

第十五条　行政复议法第九条第一款规定的行政复议申请期限的计算，依照下列规定办理：

（一）当场作出具体行政行为的，自具体行政行为作出之日起计算；

（二）载明具体行政行为的法律文书直接送达的，自受送达人签收之日起计算；

（三）载明具体行政行为的法律文书邮寄送达的，自受送达人在邮件签收单上签收之日起计算；没有邮件签收单的，自受送达人在送达回执上签名之日起计算；

（四）具体行政行为依法通过公告形式告知受送达人的，自公告规定的期限届满之日起计算；

（五）行政机关作出具体行政行为时未告知公民、法人或者其他组织，事后补充告知的，自该公民、法人或者其他组织收到行政机关补充告知的通知之日起计算；

（六）被申请人能够证明公民、法人或者其他组织知道具体行政行为的，自证据材料证明其知道具体行政行为之日起计算。

行政机关作出具体行政行为，依法应当向有关公民、法人或者其他组织送达法律文书而未送达的，视为该公民、法人或者其他组织不知道具体行政行为。

第十六条　公民、法人或者其他组织依照行政复议法第六条第（八）项、第（九）项、第（十）项的规定申请行政机关履行法定职责，行政机关未履行的，行政复议申请期限依照下列规定计算：

（一）有履行期限规定的，自履行期限届满之日起计算；

（二）没有履行期限规定的，自行政机关收到申请满60日起计算。

公民、法人或者其他组织在紧急情况下请求行政机关履行保护人身权、财产权的法定职责，行政机关不履行的，行政复议申请期限不受前款规定的限制。

第十七条 行政机关作出的具体行政行为对公民、法人或者其他组织的权利、义务可能产生不利影响的，应当告知其申请行政复议的权利、行政复议机关和行政复议申请期限。

第四节 行政复议申请的提出

第十八条 申请人书面申请行政复议的，可以采取当面递交、邮寄或者传真等方式提出行政复议申请。有条件的行政复议机构可以接受以电子邮件形式提出的行政复议申请。

第十九条 申请人书面申请行政复议的，应当在行政复议申请书中载明下列事项：

（一）申请人的基本情况，包括：公民的姓名、性别、年龄、身份证号码、工作单位、住所、邮政编码；法人或者其他组织的名称、住所、邮政编码和法定代表人或者主要负责人的姓名、职务；

（二）被申请人的名称；

（三）行政复议请求、申请行政复议的主要事实和理由；

（四）申请人的签名或者盖章；

（五）申请行政复议的日期。

第二十条 申请人口头申请行政复议的，行政复议机构应当依照本条例第十九条规定的事项，当场制作行政复议申请笔录交申请人核对或者向申请人宣读，并由申请人签字确认。

第二十一条 有下列情形之一的，申请人应当提供证明材料：

（一）认为被申请人不履行法定职责的，提供曾经要求被申请人履行法定职责而被申请人未履行的证明材料；

（二）申请行政复议时一并提出行政赔偿请求的，提供受具体行政行为侵害而造成损害的证明材料；

（三）法律、法规规定需要申请人提供证据材料的其他情形。

第二十二条 申请人提出行政复议申请时错列被申请人的，行政复议机构应当告知申请人变更被申请人。

第二十三条 申请人对两个以上国务院部门共同作出的具体行政行为不服的，依照行政复议法第十四条的规定，可以向其中任何一个国务院部门提出行政复议申请，由作出具体行政行为的国务院部门共同作出行政复议决定。

第二十四条 申请人对经国务院批准实行省以下垂直领导的部门作出的具体行政行为不服的，可以选择向该部门的本级人民政府或者上一级主管部门申请行政复议；省、自治区、直辖市另有规定的，依照省、自治区、直辖市的规定办理。

第二十五条 申请人依照行政复议法第三十条第二款的规定申请行政复议的，应当向省、自治区、直辖市人民政府提出行政复议申请。

第二十六条 依照行政复议法第七条的规定，申请人认为具体行政行为所依据的规定不合法的，可以在对具体行政行为申请行政复议的同时一并提出对该规定的审查申请；申请人在对具体行政行为提出行政复议申请时尚不知道该具体行政行为所依据的规定的，可以在行政复议机关作出行政复议决定前向行政复议机关提出对该规定的审查申请。

第三章 行政复议受理

第二十七条 公民、法人或者其他组织认为行政机关的具体行政行为侵犯其合法权益提出行政复议申请，除不符合行政复议法和本条例规定的申请条件的，行政复议机关必须受理。

第二十八条 行政复议申请符合下列规定的，应当予以受理：

（一）有明确的申请人和符合规定的被申请人；

（二）申请人与具体行政行为有利害关系；

（三）有具体的行政复议请求和理由；

（四）在法定申请期限内提出；

（五）属于行政复议法规定的行政复议范围；

（六）属于收到行政复议申请的行政复议机构的职责范围；

（七）其他行政复议机关尚未受理同一行政复议申请，人民法院尚未受理同一主体就同一事实提起的行政诉讼。

第二十九条 行政复议申请材料不齐全或者表述不清楚的，行政复议机构可以自收到该行政复议申请之日起 5 日内书面通知申请人补正。补正通知应当载明需要补正的事项和合理的补正期限。无正当理由逾期不补正的，视为申请人放弃行政复议申请。补正申请材料所用时间不计入行政复议审理期限。

第三十条 申请人就同一事项向两个或者两个以上有权受理的行政机关申请行政复议的，由最先收到行政复议申请的行政机关受理；同时收到行政复议申请的，由收到行政复议申请的行政机关在 10 日内协商确定；协商不成的，由其共同上一级行政机关在 10 日内指定受理机关。协商确定或者指定受理机关所用时间不计入行政复议审理期限。

第三十一条 依照行政复议法第二十条的规定，上级行政机关认为行政复议机关不予受理行政复议申请的理由不成立的，可以先行督促其受理；经督促仍不受理的，应当责令其限期受理，必要时也可以直接受理；认为行政复议申请不符合法定受理条件的，应当告知申请人。

第四章 行政复议决定

第三十二条 行政复议机构审理行政复议案件，应当由 2 名以上行政复议人员参加。

第三十三条 行政复议机构认为必要时，可以实地调查核实证据；对重大、复杂的案件，申请人提出要求或者行政复议机构认为必要时，可以采取听证的方式审理。

第三十四条 行政复议人员向有关组织和人员调查取证时，可以查阅、复制、调取有关文件和资料，向有关人员进行询问。

调查取证时，行政复议人员不得少于 2 人，并应当向当事人或者有关人员出示证件。被调查单位和人员应当配合行政复议人员的工作，不得拒绝或者阻挠。

需要现场勘验的，现场勘验所用时间不计入行政复议审理期限。

第三十五条 行政复议机关应当为申请人、第三人查阅有关材料提供必要条件。

第三十六条 依照行政复议法第十四条的规定申请原级行政复议的案件，由原承办具体行政行为有关事项的部门或者机构提出书面答复，并提交作出具体行政行为的证据、依据和其他有关材料。

第三十七条 行政复议期间涉及专门事项需要鉴定的，当事人可以自行委托鉴定机构进行鉴定，也可以申请行政复议机构委托鉴定机构进行鉴定。鉴定费用由当事人承担。鉴定所用时间不计入行政复议审理期限。

第三十八条 申请人在行政复议决定作出前自愿撤回行政复议申请的，经行政复议机构同意，可以撤回。申请人撤回行政复议申请的，不得再以同一事实和理由提出行政复议申请。但是，申请人能够证明撤回行政复议申请违背其真实意思表示的除外。

第三十九条 行政复议期间被申请人改变原具体行政行为的，不影响行政复议案件的审理。但是，申请人依法撤回行政复议申请的除外。

第四十条 公民、法人或者其他组织对行政机关行使法律、法规规定的自由裁量权作出的具体行政行为不服申请行政复议，申请人与被申请人在行政复议决定作出前自愿达成和解的，应当向行政复议机构提交书面和解协议；和解内容不损害社会公共利益和他人合法权益的，行政复议机构应当准许。

第四十一条 行政复议期间有下列情形之一，影响行政复议案件审理的，行政复议中止：

（一）作为申请人的自然人死亡，其近亲属尚未确定是否参加行政复议的；

（二）作为申请人的自然人丧失参加行政复议的能力，尚未确定法定代理人参加行政复议的；

（三）作为申请人的法人或者其他组织终止，尚未确定权利义务承受人的；

（四）作为申请人的自然人下落不明或者被宣告失踪的；

（五）申请人、被申请人因不可抗力，不能参加行政复议的；

（六）案件涉及法律适用问题，需要有权机关作出解释或者确认的；

（七）案件审理需要以其他案件的审理结果为依据，而其他案件尚未审结的；

（八）其他需要中止行政复议的情形。行政复议中止的原因消除后，应当及时恢复行政复议案件的审理。

行政复议机构中止、恢复行政复议案件的审理，应当告知有关当事人。

第四十二条 行政复议期间有下列情形之一的，行政复议终止：

（一）申请人要求撤回行政复议申请，行政复议机构准予撤回的；

（二）作为申请人的自然人死亡，没有近亲属或者其近亲属放弃行政复议权利的；

（三）作为申请人的法人或者其他组织终止，其权利义务的承受人放弃行政复议权利的；

（四）申请人与被申请人依照本条例第四十条的规定，经行政复议机构准许达成和解的；

（五）申请人对行政拘留或者限制人身自由的行政强制措施不服申请行政复议后，因申请人同一违法行为涉嫌犯罪，该行政拘留或者限制人身自由的行政强制措施变更为刑事拘留的。

依照本条例第四十一条第一款第（一）项、第（二）项、第（三）项规定中止行政复议，满60日行政复议中止的原因仍未消除的，行政复议终止。

第四十三条 依照行政复议法第二十八条第一款第（一）项规定，具体行政行为认定事实清楚，证据确凿，适用依据正确，程序合法，内容适当的，行政复议机关应当决定维持。

第四十四条 依照行政复议法第二十八条第一款第（二）项规定，被申请人不履行法定职责的，行政复议机关应当决定其在一定期限内履行法定职责。

第四十五条 具体行政行为有行政复议法第二十八条第一款第（三）项规定情形之一的，行政复议机关应当决定撤销、变更该具体行政行为或者确认该具体行政行为违法；决定撤销该具体行政行为或者确认该具体行政行为违法的，可以责令被申请人在一定期限内重新作出具体行政行为。

第四十六条 被申请人未依照行政复议法第二十三条的规定提出书面答复、提交当初作出具体行政行为的证据、依据和其他有关材料的，视为该具体行政行为没有证据、依据，行政复议机关应当决定撤销该具体行政行为。

第四十七条 具体行政行为有下列情形之一的，行政复议机关可以决定变更：

（一）认定事实清楚，证据确凿，程序合法，但是明显不当或者适用依据错误的；

（二）认定事实不清，证据不足，但是经行政复议机关审理查明事实清楚，证据确凿的。

第四十八条 有下列情形之一的，行政复议机关应当决定驳回行政复议申请：

（一）申请人认为行政机关不履行法定职责申请行政复议，行政复议机关受理后发现该行政机关没有相应法定职责或者在受理前已经履行法定职责的；

（二）受理行政复议申请后，发现该行政复议申请不符合行政复议法和本条例规定的受理条件的。

上级行政机关认为行政复议机关驳回行政复议申请的理由不成立的，应当责令其恢复审理。

第四十九条 行政复议机关依照行政复议法第二十八条的规定责令被申请人重新作出具体行政行为的，被申请人应当在法律、法规、规章规定的期限内重新作出具体行政行为；法律、法规、规章未规定期限的，重新作出具体行政行为的期限为 60 日。

公民、法人或者其他组织对被申请人重新作出的具体行政行为不服，可以依法申请行政复议或者提起行政诉讼。

第五十条 有下列情形之一的，行政复议机关可以按照自愿、合法的原则进行调解：

（一）公民、法人或者其他组织对行政机关行使法律、法规规定的自由裁量权作出的具体行政行为不服申请行政复议的；

（二）当事人之间的行政赔偿或者行政补偿纠纷。

当事人经调解达成协议的，行政复议机关应当制作行政复议调解书。

调解书应当载明行政复议请求、事实、理由和调解结果，并加盖行政复议机关印章。行政复议调解书经双方当事人签字，即具有法律效力。调解未达成协议或者调解书生效前一方反悔的，行政复议机关应当及时作出行政复议决定。

第五十一条 行政复议机关在申请人的行政复议请求范围内，不得作出对申请人更为不利的行政复议决定。

第五十二条 第三人逾期不起诉又不履行行政复议决定的，依照行政复议法第三十三条的规定处理。

第五章　行政复议指导和监督

第五十三条 行政复议机关应当加强对行政复议工作的领导。

行政复议机构在本级行政复议机关的领导下，按照职责权限对行政复议工作进行督促、指导。

第五十四条 县级以上各级人民政府应当加强对所属工作部门和下级人民政府履行行政复议职责的监督。

行政复议机关应当加强对其行政复议机构履行行政复议职责的监督。

第五十五条 县级以上地方各级人民政府应当建立健全行政复议工作责任制，将行政复议工作纳入本级政府目标责任制。

第五十六条 县级以上地方各级人民政府应当按照职责权限，通过定期组织检查、抽查等方式，对所属工作部门和下级人民政府行政复议工作进行检查，并及时向有关方面反馈检查结果。

第五十七条 行政复议期间行政复议机关发现被申请人或者其他下级行政机关的相关行政行为违法或者需要做好善后工作的，可以制作行政复议意见书。有关机关应当自收到行政复议意见书之日起 60 日内将纠正相关行政违法行为或者做好善后工作的情况通报行政复议机构。

行政复议期间行政复议机构发现法律、法规、规章实施中带有普遍性的问题，可以制作行政复议建议书，向有关机关提出完善制度和改进行政执法的建议。

第五十八条 县级以上各级人民政府行政复议机构应当定期向本级人民政府提交行政复议工作状况分析报告。

第五十九条 下级行政复议机关应当及时将重大行政复议决定报上级行政复议机关备案。

第六十条 各级行政复议机构应当定期组织对行政复议人员进行业务培训，提高行政复议人员的专业素质。

第六十一条 各级行政复议机关应当定期总结行政复议工作，对在行政复议工作中做出显著成绩的单位和个人，依照有关规定给予表彰和奖励。

第六章　法律责任

第六十二条　被申请人在规定期限内未按照行政复议决定的要求重新作出具体行政行为，或者违反规定重新作出具体行政行为的，依照行政复议法第三十七条的规定追究法律责任。

第六十三条　拒绝或者阻挠行政复议人员调查取证、查阅、复制、调取有关文件和资料的，对有责任人员依法给予处分或者治安处罚；构成犯罪的，依法追究刑事责任。

第六十四条　行政复议机关或者行政复议机构不履行行政复议法和本条例规定的行政复议职责，经有权监督的行政机关督促仍不改正的，对直接负责的主管人员和其他直接责任人员依法给予警告、记过、记大过的处分；造成严重后果的，依法给予降级、撤职、开除的处分。

第六十五条　行政机关及其工作人员违反行政复议法和本条例规定的，行政复议机构可以向人事、监察部门提出对有关责任人员的处分建议，也可以将有关人员违法的事实材料直接转送人事、监察部门处理；接受转送的人事、监察部门应当依法处理，并将处理结果通报转送的行政复议机构。

第七章　附　则

第六十六条　本条例自 2007 年 8 月 1 日起施行。

中华人民共和国海关行政许可管理办法

（海关总署令第 246 号）

发布日期：2020-12-22
实施日期：2021-02-01
法规类型：部门规章

第一章　总　则

第一条　为了规范海关行政许可管理，保护公民、法人和其他组织的合法权益，维护公共利益和社会秩序，根据《中华人民共和国行政许可法》（以下简称《行政许可法》）、《中华人民共和国海关法》以及有关法律、行政法规的规定，制定本办法。

第二条　本办法所称的海关行政许可，是指海关根据公民、法人或者其他组织（以下简称申请人）的申请，经依法审查，准予其从事与海关监督管理相关的特定活动的行为。

第三条　海关行政许可的项目管理、实施程序、标准化管理、评价与监督，适用本办法。其他海关规章另有规定的，从其规定。

上级海关对下级海关的人事、财务、外事等事项的审批，海关对其他机关或者对其直接管理的事业单位的人事、财务、外事等事项的审批，不适用本办法。

第四条　海关总署统一管理全国海关行政许可工作。

各级海关应当在法定权限内，以本海关的名义统一实施海关行政许可。

海关内设机构和海关派出机构不得以自己的名义实施海关行政许可。

第五条　海关实行行政许可，应当遵循公开、公平、公正、非歧视的原则。

有关行政许可的规定应当公开。海关行政许可的实施和结果，除涉及国家秘密、商业秘密或者个人隐私的外，应当公开。

符合法定条件、标准的，申请人有依法取得海关行政许可的平等权利。

第六条 海关实施行政许可，应当遵循高效便民的原则，提高审批效率，推进审批服务便民化。

第七条 海关应当按照国家行政许可标准化建设相关规定，运用标准化原理、方法和技术，在法律、行政法规、国务院决定和海关规章规定的范围内，实施行政许可、规范行政许可管理。

第八条 公民、法人或者其他组织对海关实施行政许可，享有陈述权、申辩权；有权依法申请行政复议或者提起行政诉讼；其合法权益因海关违法实施行政许可受到损害的，有权依法要求赔偿。

第二章 行政许可项目管理

第九条 海关行政许可项目由法律、行政法规、国务院决定设定。

海关规章、规范性文件一律不得设定海关行政许可。

第十条 海关实施法律、行政法规和国务院决定设定的行政许可，需要对实施的程序、条件、期限等进行具体规定的，由海关总署依法制定海关规章作出规定。

海关总署可以根据法律、行政法规、国务院决定和海关规章的规定，以规范性文件的形式对海关行政许可实施过程中的具体问题进行明确。

对实施上位法设定的行政许可作出的具体规定，不得增设行政许可；对行政许可条件作出的具体规定，不得增设违反上位法的其他条件；对行政许可实施过程中具体问题进行明确的，不得增加海关权力、减损申请人合法权益、增加申请人义务。

第十一条 公民、法人或者其他组织发现海关规章以及规范性文件有违反《行政许可法》规定的，可以向海关总署或者各级海关反映；对规章以外的有关海关行政许可的规范性文件有异议的，在对不服海关行政许可具体行政行为申请复议时，可以一并申请审查。

第十二条 按照国务院行政审批制度改革相关要求，海关行政许可实施清单管理。未列入海关系统行政许可事项清单（以下简称清单）的事项不得实施行政许可。

法律、行政法规或者国务院决定设立、取消、下放海关行政许可的，海关总署应当及时调整清单。

第十三条 直属海关应当根据海关总署发布的清单编制、公布本关区负责实施的行政许可清单，并且实施动态管理。

第三章 行政许可实施程序

第一节 申请与受理

第十四条 公民、法人或者其他组织从事与海关监督管理相关的特定活动，依法需要取得海关行政许可的，应当向海关提出书面申请。

海关应当向申请人提供海关行政许可申请书格式文本，并且将法律、行政法规、海关规章规定的有关行政许可的事项、依据、条件、数量、程序、期限以及需要提交的全部材料的目录、申请书示范文本和填制说明在海关网上办理平台和办公场所公示。申请书格式文本中不得包含与申请海关行政许可事项没有直接关系的内容。

申请人可以委托代理人提出海关行政许可申请。依据法律、行政法规的规定，应当由申请人到海关办公场所提出行政许可申请的除外。

第十五条 申请人可以到海关行政许可受理窗口提出申请，也可以通过网上办理平台或者信函、传真、电子邮件等方式提出申请，并且对其提交材料的真实性、合法性和有效性负责。海关不得要求申请人提交与其申请的行政许可事项无关的技术资料和其他材料。

申请材料涉及商业秘密、未披露信息或者保密商务信息的，申请人应当以书面方式向海关提出保密要求，并且具体列明需要保密的内容。海关按照国家有关规定承担保密义务。

第十六条 海关对申请人提出的海关行政许可申请，应当根据下列情况分别作出处理：

（一）申请事项依法不需要取得海关行政许可的，应当即时告知申请人；

（二）申请事项依法不属于本海关职权范围的，应当即时作出不予受理的决定，并且告知申请人向其他海关或者有关行政机关申请；

（三）申请材料存在可以当场更正的错误的，应当允许申请人当场更正，由申请人在更正处签字或者盖章，并且注明更正日期，更正后申请材料齐全、符合法定形式的，应当予以受理；

（四）申请材料不齐全或者不符合法定形式的，应当当场或者在签收申请材料后五日内一次告知申请人需要补正的全部内容，逾期不告知的，自收到申请材料之日起即为受理；

（五）申请事项属于本海关职权范围，申请材料齐全、符合法定形式，或者申请人按照本海关的要求提交全部补正申请材料的，应当受理海关行政许可申请。

海关受理或者不予受理行政许可申请，或者告知申请人补正申请材料的，应当出具加盖本海关行政许可专用印章并且注明日期的书面凭证。

第十七条 除不予受理或者需要补正的情形外，海关行政许可受理窗口收到海关行政许可申请之日，即为受理海关行政许可申请之日；以信函申请的，海关收讫信函之日为受理海关行政许可申请之日；以网上办理平台或者传真、电子邮件提出申请的，申请材料送达网上办理平台或者海关指定的传真号码、电子邮件地址之日为受理海关行政许可申请之日。

申请人提交补正申请材料的，以海关收到全部补正申请材料之日为受理海关行政许可申请之日。

第二节 审查与决定

第十八条 海关应当对申请人提交的申请材料进行审查。

依法需要对申请材料的实质内容进行核实的，海关可以通过数据共享核实。需要现场核查的，应当指派不少于两名工作人员共同进行。核查人员应当根据核查的情况制作核查记录，并且由核查人员与被核查方共同签字确认。被核查方拒绝签字的，核查人员应当予以注明。

第十九条 申请人提交的申请材料齐全、符合法定形式，能够当场作出决定的，应当当场作出书面的海关行政许可决定。

当场作出海关行政许可决定的，应当当场制发加盖本海关印章并且注明日期的书面凭证，同时不再制发受理单。

第二十条 申请人的申请符合法定条件、标准的，应当依法作出准予海关行政许可的决定；申请人的申请不符合法定条件、标准的，应当依法作出不予海关行政许可的决定。作出准予或者不予海关行政许可的决定，应当出具加盖本海关印章并且注明日期的书面凭证。

依法作出不予海关行政许可决定的，应当说明理由并且告知申请人享有申请行政复议或者提起行政诉讼的权利。

第二十一条 海关作出的准予行政许可决定，应当予以公开，公众有权查阅。

未经申请人同意，海关及其工作人员、参与专家评审等的人员不得披露申请人提交的商业秘密、未披露信息或者保密商务信息，法律另有规定或者涉及国家安全、重大社会公共利益的除外。海关依法公开申请人前述信息的，允许申请人在合理期限内提出异议。

第二十二条 申请人在海关作出海关行政许可决定之前，可以向海关书面申请撤回海关行政许可申请。

第二十三条 海关作出准予海关行政许可的决定，需要颁发海关行政许可证件的，应当自作出决定之日起十日内向申请人颁发、送达加盖本海关印章的下列海关行政许可证件：

（一）许可证、执照或者其他许可证书；

（二）资格证、资质证或者其他合格证书；

（三）准予海关行政许可的批准文件或者证明文件；

（四）法律、行政法规规定的其他海关行政许可证件。

第二十四条 海关行政许可的适用范围没有地域限制的，申请人取得的海关行政许可在全关境范围内有效；海关行政许可的适用范围有地域限制的，海关作出的准予海关行政许可决定应当注明。

海关行政许可的适用有期限限制的，海关在作出准予海关行政许可的决定时，应当注明其有效期限。

第三节　变更与延续

第二十五条 被许可人要求变更海关行政许可事项的，应当依法向作出行政许可决定的海关提出变更申请。符合法定条件、标准的，海关应当予以变更。

第二十六条 被许可人需要延续依法取得的海关行政许可的有效期的，应当在该行政许可有效期届满三十日前向作出行政许可决定的海关提出申请。法律、行政法规、海关规章另有规定的除外。

海关应当在海关行政许可有效期届满前作出是否准予延续的决定；逾期未作决定的，视为准予延续。

被许可人因不可抗力未能在行政许可有效期届满三十日前提出申请，经海关审查认定申请材料齐全、符合法定形式的，也可以受理。

第二十七条 海关作出准予变更行政许可决定或者准予延续行政许可决定的，应当出具加盖本海关印章并且注明日期的书面凭证。海关依法不予办理海关行政许可变更手续、不予延续海关行政许可有效期的，应当说明理由。

第四节　听证与陈述申辩

第二十八条 法律、行政法规、海关规章规定实施海关行政许可应当听证的事项，或者海关认为需要听证的涉及公共利益的其他重大海关行政许可事项，海关应当向社会公告，并且举行听证。

海关行政许可直接涉及申请人与他人之间重大利益关系的，海关在作出海关行政许可决定前，应当告知申请人、利害关系人享有要求听证的权利。

海关应当根据听证笔录作出海关行政许可决定。

海关行政许可听证的具体办法由海关总署另行制定。

第二十九条 海关对行政许可申请进行审查时，发现行政许可事项直接关系他人重大利益的，应当告知申请人、利害关系人，申请人、利害关系人有权进行陈述和申辩。

能够确定具体利害关系人的，应当直接向有关利害关系人出具加盖本海关行政许可专用印章并且注明日期的书面凭证。利害关系人为不确定多数人的，可以公告告知。

告知利害关系人，应当同时随附申请人的申请书及申请材料，涉及国家秘密、商业秘密或者个人隐私的材料除外。

海关应当听取申请人、利害关系人的意见。申请人、利害关系人的陈述和申辩意见应当纳入海关行政许可审查范围。

第五节 期 限

第三十条 除当场作出海关行政许可决定的，海关应当自受理海关行政许可申请之日起二十日内作出决定。二十日内不能作出决定的，经本海关负责人批准，可以延长十日，并且将延长期限的理由告知申请人。

法律、行政法规另有规定的，依照其规定。

第三十一条 海关行政许可采取联合办理的，办理的时间不得超过四十五日；四十五日内不能办结的，经海关总署批准，可以延长十五日，并且应当将延长期限的理由告知申请人。

第三十二条 依法应当先经下级海关审查后报上级海关决定的海关行政许可，下级海关应当根据法定条件和程序进行全面审查，并且于受理海关行政许可申请之日起二十日内审查完毕，将审查意见和全部申请材料直接报送上级海关。上级海关应当自收到下级海关报送的审查意见之日起二十日内作出决定。

法律、行政法规另有规定的，依照其规定。

第三十三条 海关作出行政许可决定，依照法律、行政法规需要听证、招标、拍卖、检验、检测、检疫、鉴定和专家评审的，所需时间不计算在本办法规定的期限内。海关应当将所需时间书面告知申请人。

第三十四条 由下级海关代收材料并且交由上级海关出具受理单的，所需时间应当计入海关行政许可办理时限。

第六节 退出程序

第三十五条 海关受理行政许可申请后，作出行政许可决定前，有下列情形之一的，应当终止办理行政许可：

（一）申请人撤回行政许可申请的；

（二）赋予公民、法人或者其他组织特定资格的行政许可，该公民死亡或者丧失行为能力，法人或者其他组织依法终止的；

（三）由于法律、行政法规调整，申请事项不再实施行政许可管理，或者根据国家有关规定暂停实施的；

（四）其他依法应当终止办理行政许可的。

海关终止办理行政许可的，应当出具加盖本海关行政许可专用印章并且注明日期的书面凭证。

第三十六条 有下列情形之一的，作出海关行政许可决定的海关或者其上级海关，根据利害关系人的请求或者依据职权，可以撤销海关行政许可：

（一）海关工作人员滥用职权、玩忽职守作出准予海关行政许可决定的；

（二）超越法定职权作出准予海关行政许可决定的；

（三）违反法定程序作出准予海关行政许可决定的；

（四）对不具备申请资格或者不符合法定条件的申请人准予海关行政许可的；

（五）依法可以撤销海关行政许可的其他情形。

被许可人以欺骗、贿赂等不正当手段取得海关行政许可的，应当予以撤销。

依照前两款的规定撤销海关行政许可，可能对公共利益造成重大损害的，不予撤销。

依照本条第一款的规定撤销行政许可，被许可人的合法权益受到损害的，海关应当依法给予赔偿。依照本条第二款的规定撤销行政许可的，被许可人基于行政许可取得的利益不受保护。

作出撤销行政许可决定的，应当出具加盖本海关印章并且注明日期的书面凭证。

第三十七条 海关不得擅自改变已生效的海关行政许可。

海关行政许可所依据的法律、行政法规、海关规章修改或者废止，或者准予海关行政许可所依据的客观情况发生重大变化，为了公共利益的需要，海关可以依法变更或者撤回已经生效的海关行政许可，由此给公民、法人或者其他组织造成财产损失的，应当依法给予补偿。

补偿程序和补偿金额由海关总署根据国家有关规定另行制定。

第三十八条 有下列情形之一的，准予行政许可的海关应当依法办理有关行政许可的注销手续：

（一）海关行政许可有效期届满未延续的；

（二）赋予公民特定资格的行政许可，该公民死亡或者丧失行为能力的；

（三）法人或者其他组织依法终止的；

（四）海关行政许可依法被撤销、撤回，或者行政许可证件依法被吊销的；

（五）因不可抗力导致行政许可事项无法实施的；

（六）法律、行政法规规定的应当注销海关行政许可的其他情形。

被许可人申请注销行政许可的，海关可以注销。

第七节 标准化管理

第三十九条 海关总署按照国务院行政许可标准化建设要求，推进行政许可标准化工作，编制行政许可事项受理单、服务指南和审查工作细则。

第四十条 海关总署建设海关行政许可网上办理平台，实行海关行政许可事项网上全流程办理。

各级海关应当鼓励并且引导申请人通过网上办理平台办理海关行政许可，及时指导现场提交申请材料的申请人现场进行网上办理。

第四十一条 各级海关设置专门的行政许可业务窗口，提供咨询服务以及办理向申请人颁发、邮寄行政许可证件或者相关法律文书等事务。

申请人自愿采用线下办理模式的，"一个窗口"可以受理，不得强制申请人进行网上办理。

第四章 评价与监督

第四十二条 海关可以对已设定的行政许可的实施情况及存在的必要性适时采取自我评价、申请人评价或者第三方评价等方式，实行满意度评价制度，听取意见和建议。

第四十三条 海关应当加强事中事后监管，通过核查反映被许可人从事海关行政许可事项活动情况的有关材料，履行监督检查责任。

海关可以对被许可人生产经营的产品依法进行抽样检查、检验、检测，对其生产经营场所依法进行实地检查。检查时，海关可以依法查阅或者要求被许可人报送有关材料，被许可人应当如实提供有关情况和材料。

海关依法对被许可人从事海关行政许可事项的活动进行监督检查时，应当将监督检查的情况和处理结果予以记录，由监督检查人员签字，并且归档。

公众有权查阅海关的监督检查记录，但是根据法律、行政法规不予公开或者可以不予公开的除外。

第四十四条 海关实施监督检查，不得妨碍被许可人正常的生产经营活动，不得索取或者收受被许可人的财物，不得谋取其他利益。

第四十五条 对被许可人在作出海关行政许可决定的海关管辖区域外违法从事海关行政

许可事项活动的，违法行为发生地的海关应当依法将被许可人的违法事实、处理结果通报作出海关行政许可决定的海关。

第四十六条 公民、法人或者其他组织发现违法从事海关行政许可事项的活动，有权向海关举报，海关应当及时核实、处理。

第五章 法律责任

第四十七条 海关及海关工作人员违反有关规定的，按照《行政许可法》第七章的有关规定处理。

第四十八条 被许可人违反《行政许可法》及有关法律、行政法规、海关规章规定的，海关依法给予行政处罚；构成犯罪的，依法追究刑事责任。

第四十九条 行政许可申请人隐瞒有关情况或者提供虚假材料申请行政许可的，海关不予受理或者不予行政许可，并且依据《行政许可法》给予警告；行政许可申请属于直接关系公共安全、人身健康、生命财产安全事项的，申请人在一年内不得再次申请该行政许可。

第五十条 被许可人以欺骗、贿赂等不正当手段取得的行政许可属于直接关系公共安全、人身健康、生命财产安全事项的，申请人在三年内不得再次申请该行政许可。

第六章 附 则

第五十一条 本办法所称的书面凭证包括纸质和电子凭证。符合法定要求的电子凭证与纸质凭证具有同等法律效力。

第五十二条 除法律、行政法规另有规定外，海关实施行政许可，不得收取任何费用。

第五十三条 海关行政许可的过程应当有记录、可追溯，行政许可档案由海关行政许可实施机关按照档案管理的有关规定进行归档、管理。

第五十四条 本办法规定的海关实施行政许可的期限以工作日计算，不含法定节假日。

第五十五条 本办法由海关总署负责解释。

第五十六条 本办法自2021年2月1日起实施。2004年6月18日海关总署令第117号公布、2014年3月13日海关总署令第218号修改的《中华人民共和国海关实施〈中华人民共和国行政许可法〉办法》同时废止。

中华人民共和国海关行政复议办法

（海关总署令第166号）

发布日期：2007-09-25

实施日期：2014-03-13

法规类型：部门规章

（根据2014年3月13日海关总署令第218号《海关总署关于修改部分规章的决定》修正）

第一章 总 则

第一条 为了规范海关行政复议，发挥行政复议制度在解决行政争议、建设法治海关、构建社会主义和谐社会中的作用，根据《中华人民共和国行政复议法》（以下简称行政复议法）、《中华人民共和国海关法》（以下简称海关法）和《中华人民共和国行政复议法实施条例》（以下简称行政复议法实施条例）的规定，制定本办法。

第二条　公民、法人或者其他组织认为海关具体行政行为侵犯其合法权益向海关提出行政复议申请，海关办理行政复议事项，适用本办法。

第三条　各级海关行政复议机关应当认真履行行政复议职责，领导并且支持本海关负责法制工作的机构（以下简称海关行政复议机构）依法办理行政复议事项，依照有关规定配备、充实、调剂专职行政复议人员，为行政复议工作提供财政保障，保证海关行政复议机构的办案能力与工作任务相适应。

第四条　海关行政复议机构履行下列职责：

（一）受理行政复议申请；

（二）向有关组织和人员调查取证，查阅文件和资料，组织行政复议听证；

（三）审查被申请行政复议的具体行政行为是否合法与适当，拟定行政复议决定，主持行政复议调解，审查和准许行政复议和解；

（四）办理海关行政赔偿事项；

（五）依照行政复议法第三十三条的规定，办理海关行政复议决定的依法强制执行或者申请人民法院强制执行事项；

（六）处理或者转送申请人依照本办法第三十一条提出的对有关规定的审查申请；

（七）指导、监督下级海关的行政复议工作，依照规定提出复议意见；

（八）对下级海关及其部门和工作人员违反行政复议法、行政复议法实施条例和本办法规定的行为依照规定的权限和程序提出处理建议；

（九）办理或者组织办理不服海关具体行政行为提起行政诉讼的应诉事项；

（十）办理行政复议、行政应诉、行政赔偿案件统计和备案事项；

（十一）研究行政复议过程中发现的问题，及时向有关机关和部门提出建议，重大问题及时向行政复议机关报告；

（十二）其他与行政复议工作有关的事项。

第五条　专职从事海关行政复议工作的人员（以下简称行政复议人员）应当具备下列条件：

（一）具有国家公务员身份；

（二）有良好的政治、业务素质；

（三）高等院校法律专业毕业或者高等院校非法律专业毕业具有法律专业知识；

（四）从事海关工作2年以上；

（五）经考试考核合格取得海关总署颁发的调查证。

各级海关行政复议机关应当支持并且鼓励行政复议人员参加国家司法考试；取得律师资格或者法律职业资格的海关工作人员可以优先成为行政复议人员。

第六条　行政复议人员享有下列权利：

（一）依法履行行政复议职责的行为受法律保护；

（二）获得履行职责应当具有的工作条件；

（三）对行政复议工作提出建议；

（四）参加培训；

（五）法律、行政法规和海关规章规定的其他权利。

行政复议人员应当履行下列义务：

（一）严格遵守宪法和法律；

（二）以事实为根据，以法律为准绳审理行政复议案件；

（三）忠于职守，尽职尽责，清正廉洁，秉公执法；

（四）依法保障行政复议参加人的合法权益；

（五）保守国家秘密、商业秘密、海关工作秘密和个人隐私；

（六）维护国家利益、社会公共利益，维护公民、法人或者其他组织的合法权益；

（七）法律、行政法规和海关规章规定的其他义务。

第七条 海关行政复议机关履行行政复议职责，应当遵循合法、公正、公开、及时、便民的原则，坚持依法行政、有错必纠，保障法律、行政法规和海关规章的正确实施。

第八条 海关行政复议机关应当通过宣传栏、公告栏、海关门户网站等方便查阅的形式，公布本海关管辖的行政复议案件受案范围、受理条件、行政复议申请书样式、行政复议案件审理程序和行政复议决定执行程序等事项。

海关行政复议机关应当建立和公布行政复议案件办理情况查询机制，方便申请人、第三人及时了解与其行政复议权利、义务相关的信息。

海关行政复议机构应当对申请人、第三人就有关行政复议受理条件、审理方式和期限、作出行政复议处理决定的理由和依据、行政复议决定的执行等行政复议事项提出的疑问予以解释说明。

第二章　海关行政复议范围

第九条 有下列情形之一的，公民、法人或者其他组织可以向海关申请行政复议：

（一）对海关作出的警告，罚款，没收货物、物品、运输工具和特制设备，追缴无法没收的货物、物品、运输工具的等值价款，没收违法所得，暂停从事有关业务，撤销注册登记，及其他行政处罚决定不服的；

（二）对海关作出的收缴有关货物、物品、违法所得、运输工具、特制设备决定不服的；

（三）对海关作出的限制人身自由的行政强制措施不服的；

（四）对海关作出的扣留有关货物、物品、运输工具、账册、单证或者其他财产，封存有关进出口货物、账簿、单证等行政强制措施不服的；

（五）对海关收取担保的具体行政行为不服的；

（六）对海关采取的强制执行措施不服的；

（七）对海关确定纳税义务人、确定完税价格、商品归类、确定原产地、适用税率或者汇率、减征或者免征税款、补税、退税、征收滞纳金、确定计征方式以及确定纳税地点等其他涉及税款征收的具体行政行为有异议的（以下简称纳税争议）；

（八）认为符合法定条件，申请海关办理行政许可事项或者行政审批事项，海关未依法办理的；

（九）对海关检查运输工具和场所，查验货物、物品或者采取其他监管措施不服的；

（十）对海关作出的责令退运、不予放行、责令改正、责令拆毁和变卖等行政决定不服的；

（十一）对海关稽查决定或者其他稽查具体行政行为不服的；

（十二）对海关作出的企业分类决定以及按照该分类决定进行管理的措施不服的；

（十三）认为海关未依法采取知识产权保护措施，或者对海关采取的知识产权保护措施不服的；

（十四）认为海关未依法办理接受报关、放行等海关手续的；

（十五）认为海关违法收取滞报金或者其他费用、违法要求履行其他义务的；

（十六）认为海关没有依法履行保护人身权利、财产权利的法定职责的；

（十七）认为海关在政府信息公开工作中的具体行政行为侵犯其合法权益的；

（十八）认为海关的其他具体行政行为侵犯其合法权益的。

前款第（七）项规定的纳税争议事项，公民、法人或者其他组织应当依据海关法的规定先向海关行政复议机关申请行政复议，对海关行政复议决定不服的，再向人民法院提起行政诉讼。

第十条 海关工作人员不服海关作出的处分或者其他人事处理决定，依照有关法律、行政法规的规定提出申诉的，不适用本办法。

第三章 海关行政复议申请

第一节 申请人和第三人

第十一条 依照本办法规定申请行政复议的公民、法人或者其他组织是海关行政复议申请人。

第十二条 有权申请行政复议的公民死亡的，其近亲属可以申请行政复议。

第十三条 有权申请行政复议的法人或者其他组织终止的，承受其权利的公民、法人或者其他组织可以申请行政复议。

法人或者其他组织实施违反海关法的行为后，有合并、分立或者其他资产重组情形，海关以原法人、组织作为当事人予以行政处罚并且以承受其权利义务的法人、组织作为被执行人的，被执行人可以以自己的名义申请行政复议。

第十四条 行政复议期间，海关行政复议机构认为申请人以外的公民、法人或者其他组织与被审查的具体行政行为有利害关系的，应当通知其作为第三人参加行政复议。

行政复议期间，申请人以外的公民、法人或者其他组织认为与被审查的海关具体行政行为有利害关系的，可以向海关行政复议机构申请作为第三人参加行政复议。申请作为第三人参加行政复议的，应当对其与被审查的海关具体行政行为有利害关系负举证责任。

通知或者同意第三人参加行政复议的，应当制作《第三人参加行政复议通知书》，送达第三人。

第三人不参加行政复议，不影响行政复议案件的审理。

第十五条 申请人、第三人可以委托1至2名代理人参加行政复议。

委托代理人参加行政复议的，应当向海关行政复议机构提交授权委托书。授权委托书应当载明下列事项：

（一）委托人姓名或者名称，委托人为法人或者其他组织的，还应当载明法定代表人或者主要负责人的姓名、职务；

（二）代理人姓名、性别、年龄、职业、地址及邮政编码；

（三）委托事项和代理期间；

（四）代理人代为提起、变更、撤回行政复议申请、参加行政复议调解、达成行政复议和解、参加行政复议听证、递交证据材料、收受行政复议法律文书等代理权限；

（五）委托日期及委托人签章。

公民在特殊情况下无法书面委托的，可以口头委托。公民口头委托的，海关行政复议机构应当核实并且记录在卷。

申请人、第三人解除或者变更委托的，应当书面报告海关行政复议机构。

第二节 被申请人和行政复议机关

第十六条 公民、法人或者其他组织对海关作出的具体行政行为不服，依照本办法规定申请行政复议的，作出该具体行政行为的海关是被申请人。

第十七条 对海关具体行政行为不服的，向作出该具体行政行为的海关的上一级海关提出行政复议申请。

对海关总署作出的具体行政行为不服的，向海关总署提出行政复议申请。

第十八条 两个以上海关以共同的名义作出具体行政行为的，以作出具体行政行为的海关为共同被申请人，向其共同的上一级海关申请行政复议。

第十九条 海关与其他行政机关以共同的名义作出具体行政行为的，海关和其他行政机关为共同被申请人，向海关和其他行政机关的共同上一级行政机关申请行政复议。

申请人对海关总署与国务院其他部门共同作出的具体行政行为不服，向海关总署或者国务院其他部门提出行政复议申请，由海关总署、国务院其他部门共同作出处理决定。

第二十条 依照法律、行政法规或者海关规章的规定，下级海关经上级海关批准后以自己的名义作出具体行政行为的，以作出批准的上级海关为被申请人。

根据海关法和有关行政法规、海关规章的规定，经直属海关关长或者其授权的隶属海关关长批准后作出的具体行政行为，以直属海关为被申请人。

第二十一条 海关设立的派出机构、内设机构或者其他组织，未经法律、行政法规授权，对外以自己名义作出具体行政行为的，以该海关为被申请人，向该海关的上一级海关申请行政复议。

第三节　行政复议申请期限

第二十二条 海关对公民、法人或者其他组织作出具体行政行为，应当告知其申请行政复议的权利、行政复议机关和行政复议申请期限。

对于依照法律、行政法规或者海关规章的规定，下级海关经上级海关批准后以自己的名义作出的具体行政行为，应当告知以作出批准的上级海关为被申请人以及相应的行政复议机关。

第二十三条 公民、法人或者其他组织认为海关具体行政行为侵犯其合法权益的，可以自知道该具体行政行为之日起60日内提出行政复议申请。

前款规定的行政复议申请期限依照下列规定计算：

（一）当场作出具体行政行为的，自具体行政行为作出之日起计算；

（二）载明具体行政行为的法律文书直接送达的，自受送达人签收之日起计算；

（三）载明具体行政行为的法律文书依法留置送达的，自送达人和见证人在送达回证上签注的留置送达之日起计算；

（四）载明具体行政行为的法律文书邮寄送达的，自受送达人在邮政签收单上签收之日起计算；没有邮政签收单的，自受送达人在送达回执上签名之日起计算；

（五）具体行政行为依法通过公告形式告知受送达人的，自公告规定的期限届满之日起计算；

（六）被申请人作出具体行政行为时未告知有关公民、法人或者其他组织，事后补充告知的，自公民、法人或者其他组织收到补充告知的通知之日起计算；

（七）被申请人作出具体行政行为时未告知有关公民、法人或者其他组织，但是有证据材料能够证明有关公民、法人或者其他组织知道该具体行政行为的，自证据材料证明其知道具体行政行为之日起计算。

具体行政行为具有持续状态的，自该具体行政行为终了之日起计算。

海关作出具体行政行为，依法应当向有关公民、法人或者其他组织送达法律文书而未送达的，视为该有关公民、法人或者其他组织不知道该具体行政行为。

申请人因不可抗力或者其他正当理由耽误法定申请期限的，申请期限自障碍消除之日起继续计算。

第二十四条条 公民、法人或者其他组织认为海关未依法履行法定职责，依照本办法第九条第一款第（八）项、第（十六）项的规定申请行政复议的，行政复议申请期限依照下列规定计算：

（一）履行职责的期限有法律、行政法规或者海关规章的明确规定的，自规定的履行期限届满之日起计算；

（二）履行职责的期限没有明确规定的，自海关收到公民、法人或者其他组织要求履行职责的申请满 60 日起计算。

公民、法人或者其他组织在紧急情况下请求海关履行保护人身权、财产权的法定职责，海关不及时履行的，行政复议申请期限不受前款规定的限制。

第二十五条 本办法第九条第一款第（七）项规定的纳税争议事项，申请人未经行政复议直接向人民法院提起行政诉讼的，人民法院依法驳回后申请人再向海关申请行政复议的，从申请人起诉之日起至人民法院驳回的法律文书生效之日止的期间不计算在申请行政复议的期限内，但是海关作出有关具体行政行为时已经告知申请人应当先经海关行政复议的除外。

第四节 行政复议申请的提出

第二十六条 申请人书面申请行政复议的，可以采取当面递交、邮寄、传真、电子邮件等方式递交行政复议申请书。

海关行政复议机关应当通过海关公告栏、互联网门户网站公开接受行政复议申请书的地址、传真号码、互联网邮箱地址等，方便申请人选择不同的书面申请方式。

第二十七条 申请人书面申请行政复议的，应当在行政复议申请书中载明下列内容：

（一）申请人基本情况，包括：公民的姓名、性别、年龄、工作单位、住所、身份证号码、邮政编码；法人或者其他组织的名称、住所、邮政编码和法定代表人或者主要负责人的姓名、职务；

（二）被申请人的名称；

（三）行政复议请求、申请行政复议的主要事实和理由；

（四）申请人签名或者盖章；

（五）申请行政复议的日期。

第二十八条 申请人口头申请行政复议的，海关行政复议机构应当依照本办法第二十七条规定的内容，当场制作《行政复议申请笔录》交申请人核对或者向申请人宣读，并且由其签字确认。

第二十九条 有下列情形之一的，申请人应当提供相应的证明材料：

（一）认为被申请人不履行法定职责的，提供曾经申请被申请人履行法定职责的证明材料；

（二）申请行政复议时一并提出行政赔偿申请的，提供受具体行政行为侵害而造成损害的证明材料；

（三）属于本办法第二十三条第五款情形的，提供发生不可抗力或者其他正当理由的证明材料；

（四）法律、行政法规规定需要申请人提供证据材料的其他情形。

第三十条 申请人提出行政复议申请时错列被申请人的，海关行政复议机构应当告知申请人变更被申请人。

申请人变更被申请人的期间不计入行政复议审理期限。

第三十一条 申请人认为海关的具体行政行为所依据的规定不合法，可以依据行政复议法第七条的规定，在对具体行政行为申请行政复议时一并提出对该规定的审查申请。

申请人在对具体行政行为提起行政复议申请时尚不知道该具体行政行为所依据的规定的，可以在海关行政复议机关作出行政复议决定前提出。

第四章　海关行政复议受理

第三十二条 海关行政复议机关收到行政复议申请后，应当在5日内进行审查。行政复议申请符合下列规定的，应当予以受理：

（一）有明确的申请人和符合规定的被申请人；

（二）申请人与具体行政行为有利害关系；

（三）有具体的行政复议请求和理由；

（四）在法定申请期限内提出；

（五）属于本办法第九条第一款规定的行政复议范围；

（六）属于收到行政复议申请的海关行政复议机构的职责范围；

（七）其他行政复议机关尚未受理同一行政复议申请，人民法院尚未受理同一主体就同一事实提起的行政诉讼。

对符合前款规定决定受理行政复议申请的，应当制作《行政复议申请受理通知书》和《行政复议答复通知书》分别送达申请人和被申请人。《行政复议申请受理通知书》应当载明受理日期、合议人员或者案件审理人员，告知申请人申请回避和申请举行听证的权利。《行政复议答复通知书》应当载明受理日期、提交答复的要求和合议人员或者案件审理人员，告知被申请人申请回避的权利。

对不符合本条第一款规定决定不予受理的，应当制作《行政复议申请不予受理决定书》，并且送达申请人。《行政复议申请不予受理决定书》应当载明不予受理的理由和法律依据，告知申请人主张权利的其他途径。

第三十三条 行政复议申请材料不齐全或者表述不清楚的，海关行政复议机构可以自收到该行政复议申请之日起5日内书面通知申请人补正。补正通知应当载明以下事项：

（一）行政复议申请书中需要修改、补充的具体内容；

（二）需要补正的有关证明材料的具体类型及其证明对象；

（三）补正期限。

申请人应当在收到补正通知之日起10日内向海关行政复议机构提交需要补正的材料。补正申请材料所用时间不计入行政复议审理期限。

申请人无正当理由逾期不补正的，视为其放弃行政复议申请。申请人有权在本办法第二十三条规定的期限内重新提出行政复议申请。

第三十四条 申请人以传真、电子邮件方式递交行政复议申请书、证明材料的，海关行政复议机构不得以其未递交原件为由拒绝受理。

海关行政复议机构受理申请人以传真、电子邮件方式提出的行政复议申请后，应当告知申请人自收到《行政复议申请受理通知书》之日起10日内提交有关材料的原件。

第三十五条 对符合本办法规定，且属于本海关受理的行政复议申请，自海关行政复议机构收到之日起即为受理。

海关行政复议机构收到行政复议申请的日期，属于申请人当面递交的，由海关行政复议机构经办人在申请书上注明收到日期，并且由递交人签字确认；属于直接从邮递渠道收取或者其他单位、部门转来的，由海关行政复议机构签收确认；属于申请人以传真或者电子邮件方式提交的，以海关行政复议机构接收传真之日或者海关互联网电子邮件系统记载的收件日期为准。

第三十六条　对符合本办法规定，但是不属于本海关管辖的行政复议申请，应当在审查期限内转送有管辖权的海关行政复议机关，并且告知申请人。口头告知的，应当记录告知的有关内容，并且当场交由申请人签字或者盖章确认；书面告知的，应当制作《行政复议告知书》，并且送达申请人。

第三十七条　申请人就同一事项向两个或者两个以上有权受理的海关申请行政复议的，由最先收到行政复议申请的海关受理；同时收到行政复议申请的，由收到行政复议申请的海关在 10 日内协商确定；协商不成的，由其共同上一级海关在 10 日内指定受理海关。协商确定或者指定受理海关所用时间不计入行政复议审理期限。

第三十八条　申请人依法提出行政复议申请，海关行政复议机关无正当理由不予受理的，上一级海关可以根据申请人的申请或者依职权先行督促其受理；经督促仍不受理的，应当责令其限期受理，并且制作《责令受理行政复议申请通知书》；必要时，上一级海关也可以直接受理，并且制作《直接受理行政复议申请通知书》，送达申请人和原海关行政复议机关。上一级海关经审查认为海关行政复议机关不予受理行政复议申请的决定符合本办法规定的，应当向申请人做好说明解释工作。

第三十九条　下列情形不视为申请行政复议，海关行政复议机关应当给予答复，或者转由其他机关处理并且告知申请人：

（一）对海关工作人员的个人违法违纪行为进行举报、控告或者对海关工作人员的态度作风提出异议的；

（二）对海关的业务政策、作业制度、作业方式和程序提出异议的；

（三）对海关工作效率提出异议的；

（四）对行政处罚认定的事实、适用的法律及处罚决定没有异议，仅因经济上不能承受而请求减免处罚的；

（五）不涉及海关具体行政行为，只对海关规章或者其他规范性文件有异议的；

（六）请求解答法律、行政法规、规章的。

第四十条　行政复议期间海关具体行政行为不停止执行；但是有行政复议法第二十一条规定情形之一的，可以停止执行。决定停止执行的，应当制作《具体行政行为停止执行决定书》，并且送达申请人、被申请人和第三人。

第四十一条　有下列情形之一的，海关行政复议机关可以决定合并审理，并且以后一个申请行政复议的日期为正式受理的日期：

（一）两个以上的申请人对同一海关具体行政行为分别向海关行政复议机关申请行政复议的；

（二）同一申请人对同一海关的数个相同类型或者具有关联性的具体行政行为分别向海关行政复议机关申请行政复议的。

第五章　海关行政复议审理与决定

第一节　行政复议答复

第四十二条　海关行政复议机构应当自受理行政复议申请之日起 7 日内，将行政复议申请书副本或者行政复议申请笔录复印件以及申请人提交的证据、有关材料的副本发送被申请人。

第四十三条　被申请人应当自收到申请书副本或者行政复议申请笔录复印件之日起 10 日内，向海关行政复议机构提交《行政复议答复书》，并且提交当初作出具体行政行为的证据、依据和其他有关材料。

《行政复议答复书》应当载明下列内容：

（一）被申请人名称、地址、法定代表人姓名及职务；

（二）被申请人作出具体行政行为的事实、证据、理由及法律依据；

（三）对申请人的行政复议申请要求、事实、理由逐条进行答辩和必要的举证；

（四）对有关具体行政行为建议维持、变更、撤销或者确认违法，建议驳回行政复议申请，进行行政复议调解等答复意见；

（五）作出答复的时间。

《行政复议答复书》应当加盖被申请人印章。

被申请人提交的有关证据、依据和其他有关材料应当按照规定装订成卷。

第四十四条 海关行政复议机构应当在收到被申请人提交的《行政复议答复书》之日起7日内，将《行政复议答复书》副本发送申请人。

第四十五条 行政复议案件的答复工作由被申请人负责法制工作的机构具体负责。

对海关总署作出的具体行政行为不服向海关总署申请行政复议的，由原承办具体行政行为有关事项的部门或者机构具体负责提出书面答复，并且提交当初作出具体行政行为的证据、依据和其他有关材料。

第二节 行政复议审理

第四十六条 海关行政复议案件实行合议制审理。合议人员为不得少于3人的单数。合议人员由海关行政复议机构负责人指定的行政复议人员或者海关行政复议机构聘任或者特邀的其他具有专业知识的人员担任。

被申请人所属人员不得担任合议人员。对海关总署作出的具体行政行为不服向海关总署申请行政复议的，原具体行政行为经办部门的人员不得担任合议人员。

对于事实清楚、案情简单、争议不大的海关行政复议案件，也可以不适用合议制，但是应当由2名以上行政复议人员参加审理。

第四十七条 海关行政复议机构负责人应当指定一名行政复议人员担任主审，具体负责对行政复议案件事实的审查，并且对所认定案件事实的真实性和适用法律的准确性承担主要责任。

合议人员应当根据复议查明的事实，依据有关法律、行政法规和海关规章的规定，提出合议意见，并且对提出的合议意见的正确性负责。

第四十八条 申请人、被申请人或者第三人认为合议人员或者案件审理人员与本案有利害关系或者有其他关系可能影响公正审理行政复议案件的，可以申请合议人员或者案件审理人员回避，同时应当说明理由。

合议人员或者案件审理人员认为自己与本案有利害关系或者有其他关系的，应当主动申请回避。海关行政复议机构负责人也可以指令合议人员或者案件审理人员回避。

行政复议人员的回避由海关行政复议机构负责人决定。海关行政复议机构负责人的回避由海关行政复议机关负责人决定。

第四十九条 海关行政复议机构审理行政复议案件应当向有关组织和人员调查情况，听取申请人、被申请人和第三人的意见；海关行政复议机构认为必要时可以实地调查核实证据；对于事实清楚、案情简单、争议不大的案件，可以采取书面审查的方式进行审理。

第五十条 海关行政复议机构向有关组织和人员调查取证时，可以查阅、复制、调取有关文件和资料，向有关人员进行询问。

调查取证时，行政复议人员不得少于2人，并且应当主动向有关人员出示调查证。被调查单位和人员应当配合行政复议人员的工作，不得拒绝或者阻挠。

调查情况、听取意见应当制作笔录，由被调查人员和行政复议人员共同签字确认。

第五十一条　行政复议期间涉及专门事项需要鉴定的，申请人、第三人可以自行委托鉴定机构进行鉴定，也可以申请行政复议机构委托鉴定机构进行鉴定。鉴定费用由申请人、第三人承担。鉴定所用时间不计入行政复议审理期限。

海关行政复议机构认为必要时也可以委托鉴定机构进行鉴定。

鉴定应当委托国家认可的鉴定机构进行。

第五十二条　需要现场勘验的，现场勘验所用时间不计入行政复议审理期限。

第五十三条　申请人、第三人可以查阅被申请人提出的书面答复、提交的作出具体行政行为的证据、依据和其他有关材料，除涉及国家秘密、商业秘密、海关工作秘密或者个人隐私外，海关行政复议机关不得拒绝，并且应当为申请人、第三人查阅有关材料提供必要条件。

有条件的海关行政复议机关应当设立专门的行政复议接待室或者案卷查阅室，配备相应的监控设备。

第五十四条　申请人、第三人查阅有关材料依照下列规定办理：

（一）申请人、第三人向海关行政复议机构提出阅卷要求；

（二）海关行政复议机构确定查阅时间后提前通知申请人或者第三人；

（三）查阅时，申请人、第三人应当出示身份证件；

（四）查阅时，海关行政复议机构工作人员应当在场；

（五）申请人、第三人可以摘抄查阅材料的内容；

（六）申请人、第三人不得涂改、毁损、拆换、取走、增添查阅的材料。

第五十五条　行政复议期间有下列情形之一，影响行政复议案件审理的，行政复议中止，海关行政复议机构应当制作《行政复议中止决定书》，并且送达申请人、被申请人和第三人：

（一）作为申请人的自然人死亡，其近亲属尚未确定是否参加行政复议的；

（二）作为申请人的自然人丧失参加行政复议的能力，尚未确定法定代理人参加行政复议的；

（三）作为申请人的法人或者其他组织终止，尚未确定权利义务承受人的；

（四）作为申请人的自然人下落不明或者被宣告失踪的；

（五）申请人、被申请人因不可抗力，不能参加行政复议的；

（六）案件涉及法律适用问题，需要有权机关作出解释或者确认的；

（七）案件审理需要以其他案件的审理结果为依据，而其他案件尚未审结的；

（八）申请人依照本办法第三十一条提出对有关规定的审查申请，有权处理的海关、行政机关正在依法处理期间的；

（九）其他需要中止行政复议的情形。

行政复议中止的原因消除后，海关行政复议机构应当及时恢复行政复议案件的审理，制作《行政复议恢复审理通知书》，并且送达申请人、被申请人和第三人。

第三节　行政复议听证

第五十六条　有下列情形之一的，海关行政复议机构可以采取听证的方式审理：

（一）申请人提出听证要求的；

（二）申请人、被申请人对事实争议较大的；

（三）申请人对具体行政行为适用依据有异议的；

（四）案件重大、复杂或者争议的标的价值较大的；

（五）海关行政复议机构认为有必要听证的其他情形。

第五十七条　海关行政复议机构决定举行听证的，应当制发《行政复议听证通知书》，将举行听证的时间、地点、具体要求等事项事先通知申请人、被申请人和第三人。

第三人不参加听证的，不影响听证的举行。

第五十八条 听证可以在海关行政复议机构所在地举行，也可以在被申请人或者申请人所在地举行。

第五十九条 行政复议听证应当公开举行，涉及国家秘密、商业秘密、海关工作秘密或者个人隐私的除外。

公开举行的行政复议听证，因听证场所等原因需要限制旁听人员数量的，海关行政复议机构应当作出说明。

对人民群众广泛关注、有较大社会影响或者有利于法制宣传教育的行政复议案件的公开听证，海关行政复议机构可以有计划地组织群众旁听，也可以邀请有关立法机关、司法机关、监察部门、审计部门、新闻单位以及其他有关单位的人员参加旁听。

第六十条 行政复议听证人员为不得少于3人的单数，由海关行政复议机构负责人确定，并且指定其中一人为听证主持人。听证可以另指定专人为记录员。

第六十一条 行政复议听证应当按照以下程序进行：

（一）由主持人宣布听证开始、核对听证参加人身份、告知听证参加人的权利和义务；

（二）询问听证参加人是否申请听证人员以及记录员回避，申请回避的，按照本办法第四十八条的规定办理；

（三）申请人宣读复议申请并且阐述主要理由；

（四）被申请人针对行政复议申请进行答辩，就作出原具体行政行为依据的事实、理由和法律依据进行阐述，并且进行举证；

（五）第三人可以阐述意见；

（六）申请人、第三人对被申请人的举证可以进行质证或者举证反驳，被申请人对申请人、第三人的反证也可以进行质证和举证反驳；

（七）要求证人到场作证的，应当事先经海关行政复议机构同意并且提供证人身份等基本情况；

（八）听证主持人和其他听证人员进行询问；

（九）申请人、被申请人和第三人没有异议的证据和证明的事实，由主持人当场予以认定；有异议的并且与案件处理结果有关的事实和证据，由主持人当场或者事后经合议予以认定；

（十）申请人、被申请人和第三人可以对案件事实、证据、适用法律等进行辩论；

（十一）申请人、被申请人和第三人进行最后陈述；

（十二）由申请人、被申请人和第三人对听证笔录内容进行确认，并且当场签名或者盖章；对听证笔录内容有异议的，可以当场更正并且签名或者盖章。

行政复议听证笔录和听证认定的事实应当作为海关行政复议机关作出行政复议决定的依据。

第六十二条 行政复议参加人无法在举行听证时当场提交有关证据的，由主持人根据具体情况限定时间事后提交并且另行进行调查、质证或者再次进行听证；行政复议参加人提出的证据无法当场质证的，由主持人当场宣布事后进行调查、质证或者再次进行听证。

行政复议参加人在听证后的举证未经质证或者未经海关行政复议机构重新调查认可的，不得作为作出行政复议决定的证据。

第四节　行政复议附带抽象行政行为审查

第六十三条 申请人依照本办法第三十一条提出对有关规定的审查申请的，海关行政复议机关对该规定有权处理的，应当在 30 日内依照下列程序处理：

（一）依法确认该规定是否与法律、行政法规、规章相抵触；

（二）依法确认该规定能否作为被申请人作出具体行政行为的依据；

（三）书面告知申请人对该规定的审查结果。

海关行政复议机关应当制作《抽象行政行为审查告知书》，并且送达申请人、被申请人。

第六十四条 海关行政复议机关对申请人申请审查的有关规定无权处理的，应当在 7 日内按照下列程序转送有权处理的上级海关或者其他行政机关依法处理：

（一）转送有权处理的上级海关的，应当报告行政复议有关情况、执行该规定的有关情况、对该规定适用的意见；

（二）转送有权处理的其他行政机关的，在转送函中应当说明行政复议的有关情况、请求确认该规定是否合法。

第六十五条 有权处理的上级海关应当在 60 日内依照下列程序处理：

（一）依法确认该规定是否合法、有效；

（二）依法确认该规定能否作为被申请人作出具体行政行为的依据；

（三）制作《抽象行政行为审查告知书》，并且送达海关行政复议机关、申请人和被申请人。

第六十六条 海关行政复议机关在对被申请人作出的具体行政行为进行审查时，认为需对该具体行政行为所依据的有关规定进行审查的，依照本办法第六十三条、第六十四条、第六十五条的规定办理。

第五节 行政复议决定

第六十七条 海关行政复议机构提出案件处理意见，经海关行政复议机关负责人审查批准后，作出行政复议决定。

第六十八条 海关行政复议机关应当自受理申请之日起 60 日内作出行政复议决定。但是有下列情况之一的，经海关行政复议机关负责人批准，可以延长 30 日：

（一）行政复议案件案情重大、复杂、疑难的；

（二）决定举行行政复议听证的；

（三）经申请人同意的；

（四）有第三人参加行政复议的；

（五）申请人、第三人提出新的事实或者证据需进一步调查的。

海关行政复议机关延长复议期限，应当制作《延长行政复议审查期限通知书》，并且送达申请人、被申请人和第三人。

第六十九条 具体行政行为认定事实清楚，证据确凿，适用依据正确，程序合法，内容适当的，海关行政复议机关应当决定维持。

第七十条 被申请人不履行法定职责的，海关行政复议机关应当决定其在一定期限内履行法定职责。

第七十一条 具体行政行为有下列情形之一的，海关行政复议机关应当决定撤销、变更或者确认该具体行政行为违法：

（一）主要事实不清、证据不足的；

（二）适用依据错误的；

（三）违反法定程序的；

（四）超越或者滥用职权的；

（五）具体行政行为明显不当的。

第七十二条 海关行政复议机关决定撤销或者确认具体行政行为违法的，可以责令被申请人在一定期限内重新作出具体行政行为。

被申请人应当在法律、行政法规、海关规章规定的期限内重新作出具体行政行为；法律、行政法规、海关规章未规定期限的，重新作出具体行政行为的期限为 60 日。

公民、法人或者其他组织对被申请人重新作出的具体行政行为不服，可以依法申请行政复议或者提起行政诉讼。

第七十三条 被申请人未按照本办法第四十三条的规定提出书面答复、提交当初作出具体行政行为的证据、依据和其他有关材料的，视为该具体行政行为没有证据、依据，海关行政复议机关应当决定撤销该具体行政行为。

第七十四条 具体行政行为有下列情形之一，海关行政复议机关可以决定变更：

（一）认定事实清楚，证据确凿，程序合法，但是明显不当或者适用依据错误的；

（二）认定事实不清，证据不足，但是经海关行政复议机关审理查明事实清楚，证据确凿的。

第七十五条 海关行政复议机关在申请人的行政复议请求范围内，不得作出对申请人更为不利的行政复议决定。

第七十六条 海关行政复议机关依据本办法第七十二条规定责令被申请人重新作出具体行政行为的，除以下情形外，被申请人不得作出对申请人更为不利的具体行政行为：

（一）不作出对申请人更为不利的具体行政行为将损害国家利益、社会公共利益或者他人合法权益的；

（二）原具体行政行为适用法律依据错误，适用正确的法律依据需要依法作出对申请人更为不利的具体行政行为的；

（三）被申请人查明新的事实，根据新的事实和有关法律、行政法规、海关规章的强制性规定，需要作出对申请人更为不利的具体行政行为的；

（四）其他依照法律、行政法规或者海关规章规定应当作出对申请人更为不利的具体行政行为的。

第七十七条 海关行政复议机关作出行政复议决定，应当制作《行政复议决定书》，送达申请人、被申请人和第三人。

《行政复议决定书》应当载明下列内容：

（一）申请人姓名、性别、年龄、职业、住址（法人或者其他组织的名称、地址、法定代表人或者主要负责人的姓名、职务）；

（二）第三人姓名、性别、年龄、职业、住址（法人或者其他组织的名称、地址、法定代表人或者主要负责人的姓名、职务）；

（三）被申请人名称、地址、法定代表人姓名；

（四）申请人申请复议的请求、事实和理由；

（五）被申请人答复的事实、理由、证据和依据；

（六）行政复议认定的事实和相应的证据；

（七）作出行政复议决定的具体理由和法律依据；

（八）行政复议决定的具体内容；

（九）不服行政复议决定向人民法院起诉的期限和具体管辖法院；

（十）作出行政复议决定的日期。

《行政复议决定书》应当加盖海关行政复议机关的印章。

《行政复议决定书》一经送达，即发生法律效力。

《行政复议决定书》直接送达的，行政复议人员应当就行政复议认定的事实、证据、作出行政复议决定的理由、依据向申请人、被申请人和第三人作出说明；申请人、被申请人和第三人对《行政复议决定书》提出异议的，除告知其向人民法院起诉的权利外，应当就有关异议作出解答。《行政复议决定书》以其他方式送达的，申请人、被申请人和第三人就《行政复议决定书》有关内容向海关行政复议机构提出异议的，行政复议人员应当向申请人、被申请人和第三人作出说明。

经申请人和第三人同意，海关行政复议机关可以通过出版物、海关门户网站、海关公告栏等方式公布生效的行政复议法律文书。

第七十八条　《行政复议决定书》送达申请人、被申请人和第三人后，海关行政复议机关发现《行政复议决定书》有需要补充、更正的内容，但是不影响行政复议决定的实质内容的，应当制发《行政复议决定补正通知书》，并且送达申请人、被申请人和第三人。

第七十九条　有下列情形之一的，海关行政复议机关应当决定驳回行政复议申请：

（一）申请人认为海关不履行法定职责申请行政复议，海关行政复议机关受理后发现被申请人没有相应法定职责或者被申请人在海关行政复议机关受理该行政复议申请之前已经履行法定职责的；

（二）海关行政复议机关受理行政复议申请后，发现该行政复议申请不符合受理条件的。

海关行政复议机关的上一级海关认为该行政复议机关驳回行政复议申请的理由不成立的，应当责令其恢复审理。

第八十条　申请人在行政复议决定作出前自愿撤回行政复议申请的，经海关行政复议机构同意，可以撤回。

申请人撤回行政复议申请的，不得再以同一事实和理由提出行政复议申请。但是，申请人能够证明撤回行政复议申请违背其真实意思表示的除外。

第八十一条　行政复议期间被申请人改变原具体行政行为，但是申请人未依法撤回行政复议申请的，不影响行政复议案件的审理。

第八十二条　行政复议期间有下列情形之一的，行政复议终止：

（一）申请人要求撤回行政复议申请，海关行政复议机构准予撤回的；

（二）作为申请人的自然人死亡，没有近亲属或者其近亲属放弃行政复议权利的；

（三）作为申请人的法人或者其他组织终止，其权利义务的承受人放弃行政复议权利的；

（四）申请人与被申请人达成和解，并且经海关行政复议机构准许的；

（五）申请人对海关限制人身自由的行政强制措施不服申请行政复议后，因申请人同一违法行为涉嫌犯罪，该限制人身自由的行政强制措施变更为刑事拘留的，或者申请人对海关扣留财产的行政强制措施不服申请行政复议后，因申请人同一违法行为涉嫌犯罪，该扣留财产的行政强制措施变更为刑事扣押的；

（六）依照本办法第五十五条第一款第（一）项、第（二）项、第（三）项规定中止行政复议，满60日行政复议中止的原因仍未消除的；

（七）申请人以传真、电子邮件形式递交行政复议申请书后未在规定期限内提交有关材料的原件的。

行政复议终止，海关行政复议机关应当制作《行政复议终止决定书》，并且送达申请人、被申请人和第三人。

第六节　行政复议和解和调解

第八十三条　公民、法人或者其他组织对海关行使法律、行政法规或者海关规章规定的自由裁量权作出的具体行政行为不服申请行政复议，在海关行政复议机关作出行政复议决定之前，申请人和被申请人可以在自愿、合法基础上达成和解。

第八十四条 申请人和被申请人达成和解的，应当向海关行政复议机构提交书面和解协议。和解协议应当载明行政复议请求、事实、理由和达成和解的结果，并且由申请人和被申请人签字或者盖章。

第八十五条 海关行政复议机构应当对申请人和被申请人提交的和解协议进行审查，和解确属申请人和被申请人的真实意思表示，和解内容不违反法律、行政法规或者海关规章的强制性规定，不损害国家利益、社会公共利益和他人合法权益的，应当准许和解，并且终止行政复议案件的审理。

准许和解并且终止行政复议的，应当在《行政复议终止决定书》中载明和解的内容。

第八十六条 经海关行政复议机关准许和解的，申请人和被申请人应当履行和解协议。

第八十七条 经海关行政复议机关准许和解并且终止行政复议的，申请人以同一事实和理由再次申请行政复议的，不予受理。但是，申请人提出证据证明和解违反自愿原则或者和解内容违反法律、行政法规或者海关规章的强制性规定的除外。

第八十八条 有下列情形之一的，海关行政复议机关可以按照自愿、合法的原则进行调解：

（一）公民、法人或者其他组织对海关行使法律、行政法规或者海关规章规定的自由裁量权作出的具体行政行为不服申请行政复议的；

（二）行政赔偿、查验赔偿或者行政补偿纠纷。

第八十九条 海关行政复议机关主持调解应当符合以下要求：

（一）调解应当在查明案件事实的基础上进行；

（二）海关行政复议机关应当充分尊重申请人和被申请人的意愿；

（三）组织调解应当遵循公正、合理原则；

（四）调解结果应当符合有关法律、行政法规和海关规章的规定，不得违背法律精神和原则；

（五）调解结果不得损害国家利益、社会公共利益或者他人合法权益。

第九十条 海关行政复议机关主持调解应当按照下列程序进行：

（一）征求申请人和被申请人是否同意进行调解的意愿；

（二）经申请人和被申请人同意后开始调解；

（三）听取申请人和被申请人的意见；

（四）提出调解方案；

（五）达成调解协议。

调解期间申请人或者被申请人明确提出不进行调解的，应当终止调解。终止调解后，申请人、被申请人再次请求海关行政复议机关主持调解的，应当准许。

第九十一条 申请人和被申请人经调解达成协议的，海关行政复议机关应当制作《行政复议调解书》。《行政复议调解书》应当载明下列内容：

（一）申请人姓名、性别、年龄、职业、住址（法人或者其他组织的名称、地址、法定代表人或者主要负责人的姓名、职务）；

（二）被申请人名称、地址、法定代表人姓名；

（三）申请人申请行政复议的请求、事实和理由；

（四）被申请人答复的事实、理由、证据和依据；

（五）行政复议认定的事实和相应的证据；

（六）进行调解的基本情况；

（七）调解结果；

（八）申请人、被申请人履行调解书的义务；

（九）日期。

《行政复议调解书》应当加盖海关行政复议机关的印章。《行政复议调解书》经申请人、被申请人签字或者盖章，即具有法律效力。

第九十二条 申请人和被申请人提交书面和解协议，并且要求海关行政复议机关按照和解协议内容制作《行政复议调解书》的，行政复议机关应当进行审查，申请人和被申请人达成的和解协议符合本办法第八十九条第（四）项、第（五）项规定的，海关行政复议机关可以根据和解协议的内容按照本办法第九十一条的规定制作《行政复议调解书》。

第九十三条 调解未达成协议或者行政复议调解书生效前一方反悔的，海关行政复议机关应当及时作出行政复议决定。

第七节　行政复议决定的执行

第九十四条 申请人认为被申请人不履行或者无正当理由拖延履行行政复议决定书、行政复议调解书的，可以申请海关行政复议机关责令被申请人履行。

海关行政复议机关发现被申请人不履行或者无正当理由拖延履行行政复议决定书、行政复议调解书的，应当责令其限期履行，并且制作《责令限期履行行政复议决定通知书》，送达被申请人。

第九十五条 申请人在法定期限内未提起行政诉讼又不履行海关行政复议决定的，按照下列规定分别处理：

（一）维持具体行政行为的海关行政复议决定，由作出具体行政行为的海关依法强制执行或者申请人民法院强制执行；

（二）变更具体行政行为的海关行政复议决定，由海关行政复议机关依法强制执行或者申请人民法院强制执行。海关行政复议机关也可以指定作出具体行政行为的海关依法强制执行，被指定的海关应当及时将执行情况上报海关行政复议机关。

第九十六条 申请人不履行行政复议调解书的，由作出具体行政行为的海关依法强制执行或者申请人民法院强制执行。

第六章　海关行政复议指导和监督

第九十七条 海关行政复议机关应当加强对行政复议工作的领导。

海关行政复议机构按照职责权限对行政复议工作进行督促、指导。

第九十八条 上级海关应当加强对下级海关履行行政复议职责的监督，通过定期检查、抽查等方式，对下级海关的行政复议工作进行检查，并且及时反馈检查结果。

海关发现本海关或者下级海关作出的行政复议决定有错误的，应当予以纠正。

第九十九条 海关行政复议机关在行政复议期间发现被申请人的具体行政行为违法或者需要做好善后工作的，可以制作《行政复议意见书》，对被申请人纠正执法行为、改进执法工作提出具体意见。

被申请人应当自收到《行政复议意见书》之日起 60 日内将纠正相关行政违法行为或者做好善后工作的情况报告海关行政复议机构。

第一百条 海关行政复议机构在行政复议期间发现法律、行政法规、规章的实施中带有普遍性的问题，可以向有关机关提出完善立法的建议。

海关行政复议机构在行政复议期间发现海关执法中存在的普遍性问题，可以制作《行政复议建议书》，向本海关有关业务部门提出改进执法的建议；对于可能对本海关行政决策产生重大影响的问题，海关行政复议机构应当将《行政复议建议书》报送本级海关行政首长；属于上一级海关处理权限的问题，海关行政复议机关可以向上一级海关提出完善制度和改进执法的建议。

第一百零一条 各级海关行政复议机关办理的行政复议案件中，申请人与被申请人达成和解协议后海关行政复议机关终止行政复议，或者申请人与被申请人经调解达成协议，海关行政复议机关制作行政复议调解书的，应当向海关总署行政复议机构报告，并且将有关法律文书报该部门备案。

第一百零二条 海关行政复议机构在办理行政复议案件的过程中，应当及时将制发的有关法律文书在海关行政复议信息系统中备案。

第一百零三条 海关行政复议机构应当每半年向本海关和上一级海关行政复议机构提交行政复议工作状况分析报告。

第一百零四条 海关总署行政复议机构应当每半年组织一次对行政复议人员的业务培训，提高行政复议人员的专业素质。

其他海关行政复议机构可以根据工作需要定期组织对本海关行政复议人员的培训。

第一百零五条 海关行政复议机关对于在办理行政复议案件中依法保障国家利益、维护公民、法人或者其他组织的合法权益、促进海关依法行政和社会和谐、成绩显著的单位和人员，应当依照《海关系统奖励规定》给予表彰和奖励。

海关行政复议机关应当定期总结行政复议工作，对在行政复议工作中做出显著成绩的单位和个人，应当依照《海关系统奖励规定》给予表彰和奖励。

第七章　法律责任

第一百零六条 海关行政复议机关、海关行政复议机构、行政复议人员有行政复议法第三十四条、第三十五条、行政复议法实施条例第六十四条规定情形的，依照行政复议法、行政复议法实施条例的有关规定处理。

第一百零七条 被申请人有行政复议法第三十六条、第三十七条、行政复议法实施条例第六十二条规定情形的，依照行政复议法、行政复议法实施条例的有关规定处理。

第一百零八条 上级海关发现下级海关及有关工作人员有违反行政复议法、行政复议法实施条例和本办法规定的，应当制作《处理违法行为建议书》，向有关海关提出建议，该海关应当依照行政复议法和有关法律、行政法规的规定作出处理，并且将处理结果报告上级海关。

海关行政复议机构发现有关海关及其工作人员有违反行政复议法、行政复议法实施条例和本办法规定的，应当制作《处理违法行为建议书》，向人事、监察部门提出对有关责任人员的处分建议，也可以将有关人员违法的事实材料直接转送人事、监察部门处理；接受转送的人事、监察部门应当依法处理，并且将处理结果通报转送的海关行政复议机构。

第八章　附　则

第一百零九条 海关行政复议期间的计算和行政复议法律文书的送达，依照民事诉讼法关于期间、送达的规定执行。

本办法关于行政复议期间有关"5日"、"7日"的规定是指工作日，不含节假日。

第一百一十条 海关行政复议机关受理行政复议申请，不得向申请人收取任何费用。

海关行政复议活动所需经费、办公用房以及交通、通讯、监控等设备由各级海关予以保障。

第一百一十一条 外国人、无国籍人、外国组织在中华人民共和国境内向海关申请行政复议，适用本办法。

第一百一十二条 海关行政复议机关可以使用行政复议专用章。在海关行政复议活动中，行政复议专用章和行政复议机关的印章具有同等法律效力。

第一百一十三条 海关行政复议机关办理行政复议案件、海关作为被申请人参加行政复议活动，该海关行政复议机构应当对有关案件材料进行整理，按照规定立卷归档。

第一百一十四条 本办法由海关总署负责解释。

第一百一十五条 本办法自 2007 年 11 月 1 日起施行。1999 年 8 月 30 日海关总署令第 78 号发布的《中华人民共和国海关实施〈行政复议法〉办法》同时废止。

中华人民共和国海关行政许可听证办法

（海关总署令第 136 号）

发布日期：2005-12-15
实施日期：2018-07-01
法规类型：部门规章

（根据 2018 年 5 月 29 日海关总署令第 240 号《海关总署关于修改部分规章的决定》修正）

第一章 总 则

第一条 为了规范海关实施行政许可活动，保护公民、法人和其他组织的合法权益，根据《中华人民共和国行政许可法》的有关规定，制定本办法。

第二条 海关在依法作出行政许可决定前举行听证的，适用本办法。

第三条 法律、行政法规、海关总署规章规定海关实施行政许可应当听证的，海关应当举行听证。

对直接关系公共资源配置、提供公共服务等涉及公共利益的重大行政许可事项，海关认为需要举行听证的，可以举行听证。

海关根据前两款规定举行听证的，应当在听证前向社会公告。

第四条 海关行政许可直接涉及行政许可申请人与他人之间重大利益关系，行政许可申请人、利害关系人依法提出听证申请的，海关应当举行听证。

第五条 海关行政许可听证应当遵循公开、公平、公正、便民的原则。

第六条 具体办理海关行政许可事项的部门负责实施海关行政许可听证活动。

海关法制部门负责海关行政许可听证活动的指导、协调等工作。

第七条 听证应当在便利海关管理相对人和社会公众参加的海关办公地点举行。

第八条 除涉及国家秘密、商业秘密或者海关工作秘密外，听证应当公开举行。

第九条 海关应当根据听证笔录中认定的事实作出海关行政许可决定。

第二章 海关公告后举行的听证

第十条 海关按照本办法第三条的规定在听证前向社会进行公告的，公告应当载明下列内容：

（一）海关行政许可事项名称；

（二）行政许可申请人基本情况；

（三）行政许可申请的主要内容；

（四）申请参加海关行政许可听证的申请人应当具备的条件；

（五）提出申请的方式；

（六）其他需要在公告中列明的事项。

第十一条 举行听证的公告期一般为 30 日。

举行听证的海关行政许可事项有特殊时间要求的，其听证公告期按照有关规定确定。

第十二条 申请参加海关经公告举行的听证活动的人员应当符合下列条件：

（一）具有完全民事行为能力；

（二）未被依法剥夺或者限制政治权利。

举行听证的海关行政许可事项对参加听证的人员有特殊要求的，应当在听证公告中列明。

第十三条 申请参加海关经公告举行的听证活动的，应当在听证公告期届满之前向海关提交下列相应材料：

（一）海关行政许可听证参加申请书；

（二）法人或者其他组织的注册登记证件复印件；

（三）参加人员的有效身份证件复印件。

第十四条 海关应当根据拟进行听证的海关行政许可事项的内容、性质及其他客观条件，合理确定参加听证的人员。

经海关确定参加听证的人员（以下简称听证参加人）应当能够保证听证的广泛性和代表性。

第十五条 海关应当在听证公告期届满之日起 20 日内组织听证。

第三章　依申请举行的听证

第十六条 对本办法第四条所规定的行政许可事项，海关在作出行政许可决定之前应当告知海关行政许可申请人、利害关系人享有要求听证的权利。

第十七条 告知海关行政许可申请人、利害关系人享有听证权利的，海关应当向行政许可申请人、利害关系人制发《海关行政许可听证告知书》（以下简称《听证告知书》），并加盖海关行政许可专用印章。

《听证告知书》应当载明下列内容：

（一）有关海关行政许可事项及其设定依据；

（二）海关行政许可申请人及行政许可申请的主要内容；

（三）海关行政许可申请人、利害关系人的听证权利及提出听证要求的期限。

第十八条 海关行政许可申请人、利害关系人要求听证的，应当在收到《听证告知书》之日起 5 日内向海关提交《海关行政许可听证申请书》（以下简称《听证申请书》），列明听证要求和理由，并予以签字或者盖章。

第十九条 海关行政许可申请人、利害关系人逾期未提出听证要求的，视为放弃听证的权利。

行政许可申请人、利害关系人明确放弃听证权利的，海关应当将可以表明行政许可申请人或者利害关系人已经明确放弃听证权利的证明材料归入有关行政许可档案，或者在有关行政许可档案中进行书面记载。

第二十条 海关行政许可申请人或者利害关系人依照本办法第十八条规定提出听证申请的，海关应当在收到《听证申请书》之日起 20 日内组织听证。

第二十一条 海关行政许可申请人或者利害关系人无正当理由超过本办法第十八条规定的期限提出听证申请，或者海关行政许可申请人、利害关系人以外的公民、法人或者其他组织提出听证申请的，海关可以不组织听证。

不组织听证应当制发《海关行政许可不予听证通知书》，载明理由，并加盖海关行政许可专用印章。

第二十二条 申请听证的利害关系人人数众多的，由利害关系人推选代表或者通过抽签等方式确定参加听证会的代表。

第四章 听证程序

第二十三条 海关应当于举行听证的 7 日前将下列事项通知海关行政许可申请人、利害关系人或者听证参加人：

（一）听证事由；

（二）举行听证的时间、地点；

（三）听证主持人、听证人员及记录员的姓名、身份；

（四）有关委托代理、申请回避等程序权利。

海关通知上述事项应当制发《海关行政许可听证通知书》，并加盖海关行政许可专用印章，必要时予以公告。

第二十四条 海关行政许可申请人、利害关系人或者听证参加人应当按照海关通知的时间、地点参加听证。

第二十五条 海关行政许可申请人、利害关系人或者听证参加人可以委托 1 至 2 名代理人代为参加听证，但是资格授予、资质审查等行政许可事项不得委托他人代为参加听证。

第二十六条 委托代理人代为参加听证的，应当在举行听证之前向海关提交授权委托书。授权委托书应当具体载明下列事项：

（一）委托人及代理人的简要情况。委托人或者代理人是法人或者其他组织的，应当载明名称、地址、电话、邮政编码、法定代表或者负责人的姓名、职务，委托人或者代理人是自然人的，应当载明姓名、性别、年龄、职业、地址、电话以及邮政编码；

（二）代理人代为提出听证申请、递交证据材料、参加听证、撤回听证申请、收受法律文书等权限；

（三）委托的起止日期；

（四）委托日期和委托人签章。

第二十七条 海关行政许可申请人、利害关系人或者听证参加人无正当理由未按照海关告知的时间、地点参加听证，经海关通知仍不参加的，视为放弃听证权利，海关应当在有关行政许可档案中进行书面记载。

第二十八条 海关行政许可听证实施部门应当指定 1 名听证主持人，负责组织听证活动。听证主持人可以根据需要指定 1 至 2 名听证人员协助工作，并指定专人为记录员。

第二十九条 听证主持人、听证人员及记录员应当在审查该行政许可申请的人员以外的工作人员中指定。

听证主持人、听证人员及记录员与行政许可事项有利害关系的，应当申请回避；海关行政许可申请人、利害关系人或者听证参加人及其代理人也可以申请其回避。

第三十条 听证主持人的回避由海关行政许可听证实施部门负责人决定，听证主持人为听证实施部门负责人的，其回避由举行听证的海关负责人决定。

听证人员和记录员的回避由听证主持人决定。

第三十一条 有下列情形之一的，海关可以决定延期举行听证：

（一）因不可抗力或者其他客观原因导致听证无法按期举行的；

（二）海关行政许可申请人、利害关系人申请延期举行听证，有正当理由的；

（三）临时决定听证主持人、听证人员或者记录员回避，当场不能确定更换人选的。

延期举行听证的，海关应当书面通知海关行政许可申请人、利害关系人或者听证参加人，并说明理由。

海关应当在延期听证的原因消除之日起5日内举行听证，并书面通知海关行政许可申请人、利害关系人或者听证参加人。

第三十二条 听证按照下列程序进行：

（一）听证主持人宣布听证开始，并宣布听证事由；

（二）听证主持人介绍本人、听证人员、记录员的身份、职务；

（三）听证主持人宣布海关行政许可申请人、利害关系人或者听证参加人，并核对其身份；

（四）告知海关行政许可申请人、利害关系人或者听证参加人有关的听证权利和义务；

（五）海关行政许可申请人、利害关系人或者听证参加人申请听证主持人回避的，听证主持人应当宣布暂停听证，报请有关负责人决定；申请听证人员、记录员回避的，由听证主持人当场决定；

（六）宣布听证秩序；

（七）审查海关行政许可申请的工作人员陈述审查意见和依据、理由，并提供相应的证据；

（八）海关行政许可申请人、利害关系人或者听证参加人可以陈述自己的观点，提出证据，可以进行申辩和质证；

（九）听证主持人可以对审查海关行政许可申请的工作人员、海关行政许可申请人、利害关系人或者听证参加人进行询问；

（十）审查海关行政许可申请的工作人员、海关行政许可申请人、利害关系人或者听证参加人可以进行总结性陈述；

（十一）听证主持人宣布听证结束。

第三十三条 在听证过程中，因不可抗力或者其他客观原因不能继续举行听证，听证主持人应当决定中止听证。

中止听证的，海关应当在听证笔录中作书面记载。

海关应当在中止听证的原因消除之日起5日内恢复听证，并书面通知海关行政许可申请人、利害关系人或者听证参加人。

第三十四条 在听证过程中，海关行政许可申请人、利害关系人未经听证主持人同意中途退出听证会场的，海关应当终止听证。

第三十五条 经公告举行的听证，具有下列情形之一，但不影响听证参加人广泛性、代表性的，听证不予延期、中止或者终止：

（一）部分听证参加人申请延期；

（二）部分听证参加人无正当理由未按照公告规定的时间、地点参加听证；

（三）部分听证参加人未经听证主持人同意，中途退出听证会场的。

第三十六条 听证应当制作笔录。

听证笔录应当记载下列事项：

（一）听证事由；

（二）举行听证的时间、地点；

（三）海关行政许可申请人、利害关系人或者听证参加人的姓名或者名称；

（四）听证主持人、听证人员、记录员和审查海关行政许可申请的工作人员的姓名；

（五）申请回避的情况；

（六）审查海关行政许可申请的工作人员的审查意见、依据、理由及相应的证据；

（七）海关行政许可申请人、利害关系人陈述、申辩和质证的内容；

（八）其他需要记载的事项。

听证笔录应当由海关行政许可申请人、利害关系人或者听证参加人确认无误后签字或者盖章。对记录内容有异议的可以当场更正后签字或者盖章确认。

海关行政许可申请人、利害关系人或者听证参加人无正当理由拒绝签字或者盖章的，由听证主持人在听证笔录上注明。

第五章　附　则

第三十七条　依照本办法的规定进行公告的，应当将有关文书的正本张贴在海关公告栏内，并在报纸上刊登公告。

第三十八条　组织听证的时间不计入海关作出行政许可决定的期限内。

第三十九条　组织海关行政许可听证的费用由海关承担。

海关行政许可申请人、利害关系人或者听证参加人不承担组织听证的费用。

第四十条　本办法规定的"5日""7日""20日"以工作日计算。

第四十一条　本办法所规定的文书由海关总署另行制定并且发布。

第四十二条　本办法由海关总署负责解释。

第四十三条　本办法自2006年2月1日起施行。

中华人民共和国海关行政赔偿办法

（海关总署令第101号）

发布日期：2003-03-24
实施日期：2003-05-01
法规类型：部门规章

第一章　总　则

第一条　为保护公民、法人和其他组织依法取得行政赔偿的权利，促进海关及其工作人员依法行使职权，保证各级海关依法、正确、及时处理行政赔偿案件，根据《中华人民共和国国家赔偿法》（以下简称《国家赔偿法》）、《中华人民共和国海关法》（以下简称《海关法》）以及有关法律、行政法规，制定本办法。

第二条　各级海关办理行政赔偿案件，包括因海关及其工作人员违法行使行政职权导致的行政赔偿和依法对进出境货物、物品实施查验而发生的查验赔偿，适用本办法。

第三条　海关负责法制工作的机构是海关行政赔偿主管部门，履行下列职责：

（一）受理行政赔偿申请；

（二）审理行政赔偿案件，提出赔偿意见；

（三）拟定行政赔偿决定书等有关法律文书；

（四）办理行政复议附带行政赔偿案件、行政赔偿复议案件；

（五）执行生效的行政赔偿法律文书；

（六）对追偿提出处理意见；

（七）办理行政赔偿诉讼的应诉事项；

（八）办理与行政赔偿案件有关的其他事项。

第四条　办理赔偿案件应当遵循合法、公正、公开、及时的原则，坚持有错必纠。

第二章　赔偿范围

第一节　行政赔偿

第五条　海关及其工作人员有下列违法行使行政职权，侵犯公民人身权情形之一的，受害人有取得赔偿的权利：

（一）违法扣留公民的，具体包括：

1. 对没有走私犯罪嫌疑的公民予以扣留的；

2. 未经直属海关关长或者其授权的隶属海关关长批准实施扣留的；

3. 扣留时间超过法律规定期限的；

4. 有其他违法情形的。

（二）违法采取其他限制公民人身自由的行政强制措施的；

（三）非法拘禁或者以其他方法非法剥夺公民人身自由的；

（四）以殴打等暴力行为或者唆使他人以殴打等暴力行为造成公民身体伤害或者死亡的；

（五）违法使用武器、警械造成公民身体伤害或者死亡的；

（六）造成公民身体伤害或者死亡的其他违法行为。

第六条　海关及其工作人员有下列违法行使行政职权，侵犯公民、法人或者其他组织财产权情形之一的，受害人有取得赔偿的权利：

（一）违法实施罚款，没收货物、物品、运输工具或其他财产，追缴无法没收的货物、物品、运输工具的等值价款，暂停或者撤销企业从事有关海关业务资格及其他行政处罚的；

（二）违法对生产设备、货物、物品、运输工具等财产采取扣留、封存等行政强制措施的；

（三）违法收取保证金、风险担保金、抵押物、质押物的；

（四）违法收取滞报金、监管手续费等费用的；

（五）违法采取税收强制措施和税收保全措施的；

（六）擅自使用扣留的货物、物品、运输工具或者其他财产，造成损失的；

（七）对扣留的货物、物品、运输工具或者其他财产不履行保管职责，严重不负责任，造成财物毁损、灭失的，但依法交由有关单位负责保管的情形除外；

（八）违法拒绝接受报关、核销等请求，拖延监管，故意刁难，或不履行其他法定义务，给公民、法人或者其他组织造成财产损失的；

（九）变卖财产应当拍卖而未依法拍卖，或者有其他违法处理情形造成直接损失的；

（十）造成财产损害的其他违法行为。

第七条　属于下列情形之一的，海关不承担行政赔偿责任：

（一）海关工作人员与行使职权无关的个人行为；

（二）因公民、法人和其他组织自己的行为致使损害发生的；

（三）因不可抗力造成损害后果的；

（四）法律规定的其他情形。

因公民、法人和其他组织的过错致使损失扩大的，对扩大部分海关不承担赔偿责任。

第二节　查验赔偿

第八条　根据《海关法》第九十四条的规定，海关在依法查验进出境货物、物品时，损坏被查验的货物、物品的，应当赔偿当事人的实际损失。

第九条 有下列情形之一的，海关不承担赔偿责任：

（一）属于本办法第七条规定的情形的；

（二）由于当事人或其委托的人搬移、开拆、重封包装或保管不善造成的损失；

（三）易腐、易失效货物、物品在海关正常工作程序所需要时间内（含代保管期间）所发生的变质或失效，当事人事先未向海关声明或者海关已采取了适当的措施仍不能避免的；

（四）海关正常检查产生的不可避免的磨损和其他损失；

（五）在海关查验之前所发生的损坏和海关查验之后发生的损坏；

（六）海关为化验、取证等目的而提取的货样。

第三章　赔偿请求人和赔偿义务机关

第十条 受害的公民、法人和其他组织有权要求赔偿。

受害的公民死亡，其继承人和其他有扶养关系的亲属以及死者生前扶养的无劳动能力的人有权要求赔偿。

受害的法人或者其他组织终止，承受其权利的法人或者其他组织有权要求赔偿。

第十一条 赔偿请求人为无民事行为能力人或者限制民事行为能力人的，由其法定代理人或指定代理人代为要求赔偿。

第十二条 海关及其工作人员违法行使行政职权侵犯公民、法人和其他组织的合法权益造成损害的，该海关为赔偿义务机关。

两个以上海关共同行使行政职权时侵犯公民、法人和其他组织的合法权益造成损害的，共同行使行政职权的海关为共同赔偿义务机关。

海关依法设立的派出机构行使行政职权侵犯公民、法人和其他组织的合法权益造成损害的，设立该派出机构的海关为赔偿义务机关。

受海关委托的组织或者个人在行使受委托的行政权力时侵犯公民、法人和其他组织的合法权益造成损害的，委托的海关为赔偿义务机关。

第十三条 海关查验进出境货物、物品时，损坏被查验的货物、物品的，实施查验的海关为赔偿义务机关。

第十四条 赔偿义务机关被撤销的，继续行使其职权的海关为赔偿义务机关；没有继续行使其职权的海关的，该海关的上一级海关为赔偿义务机关。

第十五条 经行政复议机关复议的，最初造成侵权行为的海关为赔偿义务机关，但复议机关的复议决定加重损害的，复议机关对加重的部分履行赔偿义务。

第四章　赔偿程序

第一节　行政赔偿程序

第十六条 赔偿义务机关对依法确认有本办法第五条、第六条规定的情形之一，侵犯公民、法人或者其他组织合法权益的，应当给予赔偿。

第十七条 赔偿请求人要求行政赔偿应当先向赔偿义务机关提出，也可以在申请行政复议和提起行政诉讼时一并提出。

赔偿请求人可以向共同赔偿义务机关中的任何一个赔偿义务机关要求赔偿，该赔偿义务机关应当先予赔偿。

赔偿请求人根据受到的不同损害，可以同时提出数项赔偿要求。

第十八条 赔偿请求人要求赔偿应当递交申请书，申请书应当载明下列事项：

（一）赔偿请求人的姓名、性别、年龄、工作单位和住所，赔偿请求人为法人或者其他组织的，应当写明法人或者其他组织的名称、住所和法定代表人或者主要负责人的姓名、职务；

（二）具体的要求、事实根据和理由；

（三）申请的年、月、日。

赔偿请求人书写申请书确有困难的，可以委托他人代书；赔偿请求人也可以口头申请。口头申请的，赔偿义务机关应当制作《行政赔偿口头申请记录》，并当场交由赔偿请求人签章确认。

第十九条 赔偿请求人委托代理人代为参加赔偿案件处理的，应当向海关出具委托书，委托书应当具体载明下列事项：

（一）委托人姓名（法人或者其他组织的名称、法定代表人的姓名、职务）、代理人姓名、性别、年龄、职业、地址及邮政编码；

（二）代理人代为提起、变更、撤回赔偿请求、递交证据材料、收受法律文书等代理权限；

（三）代理人参加赔偿案件处理的期间；

（四）委托日期及委托人、代理人签章。

第二十条 同赔偿案件处理结果有利害关系的其他公民、法人或者其他组织，可以作为第三人参加赔偿案件处理。

申请以第三人身份参加赔偿案件处理的，应当以书面形式提出，并对其与赔偿案件处理结果有利害关系负举证责任。赔偿义务机关认为必要时，也可以通知第三人参加。

第三人参加赔偿案件处理的，赔偿义务机关应当制作《第三人参加行政赔偿案件处理通知书》，并送达第三人、赔偿请求人。

第二十一条 赔偿请求人要求赔偿时，应当提供符合受理条件的相应的证据材料。

本办法第十条第二款规定的赔偿请求人要求赔偿的，还应当提供公民死亡的证明及赔偿请求人与死亡公民之间的关系证明；本办法第十条第三款规定的赔偿请求人要求赔偿的，还应当提供原法人或者其他组织终止的证明，以及承受其权利的证明。

第二十二条 赔偿义务机关收到赔偿申请后，应当在五个工作日内进行审查，分别作出以下处理：

（一）对不符合本办法规定，有下列情形之一的，决定不予受理，制作《行政赔偿申请不予受理决定书》，并送达赔偿请求人：

1. 赔偿请求人不是本办法第十条规定的有权要求赔偿的公民、法人和其他组织；

2. 不属于本办法第五条、第六条规定的行政赔偿范围；

3. 超过法定请求赔偿的期限，且无本办法第六十一条第二款规定情形的；

4. 已向复议机关申请复议或者已向人民法院提起行政诉讼，复议机关或人民法院已经依法受理的；

5. 以海关制定发布的行政规章或者具有普遍约束力的规定、决定侵犯其合法权益造成损害为由，请求赔偿的。

（二）对未经依法确认违法的具体行政行为请求赔偿的，如该具体行政行为尚在法定的复议、诉讼期限内，应当书面告知申请人有权依法向上一级海关申请行政复议或者向人民法院提起行政诉讼，并可以一并提出赔偿请求；经告知后，申请人要求赔偿义务机关直接对侵权行为的违法性予以确认并作出赔偿决定的，赔偿义务机关应当予以受理。如该具体行政行为已超过法定的复议、诉讼期限，应当作为申诉案件处理，并书面通知当事人，原具体行政行为经申诉确认违法后，可以依法请求赔偿；

（三）对材料不齐备的，应当在审查期限内书面告知赔偿请求人补正材料；

（四）对符合本办法规定，但是本海关不是赔偿义务机关的，应当在审查期限内书面告知申请人向赔偿义务机关提出；

（五）对符合本办法有关规定且属于本海关受理的赔偿申请，决定受理，制作《行政赔偿申请受理决定书》并送达赔偿请求人。

决定受理的，赔偿主管部门收到申请之日即为受理之日；经赔偿请求人补正材料后决定受理的，赔偿主管部门收到补正材料之日为受理之日。

第二十三条 两个以上赔偿请求人对赔偿义务机关的同一行为分别提出赔偿申请的，赔偿义务机关可以并案审理，并以收到后一个申请的日期为正式受理的日期。

第二十四条 对赔偿请求人依法提出的赔偿申请，赔偿义务机关无正当理由不予受理的，上一级海关应当责令其受理，并制作《责令受理行政赔偿申请通知书》。

第二十五条 赔偿案件审理原则上采用书面审查的办法。赔偿请求人提出要求或者赔偿主管部门认为有必要时，可以向有关组织和人员调查情况，听取赔偿请求人、第三人的意见。

第二十六条 审理赔偿案件实行合议制。

实行合议制参照《中华人民共和国海关实施〈行政复议法〉办法》以及海关审理行政复议案件实行合议制的有关规定执行。

第二十七条 合议人员与赔偿案件有利害关系或者有其他关系可能影响案件公正处理的，应当回避。

有前款所述情形的，合议人员应当申请回避，赔偿请求人、第三人及其代理人也有权申请合议人员回避。

赔偿义务机关合议人员的回避由赔偿主管部门的负责人决定，赔偿主管部门负责人的回避由赔偿义务机关负责人决定。

第二十八条 赔偿请求人向赔偿义务机关提出行政赔偿请求的，如海关及其工作人员行使职权的行为已经依法确认违法或者不违法的，赔偿义务机关应当根据已经确认的结果依法作出赔偿或者不予赔偿的决定；如未经依法确认的，赔偿义务机关应当先对海关及其工作人员行使职权的行为是否违法予以确认，再依法作出赔偿或者不予赔偿的决定。

第二十九条 有下列生效法律文书或证明材料的，应当视为被请求赔偿的海关及其工作人员行使行政职权的行为已被依法确认违法：

（一）赔偿义务机关对本海关及其工作人员行使行政职权的行为认定为违法的文书；

（二）赔偿义务机关以本海关及其工作人员行使行政职权的行为违法为由决定予以撤销、变更的文书；

（三）复议机关确认原具体行政行为违法或者以原具体行政行为违法为由予以撤销、变更的复议决定书；

（四）上级海关确认原具体行政行为违法或者以原具体行政行为违法为由予以撤销、变更的其他法律文书；

（五）人民法院确认原具体行政行为违法或者以原具体行政行为违法为由予以撤销、变更的行政判决书、裁定书。

第三十条 赔偿请求人对其主张及造成财产损失和人身损害的事实负有举证责任，应当提供相应的证据。

第三十一条 在赔偿义务机关受理赔偿申请之后，赔偿决定作出之前，有下列情形之一的，应当终止赔偿案件审理，制作《行政赔偿案件终止决定书》，并送达赔偿请求人、第三人：

（一）赔偿请求人申请撤回赔偿申请的；

（二）发现在受理赔偿申请之前赔偿请求人已向复议机关申请复议或者已向人民法院提起

行政诉讼，并且复议机关或人民法院已经依法受理的；

（三）有其他应当终止的情形的。

第三十二条 海关行政赔偿主管部门应当对行政赔偿案件进行审查，提出处理意见。处理意见经赔偿义务机关负责人同意或者经赔偿义务机关案件审理委员会讨论通过后，按照下列规定作出决定：

（一）有下列情形之一的，依法作出不予赔偿的决定：

1. 海关及其工作人员行使行政职权的行为是依法作出，没有违法情形的；

2. 海关及其工作人员行使职权的行为虽然已被依法确认为违法，但未造成公民、法人或其他组织直接财产损失或公民人身损害的；

3. 已经确认违法的行为与公民、法人或其他组织受到的财产损失或公民人身损害没有直接因果关系的；

4. 属于本办法第七条第一款规定的情形之一的。

（二）对已被确认为违法的海关及其工作人员行使行政职权的行为直接造成了公民、法人或其他组织财产损失或公民人身损害的，依法作出赔偿的决定。

赔偿义务机关依据以上规定作出赔偿或者不予赔偿决定，应当分别制作《行政赔偿决定书》或者《不予行政赔偿决定书》，并送达赔偿请求人和第三人。

第三十三条 赔偿请求人向共同赔偿义务机关要求赔偿的，最先收到赔偿申请的赔偿义务机关为赔偿案件的办理机关。

办理机关收到赔偿申请后，应当将赔偿申请书副本送达其他赔偿义务机关，经与其他赔偿义务机关取得一致意见后，依法作出赔偿或者不予赔偿决定，并制作决定书。决定赔偿的，同时开具赔偿金额分割单。决定书和赔偿金额分割单应当由共同赔偿义务机关签章确认。共同赔偿义务机关不能取得一致意见的，由共同赔偿义务机关报请它们的共同上级海关作出决定。

第三十四条 侵权行为已经确认违法的，赔偿义务机关也可以在合法、自愿的前提下，就赔偿范围、赔偿方式和赔偿数额与赔偿请求人进行协商，协商成立的，应当制作《行政赔偿协议书》，并由双方签章确认。

达成赔偿协议后，赔偿请求人以同一事实和理由再次请求赔偿的，不予受理。

第三十五条 赔偿义务机关应当自受理赔偿申请之日起两个月内依法作出赔偿或者不予赔偿的决定。但有下列情形之一的，期间中止，从中止期间的原因消除之日起，赔偿义务机关作出决定的期间继续计算：

（一）赔偿请求人死亡，需要等待其继承人或其他有扶养关系的亲属以及死者生前扶养的无劳动能力的人表明是否参加赔偿案件处理的；

（二）作为赔偿请求人的法人或者其他组织终止，需要等待其权利承受人的确定以及其权利承受人表明是否参加赔偿案件处理的；

（三）赔偿请求人丧失行为能力，尚未确定其法定代理人或指定代理人的；

（四）赔偿请求人因不可抗拒的事由，不能参加赔偿案件处理的；

（五）需要依据司法机关，其他行政机关、组织的决定或者结论作出决定的；

（六）其他应当中止的情形。

赔偿义务机关违反上述规定逾期不作出决定的，赔偿请求人可以自期间届满之日起六十日内向赔偿义务机关的上一级海关申请行政复议，赔偿请求人对不予赔偿的决定或对赔偿数额、赔偿方式等有异议的，可以自收到决定书之日起六十日内向赔偿义务机关的上一级海关申请行政复议；赔偿请求人也可以自期间届满之日或者收到决定书之日起三个月内向人民法院提起诉讼。

第三十六条 申请人在申请行政复议时一并提出赔偿请求的，复议机关应当根据《中华人民共和国行政复议法》、《中华人民共和国海关实施〈行政复议法〉办法》的有关规定办理。

复议机关对原具体行政行为确认违法或者合法的，应当依据本办法的有关规定在行政复议决定书中一并作出赔偿或者不予赔偿的决定。

申请人对复议决定不服的，可以在收到复议决定书之日起十五日内向人民法院提起诉讼；复议机关逾期不作决定的，申请人可以在复议期满之日起十五日内向人民法院提起诉讼。

第三十七条 赔偿义务机关应当履行行政赔偿决定、行政赔偿协议、行政复议决定以及发生法律效力的行政赔偿判决、裁定或调解书。

赔偿义务机关不履行或者无正当理由拖延履行的，上一级海关应当责令其限期履行。

第二节　查验赔偿程序

第三十八条 海关关员在查验货物、物品时损坏被查验货物、物品的，应当如实填写《中华人民共和国海关查验货物、物品损坏报告书》（以下简称《海关查验货物、物品损坏报告书》）一式两份，由查验关员和当事人双方签字，一份交当事人，一份留海关存查。

海关依法径行开验、复验或者提取货样时，应当会同有关货物、物品保管人员共同进行。如造成货物、物品损坏，查验关员应当请在场的保管人员作为见证人在《海关查验货物、物品损坏报告书》上签字，并及时通知当事人。

第三十九条 实施查验的海关应当自损坏被查验的货物、物品之日起两个月内确定赔偿金额，并填制《海关损坏货物、物品赔偿通知单》（以下简称《通知单》）送达当事人。

第四十条 当事人应当自收到《通知单》之日起三个月内凭《通知单》向海关领取赔款，或将银行帐号通知海关划拨。逾期无正当理由不向海关领取赔款、不将银行帐号通知海关划拨的，不再赔偿。

第四十一条 当事人对赔偿有异议的，可以在收到《通知单》之日起六十日内向作出赔偿决定的海关的上一级海关申请行政复议，对复议决定不服的，可以在收到复议决定之日起十五日内向人民法院提起诉讼；也可以自收到《通知单》之日起三个月内直接向人民法院提起诉讼。

第五章　赔偿方式和计算标准

第四十二条 有本办法第六条规定情形，侵犯公民、法人和其他组织的财产权造成损害的，按照以下规定予以赔偿：

（一）能够返还财产或者恢复原状的，予以返还财产或者恢复原状；

（二）造成财产损坏的，赔偿修复所需费用或者按照损害程度予以赔偿；

（三）造成财产灭失的，按违法行为发生时当地市场价格予以赔偿，灭失的财产属于尚未缴纳税款的进境货物、物品的，按海关依法审定的完税价格予以赔偿；

（四）财产已依法拍卖或者变卖的，给付拍卖或者变卖所得的价款；

（五）扣留的财产因海关保管不当或不依法拍卖、变卖造成损失的，对直接损失部分予以赔偿；

（六）导致仓储费、运费等费用增加的，对增加部分予以赔偿；

（七）造成停产停业的，赔偿停产停业期间的职工工资、税金、水电费等必要的经常性费用；

（八）对财产造成其他损害的，按照直接损失确定赔偿金额。

第四十三条 侵害公民人身权利的，依照《国家赔偿法》第四章的有关规定，确定赔偿方式及赔偿金额。

第四十四条 海关依法查验进出境货物、物品时，损坏被查验的货物、物品的，应当在货物、物品受损程度确定后，以海关依法审定的完税价格为基数，确定赔偿金额。

赔偿的金额，应当根据被损坏的货物、物品或其部件受损耗程度或修理费用确定，必要时，可以凭公证机构出具的鉴定证明确定。

第六章　赔偿费用

第四十五条 依据生效的赔偿决定或者其他法律文书，需要返还财产的，依照下列规定返还：

（一）尚未上交财政的财产，由赔偿义务机关负责返还；

（二）已经上交财政的款项，由赔偿义务机关逐级向海关总署财务主管部门上报，由海关总署向国家财政部门申请返还。

第四十六条 需要支付赔偿金的，由赔偿义务机关先从本单位缉私办案费中垫支，并向海关总署财务主管部门作专项申请，由海关总署向国家财政部门申请核拨国家赔偿费用。

第四十七条 申请核拨国家赔偿费用或者申请返还已经上交财政的财产，应当根据具体情况，提供下列有关文件或者文件副本：

（一）赔偿请求人请求赔偿的申请书；

（二）赔偿义务机关作出的赔偿决定书或者赔偿协议书；

（三）复议机关的复议决定书；

（四）人民法院的判决书、裁定书或者行政赔偿调解书；

（五）赔偿义务机关对有故意或者重大过失的责任者依法进行行政处分和实施追偿的意见或者决定；

（六）财产已经上交财政的有关凭据；

（七）国家财政部门要求提供的其他文件或者文件副本。

第四十八条 赔偿义务机关向赔偿请求人支付国家赔偿费用或者返还财产，赔偿请求人应当出具合法收据或者其他有效凭证，收据或者其他凭证的副本应当报送国家财政部门备案。

第四十九条 海关依法查验进出境货物、物品时，损坏被查验的货物、物品而发生的查验赔偿，其赔偿费用由各海关从缉私办案费中支付。

第七章　责任追究与追偿

第一节　责任追究

第五十条 对有本办法第五条、第六条所列行为导致国家赔偿的有故意或者重大过失的责任人员，由有关部门依法给予行政处分；有违法所得的，依法没收违法所得；构成犯罪的，依法追究刑事责任。

第二节　追偿

第五十一条 行政赔偿义务机关赔偿损失后，应当责令有故意或者重大过失的工作人员或者受委托的组织、个人承担部分或者全部赔偿费用。

第五十二条 对责任人员实施追偿时，应当根据其责任大小和造成的损害程度确定追偿的金额。

追偿的金额一般应当在其月基本工资的1~10倍之间。特殊情况下作相应调整。

第五十三条 赔偿义务机关应当在赔偿决定、复议决定作出或者行政赔偿判决、裁定、行政赔偿调解书等法律文书发生法律效力之日起两个月内作出追偿的决定。

第五十四条　国家赔偿费用由国家财政部门核拨的，赔偿义务机关向责任者追偿的国家赔偿费用应当上缴国家财政部门。

第五十五条　有关责任人员对追偿有申辩的权利。

第八章　法律责任

第五十六条　赔偿义务机关违反本办法规定，无正当理由不予受理赔偿申请、经责令受理仍不受理或者不按照规定期限作出赔偿决定的，由有关部门对直接负责的主管人员和其他直接责任人员依法给予行政处分。

第五十七条　赔偿义务机关工作人员在办理赔偿案件中，有徇私舞弊或者其他渎职、失职行为的，由有关主管部门依法给予行政处分；构成犯罪的，依法追究刑事责任。

第五十八条　赔偿义务机关不履行或者无正当理由拖延履行赔偿决定，以及经责令限期履行仍不履行的，由有关部门对直接负责的主管人员和其他直接责任人员依法给予行政处分。

第五十九条　复议机关及其工作人员在行政复议活动中的法律责任适用《中华人民共和国行政复议法》的有关规定。

第九章　附　则

第六十条　对造成受害人名誉权、荣誉权损害的，应当在侵权行为影响的范围内，为受害人消除影响，恢复名誉，赔礼道歉。

第六十一条　赔偿请求人请求国家赔偿的时效为两年，自海关及其工作人员行使职权的行为被依法确认为违法之日起计算，但被羁押期间不计算在内。

赔偿请求人在赔偿请求时效的最后六个月内，因不可抗力或者其他障碍不能行使请求权的，时效中止。从中止时效的原因消除之日起，赔偿请求时效期间继续计算。

第六十二条　赔偿请求人要求赔偿的，赔偿义务机关和复议机关不得向赔偿请求人收取任何费用。

第六十三条　各海关受理行政赔偿申请，受理对赔偿决定不服的复议申请或者一并请求行政赔偿的复议申请，作出赔偿或者不予赔偿的决定或者复议决定，达成行政赔偿协议，决定给予查验赔偿，以及发生行政赔偿诉讼的，应当及时逐级向海关总署行政赔偿主管部门报告，并将有关法律文书报该部门备案。

第六十四条　本办法由中华人民共和国海关总署负责解释。

第六十五条　本办法所称海关包括海关总署。

第六十六条　本办法自 2003 年 5 月 1 日起施行，《中华人民共和国海关关于查验货物、物品造成损坏的赔偿办法》（〔87〕署货字 650 号）、《海关总署关于转发〈国务院办公厅关于实施中华人民共和国国家赔偿法的通知〉的通知》（署法〔1995〕57 号）同时废止。

中华人民共和国海关行政裁定管理暂行办法

（海关总署令第 92 号）

发布日期：2001-12-24
实施日期：2023-04-15
法规类型：部门规章

（根据 2023 年 3 月 9 日海关总署令第 262 号《海关总署关于修改部分规章的决定》修正）

第一条 为便利对外贸易经营者办理海关手续，方便合法进出口，提高通关效率，根据《中华人民共和国海关法》的有关规定，特制定本办法。

第二条 海关行政裁定是指海关在货物实际进出口前，应对外贸易经营者的申请，依据有关海关法律、行政法规和规章，对与实际进出口活动有关的海关事务作出的具有普遍约束力的决定。

行政裁定由海关总署或总署授权机构作出，由海关总署统一对外公布。

行政裁定具有海关规章的同等效力。

第三条 本办法适用于以下海关事务：

（一）进出口商品的归类；

（二）进出口货物原产地的确定；

（三）禁止进出口措施和许可证件的适用；

（四）海关总署决定适用本办法的其他海关事务。

第四条 海关行政裁定的申请人应当是在海关备案的进出口货物经营单位。

申请人可以自行向海关提出申请，也可以委托他人向海关提出申请。

第五条 除特殊情况外，海关行政裁定的申请人，应当在货物拟作进口或出口的 3 个月前向海关总署或者直属海关提交书面申请。

一份申请只应包含一项海关事务。申请人对多项海关事务申请行政裁定的，应当逐项提出。

申请人不得就同一项海关事务向两个或者两个以上海关提交行政裁定申请。

第六条 申请人应当按照海关要求填写行政裁定申请书（格式见附件），主要包括下列内容：

（一）申请人的基本情况；

（二）申请行政裁定的事项；

（三）申请行政裁定的货物的具体情况；

（四）预计进出口日期及进出口口岸；

（五）海关认为需要说明的其他情况。

第七条 申请人应当按照海关要求提供足以说明申请事项的资料，包括进出口合同或意向书的复印件、图片、说明书、分析报告等。

申请书所附文件如为外文，申请人应同时提供外文原件及中文译文。

申请书应当加盖申请人印章，所提供文件与申请书应当加盖骑缝章。

申请人委托他人申请的，应当提供授权委托书及代理人的身份证明。

第八条 海关认为必要时，可要求申请人提供货物样品。

第九条 申请人为申请行政裁定向海关提供的资料，如果涉及商业秘密，可以要求海关予以保密。除司法程序要求提供的以外，未经申请人同意，海关不应泄露。

申请人对所提供资料的保密要求，应当书面向海关提出，并具体列明需要保密的内容。

第十条 收到申请的直属海关应当按照本办法第六、七、八条规定对申请资料进行初审。对符合规定的申请，自接受申请之日起 3 个工作日内移送海关总署或总署授权机构。

申请资料不符合有关规定的，海关应当书面通知申请人在 10 个工作日内补正。申请人逾期不补正的，视为撤回申请。

第十一条 海关总署或授权机构应当自收到申请书之日起 15 个工作日内，审核决定是否受理该申请，并书面告知申请人。对不予受理的应当说明理由。

第十二条 有下列情形之一的，海关不予受理：

（一）申请不符合本办法第三、四、五条规定的；

（二）申请与实际进出口活动无关的；

（三）就相同海关事务，海关已经作出有效行政裁定或者其他明确规定的；

（四）经海关认定不予受理的其他情形。

第十三条 海关在受理申请后，作出行政裁定以前，可以要求申请人补充提供相关资料或货物样品。

申请人在规定期限内未能提供有效、完整的资料或样品，影响海关作出行政裁定的，海关可以终止审查。

申请人主动向海关提供新的资料或样品作为补充的，应当说明原因。海关审查决定是否采用。

海关接受补充材料的，根据补充的事实和资料为依据重新审查，作出行政裁定的期限自收到申请人补充材料之日起重新计算。

第十四条 申请人可以在海关作出行政裁定前以书面形式向海关申明撤回其申请。

第十五条 海关对申请人申请的海关事务应当根据有关事实和材料，依据有关法律、行政法规、规章进行审查并作出行政裁定。

审查过程中，海关可以征求申请人以及其他利害关系人的意见。

第十六条 海关应当自受理申请之日起 60 日内作出行政裁定。

海关作出的行政裁定应当书面通知申请人，并对外公布。

第十七条 海关作出的行政裁定自公布之日起在中华人民共和国关境内统一适用。

进口或者出口相同情形的货物，应当适用相同的行政裁定。

对于裁定生效前已经办理完毕裁定事项有关手续的进出口货物，不适用该裁定。

第十八条 海关作出行政裁定所依据的法律、行政法规及规章中的相关规定发生变化，影响行政裁定效力的，原行政裁定自动失效。

海关总署应当定期公布自动失效的行政裁定。

第十九条 有下列情形之一的，由海关总署撤销原行政裁定：

（一）原行政裁定错误的；

（二）因申请人提供的申请文件不准确或者不全面，造成原行政裁定需要撤销的；

（三）其他需要撤销的情形。

海关撤销行政裁定的，应当书面通知原申请人，并对外公布。撤销行政裁定的决定，自公布之日起生效。

经海关总署撤销的行政裁定对已经发生的进出口活动无溯及力。

　　第二十条　进出口活动的当事人对于海关作出的具体行政行为不服，并对该具体行政行为依据的行政裁定持有异议的，可以在对具体行政行为申请复议的同时一并提出对行政裁定的审查申请。复议海关受理该复议申请后应将其中对于行政裁定的审查申请移送海关总署，由总署作出审查决定。

　　第二十一条　行政裁定的申请人应对申请内容及所提供资料的真实性、完整性负责。向海关隐瞒真实情况或提供虚假材料的，应当承担相应的法律责任。

　　第二十二条　本办法由海关总署负责解释。

　　第二十三条　本办法自 2002 年 1 月 1 日起实施。

　　附件：中华人民共和国海关行政裁定申请书（格式 1、2、3）（略）

中华人民共和国海关监管区管理暂行办法

（海关总署令第 232 号）

发布日期：2017-08-08
实施日期：2018-07-01
法规类型：部门规章

（根据 2018 年 5 月 29 日海关总署令第 240 号《海关总署关于修改部分规章的决定》修正）

第一章 总 则

第一条 为了规范海关监管区的管理，根据《中华人民共和国海关法》以及其他有关法律、行政法规的规定，制定本办法。

第二条 本办法所称海关监管区，是指《中华人民共和国海关法》第一百条所规定的海关对进出境运输工具、货物、物品实施监督管理的场所和地点，包括海关特殊监管区域、保税监管场所、海关监管作业场所、免税商店以及其他有海关监管业务的场所和地点。

本办法所称海关监管作业场所，是指由企业负责经营管理，供进出境运输工具或者境内承运海关监管货物的运输工具进出、停靠，从事海关监管货物的进出、装卸、储存、集拼、暂时存放等有关经营活动，符合《海关监管作业场所设置规范》（以下简称《场所设置规范》），办理相关海关手续的场所。

《场所设置规范》由海关总署另行制定并公告。

第三条 本办法适用于海关对海关监管区的管理。

海关规章对海关特殊监管区域、保税监管场所、免税商店的管理另有规定的，从其规定。

第四条 公民、法人和其他组织在海关监管区内开展依法应当经过批准的业务的，应当按照相关主管部门的要求开展有关业务。

第五条 海关实施本办法的规定不妨碍其他部门履行其相应职责。

第二章 海关监管区的管理

第六条 海关监管区应当设置符合海关监管要求的基础设施、检查查验设施以及相应的监管设备。

第七条 海关依照《中华人民共和国海关法》的规定，对海关监管区内进出境运输工具、货物、物品行使检查、查验等权力。

第八条 进出境运输工具、货物、物品，应当通过海关监管区进境或者出境。

第九条 进出境运输工具或者境内承运海关监管货物的运输工具应当在海关监管区停靠、装卸，并办理海关手续。

第十条 进出境货物应当在海关监管区的海关监管作业场所集中办理进出、装卸、储存、集拼、暂时存放等海关监管业务。

第十一条 进出境物品应当在海关监管区的旅客通关类场所、邮件类场所办理海关手续，海关总署另有规定的除外。

第十二条 在海关监管区内从事与进出境运输工具、货物、物品等有关的经营活动，应当接受海关监管。

第十三条 因救灾、临时减载、装运鲜活产品以及其他特殊情况，需要经过未设立海关的地点临时进境或者出境的，应当经国务院或者国务院授权的机关批准，并办理海关手续。

第三章 海关监管作业场所的管理

第十四条 申请经营海关监管作业场所的企业（以下称申请人）应当同时具备以下条件：

（一）具有独立企业法人资格；

（二）取得与海关监管作业场所经营范围相一致的工商核准登记；

（三）具有符合《场所设置规范》的场所。

由法人分支机构经营的，分支机构应当取得企业法人授权。

第十五条 申请人应当向主管地的直属海关或者隶属海关（以下简称主管海关）提出注册申请，并且提交以下材料：

（一）经营海关监管作业场所企业注册申请书；

（二）海关监管作业场所功能布局和监管设施示意图。

由法人分支机构经营的，申请人应当提交企业法人授权文书。

第十六条 主管海关依据《中华人民共和国行政许可法》和《中华人民共和国海关实施〈中华人民共和国行政许可法〉办法》的规定办理有关行政许可事项，具体办法由海关总署另行制定并公告。

第十七条 海关可以采取视频监控、联网核查、实地巡查、库存核对等方式，对海关监管作业场所实施监管。

第十八条 经营企业应当根据海关监管需要，在海关监管作业场所的出入通道设置卡口，配备与海关联网的卡口控制系统和设备。

第十九条 经营企业应当凭海关放行信息办理海关监管货物以及相关运输工具出入海关监管作业场所的手续。

第二十条 经营企业应当妥善保存货物进出以及存储等情况的电子数据或者纸质单证，保存时间不少于 3 年，海关可以进行查阅和复制。

第二十一条 经营企业应当在海关监管作业场所建立与海关联网的信息化管理系统、视频监控系统，并且根据海关监管需要建立全覆盖无线网络。

第二十二条 海关监管作业场所出现与《场所设置规范》不相符情形的，经营企业应当立即采取措施进行修复，并且报告海关。海关根据管理需要，可以采取相应的限制措施。

第二十三条 经营企业应当在海关监管作业场所装卸、储存、集拼、暂时存放海关监管货物。

装卸、储存、集拼、暂时存放非海关监管货物的，应当与海关监管货物分开，设立明显标识，并且不得妨碍海关对海关监管货物的监管。

经营企业应当根据海关需要，向海关传输非海关监管货物进出海关监管作业场所等信息。

第二十四条　经营企业应当将海关监管作业场所内存放超过 3 个月的海关监管货物情况向海关报告。海关可以对相应货物存放情况进行核查。

第二十五条　经营企业应当建立与相关海关监管业务有关的人员管理、单证管理、设备管理和值守等制度。

第二十六条　海关履行法定职责过程中，发现海关监管作业场所内海关监管货物存在安全生产隐患的，应当及时向主管部门通报。

第二十七条　经营企业有下列行为之一的，责令改正，给予警告，可以暂停其相应海关监管作业场所 6 个月以内从事有关业务：

（一）未凭海关放行信息凭证办理出入海关监管作业场所手续的；

（二）未依照本办法规定保存货物进出以及存储等情况的电子数据或者纸质单证的；

（三）海关监管作业场所出现与《场所设置规范》不相符情形未及时修复，影响海关监管的；

（四）未依照本办法规定装卸、储存、集拼、暂时存放海关监管货物的；

（五）未依照本办法规定将海关监管作业场所内存放超过 3 个月的海关监管货物情况向海关报告的。

因前款第三项原因被暂停业务的，如果海关监管作业场所经整改符合要求，可以提前恢复业务。

发生走私行为或者重大违反海关监管规定行为的，海关应当责令经营企业改正，并且暂停其相应海关监管作业场所 6 个月以内从事有关业务。

第四章　附　则

第二十八条　海关工作人员徇私舞弊、滥用职权、玩忽职守，未依法履行本办法规定职责的，依法给予处分。

第二十九条　本办法由海关总署负责解释。

第三十条　本办法自 2017 年 11 月 1 日起施行。2008 年 1 月 30 日海关总署令第 171 号发布的《中华人民共和国海关监管场所管理办法》、2015 年 4 月 27 日海关总署令第 227 号公布的《海关总署关于修改部分规章的决定》第六条同时废止。

关于修订明确海关监管作业场所行政许可事项的公告

（海关总署公告 2021 年第 46 号）

发布日期：2021-06-22
实施日期：2021-06-22
法规类型：规范性文件

根据《中华人民共和国行政许可法》《中华人民共和国海关行政许可管理办法》和《中华人民共和国海关监管区管理暂行办法》（以下简称《监管区管理办法》）有关规定，海关总署对海关总署公告 2017 年第 37 号（关于明确海关监管作业场所行政许可事项的公告）进行了修订。现将海关监管作业场所行政许可有关事项公告如下：

一、申请经营海关监管作业场所的企业（以下称"申请人"）应当符合《监管区管理办法》第十四、十五条的规定，并提交以下材料：

（一）《经营海关监管作业场所企业注册申请书》（附件1）；

（二）作业区域功能布局示意图（包括监管设施及其安装位置）。

由法人分支机构经营的，申请人应当提交企业法人授权文书。

二、申请人应当对所提交材料的真实性、合法性、有效性承担法律责任。主管海关可以通过信息化系统获取有关材料电子文本的，申请人无需另行提交。

三、主管海关受理行政许可申请后，应当对申请人提交的申请材料进行审查，并对其是否符合海关监管作业场所设置规范进行实地验核。

四、经审核符合注册条件的，主管海关制发《中华人民共和国××海关经营海关监管作业场所企业注册登记证书》（以下简称《注册登记证书》，附件2），自制发之日起生效。经审核不符合注册条件的，应当说明理由并制发《中华人民共和国××海关不予行政许可决定书》（以下简称《不予行政许可决定书》，附件3）。

五、海关监管作业场所经营企业（以下简称"经营企业"）的注册资质不得转让、出租、出借。

六、有下列情形之一的，经营企业应当向主管海关提交《经营海关监管作业场所企业变更申请书》（附件4）以及相关材料，办理申请变更手续：

（一）变更海关监管作业场所类型的；

（二）变更海关监管作业场所面积的；

（三）变更海关监管作业场所内功能作业区的；

（四）变更海关监管作业场所名称或经营企业名称的；

（五）海关监管作业场所换址新建的。

七、经审核同意经营企业变更申请的，主管海关应当制发新的《注册登记证书》，经营企业应当交回原《注册登记证书》。经审核不同意变更的，主管海关应当制发《不予行政许可决定书》。

海关监管作业场所换址新建的，海关应当重新进行实地验核。

八、经营企业的法定代表人或相关主管部门批准的营业期限、经营范围等事项发生变化的，应当及时向主管海关报备。

九、经营企业申请注销海关监管作业场所的，应当向主管海关提交《经营海关监管作业场所企业注销申请书》（附件5）以及相关材料，并且满足以下条件：

（一）场所内存放的海关监管货物已经全部依法处置完毕，相关海关手续也已经全部办结；

（二）经营企业涉及走私案件或者违反海关监管规定案件的，相关案件已经结案；

（三）场所内海关配备的监管设施设备已经按照海关要求妥善处置。

经审核符合注销条件的，主管海关应当制发《中华人民共和国××海关准予注销行政许可决定书》（附件6），经营企业应当交回《注册登记证书》。经审核不符合注销条件的，主管海关应当制发《不予行政许可决定书》。

十、有下列情形之一的，主管海关应当注销经营企业的注册登记，并且制发《中华人民共和国××海关经营海关监管作业场所企业注销通知书》（附件7）：

（一）经营企业依法终止的；

（二）经营企业注册登记依法被撤回、撤销的；

（三）《注册登记证书》依法被吊销的；

（四）由于不可抗力导致注册事项无法实施的；

（五）依据法律、行政法规规定，注册应当注销的其他情形。

经营企业注册登记被海关注销的，经营企业或者有关当事人应当按照海关要求对场所内存放的海关监管货物、海关配备的监管设施作出妥善处置。

十一、存在《监管区管理办法》第二十七条规定情形的，海关制发《中华人民共和国××海关责令整改通知书》（附件8）。

十二、主管海关应当每年对其主管的海关监管作业场所开展1次年度审核，对于不再符合海关监管作业场所设置规范等规定及存在违反海关监管规定情形的，按照《监管区管理办法》和本公告有关规定办理。

本公告自2021年10月1日起实施。海关总署公告2017年第37号同时废止。

特此公告。

附件：1. 经营海关监管作业场所企业注册申请书（略）
    2. 中华人民共和国××海关经营海关监管作业场所企业注册登记证书（略）
    3. 中华人民共和国××海关不予行政许可决定书（略）
    4. 经营海关监管作业场所企业变更申请书（略）
    5. 经营海关监管作业场所企业注销申请书（略）
    6. 中华人民共和国××海关准予注销行政许可决定书（略）
    7. 中华人民共和国××海关经营海关监管作业场所企业注销通知书（略）
    8. 中华人民共和国××海关责令整改通知书（略）

海关指定监管场地管理规范

（海关总署公告2019年第212号）

发布日期：2019-12-23
实施日期：2021-01-07
法规类型：规范性文件

（根据2021年1月7日海关总署公告2021年第4号《关于修订〈海关监管作业场所（场地）设置规范〉〈海关监管作业场所（场地）监控摄像头设置规范〉和〈海关指定监管场地管理规范〉的公告》修正）

第一章 总 则

第一条 根据《海关法》、《进出境动植物检疫法》及其实施条例、《进出口商品检验法》及其实施条例、《食品安全法》及其实施条例等法律、法规的相关规定，制定本规范。

第二条 指定监管场地是指符合海关监管作业场所（场地）的设置规范，满足动植物疫病疫情防控需要，对特定进境高风险动植物及其产品实施查验、检验、检疫的监管作业场地（以下简称"指定监管场地"）。

第三条 指定监管场地包括：

（一）进境肉类指定监管场地；

（二）进境冰鲜水产品指定监管场地；

（三）进境粮食指定监管场地；

（四）进境水果指定监管场地；

（五）进境食用水生动物指定监管场地；

（六）进境植物种苗指定监管场地；

（七）进境原木指定监管场地；

（八）其他进境高风险动植物及其产品指定监管场地。

第四条 指定监管场地原则上应当设在第一进境口岸监管区内。

在同一开放口岸范围内申请设立不同类型指定监管场地的，原则上应当在集中或相邻的区域内统一规划建设，设立为综合性指定监管场地，海关实行集约化监管。

第五条 拟设立指定监管场地的有关单位或企业，应当事先提请省级人民政府（以下简称"地方政府"）组织开展可行性评估和立项；地方政府牵头建立国门生物安全、食品安全保障机制和重大动物疫病、重大植物疫情、重大食品安全事件等突发事件的应急处理工作机制，以及检疫风险的联防联控制度。

第六条 申请经营指定监管场地的单位（以下简称"申请单位"）应当按照海关相关规定建设指定监管场地。

第七条 海关总署口岸监管司负责监督管理、指导协调和组织实施全国海关指定监管场地规范管理工作。

直属海关口岸监管部门负责监督管理、指导协调和组织实施本关区指定监管场地规范管理工作。

隶属海关负责实施本辖区指定监管场地日常规范管理和监督检查工作。

第八条 法律法规对有关作业场所（场地）、区域的设置另有规定的，从其规定。

第九条 海关实施本规范不妨碍其他部门依法履行其职责。

第二章 立项与评估

第十条 地方政府根据口岸发展需要，组织开展指定监管场地设立的可行性评估和立项，并统筹规划和组织建设。

地方政府经评估，认为具备设立条件的，形成立项申请，函商直属海关提出立项评估意见，直属海关初审后报海关总署审核、批复。

第十一条 指定监管场地立项材料应当包括以下内容：

（一）地方外向型经济和口岸建设的基本情况、发展规划，指定监管场地开展相关业务的市场需求，以及预期的经济效益、社会效益。

（二）地方政府制定保障进境高风险动植物及其产品检疫风险的联防联控工作制度（组织机构、能力保障、职责分工、督查督办）。

（三）指定监管场地的建设规划（建设主体、周期、资金保障、规划平面图等）。

（四）指定监管场地建设有关土地、环保、农林等评估意见。

第十二条 直属海关收到立项材料后，应当组成专家组进行初审评估，评估工作以资料审核为主，并视情开展实地验证和评估，必要时与地方政府、申请单位沟通了解相关情况。

专家组应由海关系统内场所管理、动植检疫、食品安全专业的人员构成，必要时可聘请系统外专家。

第十三条 海关主要对以下方面进行评估：

（一）口岸对外开放情况和相关配套保障情况；

（二）海关监管能力和配套保障情况；

（三）海关实验室检测能力和配套保障情况；

（四）指定监管场地布局及必要性。

第十四条 直属海关应当根据初审评估情况，提出初审意见。

直属海关经评估认为符合海关相关规定要求的，报海关总署。

直属海关经评估认为不符合海关相关规定要求的，应当向地方政府书面反馈意见。根据地方政府的需求，直属海关可以提出相关改进意见。

第十五条 海关总署对直属海关的立项评审意见进行复审，提出批复意见，并反馈直属海关，由直属海关向地方政府反馈。

第十六条 指定监管场地应当在海关总署同意立项批复之日起 2 年内完成建设并向直属海关申请预验收。

逾期未向直属海关申请预验收的，该立项自动失效。

第十七条 在集中或相邻的区域内统一规划建设的不同类型指定监管场地，海关可统一组织开展验收。

第三章　直属海关预验收

第十八条 指定监管场地申请预验收时应当同时具备以下条件：

（一）指定监管场地符合海关监管作业场所（场地）的设置规范，满足动植物疫病疫情防控需要，具备对特定进境高风险动植物及其产品实施查验、检验、检疫的条件；

（二）指定监管场地主管海关的监管能力满足特定进境高风险动植物及其产品作业需求；

（三）地方政府已建立检疫风险的联防联控制度，国门生物安全、食品安全保障机制，重大动物疫病、重大植物疫情、重大食品安全事件等突发事件应急处理工作机制。

第十九条 指定监管场地具备预验收条件后，由申请单位向直属海关申请预验收，并提交以下材料：

（一）指定监管场地验收申请表（见附件）；

（二）指定监管场地验收申请表"申请须知"中列明的随附材料；

（三）其他相关资料或材料。

由法人分支机构经营的，分支机构应当取得企业法人授权。

第二十条 直属海关口岸监管部门负责牵头组织验收组开展指定监管场地的预验收工作。

验收组应当由海关系统内场所管理、动植检疫、食品安全专家或骨干构成。

第二十一条 直属海关对指定监管场地的预验收工作包括资料审核和实地验核。

书面材料审核通过的，直属海关组织验收组进行实地验核；书面材料审核不通过的，应当中止验收并告知申请单位。

第二十二条 指定监管场地的实地验核工作按以下程序开展：

（一）召开验收工作见面会，验收组公布验收工作的依据和程序，听取指定监管场地的建设情况汇报。

（二）验收组赴指定监管场地、海关实验室等场地开展实地验核。

（三）验收组内部评议，形成验收结论。

（四）召开现场反馈会，验收组反馈验收情况，给出验收结论，由验收组和申请单位签字确认。

（五）必要时，海关可提前安排进行检疫处理效果、海关监管人员能力考试等工作。

第二十三条 对通过预验收的或预验收提出的不符合项已整改完毕的，直属海关应当函请海关总署组织验收。

第四章　海关总署验收

第二十四条　海关总署口岸监管司根据直属海关预验收情况，组织验收组开展验收工作；也可视情况委托直属海关开展验收工作。

第二十五条　海关总署的验收工作，包括资料审核和实地验核。

资料审核通过的，海关总署组织验收组进行实地验核工作；资料审核不通过的，应当中止验收，由海关总署书面答复直属海关，直属海关书面答复申请单位。

第二十六条　验收组按照本规范第二十二条规定的相应程序开展指定监管场地实地验核工作。

第二十七条　验收工作完成后，验收组向海关总署提交指定监管场地验收工作报告，随附审核验收记录。

海关总署委托直属海关开展验收工作的，直属海关应将验收情况函报总署，并随附指定监管场地验收工作报告和审核验收记录。

第二十八条　通过验收的或验收提出的不符合项已整改完毕的指定监管场地，海关总署口岸监管司报请署领导批准后，将新批准的指定监管场地信息维护进指定监管场地名单，并在海关门户网站公布。

经公布的指定监管场地可正式承载特定进境高风险动植物及其产品的海关监管业务。

第五章　海关的监督管理

第二十九条　指定监管场地经营单位（以下简称"经营单位"）名称变更、指定监管场地因行政区划造成地址名称变化的，应当于变更后 1 个月内向直属海关报告，经直属海关核实后向海关总署报备。

第三十条　指定监管场地改扩建或新建查验场地、冷链一体化设施、技术用房等基础设施，应当事先向直属海关报备。对于影响海关监管的，直属海关应当根据实际情况暂停部分或全部的指定监管场地海关监管业务。

指定监管场地改扩建或新建项目完成后，经营单位应当向直属海关申请验收，海关按本规范的相关规定进行验收。

第三十一条　经营单位主动放弃经营指定监管场地的，应当向直属海关提出申请。

直属海关经审核确认指定监管场地内存放的海关监管货物已经全部依法处置完毕，相关海关手续已经全部办结的，应当同意其申请，并函报海关总署。

第三十二条　直属海关在日常监管中发现指定监管场地不符合海关相关监管要求的，应当责成经营单位限期整改。

情况严重的或未在限期内完成整改的，直属海关应当暂停在该指定监管场地开展海关作业，并向海关总署报备。

暂停海关作业后，指定监管场地对相关问题完成整改的，须报直属海关审核确认后，方可恢复相关海关业务，并向海关总署报备。

第三十三条　海关总署对指定监管场地采取"双随机"的方式进行年度抽核，验证指定监管场地是否持续符合海关监管要求。

年度抽核工作以书面审核为主，直属海关根据海关总署的要求，对被抽核的指定监管场地进行初审，并将其日常监管情况和初审意见函报海关总署，海关总署进行复审。必要时，海关总署组织专家组进行实地验核。

第三十四条　海关总署在年度抽核中发现指定监管场地不符合本规范要求，经评估可以限期整改的，责成经营单位限期完成整改，由直属海关负责跟踪验证，并将整改及跟踪验证情况函报海关总署。

第三十五条 海关总署根据年度抽核和海关日常监督检查情况，对指定监管场地名单实施动态管理。对存在下列情况之一的，海关总署将其从指定监管场地名单中删除，并在海关门户网站公布：

（一）指定监管场地不符合风险防控要求，造成重大动植物疫情扩散或重大食品安全事故的；

（二）指定监管场地有关食品安全或动植物疫病疫情的风险防控能力达不到本规范的要求，经整改后仍不合格的；

（三）指定监管场地被直属海关暂停开展海关作业，未在规定期限内完成整改的；

（四）在海关总署年度抽核工作中，发现指定监管场地严重不符合本规范的要求或未按照本规范第三十四条规定在规定限期内完成整改的；

（五）经营单位主动申请放弃经营指定监管场地并经海关审核同意的；

（六）指定监管场地连续 2 年未开展所申请的特定高风险动植物及其产品进境业务的；

（七）经营单位发生走私行为或者重大违反海关监管规定行为的；

（八）经营单位依法终止的。

第三十六条 指定监管场地有下列情况之一的，申请单位或经营单位应当重新申请立项：

（一）指定监管场地经营单位变更的；

（二）海关总署同意立项批复之日起 2 年内未向直属海关申请预验收的；

（二）按照本规范第三十五条的规定从指定监管场地名单中删除，停止指定监管场地运营海关业务后，拟重新开展指定监管场地海关业务的。

第六章　附　则

第三十七条 本规范自发布之日起施行。在本规范发布之前，海关制定的指定监管场地有关规定与本规范不一致的，以本规范为准。

第三十八条 自本规范发布之日起，《质检总局关于实施进境食用水生动物指定口岸制度的公告》（2016 年第 74 号）、《质检总局关于公布第二批进境食用水生动物指定口岸名单的公告》（2017 年第 5 号）、《质检总局关于公布全国进境食用水生动物指定口岸名单的公告》（2018 年第 20 号）、《质检总局关于进一步规范进口肉类指定口岸管理的公告》（2015 年第 64 号）、《质检总局关于采取进口植物种苗指定入境口岸措施的公告》（2009 年第 133 号）、《质检总局关于规范进境粮食指定口岸措施的公告》（2014 年第 106 号）、《质检总局关于公布进境植物种苗指定口岸和进境粮食指定口岸及查验点名单的公告》（2017 年第 100 号）同时废止。

附件：指定监管场地验收申请表（略）

关于发布《海关监管作业场所（场地）监控摄像头设置规范》的公告

（海关总署公告 2019 年第 69 号）

发布日期：2019-04-22
实施日期：2021-01-07
法规类型：规范性文件

（根据 2021 年 1 月 7 日海关总署公告 2021 年第 4 号《关于修订〈海关监管作业场所（场地）设置规范〉〈海关监管作业场所（场地）监控摄像头设置规范〉和〈海关指定监管场地管理规范〉的公告》修正）

第一章　总　则

一、根据《中华人民共和国海关监管区管理暂行办法》《海关监管作业场所（场地）设置规范》的相关规定，制定本规范。

二、本规范要求安装监控摄像头的海关监管作业场所（场地）包括：

（一）海关监管作业场所，如水路运输类海关监管作业场所、公路运输类海关监管作业场所、航空运输类海关监管作业场所、铁路运输类海关监管作业场所、快递类海关监管作业场所以及从事边民互市业务的监管作业场所等。

（二）海关集中作业场地，如旅客通关作业场所、邮检作业场地等。

（三）海关监管作业场所（场地）内的功能区，如通用查验场地、口岸前置拦截作业区、进口汽车查验区、动植物产品（含食品）查验区、供港澳鲜活产品查验区、卫生检疫查验区、公路口岸客车查验区、进境原木检疫处理区、进境大型苗木检疫处理场等，具体设置要求详见《海关监管作业场所（场地）功能区监控摄像头设置规范》（附件1）。

（四）海关作业现场，如免税品商店（含销售场所和监管仓库）、海关对外办理业务大厅、陆路口岸边境通道、停机坪等，具体设置要求详见《海关作业现场监控摄像头设置规范》（附件2）。

三、海关监管作业场所（场地）内的功能区，应在满足对应海关监管作业场所（场地）监控摄像头设置规范要求的基础上，同时满足对应功能区的监控摄像头设置规范要求。

四、海关根据法律、规章的规定和海关实际监管的要求确定监控摄像头的重点监控范围或区域。主要包括：车辆进出通道及卡口、海关查验场地、检疫处理场地（不含第三方检疫场地）、泊位、施解封区、查验地磅、运输工具登临区、航空箱拆板和组板区、旅客大厅等。

重点监控区域应保证监控摄像头点位具有一定的冗余度，确保个别摄像头出现故障时不影响海关对重点监控范围或区域的连续监控。

五、海关监管作业场所（场地）监控摄像头和视频监控系统的其他设备、部件、材料应当符合现行国家行业标准，设备选型、平台系统、集成软件应当与海关现有系统相兼容，相关工程设计及施工应当符合国家有关标准，接入设备及系统符合国家相关安全标准，并应符合相关安全管理部门要求。

海关监管作业场所（场地）监控摄像头、视频监控系统设备选型应当符合《海关视频监控系统技术规范》（HS/T 58），并应根据海关监管需要，在符合上述规范或标准要求的基础上，提高设备选型、建设标准。

六、海关监管作业场所（场地）应当建立满足海关监管要求的视频监控系统，通过视频监控安全设备与海关联网，视频存储时间不少于3个月。

七、海关监管作业场所（场地）应根据海关监管需要，合理设置摄像头安装点、监控范围，并应当采用照明、红外等方式，保证监控摄像头夜间监控的清晰度。

八、海关监管作业场所（场地）应建立符合海关网络安全要求的机房或机柜，用于安置监控摄像头的存储、联网、集成等相关设备。

九、监控摄像头的控制权，是指对摄像头的镜头焦距和监控视角（范围）的调动控制权，分为海关专控和海关主控。海关专控是指监控摄像头只能由海关控制，海关主控是指海关在执行对监控摄像头的调动时，不允许其他控制方调动。

十、海关对与海关联网的监控摄像头实行编码管理，海关监管作业场所（场地）经营单位应当按《海关视频监控摄像头编码规则和图像标识规范》（附件3），对联网的监控摄像头进行统一编码及标识。

十一、海关监管作业场所（场地）监控摄像头应按照《海关监管作业场所（场地）监控摄像头管理要求》（附件4）进行日常管理和运维保障。

十二、本规范适用于对海关监管作业场所（场地）、海关特殊监管区域监控摄像头及相应视频监控系统软硬件的管理。

十三、国家相关管理部门对有关场所、场地或区域的监控摄像头选型和安装、使用有相应规定的，从其规定。海关实施本规范的规定不妨碍其他部门依法履行其职责。

第二章　海关监管作业场所监控摄像头设置规范

第一节　水路运输类海关监管作业场所

一、泊位

（一）应对泊位、装卸区域等设置摄像头监控点。监控范围确保能够清晰监控船舶靠泊、检疫信号悬挂、人员上下、货物装卸和物料添加、废弃物移下过程。监控摄像头海关主控。

（二）应设置广角或云台摄像头，满足对区域全景式监控要求。监控摄像头海关主控。

二、堆场

（一）应对货物堆存区、货物出入口、场内区间通道、围网（墙）等设置摄像头监控点。监控范围确保能够清晰监控人员进出、货物堆存情况、货物装卸和作业过程。监控摄像头海关主控。

（二）应设置广角或云台摄像头，满足对区域全景式监控要求。监控摄像头海关主控。

三、仓库

（一）应对货物堆存区、装卸区、理货区、货物出入口（卡口）、人员进出通道以及库内区间通道等设置摄像头监控点。监控范围确保能够清晰监控人员进出、货物储存情况、货物装卸和作业过程。监控摄像头海关主控。

（二）应设置广角或云台摄像头，满足对区域全景式监控要求。监控摄像头海关主控。

四、筒仓（贮存散装物料的仓库）

（一）应对货物出入口、装卸区设置摄像头监控点。监控范围确保能够清晰监控货物装卸过程。监控摄像头海关主控。

（二）应设置广角或云台摄像头，满足对区域全景式监控要求。监控摄像头海关主控。

五、暂不予放行货物仓库/场地

（一）应对货物堆存区、出入口、围网（墙）等设置摄像头监控点。监控范围确保能够清晰监控货物进出、人员进出、货物储存情况、货物装卸和作业过程。监控摄像头海关专控。

（二）应设置广角或云台摄像头，满足对区域全景式监控要求。监控摄像头海关专控。

六、卡口

（一）应对卡口的车头前方、车尾位置设置摄像头监控点，监控范围确保能够清晰监控车牌、司机、车辆尾部等情况。监控摄像头海关主控。

（二）应对卡口区域前后各设置广角或云台摄像头，满足对卡口整体区域的全景式监控要求。监控摄像头海关主控。

七、船员专用通道

（一）应对监管运输工具人员进出场所专用通道出入口设置摄像头监控点。监控范围确保能够清晰监控有关人员进出、随身携带物品和办理相关程序的过程。监控摄像头海关主控。

（二）根据海关监管需要设置广角或云台摄像头，满足对该区域全景式监控要求。监控摄像头海关主控。

八、施解封区域

（一）应对运输工具、集装箱施/解封位置设置摄像头监控点，能完整监控车体施/解封过程。监控摄像头海关专控。

（二）在通道进行施封作业的，应满足上述设置要求。

九、围网（墙）

（一）根据海关的监管要求以及摄像头的监控范围，以满足整个围网监控的连续性为原则设置摄像头监控点。监控范围确保能够清晰监控翻墙、抛物等情况。监控摄像头海关主控。

（二）由于机械吊装、履带运输、水岸泊位、铁路轨道等因素无法实现完全封闭的海关监管作业场所，应在相关区域设置摄像头监控点，监控摄像头海关专控。

十、检疫处理区

应对运输工具、集装箱、货物及木质包装等检疫处理作业位置设置摄像头监控点。能够完整监控检疫处理作业过程。监控摄像头海关专控。

十一、内贸区

参照上述区域设置要求执行。

第二节 公路运输类海关监管作业场所

一、卡口

（一）应对卡口的车头前方、车尾位置设置摄像头监控点，监控范围确保能够清晰监控车牌、司机、车辆尾部等情况。监控摄像头海关专控。

（二）应对卡口区域前后各设置广角或云台摄像头，满足对卡口整体区域的全景式监控要求。监控摄像头海关专控。

二、暂不予放行货物仓库/场地

（一）应对货物堆存区、出入口、围网（墙）等设置摄像头监控点。监控范围确保能够清晰监控人员进出、货物储存情况、货物装卸和作业过程。监控摄像头海关专控。

（二）应设置广角或云台摄像头，满足对区域全景式监控要求。监控摄像头海关专控。

三、超期货物存放区

（一）应对货物堆存区、出入口、围网（墙）等设置摄像头监控点。监控范围确保能够清晰监控人员进出、货物储存情况、货物装卸和作业过程。监控摄像头海关主控。

（二）应设置广角或云台摄像头，满足对区域全景式监控要求。监控摄像头海关专控。

四、装卸场地

（一）应对车辆停放装卸区、出入口等设置摄像头监控点。监控范围确保能够清晰监控车牌号、人员进出、货物装卸和作业过程。监控摄像头海关主控。

（二）应设置广角或云台摄像头，满足对区域全景式监控要求。监控摄像头海关专控。

五、运输工具登临检查区

（一）应在对运输工具停靠检查位置设置摄像头监控点。监控范围确保能够清晰监控车牌号、登临作业过程。根据海关监管需要，安装具备车牌识别功能的摄像头。监控摄像头海关专控。

（二）在卡口、查验场地进行运输工具登临检查的，应同时满足上述要求。

六、施/解封区

（一）应对运输工具、集装箱施/解封位置设置摄像头监控点，能完整监控车体施/解封过程。监控摄像头海关专控。

（二）在通道完成施封作业的，应同时满足上述设置要求。

七、围网（墙）

（一）根据海关的监管要求以及摄像头的监控范围，以满足整个围网监控的连续性为原则设置摄像头监控点。监控范围确保能够清晰监控翻墙、抛物等情况。监控摄像头海关主控。

（二）由于机械吊装、履带运输、水岸泊位、铁路轨道等因素无法实现完全封闭的海关监管作业场所，应在相关区域设置摄像头监控点，监控摄像头海关专控。

八、检疫处理区

应对运输工具、集装箱、货物及木质包装等检疫处理作业位置设置摄像头监控点。能够完整监控检疫处理作业过程。监控摄像头海关专控。

九、内贸区

参照上述区域设置要求执行。

第三节 航空运输类海关监管作业场所

一、仓库

（一）应对货物堆存区、装卸区、拆板和组板区、集拼区、理货区、仓库货物出入口、提货和交货通道（区域）、人员进出通道以及库内区间通道等设置摄像头监控点。监控范围确保能够清晰监控人员进出、货物储存、装卸和作业过程。监控摄像头海关主控。

（二）应设置广角或云台摄像头，满足对区域全景式监控要求。监控摄像头海关主控。

二、暂不予放行货物仓库/场地

（一）应对货物堆存区、出入口、围网（墙）等设置摄像头监控点。监控范围确保能够清晰监控人员进出、货物储存、装卸和作业过程。监控摄像头海关主控。

（二）应设置广角或云台摄像头，满足对区域全景式监控要求。监控摄像头海关主控。

三、超期货物存放区

（一）应对货物堆存区、出入口、围网（墙）等设置摄像头监控点。监控范围确保能够清晰监控人员进出、货物储存、装卸和作业过程。监控摄像头海关主控。

（二）应设置广角或云台摄像头，满足对区域全景式监控要求。监控摄像头海关主控。

四、装卸场地

（一）应对车辆停放装卸区、出入口、围网（墙）等设置摄像头监控点。监控范围确保能够清晰监控车牌号、人员进出、货物装卸和作业过程。监控摄像头海关主控。

（二）应设置广角或云台摄像头，满足对区域全景式监控要求。监控摄像头海关主控。

五、卡口

（一）应对卡口的车头前方、车尾位置设置摄像头监控点，监控范围确保能够清晰监控车牌、司机、车辆尾部等情况。监控摄像头海关主控。

（二）应对卡口区域前后各设置广角或云台摄像头，满足对卡口整体区域的全景式监控要求。监控摄像头海关主控。

（三）应对空侧进出口设置摄像头监控点。监控范围确保能够清晰监控人员进出、货物储存、装卸和作业过程，并应设置广角或云台摄像头，满足对区域全景式监控要求。监控摄像头海关主控。

六、围网（墙）

（一）根据海关的监管要求以及摄像头的监控范围，以满足整个围网监控的连续性为原则设置摄像头监控点。监控范围确保能够清晰监控翻墙、抛物等情况。监控摄像头海关主控。

（二）由于机械吊装、履带运输、水岸泊位、铁路轨道等因素无法实现完全封闭的海关监管作业场所，应在相关区域设置摄像头监控点，监控摄像头海关专控。

七、检疫处理区

应对运输工具、集装箱、货物及木质包装等检疫处理作业位置设置摄像头监控点。能够完整监控检疫处理作业过程。监控摄像头海关专控。

八、内贸区

参照上述区域设置要求执行。

第四节　铁路运输类海关监管作业场所

一、铁路到发线

应在列车抵达、驶离到发线的固定轨道线路两侧设置摄像头监控点，对铁路线进行交叉式监控。监控范围确保能够监控车辆抵达、驶离情况，监控画面应覆盖列车整体情况，并确保车辆处于连续监控。监控摄像头海关主控。

二、运输工具登临检查区

（一）在列车停靠位置高点设置摄像头监控点。监控范围确保能够清晰监控列车车头整体情况、人员实时动态。监控摄像头海关主控。

（二）根据海关监管需要，安装具备对现场作业人员的清晰辨识（或智能识别）功能的摄像头。监控摄像头海关主控。

三、固定式（列车）H986作业区

（一）每台非侵入式检查设备检入、检出口各对应设置摄像头监控点，监控范围确保能够清晰监控列车出入的全过程。监控摄像头海关主控。

（二）在机检通道内高位设置广角或云台摄像头，监控范围确保能够清晰监控货物机检检查的整个过程。

四、卡口

（一）应对卡口的车头前方、车尾位置设置摄像头监控点，监控范围确保能够清晰监控车牌、司机、车辆尾部等情况。监控摄像头海关主控。

（二）应对卡口区域前后各设置广角或云台摄像头，满足对卡口整体区域的全景式监控要求。监控摄像头海关主控。

五、室内/外作业区

（一）应对运输工具停靠、装卸作业等区域设置摄像头监控点。监控范围覆盖海关作业现场整体区域，确保能够清晰监控作业现场的货物装卸情况。监控摄像头海关主控。

（二）在高点位置设置广角或云台摄像头，满足对作业区域的全景式监控要求。监控摄像头海关主控。

（三）根据海关监管需要，安装具备对现场作业人员的清晰辨识（或智能识别）功能的摄像头。监控摄像头海关主控。

六、暂不予放行货物仓库/场地

（一）应对货物堆存区、出入口、围网（墙）等设置摄像头监控点。监控范围确保能够清晰监控货物进出、人员进出、货物储存情况、货物装卸和作业过程。监控摄像头海关主控。

（二）应设置广角或云台摄像头，满足对区域全景式监控要求。监控摄像头海关主控。

七、超期货物存放区

（一）应在货物堆存区、出入口、围网（墙）等设置摄像头监控点。监控范围确保能够清晰监控货物进出、人员进出、货物储存情况、货物装卸和作业过程。监控摄像头海关主控。

（二）应设置广角或云台摄像头，满足对区域全景式监控要求。监控摄像头海关主控。

八、施/解封区

（一）应对运输工具、集装箱施/解封位置设置摄像头监控点，能完整监控车体施/解封过程。监控摄像头海关专控。

（二）在通道进行施封作业的，应满足上述设置要求。

九、围网（墙）

（一）根据海关的监管要求以及摄像头的监控范围，以满足整个围网监控的连续性为原则设置摄像头监控点。监控范围确保能够清晰监控翻墙、抛物等情况。监控摄像头海关主控。

（二）由于机械吊装、履带运输、水岸泊位、铁路轨道等因素无法实现完全封闭的海关监管作业场所，应在相关区域设置摄像头监控点，监控摄像头海关专控。

十、检疫处理区

应对运输工具、集装箱、货物及木质包装等检疫处理作业位置设置摄像头监控点。能够完整监控检疫处理作业过程。监控摄像头海关专控。

十一、内贸区

参照上述区域设置要求执行。

第五节 快递类海关监管作业场所

一、理货区

（一）应对货物堆存区、装卸区、货物出入口（卡口）、人员进出通道、库内区间通道、围网（墙）等设置摄像头监控点。监控范围确保能够清晰监控货物进出、人员进出、货物储存情况、货物装卸和作业过程。监控摄像头海关主控。

（二）应设置广角或云台摄像头，满足对区域全景式监控要求。监控摄像头海关主控。

二、待查验区和待放行区

（一）应对货物堆存区、装卸区、货物出入口（卡口）、人员进出通道、库内区间通道、围网（墙）等设置摄像头监控点。监控范围确保能够清晰监控货物进出、人员进出、货物储存情况、货物装卸和作业过程。监控摄像头海关主控。

（二）应设置广角或云台摄像头，满足对区域全景式监控要求。监控摄像头海关主控。

三、自动传输和分拣设备

（一）应对自动传输和分拣设备的上线口、下线口、线体以及设备与查验室连接通道等设置摄像头监控点。监控范围确保能够清晰监控货物进出自动传输和分拣设备、货物进出查验室和作业过程。监控摄像头海关主控。

（二）应设置广角或云台摄像头，满足对区域全景式监控要求。监控摄像头海关主控。

四、放行区

（一）应对货物堆存区、装卸区、货物出入口（卡口）、人员进出通道、库内区间通道、围网（墙）等设置摄像头监控点。监控范围确保能够清晰监控货物进出、人员进出、货物储存情况、货物装卸和作业过程。监控摄像头海关主控。

（二）应设置广角或云台摄像头，满足对区域全景式监控要求。监控摄像头海关主控。

五、查验区（室）

（一）应对机检查验室、人工查验室、货物出入口、机检屏幕、人工查验台等设置摄像头监控点。监控范围确保能够清晰监控货物进出、机检过程、人工查验等作业过程。监控摄像头海关主控。

（二）应设置广角或云台摄像头，满足对区域全景式监控要求。摄像头海关专控。

六、暂不予放行货物仓库/场地

（一）应对货物堆存区、出入口、围网（墙）等设置摄像头监控点。监控范围确保能够清晰监控货物进出、人员进出、货物储存情况、货物装卸和作业过程。监控摄像头海关主控。

（二）应设置广角或云台摄像头，满足对区域全景式监控要求。监控摄像头海关主控。

七、超期货物存放区

（一）应在货物堆存区、出入口、围网（墙）等设置摄像头监控点。监控范围确保能够清晰监控货物进出、人员进出、货物储存情况、货物装卸和作业过程。监控摄像头海关主控。

（二）应设置广角或云台摄像头，满足对区域全景式监控要求。监控摄像头海关主控。

八、卡口

（一）应对卡口的车头前方、车尾位置设置摄像头监控点，监控范围确保能够清晰监控车牌、司机、车辆尾部等情况。监控摄像头海关主控。

（二）应对卡口区域前后各设置广角或云台摄像头，满足对卡口整体区域的全景式监控要求。监控摄像头海关主控。

九、围网（墙）

（一）根据海关的监管要求以及摄像头的监控范围，以满足整个围网监控的连续性为原则设置摄像头监控点。监控范围确保能够清晰监控翻墙、抛物等情况。监控摄像头海关主控。

（二）由于机械吊装、履带运输、水岸泊位、铁路轨道等因素无法实现完全封闭的海关监管作业场所，应在相关区域设置摄像头监控点，监控摄像头海关专控。

十、检疫处理区

应对运输工具、集装箱、货物及木质包装等检疫处理作业位置设置摄像头监控点。能够完整监控检疫处理作业过程。监控摄像头海关专控。

第六节　从事边民互市业务的海关监管作业场所

一、卡口

（一）应对卡口的车头前方、车尾位置设置摄像头监控点，监控范围确保能够清晰监控车牌、司机、车辆尾部等情况。监控摄像头海关主控。

（二）应对卡口区域前后各设置广角或云台摄像头，满足对卡口整体区域的全景式监控要求。监控摄像头海关主控。

二、一线安全准入检查区

应对运输工具停靠检查位置、登临作业设置摄像头监控点。监控范围确保能够清晰监控车牌号、登临作业过程。根据海关监管需要实现车牌识别功能。监控摄像头海关专控。

三、交易区

（一）应对交易商铺、柜台等交易区设置摄像头监控点。监控范围确保能够清晰监控边民交易行为过程。监控摄像头海关主控。

（二）应设置广角或云台摄像头，满足对区域全景式监控要求。监控摄像头海关主控。

四、结算区

（一）应对收银台、业务办理窗口等位置设置摄像头监控点，监控范围确保能够清晰监控边民结算的全过程。监控摄像头海关主控。

（二）应设置广角或云台摄像头，满足对区域全景式监控要求。监控摄像头海关主控。

五、申报区

（一）应对申报台、申报窗口设置摄像头监控点，监控范围确保能够清晰监控边民申报全过程。监控摄像头海关主控。

（二）根据海关监管需要，申报台摄像头、申报机实现人脸识别功能。监控摄像头海关专控。

六、待检区

（一）应对停靠检查位置、出入口设置摄像头监控点。监控范围确保能够清晰监控车辆车牌号、停靠位置、车辆和人员进出过程。监控摄像头海关主控。

（二）应设置广角或云台摄像头，满足对区域全景式监控要求。监控摄像头海关专控。

七、待放行区

（一）应对运输工具停靠检查位置、出入口设置摄像头监控点。监控范围确保能够清晰监控车辆车牌号、停靠位置、车辆和人员进出过程。监控摄像头海关主控。

（二）应设置广角或云台摄像头，满足对区域全景式监控要求。监控摄像头海关专控。

八、物流通道

应对进入卡口至离开卡口的主要物流通道设置相应的摄像头监控点，监控范围确保能够清晰监控车辆动态、车辆特征，沿途对完整物流链进行监控。监控摄像头海关主控。

九、暂不予放行货物仓库/场地

（一）应对货物堆存区、出入口、围网（墙）等设置摄像头监控点。监控范围确保能够清晰监控人员进出、货物储存情况、货物装卸和作业过程。监控摄像头海关主控。

（二）应设置云台摄像头，满足对区域全景式监控要求。监控摄像头海关主控。

十、围网（墙）

（一）根据海关的监管要求以及摄像头的监控范围，以满足整个围网监控的连续性为原则设置摄像头监控点。监控范围确保能够清晰监控翻墙、抛物等情况。监控摄像头海关主控。

（二）闸口式边民互市类场所相关区域的监控摄像头应比照上述要求设置。

第三章　海关集中作业场地监控摄像头设置规范

第一节　旅客通关作业场地

一、旅检大厅

（一）卫生检疫区。

1. 现场监测作业区。

应对卫生检疫等候区域、医学巡查专用区域、体温监测区域、核生化有害因子监测区域、健康申报及咨询台、卫生检疫查验台设置摄像头监控点。监控范围确保能够清晰监控人员等候、通过秩序以及医学巡查、体温监测、申报咨询等海关作业过程。摄像头应具备音频采集功能，满足对卫生检疫作业过程进行清晰录音的要求。并应设置广角或云台摄像头，满足对区域全景式监控要求。监控摄像头海关专控。

2. 现场排查处置作业区。

（1）应对医学排查室、（负压）临时留验室、隔离室、传染病病原体快速检测实验室、旅行健康室、核生化排查处置室、核生化应急处置室、突发卫生事件应急处置室、洗消室、应急物资储备室、独立转诊通道等各类功能用房设置摄像头监控点。监控范围确保能够清晰监控各区域海关作业过程。根据海关监管需要，安装具备对作业人员的清晰辨识（或智能识别）功能的摄像头。摄像头应具备音频采集功能，满足对申报作业过程进行清晰录音的要求。并应设置广角或云台摄像头，满足对区域全景式监控要求。监控摄像头海关专控。

（2）根据海关管理要求，对现场排查处置作业区各类技术用房出入口及内部作业区域设置摄像头监控点。摄像头应具备音频采集功能，满足对申报作业过程进行清晰录音的要求。监控摄像头海关专控。

3. 临时隔离处置区域。

应在临时隔离处置区域上端设置摄像头监控点。监控范围确保能够清晰监控人员通过秩序、海关作业过程。根据海关监管需要，安装具备对现场通过人员及作业人员的清晰辨识（或智能识别）功能的摄像头。监控摄像头海关专控。

4. 应以固定摄像头和云台摄像头组合的方式，实现对该区域的交叉覆盖，满足对该区域全景式监控要求。现场排查处置作业区还应具备音频采集功能，满足对排查、处置的全过程进行清晰录音的要求。监控摄像头海关主控。

（二）申报区。

应对申报台及申报等候区设置摄像头监控点，监控范围确保能够清晰监控申报作业过程。摄像头应具备音频采集功能，满足对申报作业过程进行清晰录音的要求。监控摄像头海关专控。

（三）识别和拦截区。

1. 应对通道的旅客行走范围、通道机检设备区设置摄像头监控点，监控范围确保能清晰监控旅客行进过程及海关作业过程。应以固定摄像头和云台摄像头组合的方式，实现对该区域的交叉覆盖，满足对区域全景式监控要求。监控摄像头海关主控。

2. 应对工作人员通道的人员行走范围设置摄像头监控点，监控范围确保能清晰监控工作人员进出情况。应以固定摄像头和云台摄像头组合的方式，实现对该区域的交叉覆盖的监控要求。监控摄像头海关主控。

（四）查验区。

1. 应对人工查验台等作业区域设置摄像头监控点，监控范围确保能够清晰监控查验作业过程。摄像头应具备音频采集功能，满足对查验作业过程进行清晰录音的要求。并应在查验台正上方设置至少1个云台摄像头，满足在查验作业过程中对查验物品的清晰监控要求。监控摄像头海关专控。

2. 应对机检显示屏位置设置摄像头监控点，监控范围确保能够清晰监控关员作业情况及机检显示屏图像。监控摄像头海关专控。

（五）集中处置区。

1. 应对问讯室出入口、海关执法作业区域设置摄像头监控点，监控范围确保能够清晰监控问讯过程。摄像头应具备音频采集功能，满足对问讯过程进行清晰录音的要求。监控摄像头海关专控。

2. 应对海关处置区人员进出、海关执法作业区域设置摄像头监控点，监控范围确保能够清晰监控处置作业过程。摄像头应具备音频采集功能，满足对处置作业过程进行清晰录音的要求。监控摄像头海关专控。

3. 应对暂不予放行物品仓库货物堆存区域、出入口设置摄像头监控点，监控范围确保能清晰监控人员进出及物品储存情况。应以固定摄像头和云台摄像头组合的方式，实现对该区域的交叉覆盖的监控要求。监控摄像头海关专控。

二、水路运输旅检类现场

（一）泊位（邮轮、游艇、客轮泊位）。

1. 应对人员船舶停靠、登离船口、行李物品装卸口区域设置摄像头监控点，监控范围确保能清晰监控船舶、人员登离船过程及行李物品装卸过程。监控摄像头海关主控。

2. 应设置广角或云台摄像头，满足对区域全景式监控要求。监控摄像头海关主控。

（二）缓冲区。

1. 缓冲区是指出境人员办理海关手续前及完成通关手续后离开边境线、进境人员离开运输工具至海关申报区域的范围（边检作业区除外）。

2. 应对缓冲区人员行走通道或行走范围设置摄像头监控点，监控范围确保能清晰监控人员行进过程，并应设置广角或云台摄像头，满足对区域全景监控要求。监控摄像头海关主控。

（三）行李装卸区。

应对行李装卸区设置摄像头监控点，监控范围确保能清晰监控行李装卸全过程。监控摄像头海关主控。

（四）先期机检区。

设置有先期机检区的，应对机检上线、下线等作业区域设置摄像头监控点，监控范围确保能清晰监控托运行李机检过程。应以固定摄像头和云台摄像头组合的方式，实现对该区域的交叉覆盖的监控要求。监控摄像头海关专控。

（五）托运行李物品集中/提取区。

应对行李物品集中/提取、提取行李物品人员设置摄像头监控点，监控范围确保能全方位监控该区域监管秩序。应以固定摄像头和云台摄像头组合的方式，实现对该区域的交叉覆盖的监控要求，并应设置广角或云台摄像头，满足对区域全景式监控要求。监控摄像头海关主控。

（六）行政车辆卡口。

应对卡口的车头前方、车尾位置设置摄像头监控点，监控范围确保能够清晰监控车牌、司机、车辆尾部等情况。并应设置广角或云台摄像头，满足对区域全景式监控要求。监控摄像头海关主控。

（七）工作人员通道。

应对通道的工作人员行走范围设置摄像头监控点，监控范围确保能清晰监控工作人员通道人员进出情况。应以固定摄像头和云台摄像头组合的方式，实现对该区域的交叉覆盖的监控要求。监控摄像头海关主控。

三、公路口岸旅检类现场

（一）上、下客区域。

现场设有上、下客区域的，应对车辆停靠位置、人员上下区域设置摄像头监控点，监控范围确保能清晰监控车辆车牌、旅客上下车及行李装卸过程。监控摄像头海关主控。

（二）缓冲区。

1. 缓冲区是指出境人员办理海关手续前及完成通关手续后离开边境线、进境人员离开运输工具至海关申报区域的范围（边检作业区除外）。

2. 应对缓冲区人员行走通道或行走范围设置摄像头监控点，监控范围确保能清晰监控人员行进过程。并应设置广角或云台摄像头，满足对区域全景式监控要求。监控摄像头海关主控。

（三）旅检车道卡口。

应对车道卡口的车头前方、车尾位置设置摄像头监控点，监控范围确保能够清晰监控进出卡口车辆的车牌、司机及车辆尾部情况。并应设置广角或云台摄像头，满足对区域全景式监控要求。监控摄像头海关主控。

（四）工作人员通道。

应对通道的工作人员行走范围设置摄像头监控点，监控范围确保能清晰监控工作人员进出情况。应以固定摄像头和云台摄像头组合的方式，实现对该区域的交叉覆盖的监控要求。监控摄像头海关主控。

（五）旅检车辆查验区。

应对实施查验作业的区域设置摄像头监控点，监控范围确保能清晰监控查验作业全过程。并应在查验区内高处设置广角或云台摄像头，满足对区域全景及场地内监管秩序的全方位监控要求。查验区内设有旅检车辆机检设备的，监控范围应满足对客运车辆机检查验全过程的监控。监控摄像头海关主控。

（六）围网（墙）。

根据海关的监管要求以及摄像头的监控范围，以满足整个围网监控的连续性为原则设置摄像头监控点。监控范围确保能够清晰监控翻墙、抛物等情况。监控摄像头海关主控。

四、航空口岸旅检类现场

（一）缓冲区。

1. 缓冲区是指出境人员办理海关手续前及完成通关手续后离开边境线、进境人员离开运输工具至海关申报区域的范围（边检作业区除外）。

2. 应对缓冲区人员行走通道或行走范围设置摄像头监控点，监控范围确保能清晰监控人员行进过程。并应设置广角或云台摄像头，满足对区域全景式监控要求。监控摄像头海关主控。

（二）行李装卸区。

应对行李物品的装卸区域、作业人员设置摄像头监控点，监控范围确保能清晰监控行李装卸全过程。监控摄像头海关主控。

（三）先期机检区。

应对机检上线、下线等作业区域设置摄像头监控点，监控范围确保能清晰监控托运行李机检过程。应以固定摄像头和云台摄像头组合的方式，实现对该区域的交叉覆盖的监控要求。监控摄像头海关主控。

（四）托运行李提取区。

应对每个行李转盘设置摄像头监控点，满足对所有转盘托运行李提取的监控需求。并应设置广角或云台摄像头，满足对区域全景式监控要求。监控摄像头海关主控。

（五）工作人员通道。

应对通道的工作人员行走范围设置摄像头监控点，监控范围确保能清晰监控工作人员进出情况。应以固定摄像头和云台摄像头组合的方式，实现对该区域的交叉覆盖的监控要求。监控摄像头海关主控。

（六）国际中转、过境区域。

航空口岸设置有国际中转、过境区域的，国际中转区域和过境区域参照旅检大厅摄像头设置规范进行设置。监控摄像头海关主控。

五、铁路口岸旅检类现场

（一）月台。

应在月台两端分别设置摄像头监控点，监控范围确保能清晰监控旅客上下车情况。

（二）缓冲区。

1. 缓冲区是指出境人员办理海关手续前及完成通关手续后离开边境线、进境人员离开运输工具至海关申报区域的范围（边检作业区除外）。

2. 应对缓冲区人员行走通道或行走范围设置摄像头监控点，监控范围确保能清晰监控人员行进过程。并应设置广角或云台摄像头，满足对区域全景式监控要求。监控摄像头海关主控。

（三）行政车辆卡口。

应对卡口的车头前方、车尾位置设置摄像头监控点，监控范围确保能够清晰监控车牌、司机、车辆尾部等情况。并应设置广角或云台摄像头，满足对区域全景式监控要求。监控摄像头海关主控。

（四）工作人员通道。

应对通道的工作人员行走范围设置摄像头监控点，监控范围确保能清晰监控工作人员通道人员进出情况。应以固定摄像头和云台摄像头组合的方式，实现对该区域的交叉覆盖的监控要求。监控摄像头海关主控。

（五）围网（墙）。

1. 根据海关的监管要求以及摄像头的监控范围，以满足整个围网监控的连续性为原则设置摄像头监控点。监控范围确保能够清晰监控翻墙、抛物等情况。监控摄像头海关主控。

第二节　邮检作业场地

一、邮件装卸区

（一）应对车辆停放装卸区、出入口、围网（墙）等设置摄像头监控点。监控范围确保能够清晰监控车牌号、人员进出、邮件装卸和作业过程。监控摄像头海关主控。

（二）应设置广角或云台摄像头，满足对区域全景式监控要求。监控摄像头海关主控。

二、分拨（处理）区

应对邮件分拨（处理）作业的区域设置摄像头监控点，监控范围确保能够清晰监控邮件分拨（处理）全过程。

三、自动传输和分拣设备

（一）应对自动传输和分拣设备的上线口、下线口、线体以及设备与查验室连接通道等设置摄像头监控点。监控范围确保能够清晰监控邮件进出自动传输和分拣设备、邮件进出查验室和作业过程。监控摄像头海关主控。

（二）应设置广角或云台摄像头，满足对区域全景式监控要求。监控摄像头海关主控。

四、查验区（室）

（一）应对机检查验室、人工查验室、邮件出入口、机检屏幕、人工查验台以及毒品快速检测室、检疫隔离仓库、检疫鉴定初筛室等设置摄像头监控点。监控范围确保能够清晰监控货物进出、机检过程、人工查验等作业过程。监控摄像头海关专控。

（二）应设置广角或云台摄像头，满足对区域全景式监控要求。摄像头海关专控。

五、海关处置区

（一）留存邮件仓库等海关处置区设置摄像头监控点，监控范围确保能够清晰监控鉴定、隔离、检疫处理等作业过程。监控摄像头海关专控。

（二）应设置广角或云台摄像头，满足对区域全景式监控要求。摄像头海关专控。

六、印刷品及音像制品审查室

应对室内、出入口设置摄像头监控点，监控范围确保能清晰监控人员进出及作业过程。摄像头海关专控。

七、未办结海关手续的邮件存放区（存放待申报、待查验、待处置等各类未办结海关手续邮件的仓库）

应对邮件存放区域、出入口设置摄像头监控点，监控范围确保能够清晰监控人员进出及邮件存放情况。摄像头海关专控。

  附件：1. 海关监管作业场所（场地）功能区监控摄像头设置规范（略）
     2. 海关作业现场监控摄像头设置规范（略）
     3. 海关视频监控摄像头编码规则和图像标识规范（略）
     4. 海关监管作业场所（场地）监控摄像头管理要求（略）

海关监管作业场所（场地）设置规范

（海关总署公告 2019 年第 68 号）

发布日期：2019-04-19
实施日期：2021-01-07
法规类型：规范性文件

（根据 2021 年 1 月 7 日海关总署公告 2021 年第 4 号《关于修订〈海关监管作业场所（场地）设置规范〉〈海关监管作业场所（场地）监控摄像头设置规范〉和〈海关指定监管场地管理规范〉的公告》修正）

第一章　总　则

  一、根据《中华人民共和国海关监管区管理暂行办法》的相关规定，制定本规范。
  二、本规范的海关监管作业场所（场地）划分为：
  （一）监管作业场所，包括水路运输类海关监管作业场所、公路运输类海关监管作业场所、航空运输类海关监管作业场所、铁路运输类海关监管作业场所、快递类海关监管作业场所等。
  （二）集中作业场地，包括旅客通关作业场地、邮检作业场地等。
  三、海关监管作业场所（场地）内的功能区划分为：
  （一）口岸前置拦截作业区，包括车体及轮胎消毒场所、核生化监测处置场所、指定检疫车位、指定检疫廊桥或指定检疫机位、检疫锚地或泊位、指定检疫轨道等。具体设置要求详见《海关口岸前置拦截作业区设置规范》（附件 1）。
  （二）查验作业区，该功能区以查验为主，配套设置必要的储存区、暂时存放区、扣检区、技术整改区等。海关监管作业场所（场地）涉及运营进口汽车、普通食品、进口冷链食品、进境食用水生动物、进境水果、进境木材、进境粮食、进境种苗、供港澳鲜活产品、血液等特殊物品、集装箱/箱式货车承载货物等业务，以及有公路口岸客车进出境的，相应的查验作业区具体设置要求详见《海关监管作业场所（场地）查验作业区设置规范》（附件 2）。
  （三）检疫处理区，该功能区以检疫处理和卫生处理为主，配套设置必要的查验区、存放区等。包括进境原木检疫处理区、进境大型苗木检疫处理场等，具体设置要求详见《海关监管作业场所（场地）检疫处理区设置规范》（附件 3）。
  四、海关监管作业场所（场地）设置规范的适用原则：
  （一）以水路、航空、铁路、公路运输方式办理货物进出境的海关监管作业场所，应当适用本规范中对应的运输方式海关监管作业场所设置规范。

（二）以快递方式办理货物进出境业务的海关监管作业场所，应当优先适用本规范中快递类海关监管作业场所设置规范。

（三）旅客通关作业场地、邮检作业场地等集中作业场地，应当适用本规范中对应的海关集中作业场地设置规范。

（四）海关监管作业场所（场地）内的功能区，应在满足上述对应海关监管作业场所（场地）设置规范要求的基础上，同时满足对应功能区的设置规范的要求。

（五）开展跨境电子商务直购进口或跨境电子商务一般出口业务的监管作业场所应按照快递类海关监管作业场所或者邮检作业场地规范设置。

五、2个及以上海关监管作业场所（场地）设置在同一区域内的，在满足海关监管要求的前提下，可以设置统一的隔离围网（墙）和通道出入卡口；同一区域内各海关监管作业场所（场地）之间应当建立隔离设施以及设置区分标识。

六、设置在同一口岸监管区内的海关监管作业场所（场地），在满足开展海关监管作业要求的条件下，可根据实际情况共同使用有关的技术用房。

七、海关监管作业场所（场地）应建立满足海关监管要求的监控摄像头及相应系统，符合《海关监管作业场所（场地）监控摄像头设置规范》。

八、从事保税货物进出、装卸、储存、集拼、暂时存放等有关活动的作业场所，不适用本规范。

九、法律法规对有关场所、场地或区域的设置另有规定的，从其规定。

十、海关实施本规范的规定不妨碍其他部门依法履行其职责。

第二章　海关监管作业场所设置规范

第一节　水路运输类海关监管作业场所

一、封闭及卡口设置

（一）应当具有独立的封闭区域，设立高度不低于2.5米的隔离围网（墙）。

（二）凡需以公路运输方式载运货物出入海关监管作业场所的，应当建立通道出入卡口，配置符合海关监管要求的卡口控制系统和设备，并且与海关联网。

二、场地设置

（一）具有储存或者装卸、集拼、暂时存放海关监管货物的仓库或场地，配备相应设施，并且设置明显区分标识。

（二）如需实施海关查验，应当设置满足海关查验作业要求的场地，配备海关实施查验、安全防护的设备以及相应的专业操作人员。

（三）根据海关监管需要，预留大型集装箱/车辆检查设备、辐射探测设备等所需的场地和设施，自行安装且供海关使用的集装箱/车辆检查设备及辐射探测设备等应当与海关联网。

（四）具备存放海关暂不予放行货物的仓库或者场地。

（五）地面平整、硬化，无病媒生物孳生地，场地及周围环境应具备有效的防控鼠类的设施，符合国家标准《病媒生物综合管理技术规范环境治理鼠类》（GB/T31712）的相关要求。

（六）具有必要的病媒生物控制措施，具备完善的卫生管理制度（包括卫生保洁制度、货物堆放制度、病媒生物防控制度）与有效的卫生控制措施。

（七）根据海关监管需要，设置检疫处理区，用于对进出境货物、集装箱进行检疫处理。

（八）根据海关监管需要，对食品、动植物及其产品、废旧物品储存等，应设置专门区域。

三、场所用房

（一）根据海关监管需要，提供采样室、样品室、病媒生物和有害生物初筛鉴定室等技术用房，以及更衣室、工具室等配套设施，满足开展感官检验、取制样品、初筛鉴定及标本存放、留样存放、药品与器械存储等作业要求。

（二）根据海关卫生检疫工作需要，提供检疫查验、卫生监督、卫生处理技术用房及配套设施，满足开展医学排查、隔离留验、传染病快速监测、卫生监督采样检测、病媒生物监测与控制等作业要求。

（三）提供具备网络通讯、取暖降温、休息卫生等条件的海关备勤、办公场所。

四、信息化管理系统

（一）根据海关监管需要，配备与海关联网的信息化管理系统，能够接收海关相关指令信息，并按照海关要求实现货物进场、出场、存储状态等电子数据的传送、交换。

（二）根据海关监管需要，企业自用信息化管理系统应当向海关开放有关功能的授权。

（三）建立符合海关网络安全要求的机房或机柜，并且建立满足海关对运输工具登临检查、货物查验、场所（场地）巡查等工作要求的无线网络。

五、其他

（一）对因机械吊装、履带运输、水岸泊位、铁路轨道等因素无法实现完全封闭的海关监管作业场所，相应区域可以调整封闭设置。

（二）对不涉及货物储存及暂时存放的海关监管作业场所，在保证海关监管的条件下，可以对"二、场地设置"的要求进行相应调整。

第二节　公路运输类海关监管作业场所

一、封闭及卡口设置

（一）应当具有独立的封闭区域，设立高度不低于 2.5 米的隔离围网（墙）。

（二）建立通道出入卡口，配置符合海关监管要求的卡口控制系统和设备，并且与海关联网。

二、场地设置

（一）具有储存或者装卸、集拼、暂时存放海关监管货物的仓库或场地，配备相应设施，并且设置明显区分标识。

（二）设置符合海关要求的功能区域，设置区域标识牌，并且标识场内的通行、分流路线。

（三）如需实施海关查验，应当设置满足海关查验作业要求的场地，配备海关实施查验、安全防护的设备以及相应的专业操作人员。

（四）根据海关监管需要，预留大型集装箱/车辆检查设备、辐射探测设备等所需的场地和设施，自行安装且供海关使用的集装箱/车辆检查设备及辐射探测设备等应当与海关联网。

（五）提供存放海关暂不予放行货物的仓库或者场地。

（六）地面平整、硬化，无病媒生物孳生地，场地及周围环境应具备有效的防控鼠类的设施，符合国家标准《病媒生物综合管理技术规范环境治理鼠类》（GB/T31712）的相关要求。

（七）具有必要的病媒生物控制措施，具备完善的卫生管理制度（包括卫生保洁制度、货物堆放制度、病媒生物防控制度）与有效的卫生控制措施。

（八）根据海关监管需要，设置检疫处理区，用于对进出境货物、集装箱进行检疫处理。

（九）根据海关监管需要，对食品、废动植物及其产品、废旧物品储存等，应设置专门区域。

三、场所用房

（一）根据海关监管需要，提供采样室、样品室、病媒生物及有害生物初筛鉴定室等技术用房，以及更衣室、工具室等配套设施，满足开展感官检验、取制样品、初筛鉴定及标本存放、留样存放、药品与器械存储等作业要求。

（二）根据海关卫生检疫工作需要，提供检疫查验、卫生监督、卫生处理技术用房及配套设施，满足开展医学排查、隔离留验、传染病快速监测、卫生监督采样检测、病媒生物监测与控制等作业要求。

（三）提供具备网络通讯、取暖降温、休息卫生等条件的海关备勤、办公场所。

四、信息化管理系统

（一）根据海关监管需要，配备与海关联网的信息化管理系统，能够接收海关相关指令信息，并按照海关要求实现货物进场、出场、存储状态等电子数据的传送、交换。

（二）根据海关监管需要，企业自用信息化管理系统应当向海关开放有关功能的授权。

（三）建立符合海关网络安全要求的机房或机柜，并且建立满足海关对运输工具登临检查、货物查验、场所巡查等工作要求的无线网络。

第三节 航空运输类海关监管作业场所

一、封闭及卡口设置

（一）应当具有独立的封闭区域，设立高度不低于2.5米的隔离围网（墙）。

（二）凡需以公路运输方式载运货物出入海关监管作业场所的，应当建立通道出入卡口，配置符合海关监管要求的卡口控制系统和设备，并且与海关联网。

二、场地设置

（一）具有储存或者装卸、集拼、暂时存放海关监管货物的仓库或场地配备相应设施；监管货物按照进口、出口、暂不予放行等进行分类存放并隔离，设置明显区分标识。

（二）根据海关监管需要，配置非侵入式检查设备、自动传输分拣设备，并与海关联网。预留安装大型集装箱/车辆检查设备和辐射探测设备等所需的场地，自行安装且供海关使用的大型集装箱/车辆检查设备、辐射探测设备等应与海关联网。

（三）如需实施海关查验，应当设置满足海关查验作业要求的场地，配备海关实施查验、安全防护的设备以及相应的专业操作人员。

（四）提供存放海关暂不予放行货物的仓库或者场地。

（五）地面平整、硬化，无病媒生物孳生地，场地及周围环境应具备有效的防控鼠类的设施，符合国家标准《病媒生物综合管理技术规范环境治理鼠类》（GB/T31712）的相关要求。

（六）具有必要的病媒生物控制措施，具备完善的卫生管理制度（包括卫生保洁制度、货物堆放制度、病媒生物防控制度）与有效的卫生控制措施。

（七）根据海关监管需要，设置检疫处理区，用于对进出境货物、集装箱进行检疫处理。

（八）根据海关监管需要，对食品、动植物及其产品、废旧物品储存等，应设置专门区域。

三、场所用房

（一）根据海关监管需要，提供采样室、样品室、病媒生物及有害生物初筛鉴定室等技术用房，以及更衣室、工具室等配套设施，满足开展感官检验、取制样品、初筛鉴定及标本存放、留样存放、药品与器械存储等作业要求。

（二）根据海关卫生检疫工作需要，提供检疫查验、卫生监督、卫生处理技术用房及配套设施，满足开展医学排查、隔离留验、传染病快速监测、卫生监督采样检测、病媒生物监测与控制等作业要求。

（三）提供具备网络通讯、取暖降温、休息卫生等条件的海关备勤、办公场所。

四、信息化管理系统

（一）根据海关监管需要，配备与海关联网的信息化管理系统，能够接收海关相关指令信息，并按照海关要求实现货物进场、出场、存储状态等电子数据的传送、交换。

（二）根据海关监管需要，企业自用信息化管理系统应当向海关开放有关功能的授权。

（三）建立符合海关网络安全要求的机房或机柜，并且建立满足海关对运输工具登临检查、货物查验、场所（场地）巡查等工作要求的无线网络。

第四节　铁路运输类海关监管作业场所

一、封闭及卡口设置

（一）应当具有独立的封闭区域，设立高度不低于 2.5 米的隔离围网（墙）。

对因铁路轨道因素导致隔离围网（墙）不能全封闭的，应当设置监控设施，满足海关监管要求。

（二）凡需以公路运输方式载运货物出入海关监管作业场所的，应当建立通道出入卡口，配置符合海关监管要求的卡口控制系统和设备，并且与海关联网。

二、场地设置

（一）具有储存或者装卸、集拼、暂时存放海关监管货物的仓库或场地，配备相应设施，并且设置明显区分标识。

（二）如需实施海关查验，应当设置满足海关查验作业要求的场地，配备海关实施查验、安全防护的设备以及相应的专业操作人员。

（三）根据海关监管需要，预留大型集装箱/车辆检查设备、辐射探测设备等所需的场地和设施，自行安装且供海关使用的集装箱/车辆检查设备及辐射探测设备等应当与海关联网。

（四）提供存放海关暂予不放行货物的仓库或者场地。

（五）地面平整、硬化，无病媒生物孳生地，场地及周围环境应具备有效的防控鼠类的设施，符合国家标准《病媒生物综合管理技术规范环境治理鼠类》（GB/T31712）的相关要求。

（六）具有必要的病媒生物控制措施，具备完善的卫生管理制度（包括卫生保洁制度、货物堆放制度、病媒生物防控制度）与有效的卫生控制措施。

（七）根据海关监管需要，设置检疫处理区，用于对进出境货物、集装箱进行检疫处理。

（八）根据海关监管需要，对食品、动植物及其产品、废旧物品储存等，应设置专门区域。

三、场所用房

（一）根据海关监管需要，提供采样室、样品室、病媒生物及有害生物初筛鉴定室等技术用房，以及更衣室、工具室等配套设施，满足开展感官检验、取制样品、初筛鉴定及标本存放、留样存放、药品与器械存储等作业要求。

（二）根据海关卫生检疫工作需要，提供检疫查验、卫生监督、卫生处理技术用房及配套设施，满足开展医学排查、隔离留验、传染病快速监测、卫生监督采样检测、病媒生物监测与控制等作业要求。

（三）提供具备网络通讯、取暖降温、休息卫生等条件的海关备勤、办公场所。

四、信息化管理系统

（一）根据海关监管需要，配备与海关联网的信息化管理系统，能够接收海关相关指令信息，并按照海关要求实现货物进场、出场、存储状态等电子数据的传送、交换。

（二）根据海关监管需要，企业自用信息化管理系统应当向海关开放有关功能的授权。

（三）建立符合海关网络安全要求的机房或机柜，并且建立满足海关对运输工具登临检查、货物查验、场所（场地）巡查等工作要求的无线网络。

第五节　快递类海关监管作业场所

一、封闭及卡口设置

（一）应当具有独立的封闭区域，设立高度不低于 2.5 米的隔离围网（墙）。

（二）凡需以公路运输方式载运货物出入海关监管作业场所的，应当建立通道出入卡口，配置符合海关监管要求的卡口控制系统和设备，并且与海关联网。

二、场地设置

（一）具有储存或者装卸、集拼、暂时存放海关监管货物的仓库，配备相应设施；海关监管货物按照进口、出口等进行分类存放并隔离，设置明显区分标识；放行区和未放行区应进行物理隔离。

（二）具备自动传输和分拣设备，配置可实现图像采集分析功能的检查设备，并且实现快件报关单与机检图像同屏对比功能。预留安装辐射探测等海关监管设备所需的场地，自行安装且供海关使用的设备等应当与海关联网。

（三）如需实施海关查验，应当设置满足海关查验作业要求的场地，配备海关实施查验、安全防护的设备以及相应的专业操作人员。

（四）提供存放海关暂予不放行货物的仓库或者场地。

（五）地面平整、硬化，无病媒生物孳生地，场地及周围环境应具备有效的防控鼠类的设施，符合国家标准《病媒生物综合管理技术规范环境治理鼠类》（GB/T31712）的相关要求。

（六）具有必要的病媒生物控制措施，具备完善的卫生管理制度（包括卫生保洁制度、货物堆放制度、病媒生物防控制度）与有效的卫生控制措施。

（七）根据海关监管需要，设置检疫处理区，用于对进出境货物、集装箱进行检疫处理。

（八）根据海关监管需要，对食品、动植物及其产品、废旧物品储存等，应设置专门区域。

三、场所用房

（一）根据海关监管需要，提供采样室、样品室、病媒生物及有害生物初筛鉴定室等技术用房，以及更衣室、工具室等配套设施，满足开展感官检验、取制样品、初筛鉴定及标本存放、留样存放、药品与器械存储等作业要求。

（二）提供具备网络通讯、取暖降温、休息卫生等条件的海关备勤、办公场所。

四、信息化管理系统

（一）根据海关监管需要，配备与海关联网的信息化管理系统，能够接收海关相关指令信息，并按照海关要求实现货物进场、出场、存储状态等电子数据的传送、交换。

（二）根据海关监管需要，企业自用信息化管理系统应当向海关开放有关功能的授权。

（三）建立符合海关网络安全要求的机房或机柜，并且建立满足海关对运输工具登临检查、货物查验、场所（场地）巡查等工作要求的无线网络。

第三章　海关集中作业场地设置规范

第一节　旅客通关作业场地

根据海关监管需要，旅客通关作业场地一般划分为现场作业区和现场办公区两个主要区域；航空口岸等旅客通关作业场地还应当根据海关监管需要设置行李先期机检区、旅客中转区和过境区。

一、现场作业区设置要求

（一）基本要求。

1. 办理旅客和行李物品监管通关手续的区域，应当相对封闭、独立，包括卫生检疫区（现场监测作业区、现场排查处置作业区）和行李物品监管区（申报区、旅客通道、查验区、处置区）。

2. 现场作业区各区域应当设置明显的标识。

3. 建立符合海关网络安全要求的机房或机柜，并且建立满足海关工作要求的无线网络。

（二）卫生检疫区设置要求。

卫生检疫区作为对进出境旅客和行李物品实施卫生检疫、核生化有害因子监测并进行相应处置的区域，应设置在口岸范围内旅客进境、出境区域的最前部。包括现场监测作业区、现场排查处置作业区和现场办公区。

1. 现场监测作业区。

（1）应当位于卫生检疫区前部，相对封闭、独立，设置划分为人员卫生检疫等候区和查验区。

（2）查验区分为红外测温区和医学巡查区，两个区域可以交叉或重叠。

（3）区内设置卫生检疫查验台、健康申报台、咨询台、进出境人员查验通道，配备体温监测设备、核生化有害因子监测设备等。

（4）各区域应当悬挂海关标识，设置明显标识。

现场监测作业区场地及业务用台、进出境人员查验通道设置具体要求详见《卫生检疫现场监测作业区场地及业务用台、人员查验通道设置规范》（附件4）。

2. 现场排查处置作业区。

（1）一般应当设置于卫生检疫区后部，设置医学排查室、（负压）隔离室、传染病病原体快速检测实验室、旅行健康室、突发卫生事件应急处置室、洗消室、应急物资储备室、独立转诊通道、流行病学调查室等专业用房。

（2）应当在口岸内预留用于发生突发公共卫生事件时，大量受染人群的临时隔离处置区域。

现场排查处置作业区专业用房设置具体要求详见《卫生检疫现场排查处置作业区专业用房设置规范》（附件5）。

（三）行李物品监管区。

1. 申报区设置要求。

申报区为旅客向海关办理行李物品申报手续的区域。申报区设置申报台，配备主动放弃箱、音视频采集及办理监管业务必需的设施、设备等。

2. 识别和拦截区设置要求。

（1）根据国际通用的"红绿通道"通关模式，识别和拦截区的旅客通道应当分别设置"申报通道"、"无申报通道"及"工作人员通道"。

（2）根据海关监管需要，可以单独设置"外交、礼遇通道"。

（3）各通道应当相对封闭、相互之间隔离，便于海关监管，设置总体要求应当保持狭长，通道内配备满足海关智能识别要求的设施、设备等。

3. 查验区设置要求。

（1）查验区为海关对旅客行李物品实施查验的区域。查验区划分为旅客候检区、人体机检区、行李机检区、人工开箱查验区等，并根据海关监管需要设置工作犬查检区。

（2）查验区应当设置查验台，配备满足海关查验工作需要的设施、设备等。

4. 处置区设置要求。

（1）处置区为对查验后的行李物品进行后续处置的区域，应当配备办理监管业务必需的设施、设备等。

（2）根据实际监管需要，现场作业区内应当配置执法调查室、毒品检测室、人身检查室、印刷品音像制品审查室、征税办理室、检疫初筛鉴定室、检疫处理室、宠物检疫室、宠物留观室、工作犬休息室、易腐败截留物的暂存库（冷库）、暂予放行物品存放仓库、禁止进境物截留存放仓库、贵重物品保管仓库等业务用房。

5. 有旅客行李托运业务的口岸，核生化有害因子监测并进行相应处置的区域应设置在行李物品监管区，并预留相关辐射探测设备的安装场地。

二、现场办公区设置要求

（一）应当根据海关监管工作需要，设置办公室、会议室、更衣室、监控指挥室、设备间、备勤室、机房等。

（二）现场办公用房的面积和位置应当考虑监管业务的需求，满足通风、照明、卫生、网络通讯、取暖降温等需要，并具备防辐射、隔音等条件。

三、其他要求

（一）场地设置应当布局科学、大小适宜，便于旅客和行李物品通关，便于海关安装和使用监管设施、设备。因场地面积客观条件限制、卫生检疫区与行李物品监管区毗邻等情况，可根据海关监管要求适当进行区域整合。

（二）海关旅客通道与口岸边检通道之间应当预留纵深缓冲区，在缓冲区内悬挂统一设计的海关标识，设置法规公告栏或电子公告屏。

（三）航空口岸等旅客通关作业场地根据海关监管需要应当设置先期机检室，具备满足安装、使用先期机检设备的场地、电源、网络以及配套设施等条件，并设置集中审图室等先期机检业务用房。

（四）在出境实行开放式布局的航空口岸等旅客通关作业场地，根据海关监管需要，应配备具有远程审图和操控的行李系统和五级安检系统，并配备相应的网络、设备，实时、准确提供出境旅客托运行李电子信息。

（五）航空口岸等旅客通关作业场地根据海关监管需要应当设置旅客中转区、过境区的，应当参照本设置要求配置海关现场作业区和现场办公区。配备相应的网络、设备，实时、准确提供中转旅客航程信息及托运行李电子信息电子信息。

第二节　邮检作业场地

根据海关对邮递物品监管业务和作业流程的需要，邮检作业场地划分为海关现场作业区和海关现场办公区两个主要区域。邮政企业应当按照本规范建设满足海关监管需要的作业场地，并承担相应的安全管理职责。邮检作业场地的设置应当布局合理，流程顺畅，便于海关安装和使用监管设施、设备，并按口岸存储场地卫生监督相关要求设置。

一、现场作业区设置要求

（一）基本设置要求。

1. 现场作业区为海关对进出境邮递物品实施监管和办理相关手续的区域，包括邮件申报区、海关查验作业区、海关处置区等。

2. 现场作业区应当相对独立、封闭，设置明显的标识。如以围网（墙）隔离，高度一般不低于2.5米。各作业功能区应当设置明显的标识。

3. 凡需以公路运输方式载运货物出入邮检作业场地的，应当建立通道出入卡口，配置符合海关监管要求的卡口控制系统和设备，并且与海关联网。

（二）申报区设置要求。

邮件申报区的设置应当便于海关监管，方便收寄人办理手续。

（三）机检设备。

1. 具备自动传输和分拣设备配置可实现图像采集分析功能的检查设备。根据海关监管需要，具备申报信息与机检图像同屏对比功能。

2. 根据海关监管需要，预留安装辐射探测等海关监管设备所需的场地，自行安装且供海关使用的设备等应当与海关联网。

（四）查验作业区设置要求。

海关查验作业区为海关对邮递物品实施查验的区域。根据实际工作需要，查验区应当按配置满足海关查验工作需要的设施、设备等，并能够实现海关对邮件的分流检查。

（五）处置区设置要求。

海关处置区用于对查验后的邮件进行后续处置。设置各类留存邮件仓库及需要进行鉴定、隔离、检疫处理等后续处理的场地及设施、设备等。

（六）其他设置要求。

1. 邮检作业场地内不得存放非进出境邮件。国际邮件的进口处理区、出口处理区应当单独设立。未办结海关手续的国际邮件应当按待申报、待查验、待处置、已放行等分区存放，各区域之间应当进行物理隔离，并设置明显标识。

2. 根据海关监管需要，海关现场作业区内配套设置集中审图室、智能审图室、人工开拆查验室、毒品快速检测室、核生化爆防护监测设备存放室、海关工作犬舍、暂存邮件仓库、收件人待办仓库、侵权邮件仓库、隔离检疫仓库、检疫鉴定初筛室、印刷品音像制品审查室、核生化爆隔离室、药剂器械室、设备间等业务用房及符合消毒除害要求的检疫处理区。

3. 根据海关监管需要，现场作业区出入口应当配置门禁系统或保安人员。非工作人员不得进入海关现场作业区。邮政企业等人员因公进出海关现场作业区应当凭有效证件，并接受海关对其携带物品的监管查验。

二、现场办公区设置要求

应当提供具备网络通讯、取暖降温、休息卫生等条件的海关备勤、办公场所。

三、其他要求

（一）应当配备与海关联网的信息化作业系统，按照海关邮件信息化管理系统的要求实现邮件电子信息的传送、交换，确保满足海关对进出境邮递物品进行有效监管的实际需要。

（二）建立符合海关网络安全要求的机房或机柜，并且建立满足海关对货物查验、场所（场地）巡查等工作要求的无线网络。

附件：1. 海关口岸前置拦截作业区设置规范

2. 海关监管作业场所（场地）查验作业区设置规范

3. 海关监管作业场所（场地）检疫处理区设置规范

4. 卫生检疫现场监测作业区场地及业务用台、人员查验通道设置规范

5. 卫生检疫现场排查处置作业区专业用房设置规范

免税店

中华人民共和国海关对免税商店及免税品监管办法

（海关总署令第 132 号）

发布日期：2005-11-28

实施日期：2023-04-15

法规类型：部门规章

（根据 2018 年 5 月 29 日海关总署令第 240 号《海关总署关于修改部分规章的决定》第一次修正；根据 2023 年 3 月 9 日海关总署令第 262 号《海关总署关于修改部分规章的决定》第二次修正）

第一章 总 则

第一条 为规范海关对免税商店及免税品的监管，根据《中华人民共和国海关法》及其他有关法律和行政法规的规定，制定本办法。

第二条 免税商店的经营、终止以及免税品的进口、销售（包括无偿提供）、核销等适用本办法。

第三条 免税品应当由免税商店的经营单位统一进口，并且办理相应的海关手续。

第四条 免税品的维修零配件、工具、展台、货架等，以及免税商店转入内销的库存积压免税品，应当由经营单位按照一般进口货物办理有关手续。

第五条 免税商店所在地的直属海关或者经直属海关授权的隶属海关（以下统称主管海关）应当派员对经营单位和免税商店进行核查，核查内容包括经营资质、免税品进出库记录、销售记录、库存记录等。经营单位及其免税商店应当提供必要的协助。

第六条 主管海关根据工作需要可以派员驻免税商店进行监管，免税商店应当提供必要的办公条件。

第二章 免税商店的经营和终止

第七条 经营单位经营免税商店，应当向海关总署提出书面申请，并且符合以下条件：

（一）具有独立法人资格；

（二）具备符合海关监管要求的免税品销售场所及免税品监管仓库；

（三）具备符合海关监管要求的计算机管理系统，能够向海关提供免税品出入库、销售等信息；

（四）具备一定的经营规模，其中申请设立口岸免税商店的，口岸免税商店所在的口岸年进出境人员应当不少于 5 万人次；

（五）具备包括合作协议、经营模式、法人代表等内容完备的企业章程和完备的内部财务管理制度；

（六）有关法律、行政法规、海关规章规定的其他条件。

第八条 海关总署按照《中华人民共和国行政许可法》及《中华人民共和国海关行政许可管理办法》规定的程序和期限办理免税商店的经营许可事项。

第九条 免税品销售场所应当符合海关监管要求。口岸免税商店的销售场所应当设在口岸隔离区内；运输工具免税商店的销售场所应当设在从事国际运营的运输工具内；市内免税商店的销售提货点应当设在口岸出境隔离区内。

第十条 免税品监管仓库应当符合以下条件和要求：

（一）具备符合海关监管要求的安全隔离设施；

（二）建立专门的仓库管理制度，编制月度进、出、存情况表，并且配备专职仓库管理员，报海关备案；

（三）只允许存放所属免税商店的免税品；

（四）符合国家有关法律、行政法规、海关规章规定的其他条件和要求。

第十一条 经审批准予经营的免税商，应当在开展经营业务一个月前向主管海关提出验收申请。经主管海关验收合格后，向主管海关办理备案手续，并且提交下列材料：

（一）免税品经营场所和监管仓库平面图、面积和位置示意图；

（二）免税商店业务专用章印模。

上述材料所载内容发生变更的，应当自变更之日起 10 个工作日内到主管海关办理变更手续。

第十二条 经营单位申请暂停、终止或者恢复其免税商店经营需要报经海关总署批准。免税商店应当在经营单位提出暂停或者终止经营申请前办理库存免税品结案等相关海关手续。

经审批准予经营的免税商，自批准之日起一年内无正当理由未对外营业的，或者暂停经营一年以上的，或者变更经营合作方的，应当按照本办法第七条规定重新办理有关申请手续。

第十三条 更改免税商店名称、免税品销售场所或者监管仓库地址或者面积，应当由经营单位报经海关总署批准。

第三章　免税品进口、入出库和调拨

第十四条 经营单位为免税商店进口免税品，应当填写《中华人民共和国海关进口货物报关单》，并且加盖经营单位在主管海关备案的报关专用章，向主管海关办理免税品进口手续。

免税品从异地进口的，经营单位应当按照《中华人民共和国海关对转关运输货物监管办法》的有关规定，将免税品转关运输至主管海关办理进口手续。

第十五条 免税品进入监管仓库，免税商店应当填写《免税品入/出监管仓库准单》，并且随附其他有关证单，向主管海关提出申请。主管海关经审核无误，监管免税品入库。

未经海关批准，免税品入库后不得进行加工或者组装。

第十六条 免税商店将免税品调出监管仓库进入经营场所销售前，应当填写《免税品入/出监管仓库准单》，向主管海关提出申请。主管海关经审核无误，监管有关免税品从监管仓库调出进入销售场所。

第十七条 免税商店之间调拨免税品的，调入地免税商店应当填写《免税品调拨准单》，向其主管海关提出申请。经批准后，调出地免税商店按照《中华人民共和国海关对转关货物监管办法》的规定，将免税品转关运输至调入地免税商店。

第四章 免税品销售

第十八条 免税商店销售的免税进口烟草制品和酒精饮料内、外包装的显著位置上均应当加印"中国关税未付（China Duty Not Paid）"中、英文字样。

免税商店应当按照海关要求制作免税品销售发货单据，其中口岸免税商店应当在免税品销售发货单据上填写进出境旅客搭乘运输工具凭证或者其进出境有效证件信息等有关内容。

第十九条 口岸免税商店的销售对象限于已办结出境手续、即将前往境外的旅客，以及尚未办理进境手续的旅客。免税商店应当凭其搭乘运输工具的凭证或者其进出境的有效证件销售免税品。

第二十条 运输工具免税商店销售对象限于搭乘进出境运输工具的进出境旅客。免税商店销售免税品限运输工具在国际（地区）航行期间经营。免税商店应当向主管海关交验由运输工具负责人或者其代理人签字的《免税品销售明细单》。

第二十一条 市内免税商店的销售对象限于即将出境的境外人员，免税商店凭其出境有效证件及机（船、车）票销售免税品，并且应当在口岸隔离区内将免税品交付购买人员本人携带出境。

第二十二条 外交人员免税商店的销售对象限于外国驻华外交代表和领事机构及其外交人员和领事官员，以及其他享受外交特权和豁免的机构和人员，免税商店应当凭上述机构和人员所在地的直属海关或者经直属海关授权的隶属海关按照有关规定核准的限量、限值销售免税品。

第二十三条 供船免税商店的销售对象限于出境的国际（地区）航行船舶及船员。供船免税商店应当向主管海关提出供船申请，填写《免税品供船准单》，在海关监管下进行国际（地区）船舶的供船工作。

第五章 免税品报损和核销

第二十四条 免税品在办理入库手续期间发生溢卸或者短缺的，免税商店应当及时向主管海关书面报告。主管海关核实无误后出具查验记录，准予免税商店修改免税品入/出监管仓库准单相关数据内容。

第二十五条 免税品在储存或者销售期间发生损毁或者灭失的，免税商店应当及时向主管海关书面报告。如果由不可抗力造成的，免税商店应当填写《免税品报损准单》，主管海关核实无误后准予免税结案。

免税品在储存或者销售期间由于其他原因发生损毁或者灭失的，免税商店应当依法缴纳损毁或者灭失免税品的税款。

第二十六条 免税品如果发生过期不能使用或者变质的，免税商店应当向主管海关书面报告，并且填写《免税品报损准单》。主管海关查验核准后，准予退运或者在海关监督下销毁。

除前款规定情形外，免税品需要退运的，免税商店应当向主管海关办理相关海关手续。

第二十七条 免税商店应当建立专门账册，并且在每季度第一个月25日前将上季度免税品入库、出库、销售、库存、调拨、损毁、灭失、过期等情况编制清单，填写《免税品明细账》，随附销售发货单、《免税品库存数量单》等有关单据，向主管海关办理免税品核销手续。主管海关认为必要时可以派员到免税品经营场所和监管仓库实地检查。

第六章 法律责任

第二十八条 经营单位或者免税商店有下列情形之一的，海关责令其改正，可以给予警告；情节严重的，可以按照《中华人民共和国海关行政处罚实施条例》第二十六条、第二十七条的规定进行处理：

（一）将免税品销售给规定范围以外对象的；

（二）超出海关核准的品种或规定的限量、限值销售免税品的；

（三）未在规定的区域销售免税品的；

（四）未按照规定办理免税品进口报关、入库、出库、销售、核销等手续的；

（五）出租、出让、转让免税商店经营权的。

第二十九条 经营单位或者免税商店违反本规定的其他违法行为，海关将按照《中华人民共和国海关法》、《中华人民共和国海关行政处罚实施条例》予以处理；构成犯罪的，依法追究刑事责任。

第七章　附　则

第三十条 本办法下列用语的含义：

"经营单位"是指经国务院或者其授权部门批准，具备开展免税品业务经营资格的企业。

"免税商店"是指经国务院有关部门批准设立，经海关总署批准经营，向规定的对象销售免税品的企业。具体包括：口岸免税商店、运输工具免税商店、市内免税商店、外交人员免税商店和供船免税商店等。

"免税品"是指经营单位按照海关总署核准的经营品种，免税运进专供免税商店向规定的对象销售的进口商品，包括试用品及进口赠品。

"免税品销售场所"是指免税商店销售免税品的专用场所。

"免税品监管仓库"是指免税商店专门用来存放免税品的库房。

第三十一条 本办法所规定的文书由海关总署另行制定并且发布。

第三十二条 本办法由海关总署负责解释。

第三十三条 本办法自 2006 年 1 月 1 日起施行。

附件：1. 免税品入（出）监管仓库准单（略）

2. 免税品调拨准单（略）

3. 免税品销售明细单（略）

4. 免税品供船准单（略）

5. 免税品报损准单（略）

6. 免税品明细账（略）

7. 免税品库存数量单（略）

口岸出境免税店管理暂行办法

（财关税〔2019〕15 号）

发布日期：2019-05-17

实施日期：2019-05-17

法规类型：规范性文件

第一条 为了规范口岸出境免税店管理工作，促进口岸出境免税店健康有序发展，根据有关法律法规和我国口岸出境免税店政策制定本办法。

　　第二条　中华人民共和国境内口岸出境免税店的设立申请、审批、招标投标、经营、监管等事项适用本办法。

　　第三条　本办法所称口岸出境免税店，是指设立在对外开放的机场、港口、车站和陆路出境口岸，向出境旅客销售免税商品的商店。

　　第四条　本办法所称免税商品，是指免征关税、进口环节税的进口商品和实行退（免）税（增值税、消费税）进入口岸出境免税店销售的国产商品。

　　第五条　免税商品的销售对象，为已办妥出境手续，即将登机、上船、乘车前往境外及出境交通工具上的旅客。

　　第六条　国家对口岸出境免税店实行特许经营。国家统筹安排口岸出境免税店的布局和建设。口岸出境免税店的布局选址应根据出入境旅客流量，结合区域布局因素，满足节约资源、保护环境、有序竞争、避免浪费、便于监管的要求。

　　第七条　设立口岸出境免税店的数量、口岸，由口岸所属的地方政府或中国民用航空局提出申请，财政部会同商务部、文化和旅游部、海关总署、税务总局审批。

　　第八条　免税商品的经营范围，严格限于海关核定的种类和品种。

　　第九条　除国务院另有规定外，对原经国务院批准具有免税品经营资质，且近 5 年有连续经营口岸或市内进出境免税店业绩的企业，放开经营免税店的地域和类别限制，准予企业平等竞标口岸出境免税店经营权。口岸出境免税店必须由具有免税品经营资质的企业绝对控股（持股比例大于 50%）。

　　第十条　口岸出境免税店由招标人或口岸业主通过招标方式确定经营主体。设有口岸进、出境免税店的口岸应对口岸进、出境免税店统一招标。招标投标活动必须严格遵守《中华人民共和国招标投标法》《中华人民共和国招标投标法实施条例》等有关法律法规的规定。如果不具备招标条件，比如在进出境客流量较小、开店面积有限等特殊情况下，可提出申请，财政部会同有关部门核准，参照《中华人民共和国政府采购法》规定的竞争性谈判等其他方式确定经营主体。

　　第十一条　招标投标活动应当保证具有免税品经营资质的企业公平竞争。招标人不得设定歧视性条款，不得含有倾向、限制或排斥投标人的内容，不得以特定行政区域或者特定的业绩作为加分条件或者中标条件。

　　单位负责人为同一人或者存在控股、管理关系的不同单位，不得参加同一标段投标或者未划分标段的同一招标项目投标。

　　第十二条　合理规范口岸出境免税店租金比例和提成水平，避免片面追求"价高者得"。财务指标在评标中占比不得超过 50%。财务指标是指投标报价中的价格部分，

　　包括但不限于底价租金、销售提成等。招标人应根据口岸同类场地现有的租金、销售提成水平来确定最高投标限价并对外公布。租金单价原则上不得高于国内厅含税零售商业租金平均单价的 1.5 倍；销售提成不得高于国内厅含税零售商业平均提成比例的 1.2 倍。

　　第十三条　应综合考虑企业的经营能力，甄选具有可持续发展能力的经营主体。经营品类，尤其是烟酒以外品类的丰富程度应是重要衡量指标。技术指标在评标中占比不得低于 50%。技术指标分值中，店铺布局和设计规划占比 20%；品牌招商占比 30%；运营计划占比 20%；市场营销及顾客服务占比 30%。品牌招商分值中，烟酒占比不得超过 50%。

　　第十四条　规范评标工作程序。评标过程分为投标文件初审、问题澄清、讲标和比较评价三个阶段。每个阶段的评审应当出具评审报告。

　　第十五条　中标人不得以装修费返还、税后利润返回、发展基金等方式对招标人进行变相补偿。招标人或所在政府不得通过补贴、财政返回等方式对中标人进行变相补偿。

第十六条 新设立或经营合同到期的口岸出境免税店经营主体经招标或核准后，经营期限不超过 10 年。经营期间经营主体不得擅自变更口岸出境免税店中标时确定的经营面积。需扩大原批准时经营面积的，招标人或口岸业主需提出申请，财政部会同有关部门核准；需缩小原批准时经营面积的，招标人或口岸业主需提出申请报海关总署核准。协议到期后不得自动续约，应根据本办法第十条的规定重新确定经营主体。

第十七条 招标人或口岸业主经招标或采用其他经核准的方式与免税品经营企业达成协议后，应按程序向财政部、商务部、文化和旅游部、海关总署、税务总局备案。

备案时需提交以下材料：

（一）经营主体合作协议（包括各股东持股比例、经营主体业务关联互补情况等。独资设立免税店除外）；

（二）经营主体的基本情况（包括企业性质、营业范围、生产经营、资产负债等方面）；

（三）口岸与经营主体设立口岸出境免税店的协议。

第十八条 中标人经营口岸出境免税店应当符合海关监管要求，经海关批准，并办理注册手续。

第十九条 经营主体的股权结构、经营状况等基本情况发生重大变化时，招标人或口岸业主应按程序向财政部、商务部、文化和旅游部、海关总署、税务总局报告。若股权结构变动后，经营主体持股比例小于等于50%，经批准设立的口岸出境免税店招标人或口岸业主需按照本办法第七条、第十条和第十八条的规定重新办理审批手续、确定经营主体。

第二十条 机场口岸业主或招标人不得与中标人签订阻止其他免税品经营企业在机场设立免税商品提货点的排他协议，口岸所在地的省（自治区、直辖市）财政厅（局）对上述情况进行监督和管理。

第二十一条 自批准设立口岸出境免税店之日起，招标人或口岸业主应当在 6 个月内完成招标。经营口岸出境免税店自海关批准之日起，经营主体应当在 1 年内完成免税店建设并开始营业。经批准设立的口岸出境免税店无正当理由未按照上述时限要求对外营业的，或者暂停经营 1 年以上的，招标人或口岸业主按照本办法第七条、第十条和第十八条的规定重新办理审批手续、确定经营主体。

第二十二条 口岸所在地的省（自治区、直辖市）财政厅（局）对招标投标履行行政监督职责，主要包括对评标活动进行监督，负责受理投诉，对违法行为依法进行处罚等。财政部各地监管局按照财政部要求开展有关监管工作。

第二十三条 口岸出境免税店应当缴纳免税商品特许经营费，具体办法按照财政部有关规定执行。

第二十四条 口岸出境免税店销售的免税商品适用的增值税、消费税免税政策，相关管理办法由税务总局商财政部另行制定。

第二十五条 财政部、商务部、文化和旅游部、海关总署、税务总局应加强相互联系和信息交换，并根据职责分工，加强协作配合，对口岸出境免税店工作实施有效管理。

第二十六条 财政部、商务部、文化和旅游部、海关总署、税务总局可以定期对口岸出境免税店经营情况进行核查，发现违反相关法律法规和规章制度的，依法予以处罚。

第二十七条 本办法自发布之日起施行。原《关于印发〈关于进一步加强免税业务集中统一管理的请示〉的通知》（财外字〔2000〕1 号）与本办法相冲突的内容，以本办法为准。

财政部　商务部　文化和旅游部　海关总署　国家税务总局关于印发口岸进境免税店管理暂行办法补充规定的通知

（财关税〔2018〕4号）

发布日期：2018-03-29
实施日期：2018-03-29
法规类型：规范性文件

各省、自治区、直辖市、计划单列市财政厅（局）、商务主管部门、旅游主管部门、国家税务局，新疆生产建设兵团财政局，海关总署广东分署、各直属海关，财政部驻各省、自治区、直辖市、计划单列市财政监察专员办事处：

为进一步促进口岸进境免税店健康发展，指导相关口岸制定科学规范的招标评判标准，从严甄别投标企业实际情况，选定具有可持续发展能力的经营主体，实现政策初衷，现就《口岸进境免税店管理暂行办法》（财关税〔2016〕8号）（以下简称《办法》）做出如下补充规定：

一、招标投标活动应严格遵守《中华人民共和国招标投标法》、《中华人民共和国招标投标法实施条例》等有关法律法规的规定。口岸进境免税店的经营主体须丰富经营品类，制定合理价格，服务于引导境外消费回流，满足居民消费需求，加速升级旅游消费的政策目标。

二、招标投标活动应保证具有免税品经营资质的企业公平竞争。招标人不得设定歧视性条款，不得含有倾向、限制或排斥投标人的内容，不得以特定行政区域或者特定的业绩作为加分条件或者中标条件。

单位负责人为同一人或者存在控股、管理关系的不同单位，不得参加同一标段投标或者未划分标段的同一招标项目投标。

三、合理规范口岸进境免税店租金比例和提成水平，避免片面追求"价高者得"。财务指标在评标中占比不得超过50%。财务指标是指投标报价中的价格部分，包括但不限于保底租金、销售提成等。招标人应根据口岸同类场地现有的租金、销售提成水平来确定最高投标限价并对外公布。租金单价原则上不得高于同一口岸出境免税店或国内厅含税零售商业租金平均单价的1.5倍；销售提成不得高于同一口岸出境免税店或国内厅含税零售商业平均提成比例的1.2倍。

四、应综合考虑企业的经营能力，甄选具有可持续发展能力的经营主体。经营品类，尤其是烟酒以外品类的丰富程度应是重要衡量指标。技术指标在评标中占比不得低于50%。技术指标分值中，店铺布局和设计规划占比20%；品牌招商占比30%；运营计划占比20%；市场营销及顾客服务占比30%。品牌招商分值中，烟酒占比不得超过50%。

五、规范评标工作程序。评标过程分为投标文件初审、问题澄清及讲标和比较评价三个阶段，对每个阶段的评审要出具评审报告。

六、中标人不得以装修费返还、税后利润返回、发展基金等方式对招标企业进行变相补偿。招标人及所在政府不得通过补贴、财政返回等方式对中标企业进行变相补偿。

七、口岸所在地的省（区、市）财政厅（局）对口岸进境免税店招标项目实施管理。财政部驻地方财政监察专员办事处对招标投标程序和政策落实情况履行行政监督职责，主要职责包括：

（一）对评标委员会成员的确定方式、评标专家的抽取和评标活动是否符合法定程序进行监督。

（二）负责受理投标人或者其他利害关系人关于招标投标活动不符合法律、行政法规规定的投诉，提出工作意见后报财政部。

（三）监督《财政部　商务部　海关总署　国家税务总局　国家旅游局关于口岸进境免税店政策的公告》（财政部　商务部　海关总署　国家税务总局　国家旅游局公告2016年第19号）和《办法》的执行情况。

八、本办法自公布之日起施行。

关于口岸进境免税店政策的公告

（财政部　商务部　海关总署　国家税务总局　国家旅游局公告2016年第19号）

发布日期：2016-02-18
实施日期：2016-02-18
法规类型：规范性文件

为满足国内消费需求，丰富国内消费者购物选择，方便国内消费者在境内购买国外产品，决定增设和恢复口岸进境免税店，合理扩大免税品种，增加一定数量的免税购物额。经国务院批准，现将口岸进境免税店政策公告如下：

一、口岸进境免税店

口岸进境免税店是设立在对外开放的机场、陆路和水运口岸隔离区域，按规定对进境旅客免进口税购物的经营场所。国家对口岸进境免税店实行特许经营。

二、销售对象及条件

口岸进境免税店的适用对象是尚未办理海关进境手续的旅客。在口岸进境免税店购物必须同时符合以下条件：

1. 进境旅客持进出境有效证件和搭乘公共运输交通工具的凭证购买；未搭乘公共运输交通工具的，进境旅客持进出境有效证件购买。

2. 进出境有效证件指护照、往来港澳通行证或往来台湾通行证。

3. 购物应按规定取得购物凭证。

三、免税税种

关税、进口环节增值税和消费税。

四、免税商品品类

免税商品以便于携带的个人消费品为主，具体商品品类和限购数量见附表。

五、免税购物金额

在维持居民旅客进境物品5000元人民币免税限额不变基础上，允许其在口岸进境免税店增加一定数量的免税购物额，连同境外免税购物额总计不超过8000元人民币。

六、购物流程

进境旅客在口岸进境免税店购物后，由本人随身携带入境。在同一口岸既有出境免税店又有进境免税店，进境旅客在出境免税店预订寄存后，在进境时付款提取的，视为在口岸进境免税店购物。

本公告自 2016 年 2 月 18 日起执行。

特此公告。

附表：口岸进境免税店经营品类

附表

口岸进境免税店经营品类

品类	商品范围	备注
烟		2 条（合计不超过 400 支）。
酒		2 瓶（合计不超过 1. 5 升）。
香化产品	彩妆、护肤品、香水	
美容美发及保健器材	剃须刀、化妆工具、美容及保健器材	
手表	手表、表带、表链	
眼镜	眼镜、太阳镜、眼镜片、眼镜框	
一、二类家用医疗器械	血糖计、血糖试纸、电子血压计、红外线人体测温仪	已取得进口医疗器械注册证或备案凭证。
纺织品和鞋子	服装、丝巾、围巾、领带、手套、手帕、皮带、袜子、鞋子、帽子、其他棉织品、其他毛织品	
小皮件和箱包	小皮件、箱包	
首饰和工艺品	首饰、工艺品、摆件、挂件	
食品和保健食品	饼干、干果、果脯、保健品、蜂蜜、咖啡、咖啡豆、谷物片、奶茶、巧克力、糖果、蜂王浆制剂、西洋参胶囊（冲剂）、红参胶囊（冲剂）、高丽参胶囊（冲剂）、鱼油、维生素、钙片、胶原蛋白	参制品、保健食品、蜂蜜、蜂王浆制剂须为非首次进口，即已取得进口保健食品批准证书。
婴儿配方奶粉或辅食	零售包装的婴幼儿配方奶粉及辅食	婴儿配方奶粉应符合《进出口乳品检验检疫监督管理办法》〔国家质检总局 2013 年第 152 号令〕的要求，限购 4 件且合计重量不超过 5 千克。
尿不湿	尿不湿	
其他百货	笔、玩具（含童车）、转换插头	

注：1. 上述商品限定为进口品（烟除外），且国家规定不符合民航安全要求、禁止进口以及除酒类产品外的 20 种不予减免税商品除外。

2. 上述中未列明具体数量的商品，限自用合理数量。购买烟酒限 16 岁以上旅客。

3. 旅客在口岸进境免税店购买的免税品，与旅客从境外获取的物品合并计算，由海关按照现行规定验放。

口岸进境免税店管理暂行办法

（财关税〔2016〕8号）

发布日期：2016-02-18
实施日期：2016-02-18
法规类型：规范性文件

第一条 为规范口岸进境免税店管理工作，依照有关法律法规和我国口岸进境免税店政策，制定本办法。

第二条 口岸进境免税店，指设立在对外开放的机场、水运和陆路口岸隔离区域，按规定对进境旅客免进口税购物的经营场所。口岸进境免税店具体经营适用对象、商品品种、免税税种、金额数量等应严格按照口岸进境免税店政策的有关规定执行。

第三条 国家对口岸进境免税店实行特许经营。国家统筹安排口岸进境免税店的布局和建设。口岸进境免税店的布局选址应根据出入境旅客流量，结合区域布局因素，满足节约资源、保护环境、有序竞争、避免浪费、便于监管的要求。

第四条 除国务院另有规定外，对原经国务院批准具有免税品经营资质，且近3年有连续经营口岸和市内进出境免税业业绩的企业，放开经营免税店的地域和类别限制，准予这些企业平等竞标口岸进境免税店经营权。口岸进境免税店必须由具有免税品经营资质的企业绝对控股（持股比例大于50%）。

第五条 设立口岸进境免税店的数量、口岸和营业场所的规模控制，由财政部会同商务部、海关总署、国家税务总局和国家旅游局提出意见报国务院审批。

第六条 经营口岸进境免税店应当符合海关监管要求，经海关批准，并办理注册手续。

第七条 口岸进境免税店一般由机场或其他招标人通过招标方式确定经营主体。如果不具备招标条件，比如在进出境客流量较小、开店面积有限等特殊情况下，可提出申请并报财政部核准，按照《中华人民共和国政府采购法》规定的竞争性谈判等其他方式确定经营主体。

第八条 新设立或经营合同到期的口岸进境免税店经营主体经招标或核准后，招标人或口岸业主与免税品经营企业每次签约的经营期限不超过10年。协议到期后不得自动续约，应根据本办法第七条的规定重新确定经营主体。

第九条 招标人或口岸业主经招标或采用其他经核准的方式与免税品经营企业达成协议后，应向财政部、商务部、海关总署、国家税务总局和国家旅游局备案。备案时需提交以下材料：

（一）经营主体合作协议（包括各股东持股比例、经营主体业务关联互补情况等。独资设立免税店除外）；

（二）经营主体的基本情况（包括企业性质、营业范围、生产经营，资产负债等方面）；

（三）口岸与经营主体设立口岸进境免税店的协议。

第十条 经营主体的股权结构、经营状况等基本情况发生重大变化时，应向财政部、商务部、海关总署、国家税务总局和国家旅游局报告。

第十一条 自国务院批准设立口岸进境免税店的规模控制之日起，机场或其他招标人应在6个月内完成招标。经营口岸进境免税店自海关批准之日起，经营主体应在1年内完成免税店建设并开始营业。经批准设立的口岸进境免税店无正当理由未按照上述时限要求对外营业的，或者暂停经营 1 年以上的，机场或其他招标人按照本办法第五条、第六条和第七条的规定重新办理审批手续、确定经营主体。

第十二条 口岸进境免税店原则上不得扩大营业场所面积，不得设立分店和分柜台。确需扩大营业场所面积、设立分店和分柜台的，按照本办法第五条、第六条规定的开设新店程序审批。

第十三条 口岸进境免税店缴纳免税商品特许经营费办法，暂按《财政部关于印发〈免税商品特许经营费缴纳办法〉的通知》（财企〔2004〕241 号）和《财政部关于印发〈免税商品特许经营费缴纳办法〉的补充通知》（财企〔2006〕70 号）规定执行。

第十四条 财政部、商务部、海关总署、国家税务总局和国家旅游局应加强相互联系和信息交换，并根据职责分工，加强协作配合，对口岸进境免税店工作实施有效管理。

第十五条 财政部、商务部、海关总署、国家税务总局和国家旅游局可以定期对口岸进境免税店经营情况进行核查，发现违反相关法律法规和规章制度的，依法予以处罚。

第十六条 本办法由财政部、商务部、海关总署、国家税务总局和国家旅游局负责解释。

第十七条 本办法自 2016 年 2 月 18 日起施行。

运输工具管理篇

国际航行船舶进出中华人民共和国口岸检查办法

（国务院令第 175 号）

发布日期：1995-03-21
实施日期：2019-03-02
法规类型：行政法规

（根据 2019 年 3 月 2 日国务院令第 709 号《国务院关于修改部分行政法规的决定》修正）

第一条 为了加强对国际航行船舶进出中华人民共和国口岸的管理，便利船舶进出口岸，提高口岸效能，制定本办法。

第二条 进出中华人民共和国口岸的国际航行船舶（以下简称船舶）及其所载船员、旅客、货物和其他物品，由本办法第三条规定的机关依照本办法实施检查；但是，法律另有特别规定的，或者国务院另有特别规定的，从其规定。

第三条 中华人民共和国港务监督机构（以下简称港务监督机构）、中华人民共和国海关（以下简称海关）、中华人民共和国出入境边防检查机关是负责对船舶进出中华人民共和国口岸实施检查的机关（以下统称检查机关）。

第四条 检查机关依照有关法律、行政法规的规定实施检查并对违法行为进行处理。

港务监督机构负责召集其他检查机关参加的船舶进出口岸检查联席会议，研究、解决船舶进出口岸检查的有关问题。

第五条 船舶进出中华人民共和国口岸，由船方或其代理人依照本办法有关规定办理进出口岸手续。除本办法第十条第二款、第十一条规定的情形或者其他特殊情形外，检查机关不登船检查。

船方或其代理人办理船舶进出口岸手续时，应当按照检查机关的有关规定准确填写报表，并如实提供有关证件、资料。

第六条 船方或其代理人应当在船舶预计抵达口岸 7 日前（航程不足 7 日的，在驶离上一口岸时），填写《国际航行船舶进口岸申请书》，报请抵达口岸的港务监督机构审批。

拟进入长江水域的船舶，船方或其代理人应当在船舶预计经上海港区 7 日前（航程不足 7 日的，在驶离上一口岸时），填写《国际航行船舶进口岸申请书》，报请抵达口岸的港务监督机构审批。

第七条 船方或其代理人应当在船舶预计抵达口岸 24 小时前（航程不足 24 小时的，在驶离上一口岸时），将抵达时间、停泊地点、靠泊移泊计划及船员、旅客的有关情况报告检查机关。

第八条 船方或其代理人在船舶抵达口岸前未办妥进口岸手续的，须在船舶抵达口岸 24 小时内到检查机关办理进口岸手续。

船舶在口岸停泊时间不足 24 小时的，经检查机关同意，船方或其代理人在办理进口岸手续时，可以同时办理出口岸手续。

第九条 船方或其代理人在船舶抵达口岸前已经办妥进口岸手续的，船舶抵达后即可上下人员、装卸货物和其他物品。

船方或其代理人在船舶抵达口岸前未办妥进口岸手续的，船舶抵达后，除检查机关办理进口岸检查手续的工作人员和引航员外，其他人员不得上下船舶、不得装卸货物和其他物品；船舶进出的上一口岸是中华人民共和国口岸的，船舶抵达后即可上下人员、装卸货物和其他物品，但是应当立即办理进口岸手续。

第十条 海关对船舶实施电讯检疫。持有卫生证书的船舶，其船方或其代理人可以向海关申请电讯检疫。

对来自疫区的船舶，载有检疫传染病染疫人、疑似检疫传染病染疫人、非意外伤害而死亡且死因不明尸体的船舶，未持有卫生证书或者证书过期或者卫生状况不符合要求的船舶，海关应当在锚地实施检疫。

第十一条 海关对来自动植物疫区的船舶和船舶装载的动植物、动植物产品及其他检疫物，可以在锚地实施检疫。

第十二条 船方或其代理人应当在船舶驶离口岸前 4 小时内（船舶在口岸停泊时间不足 4 小时的，在抵达口岸时），到检查机关办理必要的出口岸手续。有关检查机关应当在《船舶出口岸手续联系单》上签注；船方或其代理人持《船舶出口岸手续联系单》和港务监督机构要求的其他证件、资料，到港务监督机构申请领取出口岸许可证。

第十三条 船舶领取出口岸许可证后，情况发生变化或者 24 小时内未能驶离口岸的，船方或其代理人应当报告港务监督机构，由港务监督机构商其他检查机关决定是否重新办理出口岸手续。

第十四条 定航线、定船员并在 24 小时内往返一个或者一个以上航次的船舶，船方或其代理人可以向港务监督机构书面申请办理定期进出口岸手续。受理申请的港务监督机构商其他检查机关审查批准后，签发有效期不超过 7 天的定期出口岸许可证，在许可证有效期内对该船舶免办进口岸手续。

第十五条 检查机关及其工作人员必须秉公执法，恪尽职守，及时实施检查和办理船舶进出口岸的申请。

第十六条 本办法下列用语的含义：

（一）国际航行船舶，是指进出中华人民共和国口岸的外国籍船舶和航行国际航线的中华人民共和国国籍船舶。

（二）口岸，是指国家批准可以进出国际航行船舶的港口。

（三）船方，是指船舶所有人或者经营人。

第十七条 本办法自发布之日起施行。经国务院批准，1961 年 10 月 24 日由交通部、对外贸易部、公安部、卫生部发布的《进出口船舶联合检查通则》同时废止。

中华人民共和国海关管道运输进口能源监管办法

（海关总署令第 204 号）

发布日期：2011-10-24
实施日期：2018-11-23
法规类型：部门规章

（根据 2018 年 5 月 29 日海关总署令第 240 号《海关总署关于修改部分规章的决定》第一次修正；根据 2018 年 11 月 23 日海关总署令第 243 号《海关总署关于修改部分规章的决定》第二次修正）

第一条 为了规范海关对管道运输进口能源的监管，依据《中华人民共和国海关法》（以下简称《海关法》）的规定，制定本办法。

第二条 管道运输进口能源跨境管道境内计量站（以下简称计量站）是海关监管场所，应当依照《中华人民共和国海关监管场所管理办法》接受海关监管。

第三条 管道经营单位应当依照国家有关规定经营计量站、计量管道运输数据、传输能源计量电子数据，并依法向海关申报，办理相关手续。

第四条 管道经营单位应当依照本办法规定向计量站所在地直属海关办理备案手续，并提交管道经营单位备案登记表。

不具备法人资格，但经法人授权的管道经营单位还应当提交法人授权文书。

管道经营单位委托代理人代为办理备案手续的，代理人应当向海关提交管道经营单位出具的授权委托书。

第五条 计量站的计量仪表、设备、软件等应当符合海关监管要求，并经国家主管部门或者法律法规授权的计量检定机构检定或者校准。

管道经营单位应当向计量站所在地直属海关或者经直属海关授权的隶属海关提交国家主管部门或者法律法规授权的计量检定机构出具的载明检定或者校准结论的有效文本。

第六条 管道经营单位应当在计量站运营前将与海关监管相关的管道计量参数报送海关备案。

经计量站所在地直属海关或者经直属海关授权的隶属海关审核同意后，管道计量参数可以根据需要进行调整。

应当备案的管道计量参数项目由海关总署另行公告。

第七条 海关可以对跨境管道的管线设施和计量设备的旁通出口、流量计、流量计算机柜以及其他关键部位施加封志。

管道经营单位需要开启海关施加的封志的，应当向海关提交书面申请，经审核同意的，由海关派员实施开启。开启原因消失后，由海关再次施加封志。

管道运营过程中发生可能影响国家安全和社会秩序的紧急情况，不立即处理将造成人员重大伤亡或者财产重大损失的，管道经营单位可以采取紧急处理措施先予处理，并采取适当方式报告海关。紧急情况消除后，管道经营单位应当立即书面向海关报告相关情况。

海关对计量站设施进行实地检查时，管道经营单位应当到场并提供必要的协助。

第八条 管道经营单位应当按照海关规定传输计量站计量电子数据，并向海关报送相应时段的入境计量报告。

由于计算机故障等特殊情形无法按照规定向海关传输计量电子数据的，管道经营单位应当立即向海关报告有关情况。经海关同意后，管道经营单位应当在海关规定的时限内向海关递交入境计量报告纸本，并于特殊情形消除后立即向海关补充传输计量电子数据。

应当向海关传输的电子数据项目、入境计量报告数据项目，由海关总署另行公告。

海关根据计量数据进行现场验核时，管道经营单位应当到场并提供必要的协助。

第九条 管道运输进口能源在办结申报、纳税及其他海关手续前，属于海关监管货物，未经海关许可，不得进行销售、抵押、质押或者进行其他处置。

管道经营单位应当在计量站运营前向海关报告用以开通管道的水、氮气等数量和处理方式，并按照海关规定定期向海关申报能源损耗和能源耗用相关情况，接受海关监管。

第十条 管道经营单位接收和复运出境清管器等设备的，应当按照暂时进出境货物相关管理规定办理海关手续，接受海关监管。

第十一条 经海关批准，管道运输进口能源的收货人应当在每月 1 日至 14 日期间向海关定期申报上月进口能源，并缴纳相应税款。

管道运输进口能源的收货人超过前款规定期限向海关申报的，海关依法征收滞报金。

收货人应当取得相应许可证件，凭进口货物报关单、管道经营单位出具的入境计量报告以及海关要求的其他单证办理申报手续。海关对相应许可证件电子数据进行系统自动比对验核。

第十二条 办理定期申报的收货人应当向海关提供有效担保。

经海关批准，办理定期申报的收货人也可以按照《中华人民共和国海关事务担保条例》的有关规定，向海关申请适用管道运输进口能源定期申报总担保。

管道运输进口能源定期申报总担保具体办法由海关总署另行制定。

第十三条 管道运输进口能源按照海关接受该货物申报进口之日适用的税率、汇率计征税款。

第十四条 不同国别的原产地混合运输的能源，收货人应当按照定期申报时间段内不同国别的原产地能源进口数量分别向海关申报。

海关在审核确定进口能源原产地时，可以要求收货人提交原产地证明或者其他足以证明能源原产地的材料，并予以审验。

第十五条 海关认为必要时，可以按照海关化验管理的有关规定提取管道运输的能源样品进行化验，管道经营单位应当提供必要的协助。

第十六条 因设备运行故障、检修等原因导致管道不能正常运输或者重新启动运输，管道经营单位应当立即向海关报告。

第十七条 管道运输进口能源的收货人、管道经营单位等有关企业、单位应当妥善保管会计账簿、会计凭证、报关单证以及其他有关资料，接受海关稽查。

第十八条 违反本办法规定，构成走私行为、违反海关监管规定行为或者其他违反《海关法》行为的，由海关依照《海关法》《中华人民共和国海关行政处罚实施条例》等有关法律、行政法规的规定予以处理；构成犯罪的，依法追究刑事责任。

第十九条 本办法下列用语的含义：

"能源"，是指通过管道运输方式进口的原油、天然气。

"能源损耗"，是指在管道运输过程中因流失、泄漏等损失或者排污、设备检修过程中放空以及因设备故障损失的能源。

"能源耗用"，是指为了维持管道运输，或者作为加压、加热的动力燃料以及维持加压站、加热站、计量站等管道配套设施运行需要，从管道中提取的能源。

第二十条　本办法所规定的文书由海关总署另行制定并且发布。

第二十一条　本办法由海关总署负责解释。

第二十二条　本办法自 2011 年 12 月 1 日起施行。

中华人民共和国海关关于来往香港、澳门公路货运企业及其车辆的管理办法

（海关总署令第 118 号）

发布日期：2004-01-07

实施日期：2018-07-01

法规类型：部门规章

（根据 2010 年 11 月 26 日海关总署令第 198 号《海关总署关于修改部分规章的决定》第一次修正；根据 2018 年 5 月 29 日海关总署令第 240 号《海关总署关于修改部分规章的决定》第二次修正）

第一章　总　则

第一条　为规范对来往港澳公路货运企业及其车辆的管理，根据《中华人民共和国海关法》及其他相关法律、行政法规，制定本办法。

第二条　本办法下列用语的含义是：

（一）来往港澳公路货运企业（以下简称货运企业），是指依照本办法规定在海关备案的从事来往港澳公路货物运输业务的企业，包括专业运输企业和生产型企业；

（二）来往港澳公路货运车辆（以下简称货运车辆），是指依照本办法规定在海关备案的来往港澳公路货运车辆，包括专业运输企业的车辆和生产型企业的自用车辆。

第三条　海关对货运企业、车辆实行联网备案管理。

货运企业、车辆的备案、变更备案、注销备案、年审等业务以及相关后续管理工作，由进出境地的直属海关或者其授权的隶属海关按照本办法的规定办理。

第二章　备案管理

第四条　货运企业备案时，应当向进出境地的直属海关或者其授权的隶属海关提交下列文件：

（一）《来往香港/澳门货运企业备案申请表》；

（二）政府主管部门的批准文件。

第五条　车辆备案时，应当向进出境地的直属海关或者其授权的隶属海关提交下列文件：

（一）《来往香港/澳门货运车辆备案登记表》；

（二）《来往香港/澳门货运车辆海关验车记录表》（以下简称《验车记录表》）或者公安交通车检部门出具的验车报告；

（三）公安交通车管部门核发的《车辆及驾驶人员进出境批准通知书》海关联；

（四）公安交通车管部门核发的《机动车辆行驶证》（以下简称《行驶证》）复印件；

（五）符合海关要求的车辆彩色照片（包括车辆左前侧面45度角拍摄并可明显看见油箱和粤港/澳两地车牌以及后侧面45度角拍摄并可明显看见粤港/澳两地车牌）。

在香港/澳门地区办理车辆登记证明文件的进出境车辆（以下简称港/澳籍车辆），应当同时提交境外有关政府管理机构签发的车辆登记文件复印件；在内地办理车辆登记证明文件的进出境车辆（以下简称内地籍车辆），应当同时提交《机动车辆登记证书》复印件。

港/澳籍车辆，应当同时提交《来往香港/澳门车辆备案临时进境验车申报表》（以下简称《临时进境验车申报表》）。

第六条　货运车辆应当为集装箱式货车或者集装箱牵引车，并应当符合下列条件：

（一）车辆的类型、牌名、车身颜色、发动机号码、车身号码、车辆牌号等应当与公安交通车管部门核发的证件所列内容相符；

（二）集装箱式货车的车厢监管标准应当按照海关总署的有关规定执行；如有特殊需要加开侧门的，应当经海关批准，并符合海关监管要求；

（三）车辆的油箱和备用轮胎等装备以原车出厂时的标准配置为准，不得擅自改装或者加装。

第七条　经海关批准，散装货车可以作为来往香港/澳门的货运车辆，用于承运不具备施封条件的超大型机械设备或者鲜活水产品等散装货物。

第八条　经海关备案的货运企业，海关核发《来往香港/澳门货运企业备案登记证》（以下简称《货运企业备案登记证》）。

经海关备案的货运车辆，海关核发《来往香港/澳门车辆进出境签证簿》（以下简称《签证簿》）和用于证明载运进出境货物实际情况的通关证件。

第九条　《货运企业备案登记证》《签证簿》和通关证件需要更新的，可以凭原件向备案海关申请换发；发生损毁或者灭失的，应当及时向海关报告，经备案海关审核情况属实的，予以补发。

第十条　海关对货运企业、车辆实行年审制度。年审时，海关应当重点审核企业当年度的守法状况。

第十一条　货运企业年审时需提交下列文件：

（一）《来往香港/澳门货运企业年检报告书》；

（二）《货运企业备案登记证》；

（三）政府主管部门批准企业成立或者延期的批准文件。

第十二条　货运车辆年审时需提交下列文件：

（一）《来往香港/澳门车辆年检报告书》；

（二）《签证簿》；

（三）公安交通车管部门核发准予延期的《批准通知书》海关联。

第十三条　车辆需进行车体、厢体改装的，应当向备案海关申请，经海关同意，按照本办法第六条和《中华人民共和国海关对装载海关监管货物的集装箱及集装箱式货车车厢的监管办法》的规定办理。

改装后的车辆经备案海关重新检验认可后，海关收回原车辆的《签证簿》和通关证件，注销原车辆的备案资料，按照本办法第五条的规定重新予以核准备案，签发新的《签证簿》和通关证件。

第十四条　货运企业出现变更企业名称、通行口岸或者更换车辆等情况的，应当持政府有关主管部门的批准文件及相关资料，到备案海关办理变更备案手续。

第十五条　货运企业、车辆在备案有效期内暂停或者停止进出境营运业务的，应当向海关报告，海关收回《签证簿》和通关证件，对有关备案资料作暂停或者注销处理。

港/澳籍车辆在办结海关手续并已出境后，海关予以办理暂停或者注销手续。

第三章　海关监管

第十六条　货运车辆应当按照海关指定的路线和规定的时限，将所承运的货物完整地运抵指定的监管场所，并确保承运车辆、海关封志、海关监控设备及装载货物的箱（厢）体完好无损。

第十七条　货运车辆进出境时，企业应当按照海关规定如实申报，交验单证，并接受海关监管和检查。

承运海关监管货物的车辆从一个设立海关地点驶往另一个设立海关地点的，企业应当按照海关监管要求，办理转关手续。

第十八条　海关检查进出境车辆及查验所载货物时，驾驶员应当到场，并根据海关的要求开启车门，搬移货物，开拆和重封货物包装。

第十九条　港/澳籍进出境车辆进境后，应当在 3 个月内复出境；特殊情况下，经海关同意，可以在车辆备案有效期内予以适当延期。

第二十条　已进境的港/澳籍车辆，包括集装箱牵引架、集装箱箱体，未经海关同意并办结报关纳税手续，不得在境内转让或者移作他用。

第二十一条　进出境车辆的备用物料和驾驶员携带的物品，应当限于旅途自用合理数量部分；超出自用合理数量，应当向海关如实申报。

第二十二条　未经海关许可，任何人不得拆装运输工具上的海关监控设备，包括海关电子关锁、车载收发信装置等。特殊情况需要拆装的，应当报经备案海关同意；监控设备拆装后，应当报请备案海关验核。

第二十三条　货运企业应当妥善保管《签证簿》和通关证件，不得转借或者转让他人，不得涂改或者故意损坏。

第二十四条　集装箱牵引车承运的集装箱应当符合海关总署规定的标准要求。

第二十五条　因特殊原因，车辆在境内运输海关监管货物途中需要更换的，货运企业应当立即报告附近海关，在海关监管下更换。附近海关应当及时将更换情况通知货物进境地和指运地海关或者启运地和出境地海关。

第二十六条　海关监管货物在境内运输途中，发生损坏或者灭失的，货运企业应当立即向附近海关报告。除不可抗力外，货运企业应当承担相应的税款及其他法律责任。

第四章　法律责任

第二十七条　违反本办法规定，构成走私或者违反海关监管规定行为的，由海关依照《中华人民共和国海关法》《中华人民共和国海关行政处罚实施条例》等有关法律、行政法规的规定予以处理；构成犯罪的，依法追究刑事责任。

第五章　附　则

第二十八条　驻港、澳部队的车辆的管理按照国家有关规定办理。

第二十九条　本办法所规定的文书由海关总署另行制定并且发布。

第三十条　本办法由海关总署负责解释。

第三十一条　本办法自 2004 年 10 月 1 日起施行。《中华人民共和国海关对来往香港、澳门汽车及所载货物监管办法》（〔1988〕署货字第 6 号）同时废止。

中华人民共和国海关对用于装载海关监管货物的集装箱和集装箱式货车车厢的监管办法

（海关总署令第 110 号）

发布日期：2004-01-29
实施日期：2023-04-15
法规类型：部门规章

（根据 2010 年 11 月 26 日海关总署令第 198 号《海关总署关于修改部分规章的决定》第一次修正；根据 2018 年 5 月 29 日海关总署令第 240 号《海关总署关于修改部分规章的决定》第二次修正；根据 2023 年 3 月 9 日海关总署令第 262 号《海关总署关于修改部分规章的决定》第三次修正）

第一章 总 则

第一条 为规范海关对用于装载海关监管货物的集装箱和集装箱式货车车厢的监管，根据《中华人民共和国海关法》第三十九条规定，制定本办法。

第二条 用于装载海关监管货物的集装箱和集装箱式货车车厢（以下简称"集装箱和集装箱式货车车厢"），应当按照海关总署规定的要求和标准制造、改装和维修，并在集装箱和集装箱式货车车厢指定位置上安装海关批准牌照。

第三条 本办法下列用语的含义：

"营运人"是指对集装箱和集装箱式货车车厢实际控制使用者，不论其是否为该集装箱或者集装箱式货车车厢的所有人。

"承运人"是指承载集装箱和集装箱式货车车厢进出境的运输工具的负责人。

"申请人"是指申请办理海关批准牌照的制造或者维修集装箱和集装箱式货车车厢的工厂。

第四条 集装箱和集装箱式货车车厢应当接受海关监管。

不符合海关总署规定标准或者未安装海关批准牌照的集装箱和集装箱式货车车厢，不得用于装载海关监管货物。

境内制造、改装和维修集装箱和集装箱式货车车厢的工厂，应当接受海关检查。

第五条 承载集装箱或者集装箱式货车车厢的运输工具在进出境时，承运人、营运人或者其代理人应当向海关如实申报并递交载货清单（舱单）。载货清单（舱单）上应当列明运输工具名称、航（班）次号或者集装箱式货车车牌号、国籍、卸货港口、集装箱箱号或者集装箱式货车车厢号、尺寸、总重、自重，以及箱（厢）体内装载货物的商品名称、件数、重量、经营人、收发货人、提（运）单或者装货单号等有关内容。

第六条 营运人或者其代理人应当按照海关规定向海关传输相关载货清单（舱单）的电子数据。

第七条 经国务院交通主管部门批准，国际集装箱班轮公司可以在境内沿海港口之间调运其周转空箱及租用空箱。国际集装箱班轮公司或者其代理人应当按照海关规定申报相关电子数据。

其他运输方式在境内调拨或者运输的空集装箱，不需再办理海关手续。

第八条 用于承运装载海关监管货物的厢体与车辆不可分割的厢式货车，其营运人或者承运人应按照《中华人民共和国海关关于境内公路承运海关监管货物的运输企业及其车辆的管理办法》的有关规定办理海关手续。

第九条 未经海关许可，任何人不得擅自开启或者损毁集装箱和集装箱式货车车厢上的海关封志、更改、涂抹箱（厢）号、取出或者装入货物、将集装箱或者集装箱式货车车厢及其所载货物移离海关监管场所。

第二章 集装箱制造核准

第十条 境内制造的集装箱可以申请我国海关批准牌照，也可以向加入联合国《一九七二年集装箱关务公约》的境外有关国家当局申请外国海关的批准牌照。

境外制造的集装箱，可以申请我国海关的批准牌照。

第十一条 海关总署授权中国船级社统一办理集装箱我国海关批准牌照。

第十二条 中国船级社应当按照本办法的要求签发批准证明书。

（一）境内制造的集装箱的所有人申请我国海关批准牌照的，中国船级社按照海关总署规定的标准，对集装箱图纸进行审查，并按照规定进行实体检验，检验合格的，核发《按定型设计批准证明书》或者《按制成以后批准证明书》。

（二）境外制造的集装箱的所有人申请我国海关批准牌照的，制造厂或者所有人应当提交集装箱有关图纸，经中国船级社审查并现场确认后核发《按制成以后批准证明书》。

第十三条 集装箱的海关批准牌照申请人在取得《按定型设计批准证明书》或者《按制成以后批准证明书》后，应当在经批准的集装箱上按照本办法规定安装中国船级社核发的海关批准牌照，并在箱体外部规定位置标示序列号。

第十四条 海关对中国船级社检验的集装箱有权进行复验，并可以随时对中国船级社办理海关批准牌照的情况进行核查。发现签发批准牌照管理不善的，海关将视情决定是否停止授权其签发海关批准牌照。

第三章 集装箱式货车车厢的制造或者改装

第十五条 海关总署授权中国船级社统一办理在境内装载海关监管货物的集装箱式货车车厢的海关批准牌照。

中国船级社按照海关总署规定的标准，对申请海关批准牌照的集装箱式货车车厢的图纸进行审查，并按照规定对集装箱式货车车厢进行实体检验，检验合格的，核发《集装箱式货车车厢批准证明书》。

第十六条 集装箱式货车车厢的海关批准牌照申请人在取得《集装箱式货车车厢批准证明书》后，应当在经批准的集装箱式货车车厢上按照本办法规定安装中国船级社核发的海关批准牌照，并在厢体外部规定位置标示序列号。

第四章 集装箱和集装箱式货车车厢的维修

第十七条 未经海关许可，任何人不得擅自改变集装箱和集装箱式货车车厢的结构。维修后的集装箱和集装箱式货车车厢结构应保持原状，如发生箱（厢）体特征变更的，集装箱和集装箱式货车车厢的所有人或者申请人必须拆除海关批准牌照，同时应当向中国船级社提出书面检验申请，并重新办理海关批准牌照。

第十八条　海关可以随时对维修工厂维修的安装海关批准牌照的集装箱和集装箱式货车车厢进行核查。

第五章　对集装箱和集装箱式货车车厢的监管

第十九条　集装箱和集装箱式货车车厢投入运营时，应当安装海关批准牌照。集装箱和集装箱式货车车厢外部标示的序列号应当与安装的海关批准牌照所标记的序列号一致。

第二十条　集装箱和集装箱式货车车厢序列号变更的，应当重新申请检验并办理海关批准牌照。序列号模糊不清以及破损的集装箱和集装箱式货车车厢，不得装载海关监管货物。

第二十一条　集装箱和集装箱式货车车厢作为货物进出口时，无论其是否装载货物，有关收发货人或者其代理人应当按照进出口货物向海关办理报关手续。

第二十二条　境内生产的集装箱及我国营运人购买进口的集装箱在投入国际运输前，营运人应当向其所在地海关办理登记手续。

境内生产的集装箱已经办理出口及国内环节税出口退税手续的，不在海关登记；已经登记的，予以注销。

第二十三条　承运海关监管货物的运输企业在集装箱式货车车厢获得《集装箱式货车车厢批准证明书》后，应当按照《中华人民共和国海关关于境内公路承运海关监管货物的运输企业及其车辆的管理办法》的规定向其所在地海关申请办理车辆备案。

第二十四条　本办法第二十二条第一款和第二十三条所述集装箱和集装箱式货车车厢报废时，营运人凭登记或者备案资料向所在地海关办理注销手续。

第二十五条　符合本办法规定的集装箱和集装箱式货车车厢，无论其是否装载货物，海关准予暂时进境和异地出境，营运人或者其代理人无需对箱（厢）体单独向海关办理报关手续。

第二十六条　暂时进境的集装箱和集装箱式货车车厢应于入境之日起 6 个月内复运出境。如因特殊情况不能按期复运出境的，营运人应当向暂时进境地海关提出延期申请，经海关核准后可以延期，但延期期最长不得超过 3 个月，逾期应按规定向海关办理进口及纳税手续。

对于已经按本办法第二十二条第一款规定在海关登记的集装箱，进出境时不受前款规定的期限限制。

第六章　附　则

第二十七条　违反本办法规定，构成走私或者违反海关监管规定行为的，由海关依照《中华人民共和国海关法》和《中华人民共和国海关行政处罚实施条例》的有关规定予以处理；构成犯罪的，依法追究刑事责任。

第二十八条　本办法所规定的文书由海关总署另行制定并且发布。

第二十九条　本办法由海关总署负责解释。

第三十条　本办法自 2004 年 3 月 1 日起施行。1984 年 1 月 1 日施行的《中华人民共和国海关对进出口集装箱和所载货物监管办法》（〔83〕署货字第 699 号）、1986 年 7 月 22 日施行的《中华人民共和国海关对用于运输海加封货物的国际集装箱核发批准牌照的管理办法》（〔86〕署货字第 566 号）同时废止。

中华人民共和国海关关于境内公路承运海关监管货物的运输企业及其车辆的管理办法

（海关总署令第88号）

发布日期：2001-09-27
实施日期：2023-03-29
法规类型：部门规章

（根据2004年11月30日海关总署令第121号《海关总署关于修改〈中华人民共和国海关关于境内公路承运海关监管货物的运输企业及其车辆、驾驶员的管理办法〉的决定》第一次修正；根据2015年4月28日海关总署令第227号《海关总署关于修改部分规章的决定》第二次修正；根据2017年12月20日海关总署令第235号《海关总署关于修改部分规章的决定》第三次修正；根据2018年5月29日海关总署令第240号《海关总署关于修改部分规章的决定》第四次修正；根据2023年3月9日海关总署令第262号《海关总署关于修改部分规章的决定》第五次修正）

第一章　总　则

第一条　为加强对承运海关监管货物的境内运输企业及其车辆的管理，根据《中华人民共和国海关法》（以下简称《海关法》）及其他相关法规，制定本办法。

第二条　本办法所指的境内运输企业、车辆，是指依据本办法向海关备案，在境内从事海关监管货物运输的企业、车辆。

第三条　运输企业、车辆应当向主管地的直属海关或者隶属海关（以下简称主管海关）申请办理备案手续。

第四条　海关对运输企业、车辆的备案资料实行计算机联网管理。

第二章　备　案

第五条　承运海关监管货物的运输企业，应当具备以下条件：

（一）具有企业法人资格；

（二）取得与运输企业经营范围相一致的工商核准登记。

第六条　运输企业办理备案时，应当向海关提交《承运海关监管货物境内运输企业备案申请表》。

第七条　海关对运输企业递交的有关材料进行审核，符合规定的，予以备案。

备案有效期为其营业执照上注明的营业期限。

第八条　承运海关监管货物的车辆应当为厢式货车或集装箱拖头车，经海关批准也可以为散装货车。上述车辆应当具备以下条件：

（一）用于承运海关监管货物的车辆，必须为运输企业的自有车辆，其机动车辆行驶证的车主列名必须与所属运输企业名称一致；

（二）厢式货车的厢体必须与车架固定一体，无暗格，无隔断，具有施封条件，车厢连接的镙丝均须焊死，车厢两车门之间须以钢板相卡，保证施封后无法开启；

有特殊需要，需加开侧门的，须经海关批准，并符合海关监管要求；

（三）集装箱拖头车必须承运符合国际标准的集装箱；

（四）散装货车只能承运不具备加封条件的大宗散装货物，如矿砂、粮食及超大型机械设备等。

第九条　办理车辆备案时，应当向海关提交下列文件：

（一）《承运海关监管货物境内运输车辆备案申请表》；

（二）公安交通管理部门核发的《机动车行驶证》复印件；

（三）车辆彩色照片（要求：前方左侧面45°；能清楚显示车牌号码；车头及车厢侧面喷写企业名称）。

主管海关可以通过网络共享获取前款规定材料的，无需另行提交。

第十条　海关对车辆监管条件及相关文件进行审核，符合规定的，予以备案。

车辆备案有效期为其机动车行驶证上注明的强制报废期。

第十一条　运输企业、车辆不再从事海关监管货物运输业务的，应向备案地海关办理备案注销手续。

第十二条　车辆更换（包括更换车辆、更换发动机、更换车辆牌照号码）、改装车体等，应按本办法规定重新办理备案手续。

第三章　海关监管

第十三条　运输企业应将承运的海关监管货物完整、及时地运抵指定的海关监管作业场所，并确保海关封志完好无损，未经海关许可，不得开拆。

第十四条　海关可以对备案车辆实施卫星定位管理。

第十五条　运输企业应妥善保管海关核发的有关证、簿，不得转借、涂改、故意损毁。

第十六条　承运海关监管货物的车辆应按海关指定的路线和要求行驶，并在海关规定的时限内运抵目的地海关。不得擅自改变路线、在中途停留并装卸货物。

第十七条　遇特殊情况，车辆在运输途中出现故障，需换装其他运输工具时，应立即通知附近海关，在海关监管下换装，附近海关负责及时将换装情况通知货物出发地和目的地海关。

第十八条　海关监管货物在运输途中发生丢失、短少或损坏等情事的，除不可抗力外，运输企业应当承担相应的纳税义务及其他法律责任。

第四章　法律责任

第十九条　运输企业发生走私违规情事的，由海关按《中华人民共和国海关法》和《中华人民共和国海关行政处罚实施条例》的有关规定进行处罚。构成犯罪的，依法追究刑事责任。

第二十条　运输企业有下列情形之一的，由海关责令改正，可以给予警告：

（一）承运海关监管货物的车辆不按照海关指定的路线或范围行进的；

（二）承运海关监管货物的车辆到达或者驶离设立海关的地点，未按照规定向海关办理核销手续的；

（三）承运海关监管货物的车辆在运输途中出现故障，不能继续行驶，需换装其他运输工具时，不向附近海关或货物主管海关表明情况而无正当理由的；

（四）不按照规定接受海关对车辆及其所载货物进行查验的；

（五）更换车辆（车辆发动机、车牌号码），改装车厢、车体，未向海关重新办理备案手续的；

（六）运输企业出让其名义供他人承运海关监管货物的。

第二十一条 运输企业有下列情形之一的，可以给予警告、暂停其 6 个月以内从事有关业务：

（一）有走私行为的；

（二）1 年内有 3 次以上重大违反海关监管规定行为的；

（三）管理不善致使保管的海关监管货物多次发生损坏或者丢失的；

（四）未经海关许可，擅自开启或损毁海关加施于车辆的封志的；

（五）未经海关许可，对所承运的海关监管货物进行开拆、调换、改装、留置、转让、更换标志、移作他用或进行其他处理的；

（六）有其他需要暂停从事有关业务情形的。

第二十二条 运输企业有下列情形之一的，海关可以注销其备案：

（一）构成走私犯罪被司法机关依法处理的；

（二）1 年内有 2 次以上走私行为的；

（三）因违反规定被海关暂停从事有关业务，恢复从事有关业务后 1 年内再次发生违反本办法规定的暂停从事有关业务情形的；

（四）其他需要注销备案的情形。

第二十三条 运输企业备案有效期届满未续展的，海关应当依照有关规定办理注销手续。

第二十四条 运输企业被工商行政管理部门吊销营业执照或被交通运输管理部门取消道路货物运输资格的，海关注销其备案。

第五章　附　则

第二十五条 生产型企业自有车辆，需承运本企业海关监管货物的，按照本办法管理。

第二十六条 承运过境货物境内段公路运输的境内运输企业及其车辆，比照本办法管理。

第二十七条 本办法所规定的文书由海关总署另行制定并且发布。

第二十八条 本办法由海关总署负责解释。

第二十九条 本办法自 2005 年 1 月 1 日起实施。原《中华人民共和国海关关于在广东地区载运海关监管货物的境内汽车运输企业及其车辆的管理办法》（署监〔2001〕19 号）、《中华人民共和国海关对境内汽车载运海关监管货物的管理办法》（〔1989〕署货字第 950 号）、《中华人民共和国海关总署关于对〈中华人民共和国海关对境内汽车载运海关监管货物的管理办法〉适用范围问题的批复》（署监一〔1990〕958 号）和《关于转发〈来往港澳货运汽车分流管理工作会议纪要〉的通知》（〔1990〕署监一第 345 号）同时废止。

国际航行船舶出入境检验检疫管理办法

（质检总局令第 38 号）

发布日期：2002-12-31
实施日期：2023-04-15
法规类型：部门规章

（根据 2018 年 3 月 6 日国家质量监督检验检疫总局令第 196 号《国家质量监督检验检疫总局关于废止和修改部分规章的决定》第一次修正；根据 2018 年 4 月 28 日海关总署令第 238 号《海关总署关于修改部分规章的决定》第二次修正；根据 2018 年 5 月 29 日海关总署令第 240 号《海关总署关于修改部分规章的决定》第三次修正；根据 2023 年 3 月 9 日海关总署令第 262 号《海关总署关于修改部分规章的决定》第四次修正）

第一章　总　则

第一条　为加强国际航行船舶出入境检验检疫管理，便利国际航行船舶进出我国口岸，根据《中华人民共和国国境卫生检疫法》及其实施细则、《中华人民共和国进出境动植物检疫法》及其实施条例、《中华人民共和国进出口商品检验法》及其实施条例以及《国际航行船舶进出中华人民共和国口岸检查办法》的规定，制定本办法。

第二条　本办法所称国际航行船舶（以下简称船舶）是指进出中华人民共和国国境口岸的外国籍船舶和航行国际航线的中华人民共和国国籍船舶。

第三条　海关总署主管船舶进出中华人民共和国国境口岸（以下简称口岸）的检验检疫工作。主管海关负责所辖地区的船舶进出口岸的检验检疫和监督管理工作。

第四条　国际航行船舶进出口岸应当按照本办法规定实施检验检疫。

第二章　入境检验检疫

第五条　入境的船舶必须在最先抵达口岸的指定地点接受检疫，办理入境检验检疫手续。

第六条　船方或者其代理人应当在船舶预计抵达口岸 24 小时前（航程不足 24 小时的，在驶离上一口岸时）向海关申报，填报入境检疫申报书。如船舶动态或者申报内容有变化，船方或者其代理人应当及时向海关更正。

第七条　受入境检疫的船舶，在航行中发现检疫传染病、疑似检疫传染病，或者有人非因意外伤害而死亡并死因不明的，船方必须立即向入境口岸海关报告。

第八条　海关对申报内容进行审核，确定以下检疫方式，并及时通知船方或者其代理人。

（一）锚地检疫；

（二）电讯检疫；

（三）靠泊检疫；

（四）随船检疫。

第九条　海关对存在下列情况之一的船舶应当实施锚地检疫：

（一）来自检疫传染病疫区的；

（二）来自动植物疫区，国家有明确要求的；

（三）有检疫传染病病人、疑似检疫传染病病人，或者有人非因意外伤害而死亡并死因不明的；

（四）装载的货物为活动物的；

（五）发现有啮齿动物异常死亡的；

（六）废旧船舶；

（七）未持有有效的《除鼠/免予除鼠证书》的；

（八）船方申请锚地检疫的；

（九）海关工作需要的。

第十条 持有我国海关签发的有效《交通工具卫生证书》，并且没有第九条所列情况的船舶，经船方或者其代理人申请，海关应当实施电讯检疫。

船舶在收到海关同意电讯检疫的批复后，即视为已实施电讯检疫。船方或者其代理人必须在船舶抵达口岸 24 小时内办理入境检验检疫手续。

第十一条 对未持有有效《交通工具卫生证书》，且没有第九条所列情况或者因天气、潮水等原因无法实施锚地检疫的船舶，经船方或者其代理人申请，海关可以实施靠泊检疫。

第十二条 海关对旅游船、军事船、要人访问所乘船舶等特殊船舶以及遇有特殊情况的船舶，如船上有病人需要救治、特殊物资急需装卸、船舶急需抢修等，经船方或者其代理人申请，可以实施随船检疫。

第十三条 接受入境检疫的船舶，必须按照规定悬挂检疫信号，在海关签发入境检疫证书或者通知检疫完毕以前不得解除检疫信号。除引航员和经海关许可的人员外，其他人员不准上船；不准装卸货物、行李、邮包等物品；其他船舶不准靠近；船上人员，除因船舶遇险外，未经海关许可，不得离船；检疫完毕之前，未经海关许可，引航员不得擅自将船舶引离检疫锚地。

第十四条 办理入境检验检疫手续时，船方或者其代理人应当向海关提交《航海健康申报书》《总申报单》《货物申报单》《船员名单》《旅客名单》《船用物品申报单》《压舱水报告单》及载货清单，并应检验检疫人员的要求提交《除鼠/免予除鼠证书》《交通工具卫生证书》《预防接种证书》《健康证书》以及《航海日志》等有关资料。

第十五条 海关实施登轮检疫时，应当在船方人员的陪同下，根据检验检疫工作规程实施检疫查验。

第十六条 海关对经检疫判定没有染疫的入境船舶，签发《船舶入境卫生检疫证》；对经检疫判定染疫、染疫嫌疑或者来自传染病疫区应当实施卫生除害处理的或者有其他限制事项的入境船舶，在实施相应的卫生除害处理或者注明应当接受的卫生除害处理事项后，签发《船舶入境检疫证》；对来自动植物疫区经检疫判定合格的船舶，应船舶负责人或者其代理人要求签发《运输工具检疫证书》；对须实施卫生除害处理的，应当向船方出具《检验检疫处理通知书》，并在处理合格后，应船方要求签发《运输工具检疫处理证书》。

第三章 出境检验检疫

第十七条 出境的船舶在离境口岸接受检验检疫，办理出境检验检疫手续。

第十八条 出境的船舶，船方或者其代理人应当在船舶离境前 4 小时内向海关申报，办理出境检验检疫手续。已办理手续但出现人员、货物的变化或者因其他特殊情况 24 小时内不能离境的，须重新办理手续。

船舶在口岸停留时间不足 24 小时的，经海关同意，船方或者其代理人在办理入境手续时，可以同时办理出境手续。

第十九条　对装运出口易腐烂变质食品、冷冻品的船舱，必须在装货前申请适载检验，取得检验证书。未经检验合格的，不准装运。

装载植物、动植物产品和其他检疫物出境的船舶，应当符合国家有关动植物防疫和检疫的规定，取得《运输工具检疫证书》。对需实施除害处理的，作除害处理并取得《运输工具检疫处理证书》后，方可装运。

第二十条　办理出境检验检疫手续时，船方或者其代理人应当向海关提交《航海健康申报书》《总申报单》《货物申报单》《船员名单》《旅客名单》及载货清单等有关资料（入境时已提交且无变动的可免于提供）。

第二十一条　经审核船方提交的出境检验检疫资料或者经登轮检验检疫，符合有关规定的，海关签发《交通工具出境卫生检疫证书》，并在船舶出口岸手续联系单上签注。

第四章　检疫处理

第二十二条　对有下列情况之一的船舶，应当实施卫生除害处理：

（一）来自检疫传染病疫区；

（二）被检疫传染病或者监测传染病污染的；

（三）发现有与人类健康有关的医学媒介生物，超过国家卫生标准的；

（四）发现有动物一类、二类传染病、寄生虫病或者植物危险性病、虫、杂草的或者一般性病虫害超过规定标准的；

（五）装载散装废旧物品或者腐败变质有碍公共卫生物品的；

（六）装载活动物入境和拟装运活动物出境的；

（七）携带尸体、棺柩、骸骨入境的；

（八）废旧船舶；

（九）海关总署要求实施卫生除害处理的其他船舶。

第二十三条　对船上的检疫传染病染疫人应当实施隔离，对染疫嫌疑人实施不超过该检疫传染病潜伏期的留验或者就地诊验。

第二十四条　对船上的染疫动物实施退回或者扑杀、销毁，对可能被传染的动物实施隔离。发现禁止进境的动植物、动植物产品和其他检疫物的，必须作封存或者销毁处理。

第二十五条　对来自疫区且国家明确规定应当实施卫生除害处理的压舱水需要排放的，应当在排放前实施相应的卫生除害处理。对船上的生活垃圾、泔水、动植物性废弃物，应当放置于密封有盖的容器中，在移下前应当实施必要的卫生除害处理。

第二十六条　对船上的伴侣动物，船方应当在指定区域隔离。确实需要带离船舶的伴侣动物、船用动植物及其产品，按照有关检疫规定办理。

第五章　监督管理

第二十七条　海关对航行或者停留于口岸的船舶实施监督管理，对卫生状况不良和可能导致传染病传播或者病虫害传播扩散的因素提出改进意见，并监督指导采取必要的检疫处理措施。

第二十八条　海关接受船方或者其代理人的申请，办理《除鼠/免予除鼠证书》（或者延期证书）、《交通工具卫生证书》等有关证书。

第二十九条　船舶在口岸停留期间，未经海关许可，不得擅自排放压舱水、移下垃圾和污物等，任何单位和个人不得擅自将船上自用的动植物、动植物产品及其他检疫物带离船舶。船舶在国内停留及航行期间，未经许可不得擅自启封动用海关在船上封存的物品。

第三十条　海关对船舶上的动植物性铺垫材料进行监督管理，未经海关许可不得装卸。

第三十一条　船舶应当具备并按规定使用消毒、除虫、除鼠药械及装置。

第三十二条 来自国内疫区的船舶，或者在国内航行中发现检疫传染病、疑似检疫传染病，或者有人非因意外伤害而死亡并死因不明的，船舶负责人应当向到达口岸海关报告，接受临时检疫。

第三十三条 海关对从事船舶食品、饮用水供应的单位以及从事船舶进出境动植物检疫除害处理的单位实行许可管理；对从事船舶代理、船舶物料服务的单位实行备案管理。

第六章　附　则

第三十四条 航行港澳小型船舶的检验检疫按照海关总署的有关规定执行。

第三十五条 往来边境地区的小型船舶、停靠非对外开放口岸的船舶以及国际海运过鲜船舶的检验检疫参照本办法执行。

第三十六条 违反本办法规定的，按照国家有关法律法规的规定处罚。

第三十七条 本办法由海关总署负责解释。

第三十八条 本办法自 2003 年 3 月 1 日起施行。原国家动植物检疫局 1995 年 5 月 8 日发布的《国际航行船舶进出中华人民共和国口岸动植物检疫实施办法》（试行）和原国家商品检验局 1994 年 12 月 29 日发布的《装运出口商品船舱检验管理办法》同时废止。其他有关规定与本办法不一致的，以本办法为准。

中华人民共和国海关对国际航行船舶船员自用和船舶备用烟、酒的管理规定

（海关总署令第 2 号）

发布日期：1988-10-27
实施日期：1988-12-01
法规类型：部门规章

第一条 为加强海关对进出境国际航行船舶船员自用和船舶备用烟、酒的管理，照顾船员和船舶的合理需要，根据《中华人民共和国海关法》，制定本规定。

第二条 国际航行船舶（以下简称船舶）进境时船舶负责人应在《船员自用和船舶备用物品、货币、金银清单》（见附件一）中如实填写烟、酒的类别、数量，向海关申报。

第三条 船舶每航次挂港期间，从进境之日起，在港停留每十天准予船舶外留备用香烟三千支、酒五瓶；准予每一外籍船员外留自用香烟四百支、酒一瓶（不含啤酒类饮料）。外籍船员携带上岸的烟、酒每次不得超过香烟四十支、酒一瓶，累计总数不得超出上述本人外留数量。中国籍船员按照《海关对我国际运输工具服务人员进出境行李物品的管理规定》规定的限量予以外留，并必须经海关办理征免税手续后，方准携带上岸。

第四条 不属本规定第三条核准外留的烟、酒，应全部集中储存，由船舶负责人在《船员自用和船舶备用烟、酒加封清单》（见附件二）上列明，向海关申报。海关在清单上签注，并对烟、酒实施加封。船舶负责人有责任为海关加封烟、酒提供方便。

第五条 因特殊原因，船员、船舶外留的烟、酒不敷实际需要的，可由船舶负责人向海关提出书面申请，经海关审核批准后，在海关监管下启封及重封，并在《船员自用和船舶备用烟、酒加封清单》上相应变更封存烟、酒的数量。

第六条 船舶之间互相调拨的烟、酒，应当由船舶负责人或其代理人开列清单，报经海关核准后，在海关监管下办理调拨及重封手续，海关在《船员自用和船舶备用烟、酒加封清单》上签注。

第七条 船舶在我港口免税店购买的烟、酒，应在送货上船前由船舶负责人持免税店发票清单向海关申报，办理加封手续。海关变更《船员自用和船舶备用烟、酒加封清单》中关于烟、酒的封存数量。

第八条 开往我境内下一个口岸的船舶，其加封的烟、酒不得擅自启封，由本口岸海关将《船员自用和船舶备用烟、酒加封清单》作关封由船舶负责人负责带交下一口岸海关。由下一口岸海关依照本规定继续监管。直赴境外港口的船舶，结关离境后可自行启封。

第九条 对我兼营国际运输的船舶，在经营国际航运期间，海关按本规定对烟、酒加封留存；在改营国内运输期间，海关按《中华人民共和国海关对我国兼营国内运输船舶的监管规定》办理。

第十条 对违反本规定的行为，海关依据《中华人民共和国海关法》及有关法规进行处理。

第十一条 本规定自一九八八年十二月一日起实施。

附件一 船员自用和船舶备用物品、货币、金银清单（略）

附件二 船员自用和船舶备用烟、酒加封清单（略）

交通运输部 外交部 国家卫生健康委 海关总署 国家移民管理局 关于调整国际转国内航线船舶疫情防控工作有关事项的通知

（交水明电〔2022〕198号）

发布日期：2022-07-01

实施日期：2022-07-01

法规类型：规范性文件

国际货运各省、自治区、直辖市、新疆生产建设兵团交通运输厅（局、委）、外事办、卫生健康委，海关总署广东分署、各直属海关，各出入境边防检查总站，各直属海事局：

为深入贯彻落实党中央、国务院关于科学精准做好新冠肺炎疫情防控工作的决策部署，全面落实"外防输入、内防反弹"总策略和"动态清零"总方针，筑牢境外疫情输入防线，最大限度统筹疫情防控和经济社会发展，根据《新型冠状病毒肺炎防控方案（第九版）》要求，现就调整国际转国内航线船舶疫情防控工作有关事项通知如下：

一、拟转入国内航线营运的国际航行船舶，应当自抵达境内入境口岸后的7天内开展5次核酸检测（其中第1天由海关对船员进行核酸检测；第2、3、5、7天由入境口岸所在地联防联控机制明确的检测单位对船员进行核酸检测，其所需费用可由船方承担），采集口咽拭子，5次核酸检测结果均为阴性的，由海关按规定办理改营手续，并通报给入境口岸所在地联防联控机制。船员核酸检测为阳性的，按照疫情防控期间针对伤病船员紧急救助处置的相关文件执行。

二、加强船员换班管理及疫苗接种。拟转入国内航线营运的国际航行船舶，如需进行船员换班，应当在入境口岸按照当地国际船员换班有关规定进行。国际航行船舶办理改营手续后，船舶所属航运企业继续对全体船员进行3天的健康监测，发现船员健康情况有异常的，应及时报告船舶靠泊地联防联控机制（航行途中报告下一靠泊地联防联控机制）。3天健康监测期间船员不得离船，并严格做好个人健康防护，确有特殊情况需要离船的，应报当地联防联控机制同意，并按当地疫情防控措施执行。经3天健康监测无异常且第3天核酸检测（采集口咽拭子）为阴性的，报当地联防联控机制同意后，按国内航行船舶船员进行换班。船舶转入国内航线营运后，航运公司要按照相关规定加快推进船员疫苗接种，尽快做到"应接尽接"。

三、加强国际转国内航线船舶生活垃圾、生活污水管理。拟转入国内航线营运的国际航行船舶产生的生活垃圾、生活污水应当在入境口岸接收上岸后，方可转入国内航线运营。要落实国务院联防联控机制通知要求，由当地联防联控机制对入境的国际航行船舶产生的生活垃圾、生活污水进行接收，并依据医疗废物管理有关规定开展分类收运处置。

四、从事内地与港澳、大陆与台湾航线营运的船舶原则上参照国际航行船舶疫情防控要求执行。当地联防联控机制另有规定的，从其规定。

五、请所在地交通运输主管部门将本通知精神传达至辖区内各航运企业、港口经营人。此前发布的有关国际航线转国内航线营运船舶疫情防控要求与本通知不一致的，按本通知要求执行。

关于明确来往香港、澳门小型船舶监管有关事项的公告

（海关总署公告2020年第139号）

发布日期：2020-12-30
实施日期：2020-12-30
法规类型：规范性文件

为进一步加强和规范海关对来往香港、澳门小型船舶（以下简称"小型船舶"）的监管，现对有关事项公告如下：

一、本公告所称小型船舶，是指经交通运输部或者其授权部门批准，专门来往于内地和香港、澳门之间，在境内注册从事货物运输的机动或者非机动船舶。

二、海关在珠江口大铲岛、珠海湾仔、珠江口外桂山岛、香港以东大三门岛，设有小型船舶海关中途监管站（以下简称"中途监管站"），负责小型船舶中途监管。

三、除来往于香港与深圳赤湾、蛇口、妈湾、盐田港、大铲湾的小型船舶外，其余小型船舶进出境时，应当接受指定中途监管站的中途监管和登临检查。

（一）来往于香港、澳门与珠江水域的小型船舶，由大铲岛中途监管站负责；

（二）来往于香港、澳门与磨刀门水道的小型船舶，由湾仔中途监管站负责；

（三）来往于香港、澳门与珠江口、磨刀门水道以西，广东、广西、海南沿海各港口的小型船舶，由桂山岛中途监管站负责；

（四）来往于香港、澳门与珠江口以东，广东、福建及以北沿海各港口的小型船舶，由大三门岛中途监管站负责；

（五）来往于澳门与深圳赤湾、蛇口、妈湾、盐田港、大铲湾的小型船舶，由湾仔中途监管站负责。

四、小型船舶在香港、澳门装配机器零件或者添装船用燃料、物料和公用物品，应当按照有关规定办理进口手续。

五、小型船舶不得同船装载进出口货物与非进出口货物。

六、中途监管站可对进境小型船舶所载货物、舱室施加封志，必要时可派员随小型船舶监管至目的港，船舶负责人或者其代理人应当提供便利。

七、小型船舶其他进出境手续按照《中华人民共和国海关进出境运输工具监管办法》以及相关水运运输工具监管规定办理。

本公告自发布之日起实施。

特此公告。

关于进一步推进运输工具进出境监管作业无纸化的公告

（海关总署公告2020年第91号）

发布日期：2020-08-11
实施日期：2020-12-01
法规类型：规范性文件

为贯彻落实"放管服"改革要求、优化口岸营商环境、促进物流便利化，海关总署决定进一步推进运输工具进出境监管领域作业无纸化，进出境运输工具负责人、进出境运输工具服务企业可向海关提交电子数据办理相关手续。现将有关事项公告如下：

一、备案及相关手续

进出境运输工具负责人、进出境运输工具服务企业办理相关企业及运输工具备案、备案变更、备案撤（注）销手续，以及来往港澳公路货运企业及公路车辆年审、验车手续的，可向海关提交电子数据办理相关手续，无需提交备案登记表、备案变更表、年审报告书、验车记录表、临时进境验车申报表等纸质单证资料及相关随附单证。

海关以电子方式向进出境运输工具负责人、进出境运输工具服务企业反馈办理结果，不再核发《船舶进出境（港）海关监管簿》《中国籍兼营船舶海关监管签证簿》《来往港澳小型船舶登记备案证书》《来往港澳小型船舶进出境（港）海关监管簿》《来往香港/澳门货运企业备案登记证》《来往香港/澳门车辆进出境签证簿》等纸质证簿。

二、进出境相关手续

进出境运输工具负责人、进出境运输工具服务企业办理进出境、境内续驶手续，以及物料添加/起卸/调拨、沿海空箱调运、兼营运输工具改营、运输工具结关等手续的，可向海关提交电子数据办理相关手续，无需提交纸质单证资料及相关随附单证，无需交验纸质证簿。其中：

（一）进出境运输工具负责人办理境内续驶手续的，海关以电子方式反馈相关手续办理结果，不再制发纸质关封。

（二）进出境运输工具须实施登临检查的，海关以电子方式向运输工具负责人发送运输工具登临检查通知。

三、其他事宜

因海关监管需要，或者因系统故障等原因无法正常传输相关电子数据的，进出境运输工具负责人、进出境运输工具服务企业应提供纸质单证资料。

本公告自 2020 年 12 月 1 日起施行。

特此公告。

关于复制推广国际航行船舶供水"开放式申报+验证式监管"工作模式的公告

（海关总署公告 2019 年第 9 号）

发布日期：2019-01-04

实施日期：2019-01-04

法规类型：规范性文件

为贯彻落实《国务院关于做好自由贸易试验区第四批改革试点经验复制推广工作的通知》（国发〔2018〕12 号）精神，在全国复制推广国际航行船舶供水"开放式申报+验证式监管"工作模式，现将有关事项公告如下：

一、国际航行船舶饮用水供应单位（以下简称供水单位）对其向国际航行船舶供应的饮用水的卫生安全负责，为饮用水卫生安全的第一责任人。

供水单位应当依照法律、行政法规和饮用水卫生标准从事生产经营活动，保证饮用水安全，诚信自律，对社会和公众负责，接受社会监督，承担社会责任。

二、海关对船舶供水单位开展风险分析评估，根据风险分析评估结果，允许符合下列要求的企业实行开放式申报。

（一）取得《中华人民共和国国境口岸卫生许可证》，并通过运输工具查检合一系统备案的；

（二）水源来自市政管网，或符合《二次供水设施卫生规范》（GB17051）要求的二次供水，其水质符合《生活饮用水卫生标准》（GB5749）要求的；

（三）企业信用良好，无失信、造假记录；

（四）管理制度完善，人员培训到位，现场操作规范；

（五）涉水设备符合水质安全要求；

（六）口岸供水点和船舶供水口的末梢水，近一年内至少有 1 次水厂出具的水质检测报告，结果应符合生活饮用水标准，供水管道、供水点不得检出军团菌；

（七）口岸供水点出水口应具备病媒生物无法藏匿和孳生、污水无法积存的条件；

（八）卫生许可审查和日常卫生监督检查均为良好的；

（九）向海关提交饮用水安全承诺书。

三、已获得卫生许可但不符合本公告第二款规定的供水单位，按照《国境口岸食品卫生监督管理规定》的要求进行申报。

四、国际航行船舶选择实行开放式申报的供水单位进行供水的，可以通过电话、"互联网+"等便捷途径向海关进行供水申报，在离港时再提交材料。

五、实行开放式申报的供水单位在向国际航行船舶供水前免予向海关申报。

六、海关在日常监管中发现实行开放式申报单位存在下列情况的，暂停开放式申报资格。

（一）发现饮用水供应存在卫生安全隐患的；

（二）发生危及或可能危及饮用水卫生安全的突发事件。

上述问题经海关认可得到有效整改后，可重新取得开放式申报资格。

七、供水单位应持证合法经营，建立和落实供水安全管理制度，制定食品安全事故处置方案，确保供水安全。

八、供水单位、国际航行船舶发现饮用水污染或不符合饮用水卫生标准危及人体健康的，应立即停止使用，并向海关报告，采取有效措施，按照食品安全事故处置方案科学规范有效处置。

九、供水单位应严格按照操作规程对国际航行船舶进行供水，开展水质快速检测，做好供水记录，相关记录保存至少三年。

十、供水单位应建立供水台账，定期向海关报备。

十一、往来港澳台船舶供水参照上述规定执行。

本公告自发布之日起实施。

特此公告。

知识产权篇

中华人民共和国著作权法

（主席令第31号）

发布日期：1990-09-07
实施日期：2021-06-01
法规类型：法律

（根据 2001 年 10 月 27 日第九届全国人民代表大会常务委员会第二十四次会议《关于修改〈中华人民共和国著作权法〉的决定》第一次修正；根据 2010 年 2 月 26 日第十一届全国人民代表大会常务委员会第十三次会议《关于修改〈中华人民共和国著作权法〉的决定》第二次修正；根据 2020 年 11 月 11 日第十三届全国人民代表大会常务委员会第二十三次会议《关于修改〈中华人民共和国著作权法〉的决定》第三次修正）

第一章　总　则

第一条　为保护文学、艺术和科学作品作者的著作权，以及与著作权有关的权益，鼓励有益于社会主义精神文明、物质文明建设的作品的创作和传播，促进社会主义文化和科学事业的发展与繁荣，根据宪法制定本法。

第二条　中国公民、法人或者非法人组织的作品，不论是否发表，依照本法享有著作权。

外国人、无国籍人的作品根据其作者所属国或者经常居住地国同中国签订的协议或者共同参加的国际条约享有的著作权，受本法保护。

外国人、无国籍人的作品首先在中国境内出版的，依照本法享有著作权。

未与中国签订协议或者共同参加国际条约的国家的作者以及无国籍人的作品首次在中国参加的国际条约的成员国出版的，或者在成员国和非成员国同时出版的，受本法保护。

第三条　本法所称的作品，是指文学、艺术和科学领域内具有独创性并能以一定形式表现的智力成果，包括：

（一）文字作品；

（二）口述作品；

（三）音乐、戏剧、曲艺、舞蹈、杂技艺术作品；

（四）美术、建筑作品；

（五）摄影作品；

（六）视听作品；

（七）工程设计图、产品设计图、地图、示意图等图形作品和模型作品；

（八）计算机软件；

（九）符合作品特征的其他智力成果。

第四条　著作权人和与著作权有关的权利人行使权利，不得违反宪法和法律，不得损害公共利益。国家对作品的出版、传播依法进行监督管理。

第五条　本法不适用于：

（一）法律、法规，国家机关的决议、决定、命令和其他具有立法、行政、司法性质的文件，及其官方正式译文；

（二）单纯事实消息；

（三）历法、通用数表、通用表格和公式。

第六条 民间文学艺术作品的著作权保护办法由国务院另行规定。

第七条 国家著作权主管部门负责全国的著作权管理工作；县级以上地方主管著作权的部门负责本行政区域的著作权管理工作。

第八条 著作权人和与著作权有关的权利人可以授权著作权集体管理组织行使著作权或者与著作权有关的权利。依法设立的著作权集体管理组织是非营利法人，被授权后可以以自己的名义为著作权人和与著作权有关的权利人主张权利，并可以作为当事人进行涉及著作权或者与著作权有关的权利的诉讼、仲裁、调解活动。

著作权集体管理组织根据授权向使用者收取使用费。使用费的收取标准由著作权集体管理组织和使用者代表协商确定，协商不成的，可以向国家著作权主管部门申请裁决，对裁决不服的，可以向人民法院提起诉讼；当事人也可以直接向人民法院提起诉讼。

著作权集体管理组织应当将使用费的收取和转付、管理费的提取和使用、使用费的未分配部分等总体情况定期向社会公布，并应当建立权利信息查询系统，供权利人和使用者查询。国家著作权主管部门应当依法对著作权集体管理组织进行监督、管理。

著作权集体管理组织的设立方式、权利义务、使用费的收取和分配，以及对其监督和管理等由国务院另行规定。

第二章　著作权

第一节　著作权人及其权利

第九条 著作权人包括：

（一）作者；

（二）其他依照本法享有著作权的自然人、法人或者非法人组织。

第十条 著作权包括下列人身权和财产权：

（一）发表权，即决定作品是否公之于众的权利；

（二）署名权，即表明作者身份，在作品上署名的权利；

（三）修改权，即修改或者授权他人修改作品的权利；

（四）保护作品完整权，即保护作品不受歪曲、篡改的权利；

（五）复制权，即以印刷、复印、拓印、录音、录像、翻录、翻拍、数字化等方式将作品制作一份或者多份的权利；

（六）发行权，即以出售或者赠与方式向公众提供作品的原件或者复制件的权利；

（七）出租权，即有偿许可他人临时使用视听作品、计算机软件的原件或者复制件的权利，计算机软件不是出租的主要标的的除外；

（八）展览权，即公开陈列美术作品、摄影作品的原件或者复制件的权利；

（九）表演权，即公开表演作品，以及用各种手段公开播送作品的表演的权利；

（十）放映权，即通过放映机、幻灯机等技术设备公开再现美术、摄影、视听作品等的权利；

（十一）广播权，即以有线或者无线方式公开传播或者转播作品，以及通过扩音器或者其他传送符号、声音、图像的类似工具向公众传播广播的作品的权利，但不包括本款第十二项规定的权利；

（十二）信息网络传播权，即以有线或者无线方式向公众提供，使公众可以在其选定的时间和地点获得作品的权利；

（十三）摄制权，即以摄制视听作品的方法将作品固定在载体上的权利；

（十四）改编权，即改变作品，创作出具有独创性的新作品的权利；

（十五）翻译权，即将作品从一种语言文字转换成另一种语言文字的权利；

（十六）汇编权，即将作品或者作品的片段通过选择或者编排，汇集成新作品的权利；

（十七）应当由著作权人享有的其他权利。

著作权人可以许可他人行使前款第五项至第十七项规定的权利，并依照约定或者本法有关规定获得报酬。

著作权人可以全部或者部分转让本条第一款第五项至第十七项规定的权利，并依照约定或者本法有关规定获得报酬。

第二节　著作权归属

第十一条　著作权属于作者，本法另有规定的除外。

创作作品的自然人是作者。

由法人或者非法人组织主持，代表法人或者非法人组织意志创作，并由法人或者非法人组织承担责任的作品，法人或者非法人组织视为作者。

第十二条　在作品上署名的自然人、法人或者非法人组织为作者，且该作品上存在相应权利，但有相反证明的除外。

作者等著作权人可以向国家著作权主管部门认定的登记机构办理作品登记。

与著作权有关的权利参照适用前两款规定。

第十三条　改编、翻译、注释、整理已有作品而产生的作品，其著作权由改编、翻译、注释、整理人享有，但行使著作权时不得侵犯原作品的著作权。

第十四条　两人以上合作创作的作品，著作权由合作作者共同享有。没有参加创作的人，不能成为合作作者。

合作作品的著作权由合作作者通过协商一致行使；不能协商一致，又无正当理由的，任何一方不得阻止他方行使除转让、许可他人专有使用、出质以外的其他权利，但是所得收益应当合理分配给所有合作作者。

合作作品可以分割使用的，作者对各自创作的部分可以单独享有著作权，但行使著作权时不得侵犯合作作品整体的著作权。

第十五条　汇编若干作品、作品的片段或者不构成作品的数据或者其他材料，对其内容的选择或者编排体现独创性的作品，为汇编作品，其著作权由汇编人享有，但行使著作权时，不得侵犯原作品的著作权。

第十六条　使用改编、翻译、注释、整理、汇编已有作品而产生的作品进行出版、演出和制作录音录像制品，应当取得该作品的著作权人和原作品的著作权人许可，并支付报酬。

第十七条　视听作品中的电影作品、电视剧作品的著作权由制作者享有，但编剧、导演、摄影、作词、作曲等作者享有署名权，并有权按照与制作者签订的合同获得报酬。

前款规定以外的视听作品的著作权归属由当事人约定；没有约定或者约定不明确的，由制作者享有，但作者享有署名权和获得报酬的权利。

视听作品中的剧本、音乐等可以单独使用的作品的作者有权单独行使其著作权。

第十八条　自然人为完成法人或者非法人组织工作任务所创作的作品是职务作品，除本条第二款的规定以外，著作权由作者享有，但法人或者非法人组织有权在其业务范围内优先使用。作品完成两年内，未经单位同意，作者不得许可第三人以与单位使用的相同方式使用该作品。

有下列情形之一的职务作品，作者享有署名权，著作权的其他权利由法人或者非法人组织享有，法人或者非法人组织可以给予作者奖励：

（一）主要是利用法人或者非法人组织的物质技术条件创作，并由法人或者非法人组织承担责任的工程设计图、产品设计图、地图、示意图、计算机软件等职务作品；

（二）报社、期刊社、通讯社、广播电台、电视台的工作人员创作的职务作品；

（三）法律、行政法规规定或者合同约定著作权由法人或者非法人组织享有的职务作品。

第十九条 受委托创作的作品，著作权的归属由委托人和受托人通过合同约定。合同未作明确约定或者没有订立合同的，著作权属于受托人。

第二十条 作品原件所有权的转移，不改变作品著作权的归属，但美术、摄影作品原件的展览权由原件所有人享有。

作者将未发表的美术、摄影作品的原件所有权转让给他人，受让人展览该原件不构成对作者发表权的侵犯。

第二十一条 著作权属于自然人的，自然人死亡后，其本法第十条第一款第五项至第十七项规定的权利在本法规定的保护期内，依法转移。

著作权属于法人或者非法人组织的，法人或者非法人组织变更、终止后，其本法第十条第一款第五项至第十七项规定的权利在本法规定的保护期内，由承受其权利义务的法人或者非法人组织享有；没有承受其权利义务的法人或者非法人组织的，由国家享有。

第三节 权利的保护期

第二十二条 作者的署名权、修改权、保护作品完整权的保护期不受限制。

第二十三条 自然人的作品，其发表权、本法第十条第一款第五项至第十七项规定的权利的保护期为作者终生及其死亡后五十年，截止于作者死亡后第五十年的 12 月 31 日；如果是合作作品，截止于最后死亡的作者死亡后第五十年的 12 月 31 日。

法人或者非法人组织的作品、著作权（署名权除外）由法人或者非法人组织享有的职务作品，其发表权的保护期为五十年，截止于作品创作完成后第五十年的 12 月 31 日；本法第十条第一款第五项至第十七项规定的权利的保护期为五十年，截止于作品首次发表后第五十年的 12 月 31 日，但作品自创作完成后五十年内未发表的，本法不再保护。

视听作品，其发表权的保护期为五十年，截止于作品创作完成后第五十年的 12 月 31 日；本法第十条第一款第五项至第十七项规定的权利的保护期为五十年，截止于作品首次发表后第五十年的 12 月 31 日，但作品自创作完成后五十年内未发表的，本法不再保护。

第四节 权利的限制

第二十四条 在下列情况下使用作品，可以不经著作权人许可，不向其支付报酬，但应当指明作者姓名或者名称、作品名称，并且不得影响该作品的正常使用，也不得不合理地损害著作权人的合法权益：

（一）为个人学习、研究或者欣赏，使用他人已经发表的作品；

（二）为介绍、评论某一作品或者说明某一问题，在作品中适当引用他人已经发表的作品；

（三）为报道新闻，在报纸、期刊、广播电台、电视台等媒体中不可避免地再现或者引用已经发表的作品；

（四）报纸、期刊、广播电台、电视台等媒体刊登或者播放其他报纸、期刊、广播电台、电视台等媒体已经发表的关于政治、经济、宗教问题的时事性文章，但著作权人声明不许刊登、播放的除外；

（五）报纸、期刊、广播电台、电视台等媒体刊登或者播放在公众集会上发表的讲话，但作者声明不许刊登、播放的除外；

（六）为学校课堂教学或者科学研究，翻译、改编、汇编、播放或者少量复制已经发表的作品，供教学或科研人员使用，但不得出版发行；

（七）国家机关为执行公务在合理范围内使用已经发表的作品；

（八）图书馆、档案馆、纪念馆、博物馆、美术馆、文化馆等为陈列或者保存版本的需要，复制本馆收藏的作品；

（九）免费表演已经发表的作品，该表演未向公众收取费用，也未向表演者支付报酬，且不以营利为目的；

（十）对设置或者陈列在公共场所的艺术作品进行临摹、绘画、摄影、录像；

（十一）将中国公民、法人或者非法人组织已经发表的以国家通用语言文字创作的作品翻译成少数民族语言文字作品在国内出版发行；

（十二）以阅读障碍者能够感知的无障碍方式向其提供已经发表的作品；

（十三）法律、行政法规规定的其他情形。

前款规定适用于对与著作权有关的权利的限制。

第二十五条 为实施义务教育和国家教育规划而编写出版教科书，可以不经著作权人许可，在教科书中汇编已经发表的作品片段或者短小的文字作品、音乐作品或者单幅的美术作品、摄影作品、图形作品，但应当按照规定向著作权人支付报酬，指明作者姓名或者名称、作品名称，并且不得侵犯著作权人依照本法享有的其他权利。

前款规定适用于对与著作权有关的权利的限制。

第三章　著作权许可使用和转让合同

第二十六条 使用他人作品应当同著作权人订立许可使用合同，本法规定可以不经许可的除外。

许可使用合同包括下列主要内容：

（一）许可使用的权利种类；

（二）许可使用的权利是专有使用权或者非专有使用权；

（三）许可使用的地域范围、期间；

（四）付酬标准和办法；

（五）违约责任；

（六）双方认为需要约定的其他内容。

第二十七条 转让本法第十条第一款第五项至第十七项规定的权利，应当订立书面合同。

权利转让合同包括下列主要内容：

（一）作品的名称；

（二）转让的权利种类、地域范围；

（三）转让价金；

（四）交付转让价金的日期和方式；

（五）违约责任；

（六）双方认为需要约定的其他内容。

第二十八条 以著作权中的财产权出质的，由出质人和质权人依法办理出质登记。

第二十九条 许可使用合同和转让合同中著作权人未明确许可、转让的权利，未经著作权人同意，另一方当事人不得行使。

第三十条 使用作品的付酬标准可以由当事人约定，也可以按照国家著作权主管部门会同有关部门制定的付酬标准支付报酬。当事人约定不明确的，按照国家著作权主管部门会同有关部门制定的付酬标准支付报酬。

第三十一条 出版者、表演者、录音录像制作者、广播电台、电视台等依照本法有关规定使用他人作品的，不得侵犯作者的署名权、修改权、保护作品完整权和获得报酬的权利。

第四章 与著作权有关的权利

第一节 图书、报刊的出版

第三十二条 图书出版者出版图书应当和著作权人订立出版合同，并支付报酬。

第三十三条 图书出版者对著作权人交付出版的作品，按照合同约定享有的专有出版权受法律保护，他人不得出版该作品。

第三十四条 著作权人应当按照合同约定期限交付作品。图书出版者应当按照合同约定的出版质量、期限出版图书。

图书出版者不按照合同约定期限出版，应当依照本法第六十一条的规定承担民事责任。

图书出版者重印、再版作品的，应当通知著作权人，并支付报酬。图书脱销后，图书出版者拒绝重印、再版的，著作权人有权终止合同。

第三十五条 著作权人向报社、期刊社投稿的，自稿件发出之日起十五日内未收到报社通知决定刊登的，或者自稿件发出之日起三十日内未收到期刊社通知决定刊登的，可以将同一作品向其他报社、期刊社投稿。双方另有约定的除外。

作品刊登后，除著作权人声明不得转载、摘编的外，其他报刊可以转载或者作为文摘、资料刊登，但应当按照规定向著作权人支付报酬。

第三十六条 图书出版者经作者许可，可以对作品修改、删节。

报社、期刊社可以对作品作文字性修改、删节。对内容的修改，应当经作者许可。

第三十七条 出版者有权许可或者禁止他人使用其出版的图书、期刊的版式设计。

前款规定的权利的保护期为十年，截止于使用该版式设计的图书、期刊首次出版后第十年的 12 月 31 日。

第二节 表 演

第三十八条 使用他人作品演出，表演者应当取得著作权人许可，并支付报酬。演出组织者组织演出，由该组织者取得著作权人许可，并支付报酬。

第三十九条 表演者对其表演享有下列权利：

（一）表明表演者身份；

（二）保护表演形象不受歪曲；

（三）许可他人从现场直播和公开传送其现场表演，并获得报酬；

（四）许可他人录音录像，并获得报酬；

（五）许可他人复制、发行、出租录有其表演的录音录像制品，并获得报酬；

（六）许可他人通过信息网络向公众传播其表演，并获得报酬。

被许可人以前款第三项至第六项规定的方式使用作品，还应当取得著作权人许可，并支付报酬。

第四十条 演员为完成本演出单位的演出任务进行的表演为职务表演，演员享有表明身份和保护表演形象不受歪曲的权利，其他权利归属由当事人约定。当事人没有约定或者约定不明确的，职务表演的权利由演出单位享有。

职务表演的权利由演员享有的，演出单位可以在其业务范围内免费使用该表演。

第四十一条 本法第三十九条第一款第一项、第二项规定的权利的保护期不受限制。

本法第三十九条第一款第三项至第三项规定的权利的保护期为五十年，截止于该表演发生后第五十年的 12 月 31 日。

第三节 录音录像

第四十二条 录音录像制作者使用他人作品制作录音录像制品，应当取得著作权人许可，并支付报酬。

录音制作者使用他人已经合法录制为录音制品的音乐作品制作录音制品，可以不经著作权人许可，但应当按照规定支付报酬；著作权人声明不许使用的不得使用。

第四十三条 录音录像制作者制作录音录像制品，应当同表演者订立合同，并支付报酬。

第四十四条 录音录像制作者对其制作的录音录像制品，享有许可他人复制、发行、出租、通过信息网络向公众传播并获得报酬的权利；权利的保护期为五十年，截止于该制品首次制作完成后第五十年的 12 月 31 日。

被许可人复制、发行、通过信息网络向公众传播录音录像制品，应当同时取得著作权人、表演者许可，并支付报酬；被许可人出租录音录像制品，还应当取得表演者许可，并支付报酬。

第四十五条 将录音制品用于有线或者无线公开传播，或者通过传送声音的技术设备向公众公开播送的，应当向录音制作者支付报酬。

第四节 广播电台、电视台播放

第四十六条 广播电台、电视台播放他人未发表的作品，应当取得著作权人许可，并支付报酬。

广播电台、电视台播放他人已发表的作品，可以不经著作权人许可，但应当按照规定支付报酬。

第四十七条 广播电台、电视台有权禁止未经其许可的下列行为：

（一）将其播放的广播、电视以有线或者无线方式转播；

（二）将其播放的广播、电视录制以及复制；

（三）将其播放的广播、电视通过信息网络向公众传播。

广播电台、电视台行使前款规定的权利，不得影响、限制或者侵害他人行使著作权或者与著作权有关的权利。

本条第一款规定的权利的保护期为五十年，截止于该广播、电视首次播放后第五十年的 12 月 31 日。

第四十八条 电视台播放他人的视听作品、录像制品，应当取得视听作品著作权人或者录像制作者许可，并支付报酬；播放他人的录像制品，还应当取得著作权人许可，并支付报酬。

第五章 著作权和与著作权有关的权利的保护

第四十九条 为保护著作权和与著作权有关的权利，权利人可以采取技术措施。

未经权利人许可，任何组织或者个人不得故意避开或者破坏技术措施，不得以避开或者破坏技术措施为目的制造、进口或者向公众提供有关装置或者部件，不得故意为他人避开或者破坏技术措施提供技术服务。但是，法律、行政法规规定可以避开的情形除外。

本法所称的技术措施，是指用于防止、限制未经权利人许可浏览、欣赏作品、表演、录音录像制品或者通过信息网络向公众提供作品、表演、录音录像制品的有效技术、装置或者部件。

第五十条 下列情形可以避开技术措施，但不得向他人提供避开技术措施的技术、装置或者部件，不得侵犯权利人依法享有的其他权利：

（一）为学校课堂教学或者科学研究，提供少量已经发表的作品，供教学或者科研人员使用，而该作品无法通过正常途径获取；

（二）不以营利为目的，以阅读障碍者能够感知的无障碍方式向其提供已经发表的作品，而该作品无法通过正常途径获取；

（三）国家机关依照行政、监察、司法程序执行公务；

（四）对计算机及其系统或者网络的安全性能进行测试；

（五）进行加密研究或者计算机软件反向工程研究。

前款规定适用于对与著作权有关的权利的限制。

第五十一条 未经权利人许可，不得进行下列行为：

（一）故意删除或者改变作品、版式设计、表演、录音录像制品或者广播、电视上的权利管理信息，但由于技术上的原因无法避免的除外；

（二）知道或者应当知道作品、版式设计、表演、录音录像制品或者广播、电视上的权利管理信息未经许可被删除或者改变，仍然向公众提供。

第五十二条 有下列侵权行为的，应当根据情况，承担停止侵害、消除影响、赔礼道歉、赔偿损失等民事责任：

（一）未经著作权人许可，发表其作品的；

（二）未经合作作者许可，将与他人合作创作的作品当作自己单独创作的作品发表的；

（三）没有参加创作，为谋取个人名利，在他人作品上署名的；

（四）歪曲、篡改他人作品的；

（五）剽窃他人作品的；

（六）未经著作权人许可，以展览、摄制视听作品的方法使用作品，或者以改编、翻译、注释等方式使用作品的，本法另有规定的除外；

（七）使用他人作品，应当支付报酬而未支付的；

（八）未经视听作品、计算机软件、录音录像制品的著作权人、表演者或者录音录像制作者许可，出租其作品或者录音录像制品的原件或者复制件的，本法另有规定的除外；

（九）未经出版者许可，使用其出版的图书、期刊的版式设计的；

（十）未经表演者许可，从现场直播或者公开传送其现场表演，或者录制其表演的；

（十一）其他侵犯著作权以及与著作权有关的权利的行为。

第五十三条 有下列侵权行为的，应当根据情况，承担本法第五十二条规定的民事责任；侵权行为同时损害公共利益的，由主管著作权的部门责令停止侵权行为，予以警告，没收违法所得，没收、无害化销毁处理侵权复制品以及主要用于制作侵权复制品的材料、工具、设备等，违法经营额五万元以上的，可以并处违法经营额一倍以上五倍以下的罚款；没有违法经营额、违法经营额难以计算或者不足五万元的，可以并处二十五万元以下的罚款；构成犯罪的，依法追究刑事责任：

（一）未经著作权人许可，复制、发行、表演、放映、广播、汇编、通过信息网络向公众传播其作品的，本法另有规定的除外；

（二）出版他人享有专有出版权的图书的；

（三）未经表演者许可，复制、发行录有其表演的录音录像制品，或者通过信息网络向公众传播其表演的，本法另有规定的除外；

（四）未经录音录像制作者许可，复制、发行、通过信息网络向公众传播其制作的录音录像制品的，本法另有规定的除外；

（五）未经许可，播放、复制或者通过信息网络向公众传播广播、电视的，本法另有规定的除外；

（六）未经著作权人或者与著作权有关的权利人许可，故意避开或者破坏技术措施的，故意制造、进口或者向他人提供主要用于避开、破坏技术措施的装置或者部件的，或者故意为他人避开或者破坏技术措施提供技术服务的，法律、行政法规另有规定的除外；

（七）未经著作权人或者与著作权有关的权利人许可，故意删除或者改变作品、版式设计、表演、录音录像制品或者广播、电视上的权利管理信息的，知道或者应当知道作品、版式设计、表演、录音录像制品或者广播、电视上的权利管理信息未经许可被删除或者改变，仍然向公众提供的，法律、行政法规另有规定的除外；

（八）制作、出售假冒他人署名的作品的。

第五十四条 侵犯著作权或者与著作权有关的权利的，侵权人应当按照权利人因此受到的实际损失或者侵权人的违法所得给予赔偿；权利人的实际损失或者侵权人的违法所得难以计算的，可以参照该权利使用费给予赔偿。对故意侵犯著作权或者与著作权有关的权利，情节严重的，可以在按照上述方法确定数额的一倍以上五倍以下给予赔偿。

权利人的实际损失、侵权人的违法所得、权利使用费难以计算的，由人民法院根据侵权行为的情节，判决给予五百元以上五百万元以下的赔偿。

赔偿数额还应当包括权利人为制止侵权行为所支付的合理开支。

人民法院为确定赔偿数额，在权利人已经尽了必要举证责任，而与侵权行为相关的账簿、资料等主要由侵权人掌握的，可以责令侵权人提供与侵权行为相关的账簿、资料等；侵权人不提供，或者提供虚假的账簿、资料等的，人民法院可以参考权利人的主张和提供的证据确定赔偿数额。

人民法院审理著作权纠纷案件，应权利人请求，对侵权复制品，除特殊情况外，责令销毁；对主要用于制造侵权复制品的材料、工具、设备等，责令销毁，且不予补偿；或者在特殊情况下，责令禁止前述材料、工具、设备等进入商业渠道，且不予补偿。

第五十五条 主管著作权的部门对涉嫌侵犯著作权和与著作权有关的权利的行为进行查处时，可以询问有关当事人，调查与涉嫌违法行为有关的情况；对当事人涉嫌违法行为的场所和物品实施现场检查；查阅、复制与涉嫌违法行为有关的合同、发票、账簿以及其他有关资料；对于涉嫌违法行为的场所和物品，可以查封或者扣押。

主管著作权的部门依法行使前款规定的职权时，当事人应当予以协助、配合，不得拒绝、阻挠。

第五十六条 著作权人或者与著作权有关的权利人有证据证明他人正在实施或者即将实施侵犯其权利、妨碍其实现权利的行为，如不及时制止将会使其合法权益受到难以弥补的损害的，可以在起诉前依法向人民法院申请采取财产保全、责令作出一定行为或者禁止作出一定行为等措施。

第五十七条 为制止侵权行为，在证据可能灭失或者以后难以取得的情况下，著作权人或者与著作权有关的权利人可以在起诉前依法向人民法院申请保全证据。

第五十八条 人民法院审理案件，对于侵犯著作权或者与著作权有关的权利的，可以没收违法所得、侵权复制品以及进行违法活动的财物。

第五十九条 复制品的出版者、制作者不能证明其出版、制作有合法授权的，复制品的发行者或者视听作品、计算机软件、录音录像制品的复制品的出租者不能证明其发行、出租的复制品有合法来源的，应当承担法律责任。

在诉讼程序中，被诉侵权人主张其不承担侵权责任的，应当提供证据证明已经取得权利人的许可，或者具有本法规定的不经权利人许可而可以使用的情形。

第六十条 著作权纠纷可以调解，也可以根据当事人达成的书面仲裁协议或者著作权合同中的仲裁条款，向仲裁机构申请仲裁。

当事人没有书面仲裁协议，也没有在著作权合同中订立仲裁条款的，可以直接向人民法院起诉。

第六十一条 当事人因不履行合同义务或者履行合同义务不符合约定而承担民事责任，以及当事人行使诉讼权利、申请保全等，适用有关法律的规定。

第六章 附 则

第六十二条 本法所称的著作权即版权。

第六十三条 本法第二条所称的出版，指作品的复制、发行。

第六十四条 计算机软件、信息网络传播权的保护办法由国务院另行规定。

第六十五条 摄影作品，其发表权、本法第十条第一款第五项至第十七项规定的权利的保护期在 2021 年 6 月 1 日前已经届满，但依据本法第二十三条第一款的规定仍在保护期内的，不再保护。

第六十六条 本法规定的著作权人和出版者、表演者、录音录像制作者、广播电台、电视台的权利，在本法施行之日尚未超过本法规定的保护期的，依照本法予以保护。

本法施行前发生的侵权或者违约行为，依照侵权或者违约行为发生时的有关规定处理。

第六十七条 本法自 1991 年 6 月 1 日起施行。

中华人民共和国专利法

（主席令第 11 号）

发布日期：1984-03-12
实施日期：2021-06-01
法规类型：法律

（根据 1992 年 9 月 4 日第七届全国人民代表大会常务委员会第二十七次会议《关于修改〈中华人民共和国专利法〉的决定》第一次修正；根据 2000 年 8 月 25 日第九届全国人民代表大会常务委员会第十七次会议《关于修改〈中华人民共和国专利法〉的决定》第二次修正；根据 2008 年 12 月 27 日第十一届全国人民代表大会常务委员会第六次会议《关于修改〈中华人民共和国专利法〉的决定》第三次修正；根据 2020 年 10 月 17 日第十三届全国人民代表大会常务委员会第二十二次会议《关于修改〈中华人民共和国专利法〉的决定》第四次修正）

第一章 总 则

第一条 为了保护专利权人的合法权益，鼓励发明创造，推动发明创造的应用，提高创新能力，促进科学技术进步和经济社会发展，制定本法。

第二条 本法所称的发明创造是指发明、实用新型和外观设计。

发明，是指对产品、方法或者其改进所提出的新的技术方案。

实用新型，是指对产品的形状、构造或者其结合所提出的适于实用的新的技术方案。

外观设计，是指对产品的整体或者局部的形状、图案或者其结合以及色彩与形状、图案的结合所作出的富有美感并适于工业应用的新设计。

第三条 国务院专利行政部门负责管理全国的专利工作；统一受理和审查专利申请，依法授予专利权。

省、自治区、直辖市人民政府管理专利工作的部门负责本行政区域内的专利管理工作。

第四条 申请专利的发明创造涉及国家安全或者重大利益需要保密的，按照国家有关规定办理。

第五条 对违反法律、社会公德或者妨害公共利益的发明创造，不授予专利权。

对违反法律、行政法规的规定获取或者利用遗传资源，并依赖该遗传资源完成的发明创造，不授予专利权。

第六条 执行本单位的任务或者主要是利用本单位的物质技术条件所完成的发明创造为职务发明创造。职务发明创造申请专利的权利属于该单位，申请被批准后，该单位为专利权人。该单位可以依法处置其职务发明创造申请专利的权利和专利权，促进相关发明创造的实施和运用。

非职务发明创造，申请专利的权利属于发明人或者设计人；申请被批准后，该发明人或者设计人为专利权人。

利用本单位的物质技术条件所完成的发明创造，单位与发明人或者设计人订有合同，对申请专利的权利和专利权的归属作出约定的，从其约定。

第七条 对发明人或者设计人的非职务发明创造专利申请，任何单位或者个人不得压制。

第八条 两个以上单位或者个人合作完成的发明创造、一个单位或者个人接受其他单位或者个人委托所完成的发明创造，除另有协议的以外，申请专利的权利属于完成或者共同完成的单位或者个人；申请被批准后，申请的单位或者个人为专利权人。

第九条 同样的发明创造只能授予一项专利权。但是，同一申请人同日对同样的发明创造既申请实用新型专利又申请发明专利，先获得的实用新型专利权尚未终止，且申请人声明放弃该实用新型专利权的，可以授予发明专利权。

两个以上的申请人分别就同样的发明创造申请专利的，专利权授予最先申请的人。

第十条 专利申请权和专利权可以转让。

中国单位或者个人向外国人、外国企业或者外国其他组织转让专利申请权或者专利权的，应当依照有关法律、行政法规的规定办理手续。

转让专利申请权或者专利权的，当事人应当订立书面合同，并向国务院专利行政部门登记，由国务院专利行政部门予以公告。专利申请权或者专利权的转让自登记之日起生效。

第十一条 发明和实用新型专利权被授予后，除本法另有规定的以外，任何单位或者个人未经专利权人许可，都不得实施其专利，即不得为生产经营目的制造、使用、许诺销售、销售、进口其专利产品，或者使用其专利方法以及使用、许诺销售、销售、进口依照该专利方法直接获得的产品。

外观设计专利权被授予后，任何单位或者个人未经专利权人许可，都不得实施其专利，即不得为生产经营目的制造、许诺销售、销售、进口其外观设计专利产品。

第十二条 任何单位或者个人实施他人专利的，应当与专利权人订立实施许可合同，向专利权人支付专利使用费。被许可人无权允许合同规定以外的任何单位或者个人实施该专利。

第十三条 发明专利申请公布后，申请人可以要求实施其发明的单位或者个人支付适当的费用。

第十四条 专利申请权或者专利权的共有人对权利的行使有约定的，从其约定。没有约定的，共有人可以单独实施或者以普通许可方式许可他人实施该专利；许可他人实施该专利的，收取的使用费应当在共有人之间分配。

除前款规定的情形外，行使共有的专利申请权或者专利权应当取得全体共有人的同意。

第十五条 被授予专利权的单位应当对职务发明创造的发明人或者设计人给予奖励；发明创造专利实施后，根据其推广应用的范围和取得的经济效益，对发明人或者设计人给予合理的报酬。

国家鼓励被授予专利权的单位实行产权激励，采取股权、期权、分红等方式，使发明人或者设计人合理分享创新收益。

第十六条 发明人或者设计人有权在专利文件中写明自己是发明人或者设计人。

专利权人有权在其专利产品或者该产品的包装上标明专利标识。

第十七条 在中国没有经常居所或者营业所的外国人、外国企业或者外国其他组织在中国申请专利的，依照其所属国同中国签订的协议或者共同参加的国际条约，或者依照互惠原则，根据本法办理。

第十八条 在中国没有经常居所或者营业所的外国人、外国企业或者外国其他组织在中国申请专利和办理其他专利事务的，应当委托依法设立的专利代理机构办理。

中国单位或者个人在国内申请专利和办理其他专利事务的，可以委托依法设立的专利代理机构办理。

专利代理机构应当遵守法律、行政法规，按照被代理人的委托办理专利申请或者其他专利事务；对被代理人发明创造的内容，除专利申请已经公布或者公告的以外，负有保密责任。专利代理机构的具体管理办法由国务院规定。

第十九条 任何单位或者个人将在中国完成的发明或者实用新型向外国申请专利的，应当事先报经国务院专利行政部门进行保密审查。保密审查的程序、期限等按照国务院的规定执行。

中国单位或者个人可以根据中华人民共和国参加的有关国际条约提出专利国际申请。申请人提出专利国际申请的，应当遵守前款规定。

国务院专利行政部门依照中华人民共和国参加的有关国际条约、本法和国务院有关规定处理专利国际申请。

对违反本条第一款规定向外国申请专利的发明或者实用新型，在中国申请专利的，不授予专利权。

第二十条 申请专利和行使专利权应当遵循诚实信用原则。不得滥用专利权损害公共利益或者他人合法权益。

滥用专利权，排除或者限制竞争，构成垄断行为的，依照《中华人民共和国反垄断法》处理。

第二十一条 国务院专利行政部门应当按照客观、公正、准确、及时的要求，依法处理有关专利的申请和请求。

国务院专利行政部门应当加强专利信息公共服务体系建设，完整、准确、及时发布专利信息，提供专利基础数据，定期出版专利公报，促进专利信息传播与利用。

在专利申请公布或者公告前，国务院专利行政部门的工作人员及有关人员对其内容负有保密责任。

第二章　授予专利权的条件

第二十二条 授予专利权的发明和实用新型，应当具备新颖性、创造性和实用性。

新颖性，是指该发明或者实用新型不属于现有技术；也没有任何单位或者个人就同样的发明或者实用新型在申请日以前向国务院专利行政部门提出过申请，并记载在申请日以后公布的专利申请文件或者公告的专利文件中。

创造性，是指与现有技术相比，该发明具有突出的实质性特点和显著的进步，该实用新型具有实质性特点和进步。

实用性，是指该发明或者实用新型能够制造或者使用，并且能够产生积极效果。

本法所称现有技术，是指申请日以前在国内外为公众所知的技术。

第二十三条　授予专利权的外观设计，应当不属于现有设计；也没有任何单位或者个人就同样的外观设计在申请日以前向国务院专利行政部门提出过申请，并记载在申请日以后公告的专利文件中。

授予专利权的外观设计与现有设计或者现有设计特征的组合相比，应当具有明显区别。

授予专利权的外观设计不得与他人在申请日以前已经取得的合法权利相冲突。

本法所称现有设计，是指申请日以前在国内外为公众所知的设计。

第二十四条　申请专利的发明创造在申请日以前六个月内，有下列情形之一的，不丧失新颖性：

（一）在国家出现紧急状态或者非常情况时，为公共利益目的首次公开的；

（二）在中国政府主办或者承认的国际展览会上首次展出的；

（三）在规定的学术会议或者技术会议上首次发表的；

（四）他人未经申请人同意而泄露其内容的。

第二十五条　对下列各项，不授予专利权：

（一）科学发现；

（二）智力活动的规则和方法；

（三）疾病的诊断和治疗方法；

（四）动物和植物品种；

（五）原子核变换方法以及用原子核变换方法获得的物质；

（六）对平面印刷品的图案、色彩或者二者的结合作出的主要起标识作用的设计。

对前款第（四）项所列产品的生产方法，可以依照本法规定授予专利权。

第三章　专利的申请

第二十六条　申请发明或者实用新型专利的，应当提交请求书、说明书及其摘要和权利要求书等文件。

请求书应当写明发明或者实用新型的名称，发明人的姓名，申请人姓名或者名称、地址，以及其他事项。

说明书应当对发明或者实用新型作出清楚、完整的说明，以所属技术领域的技术人员能够实现为准；必要的时候，应当有附图。摘要应当简要说明发明或者实用新型的技术要点。

权利要求书应当以说明书为依据，清楚、简要地限定要求专利保护的范围。

依赖遗传资源完成的发明创造，申请人应当在专利申请文件中说明该遗传资源的直接来源和原始来源；申请人无法说明原始来源的，应当陈述理由。

第二十七条　申请外观设计专利的，应当提交请求书、该外观设计的图片或者照片以及对该外观设计的简要说明等文件。

申请人提交的有关图片或者照片应当清楚地显示要求专利保护的产品的外观设计。

第二十八条　国务院专利行政部门收到专利申请文件之日为申请日。如果申请文件是邮寄的，以寄出的邮戳日为申请日。

第二十九条　申请人自发明或者实用新型在外国第一次提出专利申请之日起十二个月内，

或者自外观设计在外国第一次提出专利申请之日起六个月内，又在中国就相同主题提出专利申请的，依照该外国同中国签订的协议或者共同参加的国际条约，或者依照相互承认优先权的原则，可以享有优先权。

申请人自发明或者实用新型在中国第一次提出专利申请之日起十二个月内，或者自外观设计在中国第一次提出专利申请之日起六个月内，又向国务院专利行政部门就相同主题提出专利申请的，可以享有优先权。

第三十条　申请人要求发明、实用新型专利优先权的，应当在申请的时候提出书面声明，并且在第一次提出申请之日起十六个月内，提交第一次提出的专利申请文件的副本。

申请人要求外观设计专利优先权的，应当在申请的时候提出书面声明，并且在三个月内提交第一次提出的专利申请文件的副本。

申请人未提出书面声明或者逾期未提交专利申请文件副本的，视为未要求优先权。

第三十一条　一件发明或者实用新型专利申请应当限于一项发明或者实用新型。属于一个总的发明构思的两项以上的发明或者实用新型，可以作为一件申请提出。

一件外观设计专利申请应当限于一项外观设计。同一产品两项以上的相似外观设计，或者用于同一类别并且成套出售或者使用的产品的两项以上外观设计，可以作为一件申请提出。

第三十二条　申请人可以在被授予专利权之前随时撤回其专利申请。

第三十三条　申请人可以对其专利申请文件进行修改，但是，对发明和实用新型专利申请文件的修改不得超出原说明书和权利要求书记载的范围，对外观设计专利申请文件的修改不得超出原图片或者照片表示的范围。

第四章　专利申请的审查和批准

第三十四条　国务院专利行政部门收到发明专利申请后，经初步审查认为符合本法要求的，自申请日起满十八个月，即行公布。国务院专利行政部门可以根据申请人的请求早日公布其申请。

第三十五条　发明专利申请自申请日起三年内，国务院专利行政部门可以根据申请人随时提出的请求，对其申请进行实质审查；申请人无正当理由逾期不请求实质审查的，该申请即被视为撤回。

国务院专利行政部门认为必要的时候，可以自行对发明专利申请进行实质审查。

第三十六条　发明专利的申请人请求实质审查的时候，应当提交在申请日前与其发明有关的参考资料。

发明专利已经在外国提出过申请的，国务院专利行政部门可以要求申请人在指定期限内提交该国为审查其申请进行检索的资料或者审查结果的资料；无正当理由逾期不提交的，该申请即被视为撤回。

第三十七条　国务院专利行政部门对发明专利申请进行实质审查后，认为不符合本法规定的，应当通知申请人，要求其在指定的期限内陈述意见，或者对其申请进行修改；无正当理由逾期不答复的，该申请即被视为撤回。

第三十八条　发明专利申请经申请人陈述意见或者进行修改后，国务院专利行政部门仍然认为不符合本法规定的，应当予以驳回。

第三十九条　发明专利申请经实质审查没有发现驳回理由的，由国务院专利行政部门作出授予发明专利权的决定，发给发明专利证书，同时予以登记和公告。发明专利权自公告之日起生效。

第四十条　实用新型和外观设计专利申请经初步审查没有发现驳回理由的，由国务院专利行政部门作出授予实用新型专利权或者外观设计专利权的决定，发给相应的专利证书，同时予以登记和公告。实用新型专利权和外观设计专利权自公告之日起生效。

第四十一条　专利申请人对国务院专利行政部门驳回申请的决定不服的，可以自收到通知之日起三个月内向国务院专利行政部门请求复审。国务院专利行政部门复审后，作出决定，并通知专利申请人。

专利申请人对国务院专利行政部门的复审决定不服的，可以自收到通知之日起三个月内向人民法院起诉。

第五章　专利权的期限、终止和无效

第四十二条　发明专利权的期限为二十年，实用新型专利权的期限为十年，外观设计专利权的期限为十五年，均自申请日起计算。

自发明专利申请日起满四年，且自实质审查请求之日起满三年后授予发明专利权的，国务院专利行政部门应专利权人的请求，就发明专利在授权过程中的不合理延迟给予专利权期限补偿，但由申请人引起的不合理延迟除外。

为补偿新药上市审评审批占用的时间，对在中国获得上市许可的新药相关发明专利，国务院专利行政部门应专利权人的请求给予专利权期限补偿。补偿期限不超过五年，新药批准上市后总有效专利权期限不超过十四年。

第四十三条　专利权人应当自被授予专利权的当年开始缴纳年费。

第四十四条　有下列情形之一的，专利权在期限届满前终止：

（一）没有按照规定缴纳年费的；

（二）专利权人以书面声明放弃其专利权的。

专利权在期限届满前终止的，由国务院专利行政部门登记和公告。

第四十五条　自国务院专利行政部门公告授予专利权之日起，任何单位或者个人认为该专利权的授予不符合本法有关规定的，可以请求国务院专利行政部门宣告该专利权无效。

第四十六条　国务院专利行政部门对宣告专利权无效的请求应当及时审查和作出决定，并通知请求人和专利权人。宣告专利权无效的决定，由国务院专利行政部门登记和公告。

对国务院专利行政部门宣告专利权无效或者维持专利权的决定不服的，可以自收到通知之日起三个月内向人民法院起诉。人民法院应当通知无效宣告请求程序的对方当事人作为第三人参加诉讼。

第四十七条　宣告无效的专利权视为自始即不存在。

宣告专利权无效的决定，对在宣告专利权无效前人民法院作出并已执行的专利侵权的判决、调解书，已经履行或者强制执行的专利侵权纠纷处理决定，以及已经履行的专利实施许可合同和专利权转让合同，不具有追溯力。但是因专利权人的恶意给他人造成的损失，应当给予赔偿。

依照前款规定不返还专利侵权赔偿金、专利使用费、专利权转让费，明显违反公平原则的，应当全部或者部分返还。

第六章　专利实施的特别许可

第四十八条　国务院专利行政部门、地方人民政府管理专利工作的部门应当会同同级相关部门采取措施，加强专利公共服务，促进专利实施和运用。

第四十九条　国有企业事业单位的发明专利，对国家利益或者公共利益具有重大意义的，国务院有关主管部门和省、自治区、直辖市人民政府报经国务院批准，可以决定在批准的范围内推广应用，允许指定的单位实施，由实施单位按照国家规定向专利权人支付使用费。

第五十条　专利权人自愿以书面方式向国务院专利行政部门声明愿意许可任何单位或者

个人实施其专利，并明确许可使用费支付方式、标准的，由国务院专利行政部门予以公告，实行开放许可。就实用新型、外观设计专利提出开放许可声明的，应当提供专利权评价报告。

专利权人撤回开放许可声明的，应当以书面方式提出，并由国务院专利行政部门予以公告。开放许可声明被公告撤回的，不影响在先给予的开放许可的效力。

第五十一条 任何单位或者个人有意愿实施开放许可的专利的，以书面方式通知专利权人，并依照公告的许可使用费支付方式、标准支付许可使用费后，即获得专利实施许可。

开放许可实施期间，对专利权人缴纳专利年费相应给予减免。

实行开放许可的专利权人可以与被许可人就许可使用费进行协商后给予普通许可，但不得就该专利给予独占或者排他许可。

第五十二条 当事人就实施开放许可发生纠纷的，由当事人协商解决；不愿协商或者协商不成的，可以请求国务院专利行政部门进行调解，也可以向人民法院起诉。

第五十三条 有下列情形之一的，国务院专利行政部门根据具备实施条件的单位或者个人的申请，可以给予实施发明专利或者实用新型专利的强制许可：

（一）专利权人自专利权被授予之日起满三年，且自提出专利申请之日起满四年，无正当理由未实施或者未充分实施其专利的；

（二）专利权人行使专利权的行为被依法认定为垄断行为，为消除或者减少该行为对竞争产生的不利影响的。

第五十四条 在国家出现紧急状态或者非常情况时，或者为了公共利益的目的，国务院专利行政部门可以给予实施发明专利或者实用新型专利的强制许可。

第五十五条 为了公共健康目的，对取得专利权的药品，国务院专利行政部门可以给予制造并将其出口到符合中华人民共和国参加的有关国际条约规定的国家或者地区的强制许可。

第五十六条 一项取得专利权的发明或者实用新型比前已经取得专利权的发明或者实用新型具有显著经济意义的重大技术进步，其实施又有赖于前一发明或者实用新型的实施的，国务院专利行政部门根据后一专利权人的申请，可以给予实施前一发明或者实用新型的强制许可。

在依照前款规定给予实施强制许可的情形下，国务院专利行政部门根据前一专利权人的申请，也可以给予实施后一发明或者实用新型的强制许可。

第五十七条 强制许可涉及的发明创造为半导体技术的，其实施限于公共利益的目的和本法第五十三条第（二）项规定的情形。

第五十八条 除依照本法第五十三条第（二）项、第五十五条规定给予的强制许可外，强制许可的实施应当主要为了供应国内市场。

第五十九条 依照本法第五十三条第（一）项、第五十六条规定申请强制许可的单位或者个人应当提供证据，证明其以合理的条件请求专利权人许可其实施专利，但未能在合理的时间内获得许可。

第六十条 国务院专利行政部门作出的给予实施强制许可的决定，应当及时通知专利权人，并予以登记和公告。

给予实施强制许可的决定，应当根据强制许可的理由规定实施的范围和时间。强制许可的理由消除并不再发生时，国务院专利行政部门应当根据专利权人的请求，经审查后作出终止实施强制许可的决定。

第六十一条 取得实施强制许可的单位或者个人不享有独占的实施权，并且无权允许他人实施。

第六十二条 取得实施强制许可的单位或者个人应当付给专利权人合理的使用费，或者依照中华人民共和国参加的有关国际条约的规定处理使用费问题。付给使用费的，其数额由双方协商；双方不能达成协议的，由国务院专利行政部门裁决。

第六十三条 专利权人对国务院专利行政部门关于实施强制许可的决定不服的，专利权人和取得实施强制许可的单位或者个人对国务院专利行政部门关于实施强制许可的使用费的裁决不服的，可以自收到通知之日起三个月内向人民法院起诉。

第七章　专利权的保护

第六十四条 发明或者实用新型专利权的保护范围以其权利要求的内容为准，说明书及附图可以用于解释权利要求的内容。

外观设计专利权的保护范围以表示在图片或者照片中的该产品的外观设计为准，简要说明可以用于解释图片或者照片所表示的该产品的外观设计。

第六十五条 未经专利权人许可，实施其专利，即侵犯其专利权，引起纠纷的，由当事人协商解决；不愿协商或者协商不成的，专利权人或者利害关系人可以向人民法院起诉，也可以请求管理专利工作的部门处理。管理专利工作的部门处理时，认定侵权行为成立的，可以责令侵权人立即停止侵权行为，当事人不服的，可以自收到处理通知之日起十五日内依照《中华人民共和国行政诉讼法》向人民法院起诉；侵权人期满不起诉又不停止侵权行为的，管理专利工作的部门可以申请人民法院强制执行。进行处理的管理专利工作的部门应当事人的请求，可以就侵犯专利权的赔偿数额进行调解；调解不成的，当事人可以依照《中华人民共和国民事诉讼法》向人民法院起诉。

第六十六条 专利侵权纠纷涉及新产品制造方法的发明专利的，制造同样产品的单位或者个人应当提供其产品制造方法不同于专利方法的证明。

专利侵权纠纷涉及实用新型专利或者外观设计专利的，人民法院或者管理专利工作的部门可以要求专利权人或者利害关系人出具由国务院专利行政部门对相关实用新型或者外观设计进行检索、分析和评价后作出的专利权评价报告，作为审理、处理专利侵权纠纷的证据；专利权人、利害关系人或者被控侵权人也可以主动出具专利权评价报告。

第六十七条 在专利侵权纠纷中，被控侵权人有证据证明其实施的技术或者设计属于现有技术或者现有设计的，不构成侵犯专利权。

第六十八条 假冒专利的，除依法承担民事责任外，由负责专利执法的部门责令改正并予公告，没收违法所得，可以处违法所得五倍以下的罚款；没有违法所得或者违法所得在五万元以下的，可以处二十五万元以下的罚款；构成犯罪的，依法追究刑事责任。

第六十九条 负责专利执法的部门根据已经取得的证据，对涉嫌假冒专利行为进行查处时，有权采取下列措施：

（一）询问有关当事人，调查与涉嫌违法行为有关的情况；

（二）对当事人涉嫌违法行为的场所实施现场检查；

（三）查阅、复制与涉嫌违法行为有关的合同、发票、账簿以及其他有关资料；

（四）检查与涉嫌违法行为有关的产品；

（五）对有证据证明是假冒专利的产品，可以查封或者扣押。

管理专利工作的部门应专利权人或者利害关系人的请求处理专利侵权纠纷时，可以采取前款第（一）项、第（二）项、第（四）项所列措施。

负责专利执法的部门、管理专利工作的部门依法行使前两款规定的职权时，当事人应当予以协助、配合，不得拒绝、阻挠。

第七十条 国务院专利行政部门可以应专利权人或者利害关系人的请求处理在全国有重大影响的专利侵权纠纷。

地方人民政府管理专利工作的部门应专利权人或者利害关系人请求处理专利侵权纠纷，

对在本行政区域内侵犯其同一专利权的案件可以合并处理；对跨区域侵犯其同一专利权的案件可以请求上级地方人民政府管理专利工作的部门处理。

第七十一条　侵犯专利权的赔偿数额按照权利人因被侵权所受到的实际损失或者侵权人因侵权所获得的利益确定；权利人的损失或者侵权人获得的利益难以确定的，参照该专利许可使用费的倍数合理确定。对故意侵犯专利权，情节严重的，可以在按照上述方法确定数额的一倍以上五倍以下确定赔偿数额。

权利人的损失、侵权人获得的利益和专利许可使用费均难以确定的，人民法院可以根据专利权的类型、侵权行为的性质和情节等因素，确定给予三万元以上五百万元以下的赔偿。

赔偿数额还应当包括权利人为制止侵权行为所支付的合理开支。

人民法院为确定赔偿数额，在权利人已经尽力举证，而与侵权行为相关的账簿、资料主要由侵权人掌握的情况下，可以责令侵权人提供与侵权行为相关的账簿、资料；侵权人不提供或者提供虚假的账簿、资料的，人民法院可以参考权利人的主张和提供的证据判定赔偿数额。

第七十二条　专利权人或者利害关系人有证据证明他人正在实施或者即将实施侵犯专利权、妨碍其实现权利的行为，如不及时制止将会使其合法权益受到难以弥补的损害的，可以在起诉前依法向人民法院申请采取财产保全、责令作出一定行为或者禁止作出一定行为的措施。

第七十三条　为了制止专利侵权行为，在证据可能灭失或者以后难以取得的情况下，专利权人或者利害关系人可以在起诉前依法向人民法院申请保全证据。

第七十四条　侵犯专利权的诉讼时效为三年，自专利权人或者利害关系人知道或者应当知道侵权行为以及侵权人之日起计算。

发明专利申请公布后至专利权授予前使用该发明未支付适当使用费的，专利权人要求支付使用费的诉讼时效为三年，自专利权人知道或者应当知道他人使用其发明之日起计算，但是，专利权人于专利权授予之日前即已知道或者应当知道的，自专利权授予之日起计算。

第七十五条　有下列情形之一的，不视为侵犯专利权：

（一）专利产品或者依照专利方法直接获得的产品，由专利权人或者经其许可的单位、个人售出后，使用、许诺销售、销售、进口该产品的；

（二）在专利申请日前已经制造相同产品、使用相同方法或者已经作好制造、使用的必要准备，并且仅在原有范围内继续制造、使用的；

（三）临时通过中国领陆、领水、领空的外国运输工具，依照其所属国同中国签订的协议或者共同参加的国际条约，或者依照互惠原则，为运输工具自身需要而在其装置和设备中使用有关专利的；

（四）专为科学研究和实验而使用有关专利的；

（五）为提供行政审批所需要的信息，制造、使用、进口专利药品或者专利医疗器械的，以及专门为其制造、进口专利药品或者专利医疗器械的。

第七十六条　药品上市审评审批过程中，药品上市许可申请人与有关专利权人或者利害关系人，因申请注册的药品相关的专利权产生纠纷的，相关当事人可以向人民法院起诉，请求就申请注册的药品相关技术方案是否落入他人药品专利权保护范围作出判决。国务院药品监督管理部门在规定的期限内，可以根据人民法院生效裁判作出是否暂停批准相关药品上市的决定。

药品上市许可申请人与有关专利权人或者利害关系人也可以就申请注册的药品相关的专利权纠纷，向国务院专利行政部门请求行政裁决。

国务院药品监督管理部门会同国务院专利行政部门制定药品上市许可审批与药品上市许

可申请阶段专利权纠纷解决的具体衔接办法，报国务院同意后实施。

第七十七条 为生产经营目的的使用、许诺销售或者销售不知道是未经专利权人许可而制造并售出的专利侵权产品，能证明该产品合法来源的，不承担赔偿责任。

第七十八条 违反本法第十九条规定向外国申请专利，泄露国家秘密的，由所在单位或者上级主管机关给予行政处分；构成犯罪的，依法追究刑事责任。

第七十九条 管理专利工作的部门不得参与向社会推荐专利产品等经营活动。

管理专利工作的部门违反前款规定的，由其上级机关或者监察机关责令改正，消除影响，有违法收入的予以没收；情节严重的，对直接负责的主管人员和其他直接责任人员依法给予处分。

第八十条 从事专利管理工作的国家机关工作人员以及其他有关国家机关工作人员玩忽职守、滥用职权、徇私舞弊，构成犯罪的，依法追究刑事责任；尚不构成犯罪的，依法给予处分。

第八章 附 则

第八十一条 向国务院专利行政部门申请专利和办理其他手续，应当按照规定缴纳费用。

第八十二条 本法自 1985 年 4 月 1 日起施行。

中华人民共和国商标法

（全国人大常委会令第 10 号）

发布日期：1982-08-23
实施日期：2019-04-23
法规类型：法律

（根据 1993 年 2 月 22 日第七届全国人民代表大会常务委员会第三十次会议《关于修改〈中华人民共和国商标法〉的决定》第一次修正；根据 2001 年 10 月 27 日第九届全国人民代表大会常务委员会第二十四次会议《关于修改〈中华人民共和国商标法〉的决定》第二次修正；根据 2013 年 8 月 30 日第十二届全国人民代表大会常务委员会第十四次会议《关于修改〈中华人民共和国商标法〉的决定》第三次修正；根据 2019 年 4 月 23 日第十三届全国人民代表大会常务委员会第十次会议《关于修改〈中华人民共和国建筑法〉等八部法律的决定》第四次修正）

第一章 总 则

第一条 为了加强商标管理，保护商标专用权，促使生产、经营者保证商品和服务质量，维护商标信誉，以保障消费者和生产、经营者的利益，促进社会主义市场经济的发展，特制定本法。

第二条 国务院工商行政管理部门商标局主管全国商标注册和管理的工作。

国务院工商行政管理部门设立商标评审委员会，负责处理商标争议事宜。

第三条 经商标局核准注册的商标为注册商标，包括商品商标、服务商标和集体商标、证明商标；商标注册人享有商标专用权，受法律保护。

本法所称集体商标，是指以团体、协会或者其他组织名义注册，供该组织成员在商事活动中使用，以表明使用者在该组织中的成员资格的标志。

本法所称证明商标，是指由对某种商品或者服务具有监督能力的组织所控制，而由该组织以外的单位或者个人使用于其商品或者服务，用以证明该商品或者服务的原产地、原料、制造方法、质量或者其他特定品质的标志。

集体商标、证明商标注册和管理的特殊事项，由国务院工商行政管理部门规定。

第四条 自然人、法人或者其他组织在生产经营活动中，对其商品或者服务需要取得商标专用权的，应当向商标局申请商标注册。不以使用为目的的恶意商标注册申请，应当予以驳回。

本法有关商品商标的规定，适用于服务商标。

第五条 两个以上的自然人、法人或者其他组织可以共同向商标局申请注册同一商标，共同享有和行使该商标专用权。

第六条 法律、行政法规规定必须使用注册商标的商品，必须申请商标注册，未经核准注册的，不得在市场销售。

第七条 申请注册和使用商标，应当遵循诚实信用原则。

商标使用人应当对其使用商标的商品质量负责。各级工商行政管理部门应当通过商标管理，制止欺骗消费者的行为。

第八条 任何能够将自然人、法人或者其他组织的商品与他人的商品区别开的标志，包括文字、图形、字母、数字、三维标志、颜色组合和声音等，以及上述要素的组合，均可以作为商标申请注册。

第九条 申请注册的商标，应当有显著特征，便于识别，并不得与他人在先取得的合法权利相冲突。

商标注册人有权标明"注册商标"或者注册标记。

第十条 下列标志不得作为商标使用：

（一）同中华人民共和国的国家名称、国旗、国徽、国歌、军旗、军徽、军歌、勋章等相同或者近似的，以及同中央国家机关的名称、标志、所在地特定地点的名称或者标志性建筑物的名称、图形相同的；

（二）同外国的国家名称、国旗、国徽、军旗等相同或者近似的，但经该国政府同意的除外；

（三）同政府间国际组织的名称、旗帜、徽记等相同或者近似的，但经该组织同意或者不易误导公众的除外；

（四）与表明实施控制、予以保证的官方标志、检验印记相同或者近似的，但经授权的除外；

（五）同"红十字"、"红新月"的名称、标志相同或者近似的；

（六）带有民族歧视性的；

（七）带有欺骗性，容易使公众对商品的质量等特点或者产地产生误认的；

（八）有害于社会主义道德风尚或者有其他不良影响的。

县级以上行政区划的地名或者公众知晓的外国地名，不得作为商标。但是，地名具有其他含义或者作为集体商标、证明商标组成部分的除外；已经注册的使用地名的商标继续有效。

第十一条 下列标志不得作为商标注册：

（一）仅有本商品的通用名称、图形、型号的；

（二）仅直接表示商品的质量、主要原料、功能、用途、重量、数量及其他特点的；

（三）其他缺乏显著特征的。

前款所列标志经过使用取得显著特征，并便于识别的，可以作为商标注册。

第十二条 以三维标志申请注册商标的，仅由商品自身的性质产生的形状、为获得技术效果而需有的商品形状或者使商品具有实质性价值的形状，不得注册。

第十三条 为相关公众所熟知的商标，持有人认为其权利受到侵害时，可以依照本法规定请求驰名商标保护。

就相同或者类似商品申请注册的商标是复制、摹仿或者翻译他人未在中国注册的驰名商标，容易导致混淆的，不予注册并禁止使用。

就不相同或者不相类似商品申请注册的商标是复制、摹仿或者翻译他人已经在中国注册的驰名商标，误导公众，致使该驰名商标注册人的利益可能受到损害的，不予注册并禁止使用。

第十四条 驰名商标应当根据当事人的请求，作为处理涉及商标案件需要认定的事实进行认定。认定驰名商标应当考虑下列因素：

（一）相关公众对该商标的知晓程度；

（二）该商标使用的持续时间；

（三）该商标的任何宣传工作的持续时间、程度和地理范围；

（四）该商标作为驰名商标受保护的记录；

（五）该商标驰名的其他因素。

在商标注册审查、工商行政管理部门查处商标违法案件过程中，当事人依照本法第十三条规定主张权利的，商标局根据审查、处理案件的需要，可以对商标驰名情况作出认定。

在商标争议处理过程中，当事人依照本法第十三条规定主张权利的，商标评审委员会根据处理案件的需要，可以对商标驰名情况作出认定。

在商标民事、行政案件审理过程中，当事人依照本法第十三条规定主张权利的，最高人民法院指定的人民法院根据审理案件的需要，可以对商标驰名情况作出认定。

生产、经营者不得将"驰名商标"字样用于商品、商品包装或者容器上，或者用于广告宣传、展览以及其他商业活动中。

第十五条 未经授权，代理人或者代表人以自己的名义将被代理人或者被代表人的商标进行注册，被代理人或者被代表人提出异议的，不予注册并禁止使用。

就同一种商品或者类似商品申请注册的商标与他人在先使用的未注册商标相同或者近似，申请人与该他人具有前款规定以外的合同、业务往来关系或者其他关系而明知该他人商标存在，该他人提出异议的，不予注册。

第十六条 商标中有商品的地理标志，而该商品并非来源于该标志所标示的地区，误导公众的，不予注册并禁止使用；但是，已经善意取得注册的继续有效。

前款所称地理标志，是指标示某商品来源于某地区，该商品的特定质量、信誉或者其他特征，主要由该地区的自然因素或者人文因素所决定的标志。

第十七条 外国人或者外国企业在中国申请商标注册的，应当按其所属国和中华人民共和国签订的协议或者共同参加的国际条约办理，或者按对等原则办理。

第十八条 申请商标注册或者办理其他商标事宜，可以自行办理，也可以委托依法设立的商标代理机构办理。

外国人或者外国企业在中国申请商标注册和办理其他商标事宜的，应当委托依法设立的商标代理机构办理。

第十九条 商标代理机构应当遵循诚实信用原则，遵守法律、行政法规，按照被代理人的委托办理商标注册申请或者其他商标事宜；对在代理过程中知悉的被代理人的商业秘密，负有保密义务。

委托人申请注册的商标可能存在本法规定不得注册情形的，商标代理机构应当明确告知委托人。

商标代理机构知道或者应当知道委托人申请注册的商标属于本法第四条、第十五条和第三十二条规定情形的，不得接受其委托。

商标代理机构除对其代理服务申请商标注册外，不得申请注册其他商标。

第二十条 商标代理行业组织应当按照章程规定，严格执行吸纳会员的条件，对违反行业自律规范的会员实行惩戒。商标代理行业组织对其吸纳的会员和对会员的惩戒情况，应当及时向社会公布。

第二十一条 商标国际注册遵循中华人民共和国缔结或者参加的有关国际条约确立的制度，具体办法由国务院规定。

第二章 商标注册的申请

第二十二条 商标注册申请人应当按规定的商品分类表填报使用商标的商品类别和商品名称，提出注册申请。

商标注册申请人可以通过一份申请就多个类别的商品申请注册同一商标。

商标注册申请等有关文件，可以以书面方式或者数据电文方式提出。

第二十三条 注册商标需要在核定使用范围之外的商品上取得商标专用权的，应当另行提出注册申请。

第二十四条 注册商标需要改变其标志的，应当重新提出注册申请。

第二十五条 商标注册申请人自其商标在外国第一次提出商标注册申请之日起六个月内，又在中国就相同商品以同一商标提出商标注册申请的，依照该外国同中国签订的协议或者共同参加的国际条约，或者按照相互承认优先权的原则，可以享有优先权。

依照前款要求优先权的，应当在提出商标注册申请的时候提出书面声明，并且在三个月内提交第一次提出的商标注册申请文件的副本；未提出书面声明或者逾期未提交商标注册申请文件副本的，视为未要求优先权。

第二十六条 商标在中国政府主办的或者承认的国际展览会展出的商品上首次使用的，自该商品展出之日起六个月内，该商标的注册申请人可以享有优先权。

依照前款要求优先权的，应当在提出商标注册申请的时候提出书面声明，并且在三个月内提交展出其商品的展览会名称、在展出商品上使用该商标的证据、展出日期等证明文件；未提出书面声明或者逾期未提交证明文件的，视为未要求优先权。

第二十七条 为申请商标注册所申报的事项和所提供的材料应当真实、准确、完整。

第三章 商标注册的审查和核准

第二十八条 对申请注册的商标，商标局应当自收到商标注册申请文件之日起九个月内审查完毕，符合本法有关规定的，予以初步审定公告。

第二十九条 在审查过程中，商标局认为商标注册申请内容需要说明或者修正的，可以要求申请人做出说明或者修正。申请人未做出说明或者修正的，不影响商标局做出审查决定。

第三十条 申请注册的商标，凡不符合本法有关规定或者同他人在同一种商品或者类似商品上已经注册的或者初步审定的商标相同或者近似的，由商标局驳回申请，不予公告。

第三十一条 两个或者两个以上的商标注册申请人，在同一种商品或者类似商品上，以相同或者近似的商标申请注册的，初步审定并公告申请在先的商标；同一天申请的，初步审定并公告使用在先的商标，驳回其他人的申请，不予公告。

　　第三十二条　申请商标注册不得损害他人现有的在先权利，也不得以不正当手段抢先注册他人已经使用并有一定影响的商标。

　　第三十三条　对初步审定公告的商标，自公告之日起三个月内，在先权利人、利害关系人认为违反本法第十三条第二款和第三款、第十五条、第十六条第一款、第三十条、第三十一条、第三十二条规定的，或者任何人认为违反本法第四条、第十条、第十一条、第十二条、第十九条第四款规定的，可以向商标局提出异议。公告期满无异议的，予以核准注册，发给商标注册证，并予公告。

　　第三十四条　对驳回申请、不予公告的商标，商标局应当书面通知商标注册申请人。商标注册申请人不服的，可以自收到通知之日起十五日内向商标评审委员会申请复审。商标评审委员会应当自收到申请之日起九个月内做出决定，并书面通知申请人。有特殊情况需要延长的，经国务院工商行政管理部门批准，可以延长三个月。当事人对商标评审委员会的决定不服的，可以自收到通知之日起三十日内向人民法院起诉。

　　第三十五条　对初步审定公告的商标提出异议的，商标局应当听取异议人和被异议人陈述事实和理由，经调查核实后，自公告期满之日起十二个月内做出是否准予注册的决定，并书面通知异议人和被异议人。有特殊情况需要延长的，经国务院工商行政管理部门批准，可以延长六个月。

　　商标局做出准予注册决定的，发给商标注册证，并予公告。异议人不服的，可以依照本法第四十四条、第四十五条的规定向商标评审委员会请求宣告该注册商标无效。

　　商标局做出不予注册决定，被异议人不服的，可以自收到通知之日起十五日内向商标评审委员会申请复审。商标评审委员会应当自收到申请之日起十二个月内做出复审决定，并书面通知异议人和被异议人。有特殊情况需要延长的，经国务院工商行政管理部门批准，可以延长六个月。被异议人对商标评审委员会的决定不服的，可以自收到通知之日起三十日内向人民法院起诉。人民法院应当通知异议人作为第三人参加诉讼。

　　商标评审委员会在依照前款规定进行复审的过程中，所涉及的在先权利的确定必须以人民法院正在审理或者行政机关正在处理的另一案件的结果为依据的，可以中止审查。中止原因消除后，应当恢复复审程序。

　　第三十六条　法定期限届满，当事人对商标局做出的驳回申请决定、不予注册决定不申请复审或者对商标评审委员会做出的复审决定不向人民法院起诉的，驳回申请决定、不予注册决定或者复审决定生效。

　　经审查异议不成立而准予注册的商标，商标注册申请人取得商标专用权的时间自初步审定公告三个月期满之日起计算。自该商标公告期满之日起至准予注册决定做出前，对他人在同一种或者类似商品上使用与该商标相同或者近似的标志的行为不具有追溯力；但是，因该使用人的恶意给商标注册人造成的损失，应当给予赔偿。

　　第三十七条　对商标注册申请和商标复审申请应当及时进行审查。

　　第三十八条　商标注册申请人或者注册人发现商标申请文件或者注册文件有明显错误的，可以申请更正。商标局依法在其职权范围内作出更正，并通知当事人。

　　前款所称更正错误不涉及商标申请文件或者注册文件的实质性内容。

第四章　注册商标的续展、变更、转让和使用许可

　　第三十九条　注册商标的有效期为十年，自核准注册之日起计算。

　　第四十条　注册商标有效期满，需要继续使用的，商标注册人应当在期满前十二个月内按照规定办理续展手续；在此期间未能办理的，可以给予六个月的宽展期。每次续展注册的有效期为十年，自该商标上一届有效期满次日起计算。期满未办理续展手续的，注销其注册

商标。

商标局应当对续展注册的商标予以公告。

第四十一条 注册商标需要变更注册人的名义、地址或者其他注册事项的，应当提出变更申请。

第四十二条 转让注册商标的，转让人和受让人应当签订转让协议，并共同向商标局提出申请。受让人应当保证使用该注册商标的商品质量。

转让注册商标的，商标注册人对其在同一种商品上注册的近似的商标，或者在类似商品上注册的相同或者近似的商标，应当一并转让。

对容易导致混淆或者有其他不良影响的转让，商标局不予核准，书面通知申请人并说明理由。

转让注册商标经核准后，予以公告。受让人自公告之日起享有商标专用权。

第四十三条 商标注册人可以通过签订商标使用许可合同，许可他人使用其注册商标。许可人应当监督被许可人使用其注册商标的商品质量。被许可人应当保证使用该注册商标的商品质量。

经许可使用他人注册商标的，必须在使用该注册商标的商品上标明被许可人的名称和商品产地。

许可他人使用其注册商标的，许可人应当将其商标使用许可报商标局备案，由商标局公告。商标使用许可未经备案不得对抗善意第三人。

第五章 注册商标的无效宣告

第四十四条 已经注册的商标，违反本法第四条、第十条、第十一条、第十二条、第十九条第四款规定的，或者是以欺骗手段或者其他不正当手段取得注册的，由商标局宣告该注册商标无效；其他单位或者个人可以请求商标评审委员会宣告该注册商标无效。

商标局做出宣告注册商标无效的决定，应当书面通知当事人。当事人对商标局的决定不服的，可以自收到通知之日起十五日内向商标评审委员会申请复审。商标评审委员会应当自收到申请之日起九个月内做出决定，并书面通知当事人。有特殊情况需要延长的，经国务院工商行政管理部门批准，可以延长三个月。当事人对商标评审委员会的决定不服的，可以自收到通知之日起三十日内向人民法院起诉。

其他单位或者个人请求商标评审委员会宣告注册商标无效的，商标评审委员会收到申请后，应当书面通知有关当事人，并限期提出答辩。商标评审委员会应当自收到申请之日起九个月内做出维持注册商标或者宣告注册商标无效的裁定，并书面通知当事人。有特殊情况需要延长的，经国务院工商行政管理部门批准，可以延长三个月。当事人对商标评审委员会的裁定不服的，可以自收到通知之日起三十日内向人民法院起诉。人民法院应当通知商标裁定程序的对方当事人作为第三人参加诉讼。

第四十五条 已经注册的商标，违反本法第十三条第二款和第三款、第十五条、第十六条第一款、第三十条、第三十一条、第三十二条规定的，自商标注册之日起五年内，在先权利人或者利害关系人可以请求商标评审委员会宣告该注册商标无效。对恶意注册的，驰名商标所有人不受五年的时间限制。

商标评审委员会收到宣告注册商标无效的申请后，应当书面通知有关当事人，并限期提出答辩。商标评审委员会应当自收到申请之日起十二个月内做出维持注册商标或者宣告注册商标无效的裁定，并书面通知当事人。有特殊情况需要延长的，经国务院工商行政管理部门批准，可以延长六个月。当事人对商标评审委员会的裁定不服的，可以自收到通知之日起三十日内向人民法院起诉。人民法院应当通知商标裁定程序的对方当事人作为第三人参加诉讼。

商标评审委员会在依照前款规定对无效宣告请求进行审查的过程中，所涉及的在先权利的确定必须以人民法院正在审理或者行政机关正在处理的另一案件的结果为依据的，可以中止审查。中止原因消除后，应当恢复审查程序。

第四十六条 法定期限届满，当事人对商标局宣告注册商标无效的决定不申请复审或者对商标评审委员会的复审决定、维持注册商标或者宣告注册商标无效的裁定不向人民法院起诉的，商标局的决定或者商标评审委员会的复审决定、裁定生效。

第四十七条 依照本法第四十四条、第四十五条的规定宣告无效的注册商标，由商标局予以公告，该注册商标专用权视为自始即不存在。

宣告注册商标无效的决定或者裁定，对宣告无效前人民法院做出并已执行的商标侵权案件的判决、裁定、调解书和工商行政管理部门做出并已执行的商标侵权案件的处理决定以及已经履行的商标转让或者使用许可合同不具有追溯力。但是，因商标注册人的恶意给他人造成的损失，应当给予赔偿。

依照前款规定不返还商标侵权赔偿金、商标转让费、商标使用费，明显违反公平原则的，应当全部或者部分返还。

第六章　商标使用的管理

第四十八条 本法所称商标的使用，是指将商标用于商品、商品包装或者容器以及商品交易文书上，或者将商标用于广告宣传、展览以及其他商业活动中，用于识别商品来源的行为。

第四十九条 商标注册人在使用注册商标的过程中，自行改变注册商标、注册人名义、地址或者其他注册事项的，由地方工商行政管理部门责令限期改正；期满不改正的，由商标局撤销其注册商标。

注册商标成为其核定使用的商品的通用名称或者没有正当理由连续三年不使用的，任何单位或者个人可以向商标局申请撤销该注册商标。商标局应当自收到申请之日起九个月内做出决定。有特殊情况需要延长的，经国务院工商行政管理部门批准，可以延长三个月。

第五十条 注册商标被撤销、被宣告无效或者期满不再续展的，自撤销、宣告无效或者注销之日起一年内，商标局对与该商标相同或者近似的商标注册申请，不予核准。

第五十一条 违反本法第六条规定的，由地方工商行政管理部门责令限期申请注册，违法经营额五万元以上的，可以处违法经营额百分之二十以下的罚款，没有违法经营额或者违法经营额不足五万元的，可以处一万元以下的罚款。

第五十二条 将未注册商标冒充注册商标使用的，或者使用未注册商标违反本法第十条规定的，由地方工商行政管理部门予以制止，限期改正，并可以予以通报，违法经营额五万元以上的，可以处违法经营额百分之二十以下的罚款，没有违法经营额或者违法经营额不足五万元的，可以处一万元以下的罚款。

第五十三条 违反本法第十四条第五款规定的，由地方工商行政管理部门责令改正，处十万元罚款。

第五十四条 对商标局撤销或者不予撤销注册商标的决定，当事人不服的，可以自收到通知之日起十五日内向商标评审委员会申请复审。商标评审委员会应当自收到申请之日起九个月内做出决定，并书面通知当事人。有特殊情况需要延长的，经国务院工商行政管理部门批准，可以延长三个月。当事人对商标评审委员会的决定不服的，可以自收到通知之日起三十日内向人民法院起诉。

第五十五条 法定期限届满，当事人对商标局做出的撤销注册商标的决定不申请复审或者对商标评审委员会做出的复审决定不向人民法院起诉的，撤销注册商标的决定、复审决定生效。

被撤销的注册商标，由商标局予以公告，该注册商标专用权自公告之日起终止。

第七章 注册商标专用权的保护

第五十六条 注册商标的专用权，以核准注册的商标和核定使用的商品为限。

第五十七条 有下列行为之一的，均属侵犯注册商标专用权：

（一）未经商标注册人的许可，在同一种商品上使用与其注册商标相同的商标的；

（二）未经商标注册人的许可，在同一种商品上使用与其注册商标近似的商标，或者在类似商品上使用与其注册商标相同或者近似的商标，容易导致混淆的；

（三）销售侵犯注册商标专用权的商品的；

（四）伪造、擅自制造他人注册商标标识或者销售伪造、擅自制造的注册商标标识的；

（五）未经商标注册人同意，更换其注册商标并将该更换商标的商品又投入市场的；

（六）故意为侵犯他人商标专用权行为提供便利条件，帮助他人实施侵犯商标专用权行为的；

（七）给他人的注册商标专用权造成其他损害的。

第五十八条 将他人注册商标、未注册的驰名商标作为企业名称中的字号使用，误导公众，构成不正当竞争行为的，依照《中华人民共和国反不正当竞争法》处理。

第五十九条 注册商标中含有的本商品的通用名称、图形、型号，或者直接表示商品的质量、主要原料、功能、用途、重量、数量及其他特点，或者含有的地名，注册商标专用权人无权禁止他人正当使用。

三维标志注册商标中含有的商品自身的性质产生的形状、为获得技术效果而需有的商品形状或者使商品具有实质性价值的形状，注册商标专用权人无权禁止他人正当使用。

商标注册人申请商标注册前，他人已经在同一种商品或者类似商品上先于商标注册人使用与注册商标相同或者近似并有一定影响的商标的，注册商标专用权人无权禁止该使用人在原使用范围内继续使用该商标，但可以要求其附加适当区别标识。

第六十条 有本法第五十七条所列侵犯注册商标专用权行为之一，引起纠纷的，由当事人协商解决；不愿协商或者协商不成的，商标注册人或者利害关系人可以向人民法院起诉，也可以请求工商行政管理部门处理。

工商行政管理部门处理时，认定侵权行为成立的，责令立即停止侵权行为，没收、销毁侵权商品和主要用于制造侵权商品、伪造注册商标标识的工具，违法经营额五万元以上的，可以处违法经营额五倍以下的罚款，没有违法经营额或者违法经营额不足五万元的，可以处二十五万元以下的罚款。对五年内实施两次以上商标侵权行为或者有其他严重情节的，应当从重处罚。销售不知道是侵犯注册商标专用权的商品，能证明该商品是自己合法取得并说明提供者的，由工商行政管理部门责令停止销售。

对侵犯商标专用权的赔偿数额的争议，当事人可以请求进行处理的工商行政管理部门调解，也可以依照《中华人民共和国民事诉讼法》向人民法院起诉。经工商行政管理部门调解，当事人未达成协议或者调解书生效后不履行的，当事人可以依照《中华人民共和国民事诉讼法》向人民法院起诉。

第六十一条 对侵犯注册商标专用权的行为，工商行政管理部门有权依法查处；涉嫌犯罪的，应当及时移送司法机关依法处理。

第六十二条 县级以上工商行政管理部门根据已经取得的违法嫌疑证据或者举报，对涉嫌侵犯他人注册商标专用权的行为进行查处时，可以行使下列职权：

（一）询问有关当事人，调查与侵犯他人注册商标专用权有关的情况；

（二）查阅、复制当事人与侵权活动有关的合同、发票、账簿以及其他有关资料；

（三）对当事人涉嫌从事侵犯他人注册商标专用权活动的场所实施现场检查；

（四）检查与侵权活动有关的物品；对有证据证明是侵犯他人注册商标专用权的物品，可以查封或者扣押。

工商行政管理部门依法行使前款规定的职权时，当事人应当予以协助、配合，不得拒绝、阻挠。

在查处商标侵权案件过程中，对商标权属存在争议或者权利人同时向人民法院提起商标侵权诉讼的，工商行政管理部门可以中止案件的查处。中止原因消除后，应当恢复或者终结案件查处程序。

第六十三条 侵犯商标专用权的赔偿数额，按照权利人因被侵权所受到的实际损失确定；实际损失难以确定的，可以按照侵权人因侵权所获得的利益确定；权利人的损失或者侵权人获得的利益难以确定的，参照该商标许可使用费的倍数合理确定。对恶意侵犯商标专用权，情节严重的，可以在按照上述方法确定数额的一倍以上五倍以下确定赔偿数额。赔偿数额应当包括权利人为制止侵权行为所支付的合理开支。

人民法院为确定赔偿数额，在权利人已经尽力举证，而与侵权行为相关的账簿、资料主要由侵权人掌握的情况下，可以责令侵权人提供与侵权行为相关的账簿、资料；侵权人不提供或者提供虚假的账簿、资料的，人民法院可以参考权利人的主张和提供的证据判定赔偿数额。

权利人因被侵权所受到的实际损失、侵权人因侵权所获得的利益、注册商标许可使用费难以确定的，由人民法院根据侵权行为的情节判决给予五百万元以下的赔偿。

人民法院审理商标纠纷案件，应权利人请求，对属于假冒注册商标的商品，除特殊情况外，责令销毁；对主要用于制造假冒注册商标的商品的材料、工具，责令销毁，且不予补偿；或者在特殊情况下，责令禁止前述材料、工具进入商业渠道，且不予补偿。

假冒注册商标的商品不得在仅去除假冒注册商标后进入商业渠道。

第六十四条 注册商标专用权人请求赔偿，被控侵权人以注册商标专用权人未使用注册商标提出抗辩的，人民法院可以要求注册商标专用权人提供此前三年内实际使用该注册商标的证据。注册商标专用权人不能证明此前三年内实际使用过该注册商标，也不能证明因侵权行为受到其他损失的，被控侵权人不承担赔偿责任。

销售不知道是侵犯注册商标专用权的商品，能证明该商品是自己合法取得并说明提供者的，不承担赔偿责任。

第六十五条 商标注册人或者利害关系人有证据证明他人正在实施或者即将实施侵犯其注册商标专用权的行为，如不及时制止将会使其合法权益受到难以弥补的损害的，可以依法在起诉前向人民法院申请采取责令停止有关行为和财产保全的措施。

第六十六条 为制止侵权行为，在证据可能灭失或者以后难以取得的情况下，商标注册人或者利害关系人可以依法在起诉前向人民法院申请保全证据。

第六十七条 未经商标注册人许可，在同一种商品上使用与其注册商标相同的商标，构成犯罪的，除赔偿被侵权人的损失外，依法追究刑事责任。

伪造、擅自制造他人注册商标标识或者销售伪造、擅自制造的注册商标标识，构成犯罪的，除赔偿被侵权人的损失外，依法追究刑事责任。

销售明知是假冒注册商标的商品，构成犯罪的，除赔偿被侵权人的损失外，依法追究刑事责任。

第六十八条 商标代理机构有下列行为之一的，由工商行政管理部门责令限期改正，给予警告，处一万元以上十万元以下的罚款；对直接负责的主管人员和其他直接责任人员给予警告，处五千元以上五万元以下的罚款；构成犯罪的，依法追究刑事责任：

（一）办理商标事宜过程中，伪造、变造或者使用伪造、变造的法律文件、印章、签名的；

（二）以诋毁其他商标代理机构等手段招徕商标代理业务或者以其他不正当手段扰乱商标代理市场秩序的；

（三）违反本法第四条、第十九条第三款和第四款规定的。

商标代理机构有前款规定行为的，由工商行政管理部门记入信用档案；情节严重的，商标局、商标评审委员会并可以决定停止受理其办理商标代理业务，予以公告。

商标代理机构违反诚实信用原则，侵害委托人合法利益的，应当依法承担民事责任，并由商标代理行业组织按照章程规定予以惩戒。

对恶意申请商标注册的，根据情节给予警告、罚款等行政处罚；对恶意提起商标诉讼的，由人民法院依法给予处罚。

第六十九条 从事商标注册、管理和复审工作的国家机关工作人员必须秉公执法，廉洁自律，忠于职守，文明服务。

商标局、商标评审委员会以及从事商标注册、管理和复审工作的国家机关工作人员不得从事商标代理业务和商品生产经营活动。

第七十条 工商行政管理部门应当建立健全内部监督制度，对负责商标注册、管理和复审工作的国家机关工作人员执行法律、行政法规和遵守纪律的情况，进行监督检查。

第七十一条 从事商标注册、管理和复审工作的国家机关工作人员玩忽职守、滥用职权、徇私舞弊，违法办理商标注册、管理和复审事项，收受当事人财物，牟取不正当利益，构成犯罪的，依法追究刑事责任；尚不构成犯罪的，依法给予处分。

第八章 附 则

第七十二条 申请商标注册和办理其他商标事宜的，应当缴纳费用，具体收费标准另定。

第七十三条 本法自1983年3月1日起施行。1963年4月10日国务院公布的《商标管理条例》同时废止；其他有关商标管理的规定，凡与本法抵触的，同时失效。

本法施行前已经注册的商标继续有效。

中华人民共和国知识产权海关保护条例

（国务院令第395号）

发布日期：2003-12-02
实施日期：2018-03-19
法规类型：行政法规

（根据2010年3月24日国务院令第572号《国务院关于修改〈中华人民共和国知识产权海关保护条例〉的决定》第一次修订；根据2018年3月19日国务院令第698号《国务院关于修改和废止部分行政法规的决定》第二次修订）

第一章 总 则

第一条 为了实施知识产权海关保护，促进对外经济贸易和科技文化交往，维护公共利益，根据《中华人民共和国海关法》，制定本条例。

第二条 本条例所称知识产权海关保护，是指海关对与进出口货物有关并受中华人民共和国法律、行政法规保护的商标专用权、著作权和与著作权有关的权利、专利权（以下统称知识产权）实施的保护。

第三条 国家禁止侵犯知识产权的货物进出口。

海关依照有关法律和本条例的规定实施知识产权保护，行使《中华人民共和国海关法》规定的有关权力。

第四条 知识产权权利人请求海关实施知识产权保护的，应当向海关提出采取保护措施的申请。

第五条 进口货物的收货人或者其代理人、出口货物的发货人或者其代理人应当按照国家规定，向海关如实申报与进出口货物有关的知识产权状况，并提交有关证明文件。

第六条 海关实施知识产权保护时，应当保守有关当事人的商业秘密。

第二章　知识产权的备案

第七条 知识产权权利人可以依照本条例的规定，将其知识产权向海关总署申请备案；申请备案的，应当提交申请书。申请书应当包括下列内容：

（一）知识产权权利人的名称或者姓名、注册地或者国籍等；

（二）知识产权的名称、内容及其相关信息；

（三）知识产权许可行使状况；

（四）知识产权权利人合法行使知识产权的货物的名称、产地、进出境地海关、进出口商、主要特征、价格等；

（五）已知的侵犯知识产权货物的制造商、进出口商、进出境地海关、主要特征、价格等。

前款规定的申请书内容有证明文件的，知识产权权利人应当附送证明文件。

第八条 海关总署应当自收到全部申请文件之日起 30 个工作日内作出是否准予备案的决定，并书面通知申请人；不予备案的，应当说明理由。

有下列情形之一的，海关总署不予备案：

（一）申请文件不齐全或者无效的；

（二）申请人不是知识产权权利人的；

（三）知识产权不再受法律、行政法规保护的。

第九条 海关发现知识产权权利人申请知识产权备案未如实提供有关情况或者文件的，海关总署可以撤销其备案。

第十条 知识产权海关保护备案自海关总署准予备案之日起生效，有效期为 10 年。

知识产权有效的，知识产权权利人可以在知识产权海关保护备案有效期届满前 6 个月内，向海关总署申请续展备案。每次续展备案的有效期为 10 年。

知识产权海关保护备案有效期届满而不申请续展或者知识产权不再受法律、行政法规保护的，知识产权海关保护备案随即失效。

第十一条 知识产权备案情况发生改变的，知识产权权利人应当自发生改变之日起 30 个工作日内，向海关总署办理备案变更或者注销手续。

知识产权权利人未依照前款规定办理变更或者注销手续，给他人合法进出口或者海关依法履行监管职责造成严重影响的，海关总署可以根据有关利害关系人的申请撤销有关备案，也可以主动撤销有关备案。

第三章　扣留侵权嫌疑货物的申请及其处理

第十二条　知识产权权利人发现侵权嫌疑货物即将进出口的，可以向货物进出境地海关提出扣留侵权嫌疑货物的申请。

第十三条　知识产权权利人请求海关扣留侵权嫌疑货物的，应当提交申请书及相关证明文件，并提供足以证明侵权事实明显存在的证据。

申请书应当包括下列主要内容：

（一）知识产权权利人的名称或者姓名、注册地或者国籍等；

（二）知识产权的名称、内容及其相关信息；

（三）侵权嫌疑货物收货人和发货人的名称；

（四）侵权嫌疑货物名称、规格等；

（五）侵权嫌疑货物可能进出境的口岸、时间、运输工具等。

侵权嫌疑货物涉嫌侵犯备案知识产权的，申请书还应当包括海关备案号。

第十四条　知识产权权利人请求海关扣留侵权嫌疑货物的，应当向海关提供不超过货物等值的担保，用于赔偿可能因申请不当给收货人、发货人造成的损失，以及支付货物由海关扣留后的仓储、保管和处置等费用；知识产权权利人直接向仓储商支付仓储、保管费用的，从担保中扣除。具体办法由海关总署制定。

第十五条　知识产权权利人申请扣留侵权嫌疑货物，符合本条例第十三条的规定，并依照本条例第十四条的规定提供担保的，海关应当扣留侵权嫌疑货物，书面通知知识产权权利人，并将海关扣留凭单送达收货人或者发货人。

知识产权权利人申请扣留侵权嫌疑货物，不符合本条例第十三条的规定，或者未依照本条例第十四条的规定提供担保的，海关应当驳回申请，并书面通知知识产权权利人。

第十六条　海关发现进出口货物有侵犯备案知识产权嫌疑的，应当立即书面通知知识产权权利人。知识产权权利人自通知送达之日起3个工作日内依照本条例第十三条的规定提出申请，并依照本条例第十四条的规定提供担保的，海关应当扣留侵权嫌疑货物，书面通知知识产权权利人，并将海关扣留凭单送达收货人或者发货人。知识产权权利人逾期未提出申请或者未提供担保的，海关不得扣留货物。

第十七条　经海关同意，知识产权权利人和收货人或者发货人可以查看有关货物。

第十八条　收货人或者发货人认为其货物未侵犯知识产权权利人的知识产权的，应当向海关提出书面说明并附送相关证据。

第十九条　涉嫌侵犯专利权货物的收货人或者发货人认为其进出口货物未侵犯专利权的，可以在向海关提供货物等值的担保金后，请求海关放行其货物。知识产权权利人未能在合理期限内向人民法院起诉的，海关应当退还担保金。

第二十条　海关发现进出口货物有侵犯备案知识产权嫌疑并通知知识产权权利人后，知识产权权利人请求海关扣留侵权嫌疑货物的，海关应当自扣留之日起30个工作日内对被扣留的侵权嫌疑货物是否侵犯知识产权进行调查、认定；不能认定的，应当立即书面通知知识产权权利人。

第二十一条　海关对被扣留的侵权嫌疑货物进行调查，请求知识产权主管部门提供协助的，有关知识产权主管部门应当予以协助。

知识产权主管部门处理涉及进出口货物的侵权案件请求海关提供协助的，海关应当予以协助。

第二十二条　海关对被扣留的侵权嫌疑货物及有关情况进行调查时，知识产权权利人和收货人或者发货人应当予以配合。

第二十三条　知识产权权利人在向海关提出采取保护措施的申请后，可以依照《中华人民共和国商标法》、《中华人民共和国著作权法》、《中华人民共和国专利法》或者其他有关法律的规定，就被扣留的侵权嫌疑货物向人民法院申请采取责令停止侵权行为或者财产保全的措施。

海关收到人民法院有关责令停止侵权行为或者财产保全的协助执行通知的，应当予以协助。

第二十四条　有下列情形之一的，海关应当放行被扣留的侵权嫌疑货物：

（一）海关依照本条例第十五条的规定扣留侵权嫌疑货物，自扣留之日起20个工作日内未收到人民法院协助执行通知的；

（二）海关依照本条例第十六条的规定扣留侵权嫌疑货物，自扣留之日起50个工作日内未收到人民法院协助执行通知，并且经调查不能认定被扣留的侵权嫌疑货物侵犯知识产权的；

（三）涉嫌侵犯专利权货物的收货人或者发货人在向海关提供与货物等值的担保金后，请求海关放行其货物的；

（四）海关认为收货人或者发货人有充分的证据证明其货物未侵犯知识产权权利人的知识产权的；

（五）在海关认定被扣留的侵权嫌疑货物为侵权货物之前，知识产权权利人撤回扣留侵权嫌疑货物的申请的。

第二十五条　海关依照本条例的规定扣留侵权嫌疑货物，知识产权权利人应当支付有关仓储、保管和处置等费用。知识产权权利人未支付有关费用的，海关可以从其向海关提供的担保金中予以扣除，或者要求担保人履行有关担保责任。

侵权嫌疑货物被认定为侵犯知识产权的，知识产权权利人可以将其支付的有关仓储、保管和处置等费用计入其为制止侵权行为所支付的合理开支。

第二十六条　海关实施知识产权保护发现涉嫌犯罪案件的，应当将案件依法移送公安机关处理。

第四章　法律责任

第二十七条　被扣留的侵权嫌疑货物，经海关调查后认定侵犯知识产权的，由海关予以没收。

海关没收侵犯知识产权货物后，应当将侵犯知识产权货物的有关情况书面通知知识产权权利人。

被没收的侵犯知识产权货物可以用于社会公益事业的，海关应当转交给有关公益机构用于社会公益事业；知识产权权利人有收购意愿的，海关可以有偿转让给知识产权权利人。被没收的侵犯知识产权货物无法用于社会公益事业且知识产权权利人无收购意愿的，海关可以在消除侵权特征后依法拍卖，但对进口假冒商标货物，除特殊情况外，不能仅清除货物上的商标标识即允许其进入商业渠道；侵权特征无法消除的，海关应当予以销毁。

第二十八条　海关接受知识产权保护备案和采取知识产权保护措施的申请后，因知识产权权利人未提供确切情况而未能发现侵权货物、未能及时采取保护措施或者采取保护措施不力的，由知识产权权利人自行承担责任。

知识产权权利人请求海关扣留侵权嫌疑货物后，海关不能认定被扣留的侵权嫌疑货物侵犯知识产权权利人的知识产权，或者人民法院判定不侵犯知识产权权利人的知识产权的，知识产权权利人应当依法承担赔偿责任。

第二十九条　进口或者出口侵犯知识产权货物，构成犯罪的，依法追究刑事责任。

第三十条　海关工作人员在实施知识产权保护时，玩忽职守、滥用职权、徇私舞弊，构成犯罪的，依法追究刑事责任；尚不构成犯罪的，依法给予行政处分。

<h2 align="center">第五章 附 则</h2>

第三十一条 个人携带或者邮寄进出境的物品，超出自用、合理数量，并侵犯本条例第二条规定的知识产权的，按照侵权货物处理。

第三十二条 本条例自 2004 年 3 月 1 日起施行。1995 年 7 月 5 日国务院发布的《中华人民共和国知识产权海关保护条例》同时废止。

中华人民共和国著作权法实施条例

（国务院令第 359 号）

发布日期：2002-08-02
实施日期：2013-01-30
法规类型：行政法规

（根据 2011 年 1 月 8 日国务院令第 588 号《国务院关于废止和修改部分行政法规的决定》第一次修订；根据 2013 年 1 月 30 日国务院令第 633 号《国务院关于修改〈中华人民共和国著作权法实施条例〉的决定》第二次修订）

第一条 根据《中华人民共和国著作权法》（以下简称著作权法），制定本条例。

第二条 著作权法所称作品，是指文学、艺术和科学领域内具有独创性并能以某种有形形式复制的智力成果。

第三条 著作权法所称创作，是指直接产生文学、艺术和科学作品的智力活动。

为他人创作进行组织工作，提供咨询意见、物质条件，或者进行其他辅助工作，均不视为创作。

第四条 著作权法和本条例中下列作品的含义：

（一）文字作品，是指小说、诗词、散文、论文等以文字形式表现的作品；

（二）口述作品，是指即兴的演说、授课、法庭辩论等以口头语言形式表现的作品；

（三）音乐作品，是指歌曲、交响乐等能够演唱或者演奏的带词或者不带词的作品；

（四）戏剧作品，是指话剧、歌剧、地方戏等供舞台演出的作品；

（五）曲艺作品，是指相声、快书、大鼓、评书等以说唱为主要形式表演的作品；

（六）舞蹈作品，是指通过连续的动作、姿势、表情等表现思想情感的作品；

（七）杂技艺术作品，是指杂技、魔术、马戏等通过形体动作和技巧表现的作品；

（八）美术作品，是指绘画、书法、雕塑等以线条、色彩或者其他方式构成的有审美意义的平面或者立体的造型艺术作品；

（九）建筑作品，是指以建筑物或者构筑物形式表现的有审美意义的作品；

（十）摄影作品，是指借助器械在感光材料或者其他介质上记录客观物体形象的艺术作品；

（十一）电影作品和以类似摄制电影的方法创作的作品，是指摄制在一定介质上，由一系列有伴音或者无伴音的画面组成，并且借助适当装置放映或者以其他方式传播的作品；

（十二）图形作品，是指为施工、生产绘制的工程设计图、产品设计图，以及反映地理现象、说明事物原理或者结构的地图、示意图等作品；

（十三）模型作品，是指为展示、试验或者观测等用途，根据物体的形状和结构，按照一定比例制成的立体作品。

第五条 著作权法和本条例中下列用语的含义：

（一）时事新闻，是指通过报纸、期刊、广播电台、电视台等媒体报道的单纯事实消息；

（二）录音制品，是指任何对表演的声音和其他声音的录制品；

（三）录像制品，是指电影作品和以类似摄制电影的方法创作的作品以外的任何有伴音或者无伴音的连续相关形象、图像的录制品；

（四）录音制作者，是指录音制品的首次制作人；

（五）录像制作者，是指录像制品的首次制作人；

（六）表演者，是指演员、演出单位或者其他表演文学、艺术作品的人。

第六条 著作权自作品创作完成之日起产生。

第七条 著作权法第二条第三款规定的首先在中国境内出版的外国人、无国籍人的作品，其著作权自首次出版之日起受保护。

第八条 外国人、无国籍人的作品在中国境外首先出版后，30日内在中国境内出版的，视为该作品同时在中国境内出版。

第九条 合作作品不可以分割使用的，其著作权由各合作作者共同享有，通过协商一致行使；不能协商一致，又无正当理由的，任何一方不得阻止他方行使除转让以外的其他权利，但是所得收益应当合理分配给所有合作作者。

第十条 著作权人许可他人将其作品摄制成电影作品和以类似摄制电影的方法创作的作品的，视为已同意对其作品进行必要的改动，但是这种改动不得歪曲篡改原作品。

第十一条 著作权法第十六条第一款关于职务作品的规定中的"工作任务"，是指公民在该法人或者该组织中应当履行的职责。

著作权法第十六条第二款关于职务作品的规定中的"物质技术条件"，是指该法人或者该组织为公民完成创作专门提供的资金、设备或者资料。

第十二条 职务作品完成两年内，经单位同意，作者许可第三人以与单位使用的相同方式使用作品所获报酬，由作者与单位按约定的比例分配。

作品完成两年的期限，自作者向单位交付作品之日起计算。

第十三条 作者身份不明的作品，由作品原件的所有人行使除署名权以外的著作权。作者身份确定后，由作者或者其继承人行使著作权。

第十四条 合作作者之一死亡后，其对合作作品享有的著作权法第十条第一款第五项至第十七项规定的权利无人继承又无人受遗赠的，由其他合作作者享有。

第十五条 作者死亡后，其著作权中的署名权、修改权和保护作品完整权由作者的继承人或者受遗赠人保护。

著作权无人继承又无人受遗赠的，其署名权、修改权和保护作品完整权由著作权行政管理部门保护。

第十六条 国家享有著作权的作品的使用，由国务院著作权行政管理部门管理。

第十七条 作者生前未发表的作品，如果作者未明确表示不发表，作者死亡后50年内，其发表权可由继承人或者受遗赠人行使；没有继承人又无人受遗赠的，由作品原件的所有人行使。

第十八条 作者身份不明的作品，其著作权法第十条第一款第五项至第十七项规定的权利的保护期截止于作品首次发表后第50年的12月31日。作者身份确定后，适用著作权法第二十一条的规定。

第十九条 使用他人作品的，应当指明作者姓名、作品名称；但是，当事人另有约定或者由于作品使用方式的特性无法指明的除外。

第二十条 著作权法所称已经发表的作品，是指著作权人自行或者许可他人公之于众的作品。

第二十一条 依照著作权法有关规定，使用可以不经著作权人许可的已经发表的作品的，不得影响该作品的正常使用，也不得不合理地损害著作权人的合法利益。

第二十二条 依照著作权法第二十三条、第三十三条第二款、第四十条第三款的规定使用作品的付酬标准，由国务院著作权行政管理部门会同国务院价格主管部门制定、公布。

第二十三条 使用他人作品应当同著作权人订立许可使用合同，许可使用的权利是专有使用权的，应当采取书面形式，但是报社、期刊社刊登作品除外。

第二十四条 著作权法第二十四条规定的专有使用权的内容由合同约定，合同没有约定或者约定不明的，视为被许可人有权排除包括著作权人在内的任何人以同样的方式使用作品；除合同另有约定外，被许可人许可第三人行使同一权利，必须取得著作权人的许可。

第二十五条 与著作权人订立专有许可使用合同、转让合同的，可以向著作权行政管理部门备案。

第二十六条 著作权法和本条例所称与著作权有关的权益，是指出版者对其出版的图书和期刊的版式设计享有的权利，表演者对其表演享有的权利，录音录像制作者对其制作的录音录像制品享有的权利，广播电台、电视台对其播放的广播、电视节目享有的权利。

第二十七条 出版者、表演者、录音录像制作者、广播电台、电视台行使权利，不得损害被使用作品和原作品著作权人的权利。

第二十八条 图书出版合同中约定图书出版者享有专有出版权但没有明确其具体内容的，视为图书出版者享有在合同有效期限内和在合同约定的地域范围内以同种文字的原版、修订版出版图书的专有权利。

第二十九条 著作权人寄给图书出版者的两份订单在 6 个月内未能得到履行，视为著作权法第三十二条所称图书脱销。

第三十条 著作权人依照著作权法第三十三条第二款声明不得转载、摘编其作品的，应当在报纸、期刊刊登该作品时附带声明。

第三十一条 著作权人依照著作权法第四十条第三款声明不得对其作品制作录音制品的，应当在该作品合法录制为录音制品时声明。

第三十二条 依照著作权法第二十三条、第三十三条第二款、第四十条第三款的规定，使用他人作品的，应当自使用该作品之日起 2 个月内向著作权人支付报酬。

第三十三条 外国人、无国籍人在中国境内的表演，受著作权法保护。

外国人、无国籍人根据中国参加的国际条约对其表演享有的权利，受著作权法保护。

第三十四条 外国人、无国籍人在中国境内制作、发行的录音制品，受著作权法保护。

外国人、无国籍人根据中国参加的国际条约对其制作、发行的录音制品享有的权利，受著作权法保护。

第三十五条 外国的广播电台、电视台根据中国参加的国际条约对其播放的广播、电视节目享有的权利，受著作权法保护。

第三十六条 有著作权法第四十八条所列侵权行为，同时损害社会公共利益，非法经营额 5 万元以上的，著作权行政管理部门可处非法经营额 1 倍以上 5 倍以下的罚款；没有非法经营额或者非法经营额 5 万元以下的，著作权行政管理部门根据情节轻重，可处 25 万元以下的罚款。

第三十七条　有著作权法第四十八条所列侵权行为，同时损害社会公共利益的，由地方人民政府著作权行政管理部门负责查处。

国务院著作权行政管理部门可以查处在全国有重大影响的侵权行为。

第三十八条　本条例自 2002 年 9 月 15 日起施行。1991 年 5 月 24 日国务院批准、1991 年 5 月 30 日国家版权局发布的《中华人民共和国著作权法实施条例》同时废止。

中华人民共和国商标法实施条例

（国务院令第 358 号）

发布日期：2002-08-03
实施日期：2014-05-01
法规类型：行政法规

（根据 2014 年 4 月 29 日国务院令第 651 号《关于修改〈中华人民共和国商标法实施条例〉的决定》修订）

第一章　总　　则

第一条　根据《中华人民共和国商标法》（以下简称商标法），制定本条例。

第二条　本条例有关商品商标的规定，适用于服务商标。

第三条　商标持有人依照商标法第十三条规定请求驰名商标保护的，应当提交其商标构成驰名商标的证据材料。商标局、商标评审委员会应当依照商标法第十四条的规定，根据审查、处理案件的需要以及当事人提交的证据材料，对其商标驰名情况作出认定。

第四条　商标法第十六条规定的地理标志，可以依照商标法和本条例的规定，作为证明商标或者集体商标申请注册。

以地理标志作为证明商标注册的，其商品符合使用该地理标志条件的自然人、法人或者其他组织可以要求使用该证明商标，控制该证明商标的组织应当允许。以地理标志作为集体商标注册的，其商品符合使用该地理标志条件的自然人、法人或者其他组织，可以要求参加以该地理标志作为集体商标注册的团体、协会或者其他组织，该团体、协会或者其他组织应当依照其章程纳为会员；不要求参加以该地理标志作为集体商标注册的团体、协会或者其他组织的，也可以正当使用该地理标志，该团体、协会或者其他组织无权禁止。

第五条　当事人委托商标代理机构申请商标注册或者办理其他商标事宜，应当提交代理委托书。代理委托书应当载明代理内容及权限；外国人或者外国企业的代理委托书还应当载明委托人的国籍。

外国人或者外国企业的代理委托书及与其有关的证明文件的公证、认证手续，按照对等原则办理。

申请商标注册或转让商标，商标注册申请人或者商标转让受让人为外国人或者外国企业的，应当在申请书中指定中国境内接收人负责接收商标局、商标评审委员会后继商标业务的法律文件。商标局、商标评审委员会后继商标业务的法律文件向中国境内接收人送达。

商标法第十八条所称外国人或者外国企业，是指在中国没有经常居所或者营业所的外国人或者外国企业。

第六条 申请商标注册或者办理其他商标事宜，应当使用中文。

依照商标法和本条例规定提交的各种证件、证明文件和证据材料是外文的，应当附送中文译文；未附送的，视为未提交该证件、证明文件或者证据材料。

第七条 商标局、商标评审委员会工作人员有下列情形之一的，应当回避，当事人或者利害关系人可以要求其回避：

（一）是当事人或者当事人、代理人的近亲属的；

（二）与当事人、代理人有其他关系，可能影响公正的；

（三）与申请商标注册或者办理其他商标事宜有利害关系的。

第八条 以商标法第二十二条规定的数据电文方式提交商标注册申请等有关文件，应当按照商标局或者商标评审委员会的规定通过互联网提交。

第九条 除本条例第十八条规定的情形外，当事人向商标局或者商标评审委员会提交文件或者材料的日期，直接递交的，以递交日为准；邮寄的，以寄出的邮戳日为准；邮戳日不清晰或者没有邮戳的，以商标局或者商标评审委员会实际收到日为准，但是当事人能够提出实际邮戳日证据的除外。通过邮政企业以外的快递企业递交的，以快递企业收寄日为准；收寄日不明确的，以商标局或者商标评审委员会实际收到日为准，但是当事人能够提出实际收寄日证据的除外。以数据电文方式提交的，以进入商标局或者商标评审委员会电子系统的日期为准。

当事人向商标局或者商标评审委员会邮寄文件，应当使用给据邮件。

当事人向商标局或者商标评审委员会提交文件，以书面方式提交的，以商标局或者商标评审委员会所存档案记录为准；以数据电文方式提交的，以商标局或者商标评审委员会数据库记录为准，但是当事人确有证据证明商标局或者商标评审委员会档案、数据库记录有错误的除外。

第十条 商标局或者商标评审委员会的各种文件，可以通过邮寄、直接递交、数据电文或者其他方式送达当事人；以数据电文方式送达当事人的，应当经当事人同意。当事人委托商标代理机构的，文件送达商标代理机构视为送达当事人。

商标局或者商标评审委员会向当事人送达各种文件的日期，邮寄的，以当事人收到的邮戳日为准；邮戳日不清晰或者没有邮戳的，自文件发出之日起满15日视为送达当事人，但是当事人能够证明实际收到日的除外；直接递交的，以递交日为准；以数据电文方式送达的，自文件发出之日起满15日视为送达当事人，但是当事人能够证明文件进入其电子系统日期的除外。文件通过上述方式无法送达的，可以通过公告方式送达，自公告发布之日起满30日，该文件视为送达当事人。

第十一条 下列期间不计入商标审查、审理期限：

（一）商标局、商标评审委员会文件公告送达的期间；

（二）当事人需要补充证据或者补正文件的期间以及因当事人更换需要重新答辩的期间；

（三）同日申请提交使用证据及协商、抽签需要的期间；

（四）需要等待优先权确定的期间；

（五）审查、审理过程中，依案件申请人的请求等待在先权利案件审理结果的期间。

第十二条 除本条第二款规定的情形外，商标法和本条例规定的各种期限开始的当日不计算在期限内。期限以年或者月计算的，以期限最后一月的相应日为期限届满日；该月无相应日的，以该月最后一日为期限届满日；期限届满日是节假日的，以节假日后的第一个工作日为期限届满日。

商标法第三十九条、第四十条规定的注册商标有效期从法定日开始起算，期限最后一月相应日的前一日为期限届满日，该月无相应日的，以该月最后一日为期限届满日。

第二章 商标注册的申请

第十三条 申请商标注册，应当按照公布的商品和服务分类表填报。每一件商标注册申请应当向商标局提交《商标注册申请书》1份、商标图样1份；以颜色组合或者着色图样申请商标注册的，应当提交着色图样，并提交黑白稿1份；不指定颜色的，应当提交黑白图样。

商标图样应当清晰，便于粘贴，用光洁耐用的纸张印制或者用照片代替，长和宽应当不大于10厘米，不小于5厘米。

以三维标志申请商标注册的，应当在申请书中予以声明，说明商标的使用方式，并提交能够确定三维形状的图样，提交的商标图样应当至少包含三面视图。

以颜色组合申请商标注册的，应当在申请书中予以声明，说明商标的使用方式。

以声音标志申请商标注册的，应当在申请书中予以声明，提交符合要求的声音样本，对申请注册的声音商标进行描述，说明商标的使用方式。对声音商标进行描述，应当以五线谱或者简谱对申请用作商标的声音加以描述并附加文字说明；无法以五线谱或者简谱描述的，应当以文字加以描述；商标描述与声音样本应当一致。

申请注册集体商标、证明商标的，应当在申请书中予以声明，并提交主体资格证明文件和使用管理规则。

商标为外文或者包含外文的，应当说明含义。

第十四条 申请商标注册的，申请人应当提交其身份证明文件。商标注册申请人的名义与所提交的证明文件应当一致。

前款关于申请人提交其身份证明文件的规定适用于向商标局提出的办理变更、转让、续展、异议、撤销等其他商标事宜。

第十五条 商品或者服务项目名称应当按照商品和服务分类表中的类别号、名称填写；商品或者服务项目名称未列入商品和服务分类表的，应当附送对该商品或者服务的说明。

商标注册申请等有关文件以纸质方式提出的，应当打字或者印刷。

本条第二款规定适用于办理其他商标事宜。

第十六条 共同申请注册同一商标或者办理其他共有商标事宜的，应当在申请书中指定一个代表人；没有指定代表人的，以申请书中顺序排列的第一人为代表人。

商标局和商标评审委员会的文件应当送达代表人。

第十七条 申请人变更其名义、地址、代理人、文件接收人或者删减指定的商品的，应当向商标局办理变更手续。

申请人转让其商标注册申请的，应当向商标局办理转让手续。

第十八条 商标注册的申请日期以商标局收到申请文件的日期为准。

商标注册申请手续齐备、按照规定填写申请文件并缴纳费用的，商标局予以受理并书面通知申请人；申请手续不齐备、未按照规定填写申请文件或者未缴纳费用的，商标局不予受理，书面通知申请人并说明理由。申请手续基本齐备或者申请文件基本符合规定，但是需要补正的，商标局通知申请人予以补正，限其自收到通知之日起30日内，按照指定内容补正并交回商标局。在规定期限内补正并交回商标局的，保留申请日期；期满未补正的或者不按照要求进行补正的，商标局不予受理并书面通知申请人。

本条第二款关于受理条件的规定适用于办理其他商标事宜。

第十九条 两个或者两个以上的申请人，在同一种商品或者类似商品上，分别以相同或者近似的商标在同一天申请注册的，各申请人应当自收到商标局通知之日起30日内提交其申请注册前在先使用该商标的证据。同日使用或者均未使用的，各申请人可以自收到商标局通知之日起 30 日内自行协商，并将书面协议报送商标局；不愿协商或者协商不成的，商标局通知各申请人以抽签的方式确定一个申请人，驳回其他人的注册申请。商标局已经通知但申请人未参加抽签的，视为放弃申请，商标局应当书面通知未参加抽签的申请人。

第二十条 依照商标法第二十五条规定要求优先权的，申请人提交的第一次提出商标注册申请文件的副本应当经受理该申请的商标主管机关证明，并注明申请日期和申请号。

第三章 商标注册申请的审查

第二十一条 商标局对受理的商标注册申请，依照商标法及本条例的有关规定进行审查，对符合规定或者在部分指定商品上使用商标的注册申请符合规定的，予以初步审定，并予以公告；对不符合规定或者在部分指定商品上使用商标的注册申请不符合规定的，予以驳回或者驳回在部分指定商品上使用商标的注册申请，书面通知申请人并说明理由。

第二十二条 商标局对一件商标注册申请在部分指定商品上予以驳回的，申请人可以将该申请中初步审定的部分申请分割成另一件申请，分割后的申请保留原申请的申请日期。

需要分割的，申请人应当自收到商标局《商标注册申请部分驳回通知书》之日起 15 日内，向商标局提出分割申请。

商标局收到分割申请后，应当将原申请分割为两件，对分割出来的初步审定申请生成新的申请号，并予以公告。

第二十三条 依照商标法第二十九条规定，商标局认为对商标注册申请内容需要说明或者修正的，申请人应当自收到商标局通知之日起 15 日内作出说明或者修正。

第二十四条 对商标局初步审定予以公告的商标提出异议的，异议人应当向商标局提交下列商标异议材料一式两份并标明正、副本：

（一）商标异议申请书；

（二）异议人的身份证明；

（三）以违反商标法第十三条第二款和第三款、第十五条、第十六条第一款、第三十条、第三十一条、第三十二条规定为由提出异议的，异议人作为在先权利人或者利害关系人的证明。

商标异议申请书应当有明确的请求和事实依据，并附送有关证据材料。

第二十五条 商标局收到商标异议申请书后，经审查，符合受理条件的，予以受理，向申请人发出受理通知书。

第二十六条 商标异议申请有下列情形的，商标局不予受理，书面通知申请人并说明理由：

（一）未在法定期限内提出的；

（二）申请人主体资格、异议理由不符合商标法第三十三条规定的；

（三）无明确的异议理由、事实和法律依据的；

（四）同一异议人以相同的理由、事实和法律依据针对同一商标再次提出异议申请的。

第二十七条 商标局应当将商标异议材料副本及时送交被异议人，限其自收到商标异议材料副本之日起 30 日内答辩。被异议人不答辩的，不影响商标局作出决定。

当事人需要在提出异议申请或者答辩后补充有关证据材料的，应当在商标异议申请书或者答辩书中声明，并自提交商标异议申请书或者答辩书之日起 3 个月内提交；期满未提交的，视为当事人放弃补充有关证据材料。但是，在期满后生成或者当事人有其他正当理由未能在期满前提交的证据，在期满后提交的，商标局将证据交对方当事人并质证后可以采信。

第二十八条 商标法第三十五条第三款和第三十六条第一款所称不予注册决定，包括在部分指定商品上不予注册决定。

被异议商标在商标局作出准予注册决定或者不予注册决定前已经刊发注册公告的，撤销该注册公告。经审查异议不成立而准予注册的，在准予注册决定生效后重新公告。

第二十九条 商标注册申请人或者商标注册人依照商标法第三十八条规定提出更正申请的，应当向商标局提交更正申请书。符合更正条件的，商标局核准后更正相关内容；不符合更正条件的，商标局不予核准，书面通知申请人并说明理由。

已经刊发初步审定公告或者注册公告的商标经更正的，刊发更正公告。

第四章 注册商标的变更、转让、续展

第三十条 变更商标注册人名义、地址或者其他注册事项的，应当向商标局提交变更申请书。变更商标注册人名义的，还应当提交有关登记机关出具的变更证明文件。商标局核准的，发给商标注册人相应证明，并予以公告；不予核准的，应当书面通知申请人并说明理由。

变更商标注册人名义或者地址的，商标注册人应当将其全部注册商标一并变更；未一并变更的，由商标局通知其限期改正；期满未改正的，视为放弃变更申请，商标局应当书面通知申请人。

第三十一条 转让注册商标的，转让人和受让人应当向商标局提交转让注册商标申请书。转让注册商标申请手续应当由转让人和受让人共同办理。商标局核准转让注册商标申请的，发给受让人相应证明，并予以公告。

转让注册商标，商标注册人对其在同一种或者类似商品上注册的相同或者近似的商标未一并转让的，由商标局通知其限期改正；期满未改正的，视为放弃转让该注册商标的申请，商标局应当书面通知申请人。

第三十二条 注册商标专用权因转让以外的继承等其他事由发生移转的，接受该注册商标专用权的当事人应当凭有关证明文件或者法律文书到商标局办理注册商标专用权移转手续。

注册商标专用权移转的，注册商标专用权人在同一种或者类似商品上注册的相同或者近似的商标，应当一并移转；未一并移转的，由商标局通知其限期改正；期满未改正的，视为放弃该移转注册商标的申请，商标局应当书面通知申请人。

商标移转申请经核准的，予以公告。接受该注册商标专用权移转的当事人自公告之日起享有商标专用权。

第三十三条 注册商标需要续展注册的，应当向商标局提交商标续展注册申请书。商标局核准商标注册续展申请的，发给相应证明并予以公告。

第五章 商标国际注册

第三十四条 商标法第二十一条规定的商标国际注册，是指根据《商标国际注册马德里协定》（以下简称马德里协定）、《商标国际注册马德里协定有关议定书》（以下简称马德里议定书）及《商标国际注册马德里协定及该协定有关议定书的共同实施细则》的规定办理的马德里商标国际注册。

马德里商标国际注册申请包括以中国为原属国的商标国际注册申请、指定中国的领土延伸申请及其他有关的申请。

第三十五条 以中国为原属国申请商标国际注册的，应当在中国设有真实有效的营业所，或者在中国有住所，或者拥有中国国籍。

第三十六条 符合本条例第三十五条规定的申请人，其商标已在商标局获得注册的，可以根据马德里协定申请办理该商标的国际注册。

符合本条例第三十五条规定的申请人，其商标已在商标局获得注册，或者已向商标局提出商标注册申请并被受理的，可以根据马德里议定书申请办理该商标的国际注册。

第三十七条 以中国为原属国申请商标国际注册的，应当通过商标局向世界知识产权组织国际局（以下简称国际局）申请办理。

以中国为原属国的，与马德里协定有关的商标国际注册的后期指定、放弃、注销，应当通过商标局向国际局申请办理；与马德里协定有关的商标国际注册的转让、删减、变更、续展，可以通过商标局向国际局申请办理，也可以直接向国际局申请办理。

以中国为原属国的，与马德里议定书有关的商标国际注册的后期指定、转让、删减、放弃、注销、变更、续展，可以通过商标局向国际局申请办理，也可以直接向国际局申请办理。

第三十八条 通过商标局向国际局申请商标国际注册及办理其他有关申请的，应当提交符合国际局和商标局要求的申请书和相关材料。

第三十九条 商标国际注册申请指定的商品或者服务不得超出国内基础申请或者基础注册的商品或者服务的范围。

第四十条 商标国际注册申请手续不齐备或者未按照规定填写申请书的，商标局不予受理，申请日不予保留。

申请手续基本齐备或者申请书基本符合规定，但需要补正的，申请人应当自收到补正通知书之日起 30 日内予以补正，逾期未补正的，商标局不予受理，书面通知申请人。

第四十一条 通过商标局向国际局申请商标国际注册及办理其他有关申请的，应当按照规定缴纳费用。

申请人应当自收到商标局缴费通知单之日起 15 日内，向商标局缴纳费用。期满未缴纳的，商标局不受理其申请，书面通知申请人。

第四十二条 商标局在马德里协定或者马德里议定书规定的驳回期限（以下简称驳回期限）内，依照商标法和本条例的有关规定对指定中国的领土延伸申请进行审查，作出决定，并通知国际局。商标局在驳回期限内未发出驳回或者部分驳回通知的，该领土延伸申请视为核准。

第四十三条 指定中国的领土延伸申请人，要求将三维标志、颜色组合、声音标志作为商标保护或者要求保护集体商标、证明商标的，自该商标在国际局国际注册簿登记之日起 3 个月内，应当通过依法设立的商标代理机构，向商标局提交本条例第十三条规定的相关材料。未在上述期限内提交相关材料的，商标局驳回该领土延伸申请。

第四十四条 世界知识产权组织对商标国际注册有关事项进行公告，商标局不再另行公告。

第四十五条 对指定中国的领土延伸申请，自世界知识产权组织《国际商标公告》出版的次月 1 日起 3 个月内，符合商标法第三十三条规定条件的异议人可以向商标局提出异议申请。

商标局在驳回期限内将异议申请的有关情况以驳回决定的形式通知国际局。

被异议人可以自收到国际局转发的驳回通知书之日起 30 日内进行答辩，答辩书及相关证据材料应当通过依法设立的商标代理机构向商标局提交。

第四十六条 在中国获得保护的国际注册商标，有效期自国际注册日或者后期指定日起算。在有效期届满前，注册人可以向国际局申请续展，在有效期内未申请续展的，可以给予 6 个月的宽展期。商标局收到国际局的续展通知后，依法进行审查。国际局通知未续展的，注销该国际注册商标。

第四十七条 指定中国的领土延伸申请办理转让的，受让人应当在缔约方境内有真实有效的营业所，或者在缔约方境内有住所，或者是缔约方国民。

转让人未将其在相同或者类似商品或者服务上的相同或者近似商标一并转让的，商标局通知注册人自发出通知之日起 3 个月内改正；期满未改正或者转让容易引起混淆或者有其他不良影响的，商标局作出该转让在中国无效的决定，并向国际局作出声明。

第四十八条　指定中国的领土延伸申请办理删减，删减后的商品或者服务不符合中国有关商品或者服务分类要求或者超出原指定商品或者服务范围的，商标局作出该删减在中国无效的决定，并向国际局作出声明。

第四十九条　依照商标法第四十九条第二款规定申请撤销国际注册商标，应当自该商标国际注册申请的驳回期限届满之日起满3年后向商标局提出申请；驳回期限届满时仍处在驳回复审或者异议相关程序的，应当自商标局或者商标评审委员会作出的准予注册决定生效之日起满3年后向商标局提出申请。

依照商标法第四十四条第一款规定申请宣告国际注册商标无效的，应当自该商标国际注册申请的驳回期限届满后向商标评审委员会提出申请；驳回期限届满时仍处在驳回复审或者异议相关程序的，应当自商标局或者商标评审委员会作出的准予注册决定生效后向商标评审委员会提出申请。

依照商标法第四十五条第一款规定申请宣告国际注册商标无效的，应当自该商标国际注册申请的驳回期限届满之日起5年内向商标评审委员会提出申请；驳回期限届满时仍处在驳回复审或者异议相关程序的，应当自商标局或者商标评审委员会作出的准予注册决定生效之日起5年内向商标评审委员会提出申请。对恶意注册的，驰名商标所有人不受5年的时间限制。

第五十条　商标法和本条例下列条款的规定不适用于办理商标国际注册相关事宜：

（一）商标法第二十八条、第三十五条第一款关于审查和审理期限的规定；

（二）本条例第二十二条、第三十条第二款；

（三）商标法第四十二条及本条例第三十一条关于商标转让由转让人和受让人共同申请并办理手续的规定。

第六章　商标评审

第五十一条　商标评审是指商标评审委员会依照商标法第三十四条、第三十五条、第四十四条、第四十五条、第五十四条的规定审理有关商标争议事宜。当事人向商标评审委员会提出商标评审申请，应当有明确的请求、事实、理由和法律依据，并提供相应证据。

商标评审委员会根据事实，依法进行评审。

第五十二条　商标评审委员会审理不服商标局驳回商标注册申请决定的复审案件，应当针对商标局的驳回决定和申请人申请复审的事实、理由、请求及评审时的事实状态进行审理。

商标评审委员会审理不服商标局驳回商标注册申请决定的复审案件，发现申请注册的商标有违反商标法第十条、第十一条、第十二条和第十六条第一款规定情形，商标局并未依据上述条款作出驳回决定的，可以依据上述条款作出驳回申请的复审决定。商标评审委员会作出复审决定前应当听取申请人的意见。

第五十三条　商标评审委员会审理不服商标局不予注册决定的复审案件，应当针对商标局的不予注册决定和申请人申请复审的事实、理由、请求及原异议人提出的意见进行审理。

商标评审委员会审理不服商标局不予注册决定的复审案件，应当通知原异议人参加并提出意见。原异议人的意见对案件审理结果有实质影响的，可以作为评审的依据；原异议人不参加或者不提出意见的，不影响案件的审理。

第五十四条　商标评审委员会审理依照商标法第四十四条、第四十五条规定请求宣告注册商标无效的案件，应当针对当事人申请和答辩的事实、理由及请求进行审理。

第五十五条　商标评审委员会审理不服商标局依照商标法第四十四条第一款规定作出宣告注册商标无效决定的复审案件，应当针对商标局的决定和申请人申请复审的事实、理由及请求进行审理。

第五十六条　商标评审委员会审理不服商标局依照商标法第四十九条规定作出撤销或者维持注册商标决定的复审案件，应当针对商标局作出撤销或者维持注册商标决定和当事人申请复审时所依据的事实、理由及请求进行审理。

第五十七条　申请商标评审，应当向商标评审委员会提交申请书，并按照对方当事人的数量提交相应份数的副本；基于商标局的决定书申请复审的，还应当同时附送商标局的决定书副本。

商标评审委员会收到申请书后，经审查，符合受理条件的，予以受理；不符合受理条件的，不予受理，书面通知申请人并说明理由；需要补正的，通知申请人自收到通知之日起30日内补正。经补正仍不符合规定的，商标评审委员会不予受理，书面通知申请人并说明理由；期满未补正的，视为撤回申请，商标评审委员会应当书面通知申请人。

商标评审委员会受理商标评审申请后，发现不符合受理条件的，予以驳回，书面通知申请人并说明理由。

第五十八条　商标评审委员会受理商标评审申请后应当及时将申请书副本送交对方当事人，限其自收到申请书副本之日起30日内答辩；期满未答辩的，不影响商标评审委员会的评审。

第五十九条　当事人需要在提出评审申请或者答辩后补充有关证据材料的，应当在申请书或者答辩书中声明，并自提交申请书或者答辩书之日起3个月内提交；期满未提交的，视为放弃补充有关证据材料。但是，在期满后生成或者当事人有其他正当理由未能在期满前提交的证据，在期满后提交的，商标评审委员会将证据交对方当事人并质证后可以采信。

第六十条　商标评审委员会根据当事人的请求或者实际需要，可以决定对评审申请进行口头审理。

商标评审委员会决定对评审申请进行口头审理的，应当在口头审理15日前书面通知当事人，告知口头审理的日期、地点和评审人员。当事人应当在通知书指定的期限内作出答复。

申请人不答复也不参加口头审理的，其评审申请视为撤回，商标评审委员会应当书面通知申请人；被申请人不答复也不参加口头审理的，商标评审委员会可以缺席评审。

第六十一条　申请人在商标评审委员会作出决定、裁定前，可以书面向商标评审委员会要求撤回申请并说明理由，商标评审委员会认为可以撤回的，评审程序终止。

第六十二条　申请人撤回商标评审申请的，不得以相同的事实和理由再次提出评审申请。商标评审委员会对商标评审申请已经作出裁定或者决定的，任何人不得以相同的事实和理由再次提出评审申请。但是，经不予注册复审程序予以核准注册后向商标评审委员会提起宣告注册商标无效的除外。

第七章　商标使用的管理

第六十三条　使用注册商标，可以在商品、商品包装、说明书或者其他附着物上标明"注册商标"或者注册标记。

注册标记包括注和®。使用注册标记，应当标注在商标的右上角或者右下角。

第六十四条　《商标注册证》遗失或者破损的，应当向商标局提交补发《商标注册证》申请书。《商标注册证》遗失的，应当在《商标公告》上刊登遗失声明。破损的《商标注册证》，应当在提交补发申请时交回商标局。

商标注册人需要商标局补发商标变更、转让、续展证明，出具商标注册证明，或者商标申请人需要商标局出具优先权证明文件的，应当向商标局提交相应申请书。符合要求的，商标局发给相应证明；不符合要求的，商标局不予办理，通知申请人并告知理由。

伪造或者变造《商标注册证》或者其他商标证明文件的，依照刑法关于伪造、变造国家机关证件罪或者其他罪的规定，依法追究刑事责任。

第六十五条 有商标法第四十九条规定的注册商标成为其核定使用的商品通用名称情形的，任何单位或者个人可以向商标局申请撤销该注册商标，提交申请时应当附送证据材料。商标局受理后应当通知商标注册人，限其自收到通知之日起2个月内答辩；期满未答辩的，不影响商标局作出决定。

第六十六条 有商标法第四十九条规定的注册商标无正当理由连续3年不使用情形的，任何单位或者个人可以向商标局申请撤销该注册商标，提交申请时应当说明有关情况。商标局受理后应当通知商标注册人，限其自收到通知之日起2个月内提交该商标在撤销申请提出前使用的证据材料或者说明不使用的正当理由；期满未提供使用的证据材料或者证据材料无效并没有正当理由的，由商标局撤销其注册商标。

前款所称使用的证据材料，包括商标注册人使用注册商标的证据材料和商标注册人许可他人使用注册商标的证据材料。

以无正当理由连续3年不使用为由申请撤销注册商标的，应当自该注册商标注册公告之日起满3年后提出申请。

第六十七条 下列情形属于商标法第四十九条规定的正当理由：

（一）不可抗力；

（二）政府政策性限制；

（三）破产清算；

（四）其他不可归责于商标注册人的正当事由。

第六十八条 商标局、商标评审委员会撤销注册商标或者宣告注册商标无效，撤销或者宣告无效的理由仅及于部分指定商品的，对在该部分指定商品上使用的商标注册予以撤销或者宣告无效。

第六十九条 许可他人使用其注册商标的，许可人应当在许可合同有效期内向商标局备案并报送备案材料。备案材料应当说明注册商标使用许可人、被许可人、许可期限、许可使用的商品或者服务范围等事项。

第七十条 以注册商标专用权出质的，出质人与质权人应当签订书面质权合同，并共同向商标局提出质权登记申请，由商标局公告。

第七十一条 违反商标法第四十三条第二款规定的，由工商行政管理部门责令限期改正；逾期不改正的，责令停止销售，拒不停止销售的，处10万元以下的罚款。

第七十二条 商标持有人依照商标法第十三条规定请求驰名商标保护的，可以向工商行政管理部门提出请求。经商标局依照商标法第十四条规定认定为驰名商标的，由工商行政管理部门责令停止违反商标法第十三条规定使用商标的行为，收缴、销毁违法使用的商标标识；商标标识与商品难以分离的，一并收缴、销毁。

第七十三条 商标注册人申请注销其注册商标或者注销其商标在部分指定商品上的注册的，应当向商标局提交商标注销申请书，并交回原《商标注册证》。

商标注册人申请注销其注册商标或者注销其商标在部分指定商品上的注册，经商标局核准注销的，该注册商标专用权或者该注册商标专用权在部分指定商品上的效力自商标局收到其注销申请之日起终止。

第七十四条 注册商标被撤销或者依照本条例第七十三条的规定被注销的，原《商标注册证》作废，并予以公告；撤销该商标在部分指定商品上的注册的，或者商标注册人申请注销其商标在部分指定商品上的注册的，重新核发《商标注册证》，并予以公告。

第八章　注册商标专用权的保护

第七十五条 为侵犯他人商标专用权提供仓储、运输、邮寄、印制、隐匿、经营场所、网络商品交易平台等，属于商标法第五十七条第六项规定的提供便利条件。

第七十六条 在同一种商品或者类似商品上将与他人注册商标相同或者近似的标志作为商品名称或者商品装潢使用，误导公众的，属于商标法第五十七条第二项规定的侵犯注册商标专用权的行为。

第七十七条 对侵犯注册商标专用权的行为，任何人可以向工商行政管理部门投诉或者举报。

第七十八条 计算商标法第六十条规定的违法经营额，可以考虑下列因素：

（一）侵权商品的销售价格；

（二）未销售侵权商品的标价；

（三）已查清侵权商品实际销售的平均价格；

（四）被侵权商品的市场中间价格；

（五）侵权人因侵权所产生的营业收入；

（六）其他能够合理计算侵权商品价值的因素。

第七十九条 下列情形属于商标法第六十条规定的能证明该商品是自己合法取得的情形：

（一）有供货单位合法签章的供货清单和货款收据且经查证属实或者供货单位认可的；

（二）有供销双方签订的进货合同且经查证已真实履行的；

（三）有合法进货发票且发票记载事项与涉案商品对应的；

（四）其他能够证明合法取得涉案商品的情形。

第八十条 销售不知道是侵犯注册商标专用权的商品，能证明该商品是自己合法取得并说明提供者的，由工商行政管理部门责令停止销售，并将案件情况通报侵权商品提供者所在地工商行政管理部门。

第八十一条 涉案注册商标权属正在商标局、商标评审委员会审理或者人民法院诉讼中，案件结果可能影响案件定性的，属于商标法第六十二条第三款规定的商标权属存在争议。

第八十二条 在查处商标侵权案件过程中，工商行政管理部门可以要求权利人对涉案商品是否为权利人生产或者其许可生产的产品进行辨认。

第九章 商标代理

第八十三条 商标法所称商标代理，是指接受委托人的委托，以委托人的名义办理商标注册申请、商标评审或者其他商标事宜。

第八十四条 商标法所称商标代理机构，包括经工商行政管理部门登记从事商标代理业务的服务机构和从事商标代理业务的律师事务所。

商标代理机构从事商标局、商标评审委员会主管的商标事宜代理业务的，应当按照下列规定向商标局备案：

（一）交验工商行政管理部门的登记证明文件或者司法行政部门批准设立律师事务所的证明文件并留存复印件；

（二）报送商标代理机构的名称、住所、负责人、联系方式等基本信息；

（三）报送商标代理从业人员名单及联系方式。

工商行政管理部门应当建立商标代理机构信用档案。商标代理机构违反商标法或者本条例规定的，由商标局或者商标评审委员会予以公开通报，并记入其信用档案。

第八十五条 商标法所称商标代理从业人员，是指在商标代理机构中从事商标代理业务的工作人员。

商标代理从业人员不得以个人名义自行接受委托。

第八十六条 商标代理机构向商标局、商标评审委员会提交的有关申请文件，应当加盖该代理机构公章并由相关商标代理从业人员签字。

第八十七条 商标代理机构申请注册或者受让其代理服务以外的其他商标，商标局不予受理。

第八十八条 下列行为属于商标法第六十八条第一款第二项规定的以其他不正当手段扰乱商标代理市场秩序的行为：

（一）以欺诈、虚假宣传、引人误解或者商业贿赂等方式招徕业务的；

（二）隐瞒事实，提供虚假证据，或者威胁、诱导他人隐瞒事实，提供虚假证据的；

（三）在同一商标案件中接受有利益冲突的双方当事人委托的。

第八十九条 商标代理机构有商标法第六十八条规定行为的，由行为人所在地或者违法行为发生地县级以上工商行政管理部门进行查处并将查处情况通报商标局。

第九十条 商标局、商标评审委员会依照商标法第六十八条规定停止受理商标代理机构办理商标代理业务的，可以作出停止受理该商标代理机构商标代理业务6个月以上直至永久停止受理的决定。停止受理商标代理业务的期间届满，商标局、商标评审委员会应当恢复受理。

商标局、商标评审委员会作出停止受理或者恢复受理商标代理的决定应当在其网站予以公告。

第九十一条 工商行政管理部门应当加强对商标代理行业组织的监督和指导。

第十章 附 则

第九十二条 连续使用至1993年7月1日的服务商标，与他人在相同或者类似的服务上已注册的服务商标相同或者近似的，可以继续使用；但是，1993年7月1日后中断使用3年以上的，不得继续使用。

已连续使用至商标局首次受理新放开商品或者服务项目之日的商标，与他人在新放开商品或者服务项目相同或者类似的商品或者服务上已注册的商标相同或者近似的，可以继续使用；但是，首次受理之日后中断使用3年以上的，不得继续使用。

第九十三条 商标注册用商品和服务分类表，由商标局制定并公布。

申请商标注册或者办理其他商标事宜的文件格式，由商标局、商标评审委员会制定并公布。

商标评审委员会的评审规则由国务院工商行政管理部门制定并公布。

第九十四条 商标局设置《商标注册簿》，记载注册商标及有关注册事项。

第九十五条 《商标注册证》及相关证明是权利人享有注册商标专用权的凭证。《商标注册证》记载的注册事项，应当与《商标注册簿》一致；记载不一致的，除有证据证明《商标注册簿》确有错误外，以《商标注册簿》为准。

第九十六条 商标局发布《商标公告》，刊发商标注册及其他有关事项。

《商标公告》采用纸质或者电子形式发布。

除送达公告外，公告内容自发布之日起视为社会公众已经知道或者应当知道。

第九十七条 申请商标注册或者办理其他商标事宜，应当缴纳费用。缴纳费用的项目和标准，由国务院财政部门、国务院价格主管部门分别制定。

第九十八条 本条例自2014年5月1日起施行。

中华人民共和国专利法实施细则

（国务院令第 306 号）

发布日期：2001-06-15
实施日期：2010-02-01
法规类型：行政法规

（根据 2002 年 12 月 28 日国务院令第 368 号《国务院关于修改〈中华人民共和国专利法实施细则〉的决定》第一次修订；根据 2010 年 1 月 9 日国务院令第 569 号《国务院关于修改〈中华人民共和国专利法实施细则〉的决定》第二次修订）

第一章 总 则

第一条 根据《中华人民共和国专利法》（以下简称专利法），制定本细则。

第二条 专利法和本细则规定的各种手续，应当以书面形式或者国务院专利行政部门规定的其他形式办理。

第三条 依照专利法和本细则规定提交的各种文件应当使用中文；国家有统一规定的科技术语的，应当采用规范词；外国人名、地名和科技术语没有统一中文译文的，应当注明原文。

依照专利法和本细则规定提交的各种证件和证明文件是外文的，国务院专利行政部门认为必要时，可以要求当事人在指定期限内附送中文译文；期满未附送的，视为未提交该证件和证明文件。

第四条 向国务院专利行政部门邮寄的各种文件，以寄出的邮戳日为递交日；邮戳日不清晰的，除当事人能够提出证明外，以国务院专利行政部门收到日为递交日。

国务院专利行政部门的各种文件，可以通过邮寄、直接送交或者其他方式送达当事人。当事人委托专利代理机构的，文件送交专利代理机构；未委托专利代理机构的，文件送交请求书中指明的联系人。

国务院专利行政部门邮寄的各种文件，自文件发出之日起满 15 日，推定为当事人收到文件之日。

根据国务院专利行政部门规定应当直接送交的文件，以交付日为送达日。

文件送交地址不清，无法邮寄的，可以通过公告的方式送达当事人。自公告之日起满 1 个月，该文件视为已经送达。

第五条 专利法和本细则规定的各种期限的第一日不计算在期限内。期限以年或者月计算的，以其最后一月的相应日为期限届满日；该月无相应日的，以该月最后一日为期限届满日；期限届满日是法定休假日的，以休假日后的第一个工作日为期限届满日。

第六条 当事人因不可抗拒的事由而延误专利法或者本细则规定的期限或者国务院专利行政部门指定的期限，导致其权利丧失的，自障碍消除之日起 2 个月内，最迟自期限届满之日起 2 年内，可以向国务院专利行政部门请求恢复权利。

除前款规定的情形外，当事人因其他正当理由延误专利法或者本细则规定的期限或者国务院专利行政部门指定的期限，导致其权利丧失的，可以自收到国务院专利行政部门的通知之日起2个月内向国务院专利行政部门请求恢复权利。

当事人依照本条第一款或者第二款的规定请求恢复权利的，应当提交恢复权利请求书，说明理由，必要时附具有关证明文件，并办理权利丧失前应当办理的相应手续；依照本条第二款的规定请求恢复权利的，还应当缴纳恢复权利请求费。

当事人请求延长国务院专利行政部门指定的期限的，应当在期限届满前，向国务院专利行政部门说明理由并办理有关手续。

本条第一款和第二款的规定不适用专利法第二十四条、第二十九条、第四十二条、第六十八条规定的期限。

第七条 专利申请涉及国防利益需要保密的，由国防专利机构受理并进行审查；国务院专利行政部门受理的专利申请涉及国防利益需要保密的，应当及时移交国防专利机构进行审查。经国防专利机构审查没有发现驳回理由的，由国务院专利行政部门作出授予国防专利权的决定。

国务院专利行政部门认为其受理的发明或者实用新型专利申请涉及国防利益以外的国家安全或者重大利益需要保密的，应当及时作出按照保密专利申请处理的决定，并通知申请人。保密专利申请的审查、复审以及保密专利权无效宣告的特殊程序，由国务院专利行政部门规定。

第八条 专利法第二十条所称在中国完成的发明或者实用新型，是指技术方案的实质性内容在中国境内完成的发明或者实用新型。

任何单位或者个人将在中国完成的发明或者实用新型向外国申请专利的，应当按照下列方式之一请求国务院专利行政部门进行保密审查：

（一）直接向外国申请专利或者向有关国外机构提交专利国际申请的，应当事先向国务院专利行政部门提出请求，并详细说明其技术方案；

（二）向国务院专利行政部门申请专利后拟向外国申请专利或者向有关国外机构提交专利国际申请的，应当在向外国申请专利或者向有关国外机构提交专利国际申请前向国务院专利行政部门提出请求。

向国务院专利行政部门提交专利国际申请的，视为同时提出了保密审查请求。

第九条 国务院专利行政部门收到依照本细则第八条规定递交的请求后，经过审查认为该发明或者实用新型可能涉及国家安全或者重大利益需要保密的，应当及时向申请人发出保密审查通知；申请人未在其请求递交日起4个月内收到保密审查通知的，可以就该发明或者实用新型向外国申请专利或者向有关国外机构提交专利国际申请。

国务院专利行政部门依照前款规定通知进行保密审查的，应当及时作出是否需要保密的决定，并通知申请人。申请人未在其请求递交日起6个月内收到需要保密的决定的，可以就该发明或者实用新型向外国申请专利或者向有关国外机构提交专利国际申请。

第十条 专利法第五条所称违反法律的发明创造，不包括仅其实施为法律所禁止的发明创造。

第十一条 除专利法第二十八条和第四十二条规定的情形外，专利法所称申请日，有优先权的，指优先权日。

本细则所称申请日，除另有规定的外，是指专利法第二十八条规定的申请日。

第十二条 专利法第六条所称执行本单位的任务所完成的职务发明创造，是指：

（一）在本职工作中作出的发明创造；

（二）履行本单位交付的本职工作之外的任务所作出的发明创造；

（三）退休、调离原单位后或者劳动、人事关系终止后1年内作出的，与其在原单位承担的本职工作或者原单位分配的任务有关的发明创造。

专利法第六条所称本单位，包括临时工作单位；专利法第六条所称本单位的物质技术条件，是指本单位的资金、设备、零部件、原材料或者不对外公开的技术资料等。

第十三条 专利法所称发明人或者设计人，是指对发明创造的实质性特点作出创造性贡献的人。在完成发明创造过程中，只负责组织工作的人、为物质技术条件的利用提供方便的人或者从事其他辅助工作的人，不是发明人或者设计人。

第十四条 除依照专利法第十条规定转让专利权外，专利权因其他事由发生转移的，当事人应当凭有关证明文件或者法律文书向国务院专利行政部门办理专利权转移手续。

专利权人与他人订立的专利实施许可合同，应当自合同生效之日起3个月内向国务院专利行政部门备案。

以专利权出质的，由出质人和质权人共同向国务院专利行政部门办理出质登记。

第二章 专利的申请

第十五条 以书面形式申请专利的，应当向国务院专利行政部门提交申请文件一式两份。

以国务院专利行政部门规定的其他形式申请专利的，应当符合规定的要求。

申请人委托专利代理机构向国务院专利行政部门申请专利和办理其他专利事务的，应当同时提交委托书，写明委托权限。

申请人有2人以上且未委托专利代理机构的，除请求书中另有声明的外，以请求书中指明的第一申请人为代表人。

第十六条 发明、实用新型或者外观设计专利申请的请求书应当写明下列事项：

（一）发明、实用新型或者外观设计的名称；

（二）申请人是中国单位或者个人的，其名称或者姓名、地址、邮政编码、组织机构代码或者居民身份证件号码；申请人是外国人、外国企业或者外国其他组织的，其姓名或者名称、国籍或者注册的国家或者地区；

（三）发明人或者设计人的姓名；

（四）申请人委托专利代理机构的，受托机构的名称、机构代码以及该机构指定的专利代理人的姓名、执业证号码、联系电话；

（五）要求优先权的，申请人第一次提出专利申请（以下简称在先申请）的申请日、申请号以及原受理机构的名称；

（六）申请人或者专利代理机构的签字或者盖章；

（七）申请文件清单；

（八）附加文件清单；

（九）其他需要写明的有关事项。

第十七条 发明或者实用新型专利申请的说明书应当写明发明或者实用新型的名称，该名称应当与请求书中的名称一致。说明书应当包括下列内容：

（一）技术领域：写明要求保护的技术方案所属的技术领域；

（二）背景技术：写明对发明或者实用新型的理解、检索、审查有用的背景技术；有可能的，并引证反映这些背景技术的文件；

（三）发明内容：写明发明或者实用新型所要解决的技术问题以及解决其技术问题采用的技术方案，并对照现有技术写明发明或者实用新型的有益效果；

（四）附图说明：说明书有附图的，对各幅附图作简略说明；

（五）具体实施方式：详细写明申请人认为实现发明或者实用新型的优选方式；必要时，举例说明；有附图的，对照附图。

发明或者实用新型专利申请人应当按照前款规定的方式和顺序撰写说明书，并在说明书每一部分前面写明标题，除非其发明或者实用新型的性质用其他方式或者顺序撰写能节约说明书的篇幅并使他人能够准确理解其发明或者实用新型。

发明或者实用新型说明书应当用词规范、语句清楚，并不得使用"如权利要求……所述的……"一类的引用语，也不得使用商业性宣传用语。

发明专利申请包含一个或者多个核苷酸或者氨基酸序列的，说明书应当包括符合国务院专利行政部门规定的序列表。申请人应当将该序列表作为说明书的一个单独部分提交，并按照国务院专利行政部门的规定提交该序列表的计算机可读形式的副本。

实用新型专利申请说明书应当有表示要求保护的产品的形状、构造或者其结合的附图。

第十八条 发明或者实用新型的几幅附图应当按照"图1，图2，……"顺序编号排列。

发明或者实用新型说明书文字部分中未提及的附图标记不得在附图中出现，附图中未出现的附图标记不得在说明书文字部分中提及。申请文件中表示同一组成部分的附图标记应当一致。

附图中除必需的词语外，不应当含有其他注释。

第十九条 权利要求书应当记载发明或者实用新型的技术特征。

权利要求书有几项权利要求的，应当用阿拉伯数字顺序编号。

权利要求书中使用的科技术语应当与说明书中使用的科技术语一致，可以有化学式或者数学式，但是不得有插图。除绝对必要的外，不得使用"如说明书……部分所述"或者"如图……所示"的用语。

权利要求中的技术特征可以引用说明书附图中相应的标记，该标记应当放在相应的技术特征后并置于括号内，便于理解权利要求。附图标记不得解释为对权利要求的限制。

第二十条 权利要求书应当有独立权利要求，也可以有从属权利要求。

独立权利要求应当从整体上反映发明或者实用新型的技术方案，记载解决技术问题的必要技术特征。

从属权利要求应当用附加的技术特征，对引用的权利要求作进一步限定。

第二十一条 发明或者实用新型的独立权利要求应当包括前序部分和特征部分，按照下列规定撰写：

（一）前序部分：写明要求保护的发明或者实用新型技术方案的主题名称和发明或者实用新型主题与最接近的现有技术共有的必要技术特征；

（二）特征部分：使用"其特征是……"或者类似的用语，写明发明或者实用新型区别于最接近的现有技术的技术特征。这些特征和前序部分写明的特征合在一起，限定发明或者实用新型要求保护的范围。

发明或者实用新型的性质不适于用前款方式表达的，独立权利要求可以用其他方式撰写。

一项发明或者实用新型应当只有一个独立权利要求，并写在同一发明或者实用新型的从属权利要求之前。

第二十二条 发明或者实用新型的从属权利要求应当包括引用部分和限定部分，按照下列规定撰写：

（一）引用部分：写明引用的权利要求的编号及其主题名称；

（二）限定部分：写明发明或者实用新型附加的技术特征。

从属权利要求只能引用在前的权利要求。引用两项以上权利要求的多项从属权利要求，只能以择一方式引用在前的权利要求，并不得作为另一项多项从属权利要求的基础。

第二十三条 说明书摘要应当写明发明或者实用新型专利申请所公开内容的概要，即写明发明或者实用新型的名称和所属技术领域，并清楚地反映所要解决的技术问题、解决该问题的技术方案的要点以及主要用途。

说明书摘要可以包含最能说明发明的化学式；有附图的专利申请，还应当提供一幅最能说明该发明或者实用新型技术特征的附图。附图的大小及清晰度应当保证在该图缩小到 4 厘米×6 厘米时，仍能清晰地分辨出图中的各个细节。摘要文字部分不得超过 300 个字。摘要中不得使用商业性宣传用语。

第二十四条　申请专利的发明涉及新的生物材料，该生物材料公众不能得到，并且对该生物材料的说明不足以使所属领域的技术人员实施其发明的，除应当符合专利法和本细则的有关规定外，申请人还应当办理下列手续：

（一）在申请日前或者最迟在申请日（有优先权的，指优先权日），将该生物材料的样品提交国务院专利行政部门认可的保藏单位保藏，并在申请时或者最迟自申请日起 4 个月内提交保藏单位出具的保藏证明和存活证明；期满未提交证明的，该样品视为未提交保藏；

（二）在申请文件中，提供有关该生物材料特征的资料；

（三）涉及生物材料样品保藏的专利申请应当在请求书和说明书中写明该生物材料的分类命名（注明拉丁文名称）、保藏该生物材料样品的单位名称、地址、保藏日期和保藏编号；申请时未写明的，应当自申请日起 4 个月内补正；期满未补正的，视为未提交保藏。

第二十五条　发明专利申请人依照本细则第二十四条的规定保藏生物材料样品的，在发明专利申请公布后，任何单位或者个人需要将该专利申请所涉及的生物材料作为实验目的使用的，应当向国务院专利行政部门提出请求，并写明下列事项：

（一）请求人的姓名或者名称和地址；

（二）不向其他任何人提供该生物材料的保证；

（三）在授予专利权前，只作为实验目的使用的保证。

第二十六条　专利法所称遗传资源，是指取自人体、动物、植物或者微生物等含有遗传功能单位并具有实际或者潜在价值的材料；专利法所称依赖遗传资源完成的发明创造，是指利用了遗传资源的遗传功能完成的发明创造。

就依赖遗传资源完成的发明创造申请专利的，申请人应当在请求书中予以说明，并填写国务院专利行政部门制定的表格。

第二十七条　申请人请求保护色彩的，应当提交彩色图片或者照片。

申请人应当就每件外观设计产品所需要保护的内容提交有关图片或者照片。

第二十八条　外观设计的简要说明应当写明外观设计产品的名称、用途，外观设计的设计要点，并指定一幅最能表明设计要点的图片或者照片。省略视图或者请求保护色彩的，应当在简要说明中写明。

对同一产品的多项相似外观设计提出一件外观设计专利申请的，应当在简要说明中指定其中一项作为基本设计。

简要说明不得使用商业性宣传用语，也不能用来说明产品的性能。

第二十九条　国务院专利行政部门认为必要时，可以要求外观设计专利申请人提交使用外观设计的产品样品或者模型。样品或者模型的体积不得超过 30 厘米×30 厘米×30 厘米，重量不得超过 15 公斤。易腐、易损或者危险品不得作为样品或者模型提交。

第三十条　专利法第二十四条第（一）项所称中国政府承认的国际展览会，是指国际展览会公约规定的在国际展览局注册或者由其认可的国际展览会。

专利法第二十四条第（二）项所称学术会议或者技术会议，是指国务院有关主管部门或者全国性学术团体组织召开的学术会议或者技术会议。

申请专利的发明创造有专利法第二十四条第（一）项或者第（二）项所列情形的，申请人应当在提出专利申请时声明，并自申请日起 2 个月内提交有关国际展览会或者学术会议、技术会议的组织单位出具的有关发明创造已经展出或者发表，以及展出或者发表日期的证明文件。

申请专利的发明创造有专利法第二十四条第（三）项所列情形的，国务院专利行政部门认为必要时，可以要求申请人在指定期限内提交证明文件。

申请人未依照本条第三款的规定提出声明和提交证明文件的，或者未依照本条第四款的规定在指定期限内提交证明文件的，其申请不适用专利法第二十四条的规定。

第三十一条 申请人依照专利法第三十条的规定要求外国优先权的，申请人提交的在先申请文件副本应当经原受理机构证明。依照国务院专利行政部门与该受理机构签订的协议，国务院专利行政部门通过电子交换等途径获得在先申请文件副本的，视为申请人提交了经该受理机构证明的在先申请文件副本。要求本国优先权，申请人在请求书中写明在先申请的申请日和申请号的，视为提交了在先申请文件副本。

要求优先权，但请求书中漏写或者错写在先申请的申请日、申请号和原受理机构名称中的一项或者两项内容的，国务院专利行政部门应当通知申请人在指定期限内补正；期满未补正的，视为未要求优先权。

要求优先权的申请人的姓名或者名称与在先申请文件副本中记载的申请人姓名或者名称不一致的，应当提交优先权转让证明材料，未提交该证明材料的，视为未要求优先权。

外观设计专利申请的申请人要求外国优先权，其在先申请未包括对外观设计的简要说明，申请人按照本细则第二十八条规定提交的简要说明未超出在先申请文件的图片或者照片表示的范围的，不影响其享有优先权。

第三十二条 申请人在一件专利申请中，可以要求一项或者多项优先权；要求多项优先权的，该申请的优先权期限从最早的优先权日起计算。

申请人要求本国优先权，在先申请是发明专利申请的，可以就相同主题提出发明或者实用新型专利申请；在先申请是实用新型专利申请的，可以就相同主题提出实用新型或者发明专利申请。但是，提出后一申请时，在先申请的主题有下列情形之一的，不得作为要求本国优先权的基础：

（一）已经要求外国优先权或者本国优先权的；

（二）已经被授予专利权的；

（三）属于按照规定提出的分案申请的。

申请人要求本国优先权的，其在先申请自后一申请提出之日起即视为撤回。

第三十三条 在中国没有经常居所或者营业所的申请人，申请专利或者要求外国优先权的，国务院专利行政部门认为必要时，可以要求其提供下列文件：

（一）申请人是个人的，其国籍证明；

（二）申请人是企业或者其他组织的，其注册的国家或者地区的证明文件；

（三）申请人的所属国，承认中国单位和个人可以按照该国国民的同等条件，在该国享有专利权、优先权和其他与专利有关的权利的证明文件。

第三十四条 依照专利法第三十一条第一款规定，可以作为一件专利申请提出的属于一个总的发明构思的两项以上的发明或者实用新型，应当在技术上相互关联，包含一个或者多个相同或者相应的特定技术特征，其中特定技术特征是指每一项发明或者实用新型作为整体，对现有技术作出贡献的技术特征。

第三十五条 依照专利法第三十一条第二款规定，将同一产品的多项相似外观设计作为一件申请提出的，对该产品的其他设计应当与简要说明中指定的基本设计相似。一件外观设计专利申请中的相似外观设计不得超过 10 项。

专利法第三十一条第二款所称同一类别并且成套出售或者使用的产品的两项以上外观设

计，是指各产品属于分类表中同一大类，习惯上同时出售或者同时使用，而且各产品的外观设计具有相同的设计构思。

将两项以上外观设计作为一件申请提出的，应当将各项外观设计的顺序编号标注在每件外观设计产品各幅图片或者照片的名称之前。

第三十六条　申请人撤回专利申请的，应当向国务院专利行政部门提出声明，写明发明创造的名称、申请号和申请日。

撤回专利申请的声明在国务院专利行政部门作好公布专利申请文件的印刷准备工作后提出的，申请文件仍予公布；但是，撤回专利申请的声明应当在以后出版的专利公报上予以公告。

第三章　专利申请的审查和批准

第三十七条　在初步审查、实质审查、复审和无效宣告程序中，实施审查和审理的人员有下列情形之一的，应当自行回避，当事人或者其他利害关系人可以要求其回避：

（一）是当事人或者其代理人的近亲属的；

（二）与专利申请或者专利权有利害关系的；

（三）与当事人或者其代理人有其他关系，可能影响公正审查和审理的；

（四）专利复审委员会成员曾参与原申请的审查。

第三十八条　国务院专利行政部门收到发明或者实用新型专利申请的请求书、说明书（实用新型必须包括附图）和权利要求书，或者外观设计专利申请的请求书、外观设计的图片或者照片和简要说明后，应当明确申请日、给予申请号，并通知申请人。

第三十九条　专利申请文件有下列情形之一的，国务院专利行政部门不予受理，并通知申请人：

（一）发明或者实用新型专利申请缺少请求书、说明书（实用新型无附图）或者权利要求书的，或者外观设计专利申请缺少请求书、图片或者照片、简要说明的；

（二）未使用中文的；

（三）不符合本细则第一百二十一条第一款规定的；

（四）请求书中缺少申请人姓名或者名称，或者缺少地址的；

（五）明显不符合专利法第十八条或者第十九条第一款的规定的；

（六）专利申请类别（发明、实用新型或者外观设计）不明确或者难以确定的。

第四十条　说明书中写有对附图的说明但无附图或者缺少部分附图的，申请人应当在国务院专利行政部门指定的期限内补交附图或者声明取消对附图的说明。申请人补交附图的，以向国务院专利行政部门提交或者邮寄附图之日为申请日；取消对附图的说明的，保留原申请日。

第四十一条　两个以上的申请人同日（指申请日；有优先权的，指优先权日）分别就同样的发明创造申请专利的，应当在收到国务院专利行政部门的通知后自行协商确定申请人。

同一申请人在同日（指申请日）对同样的发明创造既申请实用新型专利又申请发明专利的，应当在申请时分别说明对同样的发明创造已申请了另一专利；未作说明的，依照专利法第九条第一款关于同样的发明创造只能授予一项专利权的规定处理。

国务院专利行政部门公告授予实用新型专利权，应当公告申请人已依照本条第二款的规定同时申请了发明专利的说明。

发明专利申请经审查没有发现驳回理由，国务院专利行政部门应当通知申请人在规定期限内声明放弃实用新型专利权。申请人声明放弃的，国务院专利行政部门应当作出授予发明专利权的决定，并在公告授予发明专利权时一并公告申请人放弃实用新型专利权声明。申请人不同意放弃的，国务院专利行政部门应当驳回该发明专利申请；申请人期满未答复的，视为撤回该发明专利申请。

实用新型专利权自公告授予发明专利权之日起终止。

第四十二条 一件专利申请包括两项以上发明、实用新型或者外观设计的，申请人可以在本细则第五十四条第一款规定的期限届满前，向国务院专利行政部门提出分案申请；但是，专利申请已经被驳回、撤回或者视为撤回的，不能提出分案申请。

国务院专利行政部门认为一件专利申请不符合专利法第三十一条和本细则第三十四条或者第三十五条的规定的，应当通知申请人在指定期限内对其申请进行修改；申请人期满未答复的，该申请视为撤回。

分案的申请不得改变原申请的类别。

第四十三条 依照本细则第四十二条规定提出的分案申请，可以保留原申请日，享有优先权的，可以保留优先权日，但是不得超出原申请记载的范围。

分案申请应当依照专利法及本细则的规定办理有关手续。

分案申请的请求书中应当写明原申请的申请号和申请日。提交分案申请时，申请人应当提交原申请文件副本；原申请享有优先权的，并应当提交原申请的优先权文件副本。

第四十四条 专利法第三十四条和第四十条所称初步审查，是指审查专利申请是否具备专利法第二十六条或者第二十七条规定的文件和其他必要的文件，这些文件是否符合规定的格式，并审查下列各项：

（一）发明专利申请是否明显属于专利法第五条、第二十五条规定的情形，是否不符合专利法第十八条、第十九条第一款、第二十条第一款或者本细则第十六条、第二十六条第二款的规定，是否明显不符合专利法第二条第二款、第二十六条第五款、第三十一条第一款、第三十三条或者本细则第十七条至第二十一条的规定；

（二）实用新型专利申请是否明显属于专利法第五条、第二十五条规定的情形，是否不符合专利法第十八条、第十九条第一款、第二十条第一款或者本细则第十六条至第十九条、第二十一条至第二十三条的规定，是否明显不符合专利法第二条第三款、第二十二条第二款、第四款、第二十六条第三款、第四款、第三十一条第一款、第三十三条或者本细则第二十条、第四十三条第一款的规定，是否依照专利法第九条规定不能取得专利权；

（三）外观设计专利申请是否明显属于专利法第五条、第二十五条第一款第（六）项规定的情形，是否不符合专利法第十八条、第十九条第一款或者本细则第十六条、第二十七条、第二十八条的规定，是否明显不符合专利法第二条第四款、第二十三条第一款、第二十七条第二款、第三十一条第二款、第三十三条或者本细则第四十三条第一款的规定，是否依照专利法第九条规定不能取得专利权；

（四）申请文件是否符合本细则第二条、第三条第一款的规定。

国务院专利行政部门应当将审查意见通知申请人，要求其在指定期限内陈述意见或者补正；申请人期满未答复的，其申请视为撤回。申请人陈述意见或者补正后，国务院专利行政部门仍然认为不符合前款所列各项规定的，应当予以驳回。

第四十五条 除专利申请文件外，申请人向国务院专利行政部门提交的与专利申请有关的其他文件有下列情形之一的，视为未提交：

（一）未使用规定的格式或者填写不符合规定的；

（二）未按照规定提交证明材料的。

国务院专利行政部门应当将视为未提交的审查意见通知申请人。

第四十六条 申请人请求早日公布其发明专利申请的，应当向国务院专利行政部门声明。国务院专利行政部门对该申请进行初步审查后，除予以驳回的外，应当立即将申请予以公布。

第四十七条 申请人写明使用外观设计的产品及其所属类别的，应当使用国务院专利行政部门公布的外观设计产品分类表。未写明使用外观设计的产品所属类别或者所写的类别不确切的，国务院专利行政部门可以予以补充或者修改。

第四十八条 自发明专利申请公布之日起至公告授予专利权之日止，任何人均可以对不符合专利法规定的专利申请向国务院专利行政部门提出意见，并说明理由。

第四十九条 发明专利申请人因有正当理由无法提交专利法第三十六条规定的检索资料或者审查结果资料的，应当向国务院专利行政部门声明，并在得到有关资料后补交。

第五十条 国务院专利行政部门依照专利法第三十五条第二款的规定对专利申请自行进行审查时，应当通知申请人。

第五十一条 发明专利申请人在提出实质审查请求时以及在收到国务院专利行政部门发出的发明专利申请进入实质审查阶段通知书之日起的3个月内，可以对发明专利申请主动提出修改。

实用新型或者外观设计专利申请人自申请日起2个月内，可以对实用新型或者外观设计专利申请主动提出修改。

申请人在收到国务院专利行政部门发出的审查意见通知书后对专利申请文件进行修改的，应当针对通知书指出的缺陷进行修改。

国务院专利行政部门可以自行修改专利申请文件中文字和符号的明显错误。国务院专利行政部门自行修改的，应当通知申请人。

第五十二条 发明或者实用新型专利申请的说明书或者权利要求书的修改部分，除个别文字修改或者增删外，应当按照规定格式提交替换页。外观设计专利申请的图片或者照片的修改，应当按照规定提交替换页。

第五十三条 依照专利法第三十八条的规定，发明专利申请经实质审查应当予以驳回的情形是指：

（一）申请属于专利法第五条、第二十五条规定的情形，或者依照专利法第九条规定不能取得专利权的；

（二）申请不符合专利法第二条第二款、第二十条第一款、第二十二条、第二十六条第三款、第四款、第五款、第三十一条第一款或者本细则第二十条第二款规定的；

（三）申请的修改不符合专利法第三十三条规定，或者分案的申请不符合本细则第四十三条第一款的规定的。

第五十四条 国务院专利行政部门发出授予专利权的通知后，申请人应当自收到通知之日起2个月内办理登记手续。申请人按期办理登记手续的，国务院专利行政部门应当授予专利权，颁发专利证书，并予以公告。

期满未办理登记手续的，视为放弃取得专利权的权利。

第五十五条 保密专利申请经审查没有发现驳回理由的，国务院专利行政部门应当作出授予保密专利权的决定，颁发保密专利证书，登记保密专利权的有关事项。

第五十六条 授予实用新型或者外观设计专利权的决定公告后，专利法第六十条规定的专利权人或者利害关系人可以请求国务院专利行政部门作出专利权评价报告。

请求作出专利权评价报告的，应当提交专利权评价报告请求书，写明专利号。每项请求应当限于一项专利权。

专利权评价报告请求书不符合规定的，国务院专利行政部门应当通知请求人在指定期限内补正；请求人期满未补正的，视为未提出请求。

第五十七条 国务院专利行政部门应当自收到专利权评价报告请求书后2个月内作出专利权评价报告。对同一项实用新型或者外观设计专利权，有多个请求人请求作出专利权评价报告的，国务院专利行政部门仅作出一份专利权评价报告。任何单位或者个人可以查阅或者复制该专利权评价报告。

第五十八条 国务院专利行政部门对专利公告、专利单行本中出现的错误，一经发现，应当及时更正，并对所作更正予以公告。

第四章 专利申请的复审与专利权的无效宣告

第五十九条 专利复审委员会由国务院专利行政部门指定的技术专家和法律专家组成，主任委员由国务院专利行政部门负责人兼任。

第六十条 依照专利法第四十一条的规定向专利复审委员会请求复审的，应当提交复审请求书，说明理由，必要时还应当附具有关证据。

复审请求不符合专利法第十九条第一款或者第四十一条第一款规定的，专利复审委员会不予受理，书面通知复审请求人并说明理由。

复审请求书不符合规定格式的，复审请求人应当在专利复审委员会指定的期限内补正；期满未补正的，该复审请求视为未提出。

第六十一条 请求人在提出复审请求或者在对专利复审委员会的复审通知书作出答复时，可以修改专利申请文件；但是，修改应当仅限于消除驳回决定或者复审通知书指出的缺陷。

修改的专利申请文件应当提交一式两份。

第六十二条 专利复审委员会应当将受理的复审请求书转交国务院专利行政部门原审查部门进行审查。原审查部门根据复审请求人的请求，同意撤销原决定的，专利复审委员会应当据此作出复审决定，并通知复审请求人。

第六十三条 专利复审委员会进行复审后，认为复审请求不符合专利法和本细则有关规定的，应当通知复审请求人，要求其在指定期限内陈述意见。期满未答复的，该复审请求视为撤回；经陈述意见或者进行修改后，专利复审委员会认为仍不符合专利法和本细则有关规定的，应当作出维持原驳回决定的复审决定。

专利复审委员会进行复审后，认为原驳回决定不符合专利法和本细则有关规定的，或者认为经过修改的专利申请文件消除了原驳回决定指出的缺陷的，应当撤销原驳回决定，由原审查部门继续进行审查程序。

第六十四条 复审请求人在专利复审委员会作出决定前，可以撤回其复审请求。

复审请求人在专利复审委员会作出决定前撤回其复审请求的，复审程序终止。

第六十五条 依照专利法第四十五条的规定，请求宣告专利权无效或者部分无效的，应当向专利复审委员会提交专利权无效宣告请求书和必要的证据一式两份。无效宣告请求书应当结合提交的所有证据，具体说明无效宣告请求的理由，并指明每项理由所依据的证据。

前款所称无效宣告请求的理由，是指被授予专利的发明创造不符合专利法第二条、第二十条第一款、第二十二条、第二十三条、第二十六条第三款、第四款、第二十七条第二款、第三十三条或者本细则第二十条第二款、第四十三条第一款的规定，或者属于专利法第五条、第二十五条的规定，或者依照专利法第九条规定不能取得专利权。

第六十六条 专利权无效宣告请求不符合专利法第十九条第一款或者本细则第六十五条规定的，专利复审委员会不予受理。

在专利复审委员会就无效宣告请求作出决定之后，又以同样的理由和证据请求无效宣告的，专利复审委员会不予受理。

以不符合专利法第二十三条第三款的规定为理由请求宣告外观设计专利权无效，但是未提交证明权利冲突的证据的，专利复审委员会不予受理。

专利权无效宣告请求书不符合规定格式的，无效宣告请求人应当在专利复审委员会指定的期限内补正；期满未补正的，该无效宣告请求视为未提出。

第六十七条 在专利复审委员会受理无效宣告请求后，请求人可以在提出无效宣告请求之日起1个月内增加理由或者补充证据。逾期增加理由或者补充证据的，专利复审委员会可以不予考虑。

第六十八条 专利复审委员会应当将专利权无效宣告请求书和有关文件的副本送交专利权人，要求其在指定的期限内陈述意见。

专利权人和无效宣告请求人应当在指定期限内答复专利复审委员会发出的转送文件通知书或者无效宣告请求审查通知书；期满未答复的，不影响专利复审委员会审理。

第六十九条 在无效宣告请求的审查过程中，发明或者实用新型专利的专利权人可以修改其权利要求书，但是不得扩大原专利的保护范围。

发明或者实用新型专利的专利权人不得修改专利说明书和附图，外观设计专利的专利权人不得修改图片、照片和简要说明。

第七十条 专利复审委员会根据当事人的请求或者案情需要，可以决定对无效宣告请求进行口头审理。

专利复审委员会决定对无效宣告请求进行口头审理的，应当向当事人发出口头审理通知书，告知举行口头审理的日期和地点。当事人应当在通知书指定的期限内作出答复。

无效宣告请求人对专利复审委员会发出的口头审理通知书在指定的期限内未作答复，并且不参加口头审理的，其无效宣告请求视为撤回；专利权人不参加口头审理的，可以缺席审理。

第七十一条 在无效宣告请求审查程序中，专利复审委员会指定的期限不得延长。

第七十二条 专利复审委员会对无效宣告的请求作出决定前，无效宣告请求人可以撤回其请求。

专利复审委员会作出决定之前，无效宣告请求人撤回其请求或者其无效宣告请求被视为撤回的，无效宣告请求审查程序终止。但是，专利复审委员会认为根据已进行的审查工作能够作出宣告专利权无效或者部分无效的决定的，不终止审查程序。

第五章 专利实施的强制许可

第七十三条 专利法第四十八条第（一）项所称未充分实施其专利，是指专利权人及其被许可人实施其专利的方式或者规模不能满足国内对专利产品或者专利方法的需求。

专利法第五十条所称取得专利权的药品，是指解决公共健康问题所需的医药领域中的任何专利产品或者依照专利方法直接获得的产品，包括取得专利权的制造该产品所需的活性成分以及使用该产品所需的诊断用品。

第七十四条 请求给予强制许可的，应当向国务院专利行政部门提交强制许可请求书，说明理由并附具有关证明文件。

国务院专利行政部门应当将强制许可请求书的副本送交专利权人，专利权人应当在国务院专利行政部门指定的期限内陈述意见；期满未答复的，不影响国务院专利行政部门作出决定。

国务院专利行政部门在作出驳回强制许可请求的决定或者给予强制许可的决定前，应当通知请求人和专利权人拟作出的决定及其理由。

国务院专利行政部门依照专利法第五十条的规定作出给予强制许可的决定，应当同时符合中国缔结或者参加的有关国际条约关于为了解决公共健康问题而给予强制许可的规定，但中国作出保留的除外。

第七十五条 依照专利法第五十七条的规定，请求国务院专利行政部门裁决使用费数额的，当事人应当提出裁决请求书，并附具双方不能达成协议的证明文件。国务院专利行政部门应当自收到请求书之日起 3 个月内作出裁决，并通知当事人。

第六章　对职务发明创造的发明人或者设计人的奖励和报酬

第七十六条　被授予专利权的单位可以与发明人、设计人约定或者在其依法制定的规章制度中规定专利法第十六条规定的奖励、报酬的方式和数额。

企业、事业单位给予发明人或者设计人的奖励、报酬，按照国家有关财务、会计制度的规定进行处理。

第七十七条　被授予专利权的单位未与发明人、设计人约定也未在其依法制定的规章制度中规定专利法第十六条规定的奖励的方式和数额的，应当自专利权公告之日起 3 个月内发给发明人或者设计人奖金。一项发明专利的奖金最低不少于 3000 元；一项实用新型专利或者外观设计专利的奖金最低不少于 1000 元。

由于发明人或者设计人的建议被其所属单位采纳而完成的发明创造，被授予专利权的单位应当从优发给奖金。

第七十八条　被授予专利权的单位未与发明人、设计人约定也未在其依法制定的规章制度中规定专利法第十六条规定的报酬的方式和数额的，在专利权有效期限内，实施发明创造专利后，每年应当从实施该项发明或者实用新型专利的营业利润中提取不低于 2%或者从实施该项外观设计专利的营业利润中提取不低于 0.2%，作为报酬给予发明人或者设计人，或者参照上述比例，给予发明人或者设计人一次性报酬；被授予专利权的单位许可其他单位或者个人实施其专利的，应当从收取的使用费中提取不低于 10%，作为报酬给予发明人或者设计人。

第七章　专利权的保护

第七十九条　专利法和本细则所称管理专利工作的部门，是指由省、自治区、直辖市人民政府以及专利管理工作量大又有实际处理能力的设区的市人民政府设立的管理专利工作的部门。

第八十条　国务院专利行政部门应当对管理专利工作的部门处理专利侵权纠纷、查处假冒专利行为、调解专利纠纷进行业务指导。

第八十一条　当事人请求处理专利侵权纠纷或者调解专利纠纷的，由被请求人所在地或者侵权行为地的管理专利工作的部门管辖。

两个以上管理专利工作的部门都有管辖权的专利纠纷，当事人可以向其中一个管理专利工作的部门提出请求；当事人向两个以上有管辖权的管理专利工作的部门提出请求的，由最先受理的管理专利工作的部门管辖。

管理专利工作的部门对管辖权发生争议的，由其共同的上级人民政府管理专利工作的部门指定管辖；无共同上级人民政府管理专利工作的部门的，由国务院专利行政部门指定管辖。

第八十二条　在处理专利侵权纠纷过程中，被请求人提出无效宣告请求并被专利复审委员会受理的，可以请求管理专利工作的部门中止处理。

管理专利工作的部门认为被请求人提出的中止理由明显不能成立的，可以不中止处理。

第八十三条　专利权人依照专利法第十七条的规定，在其专利产品或者该产品的包装上标明专利标识的，应当按照国务院专利行政部门规定的方式予以标明。

专利标识不符合前款规定的，由管理专利工作的部门责令改正。

第八十四条　下列行为属于专利法第六十三条规定的假冒专利的行为：

（一）在未被授予专利权的产品或者其包装上标注专利标识，专利权被宣告无效后或者终止后继续在产品或者其包装上标注专利标识，或者未经许可在产品或者产品包装上标注他人的专利号；

（二）销售第（一）项所述产品；

（三）在产品说明书等材料中将未被授予专利权的技术或者设计称为专利技术或者专利设计，将专利申请称为专利，或者未经许可使用他人的专利号，使公众将所涉及的技术或者设计误认为是专利技术或者专利设计；

（四）伪造或者变造专利证书、专利文件或者专利申请文件；

（五）其他使公众混淆，将未被授予专利权的技术或者设计误认为是专利技术或者专利设计的行为。

专利权终止前依法在专利产品、依照专利方法直接获得的产品或者其包装上标注专利标识，在专利权终止后许诺销售、销售该产品的，不属于假冒专利行为。

销售不知道是假冒专利的产品，并且能够证明该产品合法来源的，由管理专利工作的部门责令停止销售，但免除罚款的处罚。

第八十五条 除专利法第六十条规定的外，管理专利工作的部门应当事人请求，可以对下列专利纠纷进行调解：

（一）专利申请权和专利权归属纠纷；

（二）发明人、设计人资格纠纷；

（三）职务发明创造的发明人、设计人的奖励和报酬纠纷；

（四）在发明专利申请公布后专利权授予前使用发明而未支付适当费用的纠纷；

（五）其他专利纠纷。

对于前款第（四）项所列的纠纷，当事人请求管理专利工作的部门调解的，应当在专利权被授予之后提出。

第八十六条 当事人因专利申请权或者专利权的归属发生纠纷，已请求管理专利工作的部门调解或者向人民法院起诉的，可以请求国务院专利行政部门中止有关程序。

依照前款规定请求中止有关程序的，应当向国务院专利行政部门提交请求书，并附具管理专利工作的部门或者人民法院的写明申请号或者专利号的有关受理文件副本。

管理专利工作的部门作出的调解书或者人民法院作出的判决生效后，当事人应当向国务院专利行政部门办理恢复有关程序的手续。自请求中止之日起1年内，有关专利申请权或者专利权归属的纠纷未能结案，需要继续中止有关程序的，请求人应当在该期限内请求延长中止。期满未请求延长的，国务院专利行政部门自行恢复有关程序。

第八十七条 人民法院在审理民事案件中裁定对专利申请权或者专利权采取保全措施的，国务院专利行政部门应当在收到写明申请号或者专利号的裁定书和协助执行通知书之日中止被保全的专利申请权或者专利权的有关程序。保全期限届满，人民法院没有裁定继续采取保全措施的，国务院专利行政部门自行恢复有关程序。

第八十八条 国务院专利行政部门根据本细则第八十六条和第八十七条规定中止有关程序，是指暂停专利申请的初步审查、实质审查、复审程序，授予专利权程序和专利权无效宣告程序；暂停办理放弃、变更、转移专利权或者专利申请权手续，专利权质押手续以及专利权期限届满前的终止手续等。

第八章　专利登记和专利公报

第八十九条 国务院专利行政部门设置专利登记簿，登记下列与专利申请和专利权有关的事项：

（一）专利权的授予；

（二）专利申请权、专利权的转移；

（三）专利权的质押、保全及其解除；

（四）专利实施许可合同的备案；

（五）专利权的无效宣告；

（六）专利权的终止；

（七）专利权的恢复；

（八）专利实施的强制许可；

（九）专利权人的姓名或者名称、国籍和地址的变更。

第九十条 国务院专利行政部门定期出版专利公报，公布或者公告下列内容：

（一）发明专利申请的著录事项和说明书摘要；

（二）发明专利申请的实质审查请求和国务院专利行政部门对发明专利申请自行进行实质审查的决定；

（三）发明专利申请公布后的驳回、撤回、视为撤回、视为放弃、恢复和转移；

（四）专利权的授予以及专利权的著录事项；

（五）发明或者实用新型专利的说明书摘要，外观设计专利的一幅图片或者照片；

（六）国防专利、保密专利的解密；

（七）专利权的无效宣告；

（八）专利权的终止、恢复；

（九）专利权的转移；

（十）专利实施许可合同的备案；

（十一）专利权的质押、保全及其解除；

（十二）专利实施的强制许可的给予；

（十三）专利权人的姓名或者名称、地址的变更；

（十四）文件的公告送达；

（十五）国务院专利行政部门作出的更正；

（十六）其他有关事项。

第九十一条 国务院专利行政部门应当提供专利公报、发明专利申请单行本以及发明专利、实用新型专利、外观设计专利单行本，供公众免费查阅。

第九十二条 国务院专利行政部门负责按照互惠原则与其他国家、地区的专利机关或者区域性专利组织交换专利文献。

第九章 费 用

第九十三条 向国务院专利行政部门申请专利和办理其他手续时，应当缴纳下列费用：

（一）申请费、申请附加费、公布印刷费、优先权要求费；

（二）发明专利申请实质审查费、复审费；

（三）专利登记费、公告印刷费、年费；

（四）恢复权利请求费、延长期限请求费；

（五）著录事项变更费、专利权评价报告请求费、无效宣告请求费。

前款所列各种费用的缴纳标准，由国务院价格管理部门、财政部门会同国务院专利行政部门规定。

第九十四条 专利法和本细则规定的各种费用，可以直接向国务院专利行政部门缴纳，也可以通过邮局或者银行汇付，或者以国务院专利行政部门规定的其他方式缴纳。

通过邮局或者银行汇付的，应当在送交国务院专利行政部门的汇单上写明正确的申请号或者专利号以及缴纳的费用名称。不符合本款规定的，视为未办理缴费手续。

直接向国务院专利行政部门缴纳费用的，以缴纳当日为缴费日；以邮局汇付方式缴纳费用的，以邮局汇出的邮戳日为缴费日；以银行汇付方式缴纳费用的，以银行实际汇出日为缴费日。

多缴、重缴、错缴专利费用的，当事人可以自缴费日起 3 年内，向国务院专利行政部门提出退款请求，国务院专利行政部门应当予以退还。

第九十五条　申请人应当自申请日起 2 个月内或者在收到受理通知书之日起 15 日内缴纳申请费、公布印刷费和必要的申请附加费；期满未缴纳或者未缴足的，其申请视为撤回。

申请人要求优先权的，应当在缴纳申请费的同时缴纳优先权要求费；期满未缴纳或者未缴足的，视为未要求优先权。

第九十六条　当事人请求实质审查或者复审的，应当在专利法及本细则规定的相关期限内缴纳费用；期满未缴纳或者未缴足的，视为未提出请求。

第九十七条　申请人办理登记手续时，应当缴纳专利登记费、公告印刷费和授予专利权当年的年费；期满未缴纳或者未缴足的，视为未办理登记手续。

第九十八条　授予专利权当年以后的年费应当在上一年度期满前缴纳。专利权人未缴纳或者未缴足的，国务院专利行政部门应当通知专利权人自应当缴纳年费期满之日起 6 个月内补缴，同时缴纳滞纳金；滞纳金的金额按照每超过规定的缴费时间 1 个月，加收当年全额年费的 5%计算；期满未缴纳的，专利权自应当缴纳年费期满之日起终止。

第九十九条　恢复权利请求费应当在本细则规定的相关期限内缴纳；期满未缴纳或者未缴足的，视为未提出请求。

延长期限请求费应当在相应期限届满之日前缴纳；期满未缴纳或者未缴足的，视为未提出请求。

著录事项变更费、专利权评价报告请求费、无效宣告请求费应当自提出请求之日起 1 个月内缴纳；期满未缴纳或者未缴足的，视为未提出请求。

第一百条　申请人或者专利权人缴纳本细则规定的各种费用有困难的，可以按照规定向国务院专利行政部门提出减缴或者缓缴的请求。减缴或者缓缴的办法由国务院财政部门会同国务院价格管理部门、国务院专利行政部门规定。

第十章　关于国际申请的特别规定

第一百零一条　国务院专利行政部门根据专利法第二十条规定，受理按照专利合作条约提出的专利国际申请。

按照专利合作条约提出并指定中国的专利国际申请（以下简称国际申请）进入国务院专利行政部门处理阶段（以下称进入中国国家阶段）的条件和程序适用本章的规定；本章没有规定的，适用专利法及本细则其他各章的有关规定。

第一百零二条　按照专利合作条约已确定国际申请日并指定中国的国际申请，视为向国务院专利行政部门提出的专利申请，该国际申请日视为专利法第二十八条所称的申请日。

第一百零三条　国际申请的申请人应当在专利合作条约第二条所称的优先权日（本章简称优先权日）起 30 个月内，向国务院专利行政部门办理进入中国国家阶段的手续；申请人未在该期限内办理该手续的，在缴纳宽限费后，可以在自优先权日起 32 个月内办理进入中国国家阶段的手续。

第一百零四条　申请人依照本细则第一百零三条的规定办理进入中国国家阶段的手续的，应当符合下列要求：

（一）以中文提交进入中国国家阶段的书面声明，写明国际申请号和要求获得的专利权类型；

（二）缴纳本细则第九十三条第一款规定的申请费、公布印刷费，必要时缴纳本细则第一百零三条规定的宽限费；

（三）国际申请以外文提出的，提交原始国际申请的说明书和权利要求书的中文译文；

（四）在进入中国国家阶段的书面声明中写明发明创造的名称，申请人姓名或者名称、地址和发明人的姓名，上述内容应当与世界知识产权组织国际局（以下简称国际局）的记录一致；国际申请中未写明发明人的，在上述声明中写明发明人的姓名；

（五）国际申请以外文提出的，提交摘要的中文译文，有附图和摘要附图的，提交附图副本和摘要附图副本，附图中有文字的，将其替换为对应的中文文字；国际申请以中文提出的，提交国际公布文件中的摘要和摘要附图副本；

（六）在国际阶段向国际局已办理申请人变更手续的，提供变更后的申请人享有申请权的证明材料；

（七）必要时缴纳本细则第九十三条第一款规定的申请附加费。

符合本条第一款第（一）项至第（三）项要求的，国务院专利行政部门应当给予申请号，明确国际申请进入中国国家阶段的日期（以下简称进入日），并通知申请人其国际申请已进入中国国家阶段。

国际申请已进入中国国家阶段，但不符合本条第一款第（四）项至第（七）项要求的，国务院专利行政部门应当通知申请人在指定期限内补正；期满未补正的，其申请视为撤回。

第一百零五条　国际申请有下列情形之一的，其在中国的效力终止：

（一）在国际阶段，国际申请被撤回或者被视为撤回，或者国际申请对中国的指定被撤回的；

（二）申请人未在优先权日起32个月内按照本细则第一百零三条规定办理进入中国国家阶段手续的；

（三）申请人办理进入中国国家阶段的手续，但自优先权日起32个月期限届满仍不符合本细则第一百零四条第（一）项至第（三）项要求的。

依照前款第（一）项的规定，国际申请在中国的效力终止的，不适用本细则第六条的规定；依照前款第（二）项、第（三）项的规定，国际申请在中国的效力终止的，不适用本细则第六条第二款的规定。

第一百零六条　国际申请在国际阶段作过修改，申请人要求以经修改的申请文件为基础进行审查的，应当自进入日起2个月内提交修改部分的中文译文。在该期间内未提交中文译文的，对申请人在国际阶段提出的修改，国务院专利行政部门不予考虑。

第一百零七条　国际申请涉及的发明创造有专利法第二十四条第（一）项或者第（二）项所列情形之一，在提出国际申请时作过声明的，申请人应当在进入中国国家阶段的书面声明中予以说明，并自进入日起2个月内提交本细则第三十条第三款规定的有关证明文件；未予说明或者期满未提交证明文件的，其申请不适用专利法第二十四条的规定。

第一百零八条　申请人按照专利合作条约的规定，对生物材料样品的保藏已作出说明的，视为已经满足了本细则第二十四条第（三）项的要求。申请人应当在进入中国国家阶段声明中指明记载生物材料样品保藏事项的文件以及在该文件中的具体记载位置。

申请人在原始提交的国际申请的说明书中已记载生物材料样品保藏事项，但是没有在进入中国国家阶段声明中指明的，应当自进入日起4个月内补正。期满未补正的，该生物材料视为未提交保藏。

申请人自进入日起4个月内向国务院专利行政部门提交生物材料样品保藏证明和存活证明的，视为在本细则第二十四条第（一）项规定的期限内提交。

第一百零九条　国际申请涉及的发明创造依赖遗传资源完成的，申请人应当在国际申请进入中国国家阶段的书面声明中予以说明，并填写国务院专利行政部门制定的表格。

第一百一十条　申请人在国际阶段已要求一项或者多项优先权，在进入中国国家阶段时该优先权要求继续有效的，视为已经依照专利法第三十条的规定提出了书面声明。

申请人应当自进入日起 2 个月内缴纳优先权要求费；期满未缴纳或者未缴足的，视为未要求该优先权。

申请人在国际阶段已依照专利合作条约的规定，提交过在先申请文件副本的，办理进入中国国家阶段手续时不需要向国务院专利行政部门提交在先申请文件副本。申请人在国际阶段未提交在先申请文件副本的，国务院专利行政部门认为必要时，可以通知申请人在指定期限内补交；申请人期满未补交的，其优先权要求视为未提出。

第一百一十一条　在优先权日起 30 个月期满前要求国务院专利行政部门提前处理和审查国际申请的，申请人除应当办理进入中国国家阶段手续外，还应当依照专利合作条约第二十三条第二款规定提出请求。国际局尚未向国务院专利行政部门传送国际申请的，申请人应当提交经确认的国际申请副本。

第一百一十二条　要求获得实用新型专利权的国际申请，申请人可以自进入日起 2 个月内对专利申请文件主动提出修改。

要求获得发明专利权的国际申请，适用本细则第五十一条第一款的规定。

第一百一十三条　申请人发现提交的说明书、权利要求书或者附图中的文字的中文译文存在错误的，可以在下列规定期限内依照原始国际申请文本提出改正：

（一）在国务院专利行政部门作好公布发明专利申请或者公告实用新型专利权的准备工作之前；

（二）在收到国务院专利行政部门发出的发明专利申请进入实质审查阶段通知书之日起 3 个月内。

申请人改正译文错误的，应当提出书面请求并缴纳规定的译文改正费。

申请人按照国务院专利行政部门的通知书的要求改正译文的，应当在指定期限内办理本条第二款规定的手续；期满未办理规定手续的，该申请视为撤回。

第一百一十四条　对要求获得发明专利权的国际申请，国务院专利行政部门经初步审查认为符合专利法和本细则有关规定的，应当在专利公报上予以公布；国际申请以中文以外的文字提出的，应当公布申请文件的中文译文。

要求获得发明专利权的国际申请，由国际局以中文进行国际公布的，自国际公布日起适用专利法第十三条的规定；由国际局以中文以外的文字进行国际公布的，自国务院专利行政部门公布之日起适用专利法第十三条的规定。

对国际申请，专利法第二十一条和第二十二条中所称的公布是指本条第一款所规定的公布。

第一百一十五条　国际申请包含两项以上发明或者实用新型的，申请人可以自进入日起，依照本细则第四十二条第一款的规定提出分案申请。

在国际阶段，国际检索单位或者国际初步审查单位认为国际申请不符合专利合作条约规定的单一性要求时，申请人未按照规定缴纳附加费，导致国际申请某些部分未经国际检索或者未经国际初步审查，在进入中国国家阶段时，申请人要求将所述部分作为审查基础，国务院专利行政部门认为国际检索单位或者国际初步审查单位对发明单一性的判断正确的，应当通知申请人在指定期限内缴纳单一性恢复费。期满未缴纳或者未足额缴纳的，国际申请中未经检索或者未经国际初步审查的部分视为撤回。

第一百一十六条　国际申请在国际阶段被有关国际单位拒绝给予国际申请日或者宣布视为撤回的，申请人在收到通知之日起 2 个月内，可以请求国际局将国际申请档案中任何文件的副本转交国务院专利行政部门，并在该期限内向国务院专利行政部门办理本细则第一百零三条规定的手续，国务院专利行政部门应当在接到国际局传送的文件后，对国际单位作出的决定是否正确进行复查。

第一百一十七条 基于国际申请授予的专利权，由于译文错误，致使依照专利法第五十九条规定确定的保护范围超出国际申请的原文所表达的范围的，以依据原文限制后的保护范围为准；致使保护范围小于国际申请的原文所表达的范围的，以授权时的保护范围为准。

第十一章　附　则

第一百一十八条 经国务院专利行政部门同意，任何人均可以查阅或者复制已经公布或者公告的专利申请的案卷和专利登记簿，并可以请求国务院专利行政部门出具专利登记簿副本。

已视为撤回、驳回和主动撤回的专利申请的案卷，自该专利申请失效之日起满 2 年后不予保存。

已放弃、宣告全部无效和终止的专利权的案卷，自该专利权失效之日起满 3 年后不予保存。

第一百一十九条 向国务院专利行政部门提交申请文件或者办理各种手续，应当由申请人、专利权人、其他利害关系人或者其代表人签字或者盖章；委托专利代理机构的，由专利代理机构盖章。

请求变更发明人姓名、专利申请人和专利权人的姓名或者名称、国籍和地址、专利代理机构的名称、地址和代理人姓名的，应当向国务院专利行政部门办理著录事项变更手续，并附具变更理由的证明材料。

第一百二十条 向国务院专利行政部门邮寄有关申请或者专利权的文件，应当使用挂号信函，不得使用包裹。

除首次提交专利申请文件外，向国务院专利行政部门提交各种文件、办理各种手续的，应当标明申请号或者专利号、发明创造名称和申请人或者专利权人姓名或者名称。

一件信函中应当只包含同一申请的文件。

第一百二十一条 各类申请文件应当打字或者印刷，字迹呈黑色，整齐清晰，并不得涂改。附图应当用制图工具和黑色墨水绘制，线条应当均匀清晰，并不得涂改。

请求书、说明书、权利要求书、附图和摘要应当分别用阿拉伯数字顺序编号。

申请文件的文字部分应当横向书写。纸张限于单面使用。

第一百二十二条 国务院专利行政部门根据专利法和本细则制定专利审查指南。

第一百二十三条 本细则自 2001 年 7 月 1 日起施行。1992 年 12 月 12 日国务院批准修订、1992 年 12 月 21 日中国专利局发布的《中华人民共和国专利法实施细则》同时废止。

中华人民共和国知识产权海关保护条例

（海关总署令第 183 号）

发布日期：2009-03-03
实施日期：2018-07-01
法规类型：部门规章

（根据 2018 年 5 月 29 日海关总署令第 240 号《海关总署关于修改部分规章的决定》修正）

第一章　总　则

第一条　为了有效实施《中华人民共和国知识产权海关保护条例》（以下简称《条例》），根据《中华人民共和国海关法》以及其他法律、行政法规，制定本办法。

第二条　知识产权权利人请求海关采取知识产权保护措施或者向海关总署办理知识产权海关保护备案的，境内知识产权权利人可以直接或者委托境内代理人提出申请，境外知识产权权利人应当由其在境内设立的办事机构或者委托境内代理人提出申请。

知识产权权利人按照前款规定委托境内代理人提出申请的，应当出具规定格式的授权委托书。

第三条　知识产权权利人及其代理人（以下统称知识产权权利人）请求海关扣留即将进出口的侵权嫌疑货物的，应当根据本办法的有关规定向海关提出扣留侵权嫌疑货物的申请。

第四条　进出口货物的收发货人或者其代理人（以下统称收发货人）应当在合理的范围内了解其进出口货物的知识产权状况。海关要求申报进出口货物知识产权状况的，收发货人应当在海关规定的期限内向海关如实申报并提交有关证明文件。

第五条　知识产权权利人或者收发货人向海关提交的有关文件或者证据涉及商业秘密的，知识产权权利人或者收发货人应当向海关书面说明。

海关实施知识产权保护，应当保守有关当事人的商业秘密，但海关应当依法公开的信息除外。

第二章　知识产权备案

第六条　知识产权权利人向海关总署申请知识产权海关保护备案的，应当向海关总署提交申请书。申请书应当包括以下内容：

（一）知识产权权利人的名称或者姓名、注册地或者国籍、通信地址、联系人姓名、电话和传真号码、电子邮箱地址等。

（二）注册商标的名称、核定使用商品的类别和商品名称、商标图形、注册有效期、注册商标的转让、变更、续展情况等；作品的名称、创作完成的时间、作品的类别、作品图片、作品转让、变更情况等；专利权的名称、类型、申请日期、专利权转让、变更情况等。

（三）被许可人的名称、许可使用商品、许可期限等。

（四）知识产权权利人合法行使知识产权的货物的名称、产地、进出境地海关、进出口商、主要特征、价格等。

（五）已知的侵犯知识产权货物的制造商、进出口商、进出境地海关、主要特征、价格等。

知识产权权利人应当就其申请备案的每一项知识产权单独提交一份申请书。知识产权权利人申请国际注册商标备案的，应当就其申请的每一类商品单独提交一份申请书。

第七条 知识产权权利人向海关总署提交备案申请书，应当随附以下文件、证据：

（一）知识产权权利人个人身份证件的复印件、工商营业执照的复印件或者其他注册登记文件的复印件。知识产权权利人的身份证明文件。

（二）国务院工商行政管理部门商标局签发的《商标注册证》的复印件。申请人经核准变更商标注册事项、续展商标注册、转让注册商标或者申请国际注册商标备案的，还应当提交国务院工商行政管理部门商标局出具的有关商标注册的证明；著作权登记部门签发的著作权自愿登记证明的复印件和经著作权登记部门认证的作品照片。申请人未进行著作权自愿登记的，提交可以证明申请人为著作权人的作品样品以及其他有关著作权的证据；国务院专利行政部门签发的专利证书的复印件。专利授权自公告之日起超过1年的，还应当提交国务院专利行政部门在申请人提出备案申请前6个月内出具的专利登记簿副本；申请实用新型专利或者外观设计专利备案的，还应当提交由国务院专利行政部门作出的专利权评价报告。

（三）知识产权权利人许可他人使用注册商标、作品或者实施专利，签订许可合同的，提供许可合同的复印件；未签订许可合同的，提交有关被许可人、许可范围和许可期间等情况的书面说明。

（四）知识产权权利人合法行使知识产权的货物及其包装的照片。

（五）已知的侵权货物进出口的证据。知识产权权利人与他人之间的侵权纠纷已经人民法院或者知识产权主管部门处理的，还应当提交有关法律文书的复印件。

（六）海关总署认为需要提交的其他文件或者证据。

知识产权权利人根据前款规定向海关总署提交的文件和证据应当齐全、真实和有效。有关文件和证据为外文的，应当另附中文译本。海关总署认为必要时，可以要求知识产权权利人提交有关文件或者证据的公证、认证文书。

第八条 知识产权权利人向海关总署申请办理知识产权海关保护备案或者在备案失效后重新向海关总署申请备案的，应当缴纳备案费。知识产权权利人应当将备案费通过银行汇至海关总署指定账号。海关总署收取备案费的，应当出具收据。备案费的收取标准由海关总署会同国家有关部门另行制定并予以公布。

知识产权权利人申请备案续展或者变更的，无需再缴纳备案费。

知识产权权利人在海关总署核准前撤回备案申请或者其备案申请被驳回的，海关总署应当退还备案费。已经海关总署核准的备案被海关总署注销、撤销或者因其他原因失效的，已缴纳的备案费不予退还。

第九条 知识产权海关保护备案自海关总署核准备案之日起生效，有效期为10年。自备案生效之日起知识产权的有效期不足10年的，备案的有效期以知识产权的有效期为准。

《条例》施行前经海关总署核准的备案或者核准续展的备案的有效期仍按原有效期计算。

第十条 在知识产权海关保护备案有效期届满前6个月内，知识产权权利人可以向海关总署提出续展备案的书面申请并随附有关文件。海关总署应当自收到全部续展申请文件之日起10个工作日内作出是否准予续展的决定，并书面通知知识产权权利人；不予续展的，应当说明理由。

续展备案的有效期自上一届备案有效期满次日起算，有效期为10年。知识产权的有效期自上一届备案有效期满次日起不足10年的，续展备案的有效期以知识产权的有效期为准。

第十一条 知识产权海关保护备案经海关总署核准后，按照本办法第六条向海关提交的申请书内容发生改变的，知识产权权利人应当自发生改变之日起30个工作日内向海关总署提出变更备案的申请并随附有关文件。

第十二条 知识产权在备案有效期届满前不再受法律、行政法规保护或者备案的知识产权发生转让的，原知识产权权利人应当自备案的知识产权不再受法律、行政法规保护或者转让生效之日起30个工作日内向海关总署提出注销知识产权海关保护备案的申请并随附有关文件。知识产权权利人在备案有效期内放弃备案的，可以向海关总署申请注销备案。

未依据本办法第十一条和本条前款规定向海关总署申请变更或者注销备案，给他人合法进出口造成严重影响的，海关总署可以主动或者根据有关利害关系人的申请注销有关知识产权的备案。

海关总署注销备案，应当书面通知有关知识产权权利人，知识产权海关保护备案自海关总署注销之日起失效。

第十三条 海关总署根据《条例》第九条的规定撤销知识产权海关保护备案的，应当书面通知知识产权权利人。

海关总署撤销备案的，知识产权权利人自备案被撤销之日起1年内就被撤销备案的知识产权再次申请备案的，海关总署可以不予受理。

第三章 依申请扣留

第十四条 知识产权权利人发现侵权嫌疑货物即将进出口并要求海关予以扣留的，应当根据《条例》第十三条的规定向货物进出境地海关提交申请书。有关知识产权未在海关总署备案的，知识产权权利人还应当随附本办法第七条第一款第（一）、（二）项规定的文件、证据。

知识产权权利人请求海关扣留侵权嫌疑货物，还应当向海关提交足以证明侵权事实明显存在的证据。知识产权权利人提交的证据，应当能够证明以下事实：

（一）请求海关扣留的货物即将进出口；

（二）在货物上未经许可使用了侵犯其商标专用权的商标标识、作品或者实施了其专利。

第十五条 知识产权权利人请求海关扣留侵权嫌疑货物，应当在海关规定的期限内向海关提供相当于货物价值的担保。

第十六条 知识产权权利人提出的申请不符合本办法第十四条的规定或者未按照本办法第十五条的规定提供担保的，海关应当驳回其申请并书面通知知识产权权利人。

第十七条 海关扣留侵权嫌疑货物的，应当将货物的名称、数量、价值、收发货人名称、申报进出口日期、海关扣留日期等情况书面通知知识产权权利人。

经海关同意，知识产权权利人可以查看海关扣留的货物。

第十八条 海关自扣留侵权嫌疑货物之日起20个工作日内，收到人民法院协助扣押有关货物书面通知的，应当予以协助；未收到人民法院协助扣押通知或者知识产权权利人要求海关放行有关货物的，海关应当放行货物。

第十九条 海关扣留侵权嫌疑货物的，应当将扣留侵权嫌疑货物的扣留凭单送达收发货人。

经海关同意，收发货人可以查看海关扣留的货物。

第二十条 收发货人根据《条例》第十九条的规定请求放行其被海关扣留的涉嫌侵犯专利权货物的，应当向海关提出书面申请并提供与货物等值的担保金。

收发货人请求海关放行涉嫌侵犯专利权货物，符合前款规定的，海关应当放行货物并书面通知知识产权权利人。

知识产权权利人就有关专利侵权纠纷向人民法院起诉的，应当在前款规定的海关书面通知送达之日起 30 个工作日内向海关提交人民法院受理案件通知书的复印件。

第四章 依职权调查处理

第二十一条 海关对进出口货物实施监管，发现进出口货物涉及在海关总署备案的知识产权且进出口商或者制造商使用有关知识产权的情况未在海关总署备案的，可以要求收发货人在规定期限内申报货物的知识产权状况和提交相关证明文件。

收发货人未按照前款规定申报货物知识产权状况、提交相关证明文件或者海关有理由认为货物涉嫌侵犯在海关总署备案的知识产权的，海关应当中止放行货物并书面通知知识产权权利人。

第二十二条 知识产权权利人应当在本办法第二十一条规定的海关书面通知送达之日起 3 个工作日内按照下列规定予以回复：

（一）认为有关货物侵犯其在海关总署备案的知识产权并要求海关予以扣留的，向海关提出扣留侵权嫌疑货物的书面申请并按照本办法第二十三条或者第二十四条的规定提供担保；

（二）认为有关货物未侵犯其在海关总署备案的知识产权或者不要求海关扣留侵权嫌疑货物的，向海关书面说明理由。

经海关同意，知识产权权利人可以查看有关货物。

第二十三条 知识产权权利人根据本办法第二十二条第一款第（一）项的规定请求海关扣留侵权嫌疑货物的，应当按照以下规定向海关提供担保：

（一）货物价值不足人民币 2 万元的，提供相当于货物价值的担保；

（二）货物价值为人民币 2 万至 20 万元的，提供相当于货物价值 50% 的担保，但担保金额不得少于人民币 2 万元；

（三）货物价值超过人民币 20 万元的，提供人民币 10 万元的担保。

知识产权权利人根据本办法第二十二条第一款第（一）项的规定请求海关扣留涉嫌侵犯商标专用权货物的，可以依据本办法第二十四条的规定向海关总署提供总担保。

第二十四条 在海关总署备案的商标专用权的知识产权权利人，经海关总署核准可以向海关总署提交银行或者非银行金融机构出具的保函，为其向海关申请商标专用权海关保护措施提供总担保。

总担保的担保金额应当相当于知识产权权利人上一年度向海关申请扣留侵权嫌疑货物后发生的仓储、保管和处置等费用之和；知识产权权利人上一年度未向海关申请扣留侵权嫌疑货物或者仓储、保管和处置等费用不足人民币 20 万元的，总担保的担保金额为人民币 20 万元。

自海关总署核准其使用总担保之日至当年 12 月 31 日，知识产权权利人根据《条例》第十六条的规定请求海关扣留涉嫌侵犯其已在海关总署备案的商标专用权的进出口货物的，无需另行提供担保，但知识产权权利人未按照《条例》第二十五条的规定支付有关费用或者未按照《条例》第二十九条的规定承担赔偿责任，海关总署向担保人发出履行担保责任通知的除外。

第二十五条 知识产权权利人根据本办法第二十二条第一款第（一）项的规定提出申请并根据本办法第二十三条、第二十四条的规定提供担保的，海关应当扣留侵权嫌疑货物并书面通知知识产权权利人；知识产权权利人未提出申请或者未提供担保的，海关应当放行货物。

第二十六条 海关扣留侵权嫌疑货物的，应当将扣留侵权嫌疑货物的扣留凭单送达收发货人。

经海关同意，收发货人可以查看海关扣留的货物。

第二十七条 海关扣留侵权嫌疑货物后，应当依法对侵权嫌疑物以及其他有关情况进行调查。收发货人和知识产权权利人应当对海关调查予以配合，如实提供有关情况和证据。

海关对侵权嫌疑货物进行调查，可以请求有关知识产权主管部门提供咨询意见。

知识产权权利人与收发货人就海关扣留的侵权嫌疑物达成协议，向海关提出书面申请并随附相关协议，要求海关解除扣留侵权嫌疑货物的，海关除认为涉嫌构成犯罪外，可以终止调查。

第二十八条 海关对扣留的侵权嫌疑货物进行调查，不能认定货物是否侵犯有关知识产权的，应当自扣留侵权嫌疑货物之日起 30 个工作日内书面通知知识产权权利人和收发货人。

海关不能认定货物是否侵犯有关专利权的，收发货人向海关提供相当于货物价值的担保后，可以请求海关放行货物。海关同意放行货物的，按照本办法第二十条第二款和第三款的规定办理。

第二十九条 对海关不能认定有关货物是否侵犯其知识产权的，知识产权权利人可以根据《条例》第二十三条的规定向人民法院申请采取责令停止侵权行为或者财产保全的措施。

海关自扣留侵权嫌疑货物之日起 50 个工作日内收到人民法院协助扣押有关货物书面通知的，应当予以协助；未收到人民法院协助扣押通知或者知识产权权利人要求海关放行有关货物的，海关应当放行货物。

第三十条 海关作出没收侵权货物决定的，应当将下列已知的情况书面通知知识产权权利人：

（一）侵权货物的名称和数量；

（二）收发货人名称；

（三）侵权货物申报进出口日期、海关扣留日期和处罚决定生效日期；

（四）侵权货物的启运地和指运地；

（五）海关可以提供的其他与侵权货物有关的情况。

人民法院或者知识产权主管部门处理有关当事人之间的侵权纠纷，需要海关协助调取与进出口货物有关的证据的，海关应当予以协助。

第三十一条 海关发现个人携带或者邮寄进出境的物品，涉嫌侵犯《条例》第二条规定的知识产权并超出自用、合理数量的，应当予以扣留，但旅客或者收寄件人向海关声明放弃并经海关同意的除外。

海关对侵权物品进行调查，知识产权权利人应当予以协助。进出境旅客或者进出境邮件的收寄件人认为海关扣留的物品未侵犯有关知识产权或者属于自用的，可以向海关书面说明有关情况并提供相关证据。

第三十二条 进出口货物或者进出境物品经海关调查认定侵犯知识产权，根据《条例》第二十七条第一款和第二十八条的规定应当由海关予以没收，但当事人无法查清的，自海关制发有关公告之日起满 3 个月后可由海关予以收缴。

进出口侵权行为有犯罪嫌疑的，海关应当依法移送公安机关。

第五章　货物处置和费用

第三十三条 对没收的侵权货物，海关应当按照下列规定处置：

（一）有关货物可以直接用于社会公益事业或者知识产权权利人有收购意愿的，将货物转交给有关公益机构用于社会公益事业或者有偿转让给知识产权权利人；

（二）有关货物不能按照第（一）项的规定处置且侵权特征能够消除的，在消除侵权特征后依法拍卖。拍卖货物所得款项上交国库；

（三）有关货物不能按照第（一）、（二）项规定处置的，应当予以销毁。

海关拍卖侵权货物，应当事先征求有关知识产权权利人的意见。海关销毁侵权货物，知识产权权利人应当提供必要的协助。有关公益机构将海关没收的侵权货物用于社会公益事业以及知识产权权利人接受海关委托销毁侵权货物的，海关应当进行必要的监督。

第三十四条 海关协助人民法院扣押侵权嫌疑货物或者放行被扣留货物的，知识产权权利人应当支付货物在海关扣留期间的仓储、保管和处置等费用。

海关没收侵权货物的，知识产权权利人应当按照货物在海关扣留后的实际存储时间支付仓储、保管和处置等费用。但海关自没收侵权货物的决定送达收发货人之日起3个月内不能完成货物处置，且非因收发货人申请行政复议、提起行政诉讼或者货物处置方面的其他特殊原因导致的，知识产权权利人不需支付3个月后的有关费用。

海关按照本办法第三十三条第一款第（二）项的规定拍卖侵权货物的，拍卖费用的支出按照有关规定办理。

第三十五条 知识产权权利人未按照本办法第三十四条的规定支付有关费用的，海关可以从知识产权权利人提交的担保金中扣除有关费用或者要求担保人履行担保义务。

海关没收侵权货物的，应当在货物处置完毕并结清有关费用后向知识产权权利人退还担保金或者解除担保人的担保责任。

海关协助人民法院扣押侵权嫌疑货物或者根据《条例》第二十四条第（一）、（二）、（四）项的规定放行被扣留货物的，收发货人可以就知识产权权利人提供的担保向人民法院申请财产保全。海关自协助人民法院扣押侵权嫌疑货物或者放行货物之日起20个工作日内，未收到人民法院就知识产权权利人提供的担保采取财产保全措施的协助执行通知的，海关应当向知识产权权利人退还担保金或者解除担保人的担保责任；收到人民法院协助执行通知的，海关应当协助执行。

第三十六条 海关根据《条例》第十九条的规定放行被扣留的涉嫌侵犯专利权的货物后，知识产权权利人按照本办法第二十条第三款的规定向海关提交人民法院受理案件通知书复印件的，海关应当根据人民法院的判决结果处理收发货人提交的担保金；知识产权权利人未提交人民法院受理案件通知书复印件的，海关应当退还收发货人提交的担保金。对知识产权权利人向海关提供的担保，收发货人可以向人民法院申请财产保全，海关未收到人民法院对知识产权权利人提供的担保采取财产保全措施的协助执行通知的，应当自处理收发货人提交的担保金之日起20个工作日后，向知识产权权利人退还担保金或者解除担保人的担保责任；收到人民法院协助执行通知的，海关应当协助执行。

第六章 附　则

第三十七条 海关参照本办法对奥林匹克标志和世界博览会标志实施保护。

第三十八条 在本办法中，"担保"指担保金、银行或者非银行金融机构保函。

第三十九条 本办法中货物的价值由海关以该货物的成交价格为基础审查确定。成交价格不能确定的，货物价值由海关依法估定。

第四十条 本办法第十七条、二十一条、二十八条规定的海关书面通知可以采取直接、邮寄、传真或者其他方式送达。

第四十一条 本办法第二十条第三款和第二十二条第一款规定的期限自海关书面通知送达之日的次日起计算。期限的截止按照以下规定确定：

（一）知识产权权利人通过邮局或者银行向海关提交文件或者提供担保的，以期限到期日24时止；

（二）知识产权权利人当面向海关提交文件或者提供担保的，以期限到期日海关正常工作时间结束止。

第四十二条　知识产权权利人和收发货人根据本办法向海关提交有关文件复印件的，应当将复印件与文件原件进行核对。经核对无误后，应当在复印件上加注"与原件核对无误"字样并予以签章确认。

第四十三条　本办法自2009年7月1日起施行。2004年5月25日海关总署令第114号公布的《中华人民共和国海关关于〈中华人民共和国知识产权海关保护条例〉的实施办法》同时废止。

最高人民法院关于加强著作权和与著作权有关的权利保护的意见

（法发〔2020〕42号）

发布日期：2020-11-16
实施日期：2020-11-16
法规类型：司法解释

为切实加强文学、艺术和科学领域的著作权保护，充分发挥著作权审判对文化建设的规范、引导、促进和保障作用，激发全民族文化创新创造活力，推进社会主义精神文明建设，繁荣发展文化事业和文化产业，提升国家文化软实力和国际竞争力，服务经济社会高质量发展，根据《中华人民共和国著作权法》等法律规定，结合审判实际，现就进一步加强著作权和与著作权有关的权利保护，提出如下意见。

1. 依法加强创作者权益保护，统筹兼顾传播者和社会公众利益，坚持创新在我国现代化建设全局中的核心地位。依法处理好鼓励新兴产业发展与保障权利人合法权益的关系，协调好激励创作和保障人民文化权益之间的关系，发挥好权利受让人和被许可人在促进作品传播方面的重要作用，依法保护著作权和与著作权有关的权利，促进智力成果的创作和传播，发展繁荣社会主义文化和科学事业。

2. 大力提高案件审理质效，推进案件繁简分流试点工作，着力缩短涉及著作权和与著作权有关的权利的类型化案件审理周期。完善知识产权诉讼证据规则，允许当事人通过区块链等方式保存、固定和提交证据，有效解决知识产权权利人举证难问题。依法支持当事人的行为保全、证据保全、财产保全请求，综合运用多种民事责任方式，使权利人在民事案件中得到更加全面充分的救济。

3. 在作品、表演、录音制品上以通常方式署名的自然人、法人和非法人组织，应当推定为该作品、表演、录音制品的著作权人或者与著作权有关的权利的权利人，但有相反证据足以推翻的除外。对于署名的争议，应当结合作品、表演、录音制品的性质、类型、表现形式以及行业习惯、公众认知习惯等因素，作出综合判断。权利人完成初步举证的，人民法院应当推定当事人主张的著作权或者与著作权有关的权利成立，但是有相反证据足以推翻的除外。

4. 适用署名推定规则确定著作权或者与著作权有关的权利归属且被告未提交相反证据的，原告可以不再另行提交权利转让协议或其他书面证据。在诉讼程序中，被告主张其不承担侵权责任的，应当提供证据证明已经取得权利人的许可，或者具有著作权法规定的不经权利人许可而可以使用的情形。

5. 高度重视互联网、人工智能、大数据等技术发展新需求，依据著作权法准确界定作品类型，把握好作品的认定标准，依法妥善审理体育赛事直播、网络游戏直播、数据侵权等新类型案件，促进新业态规范发展。

6. 当事人请求立即销毁侵权复制品以及主要用于生产或者制造侵权复制品的材料和工具，除特殊情况外，人民法院在民事诉讼中应当予以支持，在刑事诉讼中应当依职权责令销毁。在特殊情况下不宜销毁的，人民法院可以责令侵权人在商业渠道之外以适当方式对上述材料和工具予以处置，以尽可能消除进一步侵权的风险。销毁或者处置费用由侵权人承担，侵权人请求补偿的，人民法院不予支持。

在刑事诉讼中，权利人以为后续可能提起的民事或者行政诉讼保全证据为由，请求对侵权复制品及材料和工具暂不销毁的，人民法院可以予以支持。权利人在后续民事或者行政案件中请求侵权人赔偿其垫付的保管费用的，人民法院可以予以支持。

7. 权利人的实际损失、侵权人的违法所得、权利使用费难以计算的，应当综合考虑请求保护的权利类型、市场价值和侵权人主观过错、侵权行为性质和规模、损害后果严重程度等因素，依据著作权法及司法解释等相关规定合理确定赔偿数额。侵权人故意侵权且情节严重，权利人请求适用惩罚性赔偿的，人民法院应当依法审查确定。权利人能够举证证明的合理维权费用，包括诉讼费用和律师费用等，人民法院应当予以支持并在确定赔偿数额时单独计算。

8. 侵权人曾经被生效的法院裁判、行政决定认定构成侵权或者曾经就相同侵权行为与权利人达成和解协议，仍然继续实施或者变相重复实施被诉侵权行为的，应当认定为具有侵权的故意，人民法院在确定侵权民事责任时应当充分考虑。

9. 要通过诚信诉讼承诺书等形式，明确告知当事人不诚信诉讼可能承担的法律责任，促使当事人正当行使诉讼权利，积极履行诉讼义务，在合理期限内积极、诚实地举证，在诉讼过程中作真实、完整的陈述。

10. 要完善失信惩戒与追责机制，对于提交伪造、变造证据，隐匿、毁灭证据，作虚假陈述、虚假证言、虚假鉴定、虚假署名等不诚信诉讼行为，人民法院可以依法采取训诫、罚款、拘留等强制措施。构成犯罪的，依法追究刑事责任。

最高人民法院关于依法加大知识产权侵权行为惩治力度的意见

（法发〔2020〕33号）

发布日期：2020-09-14
实施日期：2020-09-14
法规类型：司法解释

为公正审理案件，依法加大对知识产权侵权行为的惩治力度，有效阻遏侵权行为，营造良好的法治化营商环境，结合知识产权审判实际，制定如下意见。

一、加强适用保全措施

1. 对于侵害或者即将侵害涉及核心技术、知名品牌、热播节目等知识产权以及在展会上侵害或者即将侵害知识产权等将会造成难以弥补的损害的行为，权利人申请行为保全的，人民法院应当依法及时审查并作出裁定。

2. 权利人在知识产权侵权诉讼中既申请停止侵权的先行判决，又申请行为保全的，人民法院应当依法一并及时审查。

3. 权利人有初步证据证明存在侵害知识产权行为且证据可能灭失或者以后难以取得的情

形，申请证据保全的，人民法院应当依法及时审查并作出裁定。涉及较强专业技术问题的证据保全，可以由技术调查官参与。

4. 对于已经被采取保全措施的被诉侵权产品或者其他证据，被诉侵权人擅自毁损、转移等，致使侵权事实无法查明的，人民法院可以推定权利人就该证据所涉证明事项的主张成立。属于法律规定的妨害诉讼情形的，依法采取强制措施。

二、依法判决停止侵权

5. 对于侵权事实已经清楚、能够认定侵权成立的，人民法院可以依法先行判决停止侵权。

6. 对于假冒、盗版商品及主要用于生产或者制造假冒、盗版商品的材料和工具，权利人在民事诉讼中举证证明存在上述物品并请求迅速销毁的，除特殊情况外，人民法院应予支持。在特殊情况下，人民法院可以责令在商业渠道之外处置主要用于生产或者制造假冒、盗版商品的材料和工具，尽可能减少进一步侵权的风险；侵权人请求补偿的，人民法院不予支持。

三、依法加大赔偿力度

7. 人民法院应当充分运用举证妨碍、调查取证、证据保全、专业评估、经济分析等制度和方法，引导当事人积极、全面、正确、诚实举证，提高损害赔偿数额计算的科学性和合理性，充分弥补权利人损失。

8. 人民法院应当积极运用当事人提供的来源于工商税务部门、第三方商业平台、侵权人网站、宣传资料或者依法披露文件的相关数据以及行业平均利润率等，依法确定侵权获利情况。

9. 权利人依法请求根据侵权获利确定赔偿数额且已举证的，人民法院可以责令侵权人提供其掌握的侵权获利证据；侵权人无正当理由拒不提供或者未按要求提供的，人民法院可以根据权利人的主张和在案证据判定赔偿数额。

10. 对于故意侵害他人知识产权，情节严重的，依法支持权利人的惩罚性赔偿请求，充分发挥惩罚性赔偿对于故意侵权行为的威慑作用。

11. 人民法院应当依法合理确定法定赔偿数额。侵权行为造成权利人重大损失或者侵权人获利巨大的，为充分弥补权利人损失，有效阻遏侵权行为，人民法院可以根据权利人的请求，以接近或者达到最高限额确定法定赔偿数额。

人民法院在从高确定法定赔偿数额时应当考虑的因素包括：侵权人是否存在侵权故意，是否主要以侵权为业，是否存在重复侵权，侵权行为是否持续时间长，是否涉及区域广，是否可能危害人身安全、破坏环境资源或者损害公共利益等。

12. 权利人在二审程序中请求将新增的为制止侵权行为所支付的合理开支纳入赔偿数额的，人民法院可以一并审查。

13. 人民法院应当综合考虑案情复杂程度、工作专业性和强度、行业惯例、当地政府指导价等因素，根据权利人提供的证据，合理确定权利人请求赔偿的律师费用。

四、加大刑事打击力度

14. 通过网络销售实施侵犯知识产权犯罪的非法经营数额、违法所得数额，应当综合考虑网络销售电子数据、银行账户往来记录、送货单、物流公司电脑系统记录、证人证言、被告人供述等证据认定。

15. 对于主要以侵犯知识产权为业、在特定期间假冒抢险救灾、防疫物资等商品的注册商标以及因侵犯知识产权受到行政处罚后再次侵犯知识产权构成犯罪的情形，依法从重处罚，一般不适用缓刑。

16. 依法严格追缴违法所得，加强罚金刑的适用，剥夺犯罪分子再次侵犯知识产权的能力和条件。

最高人民法院关于审理涉电子商务平台
知识产权民事案件的指导意见

（法发〔2020〕32号）

发布日期：2020-09-10
实施日期：2020-09-10
法规类型：司法解释

为公正审理涉电子商务平台知识产权民事案件，依法保护电子商务领域各方主体的合法权益，促进电子商务平台经营活动规范、有序、健康发展，结合知识产权审判实际，制定本指导意见。

一、人民法院审理涉电子商务平台知识产权纠纷案件，应当坚持严格保护知识产权的原则，依法惩治通过电子商务平台提供假冒、盗版等侵权商品或者服务的行为，积极引导当事人遵循诚实信用原则，依法正当行使权利，并妥善处理好知识产权权利人、电子商务平台经营者、平台内经营者等各方主体之间的关系。

二、人民法院审理涉电子商务平台知识产权纠纷案件，应当依照《中华人民共和国电子商务法》（以下简称电子商务法）第九条的规定，认定有关当事人是否属于电子商务平台经营者或者平台内经营者。

人民法院认定电子商务平台经营者的行为是否属于开展自营业务，可以考量下列因素：商品销售页面上标注的"自营"信息；商品实物上标注的销售主体信息；发票等交易单据上标注的销售主体信息等。

三、电子商务平台经营者知道或者应当知道平台内经营者侵害知识产权的，应当根据权利的性质、侵权的具体情形和技术条件，以及构成侵权的初步证据、服务类型，及时采取必要措施。采取的必要措施应当遵循合理审慎的原则，包括但不限于删除、屏蔽、断开链接等下架措施。平台内经营者多次、故意侵害知识产权的，电子商务平台经营者有权采取终止交易和服务的措施。

四、依据电子商务法第四十一条、第四十二条、第四十三条的规定，电子商务平台经营者可以根据知识产权权利类型、商品或者服务的特点等，制定平台内通知与声明机制的具体执行措施。但是，有关措施不能对当事人依法维护权利的行为设置不合理的条件或者障碍。

五、知识产权权利人依据电子商务法第四十二条的规定，向电子商务平台经营者发出的通知一般包括：知识产权权利证明及权利人的真实身份信息；能够实现准确定位的被诉侵权商品或者服务信息；构成侵权的初步证据；通知真实性的书面保证等。通知应当采取书面形式。

通知涉及专利权的，电子商务平台经营者可以要求知识产权权利人提交技术特征或者设计特征对比的说明、实用新型或者外观设计专利权评价报告等材料。

六、人民法院认定通知人是否具有电子商务法第四十二条第三款所称的"恶意"，可以考量下列因素：提交伪造、变造的权利证明；提交虚假侵权对比的鉴定意见、专家意见；明知权利状态不稳定仍发出通知；明知通知错误仍不及时撤回或者更正；反复提交错误通知等。

电子商务平台经营者、平台内经营者以错误通知、恶意发出错误通知造成其损害为由，向人民法院提起诉讼的，可以与涉电子商务平台知识产权纠纷案件一并审理。

七、平台内经营者依据电子商务法第四十三条的规定，向电子商务平台经营者提交的不存在侵权行为的声明一般包括：平台内经营者的真实身份信息；能够实现准确定位、要求终止必要措施的商品或者服务信息；权属证明、授权证明等不存在侵权行为的初步证据；声明真实性的书面保证等。声明应当采取书面形式。

声明涉及专利权的，电子商务平台经营者可以要求平台内经营者提交技术特征或者设计特征对比的说明等材料。

八、人民法院认定平台内经营者发出声明是否具有恶意，可以考量下列因素：提供伪造或者无效的权利证明、授权证明；声明包含虚假信息或者具有明显误导性；通知已经附有认定侵权的生效裁判或者行政处理决定，仍发出声明；明知声明内容错误，仍不及时撤回或者更正等。

九、因情况紧急，电子商务平台经营者不立即采取商品下架等措施将会使其合法利益受到难以弥补的损害的，知识产权权利人可以依据《中华人民共和国民事诉讼法》第一百条、第一百零一条的规定，向人民法院申请采取保全措施。

因情况紧急，电子商务平台经营者不立即恢复商品链接、通知人不立即撤回通知或者停止发送通知等行为将会使其合法利益受到难以弥补的损害的，平台内经营者可以依据前款所述法律规定，向人民法院申请采取保全措施。

知识产权权利人、平台内经营者的申请符合法律规定的，人民法院应当依法予以支持。

十、人民法院判断电子商务平台经营者是否采取了合理的措施，可以考量下列因素：构成侵权的初步证据；侵权成立的可能性；侵权行为的影响范围；侵权行为的具体情节，包括是否存在恶意侵权、重复侵权情形；防止损害扩大的有效性；对平台内经营者利益可能的影响；电子商务平台的服务类型和技术条件等。

平台内经营者有证据证明通知所涉专利权已经被国家知识产权局宣告无效，电子商务平台经营者据此暂缓采取必要措施，知识产权权利人请求认定电子商务平台经营者未及时采取必要措施的，人民法院不予支持。

十一、电子商务平台经营者存在下列情形之一的，人民法院可以认定其"应当知道"侵权行为的存在：

（一）未履行制定知识产权保护规则、审核平台内经营者经营资质等法定义务；

（二）未审核平台内店铺类型标注为"旗舰店""品牌店"等字样的经营者的权利证明；

（三）未采取有效技术手段，过滤和拦截包含"高仿""假货"等字样的侵权商品链接、被投诉成立后再次上架的侵权商品链接；

（四）其他未履行合理审查和注意义务的情形。

最高人民法院　最高人民检察院关于办理侵犯知识产权刑事案件具体应用法律若干问题的解释（三）

（法释〔2020〕10号）

发布日期：2020-09-12
实施日期：2020-09-14
法规类型：司法解释

为依法惩治侵犯知识产权犯罪，维护社会主义市场经济秩序，根据《中华人民共和国刑法》《中华人民共和国刑事诉讼法》等有关规定，现就办理侵犯知识产权刑事案件具体应用法律的若干问题解释如下：

第一条　具有下列情形之一的，可以认定为刑法第二百一十三条规定的"与其注册商标相同的商标"：

（一）改变注册商标的字体、字母大小写或者文字横竖排列，与注册商标之间基本无差别的；

（二）改变注册商标的文字、字母、数字等之间的间距，与注册商标之间基本无差别的；

（三）改变注册商标颜色，不影响体现注册商标显著特征的；

（四）在注册商标上仅增加商品通用名称、型号等缺乏显著特征要素，不影响体现注册商标显著特征的；

（五）与立体注册商标的三维标志及平面要素基本无差别的；

（六）其他与注册商标基本无差别、足以对公众产生误导的商标。

第二条　在刑法第二百一十七条规定的作品、录音制品上以通常方式署名的自然人、法人或者非法人组织，应当推定为著作权人或者录音制作者，且该作品、录音制品上存在着相应权利，但有相反证明的除外。

在涉案作品、录音制品种类众多且权利人分散的案件中，有证据证明涉案复制品系非法出版、复制发行，且出版者、复制发行者不能提供获得著作权人、录音制作者许可的相关证据材料的，可以认定为刑法第二百一十七条规定的"未经著作权人许可""未经录音制作者许可"。但是，有证据证明权利人放弃权利、涉案作品的著作权或者录音制品的有关权利不受我国著作权法保护、权利保护期限已经届满的除外。

第三条　采取非法复制、未经授权或者超越授权使用计算机信息系统等方式窃取商业秘密的，应当认定为刑法第二百一十九条第一款第一项规定的"盗窃"。

以贿赂、欺诈、电子侵入等方式获取权利人的商业秘密的，应当认定为刑法第二百一十九条第一款第一项规定的"其他不正当手段"。

第四条　实施刑法第二百一十九条规定的行为，具有下列情形之一的，应当认定为"给商业秘密的权利人造成重大损失"：

（一）给商业秘密的权利人造成损失数额或者因侵犯商业秘密违法所得数额在三十万元以上的；

（二）直接导致商业秘密的权利人因重大经营困难而破产、倒闭的；

（三）造成商业秘密的权利人其他重大损失的。

给商业秘密的权利人造成损失数额或者因侵犯商业秘密违法所得数额在二百五十万元以上的，应当认定为刑法第二百一十九条规定的"造成特别严重后果"。

第五条 实施刑法第二百一十九条规定的行为造成的损失数额或者违法所得数额，可以按照下列方式认定：

（一）以不正当手段获取权利人的商业秘密，尚未披露、使用或者允许他人使用的，损失数额可以根据该项商业秘密的合理许可使用费确定；

（二）以不正当手段获取权利人的商业秘密后，披露、使用或者允许他人使用的，损失数额可以根据权利人因被侵权造成销售利润的损失确定，但该损失数额低于商业秘密合理许可使用费的，根据合理许可使用费确定；

（三）违反约定、权利人有关保守商业秘密的要求，披露、使用或者允许他人使用其所掌握的商业秘密的，损失数额可以根据权利人因被侵权造成销售利润的损失确定；

（四）明知商业秘密是不正当手段获取或者是违反约定、权利人有关保守商业秘密的要求披露、使用、允许使用，仍获取、使用或者披露的，损失数额可以根据权利人因被侵权造成销售利润的损失确定；

（五）因侵犯商业秘密行为导致商业秘密已为公众所知悉或者灭失的，损失数额可以根据该项商业秘密的商业价值确定。商业秘密的商业价值，可以根据该项商业秘密的研究开发成本、实施该项商业秘密的收益综合确定；

（六）因披露或者允许他人使用商业秘密而获得的财物或者其他财产性利益，应当认定为违法所得。

前款第二项、第三项、第四项规定的权利人因被侵权造成销售利润的损失，可以根据权利人因被侵权造成销售量减少的总数乘以权利人每件产品的合理利润确定；销售量减少的总数无法确定的，可以根据侵权产品销售量乘以权利人每件产品的合理利润确定；权利人因被侵权造成销售量减少的总数和每件产品的合理利润均无法确定的，可以根据侵权产品销售量乘以每件侵权产品的合理利润确定。商业秘密系用于服务等其他经营活动的，损失数额可以根据权利人因被侵权而减少的合理利润确定。

商业秘密的权利人为减轻对商业运营、商业计划的损失或者重新恢复计算机信息系统安全、其他系统安全而支出的补救费用，应当计入给商业秘密的权利人造成的损失。

第六条 在刑事诉讼程序中，当事人、辩护人、诉讼代理人或者案外人书面申请对有关商业秘密或者其他需要保密的商业信息的证据、材料采取保密措施的，应当根据案件情况采取组织诉讼参与人签署保密承诺书等必要的保密措施。

违反前款有关保密措施的要求或者法律法规规定的保密义务的，依法承担相应责任。擅自披露、使用或者允许他人使用在刑事诉讼程序中接触、获取的商业秘密，符合刑法第二百一十九条规定的，依法追究刑事责任。

第七条 除特殊情况外，假冒注册商标的商品、非法制造的注册商标标识、侵犯著作权的复制品、主要用于制造假冒注册商标的商品、注册商标标识或者侵权复制品的材料和工具，应当依法予以没收和销毁。

上述物品需要作为民事、行政案件的证据使用的，经权利人申请，可以在民事、行政案件终结后或者采取取样、拍照等方式对证据固定后予以销毁。

第八条 具有下列情形之一的，可以酌情从重处罚，一般不适用缓刑：

（一）主要以侵犯知识产权为业的；

（二）因侵犯知识产权被行政处罚后再次侵犯知识产权构成犯罪的；

（三）在重大自然灾害、事故灾难、公共卫生事件期间，假冒抢险救灾、防疫物资等商品的注册商标的；

（四）拒不交出违法所得的。

第九条　具有下列情形之一的，可以酌情从轻处罚：

（一）认罪认罚的；

（二）取得权利人谅解的；

（三）具有悔罪表现的；

（四）以不正当手段获取权利人的商业秘密后尚未披露、使用或者允许他人使用的。

第十条　对于侵犯知识产权犯罪的，应当综合考虑犯罪违法所得数额、非法经营数额、给权利人造成的损失数额、侵权假冒物品数量及社会危害性等情节，依法判处罚金。

罚金数额一般在违法所得数额的一倍以上五倍以下确定。违法所得数额无法查清的，罚金数额一般按照非法经营数额的百分之五十以上一倍以下确定。违法所得数额和非法经营数额均无法查清，判处三年以下有期徒刑、拘役、管制或者单处罚金的，一般在三万元以上一百万元以下确定罚金数额；判处三年以上有期徒刑的，一般在十五万元以上五百万元以下确定罚金数额。

第十一条　本解释发布施行后，之前发布的司法解释和规范性文件与本解释不一致的，以本解释为准。

第十二条　本解释自 2020 年 9 月 14 日起施行。

最高人民法院关于涉网络知识产权侵权纠纷
几个法律适用问题的批复

（法释〔2020〕9 号）

发布日期：2020-09-12

实施日期：2020-09-14

法规类型：司法解释

近来，有关方面就涉网络知识产权侵权纠纷法律适用的一些问题提出建议，部分高级人民法院也向本院提出了请示。经研究，批复如下。

一、知识产权权利人主张其权利受到侵害并提出保全申请，要求网络服务提供者、电子商务平台经营者迅速采取删除、屏蔽、断开链接等下架措施的，人民法院应当依法审查并作出裁定。

二、网络服务提供者、电子商务平台经营者收到知识产权权利人依法发出的通知后，应当及时将权利人的通知转送相关网络用户、平台内经营者，并根据构成侵权的初步证据和服务类型采取必要措施；未依法采取必要措施，权利人主张网络服务提供者、电子商务平台经营者对损害的扩大部分与网络用户、平台内经营者承担连带责任的，人民法院可以依法予以支持。

三、在依法转送的不存在侵权行为的声明到达知识产权权利人后的合理期限内，网络服务提供者、电子商务平台经营者未收到权利人已经投诉或者提起诉讼通知的，应当及时终止所采取的删除、屏蔽、断开链接等下架措施。因办理公证、认证手续等权利人无法控制的特殊情况导致的延迟，不计入上述期限，但该期限最长不超过 20 个工作日。

四、因恶意提交声明导致电子商务平台经营者终止必要措施并造成知识产权权利人损害，权利人依照有关法律规定请求相应惩罚性赔偿的，人民法院可以依法予以支持。

五、知识产权权利人发出的通知内容与客观事实不符，但其在诉讼中主张该通知系善意提交并请求免责，且能够举证证明的，人民法院依法审查属实后应当予以支持。

六、本批复作出时尚未终审的案件，适用本批复；本批复作出时已经终审，当事人申请再审或者按照审判监督程序决定再审的案件，不适用本批复。

最高人民法院关于审理专利授权确权行政案件适用法律若干问题的规定（一）

（法释〔2020〕8号）

发布日期：2020-09-10
实施日期：2020-09-12
法规类型：司法解释

为正确审理专利授权确权行政案件，根据《中华人民共和国专利法》《中华人民共和国行政诉讼法》等法律规定，结合审判实际，制定本规定。

第一条 本规定所称专利授权行政案件，是指专利申请人因不服国务院专利行政部门作出的专利复审请求审查决定，向人民法院提起诉讼的案件。

本规定所称专利确权行政案件，是指专利权人或者无效宣告请求人因不服国务院专利行政部门作出的专利无效宣告请求审查决定，向人民法院提起诉讼的案件。

本规定所称被诉决定，是指国务院专利行政部门作出的专利复审请求审查决定、专利无效宣告请求审查决定。

第二条 人民法院应当以所属技术领域的技术人员在阅读权利要求书、说明书及附图后所理解的通常含义，界定权利要求的用语。权利要求的用语在说明书及附图中有明确定义或者说明的，按照其界定。

依照前款规定不能界定的，可以结合所属技术领域的技术人员通常采用的技术词典、技术手册、工具书、教科书、国家或者行业技术标准等界定。

第三条 人民法院在专利确权行政案件中界定权利要求的用语时，可以参考已被专利侵权民事案件生效裁判采纳的专利权人的相关陈述。

第四条 权利要求书、说明书及附图中的语法、文字、数字、标点、图形、符号等有明显错误或者歧义，但所属技术领域的技术人员通过阅读权利要求书、说明书及附图可以得出唯一理解的，人民法院应当根据该唯一理解作出认定。

第五条 当事人有证据证明专利申请人、专利权人违反诚实信用原则，虚构、编造说明书及附图中的具体实施方式、技术效果以及数据、图表等有关技术内容，并据此主张相关权利要求不符合专利法有关规定的，人民法院应予支持。

第六条 说明书未充分公开特定技术内容，导致在专利申请日有下列情形之一的，人民法院应当认定说明书及与该特定技术内容相关的权利要求不符合专利法第二十六条第三款的规定：

（一）权利要求限定的技术方案不能实施的；

（二）实施权利要求限定的技术方案不能解决发明或者实用新型所要解决的技术问题的；

（三）确认权利要求限定的技术方案能够解决发明或者实用新型所要解决的技术问题，需要付出过度劳动的。

当事人仅依据前款规定的未充分公开的特定技术内容，主张与该特定技术内容相关的权利要求符合专利法第二十六条第四款关于"权利要求书应当以说明书为依据"的规定的，人民法院不予支持。

第七条 所属技术领域的技术人员根据说明书及附图，认为权利要求有下列情形之一的，人民法院应当认定该权利要求不符合专利法第二十六条第四款关于清楚地限定要求专利保护的范围的规定：

（一）限定的发明主题类型不明确的；

（二）不能合理确定权利要求中技术特征的含义的；

（三）技术特征之间存在明显矛盾且无法合理解释的。

第八条 所属技术领域的技术人员阅读说明书及附图后，在申请日不能得到或者合理概括得出权利要求限定的技术方案的，人民法院应当认定该权利要求不符合专利法第二十六条第四款关于"权利要求书应当以说明书为依据"的规定。

第九条 以功能或者效果限定的技术特征，是指对于结构、组分、步骤、条件等技术特征或者技术特征之间的相互关系等，仅通过其在发明创造中所起的功能或者效果进行限定的技术特征，但所属技术领域的技术人员通过阅读权利要求即可直接、明确地确定实现该功能或者效果的具体实施方式的除外。

对于前款规定的以功能或者效果限定的技术特征，权利要求书、说明书及附图未公开能够实现该功能或者效果的任何具体实施方式的，人民法院应当认定说明书和具有该技术特征的权利要求不符合专利法第二十六条第三款的规定。

第十条 药品专利申请人在申请日以后提交补充实验数据，主张依赖该数据证明专利申请符合专利法第二十二条第三款、第二十六条第三款等规定的，人民法院应予审查。

第十一条 当事人对实验数据的真实性产生争议的，提交实验数据的一方当事人应当举证证明实验数据的来源和形成过程。人民法院可以通知实验负责人到庭，就实验原料、步骤、条件、环境或者参数以及完成实验的人员、机构等作出说明。

第十二条 人民法院确定权利要求限定的技术方案的技术领域，应当综合考虑主题名称等权利要求的全部内容、说明书关于技术领域和背景技术的记载，以及该技术方案所实现的功能和用途等。

第十三条 说明书及附图未明确记载区别技术特征在权利要求限定的技术方案中所能达到的技术效果的，人民法院可以结合所属技术领域的公知常识，根据区别技术特征与权利要求中其他技术特征的关系、区别技术特征在权利要求限定的技术方案中的作用等，认定所属技术领域的技术人员所能确定的该权利要求实际解决的技术问题。

被诉决定对权利要求实际解决的技术问题未认定或者认定错误的，不影响人民法院对权利要求的创造性依法作出认定。

第十四条 人民法院认定外观设计专利产品的一般消费者所具有的知识水平和认知能力，应当考虑申请日时外观设计专利产品的设计空间。设计空间较大的，人民法院可以认定一般消费者通常不容易注意到不同设计之间的较小区别；设计空间较小的，人民法院可以认定一般消费者通常更容易注意到不同设计之间的较小区别。

对于前款所称设计空间的认定，人民法院可以综合考虑下列因素：

（一）产品的功能、用途；

（二）现有设计的整体状况；

（三）惯常设计；

（四）法律、行政法规的强制性规定；

（五）国家、行业技术标准；

（六）需要考虑的其他因素。

第十五条 外观设计的图片、照片存在矛盾、缺失或者模糊不清等情形，导致一般消费者无法根据图片、照片及简要说明确定所要保护的外观设计的，人民法院应当认定其不符合专利法第二十七条第二款关于"清楚地显示要求专利保护的产品的外观设计"的规定。

第十六条 人民法院认定外观设计是否符合专利法第二十三条的规定，应当综合判断外观设计的整体视觉效果。

为实现特定技术功能必须具备或者仅有有限选择的设计特征，对于外观设计专利视觉效果的整体观察和综合判断不具有显著影响。

第十七条 外观设计与相同或者相近种类产品的一项现有设计相比，整体视觉效果相同或者属于仅具有局部细微区别等实质相同的情形，人民法院应当认定其构成专利法第二十三条第一款规定的"属于现有设计"。

除前款规定的情形外，外观设计与相同或者相近种类产品的一项现有设计相比，二者的区别对整体视觉效果不具有显著影响，人民法院应当认定其不具有专利法第二十三条第二款规定的"明显区别"。

人民法院应当根据外观设计产品的用途，认定产品种类是否相同或者相近。确定产品的用途，可以参考外观设计的简要说明、外观设计产品分类表、产品的功能以及产品销售、实际使用的情况等因素。

第十八条 外观设计专利与相同种类产品上同日申请的另一项外观设计专利相比，整体视觉效果相同或者属于仅具有局部细微区别等实质相同的情形，人民法院应当认定其不符合专利法第九条关于"同样的发明创造只能授予一项专利权"的规定。

第十九条 外观设计与申请日以前提出申请、申请日以后公告，且属于相同或者相近种类产品的另一项外观设计相比，整体视觉效果相同或者属于仅具有局部细微区别等实质相同的情形的，人民法院应当认定其构成专利法第二十三条第一款规定的"同样的外观设计"。

第二十条 根据现有设计整体上给出的设计启示，以一般消费者容易想到的设计特征转用、拼合或者替换等方式，获得与外观设计专利的整体视觉效果相同或者仅具有局部细微区别等实质相同的外观设计，且不具有独特视觉效果的，人民法院应当认定该外观设计专利与现有设计特征的组合相比不具有专利法第二十三条第二款规定的"明显区别"。

具有下列情形之一的，人民法院可以认定存在前款所称的设计启示：

（一）将相同种类产品上不同部分的设计特征进行拼合或者替换的；

（二）现有设计公开了将特定种类产品的设计特征转用于外观设计专利产品的；

（三）现有设计公开了将不同的特定种类产品的外观设计特征进行拼合的；

（四）将现有设计中的图案直接或者仅做细微改变后用于外观设计专利产品的；

（五）将单一自然物的特征转用于外观设计专利产品的；

（六）单纯采用基本几何形状或者仅做细微改变后得到外观设计的；

（七）使用一般消费者公知的建筑物、作品、标识等的全部或者部分设计的。

第二十一条 人民法院在认定本规定第二十条所称的独特视觉效果时，可以综合考虑下列因素：

（一）外观设计专利产品的设计空间；

（二）产品种类的关联度；

（三）转用、拼合、替换的设计特征的数量和难易程度；

（四）需要考虑的其他因素。

第二十二条　专利法第二十三条第三款所称的"合法权利"，包括就作品、商标、地理标志、姓名、企业名称、肖像，以及有一定影响的商品名称、包装、装潢等享有的合法权利或者权益。

第二十三条　当事人主张专利复审、无效宣告请求审查程序中的下列情形属于行政诉讼法第七十条第三项规定的"违反法定程序的"，人民法院应予支持：

（一）遗漏当事人提出的理由和证据，且对当事人权利产生实质性影响的；

（二）未依法通知应当参加审查程序的专利申请人、专利权人及无效宣告请求人等，对其权利产生实质性影响的；

（三）未向当事人告知合议组组成人员，且合议组组成人员存在法定回避事由而未回避的；

（四）未给予被诉决定对其不利的一方当事人针对被诉决定所依据的理由、证据和认定的事实陈述意见的机会的；

（五）主动引入当事人未主张的公知常识或者惯常设计，未听取当事人意见且对当事人权利产生实质性影响的；

（六）其他违反法定程序，可能对当事人权利产生实质性影响的。

第二十四条　被诉决定有下列情形之一的，人民法院可以依照行政诉讼法第七十条的规定，判决部分撤销：

（一）被诉决定对于权利要求书中的部分权利要求的认定错误，其余正确的；

（二）被诉决定对于专利法第三十一条第二款规定的"一件外观设计专利申请"中的部分外观设计认定错误，其余正确的；

（三）其他可以判决部分撤销的情形。

第二十五条　被诉决定对当事人主张的全部无效理由和证据均已评述并宣告权利要求无效，人民法院认为被诉决定认定该权利要求无效的理由均不能成立的，应当判决撤销或者部分撤销该决定，并可视情判决被告就该权利要求重新作出审查决定。

第二十六条　审查决定系直接依据生效裁判重新作出且未引入新的事实和理由，当事人对该决定提起诉讼的，人民法院依法裁定不予受理；已经受理的，依法裁定驳回起诉。

第二十七条　被诉决定查明事实或者适用法律确有不当，但对专利授权确权的认定结论正确的，人民法院可以在纠正相关事实查明和法律适用的基础上判决驳回原告的诉讼请求。

第二十八条　当事人主张有关技术内容属于公知常识或者有关设计特征属于惯常设计的，人民法院可以要求其提供证据证明或者作出说明。

第二十九条　专利申请人、专利权人在专利授权确权行政案件中提供新的证据，用于证明专利申请不应当被驳回或者专利权应当维持有效的，人民法院一般应予审查。

第三十条　无效宣告请求人在专利确权行政案件中提供新的证据，人民法院一般不予审查，但下列证据除外：

（一）证明在专利无效宣告请求审查程序中已主张的公知常识或者惯常设计的；

（二）证明所属技术领域的技术人员或者一般消费者的知识水平和认知能力的；

（三）证明外观设计专利产品的设计空间或者现有设计的整体状况的；

（四）补强在专利无效宣告请求审查程序中已被采信证据的证明力的；

（五）反驳其他当事人在诉讼中提供的证据的。

第三十一条　人民法院可以要求当事人提供本规定第二十九条、第三十条规定的新的证据。

当事人向人民法院提供的证据系其在专利复审、无效宣告请求审查程序中被依法要求提供但无正当理由未提供的，人民法院一般不予采纳。

第三十二条　本规定自 2020 年 9 月 12 日起施行。

本规定施行后，人民法院正在审理的一审、二审案件适用本规定；施行前已经作出生效裁判的案件，不适用本规定再审。

关于撤销知识产权海关保护备案有关事项

（海关总署公告 2011 年第 59 号）

发布日期：2011-09-25
实施日期：2011-09-28
法规类型：规范性文件

为有效实施《中华人民共和国知识产权海关保护条例》（以下简称《条例》）第九条和第十一条的规定，保障合法货物的正常通关，维护知识产权海关保护有关当事人的合法权益，现就有关事项公告如下：

一、凡已经海关核准且属于《条例》第九条和第十一条第二款规定情形的知识产权海关保护备案（以下简称"备案"），海关总署有权予以撤销。

二、知识产权海关保护的利害关系人根据《条例》第十一条的规定申请撤销备案的，应当向海关总署提交申请书。申请书应当有明确的申请人和被申请人、请求事项、基本事实和理由，并随附相关证明文件。

三、海关总署作出撤销或者维持备案的决定，应当事先对有关情况进行调查。海关总署进行调查，可以要求有关知识产权权利人在规定期限内提交书面的申辩意见。

四、海关总署作出撤销备案的决定，应当书面通知有关知识产权权利人。其中根据利害关系人的申请作出撤销的决定的，还应当书面通知有关申请人。

对利害关系人申请撤销备案的，海关总署作出维持备案的决定，应当书面通知有关申请人。

五、备案自海关总署作出撤销决定之日起失效。备案被撤销且有关知识产权仍属于原申请备案的知识产权权利人的，该知识产权权利人自备案被撤销之日起在 1 年内再次向海关总署备案该知识产权的，海关总署可不予受理。

六、本公告自 2011 年 9 月 28 日起施行。

关于没收侵犯知识产权货物依法拍卖有关事宜

（海关总署公告 2007 年第 16 号）

发布日期：2007-04-02
实施日期：2007-04-02
法规类型：规范性文件

根据《中华人民共和国知识产权海关保护条例》（以下简称《条例》）第二十七条的规

定，被没收的侵犯知识产权的货物（以下简称侵权货物）无法用于社会公益事业且知识产权权利人无收购意愿的，海关可以在消除侵权特征后依法拍卖。为了规范海关拍卖侵权货物工作，增加海关执法的透明度，保障知识产权权利人的知情权，现就有关事项公告如下：

一、海关拍卖没收的侵权货物，应当严格按照《条例》第二十七条的规定，完全清除有关货物以及包装的侵权特征，包括清除侵权商标、侵犯著作权、侵犯专利权以及侵犯其他知识产权的特征。对不能完全清除侵权特征的货物，应当予以销毁，一律不得拍卖。

二、海关拍卖侵权货物前应当征求有关知识产权权利人的意见。

特此公告。

关于接受知识产权海关保护总担保

（海关总署公告 2006 年第 31 号）

发布日期：2006-05-30
实施日期：2011-02-01
法规类型：规范性文件

（根据 2011 年 1 月 10 日海关总署公告 2011 年第 1 号《关于变更知识产权海关保护总担保保函格式》修改附件 2）

根据《中华人民共和国知识产权海关保护条例》（以下简称《条例》）第十四条和《中华人民共和国海关关于〈中华人民共和国知识产权海关保护条例〉的实施办法》（以下简称《实施办法》）第二十二条的规定，知识产权权利人可以依法向海关提供总担保。为实施《实施办法》的有关规定，方便知识产权权利人向海关申请采取知识产权保护措施，现就知识产权海关保护总担保的有关事宜公告如下：

一、知识产权权利人在一定时间内根据《条例》第十六条的规定多次向海关提出扣留涉嫌侵犯其已在海关总署备案商标专用权的进出口货物（以下简称侵权嫌疑货物）申请的，可以向海关总署申请提供知识产权海关保护总担保（以下简称总担保）。

二、知识产权权利人申请提供总担保的，应当向海关总署提交书面申请（样式见附件1），并随附以下材料：

（一）已获准在中国大陆境内开展金融业务的银行（以下统称担保人）出具的为知识产权权利人申请总担保承担连带责任的总担保保函（样式见附件2）；

（二）知识产权权利人上一年度向海关申请扣留侵权嫌疑货物后发生的仓储处置费的清单（样式见附件3）。

三、总担保的担保金额应相当于知识产权权利人上一年度向海关申请扣留侵权嫌疑货物后发生的仓储、保管和处置等费用（以下简称仓储处置费）之和；知识产权权利人上一年度未向海关申请扣留侵权嫌疑货物或者仓储处置费不足人民币20万元的，总担保的担保金额为人民币20万元。

总担保保函的有效期为担保人签发之日起至第二年6月30日。

四、自海关总署核准其使用总担保之日起至当年12月31日止的期间内，知识产权权利人请求海关扣留侵权嫌疑货物，无需再向海关提供担保。但是，有关的仓储处置费仍应由知识产权权利人按照《实施办法》第三十一条的规定支付；对因申请不当给收货人或者发货人造成损失的，知识产权权利人应当自行承担民事赔偿责任。

五、有以下情形之一的，海关总署可以书面通知担保人在 10 个工作日内向有关海关支付不超过担保金额的款项：

（一）知识产权权利人未能在海关要求其支付仓储处置费的书面通知送达之日起 10 个工作日内，按照《实施办法》第三十一条的规定支付有关费用；

（二）知识产权权利人未能按照《条例》第二十九条的规定承担赔偿责任且人民法院在总担保保函有效期内要求海关协助执行有关判决的。

自海关总署向担保人发出履行担保责任的通知之日起，知识产权权利人向海关申请扣留侵权嫌疑货物，应当同时向海关提供担保。

六、本公告自 2006 年 7 月 1 日起施行。

特此公告。

附件：1. 知识产权海关保护总担保申请书（样式）（略）
2. 总担保保函（样式）（被"海关总署公告 2011 年第 1 号"修订）（略）
3. 仓储处置费清单（样式）（略）

关于对当事人无法查清的侵犯知识产权货物予以收缴的公告

（海关总署公告 2005 年第 48 号）

发布日期：2005-09-21
实施日期：2005-09-21
法规类型：规范性文件

为有效实施《中华人民共和国海关法》和《中华人民共和国知识产权海关保护条例》，禁止侵犯受我国法律、行政法规保护的知识产权的货物、物品进出境，现就有关事项公告如下：

对《中华人民共和国海关行政处罚实施条例》第二十五条和《中华人民共和国知识产权海关保护条例》第二十八条规定应当予以没收的侵犯我国法律、行政法规保护的知识产权的货物、物品，经海关调查，货物、物品的侵权事实基本清楚，但当事人无法查清，自海关公告之日起满 3 个月的，由海关予以收缴。

自贸区篇

中华人民共和国海南自由贸易港法

（主席令第85号）

发布日期：2021-06-10

实施日期：2021-06-10

法规类型：法律

第一章 总 则

第一条 为了建设高水平的中国特色海南自由贸易港，推动形成更高层次改革开放新格局，建立开放型经济新体制，促进社会主义市场经济平稳健康可持续发展，制定本法。

第二条 国家在海南岛全岛设立海南自由贸易港，分步骤、分阶段建立自由贸易港政策和制度体系，实现贸易、投资、跨境资金流动、人员进出、运输来往自由便利和数据安全有序流动。

海南自由贸易港建设和管理活动适用本法。本法没有规定的，适用其他有关法律法规的规定。

第三条 海南自由贸易港建设，应当体现中国特色，借鉴国际经验，围绕海南战略定位，发挥海南优势，推进改革创新，加强风险防范，贯彻创新、协调、绿色、开放、共享的新发展理念，坚持高质量发展，坚持总体国家安全观，坚持以人民为中心，实现经济繁荣、社会文明、生态宜居、人民幸福。

第四条 海南自由贸易港建设，以贸易投资自由化便利化为重点，以各类生产要素跨境自由有序安全便捷流动和现代产业体系为支撑，以特殊的税收制度安排、高效的社会治理体系和完备的法治体系为保障，持续优化法治化、国际化、便利化的营商环境和公平统一高效的市场环境。

第五条 海南自由贸易港实行最严格的生态环境保护制度，坚持生态优先、绿色发展，创新生态文明体制机制，建设国家生态文明试验区。

第六条 国家建立海南自由贸易港建设领导机制，统筹协调海南自由贸易港建设重大政策和重大事项。国务院发展改革、财政、商务、金融管理、海关、税务等部门按照职责分工，指导推动海南自由贸易港建设相关工作。

国家建立与海南自由贸易港建设相适应的行政管理体制，创新监管模式。

海南省应当切实履行责任，加强组织领导，全力推进海南自由贸易港建设各项工作。

第七条 国家支持海南自由贸易港建设发展，支持海南省依照中央要求和法律规定行使改革自主权。国务院及其有关部门根据海南自由贸易港建设的实际需要，及时依法授权或者委托海南省人民政府及其有关部门行使相关管理职权。

第八条 海南自由贸易港构建系统完备、科学规范、运行有效的海南自由贸易港治理体系，推动政府机构改革和职能转变，规范政府服务标准，加强预防和化解社会矛盾机制建设，提高社会治理智能化水平，完善共建共治共享的社会治理制度。

国家推进海南自由贸易港行政区划改革创新，优化行政区划设置和行政区划结构体系。

第九条 国家支持海南自由贸易港主动适应国际经济贸易规则发展和全球经济治理体系改革新趋势，积极开展国际交流合作。

第十条　海南省人民代表大会及其常务委员会可以根据本法，结合海南自由贸易港建设的具体情况和实际需要，遵循宪法规定和法律、行政法规的基本原则，就贸易、投资及相关管理活动制定法规（以下称海南自由贸易港法规），在海南自由贸易港范围内实施。

海南自由贸易港法规应当报送全国人民代表大会常务委员会和国务院备案；对法律或者行政法规的规定作变通规定的，应当说明变通的情况和理由。

海南自由贸易港法规涉及依法应当由全国人民代表大会及其常务委员会制定法律或者由国务院制定行政法规事项的，应当分别报全国人民代表大会常务委员会或者国务院批准后生效。

第二章　贸易自由便利

第十一条　国家建立健全全岛封关运作的海南自由贸易港海关监管特殊区域制度。在依法有效监管基础上，建立自由进出、安全便利的货物贸易管理制度，优化服务贸易管理措施，实现贸易自由化便利化。

第十二条　海南自由贸易港应当高标准建设口岸基础设施，加强口岸公共卫生安全、国门生物安全、食品安全、商品质量安全管控。

第十三条　在境外与海南自由贸易港之间，货物、物品可以自由进出，海关依法进行监管，列入海南自由贸易港禁止、限制进出口货物、物品清单的除外。

前款规定的清单，由国务院商务主管部门会同国务院有关部门和海南省制定。

第十四条　货物由海南自由贸易港进入境内其他地区（以下简称内地），原则上按进口规定办理相关手续。物品由海南自由贸易港进入内地，按规定进行监管。对海南自由贸易港前往内地的运输工具，简化进口管理。

货物、物品以及运输工具由内地进入海南自由贸易港，按国内流通规定管理。

货物、物品以及运输工具在海南自由贸易港和内地之间进出的具体办法由国务院有关部门会同海南省制定。

第十五条　各类市场主体在海南自由贸易港内依法自由开展货物贸易以及相关活动，海关实施低干预、高效能的监管。

在符合环境保护、安全生产等要求的前提下，海南自由贸易港对进出口货物不设存储期限，货物存放地点可以自由选择。

第十六条　海南自由贸易港实行通关便利化政策，简化货物流转流程和手续。除依法需要检验检疫或者实行许可证件管理的货物外，货物进入海南自由贸易港，海关按照有关规定径予放行，为市场主体提供通关便利服务。

第十七条　海南自由贸易港对跨境服务贸易实行负面清单管理制度，并实施相配套的资金支付和转移制度。对清单之外的跨境服务贸易，按照内外一致的原则管理。

海南自由贸易港跨境服务贸易负面清单由国务院商务主管部门会同国务院有关部门和海南省制定。

第三章　投资自由便利

第十八条　海南自由贸易港实行投资自由化便利化政策，全面推行极简审批投资制度，完善投资促进和投资保护制度，强化产权保护，保障公平竞争，营造公开、透明、可预期的投资环境。

海南自由贸易港全面放开投资准入，涉及国家安全、社会稳定、生态保护红线、重大公共利益等国家实行准入管理的领域除外。

第十九条　海南自由贸易港对外商投资实行准入前国民待遇加负面清单管理制度。特别适用于海南自由贸易港的外商投资准入负面清单由国务院有关部门会同海南省制定，报国务院批准后发布。

第二十条　国家放宽海南自由贸易港市场准入。海南自由贸易港放宽市场准入特别清单（特别措施）由国务院有关部门会同海南省制定。

海南自由贸易港实行以过程监管为重点的投资便利措施，逐步实施市场准入承诺即入制。具体办法由海南省会同国务院有关部门制定。

第二十一条　海南自由贸易港按照便利、高效、透明的原则，简化办事程序，提高办事效率，优化政务服务，建立市场主体设立便利、经营便利、注销便利等制度，优化破产程序。具体办法由海南省人民代表大会及其常务委员会制定。

第二十二条　国家依法保护自然人、法人和非法人组织在海南自由贸易港内的投资、收益和其他合法权益，加强对中小投资者的保护。

第二十三条　国家依法保护海南自由贸易港内自然人、法人和非法人组织的知识产权，促进知识产权创造、运用和管理服务能力提升，建立健全知识产权领域信用分类监管、失信惩戒等机制，对知识产权侵权行为，严格依法追究法律责任。

第二十四条　海南自由贸易港建立统一开放、竞争有序的市场体系，强化竞争政策的基础性地位，落实公平竞争审查制度，加强和改进反垄断和反不正当竞争执法，保护市场公平竞争。

海南自由贸易港的各类市场主体，在准入许可、经营运营、要素获取、标准制定、优惠政策等方面依法享受平等待遇。具体办法由海南省人民代表大会及其常务委员会制定。

第四章　财政税收制度

第二十五条　在海南自由贸易港开发建设阶段，中央财政根据实际，结合税制变化情况，对海南自由贸易港给予适当财政支持。鼓励海南省在国务院批准的限额内发行地方政府债券支持海南自由贸易港项目建设。海南省设立政府引导、市场化方式运作的海南自由贸易港建设投资基金。

第二十六条　海南自由贸易港可以根据发展需要，自主减征、免征、缓征除具有生态补偿性质外的政府性基金。

第二十七条　按照税种结构简单科学、税制要素充分优化、税负水平明显降低、收入归属清晰、财政收支基本均衡的原则，结合国家税制改革方向，建立符合需要的海南自由贸易港税制体系。

全岛封关运作时，将增值税、消费税、车辆购置税、城市维护建设税及教育费附加等税费进行简并，在货物和服务零售环节征收销售税；全岛封关运作后，进一步简化税制。

国务院财政部门会同国务院有关部门和海南省及时提出简化税制的具体方案。

第二十八条　全岛封关运作、简并税制后，海南自由贸易港对进口征税商品实行目录管理，目录之外的货物进入海南自由贸易港，免征进口关税。进口征税商品目录由国务院财政部门会同国务院有关部门和海南省制定。

全岛封关运作、简并税制前，对部分进口商品，免征进口关税、进口环节增值税和消费税。

对由海南自由贸易港离境的出口应税商品，征收出口关税。

第二十九条　货物由海南自由贸易港进入内地，原则上按照进口征税；但是，对鼓励类产业企业生产的不含进口料件或者含进口料件在海南自由贸易港加工增值达到一定比例的货物，免征关税。具体办法由国务院有关部门会同海南省制定。

货物由内地进入海南自由贸易港，按照国务院有关规定退还已征收的增值税、消费税。

全岛封关运作、简并税制前，对离岛旅客购买免税物品并提货离岛的，按照有关规定免征进口关税、进口环节增值税和消费税。全岛封关运作、简并税制后，物品在海南自由贸易港和内地之间进出的税收管理办法，由国务院有关部门会同海南省制定。

第三十条　对注册在海南自由贸易港符合条件的企业，实行企业所得税优惠；对海南自由贸易港内符合条件的个人，实行个人所得税优惠。

第三十一条　海南自由贸易港建立优化高效统一的税收征管服务体系，提高税收征管服务科学化、信息化、国际化、便民化水平，积极参与国际税收征管合作，提高税收征管服务质量和效率，保护纳税人的合法权益。

第五章　生态环境保护

第三十二条　海南自由贸易港健全生态环境评价和监测制度，制定生态环境准入清单，防止污染，保护生态环境；健全自然资源资产产权制度和有偿使用制度，促进资源节约高效利用。

第三十三条　海南自由贸易港推进国土空间规划体系建设，实行差别化的自然生态空间用途管制；严守生态保护红线，构建以国家公园为主体的自然保护地体系，推进绿色城镇化、美丽乡村建设。

海南自由贸易港严格保护海洋生态环境，建立健全陆海统筹的生态系统保护修复和污染防治区域联动机制。

第三十四条　海南自由贸易港实行严格的进出境环境安全准入管理制度，加强检验检疫能力建设，防范外来物种入侵，禁止境外固体废物输入；提高医疗废物等危险废物处理处置能力，提升突发生态环境事件应急准备与响应能力，加强生态风险防控。

第三十五条　海南自由贸易港推进建立政府主导、企业和社会参与、市场化运作、可持续的生态保护补偿机制，建立生态产品价值实现机制，鼓励利用市场机制推进生态环境保护，实现可持续发展。

第三十六条　海南自由贸易港实行环境保护目标责任制和考核评价制度。县级以上地方人民政府对本级人民政府负有环境监督管理职责的部门及其责任人和下级人民政府及其负责人的年度考核，实行环境保护目标完成情况一票否决制。

环境保护目标未完成的地区，一年内暂停审批该地区新增重点污染物排放总量的建设项目环境影响评价文件；对负有责任的地方人民政府及负有环境监督管理职责的部门的主要责任人，一年内不得提拔使用或者转任重要职务，并依法予以处分。

第三十七条　海南自由贸易港实行生态环境损害责任终身追究制。对违背科学发展要求、造成生态环境严重破坏的地方人民政府及有关部门主要负责人、直接负责的主管人员和其他直接责任人员，应当严格追究责任。

第六章　产业发展与人才支撑

第三十八条　国家支持海南自由贸易港建设开放型生态型服务型产业体系，积极发展旅游业、现代服务业、高新技术产业以及热带特色高效农业等重点产业。

第三十九条　海南自由贸易港推进国际旅游消费中心建设，推动旅游与文化体育、健康医疗、养老养生等深度融合，培育旅游新业态新模式。

第四十条　海南自由贸易港深化现代服务业对内对外开放，打造国际航运枢纽，推动港口、产业、城市融合发展，完善海洋服务基础设施，构建具有国际竞争力的海洋服务体系。

境外高水平大学、职业院校可以在海南自由贸易港设立理工农医类学校。

第四十一条　国家支持海南自由贸易港建设重大科研基础设施和条件平台，建立符合科研规律的科技创新管理制度和国际科技合作机制。

第四十二条　海南自由贸易港依法建立安全有序自由便利的数据流动管理制度，依法保护个人、组织与数据有关的权益，有序扩大通信资源和业务开放，扩大数据领域开放，促进以数据为关键要素的数字经济发展。

国家支持海南自由贸易港探索实施区域性国际数据跨境流动制度安排。

第四十三条　海南自由贸易港实施高度自由便利开放的运输政策，建立更加开放的航运制度和船舶管理制度，建设"中国洋浦港"船籍港，实行特殊的船舶登记制度；放宽空域管制和航路限制，优化航权资源配置，提升运输便利化和服务保障水平。

第四十四条　海南自由贸易港深化人才发展体制机制改革，创新人才培养支持机制，建立科学合理的人才引进、认定、使用和待遇保障机制。

第四十五条　海南自由贸易港建立高效便利的出境入境管理制度，逐步实施更大范围适用免签入境政策，延长免签停留时间，优化出境入境检查管理，提供出境入境通关便利。

第四十六条　海南自由贸易港实行更加开放的人才和停居留政策，实行更加宽松的人员临时出境入境政策、便利的工作签证政策，对外国人工作许可实行负面清单管理，进一步完善居留制度。

第四十七条　海南自由贸易港放宽境外人员参加职业资格考试的限制，对符合条件的境外专业资格认定，实行单向认可清单制度。

第七章　综合措施

第四十八条　国务院可以根据海南自由贸易港建设的需要，授权海南省人民政府审批由国务院审批的农用地转为建设用地和土地征收事项；授权海南省人民政府在不突破海南省国土空间规划明确的生态保护红线、永久基本农田面积、耕地和林地保有量、建设用地总规模等重要指标并确保质量不降低的前提下，按照国家规定的条件，对全省耕地、永久基本农田、林地、建设用地布局调整进行审批。

海南自由贸易港积极推进城乡及垦区一体化协调发展和小城镇建设用地新模式，推进农垦土地资产化。

依法保障海南自由贸易港国家重大项目用海需求。

第四十九条　海南自由贸易港建设应当切实保护耕地，加强土地管理，建立集约节约用地制度、评价标准以及存量建设用地盘活处置制度。充分利用闲置土地，以出让方式取得土地使用权进行开发的土地，超过出让合同约定的竣工日期一年未竣工的，应当在竣工前每年征收出让土地现值一定比例的土地闲置费。具体办法由海南省制定。

第五十条　海南自由贸易港坚持金融服务实体经济，推进金融改革创新，率先落实金融业开放政策。

第五十一条　海南自由贸易港建立适应高水平贸易投资自由化便利化需要的跨境资金流动管理制度，分阶段开放资本项目，逐步推进非金融企业外债项下完全可兑换，推动跨境贸易结算便利化，有序推进海南自由贸易港与境外资金自由便利流动。

第五十二条　海南自由贸易港内经批准的金融机构可以通过指定账户或者在特定区域经营离岸金融业务。

第五十三条　海南自由贸易港加强社会信用体系建设和应用，构建守信激励和失信惩戒机制。

第五十四条　国家支持探索与海南自由贸易港相适应的司法体制改革。海南自由贸易港建立多元化商事纠纷解决机制，完善国际商事纠纷案件集中审判机制，支持通过仲裁、调解等多种非诉讼方式解决纠纷。

第五十五条　海南自由贸易港建立风险预警和防控体系，防范和化解重大风险。

海关负责口岸和其他海关监管区的常规监管，依法查缉走私和实施后续监管。海警机构负责查处海上走私违法行为。海南省人民政府负责全省反走私综合治理工作，加强对非设关地的管控，建立与其他地区的反走私联防联控机制。境外与海南自由贸易港之间、海南自由贸易港与内地之间，人员、货物、物品、运输工具等均需从口岸进出。

在海南自由贸易港依法实施外商投资安全审查制度，对影响或者可能影响国家安全的外商投资进行安全审查。

海南自由贸易港建立健全金融风险防控制度，实施网络安全等级保护制度，建立人员流动风险防控制度，建立传染病和突发公共卫生事件监测预警机制与防控救治机制，保障金融、网络与数据、人员流动和公共卫生等领域的秩序和安全。

第八章　附　则

第五十六条　对本法规定的事项，在本法施行后，海南自由贸易港全岛封关运作前，国务院及其有关部门和海南省可以根据本法规定的原则，按照职责分工，制定过渡性的具体办法，推动海南自由贸易港建设。

第五十七条　本法自公布之日起施行。

关于在有条件的自由贸易试验区和自由贸易港试点对接国际高标准推进制度型开放的若干措施

（国发〔2023〕9号）

发布日期：2023-06-01
实施日期：2023-06-01
法规类型：规范性文件

推进高水平对外开放，实施自由贸易试验区提升战略，加快建设海南自由贸易港，稳步扩大规则、规制、管理、标准等制度型开放，是贯彻落实习近平新时代中国特色社会主义思想的重大举措，是党的二十大部署的重要任务。为更好服务加快构建新发展格局，着力推动高质量发展，在有条件的自由贸易试验区和自由贸易港聚焦若干重点领域试点对接国际高标准经贸规则，统筹开放和安全，构建与高水平制度型开放相衔接的制度体系和监管模式，现提出如下措施。

一、推动货物贸易创新发展

1. 支持试点地区开展重点行业再制造产品进口试点。相关进口产品不适用我国禁止或限制旧品进口的相关措施，但应符合国家对同等新品的全部适用技术要求（包括但不限于质量特性、安全环保性能等方面）和再制造产品有关规定，并在显著位置标注"再制造产品"字样。试点地区根据自身实际提出试点方案，明确相关进口产品清单及适用的具体标准、要求、合格评定程序和监管措施；有关部门应在收到试点方案后6个月内共同研究作出决定。有关部门和地方对再制造产品加强监督、管理和检验，严防以再制造产品的名义进口洋垃圾及旧品。（适用范围：上海、广东、天津、福建、北京自由贸易试验区和海南自由贸易港，以下除标注适用于特定试点地区的措施外，适用范围同上）

2. 对暂时出境修理后复运进入试点地区的航空器、船舶（含相关零部件），无论其是否增值，免征关税。上述航空器指以试点地区为主营运基地的航空企业所运营的航空器，船舶指在试点地区注册登记并具有独立法人资格的船运公司所运营的以试点地区内港口为船籍港的船舶。（适用范围：海南自由贸易港）

3. 对自境外暂时准许进入试点地区进行修理的货物，复运出境的，免征关税；不复运出境转为内销的，照章征收关税。（适用范围：海南自由贸易港实行"一线"放开、"二线"管住进出口管理制度的海关特殊监管区域）

4. 自境外暂时进入试点地区的下列货物，在进境时纳税义务人向海关提供担保后，可以暂不缴纳关税、进口环节增值税和消费税：符合我国法律规定的临时入境人员开展业务、贸易或专业活动所必需的专业设备（包括软件，进行新闻报道或者摄制电影、电视节目使用的仪器、设备及用品等）；用于展览或演示的货物；商业样品、广告影片和录音；用于体育竞赛、表演或训练等所必需的体育用品。上述货物应当自进境之日起6个月内复运出境，暂时入境期间不得用于出售或租赁等商业目的。需要延长复运出境期限的，应按规定办理延期手续。

5. 试点地区海关不得仅因原产地证书存在印刷错误、打字错误、非关键性信息遗漏等微小差错或文件之间的细微差异而拒绝给予货物优惠关税待遇。

6. 海关预裁定申请人在预裁定所依据的法律、事实和情况未发生改变的情况下，可向试点地区海关提出预裁定展期申请，试点地区海关应在裁定有效期届满前从速作出决定。

7. 在符合我国海关监管要求且完成必要检疫程序的前提下，试点地区海关对已提交必要海关单据的空运快运货物，正常情况下在抵达后6小时内放行。

8. 在符合我国相关法律法规和有关规定且完成必要检疫程序的前提下，试点地区海关对已抵达并提交通关所需全部信息的货物，尽可能在48小时内放行。

9. 如货物抵达前（含抵达时）未确定关税、其他进口环节税和规费，但在其他方面符合放行条件，且已向海关提供担保或已按要求履行争议付款程序，试点地区海关应予以放行。

10. 在试点地区，有关部门批准或以其他方式承认境外合格评定机构资质，应适用对境内合格评定机构相同或等效的程序、标准和其他条件；不得将境外合格评定机构在境内取得法人资格或设立代表机构作为承认其出具的认证证书或认证相关检查、检测结果的条件。

11. 对于在试点地区进口信息技术设备产品的，有关部门应允许将供应商符合性声明作为产品符合电磁兼容性标准或技术法规的明确保证。

12. 在试点地区，允许进口标签中包括 chateau（酒庄）、classic（经典的）、clos（葡萄园）、cream（柔滑的）、crusted/crusting（有酒渣的）、fine（精美的）、late bottled vintage（迟装型年份酒）、noble（高贵的）、reserve（珍藏）、ruby（宝石红）、special reserve（特藏）、solera（索莱拉）、superior（级别较高的）、sur lie（酒泥陈酿）、tawny（陈年黄色波特酒）、vintage（年份）或 vintage character（年份特征）描述词或形容词的葡萄酒。

二、推进服务贸易自由便利

13. 除特定新金融服务外，如允许中资金融机构开展某项新金融服务，则应允许试点地区内的外资金融机构开展同类服务。金融管理部门可依职权确定开展此项新金融服务的机构类型和机构性质，并要求开展此项服务需获得许可。金融管理部门应在合理期限内作出决定，仅可因审慎理由不予许可。

14. 试点地区金融管理部门应按照内外一致原则，在收到境外金融机构、境外金融机构的投资者、跨境金融服务提供者提交的与开展金融服务相关的完整且符合法定形式的申请后，于120天内作出决定，并及时通知申请人。如不能在上述期限内作出决定，金融管理部门应立即通知申请人并争取在合理期限内作出决定。

15. 允许在试点地区注册的企业、在试点地区工作或生活的个人依法跨境购买境外金融服务。境外金融服务的具体种类由金融管理部门另行规定。

16. 鼓励境外专业人员依法为试点地区内的企业和居民提供专业服务，支持试点地区建立健全境外专业人员能力评价评估工作程序。

三、便利商务人员临时入境

17. 允许试点地区内的外商投资企业内部调动专家的随行配偶和家属享有与该专家相同的入境和临时停留期限。

18. 对拟在试点地区筹建分公司或子公司的外国企业相关高级管理人员，其临时入境停留有效期放宽至2年，且允许随行配偶和家属享有与其相同的入境和临时停留期限。

四、促进数字贸易健康发展

19. 对于进口、分销、销售或使用大众市场软件（不包括用于关键信息基础设施的软件）及含有该软件产品的，有关部门及其工作人员不得将转让或获取企业、个人所拥有的相关软件源代码作为条件要求。

20. 支持试点地区完善消费者权益保护制度，禁止对线上商业活动消费者造成损害或潜在损害的诈骗和商业欺诈行为。

五、加大优化营商环境力度

21. 试点地区应允许真实合规的、与外国投资者投资相关的所有转移可自由汇入、汇出且无迟延。此类转移包括：资本出资；利润、股息、利息、资本收益、特许权使用费、管理费、技术指导费和其他费用；全部或部分出售投资所得、全部或部分清算投资所得；根据包括贷款协议在内的合同所支付的款项；依法获得的补偿或赔偿；因争议解决产生的款项。

22. 试点地区的采购人如采用单一来源方式进行政府采购，在公告成交结果时应说明采用该方式的理由。

23. 对于涉及试点地区内经营主体的已公布专利申请和已授予专利，主管部门应按照相关规定公开下列信息：检索和审查结果（包括与相关现有技术的检索有关的细节或信息等）；专利申请人的非保密答复意见；专利申请人和相关第三方提交的专利和非专利文献引文。

24. 试点地区人民法院对经营主体提出的知识产权相关救济请求，在申请人提供了可合理获得的证据并初步证明其权利正在受到侵害或即将受到侵害后，应不预先听取对方当事人的陈述即依照有关司法规则快速采取相关措施。

25. 试点地区有关部门调查涉嫌不正当竞争行为时，应对被调查的经营者给予指导，经营者作出相关承诺并按承诺及时纠正、主动消除或减轻危害后果的，依法从轻、减轻或不予行政处罚。

26. 支持试点地区内企业、商业组织、非政府组织等建立提高环境绩效的自愿性机制（包括自愿审计和报告、实施基于市场的激励措施、自愿分享信息和专门知识、开展政府和社会资本合作等），鼓励其参与制修订自愿性机制环境绩效评估标准。

27. 支持试点地区内企业自愿遵循环境领域的企业社会责任原则。相关原则应与我国赞成或支持的国际标准和指南相一致。

28. 支持试点地区劳动人事争议仲裁机构规范、及时以书面形式向当事人提供仲裁裁决，并依法公开。

六、健全完善风险防控制度

29. 试点地区应建立健全重大风险识别及系统性风险防范制度，商务部会同有关部门加强统筹协调和指导评估，强化对各类风险的分析研判，加强安全风险排查、动态监测和实时预警。

30. 健全安全评估机制，商务部会同有关部门和地方及时跟进试点进展，结合外部环境变化和国际局势走势，对新情况新问题进行分析评估，根据风险程度，分别采取调整、暂缓或终止等处置措施，不断优化试点实施举措。

31. 强化风险防范化解，细化防控举措，构建制度、管理和技术衔接配套的安全防护体系。

32. 落实风险防控责任，有关地方落实主体责任，在推进相关改革的同时，建立健全风险防控配套措施，完善安全生产责任制；有关部门加强指导监督，依职责做好监管。

33. 加强事前事中事后监管，完善监管规则，创新监管方式，加强协同监管，健全权责明确、公平公正、公开透明、简约高效的监管体系，统筹推进市场监管、质量监管、安全监管、金融监管等。

各有关部门和地方要以习近平新时代中国特色社会主义思想为指导，深入贯彻党的二十大精神，坚持党的全面领导，认真组织落实各项制度型开放试点任务。要统筹开放和安全，牢固树立总体国家安全观，强化风险意识，树立底线思维，维护国家核心利益和政治安全，建立健全风险防控制度，提高自身竞争能力、开放监管能力、风险防控能力。要坚持绿色发展，筑牢生态安全屏障，切实维护国家生态环境安全和人民群众身体健康。商务部要发挥统筹协调作用，会同有关部门加强各项试点措施的系统集成，推动部门和地方间高效协同。各有关部门要按照职责分工加强指导服务和监督管理，积极推动解决改革试点中遇到的问题。有关自由贸易试验区、自由贸易港及所在地省级人民政府要承担主体责任，细化分解任务，切实防控风险，加快推进各项试点措施落地实施。对确需制定具体意见、办法、细则、方案的，应在本措施印发之日起一年内完成，确保落地见效。需调整现行法律或行政法规的，按法定程序办理。重大事项及时向党中央、国务院请示报告。

国家发展改革委　商务部关于支持海南自由贸易港建设放宽市场准入若干特别措施的意见

（发改体改〔2021〕479号）

发布日期：2021-04-07
实施日期：2021-04-07
法规类型：规范性文件

海南省人民政府，国务院有关部委、有关直属机构：

按照《海南自由贸易港建设总体方案》要求，为进一步支持海南打造具有中国特色的自由贸易港市场准入体系和市场环境，促进生产要素自由便利流动，加快培育国际比较优势产业，高质量高标准建设自由贸易港，经党中央、国务院同意，现提出意见如下。

一、创新医药卫生领域市场准入方式

（一）支持开展互联网处方药销售。在博鳌乐城国际医疗旅游先行区（以下简称"乐城先行区"）建立海南电子处方中心（为处方药销售机构提供第三方信息服务），对于在国内上市销售的处方药，除国家药品管理法明确实行特殊管理的药品外，全部允许依托电子处方中心进行互联网销售，不再另行审批。海南电子处方中心对接互联网医院、海南医疗机构处方系统、各类处方药销售平台、医保信息平台与支付结算机构、商业类保险机构，实现处方相关信息统一归集及处方药购买、信息安全认证、医保结算等事项"一网通办"，海南电子处方中心及海南省相关部门要制定细化工作方案，强化对高风险药品管理，落实网络安全、信息安全、个人隐私保护等相关主体责任。利用区块链、量子信息等技术，实现线上线下联动监管、药品流向全程追溯、数据安全存储。（牵头单位：国家卫生健康委、国家药监局、国家发展改革委按职责分工负责；参加单位：国家医保局、银保监会、国家中医药局）

（二）支持海南国产化高端医疗装备创新发展。鼓励高端医疗装备首台（套）在海南进行生产，对在海南落户生产的列入首台（套）重大技术装备推广应用指导目录或列入甲、乙类大型医用设备配置许可目录的国产大型医疗设备，按照国产设备首台（套）有关文件要求执行。（牵头单位：工业和信息化部、国家卫生健康委、国家药监局；参加单位：国家发展改革委）

（三）加大对药品市场准入支持。海南省人民政府优化药品（中药、化学药、生物制品）的研发、试验、生产、应用环境，鼓励国产高值医用耗材、国家创新药和中医药研发生产企业落户海南，完善海南新药研发融资配套体系，制定与药品上市许可持有人相匹配的新药研发支持制度，鼓励国内外药企和药品研制机构在海南开发各类创新药和改良型新药。按照规定支持落户乐城先行区的医疗机构开展临床试验。对注册地为海南的药企，在中国境内完成I－Ⅲ期临床试验并获得上市许可的创新药，鼓励海南具备相应条件的医疗机构按照"随批随进"的原则直接使用，有关部门不得额外设置市场准入要求。（牵头单位：国家药监局、国家卫生健康委；参加单位：国家中医药局、海关总署）

（四）全面放宽合同研究组织（CRO）准入限制。海南省人民政府制定支持合同研究组织（CRO）落户海南发展的政策意见，支持在海南建立医药研究国际标准的区域伦理中心，鼓励海南医疗机构与合同研究组织合作，提升医疗机构临床试验技术能力和质量管理水平。优化完善医疗机构中药制剂审批和备案流程。按照安全性、有效性原则制定相关标准，在海南开展中药临床试验和上市后再评价试点。（牵头单位：国家药监局；参加单位：科技部、国家卫生健康委、国家中医药局）

（五）支持海南高端医美产业发展。鼓励知名美容医疗机构落户乐城先行区，在乐城先行区的美容医疗机构可批量使用在美国、欧盟、日本等国家或地区上市的医美产品，其中属于需在境内注册或备案的药品、医疗器械、化妆品，应依法注册或备案，乐城先行区可制定鼓励措施。海南省有关部门研究提出乐城先行区医美产业发展需要的进口药品、医疗器械、化妆品企业及产品清单，协助相关企业开展注册，国家药品监督管理部门予以支持。支持国外高水平医疗美容医生依法依规在海南短期行医，推动发展医疗美容旅游产业，支持引进、组织国际性、专业化的医美产业展会、峰会、论坛，规范医疗美容机构审批和监管。（牵头单位：国家卫生健康委、国家药监局；参加单位：商务部、文化和旅游部）

（六）优化移植科学全领域准入和发展环境。汇聚各类优势资源，推动成立国际移植科学研究中心，按照国际领先标准加快建设组织库，不断完善相关制度和工作体系，推进生物再生材料研究成果在海南应用转化。优化移植领域各类新药、检验检测剂、基因技术、医疗器械等准入环境，畅通研制、注册、生产、使用等市场准入环节，支持符合相应条件的相关产品，进入优先或创新审批程序。对社会资本办医疗机构和公立医疗机构在人体器官移植执业资格认定审批采取一致准入标准，一视同仁。在乐城先行区设立国际移植医疗康复诊疗中心，与各大医疗机构对接开展移植医疗康复诊疗。符合条件的移植医疗项目纳入医保支付范围，实现异地医保结算便利化。鼓励商业保险机构探索研究移植诊疗和康复相关保险业务。鼓励国内一流中医医疗机构在海南开设相关机构，开展移植学科中西医结合诊疗研究，推动康养结合。（牵头单位：国家卫生健康委、国家药监局；参加单位：科技部、国家医保局、国家中医药局、中科院）

（七）设立海南医疗健康产业发展混改基金。在国家发展改革委指导下，支持海南设立社会资本出资、市场化运作的医疗健康产业发展混改基金，支持相关产业落地发展。对混改基

金支持的战略性重点企业上市、并购、重组等，证监会积极给予支持。（牵头单位：国家发展改革委；参加单位：证监会）

二、优化金融领域市场准入和发展环境

（八）支持证券、保险、基金等行业在海南发展。依法支持证券、基金等金融机构落户海南。鼓励发展医疗健康、长期护理等商业保险，支持多种形式养老金融发展。（牵头单位：人民银行、银保监会、证监会按职责分工负责；参加单位：国家发展改革委）

（九）加强数据信息共享，开展支持农业全产业链发展试点。选取海南省部分地区开展试点，利用地理信息系统（GIS）、卫星遥感技术、无人机信息采集技术等信息化手段获取的土地、农作物等农业全产业链数据，按市场化原则引入第三方机构，开展风险评估和信用评价。鼓励各类金融机构根据职能定位，按照农业发展需求和市场化原则，结合第三方评估评价信息，依法合规为农业全产业链建设提供金融支持，鼓励保险机构配套开展农业保险服务。鼓励海南省带动种植、养殖、渔业的生产、加工、流通、销售、体验等全产业链发展。支持海南省会同相关金融机构、第三方信息服务机构制定具体实施方案，充分发挥地方农垦集团资源整合和信息整合优势，形成科技信息和金融数据第三方机构参与，农垦集团、农业龙头企业、农户联动的发展格局。（牵头单位：农业农村部、国家发展改革委按职责分工负责；参加单位：财政部、自然资源部、银保监会）

三、促进文化领域准入放宽和繁荣发展

（十）支持建设海南国际文物艺术品交易中心。引入艺术品行业的展览、交易、拍卖等国际规则，组建中国海南国际文物艺术品交易中心，为"一带一路"沿线国家优秀艺术品和符合文物保护相关法律规定的可交易文物提供开放、专业、便捷、高效的国际化交易平台。鼓励国内外知名拍卖机构在交易中心开展业务。推动降低艺术品和可交易文物交易成本，形成国际交易成本比较优势。在通关便利、保税货物监管、仓储物流等方面给予政策支持。（牵头单位：中央宣传部、文化和旅游部、国家文物局、国家发展改革委按职责分工负责；参加单位：商务部、人民银行、国务院国资委、海关总署、国家外汇局）

（十一）鼓励文化演艺产业发展。支持开展"一带一路"文化交流合作，推动"一带一路"沿线国家乃至全球优质文化演艺行业的表演、创作、资本、科技等各类资源向海南聚集。落实具有国际竞争力的文化产业奖励扶持政策，鼓励5G、VR、AR等新技术率先应用，在规划、用地、用海、用能、金融、人才引进等方面进行系统性支持。优化营业性演出审批，创新事中事后监管方式，充分发挥演出行业协会作用，提高行业自律水平。优化对娱乐场所经营活动和对游戏游艺设备内容的审核。（牵头单位：文化和旅游部、中央宣传部；参加单位：国家发展改革委、科技部、工业和信息化部、民政部、人力资源社会保障部、自然资源部、市场监管总局、国家移民局）

（十二）鼓励网络游戏产业发展。探索将国产网络游戏试点审批权下放海南，支持海南发展网络游戏产业。（牵头单位：中央宣传部）

（十三）放宽文物行业领域准入。对海南文物商店设立审批实行告知承诺管理。支持设立市场化运营的文物修复、保护和鉴定研究机构。（牵头单位：国家文物局）

四、推动教育领域准入放宽和资源汇聚

（十四）鼓励高校在海南进行科研成果转化。支持海南在陵水国际教育先行区、乐城先行区等重点开发区域设立高校生物医药、电子信息、计算机及大数据、人工智能、海洋科学等各类科研成果转化基地，鼓励高校科研人员按照国家有关规定在海南创业、兼职、开展科研成果转化。鼓励高校在保障正常运转和事业发展的前提下，参与符合国家战略的产业投资基金，通过转让许可、作价入股等方式，促进科研成果转化。（牵头单位：教育部、科技部；参加单位：国家发展改革委、财政部、人力资源社会保障部）

（十五）支持国内知名高校在海南建立国际学院。支持国内知名高校在海南陵水国际教育先行区或三亚等具备较好办学条件的地区设立国际学院，服务"一带一路"建设。国际学院实行小规模办学，开展高质量本科教育，学科专业设置以基础科学和应用技术理工学科专业为主，中科院有关院所对口支持学院建设，鼓励创新方式与国际知名高校开展办学合作和学术交流。初期招生规模每年300—500人，招生以国际学生为主。国际学生主要接收"一带一路"沿线国家优秀高中毕业生和大学一年级学生申请，公平择优录取。教育部通过中国政府奖学金等方式对海南省有关高校高质量来华留学项目予以积极支持。中科院等有关单位会同海南省制定具体建设方案，按程序报批后实施。（牵头单位：中科院、教育部；参加单位：国家发展改革委、外交部、国家移民局）

（十六）鼓励海南大力发展职业教育。完善职业教育和培训体系，深化产教融合、校企合作，鼓励社会力量通过独资、合资、合作等多种形式举办职业教育。支持海南建设服务国家区域发展战略的职业技能公共实训基地。鼓励海南大力发展医疗、康养、文化演艺、文物修复和鉴定等领域职业教育，对仅实施职业技能培训的民办学校的设立、变更和终止审批以及技工学校设立审批，实行告知承诺管理。（牵头单位：教育部、人力资源社会保障部、国家发展改革委）

五、放宽其他重点领域市场准入

（十七）优化海南商业航天领域市场准入环境，推动实现高质量发展。支持建设融合、开放的文昌航天发射场，打造国际一流、市场化运营的航天发射场系统，统筹建设相关测控系统、地面系统、应用系统，建立符合我国国际商业航天产业发展特点的建设管理运用模式。推动卫星遥感、北斗导航、卫星通信、量子卫星、芯片设计、运载火箭、测控等商业航天产业链落地海南。优化航天发射申报、航天发射场协调等事项办理程序，提升运载火箭、发动机及相关产品生产、储存、运输和试验等活动安全监管能力。支持在海南开展北斗导航国际应用示范。支持设立社会资本出资、市场化运作的商业航天发展混合所有制改革基金。鼓励保险机构在依法合规、风险可控的前提下，开展航天领域相关保险业务。支持商业卫星与载荷领域产学研用国际合作，鼓励开展卫星数据的国际协作开发应用与数据共享服务。优化商业航天领域技术研发、工程研制、系统运行、应用推广等领域的国际合作审批程序。制定吸引国际商业航天领域高端人才与创新团队落户的特别优惠政策，建立国际交流与培训平台。（牵头单位：国防科工局、国家发展改革委等单位按职责分工负责；参加单位：科技部、工业和信息化部、自然资源部、交通运输部、商务部、银保监会）

（十八）放宽民用航空业准入。优化海南民用机场管理方式，优化民航安检设备使用许可，简化通用航空机场规划及报批建设审批流程。在通用航空领域，探索建立分级分类的人员资质管理机制与航空器适航技术标准体系，简化飞行训练中心、民用航空器驾驶员学校、飞行签派员培训机构审批流程，在符合安全技术要求的前提下最大限度降低准入门槛。支持5G民航安全通信、北斗、广播式自动监视等新技术在空中交通管理、飞行服务保障等领域应用。落实金融、财税、人才等政策支持，鼓励社会资本投资通用航空、航油保障、飞机维修服务等领域。（牵头单位：民航局、国家发展改革委；参加单位：工业和信息化部、财政部、人民银行、银保监会等单位）

（十九）放宽体育市场准入。支持在海南建设国家体育训练南方基地和省级体育中心。支持打造国家体育旅游示范区，鼓励开展沙滩运动、水上运动等户外项目，按程序开展相关授权。（牵头单位：体育总局；参加单位：国家发展改革委、自然资源部）

（二十）放宽海南种业市场准入，简化审批促进种业发展。简化农作物、中药材等种子的质量检验机构资格认定、进出口许可等审批流程，优化与规范从事农业生物技术研究与试验的审批程序，鼓励海南省与境外机构、专家依法开展合作研究，进一步优化对海外引进农林业优异种质、苗木等繁殖材料的管理办法及推广应用。（牵头单位：农业农村部、国家林草局、海关总署按职责分工负责；参加单位：商务部、市场监管总局、中科院、国家中医药局）

（二十一）支持海南统一布局新能源汽车充换电基础设施建设和运营。支持海南统一规划建设和运营新能源汽车充换电新型基础设施，放宽5G融合性产品和服务的市场准入限制，推进车路协同和无人驾驶技术应用。重点加快干线公路沿线服务区快速充换电设施布局，推进城区、产业园区、景区和公共服务场所停车场集中式充换电设施建设，简化项目报备程序及规划建设、消防设计审查验收等方面审批流程，破除市场准入隐性壁垒。鼓励相关企业围绕充换电业务开展商业模式创新示范，探索包容创新的审慎监管制度，支持引导电网企业、新能源汽车生产、电池制造及运营、交通、地产、物业等相关领域企业按照市场化方式组建投资建设运营公司，鼓励创新方式开展各类业务合作，打造全岛"一张网"运营模式。（牵头单位：国家发展改革委、国家能源局；参加单位：工业和信息化部、自然资源部、住房城乡建设部、国务院国资委）

（二十二）优化准入环境开展乡村旅游和休闲农业创新发展试点。选取海南省部分地区，共享应用农村不动产登记数据，以市域或县域为单位开展乡村旅游市场准入试点，有关地方人民政府组织对试点地区所辖适合开展乡村旅游和休闲农业的乡镇和行政村进行整体评估，坚持农村土地农民集体所有，按照市场化原则，组建乡村旅游资产运营公司。在平等协商一致的基础上，支持适合开展民宿、农家乐等乡村旅游业务的资产以长期租赁、联营、入股等合法合规方式，与运营公司开展合作，积极推动闲置农房和宅基地发展民宿和农家乐，将民宿和农家乐纳入相关发展规划统一考虑，注重与周边产业、乡村建设互动协调、配套发展。海南省统一农家乐服务质量标准，统一民宿服务标准，乡村民宿主管部门统一规划信息管理平台、统一能力评估和运营监管。切实维护农民利益，坚决杜绝把乡村变景区的"一刀切"整体开发模式，充分考虑投资方、运营方、集体经济组织、农户等多方利益，因地制宜制定试点具体方案，支持集体经济组织和农户以租金、参与经营、分红等多种形式获得收益。鼓励各类金融机构按照市场化原则，为符合条件的运营公司提供金融支持，全面提升乡村旅游品质，增加农民收入。鼓励保险机构开发财产保险产品，为乡村旅游产业提供风险保障。引导银行按照风险可控、商业可持续原则加大对乡村旅游产业支持力度，优化业务流程，提高服务效率。（牵头单位：农业农村部、文化和旅游部、国家发展改革委按职责分工负责；参加单位：自然资源部、住房城乡建设部、银保监会）

本意见所列措施由海南省会同各部门各单位具体实施，凡涉及调整现行法律或行政法规的，经全国人大及其常委会或国务院统一授权后实施，各部门各单位要高度重视，按照职责分工，主动作为，积极支持，通力配合。海南省要充分发挥主体作用，加强组织领导，周密安排部署，推动工作取得实效。国家发展改革委、商务部会同有关部门加大协调力度，加强督促检查，重大问题及时向党中央、国务院请示报告。

海关对洋浦保税港区加工增值货物内销税收征管暂行办法

（署税函〔2021〕131号）

发布日期：2021-07-08
实施日期：2021-07-08
法规类型：规范性文件

第一条 为贯彻落实《海南自由贸易港建设总体方案》，充分发挥洋浦保税港区先行先试作用，根据《中华人民共和国海关法》《中华人民共和国海关对洋浦保税港区监管办法》和其他有关规定，经国务院同意，制定本办法。

第二条 本办法所称鼓励类产业企业，是指以海南自由贸易港鼓励类产业目录中规定的产业项目为主营业务，且主营业务收入占企业收入总额60%以上的企业。鼓励类产业企业应当在洋浦保税港区登记注册，具有独立法人资格，并经洋浦经济开发区管委会备案（以下对经备案的鼓励类产业企业统称为"备案企业"）。

本办法所称进口料件，是指自境外入区的未办理进口纳税手续的货物。

本办法所称加工增值超过30%，是指备案企业在洋浦保税港区对含有进口料件的货物进行制造、加工后的增值部分，超过进口料件和境内区外采购料件价值合计的30%（含30%，下同）。

第三条 海南省建立的洋浦公共信息服务平台应当满足鼓励类产业企业备案和加工增值相关业务办理等要求。洋浦公共信息服务平台实施"一企一户"管理制度。备案企业应当按照海关认可的方式及数据标准与该平台联网，报送的信息和数据应当真实、准确、有效且可追溯，符合海关税收征管和后续监管要求。海关通过洋浦公共信息服务平台与洋浦经济开发区管委会及海南省相关部门共享企业备案以及海关税收征管和后续监管所需的相关信息。

第四条 对洋浦保税港区鼓励类产业企业生产的含有进口料件且加工增值超过30%的货物，出区内销的，免征进口关税，照章征收进口环节增值税、消费税。

对洋浦保税港区鼓励类产业企业生产的含有进口料件但加工增值小于30%的货物，出区内销的，享受现行综合保税区内销选择性征收关税政策，可以申请按其对应进口料件或按实际报验状态（成品）征收关税，照章征收进口环节增值税、消费税。

第五条 加工增值超过30%的计算公式为：〔（货物出区内销价格－∑境外进口料件价格－∑境内区外采购料件价格）／（∑境外进口料件价格＋∑境内区外采购料件价格）〕×100%≥30%。计算公式中有关价格的确定，参照《海关审定内销保税货物完税价格办法》（海关总署令第211号）和《海关审定进出口货物完税价格办法》（海关总署令第213号）相关规定执行。其中：

（一）货物出区内销价格，以备案企业向境内区外销售含有进口料件的制造、加工所得货物时的成交价格为基础确定；

（二）境外进口料件价格，以备案企业自境外进口该料件的成交价格为基础确定，并且应包括该料件运抵境内输入地点起卸前的运输及其相关费用、保险费；

（三）境内区外采购料件价格，以备案企业自境内区外采购该料件的成交价格为基础确定，并且应包含该料件运至洋浦保税港区的运输及其相关费用、保险费。

第六条 备案企业申请享受加工增值货物内销免征进口关税的，应当准确核算、如实申报出区内销货物的加工增值情况，对自主申报数据情况负责，并承担相应的法律责任。备案企业应当在有关货物出区内销前，按规定向海关办理加工增值申报手续。加工增值超过30%的，海关系统自动生该加工增值货物内销免征进口关税确认编号，由备案企业将该编号告知境内区外进口企业。

境内区外进口企业凭加工增值货物内销免征进口关税确认编号，按规定向海关办理进口申报手续，自行缴纳相关税款。报关单征免性质栏填写"加工增值货物"，备案号栏填写该货物对应的免征进口关税确认编号。

第七条 在洋浦保税港区内深加工结转总体增值超过30%的货物内销适用该政策。

第八条 海关根据风险分析对企业申报的加工增值比例和价格、归类、原产地等涉税要素进行抽查审核。

第九条 海关依法对企业开展稽（核）查。

第十条 加工增值超过30%的货物出区内销时，有下列情形之一的，不享受免征进口关税：

（一）境外进口料件属于实行关税配额管理商品的；

（二）仅经过掺混、更换包装、分拆、组合包装、削尖、简单研磨或简单切割等一种或多种微小加工或者处理的；

（三）其他按有关规定应当征收进口关税的。

第十一条 对备案企业在洋浦保税港区生产的不含有进口料件的货物，出区内销的，免征进口关税，照章征收进口环节增值税、消费税，其海关税收征管事项适用本办法相关规定。

第十二条 违反本办法规定，构成走私行为或者违反海关监管规定的行为，以及法律、法规规定由海关实施行政处罚的行为，由海关依照相关法律、法规的规定处罚；构成犯罪的，依法追究刑事责任。

第十三条 本办法由海关总署负责解释。

第十四条 本办法与洋浦公共信息服务平台及海口海关信息化系统上线同步实施，至2024年12月31日废止。

关于扩大洋浦保税港区政策制度适用范围的公告

（海关总署公告 2021 年第 120 号）

发布日期：2021-12-30
实施日期：2021-12-30
法规类型：规范性文件

为进一步落实《海南自由贸易港建设总体方案》要求，支持海南深入推进中国特色自由贸易港建设，海关总署决定将洋浦保税港区监管办法和统计办法等制度扩大适用到海口综合保税区和海口空港综合保税区。现将有关事项公告如下：

海关总署公告 2020 年第 73 号（关于发布〈中华人民共和国海关对洋浦保税港区监管办法〉的公告）、海关总署公告 2020 年第 109 号（关于洋浦保税港区统计办法的公告）等公告适用海口综合保税区和海口空港综合保税区。上述公告如有修订，同步适用。

特此公告。

商务部等 20 部门关于推进海南自由贸易港贸易
自由化便利化若干措施的通知

（商自贸发〔2021〕58 号）

发布日期：2021-04-19
实施日期：2021-04-19
法规类型：规范性文件

海南省人民政府：

支持海南逐步探索、稳步推进中国特色自由贸易港建设，分步骤、分阶段建立自由贸易港政策和制度体系，是习近平总书记亲自谋划、亲自部署、亲自推动的改革开放重大举措，是党中央着眼国内国际两个大局、深入研究、统筹考虑、科学谋划作出的战略决策。为深入贯彻习近平总书记关于海南自由贸易港建设的重要指示批示精神，细化落实《海南自由贸易港建设总体方案》部署要求，加快推进海南自由贸易港贸易自由化便利化，高质量高标准实现 2025 年分阶段发展目标，经国务院同意，现就有关事项通知如下：

一、货物贸易方面

1. 在洋浦保税港区内先行试点经"一线"进出口原油和成品油，不实行企业资格和数量管理，进出"二线"按进出口规定管理。（责任单位：商务部牵头，发展改革委、海关总署、能源局、海南省参加）

2. 在洋浦保税港区内先行试点经"一线"进口食糖不纳入关税配额总量管理，进出"二线"按现行规定管理。从境外进入海南自由贸易港的上述商品由海南省商务厅在年底前向商务部报备。（责任单位：商务部牵头，发展改革委、海关总署、海南省参加）

3. 将海南省省内国际航行船舶保税加油许可权下放海南省人民政府，经批准的保税油加注企业可在海南省省内为国际航行船舶及以洋浦港作为中转港从事内外贸同船运输的境内船舶加注保税油。（责任单位：商务部牵头，财政部、交通运输部、海关总署参加）

4. 在实施"一线"放开、"二线"管住的区域，进入"一线"原则上取消自动进口许可管理，由海南自由贸易港在做好统计监管的前提下自行管理，进入"二线"按现行进口规定管理。（责任单位：商务部牵头，海关总署参加）

5. 在实施"一线"放开、"二线"管住的区域，进入"一线"取消机电进口许可管理措施，由海南自由贸易港在安全环保的前提下自行管理，进入"二线"按现行进口规定管理。（责任单位：商务部牵头，海关总署参加）

6. 将海南自由贸易港纳入开展二手车出口业务的地区范围。（责任单位：商务部）

7. 支持海南自由贸易港内企业开展新型离岸国际贸易，支持建立和发展全球和区域贸易网络，打造全球性或区域性新型离岸国际贸易中心。（责任单位：商务部牵头，外汇局参加）

8. 支持海南自由贸易港开展与货物贸易相关的产品、管理和服务业务认证机构资质审批试点。对在海南自由贸易港注册的认证机构，申请从事国家统一推行的认证项目的认证业务的，优化审批服务；申请从事其他领域的认证业务的，实行告知承诺制。（责任单位：市场监

管总局）

9. 提升进出口商品质量安全风险预警和快速反应监管能力，完善重点敏感进出口商品监管，建立医院、市场、应急、消防、消费者投诉等产品伤害信息收集网络，对存在较高风险的进口商品进行预警和快速处置。海关对海南自由贸易港进出商品依据风险水平采取适当的合格评定方式，提高法定检验便利性。（责任单位：商务部、卫生健康委、应急部、海关总署、市场监管总局按职责分工负责）

10. 加强海关监管模式创新，建立跨部门的植物隔离苗圃监管考核互认机制，优先开展中转基地动植物种质资源检疫准入和疫情监管工作，实施海关总署审批和授权海口海关审批的层级审批模式。（责任单位：海关总署牵头，农业农村部、林草局参加）

11. 支持海南自由贸易港参与制定具有行业引领作用的推荐性国家标准，支持海南自由贸易港制定满足地方自然条件、风俗习惯的地方标准及满足市场和创新需要的团体标准。（责任单位：市场监管总局）

12. 在海南自由贸易港建立应对贸易摩擦工作站，开展与开放市场环境相匹配的产业安全预警体系建设工作。（责任单位：商务部）

13. 结合海南自由贸易港实际需求，建立与自由贸易港开放型经济相适应的贸易调整援助机制，以促进海南自由贸易港内产业调整与竞争力提升。（责任单位：商务部牵头，财政部参加）

二、服务贸易方面

14. 允许外国机构在海南自由贸易港独立举办除冠名"中国""中华""全国""国家"等字样以外的涉外经济技术展。外国机构独立举办或合作主办的涉外经济技术展行政许可委托海南省商务厅实施并开展有效监管。（责任单位：商务部牵头，海南省参加）

15. 在海南自由贸易港技术进出口经营活动中不需办理对外贸易经营者备案登记，扩大技术进出口经营者资格范围。（责任单位：商务部）

16. 支持海南自由贸易港建立国际文化艺术品鉴定、评估、仲裁规则和标准体系。支持海南自由贸易港打造成为国际文化艺术品拍卖中心，探索取消设立拍卖企业审核许可，建立健全事中事后监管体系。海南自由贸易港内拍卖企业从事文物拍卖活动，按相关法律法规执行。（责任单位：商务部、文化和旅游部、司法部按职责分工负责）

17. 探索在海南自由贸易港注册登记且仅在海南自由贸易港从事商业特许经营活动的特许人，可不进行商业特许经营备案，加强事中事后监管。（责任单位：商务部牵头，司法部、市场监管总局参加）

18. 在海南自由贸易港推进服务贸易创新发展试点，重点推进服务贸易管理体制、促进机制、发展模式、监管制度等方面的改革、开放、便利举措在海南自由贸易港先行先试。（责任单位：商务部）

19. 支持海南自由贸易港积极发展数字贸易。支持建设好海南生态软件园国家数字服务出口基地，集聚创新资源和企业。（责任单位：商务部、中央网信办牵头，工业和信息化部参加）

20. 建立技术进出口安全管理部省合作快速响应通道，协助海南自由贸易港对禁止类和限制类技术进出口进行科学管控，防范安全风险。（责任单位：商务部）

21. 在海南自由贸易港现代服务业、旅游业等重点领域率先规范影响服务贸易自由便利的国内规制。（责任单位：商务部牵头，市场监管总局、各服务行业主管部门、海南省参加）

22. 支持海南自由贸易港建设区域性国际会展中心。办好中国国际消费品博览会，支持海南自由贸易港打造具有国际影响力的展会。（责任单位：海南省、商务部）

23. 支持海南自由贸易港创建国家文化出口基地，创新发展对外文化贸易。（责任单位：

商务部牵头，中央宣传部、文化和旅游部、广电总局参加）

24. 在海南自由贸易港建设国家对外文化贸易基地，促进动漫游戏、电子竞技、影视制作、旅游演艺、创意设计、版权交易等重点文化服务贸易发展。（责任单位：文化和旅游部牵头，中央宣传部、商务部、广电总局参加）

25. 开展投资促进活动，推动有发展潜力的国家文化出口重点企业和重点项目落户海南自由贸易港。（责任单位：商务部、中央宣传部、文化和旅游部、广电总局按职责分工负责）

26. 鼓励海南自由贸易港创新服务贸易国际合作模式。支持海南省市两级与外国建立地方政府间服务贸易国际合作机制，支持海南自由贸易港举办各类服务贸易国际合作活动。（责任单位：商务部）

27. 以适当方式向已签署服务贸易合作备忘录国家推介海南自由贸易港服务贸易重点领域（如旅行、运输、电信、计算机和信息服务、知识产权等）和有关重点项目；在对外协商新签服务贸易国际合作协议时，积极支持海南自由贸易港服务贸易发展需求。（责任单位：商务部）

28. 进一步完善国际服务贸易统计监测制度，加强对海南跨境服务贸易运行情况的监测和分析。（责任单位：商务部牵头，人民银行、统计局、外汇局、海南省参加）

商务部要会同有关部门在推进海南全面深化改革开放领导小组统筹下，认真落实好各项任务，按照职责分工全力支持、指导和帮助海南省开展各项工作。海南省要切实履行主体责任，细化任务分解，一级一级抓好落实，加快推进贸易自由化便利化，严格遵守中央关于生态环境保护的各项要求，切实做好风险防控，推动海南自由贸易港建设不断取得新成效。上述措施凡涉及调整现行法律或行政法规的，按规定程序办理。

中华人民共和国海关对洋浦保税港区监管办法

（海关总署公告 2020 年第 73 号）

发布日期：2020-06-03
实施日期：2020-06-03
法规类型：规范性文件

第一章　总　则

第一条　为了打造开放层次更高、营商环境更优、辐射作用更强的中国特色自由贸易港，服务新时代国家对外开放战略布局，充分发挥洋浦保税港区的先行先试作用，支持建设自由贸易港先行区，规范海关对洋浦保税港区的管理，根据《中华人民共和国海关法》和其他有关法律、法规，制定本办法。

第二条　海关依本办法对进出洋浦保税港区的运输工具、货物、物品以及洋浦保税港区内企业进行监管。

第三条　洋浦保税港区实行物理围网管理。洋浦保税港区与中华人民共和国关境内的其他地区之间，应当设置符合海关监管要求的卡口、围网、视频监控系统以及海关监管所需的其他设施。

第四条　除法律、法规和现行政策另有规定外，境外货物入区保税或免税；货物出区进入境内区外销售按货物进口的有关规定办理报关手续，并按货物实际状态征税；境内区外货物入区视同出口，实行退税。

对区内鼓励类产业企业生产的不含进口料件或含进口料件在洋浦保税港区加工增值超过30%（含）的货物，出区进入境内区外销售时，免征进口关税，照章征收进口环节增值税、消费税，相关办法另行制定。

第五条 洋浦经济开发区管委会应建立公共信息服务平台，实现区内管理机构、海关等监管部门间数据交换和信息共享；建立并完善重大事件信息主动公示制度。

第六条 国家禁止进出境货物、物品不得进出洋浦保税港区。

海关对涉及国家进出境限制性管理、口岸公共卫生安全、生物安全、食品安全、商品质量安全、知识产权等的安全准入实施风险管理。海关依法对进出境货物及物品、进出口货物及物品和国际中转货物实施监管和检查。

第七条 境外与洋浦保税港区之间进出的货物，除另有规定外，实施海关贸易统计，统计办法另行制定。

境内区外与洋浦保税港区之间进出的货物以及其他相关货物，实施海关单项统计。

区内企业之间转让、转移的货物，以及洋浦保税港区与其他海关特殊监管区域或者保税监管场所之间往来的货物，不列入海关统计。

第二章　对洋浦保税港区与境外之间进出货物的监管

第八条 依法需要检疫的进出境货物，原则上在口岸监管区内监管作业场所（场地）实施检查。经海关批准，可在洋浦保税港区内符合条件的场所实施检查。

对法定检验的大宗资源性商品、可用作原料的固体废物等的进境检验，应当在口岸监管区内监管作业场所（场地）实施。

对境外入区动植物产品的检验项目，实行"先入区，后检测"，根据检测结果进行后续处置。

第九条 洋浦保税港区与境外之间进出的货物，不实行许可证件管理，但法律、法规、我国缔结或者参加的国际条约、协定有明确规定或者涉及安全准入管理的除外。

第十条 洋浦保税港区与境外之间进出的货物，属于本办法第八、九条规定范围的，企业应向海关办理申报手续；不属于上述范围的，海关径予放行。

第三章　对洋浦保税港区与境内区外之间进出货物的监管

第十一条 洋浦保税港区与境内区外之间货物进出口，按照现有规定申报。货物从洋浦保税港区进入境内区外的，由进口企业向海关办理进口申报手续。货物从境内区外进入洋浦保税港区的，由出口企业向海关办理出口申报手续。

第十二条 除另有规定外，对其他海关特殊监管区域、保税监管场所与洋浦保税港区之间进出的货物，由其他海关特殊监管区域、保税监管场所内企业申报进出境备案清单（报关单）。

第十三条 对境外入区时已实施检验的货物，出区时免予检验；属于实施食品卫生监督检验和商品检验范围的货物，符合条件的企业，海关可依申请在区内实施集中预检验、分批核销出区。

第十四条 对境内入区、在区内消耗使用、不离境、合理数量的货物、物品，免予填报报关单或备案清单等手续，免予提交许可证件。

第四章　对洋浦保税港区内货物的监管

第十五条 区内企业可依法开展中转、集拼、存储、加工、制造、交易、展示、研发、再制造、检测维修、分销和配送等业务。

第十六条 对注册在洋浦保税港区内的融资租赁企业进出口飞机、船舶和海洋工程结构物等不具备实际入区条件的大型设备,予以保税,按物流实际需要,实行异地委托监管。

第十七条 海关不要求区内企业单独设立海关账册,但区内企业所设置、编制的会计账簿、会计凭证、会计报表和其他会计资料,应当真实、准确、完整地记录和反映有关业务情况,能够通过计算机正确、完整地记账、核算的,对其计算机储存和输出的会计记录视同会计资料。

第十八条 海关依法对区内企业开展稽查核查。

第十九条 海关对区内企业以一般贸易方式申报的进境货物,按照现行规定进行监管。

第五章 对洋浦保税港区国际中转货物的监管

第二十条 除国家禁止进出境货物外,其他货物均可在洋浦保税港区内开展国际中转(包括中转集拼,下同)。

第二十一条 洋浦保税港区国际中转业务应在符合海关监管要求的专用作业场所开展。

第二十二条 舱单电子数据传输义务人应当按照相关管理规定,向海关舱单管理系统传输中转集拼货物的原始舱单、预配舱单、装载舱单、分拨申请、国际转运准单等电子数据

第二十三条 国际中转货物应当在三个月内复运出境,特殊情况下,经海关批准,可以延期三个月复运出境。

第六章 对直接进出境货物以及进出洋浦保税港区运输

工具和个人携带货物、物品的监管

第二十四条 货物经洋浦保税港区直接进境或直接出境的,海关按照进出境的有关规定进行监管。

第二十五条 进出境运输工具服务人员及其携带个人物品进出洋浦保税港区的,海关按照现行规定进行监管。

第二十六条 在洋浦保税港区进出区卡口设置供货运车辆、其他车辆和人员进出的专用通道。进出洋浦保税港区的国内运输工具和人员,应当接受海关监管和检查。

第二十七条 经公共卫生风险评估,对符合电讯检疫要求的入境交通工具实施电讯检疫。

第七章 附 则

第二十八条 综合保税区政策及制度创新措施均适用于洋浦保税港区。

第二十九条 违反本办法规定,构成走私行为或违反海关监管规定的行为,以及法律、法规规定由海关实施行政处罚的行为,由海关依照相关法律、法规的规定处罚;构成犯罪的,依法追究刑事责任。

第三十条 本办法由海关总署负责解释。

第三十一条 本办法自印发之日起施行。

海南自由贸易港国际运输船舶有关增值税政策

（财税〔2020〕41号）

发布日期：2020-09-03
实施日期：2020-09-03
法规类型：规范性文件

海南省财政厅，交通运输厅，国家税务总局海南省税务局，海南省海事局：

为支持海南自由贸易港建设，根据《海南自由贸易港建设总体方案》，现将国际运输船舶有关增值税政策通知如下：

一、对境内建造船舶企业向运输企业销售且同时符合下列条件的船舶，实行增值税退税政策，由购进船舶的运输企业向主管税务机关申请退税。

1. 购进船舶在"中国洋浦港"登记。

2. 购进船舶从事国际运输和港澳台运输业务。

二、购进船舶运输企业的应退税额，为其购进船舶时支付的增值税额。

三、购进船舶的运输企业向主管税务机关申请退税时应提供以下资料：

1. 船舶登记管理部门出具的表明船籍港为"中国洋浦港"的《船舶所有权登记证书》。

2. 运输企业及购进船舶从事国际运输和港澳台运输业务的证明文件。从事国际散装液体危险货物和旅客运输的，应提交有效的《国际船舶运输经营许可证》和《国际海上运输船舶备案证明书》，从事国际集装箱和普通货物运输的，应提交有效的交通运输管理部门备案证明材料；从事内地往返港澳散装液体危险货物和普通货物运输的，应提交有效的交通运输管理部门备案证明材料；从事大陆与台湾地区间运输的，应提交有效的《台湾海峡两岸间水路运输许可证》和《台湾海峡两岸间船舶营运证》。

3. 主管税务机关要求提供的其他材料。

四、运输企业购进船舶支付的增值税额，已从销项税额中抵扣的，不得申请退税；已申请退税的，不得从销项税额中抵扣。

五、运输企业不再符合该《通知》退税条件的，应向交通运输部门办理业务变更，并在条件变更次月纳税申报期内向主管税务机关办理补缴已退税款手续。

应补缴增值税额=购进船舶的增值税专用发票注明的税额×（净值÷原值）。

净值=原值-累计折旧。

六、运输企业按照本通知第五条规定补缴税款的，自税务机关取得解缴税款的完税凭证上注明的增值税额，准予从销项税额中抵扣。

七、税务总局可在本通知基础上制定具体的税收管理办法。

八、海南省交通、海事、税务部门要建立联系配合机制，共享监管信息，共同做好后续相关工作。

九、本通知自2020年10月1日起执行至2024年12月31日。适用政策的具体时间以《船舶所有权登记证书》的签发日期为准。

财政部 税务总局关于海南自由贸易港企业所得税优惠政策的通知

（财税〔2020〕31 号）

发布日期：2020-06-30
实施日期：2020-01-01
法规类型：规范性文件

海南省财政厅，国家税务总局海南省税务局：

为支持海南自由贸易港建设，现就有关企业所得税优惠政策通知如下：

一、对注册在海南自由贸易港并实质性运营的鼓励类产业企业，减按 15% 的税率征收企业所得税。

本条所称鼓励类产业企业，是指以海南自由贸易港鼓励类产业目录中规定的产业项目为主营业务，且其主营业务收入占企业收入总额 60% 以上的企业。所称实质性运营，是指企业的实际管理机构设在海南自由贸易港，并对企业生产经营、人员、账务、财产等实施实质性全面管理和控制。对不符合实质性运营的企业，不得享受优惠。

海南自由贸易港鼓励类产业目录包括《产业结构调整指导目录（2019 年本）》、《鼓励外商投资产业目录（2019 年版）》和海南自由贸易港新增鼓励类产业目录。上述目录在本通知执行期限内修订的，自修订版实施之日起按新版本执行。

对总机构设在海南自由贸易港的符合条件的企业，仅就其设在海南自由贸易港的总机构和分支机构的所得，适用 15% 税率；对总机构设在海南自由贸易港以外的企业，仅就其设在海南自由贸易港内的符合条件的分支机构的所得，适用 15% 税率。具体征管办法按照税务总局有关规定执行。

二、对在海南自由贸易港设立的旅游业、现代服务业、高新技术产业企业新增境外直接投资取得的所得，免征企业所得税。

本条所称新增境外直接投资所得应当符合以下条件：

（一）从境外新设分支机构取得的营业利润；或从持股比例超过 20%（含）的境外子公司分回的，与新增境外直接投资相对应的股息所得。

（二）被投资国（地区）的企业所得税法定税率不低于 5%。

本条所称旅游业、现代服务业、高新技术产业，按照海南自由贸易港鼓励类产业目录执行。

三、对在海南自由贸易港设立的企业，新购置（含自建、自行开发）固定资产或无形资产，单位价值不超过 500 万元（含）的，允许一次性计入当期成本费用在计算应纳税所得额时扣除，不再分年度计算折旧和摊销；新购置（含自建、自行开发）固定资产或无形资产，单位价值超过 500 万元的，可以缩短折旧、摊销年限或采取加速折旧、摊销的方法。

本条所称固定资产，是指除房屋、建筑物以外的固定资产。

四、本通知自 2020 年 1 月 1 日起执行至 2024 年 12 月 31 日。

国际运输船舶增值税退税管理办法

（国家税务总局公告 2020 年第 18 号）

发布日期：2020-12-02
实施日期：2020-12-02
法规类型：规范性文件

第一条 为规范国际运输船舶增值税退税管理，根据《财政部　交通运输部　税务总局关于海南自由贸易港国际运输船舶有关增值税政策的通知》（财税〔2020〕41 号）、《财政部　交通运输部　税务总局关于中国（上海）自由贸易试验区临港新片区国际运输船舶有关增值税政策的通知》（财税〔2020〕52 号）规定，制定本办法。

第二条 运输企业购进符合财税〔2020〕41 号文件第一条或者财税〔2020〕52 号文件第一条规定条件的船舶，按照本办法退还增值税（以下简称"船舶退税"）。

应予退还的增值税额，为运输企业购进船舶取得的增值税专用发票上注明的税额。

第三条 主管运输企业退税的税务机关（以下简称"主管税务机关"）负责船舶退税的备案、办理及后续管理工作。

第四条 适用船舶退税政策的运输企业，应于首次申报船舶退税时，凭以下资料及电子数据向主管税务机关办理船舶退税备案：

（一）内容填写真实、完整的《出口退（免）税备案表》及其电子数据。该备案表由《国家税务总局关于出口退（免）税申报有关问题的公告》（2018 年第 16 号）发布。其中，"是否提供零税率应税服务"填写"是"；"提供零税率应税服务代码"填写"01（国际运输服务）"；"出口退（免）税管理类型"填写"船舶退税运输企业"；其他栏次按填表说明填写。

（二）运输企业从事国际运输和港澳台运输业务的证明文件。从事国际散装液体危险货物和旅客运输业务的，应当提供交通运输管理部门出具的《国际船舶运输经营许可证》复印件（复印件上应注明"与原件一致"，并加盖企业公章，下同）；从事国际集装箱和普通货物运输的，应提供交通运输管理部门的备案证明材料复印件。从事内地往返港澳散装液体危险货物和旅客运输业务的，应提供交通运输管理部门出具的批准文件复印件；从事内地往返港澳集装箱和普通货物运输的，应提供交通运输管理部门出具的备案证明材料复印件；从事大陆与台湾地区间运输的，应提供《台湾海峡两岸间水路运输许可证》及《台湾海峡两岸间船舶营运证》复印件。

上述资料运输企业可通过电子化方式提交。

第五条 本办法施行前，已办理出口退（免）税备案的运输企业，无需重新办理出口退（免）税备案，按照本办法第四条规定办理备案变更即可。

运输企业适用船舶退税政策的同时，出口货物劳务或者发生增值税零税率跨境应税行为，且未办理过出口退（免）税备案的，在办理出口退（免）税备案时，除本办法第四条规定的资料外，还应按照现行规定提供其他相关资料。

第六条 运输企业备案资料齐全，《出口退（免）税备案表》填写内容符合要求，签字、印章完整的，主管税务机关应当予以备案。备案资料或填写内容不符合要求的，主管税务机关应一次性告知运输企业，待其补正后再予以备案。

  第七条 已办理船舶退税备案的运输企业，发生船籍所有人变更、船籍港变更或不再从事国际运输（或港澳台运输）业务等情形，不再符合财税〔2020〕41号文件、财税〔2020〕52号文件退税条件的，应自条件变化之日起30日内，持相关资料向主管税务机关办理备案变更。自条件变更之日起，运输企业停止适用船舶退税政策。

  未按照本办法规定办理退税备案变更并继续申报船舶退税的，主管税务机关应按照本办法第十四条规定进行处理。

  第八条 运输企业船舶退税的申报期限，为购进船舶之日（以发票开具日期为准）次月1日起至次年4月30日前的各增值税纳税申报期。

  第九条 运输企业在退税申报期内，凭下列资料及电子数据向主管税务机关申请办理船舶退税：

  （一）财税〔2020〕41号文件第三条第1项、第2项规定的资料复印件，或者财税〔2020〕52号文件第三条第1项、第2项规定的资料复印件。其中，已向主管税务机关提供过的资料，如无变化，可不再重复提供。

  （二）《购进自用货物退税申报表》及其电子数据。该表在《国家税务总局关于发布〈出口货物劳务增值税和消费税管理办法〉的公告》（2012年第24号）发布。填写该表时，应在业务类型栏填写"CBTS"，备注栏填写"船舶退税"。

  （三）境内建造船舶企业开具的增值税专用发票及其电子信息。

  （四）主管税务机关要求提供的其他资料。

  上述增值税专用发票，应当已通过增值税发票综合服务平台确认用途为"用于出口退税"。上述资料运输企业可通过电子化方式提交。

  第十条 运输企业申报船舶退税，主管税务机关经审核符合规定的，应按规定及时办理退税。审核中发现疑点，主管税务机关应在确认运输企业购进船舶取得的增值税专用发票真实、发票所列船舶已按规定申报纳税后，方可办理退税。

  第十一条 运输企业购进船舶取得的增值税专用发票，已用于进项税额抵扣的，不得申报船舶退税；已用于船舶退税的，不得用于进项税额抵扣。

  第十二条 已办理增值税退税的船舶发生船籍所有人变更、船籍港变更或不再从事国际运输（或港澳台运输）业务等情形，不再符合财税〔2020〕41号文件、财税〔2020〕52号文件退税条件的，运输企业应在条件变更次月纳税申报期内，向主管税务机关补缴已退税款。未按规定补缴的，税务机关应当按照现行规定追回已退税款。

  应补缴税款＝购进船舶的增值税专用发票注明的税额×（净值÷原值）

  净值＝原值－累计折旧

  第十三条 已办理增值税退税的船舶发生船籍所有人变更、船籍港变更或不再从事国际运输（或港澳台运输）业务等情形，不再符合财税〔2020〕41号文件、财税〔2020〕52号文件规定，并已经向主管税务机关补缴已退税款的运输企业，自取得完税凭证当期起，可凭从税务机关取得解缴税款的完税凭证，从销项税额中抵扣完税凭证上注明的增值税额。

  第十四条 运输企业采取提供虚假退税申报资料等手段，骗取船舶退税的，主管税务机关应追回已退税款，并依照《中华人民共和国税收征收管理法》有关规定处理。

  第十五条 本办法未明确的其他退税管理事项，按照现行出口退（免）税相关规定执行。

  第十六条 符合财税〔2020〕41号文件规定情形且《船舶所有权登记证书》的签发日期在2020年10月1日至2024年12月31日期间的运输企业，以及符合财税〔2020〕52号文件规定情形且《船舶所有权登记证书》的签发日期在2020年11月1日至2024年12月31日期间的运输企业，按照本办法办理船舶退税相关事项。

海南自由贸易港建设总体方案

发布日期：2020-06-01
实施日期：2020-06-01
法规类型：规范性文件

　　海南是我国最大的经济特区，具有实施全面深化改革和试验最高水平开放政策的独特优势。支持海南逐步探索、稳步推进中国特色自由贸易港建设，分步骤、分阶段建立自由贸易港政策和制度体系，是习近平总书记亲自谋划、亲自部署、亲自推动的改革开放重大举措，是党中央着眼国内国际两个大局，深入研究、统筹考虑、科学谋划作出的战略决策。当今世界正在经历新一轮大发展大变革大调整，保护主义、单边主义抬头，经济全球化遭遇更大的逆风和回头浪。在海南建设自由贸易港，是推进高水平开放，建立开放型经济新体制的根本要求；是深化市场化改革，打造法治化、国际化、便利化营商环境的迫切需要；是贯彻新发展理念，推动高质量发展，建设现代化经济体系的战略选择；是支持经济全球化，构建人类命运共同体的实际行动。为深入贯彻习近平总书记在庆祝海南建省办经济特区30周年大会上的重要讲话精神，落实《中共中央、国务院关于支持海南全面深化改革开放的指导意见》要求，加快建设高水平的中国特色自由贸易港，制定本方案。

一、总体要求

　　（一）指导思想。以习近平新时代中国特色社会主义思想为指导，全面贯彻党的十九大和十九届二中、三中、四中全会精神，坚持党的全面领导，坚持稳中求进工作总基调，坚持新发展理念，坚持高质量发展，统筹推进"五位一体"总体布局，协调推进"四个全面"战略布局，对标国际高水平经贸规则，解放思想、大胆创新，聚焦贸易投资自由化便利化，建立与高水平自由贸易港相适应的政策制度体系，建设具有国际竞争力和影响力的海关监管特殊区域，将海南自由贸易港打造成为引领我国新时代对外开放的鲜明旗帜和重要开放门户。

　　（二）基本原则

　　——借鉴国际经验。坚持高起点谋划、高标准建设，主动适应国际经贸规则重构新趋势，充分学习借鉴国际自由贸易港的先进经营方式、管理方法和制度安排，形成具有国际竞争力的开放政策和制度，加快建立开放型经济新体制，增强区域辐射带动作用，打造我国深度融入全球经济体系的前沿地带。

　　——体现中国特色。坚持党的集中统一领导，坚持中国特色社会主义道路，坚持以人民为中心，践行社会主义核心价值观，确保海南自由贸易港建设正确方向。充分发挥全国上下一盘棋和集中力量办大事的制度优势，调动各方面积极性和创造性，集聚全球优质生产要素，着力在推动制度创新、培育增长动能、构建全面开放新格局等方面取得新突破，为实现国家战略目标提供坚实支撑。加强与东南亚国家交流合作，促进与粤港澳大湾区联动发展。

　　——符合海南定位。紧紧围绕国家赋予海南建设全面深化改革开放试验区、国家生态文明试验区、国际旅游消费中心和国家重大战略服务保障区的战略定位，充分发挥海南自然资源丰富、地理区位独特以及背靠超大规模国内市场和腹地经济等优势，抢抓全球新一轮科技革命和产业变革重要机遇，聚焦发展旅游业、现代服务业和高新技术产业，加快培育具有海南特色的合作竞争新优势。

　　——突出改革创新。强化改革创新意识，赋予海南更大改革自主权，支持海南全方位大力度推进改革创新，积极探索建立适应自由贸易港建设的更加灵活高效的法律法规、监管模式和管理体制，下大力气破除阻碍生产要素流动的体制机制障碍。深入推进商品和要素流动型开放，加快推动规则等制度型开放，以高水平开放带动改革全面深化。加强改革系统集成，注重协调推进，使各方面创新举措相互配合、相得益彰，提高改革创新的整体效益。

——坚持底线思维。坚持稳扎稳打、步步为营，统筹安排好开放节奏和进度，成熟一项推出一项，不急于求成、急功近利。深入推进简政放权、放管结合、优化服务，全面推行准入便利、依法过程监管的制度体系，建立与国际接轨的监管标准和规范制度。加强重大风险识别和系统性风险防范，建立健全风险防控配套措施。完善重大疫情防控体制机制，健全公共卫生应急管理体系。开展常态化评估工作，及时纠偏纠错，确保海南自由贸易港建设方向正确、健康发展。

（三）发展目标

到2025年，初步建立以贸易自由便利和投资自由便利为重点的自由贸易港政策制度体系。营商环境总体达到国内一流水平，市场主体大幅增长，产业竞争力显著提升，风险防控有力有效，适应自由贸易港建设的法律法规逐步完善，经济发展质量和效益明显改善。

到2035年，自由贸易港制度体系和运作模式更加成熟，以自由、公平、法治、高水平过程监管为特征的贸易投资规则基本构建，实现贸易自由便利、投资自由便利、跨境资金流动自由便利、人员进出自由便利、运输来往自由便利和数据安全有序流动。营商环境更加优化，法律法规体系更加健全，风险防控体系更加严密，现代社会治理格局基本形成，成为我国开放型经济新高地。

到本世纪中叶，全面建成具有较强国际影响力的高水平自由贸易港。

（四）实施范围。海南自由贸易港的实施范围为海南岛全岛。

二、制度设计

以贸易投资自由化便利化为重点，以各类生产要素跨境自由有序安全便捷流动和现代产业体系为支撑，以特殊的税收制度安排、高效的社会治理体系和完备的法治体系为保障，在明确分工和机制措施、守住不发生系统性风险底线的前提下，构建海南自由贸易港政策制度体系。

（一）贸易自由便利。在实现有效监管的前提下，建设全岛封关运作的海关监管特殊区域。对货物贸易，实行以"零关税"为基本特征的自由化便利化制度安排。对服务贸易，实行以"既准入又准营"为基本特征的自由化便利化政策举措。

1. "一线"放开。在海南自由贸易港与中华人民共和国关境外其他国家和地区之间设立"一线"。"一线"进（出）境环节强化安全准入（出）监管，加强口岸公共卫生安全、国门生物安全、食品安全、产品质量安全管控。在确保履行我国缔结或参加的国际条约所规定义务的前提下，制定海南自由贸易港禁止、限制进出口的货物、物品清单，清单外货物、物品自由进出，海关依法进行监管。制定海南自由贸易港进口征税商品目录，目录外货物进入自由贸易港免征进口关税。以联运提单付运的转运货物不征税、不检验。从海南自由贸易港离境的货物、物品按出口管理。实行便捷高效的海关监管，建设高标准国际贸易"单一窗口"。

2. "二线"管住。在海南自由贸易港与中华人民共和国关境内的其他地区（以下简称内地）之间设立"二线"。货物从海南自由贸易港进入内地，原则上按进口规定办理相关手续，照章征收关税和进口环节税。对鼓励类产业企业生产的不含进口料件或者含进口料件在海南自由贸易港加工增值超过30%（含）的货物，经"二线"进入内地免征进口关税，照章征收进口环节增值税、消费税。行邮物品由海南自由贸易港进入内地，按规定进行监管，照章征税。对海南自由贸易港前往内地的运输工具，简化进口管理。货物、物品及运输工具由内地进入海南自由贸易港，按国内流通规定管理。内地货物经海南自由贸易港中转再运往内地无需办理报关手续，应在自由贸易港内海关监管作业场所（场地）装卸，与其他海关监管货物分开存放，并设立明显标识。场所经营企业应根据海关监管需要，向海关传输货物进出场所等信息。

3. 岛内自由。海关对海南自由贸易港内企业及机构实施低干预、高效能的精准监管，实现自由贸易港内企业自由生产经营。由境外启运，经海南自由贸易港换装、分拣拼装，再运往其他国家或地区的中转货物，简化办理海关手续。货物在海南自由贸易港内不设存储期限，可自由选择存放地点。实施"零关税"的货物，海关免于实施常规监管。

4. 推进服务贸易自由便利。实施跨境服务贸易负面清单制度，破除跨境交付、境外消费、自然人移动等服务贸易模式下存在的各种壁垒，给予境外服务提供者国民待遇。实施与跨境服务贸易配套的资金支付与转移制度。在告知、资格要求、技术标准、透明度、监管一致性等方面，进一步规范影响服务贸易自由便利的国内规制。

（二）投资自由便利。大幅放宽海南自由贸易港市场准入，强化产权保护，保障公平竞争，打造公开、透明、可预期的投资环境，进一步激发各类市场主体活力。

5. 实施市场准入承诺即入制。严格落实"非禁即入"，在"管得住"的前提下，对具有强制性标准的领域，原则上取消许可和审批，建立健全备案制度，市场主体承诺符合相关要求并提交相关材料进行备案，即可开展投资经营活动。备案受理机构从收到备案时起，即开始承担审查责任。对外商投资实施准入前国民待遇加负面清单管理制度，大幅减少禁止和限制条款。

6. 创新完善投资自由制度。实行以过程监管为重点的投资便利制度。建立以电子证照为主的设立便利，以"有事必应"、"无事不扰"为主的经营便利，以公告承诺和优化程序为主的注销便利，以尽职履责为主的破产便利等政策制度。

7. 建立健全公平竞争制度。强化竞争政策的基础性地位，确保各类所有制市场主体在要素获取、标准制定、准入许可、经营运营、优惠政策等方面享受平等待遇。政府采购对内外资企业一视同仁。加强和优化反垄断执法，打破行政性垄断，防止市场垄断，维护公平竞争市场秩序。

8. 完善产权保护制度。依法保护私人和法人财产的取得、使用、处置和继承的权利，以及依法征收私人和法人财产时被征收财产所有人得到补偿的权利。落实公司法等法律法规，加强对中小投资者的保护。加大知识产权侵权惩罚力度，建立健全知识产权领域市场主体信用分类监管、失信惩戒等机制。加强区块链技术在知识产权交易、存证等方面应用，探索适合自由贸易港发展的新模式。

（三）跨境资金流动自由便利。坚持金融服务实体经济，重点围绕贸易投资自由化便利化，分阶段开放资本项目，有序推进海南自由贸易港与境外资金自由便利流动。

9. 构建多功能自由贸易账户体系。以国内现有本外币账户和自由贸易账户为基础，构建海南金融对外开放基础平台。通过金融账户隔离，建立资金"电子围网"，为海南自由贸易港与境外实现跨境资金自由便利流动提供基础条件。

10. 便利跨境贸易投资资金流动。进一步推动跨境货物贸易、服务贸易和新型国际贸易结算便利化，实现银行真实性审核从事前审查转为事后核查。在跨境直接投资交易环节，按照准入前国民待遇加负面清单模式简化管理，提高兑换环节登记和兑换的便利性，探索适应市场需求新形态的跨境投资管理。在跨境融资领域，探索建立新的外债管理体制，试点合并交易环节外债管理框架，完善企业发行外债备案登记制管理，全面实施全口径跨境融资宏观审慎管理，稳步扩大跨境资产转让范围，提升外债资金汇兑便利化水平。在跨境证券投融资领域，重点服务实体经济投融资需求，扶持海南具有特色和比较优势的产业发展，并在境外上市、发债等方面给予优先支持，简化汇兑管理。

11. 扩大金融业对内对外开放。率先在海南自由贸易港落实金融业扩大开放政策。支持建设国际能源、航运、产权、股权等交易场所。加快发展结算中心。

12. 加快金融改革创新。支持住房租赁金融业务创新和规范发展，支持发展房地产投资信托基金（REITs）。稳步拓宽多种形式的产业融资渠道，放宽外资企业资本金使用范围。创新科技金融政策、产品和工具。

（四）人员进出自由便利。根据海南自由贸易港发展需要，针对高端产业人才，实行更加开放的人才和停居留政策，打造人才集聚高地。在有效防控涉外安全风险隐患的前提下，实行更加便利的出入境管理政策。

13. 对外籍高层次人才投资创业、讲学交流、经贸活动方面提供出入境便利。完善国际人才评价机制，以薪酬水平为主要指标评估人力资源类别，建立市场导向的人才机制。对外籍人员赴海南自由贸易港的工作许可实行负面清单管理，放宽外籍专业技术技能人员停居留政策。允许符合条件的境外人员担任海南自由贸易港内法定机构、事业单位、国有企业的法定代表人。实行宽松的商务人员临时出入境政策。

14. 建立健全人才服务管理制度。实现工作许可、签证与居留信息共享和联审联检。推进建立人才服务中心，提供工作就业、教育生活服务，保障其合法权益。

15. 实施更加便利的出入境管理政策。逐步实施更大范围适用免签入境政策，逐步延长免签停留时间。优化出入境边防检查管理，为商务人员、邮轮游艇提供出入境通关便利。

（五）运输来往自由便利。实施高度自由便利开放的运输政策，推动建设西部陆海新通道国际航运枢纽和航空枢纽，加快构建现代综合交通运输体系。

16. 建立更加自由开放的航运制度。建设"中国洋浦港"船籍港。支持海南自由贸易港开展船舶登记。研究建立海南自由贸易港航运经营管理体制及海员管理制度。进一步放宽空域管制与航路航权限制，优化航运路线，鼓励增加运力投放，增开航线航班。

17. 提升运输便利化和服务保障水平。推进船舶联合登临检查。构建高效、便捷、优质的船旗国特殊监管政策。为船舶和飞机融资提供更加优质高效的金融服务，取消船舶和飞机境外融资限制，探索以保险方式取代保证金。加强内地与海南自由贸易港间运输、通关便利化相关设施设备建设，合理配备人员，提升运输来往自由便利水平。

（六）数据安全有序流动。在确保数据流动安全可控的前提下，扩大数据领域开放，创新安全制度设计，实现数据充分汇聚，培育发展数字经济。

18. 有序扩大通信资源和业务开放。开放增值电信业务，逐步取消外资股比等限制。允许实体注册、服务设施在海南自由贸易港内的企业，面向自由贸易港全域及国际开展在线数据处理与交易处理等业务，并在安全可控的前提下逐步面向全国开展业务。安全有序开放基础电信业务。开展国际互联网数据交互试点，建设国际海底光缆及登陆点，设立国际通信出入口局。

（七）现代产业体系。大力发展旅游业、现代服务业和高新技术产业，不断夯实实体经济基础，增强产业竞争力。

19. 旅游业。坚持生态优先、绿色发展，围绕国际旅游消费中心建设，推动旅游与文化体育、健康医疗、养老养生等深度融合，提升博鳌乐城国际医疗旅游先行区发展水平，支持建设文化旅游产业园，发展特色旅游产业集群，培育旅游新业态新模式，创建全域旅游示范省。加快三亚向国际邮轮母港发展，支持建设邮轮旅游试验区，吸引国际邮轮注册。设立游艇产业改革发展创新试验区。支持创建国家级旅游度假区和5A级景区。

20. 现代服务业。集聚全球创新要素，深化对内对外开放，吸引跨国公司设立区域总部。创新港口管理体制机制，推动港口资源整合，拓展航运服务产业链，推动保税仓储、国际物流配送、转口贸易、大宗商品贸易、进口商品展销、流通加工、集装箱拆拼箱等业务发展，提高全球供应链服务管理能力，打造国际航运枢纽，推动港口、产业、城市融合发展。建设海南国际设计岛、理工农医类国际教育创新岛、区域性国际会展中心，扩大专业服务业对外开放。完善海洋服务基础设施，积极发展海洋物流、海洋旅游、海洋信息服务、海洋工程咨询、涉海金融、涉海商务等，构建具有国际竞争力的海洋服务体系。建设国家对外文化贸易基地。

21. 高新技术产业。聚焦平台载体，提升产业能级，以物联网、人工智能、区块链、数字贸易等为重点发展信息产业。依托文昌国际航天城、三亚深海科技城，布局建设重大科技基础设施和平台，培育深海深空产业。围绕生态环保、生物医药、新能源汽车、智能汽车等壮大先进制造业。发挥国家南繁科研育种基地优势，建设全球热带农业中心和全球动植物种质资源引进中转基地。建设智慧海南。

（八）税收制度。按照零关税、低税率、简税制、强法治、分阶段的原则，逐步建立与高水平自由贸易港相适应的税收制度。

22. 零关税。全岛封关运作前，对部分进口商品，免征进口关税、进口环节增值税和消费税。全岛封关运作、简并税制后，对进口征税商品目录以外、允许海南自由贸易港进口的商品，免征进口关税。

23. 低税率。对在海南自由贸易港实质经营的企业，实行企业所得税优惠税率。对符合条件的个人，实行个人所得税优惠税率。

24. 简税制。结合我国税制改革方向，探索推进简化税制。改革税种制度，降低间接税比例，实现税种结构简单科学、税制要素充分优化、税负水平明显降低、收入归属清晰、财政收支大体均衡。

25. 强法治。税收管理部门按实质经济活动所在地和价值创造地原则对纳税行为进行评估和预警，制定简明易行的实质经营地、所在地居住判定标准，强化对偷漏税风险的识别，防范税基侵蚀和利润转移，避免成为"避税天堂"。积极参与国际税收征管合作，加强涉税情报信息共享。加强税务领域信用分类服务和管理，依法依规对违法失信企业和个人采取相应措施。

26. 分阶段。按照海南自由贸易港建设的不同阶段，分步骤实施零关税、低税率、简税制的安排，最终形成具有国际竞争力的税收制度。

（九）社会治理。着力推进政府机构改革和政府职能转变，鼓励区块链等技术集成应用于治理体系和治理能力现代化，构建系统完备、科学规范、运行有效的自由贸易港治理体系。

27. 深化政府机构改革。进一步推动海南大部门制改革，整合分散在各部门相近或相似的功能职责，推动职能相近部门合并。控制行政综合类公务员比例，行政人员编制向监管部门倾斜，推行市场化的专业人员聘任制。

28. 推动政府职能转变。强化监管立法和执法，加强社会信用体系应用，深化"双随机、一公开"的市场监管体制，坚持对新兴业态实行包容审慎监管。充分发挥"互联网+"、大数据、区块链等现代信息技术作用，通过政务服务等平台建设规范政府服务标准、实现政务流程再造和政务服务"一网通办"，加强数据有序共享，提升政府服务和治理水平。政府作出的承诺须认真履行，对于不能履行承诺或执行不到位而造成损失的，应及时予以赔偿或补偿。

29. 打造共建共治共享的社会治理格局。深化户籍制度改革，进一步放宽户口迁移政策，实行以公民身份号码为唯一标识、全岛统一的居住证制度。赋予行业组织更大自主权，发挥其在市场秩序维护、标准制定实施、行业纠纷调处中的重要作用。赋予社区更大的基层治理权限，加快社区服务与治理创新。

30. 创新生态文明体制机制。深入推进国家生态文明试验区（海南）建设，全面建立资源高效利用制度，健全自然资源产权制度和有偿使用制度。扎实推进国土空间规划体系建设，实行差别化的自然生态空间用途管制。健全自然保护地内自然资源资产特许经营权等制度，探索生态产品价值实现机制。建立热带雨林等国家公园，构建以国家公园为主体的自然保护地体系。探索建立政府主导、企业和社会参与、市场化运作、可持续的生态保护补偿机制。加快构建自然资源统一调查评价监测和确权登记制度。健全生态环境监测和评价制度。

（十）法治制度。建立以海南自由贸易港法为基础，以地方性法规和商事纠纷解决机制为重要组成的自由贸易港法治体系，营造国际一流的自由贸易港法治环境。

31. 制定实施海南自由贸易港法。以法律形式明确自由贸易港各项制度安排，为自由贸易港建设提供原则性、基础性的法治保障。

32. 制定经济特区法规。在遵循宪法规定和法律、行政法规基本原则前提下，支持海南充分行使经济特区立法权，立足自由贸易港建设实际，制定经济特区法规。

33. 建立多元化商事纠纷解决机制。完善国际商事纠纷案件集中审判机制，提供国际商事仲裁、国际商事调解等多种非诉讼纠纷解决方式。

（十一）风险防控体系。制定实施有效措施，有针对性防范化解贸易、投资、金融、数据流动、生态和公共卫生等领域重大风险。

34. 贸易风险防控。高标准建设开放口岸和"二线口岸"基础设施、监管设施，加大信息化系统建设和科技装备投入力度，实施智能精准监管，依托全岛"人流、物流、资金流"信息管理系统、社会管理监管系统、口岸监管系统"三道防线"，形成海南社会管理信息化平台，对非设关地实施全天候动态监控。加强特定区域监管，在未设立口岸查验机构的区域设立综合执法点，对载运工具、上下货物、物品实时监控和处理。海南自由贸易港与内地之间进出的货物、物品、人员、运输工具等均需从口岸进出。完善口岸监管设备设施的配置。海关负责口岸及其他海关监管区的监管和查缉走私工作。海南省政府负责全省反走私综合治理工作，对下级政府反走私综合治理工作进行考评。建立与广东省、广西壮族自治区等地的反走私联防联控机制。

35. 投资风险防控。完善与投资规则相适应的过程监管制度，严格落实备案受理机构的审查责任和备案主体的备案责任。明确加强过程监管的规则和标准，压实监管责任，依法对投资经营活动的全生命周期实施有效监管，对新技术、新产业、新业态、新模式实行包容审慎监管，对高风险行业和领域实行重点监管。建立健全法律责任制度，针对备案主体提供虚假备案信息、违法经营等行为，制定严厉的惩戒措施。实施好外商投资安全审查，在创造稳定、透明和可预期的投资环境同时，有效防范国家安全风险。

36. 金融风险防控。优化金融基础设施和金融法治环境，加强金融消费者权益保护，依托资金流信息监测管理系统，建立健全资金流动监测和风险防控体系。建立自由贸易港跨境资本流动宏观审慎管理体系，加强对重大风险的识别和系统性金融风险的防范。加强反洗钱、反恐怖融资和反逃税审查，研究建立洗钱风险评估机制，定期评估洗钱和恐怖融资风险。构建适应海南自由贸易港建设的金融监管协调机制。

37. 网络安全和数据安全风险防控。深入贯彻实施网络安全等级保护制度，重点保障关键信息基础设施和数据安全，健全网络安全保障体系，提升海南自由贸易港建设相关的网络安全保障能力和水平。建立健全数据出境安全管理制度体系。健全数据流动风险管控措施。

38. 公共卫生风险防控。加强公共卫生防控救治体系建设，建立传染病和突发公共卫生事件监测预警、应急响应平台和决策指挥系统，提高早期预防、风险研判和及时处置能力。加强疾病预防控制体系建设，高标准建设省级疾病预防控制中心，建立国家热带病研究中心海南分中心，加快推进各级疾病预防控制机构基础设施建设，优化实验室检验检测资源配置。加强公共卫生人才队伍建设，提升监测预警、检验检测、现场流行病学调查、应急处置和医疗救治能力。建设生物安全防护三级实验室和传染病防治研究所，强化全面检测、快速筛查能力，优化重要卫生应急物资储备和产能保障体系。健全优化重大疫情救治体系，建设传染病医疗服务网络，依托综合医院或专科医院建立省级和市级传染病医疗中心，改善传染病医疗中心和传染病医院基础设施和医疗条件。重点加强基层传染病医疗服务能力建设，提升县级综合医院传染病诊疗能力。构建网格化紧密型医疗集团，促进资源下沉、医防融合。完善基层医疗卫生机构标准化建设，强化常见病多发病诊治、公共卫生服务和健康管理能力。加强国际卫生检疫合作和国际疫情信息搜集与分析，提升口岸卫生检疫技术设施保障，建设一流的国际旅行卫生保健中心，严格落实出入境人员健康申报制度，加强对来自重点国家或地区的交通工具、人员和货物、物品的卫生检疫，强化联防联控，筑牢口岸检疫防线。加强对全球传染病疫情的监测，推进境外传染病疫情风险早期预警，严防重大传染病跨境传播。建立海关等多部门协作的境外疫病疫情和有害生物联防联控机制。提升进出口商品质量安全风险预警和快速反应监管能力，完善重点敏感进出口商品监管。

39. 生态风险防控。实行严格的进出境环境安全准入管理制度，禁止洋垃圾输入。推进医疗废物等危险废物处置设施建设，提升突发生态环境事件应急准备与响应能力。建立健全环保信用评价制度。

三、分步骤分阶段安排

（一）2025年前重点任务。围绕贸易投资自由化便利化，在有效监管基础上，有序推进开放进程，推动各类要素便捷高效流动，形成早期收获，适时启动全岛封关运作。

1. 加强海关特殊监管区域建设。在洋浦保税港区等具备条件的海关特殊监管区域率先实行"一线"放开、"二线"管住的进出口管理制度。根据海南自由贸易港建设需要，增设海关特殊监管区域。

2. 实行部分进口商品零关税政策。除法律法规和相关规定明确不予免税、国家规定禁止进口的商品外，对企业进口自用的生产设备，实行"零关税"负面清单管理；对岛内进口用于交通运输、旅游业的船舶、航空器等营运用交通工具及游艇，实行"零关税"正面清单管理；对岛内进口用于生产自用或以"两头在外"模式进行生产加工活动（或服务贸易过程中）所消耗的原辅料，实行"零关税"正面清单管理；对岛内居民消费的进境商品，实行正面清单管理，允许岛内免税购买。对实行"零关税"清单管理的货物及物品，免征进口关税、进口环节增值税和消费税。清单内容由有关部门根据海南实际需要和监管条件进行动态调整。放宽离岛免税购物额度至每年每人10万元，扩大免税商品种类。

3. 减少跨境服务贸易限制。在重点领域率先规范影响服务贸易自由便利的国内规制。制定出台海南自由贸易港跨境服务贸易负面清单，给予境外服务提供者国民待遇。建设海南国际知识产权交易所，在知识产权转让、运用和税收政策等方面开展制度创新，规范探索知识产权证券化。

4. 实行"极简审批"投资制度。制定出台海南自由贸易港放宽市场准入特别清单、外商投资准入负面清单。对先行开放的特定服务业领域所设立的外商投资企业，明确经营业务覆盖的地域范围。建立健全国家安全审查、产业准入环境标准和社会信用体系等制度，全面推行"极简审批"制度。深化"证照分离"改革。建立健全以信用监管为基础、与负面清单管理方式相适应的过程监管体系。

5. 试点改革跨境证券投融资政策。支持在海南自由贸易港内注册的境内企业根据境内外融资计划在境外发行股票，优先支持企业通过境外发行债券融资，将企业发行外债备案登记制管理下放至海南省发展改革部门。探索开展跨境资产管理业务试点，提高跨境证券投融资汇兑便利。试点海南自由贸易港内企业境外上市外汇登记直接到银行办理。

6. 加快金融业对内对外开放。培育、提升海南金融机构服务对外开放能力，支持金融业对外开放政策在海南自由贸易港率先实施。支持符合条件的境外证券基金期货经营机构在海南自由贸易港设立独资或合资金融机构。支持金融机构立足海南旅游业、现代服务业、高新技术产业等重点产业发展需要，创新金融产品，提升服务质效。依托海南自由贸易港建设，推动发展相关的场外衍生品业务。支持海南在优化升级现有交易场所的前提下，推进产权交易场所建设，研究允许非居民按照规定参与交易和进行资金结算。支持海南自由贸易港内已经设立的交易场所在会员、交易、税负、清算、交割、投资者权益保护、反洗钱等方面，建立与国际惯例接轨的规则和制度体系。在符合相关法律法规的前提下，支持在海南自由贸易港设立财产险、人身险、再保险公司以及相互保险组织和自保公司。

7. 增强金融服务实体经济能力。支持发行公司信用类债券、项目收益票据、住房租赁专项债券等。对有稳定现金流的优质旅游资产，推动开展证券化试点。支持金融机构在依法合规、有效防范风险的前提下，在服务贸易领域开展保单融资、仓单质押贷款、应收账款质押贷款、知识产权质押融资等业务。支持涉海高新技术企业利用股权、知识产权开展质押融资，规范、稳妥开发航运物流金融产品和供应链融资产品。依法有序推进人工智能、大数据、云计算等金融科技领域研究成果在海南自由贸易港率先落地。探索建立与国际商业保险付费体系相衔接的商业性医疗保险服务。支持保险业金融机构与境外机构合作开发跨境医疗保险产品。

8. 实施更加便利的免签入境措施。将外国人免签入境渠道由旅行社邀请接待扩展为外国人自行申报或通过单位邀请接待免签入境。放宽外国人申请免签入境事由限制，允许外国人以商贸、访问、探亲、就医、会展、体育竞技等事由申请免签入境海南。实施外国旅游团乘坐邮轮入境15天免签政策。

9. 实施更加开放的船舶运输政策。以"中国洋浦港"为船籍港，简化检验流程，逐步放开船舶法定检验，建立海南自由贸易港国际船舶登记中心，创新设立便捷、高效的船舶登记程序。取消船舶登记主体外资股比限制。在确保有效监管和风险可控的前提下，境内建造的船舶在"中国洋浦港"登记并从事国际运输，视同出口并给予出口退税。对以洋浦港为中转港从事内外贸同船运输的境内船舶，允许其加注本航次所需的保税油；对其加注本航次所需的本地生产燃料油，实行出口退税政策。对符合条件并经洋浦港中转离境的集装箱货物，试行启运港退税政策。加快推进琼州海峡港航一体化。

10. 实施更加开放的航空运输政策。在对等基础上，推动在双边航空运输协定中实现对双方承运人开放往返海南的第三、第四航权，并根据我国整体航空运输政策，扩大包括第五航权在内的海南自由贸易港建设所必需的航权安排。支持在海南试点开放第七航权。允许相关国家和地区航空公司承载经海南至第三国（地区）的客货业务。实施航空国际中转旅客及其行李通程联运。对位于海南的主基地航空公司开拓国际航线给予支持。允许海南进出岛航班加注保税航油。

11. 便利数据流动。在国家数据跨境传输安全管理制度框架下，开展数据跨境传输安全管理试点，探索形成既能便利数据流动又能保障安全的机制。

12. 深化产业对外开放。支持发展总部经济。举办中国国际消费品博览会，国家级展会境外展品在展期内进口和销售享受免税政策，免税政策由有关部门具体制定。支持海南大力引进国外优质医疗资源。总结区域医疗中心建设试点经验，研究支持海南建设区域医疗中心。允许境外理工农医类高水平大学、职业院校在海南自由贸易港独立办学，设立国际学校。推动国内重点高校引进国外知名院校在海南自由贸易港举办具有独立法人资格的中外合作办学机构。建设海南国家区块链技术和产业创新发展基地。

13. 优化税收政策安排。从本方案发布之日起，对注册在海南自由贸易港并实质性运营的鼓励类产业企业，减按15%征收企业所得税。对在海南自由贸易港设立的旅游业、现代服务业、高新技术产业企业，其2025年前新增境外直接投资取得的所得，免征企业所得税。对企业符合条件的资本性支出，允许在支出发生当期一次性税前扣除或加速折旧和摊销。对在海南自由贸易港工作的高端人才和紧缺人才，其个人所得税实际税负超过15%的部分，予以免征。对享受上述优惠政策的高端人才和紧缺人才实行清单管理，由海南省商财政部、税务总局制定具体管理办法。

14. 加大中央财政支持力度。中央财政安排综合财力补助，对地方财政减收予以适当弥补。鼓励海南在国务院批准的限额内发行地方政府债券支持自由贸易港项目建设。在有效防范风险的前提下，稳步增加海南地方政府专项债券发行额度，用于支持重大基础设施建设。鼓励在海南自由贸易港向全球符合条件的境外投资者发行地方政府债券。由海南统筹中央资金和自有财力，设立海南自由贸易港建设投资基金，按政府引导、市场化方式运作。

15. 给予充分法律授权。本方案提出的各项改革政策措施，凡涉及调整现行法律或行政法规的，经全国人大及其常委会或国务院统一授权后实施。研究简化调整现行法律或行政法规的工作程序，推动尽快落地。授权海南制定出台自由贸易港商事注销条例、破产条例、公平竞争条例、征收征用条例。加快推动制定出台海南自由贸易港法。

16. 强化用地用海保障。授权海南在不突破海南省国土空间规划明确的生态保护红线、永久基本农田面积、耕地和林地保有量、建设用地总规模等重要指标并确保质量不降低的前提下，按照国家规定的条件，对全省耕地、永久基本农田、林地、建设用地布局调整进行审批并纳入海南省和市县国土空间规划。积极推进城乡及垦区一体化协调发展和小城镇建设用地新模式，推进农垦土地资产化。建立集约节约用地制度、评价标准以及存量建设用地盘活处置政策体系。总结推广文昌农村土地制度改革三项试点经验，支持海南在全省深入推进农村土地制度改革。依法保障国家重大项目用海需求。

17. 做好封关运作准备工作。制定出台海南自由贸易港进口征税商品目录、限制进口货物物品清单、禁止进口货物物品清单、限制出口货物物品清单、禁止出口货物物品清单、运输工具管理办法，以及与内地海关通关单证格式规范、与内地海关通关操作规程、出口通关操作规程等，增加对外开放口岸，建设全岛封关运作的配套设施。

18. 适时启动全岛封关运作。2025年前，适时全面开展全岛封关运作准备工作情况评估，查堵安全漏洞。待条件成熟后再实施全岛封关运作，不再保留洋浦保税港区、海口综合保税区等海关特殊监管区域。相关监管实施方案由有关部门另行制定。在全岛封关运作的同时，依法将现行增值税、消费税、车辆购置税、城市维护建设税及教育费附加等税费进行简并，启动在货物和服务零售环节征收销售税相关工作。

（二）2035年前重点任务。进一步优化完善开放政策和相关制度安排，全面实现贸易自由便利、投资自由便利、跨境资金流动自由便利、人员进出自由便利、运输来往自由便利和数据安全有序流动，推进建设高水平自由贸易港。

1. 实现贸易自由便利。进一步创新海关监管制度，建立与总体国家安全观相适应的非关税贸易措施体系，建立自由进出、安全便利的货物贸易管理制度，实现境外货物在海南自由贸易港进出自由便利。建立健全跨境支付业务相关制度，营造良好的支付服务市场环境，提升跨境支付服务效率，依法合规推动跨境服务贸易自由化便利化。

2. 实现投资自由便利。除涉及国家安全、社会稳定、生态保护红线、重大公共利益等国家实行准入管理的领域外，全面放开投资准入。在具有强制性标准的领域，建立"标准制+承诺制"的投资制度，市场主体对符合相关要求作出承诺，即可开展投资经营活动。

3. 实现跨境资金流动自由便利。允许符合一定条件的非金融企业，根据实际融资需要自主借用外债，最终实现海南自由贸易港非金融企业外债项下完全可兑换。

4. 实现人员进出自由便利。进一步放宽人员自由进出限制。实行更加宽松的商务人员临时出入境政策、便利的工作签证政策，进一步完善居留制度。

5. 实现运输来往自由便利。实行特殊的船舶登记审查制度。进一步放宽空域管制与航路航权限制。鼓励国内外航空公司增加运力投放，增开航线航班。根据双边航空运输协定，在审核外国航空公司国际航线经营许可时，优先签发至海南的国际航线航班许可。

6. 实现数据安全有序流动。创新数据出境安全的制度设计，探索更加便利的个人信息安全出境评估办法。开展个人信息入境制度性对接，探索加入区域性国际数据跨境流动制度安排，提升数据传输便利性。积极参与跨境数据流动国际规则制定，建立数据确权、数据交易、数据安全和区块链金融的标准和规则。

7. 进一步推进财税制度改革。对注册在海南自由贸易港并实质性运营的企业（负面清单行业除外），减按15%征收企业所得税。对一个纳税年度内在海南自由贸易港累计居住满183天的个人，其取得来源于海南自由贸易港范围内的综合所得和经营所得，按照3%、10%、15%三档超额累进税率征收个人所得税。扩大海南地方税收管理权限。企业所得税、个人所得税作为中央与地方共享收入，销售税及其他国内税种收入作为地方收入。授权海南根据自由贸易港发展需要，自主减征、免征、缓征除具有生态补偿性质外的政府性基金，自主设立涉企行政事业性收费项目。对中央级行政事业性收费，按照中央统一规定执行。中央财政支持政策结合税制变化情况相应调整，并加大支持力度。进一步研究改进补贴政策框架，为我国参与补贴领域国际规则制定提供参考。

四、组织实施

（一）加强党的全面领导。坚持用习近平新时代中国特色社会主义思想武装党员干部头脑，认真贯彻落实党中央、国务院决策部署，增强"四个意识"，坚定"四个自信"，做到"两个维护"。建立健全党对海南自由贸易港建设工作的领导体制机制，充分发挥党总揽全局、协调各方的作用，加强党对海南自由贸易港建设各领域各方面各环节的领导。以党的政治建设为统领，以提升组织力为重点，全面提高党的建设质量，为海南自由贸易港建设提供坚强政治保障。加强基层党组织建设，引导广大党员发挥先锋模范作用，把基层党组织建设成为海南推动自由贸易港建设的坚强战斗堡垒。完善体现新发展理念和正确政绩观要求的干部考核评价体系，建立激励机制和容错纠错机制，旗帜鲜明地为敢于担当、踏实做事、不谋私利的干部撑腰鼓劲。把社会主义核心价值观融入经济社会发展各方面。持之以恒正风肃纪，强化纪检监察工作，营造风清气正良好环境。

（二）健全实施机制。在推进海南全面深化改革开放领导小组指导下，海南省要切实履行主体责任，加强组织领导，全力推进海南自由贸易港建设各项工作。中央和国家机关有关单位要按照本方案要求，主动指导推动海南自由贸易港建设，进一步细化相关政策措施，制定出台实施方案，确保政策落地见效。推进海南全面深化改革开放领导小组办公室牵头成立指导海南推进自由贸易港建设工作小组，由国家发展改革委、财政部、商务部、中国人民银行、海关总署等部门分别派出干部驻海南实地指导开展自由贸易港建设工作，有关情况及时上报领导小组。国务院发展研究中心组织对海南自由贸易港建设开展全过程评估，牵头设立专家咨询委员会，为海南自由贸易港建设建言献策。

（三）稳步推进政策落地。加大督促落实力度，将各项政策举措抓实抓细抓出成效。认真研究和妥善解决海南自由贸易港建设中遇到的新情况新问题，对一些重大政策措施做好试点工作，积极稳妥推进方案实施。

自由贸易试验区外商投资国家安全审查试行办法

（国办发〔2015〕24 号）

发布日期：2015-04-08
实施日期：2015-04-08
法规类型：规范性文件

为做好中国（上海）自由贸易试验区、中国（广东）自由贸易试验区、中国（天津）自由贸易试验区、中国（福建）自由贸易试验区等自由贸易试验区（以下统称自贸试验区）对外开放工作，试点实施与负面清单管理模式相适应的外商投资国家安全审查（以下简称安全审查）措施，引导外商投资有序发展，维护国家安全，制定本办法。

一、审查范围

总的原则是，对影响或可能影响国家安全、国家安全保障能力，涉及敏感投资主体、敏感并购对象、敏感行业、敏感技术、敏感地域的外商投资进行安全审查。

（一）安全审查范围为：外国投资者在自贸试验区内投资军工、军工配套和其他关系国防安全的领域，以及重点、敏感军事设施周边地域；外国投资者在自贸试验区内投资关系国家安全的重要农产品、重要能源和资源、重要基础设施、重要运输服务、重要文化、重要信息技术产品和服务、关键技术、重大装备制造等领域，并取得所投资企业的实际控制权。

（二）外国投资者在自贸试验区内投资，包括下列情形：

1. 外国投资者单独或与其他投资者共同投资新建项目或设立企业。

2. 外国投资者通过并购方式取得已设立企业的股权或资产。

3. 外国投资者通过协议控制、代持、信托、再投资、境外交易、租赁、认购可转换债券等方式投资。

（三）外国投资者取得所投资企业的实际控制权，包括下列情形：

1. 外国投资者及其关联投资者持有企业股份总额在 50% 以上。

2. 数个外国投资者持有企业股份总额合计在 50% 以上。

3. 外国投资者及其关联投资者、数个外国投资者持有企业股份总额不超过 50%，但所享有的表决权已足以对股东会或股东大会、董事会的决议产生重大影响。

4. 其他导致外国投资者对企业的经营决策、人事、财务、技术等产生重大影响的情形。

二、审查内容

（一）外商投资对国防安全，包括对国防需要的国内产品生产能力、国内服务提供能力和有关设施的影响。

（二）外商投资对国家经济稳定运行的影响。

（三）外商投资对社会基本生活秩序的影响。

（四）外商投资对国家文化安全、公共道德的影响。

（五）外商投资对国家网络安全的影响。

（六）外商投资对涉及国家安全关键技术研发能力的影响。

三、安全审查工作机制和程序

（一）自贸试验区外商投资安全审查工作，由外国投资者并购境内企业安全审查部际联席会议（以下简称联席会议）具体承担。在联席会议机制下，国家发展改革委、商务部根据外商投资涉及的领域，会同相关部门开展安全审查。

（二）自贸试验区安全审查程序依照《国务院办公厅关于建立外国投资者并购境内企业安全审查制度的通知》（国办发〔2011〕6号）第四条办理。

（三）对影响或可能影响国家安全，但通过附加条件能够消除影响的投资，联席会议可要求外国投资者出具修改投资方案的书面承诺。外国投资者出具书面承诺后，联席会议可作出附加条件的审查意见。

（四）自贸试验区管理机构在办理职能范围内外商投资备案、核准或审核手续时，对属于安全审查范围的外商投资，应及时告知外国投资者提出安全审查申请，并暂停办理相关手续。

（五）商务部将联席会议审查意见书面通知外国投资者的同时，通知自贸试验区管理机构。对不影响国家安全或附加条件后不影响国家安全的外商投资，自贸试验区管理机构继续办理相关手续。

（六）自贸试验区管理机构应做好外商投资监管工作。如发现外国投资者提供虚假信息、遗漏实质信息、通过安全审查后变更投资活动或违背附加条件，对国家安全造成或可能造成重大影响的，即使外商投资安全审查已结束或投资已实施，自贸试验区管理机构应向国家发展改革委和商务部报告。

（七）国家发展改革委、商务部与自贸试验区管理机构通过信息化手段，在信息共享、实时监测、动态管理和定期核查等方面形成联动机制。

四、其他规定

（一）外商投资股权投资企业、创业投资企业、投资性公司在自贸试验区内投资，适用本办法。

（二）外商投资金融领域的安全审查另行规定。

（三）香港特别行政区、澳门特别行政区、台湾地区的投资者进行投资，参照本办法的规定执行。

（四）本办法由国家发展改革委、商务部负责解释。

（五）本办法自印发之日起30日后实施。

附 录

综合保税区

1. 关于发布综合保税区维修产品增列目录的公告（商务部　生态环境部　海关总署公告2021年第45号）

商品管理

1. 关于调整加工贸易禁止类商品目录的公告（商务部　海关总署2021年第12号）
2. 关于调整加工贸易禁止类商品目录的公告（商务部　海关总署公告2020年第54号）
3. 关于调整加工贸易禁止类商品目录的公告（商务部　海关总署公告2015第59号）
4. 关于加工贸易限制类商品目录的公告（商务部　海关总署联合公告2015年第63号）
5. 加工贸易禁止类商品目录（商务部　海关总署公告2014年第90号）
6. 对加工贸易禁止类目录进行调整（商务部　海关总署公告2008年第121号）
7. 对加工贸易限制类目录进行调整（海关总署　商务部公告2008年第120号）
8.《加工贸易禁止类商品目录》和终止执行有关加工贸易禁止类商品的部分文件（商务部　海关总署　国家环境保护总局公告2004年55号）
9. 财政部　发改委　商务部　海关总署　国家税务总局关于调整部分商品出口退税率和增补加工贸易禁止类商品目录的通知（财税〔2006〕139号）

原产地

1. 中华人民共和国海关《中华人民共和国政府和智利共和国政府自由贸易协定》项下进出口货物原产地管理办法（海关总署公告2019年第39号）
2. 关于中国—智利自由贸易协定原产地电子信息联网有关事宜的公告（海关总署公告2018年第192号）
3. 中智自贸协定原产地规则及相关程序（海关总署公告2006年第55号）
4. 中华人民共和国海关《亚太贸易协定》项下进出口货物原产地管理办法（海关总署令第177号）
5. 关于公布修改《〈亚洲-太平洋贸易协定〉原产地规则》的公告（海关总署公告2018年第69号）
6. 关于亚太贸易协定项下中韩原产地电子信息交换系统上线运行事宜的公告（海关总署

公告 2017 年第 10 号）

7. 中华人民共和国海关《中华人民共和国政府和新加坡共和国政府自由贸易协定》项下经修订的进出口货物原产地管理办法（海关总署公告 2019 年第 205 号）

8. 关于中国新加坡原产地电子信息联网有关事宜的公告（海关总署公告 2019 年第 155 号）

9. 中华人民共和国海关《中华人民共和国和瑞士联邦自由贸易协定》项下进出口货物原产地管理办法（海关总署令第 223 号）

10. 关于调整中国—瑞士自贸协定项下原产地证书格式的公告（海关总署公告 2021 年第 49 号）

11. 关于《中华人民共和国和瑞士联邦自由贸易协定》项下经核准出口商制度相关事宜的公告（海关总署公告 2014 年第 52 号）

12. 中华人民共和国海关《中华人民共和国政府和秘鲁共和国政府自由贸易协定》项下进出口货物原产地管理办法（海关总署令第 186 号）

13. 关于公布《中国-秘鲁自由贸易协定》的公告（海关总署公告 2010 年第 14 号）

14. 中华人民共和国政府和秘鲁共和国政府自由贸易协定原产地规则及与原产地相关的操作程序（海关总署公告 2010 年第 13 号）

15. 中华人民共和国海关《中华人民共和国政府和毛里求斯共和国政府自由贸易协定》项下进出口货物原产地管理办法（海关总署公告 2020 年第 128 号）

16. 中华人民共和国海关《中华人民共和国政府和柬埔寨王国政府自由贸易协定》项下进出口货物原产地管理办法（海关总署公告 2021 年第 107 号）

17. 中华人民共和国海关《中华人民共和国政府和大韩民国政府自由贸易协定》项下进出口货物原产地管理办法（海关总署令第 229 号）

18. 关于调整中国—韩国自贸协定项下原产地证书格式的公告（海关总署公告 2022 年第 33 号）

19. 关于中国—格鲁吉亚自由贸易协定原产地电子信息联网有关事宜的公告（海关总署公告 2019 年第 198 号）

20. 关于《中华人民共和国政府和格鲁吉亚政府自由贸易协定》实施相关事宜的公告（海关总署公告 2017 年第 64 号）

21. 中华人民共和国海关《中华人民共和国政府和格鲁吉亚政府自由贸易协定》项下进出口货物原产地管理办法（海关总署公告 2017 年第 61 号）

22. 中华人民共和国海关《中华人民共和国政府和哥斯达黎加共和国政府自由贸易协定》项下进出口货物原产地管理办法（海关总署令第 202 号）

23. 《中华人民共和国政府和哥斯达黎加共和国政府自由贸易协定》项下产品特定原产地规则（海关总署公告 2011 年第 49 号）

24. 中华人民共和国海关《海峡两岸经济合作框架协议》项下进出口货物原产地管理办法（海关总署令第 200 号）

25. 关于公布香港 CEPA 项下经修订的原产地标准的公告（海关总署公告 2023 年第 63 号）

26. 关于公布港澳 CEPA 项下产品特定原产地规则转版清单的公告（海关总署公告 2022 年第 39 号）

27. 《〈内地与澳门关于建立更紧密经贸关系的安排〉服务贸易协议》的修订协议中检测认证相关修订条款实施指南（认监委公告〔2020〕11 号）

28. 海关总署关税司关于《海峡两岸经济合作框架协议》项下有关经香港中转货物适用税

率问题的复函（税管函〔2011〕68 号）

29. 中华人民共和国海关《中华人民共和国与东南亚国家联盟全面经济合作框架协议》项下进出口货物原产地管理办法（海关总署令第 199 号）

30. 关于中国与印度尼西亚原产地电子联网有关事宜的公告（海关总署公告 2020 年第 100 号）

31. 关于《中华人民共和国与东南亚国家联盟全面经济合作框架协议》项下产品特定原产地规则转版对应表的公告（海关总署公告 2014 年第 48 号）

32. 关于《中华人民共和国与东南亚国家联盟全面经济合作框架协议》项下流动证明签发事宜的公告（海关总署公告 2011 年第 11 号）

33. 中华人民共和国海关《中华人民共和国政府和冰岛政府自由贸易协定》项下进出口货物原产地管理办法（海关总署令第 222 号）

34. 关于《中华人民共和国政府和冰岛政府自由贸易协定》实施相关事宜的公告（海关总署公告 2014 年第 50 号）

35. 关于《中华人民共和国政府和冰岛政府自由贸易协定》项下产品特定原产地规则的公告（海关总署公告 2014 年第 49 号）

36. 中华人民共和国海关《中华人民共和国政府与巴基斯坦伊斯兰共和国政府自由贸易协定》项下进口货物原产地管理办法（海关总署令第 162 号）

37. 关于中国—巴基斯坦自贸协定原产地电子联网有关事宜的公告（海关总署公告 2018 年第 29 号）

38. 关于发布《中国-巴基斯坦自由贸易区原产地规则》（海关总署　商务部　国家质量监督检验检疫总局公告 2005 年第 67 号）

39. 中华人民共和国海关《中华人民共和国政府和澳大利亚政府自由贸易协定》项下进出口货物原产地管理办法（海关总署令第 228 号）

40. 关于中国与新西兰原产地电子联网升级有关事宜的公告（海关总署公告 2023 年第 82 号）

41. 中华人民共和国海关《中华人民共和国政府和新西兰政府自由贸易协定》项下经修订的进出口货物原产地管理办法（海关总署公告 2022 年第 32 号）

42. 关于中新（西兰）自贸协定原产地电子信息交换系统上线运行有关事宜的公告（海关总署公告 2016 年第 84 号）

43. 关于《中华人民共和国政府和澳大利亚政府自由贸易协定》项下产品特定原产地规则的公告（海关总署公告 2015 年第 62 号）

44. 关于《中华人民共和国政府和新西兰政府自由贸易协定》项下进口羊毛、毛条实施国别关税配额管理有关管理的公告（海关总署公告 2008 年第 94 号）

医疗器械

1. 国家药监局关于调整《医疗器械分类目录》部分内容的公告（国家药监局公告 2023 年第 101 号）

2. 国家药监局关于医用透明质酸钠产品管理类别的公告（国家药监局公告 2022 年第 103 号）

3. 国家药监局关于调整《医疗器械分类目录》部分内容的公告（国家药监局公告 2022 年第 30 号）

4. 国家药监局关于调整《医疗器械分类目录》部分内容的公告（国家药监局公告 2022 年第 25 号）

5. 国家药监局关于发布禁止委托生产医疗器械目录的通告（国家药监局公告 2022 年第 17 号）

6. 国家药监局关于发布第一类医疗器械产品目录的公告（国家药监局公告 2021 年第 158 号）

7. 国家药监局关于公布《免于经营备案的第二类医疗器械产品目录》的公告（国家药监局公告 2021 年第 86 号）

8. 国家药监局关于调整《医疗器械分类目录》部分内容的公告（国家药监局公告 2020 年第 147 号）

9. 国家食品药品监督管理总局关于发布医疗器械分类目录的公告（国家药品监督管理局公告 2017 年第 104 号）

10. 国家药监局关于发布免于临床试验体外诊断试剂目录的通告（国家药监局公告 2021 年第 70 号）

11. 国家药监局关于调整《6840 体外诊断试剂分类子目录（2013 版）》部分内容的公告（国家药监局公告 2020 年第 112 号）

12. 食品药品监管总局关于印发体外诊断试剂分类子目录的通知（食药监械管〔2013〕242 号）

药品管理

1. 关于对部分出口药品和医疗器械生产实施目录管理有关事项的通告（国家食品药品监督管理局通告 2010 年第 2 号）

2. 关于对部分出口药品和医疗器械生产实施目录管理有关事宜的通知（食药监办〔2008〕168 号）

3. 关于对部分出口药品和医疗器械生产实施目录管理的通告（国食药监办〔2008〕595 号）

4. 关于发布第三批适用增值税政策的抗癌药品和罕见病药品清单的公告（财政部　海关总署　国家税务总局　国家药品监督管理局公告 2022 年第 35 号）

5. 关于发布第二批适用增值税政策的抗癌药品和罕见病药品清单的公告（财政部　海关总署　国家税务总局　国家药品监督管理局公告 2020 年第 39 号）

6. 2023 年兴奋剂目录公告（国家体育总局　商务部　国家卫生健康委员会　海关总署　国家药品监督管理局公告第 61 号）

7. 关于进口药品目录中药用辅料进口通关有关事宜的通告（国家食品药品监管总局通告 2017 年第 31 号）

8. 关于进口药品目录中第三批非药用物品目录的通告（国食药监注〔2005〕423 号）

9. 关于进口药品目录中新增非药用物品的通告（国食药监注〔2005〕11 号）

10. 关于进口药品目录中非药用物品进口通关有关事宜的通告（国食药监注〔2004〕62号）

11. 关于暂停进口、经营和使用韩国韩士生科公司同种异体骨修复材料的公告（国家药品监督管理局公告 2023 年第 64 号）

12. 关于暂停进口、销售和使用 GlaxoSmithKline（Ireland）Limited 度他雄胺软胶囊的公告（国家药品监督管理局公告 2022 年第 96 号）

13. 关于暂停进口、销售和使用比利时 UCB Pharma S. A. 左乙拉西坦注射用浓溶液的公告（国家药品监督管理局公告 2022 年第 67 号）

14. 关于暂停进口、销售和使用 JW LIFE SCIENCE CORPORATION 脂肪乳氨基酸（17）葡萄糖（11%）注射液的公告（国家药品监督管理局公告 2022 年第 14 号）

15. 关于恢复进口印度 Supriya Lifescience Ltd. 马来酸氯苯那敏的公告（国家药品监督管理局公告 2020 年第 136 号）

16. 关于恢复法国乐康—美的澜制药厂递法明片进口等事宜的通告（国家药品监督管理局公告 2020 年第 81 号）

17. 关于暂停进口、销售和使用 POLICHEM S. R. L. 硝呋太尔片和硝呋太尔阴道片的公告（国家药品监督管理局公告 2020 年第 101 号）

18. 关于暂停进口日本 SANYO CHEMICAL LABORATORY CO. , LTD. 盐酸甲氧那明的公告（国家药品监督管理局公告 2020 年第 88 号）

19. 关于暂停进口、销售和使用美国 Celgene Corporation 注射用紫杉醇（白蛋白结合型）的公告（国家药品监督管理局公告 2020 年第 44 号）

20. 关于恢复进口爱活胆通的通告（国家药品监督管理局 2019 年第 33 号）

21. 关于对印度法速达制药公司氯雷他定原料药暂停进口通关备案的公告（国家药品监督管理局公告 2019 年第 22 号）

22. 关于对印度艾穆阿埃有限公司呋塞米原料药暂停进口通关备案的公告（国家药品监督管理局公告 2019 年第 23 号）

23. 关于暂停销售使用西班牙国际新化学药厂吡硫翁锌气雾剂的公告（国家药品监督管理局 2019 年第 4 号）

24. 关于恢复进口库比斯特制药有限公司注射用达托霉素的公告（国家药品监督管理局 2018 年第 70 号）

25. 关于暂停销售使用瑞迪博士实验室有限公司富马酸喹硫平的公告（国家药品监督管理局公告 2018 年第 61 号）

26. 关于暂停销售使用印度素帕医药保健有限公司盐酸氨溴索的公告（国家药品监督管理局 2018 年第 29 号）

27. 关于暂停销售使用印度太阳药业有限公司注射用亚胺培南西司他丁钠的公告（国家药品监督管理局公告 2018 年第 21 号）

28. 关于恢复进口瑞士 OM Pharma SA 细菌溶解产物胶囊的公告（国家食品药品监督管理局公告 2018 年第 29 号）

29. 关于暂停英国 Leica Biosystems Newcastle Ltd HER－2 检测试剂盒（免疫组织化学法）产品进口的公告（国家食品药品监督管理局公告 2017 年第 153 号）

30. 关于暂停英国 Biocomposites. Ltd 硫酸钙和可吸收人工骨粉产品进口的公告（国家食品药品监督管理局公告 2017 年第 152 号）

31. 关于暂停销售使用印度 Enal Drugs Pvt. Ltd. 雷贝拉唑钠原料药的公告（国家食品药品监督管理局公告 2017 年第 133 号）

32. 关于恢复销售使用德国 B. Braun Melsungen AG 的中长链脂肪乳/氨基酸（16）/葡萄糖（16%）注射液的公告（国家药品监督管理局公告 2020 年第 59 号）

33. 关于暂停销售使用德国 B. BraunMelsungen AG 中长链脂肪乳/氨基酸（16）/葡萄糖（16%）注射液及 ω-3 鱼油中/长链脂肪乳注射液的公告（国家食品药品监督管理局公告 2017 年第 127 号）

34. 关于暂停销售使用阿根廷 TRB PharmaS. A. 单唾酸四己糖神经节苷脂钠盐注射液的公告（国家食品药品监督管理局公告 2017 年第 123 号）

35. 关于暂停进口和销售意大利 LaboratorioFarmaceutico C. T. S. R. L. 公司的注射用还原型谷胱甘肽钠的通知（食药监办稽〔2016〕132 号）

36. 关于公布麻醉药品和精神药品品种目录的通知（食药监药化监〔2013〕230 号）

药材管理

1. 按照传统既是食品又是中药材的物质目录管理规定（国卫食品发〔2021〕36 号）
2. 关于将决明子等 10 个品种列入非首次进口药材品种目录的批复（国食药监注函〔2011〕106 号）

文　物

1. 关于发布《第三批禁止出境展览文物目录》的通知（文物博函〔2013〕1320 号）
2. 关于发布《第二批禁止出国（境）展览文物目录（书画类）》的通知（文物博函〔2012〕1345 号）
3. 国家文物局关于印发《首批禁止出国（境）展览文物目录》的通知（文物办发〔2002〕5 号）

特种设备

1. 关于修订《特种设备目录》的公告（国家质检总局公告 2014 年第 114 号）

特殊物品

1. 商务部　工业和信息化部　卫生健康委　药监局关于公布可供对外出口的新型冠状病毒疫苗产品清单的公告（商务部公告 2021 年第 13 号）

兽药管理

1. 进口兽药管理目录（农业农村部　海关总署公告第 507 号）

食品管理

1. 保健食品原料目录与保健功能目录管理办法（国家市场监督管理总局令第 13 号）
2. 关于公布实施备案管理出口食品原料品种目录的公告（国家质检总局公告 2012 年第 149 号）

农产品

1. 关于调整《实行进口报告管理的大宗农产品目录》的公告（商务部公告 2020 年第 23 号）
2. 关于调整《实行进口报告管理的大宗农产品目录》的公告（商务部公告 2012 年第 19 号）
3. 关于调整《实行进口报告管理的大宗农产品目录》的公告（商务部公告 2011 年第 6 号）
4. 关于调整《实行进口报告管理的大宗农产品目录》的公告（商务部公告 2009 年第 50 号）

机电产品

1. 关于进口 CCC 目录内旧机电产品是否需 CCC 入境验证的批复

化妆品

1. 关于更新化妆品禁用原料目录的公告（国家药监局公告 2021 年第 74 号）
2. 关于发布《化妆品分类规则和分类目录》的公告（国家药监局公告 2021 年第 49 号）

重大技术装备

1. 工业和信息化部　财政部　海关总署　国家税务总局　国家能源局关于调整重大技术装备进口税收政策有关目录的通知（工信部联重装〔2021〕198 号）
2. 关于调整《国内投资项目不予免税的进口商品目录》的公告（财政部　国家发展改革委　海关总署　国家税务总局公告 2012 年第 83 号）

种子种源

1. 农业农村部办公厅关于公布调整后《进口种子种源免征增值税商品清单》（第一批）的通知（农办外〔2022〕1 号）
2. 进口种子种源免征增值税商品清单（第一批）（农业农村部　财政部　海关总署　税务总局　国家林草局公告第 505 号）

新型显示产业

1. 财政部　海关总署　税务总局《关于调整新型显示器件及上游原材料零部件生产企业进口物资清单的通知》（财关税〔2018〕60号）

目录清单

1. 关于执行《鼓励外商投资产业目录（2022年版）》有关事项的公告（海关总署公告2022年第122号）

2. 鼓励外商投资产业目录（2022年版）（发展改革委　商务部令第52号）

3. 产业结构调整指导目录（2019年）（国家发展和改革委员会令第29号）

4. 西部地区鼓励类产业目录（2020年本）（国家发展和改革委员会令2021年第40号）

5. 外商投资准入特别管理措施（负面清单）（2021年版）（国家发展和改革委员会　商务部令第47号）

6. 关于调整《外商投资项目不予免税的进口商品目录》等目录的公告（海关总署2008年第65号公告）

7. 公布《禁止进口货物目录（第七批）》和《禁止出口货物目录（第六批）》（商务部　海关总署　生态环境部公告2020年第73号）

8. 关于公布禁止进口的旧机电产品目录调整有关事项的公告（商务部　海关总署公告2018年第106号）

9. 以CFCS为制冷剂的工业、商业用压缩机名录（商务部、海关总署、国家质量监督检验检疫总局、国家环境保护总局公告2005年第117号）

10. 将刺桐姬小蜂确定为中华人民共和国进境植物检疫性有害生物和全国林业检疫性有害生物以及暂停从疫区国家和地区引进刺桐属植物（农业部、林业局、质检总局公告第538号）

11. 公布《禁止进口货物目录》（第六批）和《禁止出口货物目录》（第三批）（商务部、海关总署、国家环境保护总局公告2005年第116号）

12. 禁止出口货物目录（第二批）（商务部、海关总署、国家林业局公告2004年第40号）

13. 对进口以CFC-12为空调制冷工质的汽车及以CFC-12为制冷工质的汽车空调压缩机的有关事项的公告（环发〔2001〕207号）

14. 《禁止进口货物目录》（第一批）和《禁止出口货物目录》（第一批）（对外贸易经济合作部公告2001年第19号）

15. 关于发布进境植物检疫禁止进境物名录（农业部公告第72号）

16. 海关总署、公安部关于将仿真武器列为禁止进出境物品的通知（署监二〔1993〕50号）

17. 关于禁止劳改产品出口的通告（署监一〔1991〕1560号）

科教及残疾人用品

1. 财政部、海关总署、税务总局关于"十四五"期间进口科学研究、科技开发和教学用品免税清单（第一批）的通知（财关税〔2021〕44号）

特别关税

1. 国务院关税税则委员会关于对美加征关税商品第十一次排除延期清单的公告（税委会公告2023年第6号）

2. 国务院关税税则委员会关于对美加征关税商品第十次排除延期清单的公告（税委会公告2023年第1号）

3. 国务院关税税则委员会关于开展对美加征关税商品市场化采购排除工作的公告（税委会公告〔2020〕2号）

4. 国务院关税税则委员会关于调整对原产于美国的部分进口商品加征关税措施的公告（税委会公告〔2020〕1号）

5. 国务院关税税则委员会关于第一批对美加征关税商品第二次排除清单的公告（税委会公告〔2019〕8号）

6. 国务院关税税则委员会关于暂不实施对原产于美国的部分进口商品加征关税措施的公告（税委会公告〔2019〕7号）

7. 国务院关税税则委员会关于第一批对美加征关税商品第一次排除清单的公告（税委会公告〔2019〕6号）

8. 国务院关税税则委员会关于对原产于美国的汽车及零部件恢复加征关税的公告（税委会公告〔2019〕5号）

9. 国务院关税税则委员会关于对原产于美国的部分进口商品（第三批）加征关税的公告（税委会公告〔2019〕4号）

10. 国务院关税税则委员会关于对原产于美国的部分进口商品提高加征关税税率的公告（税委会〔2019〕3号）

11. 国务院关税税则委员会关于试行开展对美加征关税商品排除工作的公告（税委会〔2019〕2号）

12. 国务院关税税则委员会关于对原产于美国的汽车及零部件继续暂停加征关税的公告（税委会公告〔2019〕1号）

13. 国务院关税税则委员会关于对原产于美国的汽车及零部件暂停加征关税的公告（税委会公告〔2018〕10号）

14. 国务院关税税则委员会对原产于美国约600亿美元进口商品实施加征关税的公告（税

委会公告〔2018〕8 号）

15. 国务院关税税则委员会关于对原产于美国约 160 亿美元进口商品加征关税的公告（税委会公告〔2018〕7 号）

16. 国务院关税税则委员会关于对原产于美国的部分进口商品（第二批）加征关税的公告（税委会公告〔2018〕6 号）

17. 国务院关税税则委员会关于对原产于美国 500 亿美元进口商品加征关税的公告（税委会〔2018〕5 号）

18. 国务院关税税则委员会关于对原产于美国的部分进口商品加征关税的公告（税委会公告〔2018〕1 号）

技术进出

1. 中国禁止进口限制进口技术目录（商务部公告 2021 年第 37 号）
2. 国务院关于发布政府核准的投资项目目录（2016 年本）的通知（国发〔2016〕72 号）
3. 中国禁止出口限制出口技术目录（商务部、科技部令 2008 年第 12 号）

动物（水陆）及其产品

1. 实施合法捕捞通关证明联网核查的水产品清单（农业部 海关总署公告第 2157 号）

其他产品

1. 关于禁止从索马里进口木炭的公告（商务部公告 2012 年第 27 号）
2. 关于中国逐步淘汰白炽灯路线图的公告（国家发改委公告 2011 年第 28 号）
3. 关于禁止生产、销售、进出口以氯氟烃（CFCs）物质为制冷剂、发泡剂的家用电器产品的公告（环函〔2007〕200 号）
4. 对进出口环节违反一个中国原则的货物加强监管（署厅发〔2002〕228 号 海关总署）

动物产品

1. 关于全面暂停进口日本水产品的公告（海关总署公告 2023 年第 103 号）
2. 关于防止伊拉克口蹄疫传入我国的公告（海关总署　农业农村部公告 2023 年第 9 号）
3. 关于防止波斯尼亚和黑塞哥维那非洲猪瘟传入我国的公告（海关总署　农业农村部公告 2023 年第 85 号）
4. 关于防止克罗地亚非洲猪瘟传入我国的公告（海关总署　农业农村部公告 2023 年第 84 号）
5. 关于防止科摩罗口蹄疫传入我国的公告（海关总署　农业农村部公告 2023 年第 52 号）
6. 关于防止尼日利亚非洲马瘟传入我国的公告（海关总署　农业农村部公告 2023 年第 4 号）
7. 关于防止利比亚口蹄疫传入我国的公告（海关总署　农业农村部公告 2023 年第 30 号）
8. 关于防止智利高致病性禽流感传入我国的公告（海关总署　农业农村部公告 2023 年第 26 号）
9. 关于防止厄立特里亚等国家非洲马瘟传入我国的公告（海关总署　农业农村部公告 2023 年第 23 号）
10. 关于防止阿根廷高致病性禽流感传入我国的公告（海关总署　农业农村部公告 2023 年第 22 号）
11. 关于防止新加坡非洲猪瘟传入我国的公告（海关总署　农业农村部公告 2023 年第 19 号）
12. 关于防止秘鲁、玻利维亚和土耳其高致病性禽流感传入我国的公告（海关总署　农业农村部公告 2023 年第 13 号）
13. 关于防止阿曼口蹄疫传入我国的公告（海关总署　农业农村部公告 2023 年第 113 号）
14. 关于防止阿塞拜疆绵羊痘和山羊痘传入我国的公告（海关总署　农业农村部公告 2023 年第 10 号）
15. 海关总署办公厅　农业农村部办公厅关于防止哈萨克斯坦口蹄疫传入我国的通知（署办动植函〔2022〕4 号）
16. 关于防止斯洛文尼亚高致病性禽流感传入我国的公告（海关总署公告 2022 年第 4 号）
17. 关于防止西班牙绵羊痘和山羊痘传入我国的公告（海关总署、农业农村部公告 2022 年第 93 号）
18. 关于防止意大利、北马其顿非洲猪瘟传入我国的公告（海关总署　农业农村部公告 2022 年第 9 号）
19. 关于取消博茨瓦纳部分地区口蹄疫非免疫无疫区地位的公告（海关总署　农业农村部公告 2022 年第 90 号）
20. 关于防止巴勒斯坦口蹄疫传入我国的公告（海关总署　农业农村部公告 2022 年第 5 号）
21. 关于防止加蓬高致病性禽流感传入我国的公告（海关总署　农业农村部公告 2022 年第 48 号）
22. 关于防止尼泊尔非洲猪瘟传入我国的公告（海关总署　农业农村部公告 2022 年第 46 号）

23. 关于防止印度尼西亚口蹄疫传入我国的公告（海关总署　农业农村部公告2022年第44号）

24. 关于防止蒙古绵羊痘和山羊痘传入我国的公告（海关总署　农业农村部公告2022年第38号）

25. 关于防止南非口蹄疫传入我国的公告（海关总署　农业农村部公告2022年第30号）

26. 关于防止加拿大高致病性禽流感传入我国的公告（海关总署　农业农村部公告2022年第20号）

27. 关于防止西班牙、摩尔多瓦高致病性禽流感传入我国的公告（海关总署　农业农村部公告2022年第15号）

28. 关于防止厄瓜多尔高致病性禽流感传入我国的公告（海关总署　农业农村部公告2022年第130号）

29. 关于防止塞浦路斯蓝舌病传入我国的公告（海关总署　农业农村部公告2022年第128号）

30. 关于防止泰国非洲猪瘟传入我国的公告（海关总署　农业农村部公告2022年第11号）

31. 关于防止赞比亚牛传染性胸膜肺炎传入我国的公告（海关总署　农业农村部公告2022年第109号）

32. 海关总署动植物检疫司　进出口食品安全局发布关于暂停台湾地区柑橘类水果和冰鲜白带鱼、冻竹荚鱼输入大陆的通知（动植检函〔2022〕34号）

33. 海关总署动植物检疫司关于暂停进口立陶宛原木的通知（动植检〔2022〕12号）

34. 海关总署动植司、监管司关于防止斯里兰卡牛结节性皮肤病传入的警示通报（动植函〔2021〕6号）

35. 海关总署办公厅农业农村部办公厅关于防止阿尔及利亚小反刍兽疫传入我国的通知（署办动植函〔2021〕7号）

36. 海关总署办公厅、农业农村部办公厅关于防止不丹绵羊痘和山羊痘传入我国的通知（署办动植函〔2021〕2号）

37. 海关总署办公厅　农业农村部办公厅关于防止纳米比亚牛传染性胸膜肺炎传入我国的通知（署办动植函〔2021〕23号）

38. 海关总署办公厅　农业农村部办公厅关于防止摩洛哥小反刍兽疫传入我国的通知（署办动植函〔2021〕22号）

39. 海关总署办公厅　农业农村部办公厅关于防止马来西亚牛结节性皮肤病传入我国的通知（署办动植函〔2021〕16号）

40. 海关总署办公厅　农业农村部办公厅关于防止不丹非洲猪瘟传入我国的通知（署办动植函〔2021〕11号）

41. 关于防止蒙古国西部5省口蹄疫传入我国的公告（海关总署公告2021年第109号）

42. 关于防止葡萄牙高致病性禽流感传入我国的公告（海关总署　农业农村部公告2022年第103号）

43. 关于防止挪威高致病性禽流感传入我国的公告（海关总署　农业农村部公告2021年第99号）

44. 关于禁止英国30月龄以下剔骨牛肉进口的公告（海关总署　农业农村部公告2021年第77号）

45. 关于防止海地非洲猪瘟传入我国的公告（海关总署　农业农村部公告2021年第76号）

46. 关于防止蒙古牛结节性皮肤病传入我国的公告（海关总署　农业农村部公告 2021 年第 75 号）

47. 关于防止博茨瓦纳高致病性禽流感传入我国的公告（海关总署　农业农村部公告 2021 年第 71 号）

48. 关于防止塞内加尔高致病性禽流感传入我国的公告（海关总署　农业农村部公告 2021 年第 6 号）

49. 关于防止贝宁高致病性禽流感传入我国的公告（海关总署　农业农村部公告 2021 年第 67 号）

50. 关于防止多米尼加非洲猪瘟传入我国的公告（海关总署　农业农村部公告 2021 年第 63 号）

51. 关于防止柬埔寨牛结节性皮肤病传入我国的公告（海关总署　农业农村部公告 2021 年第 48 号）

52. 关于防止莱索托高致病性禽流感传入我国的公告（海关总署　农业农村部公告 2021 年第 40 号）

53. 关于防止马里高致病性禽流感传入我国的公告（海关总署　农业农村部公告 2021 年第 35 号）

54. 关于防止玻利维亚新城疫传入我国的公告（海关总署　农业农村部公告 2021 年第 32 号）

55. 关于防止法国高致病性禽流感传入我国的公告（海关总署　农业农村部公告 2021 年第 2 号）

56. 关于防止马来西亚非洲猪瘟传入我国的公告（海关总署　农业农村部公告 2021 年第 24 号）

57. 关于防止爱沙尼亚高致病性禽流感传入我国的公告（海关总署　农业农村部公告 2021 年第 20 号）

58. 关于防止芬兰高致病性禽流感传入我国的公告（海关总署　农业农村部公告 2021 年第 19 号）

59. 关于防止阿尔及利亚高致病性禽流感传入我国的公告（海关总署　农业农村部公告 2021 年第 15 号）

60. 关于防止立陶宛高致病性禽流感传入我国的公告（海关总署　农业农村部公告 2021 年第 10 号）

61. 海关总署动植物、监管司关于防止瑞典、立陶宛、印度和塞内加尔高致病性禽流感传入的警示通报（动植函〔2021〕3 号）

62. 海关总署动植司　监管司　风险司关于防止泰国牛结节性皮肤病传入的警示通报（动植函〔2021〕28 号）

63. 海关总署动植司　监管司　风险司关于防止毛里求斯口蹄疫传入的警示通报（动植函〔2021〕25 号）

64. 海关总署动植司　监管司关于防止尼日尔高致病性禽流感传入的警示通报（动植函〔2021〕22 号）

65. 海关总署动植司　监管司关于防止泰国小反刍兽疫传入的警示通报（动植函〔2021〕13 号）

66. 海关总署办公厅　农业农村部办公厅关于防止不丹牛结节性皮肤病传入我国的通知（署办动植函〔2020〕22 号）

67. 海关总署办公厅　农业农村部办公厅关于防止越南牛结节性皮肤病传入我国的通知

（署办动植函〔2020〕21号）

68. 海关总署办公厅　农业农村部办公厅关于防止瑞士蓝舌病传入我国的通知（署办动植函〔2020〕20号）

69. 海关总署办公厅　农业农村部办公厅关于防止德国蓝舌病传入我国的通知（署办动植函〔2020〕19号）

70. 关于防止波兰高致病性禽流感传入我国的公告（海关总署　农业农村部公告2020年第11号）

71. 关于防止莫桑比克口蹄疫传入我国的公告（海关总署　农业农村部公告2020年第96号）

72. 关于防止保加利亚新城疫传入我国的公告（海关总署　农业农村部公告2020年第88号）

73. 关于防止葡萄牙痒病传入我国的公告（海关总署　农业农村部公告2020年第85号）

74. 关于防止卢旺达口蹄疫传入我国的公告（海关总署　农业农村部公告2020年第83号）

75. 关于防止以色列绵羊痘和山羊痘传入我国的公告（海关总署　农业农村部公告2020年第82号）

76. 关于防止北马其顿新城疫传入我国的公告（海关总署　农业农村部公告2020年第61号）

77. 关于防止巴布亚新几内亚非洲猪瘟传入我国的公告（海关总署　农业农村部公告2020年第51号）

78. 关于防止泰国非洲马瘟传入我国的公告（海关总署　农业农村部公告2020年第48号）

79. 关于防止菲律宾高致病性禽流感传入我国的公告（海关总署　农业农村部公告2020年第47号）

80. 关于防止孟加拉国牛结节性皮肤病传入我国的公告（海关总署　农业农村部公告2020年第41号）

81. 关于防止斯洛伐克、匈牙利、德国和乌克兰高致病性禽流感传入我国的公告（海关总署　农业农村部公告2020年第31号）

82. 关于防止希腊非洲猪瘟传入我国的公告（海关总署　农业农村部公告2020年第28号）

83. 关于防止爱尔兰高致病性禽流感传入我国的公告（海关总署　农业农村部公告2020年第131号）

84. 关于防止比利时高致病性禽流感传入我国的公告（海关总署　农业农村部公告2020年第125号）

85. 关于防止马来西亚非洲马瘟传入我国的公告（海关总署　农业农村部公告2020年第105号）

86. 关于防止德国非洲猪瘟传入我国的公告（海关总署　农业农村部公告2020年第104号）

87. 关于防止印度非洲猪瘟传入我国的公告（海关总署　农业农村部公告〔2020〕71号）

88. 关于继续严格防止沙特阿拉伯高致病性禽流感传入的警示通报（动植检警〔2020〕第5号）

89. 关于防止法国高致病性禽流感传入的警示通报（动植检警〔2020〕第37号）

90. 关于防止缅甸牛结节性皮肤病传入的警示通报（动植检警〔2020〕第34号）

91. 关于防止西班牙蓝舌病传入的警示通报（动植检警〔2020〕第 33 号）

92. 关于严防越南口蹄疫、非洲猪瘟、高致病性禽流感和牛结节性皮肤病等重大动物疫情传入的警示通报（动植检警〔2020〕第 32 号）

93. 关于防止吉布提牛结节性皮肤病传入的警示通报（动植检警〔2020〕第 31 号）

94. 关于防止瑞士蓝舌病传入的警示通报（动植检警〔2020〕第 28 号）

95. 海关总署动植司　风险司关于防止卢森堡蓝舌病传入的警示通报（动植检警〔2020〕第 26 号）

96. 关于严防马拉维口蹄疫传入的警示通报（动植检警〔2020〕第 23 号）

97. 关于严防突尼斯痒病传入的警示通报（动植检警〔2020〕第 20 号）

98. 关于防止尼泊尔牛结节性皮肤病传入的警示通报（动植检警〔2020〕第 19 号）

99. 关于继续严格防止罗马尼亚非洲猪瘟传入的警示通报（动植检警〔2020〕第 14 号）

100. 关于防止印度牛结节性皮肤病传入我国的公告（海关总署　农业农村部公告 2019 年第 192 号）

101. 关于防止哈萨克斯坦绵羊痘和山羊痘传入我国的公告（海关总署　农业农村部公告 2019 年第 97 号）

102. 关于防止拉脱维亚非洲猪瘟传入我国的公告（国家质量监督检验检疫总局　农业部公告 2014 年第 83 号）

103. 关于防止斯威士兰非洲马瘟传入我国的公告（海关总署　农业农村部公告 2019 年第 82 号）

104. 关于防止柬埔寨非洲猪瘟传入我国的公告（海关总署　农业农村部公告 2019 年第 73 号）

105. 关于防止越南非洲猪瘟传入我国的公告（海关总署　农业农村部公告 2019 年第 42 号）

106. 关于防止蒙古国非洲猪瘟传入我国的公告（海关总署　农业农村部公告 2019 年第 25 号）

107. 关于防止印度尼西亚非洲猪瘟传入我国的公告（海关总署　农业农村部公告 2019 年第 224 号）

108. 关于防止东帝汶非洲猪瘟传入我国的公告（海关总署　农业农村部公告 2019 年第 154 号）

109. 关于防止菲律宾、韩国非洲猪瘟传入我国的公告（海关总署　农业农村部公告 2019 年第 149 号）

110. 关于防止缅甸非洲猪瘟传入我国的公告（海关总署　农业农村部公告 2019 年第 138 号）

111. 关于防止塞尔维亚非洲猪瘟传入我国的公告（海关总署　农业农村部公告 2019 年第 137 号）

112. 关于防止老挝非洲猪瘟传入我国的公告（海关总署　农业农村部公告 2019 年第 117 号）

113. 关于防止朝鲜非洲猪瘟传入我国的公告（海关总署　农业农村部公告 2019 年第 100 号）

114. 关于防止斯洛伐克非洲猪瘟传入我国的公告（海关总署　农业农村部公告 2019 年第 130 号）

115. 关于防止保加利亚小反刍兽疫传入我国的公告（海关总署　农业农村部公告 2018 年第 99 号）

116. 关于防止匈牙利非洲猪瘟传入我国的公告（海关总署　农业农村部公告2018年第35号）

117. 关于防止哥伦比亚口蹄疫传入我国的公告（海关总署　农业农村部公告2018年第158号）

118. 关于防止摩尔多瓦非洲猪瘟传入我国的公告（海关总署　农业农村部公告2018年第133号）

119. 关于防止保加利亚非洲猪瘟传入我国的公告（海关总署　农业农村部公告2018年第126号）

120. 关于防止比利时非洲猪瘟传入我国的公告（海关总署　农业农村部公告2018年第124号）

121. 关于防止日本古典猪瘟疫情传入我国的公告（海关总署　农业农村部公告2018年第123号）

122. 关于防止比利时部分地区新城疫传入我国的公告（海关总署　农业农村部公告2018年第105号）

123. 国务院关于严格管制犀牛和虎及其制品经营利用活动的通知（国发〔2018〕36号）

124. 质检总局动植司关于蒙古国发生小反刍兽疫的紧急通报（质检动函〔2016〕197号）

125. 质检总局动植司关于纳米比亚等国家牛结节性皮肤病的紧急通报（质检动函〔2016〕158号）

126. 质检总局办公厅关于相关国家发生禽流感疫情的通知（质检办动函（2016）1440号）

127. 关于防止希腊和俄罗斯牛结节性皮肤病传入我国的公告（国家质量监督检验检疫总局、农业部公告2015年第111号）

128. 关于防止立陶宛非洲猪瘟传入我国的公告（国家质量监督检验检疫总局、农业部联合公告2014年第14号）

129. 关于防止阿塞拜疆牛结节性皮肤病传入我国的公告（国家质量监督检验检疫总局、农业部公告2014年第93号）

130. 关于防止波兰非洲猪瘟传入我国的公告（国家质量监督检验检疫总局、农业部公告2014年第16号）

131. 关于防止英国、荷兰高致病性禽流感传入我国的公告（国家质量监督检验检疫总局、农业部公告2014年第128号）

132. 关于防止罗马尼亚雅洛米察县新城疫传入我国的公告（国家质量监督检验检疫总局、农业部公告2014年第127号）

133. 关于防止爱沙尼亚非洲猪瘟传入我国的公告（国家质检总局、农业部公告2014年第102号）

134. 关于防止白俄罗斯非洲猪瘟传入我国的公告（国家质量监督检验检疫总局、农业部联合公告2013年第86号）

135. 关于防止葡萄牙阿连特茹省低致病性禽流感传入我国的公告（国家质量监督检验检疫总局、农业部联合公告2013年第186号）

136. 关于防止哥伦比亚古典猪瘟传入我国的公告（国家质量监督检验检疫总局、农业部公告2013年第127号）

137. 关于防止施马伦贝格病传入我国的公告（国家质量监督检验检疫总局、农业部联合公告2012年第67号）

138. 关于防止乌克兰非洲猪瘟传入我国的公告（国家质量监督检验检疫总局、农业部公

告 2012 年第 154 号）

139. 关于防止丹麦、瑞士施马伦贝格病传入我国的公告（国家质量监督检验检疫总局、农业部公告 2012 年第 153 号）

140. 关于防止墨西哥高致病性禽流感传入我国的公告（国家质量监督检验检疫总局、农业部联合公告 2012 年第 99 号）

141. 质检总局 农业部关于防止巴西疯牛病传入我国的公告（国家质量监督检验检疫总局、农业部联合公告 2012 年第 210 号）

142. 关于防止俄罗斯绵羊痘和山羊痘传入我国的公告（国家质量监督检验检疫总局、农业部联合公告 2012 年第 14 号）

143. 关于防止意大利新城疫传入我国的公告（国家质量监督检验检疫总局 农业部联合公告 2012 年第 46 号）

144. 关于防止蒙古猪瘟传入我国的公告（国家质量监督检验检疫总局 农业部联合公告 2012 年第 175 号）

145. 关于防止保加利亚口蹄疫传入我国的公告（国家质量监督检验检疫总局公告 2011 年第 16 号）

146. 关于防止以色列小反刍兽疫传入我国的公告（国家质量监督检验检疫总局公告 2011 年第 160 号）

147. 关于防止伊朗高致病性禽流感传入我国的公告（国家质量监督检验检疫总局公告 2011 年第 159 号）

148. 关于防止法国新城疫传入我国的公告（国家质量监督检验检疫总局 农业部联合公告 2011 年第 4 号）

149. 关于防止瑞典新城疫传入我国的公告（国家质量监督检验检疫总局、农业部联合公告 2011 年第 24 号）

150. 关于防止韩国口蹄疫传入我国的公告（国家质量监督检验检疫总局、农业部联合公告 2010 年第 7 号）

151. 关于防止朝鲜口蹄疫传入我国的公告（国家质量监督检验检疫总局 农业部联合公告 2011 年第 25 号）

152. 关于防止韩国口蹄疫传入我国的公告（国家质量监督检验检疫总局 农业部联合公告 2010 年第 7 号）

153. 关于防止不丹高致病性禽流感传入我国的公告（国家质量监督检验检疫总局 农业部联合公告 2010 年第 27 号）

154. 禁止直接或间接从亚美尼亚输入猪、野猪及相关产品（农业部、国家质检总局联合公告第 906 号）

155. 关于防止菲律宾雷斯顿埃博拉病毒传入我国的公告（国家质量监督检验检疫总局、农业部公告 2009 年第 6 号）

156. 关于防止英国汉普郡低致病性禽流感传入我国的公告（国家质量监督检验检疫总局、农业部公告 2009 年第 110 号）

157. 关于防止多哥禽流感传入我国的公告（国家质量监督检验检疫总局 农业部联合公告 2008 年第 115 号）

158. 禁止直接或间接从纳米比亚输入偶蹄动物及其产品（农业部、国家质检总局联合公告第 939 号）

159. 禁止直接或间接从塞浦路斯输入偶蹄动物及其产品（农业部 国家质量监督检验检疫总局联合公告 2007 年第 934 号）

160. 禁止直接或间接从格鲁吉亚输入猪、野猪及其产品（农业部　国家质量监督检验检疫总局联合公告 2007 年第 886 号）

161. 禁止直接或间接从捷克输入禽类及其产品（农业部　国家质量监督检验检疫总局联合公告 2007 年第 884 号）

162. 禁止直接或间接从加纳输入禽类及其产品（农业部　国家质量监督检验检疫总局联合公告 2007 年第 859 号）

163. 禁止直接或间接从孟加拉国输入禽类及其产品（农业部　国家质量监督检验检疫总局联合公告 2007 年第 849 号）

164. 禁止直接或间接从科威特输入禽类及其产品（农业部　国家质量监督检验检疫总局联合公告 2007 年第 823 号）

165. 禁止从吉布提进口禽类及其产品（农业部、国家质量监督检验检疫总局公告第 669 号）

166. 禁止直接或间接从喀麦隆、缅甸、以色列、阿富汗输入禽类及其产品（农业部、国家质量监督检验检疫总局公告 2006 年第 628 号）

167. 禁止直接或间接从科特迪瓦输入禽类及其产品（农业部　国家质量监督检验检疫总局联合公告 2006 年第 648 号）

168. 禁止直接或间接从布基纳法索、德国输入禽类及其产品（农业部　国家质量监督检验检疫总局联合公告 2006 年第 639 号）

169. 禁止直接或间接从约旦输入禽类及其产品（农业部　国家质量监督检验检疫总局 2006 年第 633 号）

170. 禁止直接或间接从埃及输入偶蹄动物及其产品（农业部　国家质量监督检验检疫总局联合公告 2006 年第 618 号）

171. 关于暂停从伊拉克进口禽类及其产品的紧急通知（国质检明发〔2006〕11 号）

172. 防止 H5 型禽流感传入我国（农业部　国家质量监督检验检疫总局联合公告 2005 年第 528 号）

173. 防止禽流感传入我国（农业部　国家质量监督检验检疫总局联合公告 2005 年第 486 号）

174. 关于暂停泰国、越南、印度尼西亚、柬埔寨、日本、朝鲜、罗马尼亚、克罗地亚、哈萨克斯坦、南非、蒙古、土耳其、俄罗斯、瑞典等发生禽流感国家进口禽类及其产品（联合公告 2005 年第 78 号）

175. 防止 A 型口蹄疫传入我国（农业部　国家质量监督检验检疫总局联合公告 2004 年第 335 号）

176. 防止古典猪瘟传入我国（农业部　国家质量监督检验检疫总局联合公告 2004 年第 334 号）

177. 防止高致病性禽流感（病毒亚型为 H5）传入我国（农业部　国家质量监督检验检疫总局联合公告 2004 年第 333 号）

178. 防止高致病性禽流感（H5N1）传入我国（农业部、国家质量监督检验检疫总局公告第 323 号）

179. 农业部、国家质量监督检验检疫总局关于防止芬兰和罗马尼亚羊及其产品痒病传入我国的公告（农业部、国家质量监督检验检疫总局公告第 240 号）

180. 关于防止美国猴痘传入我国的公告（农业部　国家质量监督检验检疫总局联合公告 2003 年第 285 号）

181. 防止法国、阿根廷、沙特阿拉伯和印度口蹄疫传入我国（农业部　国家出入境检验

检疫局联合公告 2001 年第 149 号）

182. 关于防止以色列新城疫传入我国的公告（农业部　国家出入境检验检疫局联合公告 2001 年第 148 号）

183. 禁止直接或间接从发生疯牛病的国家或地区进口相关物品（农业部　国家出入境检验检疫局联合公告 2001 年第 143 号）

184. 农业部关于禁止从奥地利共和国进口羊和牛及其产品的规定（农业部令第 30 号）

185. 关于禁止从法国、卢森堡输入禽鸟及其产品的公告（国家检验检疫局公告 2000 年第 4 号）

186. 农业部关于禁止从以色列、巴西、马来西亚、吉尔吉斯斯坦和阿尔及利亚进口偶蹄动物及其产品的规定（农业部令第 9 号）

187. 农业部关于禁止从缅甸联邦进口偶蹄动物及其产品的规定（农业部令第 7 号）

188. 农业部关于禁止从伊朗、土耳其、秘鲁和菲律宾进口偶蹄动物及其产品的规定（农业部令第 25 号）

189. 农业部关于禁止从澳大利亚联邦和巴西联邦共和国进口禽类动物及其产品的规定（农业部令第 22 号）

190. 农业部关于禁止从土耳其、保加利亚和希腊三国进口羊和牛及其产品的规定（农业部令第 21 号）

191. 农业部关于禁止从土库曼斯坦进口偶蹄动物及其产品的规定（农业部令第 19 号）

192. 农业部关于禁止从阿根廷和意大利两国进口猪及其产品的规定（农业部令第 17 号）

193. 关于禁止阿尔及利亚、突尼斯、摩洛哥输入偶蹄动物及其产品的公告（国家检验检疫局公告 1999 年第 8 号）

194. 防止约旦口蹄疫、小反刍兽疫、绵羊痘和山羊痘，禁止从该国输入偶蹄动物（包括猪、牛、羊等）及其产品（国家出入境检验检疫局公告第 9 号）

195. 为防止马达加斯加非洲猪瘟，禁止从该国输入猪及其产品（国家出入境检验检疫局公告第 4 号）

196. 关于禁止从加纳输入猪及其产品的公告（国家出入境检验检疫局公告第 24 号）

197. 禁止从克罗地亚输入猪、野猪及其产品（国家出入境检验检疫局公告第 18 号）

198. 禁止从博茨瓦纳输入猪、野猪及其产品（国家出入境检验检疫局公告第 16 号）

植物产品

1. 海关总署动植物检疫司关于暂停台湾芒果输入大陆的通知（动植检函〔2023〕23 号）

2. 禁止进口德国、新西兰的油菜茎基溃疡病菌主要寄主植物种子（农业部　国家质量监督检验检疫总局公告第 1676 号）

3. 国务院关于禁止采集和销售发菜制止滥挖甘草和麻黄草有关问题的通知（国发〔2000〕13 号）

出口朝鲜

1. 增列禁止向朝鲜出口的两用物项和技术清单（商务部　工业和信息化部　国家原子能机构　海关总署　国家国防科技工业局公告 2018 年第 36 号）
2. 增列禁止向朝鲜出口的两用物项和技术清单（商务部　工业和信息化部　国家国防科技工业局　国家原子能机构　海关总署公告 2018 年第 17 号）
3. 关于执行联合国安理会第 2397 号决议的公告（商务部　海关总署公告 2018 年第 4 号）
4. 商务部　海关总署关于执行联合国安理会 2375 号决议的公告（商务部　海关总署公告 2017 年第 52 号）
5. 关于根据联合国安理会 2371 号决议新增对朝鲜禁运部分产品清单的联合公告（商务部、海关总署公告 2017 年第 40 号）
6. 关于增列禁止向朝鲜出口的两用物项和技术清单的公告（商务部、工业和信息化部、国防科工局、国家原子能机构、海关总署公告 2017 年第 9 号）
7. 关于增列禁止向朝鲜出口的两用物项和技术清单的公告（商务部、工业和信息化部、国家原子能机构、海关总署公告 2016 年第 22 号）
8. 关于对朝鲜禁运部分矿产品清单公告（商务部　海关总署公告 2016 年第 11 号）
9. 关于公布禁止向朝鲜出口的两用物项和技术清单的公告（商务部、工业和信息化部、海关总署、国家原子能机构公告 2013 年第 59 号）

综合管理

1. 关于调整扩大跨境电子商务零售进口商品清单的公告（财政部、发展改革委、工业和信息化部、生态环境部、农业农村部、商务部、人民银行、海关总署、税务总局、市场监管总局、药监局、密码局、濒管办公告 2019 年第 96 号）
2. 国家发展改革委、商务部关于印发《市场准入负面清单（2022 年版）》的通知（发改体改规〔2022〕397 号）

双反措施

1. 对原产于巴西的进口白羽肉鸡产品反倾销调查最终裁定（商务部公告 2019 年第 6 号）
2. 关于泰国国家石油全球化学股份有限公司继承 PTT 苯酚有限公司在苯酚反倾销措施中

所适用税率的公告（商务部公告 2023 年第 15 号）

3. 关于原产于美国、欧盟、韩国、日本和泰国的进口苯酚反倾销调查最终裁定的公告（商务部公告 2019 年第 37 号）

4. 关于对原产于韩国、台湾地区和美国的进口苯乙烯所适用反倾销措施发起期终复审调查的公告（商务部公告 2023 年第 22 号）

5. 商务部关于英力士酚类新加坡有限公司继承三井酚类新加坡公司在丙酮反倾销措施中所适用税率的公告（商务部公告 2023 年第 20 号）

6. 原产于日本、新加坡、韩国和台湾地区的进口丙酮反倾销措施期终复审裁定（商务部公告 2020 年第 13 号）

7. 关于原产于欧盟、日本、韩国和印度尼西亚的进口不锈钢钢坯和不锈钢热轧板/卷反倾销最终裁定的公告（商务部公告 2019 年第 31 号）

8. 关于对原产于澳大利亚的进口大麦反补贴调查最终裁定的公告（商务部公告 2020 年第 15 号）

9. 关于原产于澳大利亚的进口大麦反倾销调查最终裁定的公告（商务部公告 2020 年第 14 号）

10. 关于原产于印度的进口单模光纤反倾销措施期终复审裁定的公告（商务部公告 2020 年第 29 号）

11. 对原产于日本的进口电解电容器纸反倾销措施期终复审裁定（商务部公告 2019 年第 17 号）

12. 对原产于韩国和日本的进口丁腈橡胶反倾销调查最终裁定（商务部公告 2018 年第 84 号）

13. 商务部关于对原产于美国和欧盟的进口非色散位移单模光纤所适用反倾销措施期终复审裁定的公告（商务部公告 2023 年第 16 号）

14. 关于原产于日本和韩国的进口非色散位移单模光纤所适用反倾销措施期终复审裁定的公告（商务部公告 2022 年第 37 号）

15. 关于原产于美国的进口干玉米酒糟所适用反补贴措施期终复审裁定的公告（商务部公告 2023 年第 1 号）

16. 关于原产于美国的进口干玉米酒糟所适用反倾销措施期终复审裁定的公告（商务部公告 2023 年第 2 号）

17. 关于对原产于韩国、泰国和马来西亚的进口共聚聚甲醛所适用的反倾销措施进行期终复审调查的公告（商务部公告 2022 年第 29 号）

18. 关于对原产于日本和美国的进口光纤预制棒所适用的反倾销措施发起期终复审调查的公告（商务部公告 2023 年第 24 号）

19. 关于对原产于日本的进口光纤预制棒反倾销期间复审裁定的公告（商务部公告 2020 年第 39 号）

20. 关于光纤预制棒有关商品编号申报要求的公告（海关总署公告 2020 年第 111 号）

21. 对原产于欧盟的进口甲苯胺反倾销措施期终复审裁定（商务部公告 2019 年第 28 号）

22. 关于对原产于韩国、日本和南非的进口甲基异丁基（甲）酮所适用的反倾销措施发起期终复审调查的公告（商务部公告 2023 年第 9 号）

23. 对原产于日本和美国的进口间苯二酚反倾销措施期终复审裁定（商务部公告 2019 年第 10 号）

24. 关于对原产于印度的进口间苯氧基苯甲醛所适用的反倾销措施发起期终复审调查的公告（商务部公告 2023 年第 18 号）

25. 商务部关于原产于美国、欧盟及英国、日本的进口间甲酚反倾销调查最终裁定的公告（商务部公告 2021 年第 2 号）

26. 关于朗盛德国高性能材料有限公司继承朗盛德国有限公司在锦纶 6 切片反倾销措施中所适用税率的公告（商务部公告 2022 年第 28 号）

27. 继续对原产于美国、欧盟、俄罗斯和台湾地区的进口锦纶 6 切片征收反倾销税（商务部公告 2022 年第 13 号）

28. 关于腈纶有关商品编号申报要求的公告（海关总署公告 2022 年第 59 号）

29. 商务部关于原产于日本、韩国和土耳其的进口腈纶所适用反倾销措施的期终复审公告（商务部公告 2022 年第 21 号）

30. 关于韩国 HDC 聚合物株式会社继承 SK 化工株式会社在聚苯硫醚反倾销措施中所适用税率的公告（商务部公告 2022 年第 26 号）

31. 关于出光复合材料株式会社继承出光狮王塑料株式会社在聚苯硫醚反倾销措施中所适用税率的公告（商务部公告 2021 年第 34 号）

32. 关于原产于日本、美国、韩国和马来西亚的进口聚苯硫醚反倾销调查的最终裁定的公告（商务部公告 2020 年第 53 号）

33. 商务部关于特创工程塑料美国有限公司继承沙特基础工业创新塑料美国有限公司在聚苯醚反倾销措施中所适用税率的公告（商务部公告 2022 年第 20 号）

34. 关于对原产于美国的进口聚苯醚反倾销调查最终裁定的公告（商务部公告 2022 年第 1 号）

35. 关于对原产于美国的进口聚苯醚反补贴调查最终裁定的公告（商务部公告 2022 年第 2 号）

36. 关于聚苯醚有关商品编号申报要求的公告（海关总署公告 2021 年第 68 号）

37. 关于对原产于台湾地区的进口聚碳酸酯进行反倾销立案调查的公告（商务部公告 2022 年第 35 号）

38. 关于原产于美国的进口聚酰胺-6，6 切片反倾销措施期终复审裁定的公告（商务部公告 2021 年第 29 号）

39. 对原产于日本和印度的进口邻二氯苯反倾销调查最终裁定（商务部公告 2019 年第 1 号）

40. 关于对原产于印度的进口邻氯对硝基苯胺所适用的反倾销措施发起期终复审调查的公告（商务部公告 2023 年第 3 号）

41. 关于原产于美国、欧盟和新加坡的进口卤化丁基橡胶反倾销调查最终裁定的公告（商务部公告 2018 年第 40 号）

42. 关于原产于日本、美国和欧盟的进口氯丁橡胶所适用反倾销措施期终复审裁定的公告（商务部公告 2023 年第 17 号）

43. 关于原产于欧盟的进口马铃薯淀粉所适用反补贴措施期终复审裁定的公告（商务部公告 2023 年第 33 号）

44. 关于对原产于欧盟的进口马铃薯淀粉所适用的反补贴措施发起期终复审调查的公告（商务部公告 2022 年第 23 号）

45. 关于皇家艾维贝合作社公司继承艾维贝合作社公司在原产于欧盟和英国的进口马铃薯淀粉反倾销和反补贴措施中所适用税率的公告（商务部公告 2021 年第 4 号）

46. 对原产于欧盟的马铃薯淀粉反倾销措施期终复审裁定（商务部公告 2019 年第 4 号）

47. 关于原产于日本的进口偏二氯乙烯—氯乙烯共聚树脂所适用反倾销措施期终复审裁定的公告（商务部公告 2023 年第 14 号）

48. 关于对原产于澳大利亚的进口相关葡萄酒反补贴调查最终裁定的公告（商务部公告2021年第7号）

49. 关于对原产于澳大利亚的进口相关葡萄酒反倾销调查最终裁定的公告（商务部公告2021年第6号）

50. 对原产于美国和日本的进口氢碘酸反倾销调查最终裁定（商务部公告2018年第80号）

51. 关于取向电工钢商品编号申报要求的公告（海关总署公告2022年第64号）

52. 关于原产于日本、韩国和欧盟的进口取向电工钢反倾销措施期终复审裁定的公告（商务部公告2022年第22号）

53. 原产于日本、韩国和欧盟的进口取向电工钢反倾销案株式会社POSCO价格承诺（商务部公告2018年第11号）

54. 对原产于印度和台湾地区的进口壬基酚反倾销措施期终复审裁定（商务部公告2019年第11号）

55. 关于对原产于美国、韩国和欧盟的进口三元乙丙橡胶反倾销调查最终裁定的公告（商务部公告2020年第60号）

56. 商务部关于英力士酚类新加坡有限公司继承三井酚类新加坡公司在双酚A反倾销措施中所适用税率的公告（商务部公告2023年第19号）

57. 关于原产于日本、韩国、新加坡和台湾地区的进口双酚A所适用反倾销措施的期终复审裁定的公告（商务部公告2019年第36号）

58. 关于原产于欧盟和美国的进口四氯乙烯反倾销措施期终复审裁定的公告（商务部公告2020年第18号）

59. 关于对进口原产于欧盟和美国的四氯乙烯征收反倾销税的公告（海关总署公告2014年第40号）

60. 韩华思路信株式会社继承韩华化学株式会社在太阳能级多晶硅反倾销措施中所适用税率（商务部公告2020年第21号）

61. 对原产于美国的进口太阳能级多晶硅反补贴措施期终复审裁定（商务部公告2020年第2号）

62. 对原产于美国和韩国的进口太阳能级多晶硅反倾销措施期终复审裁定（商务部公告2020年第1号）

63. 商务部关于对原产于印度的进口酞菁类颜料反倾销调查最终裁定的公告（商务部公告2023年第8号）

64. 关于酞菁类颜料有关商品编号申报要求的公告（海关总署公告2022年第104号）

65. 商务部关于原产于欧盟和英国的进口碳钢紧固件反倾销措施期终复审裁定的公告（商务部公告2022年第17号）

66. 关于对原产于美国、欧盟和日本的进口未漂白纸袋纸反倾销措施期终复审裁定的公告（商务部公告2022年第10号）

67. 关于原产于美国和欧盟的进口相关高温承压用合金钢无缝钢管反倾销措施期终复审裁定的公告（商务部公告2020年第9号）

68. 关于原产于美国的进口相关乙二醇和丙二醇的单烷基醚反补贴调查最终裁定的公告（商务部公告2022年第4号）

69. 关于原产于美国的进口相关乙二醇和丙二醇的单烷基醚反倾销调查最终裁定的公告（商务部公告2022年第3号）

70. 关于乙二醇或丙二醇的单烷基醚有关商品编号申报要求的公告（海关总署公告2021

年第 69 号）

71. 关于对原产于欧盟、美国和日本的进口相纸所适用的反倾销措施发起期终复审调查的公告（商务部公告 2023 年第 10 号）

72. 对原产于美国、沙特阿拉伯、马来西亚和泰国的进口乙醇胺反倾销调查最终裁定（商务部公告 2018 年第 81 号）

73. 对原产于美国和欧盟的乙二醇和二甘醇的单丁醚反倾销措施期终复审裁定（商务部公告 2019 年第 5 号）

74. 关于原产于美国的进口正丙醇反补贴调查最终裁定的公告（商务部公告 2020 年第 47 号）

75. 关于原产于美国的进口正丙醇反倾销调查最终裁定的公告（商务部公告 2020 年第 46 号）

两用物项

1. 中华人民共和国导弹及相关物项和技术出口管制条例（国务院令 2002 年第 361 号）
2. 中华人民共和国生物两用品及相关设备和技术出口管制条例（国务院令第 365 号）
3. 中华人民共和国核两用品及相关技术出口管制条例（国务院令第 245 号）
4. 中华人民共和国核出口管制条例（国务院令第 230 号）
5. 中华人民共和国军品出口管理条例（国务院军事委员会令 234 号）
6. 两用物项和技术出口通用许可管理办法（商务部令 2009 年第 8 号）
7. 两用物项和技术进出口许可证管理办法（商务部海关总署令 2005 年第 29 号）
8. 关于对无人机相关物项实施出口管制的公告（商务部　海关总署　国家国防科工局　中央军委装备发展部公告 2023 年第 27 号）
9. 关于对高压水炮类产品实施出口管制的公告（商务部　海关总署　国家国防科技工业局公告 2022 年第 31 号）
10. 关于两用物项出口经营者建立出口管制内部合规机制的指导意见（商务部公告 2021 年第 10 号）
11. 关于对高氯酸钾实施出口管制的公告（商务部　海关总署公告 2021 年第 46 号）
12. 关于发布修订的《核出口管制清单》的公告（国家原子能机构、商务部、外交部、海关总署公告第 2018 年第 1 号）
13. 关于发布经修订的《核两用品及相关技术出口管制清单》的公告（商务部　国家原子能机构公告 2017 年第 85 号）
14. 关于向伊朗出口核两用品及相关技术有关规定的公告（商务部、外交部、国家原子能机构、海关总署公告 2016 年第 13 号）
15. 中华人民共和国生物两用品及相关设备和技术出口管制清单（商务部公告 2006 年第 61 号）
16. 军品出口管理清单（科工法〔2002〕828 号）
17. 中华人民共和国密码法（主席令第 35 号）
18. 商用密码管理条例（国务院令第 273 号）

信用管理

　　1. 不可靠实体清单工作机制关于将洛克希德·马丁公司、雷神导弹与防务公司列入不可靠实体清单的公告（不可靠实体清单工作机制公告〔2023〕1 号）

　　2. 国家发展改革委　人民银行关于印发《全国公共信用信息基础目录（2022 年版）》和《全国失信惩戒措施基础清单（2022 年版）》的通知（发改财金规〔2022〕1917 号）

　　3. 海关总署关于印发《海关认证企业管理措施目录》的通知（署企发〔2021〕16 号）

转运/过境

　　1. 关于货物实行国际转运或过境运输的海关公约（ITI 公约）

暂时进出境

　　1. 关于货物暂准进口的 ATA 报关单证册海关公约（ATA 公约）

　　2. 货物暂准进口公约（伊斯坦布尔公约）

强制性产品认证

　　1. 市场监管总局关于发布强制性产品认证目录描述与界定表的公告（市场监管总局公告 2023 年第 36 号）

　　2. 关于调整《网络关键设备和网络安全专用产品目录》的公告（工业和信息化部　公安部　国家认证认可监督管理委员会公告 2023 年第 2 号）

　　3. 关于发布强制性产品认证目录产品与 2020 年商品编号对应参考表的公告（市场监管总局　海关总署公告 2020 年第 21 号）

　　4. 市场监管总局关于调整完善强制性产品认证目录和实施要求的公告（市场监管总局公告 2019 年第 44 号）

5. 关于进一步落实强制性产品认证目录及实施方式改革的公告（国家认证认可监督管理委员会公告 2018 年第 29 号）

6. 对于《实施强制性产品认证的产品目录》中的产品无需办理强制性产品认证或可免于办理强制性产品认证的条件（国家认证认可监督管理委员会 2005 年第 3 号）

7. 公安部、国家质量监督检验检疫总局、国家认证认可监督管理委员会关于加强对列入强制性产品认证目录内的安全技术防范产品质量监督管理的通知（公通字〔2005〕48 号）

能效管理

1. 国家发展改革委　市场监管总局关于印发中华人民共和国实行能源效率标识的产品目录（第十五批）及相关实施规则的通知（发改环资规〔2020〕640 号）

2. 关于制订和修订《中华人民共和国实行能源效率标识的产品目录（第十四批）》等 5 类产品能源效率标识实施规则的公告（国家发展和改革委员会、国家质量监督检验检疫总局、国家认证认可监督管理委员会公告 2017 年第 23 号）

3. 关于制订和修订《中华人民共和国实行能源效率标识的产品目录（2016 年版）》、《中国能源效率标识基本样式》（修订）等 33 类产品能源效率标识实施规则的公告（国家发展和改革委员会、国家质量监督检验检疫总局、中国国家认证认可监督管理委员会公告 2016 年第 14 号）

监管方式

1. 关于公布加工区货物报关单和备案清单中监管方式适用的公告（海关总署公告 2005 年第 47 号）

自贸区

1. 商务部关于印发《自贸试验区重点工作清单（2023—2025 年）》的通知（商自贸函〔2023〕181 号）

2. 自由贸易试验区外商投资准入特别管理措施（负面清单）（2021 年版）（国家发展和改革委员会　商务部令第 48 号）

3. 海南自由贸易港跨境服务贸易负面清单管理办法（试行）（琼府办〔2021〕43 号）

4. 海南自由贸易港外商投资准入特别管理措施（负面清单）（2020 年版）（发展改革委商务部令 2020 年第 39 号）

5. 关于印发《海南自由贸易港鼓励类产业目录（2020 年本）》的通知（发改地区规〔2021〕120 号）